车吉心 主编

中国皇后全传

● 第一卷

山东教育出版社

顾　问　安作璋
主　编　车吉心
副主编　朱亚非　蒿　峰

序

《中国皇后全传》是车吉心同志继《中国皇帝全传》之后主编的又一部大型历史人物传记。

皇后是中国古代妇女中的一批特殊人物。她们既和一般妇女有着共同的遭遇和命运，又和一般妇女有许多不同之处。由于她们是拥有至高无上权力的封建帝王的嫡妻，这样的特殊地位，就决定了她们在历史上具有一般妇女也包括帝王以外所有的人所无法比拟的作用。司马迁在《史记·外戚世家》中说："自古受命帝王及继体守文之君，非独内德茂也，盖亦有外戚之助焉。夏之兴也以涂山，而桀之放也以末（妹）喜。殷之兴也以有娀，纣之杀也嬖妲己。周之兴也以姜原及大任，而幽王之禽也淫于褒姒。"他在这里历数了夏、商、周三代的王后，都关系到国家的兴亡盛衰。纵观中国历史，自秦始皇帝创立皇后制度以后，历代的皇后又何尝不是如此。例如汉高帝的吕皇后、汉文帝的窦皇后、汉元帝的王皇后、汉成帝的赵皇后、晋惠帝的贾皇后、北魏文成帝的冯皇后、隋文帝的独孤皇后、唐太宗的长孙皇后、唐高宗的武皇后、唐中宗的韦皇后、宋英宗的高皇后、宋理宗的谢皇后、辽景宗的萧皇后、元世祖的察必皇后、明太祖的马皇后、清太宗的庄皇后以及同治皇帝之母慈禧太后等等，或佐夫开创帝业，或辅君治国安邦，或改革中兴，或惑主乱政，或祸国殃民。总之，我们虽然不必过分夸大个人的作用，但也不能低估她们在历史上的影响。从皇后与封建政治关系这一视角着眼，《中国皇后全传》对于我们深刻了解历代封建皇朝周期性更迭的内在动因以及中国封建制度的特殊规律是很有启发意义的；对于研究中国妇女史、中国政治史也很有参考价值。皇后制度，伴随着封建君主专制制度的消亡早已成为历史的陈迹，但历史是一面镜子，这种裙带政治居然在中国历史上绵延两千年之久，不论其对当时或者后世的影响如何，都是很值得人们深思的。

本书是名副其实的《中国皇后全传》，自汉至清历代皇后立传者339人(包括一些名妃和皇太后)，可以说，凡见于正史中有较详细记载的皇后都搜罗无遗。有少数皇帝没有立后，虽无皇后之名，而有皇后之实，或在历史上有影响的著名嫔妃，如唐朝的杨贵妃、清朝的珍妃等，也一并列入附传，以备参考。

本书与《中国皇帝全传》是姊妹篇，基本上保持了一致的体例和风格，历朝皇后均按照本朝皇帝的先后顺序排列。如一个皇帝有两个或两个以上的皇后，则以皇后册封的时间划分先后。务使纵不间断，横无缺遗。因此这部书实际上也是一部系统的中国封建皇朝宫廷史。

本书资料翔实，除正史记载以外，还参考了大量的文集、笔记，也包括稗官野史。但不论正史或野史，作者都采取了审慎的态度。如据说唐朝杨贵妃并未死于马嵬坡，而是死里逃生，东渡日本，因此事纯属传闻，没有确切证据，则弃而不取。又如清太宗庄皇后下嫁亲王多尔衮，叔嫂成婚，虽见之于野史，但经后人考证，信而有征，即将此事写入传中。这种对待史料的态度是符合存真求实的治史原则的。

本书内容丰富，虽为皇后立传，但并不仅仅局限于皇后个人的出身与生平经历，而是以皇后本人的事迹为主线，围绕这条主线，将皇后与皇帝、皇亲国戚的关系以及与皇后有关的政治、经济、军事、外交、文化等重大历史事件结合起来穿插记述，读后使人感到视野开阔，并能从中受到历史的启迪。

本书坚持用历史唯物主义观点实事求是地评价历史人物。如对汉朝的吕后、唐朝的武后，一方面肯定她们在历史上的功绩，另一方面也揭露批判她们狠毒残暴的行为，这样可以使读者对她们的功过是非有一个比较全面的正确的认识。

本书还注意了文采和可读性。语言文字生动流畅，通俗易懂，有故事情节，有曲折起伏。一大批皇后群像，众态纷呈，栩栩如生。中国两千年封建皇朝政治风云的变幻以及一些鲜为人知的宫廷内部斗争和后宫生活轶闻趣事，一书在手，尽收眼底，使人有爱不释卷之感。

当然，本书也不免目前集体编书的一些通病，由于作者的学术水平不尽一致，写作技巧、风格各异，在史料的搜集、运用、分析以及语言文字表达方面还有一些不尽如人意之处。尽管如此，《中国皇后全传》仍不失为一部开拓性的，寓思想性、科学性、知识性、趣味性于一体的大型学术著作。我相信，它的公开出版，将和《中国皇帝全传》一样受到广大读者的热烈欢迎。

安作璋
1993 年 5 月

说　明

一、本书所收的皇后主要依正史所记载的史料为据，按朝代顺序排列。时间上起西汉高祖刘邦皇后吕雉，下迄清宣统帝爱新觉罗·溥仪皇后婉容（秦代皇后尚未发现有史料记载，故未收）。

二、本书对死后追认为皇后的不收；实际上起皇后作用，且在历史上产生过较大影响的妃子，也单独列传，附于其后；对重要的皇太后，亦单独列传。该书只能是相对意义上的皇后全传。

三、本书坚持尊重史实、客观公正介绍的原则进行编写。史绩主要依据正史，亦不排除野史中有价值的史料，以补缺漏。

四、古今地名相同的不注今地名；不同的注今县市名，必要时注明方位。

五、历史纪年，加注公元纪年。

六、本书与《中国皇帝全传》配套。写作体例、风格及排列顺序等，基本与《中国皇帝全传》一致。

总目录

第一卷

序　/1
说明　/5

汉

西汉

高祖刘邦皇后吕雉　/3
惠帝刘盈皇后张氏　/16
文帝刘恒皇后窦氏　/21
景帝刘启皇后薄氏　/28
景帝刘启皇后王娡　/30
武帝刘彻皇后陈娇　/34
武帝刘彻皇后卫子夫　/38
昭帝刘弗陵皇后上官氏　/44
宣帝刘询皇后许平君　/51
宣帝刘询皇后霍成君　/57
宣帝刘询皇后王氏　/61
元帝刘奭皇后王政君　/63
成帝刘骜皇后许氏　/73
成帝刘骜皇后赵飞燕　/80
附：成帝刘骜妃班氏　/89
哀帝刘欣皇后傅氏　/95
平帝刘衎皇后王氏　/98
新帝王莽皇后王氏　/104
新帝王莽皇后史氏　/110

| 东汉 | 光武帝刘秀皇后郭圣通 /113
| | 光武帝刘秀皇后阴丽华 /117
| | 明帝刘庄皇后马氏 /121
| | 章帝刘炟皇后窦氏 /127
| | 和帝刘肇皇后阴氏 /135
| | 和帝刘肇皇后邓绥 /139
| | 安帝刘祜皇后阎姬 /155
| | 顺帝刘保皇后梁妠 /161
| | 桓帝刘志皇后梁女莹 /169
| | 桓帝刘志皇后邓猛女 /172
| | 桓帝刘志皇后窦妙 /175
| | 灵帝刘宏皇后宋氏 /178
| | 灵帝刘宏皇后何氏 /180
| | 献帝刘协皇后伏寿 /182
| | 献帝刘协皇后曹节 /187

| 匈奴 | 呼韩邪单于阏氏王昭君 /190

三国

| 魏 | 文帝曹丕皇后郭氏 /205
| | 附：文帝曹丕皇太后卞氏 /209
| | 附：文帝曹丕妃甄洛 /214
| | 明帝曹叡皇后毛氏 /223
| | 明帝曹叡皇后郭氏 /225

| 蜀 | 昭烈帝刘备皇后吴氏 /228

| 吴 | 大帝孙权皇后潘氏 /231
| | 附：大帝孙权妃谢氏 /233
| | 会稽王孙亮皇后全氏 /235
| | 景帝孙休皇后朱氏 /237
| | 末帝孙皓皇后滕氏 /239

附：末帝孙皓皇太后何氏 /241

第二卷 晋

西晋

武帝司马炎皇后杨艳 /245
武帝司马炎皇后杨芷 /249
附：武帝皇太后羊徽瑜 /252
附：武帝皇太后王元姬 /254
武帝司马炎妃左棻 /257
惠帝司马衷皇后贾南风 /262
惠帝司马衷皇后羊献容 /279

东晋

明帝司马绍皇后庾文君 /285
成帝司马衍皇后杜陵阳 /288
康帝司马岳皇后褚蒜子 /290
穆帝司马聃皇后何法倪 /295
附：简文帝司马昱太后郑阿春 /297
孝武帝司马曜皇后王法慧 /299
附：孝武帝司马曜太后李陵容 /301

十六国

前凉

文公张骏皇后马氏 /305

成

武帝李雄皇后任氏 /309

汉

光文帝刘渊皇后单氏 /312
昭武帝刘聪皇后刘娥 /314
昭武帝刘聪皇后靳月光 /317
昭武帝刘聪皇后靳月华 /319
昭武帝刘聪皇后王氏 /321

| 前赵 | 刘曜皇后羊献容　/324
刘曜皇后刘氏　/326

| 后赵 | 高祖石勒皇后刘氏　/329
附：海阳王石弘皇太后程氏　/331
太祖石虎皇后郑樱桃　/333
太祖石虎皇后杜氏　/336
太祖石虎皇后刘氏　/338

| 代 | 代王拓跋什翼犍皇后慕容氏　/343

| 前燕 | 景昭帝慕容儁皇后可足浑氏　/346

| 前秦 | 明帝苻健皇后强氏　/350
厉王苻生皇后梁氏　/352
附：宣昭帝苻坚妃张氏　/354
高帝苻登皇后毛氏　/357

| 后燕 | 成武帝慕容垂皇后段氏　/360
惠愍帝慕容宝皇后段氏　/363
附：昭武帝慕容盛妃兰氏　/365
昭文帝慕容熙皇后苻训英　/367

| 北燕 | 昭成帝冯弘皇后慕容氏　/371
附：昭成帝冯弘妃王氏　/373

| 西秦 | 武元王乞伏乾归王后苻氏　/376
武元王乞伏乾归皇后边氏　/378
文昭王乞伏炽磐皇后秃发氏　/380
附：文昭王乞伏炽磐妃秃发氏　/383

| 后凉 | 附：懿武帝吕光妃石氏　/386
附：隐王吕绍妃张氏　/388
灵帝吕纂皇后杨氏　/390

| 北凉 | 武宣王沮渠蒙逊皇后孟氏 /393
| | 哀王沮渠牧犍皇后李氏 /394
| | 哀王沮渠牧犍皇后拓跋氏 /396

| 南燕 | 献武帝慕容德皇后段氏 /400
| | 末主慕容超皇后呼延氏 /402

| 西凉 | 武昭王李暠皇后尹氏 /406

南北朝

| 宋 | 附：武帝刘裕皇太后萧文寿 /413
| | 附：武帝刘裕妃张氏 /415
| | 少帝刘义符皇后司马茂英 /417
| | 文帝刘义隆皇后袁齐妫 /419
| | 附：文帝刘义隆妃沈容姬 /421
| | 孝武帝刘骏皇后王宪嫄 /422
| | 附：孝武帝刘骏皇太后路惠男 /424
| | 明帝刘彧皇后王贞凤 /427
| | 附：明帝刘彧妃陈妙登 /430
| | 后废帝刘昱皇后江简珪 /432
| | 顺帝刘准皇后谢梵境 /434

| 南齐 | 郁林王萧昭业皇后何婧英 /437
| | 附：郁林王萧昭业皇太后王宝明 /440
| | 海陵王萧昭文皇后王韶明 /443
| | 东昏侯萧宝卷皇后褚令璩 /445
| | 和帝萧宝融皇后王蕣华 /447

| 梁 | 附：武帝萧衍妃丁令光 /449
| | 附：武帝萧衍妃阮令嬴 /452

| 陈 | 武帝陈霸先皇后章要儿 /455

	文帝陈蒨皇后沈妙容　/457
	宣帝陈顼皇后柳敬言　/459
	后主陈叔宝皇后沈婺华　/461
	附：后主陈叔宝妃张丽华　/463

第三卷

北魏	道武帝拓跋珪皇后慕容氏　/468
	附：道武帝拓跋珪妃刘氏　/470
	附：明元帝拓跋嗣妃姚氏　/472
	太武帝拓跋焘皇后赫连氏　/475
	附：太武帝拓跋焘保太后窦氏　/477
	文成帝拓跋濬皇后冯氏　/480
	附：文成帝拓跋濬保太后常氏　/503
	附：文成帝拓跋濬妃李氏　/505
	附：献文帝拓跋弘妃李氏　/508
	孝文帝拓跋宏皇后冯氏　/510
	孝文帝拓跋宏皇后冯氏　/512
	宣武帝元恪皇后于氏　/519
	宣武帝元恪皇后高氏　/521
	附：宣武帝元恪妃胡氏　/526
	孝明帝元诩皇后胡氏　/565
	孝武帝元修皇后高氏　/567
东魏	孝静帝元善见皇后高氏　/570
北齐	文宣帝高洋皇后李祖娥　/573
	附：文宣帝高洋皇太后娄昭君　/576
	孝昭帝高演皇后元氏　/581
	武成帝高湛皇后胡氏　/583
	后主高纬皇后斛律氏　/587
	后主高纬皇后胡氏　/588
	后主高纬皇后穆邪利　/590
西魏	文帝元宝炬皇后乙弗氏　/593
	文帝元宝炬皇后郁久闾氏　/596

	废帝元钦皇后宇文氏　/599
	恭帝拓跋廓皇后若干氏　/601
北周	孝闵帝宇文觉皇后元胡摩　/603
	明帝宇文毓皇后独孤氏　/607
	武帝宇文邕皇后阿史那氏　/610
	武帝宇文邕皇后李娥姿　/614
	附：武帝宇文邕皇太后叱奴　/616
	宣帝宇文赟皇后杨丽华　/618
	宣帝宇文赟皇后朱满月　/621
	宣帝宇文赟皇后陈月仪　/623
	宣帝宇文赟皇后尉迟繁炽　/624
	静帝宇文阐皇后司马令姬　/627

隋

文帝杨坚皇后独孤氏　/631
附：文帝杨坚妃陈氏　/646
炀帝杨广皇后萧氏　/651

唐

太宗李世民皇后长孙氏　/665
附：太宗李世民妃徐惠　/676
高宗李治皇后王氏　/681
高宗李治皇后武则天　/692
中宗李显皇后韦氏　/746
附：中宗李显妃上官婉儿　/756
睿宗李旦皇后刘氏　/769
玄宗李隆基皇后王氏　/771
附：玄宗李隆基妃武氏　/777
附：玄宗李隆基妃杨玉环　/785

肃宗李亨皇后张氏 /815
附：代宗李豫妃独孤氏 /829
德宗李适皇后王氏 /834
附：德宗李适妃王珠 /836
顺宗李诵皇后王氏 /840
附：宪宗李纯妃郭氏 /845
附：穆宗李恒妃王氏 /858
附：穆宗李恒妃萧氏 /862
附：穆宗李恒妃韦氏 /868
附：武宗李炎妃王氏 /870
宣宗李忱皇后晁氏 /875
附：懿宗李漼妃王氏 /878
昭宗李晔皇后何氏 /880

吐蕃　松赞干布皇后文成公主 /890
　　　赤德祖丹皇后金城公主 /898

五代十国

后唐　庄宗李存勖皇后刘玉娘 /905
　　　附：庄宗李存勖皇太后曹氏 /922
　　　明宗李嗣源皇后曹氏 /927
　　　附：明宗李嗣源妃王氏 /930
　　　末帝李从珂皇后刘氏 /938

后晋　高祖石敬瑭皇后李氏 /942

后汉　高祖刘知远皇后李氏 /957

后周　附：太祖郭威妃董氏 /963
　　　世宗柴荣皇后符氏 /966

南唐　烈祖李昇皇后宋福金 /971

	附：烈祖李昪妃种时光　/975
	元宗李璟皇后钟氏　/979
	后主李煜皇后周娥皇　/981
	后主李煜皇后小周氏　/991
前蜀	附：高祖王建妃徐氏　/999
后蜀	附：后主孟昶妃徐氏　/1013

宋

北宋	太祖赵匡胤皇后王氏　/1021
	太祖赵匡胤皇后宋氏　/1023
	附：太祖赵匡胤皇太后杜氏　/1026
	太宗赵光义皇后李氏　/1032
	附：太宗赵光义妃李氏　/1034
	真宗赵恒皇后郭氏　/1036
	真宗赵恒皇后刘氏　/1038
	附：真宗赵恒妃李氏　/1053
	仁宗赵祯皇后郭氏　/1058
	仁宗赵祯皇后曹氏　/1066
	附：仁宗赵祯皇太后杨氏　/1099
	附：仁宗赵祯妃张氏　/1102
	英宗赵曙皇后高氏　/1110
	神宗赵顼皇后向氏　/1131
	附：神宗赵顼妃朱氏　/1139
	哲宗赵煦皇后孟氏　/1142
	哲宗赵煦皇后刘氏　/1157
	徽宗赵佶皇后王氏　/1164
	徽宗赵佶皇后郑氏　/1166
	附：徽宗赵佶妃韦氏　/1170
	钦宗赵桓皇后朱氏　/1177

南宋

高宗赵构皇后邢氏　/1180
高宗赵构皇后吴氏　/1182
孝宗赵昚皇后夏氏　/1189
孝宗赵昚皇后谢氏　/1191
光宗赵惇皇后李凤娘　/1193
宁宗赵扩皇后韩氏　/1202
宁宗赵扩皇后杨氏　/1203
理宗赵昀皇后谢道清　/1211
度宗赵禥皇后全氏　/1228

辽

太祖耶律阿保机皇后述律平　/1235
太宗耶律德光皇后萧温　/1260
世宗耶律阮皇后甄氏　/1262
世宗耶律阮皇后萧撒葛只　/1266
穆宗耶律璟皇后萧氏　/1268
景宗耶律贤皇后萧绰　/1270
圣宗耶律隆绪皇后萧菩萨哥　/1286
兴宗耶律宗真皇后萧挞里　/1290
附：兴宗耶律宗真皇太后萧耨斤　/1295
道宗耶律洪基皇后萧观音　/1301
道宗耶律洪基皇后萧坦思　/1309
天祚帝耶律延禧皇后萧夺里懒　/1311
附：天祚帝耶律延禧妃萧瑟瑟　/1312

北辽　附：宣宗耶律淳妃萧普贤女　/1317

西辽　德宗耶律大石皇后萧塔不烟　/1324
　　　附：承天太后耶律普速完　/1327

金

熙宗完颜亶皇后裴满氏 /1333
海陵王完颜亮皇后徒单氏 /1336
附：海陵王完颜亮皇太后徒单氏 /1338
附：海陵王完颜亮皇太后大氏 /1342
附：海陵王完颜亮妃阿里虎 /1344
附：海陵王完颜亮妃定哥 /1346
附：章宗完颜璟皇太后徒单氏 /1349
附：章宗完颜璟妃李氏 /1352
宣宗完颜珣皇后王氏 /1356

西夏

景宗李元昊皇后野利氏 /1361
景宗李元昊皇后没藏氏 /1364
毅宗李谅祚皇后没藏氏 /1367
毅宗李谅祚皇后梁氏 /1369
惠宗李秉常皇后梁氏 /1378
崇宗李乾顺皇后耶律南仙 /1384
崇宗李乾顺皇后任氏 /1386
仁宗李仁孝皇后罔氏 /1387
仁宗李仁孝皇后罗氏 /1389

元

太祖孛儿只斤铁木真皇后
　孛儿帖 /1393
太宗孛儿只斤窝阔台皇后
　脱列哥那 /1409
定宗孛儿只斤贵由皇后
　斡兀立海迷失 /1418

宪宗孛儿只斤蒙哥皇后
　　忽都台　/1425
附：宪宗孛儿只斤蒙哥妃
　　也速儿　/1428
世祖孛儿只斤忽必烈皇后
　　察必　/1430
世祖孛儿只斤忽必烈皇后
　　南必　/1440
成宗孛儿只斤铁穆耳皇后
　　失怜答里　/1443
成宗孛儿只斤铁穆耳皇后
　　卜鲁罕　/1445
武宗孛儿只斤海山皇后
　　真哥　/1448
附：武宗孛儿只斤海山皇太后
　　答己　/1450
仁宗孛儿只斤爱育黎拔力八达皇后
　　阿纳失失里　/1464
英宗孛儿只斤硕德八剌皇后
　　速哥八剌　/1469
泰定帝孛儿只斤也孙铁木耳皇后
　　八不罕　/1472
文宗孛儿只斤图帖睦尔皇后
　　卜答失里　/1478
明宗孛儿只斤和世㻋皇后
　　八不沙　/1491
宁宗孛儿只斤懿璘质班皇后
　　答里也忒迷失　/1495
惠宗孛儿只斤妥懽帖睦尔皇后
　　答纳失里　/1497
惠宗孛儿只斤妥懽帖睦尔皇后
　　伯颜忽都　/1502
惠宗妥懽帖睦尔皇后
　　完者忽都　/1505

明

太祖朱元璋皇后马氏 /1521
惠帝朱允炆皇后马氏 /1537
成祖朱棣皇后徐氏 /1541
仁宗朱高炽皇后张氏 /1555
宣宗朱瞻基皇后胡善祥 /1569
宣宗朱瞻基皇后孙氏 /1571
英宗朱祁镇皇后钱氏 /1576
代宗朱祁钰皇后汪氏 /1583
代宗朱祁钰皇后杭氏 /1590
宪宗朱见深皇后吴氏 /1592
宪宗朱见深皇后王氏 /1605
附：宪宗朱见深妃万贞儿 /1610
孝宗朱祐樘皇后张氏 /1633
武宗朱厚照皇后夏氏 /1637
世宗朱厚熜皇后陈氏 /1643
世宗朱厚熜皇后张氏 /1646
世宗朱厚熜皇后方氏 /1648
穆宗朱载垕皇后陈氏 /1653
附：穆宗朱载垕妃李氏 /1656
神宗朱翊钧皇后王氏 /1662
附：神宗朱翊钧妃郑氏 /1664
熹宗朱由校皇后张氏 /1680
思宗朱由检皇后周氏 /1683

南明

附：福王朱由崧皇太后邹氏 /1686
唐王朱聿键皇后曾氏 /1689
桂王朱由榔皇后王氏 /1693
附：桂王朱由榔皇太后王氏 /1698

清

太祖爱新觉罗努尔哈赤皇后
　　阿巴亥　/1705
太宗爱新觉罗皇太极皇后
　　哲哲　/1713
附：太宗爱新觉罗皇太极妃
　　布木布泰(庄妃)　/1716
世祖爱新觉罗福临皇后
　　博尔济吉特氏　/1735
世祖爱新觉罗福临皇后
　　博尔济吉特氏　/1738
圣祖爱新觉罗玄烨皇后
　　赫舍里氏　/1741
世宗爱新觉罗胤禛皇后
　　乌拉那拉氏·/1743
世宗爱新觉罗胤禛皇后
　　钮祜禄氏　/1745
附：世宗爱新觉罗胤禛妃
　　年氏　/1748
高宗爱新觉罗弘历皇后
　　富察氏　/1751
高宗爱新觉罗弘历皇后
　　乌喇那拉氏　/1754
附：高宗爱新觉罗弘历妃
　　和卓氏　/1757
仁宗爱新觉罗颙琰皇后
　　喜塔腊氏　/1762
仁宗爱新觉罗颙琰皇后
　　钮祜禄氏　/1764
宣宗爱新觉罗旻宁皇后
　　佟佳氏　/1768
宣宗爱新觉罗旻宁皇后
　　钮祜禄氏　/1770

附：宣宗爱新觉罗旻宁妃
    博尔济吉特氏　/1773
文宗爱新觉罗奕詝皇后
    钮祜禄氏　/1778
附：文宗爱新觉罗奕詝妃
    叶赫那拉氏(慈禧太后)　/1790
穆宗爱新觉罗载淳皇后
    阿鲁特氏　/1816
德宗爱新觉罗载湉皇后
    叶赫那拉氏　/1832
附：德宗爱新觉罗载湉妃
    他他拉氏(珍妃)　/1848
宣统帝爱新觉罗溥仪皇后
    婉容　/1861

后记　/1863
修订再版后记　/1865

本卷目录

汉

西汉

高祖刘邦皇后吕雉　/3
惠帝刘盈皇后张氏　/16
文帝刘恒皇后窦氏　/21
景帝刘启皇后薄氏　/28
景帝刘启皇后王娡　/30
武帝刘彻皇后陈娇　/34
武帝刘彻皇后卫子夫　/38
昭帝刘弗陵皇后上官氏　/44
宣帝刘询皇后许平君　/51
宣帝刘询皇后霍成君　/57
宣帝刘询皇后王氏　/61
元帝刘奭皇后王政君　/63
成帝刘骜皇后许氏　/73
成帝刘骜皇后赵飞燕　/80
附：成帝刘骜妃班氏　/89
哀帝刘欣皇后傅氏　/95
平帝刘衎皇后王氏　/98
新帝王莽皇后王氏　/104
新帝王莽皇后史氏　/110

东汉

光武帝刘秀皇后郭圣通　/113
光武帝刘秀皇后阴丽华　/117

明帝刘庄皇后马氏　／121
章帝刘炟皇后窦氏　／127
和帝刘肇皇后阴氏　／135
和帝刘肇皇后邓绥　／139
安帝刘祜皇后阎姬　／155
顺帝刘保皇后梁妠　／161
桓帝刘志皇后梁女莹　／169
桓帝刘志皇后邓猛女　／172
桓帝刘志皇后窦妙　／175
灵帝刘宏皇后宋氏　／178
灵帝刘宏皇后何氏　／180
献帝刘协皇后伏寿　／182
献帝刘协皇后曹节　／187

匈奴　呼韩邪单于阏氏王昭君　／190

三国

魏　文帝曹丕皇后郭氏　／205
附：文帝曹丕皇太后卞氏　／209
附：文帝曹丕妃甄洛　／214
明帝曹叡皇后毛氏　／223
明帝曹叡皇后郭氏　／225

蜀　昭烈帝刘备皇后吴氏　／228

吴　大帝孙权皇后潘氏　／231
附：大帝孙权妃谢氏　／233
会稽王孙亮皇后全氏　／235
景帝孙休皇后朱氏　／237
末帝孙皓皇后滕氏　／239
附：末帝孙皓皇太后何氏　／241

汉

(前 206 – 公元 220)

汉代分西汉、东汉两个时期。

本书收录了西汉的 12 个皇帝的 18 个皇后,并附有一个皇妃;收录了东汉的 8 个皇帝的 15 个皇后;另收录同时期匈奴的一个皇后级人物——王昭君。

西汉

汉/西汉

高祖刘邦皇后吕雉

◎ 王富森

　　汉高祖吕后这位女中丈夫,一生颇不平凡。在秦末群雄并起的年代里,她和刘邦在患难中奋斗创业,终成大事。刘邦得天下后叛乱频仍,吕后多次辅佐朝政,平息叛乱。她设计缚杀韩信保根本,族杀彭越除后患,残迫戚夫人为人彘。曾被项羽虏去做人质达两年五个月之久。在复杂的政治环境下,她磨炼成为一个坚强而有胆力的女杰。

嫁与刘邦 终成皇后

吕后,名雉,字娥姁。家居单父(今山东单县),不知其父何名,司马迁审慎地称之为吕公。吕雉与刘邦的结合,很富有戏剧性。吕公是沛县县令的好友,因躲避仇人到沛县投靠县令,便在这里安家落户了。沛县的官吏豪杰听说县令家里来了位旧交,都纷纷前往祝贺。县令大摆宴席款待前来祝贺的客人。萧何受县令委托总管宴会事宜。他事先对各宾客宣布,凡贺礼不满千钱的,座位就排在堂下。时刘邦仅是一小小亭长(秦法:乡村十里为亭,十亭为乡),但他一向自视清高,虽是囊空如洗,却不愿错过这次机会,也不想屈居下座。于是宴会当时,他一本正经地写了一份拜贴,上书贺仪一万钱。然后,便大摇大摆地向大堂走去。吕公听说来了位贺钱上万的贵客,立即亲自将刘邦迎入大堂。萧何与刘邦素来相知,悄悄提醒吕公说:"刘是一爱说大话、不办实事的人。"而刘邦呢?则旁若无人地坐在首席上,谈笑风生,频频饮酒,其余宾客相形减色。

吕公善看相,在酒令之间细看刘邦乃一贵相。他生得相貌堂堂,方面,高鼻梁,美须髯。酒足饭饱以后,刘邦正要告辞,吕公以目示意刘邦留下。待其他客人都走了以后,吕公诚恳地对刘邦说:"我一向喜欢研究相术,相人多应。今天见到阁下,相貌贵不可言,愿阁下自爱,我的长女相貌不恶,愿收你做子婿。"刘邦听后真是又惊又喜,万万想不到白吃一顿不算,主人还要把女儿嫁给他。当下欣然应诺。事后,吕公回到内室,和吕夫人谈起此事,吕夫人生气地对丈夫说:"你一向说这个女儿命相奇贵,要嫁给贵人。沛县县令和你交情不错,上次想和你攀亲,你不答应,怎么现在要把爱女许给这样一个穷措大。"吕公说:"此非尔女子所知也。"他不顾老伴的反对,俨然将女儿嫁给了刘邦。

刘邦任亭长不常在家,很少从事生产。吕雉则留在家中帮助家计,下田力作。婚后数年,吕氏生了一女一子。

秦二世元年(前209),刘邦响应陈胜起义,吕氏宗族几乎全部参加了刘邦的起义队伍,跟随他转战南北。其中吕雉之兄吕泽和吕释之,都是带兵的将领,在反秦战争和楚汉战争中立下不少功劳。公元前205年刘邦统帅的汉军自汉中东下,乘项羽在山东作战,后方空虚,一口气打到彭城(今江苏徐州),不意项羽迅速回军,大败汉军。刘邦与数十骑败逃途中经过家乡沛县,想将家人一起带走,不想刘邦父亲太公和吕雉已被项羽扣作人质,只有儿子刘盈姊弟在路上遇到刘邦,得以安全逃离。

刘邦这次虽然失败得很惨,但此时吕泽正带领一支汉军驻守在下邑(今安徽砀山),他迎接疲惫不堪的刘邦,收集败退归来的残兵游勇,才使刘邦暂时有了一立足之地。此后楚汉两军在荥阳一带对战三年之久,直到公元前203年九月,楚汉签订以鸿沟为界中分天下的停战协定以后,项羽才将太公和吕雉送还刘邦,不久,项羽败灭,刘邦正式称帝,吕氏也成了皇后。

太子公主险不测　吕后用计化为夷

吕后的儿子刘盈后被册立为太子,女儿封为鲁元公主嫁与张敖为妻。鲁元公主最受宠于吕后。项羽被消灭以后,汉最强大的敌人是北方的匈奴。其时匈奴冒顿单于有军队三十余万,刘邦曾被他围在平城(今山西大同)差一点被俘虏。匈奴屡犯边境,到处骚扰,刘邦无计退敌。这时,刘敬献和亲之计,劝刘邦将鲁元公主嫁与冒顿单于,两国结亲以为和好。刘邦听后觉得为求缓兵之计,也只能如此。吕后得知此事后,日夜在刘邦面前啼哭,刘邦经不住吕后的眼泪,才终止了这一计划,母女方得安心。

吕后最大的敌人,是刘邦的宠妃戚夫人。她不仅是情敌,还威胁到太子刘盈的合法地位。刘邦和吕后结合前,就有不少外遇,刘盈也并非他第一个儿子,他的长子名刘肥,就是婚前和一名不知姓名的女子所生。他得天下后封此子为齐王。在刘邦众多姬妾中,他最宠爱山东定陶籍的戚夫人。这位戚夫人是他起兵之初在山东时所娶。戚夫人所生一子名如意,刘邦说他像自己,甚为宠爱。刘邦即位第十年,如意10岁,刘邦封他为赵王。这时的吕后已年老色衰,经常留守长安。刘邦南征北讨,总是带戚夫人同行。太子刘盈生性仁和,刘邦不喜欢他,说他懦弱无用。戚夫人为长久打算,希望刘邦立如意为太子,刘邦也有此意。不过,废立太子大事,须和朝中大臣计议,征得他们同意才能名正言顺。故刘邦在朝中提出后,遭到各大臣的一致反对。原因是刘盈被立为太子已有八年之久,如无罪而废,以私宠立如意,将大失人心,动摇国家根本。但刘邦仍固执己见。吕后在东厢偷听大臣的争论,内心也十分紧张、恐慌。这时,有人向吕后说,留侯张良最长于出谋划策,可以去请教他。吕后乃密使其兄建成侯吕释之去请教张良。

张良不愧是一足智多谋之士。他说这种事难用口舌来力争,不过我倒是想起一计,不妨一试。什么计呢?张良说,皇上得天下后,有四个高士——东园公、绮里季、夏黄公、角里先生。他们避秦乱隐居在商山,因为四个人都是老年高士,德高望重，称为商山四皓。皇上曾礼请他们出山，但他们鉴于皇上好谩骂侮辱儒士，逃入深山隐居不出，不肯做皇上的臣子。如果太子能谦恭其辞，修一书信，派一辩士携带一份厚礼，敦请他们出山，去太子府中做太子宾客，令皇上看到，他不能请到的人而乐于追随太子，必有助于太子的声望。吕释之回禀吕后，依计而行，竟然真的让太子请到了这四位高士。

刘邦在位的第十一年，淮南王英布叛乱。此时刘邦正生病，想派太子刘盈领兵去征讨。刘盈从来没有领兵打过仗，现在要他去对付强敌，实难胜任。这时太子宾客东园公等四皓为太子献策，去见吕释之，说太子将兵，有功不能增加他的秩位，无功恐怕要受过，反将影响太子地位。吕释之觉得此话有理，立即去见吕后，于是吕后找了一个机会，依照四皓之计劝说刘邦。刘邦一肚子不高兴地说："我知道这小子没用，不足以承担重任，只有乃公自己前去。"到第二年消灭英布后回朝，刘邦又重提废太子的意旨，在这岌岌可危的时候，正巧朝中举行庆宴，太子由四皓随从上朝拜贺，刘邦看见太子身边这四位须眉皓白宽衣博带的老者非常尊重太子，十分惊奇地说："我以前请你们，你们不出山却逃避我，现在何以反而乐于追随我儿。"四皓说："皇上一向轻侮儒士，又喜欢骂人，我们义不受辱所以逃走。现在太子仁孝恭敬，尊礼儒士，天下士子都引颈愿为太子所用，所以我们都自愿追随太子。"拜贺礼完成后，四皓随太子身后缓步离去。刘邦在殿上目送四人，召戚夫人前来，指给她看说："我本想废太子，但太子有这四位高士辅佐，名望日隆，羽翼已成，现在难得更动了。"刘盈之未被废，吕后、张良功不可没。这一场废太子的斗争，戚夫人失败，也就注定了她以后悲惨的命运。

智除诸王　消除隐患

吕后早年虽平凡无奇，但在刘邦得天下后，由于政治环境不平静，此叛彼逆，环境险恶，磨炼出了她那杰出干练的才能和刚毅的性格。当然，她对于政敌的残酷无情，心狠手辣，也使满朝文武震惊和恐惧。这突出地表现在她处理两件叛逆事件上。

楚王韩信（？—前196）是刘邦手下的一员大将。在楚汉战争中建立了巨大的历史功勋。刘邦得天下后，怀疑他谋反，用陈平的计策，假装出巡，会诸侯于陈，韩信不疑，应令前去，被扣留带回长安，降封为淮阴侯，留在长安加以监视，但由于没有掌握他谋反实据而被削地夺爵，这使韩信知道再也不会从刘邦那里得到什么高官厚禄了，他采取一种消极反抗的办法，称病闭门不出。可是心中常怀怨愤。这种软禁生活在长安一住四年，对刘邦由失望、怨恨，逐渐地走上了谋反的道路。汉十年（前197）代相陈豨自立为代王，公开打出了反叛的旗帜。刘邦亲自率兵前去讨逆。韩信在长安秘密与陈豨通谋，乘刘邦不在京城，准备假传命令，赦免城中被拘禁的罪犯和奴隶，发兵袭击吕后及太子，一举颠覆刘邦政权，自己取而代之。一切部署既定，只待陈豨密报一到，就开始行动。不料韩信家人中有一人得罪韩信，韩信将他囚起来要杀他，此人之弟为救其兄，连夜告变于吕后。汉十一年（前196）正月，吕后同相国萧何合谋，让人诈称从前线归来，报告陈豨兵败身死，令群臣皆上朝祝贺。韩信听到这一消息，惊惧不知所措，推说身体不适不能上朝,相国萧何特来会见韩信,并一本正经地对他说:"你虽然身体欠安,但在这种时候,应该强打精神支撑着身子上朝祝贺,以表示对朝廷的拥戴。"韩信听信萧何的话,勉强入宫朝贺。一进宫门,全副武装的卫士一拥而上,韩信束手就擒,吕后立即宣布他的罪状,下令将他斩于长乐宫悬锺之室。韩信的亲戚朋友也被斩尽杀绝。由于吕后的英断,不动声色地消弭一场大祸。

另一个帮助刘邦打天下的英雄彭越(？—前196),在刘邦得天下后,被封为梁王,都于山东定陶。在刘邦征讨陈豨时,遣使至彭越处,征兵协助进剿陈豨。彭越以生病为名拒不奉诏,为敷衍刘邦,彭越只遣一将率兵赴邯郸,刘邦见彭越未亲自带兵前来,异常愤怒,立即遣使责难彭越。彭越也感到势态严重,打算亲赴邯郸谢罪。彭越手下的大将扈辄劝告彭越说,你若去,必定被擒,不如干脆起兵造反,另树一帜。彭越没有接受这一建议,但也打消了前往谢罪的念头,而是继续称病。恰在这时,梁国的太仆犯了罪,为了逃避惩罚,急奔邯郸,向刘邦密报彭越与扈辄合谋反叛。刘邦得此把柄,马上遣使率武士至定陶,宣布刘邦召令,把彭越逮捕,押送洛阳加以囚禁。刘邦明白彭越的"谋反"罪实在是证据不足,同时也感到离开封地,剥夺兵权的彭越已难以构成对汉朝的威胁,因而也乐得在他身上显示一下自己不忘旧功和宽宏大量。决定赦免彭越,将其贬为庶人,并流放到蜀地的青衣(今四川临邛西南)。彭越正是带着这满腹冤屈走上流放之路的。他来到郑县(今陕西华县)适逢吕后从长安去洛阳路经此地,便痛哭流涕地向她陈述自己的冤情,希望打动吕后的恻隐之心,允许他回冒邑老家做一个平民百姓。吕后佯为许诺,将彭越带回洛阳。谁知吕后却对刘邦说:"彭越戎马功高,具有相当号召能力,如将他充军到四川，鞭远不及，而且四川天富之区，万一彭越复反，岂不是自遗祸患。现在我将他带回，不如因而杀之，以除后患。"刘邦于是将彭越交吕后全权处理。吕后即刻命令彭越舍人出来诬告他谋反，廷尉王恬开依照吕后的指令把彭越定成夷灭宗族的大罪。彭越战功赫赫，做了六年诸侯王，享尽了人间的荣华富贵，最后因刘邦、吕后一纸诏书便命染黄泉，而且骨肉被菹为醢，遍赐诸侯王，其遭遇之惨，令人发指。吕后处事的果断与狠毒由此可见一斑。

垂帘听政 鸩杀赵王

汉十二年（前195）四月，刘邦一死，太子刘盈即帝位，为惠帝。惠帝年方17岁，尊吕后为皇太后，大事多决于太后。五月，刘邦的葬礼甫毕，吕后便利用皇太后的权力，向她的情敌戚夫人及其子刘如意进行惨绝人寰的报复。她先将戚夫人囚于永巷，剪去她的头发，带上脚镣手铐，穿上罪衣裙，罚她做苦工舂米。此时，她的儿子刘如意虽封为赵王，但远在千里之遥的河北，难知她的遭遇。就是知道了也是无能为力。所以戚夫人时常一边舂米，一边悲歌："子为王，母为虏，终日舂薄暮，常与死为伍！相离三千里，当谁使告汝？"吕后闻知大怒说："怎么着，你还想叫儿子来报复吗？"于是她欲斩草除根，先后四次遣使者去赵国，召赵王刘如意来长安，准备将其与戚夫人一起处死，以除后患。

当初刘邦不得已打消废太子的意图时，就担心自己百年以后，戚夫人母子难保性命。御史赵尧献计，要想保全赵王，最好选一有地位、正直而素为吕后太子及群臣所敬畏的人做赵相，以保卫赵王。刘邦经慎重考虑，便选中了敢言力争的御史周昌。刘邦死时，赵王已被封，不过只是12岁的童子。当吕后使者传令要赵王去长安，周昌见来意不善不肯奉诏。使者回报，吕后震怒，先派人召周昌去长安问话，待周昌离赵，第二个召赵王的使者便到。这一招果然奏效，赵王也不敢不动身赴长安了。

惠帝刘盈秉性仁厚而友爱，他得知赵王来长安处境危险，便在赵王来到之前，率先赶到长安城外东灞去迎赵王，将这个差点儿夺去他帝位的幼弟接到自己宫中，起居饮食都在一起，使太后杀赵王之企图一时难以实现。不料某日，惠帝晨起外出习射，刘如意独自留在宫中，吕后钻此空当，遣人携毒酒强迫赵王饮下，将这个可怜的孩子鸩杀。戚夫人得知亲子死讯，悲痛欲绝，而吕后又想出了一个惨绝人寰的酷刑——既不让戚夫人死，也不让她像人一样活着：先砍断戚夫人的四肢，并将其眼珠挖去，再用一种药熏耳致聋，给她饮以瘖药使其哑不能言，然后放在厕所中，称之为"人彘"。吕后还觉不够，过了几日，她又得意地让对戚夫人持同情态度的惠帝前往观赏。惠帝一看这个活怪物，吓得差点儿晕过去，当得知她就是昔日美貌动人的戚夫人时，惨不忍睹之余，悲痛地大哭起来。他让人告诉吕后："这不是人做得出来的事，我为太后之子，太后所为如此，我将何以治天下。"从此以后，在吕后专权的淫威下，惠帝"日饮为淫乐，不听政"，自己戕害自己。自此，卑劣的权力欲和复仇欲使吕后犹如一头凶猛残忍的狮子，决心除掉一切拦在她权力之路上的障碍。

吕后一生中只爱两个人，就是她的一儿一女。她似乎对任何人都不敢相信，内心时常存有嫉恨和戒心，心理极不平衡。

凡蔑视她儿女地位的，不论是谁，她都会施以毒手。在刘邦的诸子中，最长者为刘邦婚前与一女子所生之子刘肥。刘邦在世时，封他为齐王，食邑山东七十余城。惠帝二年（前193）十月，齐王刘肥来长安朝见皇太后和皇帝。这本是一次家庭私宴，惠帝依家人礼尊刘肥为长兄，将刘肥位于上座。刘肥不晓利害，也就不客气地坐了下来。吕后见状，心里大为不满，认为刘肥有篡位之野心，随令人斟了两杯酒，暗置鸩毒其中，示意要刘肥敬酒上寿。刘肥刚起身端酒，谁知惠帝也一同起来，两兄弟一起走到太后座前，各拿起一杯酒欲敬，吕后见惠帝错端了毒酒，大惊，立即亲自下座，把惠帝手中的酒夺下来，不让他饮。刘肥见此情形，很是奇怪，也不敢饮那杯酒。席后方知那是杯毒酒，大为惊惧，如梦方醒。晓得太后要加害他，忧愁得不知所措。刘肥有一部下向他献计说："现在你的封地有七十余城，而太后之女鲁元公主的采邑才只有数城，你不如拿出一个郡来献与太后，作为公主的汤沐邑，太后势必喜欢，这样你就可以逃离灾祸也。"刘肥听罢依计而行，献出了城阳郡，并以母礼事鲁元公主，尊公主为齐王太后，吕后果然心喜，笑纳了这份厚礼，这样，齐王刘肥才平安回到封地。

吕后做的另一件不顾伦常的事是她为惠帝择婚。她为了加快培植吕氏集团和在更大范围内排除异己的步伐，居然将惠帝亲姊鲁元公主与赵王张敖所生之女立为帝后。大概是因为甥舅近亲通婚的缘故，这位张皇后一直未生孩子。这可难坏了吕后，如立刘邦其他儿子来继承皇位吧，又非亲生。于是，她命取惠帝另一姬妾所生儿子交由张皇后抚养，同时杀掉孩子的生母。惠帝死后，吕后就立张皇后的养子为帝，称之为少帝，吕后以皇太后之尊临朝听政。

大封诸吕　世人反对
耗费苦心　终成泡影

刘邦死后，吕后掌握了国家大权，继承了刘邦事业，国家还是稳定的，但吕后始终在考虑一个问题，就是怎样来巩固她的政权。因为她清楚，刘邦还有六个儿子在世，他们都有资格继承皇位，对她专权内心一定不平，而朝廷中的将相大臣，都是随刘邦起兵的老臣，以一女主要统御这些老臣宿将，实在很难。为此她整天忧心忡忡。汉惠帝七年（前188）八月，惠帝病逝。这时年逾花甲的吕后呼天抢地，却干嚎而无眼泪。张良的儿子张辟强年15岁，任侍中，他看透了吕后的心思，对丞相陈平说："太后独有孝惠，今崩，何以太后哭而不哀？"陈平不解，张辟强接着说："因为惠帝的儿子都在稚龄，太后内心畏惧老臣宿将不好统帅，有疑惧，长此下去，大家不免遭祸。丞相最好建议太后拜太后亲属吕产、吕台、吕禄为将，让他们领京城禁军，使诸吕都入宫居中用事，如此吕后心安。而君等也可以脱祸。"陈平依计而行，果然大得吕后的欢心。

吕后在惠帝亲政时期，拼凑吕氏外戚集团的意图尚不十分明显。但惠帝死后，吕后失去了可以直接掌握的皇帝，情况便急转直下，一个以吕后为首的外戚集团，以封王诸吕为契机，很快地组织了起来。吕后有两兄一姊，两兄吕泽、吕释，都官封侯爵，惠帝时均已病故。但吕泽之子吕台、吕产，吕释之子吕禄及其他吕姓亲族多人借吕后权势很快飞黄腾达起来。吕后是很聪明的，她知道守卫京师的南军和北军有举足轻重的地位，因而就使吕台、吕产、吕禄当了这两支军队的统帅，同时又把吕氏家族一一安排到宫中的重要岗位上，使这里变成了名副其实的吕家天下。吕后实际掌权以后,又效仿刘邦的做法,大封诸吕为王,巩固自己的地位和权力。从公元前188年惠帝死去,到公元前180年吕后病逝,8年之中,吕后共在其宗族至亲中封了张偃、吕台、吕嘉、吕产、吕禄、吕通六人为王,吕种、吕平、吕婴、吕他、吕更始、吕忿、吕庄等十余人为侯,再加上其他异姓的亲信封侯者共三十余人。这些王、侯之中,除个别刘氏宗族心向刘氏集团之外,其余绝大多数都是吕后的私党。除此之外,吕后另有一法,就是将诸吕之女嫁给刘姓的王侯,以使吕氏家族永远兴旺下去。刘邦的儿孙赵幽王刘友、赵共王刘恢,均娶吕氏女为王后,朱虚侯刘章、营陵侯刘泽也是以诸吕之女为妻。这些吕氏之女嫁给刘氏王侯之后,也依仗权势,欺压丈夫,甚至祸及丈夫。皇族娶吕氏女为妻的,多受吕女的欺凌,如刘友不爱吕氏女,为吕女谗于吕后,吕后便召赵幽王去长安,将他囚禁饿死。赵共王刘恢受吕产女的监视,行动也不自由,后因吕女鸩杀其爱姬使刘恢愤而自杀。刘邦另子燕灵王刘建病死,有一子,吕后使人杀之,使他绝后。只有朱虚侯刘章虽娶吕禄女为妻,但他强项无畏。刘章是齐王刘肥之子,在某次宫廷宴会中,刘章请以军法监酒,曾斩吕姓逃酒者一人。故此,刘章虽年仅20岁,却在刘邦诸孙中表现有胆力有作为,诸刘都倚重他。这时候,被吕后立为皇帝的那一位连名字也没留下来的少年天子,知道自己并不是皇帝的儿子,小小心灵不知利害,说出了"太后杀我母,我大了以后,一定要报仇"的话,不料,这位少不更事的小皇帝,就因为这几句话而送掉了自己年轻的生命。吕后立即把他囚于永巷,对外宣布小皇帝生病,不准周围的侍臣接近他。后又将少帝幽杀,立惠帝另一假子常山王刘义为帝。

吕后八年(前180)七月,年近七旬的吕后病势渐重。她预感到自己将不久于人世，也清楚刘氏集团决不会甘于屈居吕氏集团的统治之下，她死之后必有一场你死我活的斗争，因而精心地为她家人做了应变的准备。她任赵王吕禄为上将军，统帅北军；梁王吕产领南军。汉朝的军制，京城的禁卫军分南军、北军，南军掌卫戍宫城，北军掌卫戍京城。这样便控制了京城和宫廷的卫戍部队，以防兵变，并且告诫吕禄、吕产说："吕氏封王，大臣都不平，我若死，皇帝年幼，恐大臣生变，你们必须掌握兵权，保卫宫城，千万不要脱离军队，而为人所制。"而且没有忘记以吕产为相国，以吕禄女为帝后，为巩固吕氏的权力做了最后的努力。

公元前180年，吕后崩，果然刘邦长孙齐王刘襄自山东发兵，同时使用计谋，诱使琅玡王刘泽与之联合。两诸侯王的联军一面猛烈地攻击吕产的封国济南，一面遣使遍告刘姓诸侯王，声讨诸吕之罪，要求共同发兵讨伐吕氏集团。吕产得到齐王发兵的消息后，马上命令灌婴率大军东向迎敌，而效忠刘氏的灌婴迟迟不进。此时吕禄又中了周勃、陈平的计谋，为保全自己，交出了兵权。这时候，吕产还不知道吕禄已离开北军，打算入据未央宫发动政变，穿上龙袍，以号令于天下，当即被卫齐阻止，不得入内。吕产一边在宫外徘徊，一边思谋对策。恰在此时，周勃与刘章率兵入宫，正碰上吕产等人，双方一场激战，吕产被杀死，接着发兵分路捕杀诸吕在京师的宗族，吕禄、吕通均被诛杀，吕媭被笞杀，张偃的鲁王之位亦被废掉。尽杀诸吕和吕姓宗亲及惠帝所生之假子四人。接着，陈平、周勃又遣刘章以诸吕被诛告齐王，令齐军撤退回国。就这样，以周勃、陈平为首的刘氏集团，几天之内，通过一场宫廷政变，便痛快淋漓地扫荡了吕氏集团，迎刘邦另子代王刘恒为帝，是为汉文帝。

惠帝刘盈皇后张氏

◎ 涂晓青

公元前191年冬十月的一天,长安城未央宫张灯结彩,场面宏大、豪华气派的皇帝大婚礼典在这里举行。年方20岁的汉惠帝刘盈身着大婚礼服,矜持地步至未央宫前殿的殿门,迎娶他的皇后。

皇后姓张,她的芳名早已不可得知,魏晋间的文学家皇甫谧为她杜撰了一个名字:名嫣,字淑君。

皇后的生母乃鼎鼎大名的鲁元公主。鲁元公主是汉高祖刘邦的长女,皇后吕雉所生。她来到人世间时,刘邦还是秦王朝的泗上亭长——一个负责十里路的驿传和治安的小官。

刘邦公干，吕雉和女儿、儿子刘盈在田间劳动。刘邦举兵反秦，秦亡后又与项羽争夺天下，吕雉娘仨颠沛流离，备受艰辛。刘邦逐死项羽，南面称君，封吕雉为皇后，女儿为鲁元公主，立刘盈为皇太子。

鲁元公主嫁给秦汉之际赫赫有名的赵王张耳的儿子张敖为妻。张耳死后，张敖嗣为赵王，雄居北疆。刘邦对异姓王不放心，将淮南王英布、梁王彭越、楚王韩信一一剪除。看在张敖是驸马的份上，刘邦留他一条命，贬为宣平侯。

惠帝迎娶的皇后便是张敖和鲁元公主的女儿。故论其辈份来，那张皇后是汉惠帝的外甥女。

这场婚姻是皇太后吕雉一手包办的。

刘邦驾崩后，皇太子刘盈继立为帝，尊吕后为皇太后。吕后为人刚毅，她以母后的身份操持军国大政。吕雉太后在维系刘氏家天下的局面的同时，竭力为娘家人争取更多的权益，甚至破坏刘邦立下的规矩，封吕氏子弟为诸侯王。厚遇吕氏之外，她当然也忘不了关怀女儿鲁元公主。刘邦驾崩的第二年，她想鸩杀刘邦的"外妇"所生的齐王刘肥，刘肥惶恐，他的属官献上一计："皇太后只有鲁元公主和皇上（指惠帝——引者），大王献上一郡给公主做汤沐邑，太后必喜，大王无患矣。"刘肥依计而行，献上城阳郡（郡治今山东莒县），尊奉他的异母妹妹鲁元公主为太后。吕太后大喜，置酒款待刘肥。从这件事上，可以窥见吕太后对鲁元公主的溺爱。

尽管鲁元公主被异母兄长尊奉为母后，但她的境遇并不好。因为，她的丈夫张敖早已被刘邦废为宣平侯。从夫家来说，鲁元公主只是个侯爵夫人。

吕太后千方百计地想给女儿一家更高的荣耀、富贵。女儿的头衔只能到公主、侯爵夫人、齐太后；女婿也只能是个列侯爵位。于是，只有在那位十多岁的外孙女身上做文章了。她以母后的权威把外孙女许配给儿子。这样，儿子是君临天下的皇帝，外孙女成了母仪天下的皇后。

不过，汉代的伦理观念远没有后世那么强烈。舅舅娶外甥女这样的婚姻关系，在当时还算不上什么"乱伦"。后来人读《汉书》，看到这一段历史，为之骇然。

吕雉太后为儿子和外孙女举办了盛大的婚礼。她不辞劳苦，亲自制定婚姻仪式。拿出黄金2万斤，作为聘礼。在当时，一个中等的"小康"人家的全部家产，约值黄金10斤。吕太后拿出来聘娶外孙女的黄金，相当于2000个中等人家的家产。

立外甥女为皇后，惠帝是极为不满的。这倒不是觉得"乱伦"，不合礼制，而是对母后的所作所为不满，尤其看到吕后鸩杀刘如意，把戚夫人变成"人彘"，他深感震惊。他大哭一场之后，就病倒了。一年后，惠帝的病略有好转，想起种种不如意的事，母后的所作所为，遂上书母后，把军国大政交给她，自己不再理政。吕雉太后欣然同意。

惠帝从此沉湎于酒色中，终天饮酒作乐，自暴自弃。

他虽然淫于女色，但为了报复吕雉太后，他有意冷落、疏远张皇后。可怜的张皇后又成了一个悲剧人物。

张皇后看到皇上对她冷冰冰的，尽宠爱别的嫔妃，深感皇后的位子不稳，若能生个儿子，立为皇太子，她的地位就牢固得多了。然而她手下的嫔妃多有怀孕的，惟她不曾有身。她又气又恨，却无可奈何。身为外婆兼婆婆的吕雉太后见状，更加着急，她使尽了手段，然而却无一不是枉费心机。绝望的太后只得搞诡计了。她让张皇后把衣服撑起来，装作怀孕的样子。然后放出风来：张皇后有喜了。十个月后，吕雉太后把生子不久的一个妃子杀掉，把婴儿抱给张皇后，诏告天下，皇后喜得贵子。

为时不久，吕雉太后授意汉惠帝，立这个婴儿为皇太子。

遗憾的是，文献上没有留下这个孩子的名字。

公元前188年，年仅23岁的汉惠帝病死。皇太子继位，史称"少帝"。张皇后成了皇太后。

吕雉太后的位号又升了一格，成为太皇太后。少帝年幼，吕雉太皇太后临朝摄行天子事，执掌朝政。她大封吕氏子弟为诸侯王。周勃等一班老臣对吕后违背高祖刘邦"非刘氏而立者，天下共击之"的规定而封诸吕为王十分不满，但慑于吕雉太皇太后的权威，不敢公开反对。因此，吕后当政以来，政局一直比较平安。

不料，第四年宫廷内部出了乱子。

这年，少帝年已七八岁了，不知他怎么知道了自己的身世。小皇帝对杀害他生母的吕雉太皇太后和冒称他生母的张太后极其愤恨，说："太皇太后怎么能杀我生母而以太后冒称？哼！等长大了，我就料理这件事。"

有人将少帝的话密报太皇太后。吕雉大惊失色，亟令把少帝幽禁在永巷——一个幽禁犯罪嫔妃、宫女的地方，谎称："皇上圣体不安，免朝百官。"

过了几天，太皇太后朝见百官，说皇上病情严重，丧失理智，难以君临天下，另立惠帝子，恒山王刘弘为帝。

年幼的少帝被鸩杀了。

新即位的刘弘乖巧一些，谨慎地事奉太皇太后吕雉和皇太后张氏。他在帝位上坐了4年。太皇太后把她二哥的孙女指配给刘弘，欲以强固吕氏外戚的势力。

吕后临朝8年而崩，高祖老臣周勃等发动政变，诛灭吕氏外戚，杀掉刘弘。惠帝张皇后也受到牵连，被褫夺太后称号，幽居未央宫北面的北宫。

张氏在这里幽居了17年,公元前163年,张氏病死,被葬在惠帝的安陵陵园里。

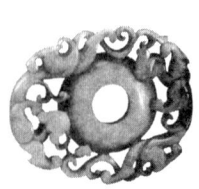

文帝刘恒皇后窦氏

◎ 刘德增

公元前195年,一代英主刘邦病死,他的遗孀吕雉以皇太后的身份操纵国政。她下了一道命令:把皇宫中皇帝未曾御幸过的宫女分赐给诸侯王,每王5人。有个姓窦的宫女在遣送之列。她是清河观津县(今河北武邑东南)人,想去离家近一些的赵国(今河北邯郸),便托负责遣送工作的宦官帮忙,那宦官满口答应,过后却把这事忘了,把她分派在去代国(今河北蔚县东北)的行列中。当奏报皇太后吕雉批准、公布遣送名单后,窦氏才知道自己被赐给代王了,她怨恨那个宦官,不想去代国。但事已无可挽救,她被迫踏上了去代国的路。

窦氏一行五人到了代国的王宫,做了代王刘恒的嫔妃。在新来的5个嫔妃中,刘恒特别喜欢窦氏。过了几年,窦氏生了一个女孩,取名刘嫖。到公元前188年,她生下了第二个孩子,是个男婴,取名刘启。

就在这年,京师长安传出噩耗:汉惠帝病死。

惠帝死后,皇太后吕雉立惠帝的太子为帝。惠帝这个儿子不是他的皇后张氏所生,而是另一个妃子生的。张皇后侍奉惠帝多年,没生子女,吕太后便把那个妃子的儿子抱去冒称张皇后的儿子,把孩子的生母杀了。太子即位时年龄还小,皇太后吕雉临朝听政,执掌军政大权。过了4年,小皇帝知道了自己的身世,口出怨言,皇太后大惊,废黜了他,另立恒山王刘弘为帝。

大约在这场变故前后,代王刘恒的妃子窦氏又生了一个儿子,取名刘武。

吕太后在她当权的第八年一病不起,离开了人间。她死后,大臣周勃等人发动宫廷政变,杀掉了当权的吕氏子弟,废黜刘弘,迎立代王刘恒为帝,是为文帝。

在刘恒称帝之前,他的王后便病逝了。更为不幸的是,她生的4个儿子在刘恒君临天下后不久,也相继病亡。文帝即位数月,群臣上书,奏请立皇太子。这时,在文帝诸子中,数窦氏所生的刘启年龄大,文帝便立他为太子。母以子贵,窦氏成了皇后,入主后宫。她所生的女儿刘嫖,被封为"馆陶长公主"。

窦皇后的父母早死,葬在观津(今河北武邑东南),追封为安成侯、安成夫人。她有兄弟二人,兄叫窦长君,弟叫窦少君。窦氏应选入皇宫后,弟少君被人贩子掠卖,不知去向。

窦氏荣膺皇后的封号不久，有人上书，自称是皇后的弟弟窦少君。窦皇后把弟弟失踪的经过奏告文帝。文帝派人召那个自称是窦少君的人入京审查。这人说："我被人贩子偷抢去后，卖来卖去，卖到了宜阳（今河南宜阳），为主人入山烧炭。我被卖时虽然年少，但记得家庭地址和姓氏。"仅有这些，是不足以证明他就是窦少君的。这个人又回忆了他被掠卖前与姐姐相处的几个片断："一次，我和姐姐去采桑叶，从树上摔了下来。姐姐应选入宫时，和我在驿站诀别，她替我洗了个澡，又喂我饭吃，然后才走。"他的话刚完，窦皇后便跑上前去，抱着他痛哭起来。这个人果然是窦少君。

文帝重重地赏赐了窦长君、窦少君。周勃等人担心窦氏兄弟仗势凌人，便选了几个年长且有德行的人陪伴他们。窦氏兄弟谦逊退让，不敢以富贵骄人。

第二年，窦皇后的小儿子刘武被封为代王。过了两年，改封为淮阳王。

汉文帝沿用惠帝以来的黄老思想治国理民。黄老思想的核心是"无为而治"。这对于恢复、发展战乱后的社会经济、文化是极有利的。窦皇后也十分热衷这一思想，她的儿子刘启和窦氏子弟都学习黄老学说。

过了几年，窦氏在一场大病中失明。年长色衰，眼睛又瞎，她逐渐失宠。一个姓慎的和一个姓尹的妃子，成了文帝的新欢。对此，窦皇后自然是无可奈何，暗自悲叹而已。

使她欣慰的是，最喜爱的小儿子刘武在公元前168年改封为梁王。梁国在今河南开封、通许以东，永城以北，山东曹县、嘉祥以南和安徽砀山、亳县一带，土地肥沃，拥有40多个城市，是个大国。

11年后，汉文帝病逝，葬在京师长安东郊的霸陵。皇太子刘启即位,是为景帝。窦皇后成了皇太后。

景帝即位的第四年,梁王刘武入朝,景帝置酒,款待他的皇弟。当时景帝还没立太子,喝到高兴的时候,他对皇太后窦氏说:"朕千秋万岁后,把帝位传给皇弟。"太后听罢,十分高兴。谁知,她的黄粱美梦让侄子窦婴给打破了。窦婴当时是个詹事——一个掌管皇后、太子事务的大官,他端着一杯酒,敬献给景帝,直言极谏道:"天下,是高祖的天下。父子相传,是汉家的制度,皇上怎么能传位给梁王!"这下可气坏了窦太后。但窦婴言之有理,她又不便公开发作。过了几天,愤懑难平的窦太后下令把窦婴从皇戚的名簿上除名。

事后不久,刘邦的侄子、吴王刘濞联合胶西王刘卬、楚王刘戊、赵王刘遂、济南王刘辟光、淄川王刘贤、胶东王刘雄渠发动叛乱。景帝觉得皇亲国戚中,数窦婴有才干,便下诏召见他。窦婴被窦太后除名,牢骚满腹,便在家中装病,不肯应召。叛军气焰嚣张,攻势凌烈。景帝对窦婴的推脱不满,赐诏:"国家有难,皇亲能在家装病吗?"窦婴不敢再推脱了,应召,被拜为大将军,与太尉周亚夫督兵东进,一举平定了七国的叛乱。

到汉景帝时,在秦代遭到禁锢的儒学已有很大的恢复、发展,开始与黄老思想争夺学术上、政治上的支配地位。景帝对儒学和黄老思想都不置可否,对儒学与黄老思想的斗争也不偏不倚。这实际上是怂恿了儒学的争权夺利。在这种局面下,窦太后旗帜鲜明地维护黄老思想的统治地位,打击儒学。有一次,窦太后召见齐儒、《诗》博士辕固生,问他《老子》书如何?辕固生轻蔑地说:"《老子》所讲的,是些老娘们儿家的话。"太后大怒,下令把辕固生扔进放养野猪的圈里,让他去和野猪搏斗,多亏景帝暗中送给他一把利剑,刺死野猪,方幸免于难。事后不久，景帝便打发辕固生离开京师，去做清河王太傅。

无为而治，对社会经济、文化的发展是有利的。但也带有若干弊病，怂恿贵胄官僚、豪强地主的不法行为，是其中之一。太后最痛爱的小儿子——梁王刘武便是在这种政策的庇护下，放纵不法的一个典型。他奢侈腐化，出入有一千辆战车、一万名骑兵扈从。他还觊觎哥哥的龙座，窦太后也帮他使劲，想让景帝立他为接班人。

作为景帝来说，是不愿意传位给弟弟的。但不这样做，又违背母后的意愿。公卿大臣就不管那些儿女情长了，他们以古制、祖训为由，坚决反对兄终弟及。景帝乘机立了儿子刘荣为皇太子。

但不到一年，景帝便瞧着刘荣不顺眼，又把他废黜了。

窦太后见状，乘机进言，要景帝立刘武为嗣。

有个叫爰盎的大臣，有病在家休养，听说窦太后要景帝传位刘武，便上书景帝，说此事不妥。景帝乘机立刘彻为太子。

梁王刘武听说爰盎从中作梗，大怒，派刺客去刺杀爰盎。刺客潜至爰盎家乡，伺机行事。他所到之处，到处听人称颂爰盎的为人。刺客心想，我怎么能杀害一个好人呢？他径直去见爰盎，说："我奉梁王之命来刺杀你，你是个仁人君子，我下不了手。但梁王不会放过你，刺客会接踵而至，你要多加防备。"爰盎最终被刘武的刺客所杀。

景帝龙颜大怒，敕令缉捕凶手，刘武的劣迹暴露，他迫令参与刺杀的刺客自杀，又托姐姐馆陶长公主去求母后为他说情。在窦太后的干预下，梁王无罪开释。

过了几天，梁王上书景帝，请求入京朝见，谢主龙恩。景帝应允。梁王一行到了函谷关，有个叫茅兰的属官献计："大王不宜直接去见皇上，以防不测。不如丢下车骑，带上两个随从，先去馆陶长公主家，观察一下朝中的反应再说。"刘武听从。

景帝听说梁王已到函谷关，便派人迎接。使臣只见车辆，不见梁王，回京禀告。窦太后闻悉后哭喊道："皇上杀吾儿！"景帝也极为惊恐。

就在这时，有人禀报，梁王刘武伏斧诣宫阙请罪。

窦太后和景帝皆大喜，传梁王上殿，母子三人相对而泣。

但从此以后，景帝越来越疏远梁王刘武。

公元前144年，梁王刘武病死。窦太后闻讯大悲，整日涕泣，不吃不喝，骂道："皇上果然杀了吾儿！"景帝惊慌，找姐姐馆陶长公主商议对策，把梁国一分为五，刘武的5个儿子都封为王，5个女儿都赐给汤沐邑。景帝把他的安排上奏窦太后，太后方转悲为喜。

三年后，景帝病死，太子刘彻即位，是为武帝，尊窦太后为太皇太后。

有个叫田蚡的人，是武帝的舅舅，颇受信用。丞相卫绾因病去官，田蚡有心做丞相，有个叫籍福的门客进言："窦婴成名日久，您的名望不如他。假若皇上拜您为相，您一定辞谢，让给窦婴。窦婴为相，太尉一职非您莫属。丞相、太尉官位相等，您还落得个让贤的美名，何乐而不为？"于是，田蚡便通过太皇太后，推荐窦婴出任丞相。武帝听从，以窦婴为相，拜田蚡为太尉。

窦婴、田蚡都崇尚儒术，他们荐举以传《诗》闻名的儒学大师申公的学生赵绾、王臧为御史大夫、郎中令，还打算在长安建一座太学，以弘扬儒学，推举申公来主持太学。武帝派人携带厚礼，用安车驷马把申公接到长安。

这事让太皇太后窦氏知道了，一向崇奉黄老思想的窦太后怒不可遏，把武帝责备了一通，罢免窦婴、田蚡的官职，迫令赵绾、王臧自杀。

到此时，黄老无为而治已经不适应封建统治的需要了，改弦更张，用儒家思想来治国理民，是历史发展的趋势。太皇太后扮演的是个逆历史潮流而动的角色。

六年后，太皇太后病死，合葬霸陵，遗诏把东宫的金钱财宝全赐给女儿——馆陶长公主刘嫖。

景帝刘启皇后薄氏

◎ 刘德增

公元前203年的一天,汉王刘邦携两美姬——管氏、赵氏游成皋(今河南荥阳)灵台。备受汉王宠爱的赵姬沉浸在荣华富贵的幻境中。突然,她问管姬:"你还记得薄氏吗?"

"记得",管姬说,"我们仨不是相约:富贵毋相忘吗?"

"你们所说的那个薄氏是谁呀?"刘邦问。

两个美姬告诉刘邦:那个薄氏原本是魏王豹的宫女。曹参击败魏军,俘虏魏王豹,薄氏被罚为奴隶,送到织室劳动。

刘邦想起来了,他一次到织室去,看见一个女子很有姿色，便让人把她送进后宫。事后，刘邦就把这个女子忘了。

薄氏在宫中，与赵姬、管姬相处得很好。三个人约定互相提携，苟富贵，毋相忘。这天晚上，刘邦便召薄氏侍宿。

10个月后，薄氏生一子，取名刘恒。刘恒8岁那年，被封为代王。

薄氏自生刘恒以后，便难得再见刘邦一面了。

刘邦死后，凡是他所宠爱的妃嫔皆被吕后软禁起来，惟薄氏不为刘邦所宠，因祸得福，幸免于难，随从刘恒去了代国。

吕后病逝后，周勃等一班大臣，迎立代王刘恒为帝，为文帝。文帝即位，尊薄氏为皇太后。

文帝的太子刘启到了成婚的年龄，薄太后为了巩固、维护薄氏外戚的势力，便把她娘家山阴（今浙江绍兴）的一个女子指配给刘启为妃。刘启实在是不喜欢这个女子，但祖母之命难违，不得不听从。就这样，小薄氏进了宫当了皇太子妃。太子宫中还有些比她先来的妃子，薄妃来了后，又陆续进了一些妃子。但在众妃中，薄妃的地位最高。

公元前157年，汉文帝一命归天，皇太子刘启即位，是为景帝。

做了皇帝的刘启踌躇满志，在军国大政上很有一套，汉帝国在他的统治下持续发展。但在选立皇后上，却不得不顺从祖母的旨意，立了他不喜欢的薄妃。

薄氏虽然贵为皇后，但不为景帝所宠。她做皇后的第六年，靠山薄太后病死了。薄太后尸骨未寒，薄皇后便被废黜。4年后，忧愤成疾的薄皇后一病不起，离开了人世。她的遗体安葬在长安东郊。

景帝刘启皇后王娡

◎ 刘德增

秦汉之际有个赫赫有名的人物叫臧荼。秦亡后,西楚霸王项羽论功行赏,分封诸侯,臧荼被封为燕王。他在燕王的宝座上坐了六年,便被刘邦赶下台来,成了阶下囚。

臧荼有个孙女,名叫臧儿,原本是金枝玉叶。臧荼被黜,她也就成了一介平民。及笄之年,嫁给了一个名叫王仲的槐里县(今陕西兴平东南)男子,生一男两女。王仲染疾,一病不起,撇下妻子儿女死了。那个时代,还没有"一女不嫁二夫"的"节烈"观念,不愿守寡的臧儿改嫁到长陵(今陕西咸阳东)田家,生下了田蚡、田胜两个儿子。

臧儿与前夫王仲所生的两个女儿，仍随生父姓。长女嫁给金王孙，生了一个女儿。一天，臧儿卜筮，说她的女儿皆当富贵，臧儿暗自高兴。但那个金王孙乃一介平民，女儿跟了他有什么富贵可言？臧儿便向金家提出离婚，金家不愿意，臧儿也就不管这些了，把两个女儿一块送进了皇宫。金家一看，无计可施了，胆子再大，也不敢到皇宫去要人呀！

王氏姐妹进了皇宫，被派去侍奉皇太子刘启。刘启原有个妃子，是祖母薄太后娘家的女子，刘启不喜欢她。他一见王家长女便很是钟情。刘启宫中还有一个佳丽，叫栗姬，也很受宠爱。栗姬生了一个儿子，取名刘荣。王夫人生了两个女儿。

公元前157年，君临天下23年的汉文帝病逝，太子刘启即位，是为景帝。景帝碍于薄太后的脸面，极不情愿地封薄妃为皇后。

这年，王夫人喜得贵子，取名刘彻。

景帝登基6年了，群臣上书，请立太子。皇后薄氏无子，景帝的母后窦氏欲立她的弟弟刘武为继承人。但群臣反对，他们说父子相传乃古今定制，岂可违背？景帝本人也不愿传位与弟弟。他的两个儿子中，栗姬所生的刘荣年长，便立刘荣为皇太子。封王夫人生的刘彻为胶东王。

栗姬的儿子刘荣被立为皇太子，母以子贵，栗姬身价倍增，贵戚百官争相巴结。

景帝的姐姐——馆陶长公主嫁给堂邑侯陈午，生有一女，馆陶长公主想许给皇太子刘荣为妃。谁知，栗姬一口谢绝。原来，景帝身边几个妃子都是靠馆陶长公主而得宠的，栗姬与她们争风吃醋，故而怨恨馆陶长公主，见她登门求婚，便断然拒绝，以泄怨愤。

馆陶长公主在栗姬那里碰壁，心中十分不快，转而请与王夫人联姻，把女儿嫁给胶东王刘彻。王夫人欣然应允。

不久，薄太后病逝，薄皇后随之被废黜，打入冷宫。栗姬却高兴万分，她想：吾儿是皇太子，新皇后的人选非我莫属。

她高兴得太早了，在她面前碰壁而与王夫人联姻的馆陶长公主是不会让凤冠落在栗姬头上的。她一有机会便在弟弟景帝面前诋毁栗姬。

但景帝仍意欲立栗姬为皇后。他对栗姬说："我百岁后，你要好好照顾诸姬所生的皇子皇女。"心胸狭窄的栗姬却不肯答应，出言不逊，大失景帝所望。

馆陶长公主更加起劲地诋毁栗姬；另一方面，又盛赞王夫人所生的刘彻聪睿贤能，景帝有点动心了。馆陶长公主见状，又出一计：唆使人催促大臣上书，请立栗姬为皇后。负责礼仪的大行官员上书景帝："子以母贵，母以子贵。今皇太子母应正位为皇后。"景帝对栗姬的气还没消，听完大行官员的奏疏，龙颜大怒，说："这事岂是汝辈所当言！"诏令诛杀那个上书的官员，废黜皇太子刘荣为临江王，立王夫人为皇后，刘彻为皇太子。

这场宫廷风波以馆陶长公主和她的亲家的胜利而告终。

栗姬的希望化为泡影，忧愤成疾，病死宫中。

王夫人做梦也没想到与馆陶长公主联姻会使她得到如此巨大的利益，她成了母仪天下的皇后，儿子刘彻成了帝位继承人。

这是一场不大不小的"宫廷政变"。没有这场变故，雄才大略的刘彻只能在胶东王的位子上了却一生，怎会成为叱咤风云的汉武帝？

馆陶长公主也从中得到好处：女儿成了皇太子妃。

和王皇后一起入宫的妹妹儿姁，也为景帝宠爱，生有四子，皆封为王。

王皇后入主后宫的第九年，景帝病逝，太子刘彻即位，是为武帝，尊皇后为皇太后，立陈妃为皇后。皇太后迁居长乐宫。

王太后当初与金王孙所生的女儿留在金家，太后和金家都不愿提起这件事。后来有人禀告武帝，武帝责备母后："怎么不早说？"他命人备好车驾，亲去金家迎接那个同母异父的姐姐。车驾在金家门前停了下来，武帝命人去找他的姐姐。金家不知武帝来意，惊慌失措，帝姐也藏了起来。折腾了一番后，帝姐终于被找到了。帝姐被扶出家门，武帝下车，站在姐姐面前，说："大姐，你为什么藏得那么严密？"命人扶姐上车，直奔母后下榻的长乐宫，拜谒母后。王太后母女相对而泣。武帝端着一杯酒上前祝贺家人团圆，赐给姐姐钱千万、奴婢三百人、田百顷、府第一座，号为"修成君"。皇太后十分高兴，对武帝说："让皇上破费了。"修成君已出嫁，生有一女一男。武帝把外甥女许配给诸侯王，封外甥为"修成子仲"。

皇太后在长乐宫度过了她的晚年。元朔三年（前126），皇太后寿终正寝，与景帝合葬阳陵。

武帝刘彻皇后陈娇

◎ 刘德增

公元前157年的一天,君临天下23年的汉文帝刘恒一命呜呼,太子刘启即位,是为景帝。景帝立他的母后——窦太后的娘家女为皇后。窦皇后侍奉景帝多年,却无子嗣,景帝便立齐地选入宫的栗姬所生的刘荣为皇太子。母以子贵,栗姬得意洋洋。薄皇后不为景帝宠爱,她头上的桂冠说不定哪一天就会戴到栗姬的头上。

后宫佳丽和贵戚百官争相巴结、讨好栗姬。当朝天子汉景帝的姐姐馆陶长公主刘嫖登门求婚,要把女儿嫁给刘荣做妃子。谁知,栗姬一口谢绝。原来,景帝的若干嫔妃都是通过馆陶长公主而得到景帝宠爱的，栗姬生性好妒，早就对馆陶长公主不满，见她上门求婚，便摆出皇太子生母的架子，断然谢绝，以泄怨愤。

馆陶长公主碰了钉子，愤懑不已。虽说她的丈夫陈午只是个堂邑侯，可她是当朝天子的姐姐，长公主的地位是极高的，仪服与诸侯王等同。栗姬竟这样不给脸面，怎能不惹馆陶长公主恼怒？她决定报复栗姬和栗姬的儿子刘荣。

馆陶长公主先去找景帝王夫人，向王夫人的儿子胶东王刘彻求婚，王夫人欣然应允。接着，馆陶长公主便开始诋毁栗姬和她的儿子刘荣，盛赞王夫人和她的儿子刘彻。

不久，薄皇后被废黜，景帝有心立栗姬为皇后，对她说："我百岁后，你要好好照顾诸嫔妃生的皇子。"栗姬竟不肯答应，出言不逊。

景帝开始相信馆陶长公主的话了。

馆陶长公主见状，也开始采取行动，偷偷地唆使一个官吏上书，请立栗姬为皇后。景帝御阅奏章，大怒，道："这事岂是你当说的吗？"下诏杀了那个官吏，废黜皇太子刘荣为临江王；立胶东王刘彻为皇太子，王夫人为皇后。

栗姬愤恨万分，请求见景帝一面，诉说衷肠。景帝拒绝。栗姬忧愤而死。

刘彻立为皇太子后，便娶馆陶长公主与陈午的女儿陈娇为妃。公元前141年，景帝驾崩，刘彻即皇帝位，是为武帝。立陈妃为皇后。

武帝立陈娇为皇后，原是出于感激馆陶长公主之恩，并非真心喜爱陈氏。陈皇后自恃其母有恩于武帝，骄横擅宠，这更激起武帝的反感，越来越疏远、冷落她，另寻新欢。

一天，武帝去灞水岸祭神，在回京的路上，他去了姐姐平阳公主家。在公主家里,他见到了一个歌伎,此人姓卫名子夫,有倾城之貌,武帝大为倾倒。皇姐见状,就把卫子夫送给了武帝。

卫子夫入宫,后宫佳丽失颜色。

> 望见葳蕤举翠华,试开金屋扫庭花。
> 须臾宫女传来信,言幸平阳公主家。①

备受冷落的陈皇后不敢对武帝撒泼,便迁怒于武帝的新宠卫子夫,几次对卫子夫暗下毒手,想置她于死地,但都没有得手。

暗害卫子夫,实在是个错举,武帝岂肯让自己宠爱的妃子死在他厌弃的人手中?陈皇后几次下手虽都是偷偷的,但还是被卫子夫和嫔妃们觉察到了。她们奏告武帝,武帝闻言,龙颜大怒。但想起馆陶公主的恩德,他只得把怒火压下去,没有处置陈皇后,只是更加不理睬她了。

陈皇后暗害卫子夫不成,又惹得武帝更加厌弃。她无计可施了,闷闷不乐。猛然,她想起一种叫做"巫蛊"的巫术,据说这种巫术能咒死人。她决定铤而走险,试一试。她让手下的宫女楚服等用"巫蛊"诅咒卫子夫和那些得宠的嫔妃。连咒几日,毫无灵验,而阴谋却泄露了。

武帝闻讯,忍无可忍,遂命人查办陈皇后诅咒一事,楚服等宫女以"大逆无道"的罪名枭首示众,牵扯此案而被杀的,达300余人。武帝遣人赐给陈皇后一道诏书:"皇后违失妇德,巫祝咒人,不可再为天下母。命皇后交出玺绶,退居长门

---

① 唐·刘禹锡:《阿娇怨》诗。

宫。"

第二年，废后陈氏的父亲陈午病死，她的弟弟陈须嗣父爵。馆陶长公主寡居，与一个名叫董偃的男子私通。10多年后，馆陶长公主病死。刘陈与弟弟们为家产而纷争，还淫乱无道，按照律令当处死，刘陈自杀。数年后，废后陈氏病亡，埋在她祖父汉文帝的霸陵附近。

武帝刘彻皇后卫子夫

◎ 刘德增

　　一天，血气方刚的汉武帝出了长安城，去灞水岸边祭神。礼毕，回京的路上，路过武帝姐姐平阳公主的府门，武帝命车驾停下，去皇姐家玩一会儿。

　　皇上驾临，平阳公主备感荣幸，置办酒席，热情款待。酒宴开始了，公主府的歌伎在堂下翩翩起舞，以助酒兴。武帝边饮边观赏伎女们歌舞。突然，他眼睛一亮，目光停留在一个歌伎身上。啊！她的容貌是那么姣好，舞姿是那么美妙。堂堂天子，为之倾倒。

　　"那个女子姓甚？"武帝指点着，问皇姐。

"她姓卫，字子夫，平阳人。"平阳公主答道。

卫子夫出身卑贱，她的母亲卫媪是平阳侯曹寿家的婢女。平阳(今山西临汾西南)属河东郡，是曹寿的封地。据说，曹寿是开国元勋曹参的后代，文献中关于他的记载不多。曹寿尚(娶公主为妻曰"尚")武帝姐姐平阳公主，因此而地位显赫。平阳县有个小吏，名叫郑季，在平阳侯府供职，与卫媪私通，生了三男三女，长子卫长君，次子卫青，三子卫步广；长女卫君孺，次女卫少儿，三女卫子夫。卫媪是奴隶，她生的子女也是奴隶，在平阳侯府做事。后来，卫子夫被平阳公主带到长安的公主府，教她歌舞，成了公主府的一名歌伎。

但是，武帝不因卫子夫出身微贱而轻蔑她，而是倾倒于她姣好的容貌、优美的舞姿下。

平阳公主见状，心中大喜。

酒宴结束了，武帝起身去车上更衣。平阳公主忙唤卫子夫来侍奉皇上。武帝便在车中御幸了卫子夫。

更衣回来，武帝兴高彩烈，赐给平阳公主黄金千斤。

车驾要回宫了，平阳公主奏请让卫子夫入宫，侍奉皇上。武帝高兴地满口答应了。公主拊着卫子夫的背说："去吧，好自为之！富贵之日，别忘了我。"

卫子夫随武帝进了庄严、豪华的皇宫。

后宫佳丽成群，卫子夫入宫后，武帝便把她忘记了。一年多了，子夫未能见上武帝一面。她心灰意冷，适逢遣散无用的宫女，子夫便请武帝把她遣散出宫。

武帝这才想起卫子夫，觉得对不住她，便把她留在身边侍奉。卫子夫从此得宠。她的哥哥卫长君、卫青被授予侍中官职，成为武帝的近臣。

卫子夫一连生了三个女孩。元朔元年(前128)，她生下第四个孩子,是个男婴,取名刘据。

武帝29岁才有这个儿子,甚是喜爱。母以子贵,卫子夫生下刘据不久,便被立为皇后,入主后宫。

卫皇后的弟弟卫青统兵出击匈奴,屡建奇功,封长平侯。他的三个襁褓中的儿子,也皆封列侯。皇后的外甥霍去病也以击匈奴之功封冠军侯。卫氏外戚,声势显赫。

刘据7岁那年,武帝下诏,定他为继承人。

但是,随着皇太子刘据的成长、成熟,武帝却越来越不满意这个儿子了。

武帝雄才大略,好大喜功。而皇太子却秉性慈仁、温厚恭谨。父子性格、志趣相悖,于是武帝越瞧越不顺眼,嫌他的继承人缺少他那种气魄。

武帝的妃子赵婕妤、王夫人、李姬、李夫人又接连给武帝生了几个儿子。在诸子中,武帝特别喜欢赵婕妤所生的刘弗陵。弗陵年方五六岁,长得又高又壮,聪睿多智。武帝常对人说:"此儿像我。"有心让他继承帝位。

皇太子刘据开始失宠,他的母后也被冷落。

岁月流逝。卫皇后年老色衰。容貌,是嫔妃们的本钱。人老珠黄的卫皇后被冷落深宫。曾几何时,对她百般宠爱的汉武帝如弃敝屣一般地撇开她,另求新欢,王夫人、李夫人……一个个争幸夺宠。

终于,一场灾难落到了失宠的卫氏母子身上。

事情是这样的:

有个叫江充的人,被武帝授予一个官位不高但权力很大的官职——直指绣衣使者,奉皇帝之命,督察京师一带,缉捕奸宄,察举不法。江充敢做敢为,谁都不怕,很得汉武帝的赏识。

征和二年的一天，皇太子派一个使臣去甘泉宫，向武帝请示一件事。使臣乘车，奔驰在驰道上。这是枉法的。只有皇帝可以在驰道上行走，臣子走驰道，是犯上，大逆不道。碰巧，这事让江充瞧见了，他立即下令逮捕那个使臣，投入监狱，车马没收。

皇太子听说后，大惊，马上派人去找江充求情。太子托那人转告江充："请江君不要声张。我不是爱那套车马，是不愿让皇上知道，免得说我平常不教导身边的人，让皇上生气。惟请江君宽恕。"

江充不买账，上奏武帝。武帝龙颜大悦，赞道："为臣者，就应当这样！"

江充与太子从此发生龃龉。

这时，武帝年已68岁，衰老多病。武帝和秦始皇一样，迷恋人世间的荣华富贵，妄想长生不老。但无情的事实打破了他的幻想。江充见武帝衰老，恐武帝死后，太子即位报复，想先下手除掉太子。于是，他便上书，说武帝染疾，乃巫蛊为祟。

巫蛊，是埋木偶于地中，咒诅祭祀。据说，它能致被咒诅之人于死地。

武帝于生死之事本来就很迷信，听江充一说，便信以为真，敕令江充查办巫蛊一案。

江充等一帮人掘地找木偶，抓了一些夜晚斋戒祭祀的人，严刑逼供，要他们承认是在咒诅皇上。有些人屈打成招，江充又逼他们说出同伙。最后，有好几万人被指控为巫蛊咒诅，斩首示众。

江充原想通过诬告方式把太子牵连进去，不料想，事与愿违，没人胆敢指控皇太子。事不得已，江充只得亲自出马了。

他煞有其事地奏告武帝："臣看皇宫之中，弥漫着巫蛊之气。"想把祸水引入宫中，再设法引到皇太子身上。

武帝后宫佳丽成群，得宠的却寥寥无几。那些未得宠和失宠的嫔妃不免怨恨武帝。对此，武帝是清楚的。故江充说皇宫中有巫蛊之气，武帝便信以为真，敕令江充到他的后宫中查处，命韩说、章赣等协助江充。

江充首先查办那些被武帝冷落的不幸女子，贵为皇后的卫氏也不得不接受江充的盘查。接着，江充派人到太子的宫殿中东刨西掘，找木偶。他们拿着事先准备好的木偶，硬说是从太子宫中挖出来的。

皇后、太子万分惊恐，自忖一旦江充把这事上奏武帝，早已失宠的母子俩是难免一死的。太子急忙找他的师傅石德商议对策。石德说："江充奸贼扬言木偶是在太子宫中挖出来的，您有口难辩。以老臣之见，不如矫诏逮捕江充，查究他的阴谋。如今皇上卧病甘泉宫，谢绝探视，生死不明，而奸臣如此猖獗！您难道忘了赵高诈杀公子扶苏而立胡亥之事吗？"

太子为人，慈仁恭谨，但到了这般地步，也惟有铤而走险了。他派人把计谋奏告母后卫氏，卫氏也觉得惟有这样做了。下令把皇后的车马拉出来，运载了箭兵；打开武库，取出武器；征发皇后的卫士，由皇太子指挥缉捕江充、韩说、章赣一帮奸佞。太子的人马到了韩说府，矫武帝之诏逮捕他。韩说看出了破绽，拒捕，被杀。章赣也怀疑有诈，拒捕受伤，逃往甘泉宫给武帝报信去了。江充没有逃脱，被逮住。怒不可遏的太子下令处死江充。

事态没有按照石德的计划发展：江充被杀，查证江充诬告一事落空。太子的冤案难以澄清，又落了个杀人灭口的罪名。

为了活命，太子只好举兵造反，夺取帝位了。

他的士兵冲进了丞相府，丞相刘屈氂连丞相大印都未来得及拿，便仓皇而逃。他的一个下属跳上驿站的一辆马车，直奔武帝下榻的甘泉宫，奏报太子发兵叛乱。

"刘丞相在干什么?"武帝镇静地问。

"丞相想保密，没敢发兵。"那人说。

武帝龙颜大怒："事态已到了这般地步，还有什么秘密可言?丞相缺少周公那种作风，周公不是诛灭了作乱的兄弟管叔、蔡叔吗?"武帝赐诏刘丞相："捕斩反者，戴罪立功。以牛车为楯，毋与叛贼短兵相接，用弓弩射杀。坚闭城门，毋令反贼逃出。"武帝抱病移镇长安城西的建章宫，征发长安一带的军队，由丞相刘屈氂统率，镇压叛乱。

太子兵力单薄，乃赦免长安城中的囚徒，把他们武装起来；征发长水、宣曲两支少数民族骑兵，与丞相刘屈氂指挥的军队大战于长安城中。双方血战五日，太子寡不敌众，兵败，逃跑。20天后，走投无路的太子自杀。

武帝诏令废黜皇后卫氏，命主管皇族事务的宗正刘长乐，负责卫戍京师的执金吾刘敢持诏收皇后印绶。卫皇后绝望自杀。她死后，被装进一个又薄又小的棺里，埋在长安城南郊。

昭帝刘弗陵皇后上官氏

◎ 刘德增

6 岁做皇后的上官女

汉武帝君临天下的某年某月某天,在通往甘泉宫的驰道上,奔驰着一队浩浩荡荡的车驾。

狂风呼啸,乌云压顶。车驾逆风而上,行进艰难。

正襟危坐的武帝见状,喝令去掉伞状的车盖,以减少阻力。随行的侍卫官闻令而动,撤去车盖,交给一个扈从的羽林郎。

这个羽林郎名叫上官桀，陇西上邽人。陇西郡地处西北边陲，民风刚劲，"良家子"（即清白人家的子弟）多以武力为羽林郎，上官桀是其中的一个。他勇武剽悍，气力过人。他两手举着车盖，健步如飞，紧紧地跟随在武帝乘坐的车子后面。

乌云滚滚，电闪雷鸣，大雨倾盆而下。

在雨点落地的同时，上官桀把车盖罩在了武帝的头上。

武帝十分赞赏上官桀的才力，擢他为未央厩令——一个管理御马的官。未央厩令官秩不高，但可以经常接近皇帝，权轻而位重。上官桀恪尽职守，很受武帝赏识。

但有一次，大病初愈的武帝发现未央厩中的御马减膘了，无精打采。武帝龙颜大怒，骂道："上官厩令，你大概认为朕再也看不到御马了吧？"

"皇上息怒，"上官桀顿首说："臣闻圣体不安，日夜忧惧，把养马之事忘了。"话没说完，两行热泪已滚滚而下。

武帝为他的真诚所感动，提拔他做了近臣——侍中。

后元二年（前87）二月，年已71岁的汉武帝去五柞宫游玩，罹病，他自度不久于人世，遂于病榻前立小儿子刘弗陵为皇太子，遗命河东平阳（今山西临汾西南）人霍光为大司马大将军，匈奴人金日䃅为车骑大将军，洛阳（今属河南）人桑弘羊为御史大夫，上官桀为左将军，共同辅佐皇太子。

翌日，武帝驾崩，皇太子即位，是为昭帝。

昭帝即位那年，年仅8岁，未谙世事，需人养护。于是，群臣共推鄂邑公主养护昭帝，他们以昭帝的名义下诏，尊鄂邑公主为鄂邑长公主，让她入住皇宫，养护昭帝。

过了3年，顾命大臣之一的金日䃅病死，四大臣成了三巨头。霍、上两家结亲，霍光的女儿嫁给上官桀的儿子上官安为妻。由于这层关系，在三巨头中，上官桀的权势仅次于霍光。

上官父子犹不满足，千方百计地往上爬。他们看中了一个人，这人姓丁名外人，是鄂邑长公主的儿子王受的门客。鄂邑长公主是个寡妇，她的丈夫盖侯王充早已病死。公主不甘寂寞，看上了儿子的门客丁外人，与他私通。两人的事传出，霍光等人为了讨好公主，竟以昭帝的名义下诏，让丁外人专职侍奉鄂邑长公主。上官父子竭力巴结丁外人，以讨好鄂邑长公主。上官安与丁外人过从甚密。

上官父子的心血没有白费。

鄂邑长公主看中了一个姓周的女孩，召她进宫，打算把她许配昭帝。上官安也有个女孩，年方6岁，他早就有心让女儿入主后宫，上官桀也热切地希望这个意愿能够实现。上官父子见公主选了周家女入宫，急了，上官安风风火火地去找岳父大人霍光，恳求岳父出面，让他的女儿、也即霍光的外孙女入主后宫。霍光觉得昭帝还是个乳臭未干的毛孩子，还不到立皇后的年龄；外孙女也太小，故没答应。

上官安见状，便跑去找丁外人，对丁外人说："听说公主有选立皇后的打算，我有个女儿，容貌端丽，请长公主垂爱。这事成与不成，全仰仗阁下。汉家惯例，列侯尚公主，阁下何愁不封侯？"丁外人大喜，马上去找鄂邑长公主。长公主对情夫言听计从，遂改初衷，答应立上官女为皇后。

6岁的上官女被迎入皇宫，封为婕妤。婕妤是后妃中的第三等级，位次皇后、昭仪，位视上卿，爵比列侯。一个月后，上官女封为皇后。

上官皇后是汉代年龄最小的一个皇后。

一场未遂政变

上官父子感恩丁外人,上官安天天去央求霍光,为丁外人求封,霍光不答应。上官安说:"封侯不行,就给他个光禄大夫吧。"霍光还是不答应。上官父子极为恼怒。他霍光只不过是皇后的外祖父,我们却是皇后的祖父、父亲,理应比霍光更尊贵,而霍光竟连这点面子都不给。上官父子愤愤不已。

鄂邑长公主听说霍光作梗,拒绝官封她的情夫,也甚为怨恨。

受遗诏辅政的御史大夫桑弘羊是前朝权臣,论资格、功劳、才能,他都自以为在霍光之上。他名义上是辅弼大臣,但权势不仅低于霍光,也不如上官桀。他曾为子弟谋官,遭到霍光的严辞拒绝。他对霍光也极为不满。

于是,上官父子、鄂邑长公主和桑弘羊结成联盟,携手反对霍光。他们担心朝中势力不够,又联络了一个藩王——燕王刘旦。

刘旦是武帝的李姬所生,武帝第三子。武帝的长子、皇太子刘据举兵叛乱,兵败自杀;武帝的次子刘闳早死,刘旦自以为他应承嗣帝位。谁知,皇冠落在了武帝少子刘弗陵的头上,他被封在北疆,做了个藩王。他仇视昭帝和昭帝的得力辅佐霍光。上官父子一伙遣人与他通谋,他便毫不犹豫地加入了他们反霍光的联盟。

上官桀等人暗中收集霍光的材料,交给刘旦。刘旦遣人上疏,弹劾霍光道:"霍光出京去长安东的广明亭检阅御林军,道上驻跸,太官供备饮食,僭用了天子礼仪;他任人惟亲,长吏杨敞无才无功，却当上了搜粟都尉；他还擅自调动校尉。霍光专权自恣，臣怀疑他图谋不轨。臣愿归王玺，宿卫京师，保卫皇上。"

上官桀、桑弘羊等乘霍光休沐回家之际，把燕王的奏疏呈给昭帝，劝他把奏疏下发百官，罢免霍光。

不料，昭帝把燕王的奏疏留下，不肯下发。

翌日晨，霍光上朝，听说燕王奏劾他，便停在一座叫"画室"的殿中，未敢入朝。

昭帝扫视群臣，不见霍光的影子，问道："大将军来了吗？"

"听说燕王揭发他的罪行，在外面不敢进来。"上官桀道。

昭帝宣霍光入朝。霍光入，免冠顿首。昭帝说："大将军戴上帽子。朕知道燕王奏疏有诈，大将军无罪。"

霍光顿首谢恩，道："皇上怎知燕王奏疏有诈？"

"大将军去广明亭检阅御林军，广明亭近在咫尺，何须准备饮食？调动校尉一事不出十日，燕王怎能得知？若大将军图谋不轨，不需校尉。"昭帝振振有词地分析道。

这年昭帝年方14岁。公卿百官听昭帝评析得头头是道，都很惊奇。

上官桀一伙不甘心失败，决定铤而走险。他们定计：由鄂邑长公主出面请霍光吃酒，伏兵格杀霍光，除掉燕王刘旦，废黜昭帝，拥立上官桀为帝。

"那么，皇后怎么办？"有人问。

"逐麋之狗，是不会顾一只兔子的。"上官安道，"我家现在靠皇后而贵显，一旦皇后失宠，我家也就完了。为了荣华富贵，就顾不得皇后了。这是千载难逢的大好时机，不可错过了。"

不料，他们的阴谋泄露，霍光果敢地逮杀上官父子、丁外人，燕王刘旦、鄂邑长公主自杀身亡。

上官皇后年幼，没有参与父祖的阴谋活动，加上她是霍光的外孙女，故不但保全了性命，且皇后的凤冠也没被摘掉。这在历史上是不多见的。

虽然父亲为了荣华富贵决心牺牲女儿，但上官皇后还是不忘父祖之情，她安葬了父祖，让她的仆人去为父祖守冢。

霍光想让外孙女生个皇储。宫廷大臣和御医都看霍光的眼色行事，他们上书昭帝，说什么圣体欠安，除了皇后外，应当少近女色。于是，他们让皇后下了一道命令：为了龙体圣安，后宫的宫女不得侍宿皇上。命令下达后，他们还不放心，又发布第二道命令：宫女须穿连裆裤，多扎几条腰带。在他们的严密防范下，除了上官皇后外，后宫佳丽没人侍宿昭帝。

但是，上官皇后专房擅宠，却没如愿以偿生个皇子皇女。

颐养天年的皇太后

上官皇后16岁那年，昭帝驾崩。她做了10年的皇后，享尽荣华富贵，也时常因为祖父、父亲的所作所为而担惊受怕。豆蔻年华的时代，她便成了寡妇。

昭帝无嗣，霍光等迎立武帝之孙昌邑王刘贺为帝。尊上官皇后为皇太后，移居长乐宫。刘贺荒淫无道，霍光等人很是后悔，他们来到长乐宫，奏告刘贺无道，不可为帝。上官太后批准他们的请求，废黜刘贺。上官太后乘车来到未央宫，坐在承明殿上，主持废黜刘贺的宫廷大会。

废黜刘贺后，霍光等欲迎立武帝曾孙刘询为帝。他们在上官太后面前把刘询夸赞了一番，说他躬行节俭，慈仁爱人。上官太后诏曰："可。"刘询登上了帝位，是为宣帝。年方16岁的上官太后的身份又高升了一级，成了太皇太后。

自此以后，上官太皇太后不问政事，在长乐宫中颐养天年。建昭二年(前37)，上官太皇太后寿终正寝于长乐宫，与昭帝合葬于平陵。

宣帝刘询皇后许平君

◎ 涂晓青

汉长安城,未央宫。侍者传令:"皇上御幸甘泉宫!"侍卫们整装备马,待发。

一名侍卫走到一个大个子侍卫面前,瞧了一眼他的马鞍,指着大个子侍卫说:"他偷了我的马鞍。"

大个子侍卫惊呆了,仔细一瞧,果然不是自己的马鞍,他忙赔罪:"足下请息怒,我拿错了。"

这事移交司法机关处理。大个子侍卫被定了个扈从皇上而盗的罪名。按照汉朝法律,他被判死刑。

武帝闻知这事,诏令改判宫刑。

一时疏忽，堂堂侍卫成了宦官。

他叫许广汉，昌邑（今山东金乡西南）人。

许广汉虽然成了宦官，但他仍忠心耿耿，恪尽职守。不久，他便被擢为宦者丞。宦官的首领是宦者令。宦者丞是宦者令的副手，秩千石。武帝驾崩，昭帝即位，许广汉仍做他的宦者丞。

昭帝君临天下的第七年，上官皇后的祖父上官桀、父亲上官安与昭帝的兄长燕王刘旦、姐姐盖长公主谋反，旋被镇压。上官桀住宅藏有几千条绳索，准备用来捆绑不服从他们的官吏。宦者丞许广汉奉命搜查这批绳索，但没能查出。上司另派人搜查，全部查获。于是，许广汉以玩忽职守罪被判处3年徒刑，在宫女居住的掖庭劈柴服刑。服刑期满，被指派在暴室——一个主管染织的机构工作。由于他工作勤恳，不久便被提升为暴室的长官——暴室啬夫。

许广汉在暴室任职时结识了一个少年——刘询。

刘询是汉武帝的曾孙。武帝初立卫皇后所生的刘据为太子。刘据纳史良娣为妃，生皇孙刘进。刘进娶王姓女儿为妃，生皇曾孙刘询。刘询出生数月，失宠的皇太子刘据发动叛乱，兵败自杀。史良娣、皇孙刘据和王夫人皆受牵连被诛。襁褓中的刘询也被关进监狱。负责刘据一案的廷尉官员邴吉很可怜这无辜的婴儿，找了两个奶妈喂养他。

昭帝即位后，赦免刘询，把他送进宫女居住的掖庭养育。掖庭的长官——掖庭令张贺曾在刘据门下做过事，对刘据的孙儿很是照顾，自己掏钱供他读书。

暴室啬夫许广汉受张贺管辖，与刘询同居掖庭，结识了刘询。

岁月流逝，刘询长大了，到了娶妻生子的年龄，张贺便给他张罗婚事。

张贺之弟张安世，官居右将军。张贺去找弟弟，先把刘询夸奖了一番，然后说明来意："贤弟是否愿意把侄女许配给他？"

张安世火了，说："他刘询乃叛逆之后，皇上开恩，让他以平民身份衣食于掖庭，够照顾了。休再言什么嫁女给他！"

张贺悻悻而归。

他回到掖庭便去找许广汉。广汉有个女儿，名叫平君，年方十四五，许配一个姓欧侯的官宦子弟，还未及嫁娶，欧侯便暴病而亡。张贺替刘询向广汉提亲。许啬夫见顶头上司来提亲，对刘询又颇有好感，便满口答应了。

谁知，回家一说，他的老婆不同意，说："我找人替平君算了一卦，说当大贵。他刘询虽是武帝曾孙，但他祖父却是个叛逆，他本人也不过一介平民，平君嫁了他，还有什么富贵可言？"

"哼！妇人之言。"许广汉斥道。

在许广汉的力主下，许平君嫁给了刘询。

一年后，他们喜得贵子，取名刘奭。

刘奭出生不久，宫中传出噩耗：昭帝驾崩。

昭帝无子嗣，权臣、平阳人(今山西临汾西南)霍光等人迎立武帝孙、昌邑王刘贺为帝。刘贺登上帝位才 27 天，便荒淫起来。霍光等人后悔不已，奏请昭帝皇后上官氏，废黜刘贺。他们权衡了一下，觉得武帝曾孙刘询操行节俭，慈仁爱人，奏请上官皇后以刘询为继承人，诏准。

几天后，在未央宫前殿举行了登基大典。刘询拜谒皇太后上官氏，接受群臣奉献的皇帝玺绶，即皇帝位，是为宣帝。

当朝天子封许平君为婕妤。婕妤名次皇后、昭仪，排第三位。

群臣上书，请立皇后。

当时，霍光的小女儿尚未字人。霍光自昭帝以来便受遗诏辅政，权倾朝野，宣帝是他主谋迎立的。霍光的小女儿又是上官太后之姨。故群臣提议迎立霍光小女儿为皇后。

但是，宣帝没有忘贫贱时的患难妻子许平君。他解下宝剑，问侍者："朕寒微时佩的剑在哪里？给朕拿来。"群臣明白了：皇上属意许平君。于是他们交口称誉许婕妤，请立为皇后。宣帝诏准。

许平君成了母仪天下的皇后，入主后宫。

许平君成了皇后，有人心怀不满。她就是霍光夫人。霍夫人一心想让女儿入主后宫，无奈宣帝不忘旧情，把国母的位号给了许平君。霍夫人不肯就此罢休，她在寻找时机。

第二年，许皇后妊娠，患病。为她治病的女御医叫淳于衍。淳于衍与霍夫人私交很好。淳于衍的丈夫是个小官吏——掖庭户卫，他对妻子说："你去给皇后治病，顺便去一趟霍府，向霍夫人求个情，我想做安池监这个官。"淳于衍依言而行。

霍夫人听完，计上心来，她喝退身边的仆人，亲热地叫着淳于衍的字说："少夫帮我一件事，我也帮少夫一件事，行吗？"

"夫人说的话，那有不行的！"淳于衍献媚道。

"那好。霍将军很是疼爱小女，想让她享受人间富贵，请少夫帮忙。"霍夫人试探道。

"我能帮什么忙呢？"

"事情是这样的。妇人分娩，十死一生。今皇后行将分娩，你寻机给她灌些毒药。只要皇后死了，小女就能成为新皇后。事成之后，与少夫共享富贵。"

淳于衍大惊，推诿道："给皇后治病，不是我一人，是与其他御医一起去的。熬好药之后，须先尝后才能给皇后喝。哪有机会下毒呢？"

霍夫人把脸一沉，说道："这事就看你想干不想干了。霍将军辅佐皇上，威震天下，谁敢说三道四？就怕你没那份心意！"

淳于衍心想：霍夫人已把阴谋挑明了，自己不干，她必杀人灭口。于是，她有气无力地说："我尽力去办吧。"

淳于衍把一种有毒的植物——附子藏在身上，进了皇宫。皇后分娩后，她把附子搀在补药中，服侍皇后喝下。过了一会儿，皇后浑身燥热，她问淳于衍："我头痹闷，药里是不是有毒？"

"没有！"淳于衍一口咬定。

皇后更觉燥热、烦懑，不久便昏迷过去。

皇后死了。淳于衍出宫，去见霍夫人。霍夫人大喜。她告诉淳于衍："我一定报答你，但现在不行。你想，我一报答你，让别人知道了，还能不怀疑咱们有奸？以后再说吧。"

不久，有人上书，说皇后死因不明，御医侍疾有奸。宣帝诏令逮捕御医。

霍夫人急了，担心淳于衍招供。她左思右想，别无良策，只好如实地对霍光说了。

霍光听完，大惊失色。

霍夫人慌恐不安地说："将军得想个法子，别让官吏逼问淳于衍。"

霍光入宫，奏请宣帝。宣帝即位不久，还不敢得罪于这位权臣,下诏:释放淳于衍,不予追究。

许皇后就这样不明不白地死了,也没有人再去查究。

宣帝刘询皇后霍成君

◎ 涂晓青

元平元年(前74)夏四月，昭帝驾崩。昭帝无子嗣，在大司马大将军霍光的建议下，迎昌邑王刘贺为帝。谁知，刘贺登基才27天，便开始荒淫起来，霍光奏准皇太后上官氏，即他的外孙女，废黜刘贺，另立武帝长子刘据的孙子刘询为帝，是为宣帝。霍光继续以大司马大将军的身份执掌军政大权。

宣帝即位后，霍光的妻子想让她的小女儿霍成君做皇后。当时，公卿百官都畏惧霍光的权势，无不鼓噪着立霍成君为皇后，以讨好霍光。而已是太皇太后的上官氏，乃霍成君姐姐的女儿，也赞成拥立娘姨为皇后。但是，宣帝却属意于许平君。

霍光对宣帝这一选择没有表示什么。

但是，霍光的夫人却大为光火。在许平君立为皇后的第四年上，即本始三年(前71)春正月，霍夫人指使御医淳于衍毒死了许皇后。宣帝强忍悲愤，对许皇后的死不敢有什么表示。

霍夫人见宣帝不追究许皇后一案，放下心来，给小女儿准备嫁衣，让霍光把她送入宫中。汉宣帝不敢不接纳。霍女做了皇后。

霍皇后一反许皇后俭约的行为，仪服车驾极为华丽；赏赐官属，动辄千万钱。宣帝打心眼里不喜欢她，但她是当朝权臣的女儿，宣帝本人还是人家霍光拥立的。所以，宣帝装出一副宠爱她的样子，晚间总是召她侍宿。霍皇后十分得意。

汉宣帝在等待时机。

时机终于来了。地节二年(前68)，霍光病死，宣帝隆重地安葬了霍光，然后，采取行动：命御史大夫魏相给事宫中，协理政务；徙霍光女婿度辽将军未央卫尉范明友为光禄勋，把霍光的另一个女婿诸吏中郎将羽林监任胜外放为安定太守，出霍光的外甥给事中光禄大夫张朔为蜀郡太守，霍光的孙女婿中郎将王汉为武威太守。不久，又徙霍光的女婿长乐卫尉郑广汉为少府，徙霍光的儿子右将军霍禹为大司马，但不给他印绶。宣帝此举，用意很明：

第一，剥夺霍氏集团的领兵权。

第二，把部分霍氏集团的成员流放边郡，分散、削弱霍氏集团的势力。

在打击霍氏集团的同时，宣帝重用祖母史良娣和皇后许氏两家的子孙，形成一个核心集团。

霍禹在家装病，他的一个故吏来看他，霍禹愤愤地说："我有什么病?要不是我家将军，皇上哪有今天?今将军坟墓未干，便疏远、离散我等，重用许、史两姓人，夺了我的印绶，连个反省的机会都不给，便置我等于死地。"他们虽然愤愤不平，却也无可奈何。

宣帝初步行动得手，断然采取进一步的行动：立许皇后之子刘奭为皇太子。霍夫人闻讯，气得吐血，骂道："那刘奭是许氏微贱时生的，怎配做皇太子?假若皇后生了儿子，去做藩王吗?"遂指使霍皇后毒杀太子。霍皇后几次召太子赐食，太子的老师都先尝，霍皇后不敢下手。

霍禹等人还不知道许皇后是霍夫人阴谋杀害的，见宣帝罢斥霍氏集团的人，误以为宣帝恩将仇报，牢骚满腹。

霍夫人是惟一的知情人，她见宣帝已开始复仇了，不敢再加隐瞒，遂将阴谋杀害许皇后之事如实地说了。霍禹等人大惊，霍禹道："原来如此!为什么不早说?皇上离散、斥逐我等，是因为此事。这事非同小可，要判大刑的。怎么办?"

他们商量来商量去，除了铤而走险外，别无他法。一个政变阴谋酝酿成了：诱使太皇太后上官氏为宣帝外祖母置酒，召丞相以下百官前去祝贺，由范明友、郑广汉矫太后诏，斩杀他们。废黜宣帝，拥立霍禹为帝。不料，他们的阴谋泄露，宣帝诏令逮捕霍禹诸人。范明友等人自杀，霍夫人、霍禹和郑广汉等被抓了起来。霍禹腰斩，霍夫人等弃市。

宣帝诛灭霍氏集团，牵扯霍氏集团而被诛灭的还有数千家。宣帝命人赐霍皇后策文："皇后惑乱失道，丧失妇德，与其母阴谋毒杀皇太子，无人母之恩，不宜奉宗庙，不配承天命!罢退出宫，交出玺绶。"霍皇后留得一条命，幽居于上林苑中的昭台宫。

她在昭台宫度过了 12 个春秋，宣帝命她徙居云林馆，霍氏自杀。

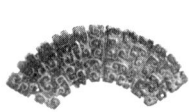

宣帝刘询皇后王氏

◎ 涂晓青

宣帝在民间时，好斗鸡，与擅长斗鸡的长陵（今陕西咸阳东北）人王奉光相识，常在一起斗鸡。王奉光有个女儿，每次许人，所许之人辄死，也就无人敢娶了。

元平元年（前74），大司马大将军领尚书事霍光等拥立宣帝。宣帝入承大统，想起老友王奉光，便把他那个女儿召进宫中，做了一名妃子。

宣帝此举，纯是出于对王奉光的友情，他对王奉光的女儿毫无兴趣。王氏入宫多年，也见不上宣帝一面，在孤独中打发着日子。她想自己可能就这么了却一生了。

谁知，皇宫中的变故却使她成了母仪天下的皇后。

本始三年（前71）春正月，许皇后被权臣霍光的妻子指使人毒死，她的刘奭年仅4岁。霍光的女儿霍成君当了皇后，和母亲合谋，想杀掉刘奭，但没有得手。地节四年（前66），霍夫人与儿子霍禹等谋反被杀，霍皇后被废黜。

宣帝物色新的皇后人选。他可怜儿子刘奭早早地失去了母亲，想选一个行为谨慎而又无子女的妃子为皇后，让她来养育刘奭。他想到了入宫多年的王氏，觉得她是最合适的人选了。

元康二年（前64）二月，王氏立为皇后。

王皇后的职责是养育刘奭，像从前做妃子一样，她仍然难得见宣帝一面。不过，她对刘奭是极尽心养育的，无微不至。她把一个女人所有的爱都给了刘奭。她的行为颇受宣帝赞赏。

斗鸡翁王奉光因女儿而贵显，被封为邛成侯。

王氏做皇后第16年上，宣帝驾崩，刘奭即位，是为元帝。元帝尊王氏为皇太后，封太后的哥哥王舜为安平侯。过了两年，王奉光病死，谥曰"共侯"，元帝命置园邑200家守护他的坟墓。

王氏做了16年的皇太后，元帝驾崩，刘骜即位，是为成帝。成帝尊王太后为太皇太后，封她的弟弟王骏为关内侯，食邑千户。当时，成帝的母亲王政君被尊为皇太后，太皇太后和皇太后习惯上都称"太后"，为了与王政君太后相区别，人们把太皇太后呼作"邛成太后"——她的父亲王奉光被封为邛成侯。

成帝永始元年（前16），邛成太后病死，享年70余岁，合葬宣帝杜陵。

元帝刘奭皇后王政君

◎ 刘德增

王政君,东乎陵(今山东章丘西北)人,生于宣帝本始三年(前71),卒于王莽始建国五年(13)。

王氏女巧成太子妃

西汉初年,家居济南东平陵的王遂,生下一子王贺。王贺在汉武帝刘彻时,做了一个专门逐捕奸宄的小官——绣衣御史。他奉命追捕扯旗造反的坚庐等人,纵而不诛,被免官。他踌躇满志地说："听说救千人命，子孙当封侯。我救的人足有一万，后代该当兴旺吧！"

碰巧，他的后代果然封侯拜相，还有一人坐上了龙位。

王贺的儿子王禁好色，妻妾成群，有8个儿子：王凤、王曼、王谭、王崇、王商、王立、王根、王逢时，还有4个女儿：王君侠、王政君、王君力、王君弟。王禁的这群儿女中最先贵显的，是王政君。

王政君乃王禁的嫡妻李氏所生。传说李氏梦月入其怀，遂有身孕，生了政君。当然，这是一个面壁虚构的神话。政君长大后，婉顺贤惠。及笄许嫁，总是还未迎娶，所许嫁之人便暴病而亡。东平王聘政君为姬，也是未及迎娶，东平王便暴死。王禁很是奇怪，让人算了一卦，那人说："你的女儿将贵不可言。"王禁很高兴，便教政君写字读书，弄琴鼓瑟。

政君18岁那年，王禁把她送进了掖庭，成了掖庭里的一名宫女。

春去秋来，政君在掖庭里度过了一年。皇太子刘奭的爱妃司马良娣病死，临死前，她对皇太子说："妾死不是天命，是那些妃嫔咒的。"司马良娣死后，刘奭悲痛万分，他想起司马良娣的话，迁怒于诸嫔妃，发誓不再接近她们。

当朝天子汉宣帝听说后，怕太子闹下去，断了后嗣，便命皇后另选一名宫女送去东宫，侍奉太子。

皇后择了5人，政君是其中之一。

皇太子早上去朝见母后，皇后叫出挑好了的5个宫女，让身边的一个女官——长御问一下皇太子中意哪个。

仍旧心灰意冷的皇太子无意于这5个宫女，碍于母后，便随口说道："这个就行。"

当时，政君的座位最靠近太子，又穿着一件与众不同的粉色边饰的大掖衣。长御以为太子指的是政君，回奏皇后。

皇后一听，忙命两名官员把王政君送去东宫。

政君成了皇太子的妃子。

一年后，她生了一个男孩。

太子宫中嫔妃以十数，七八年来都没有生子育女。宣帝听说有了嫡孙，高兴万分，亲自给他起名为骜，字太孙。他时常让人把刘骜抱来，逗他玩。

失宠的皇后

刘骜3岁那年，宣帝驾崩。

皇太子在宣帝驾崩的当天，登上未央宫前殿的龙位，南面称孤，——"国不可一日无君"。他就是汉元帝。

埋葬了宣帝后，元帝开始筹建他的皇朝体系。

立皇太子，立皇后，是其中两件大事。

刘骜是他的长子，宣帝对他很痛爱，元帝遂立刘骜为皇太子。

按说，刘骜立为皇太子，他的母亲王政君当立为皇后。但元帝还在踌躇，因为他不爱王政君。

政君相貌平平，一个偶然的机遇使她成为太子妃。元帝也好色，政君不是他的意中人，政君侍宿一夜而怀孕，生了刘骜。此后元帝再也没理她。

他最宠爱的妃子是傅氏。傅妃原是上官太后的侍女，元帝还是太子的时候，看上了傅氏，纳为妃子。傅妃聪明伶俐，善解人意，很会待人接物，在宫中的人缘极好。在后宫众多佳丽中，元帝最宠爱她。

另一个妃子冯氏也以貌美见宠。

政君生了刘骜不久，傅妃生了儿子刘康，冯妃生了儿子刘兴。

按元帝的意愿，皇后的凤冠应戴在傅妃的头上。

但是，在他那个时代，母以子贵，刘骜既立为皇太子，皇后的桂冠按传统的规制当属于他不中意的王妃。规制高于个人的意愿，皇帝也不例外。元帝踌躇了整整3天，最后还是无可奈何地立王妃为皇后。

不过，他不愿亏待了傅、冯二妃。他创设了一个名号——"昭仪"。昭仪位视丞相，爵比诸侯王，在宫中的地位次于皇后。他封心爱的傅、冯二妃为昭仪。立刘康为定陶王，刘兴为中山王。

傅昭仪、冯昭仪虽然位次矮皇后一级，早上起床要去朝见王皇后；路遇，要叩问皇后圣安。但她俩却是皇上的宠妃，王皇后徒有皇后称号，被冷落一边。

王皇后的儿子、皇太子刘骜也越来越让元帝不满。

刘骜长大成人后，好读经书，恭谨有礼。有一次，元帝召他，他闻诏忙跑。他住的桂宫与未央宫之间有条驰道，是皇帝专用的。刘骜不敢横穿而过，绕了一个大弯。元帝见太子来迟了，问他是怎么回事。刘骜说明了原因，元帝很高兴。

但好景不长，刘骜对经书便厌烦了，喜欢上了喝酒、游玩。

元帝对太子的颓废很是生气，多次训斥，但太子屡教不改。

于是，他打算废黜刘骜，另立爱妃之子刘康。

定陶王刘康多才多艺，尤善音乐。元帝晚年多病，常以音乐自娱。他命人置鼓殿下，他在殿上临轩掷铜丸击鼓，铿锵有韵。除他外，惟有刘康会这一手。因此，他没让刘康就藩，把他留在宫中伴驾。

竟宁元年（前33），元帝病重，傅昭仪、刘康在侧侍奉，皇后、太子被拒之门外。

一天，元帝多次问尚书景帝废皇太子刘荣另立胶东王刘彻之事。用意很明：他要废黜刘骜，另立刘康为继承人。

王皇后、太子听说，惶恐不知所措。

这时，侍中史丹闯进元帝寝宫，顿首涕泣而言："皇太子以嫡长子而立，已十多年了，名闻天下，臣民归心。今臣听流言蜚语，陛下有废立之意。若是这样，公卿百官都决心以死谏争，不奉诏令。请陛下先赐我死吧！"

元帝见状，长叹一声，说："没有这回事。皇后谨慎，先帝又疼爱太子，寡人岂敢违先帝之意？"

刘骜保全了皇太子的名号。

王政君也保全了皇后的凤冠。

兄妹掌管天下

元帝打消了废黜刘骜的想法，不久，便一命呜呼了。

刘骜即位，是为成帝。

王政君成了皇太后，移居长乐宫。

淫于声色的成帝发出的第一道诏命是：任命帝舅王凤为大司马大将军领尚书事，掌理朝政。成帝自己整日游山玩水，斗鸡走狗，朝政大权实际上掌握在皇太后王政君和她哥哥大司马大将军领尚书事王凤的手中。皇太后之弟王崇被封为安成侯，食邑万户，王谭、王根、王商、王立、王逢时赐爵关内侯。过了6年,王谭5人同日封侯,世号"五侯"。

大司马大将军领尚书事王凤把持朝政,堂堂天子也得看他的眼色行事。

一次,有人荐举光禄大夫刘向少子刘歆通达有异才,成帝召见刘歆,很喜欢他,想封他个中常侍的官,吩咐左右取官服来。左右忙说:"陛下,还没告诉大将军呢!"

"此等小事,何须劳大将军。"成帝说。

左右叩头争之,纷纷说:"还是告知大将军为好。"

成帝遣人告知王凤,王凤以为不可,成帝只好收回他的"玉言"。

成帝即位多年无子,身体多病。定陶王刘康宋朝,成帝留他在京师伴驾,对刘康说:"我没有儿子,人命无常,一旦仙逝,不复相见。你留在京城陪伴我吧。"有以刘康为帝位继承人之意。

王凤对此不满,担心刘康做了皇帝对王氏外戚不利,遂借日蚀为名,奏谏成帝遣刘康回他的定陶国去。

成帝无奈,与刘康相对涕泣而别。

京师地方长官——京兆尹王章对王凤专权跋扈十分不满,上书成帝:"陛下未有继嗣,亲近定陶王,上顺天意,下安百姓。这是件好事。大将军竟然把日蚀归咎定陶王,遣王归国。今政事无大小都决于大将军,大将军不反躬自省,反而迁咎他人。大将军不可久典国事,宜罢谴,另选忠贤。"他推荐中山王的舅舅冯野王取代王凤。

成帝对于自己大权旁落,王凤专权用事也日渐不满,有罢免王凤之意。

他俩的密谋让王音知道了。

王音,皇太后王政君堂弟王弘的儿子,他官为侍中,在成帝左右侍奉。成帝与王章密谋时，王音就在旁边。他不露声色，事后偷偷地通报王凤。

王凤在家装病，上书辞官。

这是顺水推舟罢免王凤的大好时机。

但是，皇太后出来作梗，她哭哭啼啼的，不吃不喝，向成帝施加压力。

成帝慌了，写了一道辞意恳切的诏书，引咎自责，把王章打入死牢，杖毙狱中，妻子流放边陲。

王凤起身视事，公卿大臣见了王凤，无不侧目。王家子弟，个个鲜衣怒马，罗钟磬，舞郑女，做倡优，斗鸡走狗。

"新室文母太皇太后"

当王氏外戚一个个贵显无比、趾高气扬、骄奢淫逸的时候，王曼的妻儿们却过着孤贫寒酸的日子。

王曼是皇太后王政君的同父异母弟，他很早就去世了。长子王永也在20多岁时病死。成帝登基，大封诸舅，王曼已殁，未能蒙受皇恩，封爵拜官。年仅13岁的王莽与母亲相依为命，他被服俭陋，举止恭谨，小心翼翼地侍奉执掌朝廷大权的姑伯。与那些声色是娱的王家贵公子相比，洁身自好、恭俭有礼的王莽格外引人注目。

阳朔三年（前22），王凤病重，王莽在侧侍候，照顾备至，数月未解衣带。王凤弥留之际，嘱托皇太后和成帝授给王莽一官半职。就在这年，王莽做了黄门郎，不久升为射声校尉，秩二千石。

王莽更加小心谨慎地侍奉姑叔。皇太后对侄子颇有好感。

王凤死后，那个向他通风报信的王音出任大司马车骑将军。王音辅政八年薨，皇太后王政君的同父异母弟王商出任大司马卫将军。王商辅政四年薨，皇太后的另一个同父异母弟王根出任大司马骠骑将军。王根辅政五年病，上书辞职，推举侄子王莽出任大司马一职。

过了一年，成帝驾崩，定陶王刘康的儿子刘欣即皇帝位，是为哀帝。哀帝尊皇太后王政君为太皇太后。随着哀帝即位，他的祖母傅昭仪、母亲丁姬两家成了新的权贵，与王氏外戚在权益分配上发生冲突。太皇太后命王莽辞职以缓和矛盾。王莽极不情愿地上书辞官。

元寿二年（公元元年），哀帝寿终正寝。哀帝无子，太皇太后在哀帝驾崩的当天来到未央宫，下令把军政大权交给王莽。王莽重登大司马的宝座。他和太皇太后迎立中山王刘兴的儿子刘衎为帝，是为平帝。

平帝年仅9岁，是个乳臭未干的孩子，不能临政。于是，太皇太后临朝称制，行使皇帝的权力。她依赖王莽，委政于他。

王莽是有野心的，觊觎帝位。

他结党营私，排除异己；又沽名钓誉，广施恩惠。经过几年的经营，他把朝政大权牢牢地控制在自己的手中。

年迈的太皇太后仍握有相当大的权力。对这位太皇太后，王莽是不敢惹的。他指使爪牙上书，说太后至尊，不宜操劳过度，一些小事就不必亲躬了。太皇太后高兴地接受了这个建议，规定以后惟有封侯赐爵一事须奏闻于她，其他事一概由王莽裁决。

平帝逐渐长大了，王莽觉察出平帝对他不满，便先下手鸩杀了平帝，拥立了一个年仅2岁的孩子——刘婴为"孺子"，自己做起"摄皇帝"来了。

王莽代汉自立,已是昭然若揭。

太皇太后万万没有想到她一手栽培的侄儿竟欲篡夺她儿孙的天下!

但她已把权力交给了侄儿,朝廷上下都是他的人,自己有名无权,已经没有什么力量能阻止王莽代汉自立了。

到公元8年,王莽代汉的种种条件已经具备了。他在爪牙的欢呼声中戴上皇冠,去谒见太皇太后,说他秉承天命,代汉而立,建立新朝。太皇太后虽然早已料到会有这一天,但仍然为之惊恐。

然而,惊恐之余,她只有愤慨、怒骂的能力了。

翌年正月,在未央宫前殿隆重地举行了新朝皇帝即位典礼。王莽登上龙座,南面称帝,接受百官朝贺。然后,王莽率公卿百官朝见太皇太后,奉上"新室文母太皇太后"的玺绶,去掉汉朝的称号。

过了几天,王莽派心腹王舜去长乐宫向太皇太后索要"汉传国玺"。

这块玉玺是秦始皇用和氏璧做的,上面篆刻丞相李斯手书的八字:"受命于天,既寿永昌。"当年,刘邦率大军进抵灞上,秦王子婴投降,奉上这块玉玺。刘邦做了皇帝后,命名为"汉传国玺",世世传受。平帝被王莽鸩杀后,太皇太后把这块玉玺收藏了起来。

王莽代汉自立,觉得只有接管这块玉玺后,才算真正地取代了刘氏。因此,他称帝不久,便迫不急待地遣王舜去索要。

王舜来到了长乐宫,说明了来意。

太皇太后大怒,骂道:"王舜,你家蒙受汉室皇恩,几代富贵。你们兄弟不思报答,反而乘汉家人孤势微,帮着王莽篡位。像你们这样的人,猪狗不如!他王莽不是天命的新皇帝吗?自己做一块玉玺,传之万世就是了,何必要这块亡国不祥之玺!"

太皇太后边骂边哭,左右侍婢也皆涕泣。

"我乃汉家老寡妇,活不几天了。我死了,就拿这块玉玺随葬,他王莽休想得到!"太皇太后愤愤地说。

王舜听了太皇太后这番话,羞赧汗颜。他在地上跪了很久,才抬头对太皇太后说:"皇上意在必得,太后今天不给,明日还能不给吗?"

太皇太后担心王莽得不到"汉传国玺"而加害于她,遂拿出玉玺,扔在王舜面前,骂道:"我老将死,你们兄弟定受灭族的报应!"

太皇太后思念汉朝,拒绝按新朝礼仪行事。汉代在宫中侍奉的官员都著黑貂,王莽更为黄貂。太皇太后命令身边的侍从不听王莽那一套,仍著黑貂。王莽见了,也无可奈何。

太皇太后在悲愤、忧愁中度过了她一生的最后时光。

王莽代汉的第五年二月,太皇太后忧愤而死,享年84岁。王莽命大夫杨雄为太皇太后作诔,云:

> 太阴之精,沙麓之灵,
> 作合于汉,配元生成。

太皇太后的遗体被运往渭陵,与元帝合葬。

成帝刘骜皇后许氏

◎ 刘德增

公元前1世纪30年代的某天,君临天下的元帝吩咐左右的侍臣:"酌酒来,为朕庆贺庆贺!"侍臣们山呼"万岁",大殿上喜气盈盈。

是什么事使当朝天子这般高兴?

原来,元帝为太子刘骜选了一个妃子,叫人送去东宫,皇太子一见钟情,很是喜爱。元帝听说后,乐不可支,便有是举。

这个妃子姓许。她的家族与刘汉皇室有非同寻常的关系。

那还是在武帝征和二年(前191),武帝刘彻与太子刘据同室操戈,兵戎相见。刘据兵败自杀,他的子孙也一一遇害,惟有襁褓中的刘询被延尉监邴吉偷偷地藏起来。昭帝刘弗陵即位后,听说他哥哥刘据还有个孙儿活着,便派人把他领回皇宫,以"庶人"(平民)的身份,送进掖庭抚养。掖庭的长官——掖庭令张贺,原是刘据的家吏。刘据兵败后,张贺被处以宫刑,成了宦者,慢慢地爬上了掖庭令这个官位。对故主的后裔,张贺照顾备至。

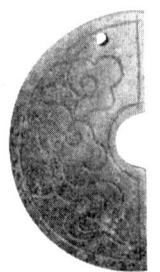

在张贺的教养下,刘询慢慢长大了。他17岁那年,张贺想给他娶妻成家。谁家的女儿好呢?他去找自己的弟弟张安石。安石是当朝权臣,官居右将军。听说兄长要自己把女儿嫁给刘询,他火了,也顾不得什么弟悌之类的伦理道德了,斥责兄长说:"他刘询是刘据的后裔,皇上开恩,让他以庶人身份衣食掖庭,这就足够了!再别说什么嫁女给他了!"

张贺无奈,只好作罢,另找他人。他又想起一个人,此人姓许,名广汉,是张贺的下属,官居暴室啬夫——一个负责染织的小官。许广汉有个女儿,叫平君,年方二八,许配给一个姓欧侯的宦官子弟。就在将行嫁娶时,姓欧侯的暴病而死。平君的母亲让人算了一卦,那人说你的女儿贵不可言,一般人娶不了她。其母大喜。这时,张贺找上门来,请许广汉去喝酒。酒酣,张贺替刘询求婚,广汉满口答应。回家一说,平君母不高兴了,说女儿将大贵,怎么能嫁给一个庶人呢?广汉斥曰:"妇人之见"。终成好事。

翌年(前74),刘询夫妇喜得贵子,取名刘奭。

就在这年,君临天下14载的昭帝驾崩。昭帝无子嗣,权臣霍光等迎立汉武帝与李夫人所生的昌邑王刘髆之子刘贺为帝。刘贺坐上龙位27天，便开始荒淫起来。霍光等人见状，赶紧上书太后，奏废刘贺。他们把武帝后裔逐个衡量了一番，觉得刘询操行节俭，慈仁爱人，便迎立他为帝，是为宣帝。

昔日的庶人成了至上、至尊、至贵的皇帝。他的妻子许平君也平步青云，成了母仪天下的皇后，平君一家自然而然地成了皇亲国戚，许广汉和他的两个弟弟许舜、许延寿皆封侯贵显。

黄龙元年（前49），宣帝一命呜呼，太子刘奭继位，是为元帝。按照惯例，许平君被尊为皇太后。元帝又封许延寿的儿子许嘉为平恩侯。永光三年（前41），复拜许嘉为大司马车骑将军，执掌朝政。他给太子刘骜选的妃子，便是这位当朝宰相的女儿。故论起辈份来，太子与许妃还是从表兄妹呢！

许妃乃秀美佳人，更兼聪明伶俐，知书能文，写得一手好字，深得皇太子宠爱。过了几年，许妃喜得贵子，朝野上下大加庆贺。谁知，这个如不出意外就将成为刘汉王朝接班人的婴儿，竟在一天突然失踪，不知去向。堂堂皇宫竟会丢失一个皇孙！这等咄咄怪事是某个别有所图的人干的。不过，到底是谁干的，也没查出来。

在那个时代，母以子贵，一个皇后的荣辱兴衰往往取决于她能否为皇帝生个接班人，丢失了儿子，对许妃来说，是致命的一击。

到了竟宁元年（前33），元帝一命归天，太子刘骜登上未央宫前殿皇帝的宝座，南面称孤，他就是汉成帝。许妃成了母仪天下的皇后，入主后宫。

新皇帝即位，免不了要"选美"。成帝的后宫又新添了若干从全国各地选来的美女佳人。但他还宠爱着许氏。许后一面倾尽全力侍奉成帝，讨他的欢心，一面统领后宫众多的嫔妃，处理后宫事务。按照制度，她有一片土地作为封邑，封邑上的收入归自己支配。不过，封邑收入不多，往往不够开支。这时，她便从皇帝的私人府库——少府中提取一些钱物，用于后宫开支，诸如在某个宫殿架设一面屏风，做几件衣服，等等。对于逢年过节按礼遗赐父兄以示慰问之事，她从不自作主张，赐什么，赐多少，总是请示成帝，由他定夺。

她算得上个律己修行的皇后。

后宫生活有条不紊地进行着。皇后的父亲、大司马车骑将军许嘉却出了事。

成帝是元帝皇后王政君所生。他即位后，王政君成了皇太后，她享受着帝国最崇高的荣誉和至高无上的权力。为了平衡王氏外戚和许氏外戚的权益，成帝拜王政君的同母弟、他的舅舅王凤为大司马大将军，与许嘉同掌朝政。许嘉的权力被王凤分割。在两大权臣之间，龃龉是难免的。有个叫杜钦的官僚对王凤说："按照传统的观念，后父之位重于帝舅。您为人处事要谨慎，免遭不测。"但是，在后父与帝舅之间，成帝选择了其舅王凤，他以家重身尊不宜以吏职自累为名，策免了许嘉，把帝国的大权交给王凤一人掌管。

在古代中国，皇后的父兄藉皇后而贵显；父兄的落泊也预示着皇后的不幸。

果然，皇后开始遭到一些无端的攻击、诽谤。

对皇后的攻击首先出自正得势的王氏外戚之口。皇太后和她的弟弟王凤等人别有用心地议论道："皇上即位多年，没有子嗣；苍天又屡降灾异，惩戒世人。不知祸根在哪里？"刘向、谷永等一班官僚心神领会,马上上书说:"咎在后宫!"

这时,成帝还宠爱着她的皇后,不欲重罚,便赐给皇后一道诏书,说:"后宫使用的礼仪,制作御服车驾,遗赐外家物品,须遵循竟宁以前的制度,不得越制!"言外之意,是皇后的所作所为僭礼越制了。许后无故受责,心中不快,上书成帝为己分辩。她写道:"今事与古制,难免有纤微之异。妾伏自念,自入宫以来,遗赐外家未尝越制,每次都由皇上裁决,这都是有案可稽的。假若不准私取少府,后宫的费用又怎么开支?"成帝让刘向、谷永写了一道谕旨,答复皇后,要她克己修行,毋违古制,养名显行,以息众议。

皇后的分辩没有洗却自己蒙受的罪责。

大司马大将军王凤恃其姐王政君而专权用事。他把握了帝国的大权,自然也要负起治国安民之责。眼看国势如江河日下,颓唐不振,众人自然归咎于王凤。他们借日食指摘王凤治国不力。刘向、谷永等人见状,紧忙为王凤推卸责任,说天灾人祸的祸根,不在大司马大将军身上,而在后宫!

厄运又一次降临皇后头上。

这一次,她未能逃脱,因为成帝的态度起了变化。

自鸿嘉(前20)以后,汉成帝日加荒淫。他把帝国的大权交给舅舅们,自己寻欢作乐。赵飞燕等美女佳人,一个个被选入后宫。许后年大色衰,好色的成帝对她逐渐疏远、冷落,另寻新欢。

既得咎于外廷,又失宠于皇上,皇后的位子朝不保夕了,只是需要一个时机、一个说辞而已。

不久,时机和说辞便具备了。

赵飞燕觊觎着皇后那个宝座,处心积虑地要击败许后。鸿嘉三年(前18)的一天,她上书告发许后的姐姐许谒诅咒后宫中有身孕的王美人和现司马大将军王凤。她这一手够狠毒的。试想，成帝即位多年没有子嗣，现在王美人有了身孕，这个腹中的婴儿至关刘汉皇室的延续；王凤是皇太后的同母弟，身居台辅，他的兴衰至关王氏外戚的荣辱，诅咒王美人和王凤，无论是成帝还是皇太后，都是不能容忍的。皇太后首先震怒了，责令严纠不贷。许谒被逮下狱，判成死罪，被砍了脑袋。

皇太后和王凤等人不欲就此罢手，他们推论：许谒是许后的姐姐；许谒诅咒王美人是因为王美人有身孕，而王美人若生子，定对没有子女的许后不利。因此，这桩案子少不了许后。这正是赵飞燕的目的之所在。

结果，许后被废黜，幽禁于昭台宫。她在京师长安的亲属全被赶回老家。

许氏在皇后的位子上坐了14年，最终在朝廷的权力之争和后宫的争宠角逐中败下台来。

昭台宫是上林苑中的一座宫馆。许氏在那里幽居了一年。第二年，她又被迁居长定宫。她在这里幽居了九个春秋。

绥和元年（前8）的一天，成帝忽然想起了许氏，他自知许氏无辜，动了恻隐之心，诏令许氏的亲属回京居位。

幽居于长定宫中的许后听说成帝准许她的亲戚回京居住，觉得有了一线希望。有一天，姐姐许孊来看她，她便央求姐姐帮忙。这许孊原是龙颔思侯的夫人，龙颔思侯死后，寡居在家，与卫尉淳于长私通。淳于长是成帝的大红人，身居九卿之一的卫尉。此人荒淫好色，妻妾成群。他与许孊私通，不久又纳她为妾。许氏听说姐姐嫁给权臣淳于长为妾，便通过姐姐贿赂淳于长，求他在成帝面前为自己说项，让她重入后宫，当个婕妤也行。淳于长满口答应地收下了礼物，并夸口说："我要启奏皇上，重立你妹妹为皇后。"

"皇上不是已立了赵飞燕为皇后了吗？"许孊说。

"那就让赵飞燕当第一皇后，你妹妹做第二皇后。"

许孊入宫，给妹妹回话，淳于长又修书一封，让许孊带给妹妹。信中颇多轻侮戏弄之词。

淳于长的这些丑行被政敌王莽侦知。

王莽是皇太后王政君的侄儿，现为骑都尉光禄大夫侍中。他的叔父、大司马大将军王根重病缠身，上书辞官养病。大司马大将军的新人选，很可能是淳于长。王莽决心击败淳于长，夺取大司马大将军的官职。他暗暗地窥伺着淳于长的一举一动。当他侦知淳于长与许氏来往的情况后，欣喜若狂，立即上报王根、皇太后和成帝。

成帝闻知大怒，罢免淳于长，派廷尉孔光赐药给许氏，令她自杀，许氏悲愤难已，仰药而死。

成帝刘骜皇后赵飞燕

◎ 崔群

提起西汉末年的赵飞燕，人们往往会与倾国倾城联系起来，甚至有人将她列为古代五大美女之一。千百年来，文人骚客的歌咏之篇不绝，诗仙李白在他的《清平调》中就曾这样赞叹道："一枝红艳露凝香，云雨巫山枉断肠。借问汉宫谁得似，可怜飞燕倚新妆"。

飞燕出身于当时社会最底层的官奴。所谓官奴，顾名思义，就是官家的奴隶。在汉代的官府里，有许许多多被称为官奴的男女供官吏们驱使，他们大都是因为触犯了王法禁律而被籍没入官的，地位十分低下，毫无人身自由，就连他们的子女也是世袭的官奴。飞燕的父亲赵临便是这些人中的一个。

不知是何年何月何日，一个女婴降生在了赵家。守着呱呱啼哭的婴儿，赵临夫妇脸上没有喜悦，而是代之以愁容：官奴的命运本来就十分悲惨了，上天为何又让这孩子生在我赵家，往后的日子可该怎么过啊？万般无奈，赵临夫妇决定将新生的女婴扔掉，由她自生自灭。一天，赵临偷偷将包裹好的婴孩丢在了荒郊野外。孩子是丢掉了，赵临的心头却像压上了一块大石头。三天之后，怀着一颗负疚之心，赵临又悄悄来到丢弃孩子的地方。令他大吃一惊的是，那个被遗弃了三天的女婴居然还活着，他心中窃想，这孩子或许还真有什么福分呢。于是，赵临连忙把一息尚存的婴孩抱回了家，并开始精心地加以抚育。

一晃十几个年头过去了，昔日的襁褓婴孩，此时已长成了体态婀娜、面如桃花的妙龄少女。官奴之女的生活，既使她饱受了人间的艰辛，也使她养成了工于心计，争强好斗的禀性。在过去的这段日子里，赵女又有了一个妹妹，名叫合德。虽比赵女年幼，却也长得如花似玉、艳丽动人。

汉代，官奴的子女便是国家的财产，他们的命运去留全由官府主宰，年少的赵女便是这样。起初，她在长安宫里做了几年婢女，后又几经周折，被打发到了阳阿公主府。

阳阿公主见赵女容貌俏丽，体态轻盈，人也很伶俐，心里十分喜爱，就让人教她演歌习舞，充做府中的舞伎。凭着天赋聪明和辛勤苦练，几年下来，赵女已能歌如莺语，舞似燕行，技艺远在群芳之上。公主见她舞技绝伦，且出落得倾国美色，当下替她取名"飞燕"。一时间，飞燕的名声雀起，长安城里，男女老少都知道阳阿公主府里出了个色艺双绝的赵飞燕。

此时，正值西汉后期，在位的乃是汉成帝刘骜。这个成帝，既无开疆拓域的雄韬伟略，又乏守城安邦的治国之才，是个地地道道的昏君。他统治的时期，西汉王朝正面临着深刻的社会危机：贵族豪强大肆兼并土地，广大失地农民颠沛流离，远走他乡，一俟天灾人祸，则卖儿鬻女，嚎泣载道；朝廷内部，外戚擅权，把持朝纲；朝臣们结党营私，互相倾轧，吏治十分腐败。成帝为了满足自己的穷奢极欲，连年大兴土木，营建宫殿，广储美女娇娃，搞得天下妻离子散，苦不堪言。不仅如此，成帝还时常弃国家大事于不顾，与富平侯张放等一班佞臣微服出游，或近游都市，或远历郊野，斗鸡走狗，随意寻欢，尤其滑稽的是，为了免遭廷臣议论，他竟自称是张放的家人，号曰张公子。这一日，成帝微服来到了阳阿公主的府第。

皇帝的突然造访，搅得公主府上下一片忙乱。俄顷，公主便在府中排好了盛宴，为成帝接驾洗尘。席间觥筹交错，玉液佳肴。为了助兴，公主又命府中舞伎宴前献技。环佩金玉声中，一位绝色佳人款款而来，只见她面如姣花，目似秋水，体态轻盈。歌舞起处，似花枝轻颤，如燕子点水，一曲未尽，便有万种风情，妙不可言。成帝一见，十分倾心，不知不觉竟看呆了。席罢，成帝便要带这女子一同回宫。君命不可违，公主只得做个顺水人情，将舞伎献给了成帝，并告之曰：此女即是赵飞燕。

飞燕入宫，三千佳丽顿失颜色。

得了飞燕，成帝真是大喜过望。自此，他终日与飞燕如胶似膝，有说不尽的缠绵。

虽蒙成帝的格外恩宠，飞燕的心头却总笼罩着些愁云：自己出身微贱，难免要被那些出自名门望族的妃嫔所轻视，加之在后宫中势单力孤，实在难与众多对手相抗衡。思虑再三，飞燕决计要将妹妹合德引为己援。以后的日子里，飞燕常借机往成帝的耳朵里大送"枕边风"，极言舍妹如何之美，比自己有过之而无不及，直说得成帝满心欢喜，恨不能马上一见。于是，一道旨意很快传了下去，将赵合德召进了宫里。

合德入得宫来，果然不同凡响，只见她长得鬓若层云，眉若远山，肤若晚雪，与乃姊一起，光彩照人，宛如天仙一般。成帝一见，喜不自胜，当即下旨，册封飞燕姊妹为婕妤，位在众妃嫔之上，仅次于皇后。一时间，赵氏二女同时受宠于后宫，荣耀非常。为了取悦于飞燕姐妹，成帝不惜挥金如土，为飞燕新建一座宫殿，名曰远条馆，以示金屋藏娇之意。此外，他又将旧有的昭阳殿修缮得富丽堂皇，专供合德居住。从此，成帝一心迷恋赵家姐妹，每天在后宫与她们饮酒作乐。朝廷政务，事无巨细，一概由外戚王凤、王音处置，西汉政治更加黑暗，有诗为证：

孝成煌煌，临朝有光；
威仪之盛，如圭如璋。
壸闱姿赵，朝政在王；
炎炎燎火，亦允不阳。

由卑贱的官婢一跃而为尊贵无比的婕妤，赵家姐妹可谓志得意满。然而，随着地位的提高，她们的权力欲望也越来越强。尤其是赵飞燕，她觊觎皇后的宝座已久，把在位的许皇后以及班婕妤等人视为眼中钉、肉中刺，处心积虑地要搞垮她们。

成帝时期，外戚争权夺利的斗争十分激烈，其中，以许氏外戚与在朝掌权的王氏外戚的矛盾最为突出。几经较量，许氏外戚已呈明显颓势，更为糟糕的是，许后此时已人老珠黄，失去了皇帝的欢心，只能在宫中如履薄冰地捱过时光。飞燕看准了这一有利时机，鸿嘉三年（前22），她发难告发许皇后之姊许谒，说她设坛诅咒已怀孕的王美人以及王凤，词连班婕妤。

当时，成帝已过而立之年，却苦于膝下无子，皇统无继。飞燕的告发正好触动了他的心病，加上王氏外戚的挑唆，盛怒之下，成帝下令将许谒问成死罪，许皇后则被废入冷宫；班婕妤也蒙受了极大的屈辱，避往长信宫。这样，飞燕利用外戚间的矛盾，巧施计谋，终于扫清了通往皇后宝座的两大障碍。

飞燕一心要做皇后，成帝也有了立她为后的念头，没想到，这事到了太后王政君那里却碰了钉子。原来，太后虽不是出身于显赫官宦家庭，却也十分看重门第，她对飞燕出身官奴一事很不以为然，极力反对立飞燕为后。任凭成帝百般求情，太后就是置之不理，使得成帝进退维谷，左右为难。尤其令成帝恼怒的是，一些大臣也竭力阻挠立后之事。谏大夫刘辅上疏成帝，指责他"今乃触情纵欲，倾于卑贱之女，欲以母天下，惑莫大焉？"成帝勃然大怒，将刘辅下狱问罪。幸有众臣相救，刘辅才免于一死。自此，群臣无敢反对者。

正当成帝踌躇之际，一个名叫淳于长的佞臣跑来为他谋划。这淳于长，是太后王政君的外甥，官拜卫尉。他见成帝在太后面前碰了钉子，感到这是一个巴结成帝的好机会。于是，他便经常到太后那里为成帝游说，他一会儿夸奖成帝如何孝顺,飞燕如何贤惠,一会儿又言国家不可一日无后。如此再三,一年的时间过去了,凭着三寸不烂之舌,淳于长终于说动了太后。永始元年(前16),飞燕被册封为皇后,戴上了她渴望已久的凤冠,合德也进封为昭仪,赵家姊妹成为后宫的真正主人。加封之日,成帝不忘淳于长的说项之功,降旨封他为定陵侯。飞燕父亲赵临也被封为成阳侯。真可谓,一人得道,鸡犬升天。

飞燕当上皇后以后,与其妹合德双艳并峙,专宠后宫。许多妃嫔根本难见君王一面,只能暗地自叹命薄,正是:

泪尽罗巾梦不成,夜深前殿按歌声。
红颜未老恩先断,斜倚熏笼坐到明。

随着时光的流逝,飞燕姊姊又开始担忧起来。在宗法制盛行的汉代,母以子贵,对于后宫中的妃嫔来说,则更是如此,一旦生有子嗣,便可保证一生的荣华富贵;否则,随时都有失宠甚至被打入冷宫之虞。飞燕姊妹虽然长期侍奉,却始终未能生下一男半女;与此相反,成帝偶尔临幸的其他妃嫔宫女,不少人都怀孕、生子,对此,飞燕姊妹又惊又怕。为了保住自己的既得利益,她们决定铤而走险,由飞燕幕后操纵,合德前台动手,姊妹俩合力铲除潜在的对手。

元延元年(前12),后宫中一位名叫曹宫的宫女怀孕了。原来,成帝曾偷偷与她幽会过几次,遂致珠胎暗结。这年的十月,曹宫分娩,生下了一个男孩。

这事不知怎地传到了合德的耳朵里,合德闻知,立即指使打手中黄门田客去除掉曹宫母子。田客秉承主子之命,派人矫诏用丸药毒杀了曹宫。为了杀人灭口,合德又将服侍过曹宫的六个宫婢抓了起来，威胁她们说："你等虽没有罪过，但也必须去死。"于是，在合德的淫威之下，六个无辜的宫婢也被迫投环自尽。不久，合德又打听到曹宫所生男孩的下落，就派一个名叫李南的宫官，持诏将婴儿抱走。这个出世未久的婴儿最终也未逃脱合德的毒手。

成帝得知此事后，十分气恼，但却慑于赵家姐妹的骄悍，只好不了了之。

第二年，后宫中的许美人又生下了一男孩，成帝看到自己终于有了子嗣，心中十分欢喜，当下便把此事告诉了合德。孰料，这一下可捅了马蜂窝。只见合德柳眉竖起，怒形于色，指着成帝诘问道："陛下常骗臣妾说是从中宫姐姐那里来，既然是来自中宫，许美人的孩子又是哪里来的？难道陛下要另立许美人为后不成？"言罢，捶胸顿足，从床上滚到地下，用头撞门边的柱子，并大放悲声："今天就打发我走好了！"饭菜送上来，她也不睬一眼。

面对合德突如其来的举动，成帝一时弄懵了，呆呆站在那里，半晌才说："好心告诉你，没想到你却这般难言，你这人真不能与你说事。"由于一时烦闷，成帝干脆也罢了膳食，只是坐在那里陪着。

合德见成帝有点服软，便乘机撒泼道："陛下曾说不辜负我们姊妹。如今许美人生了孩子，陛下有负于我们，该怎么办？"

成帝道："我原是依着前约，不立许美人，使天下无出赵氏之上，你尽可放心了！"

果然，不出多久，成帝诏令中黄门靳严向许美人索要婴孩，将小儿装入苇箧之中，送到合德居处，由合德与成帝私下观看。之后，他们又把苇箧封好，由宫婢取出，交与掖庭狱丞籍武偷偷埋掉。

合德连毙两婴,致使成帝从此绝嗣,只能在皇族中另择皇储。

绥和元年(前8),诸王来朝,围绕着立储问题,众藩王之间自有一番明争暗斗,其中,争夺的中心人物是中山王刘兴以及定陶王刘欣。刘兴系成帝少弟,为冯昭仪所生;刘欣乃是定陶王刘康嗣子,其祖母乃是元帝之傅昭仪,生母丁姬系刘康之妾,刘欣自幼丧父,跟随祖母傅昭仪长大,承袭王爵。傅昭仪早为王太后,素有智谋,她见成帝中年无子,想把孙儿过继过去,便与刘欣一同赴京。到京后,傅昭仪祖孙二人除了结交朝中权贵外,还向飞燕皇后大行其贿,求其代为美言。飞燕得了财宝,欢喜自不必言,又念自己年长无子,正需找个依靠,便一口应承下来,此后,飞燕常在成帝面前为刘欣说情,盛赞其贤德。果然,第二年,成帝立刘欣做了太子。

自己权宠压后宫,又有太子以为后援,飞燕姊妹可谓盛极一时。

俗话说:"物极必反,盛极必衰"。正当飞燕姐妹权势处于顶峰时,厄运开始向她们袭来。

绥和二年(前7)三月十八日,成帝宿于未央宫的白虎殿。天至将明时,穿着袜裤的成帝想起床,去拿衣服时,却失手跌到地上,口不能言而死。成帝体格健壮,素无病恙,如今突得暴病而亡,一时间,宫廷内外众说纷纭,怀疑的焦点集中在合德身上。飞燕姐妹承宠已久,在宫中树敌甚多。成帝一死,众人便乘机群起而攻之。皇太后王政君下令大司马大将军王莽追查此事,矛头直指合德。在此形势下,合德深感大势已去,只得自杀。

成帝驾崩,飞燕感到失去了靠山;合德之死,则使她未免有兔死狐悲之感。幸喜哀帝刘欣即位后，念及当年推举有功，对她仍是礼仪有加，尊她为皇太后，并封飞燕之弟赵钦为新成侯。

不久，朝中大臣交相奏章，揭发飞燕姊妹残害成帝子嗣之事，意甚汹汹。但哀帝仍念旧情，根本不予追究，只将赵钦削职发配，敷衍了事。

飞燕虽然暂时逃过了这一关，却又陷进了更大的政治斗争漩涡。当时，哀帝一派的傅氏和丁氏外戚，与在朝掌权的王氏外戚争权夺利，斗争十分激烈。在这场斗争中，飞燕出于自身的考虑，站到傅、丁外戚一边，使得王氏十分忌恨。

元寿二年(前1)，哀帝崩，王氏外戚扶持平帝刘衎登上了帝位。是年，平帝才9岁，朝中大权一并归于王氏。王氏取得绝对权势后，大肆讨伐自己的旧敌，飞燕的处境十分艰难。

时隔不久，王氏外戚以残害皇子的罪名，将飞燕削去太后封号，幽禁在北宫。随即又废为庶人，令其迁出皇宫，移住成帝的延陵。

在一次重于一次的打击下，飞燕彻底绝望了，终于含恨自尽。

附：成帝刘骜妃班氏

◎ 崔　群

花枝出建章，凤管发昭阳。
借问承恩者，双娥几许长？

唐代诗人皇甫冉一首哀惋凄切的五言绝句，道出了一位怀才不遇的宫中女子的满腔幽怨。她，就是西汉著名的才女——班氏。

班氏是东汉著名的史学家班固的祖姑，自幼家境优裕，祖辈历任朝廷要职，她的父亲班况还曾官拜左曹越骑校尉。班家虽为官宦世家，却也书香不断。班女的三个兄弟班伯、班斿、班稚，都十分好学，且受教名师，学识渊博。在这样的家庭氛围中，班女也养成了爱学习的习惯。她的涉猎范围非常之广，凡《窈窕》、《德象》、《女师》等箴戒之篇莫不诵及，诗经辞赋无不烂熟于胸，就是典籍史书，她也都十分通晓。广读博览，加上天赋资质，班女的学识进益匪浅，远非当时众裙钗所可及。不仅如此，班女还写得一手好赋，而且提笔成篇，情采华茂，委婉动人。当然，班女接受最多的还是恪守"妇德"的教诲，儒家思想在她幼小的心灵上打下了深深的烙印，影响到她后来的一生。

一个偶然的机会改变了班女的命运。建始元年（前32），汉成帝刘骜登上了帝位，为了满足自己的淫欲，他不惜离散天下骨肉，在全国各地搜罗三千佳丽以充后宫，年轻貌美的班女便是其中一人。

离开了父母亲人，只身来到高墙蔽日、与世隔绝的皇宫禁苑，班女备感孤单凄凉，她常常独自凭栏远望，思念家中的亲人，眷恋自由自在的生活。由于长期儒家风范的熏陶，班女并不怎么怨天尤人，她以一颗恬淡隐忍之心，默默地等待着命运的安排。刚进宫时，班女的官号只是个"少使"（汉代宫中的嫔妃分为14级，少使是其中的第11级）。但她并不介意于此，也不像其他宫女那样为邀恩博宠而整日浓妆艳抹、搔首弄姿。她作赋弹琴，读书诵诗，过着循规蹈矩、闲适平淡的生活。面对这样一位沉稳持重，又才华横溢的妙龄女子，看惯了奴颜媚态的成帝反倒动心了。不久，班女便宠倾后宫，被册封为婕妤（妃嫔中的第二级），住进了富丽堂皇的"增成舍"（汉代后宫被分为八个区，"增成舍"是其中专供高级妃嫔居住的殿区），班女一家也随之贵显。班况此时已致仕还第，家有黄金千斤，富贵无比；班女的几个兄弟也都加官晋级，被委以朝廷要职。

初入"增成舍",成帝对班婕妤恩爱有加,真是情意缱绻,如胶似漆。为了显示厚爱,成帝还经常携她到离宫别馆游玩、栖宿。不久,班婕妤便暗结珠胎,并在别馆产下了一个男婴。正当班婕妤为得子而欣慰之时,一场不幸却降临在她的头上,几个月后,这个男婴便得而复失了。失子的痛苦无情地折磨着班婕妤,使她体会到了人世间生离死别的痛苦,从而对恩宠荣耀也日渐淡泊,更加安于过着依则古礼的生活。

一次,成帝乘着装饰华丽的车辇在后宫游玩,远远望见班婕妤站在那里,便派人招呼她上辇同坐。与皇上同车共辇,这真是众妃嫔求之不得的事情,然而,班婕妤却婉言推辞道:"臣妾曾经看过许多古书,大概凡是贤明的君主,他们身边都聚集着才智过人、忠诚秉直的臣子;只有像桀、纣那样的亡国之君,他们身边才前呼后拥着宠姬爱妾,如今陛下想叫臣妾同辇,这事又该怎么说呢?"一席话入情入理,成帝听后不禁为之动容,于是马上改变了刚才的主意。

后来,这件事又传到皇太后王政君那里,王太后对班婕妤的深明大义极为赞许,当众夸奖道:"古有樊姬,今有班婕妤"。

自古以来,"君恩如水向东流,得宠忧悒失宠愁"。随着时光的流逝,班婕妤一天天红颜消退,玉容渐改,喜新厌旧的成帝很快便移情别恋,另有新欢了。昔日门前车马喧闹的"增成舍",此时却变得冷冷清清,门可雀罗。

班婕妤身边有个女侍,名唤李平,正当妙龄,长得有闭月羞花之貌,沉鱼落雁之容,而且十分伶俐。为了使成帝能够体味自己的一片苦心,以唤起昔日旧情,班婕妤便亲手将李平装扮一番,打发她到成帝那里去。孰成想,成帝见异思迁,早将往日温情抛在九霄云外。他见李平年轻貌美,又善解人意,就将李平留了下来。从此,李平平步青云,很快就由卑贱的侍女一跃而为地位高贵的婕妤。与此相反,班婕妤却依然被撇在冷清的"增成舍",自怨自伤。

俗话说:"福不双至,祸不单行"。鸿嘉三年(前22),正当班婕妤失意苦闷之际,一场飞来横祸又给她以沉重打击。

当时,赵飞燕、赵合德姐妹双双入宫,她们凭着倾国姿色和良苦心计,深得成帝的青睐,一时间宠莫能比,灼焰熏天。自恃有皇上的宠爱,赵氏姐妹开始处心积虑地攫取更大的权势。尤其是赵飞燕,她觊觎皇后的位子已久,千方百计要搞垮在位的许皇后。她见许氏外戚与在朝掌权的王氏外戚积怨很深,就利用他们的矛盾,借许后之姊诅咒王美人和王凤一事兴起大狱,为了尽可能地打击潜在的对手,她还把莫须有的罪名加在了班婕妤身上,致使后者身陷囹圄。

既遭冷遇,又蒙无端陷害,班婕妤感到无比冤屈和愤懑,在审讯自己的大堂上,她慷慨陈辞:"妾听说'死生有命,富贵在天',修身正行尚且不能获福,作奸犯恶还能有什么指望?倘若神明有知,就不会听信犯上诬惑的诅咒;假如神鬼根本无知,就是诅咒了又有什么用?妾断不会干这种勾当"。成帝听了深以为然,他见班婕妤形容憔悴,全无昔日风采,不免动了恻隐之心,于是就将班婕妤放了,并赐给她黄金千斤以示君恩无边。这样,班婕妤终于逃过了一场劫难,又重新回到了"增成舍"。

经历了这次打击,班婕妤变得越发心灰意懒。这时候,许皇后已遭废黜,被幽禁在昭台宫。皇后的位置由赵飞燕取而代之,而她的妹妹合德也成为炙手可热的人物,被封为婕妤。由于成帝终日迷恋赵氏姐妹,不理朝政,朝中大权俱落入外戚王凤、王音手中,西汉政治更加黑暗,有诗为证:"壶闱姿赵,朝政在王;炎炎燎火,亦允不阳"。得势于一时的赵氏姐妹并不就此满足,为了保住既有的权势,她们不择手段地迫害异己,许多怀孕的妃嫔和新生的婴儿都不能幸免于难。

面对赵家姐妹咄咄逼人的气势,班婕妤深感自身难保,为了避免再遭陷害,她决计要离开这政治斗争的旋涡。她上疏请往长信宫去侍奉皇太后。此时的成帝正迷恋着赵氏姐妹,巴不得班婕妤早点离开。于是,班婕妤的奏疏很快便被批准了,就这样,怀着凄凉酸楚的心情,班婕妤洒泪告别了伴她经历过荣辱宠贬的"增成舍"。

退居长信宫后,班婕妤常常孤身独处,抑郁寡欢,人也变得苍老了许多,唐诗人王昌龄在他的《长信怨》中这样叹道:"奉帚平明金殿开,暂将团扇共徘徊。玉颜不及寒鸦色,犹带昭阳日影来",生动地刻画了班婕妤当时失意苦闷的精神状态。回顾入宫以来的荣辱浮沉,班婕妤百感交集,她深信自己的一言一行都合于礼法,不悖"妇德",但上天又为何这般不公平呢?她觉得冤屈,也感到无奈。愁怅之极,她只能作赋以抒情怀。在一篇题为《自伤悼》的赋中,班婕妤对自己的坎坷遭遇发出了不平之声:

承祖考之遗德兮,何性命之淑灵,登薄躯于宫阙兮,充下陈于后庭。蒙圣皇之渥惠兮,当日月之盛明,扬光烈之翕赫兮,奉隆宠于增成。既过幸于非位兮,穷庶几乎嘉时,每寤寐而累息兮,申佩离以自思,陈女图以镜鉴兮,顾女史而问诗。悲晨妇之作戒兮,哀褒、阎之为邮;美皇、英之女虞兮,荣任、姒之母周。虽愚陋其靡及兮,敢舍心而忘兹?

历年岁而悼惧兮，闵蕃华之不滋。痛阳禄与柘馆兮，仍襁褓而离灾，岂妾人之殃咎兮？将天命之不可求。

白日忽已移光兮，遂晻莫而昧幽，犹被覆载之厚德兮，不废捐于罪邮。奉共养于东宫兮，托长信之末流，共洒埽于帷幄兮，永终死以为期。愿归骨于山足兮，依松柏之余休。

....

赋的字里行间无不流露出班婕妤备遭冷遇的失意彷徨和对命运不公的满腔幽怨，同时也反映了她"惟人生兮一世，忽一过兮若浮"的宿命论思想。

从此，心如槁木，万念俱灰的班婕妤又在长信宫中挨过了十几个年头。绥和二年(前7)汉成帝刘骜驾崩，为了使这位生前享尽荣华富贵的君王在冥间依然有人服侍，班婕妤和许多宫中女子一样，又被打发到陵园充作供奉。不久，这位有才有德而又命运坎坷的女子便在孤寂中离开了人世。

哀帝刘欣皇后傅氏

◎ 涂晓青

在鲁南地区，汉代有个叫定陶的封国，国都定陶（今山东定陶西北）。汉末，定陶王刘欣在十五六岁的时候，由祖母做主，娶了河内温县（今属河南）的堂姑傅氏为妃，——在他那个时代，这种形式的"乱伦"是不足为怪的。

定陶王16岁那年正月，按照惯例进京朝见皇上。

当朝天子——汉成帝是他伯父，他父亲刘康与成帝是同父异母兄弟。成帝年已四十有三，六宫佳丽成百上千，却都没有替他生个衣钵传人。眼见生子无望，成帝便决定立侄儿刘欣为继承人。

翌年,成帝下诏,立刘欣为皇太子。遣执金吾任宏守大鸿胪,持节征刘欣入京。刘欣假意辞谢,道:"臣有幸承嗣父爵为藩王,才质低下,不配做皇太子。陛下圣德宽仁,敬承祖宗,奉顺神祇,会蒙得福佑,子孙众多的。臣愿且留藩邸,旦夕奉问起居,俟皇上有了圣嗣,便归国守藩。"成帝自知难有子嗣,还是立刘欣为继承人。

刘欣的王妃傅氏于是成了皇太子妃,一起入居皇宫。

他们去京师一年多,汉成帝病死于未央宫,刘欣即皇帝位,是为哀帝。他是西汉第十代天子。

登上帝位一个月,哀帝诏立傅妃为皇后。

随着哀帝即位,傅氏和帝母丁氏两家成了新的皇亲国戚,与太皇太后王政君的兄弟侄儿们在权益的分配上发生分歧。为了避免内讧,太皇太后王政君诏令侄儿王莽辞去大司马大将军的官职,回他的新野(今属河南)都乡的"新都国"去。

王莽不敢违,愤愤辞官而去。

哀帝即位不久,两足患病,久治不愈,渐渐不能行走。傅氏虽贵为皇后,但不为哀帝所宠爱。堂堂天子宠爱的,是个美男子。这人姓董名贤,云阳(今陕西淳化东北)人。哀帝初立,他做上了郎官。一次,他向哀帝奏报时辰,哀帝在殿上看见他,为他的美貌所倾倒,召他上殿问话,拜为黄门郎,寻迁驸马都尉侍中,出则骖乘,入御左右,同卧起。皇后傅氏被冷落一边。董贤官运亨通,步步高升,做上了大司马。

哀帝爱屋及乌,召董贤的妹妹入宫,封为昭仪。昭仪是汉元帝设置的嫔妃官号,位视丞相,爵比诸侯王,仅次于皇后。董昭仪因其兄故而为哀帝所宠爱。皇后的寝宫曰"椒房",哀帝诏令董昭仪的寝舍曰"椒凤",以配椒房。

哀帝还破例恩准董贤的妻子入侍董贤。董贤夫妇、董昭仪随意进出哀帝居住的未央宫。有时三人一同侍奉哀帝。哀帝赏赐给三人的钱财以千万计。

傅皇后被冷落,却也无可奈何。

哀帝做了6年的皇帝。在他统治期间,西汉帝国的危机更加严重。元寿二年(公元元年)六月,哀帝病死于未央宫,享年26岁。他的谥号曰:"孝哀皇帝","哀"的意思是恭仁短命。

哀帝无子,他驾崩的当天,太皇太后驾临未央宫,行使帝国最高权力。她重新任命侄儿王莽为大司马,领尚书事。

东山再起的王莽决心报昔日被迫辞官之仇。他上书太皇太后,指控傅太后与傅晏恃势跋扈,暴逆无道。傅太后已死,王莽就拿傅晏和傅皇后开刀。他奏明太皇太后,剥夺傅晏官爵,流放合浦(今广西合浦东北);把傅皇后幽禁于皇城中的桂宫。王莽觉得还不解气,过了一个月,又把傅皇后废为"庶人"——平民百姓也。

傅皇后受不了这种羞辱,含恨自杀。

她是众多的权力斗争的牺牲品之一。

平帝刘衎皇后王氏

◎ 王 鹏

　　王氏，史书上没有留下名字，生于公元前9年，卒于公元23年，在世仅32年，是西汉王朝最后一位皇后。

　　王氏出身名门，系后来篡汉建立新朝的王莽之女。王氏曾祖父王禁，官为廷尉史，王禁生有八子四女，次子王曼，即平帝皇后之祖父，王莽之父；三女王政君即汉元帝皇后。

　　王氏出生的第二年，即汉成帝绥和元年(前8)，其父王莽已升任大司马，位列三公，王氏3岁时，其表叔汉成帝病死，哀帝即位，太皇太后王政君临朝摄政，为了避嫌，王政君曾密诏侄子王莽辞职，但汉哀帝在众大臣的劝说下，没有批准王莽的请求，并且更加信赖，于是王莽内靠王政君的支持，外有大司马的要位，成了汉朝举足轻重的人物。但同年七月，由于丞相博和御史大夫玄的谗言，王氏的父亲王莽一度辞职，到元寿元年(前2)才复出。

元寿二年(前1)，哀帝病死未央宫，中山王刘衎被立为皇帝，时年仅9岁。前将军何武和左将军公孙禄合谋，认为外戚家掌权太重，易重蹈吕后、霍光和上官家族的故事，皇帝年幼，不应让王氏家族辅政。但由于大司徒孔光等一班群臣，竭力推荐王莽，最后太皇太后王政君还是让王莽辅政，任命为大司马领尚书事。朝中大事，全由王莽操纵，汉平帝实际上成为一个形同虚设的小傀儡。

一晃3年过去了，王莽的女儿已有12岁，出落得眉清目秀，楚楚动人。从平帝元始元年(公元元年)到元始三年王莽利用种种手段，削弱了傅氏家族的势力，排除异己，培植亲信，树立了忠心摄政的形象，加强了权势。

自从平帝刘衎离开母亲到长安承袭帝位后，卫氏思子心切，日夜啼哭，王莽的儿子王宇，对父亲禁止卫后到长安，使其母子不能相见的做法非常不满，就秘密与卫后商量，以到京谢恩的名义上书王莽，但遭王莽的拒绝。王宇又利用王莽迷信鬼神的弱点，把血滴在其家门口，欲使王莽以为触怒了鬼神。王莽察觉后，无情地将自己的亲生儿子王宇杀害。

此事件后，王莽也感到不让汉平帝母子相见，天长日久，会引起民愤。假如尽快地让汉平帝成婚，特别是让自己的女儿成为皇后，一可以稳住汉平帝，二可以安慰天下，以平民愤，更可以依仗自己的国丈地位，巩固权势，真是一举数得。

元始二年(3)秋，汉平帝12岁，王莽向姑姑太皇太后王政君奏书，皇帝即位已满3年，可皇后居住的长秋宫和皇妃们住的掖廷,至今空室无人,这都是国家的遗憾。有的皇帝之所以没有后代继承人,是因为选中了不应该配娶的皇后,因此,请太后派贤才仔细研究一下"五经",找出选聘皇后应具备的条件,制定迎娶皇后应举行的仪式,然后在诸如殷周王族、周公家族和孔子的后代以及长安城内各诸侯等名门贵族中,广泛地加以选择,以便挑选出杰出的符合天意的皇后来。王政君言听计从,专门设置了一个机构,将所有符合条件的女子的名单全部收集起来,王氏诸多家族中的妙龄少女们大多也被选中,后来的孝平皇后当然也在此列,王莽担心这些女子中,定有比自己女儿条件好的,必然与女儿竞争皇后位。于是,假惺惺地向太皇太后上书说:"我无德无才,小女各方面条件都不如人家,不应该把我的女儿和其他女子一同选上来,"太皇太后以为王莽出自内心的谦逊、忠诚,就立即下令:"王莽之女,系我的外孙女,不要挑选了"。这样,王莽将其女儿放在了一个特殊位置上。王莽的追随者认为这是对王莽谗媚的好时机,因此大造舆论,于是乎,黎民百姓和大小官员每天有千余人上书请愿,公卿大夫,不论在上朝议政,还是平时闲聊,都一致认为,安汉公王莽功勋卓著,现在要选皇后了,为什么只安汉公的女儿没有入选资格,这无法向全国百姓交代。举国上下都认为:安汉公的女儿应该成为国母。王莽任凭风浪起,稳坐钓鱼船,只令下属向众官员作些鼓动性的答复,这更等于煽风点火,向太后上书的人越来越多,午朝门外拥挤不堪,王政君无奈,只好采纳了公卿的建议,同意让王莽的女儿入选。王莽正中下怀,但仍装腔作势地说:"嗯,还是广泛地挑选一下好啊!"

王莽欲擒故纵的计谋果然奏效,众官员极力上书申辩:"不应该再选第二个了,皇后非王莽之女莫属,这是大势所趋，人心所向。"王政君迫于舆论，就正式拟定了选聘王莽女王氏的计划。王莽喜上眉梢，但表面上仍说：好吧！只好如此。但应仔细地加以考察。王莽心机果然没白费，王氏12岁时，就被正式定为皇后的最佳人选。

平帝元始三年(3)三月的一天，春和日丽，鼓乐声中，一支队伍，文官乘轿，武官坐马，浩浩荡荡由宫中向王莽府第走来，特别引人注目的是那些肩挑人扛的聘礼，其规模远远高于平常人家，一看便知这是皇家又在迎妻纳妾了。

少府夏侯藩，宗正刘宏，尚书平曼，今天是身负重任，前往安汉公王莽家面视未来的皇后，称之为纳彩。

在汉时，皇帝选娶皇后有十分隆重而繁杂的礼仪，分为五礼：纳彩、问名、纳吉、纳征、聘期。纳彩为第一道礼仪，也许是面试考查，看是否符合选配的条件吧。

王氏以大家闺秀的闲淑，妙龄女子的俊美，柔姿翩翩的仪态，顺利地通过了第一关。考察官回奏太皇太后王政君时，对王氏备加称赞："安汉公之女，慈眉善目，德才兼备，当代皇后，只此一女，再无二人"。三公九卿等其他达官显贵也占卜问卜，其结果是异口同声，都说："皇上与公女，金水相生，天地良缘。是国家兴盛，恩泽子孙的好征兆。"

王氏顺利入选，仅聘礼就有黄金2万两，钱2万贯。王莽为了收买人心，一再辞让，最后只收了6300贯，其余分送给了准备同时送女进宫为妃的11家。

元始四年(4)二月，王氏13岁，由大司徒和大司空亲率迎亲队伍，龙车凤辇，吹吹打打，在锣鼓与礼炮声中，仪态万千的王氏登上凤辇，入主未央宫，成为大汉王朝地位显赫的第一夫人。太皇太后王政君亲自授予皇后印玺。至此，13岁的王皇后，作为王莽巩固权势的一个砝码，糊里糊涂地被放在了并非意味着天堂的皇宫深院。

但成为"国丈"并不是王莽的真正目的,对于垂涎已久的帝位,他早就跃跃欲试了。刚刚导演了女儿与汉平帝婚事的王莽,为了防止14岁的小皇帝生下后代,打乱他篡权的大计,他又开始策划拆散这对夫妻的阴谋。

次年冬天十二月初八,又称"腊八",王莽趁给汉平帝敬酒时,将毒药偷放杯中,致使汉平帝中毒病重,卧床不起,不久,就驾崩于未央宫。

王氏仅做了22个月的皇后,便随着平帝的消失而失去了尊位。

王莽立年仅2岁的刘婴为太子,王皇后也被封为皇太后,未及成年,就成了寡妇。公元8年,王莽废孺子婴称帝,将汉朝改为新朝,王太后又被降为安定公太后。王太后认为其父亲的篡权行为是大逆不道,因此怀着对汉朝的忠贞,闭门不出,称病不起。此时王太后还不满20岁。

新朝皇帝王莽对王太后是既担心,又生气,还惧怕。担心的是,她的存在,影响着天下百姓对汉朝的眷恋;生气的是,作为自己的女儿,她不仅不支持父亲,反而严词指责父亲的大逆不道行为;惧怕的是,她对汉家的忠贞,会导致自己众叛亲离,众臣起兵来伐,恢复汉家江山。因此,王太后成了王莽称帝后的一块心病。

王莽多次劝说女儿改嫁,并且为她挑选了许多年少英俊的小伙子,但都被她拒绝了。为此,王莽将她的封号改为黄皇室主,意思是她已不再是汉朝的皇太后了,而是新朝新皇帝王莽没有出嫁的公主。同时,王莽不断地送去贵重的装饰品,派人时常前去探望,企图说服她尽快改嫁。但她对每一次的来人都是怒目而视,并且鞭打来者,轰赶其出门。王莽的努力,总不见效，只好听之任之了。

王莽地皇三年(23)，新朝危机四伏，适逢天大旱，蝗虫遍地，关中颗粒不收，饥民百姓争相造反，汉家宗室刘氏后代乘机起兵讨莽，先有山东吕母起义，不久，樊崇率赤眉军转战南北，声势浩大，湖北王匡、王凤领导的绿林军更是长驱直入，横扫王莽军，汉家宗室刘家后代刘秀趁机起兵，一时间，新朝危如累卵。

九月，绿林军攻入长安，新朝的达官贵人，平时跟随王莽，亦步亦趋，极尽献媚，此时，却如丧家之犬，落荒而逃。皇宫守军投降，义军进入皇宫。

此时，孝平皇后，也即黄皇室主所住的未央宫便门已经着火，义军士兵正用斧头砍砸大门，高喊"叛贼王莽，还不快快投降！"王氏回想自己的一生，虽忠贞汉室，但作为叛贼王莽之女，又怎么去向天下人解释？想到此，她只说了一句"何面目以见汉家，"便跳进了熊熊大火之中。

新帝王莽皇后王氏

◎ 涂晓青

俭朴的大司马夫人

一天,大司马大将军王莽的母亲病了,公卿大臣为了讨好这位权贵,都纷纷遣他们的夫人去探视大司马的母亲。

大司马府前,人来人往,衣着华丽的贵夫人们,迈下轺车,款款步入大司马府。

大司马府门口,一个短衣布裙的中年妇人恭迎贵夫人的光临。

贵夫人们一看她这种打扮就知道,她是大司马府里的一个婢女。她们谁也没有料到,她竟是大司马大将军的夫人王氏。

王氏是宜春侯王咸的女儿。王家有过显赫的时光。王咸的祖父王䜣官至丞相。

但更为显赫的,是夫君王莽的家族。

那还是在汉宣帝时,魏郡元城(今河北大名东北)人王禁把他年方18的女儿送进掖庭,做了皇太子刘奭的妃子。甘露三年(前51)王妃喜得贵子,宣帝给他起名曰骜,字太孙。刘骜3岁那年,宣帝驾崩,太子即位,是为元帝。立刘骜为皇太子,王妃政君为皇后。

元帝登基的第四年上,王皇后的同父异母弟王曼生了个儿子,取名曰莽,字巨君。

元帝做了16年的皇帝,他死后,皇太子刘骜即位,是为成帝。王皇后成了皇太后。成帝任命皇太后的同母弟王凤为大司马大将军领尚书事,总理朝政;分封皇太后的另一个同母弟王崇为安成侯,她的异母弟王谭、王商、王立、王根、王逢时为关内侯。惟王曼已死,未得封赏。

大约过了八九年,皇太后哀怜王曼早死,未能蒙受皇恩,他的遗孀遗子孤贫寒酸,便让成帝追封王曼为新都哀侯,以王莽嗣爵新都侯。

大司马王凤死后,王商、王根相继出任大司马,执掌朝政。成帝绥和元年(前8),王根老病辞官,王莽当上了大司马。

这时的王莽可谓一人之下、万人之上。但他并不满足,年仅38岁的他觊觎着未央宫前殿上的那个龙位,他装出一副恭俭有礼的样子,欺世盗名。他要夫人一副简朴如奴仆的打扮,为他增添光彩。

不料，王莽在大司马的位子上才坐了一年多一点，就被赶下台来。事情是这样的：

绥和二年(前7)，君临天下26年的汉成帝一命归天。成帝无子，元帝傅昭仪之孙、定陶恭王刘康的儿子刘欣入承大位，是为哀帝。哀帝即位月余，便尊傅昭仪为恭皇太后，父刘康为恭皇，母丁姬为恭皇后。傅氏家族和丁氏一家成了新的皇亲国戚，与太皇太后王政君的兄弟侄儿们在权益的分配上发生冲突。为避免内讧，太皇太后命侄儿王莽辞去大司马大将军的官职。王莽不敢有违，愤愤地辞官，回到了自己的封国——新都国。

王夫人也随同王莽迁居新都国。

新都国地在新野县(今属河南)都乡。王莽蛰居都乡，结交士大夫，等待时机，东山再起。王夫人简朴如故。

令她伤感的是，二儿子王获被逼自杀了。

王获不知为何事动怒，杀了一名家奴。这在当时算不了什么。但王莽痛斥儿子，坚持要王获自杀以偿命。这并非王莽爱惜奴隶，他要借这事来增加自己的声誉。王夫人痛爱儿子，但又不敢违抗夫君的话。王获无奈，自杀了。王夫人思念儿子，整日啼哭。

哭瞎双眼的王夫人

哀帝即位以来，西汉王朝的统治更加腐败。哀帝重用的大司马董贤是他的男宠，只会以色相媚人，别无他能。公卿大臣纷纷上书，要求重新起用王莽。哀帝迫于舆论的压力，以侍奉太皇太后的名义征还王莽。

王莽得意洋洋地带着妻子儿女离开蛰居5年的都乡,回到京师长安。

一年后,哀帝寿终正寝。哀帝无子,太皇太后在哀帝驾崩的当天来到未央宫,下令把军政大权交给王莽。王莽奏免大司马董贤,重登大司马宝座。他与太皇太后拥立年仅9岁的中山王刘衎为帝,是为平帝。王莽以大司马的身份执掌国政。

王夫人又成了大司马夫人。王莽的地位不断升高,她的名位也随之提高。元始元年(公元元年),她成了"安汉公"夫人。

元始四年(4),女儿嫁给汉平帝,做了皇后。

翌年,王莽又获得了"宰衡"的称号。

然而,令王夫人悲愤的事也接连不断。

她的长子王宇被王莽处死了。

汉平帝即位后,鉴于哀帝即位傅、丁两家外戚与王氏外戚争权夺利致使王莽丢了大司马官职的教训,王莽不准平帝母亲卫氏、帝舅卫宝等入京,让他们留在中山。卫氏思念幼子,悲哭不已。王宇觉得王莽此举实在不妥,他担心汉平帝长大、亲政后报复王家,便指使卫宝上书,请求入京。王莽硬是不准。王宇的老师吴章说:"乃翁是难以以言语相劝的,他信鬼神,我们让一些人把血洒到府门上,就说不让卫氏入京,触怒了上帝。这样,卫氏就有可能入京了。"王宇叫妻兄吕宽去办这件事。谁知,吕宽行动不慎,让门卫发现了。门卫报告了王莽,王莽下令逮捕吕宽拷问。吕宽供出了王宇。王莽一听,是儿子背后捣鬼,大怒,喝令把王宇和他的妻子吕焉打入死牢。王宇饮药自杀;吕焉怀着孩子,王莽吩咐:"待那个贱婢分娩后再杀她。"

二儿子王获被逼自杀，还可说是罪有应得。但长子王宇之死，却是为了王家的命运而得罪、触怒了王莽被逼死的。还有那可怜的儿媳、未出世的孙子。王夫人悲愤难已。

她还没从悲愤中挣脱出来，女婿汉平帝又被王莽鸩杀了。

平帝一天天长大，越来越意识到自己只不过是王莽的一个傀儡而已。他愈来愈不满王莽。王莽觉察到了平帝对他的愤恨，便下手鸩杀了平帝。

这年，王莽的女儿年方14岁，便成了寡妇。

王夫人悲愤极了，但又无处发泄。她只有啼哭的权利。整日的忧伤、啼哭，她的两眼逐渐失明了。

从"摄皇后"到新朝皇后

王莽鸩杀了汉平帝，拥立年仅2岁的刘婴为"孺子"，自己做起"摄皇帝"来了。

王夫人也成了"摄皇后"了。

王莽代汉自立之心，已是路人皆知。东郡太守翟义、长安男子赵明等起兵反莽，相继被镇压。年迈的太皇太后王政君有名无权。已经没有什么力量能阻止王莽代汉自立了。

居摄三年(8)，王莽穿上皇帝的冠服，来到未央宫前殿，宣布他应天命代汉而立，定国号为"新"，以十二月为始建国元年正月。

始建国元年(9)正月初一，在未央宫前殿隆重地举行了新朝皇帝登基大典。王莽率公卿朝见太皇太后，奉上"新室文母太皇太后"的玺绶，去掉汉朝的封号。立妻子王氏为新朝皇后，立小儿子王临为皇太子。

皇后的位号并没有给王氏带来什么欢乐，她的两眼已经哭瞎。王莽命王临侍养母后。王皇后在王临的养护下，打发日子。地皇二年(21)正月，做了13年新朝皇后的王氏病逝。她的遗体埋在太皇太后王政君的旁边，王莽说让她永侍太皇太后，陵号"亿年"。

她的尸骨未寒，儿子王临也被王莽逼得自杀身亡。她的4个儿子，只剩下了一个精神失常的王安。

新朝的统治也到了穷途末路。

新帝王莽皇后史氏

◎ 涂晓青

地皇四年(23)，新朝的统治分崩离析，强大的绿林军、赤眉军攻城掠地，所向披靡，向新朝统治中心——长安逼进。

新朝皇帝王莽惊恐万分，寝食不安。

但是，自负的王莽不甘心失败，他要拼死一搏，寄希望于万一。

为此，他必须向爪牙们示以镇静，以安人心。

他搜索枯肠，想欺人惑众的法子。

他想到了婚礼。自从他的王皇后死后，皇后的位子一直空着。举办一场皇帝大婚的礼典，立一个皇后，或许会有粉饰太平的作用。

出于这种想法，他在农民起义的呐喊声中向全国下发了选美的诏令。

一批美女被选送进京师长安。

年已六十有八的王莽兴致勃勃地张罗着自己的婚事。他选定杜陵史家的女儿为皇后，用黄金3万斤、布帛珍宝亿万钱作聘礼。大婚那天，他把花白的须发染成黑色，以示自己身强力壮。他步至未央宫前殿大门台阶上，恭迎他的皇后。

在皇后之下，还配置了一大批嫔妃，计有：

和嫔、美御、和人各一，位视上公；

嫔人9，位视上卿；

美人27，位视大夫；

御人81，位视元士。

加上史皇后，共计121人。

他们婚后7个月，绿林军便从宣平门攻入了长安，王莽被杀，头被割下来，送到绿林军拥立的更始皇帝那里验明，挂在宛城（今河南南阳）市场示众。史皇后的下落不明，当亦死于兵乱。

东汉

汉／东汉

光武帝刘秀皇后郭圣通

◎ 涂晓青

在冀中平原上,有个真定国,汉景帝的孙子刘平,是这个小王国的始封国王。

真定国有个槀城县。槀城县里有个郭家。

郭家是当地的名门望族。到郭昌继承父业而为一家之主后,把田宅财产数百万钱让给异母弟,举国称颂,郭昌名声大振,被授予一个掌管选举的官——功曹。真定王刘普把郭昌招为驸马。郭昌攀上王亲,他的夫人号"郭主"。郭主虽是王家女,金枝玉叶,但举止有礼,有母仪之德。她生了一女一男,女儿名圣通,儿子叫郭况。

更始元年(23)，景帝七代孙刘林等拥立邯郸(今属河北)人王郎为皇帝，割据北部中国。翌年，破虏将军行大司马事刘秀勒兵进击王郎。大军进至真定，刘秀听说郭家有位妙龄女郎，便登门求婚，纳为妻。

刘秀很宠爱郭圣通。他娶圣通的第二年，在马武、吴汉等一班将校的鼓噪下，刘秀在鄗县(今河北高邑东南)即皇帝位。就在这年，圣通生了儿子刘强。刘秀年30岁，喜得贵子，自是万分高兴。母以子贵。翌年六月，光武帝刘秀诏立圣通为皇后，刘强为皇太子，大赦天下。

圣通成了母仪天下的皇后，她的同母弟郭况也封侯。

这时，群雄角逐，天下动荡。刘秀东征西讨，圣通皇后留守洛阳皇宫。她统领下的内宫，有贵人、美人、宫人、采女等嫔妃。她的弟弟郭况是城门校尉，统兵把守洛阳城十二城门。

圣通皇后容貌不如贵人阴丽华秀美，她荣膺皇后称号，主要是因她生了刘秀的第一个儿子——刘强。随着时光的流逝，圣通皇后容颜消退，本不秀丽的她更加平庸，在后宫佳丽中黯然失色。光武帝刘秀，一代英主，也好女色。他宠爱的阴丽华，也在他34岁那年生了儿子刘庄。光武帝对圣通皇后越来越厌弃，宠爱阴丽华等佳丽。

圣通皇后被冷落了，这使她愤懑。她妒嫉那些有姿色的嫔妃，尤其是阴丽华。嫔妃们见了她，如同小鸡撞上老鹰。背地里，她们免不了要说她的坏话。圣通皇后的名声越来越坏，光武帝时有耳闻。

建武十七年(41)，光武帝刘秀决定废黜圣通皇后，另立阴丽华。他颁布了一道诏令，历数圣通皇后的种种罪行，说像她这样的人，不配做皇后，为天下母。他命令大司徒戴涉、宗正刘吉，持"节"——一种在长1.8米的竹柄上束有三道牦牛毛的代表皇帝的信物，收取皇后的玺绶。

圣通做了15年皇后，因色衰而被废。

光武帝刘秀对圣通还是有点儿感情的，——圣通毕竟做了他15年的皇后，给他生了5个儿子：刘强、刘辅、刘康、刘延、刘焉；这15年也是他戎马征战的艰难时期，圣通和她的弟弟郭况为他统一天下，也是尽了力的。因此，他没有按惯例把废后圣通幽禁冷宫，而是封刘辅为中山王，封圣通为中山王太后。

圣通悲愤地搬出皇宫，和儿子刘辅去了中山国。

中山国的都城在卢奴（今河北定县），比起富丽堂皇的洛阳皇宫来，显得很寒酸、简陋。圣通在卢奴王宫度过了3年苦闷的时光，刘辅被徙封为沛王，她成了沛王太后，从卢奴搬去沛国国都——相县（今安徽濉溪西北）。

圣通的长子刘强见母亲被废，通过他的异母兄弟们奏请革去皇太子称号，做个藩王。光武帝刘秀觉得刘强无过，不忍心废黜他。但在那个时代，不仅母以子贵，且子也因母而贵、而贱。最后，刘秀下诏，废黜刘强，封他为东海王，另立刘庄为皇太子。

光武帝刘秀觉得很对不起郭家，故十分优遇圣通弟弟郭况，提升他为大鸿胪——一个掌管朝觐、封拜礼仪的大官。光武帝时常去郭况府上，大会公卿百官，饮酒歌舞。他赏赐郭况的金银财宝最多，洛阳城里的人都把郭况府叫做"金穴"。

建武二十六年（50），圣通的老母——郭主病逝，光武帝刘秀参加了她的葬礼，百官公卿都来送葬。光武帝又特遣使臣，把郭昌的棺材起出，护送到洛阳，与郭主合葬。追封郭昌为阳安侯。

这一切对圣通来说，是个安慰。

过了两年，圣通抑郁而死。

她的坟墓在洛阳城北的北邙山。这里是东汉皇帝、皇后的陵地。圣通生前被逐出皇宫，死后又入葬皇陵区。

光武帝刘秀皇后阴丽华

◎ 涂晓青

王莽新朝地皇三年(22)，南阳蔡阳(今湖北枣阳西南)人刘伯升的宾客劫人犯法，官府追捕刘伯升的一家和他的宾客们。刘伯升等人逃往外地。他的弟弟刘秀逃到姐夫邓晨家。邓晨家住新野，距蔡阳百余里。

新野有个阴家，男当家的叫阴睦，妻姓邓。他们有个女儿，名叫丽华，年方18岁，有倾国之貌。刘秀到了新野姐夫家不久，就听人说起丽华，很是羡慕，叹道："做官当做执金吾，娶妻当娶阴丽华！"执金吾，是汉代九卿之一，京师卫戍官。

刘秀在姐夫家住了几个月。这时，天下大乱，豪杰蜂起。在南阳宛县(今河南南阳)李通鼓动下，刘秀兄弟起兵造反。

第二年，刘伯升、刘秀兄弟进军宛县，拥立刘圣公为天子，刘圣公拜伯升大司徒，刘秀太常、偏将军。驻军宛县期间，刘秀聘娶阴丽华，了却心愿。

新婚不久，刘秀披挂出征，丽华回新野娘家去了。

有个名叫邓丰的新野人也乘天下大乱起兵，丽华的哥哥阴识做了邓丰的将军。丽华随兄徙居淯阳(今河南新野东北)，住在邓丰的官邸里。

更始二年(24)，刘秀在鄗县(今河北高邑东南)南面称帝。4个月后，刘秀的车驾驰进洛阳，定洛阳为国都。他派侍中傅俊去迎接丽华。丽华到，光武帝封她为贵人，与郭圣通名号相同。

第二年，光武帝打算立皇后。他觉得丽华贵人文静贤惠，意欲立她。丽华贵人说："郭贵人生有皇子，为天下计，应立郭贵人为后。"

光武帝称是，遂立郭圣通为皇后。

这时，天下未定，光武帝时常出征，圣通皇后留守洛阳皇宫，丽华贵人则随军出征，侍奉光武帝。

建武四年(28)，光武帝统兵征讨割据北方的彭宠，身怀六甲的丽华贵人随军出征，在元氏县(今属河北)分娩，是个男孩。刘秀高兴万分，给他的皇子取名"庄"。

丽华贵人在戎马倥偬中度过了5年。

一场灾难突然落在丽华贵人的家人头上。

一伙强盗闯入丽华贵人的母家，劫掠财物，杀害丽华贵人的老母邓氏和弟弟阴䜣。

噩耗传来，丽华贵人痛苦万分，光武帝也很悲哀，他发布诏令，说："朕微贱之时，娶于阴氏，因将兵征伐，各自东西，幸得安全，俱脱虎口。贵人有母仪之美，意欲立为皇后，但贵人固辞。朕赞赏贵人的谦让，许诺封拜贵人弟弟。谁知，还未来得及封拜，便遭大难，母子同命，让人痛心。《诗·小雅》说：'将恐将惧，惟予与汝。将安将乐，汝转弃予。'诗所讽戒，不可不慎。追谥贵人父亲陆为宣恩哀侯，弟䜣为宣义恭侯，以弟就袭父爵。灵柩在堂，太中大夫拜授印绶，礼仪像其他列侯一样。魂而有灵，嘉其宠荣！"

悲痛欲绝的丽华贵人略有宽慰。

丽华贵人天生丽质，娇艳无比，且很贤惠，举止有礼，深得光武帝刘秀的欢心。

这引起年大色衰而失宠的郭圣通皇后的嫉恨，她时常以皇后的身份呵责丽华贵人。

刘秀越来越厌弃圣通皇后，他厌恶她无光的容貌，讨厌她的妒嫉，对于她对丽华贵人的嫉恨，更为不满。

当初，圣通皇后之立，主要是因为她生有儿子刘强。现在，丽华贵人也有了儿子刘庄。光武帝对皇太子刘强很有好感，但对他的母后却已厌烦。

一场内宫的废、立终于发生了。

建武十七年，光武帝制诏三公，历数圣通皇后的种种罪行，命大司徒戴涉、宗正刘吉持"节"收取圣通的皇后玺绶，贬为中山王太后，逐出皇宫。诏立丽华贵人为皇后。

圣通皇后被废黜，皇太子刘强不久也被废为东海王，丽华皇后的长子刘庄被立为皇太子。

丽华母子贵显，但她毫无骄奢之行。她恭俭有礼，兢兢业业地管理后宫事务，细心周到地侍奉皇上，很少游玩。她举止庄重，不苟言笑，有母仪风范。

光武帝对他的这位皇后很是宠爱。

丽华皇后陪伴光武帝度过了 16 年的美好时光。中元二年(57)，光武帝刘秀在皇城的南宫前殿病死，享年 62 岁。

这年，丽华贵人年 53 岁。

她的儿子刘庄即位，是为明帝，尊母后为皇太后。

在做皇太后期间，她曾随儿子明帝回光武帝老家一次。他们回家后，在刘氏旧宅大设酒宴，款待亲友。

这是她皇太后生涯中最值得书写的一幕。

除此之外，她呆在皇宫里，安度晚年，没有留下什么可述的行为。

永平七年(64)，丽华皇太后病亡，享年 60 岁。

在儿子明帝的主持下，举行了盛大的葬礼。她的灵柩被护送到洛阳城郊的原陵，与光武帝刘秀合葬。

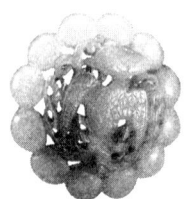

明帝刘庄皇后马氏

◎ 刘德增

太子宫新宠

两汉之际,天下大乱,豪杰蜂起。住在长安茂陵(今陕西兴平东南)的马援追随隗嚣,屡立奇功,隗嚣割据西北,拒不归顺刘秀。马援为刘秀出谋划策,击溃隗嚣。此后马援跟随刘秀南征北伐,战功累累,封为新息侯。

建武二十四年(48),年已62岁的马援率军进击武陵(郡治今湖南常德)少数民族,染疾身亡。

噩耗传来,新息侯府上下哭作一团。

马援夫人蔺氏,悲哀过度,精神失常。

4个儿子——马廖、马防、马光、马客卿和3个女儿忽遭父亡母病的大难,悲痛欲绝。

祸不单行。朝廷圣旨到了:褫夺马援新息侯爵!

这是虎贲中郎将梁松等人诬告所致。

梁松,字伯孙,当朝驸马,光武帝长女舞阳公主的夫君。一次,马援生病卧床,梁松来看望,致礼问候,马援没有回礼。梁松去后,儿子们说:"梁伯孙乃帝婿,贵重朝廷,公卿莫不敬惮,父亲为何不回礼?"

"我是梁松父亲梁公统的挚友,梁松乃晚辈,虽然贵为帝婿,但也不能因此而乱了尊卑秩序。"马援说。

按礼,马援的行为是对的。

但梁松傲慢骄奢,他从此忌恨马援。

曾是马援部下的耿舒,随马援出征武陵。他提出了一条进军路线,马援没有采纳,因此对马援也怀恨在心。

马援的另一个部将——马武,也与马援发生龃龉,心怀不满。

马援病死后,他们马上上书光武帝,诬告马援。马援往年南征岭南,常食薏苡以除瘴气。他班师回京,装了一车带回北方。马武等人上书,说当年马援运回的那一车东西,全是珍珠、犀角。耿舒上书,说马援南征武陵,刚愎自用,不用他的进军方案,致使大军失利。梁松等仇恨马援的人,也纷纷说他的坏话。

光武帝听信了他们的诬告,诏令褫夺马援的爵位。

马援的灵柩运回来了,马家买了一块地草草安葬,亲友故人没人敢来吊唁。

马家破落了,门可罗雀。

马援的小儿子客卿,聪明伶俐,马援夫妇视为心肝。谁知,马援死后不久,马客卿也染疾夭亡。

马家虽然衰落了,但还有一些僮仆。蔺夫人精神失常,不能料理家务。家事纷杂,僮仆失御。

在这种局面下,马援的小女儿承担起理家的重任。她的名字已经湮没无闻。

父亲死那年,她才10岁。但她聪明过人。她挑起理家重担,指派僮仆干这干那,有条不紊。邻人看见马家从混乱走向正规,都猜想是谁当的家。但他们怎么也没想到是年仅10岁的三小姐。当他们得知真相后,莫不感叹。

马三小姐与窦家订了婚。马援病亡,遭人诋毁,窦家也说三道四,尽说些马家的不是。

马援兄长马余的儿子马严目睹叔父一家的惨景,很是气愤,劝蔺夫人与窦家绝婚。他建议送三小姐入宫。蔺夫人默许。于是,马严上书,说:"臣叔父援有负皇恩,妻子独获恩全,戴仰陛下,为天为父。人情既得不死,便欲求富。窃闻天子,诸王嫔妃未备,援有三女,大女15岁,二女14岁,三女13岁,体态相貌,中上以上。都孝顺谨慎,婉静有礼。愿请相工,简视可否。"光武帝诏准。

相工阅视马援三女,马三小姐相貌端庄,一头美发,有如瀑布;眉不施黛,独左眉角小缺,施黛补之,有如一粟。相工奏言:"马家三女儿宜充掖庭。"

光武帝诏以马家三女儿充太子宫。

马妃恭谨有礼,她孝侍阴丽华皇后,礼侍众妃。皇太子刘庄对马妃很是宠爱。

太子宫有了位新宠。

母 仪 天 下

中元二年(57)二月,62岁的光武帝驾崩,皇太子刘庄即位,是为明帝。

马妃成了贵人。她的异母姐姐的女儿贾氏也选入皇宫,同为贵人。她生了一个儿子,取名炟。明帝让马贵人养育刘炟,对她说:"人未必都能生子,若有慈爱之心,别人的孩子也就是她的孩子。"

马贵人悉心抚育刘炟,关怀备至。刘炟很乖,孝性淳笃。母子慈爱,胜过亲生。

转眼间,明帝即位已有3年。公卿百官奏请封立皇后。明帝还未开口,皇太后阴丽华便说:"马贵人德冠后宫,皇后非她莫属。"于是,明帝下诏:立贵人马氏为皇后,皇子炟为皇太子。为庆祝皇后、皇太子之立,赐天下男子爵,人二级;孝事父母和致力农业生产者,人三级;鳏寡孤独粟,人五斛。

马氏贵为皇后,节操更加谦肃。皇后身材颀长,方口,美发。能诵《周易》,好读《春秋》、《楚辞》,尤喜《周礼》、《春秋繁露》。常穿粗糙缯衣,裙子无装饰。诸嫔妃朝见,望见皇后衣裙舒展,认为是细绢做的,趋前一看,都笑了。众妃称誉皇后节俭,皇后却说:"这种缯宜上色,故用它做衣。"众人莫不叹息。

嫔妃们喜欢游玩,皇后勤于宫务,很少参加。

一次,明帝去皇家苑囿玩,招呼宫人一同去。有人请去叫皇后,明帝笑着说:"此人不喜游娱,来了也不开心。"

皇后还时常劝谏皇上，不要因游玩而荒废了朝政。

朝政有过失，皇后总是及时提醒明帝。

楚王刘英，图谋不轨，被废黜。刘英自杀。牵扯此案的人很多，有些人转相诬告，案狱连年不决。皇后奏谏明帝，不宜株连很多，应早了此案。明帝感悟，夜起徘徊，琢磨皇后之言。刘英一案很快了断。

像这样的匡失救弊，是常有的事。

长乐宫里的皇太后

永平十八年(75)秋八月，明帝刘庄驾崩，皇太子刘炟即位，是为章帝。

马皇后成了皇太后，从长秋宫移居到长乐宫。

皇太后所干的第一件事，是撰写《显宗起居注》——明帝的衣食住行。

皇太后三兄皆至大官，马廖，卫尉；马防，城门校尉；马光，越骑校尉。但都未封侯。章帝意欲封三个舅舅为侯，太后不允。

太后鉴于前代外戚贵宠之祸，对兄弟外甥们防范很严。

一次，太后出宫巡行，马家外戚纷纷遮道问安，车如流水，马若游龙，奴仆衣饰华美。太后回头看看自己的侍从，衣着俭朴，远远不如。她没说什么，回宫之后，下令停止每年按惯例赏赐马家外戚的钱财。

太后希望借此举使马家外戚有所警惧，改过从俭。

对那些奢侈不轨之徒，太后便命令开除他们的族籍，打发他们回乡间去；对那些俭朴之人，则盛加赞扬，委以官位。

有年夏天，大旱，谄媚之徒上书，说这是未封拜外戚的缘故。明帝藉此机会，再次请求封诸舅为侯。太后气愤地说："那些上书的人不过是谄媚皇上以求得好处！"还是不准封拜。

太后母亲死，坟墓的封土堆高了一些，太后觉得不妥，马廖等马上削减高度。

一次，新平公主家的御者失火，延及皇宫北阁的后殿。太后引咎自责，起居不安。当时正是谒祭光武帝原陵的时候，太后认为自己守备不慎，毁坏北阁后殿，愧见先帝陵墓，没去谒祭。

建初四年(79)，天下丰稔，社会安定，章帝遂封三个舅舅为列侯。马廖三兄弟受爵而辞官，以列侯归第。

这年，太后染疾，不信巫祝，戒绝祷祀。六月，病死，合葬明帝显节陵。

章帝刘炟皇后窦氏

◎ 李红艳

东汉一朝，由皇后来临朝执政人数之多，在中国古代历史上首屈一指。首开其例者，窦皇后是也。

窦氏是开国元勋窦融的曾孙女。在东汉初年，窦融的地位声望是赫赫有名的。他位大司空，兼将做大臣，他的弟弟窦友担任洛阳城门校尉。

窦融的长子窦穆娶了刘秀女儿内黄公主为妻，并且接替他的叔叔窦友任城门校尉。窦穆的儿子窦勋又娶了东海恭王刘强的女儿——沘阳公主。到汉明帝时，窦融一家祖孙三代，在洛阳城已是官府邸宅相望，奴隶成千。连皇帝的亲戚和其他功臣中，都没有人敢和他家相比。

窦氏便出生在这样的名门之家，她是窦勋的大女儿。但自永平五年(62)，78岁的窦融病逝之后，窦家便开始走下坡路了。窦融的儿子窦穆不修品行，却又拥有万贯家财，明帝借口窦穆无力理家财，就常派人监护他家。实际上，是派人打探消息，稍有不满就准备没收他的财产。没过几年，所派去监护的人就上奏说，窦穆父子经常抱怨当今皇上忘恩负义。这样，明帝就下令赶窦穆父子离京城回老家——扶风平陵。因为窦勋的老婆是沘阳公主，所以被留在了京城。可是，没过多久，窦穆又因贿赂官吏而被捕入狱。窦勋也受牵连，死在洛阳狱中。窦氏一家真如从天上掉到了地下。窦后的童年，便是在这样一个破落了的"名门"度过的。这就使她既具有名家闺秀知书达礼的修养，又在她极强的嫉妒心中，增添了复仇的个性。

窦氏从6岁起，就能做很好的文章了，又天生丽质。建初二年(77)八月，正当桂花飘香的季节，窦氏及其妹妹被选入了长乐宫。由于她那如花似玉的美容，非凡的举止言谈，不仅得到当朝的马太后赏识，更得当朝天子汉章帝刘炟的钟爱。她在宫中人事关系上，处理得极为洽和，所以，声誉渐渐传播，为她在群芳中竞夺皇后的宝座，打下了"群众"基础。

功夫不负有心人。建初三年(78)，她被立为皇后。她的妹妹也被封为贵人。窦后从此开始了她宫内宫外的政治生涯。建初四年(79)，马太后病逝。于是宫内最尊、权力最大的莫过于窦后了。她尽女性之媚，独占后宫。章帝是个性格宽厚的人。所以，窦后利用了他的宽厚，独享龙颜。起初，深得章帝喜欢的还有宋贵人和梁贵人。

这宋贵人是宋扬的女儿。宋扬以恭孝扬名于乡间,而不应州郡之仕。他有两个宝贝女儿,姿色出众,在建初二年(77),姐妹俩同时入选宫中。建初三年(78)姐姐生了皇子刘庆,第二年(79),刘庆被立为皇太子。这样母以子贵,宋贵人正值欢悦之时,窦后女性的嫉妒心与日俱增,因此,她暗中串通她的母亲沘阳公主密谋,来陷害宋贵人。机会终于来了,这天,窦后在掖庭门拦截了宋贵人的一封信。信上说:"久病思生菟,让家里求生菟。"这样,窦后借此诬陷她想设蛊道诅咒。在宫中做这种想害对方的蛊道是被禁止的。一旦发现,就要被杀头的,因为在皇宫中诅咒的常常是皇帝或皇后,实际上,这只是一种迷信而已。开始,章帝并没认为宋贵人会设蛊道,但是经不住窦后的再三挑拨,这样宋贵人、连同皇太子刘庆渐渐被章帝疏远了。建初七年(82),章帝废皇太子刘庆为清河孝王,而立了由窦后抚养的皇子刘肇为皇太子。宋氏两贵人被逐出正宫,安排到宫中的第三等房屋住宿,并且派小黄门(太监)拷打审问她们,宋氏姐妹经不住拷打,同时饮药自杀身亡。老父亲宋扬被捕入狱,虽经好友营救,被释免罪,但宋扬却由此憔悴而亡。

再说那梁贵人,她是梁统的小孙女。梁统与窦融早年都在西部共事,也是多年的老朋友。梁统的儿子梁竦,少年才子,好著述,以读经书为乐,自负其才,却郁郁不得志。他有3个男孩3个女孩,其中的二女儿和小女儿同在建初二年(77)入选长乐宫,并被封为贵人。建初四年(79),大贵人生下刘肇,即后来上台的汉和帝。窦后一直无子,所以,过养刘肇为她的儿子。当时,梁家还暗自庆幸。因为,这样刘肇会被立为皇太子,将来做了皇帝,一定不会亏待了生身母亲和母亲一家人。这样暗中高兴也被传到了窦后的耳朵里,为了不让梁氏得志，除掉梁氏成了她的目标。建初七年(82)解决了宋贵人及刘庆后，建初八年，就诬陷梁贵人。梁氏姐妹被谮杀身而亡。接着写了一封匿名信，诬陷梁竦一家叛逆。于是，汉章帝下诏令，派汉阳太守郑据传拷梁竦，竦冤死在狱中。梁门家属被流放到海南，而且，连午阳公主都受到牵连，被囚在洛州的伊阙县。

宋氏贵人及梁氏贵人相继惨遭窦后的毒害，使后宫妃嫔惊恐不安，而窦后却更加深得章帝的宠爱。在她后宫地位巩固后，便开始涉足朝政。这种插手是开始于她的兄弟们参政。

在她初登皇后宝座不久，汉章帝就授诏，拜她的哥哥窦宪为郎，很快，窦宪升迁任侍中，虎贲中郎将，她的弟弟窦笃任黄门侍郎。窦宪兄弟深得汉章帝的亲幸，其参与宫内的机要，得到皇帝的赏赐巨万。自诸王、公主以及当时有名的阴氏、马氏诸外戚没有不害怕他们的。窦宪更是恃宠日骄，甚至连汉明帝的女儿沁水公主，都敢欺负。他看好了沁水公主的园田，非要以贱价强"买"过来，沁水公主被逼无奈，只得默许。后来，有一次章帝路过此园，见此园如此豪侈，就问身边的窦宪，是谁的园田，窦宪支支吾吾，被章帝发觉，一查，可气坏了汉章帝，找来窦宪训斥："现在你竟敢抢夺公主的田园，可见你平时又该如何为非作歹！而那些百姓不就更遭殃了吗？我抛弃你窦宪，就像扔掉一只小鸡、一只死老鼠一样。"窦后闻讯，急忙赶来，撕毁衣服要替哥哥去死。在她哭哭啼啼的哀求之下，章帝对面前这位泪人，竟毫无办法，沉默良久，才释了窦宪的罪，但在章帝以后的统治时间里，再也没有授给他重任。

章和二年(88)二月，章帝崩于章德前殿，年仅33岁。接着皇太子刘肇即帝位，即汉和帝，年仅10岁。尊窦皇后为皇太后，因和帝年幼，由母后临朝执政。窦后亲自参与政策的制定，处理政务。她下诏说："汉章帝圣贤明达，终生奉行祖宗的美德与治国之道，使天下清静，安宁。现今皇帝因年幼多病，我权且辅助他处理政事。边外有大国贤王，都是我国的蕃属屏帐；朝内有文武百官来协同处理本朝的事务，都能严格要求自己，接受皇帝的安排，办好各自的事务。这样，我还有什么忧愁呢？只是在守天下祖业之际，一定要有内辅来出谋决断。侍中窦宪是我的大哥，兼有才能品行，更以忠孝为重，汉章帝最为器重他，亲受遗诏，任命他为掌典辅助。窦宪本来辞让再三，但忠节不可失。现在，他供养着帝宫和太后宫，又掌典宿卫，这些事已经很重了，不能再烦劳他以其他的政事了。原来的太尉邓彪，是开国元勋邓禹的后代，有三让的高德和海内归仁的品行，又是群贤之首，章帝多次褒扬他，并想以此来教化百姓。现今，邓彪聪颖明达，可称谓老而有成德。因此，任邓彪为太傅，赐爵关内侯，录尚书事，处理百官之事。我希望各位公卿，要勤勤恳恳地率领百官，尽修其职，爱护百姓，振兴中朝，这样我才能称心如意。"这是她初临朝政对大局的布置。当时，汉章帝遗诏，以窦笃任虎贲中郎将，窦景、窦环并为中常侍，窦氏兄弟皆在亲要之任。对邓彪的重用稳定了政局。

接着更改了章帝时的一些规定。建初三年（76），章帝不忍心与诸王分离，就留诸王住在京师，没有派他们到封国去。窦太后为了防止他们的反抗活动，下令全部派遣回封国。当时，东汉面临着一个严重的边防问题，那就是北方匈奴人的不断侵扰，使北方的老百姓不得安宁。所以，窦太后为了解决北方边防的危机，在汉和帝永元元年（89）四月，下诏说："过去汉武帝为了击败北胡匈奴，攻伐南越，所以用盐铁官卖之法，来增加政府的财政收入，做军队的费用。自光武帝以来，匈奴一直没有宾服，经常骚扰我北部边防。到明帝末年，开始大军征伐。而章帝即位，力在休养生息，但仍旧深思远虑，安不忘危，查阅旧典，又实行了盐铁官卖，收盐铁之利，以防突变，平定边防。但是官吏中有大部分人都借机谋求私利，违背了皇帝国富民安的本意。章帝对此很是愤恨，所以，废除了州郡盐铁不能自铸自贩的禁令，放任百姓煮盐、铸铁，但须上缴盐铁税。故下令刺史、郡守、县令奉顺圣旨，努力发扬圣德教化。布告天下，使老百姓知道我的意思"。窦太后是想借盐铁税来增加军费，改变章帝朝对匈奴安抚妥协的政策，以便大举进攻匈奴。但派谁去攻打匈奴呢？正当她苦于无人选之时，她的哥哥窦宪出了点麻烦事。

窦宪的个性最突出的是急躁、心胸狭窄，连睚眦之怨都不放过。这和他妹妹窦后又大不相同。当初，汉明帝永平时，谒者韩纡曾经考劾过他父亲的案子。现今，他却下令斩杀了韩纡的儿子，来祭其父窦勋的坟。再是，汉章帝驾崩后，齐殇王的儿子都乡侯刘畅来京吊丧，因为刘畅和步兵校尉邓叠关系密切，邓叠的母亲元氏与长乐宫往来密切，所以，刘畅就借此种关系进入长乐宫，很得窦太后的欢心，被诏到上东门议事。窦宪害怕刘畅被窦太后宠幸，分割他的宫内之权，就派刺客到刘畅的屯卫所暗杀了刘畅。并归罪于刘畅的弟弟利侯刘刚，还派侍御史与青州刺史严刑拷打刘刚等。事被发觉后，窦太后大怒，将窦宪关闭在内宫。窦宪害怕被杀，于是请求戴罪出征匈奴，恰巧北匈奴再次扰边，南匈奴请求朝廷出兵征讨。窦后就同意了他的请求。

这年冬十月，任窦宪为车骑将军，联合南匈奴大举进攻北匈奴。第二年，即永元元年(89)，双方大战于稽落山，连战连捷,一直追击到私渠北鞮海,窦宪登上燕然山,刻石勒功,得胜还朝。此后,又经过几年断断续续的战斗,解决了北匈奴的扰边问题,有20多万匈奴人降归东汉,其余的西逃。

窦宪这次出击,给他的地位带来了转机。由此,升任大将军,封武阳侯。大将军原来地位在三公之下,但由于窦宪可以参内机辅佐,从此后,大将军一职位列三公之上,仅次于太傅,而且拥有实权。这个时候,是窦氏家族的鼎盛时期,窦太后的弟弟窦笃任卫尉,窦景和窦环皆任侍中,官职升迁之快超出常人。兄弟四家竞修府第住宅,京师全部的工匠只给这四家修邸宅。汉和帝永元二年(90),下诏封窦宪冠军侯,食邑2万户。窦笃郾侯,窦景汝阳侯,窦环夏阳侯,各食邑6000户。

由于窦宪平了匈奴,威名大盛,据史书记载,刺史、守令多出其门下。凡是与窦氏不合,或违背其意的人都相继被逼自杀,形成了朝臣震慑、望风承旨的局面。窦氏兄弟玩弄权势,以至窦笃虽任卫尉,却有三公之权,得以选举官吏,见他的礼节,全部是三公礼。其中横行霸道者,尤以窦景为甚。他家的奴婢门客,都穿华丽的衣服,倚仗主势,侵夺百姓,不仅抢掠财货,而且抢掠良家妇女,路拦商人,使商人避之如避盗贼。而有关司法部门,由于畏惧权势,没有敢举奏的。窦氏兄弟借窦太后的势力,祸害百姓,引起了众愤。不得已,窦太后只是免了窦景的官。但又以特进就朝位。

汉和帝永元四年(93),窦宪纠集邓叠、郭举、郭璜及叠母元氏等,阴谋弑逆。但却走漏了消息,和帝与宦官郑众密议,商定诛之。考虑到窦宪在朝外,怕他为乱,所以先忍未发。等到窦宪和邓叠班师回朝,和帝立即下诏执金吾、五校尉率兵包围了南、北宫,禁闭城门。先逮捕了邓叠、邓磊、郭璜、郭举,下狱处死。他们的家属流徙到合浦。然后,派谒者仆射收了窦宪大将军的印绶，只封冠军侯，令窦宪、窦笃、窦景、窦环就其封国。和帝看在太后的面上，没用诏令处死窦宪，但等他们到了封国后，却逼迫他们自杀。窦氏宗族、宾客及靠窦氏做官的人也全部免官。

　　自此以后，东汉政局发生了巨大变动。外戚势力消沉，宦官势力抬头，而且形成交替执政的格局。窦太后由此被软禁宫中，不得参与政事，忧郁的囚徒生活，使这位长期操纵政局的女性，在汉和帝初元九年(97)，忧郁而死。虽然在她死后，宋氏、梁氏上奏要求罢黜窦太后，贬其尊号，但由她用心培养起来的和帝，念及养育之情，依旧按皇太后的仪式，将她葬于汉章帝陵——敬陵。

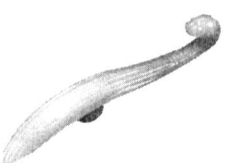

和帝刘肇皇后阴氏

◎ 李红艳

东汉和帝阴皇后，是南阳新野人氏。这南阳新野阴氏，早在东汉开国皇帝刘秀打天下时，就与刘氏结下了不解之缘。

东汉开国皇帝刘秀曾以阴丽华为皇后，阴丽华的异母兄阴识有个侄子叫阴永，在汉明帝时，任侍中，甚得明帝的亲幸。阴永的儿子阴纲任屯骑校尉，阴纲的女儿，就是汉和帝的皇后。

阴氏自幼喜欢读书，并且爱好音乐，加上天资聪明，所以深得家人的宠爱。在汉和帝永元四年(92)八月，这天秋高气爽,按汉制规定,在这个月选个好天,派遣中大夫与掖庭丞和相面的人,到洛阳乡村,阅视民间童女,凡年13岁以上,20岁以下,姿色端庄秀丽,又合法相的美女,一律载送后宫,阴氏也被选入后宫。很快她被封为地位仅次于皇后的贵人,并得到和帝的特殊宠幸。

汉和帝刘肇10岁时便即了皇位。因年小,由窦太后临朝执政。到他14岁时,不满于窦氏专权,便联合宦官灭掉了窦宪一族,开始亲政。和帝是个较有作为的人,虽说从他开始,东汉出现了外戚宦官专权之事,但是,他还是积极地治理政事。阴贵人知书达礼,所以,他们两人感情很融洽。于是在永元八年(96)春二月己丑这天,诏令立阴贵人为皇后。然而,当皇后的桂冠戴在阴贵人的头上时,谁又能知其祸福呢?

永元七年(95),又有一批美女从民间选入后宫。其中有太傅邓禹之孙女邓绥。这位6岁通史书,12岁通诗、论语的小"诸生",在永元七年,踏入了深宫高墙之内,开始了其新的生命旅程。她身高7尺2寸,姿貌绝伦。一入后宫,便使众人大吃一惊:天下竟有如此美女?!莫非仙人下凡?!当17岁的汉和帝审视他脚下这群少女时,他的目光同样停留在了邓绥身上,邓绥微抬头正与和帝目光相遇!虽然和帝喜欢阴氏,但他无法从邓绥身上移开目光,他被眼前这活生生的仙女震动了!就在立阴贵人为皇后的这年冬天,邓绥选入掖庭,诏封为贵人。

邓贵人心计多端,远比阴皇后更具征服天子的才能。在宫中,她处处恭谨慎微,行动不失礼法。尤其对阴皇后,侍奉周密,早晚不敢有过失。对与她同等身份的人,十分尊重,并经常帮助别人;对她的下级及仆人,都加重恩,以示其恩德。这些举动深得和帝的欢喜。所以,和帝对她恩宠备至,经常夜宿其室。后来有一次邓贵人病倒了，和帝特准邓氏的母亲兄弟来宫中探视，没有限日。而邓贵人却劝和帝不能这样做，怕人们讥笑皇帝对她宠爱，又怕伤了阴皇后，同时又会增加她对皇帝的思念。所以，她劝皇帝不应该这么宠她。这一来，更使和帝对她爱怜有加。在宫中，哪有宫女(包括皇后在内)因皇帝的宠幸而以为忧愁的呢？而偏偏是这个仙人般的娇柔女子以此为忧，怎不难得？！

在每次宫中举办的宴会上，各位贵人竞相修饰比美，以求龙颜垂青，只有邓贵人以素雅出众，从不穿与阴后一样颜色的服装；对阴皇后唯唯诺诺，从不敢在阴皇后面前先讲话，这使看到眼里、记在心里的和帝更钟爱于她。自此以后，和帝与阴皇后之间的感情淡漠了，关系疏远了。在日日不见君归的宫廷生活中，阴皇后为自己的失宠而一天天憔悴下去。她不知所措，心中的忧伤又增添了一份怨恨。于是，在无力挽救自己的地位的情况下，她造了诅咒，想加害邓贵人，密称："我要有一天得志，不使邓氏再有遗类"！邓贵人听后，对左右宫人流泪，表白自己对阴皇后的忠心，使众人厌恶阴皇后。

阴皇后在日趋失宠的情况下，想尽办法挽救自己的命运。当时，她的外祖母邓朱经常出入掖庭，看外甥女。为了帮助外甥女夺回昔日的荣耀地位，她给阴皇后出谋，企图以巫术蛊道来咒死皇帝。

永元十四年(102)夏季的一天，天气格外闷热，压得人喘口气都难，洛阳的宫中更是沉闷闷的热，树梢的蝉躁热地鸣叫着，这是多么烦恼的天气啊！忽然有人悄悄地溜进了和帝的北宫，正在午休的和帝，被来人叫醒后很是心烦，一听来者密告了阴皇后的种种行为，大为震怒，立即派宦官中常侍张慎和尚书陈褒去逮捕阴皇后。正在屋里午休的阴皇后，被门外的嘈杂声吵醒了，她起身来到门前，只见张慎和陈褒带着一群宦官来到了门前，要往里闯，她明白了，出事了。阴皇后镇静地看了他们一眼，迈出房门，又回头看了看自己住了6年的皇后居室，走了，来到掖庭受审训。

紧接着，皇帝下令将参与此案的人下狱。邓朱和她的两个儿子奉、毅，以及阴皇后的三个弟弟阴轶、阴辅、阴敞等，均以大逆不道罪逮捕入狱。阴皇后的两个舅舅奉、毅和阴辅当场被拷打而死。皇帝又下令派司徒鲁恭持节将阴后迁到桐宫——在商代桐地的宫室，伊尹曾将太子甲囚禁于此。以后，桐宫成了软禁宫人的监狱。阴后不堪折磨，忧郁身亡。和帝永元十六年(104)，葬阴皇后于临平亭部。

阴皇后的父亲吴房侯阴纲被迫自杀。阴后的大弟阴轶和小弟阴敞以及外祖母一家，统统被流放到日南比景县(今越南中部地区)。阴氏宗族亲戚、内外昆弟全被免除官职，回老家务农。一直到汉安帝延平元年，临朝协政的邓太后(原来的邓贵人)，同情阴氏一家的遭遇，特下诏赦免远徙日南的阴氏返回乡里。

和帝刘肇皇后邓绥

◎ 武普照

知书识礼　应选入宫

邓绥出生于一个显贵的家族。她的祖父是东汉开国功臣太傅邓禹，邓禹原籍南阳新野（今河南新野南），是光武帝刘秀的同乡又是同学，因战功卓著被册封为高密侯。邓绥的父亲是护羌校尉邓训，母亲阴氏，系光烈皇后阴丽华的侄女。邓家既为元勋辅臣，又是皇室姻亲，门第显赫，邓太后就出生在这样一个极易与皇帝接近、邀取恩宠的府第之中。

邓绥从小就表现出非凡的颖悟。她5岁的时候，祖母对她十分钟爱，亲自为她理发，太夫人年纪老迈，眼神昏花，剪刀误伤了邓绥的前额，邓绥竟忍痛不言。左右见此情形，深感诧异，事后问她因何不叫痛，邓绥说："我不是不知伤痛，实因太夫人垂怜及我，倘若惊呼，会使祖母难过，所以我才隐忍不语。"这话出自于5岁孩童之口，可见她是多么善解人意。

邓绥从小受到良好的教育。6岁的时候，她已能诵读史书，12岁时就已通习《诗经》、《论语》。她听哥哥们朗读经传时，常从旁提些问题，使诸兄也难于回答。因她志在典籍，家人们都戏称她为"诸生"。母亲阴氏见她酷爱文学，不喜欢做家事女红，常嘲笑道："你不学针线，专心经传，难道想做女博士吗？"邓绥遵从母命，白天学做家事，夜晚习读经典。邓训见她秉赋不凡，很是器重，事无大小，常与她商议。

永元四年(92)，13岁的邓绥曾被汉和帝选中入宫，因适逢父亲邓训病殁，邓绥依照当时的丧服制度在家守丧3年，谢绝入宫。汉朝倡导"以孝治天下"，强调子女对父母要"生事之以礼，死葬之以礼"。同时还规定子女必须服丧3年，并对丧服期间的生活规定了一系列禁忌。自幼便习礼通经的邓绥自然要为亡父守丧。她昼夜号泣，悲痛欲绝，3年之中非但未饮酒食肉，连咸菜也极少进食，终使得她哀毁难支，面容憔悴，以至于亲人们也很难认出她来。

和帝刘肇是东汉的第四代皇帝，他10岁时登上皇位，由窦太后垂帘听政。窦氏外戚执掌兵权，分据要津，权倾朝廷，贵盛无比。和帝刘肇并不是窦太后所生，他渐渐长大后，闻知当初外公梁竦是被窦家阴谋陷害，生母梁贵人忧伤而死，刘肇心中滋生一种无比的仇恨。他14岁时，也就是永元四年

(92),这位少年皇帝不动声色,与宦官郑众等人精心谋划,以迅雷不及掩耳之势,收捕窦党,将窦宪兄弟以及窦氏亲族、门生故吏一网打尽。窦太后失势,权归和帝及其身边环侍的宦官郑众等人。

永元七年(95),和帝已17岁了,虽然后宫已有几位嫔妃,可还需要更多的美女充实后宫。洛阳城中高贵的门第,凡年龄在13至16岁的少女都要报到大长秋那里,等待内廷的宦官到各家去挑选。名为增广天子继嗣后裔,实际上是为了满足和帝的淫乐纵欲。

如今正值邓绥3年服满,恢复正常饮食后,出落得更加娇妍多姿,容光焕发。此番内宫选美,邓家十分紧张,因为女儿入宫,遭皇帝冷落甚至招来大难者比比皆是。但同时邓家又抱有一线的希冀。因为当时皇后的位置还虚悬着,倘若邓绥进宫后一有机遇,做皇后也不是没有可能。因为从先前的若干征兆来看,这位才貌兼备的女子定会大有出息。

还是在邓绥小的时候,她曾梦见自己双手摸天,那蔚蓝的天幕上像是有个钟乳状的东西,她仰首舐饮。梦醒后觉得很奇怪,便求教于占梦先生,占者解释道:"古代帝尧曾梦见自己攀天而上,帝汤也曾梦见他仰头舐天,他们后来都成了圣明的帝王,由此看来,这梦乃与圣王有关连,是大福大贵的征候。"家人闻知,心中暗喜,但均未敢声张。

早年邓绥的叔叔邓陔曾说:"俗语道'活千人者,子孙有封'。邓训哥哥为谒者时,曾受章帝派遣负责疏理石臼河,一年之内救活了数千人的性命。倘若天道可信,我家必定能得到神灵保佑,蒙受福荫。"

为审慎起见,阴夫人提议请一位相士来,给女儿看看相,以定吉凶。几天后,请来一位名叫苏文的相士,他是洛阳城有名的相家。苏文仔细端祥邓绥的面相和骨相后，见她身长7尺2寸（约合今166公分），皮肤皙白，广额修眉，丰颊薄唇，一对凤眼，炯炯有神，鼻如悬胆，头发乌黑。相士看罢，大为赞赏。他自己退到廊下，请邓绥在室内随便和家人说几句话。最后相士进来，连声称赞说："小姐乃成汤骨相，贵不可言。身长而眉宽，颧高而不露，眼神黑白分明，步履安泰，最难得的是声音如鸣凤，清澈响亮，此相贵不可言。在男必封侯拜爵，在女亦可为后妃。"相士的这一番吹捧的话，邓家人听罢，无不欣喜，忙收拾行装，妆扮邓绥，准备候旨进宫。

邓绥终被内廷选中。进宫之日，阴夫人再三叮咛："皇家重礼法，凡事以谦退柔顺为是。宫禁至重，言谈举止务必谨慎小心。此去是福是祸，全看你自己的了。"16岁的邓绥默默地点了点头。想着即将开始的后宫生活，一股悲喜交集的情绪涌上心来。

谦让忠顺　德冠后廷

邓绥怀着惴惴不安的心情和众多的良家女子一道来到了汉朝的后宫。她颀长秀美的身段和姝丽莹洁的容貌卓然超群，令左右诧然。但是最初她与众宫女同样过着那种"漫立远视，而望幸焉"的凄苦生活，并没有机会接近皇帝。因为当时和帝正宠爱着阴贵人。

阴贵人出身也很高贵，她是光武帝阴后兄前执金吾阴识的曾孙女儿，进宫比邓绥要早三年。阴贵人年少聪慧，知书识字，面貌秀丽动人，因此被选入掖庭。因她才艺出众，善解人意，再加上入宫最早，因此承宠最隆。受封为贵人后，永元八年(96),春秋日盛的和帝在册立皇后时便将自己正在宠幸的阴贵人立为皇后。

阴贵人一旦登上后位后,便骄纵善妒,反不如以前得宠。不久,和帝巡幸后宫时发现了邓绥,年将及冠的和帝正是好色的年龄,见到邓绥大有相见恨晚之感,很快便与邓绥如胶似漆,恩爱难舍。邓绥也立即被册封为贵人。邓绥侍奉和帝极能体贴人意,委婉柔顺且小心翼翼。她与阴后相比也独具姿色,阴后娇小玲珑,邓绥身长玉立,端庄中有妩媚,谈吐文雅,既合乎礼仪又略带风趣。和帝为得此佳人喜不自胜,把邓贵人安排在九龙门之内的嘉德宫。

和帝到嘉德宫的次数愈来愈频繁。阴后眼见来了一个情敌,大为嫉恨。而邓贵人却承宠不骄,恭慎如故。她深知争宠结恨极易招致祸患,平时恭敬小心,动有法度,对阴后丝毫不敢怠慢。进谒阴后时,邓绥战战兢兢,小心伺候,惟恐被妒忌的阴后抓住把柄。对待宫女内侍,她也能曲意抚慰,毫无骄色。所以宫中上下都对她心悦诚服,交口称誉。和帝对她也钟爱日深。

有一次,邓贵人生病,卧床不起。依照汉朝的宫省制度,非宦者常侍等待卫官,一般人不得步入禁门黄闼。和帝为使邓贵人早日病愈康复,特别加恩,准许她的母亲和兄弟进宫来照应医药,并且不限日数。邓绥极力推托,和帝好生奇怪。邓贵人说:"宫禁至重,使臣妾外家人久在内省,为内廷禁令所不许。皇上的恩德,臣妾心里晓得,但这会使朝臣对您有私幸的讥议,对臣妾有不知足的毁谤,于公于私都无益处,上下交损,故贱妾不愿受恩。"和帝听罢,大加赞赏:"他人都以家人能入宫为荣,贵人反以为忧,深自抑损,非常人可及也。"他除了对邓绥备加爱宠外,从内心更增加一分敬重。

阴后入宫后，一直没有生育，邓贵人也没有怀孕，但阴后惧怕邓绥先她生子，因此千方百计地打击她。和帝后宫中偶尔也有产子生女的，但都夭殇。阴后咄咄逼人的架势，使得明晓事理的邓绥更加小心。她常常自称有病，另选其他宫女入御，希望能为皇上生下子嗣。每当六宫宴会时，诸姬妾贵人竞加修饰，争奇斗艳。而邓绥总是身着素妆且不加修饰。服装颜色若是与阴后相同，她便及时更换，以避攀比争宠之嫌。在和阴后同时进见时，她总是站在一旁，不敢就座。和皇后并行时，弓身细步，以示卑微。和帝提问时，她常常逡巡后对，不敢先皇后答话。和帝见邓绥如此谦抑，劳心曲体，叹息道："修德之劳，大概就是这样的吧！"

邓贵人谦让不妒，上得和帝爱重，下得宫女侍从的敬佩，德冠后宫，声誉日隆。阴后见此情景，一时也想不出对策，便借用巫蛊祝诅，来陷害邓贵人。

和帝自诛灭窦氏以后，勤政不怠，颇有一些政绩可述。在西北边疆的西域都护班超，大破焉耆，立威西域，西域五十余国皆归服于汉。在东北方面，乌桓校尉任尚大破南单于，将辽东改为渤海郡，国威远扬。和帝能体察民间疾苦，注重农事。因天气干旱，他认为有冤案发生，便亲临洛阳寺审讯囚犯，平反冤狱。依宫中旧例，每年南海（今广州）出产的荔枝成熟后，都要用驿马昼夜不停地传送至洛阳，长途奔劳，竟有累死在驿道之上的。地方官奏请免此劳务，以恤民艰，和帝采纳此谏，立即终止了此项徭役。和帝还很重视学术文化，他时常亲临皇家东观藏书馆，阅览图书典籍，并选学有专长的贤达宿儒分任馆职，校理群书。

永元十三年（101）夏，和帝染病不起，病情严重。和帝日常住在章德宫，阴后住在长秋宫，邓绥住在嘉德宫。皇帝病重期间，自皇后以下，没有皇上宣召的御旨均不得进见。后宫都知道皇上病重，却不知详情，只有祷告上苍为天子祈福。阴后见和帝抱病垂危，便密语左右说："我若得志，决不让邓氏再有遗类！"可是宫人多同情邓贵人，竟将密语转告给了邓绥，要她多加提防。邓绥听到这话，如闻晴天霹雳，惶恐不安。她流着眼泪对左右倾诉道："我竭诚尽心地侍奉皇后，竟不能得到她的宽解，看来是上天将降灾于我。古代武王患病，周公愿以身代死。楚昭王有疾，其妃子越姬自杀为其求生。这些皆为后人传为盛德。如今皇上病危，我决心先死，以自己的牺牲，乞求上苍保佑皇上龙体大安。历来宫廷之中，因争宠嫉恨演成惨剧者很多。吕后因戚夫人得宠过多，便将其罚为人彘。我今日先死，上可以报答皇帝对我钟爱之恩，次可以解脱宗族灭门之祸，下不令阴后横施毒手，使我有人彘之讥。"主意已定，邓绥传令宫女赵玉等人准备香案，祷告之后，邓绥想饮药自尽。赵玉见状，心急如焚。冥思再三，终于想出一条缓兵之计。她向邓绥谎报说："适才章德宫有人传话过来说，皇上的病已痊愈大半，很快就能康复了。"邓绥信以为真，这才放下毒药，转忧为喜。事也凑巧，赵玉的这个假消息还真灵，第二天，和帝的病果真好了。

和帝渐渐听到了一些关于阴后巫蛊诅咒的消息，他对阴后的做法极为憎恶，便私下派人调查此事。巫蛊是一种迷信活动，它在汉代非常流行。这种邪道是将一种有毒的毒虫，如蜈蚣、蝎子、毒蜘蛛等，供奉在密室之中，每天摆上供品，秘密作法。到一定时间后，毒虫就能通神，听从供养者指使以遂其愿。前汉武帝时，卫太子等人就是因巫蛊被人陷害而自杀的。此后，宫廷以及臣民家中供奉巫蛊便被严令禁止。按说这本是一种荒诞无稽的做法，可是气急败坏的阴太后却迷于此道。因在宫中供奉巫蛊不方便，她便求时常出入长秋宫的外祖母邓朱为她秘密供奉，来诅咒邓贵人。这事虽在绝对秘密中进行，可行之日久难免要露出马脚。和帝永元十四年(102)夏，有人告发邓朱家为皇后供奉巫蛊诅咒，和帝派中常侍张慎等人调查后回禀说确有此事。邓朱的两个儿子邓奉、邓毅，阴后的弟弟阴轶、阴辅、阴敞均受到牵连，他们共同供养巫蛊，秘密祭拜，诅咒邓绥，使皇帝没有子嗣。事发之后，邓奉、邓毅、阴辅都被拷死在狱中。阴后父阴纲畏罪自杀。阴轶、阴敞和邓朱家属全被流放日南(今越南)。和帝觉得阴后失德，不足以母仪天下，便派司徒鲁恭到长秋宫，收回皇后玺绶，迁出长秋宫，废黜于待罪的桐宫。当和帝决意废阴后之时，邓绥却宽宏大量，极力在和帝面前解救，但和帝执意不听。阴后被废之后，不久便忧郁而死。她的自私与狭隘，终于招致灭族杀身之祸。永初四年(110)，邓太后诏赦阴氏远徙的亲属返归故土，并还其资财500余万，再次显示了她的宽容与大度，这在古代后妃中实属少见。

永元十四年(102)冬，内外大臣会奏，后位不能久虚，请和帝续立皇后。和帝说道："皇后之尊，与朕同体，上承宗庙，母仪天下，不可草率册立。惟有德冠后廷的邓贵人，才可胜任。"邓贵人闻讯，连忙上书辞谢。和帝已决计立她为后。邓贵人推让再三，只好从命。

立后大典不久便隆重举行，满朝文武齐集章德殿。皇帝驾临，百官侍立左右。皇后面帝而立，由太尉持节捧玺绶，宗正出班宣读策文。读毕策文，皇后拜称臣妾，太尉授玺绶。皇后的玉玺和皇帝相同，系用白玉雕成，文曰"皇后之玺"。绶为红色加彩绣。先由一位中常侍跪受，再转授婕妤，婕妤跪受，再转授昭仪，昭仪跪受，然后给皇后披绶带。皇后伏拜，称臣妾敬受。礼成,奏乐鸣鼓。皇后就坐,接受群臣拜驾。就这样,22岁的邓绥凭恃自己的才艺、美貌与德行终于登上了皇后的宝座,取得了进一步施展其政治才干的最佳立足点。

临朝称制　依经治国

邓绥登上后位后,亲自手书表谢,自让德薄,不足以充"小君"之选,母仪于天下。她并没有为宫中的繁华奢丽所陶醉,也没有因地位的高升而自傲,而是依旧处处以谦让宽厚为怀,明智识礼。

当时,郡国贡献给京师的奇珍异宝很多,地方官绞尽脑汁地搜罗珍丽之物,以求博得皇帝的赏睐,百姓却备受其苦。邓后正位中宫后,所有这些征发一并取消,只要求地方上在年底贡献些纸墨而已。这一措施,既为天下做出勤俭节约的表率,也避免了皇帝玩物丧志,奢侈浪费。

依照汉家旧例,皇后正位之后,其宗亲子弟多以贵戚受封。他们有的官居公卿,有的裂土封侯,甚至有的直接临朝辅政。故此在汉朝的历史上多次出现外戚集团分据要职,窃国专权的局面。这种威权震主的态势终究会为皇帝所不容,外戚遭废徙甚至灭族的事情也屡有发生。饱读经史的邓绥对此早有戒备。当和帝要按照成例尊显皇后家族、赐官加爵时,邓后立即哀请谦让,委婉地推托谢绝。所以邓后的兄邓骘在和帝之世,官位不过虎贲中郎将,一个中级武官而已。

和帝靠宦官郑众等人揽得大权,虽有许多政绩,却也难免为狎近左右的宦官所操纵,除在宫内纵欲享乐外,他还经常外出巡游,饮酒作乐。元兴元年(105),身体虚弱的和帝再度染病，而且逐日加重，待到十二月间，终于不起，年仅27岁，在位17年。

因和帝死得突然，死前对于谁为继承人，并无事先安排。此事也就落到了25岁的邓后身上。

邓后在宫中9年，经过了多次危难。当初和帝在世时，她那种谦逊自退的做法主要是想远避灾祸。以往的阅历也使她深知权力的重要，在立帝问题上倘稍有不慎，身为皇后也难免要为人所制。为巩固自己的现有地位，必须选择一个便于控制的皇位继承人。可惜邓后自己并没有儿子，后宫所生的皇子也多数夭殇。时人视宫中为凶地，后来每有生育者，就让奶妈抱出宫外，寄养民间。和帝驾崩后，群臣不知皇嗣下落，无从拥立，便禀明太后，请旨定夺。邓后告诉大家，和帝共有两个儿子，长子刘胜，为一宫女所生，虽已有8岁，但身有重病，不宜迎立。少子刘隆，出生才仅百日，在宫外寄养，可马上迎入。邓后思忖，刘隆尚在襁褓，可抚养为己子，将来便于控制。于是在她的提议之下，不足半岁的刘隆继承了皇位，尊邓后为皇太后，由太后临朝听政，改元延平。

邓太后将和帝安葬于慎陵，将刘胜封为平原王，同时命令朝中重臣得入禁中，正式开始了她的执政生涯。此时的邓后为稳操大权，最为信赖的自然是她的娘家人，她不再顾虑重重，将长兄邓骘封为上蔡侯车骑将军，令他综理朝政，弟弟邓悝、邓弘、邓阊也都封侯。太后还重用宦官郑众、蔡伦等人为亲信。这也是女主当政的特征之一，为便于议事与传达诏命，太后所能随意指使的人，除自家兄弟外，就是这些受过腐刑的宦官，这不能不说是封建时代太后听政的一个弊端。邓太后命令邓骘住在宫内，以便随时商议国事，这与最初的情形已不可同日而语了。

太后临朝后，接连下诏，大赦天下，凡建武以来因罪遭禁锢者，统统免罪为平民。又下令减少宫内所供应的衣服食物，规定早晚只能吃一肉一饭，不得乱加。地方郡国的贡献全部减半。所有掖庭侍女以及宗族家的官奴婢，一律遣归，各令婚嫁。凡因暴雨受灾的郡国，皆免除田租。各地的淫祀，不合祀典的统统取缔。这些诏令颁布后，百姓无不称快。

光阴易过，小皇帝刘隆登位才8个月便夭殇了。皇位虚悬，邓太后再次遭遇难题。现在刘胜是和帝的惟一的亲生儿子，按说应由他继位。可是邓太后担心第一次未立他，将来会怀恨报复，便决计另择一人。

邓太后与邓骘拿来玉牒查找，发现只有和帝兄清河王刘庆的儿子刘祜是皇族最亲近的一支。而刘祜才13岁，年龄也比较合适。二人商定后又与公卿集议，并无不同意见。适逢刘祜正在京师王邸之中，邓骘便连夜持节用王青盖车迎接刘祜入宫，先封长安侯，不久便策立为皇帝。刘祜接过天子玺绶，成了东汉的新一代皇帝，是为安帝。

刘隆被安葬于康陵，谥号、庙号都没有，后人称其为殇帝。邓太后定策拥立安帝之后，依旧临朝称制，掌握朝中大权。为了避邓氏专权之嫌，邓太后故意做了一些裁抑外戚势力的举动。她诏告司隶校尉、河南尹、南阳太守说："每览前代外戚宾客，假借威权，浊乱奉公，蠹害百姓，责任在于朝廷执法懈怠，不能依法制裁。如今车骑将军邓骘等人虽怀敬顺之志，但宗门广大，姻戚不少，宾客奸猾，多犯禁宪。你们应当明加检敕，不得庇护。"邓氏亲属犯罪者再也没有特别赦免的事。尽管如此，邓太后固执权柄、专断朝廷的做法还是引起了许多大臣的不满，最终竟酿成了一次政变风波。

反对最力的是司空周章，他多次直言弹劾，太后一概不理。于是周章进一步串通联络，阴谋政变。他准备以少数亲信，买通宫禁门卫，进入宫门后，就紧闭宫门，捕杀邓骘、郑众、蔡伦等，然后囚禁太后，废安帝为远国王，改立刘胜为帝。因策划得既不周全，又不严密，在未动手之前就被发觉。周章畏罪自杀，受诛连者很多，一场政变阴谋被平息了。

此后，邓太后对于权力握得更紧。臣下的奏疏，凡有提到让她归政的，她就毫不客气地加以处置。有一郎中杜根，上书直言皇帝已长大，太后应予归政。邓太后大怒，命人将杜根装进巨囊，扑杀于殿下，然后弃于城外。不料杜根并未气绝，又慢慢苏醒过来。太后不放心，派人到城外去检查，杜根只有装死。在城外3天，眼眶中生了蛆，这才逃过太后的检查。后来他逃到湖北宜昌附近的山中做酒保，直到邓太后死后才敢出来。又有一名山东的地方官成翊世，谏太后归政，也被撤职问罪。邓太后对权力的贪欲已使她丧失了理智。后来连太后叔父越骑校尉邓康也看不过了，他不敢明言还政，而是委婉地建议邓太后"听从公议，自损私权"。太后未加采纳，邓康便称病不朝。邓太后派一女侍去探视，那女侍假太后威势倨傲无礼，被邓康骂了回去。女侍说邓康出言不逊，对太后不敬。太后一气之下，竟罢了邓康的官。从此以后，再也无人敢谈归政的事了。

邓太后虽不肯还政，但在治国方面她还是相当勤勉的。永初二年（108）夏，京师大旱，邓太后亲自到洛阳寺审查冤狱。有位囚犯被重刑逼供自诬杀人，瘦弱不堪，他本想向太后诉冤，见狱吏在场便不敢出声。刚要离去，被太后察觉，呼唤回来重审，发现该犯确实冤枉。邓太后将其敕免，并将洛阳令收押在洛阳寺内抵罪。

邓太后对经学非常重视。入宫后就一直随曹大家学习经书，从未懈怠。曹大家是《汉书》作者班固的妹妹，名昭。班昭家学渊深，博学高才，她曾受和帝之命续写了《汉书》中的"八表"和《天文志》，并成了教授宫中后妃的老师，因她14岁时嫁与曹寿为妻，曹寿早死，故此称她"曹大家"。邓太后师事班昭，除研习书史外，兼习天文数学。太后垂帘听政，有时还向班昭咨以政事。永初三年（109）秋，太后的母亲新野君病故，太后需服丧一年，邓骘也上书乞退。太后很想留她继续执政，与班昭商议，班昭认为邓骘归丧既可成全其孝名，又能赢得谦退的赞誉，应以服丧为好。邓后接纳她的建议，令邓骘兄弟还居里第，为母服丧。

太后临朝之时，随着统治集团的腐败，社会矛盾已相当激化，这就非常需要一批有识之士充实到政府各个部门，来稳定统治。邓太后多次下诏选举贤良方正，明政术、达古今、直言敢谏的贤能之士，把他们吸收到朝廷之中，参与谋议。而大将军邓骘等人也与太后极力配合，荐举闻名天下的才士如何熙、羊浸、李郃、陶敦等人列于朝官；征辟杨震、朱宠、陈禅等置于幕府，通过这些办法进一步扩大了邓氏外戚的势力。

鉴于当时学校荒废，邓太后先后创办了两所宫邸学，第一所创办于永初四年（110），主要是整理经传，教授宫人。元初六年（119），邓太后又创办了另一所宫邸学，这是一所专门教育王家子女及邓氏子孙的贵胄学校，其中包括和帝弟济北、河间二王的子女5岁以上的40余人，以及邓氏近亲子孙30余人，独开邸第，教授经书。她还亲自监督考试，足见她对后代教育的重视。

此外，她又博选诸儒刘珍等及博士、议郎、四府掾史50余人，于东观校雠传记，然后奏御。她还根据经书直接指导制定和实施国家的大政方针，从而扭转了经学的衰落局面，缓和了各种矛盾，解决了许多实际问题。

操劳至死　宗族蒙冤

永宁二年(121)春，邓太后因操劳过度患了重病，但她仍强支身体乘辇临朝。至三月，终于不起，年仅41岁。

邓太后掌政16年，兢兢业业，勤政爱民，未曾有重大失政。每当听说有百姓受饥，她往往彻夜不寐，亲自裁减宫中的费用，救济灾民。她虽一直握持大权，但对邓家人却能破除情面，严于法禁，使得他们都不敢骄纵犯法。邓骘的儿子邓凤因接受边帅任尚的几匹赠马被发觉，邓骘十分惶恐，竟将他妻子和邓凤的头发剃光，身穿罪人衣裙在家待罪。邓太后对家族管束严格，自有她的一番苦心。她曾说过："前代外戚，权倾一时，而破家灭族者相望。我对宗族严绳以法，是想使他们知法，方可历久不衰。"但是她的苦心终究不能长期庇护邓氏家族。在她死后不久，历史就将邓家卷入了灾难的深渊。

邓太后死时，安帝已经28岁了。最初他对邓太后非常恭顺，随着年龄的增大，他慢慢产生了亲临朝政、独揽大权的想法。邓太后见安帝亲昵宦官，平平庸庸，便也有了嫌恶之感。河间王刘开的儿子袭平原王刘胜的王号，温文尔雅，容止翩翩，很招太后喜欢，被太后留在京城，此事引起了安帝的疑虑。安帝有一乳母王圣，对安帝影响很大。她见太后久不归政，担心邓太后有废安帝另立他人的可能，时常在安帝面前说太后的坏话。安帝既愤恨，又恐惧，却又无可奈何。

太后死后，宦官中常侍江京、李闰等与王圣狼狈为奸，取悦安帝，想推翻邓氏，邀功请封。在封建专制政体下，这类事情屡见不鲜。封建帝王多是实行嫡长世袭制,不管皇帝的子孙才学如何,他也是当然的皇储。皇帝死后,常有幼小的皇子被拥上帝位,此时多由母后临朝,外戚辅政。随着皇帝日渐长大,他就要收回大权,这样就与外戚势力形成了对立。为弥补自身力量的不足,皇帝只得拉拢身边的宦官协议对策,然后通过宫省对外臣的限制,以内制外,消灭外戚。接下来的皇帝仍需凭恃宦官统驭臣下,实现统治,这就为宦官窃权敞开了门户,于是宦官专权随之出现。汉代历史上所以多次出现外戚宦官交替专权的局面,其根由即在于此。如今安帝要夺回朝权,真正独揽朝纲,利用身边的宦官也就不奇怪了。

素来谨慎的邓氏外戚,对安帝亲政并无任何阻挠。但宦官江京等人巧设罪名,陷害邓氏。他们诬告太后兄弟邓悝、邓弘、邓阊等,先前有废黜安帝,谋立平原王刘翼的阴谋。其实这时邓悝、邓弘、邓阊都已经死了,事情无法查证。安帝却信以为真,将邓氏子孙定为大逆不道罪,免去官爵,废为庶人,并迫令自杀。家属流徙远方。邓骘本应连坐,因先前未曾与谋,只被罢官,遣归原籍。邓氏家财田宅全被抄没。邓骘见家族受辱,无从诉冤,绝食而死。他的儿子邓凤也绝食身亡。邓骘从弟河南尹邓豹、度辽将军武阳侯邓遵、将作大匠邓畅,得知同宗并坐大罪,吓得心绪不宁,为免遭捕系之辱,也都服毒自尽。

邓氏既除,安帝遂改永宁二年为建光元年,大赦天下,封江京、李闰为列侯。东汉王室由此走向衰微。

邓太后尸骨未寒,家族即惨遭屠戮,天下称冤。大司农朱宠冒死为邓氏申冤,安帝才有所感悟,赦免邓氏子弟;准其归还洛阳,葬邓骘于洛阳北芒山祖茔,遣使吊祭。这些大概都是邓太后始料未及的。身为太后,既要综理国政,扶持汉室,又要谨防震主，惹火烧身，何其难也！不管怎样，似邓太后这般宽怀大度，谨慎守成，临朝听政16载的人物在古代后妃中确属罕见。

汉／东汉

和熹刘肇皇后邓绥

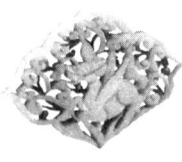

安帝刘祜皇后阎姬

◎ 李红艳

阎姬是河南荥阳人，其祖父阎章的两个妹妹都是汉明帝的贵人，于是阎家便成了皇亲国戚。因汉朝的法令规定有不能任外戚以大任的条款，所以阎章一生只官至尚书，没有得到提拔重用。阎姬的父亲叫阎畅。阎姬生得娇艳妩媚，贵族家庭的熏陶，使她言谈举止中流露着自然的高雅。

汉安帝元初元年（114）的八月，阎姬和一群天真无邪的女孩一起步入了掖庭。性情宽厚又无实权的汉安帝刘祜，很快便与阎姬建立了感情。当年立阎姬为贵人。两人读书弹琴，彼此间拥有与他人难得的相知。阎贵人对安帝十分柔情体贴，更得安帝的欢心。于是第二年(115)夏四月丙午这天,阎姬由贵人跃为皇后。她羡慕邓太后的尊仪,渴望像她一样在万人之上。所以,她在感情上就渐渐失去了安帝的宠爱。

汉安帝自上台当了皇帝,就受到邓太后的控制,在他的心灵里,早就留下了太后临朝、皇家遭殃的创伤。他的父亲清河王刘庆,就是被汉章帝的章德窦皇后贬为王的。所以,他从小就对女人干政既恨又怕。阎姬做了皇后后,安帝伤心地感觉到:她权力欲极强。所以,渐渐地安帝不再光顾她的皇后宫,却常常去其他宫人那里度漫漫长夜了。宫人李氏很得安帝的宠幸,于是生了皇子刘保,引起阎皇后的嫉妒,她暗中派人用毒酒鸩杀了李氏。

安帝元初三年(116),阎畅借女儿之势,由地位低下的侍中,提升为长水校尉,而且封他为北宜春侯。元初四年(117),阎畅死后,长子阎显继父之位。当时,由于在朝当政的恰恰是颇有政治家风度与头脑的和帝邓皇后,所以,阎氏一门并不十分显达。但是建光元年(121)邓太后驾崩后,邓氏势力衰落下去,汉安帝开始亲政,实际上,阎后参与政权,一时阎氏上台,名声显赫。阎显及弟弟阎景、阎耀、阎晏同为卿校,掌握了京师禁兵,军权在握。延光元年(123),改封阎显为长社县侯,食邑增加到13500户。并且追尊已死去的母亲宗为荥阳君。阎显和阎景的儿子都只有七八岁,就被任命为黄门侍郎。阎氏一门权势倾朝,弱而无能的安帝对她只是惟命是从,百依百顺。

在阎皇后的眼里有一颗钉子,那就是渐渐长大的皇太子刘保。为了拔掉眼中钉,在延光三年(126)九月丁酉这天,阎后勾结宦官大长秋江京、中常侍樊丰等,诬陷皇太子刘保,安帝被迫无奈废了皇太子,封为济阳王。凄凄秋风,刮得如此寒心，刘保的心中增添了多少哀怨？他又岂肯罢休？

　　第二年(127)三月，寒意未消，庚申这天，阎后随安帝驾幸章陵。在途中，安帝旧病复发，到了叶县驾崩。阎后、阎显兄弟与宦官江京、樊丰等密谋说："现在，皇帝西归。济阳王刘保也在这次祭陵的队伍中，如果他得知消息，与公卿秘密连结，被立为皇帝，那可就成大祸害了。"所以，阎后传出口谕，告诉公卿们说：皇帝重病在身，不能见各位，只能躺在车内赶路。从叶县到洛阳有六百里的路程，他们快马加鞭地赶路，四天后回到宫中。第二天，骗司徒刘喜到郊外庙里祭社稷，替皇帝向祖宗请命。傍晚时分，夕阳西下时，传来了皇帝驾崩的消息。然后准备发丧。这给臣僚们来了个措手不及。紧接着，宣布尊阎皇后为太后，临朝执政，以阎显为车骑将军，仪同三司，并定策于禁中。为了长久地执政，迎立了济北惠王的儿子北乡侯刘懿为皇帝。

　　为巩固阎氏势力，开始清除威胁阎氏势力的政敌。安帝的大舅耿宝，在安帝时，权势很大，监羽林左车骑，位至大将军。和内宠宦官中常侍樊丰、安帝的乳母王圣等相勾结。当初，在废皇太子刘保一事上，耿宝与阎氏目的一致，所以也参与了诬陷刘保一事。但安帝一死，权力势必要瓜分，分权不均又引起了他们的争夺。所以，阎显就安排有关部门上奏耿宝及其党羽，如中常侍樊丰、虎贲中郎将谢恽、恽弟侍中谢笃以及大将军的长史谢宓、侍中周广、安帝乳母野王君王圣、王圣之女和女婿黄门侍郎樊严等，相互勾结成党派，作威作福，互相包庇，泄露国家机密，遥相呼应，大为不道。于是樊丰、谢恽、周广都下狱而亡，其家属流放到日南比景县。谢宓、樊严减死罪，但受削发铭字之刑。耿宝被贬为亭侯,遣之到封国自杀。王圣母女流徙到雁门。耿氏一派被清除下去,阎氏势力大振,阎景任卫尉,阎耀任城门校尉,阎晏任执金吾,兄弟并握京城汉宫中的军事大权,在京都权重福威,不可一世。

但好景不长,阎氏所立的少帝刘懿上台仅活了234天就驾崩了。少帝的归天,加剧了宫廷内的斗争,一场争权夺利的宫廷政变正在预谋之中。

十一月的洛阳,寒气逼人,大雪盖地,显得死气沉沉。阎显秘密叫来宦官江京、刘安、陈达等,与阎太后商量。决定先隐瞒少帝驾崩之事,赶快到刘氏诸子中寻个傀儡。江京提出济北河间王的儿子刘欲,一致通过后,紧忙派人往济北河间王府,去征诏刘欲。而这时以济阳王刘保为首的另一派,也正在加紧准备,那么济阳王刘保又依赖谁呢?这个人就是有名的宦官中黄门孙程。孙程是一个老谋深算的宦官,他看到阎氏不仅得罪了公卿大臣,而且与皇权的矛盾也是不可调和的。他想得到荣华富贵,就只有依靠皇帝,而非外戚。所以,他惟一的目标就是通过扶植皇帝来提高自己的地位和声望。在刘保被废为济阳王后,孙程就秘密接近刘保。十月份,少帝刘懿的病情恶化,孙程给刘保手下人出谋说:"济阳王本是嫡统,又没有失德,只可惜先帝(安帝)听从谗言,而废黜了他。如果北乡侯(刘懿)一病不起,那么我们一起来处理江京和阎显之事,就可谓水到渠成了。"

十一月二日,京师及郡国16处发生了地震,破坏虽不是十分惨重,但在当时的人们看来,似乎有一种什么不祥的预兆。当天夜里,孙程一伙18个宦官一起出动,全部一身黑衣,腰间别着一把短刀,伏在德阳殿的西钟之下,共为誓盟:不成功便成仁,效忠于济阳王。四日晚上,孙程等到南宫正殿——崇德殿相会，在进入章台门时，正遇上江京、刘安、李闰、陈达等在省门下密商，但没想到孙程来得这样快，于是双方发生血战，孙程和王康一起斩杀了江京、刘安、陈达。因为李闰权势太重，宫内宦者大多数人服从他，所以没有当场杀他。只是刀横在他脖子上，威胁他说："今天只有立济阳王，你放明白点，三心二意对你可没什么好处！"李闰只得回答："一切遵命。"于是，押着他一起到西钟下，迎济阳王，立为帝，即汉顺帝。

即刻诏令尚书仆射以下公卿从辇车驾幸南宫云台。孙程等留守省门，把守内外。当时，阎显在北宫禁中，还在犹豫不决，小黄门樊登劝显发屯兵，借太后之名诏越骑校尉冯诗、虎贲中郎将阎崇屯守北宫的北门朔平门，以防御孙程等，让冯诗入太后宫，讲明事理，使太后授给他印。布告："能得济阳王者，封万户侯，得李闰的封五千户侯。"阎显因为冯诗所带人少，就派樊登与他一起在左掖门外拦截吏士。谁知这两人互相看不上眼，发生争执，冯诗杀了樊登，率兵归屯营。阎显的弟弟卫尉阎景，迅速从省中回还卫尉府，收拾兵将，到了胜德门。孙程传下顺帝诏，召各位尚书受命收捕阎景。尚书郭镇即刻率宿卫羽林军出南止车门，正好遇上阎景的队伍。郭镇拔刀指着阎景大喊："阎景快快下车，此处有持节诏你！"阎景问："何等诏？"拔刀就砍郭镇，却没砍中，郭镇立即还击，阎景受伤，羽林军冲上去，以戟叉在阎景胸前，于是阎景被擒。送到廷尉狱中，当夜便死了。五日，诏令侍御史逮捕阎显等，送狱中。六日，开宫门，罢屯兵。阎太后立即被押入离宫，阎氏一门，全部流徙到日南比景。一场宫廷政变经一周的时间结束了，换来的是宦官专权。

离宫的艰难生活，使生活在"天堂"中的阎太后备偿了狱中囚徒的艰辛，第二年(127)正月就被折磨死了。这位在位12年的阎皇后，与安帝合葬于恭陵。

顺帝刘保皇后梁妠

◎ 刘德增

"梁小贵人" 母仪天下

永建三年(128),顺帝刘保登基整整3个年头了,他也年满14岁。这年八月,他诏令在全国择选良家童女以充后宫。按祖先立下的规矩,应选的良家童女的年龄,在13岁至20岁之间,要求姿色端丽、吉祥。乌氏(今宁夏固原东南)人梁商的女儿梁妠和梁商的妹妹两人都符合条件。梁妠年方13,

才貌出众。她聪明伶俐,好读书,9岁时便能背诵《论语》,谈论《韩诗》也能略举大义,还善女工。她常把古时的贤淑之女的图画放在身边,自我劝诫。其父梁商深感惊异,常对她的兄弟们说:能光宗耀祖的,大概就是妠女了。负责相面的选美官员茅通一见梁妠,就拜贺说:"日角偃月,相之极贵,臣所未尝见也。"梁妠中选。她的姑姑也入选。姑、侄两人一同步入掖庭。

入选的良家女进了掖庭后,还要再加筛选,淘汰下来的只能做个在宫中洒扫服务的宫女,复试上的才能去侍奉皇帝。梁妠姑、侄再次入选,并皆获得"贵人"官号。贵人位次皇后,金印紫绶。顺帝还没立皇后,他后宫的嫔妃,数贵人尊贵。为了区分梁家两贵人,后宫称梁妠为"梁小贵人"。

顺帝对比他小一岁的"梁小贵人"格外垂青,常常引御。"梁小贵人"从容辞谢曰:"阳以博施为德,阴以不专为义。后妃若像螽斯虫那样不妒忌,子孙众多,国之福也。愿陛下平等对待众妃,妾也可免遭诽谤之罪。"顺帝听后,很是欣赏。

4年以后,顺帝年满18岁,百官上书,请立皇后。顺帝最宠幸的贵人,除了"梁小贵人"外,还有3个。4人当中立谁,他拿不定主意。最后,他打算用"抽签"的办法来决定取舍。尚书仆射胡广和尚书郭虔、史敞认为此法不当,上书劝谏,他们建议:先看谁有才德;才德相埒,看谁年长;年龄相同,看谁有貌。顺帝采纳了这一建议。考评的结果,"梁小贵人"中选。

顺帝御幸德阳宫的寿安殿,诏宣天下,立"梁小贵人"为皇后,在大殿上举行了隆重的册封仪式。

年方17岁的梁妠入主后宫，成了母仪天下的皇后。她搬进了富丽堂皇的皇后寝宫——"长秋宫"。梁皇后深谙"妇德"，虽贵为皇后，然无骄专之心。她克己修行，上侍顺帝，下统众妃。每逢出现了日食、月食，她便认为是自己举止失措，上天惩戒，深自内省。

父兄相继出任大将军

在梁妠登上皇后宝座的那天，她的父亲梁商加位特进，加封户邑，赐安车驷车。皇后之兄梁冀也迁为步兵校尉。梁氏一家的贵显，引起士大夫们的忧虑，他们担心重蹈外戚专权的覆辙。汉中南郑（今属陕西）人李固上书顺帝，疾言外戚专权之祸，建议对梁氏外戚，给他们高爵厚禄，不可委之权柄，步兵校尉梁冀等，应调为黄门之官。顺帝非但没有采纳，相反，越来越倚重梁氏外戚。阳嘉三年（134），顺帝诏拜梁商为大将军，总理朝政。梁商为人柔弱，不愿就任此职，称疾不起。翌年，顺帝派太堂桓焉奉策诣梁商府，宣诏梁商就职。梁商不得已，诣阙受命，出任大将军。

梁大将军不像和帝时的外戚窦宪、安帝时的外戚阎显那样跋扈，他身居大位，柔和谦恭，虚己进贤。每当发生饥荒，他便令家吏用车拉着粮食去赈济贫民。朝野上下对他颇多称誉，顺帝也更加倚重。

但是，皇后的兄长梁冀却不断背着父亲和妹妹胡作非为。梁冀的脾性不像父亲那般柔和，也不似妹妹那样谨重。他长得横眉竖眼，口吃，张口结舌，但工于心计。他游手好闲，嗜酒能饮，踢球下棋，斗鸡走狗，无所不好。更令人望而生畏的，是他心狠手辣，忤犯他的人，他必置之于死地而后快。但他是皇后的兄长，大将军的长公子，所以仍旧官运亨通。永和元年（136），这位纨绔子弟荣升河南尹。他恶习不改，恣肆暴戾。有个叫吕放的，曾是梁商所亲信的门客，现在梁冀手下任洛阳令。吕放见梁冀胡作非为，恐危及故主梁商和梁皇后，便到梁商府上告了梁冀一状。梁大将军听完大怒，把梁冀叫来训斥了一通。后来，梁冀听说是吕放告的状，便派人刺杀了吕放。然后，他把这事推到吕放的一个仇人身上，请准以吕放之弟吕禹为洛阳令，指使吕禹把那个仇人及其亲族、宾客全部逮捕处死。

永和六年（141）秋，梁商病故。

顺帝又特许皇后亲去为父送葬，以示礼敬。

梁商的棺椁还未入土，顺帝又发出一道诏令：任命梁冀为大将军，继父辅政；任命梁冀之弟不疑为河南尹。他把朝政大权再一次交给了梁氏外戚。

体兼乾坤　临朝听政

建康元年（144）八月，年方30的顺帝崩于玉堂前殿。

梁妠侍奉成帝16年，无子。和她同年入宫的虞美人生有一子，叫刘炳，继位为帝，是为冲帝，年2岁。梁妠成了皇太后，临朝听政，掌起帝国的大权。

这位年29岁的太后发出的第一道诏令，是以赵峻为太傅，李固为太尉，与兄梁冀大将军共理朝政。赵峻，蜀郡成都（今属四川）人，博学多才。此人为官严明，不畏权贵。他当荆州刺史时，曾弹劾梁商之弟，南阳太守梁让贪赃枉法。他任南阳太守时，奏免在南阳当县令、县长的权贵子弟。李固，也是当时鼎鼎有名的大臣。此人少好学，常步行寻师，不远千里。为官刚直不阿，多有建树。在东汉王朝日趋衰颓之世，像他这样的大臣凤毛麟角。太后此举，可谓得人心。

九月，安葬了夫君后，梁妠太后发出第二道诏令，诏三公百官推举贤良方正之士，策问治国安民之道。安定朝那（今宁夏固原东南）人皇甫规对曰："皇上好比是舟，国人是水，群臣是乘舟者，梁冀大将军是操楫人。梁大将军身为社稷之臣，实应克己修行，省去游娱不急之务，损减府第无益之饰，尽心于国，尽力于民。"梁冀听后大为忿恨，在他的干预下，皇甫规被评了个下等，授给他一个小官——郎中。皇甫规托病归家。

梁妠太后有志于国，意欲重振朝政，扭转颓势。无奈其兄梁冀专权跋扈，恣肆妄为，她不忍心除去兄长的权势，越来越顺从他，倚重他。

永熹元年（145）正月，小皇帝刘炳重病垂危。梁大将军见状，赶忙寻求帝位继承人。他看中了勃海王刘鸿的儿子刘缵。刘缵之所以为这位权臣所青睐，是因为他年仅8岁。把这样一个乳臭未干的孩子捧上帝位，朝政大权还是他梁冀的。于是，他派人把刘缵偷偷地接到洛阳都亭，准备冲帝一死，便抢先拥立刘缵为帝。

这事不仅瞒着百官，也瞒着太后。

不久，冲帝夭亡。梁妠太后担心杨、徐一带的农民起义军乘机进攻，派中常侍诏令李固等人，不得泄露冲帝驾崩的消息，待征诸王来京，确立帝位继承人后，再发丧。李固不同意，他认为冲帝虽然年幼，仍是天子，不应掩匿其死，应立即公布于天下。梁妠太后同意了。

冲帝驾崩的消息一公布，在朝野上下引起的震动，不是举国悲哀，而是新皇帝的人选。李固等人认为，清河王刘蒜年长有德，欲立之。他对梁冀说："我们应拥立年长有德，能亲自处理朝政者为帝，愿大将军以社稷为重！"这正是梁冀所忌讳的。他驰入皇宫，向妹妹述说了立刘缵为帝的想法。在这关键时刻，家族的利益压倒国家利益而占了上风，梁妠太后同意了兄长的意见，立刘缵为帝，是为质帝。

质帝虽幼，却极聪慧，这位小皇帝逐渐明白了自己的身份：虽贵为天子，却有职无权，不过是梁氏兄妹手中的一个傀儡而已。他对此处境很不满意。第二年（146）六月的一天，他朝见群臣，看见梁冀那副嚣张的样子，便冲他说道："此跋扈将军也！"梁大将军没想到自己亲手扶上帝位的质帝竟如此忌恨他，担心小皇帝长大掌权找他算账，遂把毒药搀进御膳——煮饼里。质帝食后，中毒发烧，急召太尉李固。李固趋至质帝身边，叩问病因。质帝断断续续地说："朕吃了一个煮饼，口渴腹烧，快给朕水喝！"梁冀在一旁说："恐吐，不可饮水！"话音未了，质帝已死。李固抚尸痛哭。

朝野上下皆知质帝的死因。但梁太后临朝听政，梁冀以大将军身份总理国政，朝政大权操持在他们兄妹手中，梁冀连皇上都敢鸩杀，谁敢奈何他？故尽管李固推举侍医，追查质帝死因，但最后也不了了之。

皇帝虽是傀儡，但国不可一日无主。否则，国就不成为其国了。梁太后与兄长梁大将军密谋立蠡吾侯刘志为帝。这刘志乃章帝曾孙，蠡吾侯刘翼之子，父死袭爵。这个皇室远支之所以得到梁太后和梁大将军的青睐，是因为他已与他们的妹妹梁女莹订婚。梁氏兄妹意欲把妹夫扶上帝位，以稳固梁氏的权益。当群臣聚议新君时，梁冀便提议立刘志为帝。太尉李固、司徒胡广、司空赵戒等一班大臣却力主立德行昭著的清河王刘蒜为帝。双方争执不下,只得休会。梁冀气冲冲地打道回府。

晚上,曹腾来大将军府拜谒梁冀。曹腾是个宦官,官居中常侍,他便是鼎鼎有名的曹嵩的养父,曹操的祖父。曹腾曾谒刘蒜,刘蒜很看不起宦官,对曹腾轻蔑无礼。宦官集团由此而忌恨刘蒜,他们派曹腾去见梁冀,说:"将军累世外戚,秉摄万机,门下宾客多纵横犯法。清河王严明,若他继位为帝,将军祸将临头。如立蠡吾侯,则可永保富贵。"宦官们的支持,坚定了梁冀的信心。

第二天,梁冀重会公卿大臣,他气势凶凶,言辞激切,非刘志不立。胡广、赵戒等官僚屈服了,说:"惟大将军令是听!"惟有李固执意立刘蒜,不肯屈从。梁冀恨得咬牙切齿,驰入皇宫,去见妹妹梁妠太后,由太后下诏,罢免李固。

接着,梁太后遣梁冀持节迎刘志入南宫,即日即皇帝位,是为桓帝。梁太后仍旧临朝听政,梁冀不仅仍做他的大将军,且又得到益封一万三千户的奖赏,大将军府的官属也大为增多,是三公府的一倍!梁冀的两个弟弟——梁不疑和梁蒙,以及梁冀的儿子梁胤,皆为万户侯。

梁氏的势力达到了顶峰。

但国势却日颓,难以活命的农民纷纷揭竿而起。再次临朝的梁太后,接连发出几道诏令:守土之官要恤民爱民;三公九卿上书言朝政得失;赐天下父老爵,鳏寡孤独粟帛;遣使赈济荆、扬二州灾区;大将军、公卿举贤良方正,策问朝政得失;郡国囚徒减死罪一等,修建皇陵的刑徒减刑六个月……梁太后试图通过这些措施来挽救颓势,保护刘汉王朝和她的家族的利益。

但是,她的这些诏令措施被那些贪官污吏所破坏,而罪魁祸首便是她的兄长——梁冀大将军。梁大将军贪赃枉法，带着钱财到大将军府请罪求官者，相望于路。各地进贡的物品，上等的送到大将军府，剩下的才送进皇宫给皇上。梁冀和她的夫人孙寿又大兴土木，修建房第，穷极奢靡。他又圈了大片的土地以为苑囿，捕猎虎豹放养其中，猎杀者罪至死。有个西域商人不知禁律，误杀一虎，梁冀不但杀了那个商人，而且广为株连，连杀十几人。他还在洛阳城西大起第舍，藏纳亡命，强取良民为奴婢，名曰"自卖人"……

尽管梁冀贪残如此，但只因他是太后和桓帝皇后的兄长，故可逍遥法外。王朝在这位权臣的手中一步步腐败衰颓。梁太后虽有挽救之心，但她既不忍而又不能惩办兄长，她的一道道救亡图存的诏令措施也就毫无作用可言。

正直有识之士对这位临朝听政的太后越来越失望、冤恨。

和平元年(150)春，梁太后重病缠身，体力不支，归政桓帝。她坐着御辇来到宣德殿，召见宫省官属和梁氏外戚，宣布了自己的病情。这位45岁的太后面对百官歔欷而言："我把皇上和大将军兄弟托付给各位，望你们好自为之。"两天后，太后一命呜呼。

桓帝刘志皇后梁女莹

◎ 涂晓青

本初元年（146）六月。洛阳城北夏门亭。一个侯爵恭候在此。

他叫刘志，袭父爵蠡吾侯。他是应太皇太后梁妠的吩咐，赶来洛阳，准备与太后之妹梁女莹完婚的。他在夏门亭恭候来接他入城的人。谁知，久久不见人来。就在此时，他的命运有了重大变化。

原来，都城里发生了一件大事：太后之兄、大将军梁冀把当朝天子质帝鸩杀了。

梁冀以大将军的身份把持朝政，宫中又有妹妹太皇太后作靠山。质帝看他那副嚣张的样子,骂了他一句"跋扈将军",就被他毒死了。他杀害质帝后,正在考虑新的皇帝人选。

他眼睛一亮,刘志不是很合适吗?他是汉章帝的曾孙,立他为帝名正言顺;他又将成为自己的妹夫,他坐上龙位,妹妹就是皇后,自己又有了一座靠山。于是,他去找太皇太后,说了自己的看法,兄妹定策禁中,把妹夫刘志扶上帝位,是为桓帝。

第二年(147),有司上奏太后梁妠:"《春秋》记载,迎王后于纪国,在路上即称后。今梁大将军妹,膺嗣国母,婚约已定。应备礼仪成婚。请令三公、太常议定礼仪。"太后诏可。

三公与太常奏请以汉惠帝纳后之礼迎娶桓帝皇后,诏准。于是,桓帝遣使给梁冀送去黄金2万斤,作为聘礼。梁冀犹嫌少,暗示桓帝多出一些聘礼。太尉杜乔以先帝故事不可僭为由,加以反驳,梁冀碰壁,恨得咬牙切齿,后来以莫须有的罪名杀了杜乔。

这年六月,梁女莹被迎入后宫。八月,被册立为皇后。

当朝天子是刘志,而掌握天下大权的却是梁家兄妹。

梁妠以太皇太后的身份临朝听政,梁冀以大将军身份把持朝政,实际上,是妹妹发号施令,哥哥执行。

新皇后女莹恃哥、姐之势而专制内宫。她长相平庸,嫉恨那些后宫佳丽,不准她们接近桓帝。女莹皇后的生活极其奢侈,国库日匮,她住在长秋宫,穿的后服,用的器皿,却日益华丽精美。她的费用开支是从前皇后的一倍多!

桓帝对此十分不满,却又无可奈何!

和平元年(150),梁妠太后还政桓帝,不久病亡。桓帝亲政，梁氏的势力大大削弱。不过，桓帝还忌惮梁大将军的权势，不敢公开触怒女莹皇后。但这位至尊也不再像从前那样听任女莹皇后的摆布了，开始疏远、冷落她。

眼见桓帝冷落自己，宠幸别的嫔妃，女莹皇后气得要命。她侍奉桓帝多年，没有子嗣，别的嫔妃妊娠，她忌恨难容，必置之死地而后快，后宫嫔妃有身孕的，无一幸免。

这些嫔妃一个个死去，桓帝自然明白是怎么一回事，他愤恨不已，却不敢追究，因为朝政大权还操持在梁冀手中，朝廷上到处是梁冀的爪牙。愤懑之下，他更加冷落女莹皇后。

这更引起女莹皇后的愤恨，但她同样无可奈何。不久，女莹皇后愤懑成疾，一病不起。延熹二年（159），皇后病死于宫中。

女莹一死，梁冀失去了宫中的耳目，桓帝与身边的宦官单超、具瑗、唐衡、左悺、徐璜密谋除掉梁冀。经过慎密策划，桓帝于御宣德前殿发布命令：

令尚书令尹勋持节统领百官、禁军侍卫殿阁；

令黄门令具瑗将虎贲、羽林兵千余人，会同司隶校尉张彪，包围大将军府；

令光禄勋袁盱持节收梁冀大将军印绶。

梁冀和他的妻子孙寿绝望自杀。他的儿子、河南尹梁胤和叔父、屯骑校尉梁让等梁氏外戚，以及孙寿的宗亲，皆被逮捕，无论年长年幼，一律弃市。梁冀的爪牙被逮杀者，达数百人。没收梁冀的财物30亿钱。

梁氏的势力至此被彻底铲除。

桓帝追究女莹皇后的罪行，褫夺皇后位号，贬为贵人。

桓帝刘志皇后邓猛女

◎ 杨 波

东汉桓帝封的第二位皇后，姓邓名猛女，河南南阳新野人，出身于官宦世家。她的祖父邓禹，曾随光武帝刘秀起兵，骁勇善战，为东汉王朝的建立立下赫赫战功，刘秀登基后，任命他为大司徒，拜为太傅，甚见尊宠。受他的萌荫，邓氏子孙累代显贵，在东汉一代被封侯者就有29人，做到三公的有2人，大将军以下的有13人，校尉、州牧、郡守一级的近百人，至于像侍中、将、大夫等职位的更是不可胜计，京城内莫与为比。不仅如此，在邓猛女之前，邓家已经出过一位东汉历史上最受称誉的皇后，给邓氏家族带来显赫荣耀，她就是猛女的姑姑、和帝所册立的邓皇后邓绥。她于永元十四年(102)被立为皇后,并在和帝驾崩以后以太后身份临朝,史书上记载她"多德政",拿她与三代圣贤相媲美。出身于这样一个世代为官、家境隆盛的官宦世家,猛女自幼就受到良好的教育,知书达礼。加之生就聪明伶俐,貌美丽姿,被父母视作掌上明珠。

然"天有不测风云,人有旦夕祸福"。猛女小小年纪,其父邓香便遇疾,不治身亡。在汉代,虽有"夫有再娶之义,妇无二适之文"之戒律,但对于贵族上层来说并不过分严格。邓香死后,猛女之母宣便改嫁给梁纪,猛女随母而行。这梁纪也很有身份,他的小舅子,就是东汉三朝权臣(冲帝、质帝、桓帝)梁冀。猛女随母亲到梁家后,随着年龄稍长,越发生得纤秀玉立,光彩动人。受梁冀之妻孙寿的荐举,猛女被送入宫中,做了一名采女。这是嫔妃中地位最低的一级。

当时的"第一夫人"是桓帝梁女莹皇后,她的姐姐梁妠以太后身份临朝,朝廷内外均为梁氏姐弟所操纵,梁皇后恃势专横,不准嫔妃接近桓帝。猛女地位卑微,但秀色绝伦,很受桓帝宠爱。只是碍于皇后,桓帝不敢过分宠幸于她。

梁皇后和梁太后先后去世,早就对梁冀专权不满的桓帝与宦官单超等人定议,诛灭梁氏,梁冀与妻子孙寿自杀。梁、孙两家宗亲被杀者数十人。

猛女虽为孙家亲戚,但因桓帝宠爱,非但没受任何牵联,反而被封为皇后,入主后宫。桓帝长期受挟于梁氏,因而对"梁"这个姓特别反感,便将猛女改为"薄"姓。母以女贵,猛女皇后的母亲被封为"长安君"。又过了两年,桓帝得知猛女原来是郎中邓香的女儿,觉得不宜改为他姓,遂复为"邓"姓,并追封邓香为车骑将军、安阳侯。改封猛女母"长安君"为"昆阳君"。猛女至亲们被大量封官,位到校尉,将者不可胜数。

桓帝好色，荒淫无度。他的后宫充满了各地挑选来的美女佳人，多达五六千人。

有个姓郭的妃子，美貌倾城，备受宠爱，被封为贵人。邓猛女渐受冷落，心中不平，因是皇后就恃尊娇忌，与郭贵人争风吃醋，两人明争暗斗，互相诋毁。好色的桓帝偏爱郭贵人，不能容忍猛女皇后对他爱妃的诋毁、攻击。延熹八年(165)，桓帝下诏废邓皇后，邓猛女被打入暴室。暴室是皇宫的一处宫室，专门收管犯罪、罹病的宫女嫔妃。

猛女忧愤而死于暴室。葬于洛阳城北的邙山。受她牵连的宗亲，或被处死，或被免官。

桓帝刘志皇后窦妙

◎ 杨　波

　　桓帝册封的第三位皇后，姓窦名妙，扶风平陵（今陕西咸阳西北）人，出自名门官宦之家。窦妙的曾祖窦融为河西官吏，曾割据河西五郡，称行河西五郡大将军事。后归附刘秀，协助刘秀扫清当地不顺势力，被封为安丰侯，任大司空。以后窦氏家人累世为河西地方长官。窦妙的父亲窦武，少以经行著称，常教授于大泽中，不交时事，名显关西。

　　延熹八年（165），窦妙被选入掖庭，立为贵人。父以女贵，窦武也因此而得郎中的官爵。同年冬天，在邓皇后被废之后，窦妙被立为皇后，窦武也升迁为越骑校尉，封槐里侯，次年又拜受城门校尉。

窦妙虽然贵为皇后，但桓帝却宠幸只有采女地位的田圣等人而很少临幸于她。窦妙因此与田圣等人结下宿怨。永康元年（167）冬，桓帝卧病，便擢升田圣等9名得宠的采女为贵人。不久年仅36岁的桓帝驾崩。

当了太后的窦妙生性就爱忌妒，性情又暴躁、残忍，为泄失宠之怨恨，竟在桓帝尸骨未寒，梓宫尚在前殿之时，便斩杀了田圣。要不是中常侍管霸、苏康等人的苦口劝谏，其他几位贵人恐怕也已做了她的刀下鬼了。

桓帝短命，又加荒淫无度，一生竟没有得子。窦皇后大权在握，为不使大权旁落，她当然要在册立太子这件事上占据主动。她把这件事交给父亲窦武操持。桓帝去世不久，窦武便召见侍御史河间人刘儵，询问国内哪位皇子最为贤明，刘儵便向他推荐了解犊亭侯刘宏。这就是继桓帝之后的东汉第11位皇帝——汉灵帝。当时灵帝只有12岁，朝廷大权实际上仍操纵在窦氏父女手中。为巩固窦氏权力，窦武因策立之功被封为大将军，常居禁中，后又封闻喜侯。儿子窦机被封为渭阳侯，位拜侍中。侄子窦绍被封为鄠侯，迁步兵校尉。窦绍的弟弟窦靖也被立为西乡侯，位拜侍中，掌管羽林左骑。窦氏一家贵显一时。

窦武辅佐朝政，常有翦除宦官之意。当时的太傅陈蕃亦有此意，于是二人一拍即合，对志同道合者封官进爵，官列朝廷，共商翦除宦官之计。

窦皇后虽然在斩杀情敌田圣一事上做得残忍，但对诛废宦官却表现得优柔寡断。其父窦武多次密奏行事，皆因"太后犹豫未忍"而错失良机，反被中常侍曹节挟持灵帝，下诏杀窦武及其亲信，收捕宗亲，宾客，姻属，一概诛杀。太后也因此被迁往南宫云台。

这以后，灵帝念太后有援立之功劳，于建宁四年(171)十月，亲率群臣到南宫朝拜，并送去上等寿品。当时黄门令董萌几次为太后诉怨，灵帝也很同情，但也只能增加一些太后的供养资俸，董萌却因此而得罪了曹节、王甫等人，被诬为谤讪永乐宫而坐狱死。

熹平元年(172)，窦太后因母亲去世而忧愤染疾，不治而崩，与桓帝合葬宣陵。

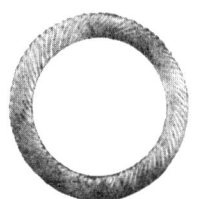

灵帝刘宏皇后宋氏

◎ 杨　波

　　宋皇后是陕西扶风平陵人。家世不太显赫，但也算得上是皇亲国戚之家。她的从曾祖母，是汉章帝刘炟的贵人。宋贵人的儿子刘庆最初被立为太子，后因章德皇后诬陷，刘庆太子位被废，宋贵人自杀身亡。按说，宋家有了这个教训，本不该再将女子送入"虎口"，但受名分禄利的驱使，宋贵人的从曾孙女又于建宁三年(170)被选入宫当了贵人。比她的前世稍好一点，第二年被册封为皇后，她的父亲也被封为琅玡郡的不其乡侯。

　　宋皇后在当时并不是很得灵帝宠爱，但却被立为皇后，使后宫中许多被宠幸的采女、贵人们失去了做皇后的机会，于是引起众嫔妃的妒嫉，她们对宋氏大加诋毁。如果只是后宫的怨恨，还不至于对宋皇后构成任何威胁，她毕竟是贵为皇后，灵帝不会仅据怨言就废掉她。她最终遭致被废的命运，是由于宦官。原来，宋皇后有个姑姑是渤海王刘悝的妃子。宦官中常侍王甫与刘悝有仇，遂诬陷刘悝图谋叛乱，刘悝被迫自杀，宋妃也死于狱中。现如今宋妃的侄女做了灵帝的皇后，王甫恐遭宋皇后报复，便先下手为强，与太中大夫程阿等恶语中伤，诬告皇后"执左道祝诅"惑乱后宫。按《礼记》中规定："执左道以乱众，杀无赦。"灵帝听信谮言，于光和元年(178)下诏废宋皇后，宋皇后无辜受贬，忧愤而死。

灵帝刘宏皇后何氏

◎ 杨 波

灵帝何皇后，是河南南阳人。与其他几位皇后不同，何皇后既非官宦世家出身，也不是靠了皇亲的血统，她出身于一个屠宰之家，但生得聪明伶俐，姿色颇佳。家境虽很富裕，但地位毕竟低下。为改变这种境况，光宗耀祖，家人用金钱帛锦贿赂官吏，多方打点，遂得以使何氏被选入宫。

说来也该何氏得宠。汉灵帝也是个好淫无度之辈。虽然生了几个皇子，但都年幼时夭折。灵帝盼子心切。恰在这时，何氏喜添贵子，生下皇子刘辩，何氏深得宠爱。母以子贵，遂又被立为贵人。为避凶求吉，刘辩被寄养在道士史子眇家中,号曰史侯。光和三年(180),何氏被册立为皇后,其父何真被封为车骑将军、午阳宣德侯,其母为午阳君。

何氏生性暴躁,加之生子有功,更是骄横一时,后宫众多嫔妃没有不惧怕她的。当时有个深得灵帝宠幸的嫔妃叫王美人的怀上了孕,因为害怕何皇后加害自己,竟然吓得三番五次服药想打掉胎儿,谁知胎儿却安然不动。王美人数次梦见自己负日而行,感到这是上天降下的祥瑞之兆,便改变初衷,决定生下孩子。光和四年(181),王美人生下皇子刘协。这下惹恼了何皇后,因为在她看来,刘协将来肯定是亲生儿子刘辩做太子的竞争对手,竟下手将生育不久的王美人毒死。可见何氏性情之残忍。震怒之下,灵帝要废掉何皇后,只因众多宦官的求情,才使她幸免于难。实际上,这次事件中宦官们的求情、灵帝的罢手,都是碍于当时握有重兵的何皇后之异母兄何进的缘故。当时何进宫拜大将军,临朝辅政,权极一时。灵帝虽已立辩为太子,但何皇后的举措早就引起灵帝的反感,几次欲废刘辩而立刘协做太子,终因惧怕何进的势力,故久而不决。中平六年(189),灵帝驾崩,太子辩即位,是为汉少帝,何氏以太后身份临朝。

灵帝在世时,为摆脱外戚擅权也曾做过一些努力。他任命蹇硕为中军校尉以牵制何进,并与蹇硕和宦官赵忠等密谋过废辩立协之事。刘辩登基后,何进为翦除异己,先是收蹇硕等人下狱致死,同时加紧密谋欲诛灭宦官,为此,召并州刺史董卓进京。但因事机败露,反被宦官以太后诏见为名,斩杀于嘉德殿前,何太后的母亲午阳君也为乱兵所杀。董卓率兵进洛阳以后,篡夺了大权,总揽朝政,先是废掉少帝刘辩,贬其为弘农王,转而又立刘协为帝,是为献帝。何太后被迁居永安宫,不久又被鸩杀,死后与灵帝合葬于文昭陵。

献帝刘协皇后伏寿

◎ 武普照 杨 波

东汉末年,国家动乱,权臣当道,傀儡皇帝汉献帝刘协备尝了天下至尊为人挟持的苦辛,他的皇后伏寿亦饱受悲苦,遭遇凄惨。

中平六年(189),立刘辩为帝。何进企图铲除宦官势力,反被宦官中常侍张让、段珪等人所杀。并州牧董卓进洛阳后,废少帝,立陈留王刘协为帝,是为献帝,时年9岁。

拥立献帝后,董卓自封为相国,后又加封为太师,完全掌握了中央大权。他的属将、兵卒在洛阳劫掠财物,奸淫妇女,无恶不作。各地的州郡牧守于初平元年(190)即董卓进京的第二年纷纷起兵讨伐董卓。董卓被迫挟持献帝由洛阳迁都长安。侍中伏完也伴随献帝西迁。到长安后，伏完将尚未成人的女儿伏寿送入掖庭为小贵人，陪伴11岁的小皇帝。

伏寿是一位富有教养、品性高尚的美人。她是琅琊东武（今山东诸城）人，其父伏完博学广识，深沉又大度，尚桓帝女阳安公主，官为侍中。伏寿即是伏完与阳安公主的女儿。

初平三年（192），司徒王允与司隶校尉黄琬、仆射士孙瑞、中郎将吕布设计诛杀董卓。董卓部将李傕又将王允杀死。献帝又落入李傕、郭汜等人手中。李、郭自为将军，专擅朝政。兴平二年（195），伏寿被立为皇后，伏完迁执金吾，负责卫戍京师。这时候，三辅大旱，谷价飞涨，一斛谷值钱50万，长安城中竟出现人吃人的现象。李傕、郭汜为了争权，互相攻伐。数月间，死者万数，宫室被焚，长安城成了一片废墟。

献帝和伏后一行在杨奉、董承等的护卫下，离开长安，向东逃到陕县（今河南陕县）。立足未稳，又闻追兵喊杀之声逐渐迫近。太尉杨彪奏请献帝连夜渡过黄河，向东投靠关东各州郡守。献帝准奏，杨彪便派人去寻找舟楫。不久，河岸边火把高举，表明船只已经找到。献帝一行深一脚浅一脚地向河滩走去。伏皇后在父亲伏完的扶持下趔趔趄趄地前行，手里还挟着一些绢帛，虽负重难行，却也舍不得丢弃，因从长安带出的财物已所剩无几。护驾的安集将军董承见财起意，暗嘱符节令孙徽上前抢夺。孙徽一刀砍死随侍伏皇后左右的小黄门，鲜血飞溅到伏皇后的衣裙上，伏皇后尖叫几声，幸亏献帝喝斥，孙徽才未能得手。等到了河岸边，却见只有一艘渡船。献帝、伏皇后奋力登上船后，大臣们纷纷登船，因船上只能容数十人，大批武士也争着上船，有些无法上去的，便扳住船桨，扯住缆绳，不让船只离岸。董承和兴义将军杨奉急忙用刀乱砍，剁落不少手指，鲜血四溅，骨肉飞崩，哭骂声震耳欲聋。伏皇后吓得面色惨白，闭起眼睛不忍再看。这时，后面追兵杀到，董承又砍翻几名武士，渡船才缓缓驶向河心。李傕催马赶到，却只能望水兴叹。

渡船到了对岸，献帝与伏皇后互相搀扶着踉跄着前行，举目四望，到处是断壁残垣，荒无人烟。董承派人到处搜寻车马，半天才找到一辆牛车，献帝和伏皇后这才得以登车前行，随从的臣僚一并跟在后面。快到安邑（今山西夏县西北）时，河内太守张扬、河东太守王邑一起前来迎驾，并奉上米、帛等一些吃用什物。无所归依的流亡生活总算停顿下来，虽然吃住都很寒酸，但献帝和伏皇后已经很满足了。

建安元年（196），张扬护送献帝一行回到洛阳。洛阳皇宫已被董卓烧成一片灰烬，根本无法修筑，献帝和伏皇后只得住进原中常侍赵忠的府中，公卿百官无处安身，只得在破壁断墙间栖身。献帝下诏向附近各州郡征集粮食，牧守们各拥强兵，拒不输粮。群僚们饥饿难耐，只得靠采集野草稗谷充饥。许多大臣或饿死在墙壁之间，或是被乱兵所杀。洛阳也很难再呆下去了。

曹操得知献帝东归，抢先率军进驻洛阳，把献帝迎到许昌，取得了"挟天子以令诸侯"的优越地位。他自领司隶校尉，录尚书事，独揽大权。后又自封为大将军，武平侯。伏皇后的父亲伏完被封为辅国将军，董承因女儿被献帝册封为贵人，也被封为卫将军。

献帝在许昌，只是个傀儡皇帝。皇宫的侍卫、仆从，都是曹操的党羽亲信。曹操不允许其他官员和献帝接触。议郎越彦曾向献帝陈述对策，为曹操所厌恶而被杀死。原来献帝身边的一些官员，也被曹操用各种罪名处死。

献帝无法忍受这种任人宰割的生活。他写好密诏，让车骑将军董承于衣带中藏好带出，命令宗室刘备、长水校尉种辑、将军吴子兰、王服等密谋除掉曹操。建安五年(200)春，董承等人的密谋泄漏，曹操带剑闯进宫中，对献帝怒气冲冲地说："董承蓄意谋反，请皇上从严治罪！"献帝知自己与此事也有关联，只得胆战心惊地道："如确有此事，理应依法惩处！"曹操又厉声说道："董承的女儿董贵妃也应一同治罪！"未待献帝表态，曹操便喝令武士从内廷将董贵妃拥将出来，曹操愤愤地说："应立即将董贵妃处死！"献帝含泪哀求道："董贵人怀孕已有数月，请将军让她分娩之后，再治罪不迟。"曹操置之不理，一声叱喝，众武士便将董贵人拖出殿外活活勒死。紧接着曹操又下令将董承等人斩首示众，并夷灭宗族。

曹操的残暴使伏皇后非常震惊，她害怕董氏的结局将来也会落到自己的头上，于是写密信给父亲伏完，尽数曹操残暴之状，嘱他先发制人，设法除掉曹操。伏完收到信后，因惧怕曹操的势力，始终不敢有所举动。至建安十九年(214)，即伏完死后的第六年，此事竟被人告发。曹操闻讯大怒，他立即胁迫献帝废掉伏皇后，并代献帝写好了废黜伏皇后的诏书。其策文曰："皇后寿得由卑贱，登显尊极，自处椒房，二纪于兹。既无任姒(文王母太任，武王母太姒)徽音之美，又乏谨身善己之福；而阴怀妒害，包藏祸心，弗可以承天命，奉祖宗。今使御史大夫郗虑持节策诏，其上皇后玺绶，退避中宫，迁于他馆。呜呼伤哉！自寿取之，未致于理，为幸多焉。"接着，派御史大夫郗虑拿着诏书，同尚书令华歆一起带兵包围皇宫搜捕皇后。伏皇后藏在宫中的夹墙中，被华歆拖出。这时献帝在外殿陪郗虑坐着。伏皇后披头散发赤着脚走出来，向献帝哭求道：

"你就不能为我求个活命吗?"献帝哀叹说:"我也不知自己的生命何时终了呢!"他又回头对郗虑说:"郗公!天下哪有这个道理!"郗虑等并不理睬献帝,将伏皇后关在密室中幽囚而死。伏后死后,她所生的两个儿子也被毒死。伏氏宗族被株连而死的达百余人。伏皇后在位凡20年,和献帝一直是在权臣悍将的挟持下过着傀儡式的朝不保夕的生活,可以说是一对命运可悲的患难夫妻。

献帝刘协皇后曹节

◎ 杨 波

献帝的第二位皇后曹节，是魏公曹操的二女儿。建安十八年(213)，曹操将其3个女儿曹宪、曹节和曹华荐为献帝的夫人，献帝以黑色和红色的束帛五万匹作为聘礼。建安十九年(214)，姐妹三人均被立为贵人。同年伏皇后被诛。建安二十年(215)，曹节被立为献帝皇后。

建安二十五年(220)，曹操病死，同年十月，其子曹丕代汉称帝，建立魏国，改元黄初。

献帝被贬为山阳公，曹节也由皇后降为山阳公夫人。曹皇后虽为曹氏之女，但对自家兄弟曹丕篡位夺权非常愤怒。

曹丕几次派人收回皇后玺绶,均遭严辞拒绝。但曹丕不死心,三番五次遣使索要。曹节无奈,命来使入内,将其大加斥责一顿之后,用力将玺印猛掷于栏板之下,痛哭流涕,仰天高喊:"老天有眼,为何不助我啊!"其悲痛之状,周围的人皆不忍仰视。

青龙二年(234),汉献帝去世,谥号为孝献皇帝,以汉天子礼仪葬于禅陵。曹节则于魏景元元年(260)去世,仍以汉朝的礼仪与献帝合葬于禅陵。

匈奴

汉／匈奴

呼韩邪单于阏氏王昭君

◎ 武普照

　　源远流长的中华民族史，以其汗牛充栋的浩繁史册向人们展示了它的悠久与辉煌。但当我们试图从中全面地审视一下中国古代后妃们的生死浮沉、喜怒哀乐时，却备感史料的乏缺。至于少数民族政权的首领与后妃的事迹就更加缺略了。因而对于在战国秦汉时期颇有影响的匈奴王朝的后妃，我们很难为其立传，而只能择取因汉匈和亲而远嫁匈奴为皇后的王昭君作为一个实例，从一个侧面来了解一下当时少数民族统治地区后妃们的生活。

民女入选　泪洒后宫

王昭君，名嫱。昭君是她的字，西晋时因避司马昭讳，改称明君或明妃。父名王穰，南郡秭归（今湖北兴山）人。约在公元前一世纪初，王昭君出生在一个景色秀丽、气候宜人、土地肥沃的江南农村。那里到处都是奇异的山石、清澈的流水和艳丽多姿的鲜花。唐代大诗人杜甫曾有"群山万壑赴荆门，生长明妃尚有村"的咏叹。

据当地的传说，昭君是月宫里的仙子，她妈妈梦见一轮明月投入怀中，后来便生下了她。昭君从小就格外聪明伶俐，勤奋好学，到十多岁的时候，父母特意在自己家门前给她修起了一座望月楼，让她在楼上读书作画，弹琴歌舞，刺绣梳妆。后来，昭君在望月楼的阳台上焚香合掌，躬身下拜，虔诚地向月亮婆婆祷告来"神灯"。她还到土地庙向土地公和土地婆求来五谷丰登的三熟地，使乡亲们过上了富裕的日子。她还赶走了捣乱的黄龙，同姐妹们一起掘井，一连掘了七天七夜，终于掘成了一个圆溜溜、直通通的水井，使乡亲们饮上了碧澄清香的甘泉。这些美丽动人的神话传说反映了昭君少年时代自由舒畅的乡村生活，也可以从中窥见昭君自幼善良勤勉，热爱人民的优良品性。

随着时光的推移，王昭君已出落得仪表绝丽，端庄高雅，成为远近闻名的美女。王穰见女儿举止有度，有异于常人，日后定有出息，许多慕名登门求婚者都被他委婉地谢绝了。

汉元帝继位以后，广泛搜罗天下美女，充实后宫。17岁的王昭君以"良家子"被选入宫,从此开始了她那幽怨、哀凄的汉宫生活。一般说来,郡国所献美女,在未见皇帝前,均需待命于后宫。王昭君入宫后即是待诏掖庭。汉代婕妤以上的嫔妃宫女均居住在宫庭两侧深处的掖庭之中,由受过腐刑的宦官充任掖庭中的令丞属吏,掌管后宫贵人采女的饮食、被服、器物等杂务。元帝时后宫待诏的嫔妃无数,他本人不可能一一临幸,除了少数幸运者外,大多数遭到冷落,过着以泪洗面的凄凉生活。

据野史记载,元帝因妃嫔众多,不能遍视,便命令画工摹绘图形,然后进呈皇上御览,由元帝根据好丑妍蚩,按图索骥,择优召幸。当时著名的画家杜陵人毛延寿因善于写生,所画肖像惟妙惟肖而受命襄理此事。只是毛延寿生性贪鄙,屡屡借机向宫女们索取贿赂,那些望穿双眼、企盼御幸的宫女为早日得宠,大都倾囊相赠,多则10万,少者也不低于5万,毛延寿就从笔底下添出万般风韵,足以易丑为妍。

王昭君入宫不久,也被召去让毛延寿画像。毛延寿几番暗示王昭君略施小惠,并恳请昭君日后大贵后勿忘提携。因昭君天生美貌,加上她生性清高,对毛延寿敲榨勒索的无耻行径极为愤慨,她断然拒绝行贿。毛延寿见索贿不成,便恼羞成怒,画笔之下故意易妍为丑,把昭君的花容月貌绘成泥塑木雕一般,借机渲泄私愤。元帝但凭画像选幸,昭君被歪曲了的形貌自然无法取悦于他,一个才貌双全的女子就这样被冷落在后宫中,从此她再也无缘面见皇帝,而是开始了漫长而愁苦的宫廷生活。

汉朝的后宫内填塞了无数从民间选来的美貌女子。她们整日深居宫中,不能外出走动,除习歌练舞、学习字画外,每天认真梳妆打扮,涂脂抹粉,描目画眉,但却只能对镜怨叹,徒劳无益地消磨时日，嗟叹青春年华的流逝。王昭君入宫数年，因毛延寿的卑劣行径而未能见御，想起自己的青春就这样在宫中无聊地虚度，禁不住暗自垂泪。她深知即使为皇帝见御，获百般恩宠，也不过是皇帝手中的一个玩物。眼下这种空守宫闱的生活除了受那些不男不女的宦官监视外，所能做的只能是空对冷月，哀怨女子的薄命、人世的无情。一想起自己有可能在汉宫中白发皓首而不得自由，更感到一种内心的颤栗。她渴望着早日脱离深宫，重温少年时代那种充满欢愉与生机的生活。

元帝竟宁元年（前33），匈奴呼韩邪单于入朝，"愿婿汉氏以自亲"，元帝慨然允诺。掖庭令到后宫查问，王昭君挺身而出，表示自愿前往匈奴。从而宣告了她的汉宫生活的结束。

单于入朝　昭君远嫁

战国以来，我国北方的匈奴是一个强大的游牧民族。从公元前206年汉高祖刘邦立国到昭君出塞的170多年间，汉匈之间的关系时弛时张。武帝即位（前140）以前，汉朝对匈奴的政策是和亲，因为那时国力较弱，和亲为的是换取北部边境的暂时安宁。武帝即位以后，由于国力充实，遂由和亲政策改变为战争政策，以防御性战争作为解除匈奴贵族入侵和威胁的手段。经过几次决定性战役，匈奴接连大败，到武帝末年，匈奴已疲惫至极。后来再经过本始三年（前71）汉与乌孙（游牧于今伊犁河上游的一个部族）的联合出击，匈奴再次惨败，属部也乘机起来向它进攻，于是"匈奴大虚弱，诸国羁属者皆瓦解，攻盗不能理。"[①] 从此，

---

① 《汉书·匈奴传》。

匈奴再也无力和汉朝对抗，时在昭君出塞前39年。

汉宣帝神爵二年(前60)以后，匈奴统治集团发生内讧，先有五单于争位，继有郅支单于与呼韩邪单于的对抗。呼韩邪在和郅支的斗争中失败，被迫由单于庭出走，因怕受到汉朝和郅支的夹攻，故争取主动，与汉联合。宣帝甘露三年(前51)南下，并亲自入汉觐见汉帝，随后留居今黄河河套北面塞下，由汉朝派兵护卫。这便扭转了自汉初以来150年汉匈两族间的敌对局面，建立了和平友好的关系。当时仍在漠北的郅支，初见呼韩邪投汉，深怕遭到呼韩邪与汉朝的联合进攻，所以也遣使入汉奉献(甘露三年及四年)并送侍子入朝，以表示友好。后见汉朝出兵粮资助呼韩邪，自度无力统一匈奴，乃向西部的伊犁河流域一带发展，不久为汉朝西域都护甘延寿及副校尉陈汤所杀。

郅支既诛，呼韩邪单于且喜且惧。喜者，郅支已诛，政敌消除，无复后患；惧者，以郅支作为一支牵制汉朝的力量既不存在，自己原先在汉与郅支之间举足轻重的地位也随之消失，而汉朝势大，己身孤弱，这种局面促使他只有进一步倒向汉朝才能确保安全。因此上书言："常愿谒见天子……今郅支已伏诛，愿入朝见。"①元帝竟宁元年(前33)正月，呼韩邪再入朝汉(这是他第三次入汉；第二次是在宣帝黄龙元年，即前49年)。汉朝对他的礼遇与赏赐一如既往。在朝见期间，呼韩邪自言愿为汉家婿，这就为昭君脱身汉宫出塞远嫁提供了历史契机。

王昭君虽然身居宫中，对于汉匈两族关系的消息，也有所耳闻。建昭四年(前35)春，元帝为庆祝诛灭郅支单于的胜

---

① 《汉书·匈奴传》。

利，大摆宴席，并将郅支图书展示给后宫贵人们看，以炫耀自己的武力。竟宁元年(前33)春，元帝为庆贺郅支伏诛和呼韩邪入朝而改元"竟宁"。透过这些轰动朝廷、震撼全国的大事，昭君对汉匈两族关系的利害得失，已有相当的认识，在思想上有了一定的感想和反应。当呼韩邪单于求亲时，她便慷慨应召，向掖庭令求行，自愿扮演一个"和平使者"的角色，肩负起了巩固和加强汉匈友好关系的重大使命。

在汉代的女子看来，出塞原是一件不寻常的事。高帝刘邦时，为了争取汉匈关系的和平，曾依刘(娄)敬的建议，打算把他的女儿长公主嫁给冒顿单于以和亲。吕后日夜哭泣说："妾唯太子、一女，奈何弃之匈奴！？"武帝时，为了联络乌孙共同抗击匈奴，曾把江都王刘建的女儿细君嫁给乌孙王昆莫。可是细君整日悲愁，自作歌曰："吾家嫁我兮天一方，远托异国兮乌孙王；穹庐为室兮毡为墙，以肉为食兮酪为浆；居常土思兮心内伤，愿为黄鹄兮归故乡。"①这种愁眉苦脸、唉声叹气的情绪和表现，反映了汉代一般贵族女子对远嫁异域的观感。

对于呼韩邪单于面乞和亲、愿为汉婿的举动，元帝觉得既然前代已有取宫室子女充作公主嫁与单于的先例，为羁縻已投降的呼韩邪，不妨从后宫中随便选择一个未曾召幸的女子嫁与他即可应付了事。他命令管理后宫的掖庭令传话："谁愿意到匈奴去，皇上就把她当公主看待。"多数宫女犹豫不决。掖庭令正为没人应征而焦急时，见识不凡且满腹愁怨的王昭君主动请行。元帝闻讯后，当即允诺。并吩咐臣下准备嫁妆，选择吉日，为呼韩邪单于和昭君送行。

在临行前举行的欢送仪式上，王昭君装束停当，到御座前

---

① 《汉书·西域传》。

辞行。元帝不见犹可,一见之下才发现昭君竟是一个芳容绝代的丽姝。只见她云鬓低翠,粉颊绯红,体态身材无不合度,那两道黛眉,浅颦微蹙,似乎含有嗔怨的模样。昭君容貌丰美,服饰靓丽,使汉宫为之增光生色;顾影徘徊,使左右臣僚为之肃然起敬。元帝这时很想把她留下来,但事已至此,无法挽回了。呼韩邪单于对昭君非常满意,欢欢喜喜地谢过元帝厚恩,便携带昭君踏上了归程。

宴会散后,元帝越想越悔,越想越生气,他回到宫中拿出宫女图来仔细一看,见昭君的画像仅画得两三分,而且是草草绘成,毫无生气。他传令查究画工,经有司审讯,毛延寿以欺君不道罪被处斩。

离开栖身数载的汉宫,王昭君随同呼韩邪一起,在汉朝和匈奴官员的护送下前往漠北。相传昭君出塞时,头戴红暖兜(即后人所称的"昭君套"),身穿红斗篷,骑着白马,怀抱琵琶。有的图画上则是昭君骑着骆驼在沙漠上行进。揆之情理,昭君出塞时,以坐车较之骑乘更接近事实。因为昭君平素深处宫中,何能骤然懂得骑马或骑骆驼?且从汉都长安至漠北的单于庭,千里迢迢,长途跋涉,所经沙漠地区,大多"黄云紫塞","掠地惊飙",何能像习惯于马上生活的匈奴人那样,可以长期"人不弛弓,马不解勒"地奔驰?再则,当时匈奴人已有毡车(时称"胡车"或"辎辎")。看来,著名词人秦观"汉宫选女适单于,明妃敛袂登毡车"的说法较为合理可信。

昭君出塞大致经过了汉朝的左冯翊(今陕西西安)、北地(今甘肃庆阳)、上郡(今陕西榆林)、西河(今内蒙古东胜)、朔方(今内蒙古杭锦旗)、五原(今内蒙古包头)等地。她坐在毡车上,欣赏着"天苍苍,野茫茫,风吹草低见牛羊"的塞外风光,心情无比激动,她像一只出笼的鸟儿,再度领略到了大自然的美景。望着愈来愈近的单于庭,一种悲喜交集的思绪涌上了她的心头。

忍辱负重　和解汉匈

到达匈奴中部的单于庭后,呼韩邪单于遂加封王昭君为"宁胡阏氏",言胡得之,部族得以安宁;匈奴称妻为阏氏(音烟支),即匈奴皇后。从此,王昭君肩负着民族友好的使命,开始了她的塞外生活。

俗话说"入境随俗",离开内地置身塞外的王昭君过上了住穹庐(即毡制帐幕)、披毡裘,食畜肉,饮乳酪的游牧生活。性格坚毅的王昭君慢慢习惯了匈奴族的生活方式,她一面向匈奴人学习,一面把汉朝的文化介绍给他们,因此匈奴人民都很喜爱她,尊敬她。

身为汉家女子,昭君有时也思恋故土,想念家乡的亲人,她曾写下了一首《怨旷思惟歌》(后人又称其为《昭君怨》),借以抒发心中的无限乡愁。全诗如下:

秋木萋萋,其叶萎黄。
有鸟处山,集于苞桑。
养育毛羽,形容生光。
既得升云,游倚曲房。
离宫绝旷,身体摧藏。
志念抑冘,不得颉颃。
虽得委食,心有徊偟。
我独伊何,改往变常。

翩翩之燕,远集西羌。

高山峨峨,河水泱泱。

父兮母兮,道里悠长。

呜呼哀哉! 忧心恻伤!

相传,昭君还写了一封信给元帝。信的内容如下:

"臣妾幸得备身禁脔,谓身依日月,死有余芳,而失意丹青,远窜异域。诚得捐躯报主,何敢自怜?独国家黜陟,移于贱工,南望汉阙,徒增怆结耳!有父有弟,唯陛下少怜之。"①

据说元帝得书后,大为动情,愁绪无聊,怏怏成疾,不久便病笃驾崩,享年44岁。他的儿子太子刘骜即位,是为成帝。

汉成帝建始二年(前31),亦即昭君与呼韩邪单于婚后的第三年,呼韩邪单于病死。他在位期间,第一次结束了汉匈两族间的敌对状态,改变了两族的紧张而不正常的关系,使之转入和平友好的关系,开创了汉匈两族团结合作的新局面。同时他还打破了旧传统,开了我国北部地方政权接受汉朝中央领导的先河,促成了塞北与中原的统一。在经济文化方面,汉匈关系的和平友好,关市畅通,不受或少受限制,两族人民的互市和接触可以获得较多的机会,匈奴人可从汉人手中获得较多的生产用品和生活用品,汉族文化可以较多地传入匈奴,从而使匈奴人的社会生产力和日常生活都较前迅速地提高;同时匈奴的文化也迅速传播到中原,丰富了祖国的文化宝库。呼韩邪单于在汉朝支持下,结束了匈奴20余年以来的分裂状态,统一和安定了匈奴政治的混乱局面,这就为匈奴恢复社会生产和增

---

① 《汉书·西域传》。

长人口提供了前提条件。呼韩邪单于的治绩表明了他是匈奴族的一位杰出首领，他的成就与昭君的努力也是分不开的。

昭君与呼韩邪成婚后一年多便生下了一个儿子，取名叫做伊屠知牙师。呼韩邪死后，大阏氏所生的雕陶莫皋继立，号复株累单于。此时王昭君上书汉成帝要求归汉，汉成帝为表示汉朝尊重匈奴的风俗习惯，珍惜汉匈之间的友谊，敕令王昭君"从胡俗"。因为当时的匈奴仍保留着原始婚姻制度的遗风，有"父死妻其后母(不是生母)"的习俗。在匈奴人的观念中，嫁入本氏族的女子，不仅是属于夫家，同时也属于夫家的氏族。夫死之后，妻不得出外，仍需约束在本氏族之中。因此，除生母外，都由儿子或兄弟继承她们的婚姻关系，使她们不能脱离夫家的氏族共同体。这种风俗，比之汉人的伦理规范，就在当时的历史条件下，也是一种落后的现象，是悖逆情理的。但接到成帝的敕令后，深明大义的王昭君体会到汉朝的旨意，打消了归汉的念头，以大局为重，忍受了"子蒸其母"（虽然不是亲子)的委屈，再嫁给了复株累单于雕陶莫皋。

此后，昭君又生了两个女儿，长女名云，后嫁给右骨都侯须卜当，称须卜居次（即须卜公主）；小女嫁给当于氏，故称当于居次。昭君的儿子伊屠知牙师做了匈奴的右日逐王。

随着时光的流逝，历尽艰辛的王昭君病死在匈奴。至于她死于何年何地，史书上没有记载。昭君虽然死了，她的业绩，她的英名，却深深地铭刻在汉匈两族人民的心中。

昭君死后，她的女儿须卜居次仍秉承母志，继续为汉匈两族的和睦而努力奔走。平帝时，单于曾遣须卜居次归汉，入侍太后。王莽执政以后，由于他采取了贬改"匈奴单于印"为"匈奴单于章"，拟大分匈奴为15单于及妄斩匈奴侍子登等错误政策，使得汉匈关系日趋紧张。发展到始建国三年(11)以后，匈奴单于便发左右部兵马进扰北方地区，王莽也动员30万众准备反击，双方剑拔弩张，战争一触即发。这时，须卜居次和她的丈夫须卜当二人挺身而出，居中斡旋，设法弥合。史载始建国五年(13)，乌珠留单于死，须卜当夫妇想与汉和亲，又素与乌珠留之弟咸友好，便拥立咸为乌累若鞮单于。随后便劝他与汉和亲。天凤元年(14)，须卜居次和须卜当派人到西河塞(在今内蒙古准格尔旗)下求见和亲侯王歙。王莽因命王歙及歙弟王飒(歙、飒俱为昭君之兄子)使匈奴，祝贺单于初立，并赐黄金、衣被、缯帛。在须卜居次与须卜当的斡旋及单于的努力下，汉匈关系复呈现出一线光明。但因此后王莽再次欺诈单于，和亲遂绝。须卜居次和须卜当对汉匈关系的弥合虽然没有成功，但也尽了最大努力。当时，汉匈双方交涉，大多是通过昭君的家庭关系来进行的。由此可见昭君在汉匈关系中的突出地位及其深远影响。

巾帼女英　流芳青冢

在旧时代，特别是我国漫长的封建社会，妇女一向处于社会的最底层。社会制度的压抑，封建礼教的桎梏，习惯势力的羁绊，致使她们的才智得不到正常或充分的施展，即使偶然崭露头角，也难免要遭到非议、指责、歧视，甚至迫害。在那压抑、禁锢女子的社会里，即使智慧非凡、才华横溢的才女，在某方面做出卓然不群的成就，也难于得到当时社会的承认，受到应有的支持。所谓"女子无才便是德"，女子想要有所作为，确实不是一件容易的事。然而，尽管如此，仍有些寥若星辰似的女英，在历史的长河中闪射出了特别耀眼的光芒。王昭君就是这样一个人物。据有人统计,以昭君出塞为题材的诗词之作,流传至今的达 770 多首,视其为民族屈辱的象征者有之,"借古人酒杯,浇自己块垒"伤时不遇者有之,据史实歌咏赞唱,称昭君为巾帼英雄者也不乏其人。

王昭君以一个良家女子被选入宫,为了个人出路,也为了汉匈两族的团结友好,自愿充当汉族的"和亲使者",远嫁到塞北的匈奴,肩负起朝廷交给她的巩固和发展汉匈两族团结友好关系的重大使命。为了完成这一使命,她不仅在匈奴安心生活,而且不惜忍受一定的委屈,在汉匈两族关系史上写下了光辉的一页。她的出塞是一件富有历史意义的大事。她是一个不平凡的女子。

后人为纪念王昭君,在内蒙古地区修建了十几个昭君墓。因为昭君出塞既象征汉匈两族的和平友好,而事实上也带来了北方边境两族人民的安居乐业、牛马旺盛的太平景象,因此,北边一带的人民,都愿意把昭君这个和平友好的象征跟自己的本乡联系在一起,更愿意把自己的家乡变成昭君的故乡。昭君墓成了人们纪念昭君的产物。最闻名的昭君墓位于今内蒙古呼和浩特市南郊的大黑河南,蒙古语称其为"特木儿乌儿虎"。该墓占地面积约 20 多亩,高约十丈,是一座人工夯筑的大土丘。大黑河一带地势平坦,故墓身显得巍峨高耸,姿态雄伟。远远望去,在一片翠绿丛林的衬托下,青色与黑黄色互相交错掩映,形成古人所谓"黛色朦胧,若泼浓墨"的景象。

昭君墓,有些史书称它为"青冢"。据说过去每年到了"凉秋九月,塞外草衰"的时候,各处青草都已枯黄,惟独昭君墓上的草仍保持青色。因此,历代诗人常有"谁似青冢年年青"、"至今冢上青草多"、"宿草青青没断碑"等诗句。元人张翥的《昭君怨》最为典型,其词曰:"队队毡车细马,簇拥阏氏如画。却胜汉宫人，闭长门。看取蛾眉妒宠，身后谁如遗冢？千载草青青，有芳名。""青冢"的传说，充满了人们对昭君的思念与赞美之情，昭君的形象似那永不衰枯的青草将永远留在人们的心中，昭君的芳名也像那翠绿的青草一样流芳千古。

(220 – 280)

东汉末年,形成的魏、蜀、吴三国并存的时期,历史上称之为三国。本书收录了魏国的两位皇帝的 3 位皇后,并附有 1 名皇太后和 1 名皇妃;蜀国的 1 位皇后;吴国的 4 位皇帝的 4 位皇后,并附有 1 位皇妃和 1 位皇太后。

魏

三国/魏

文帝曹丕皇后郭氏

◎ 李炳泉

郭皇后，安平广宗（今河北安平附近）人，生于东汉灵帝中平元年（184）三月。她的祖上世世为官，父亲郭永官至南郡太守。母亲董氏共生有三男二女，他们依次是长子郭浮、次女郭昱、三女郭后、四子郭都、五子郭成。据说郭皇后幼年时就与众不同，父亲对她的所作所为也感到惊异，高兴地称赞她说："这是我的女中王啊！"于是就以女王为字，至于她的名叫什么，史书没有记载下来，我们就不得而知了。

郭皇后出生的那一年，黄巾农民起义刚刚爆发。郭后的老家正是黄巾军与东汉王朝董卓、皇甫嵩率领的官军作战的主战场。在战乱中，郭后的父母和哥哥、弟弟都死去了。年龄幼小的郭后无依无靠，颠沛流离，遂沦为铜鞮侯家的奴婢。曹操当了魏公后，郭氏被曹丕纳为宫人。

郭皇后不仅美丽动人，而且足智多谋。她在曹丕的宫中地位虽不高，但很受曹丕的器重，曹丕后被曹操立为嗣子，多亏了郭后为他出谋划策。建安二十五年(220)，曹操去世，曹丕继承了父亲魏王的称号和丞相的职位。郭氏被提升为夫人。同年十一月，曹丕登基做了皇帝，郭后也由夫人升为贵嫔。

曹魏的后宫初期制度规定：皇后地位最高，以下依次是贵嫔、夫人、淑媛、昭仪、修容、婕妤、容华、美人、良人。皇后的位置是令人羡慕的，后宫中，有哪一位不朝思暮想得到它呢？郭氏已身居贵嫔的位置，只有一步之遥就可坐在皇后的宝座上。但奇怪的是曹丕并不急于册封皇后，这使郭氏伤透了脑筋。当时，曹丕的妻子有名或有姓的至少有六位，她们是郭氏、甄洛、李夫人、阴夫人及汉献帝刘协的两个女儿。郭氏明白，能和她争夺皇后位置的只有甄洛。甄洛美丽动人，很有文才，这些都是郭后比不上的。但郭后自信自己有智有谋，帮助曹丕争夺了嗣子的位置，这对曹丕来说可是一大功劳，要不曹丕怎么会在很短的时间内册封自己为贵嫔呢？这时，郭氏与曹丕一起来到了洛阳，而甄洛却在邺城。俗话说，见面三分情。郭氏就利用这一机会离间曹丕与甄洛的关系；而甄洛远在邺城，无论郭氏对曹丕说她什么坏话，她也没有分辩的机会了。郭氏的种种努力终于奏效，曹丕开始冷落甄洛。郭氏看到曹丕对甄洛已经恩绝，终于提出要赐死甄洛，以便为自己登上皇后位置扫清道路。不久，曹丕果然赐死了甄洛。

黄初元年(220)，曹丕终于提出要册封郭氏为皇后，但遭到了一些大臣的反对。其中一位叫栈潜的朝臣上书曹丕说："古代帝王治理天下，不仅有得力的大臣辅佐，而且还有贤淑的皇后帮助，国家的治乱往往与皇后的好坏有关。夏桀亡奔南巢而死，祸由宠妃妹喜；商纣实行炮烙之刑，为的是讨宠妃妲己的欢心。因此，圣明的皇帝都对册封皇后的事特别慎重，一定要选取名门大族的贤良女子来统辖六宫。现在宫中受皇帝宠爱的人，地位仅次于帝王。如果因为皇帝宠爱而册封她为皇后，就会使那些低贱的人突然富贵。我担心后世贵贱无序，祸乱会因此而生。"郭氏听到这一消息，如同从头浇了一瓢冷水，凉透了。但她转念一想，既然曹丕要册封自己，别人的反对终究是没用的，但一定要做出一种姿态让这些大臣们看看，自己也有贤良的品德。于是，她也上书皇帝曹丕，说："我的确没有娥皇、女英那样的节操；也没有齐女姜氏、任氏那样的品德，不宜充当皇后的大任。"郭氏的这一番表现，使曹丕非常高兴，终于不顾大臣们的反对，立郭氏为皇后。

郭皇后也深知自己取得皇后位置的不易，所以处处留心，对娘家人的管束也特别严厉。由于她的亲哥哥郭浮、弟弟郭都和郭成早亡，就把从兄郭表立为父亲郭永的嗣子。黄初六年(225)，魏文帝亲征东吴，郭皇后留在谯宫，郭表留下来负责保卫皇后的安全。郭表想截断河流捕鱼，郭后严厉地训斥说："应当让河水为漕运服务，怎么可以截断呢?况且现在木材奇缺，连造车都不够，怎么能拿来阻水捕鱼呢?"阻止了郭表阻水捕鱼的行动。郭昱的儿子孟武仗着姨母郭后的势力，回到乡里后，想娶个小老婆。郭后知道后，坚决地制止了他的这一做法。她还下敕书给亲戚说："当今妇女少，应当让她们匹配给那些征战的将士。你们应当自重，不要娶她们做妾。如果有谁不听话，一定要给以处罚。"郭后的这些做法，对曹丕平定东吴的事业是有利的。

黄初五年(224)，魏文帝亲御龙舟，到了广陵(今江苏扬州东北)，想一举平定东吴。郭皇后留在许昌永始台。这时暴雨不停，洪水将城墙楼阁等建筑冲塌不少，永始台也很危险，有关官员上奏郭皇后请求她离开这里。郭皇后对他们说："古代楚昭王出游在外，妻子贞姜留在渐台。那时也正好赶上暴雨天气，江水猛涨，向渐台涌来。迎她转移的侍者忘记了带楚昭王的符，因此她坚决不离去，最后被大水淹没了。现在皇帝远征东吴，根本不可能知道这里的情况，加上还没有遇到那样的大水，我怎么好离开呢？"最后一直等到曹丕返回才离开。

郭皇后生活节俭，反对铺张浪费。她的姐姐郭昱死后，孟武想厚葬母亲，并想盖一个富丽堂皇的大祠堂。郭后知道后，坚决制止，并对孟武说："自从汉末以来，挖坟盗墓的事特别多，都是由于厚葬的缘故啊！"

黄初七年(226)，曹丕去世，儿子曹叡即位，即魏明帝，尊郭皇后为皇太后。曹叡是甄洛的亲生儿子，自小聪明伶俐，曹丕一直很爱他。由于郭皇后没有生过一个儿子，甄洛死后就由郭后带养他。当曹叡知道自己母亲甄洛之死与郭皇后有关时，便多次哭着追问母亲的死因，郭后说："你母亲是先帝自己要杀死的，你为什么来质问我呢？你难道还要追查父亲的事，并且为了你生母而要冤杀你的后母吗？"青龙三年(235)春天，郭皇后终于因明帝曹叡所逼，在许昌自杀而死。明帝为了报生母之仇，命殡葬郭后如甄洛一样。入殓时，郭后乱发撒面，口里塞糠。这年四月，葬于首阳陵西。

附：文帝曹丕皇太后卞氏

◎ 李炳泉

文帝曹丕的父亲曹操，是千百年来为广大人民所熟悉的历史人物，而他的妻子卞氏却鲜为人知。其实卞氏虽不能与中国历史上那些杰出的皇后相提并论，但也是一位值得称道的妇女。

卞氏于东汉延熹三年（161）一月出生在齐郡白亭。父亲卞远是琅玡开阳（今山东临沂北）人。卞氏天生丽质，聪明过人，很有艺术天才，但由于家庭地位低贱，做过当时被人瞧不起的歌舞艺人。东汉光和二年（179），曹操在老家谯县（今安徽亳县）纳卞氏为妾，这年曹操25岁，卞氏20岁。不久，卞氏随曹操来到洛阳，开始了新的生活。卞氏是一位很有政治头脑的妇女。中平六年(189)，凉州(今甘肃)军阀董卓带兵进入洛阳，迫使14岁的汉少帝刘辩解下玺绶，另立新君，就是东汉王朝的最后一个皇帝汉献帝刘协。接着，董卓封自己做相国，实际上掌握了东汉王朝的政权。当时曹操任典军校尉。董卓看到曹操很有才干，就想拉拢曹操，保举曹操升做骁骑校尉。曹操因为见到董卓的种种罪行，觉得他成不了大气候，最终一定要失败，因此他不去就任，而是进行了一番化装，改名换姓，和几个随从人员从小道逃出了洛阳。曹操任洛阳北部尉时，老家的不少亲朋好友也跟着来到洛阳，指望依靠他出人头地。当他们知道曹操已经逃走后，纷纷向卞氏提出要回老家。当时身为小妾的卞氏也不知此事，但她十分镇静，耐心地对他们说："曹君现在的情况如何，我们还不知道，如果现在大家都返回老家，当曹君忽然回来，我们有什么脸面再见他呢？如果他出了大祸，我们死在一起又有什么了不起的呢？"众人听了卞氏的一番劝导，认为有道理，终于都留下来了。

　　曹操逃出洛阳后，在陈留郡的已吾(今河南宁陵西南)，招募了5000人，在初平元年(190)参加了讨伐董卓的联军。当曹操得知留在洛阳的卞氏劝留部下一事后，很为自己有这样一位有主见的小妾而感到高兴。

　　卞氏还是一位心地善良、通情达理的女性。曹操有很多妻妾，结发之妻是丁夫人，另外还有刘夫人、环夫人、杜夫人、尹夫人、王昭仪、孙姬、李姬、宋姬、赵姬等等。卞氏和她们相处得都很好。丁夫人没有子女，就把曹操长子——早亡的刘夫人的儿子曹昂当作亲生的儿子抚养。曹昂后来随曹操南征，为搭救曹操，被张绣乱军射死。丁夫人怨恨曹操不思念儿子，经常数落、哭骂。曹操忍无可忍，把丁夫人送回娘家，准备等她平静一段之后再接回来。但丁夫人脾气执拗，下决心不回曹家。曹操也没有办法，只好把她废掉，立卞氏为继室。

卞氏为妾时，丁夫人对她并不好。但卞氏做了继室后，不念旧恶，对被废掉的丁夫人仍然很好。丁夫人被废后回到许城（今河南许县）娘家。卞氏常常借曹操出征之际，派人给丁夫人送些东西，有时甚至还把她迎来，自己仍以小妾的身份侍奉她。卞氏这种谦虚的态度，使得丁夫人也不好意思起来，难为情地对卞皇后说："我是曹君废掉的人，你怎么能以这样的礼节对待我呢？"丁夫人死后，在卞氏的一再请求下，曹操在许城隆重地安葬了丁夫人。

曹操的一群妻妾共生有25个儿子，其中卞氏生有4个，他们依次是曹丕、曹彰、曹植、曹熊。卞氏不仅把自己亲生的儿子都抚养成人，而且还尽心尽意地抚养曹操其他失去母亲的孩子。曹操的20多个儿子，除早亡的外，多有文才武略，这固然与曹操的影响分不开，但其中也倾注了卞氏的不少心血。

建安二十一年（216），曹操进爵魏王，并开始选择继承人。封建宗法制度规定：妻生的儿子称嫡子，妾生的儿子为庶子。嫡子是正统而庶子是旁支。刘夫人的亲生儿子曹昂既死，被立为继室的卞氏的4个儿子就在诸子中居于最高的地位了。封建继承权的排列顺序是嫡长子、嫡次子、庶长子、庶次子，所以，最有资格继承曹操爵位、财产的自然要数曹丕了。建安二十二年（217）十一月，曹丕被立为世子。这时，前来向卞氏表示祝贺的朝臣络绎不绝。有些朝臣还对卞氏说："您的儿子曹丕被立为世子，天下的人没有不高兴的，你们该用国库中的东西重重赏赐他。"卞皇后听了没有露出一丝喜悦之色，而是平静地对他们说："魏王认为曹丕年龄在诸子中最大，所以立他为世子。我只求魏王不要责怪我没有很好地教导儿子就很感荣幸了,还有什么理由要给他重赏呢!"曹操得知此事后非常感动,联想到她跟随自己多年的一贯表现,叹服道:"愤怒不改容,喜乐不失节操,这是多么难得的啊!"曹操认为卞氏有母仪之德,于建安二十四年(219)七月,正式立她为王后。

延康元年(220)曹操病死。曹丕袭位为魏王,尊卞氏为王太后。同年10月,曹丕代汉称帝,国号魏,这就是魏文帝。卞氏被尊为皇太后。黄初七年(226),魏文帝曹丕死,皇太子曹叡继位,是为魏明帝,卞氏又被尊为太皇太后。

卞太后是一位朴实无华的妇女,她在宫中带头提倡节俭朴素的风气。她自己平日喜欢穿粗帛衣服,没有一件高档服装;她居住的房间从不摆设文绣珠玉,都是清一色的黑漆木制家具。曹操生前也觉得卞氏过于节俭。一次,曹操得到了几对名贵的耳环,就让卞氏挑选一对戴上,她只选了一对中等成色的。曹操问为啥,卞氏十分认真地回答说:"如果我选最好的,那就是贪了;如果选不好的,那是虚伪。因此,我就选一对中等成色的就行了。"魏国刚刚建立时,内外用费很多,国家财力不足。卞太后不仅把自己珍藏的金银器物全部送交国库,而且还主动降低自己的伙食标准,以便为国家节省开节。她不仅对自己这样要求,对娘家人要求也十分严格。她的弟弟卞秉早年跟从曹操南征北战,很有功劳,被提升为别部司马,封为都乡侯。后来,又被提升为昭烈将军,晋封为开阳侯。为此,魏文帝曹丕专门为卞秉建府第。当府第落成时,卞太后前去祝贺,并邀请亲朋一起会聚。卞太后特意嘱咐卞秉会餐的标准不要太高了。在吃饭时,卞太后和她的随从吃的是粗米饭和蔬菜,没有酒和鱼肉。她还经常对娘家人说:"我跟随武皇帝40多年,一直很节俭,以后也不会奢侈。你们也应该像我这样做,不要指望我给你们什么特别的赏赐。"

卞太后一生辛劳，特别是在曹操南征北战的日子里，除了生病或其他特殊情况，她总是随军奔波，帮助抚慰百姓，稳定军心，为曹操取得一次次战争的胜利做出了重要贡献。魏国建立后，她不干预朝政，安度晚年。

太和四年(230)七月，卞太后病逝。八月，与曹操合葬于高陵。

附：文帝曹丕妃甄洛

◎ 李炳泉

少年早慧

自古燕赵出美女。东汉末年，中山郡无极县又出了一个倾国倾城的美女，她姓甄名洛。

甄洛，于光和五年(182)出生在一个官宦家庭。父亲甄逸曾做过上蔡县令，是汉朝宰相甄邯的后代。母亲张氏，共生有三男五女。三男的顺序是甄豫、甄俨、甄尧；五女依次是甄姜、甄脱、甄道、甄荣、甄洛。

甄洛是甄家最小的女儿，自然被视为掌上明珠，格外珍爱。小甄洛刚出生不久，每天除了睡觉，就是哭哭闹闹，四肢乱动，甚至把被子蹬掉。可家人却常常仿佛看到有人持玉衣盖在她的身上，于是惊奇不已。但非常不幸，甄洛3岁时，父亲就去世了。小甄洛究竟要给甄家带来福还是祸，全家都拿不准，于是特意邀请了一位叫刘良的相面先生来家看相。刘良看了其他的人都默不作声，等看到甄洛时，不禁连连咋舌说："这个女孩贵不可言。"

小甄洛的确与其他小女孩有些不同。8岁时，本该是在外蹦蹦跳跳，回家撒娇的年龄。一天，门外锣鼓喧天地在耍马戏，姐姐们都兴高采烈地登上阁楼观看，惟独她没有去凑热闹。事后，姐姐们大感不解地问她为啥，她回答说："这种出头露面之事，哪是我们女孩子所能干的？"姐姐们个个点头，认为她说的有道理。小甄洛看到哥哥们坐在书房读书，很是羡慕。9岁那年，她经常乘兄长们不在书房的时候，借用他们的文房四宝——笔墨纸砚，用来写字和作文。这件事后来被哥哥们发现了，都责怪她说："女孩子家，学刺绣做女红不好吗？"但甄洛却一本正经地回答说："古代的贤女，哪一个不是从古书中学习做人的道理呢？我不读书，怎么行呢？"这样的话出自一个9岁女孩子之口，使哥哥们大为惊讶，都佩服她了不起。此后，哥哥们不再责怪她，都来教她读书写字和作文章。小甄洛的确聪明，不久就可以写一手好字，还能赋一些好诗。特别是那些儒家经典，还教给了她一些做人的道理。

东汉末年，战火连绵，天下大乱。董卓胁迫汉献帝迁都长安，焚烧洛阳宫殿，致使洛阳城二百里内居室荡平，人迹灭绝，数百万人流离失所。

甄家在当时也说得上是富豪，家里的粮食很多，于是就用粮食换取金银珠宝。当时，甄洛才10岁。她对母亲张氏说："现在不是太平盛世，兵慌马乱，社会秩序已无法稳定。那些饥民一天天在增多，他们是无罪的呀！可是那些有钱人却借机收购他们的财宝，真是罪过啊！我们如果这样搞，一定会引起民愤，这对我们有什么利呢？依女儿之见，不如动用我们仓库里的粮食救济给亲戚、朋友及左邻右舍，对他们施恩行惠。这样一旦有变，灾难也不会降到我们家了。"张氏听了她的一番高论，大梦初醒，欣然采纳了她的意见。

甄洛也很不幸，继父亲甄逸死了之后，大哥甄预也不幸早亡。14岁那年，二哥甄俨也死去了。二哥曾举孝廉，一直在外做官，是甄家的顶梁柱。他的死对于甄家是个打击，甄洛尤其感到难过。甄俨留下一妻一子。甄洛的母亲张氏待人很严厉，并不因为二儿子的去世对二儿媳有什么宽容的地方。甄洛深感母亲对二嫂太苛刻，就劝母亲说："我二哥不幸死去，可怜的嫂子年纪这么轻就守寡，而且还得拉扯一个小孩，这是多么不容易啊！从大义而言，您对她应该比二哥活着的时候更好，爱她像自己的亲闺女一样才对。"母亲听了甄洛的话，十分感动，从此对二媳妇的态度有了明显的好转。为了抚养好小侄，甄洛还主动请求母亲，要和二嫂同住，以便照顾。她对嫂子非常尊敬，帮助嫂子排忧解难。嫂子对甄洛的所作所为非常感激，逢人便夸自己有一个好妹妹，使甄洛这位美女的贤淑品德传遍乡里。

初 嫁 袁 熙

董卓之乱后,地方上的各个割据势力又开始了大混战。在北方,除了曹操的政治、军事力量在不断壮大外,还有一支力量强大的势力,这就是占据冀州(今河北中、南部)、青州(今山东东北部)、幽州(今河北北部)和并州(今山西)的袁绍。双方严阵以待,准备一决雌雄。

袁绍是汝南汝阳(今河南商水西南)人,出身于一个四世三公的大官僚家庭。他有三个儿子,老大袁谭、老二袁熙、老三袁尚。袁绍听说自己治下有一位名叫甄洛的美貌贤淑的女子,马上派人为他的二儿子袁熙求亲。以袁家的权势,甄家怎敢不依,很快就把甄洛嫁给了袁熙。

袁绍看中了小儿子袁尚做他的继承人,将袁熙派往幽州做刺史。袁熙既然不能成为继承人,便离开新婚不久的妻子甄洛去幽州上任。临行那天,甄洛依依不舍地将丈夫送出邺城。袁熙走后,甄洛日夜陪伴着刘氏夫人,送茶送饭,尽心尽力。

再 嫁 曹 丕

建安九年(204),曹操率军战败了袁尚,顺利地进入邺城,袁氏官邸及袁氏父子的妻妾等统统成了曹家的战利品。刚刚入城,曹操的次子曹丕便手提利剑闯进了袁氏官邸,要在这里寻求他想得到的一切。

甄洛在袁熙到幽州上任后,心里一直闷闷不乐;后来袁尚、袁谭弟兄二人的兵戎相见，更使她忧心如焚；当听到曹军攻进城内的消息后，她可以说是万念俱灰，只等一死了。当曹丕闯进她的房间时，她吓得浑身发抖。曹丕指着甄洛问刘氏夫人道："这位少妇是谁？"刘氏结结巴巴地回答："是袁熙媳妇。"曹丕听说这就是那位美女甄洛，急不可耐地对刘氏命令道："让她抬起头来。"这句话既轻浮又傲慢，不像是对贵夫人，而像是对奴婢说的。刘氏夫人心里虽觉不是滋味，但怎敢怠慢，赶紧把甄洛的头捧起来，让曹丕仔细欣赏。曹丕撩起甄洛的秀发，为她拭去眼泪，但见一张鹅蛋脸上嵌着两只乌黑的大眼睛；两道弯弯细长的眉毛纯净得犹如人工画就一般；鼻子秀挺而细巧；一张小嘴轮廓分明；皮肤白皙光洁；再配上她那满头秀发，真是妩媚动人。曹丕一生中还没见过如此美丽的女子，连连称赞："好一个天仙般美丽的女子。"曹丕神魂颠倒地端详了半天，说了些安慰的话，依依不舍地起身告辞。等曹丕一走，刘氏夫人立刻松了一口气，对甄洛说："放心吧，我们不会死了。"

　　曹操对甄洛的才貌早有耳闻，有纳她为妾的想法也不是一天两天了。甄洛嫁给袁熙后，曹操曾叹息道："可惜美貌的甄逸女，却嫁给了懦弱的袁熙。"当他带兵进入邺城后，立即命令部下快把甄洛召来。可他的部下却回答："曹丕已经去了。"曹操听了之后，愤愤地说："我这次攻打邺城正是为了这个女子。"言下大有不满曹丕手快之意。可既然曹丕已抢先一步，做父亲的总不能和儿子争夺一个女子吧?!于是，就把甄洛迎接过来，赐给曹丕为妻。

　　曹丕是曹操的次子，是个文武兼备的人才。他爱甄洛的美貌，更爱她的文才，因此，每当邀请诗友们饮宴赋诗之时，他总要让甄洛参加。甄洛也没有辜负曹丕对她的宠爱，过门没几年就给曹丕生下个胖儿子,这就是后来的魏明帝曹叡。接着还生了一位千金,我们不知道她的名字,只知道后来被封为东卿公主。

见 机 邀 宠

甄洛嫁给曹丕后,很受宠爱。但她明白,自己不仅是曹家仇人的媳妇,而且还是再嫁之妇,因此一开始并不敢专宠。每当与曹丕在一起的时候,她便对曹丕说:"古代皇帝有众多的妻妾,也生下了众多的子孙,因此才保证了帝业的长久不衰。我希望您要广求贤惠的女子,以便生育更多的继承您事业的人。"曹丕听了这话当然高兴,因此,更加宠爱她。后来,曹丕把任氏夫人废掉。甄洛向曹丕求情道:"任氏不仅是名门望族之女,而且贤惠漂亮。这些都是我远远不及的。您为什么要废掉她呢?"曹丕对她说:"任氏心胸狭窄,性情暴躁,没有半点温顺劲,况且十分怨恨我。因此,我必须废掉她。"甄洛流着眼泪恳求说:"我很受您的宠爱,这是众人都知道的。一旦任夫人被废,人们都会以为是我从中挑拨。我不仅要担私心重的名声,而且还会担专宠的罪名。因此,我希望您不要这样做。"曹丕没有听从甄洛的劝告,终于把任氏废掉了。

甄洛聪明过人,工于心计。她虽口头上说不想专宠,但实际上无时不在与曹丕的其他妻妾们争宠。她知道,随着岁月的流逝,光靠自己的姿色越来越不能与曹丕的其他妻妾竞争,于是百般求取曹丕母亲卞氏夫人的欢心,寻找强硬的后台。

建安十六年(211)七月,曹操随军西征,进击韩遂、马超,卞氏夫人随行。曹丕于该年正月被任命为五官中郎将并做了副丞相，这时留下来镇守邺城。当然，甄洛也留在了邺城。不料，卞氏夫人中途得病，只得在孟津休养。甄洛听到这一消息，认为这是讨取卞夫人欢心的好机会，于是便要求前往孟津，亲自照料婆婆。邺城离孟津有好几百里远，中间又隔着一条黄河，在当时军情紧急的情况下，曹丕自然不让她去。但甄洛因自己不能看望并侍奉卞氏，急得日夜哭泣。曹丕既急于知道前线的战况，又为母亲的病体担忧，于是频频派探报传递消息。探报回来后，说卞夫人已经痊愈。甄洛就是不相信，说："夫人在家，身体偶尔不舒服，也要拖一段时间。这次刚害病就痊愈，哪能这么快！你们不过怕我过度担心，想以此安慰我罢了。"直到后来卞夫人回信，说病体确已痊愈，她这才转悲为喜。第二年(建安十七年)，曹操在大破韩、马后，班师回邺城。甄洛听到这一消息，急忙跟着曹丕出城迎接。当卞夫人的轿子在远处出现的时候，甄洛早已泪流满面，高兴不已了。她的孝心使左右的人都深受感动。卞夫人走下轿来，被感动得流下了眼泪，对甄洛说："你说我这次害病一定和从前一样，需要很长时间才能痊愈。其实，这次只不过是一次小病，十多天就好了。不信你看我的脸色。"接着，她拉着甄洛的手对左右的人说："她可真是个孝顺的媳妇！"

建安二十一年(216)，曹操再次率大军南下，进击孙权。卞夫人、曹丕及甄洛生的一儿一女随行。偏偏这时甄洛患病在身，不能随行前往，只得独自留在邺城。次年(建安二十二年)九月，大军班师。甄洛得知这一消息后，出城迎接。卞夫人看见甄洛又白又嫩，容光焕发，和离开时判若两人，于是惊异地问："你与儿女分离了这么长时间，难道不思念他们吗？你的脸色比我们离开时好多了。这是为什么？"甄洛微微一笑说："他们俩随着奶奶，我还有什么可担心的呢？"卞夫人听了这话,心里别提多舒服了。

失 宠 致 死

建安二十五年(220),曹操病逝,同年十月,曹丕代汉自立,国号叫"魏",改年号为"黄初",都城设在洛阳。十二月,曹丕回到了洛阳,居住北宫,在建始殿里接受群臣朝见。而这一年,甄洛却远离曹丕,一直呆在数百里外的邺城。

曹丕登基做了皇帝,接下来就是要册封皇后了。郭贵嫔不仅比甄洛更年轻漂亮,而且更有智慧,因此更受曹丕的宠爱,自然被立为皇后。甄洛虽然得到过曹丕的恩宠,也给婆婆卞氏留下了好印象,但此非彼时,郭夫人早已取代了她在曹丕心目中的位置。由于郭皇后利用和曹丕在一起的机会,挑拨曹丕与甄洛之间的关系,使甄洛处于被动地位。甄洛心中不满,但无可奈何,终于形诸笔墨,写下了她那惟一传世的作品《塘上行》。在这首五言诗中,表露了她悲凉伤感的心境。诗中写道:

蒲生我池中,其叶何离离!
傍能行仁义,莫若妾自知。
众口铄黄金,使君生别离。
念君去我时,独愁常苦悲。
想见君颜色,感结伤心脾。
念君常苦悲,夜夜不能寐。
莫以豪贤故,弃捐素所爱。

莫以鱼肉贱，弃捐葱与薤。

莫以麻枲贱，弃捐菅与蒯。

出亦复苦愁，入亦复苦愁。

边地多悲风，树木何修修。

从君致独乐，延年寿千秋。

曹丕听说甄洛对自己有怨言，不禁大怒，决定将她赐死。

黄初二年（221）六月的一天，天空中乌云翻滚，大雨来临前的低气压使得人们喘不过气来。甄洛呆在邺城的曹氏旧宫中，更是烦躁不安。突然，一群不速之客闯了进来，为首的宣读了曹丕赐她死的诏书。甄洛被这突如其来的诏书吓得面无人色，绝望地端起了曹丕赐给她的毒酒，一饮而尽，随之倒在地上。甄洛死后，被就地安葬在邺城。情敌郭皇后怕她死后向阎罗王控告，又下令在安葬时把她的尸体予以特别处理，头发披到脸上，用糠塞住她的口，教她的灵魂无法见人，又有口难言。

黄初七年（226）五月，魏文帝曹丕死去，皇太子曹叡继位，是为魏明帝，追谥生母甄洛为文明皇后，并立寝庙祭祀。

明帝曹叡皇后毛氏

◎ 李炳泉

毛氏是魏明帝曹叡的皇后,河内(今河南武涉西南)人,生年不详。

曹叡是曹丕和甄洛生的儿子,黄初七年(226)被立为太子,毛氏被选为妃子,进入太子宫中。

毛氏天生丽质,美貌动人,一进宫就受到了曹叡的宠爱。她和曹叡终日厮守在一起,甚至曹叡外出她也要坐在一辆车子上。黄初七年(226)五月,魏文帝曹丕死,曹叡即皇帝位,毛皇后被立为贵嫔;次年(太和元年),又被立为皇后。

在毛皇后被选为太子妃之前,曹叡曾纳虞氏为妃。当了皇帝后，虞妃却没有被立为皇后，因此十分气恼。当时曹叡的祖母太皇太后卞氏还健在，就去劝慰虞氏。虞氏指着卞氏的鼻子说："你们曹家就喜欢立地位低贱的人为皇后，根本不合乎立后的常规。皇帝掌管天下事，皇后负责后宫事，二者是相辅相成的。既然没有开个好头，其后果可想而知，我怕曹家的天下会因此而亡了。"卞氏听了，知道无法劝说，就告诉了曹叡。曹叡听后大怒，立即把虞氏赶回邺宫。

虞氏虽然被打入冷宫，但她指责皇后家地位不高却是事实。毛后的父亲毛嘉原是一个车工，地位很低贱。为了提高外戚的社会地位，曹叡拜毛嘉为骑都尉，拜毛皇后的弟弟毛曾为郎中；后来又拜毛嘉为奉车都尉，毛曾为骑都尉；没过多久，封毛嘉为博平乡侯，迁光禄大夫；毛曾迁驸马都尉。这还不够，曹叡还经常带领群臣到岳父毛嘉的府第欢宴饮酒，借此提高毛家的社会地位。

对于嫔妃如云的皇帝来说，没有什么真正的爱情可言。随着岁月的流逝，毛皇后已超出了让曹叡牵肠挂魂的年龄，宫中年轻漂亮的郭夫人取代了她在曹叡心中的位置。景初元年(237)的一个春日，明帝曹叡带领万人以上的嫔妃们来后苑中欢宴听曲，可是偏偏不让毛皇后参加。当时正受宠幸的郭夫人对曹叡说："怎么不请皇后一起来游玩呢？"明帝装作没有听见，不作回答。其实，曹叡怕让毛皇后知道此事，还特意命令左右随从及嫔妃们不许透露这次活动的一点情况。但毛皇后还是知道了。第二天，一见曹叡的面，毛皇后就问："昨天在北园游宴，一定很快乐吧？"听了这话，曹叡纳闷：她怎么会知道得这么快呢?一定是自己左右的人泄露了出去，于是把他(她)们十多人一起处死。

毛氏虽不被宠爱，但她仍然是总管六宫的皇后，地位很高。她对曹叡宠幸郭夫人心怀醋意，百般干涉，这是曹叡不能容忍的。公元237年十月，毛皇后终于被曹叡赐死，葬于愍陵。

明帝曹叡皇后郭氏

◎ 李炳泉

郭氏是魏明帝曹叡的第二个皇后，西平（今青海西宁一带）人。她的祖上是河西大族，父亲郭蒲，母亲杜氏。

魏黄初元年（220），曹丕代汉称帝，为魏文帝。可是，当他新任命的凉州刺史前去上任时，却遭到了西平人麹演为首的凉州各郡的联合抵制。曹丕慌忙派金城太守、护羌校尉苏则带兵平叛。叛乱平定后，郭氏入皇宫。

魏黄初七年（226），魏文帝曹丕病重，立儿子曹叡为太子。接着曹丕为太子选妃。在众多的妃嫔中，太子最喜爱毛贵嫔。黄初七年（226），曹丕死，曹叡即皇帝位，立毛贵嫔为皇后。但时隔不久，曹叡便被花容玉貌的郭氏所吸引，拜郭氏为夫人。不久，毛皇后就被赐死，郭氏被立为皇后。

景初三年(239)，明帝死，8岁的皇太子曹芳继位，尊郭皇后为皇太后。大将军曹爽和太尉司马懿辅政。由于皇帝幼小，不能亲政，每当有什么重大政事，曹爽和司马懿都要请示郭后。

景元四年(264)一月，郭皇后死。同年(咸熙元年)三月，与魏明帝合葬于高平陵。

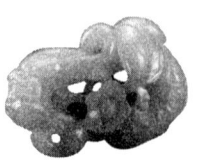

蜀

三国／蜀

昭烈帝刘备皇后吴氏

◎ 李炳泉

吴氏是陈留(今河南开封东南)人,关于她的生年和父母的情况,史书没有记载,只知道她父亲和益州牧刘焉是旧交,看来也做过一官半职。中平五年(188),刘焉带着亲戚故旧等一大批人去益州上任,这时,吴氏的父亲已去世,她同哥哥吴壹一起背井离乡,随刘焉到了益州。

吴氏丽质天成,秀媚出众。家人曾请相面先生看相,说她将来一定大富大贵。吴氏来蜀后,刘焉一心想将她纳为妾。无奈,她是故友的女儿,辈分不当,年龄也相差悬殊,只好作罢。刘焉有4个儿子,都在长安做官:刘范为左中郎将，刘诞为治书御史，刘璋为奉车都尉，刘瑁为别部司马。这时，只有刘瑁跟随他入蜀。刘焉纳妾不成，于是就将吴氏纳为刘瑁的夫人。不料，刘瑁短命，吴氏只鸾单凤，偶影独游，过起了清苦的寡居生活。汉兴平元年(194)，刘焉死去，其子刘璋继任益州牧。刘璋十分懦弱，先归附曹操，后又迎早已窥视益州地盘的刘备入蜀。当刘璋后来知道刘备入蜀是为了取代他时，便慌忙阻击。但为时已晚，刘备顺利占据了益州。

刘备入蜀前，吴壹被刘璋任命为中郎将，带兵抵抗刘备。当他看到刘璋各部将领节节退败，大势已去，就率所部投降了刘备。刘备任命他为护军讨逆将军。大臣们听说吴壹有一个十分漂亮的寡妇妹妹，就劝刘备纳为夫人。刘备虽是三国时代的豪杰，但个人生活十分坎坷。他的好几个嫡妻都先后死去，小妾甘氏也在生下刘禅后不久死于荆州。孙、刘联军在赤壁战败曹操后，孙权把妹妹许配给刘备，但孙夫人后来也离开了刘备。

刘备虽要纳吴氏为夫人，但考虑到自己和刘瑁可能是同族，又觉得这样做欠妥。大臣法正劝刘备说："晋文公和晋怀公父子俩均娶秦穆公的女儿为妻。你和刘瑁的亲缘关系有这个近吗？"于是刘备纳吴氏为夫人。

建安二十四年(219)，刘备称汉中王，立吴氏为汉中王后。章武元年(221)，刘备称帝，又立她为皇后。

章武三年，刘备死，17岁的刘禅由丞相诸葛亮辅佐称帝，改元建兴，尊吴皇后为皇太后。延熙八年(245)，吴太后逝世，与刘备合葬于惠陵。

吴

三国／吴

大帝孙权皇后潘氏

◎ 李炳泉

潘皇后是东吴皇帝孙亮的母亲，会稽句章（今浙江宁波北）人，因父亲犯法被处死，她和姐姐被官府没为官奴，在官营纺织业作坊中从事繁重的劳动。

潘氏姐妹是一对美丽的姑娘。一次偶然的机会，孙权见到了潘氏，立即召她侍寝。潘氏自从为孙权侍寝后，不久就有了身孕，生下一个儿子，就是孙亮。

孙亮是孙权最小的儿子，孙权对他格外钟爱。赤乌十三年(250)，孙亮被立为太子。母以子贵，潘氏的地位也跟着显耀起来，第二年她就被立为皇后。

潘皇后虽然妩媚动人，但生性妒忌，想方设法把品貌俱佳的袁夫人置于死地。潘皇后还是一个野心勃勃的女人。她把奸佞小人，陷害忠良，结党营私的孙弘当成知己，狼狈为奸。当孙权病重时，她竟向孙弘请教关于吕后如何专权的事情，以便学吕后的手段，使东吴变成潘氏天下。当孙权的病势越来越重时，潘皇后喜形于色，只等孙权死亡，由她登台做女皇。由于长时间侍候孙权，疲劳过度，她也生起病来，当宫女们将她扶回寝宫时，她倒头便昏睡了过去。早已对潘皇后恨之入骨的宫女们趁机用布帛将她缢杀。不久，孙权病逝，潘皇后与他合葬于蒋陵。

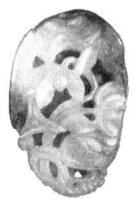

附：大帝孙权妃谢氏

◎ 李炳泉

谢氏是会稽山阴(今浙江绍兴)人，生年不详。她出身名门，父亲谢煚曾做过东汉王朝的尚书郎和徐县(今江苏泗洪南)令；叔叔谢贞很有学问，做过建昌县(今江西宜丰北)长。谢氏相貌出众，是远近闻名的大美人。虽有不少人登门求婚，但谢家都婉言谢绝。孙权的母亲吴夫人听此消息，便将谢氏聘为孙权的妃子。

最初孙权对谢氏十分宠爱。后来，孙权又纳姑母的孙女徐氏为妃。徐氏不仅比谢夫人年轻，而且漂亮，因此孙权对她的恩宠超过了谢氏。孙权还打算将徐妃排在谢氏之上。谢氏执意不肯。此后，谢氏再也无法亲近孙权，只得独宿冷宫偏殿，忍受着悲哀和痛苦的折磨。不久，谢氏抑郁而死。

　　谢妃失宠致死，并没有影响谢家子弟的仕途。谢夫人的弟弟谢承，博学多识，才华横溢，曾撰写过《后汉书》100多卷，在谢夫人死后10多年，他被孙权拜为五官郎中，后来又迁官长沙东部都尉、武陵(治所在今湖南常德)太守。谢承的长子谢崇做过扬威将军；次子谢勖官至吴郡太守。

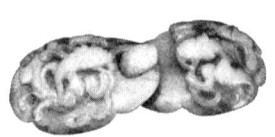

会稽王孙亮皇后全氏

◎ 李炳泉

全氏是东吴皇帝孙亮的皇后。她出身在吴郡钱塘(今浙江杭州)的一个大族,父亲全尚,母亲孙氏。

赤乌十三年(250)孙权最小的儿子孙亮被立为太子,孙亮的异母姐姐全公主(孙鲁班)为了巴结孙亮,就劝孙权纳全尚的女儿为太子妃。孙权满心欢喜,选择吉日良辰,为心爱的小儿子操办了婚事。神凤元年(252),孙权病逝,孙亮登基,全氏被册封为皇后。

全氏当了皇后之后,没有忘记在孙亮耳边吹风,竭力扶持娘家人。结果是:她父亲全尚从城门校尉、太常、卫将军，一直做到尚书这样大的官职，原来爵封都亭侯，后来又改封为永平侯。全氏家族中封侯的就有5人，都掌握兵权。其余做大官的就更多了。

太平三年(258)，孙綝做了丞相。由于他权重震主，也威胁了外戚的势力，孙亮就与岳丈全尚图谋杀死他。一天，孙亮召全尚的儿子进宫，让他通知全尚率军行动。全尚是个不能成大事的人，就把孙亮要杀孙綝的消息告诉了妻子孙氏。孙氏是孙綝的姐姐，不忍心弟弟被害，就派人将这一消息告诉了孙綝。孙綝连夜发兵围住了皇宫。孙亮亲自上马带领宫廷警卫冲杀，但无济于事。全氏不知其中详情，一再给孙亮说宽心话。孙亮破口大骂："都是你父亲这个老家伙昏愦，坏了我的大事。"接着，孙綝将全尚逮捕，把其他反对他的大臣杀死，废黜孙亮为会稽王，并派人迎琅玡王孙休即帝位，是为景帝。不久。孙亮又被废黜为侯官(今福建福州)侯。全氏只好跟着孙亮回自己的封地去了。她约卒于晋永宁年间。

景帝孙休皇后朱氏

◎ 李炳泉

朱氏是东吴皇帝孙休的皇后，吴郡吴(今江苏苏州)人。父亲朱据，才兼文武，被孙权看作是吕蒙、张温一流的人物，备受器重；母亲孙鲁育，乃孙权步夫人的小女儿。赤乌(238～251)末年，孙权为少子孙休纳朱氏为妃。

孙权死后，孙亮即位为皇帝。孙亮惧怕诸王拥兵江北对自己不利，就把孙休迁居丹阳(今江苏丹阳)。朱氏也随孙休来到丹阳。五凤二年(255)，孙休担心朱公主的事会牵连朱氏，就把她送回京城建业(今江苏南京)。朱氏与孙休抱头痛哭了一场，便上路了。后来，丞相孙峻认为朱公主的事与朱氏无关,又将她送还孙休。

太平元年(256),孙峻死,孙綝辅政。后来,孙綝废掉孙亮,派人迎接琅玡王孙休即帝位,是为景帝,改元永安。永安五年(262),朱氏被立为皇后。

永安七年,孙休死,群臣尊朱皇后为皇太后。八月,乌程侯孙皓继位为皇帝,改元元兴。九月,朱太后被孙皓贬为景皇后,住安定宫。甘露元年(265)八月,朱皇后在孙皓的逼迫下自杀身亡,与孙休合葬于定陵。

末帝孙皓皇后滕氏

◎ 李炳泉

滕皇后是东吴的末代皇后。她的父亲叫滕牧,与重臣滕胤同族。

孙皓是孙权的孙子,孙和的儿子。孙休称帝时,孙皓被封为乌程侯,娶滕氏为妃。元兴元年(264),孙休死,孙皓即位皇帝,立滕氏为皇后。滕牧也被封为高密侯,并拜为卫将军,主尚书事。孙皓穷奢极欲,到处收罗美女,将所有的宠妃都佩上皇后玺绶。这样滕氏虽有皇后之名,而无皇后之尊,地位大降。这还不够,喜新厌旧的孙皓还想废去滕氏的皇后名号,只是因为太史说皇后不可废,他才没有这样做。

天纪四年(280)，西晋举兵灭吴，孙皓投降，滕皇后和孙皓一起被迁往洛阳。卒年不详。

附：末帝孙皓皇太后何氏

◎ 李炳泉

何氏是东吴末代皇帝孙皓的母亲，丹阳句容（今江苏句容）人。父亲何遂出身行伍，当过骑兵。

一次，何氏听说孙权要视察兵营，就随人群在道旁伫立等候，想看看孙权是怎样一个人物。当孙权由前呼后拥的随从陪同走近时，何氏挤前观看。奇怪的是，孙权走到何氏跟前，居然也停住双脚，双目在她的身上仔细打量起来。何氏羞怯地退在人群后面，心还在咚咚直跳。这时，一个宦官模样的人走近何氏，说皇上有请。何氏就糊里糊涂地随孙权一行到了皇宫。何氏万万没有想到，她就这样被孙权赐给儿子孙和做了夫人。她共为孙和生下4个儿子。

孙和是孙权爱妃王夫人所生,自小聪明多智,很得孙权的喜爱。开始,孙权立长子孙登为太子。孙登死后,又立孙和为太子,但孙和的弟弟孙霸也想夺取太子的地位。孙权怕事情闹大,就废掉了太子孙和,并命令孙霸自杀,另立少子孙亮为太子。建兴元年(252),孙权死,年仅10岁的太子孙亮即位,由丞相孙峻辅政。孙权在世时,孙和的母亲王氏曾和孙鲁班的母亲步氏争宠。步、王二夫人先后死去,孙鲁班又对孙和百般陷害,并让孙峻将孙和迁居新都(今四川新都),然后派使者在途中将他赐死。嫡妃张氏也自杀而死。何氏却说:"若我们都死,谁来抚养我们遗留下来的孤儿呢?"于是她便承担了抚养孙皓及3个弟弟的任务。

东吴后期,宫廷内部矛盾重重,皇帝更换频繁。永安七年(264),孙皓做了皇帝,追尊父亲孙和为昭献皇帝。何氏先被尊为昭献皇后,不久又被尊为皇太后,住升平宫。卒年不详。

车吉心 主编

中国皇后全传

第二卷

山东教育出版社

顾　问　安作璋
主　编　车吉心
副主编　朱亚非　蒿　峰

本卷目录

晋

西晋
武帝司马炎皇后杨艳　/245
武帝司马炎皇后杨芷　/249
附：武帝皇太后羊徽瑜　/252
附：武帝皇太后王元姬　/254
武帝司马炎妃左棻　/257
惠帝司马衷皇后贾南风　/262
惠帝司马衷皇后羊献容　/279

东晋
明帝司马绍皇后庾文君　/285
成帝司马衍皇后杜陵阳　/288
康帝司马岳皇后褚蒜子　/290
穆帝司马聃皇后何法倪　/295
附：简文帝司马昱太后郑阿春　/297
孝武帝司马曜皇后王法慧　/299
附：孝武帝司马曜太后李陵容　/301

十六国

前凉
文公张骏皇后马氏　/305

成
武帝李雄皇后任氏　/309

汉
光文帝刘渊皇后单氏　/312

	昭武帝刘聪皇后刘娥 /314
	昭武帝刘聪皇后靳月光 /317
	昭武帝刘聪皇后靳月华 /319
	昭武帝刘聪皇后王氏 /321
前赵	刘曜皇后羊献容 /324
	刘曜皇后刘氏 /326
后赵	高祖石勒皇后刘氏 /329
	附：海阳王石弘皇太后程氏 /331
	太祖石虎皇后郑樱桃 /333
	太祖石虎皇后杜氏 /336
	太祖石虎皇后刘氏 /338
代	代王拓跋什翼犍皇后慕容氏 /343
前燕	景昭帝慕容儁皇后可足浑氏 /346
前秦	明帝苻健皇后强氏 /350
	厉王苻生皇后梁氏 /352
	附：宣昭帝苻坚妃张氏 /354
	高帝苻登皇后毛氏 /357
后燕	成武帝慕容垂皇后段氏 /360
	惠愍帝慕容宝皇后段氏 /363
	附：昭武帝慕容盛妃兰氏 /365
	昭文帝慕容熙皇后苻训英 /367
北燕	昭成帝冯弘皇后慕容氏 /371
	附：昭成帝冯弘妃王氏 /373
西秦	武元王乞伏乾归王后苻氏 /376
	武元王乞伏乾归皇后边氏 /378
	文昭王乞伏炽磐皇后秃发氏 /380

	附：文昭王乞伏炽磐妃秃发氏 /383
后凉	附：懿武帝吕光妃石氏 /386
	附：隐王吕绍妃张氏 /388
	灵帝吕纂皇后杨氏 /390
北凉	武宣王沮渠蒙逊皇后孟氏 /393
	哀王沮渠牧犍皇后李氏 /394
	哀王沮渠牧犍皇后拓跋氏 /396
南燕	献武帝慕容德皇后段氏 /400
	末主慕容超皇后呼延氏 /402
西凉	武昭王李暠皇后尹氏 /406

南北朝

	附：武帝刘裕皇太后萧文寿 /413
	附：武帝刘裕妃张氏 /415
	少帝刘义符皇后司马茂英 /417
	文帝刘义隆皇后袁齐妫 /419
	附：文帝刘义隆妃沈容姬 /421
	孝武帝刘骏皇后王宪嫄 /422
	附：孝武帝刘骏皇太后路惠男 /424
	明帝刘彧皇后王贞凤 /427
	附：明帝刘彧妃陈妙登 /430
	后废帝刘昱皇后江简珪 /432
	顺帝刘准皇后谢梵境 /434
南齐	郁林王萧昭业皇后何婧英 /437
	附：郁林王萧昭业皇太后王宝明 /440
	海陵王萧昭文皇后王韶明 /443
	东昏侯萧宝卷皇后褚令璩 /445

	和帝萧宝融皇后王蕣华　/447
梁	附：武帝萧衍妃丁令光　/449
	附：武帝萧衍妃阮令嬴　/452
陈	武帝陈霸先皇后章要儿　/455
	文帝陈蒨皇后沈妙容　/457
	宣帝陈顼皇后柳敬言　/459
	后主陈叔宝皇后沈婺华　/461
	附：后主陈叔宝妃张丽华　/463

晋

(265—420)

晋分西晋、东晋。本书收录了西晋两个皇帝的5位皇后,并附有两位皇太后;收录了东晋的5个皇帝的5位皇后,并附有两位皇太后。

西晋

武帝司马炎皇后杨艳

◎ 李炳泉

西晋开国皇帝司马炎一生立过两个皇后,都姓杨,史称前、后杨皇后。

第一个杨皇后,名艳,字琼芝,弘农华阴(今陕西华阴东)人。她出生在一个四世三公、社会地位十分显赫的家族。父亲杨文宗,曾在曹魏做过通事郎,袭封了蓩亭侯的爵位。母亲赵氏。杨皇后出生不久,母亲去世,父亲又娶段氏为继室,她被接到舅舅赵俊家抚养。舅母是一位仁爱的长者,亲自给她喂乳,而把自己尚未断乳的儿子改由别人喂养。在舅父舅母的精心培养下,杨艳不仅做得一手好女工,而且熟习古代典籍，工于书法。杨艳天姿聪明，美丽动人，可谓是一个才貌双全的好姑娘。杨艳稍大，又回到了父亲和后母身边。

司马昭听说杨文宗有这样一个好女儿，就派人求婚，为他的儿子司马炎聘为妻。杨艳嫁给司马炎后，很受宠爱，共生下三男三女，他们是儿子司马轨、司马衷、司马柬；女儿平阳公主、新丰公主、阳平公主。

泰始元年（265），司马炎代魏称帝，杨艳被立为皇后。

杨艳虽百般皆好，但在对待司马衷的问题上却一错再错。司马轨早亡，9岁的司马衷于泰始三年（267）被立为太子。司马衷从小"愚劣"，是个白痴，虽经师傅再三教导，总不开窍。当时不少朝臣认为将来这个痴太子当皇帝是不行的，婉言劝说晋武帝废掉他。侍中和峤每与司马炎谈起晋王朝的政权时，都以太子为忧。有一次，他婉言对晋武帝说："皇太子有淳古之风，而现在世风日下，人情诈伪，恐怕干不了陛下家事。"太子的老师卫瓘也认为太子不能亲理政事，想劝晋武帝废太子，但不敢直言。有一次，晋武帝会宴群臣，卫瓘假装酒醉，跪在晋武帝床前，想说出废太子的话而又不便明说，只得用手抚摸床说："此座可惜！"意思是说这个皇帝座位传给司马衷太可惜。晋武帝也知道太子不堪大任，一直为此事发愁。一次，他将朝臣的意见告诉了杨艳，意思是想更换太子。杨艳不听则已，一听勃然大怒，仗着司马炎对她的宠爱，反驳司马炎说："立太子应立长而不是立贤，这个古例怎么可以破呢?!"司马炎听了这话，也就打消了更换太子的念头。

后来，司马衷已到了婚配年龄，司马炎和杨艳一起议论太子妃的人选。皇族选妃很重门第，皇帝打算娶名臣卫瓘家女儿，而杨艳力主娶贾充的女儿。司马炎说："卫家的妇女有贤淑传统，长得苗条美丽，皮肤洁白，而且多生儿子；贾家的妇女却历来妒忌，长得又矮又丑，皮肤又糙又黑，而且生子不多。"但杨艳因为得了贾充妻子郭槐的许多礼物，固执地坚持自己的意见。然后，又密使太子太傅荀颛向皇帝司马炎进言，劝皇帝为太子娶贾充的女儿为妃。贾充是平阳襄陵（今山西襄汾东北）的世家大族，为司马昭杀魏帝曹髦，篡夺帝位立下汗马功劳。司马炎被立为太子，做了晋帝，也与贾充的积极活动有密切关系。因此，司马炎竟错误地听从了杨艳的意见，娶贾充的女儿贾南风为太子妃，造成了以后贾南风专权等一系列不堪设想的局面。

司马炎是一个荒淫的君主，竭力想扩大后宫嫔妃的规模，以满足他的淫欲。泰始九年（273）八月，他下令选名门妇女入宫，规定：凡公卿以下官员的女子，一律应选；挑选未完，禁止婚嫁；若有隐匿不报者，依不敬法条治死罪。那些豪门贵族怎敢违抗，只好将亲生女儿打扮得花枝招展，送往皇宫，以备选拔。诏令下达后不久，美女齐集宫门。司马炎命杨皇后亲自主持挑选。心存妒嫉的杨艳，专选身材高大，皮肤白皙的，而把那些美丽端庄的遣送回家。卞藩的女儿长得眉清目秀，面容俏丽，姿色超群。当她款款走近时，司马炎两眼色迷迷地盯着她，真有点神不守舍了。杨艳看到司马炎那样子，醋意大发，发话遣送回家。司马炎一看着急了，急忙凑过去，用扇子掩在嘴上向杨艳恳求说："卞氏女很好呀！"杨艳却反驳说："卞家三代（曹操妻、曹髦妻、曹奂妻）都为皇后，不能委曲她当妃子。"司马炎闻言大怒，改由自己亲自挑选，对所有满意的美女，都用红纱在玉臂上打一个结。

晋初宫廷嫔妃编制规定：在皇后之下，有15个等级，依次是贵嫔、夫人、贵人、淑妃、淑媛、淑仪、修华、修容、修仪、婕妤、容华、充华、美人、才人、中才人。经过选妃，司马炎得到了数十名美女，并依宠爱程度封她们相应的等级称号。其中封为贵嫔的只有胡芳，封为夫人的是诸葛婉。司马炎对这两个嫔妃的宠爱仅次于杨皇后。杨皇后向来受司马炎独宠，不甘心胡贵嫔和诸葛婉与她争宠，但又无可奈何。不久，杨皇后竟由于心情不畅，染病在身。虽然请了不少名医诊治，但病势没有丝毫好转。泰始十年（274）初秋，杨皇后的病势加重，眼看就不久于人世了。司马炎赶来看望，见此情景，眼含热泪安慰杨皇后。杨皇后见是司马炎，示意他坐在自己的病榻旁。然后把头缓缓地枕在司马炎腿上。司马炎两手紧攥着杨皇后的手，哽咽着问她还有什么话要说。杨皇后十分担心她死后，司马炎会立宠妃胡贵嫔为后，这样对太子司马衷的地位是相当不利的。她慢慢扬起头，断断续续地说："我叔父杨骏的女儿杨芷，不仅美丽动人，而且十分贤淑。你如果能立她为皇后，我死也可瞑目了。"听了这话，司马炎十分伤感，泪流满面，一口答应了她的请求。杨皇后见司马炎已答应，便慢慢地合上眼，安详地伏在司马炎腿上去世了。是年，杨皇后仅37岁。被安葬在峻阳陵。

武帝司马炎皇后杨芷

◎ 李炳泉

晋朝的开国皇帝晋武帝司马炎的第二个杨皇后,即后杨皇后,名芷,字季兰,小名男胤。她出身名门,父亲杨骏。

第一位杨皇后杨艳临死前,晋武帝司马炎前来探望。杨艳枕在他的腿上,哭泣着请求武帝在她死后,立她叔叔杨骏的女儿杨芷为皇后。司马炎答应了她的请求。于是咸宁二年(276),杨芷被立为皇后。

杨芷生于甘露三年(258),被立为皇后的时候才19岁,是一个出水芙蓉般美貌的窈窕淑女,十分惹人喜爱。司马炎对她也特别恩宠。可惜杨芷为司马炎仅生下的一个儿子司马恢，两岁时就夭折了。

前皇后杨艳在世时，司马炎立了她的儿子司马衷为太子，并选了勋臣贾充的女儿贾南风为太子妃。贾南风不仅丑陋无比，而且生性妒忌，竟亲手杀死了为司马衷怀了孩子的宫女。司马炎听到此事，大动肝火，决意要将贾南风打入冷宫，为太子另选贤淑女子为妃。杨芷觉得不妥，就劝司马炎说："贾充是当朝第一功臣，不能因为贾南风就忘记了贾家的恩德。贾妃年纪还小，嫉妒是女人们的正常心理，等年龄大一点，自会改过。"杨皇后还多次严厉告诫贾南风，让她改过。后来，司马炎渐渐消了怒气，没有再提废太子妃的事。可是，贾南风却不认为杨皇后是在帮助自己，反而认为司马炎要废她是杨皇后的主意，因此对杨皇后十分怨恨。

太熙元年（290），司马炎死，太子司马衷继位，是为晋惠帝，改元永熙，立贾南风为皇后，尊杨芷为皇太后，命杨芷的父亲杨骏为太尉、太傅、大都督，总揽朝政。

司马衷是个白痴。即位后，大权自然落在杨太后和父亲杨骏手中。贾南风虽为皇后，但手中无权，这对一心想干预朝政的她来说，是无论如何也不能容忍的，一心想从杨氏手中夺回大权。永平元年（291），贾后策动楚王司马玮发动了宫廷武装政变。三月八日，在贾南风的指使下，由贾南风的死党出面向惠帝司马衷上奏，诬称杨骏谋反。呆傻的惠帝信以为真，立即宣布京城洛阳城内外全部戒严，并撤销杨骏的所有官职。接着，司马玮亲自率400名殿中兵攻打杨骏府第。皇太后杨芷听到惠帝下诏收捕杨骏的消息后，万分焦急，急忙写了一封信射出城外，声称"救太傅者有赏"。没想到信射出后，被贾南风派出的侦探拾到，立即交给了贾南风。贾南风当即把书信公布于众，宣称太后与杨骏共同谋反，并以惠帝的名义下诏幽禁杨芷。经过这次政变，贾南风杀死了杨骏，并迅速逮捕了杨芷的叔叔杨珧、杨济及其他亲戚，屠灭三族，只饶怒了杨皇后的母亲庞氏一命。次日，杨芷和母亲庞氏被押送到永宁宫幽禁。

贾南风对杨芷恨之入骨，一心想致她于死地。但这时杨芷还是皇太后，不便于骤下毒手，于是贾南风便暗暗指使爪牙上表请求废皇太后。掌握在贾南风手中的惠帝不得不废皇太后杨芷为庶人。随后，贾南风又指使爪牙上表请求将杨芷母亲交廷尉正法，惠帝依例下诏批准。

永平元年(291)四月的一天，晋都洛阳金墉城里一片凄惨景象。戒备森严的卫士封锁了城门。城中一个宽大的院落权且被充作刑场。院中绑着白发苍苍的老太婆庞氏，已经不省人事，瘫软在地。杨芷呼天喊地，一会儿跪在行刑官面前，苦苦哀求开恩；一会儿双臂伸向四周的卫士，请求他们援救。行刑官和卫士早已泪流满面，但都无可奈何。杨芷夺过一个卫士的宝剑，割下早已散乱的头发，跪在地上连连叩拜，以小妾自称，上表贾后，要求保存母命。但这也没能使贾南风产生半点恻隐之心，庞氏最后还是被处斩了。

庞氏死后，杨芷又被押回金墉城冷宫。由于全家被斩，刺激太深，她已不省人事，奄奄一息了。不久，因杨芷被废为庶人，贾南风又将侍御杨芷的十余人全部撤走。杨芷因无人送水送饭，于元康二年(292)二月一日饥饿而死。贾南风不仅凶狠毒辣，而且十分迷信，她怕杨芷死后到阴间告状，于是命令埋葬的人将杨芷脸朝下放入棺材里。棺材里还放上了镇压鬼魂的符书和药物等，使她在地下万劫不复，永远不能复仇作祟。

附：武帝皇太后羊徽瑜

◎ 李炳泉

羊氏名徽瑜，泰山南城（今山东费县西南）人，于建安十九年（214）出生在一个官宦人家。她的祖父羊续曾做过东汉王朝的南阳太守，父亲羊衜为上党太守，母亲蔡氏和著名女诗人蔡文姬都是著名文学家蔡邕的女儿。羊皇后不仅端庄秀丽，聪明过人，而且勤奋好学。在父母的精心培育下，早年就显露出文学方面的才华。曹魏重臣司马懿得知羊家有这么一位才貌双全的女儿，就派人求婚，为其长子司马师纳为夫人。

司马师和父亲一样，是个有雄才大略的人物。魏明帝在位期间，司马懿受魏文帝遗诏与曹魏宗室、大将军曹真共同辅政，并与曹真、曹爽父子明争暗斗，争权夺利。在整个斗争过程中，司马师是父亲的得力助手。司马师的原配夫人夏侯徽是曹真的外甥女。司马师认为她的存在对司马氏不利，于是将她毒死。后来，司马师又娶镇北将军吴质的女儿为夫人，因不满意而休掉。最后，才纳羊皇后为夫人。

羊夫人没有为司马师生下儿子。司马师病死后，其弟司马昭继位为大将军，专国政。公元266年，司马昭之子司马炎代魏称帝，建立晋朝，追尊父亲司马昭为文帝；伯父司马师为景帝。不久，尊羊皇后为太后，住弘训宫。咸宁四年（278），羊太后死，葬于峻平陵。是年65岁。

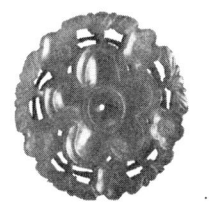

附：武帝皇太后王元姬

◎ 李炳泉

王氏是晋武帝司马炎的母亲，名元姬，东海郯县（今山东郯城北）人，生于建安二十二年（217）。她的祖父王朗曾在曹魏做过司空；父亲王肃，官至中领军，加散骑常侍。王朗、王肃父子又是三国时代有名的经学家。王朗作《易传》，王肃注《尚书》、《诗》、《仪礼》、《左传》、《孝经》和《论语》，时人称为"王学"。

王元姬生在这样一个家庭，自幼受到儒家思想的熏陶。王元姬聪明颖悟，各种经籍只要看过一遍就能知道大意，听过数遍就能背诵。8岁那年，就能全文背诵《诗经》和《论语》。这些儒家典籍教给了她不少道理。9岁那年，母亲患病，王元姬日夜守护在母亲身边，喂水喂饭，侍奉汤药，直到母亲病愈。由于王元姬母亲身体不好，父母就将家务事交给了聪明能干的女儿。王元姬尽心尽责，把家务安排得井井有条。祖父王朗曾高兴地对别人说："能够使我们王家兴旺的人就是这个小女子。只可惜不是个男儿！"她12岁那年，祖父王朗死去。在为祖父举行的殡葬和悼念活动中，王元姬无不依照儒家礼仪行事，深得父亲的喜爱。太和五年（231）15岁的王元姬嫁给了司马昭。

司马昭是曹魏名臣司马懿的儿子、司马师的同母弟。他继父、兄做大将军后，专擅朝政，积极准备代魏自立。

司马昭是个雄才大略的有为之人，娶了王元姬这个知书达礼的夫人，自然十分宠爱。王元姬为司马昭生有四男一女。他们是：晋武帝司马炎、辽东悼王司马定国、齐献王司马攸、城阳哀王司马兆、广汉殇王司马广德和京兆公主。

王元姬具有非凡的识人眼力，仅举一例为证。

钟会文武兼备，是司马昭谋士班子中不可多得的人才。司马昭不仅对他言听计从，而且还要委以司徒的高官。王元姬对此极为忧虑，言辞恳切地对司马昭说："钟会这个人见利忘义，爱挑起事端。你如果对他宠幸太过，他必然会发生变乱。因此，我劝你不要给他重要的职位。"但司马昭没有听。后来，司马昭命钟会与邓艾等人率大军攻打蜀汉。不久，后主刘禅投降，蜀汉灭亡。钟会心存异志，与蜀将姜维结交，决意谋反，事泄被杀。因为王夫人有言在先，司马昭非常后悔没有听她的话。

泰始元年（265），司马昭没有做皇帝就去世了。他的儿子司马炎完成了以晋代魏的帝业，迫使魏帝曹奂拱手把皇帝的宝座"禅让"给他。司马炎称帝,是为晋武帝,尊母亲王元姬为皇太后,住崇化宫。

晋武帝司马炎建国之初,竭力提倡仁爱和节俭,王元姬以太后之尊,身体力行,为宫中后妃做出了榜样。她房间没有一件豪华的摆设,吃饭不超出3个菜,穿的是洗了又洗的旧衣服。她还在宫中亲自带头纺纱织布。此外,在她的精心治理下,后妃相处和睦,更没有发生互相倾轧的事情。

泰始四年(268),王皇后死,与司马昭合葬于崇阳陵。是年52岁。

武帝司马炎妃左棻

◎ 李炳泉

我国文学史上有个非常有趣的"洛阳纸贵"的故事。故事说的是西晋文人左思,为了写一篇描述魏都、吴都和蜀都的《三都赋》,精心构思了十年,然后下笔,赋写成后,当时博学多才的中书令张华读了,感慨不已:"这人真是了不起,完全是班固、张衡一流的人物啊!"这句赞美之词一传出,《三都赋》身价百倍,不胫而走,人们争相传抄,以致使京都洛阳的纸张涨价。左思也因此而成为我国古代著名的文学家。

左思的妹妹左棻,也是有名的文学家。她字兰芝,齐国临淄(今山东淄博)人,生年不详,卒于永康元年(300)。左棻家世儒学，父亲左雍曾做过低级文书之类的官，司马炎建立晋王朝后，被提升为殿中侍御史。在父亲的影响下，左棻和左思都从小勤奋好学，博识能文，闻名乡里。

当时的皇帝司马炎荒淫无道，风闻左棻的才气，以为必有姿色，便把她纳入后宫。泰始八年(272)，封她为修仪。后来又封为贵嫔，世称左贵嫔。由于左棻并不漂亮，所以司马炎对她并不宠幸。

左棻被纳入后宫后，左雍举家迁移京师，住在洛阳城东。左棻虽然穿金戴银，但被紧锁深宫，寂寞凄苦，日夜思念父兄，她家虽与宫廷近在咫尺，但好似远隔天涯，不得相见。左思也非常思念妹妹，他作了两首感人肺腑的《悼离·赠妹诗》。其中一首有这样几段：

　　惟我惟妹，实是同生。
　　早丧先妣，恩百常情。
　　女子有行，实远父兄。
　　骨肉之恩，固有归宁。
　　何悟离析，隔以天庭。
　　自我不见，于今二龄。
　　岂惟二龄，相见未克。
　　虽同京宇，殊邈异国。
　　越鸟巢南，胡马仰北。
　　自然之恋，禽兽罔忒。
　　仰瞻参商，沉忧内塞。

另一首写道：

永去骨肉，内充紫庭，
至情至念，惟父惟兄。
悲其生离，泣下交颈，
桓山之鸟，四子同巢，
将飞将散，悲鸣切切。
惟彼离鸟，犹有号咷，
况我同生，载忧载劳。
将离将别，置酒中堂，
衔杯不饮。涕洟纵横。
今日何短，隔日何长，
…………

燕燕之诗，伫立以泣。
送尔涉途，涕泗交集。
云往雨绝，瞻望弗及。
延伫中衢，愊忆呜唈。
既乘既离，驰情髣髴，
何寝不梦，何行不想，
静言永念，形留神往，
忧思成疾，结在精爽。
其思伊何？发言流泪，
其疾伊何？痻瘵惊悸。

左棻读了哥哥的两首诗，潸然泪下，因怕惊动了宫娥，只好微微抽泣。她含泪写了一首《感离诗》和一首《离思赋》，回答左思。《离思赋》是一篇动人心弦的骚赋，可与左思的《悼离》诗相媲美。诗中写到她身居宫禁，不得回家省亲：

昔伯瑜之婉娈兮，每彩衣以娱亲，
悼今日之乖隔兮，奄与家为参长。
岂相去之云远兮？曾不盈乎数寻。
何宫禁之清切兮，欲瞻睹之莫因，
仰行云以歔欷兮，涕流射而沾巾。

她在抒发独居深宫的心情时，写道：

既愚陋而寡识兮，谬忝侧于紫庐。
非草茅之所处兮，恒怵惕以忧惧，
怀思慕之忉怛兮，兼始终之万虑。
嗟隐忧之沉积兮，独郁结而靡诉。
意惨愤而无聊兮，思缠绵以增慕。
夜耿耿而不寐兮，魂憧憧而至曙，
风骚骚而四起兮，霜皑皑而依庭。
日晻暧而无光兮，气浏栗以冽清。
怀愁戚之多感兮，患涕泪之自零。

她想到父女兄妹永生不得相见，痛不欲生：

骨肉至亲，化为他人，永长辞兮。
惨怆愁悲，梦想魂归，见所思兮。
惊寤号咷，心不自聊，泣涟洏兮。

司马炎虽对左棻冷漠无情，但由于左棻才思敏捷，文辞秀丽，颇有声望，因而又离不开她。左棻体弱多病，一直居住陋室。司马炎每次游华林苑后，必去她的住处谈论文墨。凡遇外地进贡，常请她赋颂。这些赋虽然大都散失，但也有一些残篇断简流传下来，如《孔雀赋》、《鹦鹉赋》、《白鸠赋》等。凡是皇家的婚丧嫁娶，需要文字记述的，也少不了她。比如元皇后去世，要她作篇诔；纳悼皇后，要她作篇颂。左棻为司马炎爱女万年公主之死所作的一篇诔，感情真挚，文辞富丽，赢得了后人的称赞。

左棻虽为贵嫔，但失去自由，毫无生趣，她向往自由，敬仰松柏坚贞的节操。在《松柏赋》中写道：

> 禀天然之贞劲，经寒冬而不零。
> 虽凝霜而挺干，近青春而秀荣。
> 若君子之顺时，又似乎真人之抗贞。

她在《啄木诗》中写道：

> 南山有鸟，自名啄木。
> 饥则啄木，暮则巢宿。
> 无干于人，唯志所欲。
> 性清者荣，性浊者辱。

这些简洁凝练的诗句，反映了左棻对自由生活的向往与追求。

惠帝司马衷皇后贾南风

◎ 李炳泉

永康元年(300)四月的一天,阳光明媚,和风轻拂,此时晋都洛阳却充满了一种紧张的气氛。戒备森严的卫士包围着金墉城。大殿里,一位官员刚读完诏书,端着一杯金屑苦酒递给了一位又黑又矮、丑陋不堪的中年妇女,强迫她喝下去。这位妇女端着苦酒,绝望地看了看四周,然后一饮而尽,随之倒在了地上,她就是本传的主人公贾皇后。

丑陋女子　贿选为妃

贾皇后，名南风，小名峕，生于正元三年(256)。她是如何当上皇后，又是为何被赐死的呢?还须从头说起。

晋武帝司马炎平定东吴，统一全国以后，开始怠于政事，宠用外戚，制度废弛，尤其在选择继承人问题上犯了一个大错误。

司马炎共有26个儿子。其中不乏聪明能干的。可不幸的是，长子司马轨早夭，次子司马衷事实上就成了长子。按照封建宗法制度的规定，他理所当然地就成为第一继承人。于是，泰始三年(267)元月，9岁的白痴司马衷被立为太子。

司马炎不仅在选太子的问题上犯了错误，而且在为痴太子立妃的问题上一错再错，他至死也不会想到，同意选贾充的女儿贾南风为太子妃，是中了贾充的奸计。

贾充是平阳襄陵(今山西临汾西南)的世家大族，为司马昭杀死魏帝曹髦，篡夺帝位立下了汗马功劳，因此受到司马昭的宠爱信任，掌握权柄。司马炎被立为晋王太子，以至后来做了晋帝，与贾充在司马昭面前竭尽全力地称赞他有很大关系。西晋初年，有歌谣说：贾、裴、王，乱纲纪；王、裴、贾，济天下。"也就是说，贾充与裴秀、王沈等人是司马氏灭曹亡魏，建成西晋的功臣，而贾充更是西晋王朝的"元勋"。贾充这个人，奸恶险诈，头脑灵活，精于献媚。在晋初，贾充与太尉、太子太傅荀颉，侍中、中书监荀勖，越骑校尉冯𬘓结成小集团，和侍中裴楷、任恺及河南伊庾纯等人敌对，明争暗斗。贾充曾打算解除任恺侍中的职务，使他失去亲近皇帝的机会，但阴谋未能得逞。

泰始七年(271)，鲜卑部落酋长秃发树机能侵扰秦州(今甘肃东部)和雍州(今陕西)，司马炎大为忧虑。任恺乘机推荐贾充前去镇压，以便把他排挤出朝。这年七月，司马炎任命贾充都督秦、凉二州诸军事，让他前去镇压安抚，仍保留侍中、车骑将军的官职。贾充无法推辞，忧心如焚。直到十一月，眼看无法再拖，才准备前往。临行前，他的亲信为他在洛阳城西的夕阳亭饯行。贾充向荀勖求救。荀勖左思右想，终于想出一个办法，他说："这次出征，实在难以开口推辞。只有一个办法，那就是把你女儿嫁给太子司马衷。到时候，用不着推辞，自然会留下来。"正无计可施的贾充听了此话，自然高兴万分。

最初，司马炎打算娶卫瓘的女儿为太子妃。贾充的妻子郭槐用大量金银财宝贿赂皇后杨艳的左右侍从，请杨艳求司马炎娶贾充的女儿。司马炎说："我选卫家的女儿有五条理由，而不选贾家的女儿也有五条理由。卫家的妇女有贤淑的传统，长得苗条美丽，皮肤洁白，而且多生儿子；贾家的妇女却历来妒忌，长得又矮又丑，皮肤又糙又黑，而且生子不多。"但杨艳因为得了贾充妻子郭槐的许多礼物，固执地坚持自己的意见。其他大臣如荀颛、荀勖等贾充的死党，为了将贾充留在京师，也极力宣扬贾充的女儿美丽贤淑。由于皇后和这些重臣一再向司马炎说情，司马炎做出让步，决定娶贾充的女儿为太子妃。开始时选的是贾充的次女贾午，她长得虽不是多么美丽动人，但还算顺眼。当时司马衷13岁，贾午12岁，按说也算合适。可是贾午由于年龄小，个子太矮，穿礼服都撑不起来，于是就换了贾充的长女，年龄15岁的贾南风。贾南风又黑又丑，脸色黑中带青，如同鬼怪一般。

泰始八年(272)，贾南风被正式册封为太子妃。

奸诈阴险　终成皇后

贾南风妒忌出奇，而且多权诈，能驾驭震慑太子，所以太子非常怕她。

说起贾南风的妒忌来，主要是受她母亲郭槐的影响。郭槐是贾充的次妻。贾充前妻李氏是个美丽贤淑的女子，因为父亲犯罪被诛，她被流放到边远地区。后来，贾充才娶了郭槐。司马炎篡魏后，李氏被大赦回来。司马炎特下诏允许贾充置左右夫人，意思是让他迎回李氏与郭槐并为夫人。贾充的母亲对李氏很有好感，也让儿子迎回她日夜想念的儿媳。郭槐知道后大怒，又哭又闹，声称贾充的功业是她帮助建立的，罪妇李氏哪能和她并列。贾充被闹得没有办法，只好找借口答复司马炎，说自己无德无能不敢设两个夫人的盛礼。贾充与李氏曾生下两个女儿，长女嫁给司马炎的弟弟司马攸为王妃。她听说母亲不能回家，三天两头在父亲面前哭泣，责备贾充没有良心。贾充心里惭愧，只好偷偷在城里为李氏盖了房子，但自己始终没敢去过一次。

郭槐的妒忌甚至达到了神经质的地步。她先后生过两个男孩，第一个男孩3岁时，乳母抱着他在窗外玩耍，恰逢贾充进屋，孩子高兴地伸出两手要求父亲抱他，贾充便走过去从乳母手中接过孩子。不料被郭槐看见了，以为贾充与乳母关系暧昧，马上气势汹汹地拉出乳母，将其活活打死。孩子因为失去乳母而啼哭不止，不久便生病死去。第二个儿子一岁多的时候，也因为乳母抱着，贾充走过去摸了摸孩子的头，被郭槐看见，以为乳母勾引贾充，又把乳母活活打死。这个孩子失去乳母，不吃不喝，终日啼哭，不久也死去了。就这样，贾充没有养下一个男孩。

贾南风的妒忌酷虐更甚于其母。在太子宫里，稍不如意，就杀死宫人。一次，她听说一个宫人为傻太子怀上了孩子，快临产了，大怒，便派人将宫人带到跟前，随手抄起一支短戟，向宫人的大肚子上刺去。宫人惨叫一声，向后倒去，随着血花飞溅，一个正在蠕动的孩子掉在了地上，情景之惨令人目不忍睹。这件事传到司马炎耳中，立刻大怒，悔恨自己听了杨艳的话，娶了这么个母夜叉。当时金墉城正好修整完，司马炎决定将贾南风废掉，打入金墉城冷宫，为太子另选贤淑女子为妃。荀勖、冯𬘭、杨珧以及充华赵粲，共同求情营救，说："嫉妒是女人的正常心理。贾南风年纪还小，等年龄大一点，自会改过。"当时前皇后杨艳的妹妹杨芷已入宫当了皇后，是个知书达理、非常贤惠的女子，也对司马炎说，贾南风还小，还可以教育，而且贾充是晋王朝的第一号功臣，不能因为贾南风就忘掉贾家的恩德。在众人的劝说下，司马炎渐渐消了怒气，没有再提废太子妃的事情。

杨芷多次严厉告诫贾南风，要她恪守宫廷礼仪，不得胡来。贾南风不知道这是婆母在帮助自己，反而以为杨芷在公公面前说自己的坏话，所以对杨芷十分痛恨。

司马衷是个白痴，当时不少朝臣都认为他将来做皇帝是不行的。司马炎虽然知道司马衷是个白痴，但他不愿公开承认，如果承认了，那就等于承认自己在立太子的问题上办了件荒唐事。为了堵住大臣的嘴，他便演了一出测试太子智力的把戏。

一次，司马炎设下筵宴，命太子宫的大小官员都进宫欢宴，然后，让手下写了一个奏折，请示关于几件事情的处理办法，密封后派人送给太子，请他裁决。消息传到太子妃贾南风耳中，把她吓了一跳，忙不迭地叫她的一个亲信握笔代答。这个亲信旁征博引，写了一篇结构严谨、文辞华丽的处理意见。她的另一个亲信张泓看后认为不妥，连忙对贾南风说："陛下知道太子不好读书，如果看到这样的文字，反而生疑，对太子不利。依我之见，不如就事论事，简单明了地写出处理意见为好。"贾南风一听，觉得有理，就对他说："你为我好好地为太子拟一篇，事情办妥，我保你享不尽的荣华富贵。"张泓是贾南风手下最有才能的亲信，处理意见的草稿不一会儿便拟好，然后由太子抄写好送交司马炎。这边司马炎正在大宴群臣，接过送来的处理意见，仔细端详了一番，觉得虽然文辞不佳，但道理讲得清楚，自然十分高兴，并且得意地拿给曾委婉地劝他更换太子的太子少傅卫瓘看。卫瓘明知有假，也不能说什么。从此也就堵住了那些说司马衷是傻瓜的大臣们的嘴，再也无人敢提更换太子的事了。

太熙元年（290）四月，晋武帝死去，太子司马衷继位，改元永熙，尊皇后杨芷为皇太后，而太子妃贾南风也就顺理成章地被封为皇后。

初次政变　铲除杨氏

贾南风虽为皇后，但手中无权，一心想从杨氏手中夺取大权。杨骏也知贾后情性难制，对她有所畏忌。为了保住大权，杨骏多树亲党，让他的外甥等任近侍之职，让他的党羽统领中央禁军。他为了取悦于众，大行封赏，但为政严酷，刚愎自用，反而引起了朝臣的不满。尤其是他排斥汝南王司马亮等辅政，引起了朝野上下的一致反对。这为贾后消灭杨氏后党势力提供了有利条件。

杨骏对殿中郎孟观、李肇一向轻视，态度傲慢。二人遂暗中向贾南风抨击杨骏，认为杨骏将危害国家。贾南风则利用这些人与杨骏的矛盾，密命他们阴谋诛杀杨骏，废除皇太后杨芷。当她命司马亮起兵讨伐杨骏时，司马亮坚决不干。可是，当李肇通知都督荆州诸军事的楚王司马玮时，司马玮大为高兴，满口应承，于是请求进京朝见。永平元年（291）二月二十日，司马玮和都督扬州诸军事的淮南王司马允抵达京城洛阳。

三月八日，由贾南风策划的一场政变爆发了。孟观、李肇在贾后的指使下，向晋惠帝司马衷上奏，诬称杨骏谋反；晋惠帝深夜下达诏书，宣布对洛阳城内外全部戒严，撤销杨骏所有的官职。同时，又下令东安公司马繇率金殿禁卫军400人，向杨骏发动攻击；派楚王司马玮驻防司马门；任命淮南相刘颂为三公尚书，率军保护金殿。

当时，杨骏住在位于皇家军械库之南的曹爽故宅。得到皇宫发生政变的消息后，杨骏紧急召集了文武官员会议。太傅主簿朱振劝杨骏说："皇宫突然发生变乱，目标是谁，不问可知。定是宦官小人之辈，替贾后设计阴谋，对你不利。你最好焚烧云龙门（皇宫南门），用火势威胁他们交出主谋，然后，再打开万春门（皇宫东门），率领东宫及驻防城外的禁卫部队，拥护皇太子（司马遹）进宫，搜捕奸党。宫内震动恐惧，一定斩杀主谋，送出人头。不这样的话，无法逃出此难。"杨骏胆小懦弱，不能立即决定，推托说："云龙门是曹叡建造的，花了不少工夫不少钱，怎么能烧掉呢？"杨骏的党羽见他不足以成事，都一溜烟地跑了。

当时，宫城内外隔绝，皇太后杨芷听到惠帝下诏搜捕杨骏的消息后,万分焦急,急忙写了一封信射出城外,声称:"救太傅者有赏。"没想到,信射出后,被贾南风的侦探拾到,立即交给了贾南风。贾南风马上把书信公布于众,宣称太后与杨骏共同谋反。又命弓箭手在附近楼上镇压,交叉射击。杨骏见状,惊慌失措,逃到马厩里躲藏,被乱戟杀死。接着贾南风下密旨,迅速逮捕了杨骏的弟弟杨珧、杨济及其他亲戚、党羽,全部屠灭三族,一夜之间杀戮数千人。贾后还怕晋武帝给杨骏的诏书外传,又派亲信李肇将杨骏所藏的文书之类全部焚毁。

三月九日,贾南风用皇帝的名义命令荀悝押送皇太后杨芷到永宁宫幽禁,准备借机将她致于死地。但这时杨芷仍是皇太后,贾南风不便骤下毒手,于是便暗中指使爪牙上表请求废掉皇太后。经过朝臣的激烈辩论,贾氏一派占了上风,杨芷被废为庶人。随后,贾南风又指使爪牙上表,说:"杨骏作乱,家属本应斩首。之所以留下杨骏妻庞氏的性命,是为了安慰太后。现在太后已废为庶人,特请按规矩办事,将庞氏交廷尉正法。"操纵在贾南风手心的惠帝,不得不下诏批准。

庞氏死后不久,杨芷也于元康二年(292)二月饿死。

再次政变 独揽大权

三月十九日,晋惠帝司马衷召汝南王司马亮任太宰,与太保卫瓘同时掌权辅政。楚王司马玮也被封为卫将军,直接掌握宫廷卫戍。

司马亮和卫瓘十分讨厌刚愎横暴、喜爱诛杀的司马玮,打算剥夺他的军权。司马玮因此愤恨司马亮和卫瓘,便主动向贾后靠拢。贾南风凭空得到一个亲王助手,大为高兴,遂留下司马玮担任太子少傅。岐盛一向跟杨骏交情很好，但后来却帮助司马玮图谋杨骏。卫瓘对这个反复无常的小人十分厌恶，打算逮捕他。岐盛听到风声后，遂与司马玮的另一个亲信长史公孙宏秘密定计，向贾南风打小报告，诬谄司马亮、卫瓘，说二人打算废黜皇帝，另立新君。贾后对司马亮、卫瓘共辅朝政非常不满，于是决定利用司马玮与司马亮、卫瓘二人的矛盾，再一次发动政变。

太熙元年（290）六月，贾南风指使司马衷亲手写下诏书，下达司马玮，让他免去司马亮和卫瓘的官职。诏书写好后，当天晚上派黄门送给司马玮。司马玮看到这项将酿成剧变的诏书，认为事关重大，不敢执行，打算再行奏报，加以证实。黄门对他说："那样做可能使消息走漏，就不叫密诏了。"司马玮遂命令公孙宏、李肇率军包围司马亮王府，命侍中、清河王司马遐逮捕卫瓘。

司马亮的部下听到消息后，急忙向司马亮报告，要求火速调兵抵抗。司马亮不肯。转眼之间，公孙宏、李肇军队已攀上院墙，大声呼喊。司马亮惊骇地说："我没有二心，为什么这样相待?!如果有诏书，请出示。"公孙宏不理，督促军队进攻。司马亮的亲信对司马亮说："看情形是一场奸谋。王府中英雄才俊多如树林，何不一决生死。"司马亮仍不肯这样做，终于被杀。

与此同时，司马遐率军包围了卫府，卫瓘左右的人要求抵抗，上书分辩，等到弄清诏书是真的时候，再死不迟。卫瓘不接受，遂束手就擒。

司马玮年轻性险，对卫瓘、司马亮有私怨，对贾氏后党也不满。在杀死司马亮、卫瓘之后，他的部下劝他乘势诛灭贾氏后党的贾模（贾后从弟）、郭彰（贾后从舅），司马玮犹豫不决。

贾南风也怕司马玮权势太大，对自己不利。正无计可施，太子少傅张华通过黄猛建议贾南风说："楚王（司马玮）一连杀死两位重臣，天下权威将全部集中到他的手中，人主怎能平安？最好趁他的权势尚未稳固，指控他擅自杀戮，将他除掉。"贾南风对张华的建议完全同意，于是以皇帝的名义派人对司马玮的士兵说："楚王假称皇帝的旨意，杀了两位大臣，大逆不道，请大家不要受他的蒙蔽。"士兵们听了，一哄而散，只剩下司马玮一人，呆若木鸡，束手就擒。司马玮被扣上擅杀国家大臣的罪名，判处斩刑。公孙宏、岐盛同时被屠灭三族。

贾南风一箭三雕，既除去了杨氏集团，又杀死了司马亮和卫瓘，也杀死了司马玮。至此，贾南风把所有阻碍她独揽大权的人全部排除，将朝廷完全置于自己的控制之下了。

皇后淫乱　　宫廷丑闻

贾南风虽握有权柄，但悔恨自己不是皇帝而偏偏是皇后，无法像皇帝那样随心所欲地满足自己的淫欲。太医令程据长得个子高大，皮肤白皙，也很会讨好贾南风。贾南风就借程据经常给她看病的机会，将他留在宫中过夜。程据当然乐得应酬，只是冤枉了司马衷，堂堂皇帝竟然不明不白戴上了一顶绿帽子。但贾南风并不以此为足，而是千方百计地寻找更多的面首。她经常派年老的心腹奴婢，在洛阳城里寻找美男子，使他们入宫，与她交欢。贾皇后怕这种宫廷丑闻传播出去，所以，把入宫的男子玩腻了之后，都一律处死。

一天，贾南风的淫欲大发，又派年老的奴婢到洛阳城南去寻找美男子。老太婆来到城南，看到一个尉部小吏，长得面目清秀，如同女子一般。她心头一阵高兴，心想把他搞到宫中，一定会得到贾南风的厚赏，于是便连哄带骗地把这位小吏拉进了一辆早已准备好的密封的车子，进了皇宫。

早已等得不耐烦的贾南风，听到来了一位美男子，心中高兴万分，命心腹奴婢给小吏洗了个香喷喷的澡，换上华贵的衣服，又给他吃了一顿山珍海味，然后安排在一个豪华的房间里。贾南风终于盼到了夜幕降临，急冲冲地来到美男子住的房间，和这位小吏过夜。由于这位男子过分英俊，贾南风舍不得让他走，把他一连留在宫中十多天。最后，贾南风没有像对待其他男子那样把他杀掉，而是赠给了他一些华贵的服装及金银玉器，派人把他送出宫外。

就在这位小吏失踪之后，贾南风的一位远亲被贼偷去了一批金银财宝，向尉部报了案。十多天后，这位小吏突然显身。可是他已不是原来的装束，而是完全变了模样，衣裳华丽，举止阔绰，尉部正为逮不住盗贼而发愁，一看这位小吏几天之间变得如此豪华，就把他作为怀疑的对象，予以逮捕，并且让他说出财富的来源。这位小吏只好一五一十地交代了。贾南风的远亲听到这番口供，大吃一惊，而且羞愧难当，也就不敢再追究了。尉部也发现近来发生的一连串的失踪案都与贾南风有关，再也不敢过问了。

谋害太子　费尽心机

贾南风虽恣意逞威，但她仍然有一块心病，那就是自己没有亲生儿子。可是惠帝却和谢夫人生了一个儿子叫司马遹。因为贾南风太凶虐，谢夫人刚有身孕时，便被司马炎保护、隔离起来。司马遹出生后,被司马炎留在身边。有一次,皇城中发生大火,司马炎登楼观察火势。当时司马遹才5岁,他拽住司马炎的衣襟,拉到黑暗处说:"半夜三更,突然发生事变,应该特别戒备才对,火光照得通亮,不应该让它照到陛下。"司马炎对小孙儿的智慧极为惊奇。又有一次,司马遹跟司马炎到猪圈,看到一头头肥猪后对司马炎说:"这些猪都很肥大,为什么不杀掉它们犒劳士兵,而使它们天天去吃那么多粮食呢?"司马炎认为他小小年纪说得很对,就按他的意见把猪杀了。司马炎为有这样一位早慧的皇孙非常得意,曾经对文武官员称赞他很像自己的祖父司马懿。天下人也对司马遹寄予很大期望。可是司马衷开始却不知道自己有这么一个儿子。一次,司马衷去拜见司马炎,和正在殿上玩耍的皇弟们一一握手。轮到司马遹时,司马炎说:"这是你的儿子。"司马衷这才知道自己有了儿子。司马炎在世时,担心司马衷会葬送掉自己的江山,曾打算另立贤明的太子。之所以至死没有废黜司马衷,主要是司马衷有一个聪慧过人、声誉颇佳的儿子司马遹。

太熙元年(290)八月二十六日,刚当上皇帝的司马衷封司马遹为太子。

贾南风忌恨司马遹被立为太子,只是由于时机不到,不便骤下毒手。司马遹深知贾南风不会宽容自己,可毕竟是个十多岁的孩子,他认为只要给人留下不问政事的印象,就可以避免贾南风对自己的暗算。于是,他每日跟左右的人游戏、作画,就是不认真读书,甚至早上也不出席金銮殿上的朝会。不料,司马遹这样做正中贾南风的圈套,于是,她密令宦官引诱太子挥金如土,胡作非为。

司马遹的母亲谢夫人出身屠家,带有商人习气。司马遹也喜欢做买卖,在宫中设市场开店铺;又在西园卖菜、卖鸡鸭、卖面粉等，收取钱财。在这些活动中，司马遹炼就一身绝活：用手掂肉，斤两不差。本来太子宫预算50万钱，司马遹常在一个月中消耗两个月的用度，而仍不够挥霍。太子宫有个官员也多次规劝司马遹，他哪里听得进去。这样，司马遹的名声一天天坏下去，为贾南风废太子打下了基础。

司马遹性情刚烈，也不去讨好贾南风。这时，曾和司马遹结怨的贾谧也在贾南风面前陷害司马遹，说：“太子聚敛金银财宝，和一些不三不四的人交往，矛头恐怕正对着我们贾家。如果皇上驾崩，他坐上宝座，依照我们对付杨氏集团的手段，把我诛杀，把你废黜，囚禁金墉城，可是易于反掌。不如及早下手，另行选立性情温顺的，才能保住自己。”这话正中贾南风下怀，于是，她便开始宣扬司马遹的缺点和短处，使远近皆知。贾南风又诈称自己已怀身孕，下令供应稻草等其他分娩用具，然后暗中把妹妹贾午的婴儿韩慰祖抱进皇宫，打算接替太子的地位。

贾南风的母亲郭槐深知贾南风没有儿子是一大缺憾，就劝她抚爱太子，以便为自己留条后路。郭槐病重时，司马遹亲自伺候，使郭槐深受感动。临死前，她拉着贾南风的手，一再劝她要好好对待太子。贾南风根本没有听进郭槐的话，反而更加快了陷害太子的步伐。

元康元年（299）十二月，太子司马遹的长子司马彪患病，司马遹请求封司马彪一个王爵，司马衷不准。司马彪病得很重，司马遹忙不迭地为儿子请巫师向上天祈祷，以求病情好转。贾南风得到消息，认为陷害司马遹的时机已到，便三次派人前去探视，并说皇帝让司马遹快去。二十八日晚，贾南风又给司马遹发了一封信，再次催促。二十九日一早，司马遹急急忙忙来到宫中，见到了皇帝司马衷。司马衷让他去见皇后。司马遹来到贾南风的住处,却不见贾南风,而是被领到一个空房间里。贾南风派宫女陈舞送来美酒三升,红枣一盘,命司马遹全部吃下。司马遹从来不能喝酒,就向陈舞申明他没有三升的酒量,请她转告皇后。正在这时,远处传来贾南风的声音,说:"你平常为了讨皇帝的喜欢,还饮两杯,现在怎么就拒绝喝了呢?父皇赐给你酒,是祝福道文(司马彪的字)的病好转。"听到是贾南风的声音,司马遹赶忙跪在地上,用哀求的语气解释说:"陛下朝会的时候,我怎么敢推辞,总是勉强地喝一点。可我从来没有在一天之内饮过三升酒呀!况且今天还没有吃早餐,就急急赶来了,如果空腹喝下这三升酒,定会酩酊大醉,不好去晋见您呀!"贾南风勃然大怒,提高了嗓门说:"你真是忤逆不孝!教你饮酒,你不饮酒,难道酒中有毒!"司马遹迫不得已,只好饮酒。当喝下两升的时候,司马遹就有些承受不住了,请求把剩下的一升带回去再喝,陈舞哪肯答应,非逼司马遹喝完不可。当司马遹把剩下的一升喝下肚子的时候,身热心躁,头脑昏乱,身不由己;贾南风命黄门侍郎潘岳拟就一份草稿,又派宫女承福带着笔墨纸砚,来到了司马遹所在的房间。宫女承福传贾南风的话说:"皇上让你抄写这份文件。"司马遹惊疑地坐起来,当听到是皇上让他抄写文件时,只得从命。潘岳拟就的两张草稿,一张写道:"陛下应该自己裁决,不然,我就要对你不客气;中宫(皇后)也应该自己裁决,不然,我也要亲手去结束你的性命。"另一张写道:"请谢妃(司马遹的母亲谢玖)同时行动,切勿犹豫,以防后患。"司马遹昏醉之中,神志不清,就照抄了一遍,自己也不知抄了些什么。当承福拿着抄写的信件给贾南风看时,只见字迹歪斜潦草,写得乱七八糟,不清楚的地方,又让人补充好,然后差人送给司马衷。

次日，司马衷驾临式乾殿，召集文武百官，命黄门令董猛拿出司马遹照抄的信笺和已在青纸上写妥的诏书，说："这是司马遹的信笺，内容如此，应该处死。"随后，把信笺交给出席的亲王、公爵及其他高级官员传阅。大家目瞪口呆，没有人敢发言。这时，老臣张华说："这是国家最大的灾难。自古以来，常因为废黜太子引起变乱。现在晋王朝建立的时日尚短，若在此时更换太子，恐怕是国家的灾难。请陛下三思！"另一大臣裴𬱟则认为，应首先查明传递这份信笺的人，然后和司马遹平常的笔迹比较一下。不然的话，可能有假。贾南风立即拿出司马遹平时所写的书札、报告之类。大家对照之后，无人敢说不是司马遹的笔迹。贾南风又让董猛出面，假称长广公主（武帝司马炎的女儿，嫁给甄德）有话，对司马衷说："事情应当马上决定，文武百官却在你一言，我一语！有不接受诛杀诏书的，应按军法从事。"然而大家仍在议论纷纷，直到太阳西斜，还不能作出结论。贾南风担心这样持续下去于己不利，于是改变主意，建议撤销死刑，仅废黜太子为平民。

司马遹被废为庶人后，改穿了平民服装，步行走出太子宫承华门，然后乘上一辆破旧的牛车。贾南风命东武公司马澹率兵卒押送司马遹、太子妃及3个儿子，一齐囚禁于金墉城。不久，在贾南风的指使下，诛杀了司马遹的母亲谢玖、妃子蒋俊。

贾南风并没有就此罢休，又命一个黄门向宫廷自首，主动招认打算与太子司马遹合谋杀害皇帝。皇帝下诏，把黄门的口供笔录下来，送给文武大臣传阅；然后命东武公司马澹率武装部队1000人，押解司马遹前往许昌（今河南许昌）囚禁。

司马遹被押解到许昌后，写信给被迫离婚的妻子，诉说自己的冤枉，请求岳父大人王衍帮助申冤。王衍为保全自己的名位，始终没有这样做。

就在这时，不断传言说宫中有人要废黜贾后，迎回太子。贾后听后十分担心，决定将太子置于死地。三月二十二日，贾南风命令她的情夫太医令程据配制叫巴豆杏子丸的毒药，以皇帝的名义，命黄门孙虑前往许昌，毒杀司马遹。司马遹自从被押解到许昌后，深怕受到谋杀，常在床前自己煮饭。孙虑把来意告诉负责看守的持书御史刘振，刘振遂把司马遹移到一个小院，断绝饮食，希望把他活活饿死，但宫女们偷偷地从墙外递进饭菜。孙虑等得不耐烦了，就强迫司马遹服毒，司马遹不肯。一次，孙虑趁司马遹上厕所的机会，用药杵将司马遹击毙。这年，司马遹才23岁。

螳螂捕蝉　黄雀在后

就在贾南风设下圈套准备害死太子的时候，早就在窥探时机的野心家、右将军司马伦正在准备害死贾南风。

司马伦是司马昭、司马师的九弟，汝南王司马亮的弟弟。他不像几位哥哥那样，或足智多谋，或英俊有为，而是一个浑浑噩噩、才能低下的庸碌之辈。司马伦听信手下一个佞臣孙秀的计谋，多年来一直讨好贾、郭两家，深得贾南风的信任。太子被废后，东宫旧将愤愤不平，打算除掉贾南风，恢复太子的地位。他们看到司马伦是个见利忘义的家伙，手中又有兵权，可以利用，于是向孙秀陈说利害，让他鼓动司马伦起兵。司马伦很快同意了。但临起事时，孙秀说："太子很聪明，如果能回东宫，肯定不听我们的话。你向来依附贾后是众所周知的，现在就是帮助太子回到东宫，太子也会说你迫于形势，并非真心,不会感激你的恩德,没准将来还会找你的麻烦。不如先别动手,等贾后害死太子,咱们再以为太子报仇的名义除掉贾后。这样,不但可以避祸,还可以得志呢!"

于是,孙秀派人行离间计,促使贾南风杀死了太子,然后开始起兵对付贾后。

永康元年(300)年四月三日深夜三更时分,司马伦和孙秀策划的政变行动开始。司马伦把假的皇帝诏书下达给京师"二卫"所属皇宫三区禁卫营:"皇后(贾南风)与贾谧等人谋杀了太子。今天命车骑将军(司马伦)入宫,废黜皇后。各将领应听从命令。事情完毕后,晋将吴中侯;如果拒绝,诛灭三族。"全体将士听命。司马伦再假传圣旨,打开宫门,武装部队在夜色掩护下入宫,到御道之南布防。又命令齐王司马冏率100人冲向后宫。

贾南风突然看到齐王司马冏,大吃一惊,问道:"你来干什么?"司马冏神气十足地对贾后说:"奉诏书逮捕皇后。"贾南风也不示弱,说:"只有我才可以下诏书,你哪里来的诏书?"然后向司马衷呼喊:"陛下的妻子被人废掉,你不久就会废掉自己!"她哪里知道傻皇帝早已失去了自由。贾南风又问司马冏:"起事的是谁?"司马冏说:"梁王(司马肜)、赵王(司马伦)。"贾南风后悔一直全力对付司马遹,想不到大祸另有所在,说:"拴狗当拴脖子,却去拴尾巴,怎么会不失败呢?"贾南风看到大势已去,只得束手就擒。随后,惠帝在司马伦的挟持下,下诏贬贾南风为平民,羁押建始殿,又下诏搜捕贾氏党羽。

这个黑丑矮小、凶残无比的贾南风,终于在永康元年(300)四月,被司马伦矫诏用金屑酒赐死了。

惠帝司马衷皇后羊献容

◎ 李炳泉

晋帝司马炎死后，白痴司马衷继位，即晋惠帝。司马衷的皇后贾南风凶狠权诈，是个有政治野心的人。她通过一系列宫廷政变，铲除了异己，把朝廷大权掌握在自己手中。这时，早已对皇帝宝座垂涎三尺的诸王纷纷登场，你争我斗，互相残杀，这就是发生在晋朝历史上有名的"八王之乱"。

永康元年（300），早就在窥探时机的赵王司马伦乘势而起，杀死了贾南风。司马伦是司马师和司马昭的九弟，本事不大，野心不小，一心想过过当皇帝的瘾。贾南风既死，他便紧紧抓住司马衷这个白痴，事事借口皇帝旨意，来一步步地扫除障碍,达到自己称帝的目的。他先让司马衷封自己为使持节、相国等最高级的官位,又把孙秀等一帮亲信都封作大官。为了把内外大权全掌握在自己手中,司马伦还要给司马衷安排一个对自己有利的皇后。就这样,羊献容成了皇后的候选人。

羊献容出身在泰山南城(今山东费县西南)的一个名门望族。她的祖上自汉代以来世世高官,祖父羊瑾做过宰相,父亲羊玄之做过尚书郎。羊献容本人品貌如何,史书未载,看来这些对她能否当皇后并不重要。她之所以被推为皇后的候选人,与她的外祖父孙旂有关。孙旂当时做平南将军,与司马伦最得力的亲信孙秀是本家,感情至好。孙旂为了投靠司马伦,就通过孙秀将外孙女作为赌注押了上去。司马伦觉得再没有更好的人选,也就表示同意。永康元年(300)十一月,羊献容被司马衷册封为皇后。

永宁元年(301)初,当一切组织准备和舆论准备做好之后,司马伦迫不及待地逼迫司马衷交出皇帝的玉玺绶带,强迫他下诏书禅让。司马衷禅让后被封为太上皇,搬进了一直作为冷宫的金墉城居住。

司马伦篡位惹恼了几位宗王。同年八月,齐王司马冏率先起兵杀死了孙秀,逼司马伦下诏退位,又把司马衷从金墉城接了回来。齐王司马冏入朝辅政,掌握了军政大权。这又引起了其他诸王的嫉妒和不满。河间王司马颙联合成都王司马颖、长沙王司马乂等举兵讨伐司马冏。司马乂率兵入宫,挟持司马衷与司马冏展开激战,杀死了司马冏,成了朝廷最有势力的人物。眼看胜利果实被司马乂得去,司马颖和司马颙又联合起兵围困洛阳,与司马乂展开激战。与司马乂共事的东海王司马越畏惧二王的强盛,联合殿中侍卫朱默拿下司马乂,送给了司马颙的部将张方。结果，司马乂被张方活活烧死。

司马乂既死，司马颙和司马颖联合上表，请求废黜司马伦所立的皇后羊献容。司马衷怎敢违抗，遂于永兴元年(304)正月下诏废皇后羊献容为庶人，打入金墉冷宫。

司马颖一心想当皇帝，便上表司马衷立自己为皇太弟。同年七月一日，右卫将军陈胗率军突入云龙门，用皇帝诏书号令文臣武将及禁卫军将士，下令戒严，讨伐司马颖。司马颖逃往老巢邺城(今河北临漳西南)。七月三日，司马衷下诏大赦天下，文武官员到金墉城将羊献容迎出来，复皇后位。

接着，东海王司马越拥奉晋惠帝司马衷御驾北征。这次战争以司马越失败而宣告结束，皇帝司马衷落入司马颖之手。这时驻军幽州(今河北北部)的安北将军王浚起兵攻打邺城。司马颖挟持皇帝司马衷返回洛阳。就在司马颖与司马越激战之时，张方带兵进入洛阳城，把持了朝政，并把羊皇后再次废为庶人。

司马衷回到洛阳后，完全被张方控制。张方凶狠残暴，纵容士兵剽掠抢劫，无恶不作，遭到朝野的一致反对。张方眼看洛阳站不住脚，就亲自带兵闯入殿中劫持皇帝前往长安(今陕西西安)。

司马衷被劫持西安后，留下尚书仆射荀藩、司隶校尉刘暾、河南尹周馥等人，留守朝廷，代表皇帝发号施令。十一月七日，洛阳留守朝臣又让皇后羊献容复位。

永兴二年(305)四月，被司马衷任命为中领军兼京兆太守的张方，下令再废皇后羊献容为庶人。这是羊献容第三次被废黜。

同年十一月，驻守洛阳的立节将军周权，诈称接到皇帝诏书，晋升自己为平西将军，然后迎接皇后羊献容复位。洛阳县长何乔击斩周权,再废羊献容为平民。这是羊皇后第四次被废黜。

迁都长安后,司马颙被任命为太宰。他认为羊皇后屡次被人利用,对自己不利,于是假传诏书,强迫羊献容自杀。接着,又颁布一连串假诏书,催促洛阳留守官员立即执行。司隶校尉刘暾等坚决反对,上书皇帝说:"平民羊献容,家门残破,软禁空旷的离宫,警卫森严,根本不可能跟奸人勾结作乱。无论愚蠢之辈还是智慧之士,都异口同声称她冤枉。现在,诛杀一个走投无路、困苦无告的女子,而使普天下都感到悲惨,这对国家有什么好处?"司马颙勃然大怒,命驻守洛阳的建武将军吕朗逮捕刘暾。刘暾不得已逃出洛阳,投奔青州的高密王司马略去了。但经此一番周折,羊皇后总算逃过一死。

司马颙的独断专行又引起了其他诸王的不满,他们公推东海王司马越为盟主,准备讨伐司马颙,恭迎司马衷还复旧都洛阳。永兴三年(306)五月,司马越经一年的争战,攻下了长安,白痴皇帝又被用牛车载回洛阳。司马衷下诏迎羊献容复位。

羊献容当了皇后之后四次被废又四次复位的经历,其中的甘苦只有羊皇后自己知道。当她得知如果不是刘暾等朝官的保护,她已不在人世的时候,特派使臣送给刘暾一封感谢信。信中感情真挚地写道:"全赖刘司隶的保护,我才有今天。"不久,刘暾因保护皇后有功,官升光禄大夫。

司马衷在回洛阳后不几个月,便被司马越毒死了。在此以前,司马越废掉皇太弟司马颖后,曾另立司马衷的一个弟弟豫章王司马炽为皇太弟。这时司马衷已死,司马炽理应继位。羊献容害怕司马炽登极后,她以嫂嫂的身份不能当皇太后,因此,打算另立司马衷的侄儿清河王司马覃为帝,但未能办成。

光熙元年（306）十一月，司马炽登极，是为怀帝，尊羊献容为惠皇后，住弘训宫。

惠帝在位期间发生的"八王之乱"，不仅使社会经济遭到了严重破坏，给百姓带来了无穷的灾难，而且严重削弱了西晋的统治力量。"八王之乱"的最后几年，各地流民和内迁的少数民族纷纷起兵反晋。永嘉五年（311），匈奴族所建的汉国皇帝刘聪看到西晋统治已岌岌可危，便派兵向晋朝发起进攻。同年六月，刘曜率军队攻入洛阳城。这时，早已听到消息的官员和百姓都纷纷逃命去了。晋怀帝司马炽企图出逃，结果被刘曜追上，乖乖地做了俘虏。羊皇后情知无法逃脱，只好听天由命，呆在宫中。刘曜少年时，曾到洛阳游历过，对洛阳的布局非常熟悉，进城后便朝弘训宫奔去。羊献容见一员匈奴武将闯入宫中，心中不免紧张。刘曜哪管这些，强行与羊献容做成好事。羊献容无奈，只好一任颠鸾倒凤。当刘曜离开洛阳时，羊皇后和晋怀帝等人一起被带往平阳。后来刘曜称帝，羊献容又成了刘曜的皇后。

东晋

明帝司马绍皇后庾文君

◎ 齐　涛

东晋成帝咸和二年(327)末，苏峻之乱爆发，次年二月，攻入都城建康，6岁的成帝并其母亲庾太后均落入乱军之手。虽未被杀戮，亦未遭废黜，但备受凌辱。三月，庾太后忧虑交加，死于宫中。四月即被草草地葬入武平陵。实际上，苏峻之乱，与这位太后不无关系，也正由于此，太后才会在苏峻之乱中屡遭逼辱，忧病身亡，死时年仅32岁。

庾太后是明帝皇后，名文君，颍川鄢陵(今河南鄢陵北)人，父亲庾琛曾为会稽太守。庾后姿仪非凡，知书达礼，明帝被立为太子后，元帝即聘其为太子妃。此时庾琛已故，庾后之兄庾亮被任命为中书郎、侍讲东宫。庾亮善谈老庄，机敏成算，为太子看重。兄妹两人一在宫中，一在朝中，互相倚重，庾氏权势开始发展。

三年后，握有重兵的荆州牧王敦兴兵东下，永昌元年(322)三月攻下建康，控制了朝政，将相、州牧、内外官员中稍有不合意者，或杀或换，气势逼人，又命亲信分别掌领青、徐、幽、平四州都督、荆州刺史等要职。十月，王敦退回武昌，遥控朝政。元帝忧愤交加，于闰十一月病卒，明帝即位。次年六月，庾氏被立为皇后，庾亮也被擢为中书监，参与枢密。此时，明帝名为帝王，实则受制于远居武昌的王敦。庾亮与中书令温峤积极策划，准备讨伐王敦。

明帝太宁二年(324)，丹阳尹一职空缺。丹阳尹在东晋负责管理京城建康，十分重要，温峤假意附向王敦，劝道"京城咽喉之地，公应自选良才。"并虚推王敦亲信钱凤。钱凤辞让，复推温峤，王敦遂表请明帝命温峤为丹阳尹，密令温峤监视朝中动向。温峤恐自己离去后钱凤看出破绽阻止此事，遂在王敦饯行时，佯装醉酒，逼钱凤饮酒，钱凤未来得及喝，温峤即用手版击掉其帽坠，以酒洒其脸上，钱凤大怒，被王敦劝开。温峤走后，钱凤果然向王敦道："温峤与庾亮交往颇深，不可信用。"但有了刚才的争斗，王敦对此反倒不以为然，说："太真方醉，小加声色，何必马上相谗？"(温峤字太真)温峤顺利地回到建康，出任丹阳尹，为庾亮与明帝讨伐王敦打下了基础。

温峤返京后，立即与庾亮开始了紧张的准备工作。六月，准备工作完成，明帝正式发布讨伐檄文，任命王导为大都督，温峤为都督东安北部诸军事，庾亮领左卫将军，共同讨伐王敦。历时数月，即剪除了王敦势力，庾亮被加官护军将军。

讨王敦后的第二年闰七月，明帝一病不起，庾亮与王导等人共受诏辅政。庾亮又被擢为中书令。二十一日，明帝卒，庾亮等拥成帝即位。

成帝为庾后之子，此时年方5岁，登基后，庾后以皇太后临朝听政。以王导、庾亮等人参辅朝政，但朝中大事完全取决于庾亮一人。

庾太后自认为寡母幼子，只有舅族可资信赖，因此，国政大事全凭庾亮处理。庾亮年轻气盛，恐内外大臣不服，便滥施严刑，颇失人心。南顿王司马宗原掌宿卫，庾亮先收其兵权，又使御史弹劾他谋反，收杀。

对内臣如此，对在外握兵权、守重镇的外臣，庾亮更不放心。当时的历阳内史苏峻，多有功勋，威望甚高，而且握重兵万人，庾亮想以太后名义将他诏还京中。因此，屡屡在朝中言苏峻"狼子野心，终必为乱。"王导、温峤极力劝阻，太后也认为急于召回苏峻，并非良策，万一他拒诏作乱，更难收拾。庾亮对此充耳不闻，对太后说"尔但安居宫中，外事自不必担忧。"咸和二年（327）十月，庾亮以太后名义下诏，召苏峻为大司农。苏峻果不奉诏，举兵南下，次年二月，攻入京城建康。庾亮仓皇逃往浔阳（今江西九江），太后及成皇均为苏峻所获，后宫宫人及太后左右侍从，多遭军卒袭掠。

苏峻入建康后，不废成帝，不黜百官，但极尽凌辱之能事，官库藏米或掠或焚，成帝及太后御膳只有吃那些烧焦的残米，百官也被士卒驱赶着往蒋山上背东西，动辄毒打。这种情况下，庾太后忧愤交加，三月十八日，死去。

成帝司马衍皇后杜陵阳

◎ 齐 涛

东晋当阳侯杜氏仪表不凡，王羲之曾称他"肤若凝脂，眼如点漆，此神仙人也。"这位当阳侯只有一女，名叫杜陵阳，也生得十分清秀、娟美。可惜的是她口中一直未能生长牙齿，许多慕名求婚者望而止步。不知什么原因，年轻的成帝相中了这位漂亮小姐，咸康二年(336)二月，遣使备六礼，准备迎娶。就在成帝纳彩的这一天夜晚，杜陵阳长出了满口洁齿。

迎娶至宫中，她被立为皇后。这一年，杜皇后16岁。在宫中平平淡淡地度过5年时光，因为一直未能为成帝生下子嗣，她渐渐地被冷落，忧郁寡欢，21岁时死去。

关于杜皇后之死，也流传着一个动听的故事。相传杜皇后临死前，江南女子头上都戴起了白花，民间传言天公织女死，故为她服丧。

咸康七年(341)四月，杜皇后被葬于兴平陵，成帝诏令"山陵之事，一从节俭"。次年元旦，礼部奏请废乐，成帝也只令废管弦乐，奏金石之乐如故。

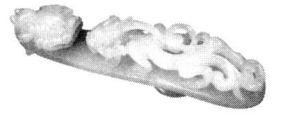

康帝司马岳皇后褚蒜子

◎ 齐 涛

东晋历史上有一位三度听政、前后历 40 年的帝后，听政次数之多，历时之久，在整个中国历史上也是不多见的。这位帝后就是东晋康帝之后褚蒜子。

褚皇后早在康帝为琅琊王时就入为王妃。咸康八年（342）六月，康帝即位，褚后被立为皇后。康帝只做了两年皇帝，便命归黄泉，褚皇后早早地成了未亡人。从此，开始了她几度听政的历史。

康帝病重时关于嗣立问题，朝中争论激烈，扬州刺史、录尚书事何充建议立康帝子聃，江州刺史庾冰、荆州刺史庾翼主张立元帝少子会稽王司马昱，理由是康帝子年幼，值此动荡年代，应立长君。何充、庾冰、庾翼都握有兵权，二庾势力自然重于何充。若二庾建议为康帝接受，则褚后的听政便不会成为现实。但当时东晋，除二庾、何充外，还有一支举足轻重的力量，这就是以左将军都督兖州、徐州之琅琊诸军事的兖州刺史褚裒。褚裒为褚皇后之父，在这场争执中虽然不发一言，但朝中及康帝自然要将他划到何充一边。在这种情况下，康帝于建元二年（344）九月，下诏立聃为太子。这就奠定了褚皇后的母后地位。

司马聃被立为太子的第三天，父皇死去，何充奉其即位，是为穆帝。尊褚皇后为皇太后。此时穆帝年仅2岁，褚太后临朝听政。

褚太后听政之初，即任何充为中书监、录尚书事。何充上表称左将军褚裒即太后之父，宜总朝政，为录尚书事。但褚裒自以近戚应避嫌，不肯接受。何充遂建议授其都督徐、兖、青三州、扬州之二郡诸军事及卫将军、徐、兖二州刺史，镇京口。至次年，朝中又召褚裒为扬州刺史，录尚书事，裒仍不就。也正因为褚裒不肯入居京城，在外掌有兵权，褚太后才能在京中稳稳地临朝听政。

说是听政，此时的东晋大政褚太后一人也难以决断。庾冰此时已死，庾翼为荆州刺史居兵上游，何充领扬州刺史居重朝中，庾、何二人水火不容，政令难以推行。

为缓和这种局面，褚裒向褚太后推荐会稽王司马昱为扬州刺史，录尚书事，渐夺何充之权。永和元年（345）八月，庾翼卒，徐州刺史桓温被任命为荆州刺史，褚裒又向司马昱推荐名士殷浩为建武将军、扬州刺史。实际上既增加了抗衡桓温的力量，又分了司马昱之权。这样，桓温据上游，殷浩据下游，褚衰据江北，三足鼎立，司马昱仍居中辅政。东晋政局相对稳定了多年。

自此，直到升平元年(357)元旦，一直是褚太后临朝听政，未见有大的作为。只是掌握兵权的桓温、殷浩、褚衰三人争相北伐，以争名位。桓温先平蜀中成汉，又克洛阳，战绩赫然，殷、褚二人战况不佳。尤其是殷浩，连连失败，劳民伤财，被桓温弹劾罢免。桓温被任命为招讨大都督，势力迅速扩张，个人野心也随之增长，很想步司马氏篡曹的后尘，登基为帝。因此，东晋王室到了一个危险关口。

升平元年(357)元旦，穆帝已15岁，褚太后下诏归政，将国政全部移交穆帝，自己移居崇德宫，司马昱依然处于宰辅地位。

穆帝亲政共4年多的时间，升平五年(361)五月病卒。穆帝无子，褚太后只得按群臣意见，立成帝长子司马丕继位，是为哀帝。司马昱仍居中辅政。不过，这位哀帝是位扶不起的天子。即位以后，听信方士们胡言乱语，服丹药求长生，药发病重，不能亲政，褚太后再次临朝听政。

不过，这一次临朝却比不得上次，这几年间，桓温势力继续发展，已加官侍中、大司马、都督中外诸军、录尚书事、假黄钺，位极人臣。所以，褚太后听政之初，便加桓温扬州牧，召其入朝参政，但被桓温推辞。

兴宁三年(365)，哀帝死去，因无子嗣，褚太后立哀帝之弟琅琊王司马奕为帝。褚太后继续听政。

此时桓温已近60岁，于太和四年(369)第三次北伐，想先建大功，再谋帝位。但遭到失败。桓温见此着不成，又接受僚臣建议，准备废司马奕，改立新帝，借以树立自己的威权。他先令人散布流言，称司马奕早有痿疾，身边嬖臣相龙、计好等人浊乱内宫，与美人田氏、孟氏生有三男，准备建储立王。既然这样，司马奕也就必须被废掉了。

咸安元年(371)十一月，桓温亲自赶赴建康，暗示褚太后，废司马奕改立丞相司马昱，并代褚太后拟下诏令呈其过目。虽然桓温握有朝中大权，但废立之事在表面上必须由褚太后作主。因此，桓温将诏令传入内宫后，也是心中惴惴，惟恐受阻。此时褚太后正在佛屋烧香，内侍报告"外有急奏"。褚太后走至屋门，靠在门上浏览诏令草文，边看边说："我早就料到会如此。"看到一半，索性交给侍从，取笔答道"未亡人遭此百忧，感念存没，心焉如割。"实际上是对诏令表示认可。

桓温立即召集百官，宣布此诏，废司马奕为东海王，立司马昱为帝(即简文帝)。褚太后自然也就无须临朝听政了，被尊为崇德太后，移居崇德宫。

简文帝虽被立为帝，但国政大事皆委桓温，自己战战兢兢，惟恐被废，即位的第二年六月，简文帝病重，立10岁的司马昌明为皇太子，并下遗诏"大司马桓温依周公居摄故事"。"少子可辅者辅之，如不可，君自取之"。这正合桓温心意。不过，诏书尚未发出，便被侍中王坦之所谏止，改为"家国事一禀大司马，如诸葛武侯、王丞相故事"。既然要像诸葛亮、王导那样辅佐君主，也就等于断了桓温废主自立的口实。七月，简文帝卒，群臣立太子昌明为帝。昌明年幼，又请出褚太后听政。

桓温本以为简文帝感激自己对他的拥立之功，临终一定会将帝位禅于自己，没想到会发展到如此地步，心中十分恼怒。宁康二年(374)二月，亲自率军入建康。三月，患病还姑熟。临行，要朝中为他加九锡，准备篡位，但未能等到那一天。七月，桓温病卒，东晋王室躲过了一场危机。

朝中虽又是褚太后临朝听政，但几十年过去，内外大臣已非故人，朝政基本上由尚书令王彪之、尚书仆射谢安共掌。太元元年(376)元旦，褚太后下诏归政，孝武帝开始亲政，褚太后又被称为崇德太后，移居显阳殿。至此，褚太后的听政生涯正式结束。太元九年(384)卒于显阳殿，终年61岁，葬于崇平陵。

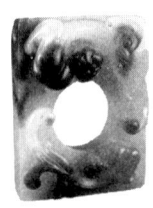

穆帝司马聃皇后何法倪

◎ 齐 涛

东晋升平元年(357)元旦,15岁的穆帝开始亲政。八月,遣太常王彪之等人迎娶原散骑侍郎何准之女何法倪为皇后。这一年,何皇后19岁。

何皇后是庐江(今安徽合肥)人,出身士族,父亲何准早亡。此次入为皇后,全凭从伯文太尉参军何琦之力。何皇后随穆帝五年,未有子女,升平5年(361)穆帝死,成帝长子司马丕继位,何皇后称穆皇后,居永安宫,与外界没有什么联系。40年后(403),荆州都督桓玄攻下建康,代晋安帝自立,国号楚。晋帝被废,这位穆皇后自然也无法在宫中安身,被桓玄移往司徒府。路经太庙时，穆皇后放声痛哭，国亡位移，自然伤心之极。但此举使桓玄大怒，训斥道："天下禅代常理，何预何氏女子事耶？"遂将何皇后贬为零陵县君。

元兴三年(404)二月，北府军将刘裕等人起兵反对桓玄，桓玄兵败，挟安帝与何皇后等逃往江陵。继收荆州兵东下，与北府兵大战于峥嵘州(今武昌一带)又大败。桓玄将何皇后、王皇后留在巴陵，挟安帝西奔。桓玄部将殷仲文叛玄，带二位皇后回到建康。

可能是这场风波给何皇后的刺激太大了，这年七月，她便病卒于建康。八月，葬永平陵，终年66岁。

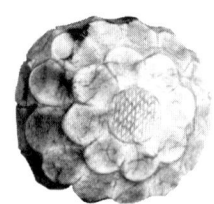

附：简文帝司马昱太后郑阿春

◎ 齐涛

晋朝有一部著名的历史著作《晋阳秋》，传至后世，后人多被这奇特的书名所倾倒，有续作者，又有仿名另作者。其实，这一书名的形成纯属偶然。这部书本名为《晋春秋》，只因东晋有一位被尊为太后的人名叫阿春，为避讳，才将书名改为《晋阳秋》。这位被尊为太后的阿春是一位极有传奇色彩的人物。

阿春姓郑，河南荥阳(今河南荥阳东北)人，虽家世冠族，但父祖都未做大官。祖父曾为临济县令，父亲郑恺曾做安丰太守。在阿春十几岁时，父亲死去。阿春姊妹四人，她为大,为生计,草草地嫁给一田姓人家,生下一子后丈夫又死去。阿春带着三个妹妹与母亲一道寄居到舅舅吴氏家中。建武元年(317),琅琊王司马睿想纳吴氏女为夫人。有人曾见到阿春与吴氏女同游后园,向司马睿说道:"郑氏女虽寡居,但远较吴氏贤惠。"于是,司马睿纳阿春为王夫人。为此,舅舅吴氏好不高兴。

阿春虽然只是一位夫人,上面还有王妃,但她聪明、通达,十分得宠,不过,在琅琊王面前,她还是长吁短叹,忧郁重重。琅琊王追问原因时,她说道:"妾有三妹,大妹已嫁长沙王褒,二妹三妹尚未出嫁,恐怕因为我做人妾,不会有人去求婚了。"琅琊王此时已为丞相,都督江东诸军事,便命令散骑常侍刘隗为郑氏两妹寻求佳偶。刘隗让自己的侄儿刘傭娶了二妹,将三妹嫁与汉中李氏。琅琊王又召王褒为尚书郎。至此,阿春已将三个妹妹安置停当,尽到了长姊的责任。

琅琊王登基称帝后,阿春仍为夫人,不过,司马睿要求太子以下诸子女都要以母事之。阿春自己生有二男一女。

永昌元年(322),元帝(即司马睿)死去,阿春被尊为建平国夫人。咸和元年(326)病卒。

阿春第二子司马昱后为会稽王,奏请追尊母亲为会稽太妃。至太元十九年(394),其孙孝武帝下诏尊为简文太后。

孝武帝司马曜皇后王法慧

◎ 齐涛

王法慧之所以成为皇后，恐怕主要得益于她的弟弟王恭。

王皇后之父王蕴嗜酒，豁达。其女儿法慧颇像其父，也嗜酒，粗率。但其弟王恭虽未到加冠年龄，却文质彬彬，善于言辞。宁康三年(375)，孝武帝准备纳聘皇后，令公卿物色。此时王恭正去拜见仆射谢安，深为谢安所看重。谢安认为，王蕴教子有方，主张"若帝纳后，一定要选择有王蕴这样的父亲的人。"他派人私访王法慧的情况，也十分满意，遂使中军将军桓冲上奏称王法慧"天性柔顺、四业允备"，可以"母仪天下"。于是成帝立法慧为后。

谁料王皇后入宫后本性不改，仍嗜酒成性，而且骄横妒悍。孝武帝十分不满，召来王蕴，令加训诫。王蕴一面免冠谢罪，一面厉声训斥女儿。王皇后因此也稍稍注意了一些。

太元五年(380)，王皇后病死，是年31岁，葬于隆平陵。

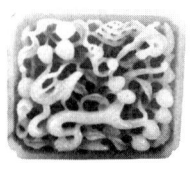

附：孝武帝司马曜太后李陵容

◎ 齐 涛

东晋有位太后出自织坊贱婢，因肤色暗黑，还曾有一个绰号"昆仑"。"昆仑"即将她比作昆仑奴（即黑人奴仆），此人便是后来的孝武帝李太后。

李太后名陵容，出身贫家，不知何处人氏，在会稽王宫织坊中劳作。穆帝升平年间（357—361），会稽王司马昱因王妃王氏及世子道生均亡，其他诸姬也久无身孕，十分着急，惟恐无后，令善卜卦的扈谦占算一下。扈谦道："王宫中有一女，当育二男。"此时徐贵人刚生下一个女儿，司马昱认为扈谦所算当指此人，遂备加宠幸。但一年过后，徐贵人仍无身孕,司马昱又请道士许迈占算了一番,还是没有结果。大约在升平五年(361),他又请到一位相面先生,将王宫爱妾让他一一相视,相者皆摇首不语。司马昱干脆将宫中所有宫女都让相者一一验看。看到李陵容时,相面先生说:"就是此人。"司马昱当即召入寝宫侍寝。不久,李陵容果然为他生下二子一女。不过,司马昱并未给她一个名号。

咸安二年(372),李陵容的长子司马曜即位,即孝武帝,尊其母为淑妃。太元三年(378)进为贵人。太元九年(384)为夫人。太元十二年(387)为皇太妃,礼仪于太后。太元十九年(394),在其次子会稽王司马道子的奏请下,李陵容被尊为太后。母以子贵,在这位太后身上得到了最好的体现。

安帝即位后,李太后被尊为太皇太后,隆安四年(400),病卒,葬修平陵。

十六国

(305-439)

　　这一时期,南北方各民族统治者相互混战,先后建立起许多独立的国家,其中的 16 个比较强盛,而把"十六国"作为这一时期的总称。

　　本书收录了该时期的 26 个皇帝的 35 位皇后,并附有 1 位皇太后、3 位皇妃。

前凉

十六国／前凉

文公张骏皇后马氏

◎ 崔明德

马氏是前凉国君张骏的第二个夫人,很受张骏的宠爱,于前凉永安三年(316)为张骏生下次子张重华。张骏死后,张重华继位,马氏被尊称为王太后,搬到张重华特意为她修建的永寿宫居住。

张骏死时,马太后正是青春活力最旺盛的时期,自然忍受不了长期守寡的痛苦煎熬,于是勾搭上了仪表堂堂、博学多才、能说会道的长宁侯张祚。从名分上说,马太后是张祚的母亲,只不过是张祚并非她亲生而已。张祚野心勃勃,也很想借马太后的势力操纵前凉大权,因此俩人一拍即合。

前凉永乐八年(353)十一月，张重华去世，年仅10岁的张曜灵接任凉州刺史、西平公。张祚见有机可乘，便在光天化日之下进了永寿宫。马太后是聪明人，她从张祚的快速步伐和焦躁的神色中就知道张祚准备夺权。马太后同样想到这个问题，她觉得由张祚掌握大权对自己更有利，于是主动对他说："我这里没有什么问题，不过，由我出面废掉曜灵，让你接位，舆论界肯定会说三道四。依我之见，最好由你自己在下面多做一些工作。"张祚一听，立即明白了马太后的弦外之音，于是先让他的结拜兄弟赵长、尉缉等人伪造了一份张重华让张祚辅政的遗诏，接着又怂恿赵长等人联名向马太后写信推荐张祚出任前凉国君。马太后见时机已经成熟，便公开贬低张曜灵，大肆吹捧张祚。结果，张曜灵被废，张祚荣登前凉王位。

张祚刚取得王位时，对马太后感激涕零，百依百顺，但没过多久便一脚踢开马太后，把她的儿媳妇、女儿以及张骏的后宫女子全部强奸。马太后气得浑身发抖。不知是出于报复，还是为了满足自己的情欲，马太后在受到张祚的冷落后，又把大臣张邕拉入怀抱。

马太后虽对张祚的忘恩负义恨之入骨，但在当时情况下，对他又无可奈何，只好等待报复机会。前凉和平二年(355)，河州刺史张瓘起兵攻打张祚，原与张祚有矛盾的宋混弟兄积极响应，很快攻到姑臧(今甘肃武威)城外。马太后见此情景，心中窃喜，感到报复张祚的良机已到，便派侍从暗中监视张祚的动向，准备伺机将他除掉。

恰在这时，赵长等人背叛张祚，气喘吁吁地跑进永寿宫，请马太后出面宣布废掉张祚，改立张玄靓为前凉国君。这话正中马太后下怀，不由分说，她立即起身下殿。但没走出多远，就听到几声尖叫，回头一看，跟在她身后的赵长等人已倒入血泊之中。马太后还没弄清是怎么回事，只见宋混率领一大批士兵向殿堂跑去，一会儿，宋混提着张祚的脑袋走了出来。马太后且惊且喜地迎上去，连声说："干得好，干得好……"当天，张玄靓当上了凉州牧、西平公。几天后又称凉王。

张玄靓即位时年仅7岁，7岁孩童连衣食都难以自理，更谈不上管理国家了，这样，前凉大权自然落到了马太后手中。但是，从枹罕(今甘肃临夏)赶到姑臧的张瓘以功臣自居，根本不把马太后放在眼里。马、张之间自然出现了裂痕。这时，因受张瓘排挤的辅国将军宋混和弟弟宋澄见状，便于前凉建兴四十七年(359)六月假借马太后的名义，兴师讨伐张瓘。张瓘自杀后，宋混兄弟又控制了前凉大权。

宋混对马太后比较尊重，但在他死后，他的弟弟宋澄却对马太后不予理睬。马太后岂能容忍，前凉建兴四十九年(361)九月，马太后唆使情夫张邕杀害了宋澄，消灭了宋氏家族。

张邕也不是一个安分守己的人。他自以为有马太后作靠山，谁也对他无可奈何，便结党营私，胡作非为，结果被张邕的小儿子张天锡杀害。

张邕之死，对马太后打击很重。从此，她委靡不振，到前凉太清元年（363）八月便离开了人世。

成

十六国／成

武帝李雄皇后任氏

◎ 崔明德

任皇后是成国国君李雄的糟糠之妻,不知什么原因,直到李雄继位后11年即(汉)建元元年五年(315)一月才被立为皇后。

任皇后没有生育过儿女,却有一颗慈母之心,对李雄的妾所生的10多个孩子,都如同自己的亲生儿女一样,对他们始终关怀备至,循循善诱。就是对李雄的侄子李班和李雄的堂弟李寿也都精心培养,教育他们勤奋学习,诚实待人,谦恭礼让。

李雄死后,李班继位,任皇后被尊为皇太后,操纵成国军政大权。不久,李雄的儿子李越、李期在到成都奔丧时,假称执行任太后的命令,将李班杀于殡宫,由李期继承帝位。汉兴元年(338),李寿又效法李期假称执行任太后的命令,将李期废为邛都县公,关禁起来。李寿即位后,任太后的"太后"名号就被李寿的亲生母亲昝氏取代了。

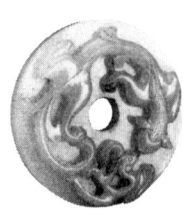

汉

十六国／汉

光文帝刘渊皇后单氏

◎ 崔明德

单氏是汉光文帝刘渊的皇后。由于史料太少，我们现在已经无法弄清她是谁的女儿，何时进入刘渊后宫了，只知她在永凤元年（308）刘渊称帝时被立为皇后。

刘渊死后，刘聪杀兄自立，按照惯例，单皇后被刘聪尊为皇太后。据史书记载，单皇后长得如花似玉，当时担任大单于的刘聪多次想打她的主意，但一直没能得逞。刘渊死后，单皇后仍不减当年风骚，自然成了刘聪掌中之物。

单皇后对刘聪的非礼无可奈何，可她的儿子刘义却忍受不了这种耻辱。刘义当时被刘聪封为皇太弟，准备接替刘聪的帝位。他虽对刘聪无比气愤，但又不敢公开得罪刘聪，于是便把满肚子怒火往单皇后身上发泄，劝她检点一些。单皇后一听，感到无地自容，惭愧、委屈、羞辱、恼怒齐涌心头，很快就一病不起，离开了人间。

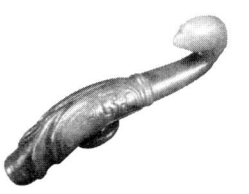

昭武帝刘聪皇后刘娥

◎ 崔明德

嘉平二年(312)正月甲戌这天,汉国国都平阳(今山西临汾西北)狂风嘶鸣,寒气袭人。可是,在朝廷上,气氛却异常热烈,大臣们正在为是否将太保刘殷的两个女儿召进后宫,争得面红耳赤,不可开交。

原来,新春过后,汉国国君刘聪的皇后呼延氏因病而死,刘聪提名把司空王育、尚书令任顗的女儿召进后宫,分别封为左、右昭仪;把中领军大将军王彰、中书监范隆、左仆射马景的女儿封为夫人,右仆射朱纪的女儿封为贵妃。刘聪一提名,很快就被通过。接着,刘聪又提出把太保刘殷的两个女儿刘英、刘娥也召进后宫。刘聪的话音刚落地,皇太弟刘乂就以"男女同姓,其生不蕃"为借口表示反对。刘乂的话刚讲完,一部分大臣就站起来慷慨激昂地支持刘乂,一时间把刘聪弄得十分尴尬。过了一会儿,刘聪让太宰刘延年、太傅刘景谈谈他们的看法。刘延年和刘景已经揣摩到刘聪很想把刘殷的两个女儿召进后宫,于是便向刘聪献媚说:"刘殷自称是刘康公的后代,与陛下的刘姓井水不犯河水。你们本是匈奴的后裔,只是因为冒顿单于娶西汉公主当阏氏(相当于中原王朝的皇后),他的后代才改姓刘氏。既然如此,陛下娶刘殷的女儿就无可厚非了。"经刘延年和刘景的提醒,刘聪自然有了充足的理由。当天就传出诏令:封刘英为左贵嫔,刘娥为右贵嫔。

嘉平三年(313)三月,刘娥被立为皇后,刘聪非常宠爱刘皇后,命令有关人员专门为她建造鹓仪殿。廷尉陈元达闻讯,马上用铁链子把腰锁住,三步并作两步到了逍遥园李中堂。陈元达一见到刘聪,就十分麻利地把自己的腰锁到了李中堂下面的一棵大树上,然后十分坦率地劝谏刘聪取消营建鹓仪殿的命令。刘聪还没有听完陈元达的陈词,就气乎乎地说:"我身为天子,为皇后建殿还要向你请示吗?不杀你这小子,我的殿也不会建成的。来人!把他抬出去杀掉!"卫兵蜂拥而上。但是,由于陈元达早已把自己锁到了树干上,卫兵们怎么也拉不动,只好任凭陈元达肆意怒骂刘聪。

刘皇后当时正在后堂,对陈元达和刘聪的话听得清清楚楚。当听到卫兵们扑向陈元达的声音时,她立即派人通知卫兵暂时不要对陈元达动刑,然后,亲自写疏进谏,疏中说:

"陛下:现在宫殿已经不少了,何必还要再建!

天下没有统一,应当爱惜民力。陈元达之言,利国利民,陛下应当对他封官加爵。如果陛下把他杀掉,全国人民将如何评价您呢!常言说,忠臣进谏会奋不顾身,难道陛下拒谏也会奋不顾身吗?!再说,陛下为我建造宫殿而杀谏臣,这不是爱我而是害我。试想一下,忠臣以后对您哑口无言,言路被堵塞,罪责归我;臣民由此对您不满,罪责也归我;国家财政困难,人民生活维艰,罪责仍归我;国家处于危难之中,罪责还归我。这样,天下的罪责都归到了我一个人身上,我怎能受得了呢!我从史书中知道,自古败国丧家都与妇人有关,掩卷沉思,时常痛恨她们,没想到今天我也扮演了这一不光彩的角色!既然如此,我还有什么资格当皇后!希望陛下将我赐死于此,以顾全您的面子。"刘皇后一口气写完,没有再看一眼就打发身边的人递到了刘聪手中。

  刘聪看着看着,似乎看到了刘皇后的一副怒容出现在自己面前。过了许久,转身对陈元达说:"你是忠臣,我错怪了你。"然后把刘皇后的疏文递给陈元达,说:"有你和刘皇后辅佐我,我还有什么值得忧虑的呢!为了褒奖皇后和你的直言,现把逍遥园改名为纳贤园,把李中堂改名为愧贤堂。"刘聪说这句话时,刘皇后不声不响地走了过来,向刘聪露出了笑容。

  类似这类事情,刘皇后做了很多。可惜她到嘉平四年(314)正月便得病死去,谥号武宣皇后。

昭武帝刘聪皇后靳月光

◎ 崔明德

嘉平四年(314)一个天高气爽的秋日，汉国国君刘聪在文武大臣的簇拥下来到了中护军靳准的府第。靳准受宠若惊，赶快把妻子和大女儿月光、二女儿月华唤出，迎接刘聪。

月光、月华的出面迎接，既是刘聪所渴望的，又是刘聪早已预料到的。自从刘皇后死后，后宫虽然还有不少艳丽女子供他寻欢作乐，但他对她们已经玩腻了，迫切希望得到新的美女。当他听说靳准的两个女儿都是绝世佳人时，便不惜屈尊来到靳家。

月光、月华见到刘聪时，都显出一副羞羞答答的样子，这更给二位天姿国色增添了几分色彩。月光姐妹很有礼貌地把刘聪引进屋内，陪着刘聪说话。一会儿，酒菜陆续端了上来，月光姐妹不停地为刘聪斟酒、夹菜，把刘聪乐得合不拢嘴。

第二天，宫中传出刘聪的诏令：封月光、月华为左、右贵嫔。几个月后，月光又被立为皇后。建元元年（315）三月，月光升格为上皇后，月华升格为右皇后，和左皇后刘氏并称为三皇后。左司隶陈元达以"并立三后，非礼"为由，上书劝谏。刘聪不但不听，反而采用了明升暗降的办法，让陈元达当右光禄大夫，后来因为迫于太尉范隆等人要求辞职的压力，才又把陈元达任命为御史大夫。

月光不愿让自己归刘聪单独占有，总是背着刘聪干一些偷鸡摸狗的勾当。月光自以为干得很巧妙，很诡秘，殊不知早已被陈元达了解得一清二楚。陈元达把月光与别人私通的丑行一一向刘聪作了汇报，刘聪一气之下给月光摘去了皇后桂冠。月光悔恨羞辱交加，悄悄地自杀了。

昭武帝刘聪皇后靳月华

◎ 崔明德

靳月华是汉国中护军靳准的二女儿，嘉平四年(314)和她的姐姐月光同时被刘聪封为贵嫔，建元元年(315)三月，被封为右皇后。

麟嘉三年(318)，刘聪病死，太子刘粲继位。月华被尊为皇太后。月华正在为失去刘聪而悲伤之际，刘粲的亲信把她叫到了刘粲的寝宫，月华禁不住威逼利诱，从此又成了刘粲的玩物。正好月华的妹妹也被刘粲立为皇后，姐妹俩在宫中倒也并不寂寞。

就在刘粲和月华姐妹寻欢作乐之际，月华的父亲丈司空、领司隶校尉靳准正在为如何陷害诸王大臣和夺取帝位而绞尽脑汁。一天，靳准诡秘地劝刘粲及早收拾诸王大臣，不料遭到了刘粲的拒绝。靳准不甘心，又把月华姐妹叫到家中，威胁她们说："现在有些人企图废掉刘粲，改立济南王。如果他们的阴谋一旦得逞，不但你们的皇后位子坐不成了，连我们全家也要被斩尽杀绝。我已向刘粲报告过，但他根本不听，希望你们回宫想尽一切办法说服刘粲，让他迅速动手。"听了父亲的话，月华姐妹立即意识到了问题的严重性，于是赶回宫中，轮番向刘粲吹枕边风。枕边风很快奏效，没过几天，刘聪就把太宰刘景、大司马刘骥、车骑大将军刘逞、太师刘颛、大司徒齐王刘劢全部杀掉，从此，汉国的军政实权全部落入了靳准一人之手。

靳准不满足于掌握实权，而是要夺取帝位，建立靳氏王朝。麟嘉三年(318)八月，靳准发动叛乱，残杀刘粲，自称汉天王。但是。好景不长，靳准很快就被乔泰、王腾和靳康等人杀掉，月华姐妹自然也被送上西天。

昭武帝刘聪皇后王氏

◎ 崔明德

麟嘉三年(318)四月，汉国君臣围绕着是否立中常侍王沉的养女当左皇后发生了一场争论。

国君刘聪这时已经有了刘皇后、靳皇后和樊皇后等几个皇后。刘聪尽管非常宠爱她们，但当他听说王沉的年方14岁的养女更有姿色时，便提出把王氏接到后宫，立为皇后。消息传出后，尚书令王鉴、中书监崔懿之、中书令曹恂按捺不住内心的气愤，联合起来向刘聪劝谏说："国君立后，既要上配天地，又要下负众望。所以，自古以来的君王大都选择名门大族的窈窕淑女做皇后。陛下应当从历史上汲取教训：

孝成帝把婢女赵飞燕立为皇后，结果使后嗣断绝，社稷沦丧。再看我们汉国，自从麟嘉以来，后宫完全乱了套，淫乱成了光明正大的事情，这成什么体统！退一步说，即使王沉的养女作风正派，但她仅是一个婢女而已。王沉是个刑余小丑，就是他的妹妹、女儿也不够进后宫的资格，何况是他的婢女！六宫嫔妃，都是王公的女儿、孙女，怎能让她凌驾于她们之上！"

　　刘聪早就被王沉养女的姿色搞得神魂颠倒，哪里还能听进王鉴等人的谏言！于是，怒气冲冲地对他们说："你们竟敢口出狂言，侮辱国家，大概是活够了吧？！现在我就成全你们。"一声令下，中护军靳准就把王鉴等人拉到了刑场。

　　王沉兴奋不已，匆匆赶赴刑场，用拐杖拼命敲打着王鉴的头，边打边说："奴才，你现在还逞能吗？你老爹的养女当皇后碍了你什么事！"王鉴扬起头，把一口唾沫吐到他的脸上，怒骂道："小子，不要高兴得太早了，到了阴间我也不会饶了你。"

　　王鉴等人头落地，王沉的养女兴高采烈地步入后宫，当上了左皇后，中常侍宣怀的养女当上了中皇后。

　　但是，王氏仅当了三个月的皇后，刘聪就离开了人间。新皇帝刘粲是个色鬼，王皇后自然又成了他的玩物。

前赵

十六国／前赵

刘曜皇后羊献容

◎ 马晓丽

永嘉五年(311)六月，匈奴汉国皇帝刘渊的侄儿刘曜率军攻入洛阳。晋怀帝司马炽企图逃跑，被刘曜追获，做了俘虏。怀帝皇后羊献容自知无法逃脱，只好听天由命，呆在弘训宫中。刘曜因年轻时曾游历过洛阳，对洛阳的布局了如指掌，进城后便直奔弘训宫，将羊皇后据为己有。

刘曜离开洛阳时，羊皇后和晋怀帝一起被带往平阳(今山西临汾西北)。

光初元年(318)，刘曜在平阳称帝，次年，迁都长安，改国号为赵，史称前赵。刘曜毕竟是匈奴人，他并不在乎羊献容原是晋惠帝皇后,决定立她为皇后。羊献容对刘曜感激地说:"我原来真不想活了,想不到还会有今天。"当刘曜问她:"我和司马儿辈相比如何?"时,她无比感慨地说:"他们怎能和你相比呢?你是开基之圣主,他是亡国之昏君。提起他来就让我生气,身为帝王,连老婆孩子都保护不了,那还算人吗?!我原以为世间的男子都和他一样德性,直到和你在一起,才知道天下还有真正的男子汉大丈夫!"

羊献容很受刘曜的宠爱,共为刘曜生下了刘熙、刘袭和刘阐三个儿子。刘熙当上了皇太子,刘袭和刘阐分别被封为长乐王和太原王。羊献容经常为刘曜出谋划策,每有重大事情,刘曜都要先听听她的意见。羊献容死后被谥为献文皇后,葬于显平陵。

刘曜皇后刘氏

◎ 崔明德

刘皇后是前赵国君刘曜的皇后。对她何时入宫，何时被立为皇后，以及她在当皇后期间的主要事迹，由于史料太少，我们现在已经无法考证了。

光初九年(326)年初，刘皇后患了重病，到了二月，已生命垂危。临终那天，可能是回光返照，昏迷多日的刘皇后突然清醒了过来。刘曜闻讯，立即赶到她的病床前，紧紧抓住她的手，低声问她有什么要求。刘皇后先是轻轻地摇摇头，过了半晌才有气无力地说："我叔父刘昶无儿无女，我从小由他抚养长大，他对我体贴入微，关怀备至，令我终生感激不尽。看来我活不多久了，今生今世已经无法报答他的厚恩了。希望陛下在我离开人间之后，让他富贵起来。我另一个叔父叫刘皑，他的女儿刘芳人品相貌都出类拔萃，希望陛下把她接进后宫。陛下如能答应这两件事，我死也瞑目了。"说完，两只眼睛紧紧地盯着刘曜，当她看见刘曜点头时，便闭上了双眼，一会儿就停止了呼吸。谥号献烈皇后。

不久，刘曜就把刘昶提拔为使持节、侍中、大司徒、录尚书事，封刘昶的妻子张氏为慈乡君，立刘芳为皇后。

后赵

十六国／后赵

高祖石勒皇后刘氏

◎ 崔明德

刘氏和石勒是结发夫妻。石勒被汉国国君刘聪封为征东大将军时，刘氏亦被封为上党国夫人；石勒被前赵国君刘曜封为赵王时，刘夫人升格成王后。据说刘王后有胆有略，经常为石勒出谋划策。石勒在她的帮助下，经过惨淡经营，终于消灭了前赵，在襄国(今河北邢台)建立国都，自称皇帝，刘王后也于建平元年(330)当上了皇后。

也许是刘皇后见石勒大功已经告成，也许是她和石勒一样已经精疲力尽，反正她自当上皇后就再也不愿在公开场合抛头露面，更不愿过问政事了，只求过舒适、平淡、悠闲的生活。

刘皇后只过了三年这种生活，后赵就发生了巨大变化。

建平四年（333）七月，石勒病死，侄子右虎掌握了后赵军政大权，新即位的石弘成为傀儡皇帝，刘皇后被石虎赶进了崇训宫。

面对这突如其来的巨大变化，刘皇后在心理上怎么也承受不了。每当看到杀人如麻的石虎得意忘形的样子，她就气得浑身打颤，恨不得一口把石虎吃掉。但是，她也深知，这时她本人对石虎已经无可奈何，只好动员石勒的养子彭城王石堪伺机向石虎动手，以解心头之恨。

一天，刘皇后派人把石堪叫到崇训宫，屏退左右后，忧心忡忡地对石堪说："先帝刚刚去世，石虎就让先帝时的文武大臣靠边站，把他自己的狐朋狗党提拔到显要位置。如果再让他继续胡作非为，后赵政权很快就会断送在他的手中。我想你不会对此袖手旁观吧？！"石堪听出了刘皇后的弦外之音，立即和盘托出了自己的主张："先帝时的文武大臣全都遭到了石虎的排挤，兵权已经被石虎的几个儿子所操纵，如此看采，我只好出奔兖州，占据廪丘，挟持南阳王石恢当盟主，以您的名义号召牧、守、征、镇起兵讨伐石虎。这样，也许还能挽救后赵政权。"刘皇后听罢，仔细权衡了一下利弊，说："时间非常紧迫，你马上出发，免得夜长梦多。"

石堪在刘皇后的目送下，化装离开了襄国。同年九月，石堪到达兖州，但由于准备不充分，结果在袭击兖州时被打得一败涂地，他本人也被活活烧死。没过几天，有人向石虎告发刘皇后，刘皇后也遭到了被杀的厄运。

附：海阳王石弘皇太后程氏

◎ 崔明德

程氏是后赵国君石弘的亲生母亲，石勒的妻子。大约在汉嘉平元年(311)与石勒结婚，汉嘉平三年(313)生下石弘。

母以子贵是中国封建社会沿袭已久的传统。程氏自生下石弘，身价增高了百倍。这也难怪，石勒在此之前曾得过贵子石兴，但石兴不幸夭折，所以次子石弘就成了石勒的心肝，程太后自然就成了石勒心目中的"功臣"。

程氏对石弘严格要求，教育他谦虚谨慎，礼贤下士，学会真本领。石弘也不负母亲的厚望，刻苦学习儒家经典、法律知识，主动和文人交往，与他们建立了密切的关系。石勒建立后赵政权时，石弘成了后赵政权法定的接班人。

程氏为石弘被立为太子而兴高彩烈、激动不已，但更高兴更激动的还是程太后的哥哥程遐。程遐当时虽是后赵略有名气的大臣，但与石勒的心腹"右侯"张宾相比，他的名气就大为逊色了。程遐每想到这些，心中的嫉妒和权力欲就像毒瘤一样迅速扩散。不过程遐是聪明人，他知道，只要石勒在世，就无法动摇张宾，但如果不给张宾点难堪又感到于心不忍，于是便想借程太后的嘴向石勒吹枕边风。

一日，程氏在程遐的怂恿下，用柔软的口吻对石勒说："清河张披与张宾是情同手足的好朋友，到处网罗死党，天天宾客盈门，如不对他加以防范，恐怕迟早会出乱子。"石勒一听，立即召见张披，想亲自问个究竟。张披不知什么缘故，磨磨蹭蹭拖了好长时间才去拜见石勒，自然被盛怒之下的石勒送上了西天。

程氏的枕边风不仅让张披掉了脑袋，还出乎意料地奠定了程遐的地位，不久，程遐就当上了右长史，总揽军政大权。从此之后，朝廷文武大臣纷纷投靠程遐。

建平四年(333)七月，石勒死去。程氏的泪水还没有擦干，她的哥哥程遐就被石勒的侄子石虎杀死，她也被石虎打入冷宫。石弘这时虽已当上了皇帝，但只是个傀儡，时时处处都要遭受石虎的训斥、辱骂，更谈不上拯救名义上已被尊为太后的程氏了。

延熙元年(334)十月，石弘颤抖着走进魏宫，打算把帝位让给石虎，没想到却挨了石虎的一顿臭骂。石弘含着泪水回到崇训宫，一头扑进了程太后的怀中，悲戚地说："先帝(石勒)的后代恐怕一个也不会留在世上。"程太后听了这话，一边抽泣一边抚摸着石弘，辛酸的泪水一滴滴落在了石弘的头上。石弘的话很快得到了应验，一个月之后，程太后和石弘就被石虎残杀。

太祖石虎皇后郑樱桃

◎ 崔明德

郑皇后名樱桃，出身于一个贫贱的家庭。在她还是少女时，一次偶然的机会遇到了羯族人石虎。樱桃尽管当时穿得非常破旧，但她凭着自己的漂亮脸蛋，让石虎一见倾心，神魂颠倒。不久，樱桃成了石虎的妻子。

嘉平三年(313)，石虎被汉国镇东大将军石勒提拔成征虏将军并在石勒的强迫下娶了将军郭荣的妹妹做妻子。石虎对这桩包办婚姻很反感，一气之下把郭氏杀掉，重新娶了清河崔氏的女儿做妻子。石虎既敬佩崔氏的高贵门第，又为崔氏的艳丽所倾倒，自然冷落了郑樱桃。樱桃哪能忍受得了！于是，她鼓其如簧之舌，使尽全部心计，终于把石虎争取到自己身边。郑樱桃怕崔氏再把石虎争取过去，便说服石虎杀了崔氏。延熙元年(334)，石勒病死，太子石弘当了傀儡皇帝，石虎掌握了后赵军政大权，郑樱桃被封为魏王后。建武三年(337)，石虎自称大赵天王，郑樱桃顺理成章地当上了天王皇后，她的儿子石邃也当上了天王皇太子。

提起不争气的儿子石邃，很令郑樱桃伤感、恼怒和失望。石邃十分残暴，经常把妇女的头割下来当玩具，用她们的肉招待客人。郑樱桃曾多次厉声斥责石邃，但他只当耳旁风。建武三年(337)七月，石邃又异想天开地想效法匈奴冒顿单于射死父亲夺取单于之位的伎俩，率领500余名骑兵潜伏出宫，准备到冀州杀害石虎喜爱的河间公石宣。石邃万万没有想到，才走出几里路，骑兵就都已偷偷溜走，他只好垂头丧气地返回宫中。

郑樱桃听到这一消息，气得差点儿昏死过去，立即派宦官去痛骂石邃。石邃不但不听，反而举刀把这位宦官的脑袋砍掉。郑樱桃见状，感到自己现在对石邃已经无能为力，只好求石虎出面教训石邃。石虎一听，勃然大怒，当天就把石邃关进东宫，令他反省。

郑樱桃既有恨铁不成钢的一面，也有慈母的爱子之心。她见石邃被关了几天，不禁又对他起了怜悯之心，于是便恳求石虎释放石邃。石邃从东宫出来时，迎面碰到了石虎。他不仅不向石虎说句道谢的话，反而向石虎瞪了几下怒眼；石虎一气之下，立刻宣布把石邃废为庶人，并于当天夜里将他及他的妻子儿女全部杀掉。

石邃被杀的次日，石宣被立为天王皇太子，郑樱桃的天王皇后之位由石宣的母亲杜昭仪接替，她被降格为东海王妃。太宁元年(349)四月己巳，石虎病死，石世继承帝位，刘太后临朝听政。不久，郑樱桃的另一个儿子石遵起兵杀掉石世，继承帝位，樱桃被尊称为皇太后，临朝听政。

石遵即位后，与石虎的养孙冉闵发生了严重分歧，并在中书令孟准等人的鼓动下准备杀害冉闵。太宁元年(349)十一月，石遵把石鉴、石苞、石琨、石昭等人叫到郑太后面前，讨论处决冉闵。石鉴等人都表示赞成，郑太后却声色俱厉地说："石遵，你在李城起兵时如果没有冉闵，哪有今天！即使他有些地方做得不对，你也应当宽容一点，为什么要杀害他呢？！"郑太后的话一出口，石遵等人都吓得不吭声了。

石鉴告辞郑太后，马上把刚才的事情密报冉闵。冉闵当机立断，立刻派将军苏彦、周成率领3000名甲士，在琨华殿将石遵和郑太后全部杀掉。

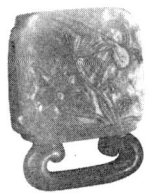

太祖石虎皇后杜氏

◎ 崔明德

杜皇后原是后赵国君石虎后宫中的昭仪。建武三年（337），一次偶然事件使她得到了天王皇后的位子。

这年七月，太子石邃异想天开地带着500名骑兵准备到冀州杀掉河间公石宣，由于骑兵在途中纷纷逃走，石邃只好返回宫中，引起了后赵国君石虎的愤慨。不久，石邃便被石虎杀死。

石邃被杀，他的母亲郑皇后被废，杜昭仪的儿子石宣被立为太子，杜昭仪因此升格为天王皇后。

石宣和他的父兄一样，也是一个荒淫无耻、嫉妒心极强的暴徒。建武十四年(348)八月,石宣派亲信暗杀了颇受石虎器重的石韬,把石虎气得半天才苏醒过来。当石虎调查清楚石宣是罪魁祸首时,立即下令将石宣活活烧死。次日,杜皇后也被废为庶人,打入冷宫。

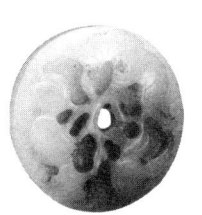

太祖石虎皇后刘氏

◎ 崔明德

光初元年(318)，刘曜双喜临门，一是当上了前赵皇帝，二是妻子为他生下了最后一个女儿——安定公主。安定公主在无忧无虑的生活中，很快度过了她天真无邪的童年时代。太和二年(329)，刘曜不幸当了后赵的俘虏，安定公主也成了后赵中山公石虎的战利品，被石虎从上邽(今甘肃天水)掳到襄国(今河北邢台)。

安定公主当时虽然只有12岁，但她已经出落成一个光彩照人、亭亭玉立的美女了。石虎是个色鬼，当然不会把她放掉，这样，安定公主就成了石虎手中的一个玩物。延熙元年

(334),石虎废掉石弘,当上了后赵皇帝,安定公主因为很讨石虎的欢心,也当上了地位仅比皇后低一级的昭仪。

刘昭仪和石虎的感情比较融洽,于建武四年(338)为石虎生下了皇子石世。

石世出生时,石虎已经有了石邃、石宣、石韬、石斌、石遵等几个儿子。但是,这些儿子长大后都和畜生无异,整天只顾吃喝玩乐,争权夺利。后来石邃、石韬、石宣相继被杀,刘昭仪在石宣死的当夜,就把戎昭将军张豺召进后宫,密谋拥立石世当太子。张豺与刘昭仪关系不错,也迫切希望石世当太子,刘昭仪升格为皇后,由他出面辅政。这样,张豺自然愿为刘昭仪和石世效犬马之劳。

建武十四年(348)四月,石虎把大臣们召集起来,讨论立谁为太子的大事。石虎刚讲明议题,太尉张举就抢着说:"石斌能武,石遵能文,都是太子的料,就看陛下挑选哪一个了。"石虎笑着说:"你的话与我不谋而合。"石虎的话刚落地,张豺就说:"石斌的母亲出身低贱,还有谋杀张贺度的嫌疑;石遵的母亲早因太子石邃一事被杀。如果立他们二人当太子,恐怕会使全国臣民大失所望,希望陛下慎重考虑。"经张豺提醒,石虎确实犹豫起来,当即宣布休会。

会议讨论的具体情况很快传到了刘昭仪耳中。刘昭仪再次召见张豺,令他趁热打铁,单独劝石虎立石世为太子。张豺告辞刘昭仪,直接找到了石虎,反复对石虎说:"国家之所以一再出现祸乱,全是所立太子的母亲出身低贱的缘故,这次选立太子,无论如何要挑选母亲出身高贵的。"石虎心里明白,所谓"出身高贵"不就是指刘昭仪吗?他仔细地品味了张豺的话,觉得很有道理,于是对张豺说:"你不要再说了,我知道该立谁了。"次日一早,石虎再次把大臣召集到东堂,宣布立石世为太子，刘昭仪为皇后。

半年以后，石虎身患重病，卧床不起，气息奄奄。石虎估计自己不会再活多久，太宁元年(349)四月立下遗嘱，让石斌、石遵和张豺三人共同辅佐石世继承帝位。

刘皇后对石虎的遗嘱极其恐惧，她深知石斌曾因没有当上太子非常痛恨他们母子，石虎一旦离开人世，石斌肯定会向他们母子发难，于是又和张豺精心策划阴谋除掉石斌的行动方案。

次日，刘皇后派人到襄国对石斌说："陛下的病情已经好转，请你暂时不要回邺(今河北临漳)。现在春暖花开，你何不在此好好打猎？"石斌生性喜欢打猎，头脑又非常简单，对刘皇后使者的话信以为真，于是只顾纵酒打猎，根本不考虑石虎的死活。刘皇后见石斌已经上了她的圈套，便以石斌不按时看望石虎为名，罢其官职，由张豺的弟弟张雄带着500名大力士严加看管。乙丑这天，刘皇后密令张雄处死石斌，然后假称石虎的诏令，把张豺封为太保、都督中外诸军、录尚书事。己巳之日，石虎病死，石世继承帝位，刘皇后改称皇太后，临朝听政。

石虎病死时，他的儿子石遵正在河内，恰在这时，受命镇压梁犊起义的姚弋仲、蒲洪、石闵等人正凯旋而归，在路过李城时遇见了石遵。他们纷纷劝石遵起兵，讨伐刘太后和张豺之辈，夺取帝位。石遵本来对没能当上太子极其不满，经石闵等人一鼓动，便马上宣布起兵，率领大军浩浩荡荡地向邺城挺进。

石遵大军到达荡阴时，守城的官兵纷纷出城迎接。刘太后见状，如同热锅里的蚂蚁，急得团团转，急忙派人把正在向官兵叫喊吼叫的张豺叫进宫中，泣不成声地对他说："先帝的灵枢还没有安葬,就大祸临头。我被他们整死是毫无疑问了,只是石世年龄太小,我放心不下,现在只好托付给你了,望你好好保护他。"过了一会儿,刘太后接着说:"我想对石遵增加官位,不知道他是否领情?"张豺早就被石遵大军吓得魂飞魄散,哪里还有主张,只是对刘太后不住地点头而已。

就在刘太后惊慌失措之际,石遵已从凤阳门进了太武前殿,在平乐市杀了张豺,宣布即位,同时宣布将刘太后废为太妃。

刘太后还没从惊慌中清醒过来,就和儿子一起被石遵杀死,是年31岁。

代

十六国／代

代王拓跋什翼犍皇后慕容氏

◎ 崔明德

慕容氏是前燕国君慕容皝的亲生女儿,代建国四年(341),慕容氏的姑姑在当了两年什翼犍的皇妃之后,不幸去世。慕容皝为了宽慰什翼犍和加强与代国的关系,又于次年主动提出将女儿嫁给什翼犍。什翼犍受宠若惊,当即答应将她立为皇后。建国七年(344)六月,慕容皇后被代国派人迎到代都。

慕容皇后深沉厚道,聪明伶俐,手脚麻利,对宫内的大小事情都处理得有条不紊,很受什翼犍的宠爱,十几年内就为什翼犍生下了献明帝、秦明王以及阏婆、寿鸠、纥根、地干、力真、窟咄等几个儿子。

慕容皇后有很强的判断力。一天，匈奴悉勿祈遵什翼犍之嘱准备回到他的部落。临走时，慕容皇后对他语重心长地叮咛道："你回去后一定要提防卫辰，别看卫辰是你大哥，但这人很狡猾，最后肯定会把你灭掉。"不出慕容皇后所料，悉勿祈一死，他的儿子果然被卫辰杀掉。

代建国二十三年(360)六月，慕容皇后不幸去世。

前燕

十六国／前燕

景昭帝慕容儁皇后可足浑氏

◎ 马晓丽

现在已经无法考证清楚可足浑氏的家世及其与鲜卑人慕容儁结婚的具体时间了,只知道她于太宁元年(349)为慕容儁生了贵子慕容晔。元玺元年(352)十一月,慕容儁自称前燕皇帝,可足浑氏也由王妃升格为皇后。

可足浑皇后在慕容儁在世时,一直没有参与政治,也并没有什么声誉。开始参与政治是在建熙元年(360)慕容儁病死,太子慕容晔继承帝位,她改称皇太后之后的事情。

慕容晔继位时,仅是一个11岁的孩童,当然没有处理政务的能力,于是前燕的大权就落入了可足浑太后和慕容晔的叔父慕容恪的手中。太师慕舆根以前燕老臣自居,想从他们手中分享一些权力,但又怕他们不会主动让出,于是便极力挑拨可足浑太后和慕容恪之间的关系。

建熙元年(360)二月的一天,慕舆根先跑到慕容恪家煽动说:"现在国君年幼,太后干政,你为何不废掉慕容暐登基称帝呢?"在慕容恪处碰了钉子后,慕舆根又到可足浑太后和慕容暐面前诬陷慕容恪,说:"据可靠消息,太宰慕容恪和太傅慕容评图谋不轨,恳求太后允许我率领禁兵把他们一网打尽。"太后听罢,先是一怔,接着陷入了沉思之中。她深知慕容恪和慕容评对皇帝忠心耿耿,而对她专权却十分反感,如果能借慕舆根的手除掉他们,岂不更有利于自己专权吗?!想到这里,可足浑太后先让慕舆根退出,然后对慕容暐说:"我看可行。"没想到话刚出口,就听到慕容暐反驳说:"太宰和太傅是先帝指名辅佐国家的,肯定不会叛乱,想叛乱的说不定就是慕舆根呢!"可足浑太后平时很难听进慕容暐的话,这次却神使鬼差似的依从了慕容暐。次日凌晨,可足浑太后和慕容暐命令侍中皇甫真、护军傅颜率领卫兵把慕舆根及其同党一网打尽,全部斩首。

这次事件在前燕国都邺城(今河北临漳)引起了一场骚乱。由于慕容恪从容指挥,耐心疏导,骚乱很快就被平息下来。为此,可足浑太后感激慕容恪,原来由慕舆根煽起的对慕容恪的恼火很快就化为云烟了。

建熙八年(367),慕容恪在病重时,向慕容暐推荐了吴王慕容垂管理国家。慕容暐感到前燕现在已内外交困,很需要慕容垂这种有才干的人物,于是便答应了慕容恪,并向可足浑太后作了汇报。太后早就对慕容垂非常反感,听了慕容暐的汇报后自然气得七窍生烟,浑身冒火。但冷静下来后,转念一想，又觉得目前前秦正想吞并前燕，东晋也在调动兵马随时会向前燕发起进攻，现在一时也很难找到合适人才应付这种局面，不如先起用慕容垂，待国难消除后再找机会将他置于死地。建熙十年(369)，在东晋大将桓温率领北伐大军到达枋头(今河南浚县西南)时，可足浑太后任命慕容垂为南讨大都督，慕容德为征南将军，带兵5万，抵抗晋军。慕容垂没有辜负太后的期望，很快就把晋军打得落花流水，狼狈南逃。

就在慕容垂从襄邑凯旋而归之际，太傅慕容评不声不响地走到了可足浑太后跟前，突然说："太后，慕容垂本来脑后就长着反骨，这次立了大功，以后就更不会把你放在眼里了。不如干脆把他干掉！"太后略一思索，说："你的话很有道理，不过为了稳妥一些，还是等他回来看看情况再定吧。"

慕容垂一回到邺城，就为他的南征官兵请功。太后见状，立即召见慕容评，商量贬低慕容垂，借机把他除掉的具体行动方案。

可足浑太后和慕容评的行动方案神不知鬼不觉地传到了慕容楷和慕容垂的舅舅兰建的耳中，他们立即转告慕容垂；慕容垂当机立断，连夜投奔了前秦苻坚。

可足浑太后逼走慕容垂仅过一年，前燕国都就被前秦攻克，太后和慕容暐成了俘虏，被押送到长安。前秦建元二十年(384)，慕容暐企图暗杀苻坚，响应在关中起兵反对前秦的慕容冲，不料走露了风声，可足浑太后和慕容暐均被杀害。

前秦

十六国／前秦

明帝苻健皇后强氏

◎ 马晓丽

强氏和苻健是结发夫妻，约在晋咸和八年(333)结婚，次年生下儿子苻生。

前秦皇始元年(351)，苻健自称天王，强氏被立为天王后，她的弟弟强平攀着裙带当上了太傅。一年之后，苻健在太极前殿称帝，强王后升格为皇后。

皇始五年(355)，苻健病死，苻生继承帝位，强皇后按照惯例改称皇太后。苻生是个荒淫无耻的暴徒和杀人不眨眼的魔鬼。强太后看在眼里，恨在心上，时常对他厉声训斥，但苻生根本不听，依然我行我素。

寿光二年(356)四月，国都长安刮起了罕见大风，卷走了屋瓦，拔走了树木，吓得长安市民手足无措，不断有人惊呼"贼来了。"呼声传进宫中，苻生下令抓人残杀。强平见状，马上以舅舅的身份劝谏苻生，苻生不但不听，反而下令把强平捆绑起来。强太后闻讯，怒不可遏，立即打发黄眉、苻飞、邓羌出面阻拦。黄眉等人虽一再哭谏，但仍没有保住强平的生命。

强平死后，强太后气恼成疾，于同年五月也离开了人间，谥号明德。

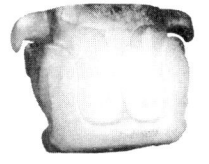

厉王苻生皇后梁氏

◎ 马晓丽

梁氏是前秦左仆射梁安的女儿，在苻健执政时和苻健的儿子苻生结为夫妻。皇始五年(355)六月，苻健病死，苻生继承帝位，梁氏也于同年七月被立为皇后。

仅从当皇后的意义上说，梁皇后是非常幸运的；但若从当苻生的皇后看，她又是极其不幸的。就在她当皇后的第二个月，中书监胡文、中书令王鱼警告苻生说："近来灾星经常出没，这是坏兆头。据我们占卜的情况来看，不用超过3年，国家将出现大丧，不少大臣将被杀戮。希望陛下积德去灾！"胡文、王鱼的话无非是想借天文告诫苻生少做那些夺人妻女，杀人如麻的缺德事而已，没想到苻生却信口开河地说："皇后和我共临天下，足以抵挡国家大丧，那就只好委屈皇后先走一步了。皇后的舅舅毛贵和她的父亲左仆射梁安，车骑、尚书令梁楞都是大臣，把他们杀掉不就行了吗？"苻生说到做到，没过几天，梁皇后和她的亲属就全被苻生夺去了生命。

十六国／前秦

厉王苻生皇后梁氏

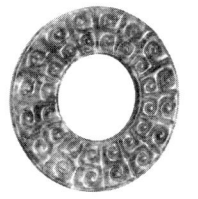

附：宣昭帝苻坚妃张氏

◎ 马晓丽

张夫人的家世和入宫时间已经难以考明，只知道她凭姿色和心计得到了前秦国君苻坚的宠爱，生下一子二女。儿子叫苻诜，是苻坚的掌上明珠，被封为中山公，两个女儿分别叫苻宝、苻锦。

苻坚是我国历史上较有名气的帝王。他励精图治，在消灭前燕、前凉和代国，统一北方广大地区之后，又准备吞并东晋，统一全国。建元十八年（382），苻坚不顾大臣们的强烈反对，着手南征东晋的准备工作。

张夫人从内心里坚决反对苻坚南征，不过，她一直恪守不过问政事的诺言，所以当苻坚最早向她征求意见时，她既没有反对也没有支持。但是，当她听说左仆射权翼、太子左卫率石越、阳平公苻融、太子苻宏、沙门道安极力反对南征，苻坚一概不听时，她再也控制不住自己的感情，便在苻坚高兴的时候，含着泪水说："我从小就听说过，天地生长万物，圣王治理天下，只要顺其自然，就无不成功。黄帝使牛马负重而致远，是顺应了牛马的本性；大禹疏通九川，堵塞九泽，是顺应了地势；后稷播种百谷，春种夏锄秋收冬藏，是顺应了天时；商汤、周武王率领官兵杀掉夏桀、商纣王，是顺应了人心。由此可见，自古以来凡是顺其自然就会成功，违背自然就要失败。现在朝野都一致反对伐晋，而陛下一意孤行，不知陛下是顺应了天时、地利、人和的哪一条？我记得在《书·皋陶谟》中有这样一句话：'苍天聪明胚胎于臣民。'苍天还要顺乎民心，何况人呢！我曾经听说过，国王出师时一定上看天道，下顺人心。天道高远，非妾所知。从人事来看，也都不同意陛下南征。谚语说：'夜中鸡鸣不利于出师，家犬聚在一起吠叫预示宫室即将空虚，兵器响动厩马惊跳，是出兵失利不得而归的征兆。'自今年秋冬以来，雄鸡时常半夜就鸣，家犬经常聚在一起哀吠，兵库里的兵器常常自动发出声音，厩马动不动就无故惊跳，这都是出师不利的坏兆头。"张夫人估计苻坚听了这番话，终会改变伐晋主张，没想到苻坚却说："军事大事不该由妇人插嘴。"

张夫人听了苻坚的话心里很不是滋味，躺在床上辗转反侧，难以成眠。想来想去，觉得儿子苻诜最讨苻坚的喜爱，也许让苻诜劝说会改变苻坚的主张，于是翻身下床，唤来了苻诜，让他出面劝谏苻坚。

苻诜很听话，第二天一早就对苻坚说："国家兴亡，全凭能否赢得人心，阳平公苻融是国家最好的谋士，陛下因不听他的劝阻而得罪了他；东晋有谢安、桓冲等能人，陛下却要征伐他们。对此，我实在大惑不解！"苻坚听罢，冷冰冰地说："毛孩子懂什么!"

不出张夫人和大臣们所料，苻坚在淝水之战中被东晋打得一败涂地，狼狈北逃，到了淮北时，饥饿不堪的苻坚狼吞虎咽地吃了些东西，擦了擦嘴，内疚地对张夫人说："如果早听你和大臣的话，哪有今天的惨败！"张夫人一声不吭，只是陪着苻坚落泪。

就在这时，鲜卑人慕容垂、慕容泓、慕容冲、慕容永兴风作浪，起兵反对苻坚。建元二十一年(385)五月，前秦国都长安被慕容冲攻陷，张夫人只好跟随苻坚逃往五将山避难。一个月之后，苻坚被羌族首领姚苌擒杀，张夫人痛心国破家亡，和苻诜一起愤然自杀。

高帝苻登皇后毛氏

◎ 马晓丽

永兴二年(358)，前秦国君苻坚的族孙苻登有事去上邽(今甘肃天水)找河州刺史毛兴，毛兴见他体格健壮，又有胆略，便让他当了州的长史，并把女儿嫁给了苻登。

毛兴的女儿不仅长得十分漂亮，而且机智勇敢，还是骑马射箭的好手。她和苻登情投意合，常在一起交流骑马射箭的经验，兴致高涨时，俩人还要比试一番。

随着时间的推移，苻登官位步步升高，到苻坚晚年，已经升到了长安令。建元二十一年(385)，苻坚被羌族首领姚苌杀死，苻丕继承帝位。苻丕面对强敌无能为力，不久就丢了性命。太初元年(386)年底,苻登当了皇帝,毛氏顺理成章地当了皇后。

毛氏虽有皇后之名,但在国难临头之际,她整天四处奔波,和苻登一起风餐露宿,根本谈不上过一天舒适日子。

毛皇后凭着从小练就的一手好箭法,曾多次独当一面,指挥官兵打退敌人的猖狂进攻。太初四年(389)八月的一天深夜,正当苻登带兵向据守在安定的后秦军步步逼近时,毛皇后防守的大界兵营却遭到了后秦骑兵的偷袭。毛皇后跨上战马,拉紧弓箭,沉着冷静地指挥几百名官兵英勇奋战,但终因兵寡不敌,被后秦俘虏。

后秦国君姚苌早就听说了毛皇后的大名,见到毛皇后时,皮笑肉不笑地求她到后秦后宫当妃子。毛皇后哪能容忍这般侮辱,用力将一口浓痰吐到姚苌脸上,然后扬起头,厉声骂道:"姚苌,你和畜生没有什么两样。你杀了天子苻坚,现在又想侮辱皇后,天地良心能饶了你吗?"姚苌恼羞成怒,一刀砍下了毛皇后的脑袋。

后燕

十六国／后燕

成武帝慕容垂皇后段氏

◎ 马晓丽

段皇后原是鲜卑族段部首领段仪的女儿，慕容垂妃段氏（后追封为成昭皇后）的堂妹。光寿二年（358），段妃因受可足浑皇后诬陷含冤而死之后，慕容垂对自己没能保护好段妃十分内疚、愧恨，于是便把她的堂妹娶为妃子，作为精神寄托。不料，他们结婚不久，可足浑皇后硬是把段妃降到了一般夫人的地位，而把她的妹妹长安君塞给慕容垂。慕容垂虽大为恼火，但又不敢公开得罪可足浑皇后，只好与长安君逢场作戏，暗中更加宠爱段夫人。段夫人为慕容垂先后生下了慕容郎和慕容鉴两个儿子。

慕容垂虽对可足浑皇后忍气吞声，但并没有摆脱受她排挤的厄运，一气之下便带着段夫人投奔了前秦国君苻坚。

不知是苻坚强霸了段夫人，还是慕容垂和段夫人自愿，反正他们到了长安不久，段夫人就投入了苻坚的怀抱。建元十年(374)十二月的一天，苻坚游兴大发，偕段夫人同辇到后庭游玩。秘书侍郎赵整见状，斗胆拦住他们的去路，高声唱道："不见雀来入燕室，只见浮云遮白日。"苻坚听出了赵整的讽刺意味，便让段夫人暂时下辇。苻坚怕冻坏段夫人，待赵整走开后，马上又把她叫到辇中匆匆回宫。

建元十九年(383)，慕容垂乘苻坚南征大败之机，举起反秦大旗，于第二年建立后燕，自称皇帝。4年之后，段夫人也被升格为皇后。

在段皇后正式被立为皇后之前，慕容垂已将成昭皇后的儿子慕容宝立为太子。慕容宝刚当太子时，很爱惜自己的名声，对自己严格要求，但过了几年，他便沉溺于酒色之中，再也不愿忙活公务了。段皇后看在眼里，急忙对慕容垂说："太平之世，像慕容宝这样的太子将来也许会守住后燕的家业，但国家现在步履维艰，他无论如何也守不住家业。辽西、高阳二王，是陛下的贤子，不如在他们当中挑选一个立为太子。赵王慕容麟阴险狡诈，刚愎自用，最终会给国家带来灾难，希望陛下及早把他除掉。"段皇后的话不但没有引起慕容垂的重视，反而遭到了慕容垂的冷讽热嘲："你想让我当晋献公吗？"段皇后知道晋献公因听信骊姬的谗言而杀害了太子申生的故事，没想到自己为国家着想反而被视为骊姬，自然感到受了极大委屈，于是含泪告辞慕容垂，不知不觉地走进了她的妹妹(范阳王慕容德妃子)家中，十分伤感地说："众所周知，太子无才无德。我从国家长远利益考虑，向陛下作了汇报，陛下却把我看作骊姬,这也太不公道了!妹妹,说心里话,并不是我对太子有什么成见,那家伙会断送后燕江山的!"

段皇后的这些话很快传入了慕容宝和慕容麟的耳中,把他们气得暴跳如雷;但段皇后有慕容垂作靠山,慕容宝对她也无可奈何。

建兴十一年(396)四月,慕容垂在中山(今河北定县)病死。段皇后既为他的去世而悲痛欲绝,又为慕容宝继承帝位而恐惧不安。她的恐惧是有道理的。同年五月乙丑这天,慕容宝让慕容麟去对段太后说:"太后,你经常多言多语,说慕容宝不能守住先业,今天你睁开眼睛看看他到底能不能守住?如果你知趣的话,赶快自杀,保全你们段氏家族;否则,慕容宝饶不了你们全家。"段太后怒不可遏,厉声骂道:"你们弟兄能逼死母亲,还能守不住先业?!如果你们认为我怕死那就错了,我只是顾念着国家才活到今天!"说完,扬起头,走进寝室,愤然自杀。谥号成哀皇后,葬于龙城(今辽宁朝阳)宣平陵。

惠愍帝慕容宝皇后段氏

◎ 马晓丽

段皇后原是后燕太子慕容宝的妃子，于后燕燕元二年(385)生下慕容策。

慕容策虽然智商很低，却很受慕容宝的喜爱。永康元年(396)，慕容垂去世，慕容宝继承帝位，慕容策被立为太子。在母以子贵的时代，段氏自然荣登皇后宝座。

时隔不久，后燕发生内乱，先是慕容宝和慕容策被大臣兰汗所杀，接着慕容宝的庶长子慕容盛攻杀兰汗，自称皇帝，段皇后被尊称为皇太后。

段皇后本是一个胆小怕事的人，经不住这一连串叛乱事件的惊吓，很快就染病在身，于长乐元年(399)十二月去世。谥号惠德皇后。

十六国／后燕

惠愍帝慕容宝皇后段氏

附：昭武帝慕容盛妃兰氏

◎ 马晓丽

兰妃是后燕国君慕容宝在位时的尚书顿丘王兰汗的女儿，在豆蔻年华与慕容宝的庶长子慕容盛结为伉俪。

永康三年(398)，兰汗在龙城(今辽宁朝阳)发动叛乱，杀了慕容宝，自称大单于、昌黎王。

慕容宝被杀的消息传出后，慕容盛匆忙从外地赶回龙城奔丧，结果被兰汗拒之城下。那时正在城内的兰妃见慕容盛焦灼不安，便求父亲高抬贵手，让他进城，不料被兰汗板起面孔教训了一顿。兰妃不甘心，又在当天深夜让母亲乙氏陪她去见兰汗。兰妃这次多长了几个心眼，一见父亲张口就哭，哭着哭着便昏倒在地上，后被母亲摇醒，接着又放声大哭。这哭声终于感动了兰汗，得到了兰汗的允诺。

兰汗虽然同意了，但他的儿子兰加难、兰堤却极力反对。兰妃故伎重演，又对她的哥哥放声大哭。但是，这哭声怎么也打动不了他们的心，于是兰妃又跪到地上向他们求情。这一手确实见效，加难、兰堤当场表示同意让慕容盛进城，并在宫中为他临时安排了一间宿舍。

慕容盛进城不久，就离间兰汗父子，企图使他们在互相残杀中削弱力量，以便将他们一网打尽。同年七月，兰汗的儿子兰穆发觉了慕容盛的阴谋，劝兰汗及早把他干掉。兰汗如梦初醒，准备寻找机会杀掉慕容盛。

当时，仍住在娘家的兰妃偷听了父兄的密谋。次日一早，她借故出了家门，偷偷地溜到慕容盛的住所，悄声对他说："我父兄准备对你下毒手，你可要当心啊！不过，也不必太紧张，你也知道，他们都是一些头脑简单的家伙，只要你装病不出门槛就行了。他们知道你生病，对你的疑心就会很快消除。这样，你就会度过这次难关。"说完，匆匆离开了他的住所。

兰妃一走，慕容盛果真装出了奄奄一息的病态，轻而易举地蒙骗了兰汗父子，避免了杀身之祸。没过多久，慕容盛反戈一击，将兰汗父子一网打尽，自称皇帝。按照封建社会的连坐法律，慕容盛准备杀害兰妃。这时，和兰妃关系不错的丁皇后闻讯，对慕容盛毫不客气地说："人总要有良心，如果当初不是兰妃保护你，你哪有今天！你可不能过河拆桥啊！"丁皇后的话虽保住了兰妃的生命，但慕容盛出于对兰汗父子的痛恨，始终没把兰妃立为皇后。

昭文帝慕容熙皇后苻训英

◎ 马晓丽

后燕光始元年（401），后燕国君慕容垂的小儿子慕容熙当上了后燕皇帝。

慕容熙是个只爱美人不爱江山的国君。他刚继位时，因丁太后为他爬上帝位出了大力，仍然和丁太后鬼混，但一年过后，他感到自己的羽毛已经丰满，便一脚踢开丁太后，把中山尹苻谟的两个女儿接进后宫。

苻谟的两个女儿都是倾国倾城的绝世美人，大的叫娀娥，被封为贵人；老二叫训英，被封为贵嫔。训英和娀娥相比，显得单纯、活泼，气质较佳，备受慕容熙的宠爱，于光始三年(403)十二月被立为皇后，娀娥被封为昭仪。慕容熙怕娀娥说他不公平，便在盛夏季节，为她开凿曲光海、清凉池。

曲光海、清凉池虽典朴雅致、开阔怡神、费工甚巨，却并没有减轻娀娥对训英当皇后的嫉妒和对慕容熙的怨恨，所以，在竣工典礼之后，娀娥突然病倒了。慕容熙看到她的病容，比火烧眉毛还要焦急，派人到处为她寻医求药。这时，龙城(今辽宁朝阳)人王荣自吹能药到病除，被慕容熙请到宫中。不料，娀娥吃了几副药却命归西天，慕容熙一气之下把王荣拉出去肢解了。

娀娥一死，慕容熙把爱全部倾注到了苻皇后身上，对她百依百顺，言听计从。苻皇后喜欢旅游，经常化妆到宫外游玩。光始四年(404)十一月，苻皇后在慕容熙的陪同和成千上万的士兵护卫下，北登白鹿山，东越青岭，南临苍海。苻皇后玩得很开心，却害苦了士兵，其中5000多人不是被虎狼吞掉，就是被活活冻死。

即使如此，苻皇后仍然感到不够刺激，便于光始五年(405)一月唆使慕容熙攻打高句丽，想在刀光剑影中得到刺激。慕容熙很听话，当场表示立即出兵。当后燕大军即将攻陷辽东城时，苻皇后让慕容熙对官兵们说："各位官兵，攻下辽东城后，你们不准先进去，我将与皇后同辇而入。"由于高句丽防守严密，后燕官兵使出全部本领也无法攻陷，只好灰溜溜地撤兵。

苻皇后对没能攻陷辽东城大失所望，又于年底鼓动慕容熙袭击契丹。次年一月，当苻皇后和慕容熙到达陉北时，慕容熙突然对契丹的兵精马壮产生了恐惧之感，准备原道撤回。苻皇后见状，怪声怪气地说："堂堂国君竟会说出这种灭自己威风的胆怯话，不觉得害羞吗?即使你对契丹怕得要命，也不必原道而回吗!去年我们没能到辽东城转一圈,这次为什么不到高句丽其他地方转一转呢?"慕容熙经皇后一激,立即下令扔掉辎重,轻装袭击高句丽。由于路途遥远,天寒地冻,不少官兵冻死在路上,结果还是一事无成。

回到国都,苻皇后把全身的不快都集中到吃喝上去了。谈到吃,苻皇后早已不满足于山珍海味,而是对人们无法办到的东西大感兴趣。酷暑季节,她吵着吃冻鱼;隆冬时分,她嚷着吃鲜地黄。慕容熙一听到她的叫声,马上就打发专人为她采办。在当时没有冷冻设备的条件下,酷暑季节哪能找到冻鱼?!地黄都是在二、八月挖出阴干,隆冬时分哪有鲜的?!负责采办的人虽四处奔波,但仍空手而归,结果大都被慕容熙杀掉。

苻皇后的奢侈享乐日子没过多久,到建始元年(407)四月,便离开了人世,同年七月葬于徽平陵。

北燕

十六国／北燕

昭成帝冯弘皇后慕容氏

◎ 崔明德

慕容氏原是冯弘的妃子,北燕太平二十二年(430)九月,冯弘当上了北燕国君,慕容氏遂被立为王后,她的儿子王仁也于次年一月被立为太子。

慕容氏被立为王后时,北燕已处于风雨飘摇之中,多次遭到北魏的进攻,冯弘在一些大臣的劝说下,同意向北魏称臣。北魏指名要太子王仁到平城(今山西大同)做人质。冯弘向来怕王后,自己不敢作主,便同王后商量。王仁是慕容王后的心肝,她哪肯让他离开自己身边!于是板起面孔对冯弘说:"除了王仁,你把什么给北魏都行!"冯弘非常惧内,只好向北魏表示歉意,请求谅解,另派大将汤烛去当人质。

北魏并不谅解冯弘,于北燕太兴五年(435)七月再次扫荡燕都和龙(今辽宁朝阳),肆无忌惮地掠夺北燕人口。太常杨崏见状,再次劝说冯弘立即派王仁去当人质,冯弘遭到王后拒绝后,便放弃国都,投奔了高丽。

冯弘和慕容王后虽寄人篱下,但由于他们一向骄横惯了,所以对高丽臣民如同对自己的臣民一样随意训斥打骂,引起了高丽王的强烈愤慨。高丽王一气之下,下令抢走了王仁。慕容王后见状,恼怒、恐惧、痛心齐涌心头,便鼓其如簧之舌,劝说冯弘脱离高丽,南奔刘宋王朝,不料还没脱身,就被高丽杀害。

附：昭成帝冯弘妃王氏

◎ 崔明德

北燕太平二十二年(430)九月，冯弘当了北燕国君之后，后宫的王妃们为争夺皇后地位展开了一场激烈的角逐。其中最活跃的两个人是王妃和慕容妃。按常理来说，王妃取胜的可能性最大，这不仅因为她是冯弘的嫡妃，为冯弘生了冯崇、冯朗、冯邈等几个儿子，而且冯崇在冯弘的全部孩子中年龄最大，自然会当上太子，王妃也就能当上皇后。不过，王妃的竞争对手慕容妃是个很有手腕的女人，她凭着自己的心计和姿色，抓住了冯弘的心，争取了大臣的支持。到北燕太兴元年(431)初春，慕容妃便占据了皇后之位，她的儿子王仁当了太子。王妃的儿子冯崇被赶出京都,镇守肥如。

面对这场竞争的惨败,王妃欲哭无泪。就在这时,她的儿子冯郎、冯邈来到了她的跟前,对她说:"母亲是受慕容后的谗害才落到了这个地步。既然如此,我们难免遭到她的暗算。况且,国家即将灭亡。为了保全生命,我们只好投奔辽西,望母亲多多保重。"王妃听了这话,热泪夺眶而出,过了许久才点头表示同意,然后目送儿子出了门外。

冯郎、冯邈一到辽西,就说服大哥冯崇带着辽西地图投降了北魏。

王妃在儿子逃跑后的具体情况因史书没有记载,不得而知,估计即使不被处死,她的处境也是极其不佳的。

西秦

十六国／西秦

武元王乞伏乾归王后苻氏

◎ 崔明德

前秦国君苻登的妹妹东平长公主生不逢时，正当进入豆蔻年华之际，她的大哥苻登陷入了内外交困的境地。

太初九年(394)，苻登在和后秦姚兴交战时，被打得一败涂地，东平长公主和苻登一起辗转逃入了马毛山。由于这里缺乏粮草，军队无法供养，苻登便动员妹妹和西秦国君乞伏乾归结婚，以求得到西秦的军事援助。东平长公主见哥哥十分可怜，当即表示甘当军事联盟的牺牲品。

同年夏天，苻登封乞伏乾归为梁王，东平长公主为梁王后。他们举行婚礼不久，乞伏乾归就派乞伏益州、翟温带领2

万名骑兵营救苻登。但是,西秦的援兵还没有赶到马毛山,苻登就被姚兴擒杀。

此后,梁王后便消失于史籍中了。

十六国／西秦

武元王乞伏乾归王后苻氏

武元王乞伏乾归皇后边氏

◎ 崔明德

边皇后是西秦国君乞伏乾归的糟糠之妻，西秦太初元年（388），乞伏乾归被部下拥立为河南王，边氏荣登王后之位。

边氏虽当了王后，但由于西秦没有一块巩固的根据地，所以她根本过不上平稳的日子，大部分时间都是在跟随乞伏乾归四处奔波中度过。更始元年（409），乞伏乾归和后秦姚兴分道扬镳，恢复了秦王之位。

乞伏乾归虽称秦王，但在他心目中"王"和"帝"是一回事，这样，他就理所当然地把边王后封为皇后。边皇后仅过了3年体面生活,乞伏乾归就被侄子公府杀害,他的儿子乞伏炽磐继承王位,边皇后也只好改称太后了。

十六国/西秦

武元王乞伏乾归皇后边氏

文昭王乞伏炽磐皇后秃发氏

◎ 崔明德

秃发皇后是南凉国君秃发傉檀的女儿。西秦太初十年（397），西秦国君乞伏乾归被后秦打败，他的长子乞伏炽磐以人质的身份到了南凉。当时南凉国君秃发利鹿孤的弟弟秃发傉檀见乞伏炽磐身材魁伟，头脑灵活，临危不惧，便将女儿许配给炽磐。

西秦更始元年（409），乞伏乾归复国称王，乞伏炽磐被立为太子。三年之后，乞伏乾归被公府暗杀，乞伏炽磐继承河南王位，秃发氏被封为王妃。

这时，秃发王妃的父亲秃发傉檀已经当上了南凉国君。乞乞伏炽磐并没有认为自己是傉檀的女婿应当对南凉实行睦邻政策，而是于西秦永康三年(414)五月乘秃发傉檀袭击乙弗之机，出兵攻陷南凉乐都(今属青海)，将南凉的文武官员和普通百姓1万多家迁到枹罕(今甘肃临夏)。

秃发王妃对乞伏炽磐袭击南凉极力阻挠，但见利忘义的炽磐哪里肯听！炽磐出兵后，秃发王妃气得浑身发抖，一连几天吃不下饭睡不好觉。当炽磐兴高彩烈凯旋而归时，她破口骂他无情无义，连续多日对他不予理睬。

过了几天，秃发王妃的父亲在走投无路的情况下投奔了西秦。秃发王妃听到父亲到来的消息时，怒容立刻变成了笑脸，用甜言蜜语劝说炽磐迎接傉檀。炽磐这次顺从了王妃，和她一起到郊外把傉檀迎进苑川(今甘肃榆中)，并设宴为他接风洗尘。

乞伏炽磐真会捉弄人！就在消灭南凉半年之后，宣布立秃发氏为皇后；就在秃发皇后对此大惑不解之际，又把皇后的父亲毒死。

秃发皇后刚听到噩耗时，哭得死去活来，当她弄清父亲是被炽磐毒死时，顿时脸色铁青，发誓不报仇雪恨决不活在世上。处理完父亲的丧事之后，秃发皇后便和哥哥虎台商量请北凉国君沮渠蒙逊出兵西秦，杀掉乞伏炽磐，由虎台收复失地，重建南凉家园。由于准备不充分以及虎台与沮渠蒙逊不能精诚合作，秃发皇后的报仇计划宣告流产。

从这次事件中，秃发皇后领悟出不少道理：在南凉的军队已被解散，自己的亲属秃发保周、秃发贺、秃发副周、秃发承钵已逃离苑川投奔北凉和北魏，原南凉的文武大臣都已被乞伏炽磐驯服得百依百顺的情况下，靠兴师动众除掉乞伏炽磐不仅非常困难，而且风险太大，稍有疏忽，不仅不能报仇雪恨，反而连自己的生命也保不住，不如暂时忍气吞声，利用皇后的地位，发展自己的势力，待时机成熟，再将炽磐杀掉。想到这些，秃发皇后便把悲愤强压到心底，对炽磐仍装出一副温顺、体贴的样子，以解除炽磐对她的戒心。炽磐见皇后并没有因她父亲的缘故而对他忌恨，便对皇后更加宠爱。

  过了将近 10 年到西秦建弘四年(423)十月，秃发皇后自认为培养了不少死党，报仇雪恨的时机已到，便对虎台歇斯底里地说："西秦是我们的仇敌，多少年来我虽然对乞伏炽磐体贴入微，同床共枕，但这全是权宜之计。父亲之死，本是乞伏炽磐下的毒手。这些年来，我们之所以不公开张扬，全是时机不成熟的缘故。我们是父亲的亲生骨肉，难道可以永远做仇敌的臣妾吗？"兄妹经过一番密谋，立即派武卫将军越质洛城准备暗杀炽磐。但是，在他们动手之前，秃发皇后的妹妹已把他们的计划全部告诉了炽磐，结果秃发皇后、虎台和十多名同党全部遭到了乞伏炽磐的残杀。

附：文昭王乞伏炽磐妃秃发氏

◎ 崔明德

秃发夫人是南凉国君秃发傉檀的女儿，西秦国君乞伏炽磐秃发皇后的妹妹。西秦永康三年(414)五月，乞伏炽磐乘秃发傉檀出兵乙弗之机，攻陷南凉国都乐都(今属青海)，秃发夫人和哥哥虎台一起被俘虏到西秦国都苑川(今甘肃榆中)。

秃发夫人由于长得漂亮，被乞伏炽磐立为左夫人。但她不甘心当一辈子夫人，便想方设法向炽磐献媚，以取悦于炽磐。由于她并没有比其他女人更高明的献媚手腕，所以，近十年过去她仍是一个左夫人，比起她姐姐的皇后地位相差很远。为此，她时常痛恨自己的命运不好，妒嫉姐姐，恨不能把姐姐挤掉，自己取而代之。

建弘四年(423)十月，秃发夫人得知姐姐和哥哥准备暗杀乞伏炽磐的消息，感到取代姐姐、效忠炽磐的良机已到，于是便密告炽磐，出卖了她的亲人。

但是，令秃发夫人大失所望的是，她的姐姐哥哥因她告密而丢了脑袋，可她却并没捞到任何资本，仍然是一个左夫人。秃发夫人极为恼火。又过了一段时间，她见当皇后的希望已成为泡影，便以玩世不恭的态度和乞伏炽磐的儿子殊罗通奸。由于秃发夫人干得很诡密，直到乞伏炽磐死时也没有被发现。

炽磐死后，秃发夫人和殊罗的丑闻传到了新国君乞伏暮末的耳中。乞伏暮末勃然大怒，准备惩治秃发夫人和殊罗。秃发夫人闻讯大吃一惊，立即和殊罗商量，让殊罗与他的叔父什寅暗杀暮末，拥立沮渠兴国到河西当国君。

永弘二年(429)十月的一天凌晨，天空还闪烁着群星，秃发夫人按照预定的行动方案悄悄地摸到了乞伏暮末的寝宫门外，偷取寝宫的钥匙。由于过于紧张，秃发夫人拿错了钥匙，结果怎么也打不开门，最后被值班的卫兵发现。秃发夫人和殊罗被杀，什寅也被刳腹、投尸黄河。

后凉

十六国／后凉

附:懿武帝吕光妃石氏

◎ 崔明德

石氏原是后凉缔造者吕光的妻子,其家世及与吕光结婚时间不详,婚后生了吕绍。

前秦建元十九年(383)一月,吕光遵前秦国君苻坚之命,西征西域,石氏和吕绍留在长安。不久,苻坚被东晋打败,鲜卑人慕容冲于前秦太安元年(385)占领长安,石氏带着儿子逃离长安,躲到仇池避难。

这时,从西域凯旋而归的吕光已经打垮了凉州刺史梁熙,占据姑臧(今甘肃武威),自称凉州牧、酒泉公,建立了后凉政权。不过,这些振奋人心的消息传到石氏母子耳中时,已是后凉太安三年(388)年初了。石氏听到这些消息后，几年来的愁容一扫而光，急忙派她的侍从到姑臧告诉吕光派人来接他们。

次年一月，石氏母子在姑臧城东见到了吕光。当时石氏激动得连一句话都说不出来，跟着吕光进了宫中。一个月后，石氏被立为王妃，吕绍被立为世子。可是，自此以后，史籍便再也见不到她的动静。龙飞元年(396)吕光自称凉王，吕绍被立为太子时，也没有提及石妃，估计她已经作古了。

附：隐王吕绍妃张氏

◎ 崔明德

张妃生于东晋太元十年（385），不知何时成了后凉太子吕绍的妻子。

承康元年（399），吕光病死，吕绍继承王位，张氏成了王妃。但是，没过几天，吕绍的大哥吕纂发动宫廷政变，篡夺了王位，吕绍被迫自杀。张妃通过这次政变，看破了世态炎凉，决意出家当尼姑，和青灯梵钟厮守一辈子。

就在张妃准备削掉满头青发时，吕光的侄子吕隆闯进了她的寝室，强迫她与他同床入梦。张王妃且羞且怒，拿起剪刀对着吕隆说："我宁愿去死，也决不能受你侮辱。"说完，转身出门，匆匆爬到屋顶，念了几句佛经后愤然跳了下去。由于房屋太低，张妃没有摔死，但两条腿完全摔断了。当她被抬进屋内时，仍大吵大闹着拒绝治疗，不久就离开了人世。

灵帝吕纂皇后杨氏

◎ 崔明德

杨皇后是后凉大臣杨桓的女儿,弘农人,不知何时与国君吕光的庶长子吕纂结为夫妻。

后凉承康元年(399),吕纂发动军事政变,夺取后凉王位后,杨氏被立为皇后。

杨皇后生不逢时,仅当了一年零一个月的皇后,吕纂就被堂弟吕隆、吕超暗杀。杨皇后闻讯立即命令卫兵讨伐吕超,但由于殿中监杜尚的阻挠,士兵们都不敢动手,杨皇后气得两眼直冒金星,一屁股坐在地上。待她清醒过来时,只见将军魏益多拿着吕纂的头颅正从琨华堂大摇大摆地向她走来。她一跃而起，快步迎上去，对他说："人已经死了，什么事情都不知道了，你还糟塌他干什么?"魏益多听罢，骂骂咧咧地从杨皇后身边走了过去。杨皇后不顾这些，匆忙叫来十几名侍婢，帮她把吕纂的尸体抬进她的房内，然后打发人到姑臧（今甘肃武威）城西开挖墓坑。

一切就绪后，杨皇后和她的婢女一起抬着吕纂向墓地走去。临近宫门时，吕超命令士兵对杨皇后搜身，看她身上是否带着珍宝。杨皇后见士兵向她走来，怒不可遏，对吕超厉声骂道："你这个畜生听着，你和吕隆不仁不义，杀了国君，还要侮辱皇后。告诉你，我不定早晚就要去地下和国君作伴，还要那些臭玩艺儿干什么!"吕超见搜不出什么东西，又迫不及待地问玉玺放在什么地方。杨皇后冷笑一声，说："让我毁掉了。"吕超气得干瞪眼睛。

杨皇后埋好吕纂拖着疲倦的身子回到宫中时，天色已晚。刚刚坐定，她的父亲杨桓便走进来吞吞吐吐地说："刚才吕超对我说，他看你长得漂亮，想让你做他的妻子。他还威胁我说，如果你不答应，大祸就会顷刻降到我们杨家。依我之见，吕纂死了，你和吕超也未尝不可……"杨皇后听着听着，毫无血色的脸开始抽动起来，还没等父亲说完，就泣不成声地说："大人怎能说出让女儿如此失望的话呢?实话告诉你吧，我就是到地下陪伴吕纂，也不会嫁给吕超这个无情无义厚颜无耻的东西。"说完，扭头跑进内室，把门插死；当天深夜，自杀身亡。

北凉

十六国／北凉

武宣王沮渠蒙逊皇后孟氏

◎ 崔明德

孟氏是北凉国君沮渠蒙逊的皇后。由于史料太少，我们现在已经无法知道她的家世生平，只知道她手脚麻利，机智勇敢。北凉玄始二年(413)四月的一天深夜，正当孟皇后和沮渠蒙逊进入甜蜜梦乡之际，宦官王怀祖持刀摸入宫中，一刀刺向沮渠蒙逊。孟皇后听到尖叫声，猛然翻身下床，一头把王怀祖撞倒在地，夺过他的刀，刺进他的胸膛。然后回到床边，迅速把沮渠蒙逊被刺伤的脚包扎起来。

哀王沮渠牧犍皇后李氏

◎ 崔明德

李皇后原是西凉的公主，父亲是西凉国君李暠，母亲是西凉尹太后。

西凉嘉兴四年（420）七月，西凉国都酒泉被北凉攻陷，李公主和母亲不幸成了北凉俘虏，被押送到姑臧（今甘肃武威）。北凉国君沮渠蒙逊在与李公主母女交谈时，发现尹太后是位爱国之心和忧患意识都很强烈的女性，李公主又是一位十分娇艳的豆蔻少女，便赦免了她们母女。李公主和尹太后对此感恩不尽，多次到沮渠蒙逊处谢恩。一次，沮渠蒙逊的儿子沮渠牧犍在父皇处见到了李公主，为她的姿色所倾倒，便主动提出把她召进太子宫。李公主乐得依从，成了王妃。

北凉义和三年（433），沮渠蒙逊去世，沮渠牧犍继承王位，李公主由王妃升格为皇后。

沮渠牧犍即位时，北魏的势力已经渗透到北凉，对北凉造成了重大威胁。北魏太武帝拓跋焘为了牢固地控制河西，保证丝绸之路的畅通，便于北凉永和五年（437）将他的妹妹武威公主嫁给沮渠牧犍做皇后。

武威公主的到来，给李皇后带来无限悲伤和痛苦。李皇后深知，沮渠牧犍目前很想凭借北魏这把大伞的保护继续在河西称王，肯定会不顾他们之间18年的夫妻感情，将她废掉。与其被他废掉，不如主动辞去皇后之位，搬出张掖。李皇后征得母亲同意后，便于同年年底和母亲一起到了酒泉。由于心情郁闷，不久就离开了人间。

哀王沮渠牧犍皇后拓跋氏

◎ 崔明德

北魏太延三年(437)春暖花开的一天,北魏太武帝拓跋焘对大臣们说:"这几年我们同西域很多国家建立了外交关系,这些国家对我们很有诚意,经常向我们朝贡。为了更好地和它们发展关系,保证我们之间的道路畅通无阻,很有必要把北凉牢牢地掌握在我们手中。三年前,北凉的兴平公主成了我的右昭仪,从此以后,我们与北凉的关系更加密切了。现在我想让武威公主嫁给沮渠牧犍,让她督促牧犍永远实行亲魏政策。"大臣们听罢,异口同声地说:"妙计!妙计!"当天下午,拓跋焘把妹妹武威公主叫到跟前,向她详细说明了派她到北凉的用意。武威公主先是沉默不语,过了许久才勉强地点头表示同意。

武威公主是个细心人,她一告辞拓跋焘,就到了大臣李顺家中,向他询问河西的具体情况。李顺因常到河西,对那里的山川名胜、风土人情了如指掌,便绘声绘色地向武威公主做了描述。武威公主专心致志地听着,脸上不时显出吃惊、赞叹、好奇的神色。

回到家中,武威公主开始为出嫁做准备。金秋时节,武威公主便来到了北凉,她被封为皇后。沮渠牧犍为了表示对北魏出嫁公主的谢意,特派宰相宋繇向北魏奉献500匹良马、100斤黄金,并请示武威公主的称谓问题。经北魏大臣反复讨论,最后一致认为,按照礼仪,母以子贵,妻从夫爵,沮渠牧犍的母亲应称河西国太后,武威公主在北凉称王后,在北魏则称公主。

武威公主刚刚到北凉时,沮渠牧犍出于对他心目中大国的敬畏,对公主还比较尊敬和体贴,但时隔不久就和嫂子李氏勾搭成奸,冷落武威公主。武威公主觉察后,把沮渠牧犍骂了个狗血喷头。这一骂不但没使沮渠牧犍回心转意,反而使他产生了逆反心理,与李氏打得更加火热。

李氏是个有头脑的女性。她了解武威公主的品性,料到她不会骂过了事,很有可能借助娘家力量拿自己是问,于是便与沮渠牧犍的姐姐密谋毒死武威公主。次日,李氏就把毒药放到了武威公主饭中。

不知李氏放的毒药失效,还是放的药量不够,武威公主吃后只是呕吐,脸色蜡黄,并没有危及到生命。

武威公主被毒的消息传到平城(今山西大同)后,拓跋焘立即派御医带着药物火速赶到姑臧(今甘肃武威),为公主精心治疗。几乎与此同时，拓跋焘又勒令沮渠牧犍交出李氏。沮渠牧犍不但耍赖不给，反而把她送到酒泉，以度过这次难关。

消息传到平城后，拓跋焘勃然大怒，很快就给沮渠牧犍罗列了 12 条罪状，出兵北凉。北凉永和七年（439）八月，北魏大军包围了姑臧，沮渠牧犍出城投降。

沮渠牧犍虽然当了亡国之君，但由于武威公主的缘故，仍然受到了拓跋焘的礼宾待遇。沮渠牧犍通过反思自己对武威公主冷落的言行，极其痛心地哀求武威公主原谅他。武威公主见他决心痛改前非，便同意与他和好。

就在他们相敬如宾，安然度日的时候，一场灾难突然降到了沮渠牧犍头上。北魏太平真君八年（447）一月，有人告发沮渠牧犍父子曾毒死数以百计的无辜者，有司在查抄他的家时找到了所藏毒药，拓跋焘一气之下让崔浩送给沮渠牧犍一张赐死的诏书。

崔浩向沮渠牧犍宣读诏书后，武威公主先是一个劲地发愣，过了好长时间似乎才反应过来，便抱头大哭。沮渠牧犍见状，泪如泉涌，转身自杀。

沮渠牧犍离开了人间，武威公主和她的女儿相依为命，显得十分孤独。拓跋焘见她整天郁郁寡欢，不禁产生了怜悯之情，于是便亲自出面，把她嫁给左将军、南郡公李盖。李盖虽已有了妻子与氏，并和与氏的感情不错，但他不敢拒绝拓跋焘，只好忍痛割爱，把与氏赶出家门，和半老的武威公主举行婚礼。

武威公主和李盖婚后生活如何，已经不得而知了。

南燕

十六国／南燕

献武帝慕容德皇后段氏

◎ 马晓丽

段皇后是后燕右光禄大夫段仪的女儿，国君慕容垂段皇后的亲妹妹，不知何时，与原是后燕范阳王的慕容德结为夫妻。

南燕元年（398），慕容德率后燕残余势力南迁滑台（今河南滑县东），自称燕王；两年之后，又东迁广固（今山东青州西北）称帝，建立南燕政权；段氏也由王妃升格为皇后。

建平六年（405）九月，山东发生大地震，慕容德因受惊突然病倒，昏迷不醒。段皇后估计慕容德很快就会离开人世，自己又没生儿育女，便想把慕容德的侄儿慕容超立为太子，于是便对慕容德大声呼叫："我想让中书草拟诏书立慕容超当皇太子,行吗?"慕容德听到呼声,轻轻点了点头,没过几天就离开了人间。慕容超继承帝位,段皇后被尊称为皇太后。

太上二年(406)九月,南燕宗室慕容法、慕容钟和徐州刺史段宏因受慕容超的猜忌发动了叛乱。这时,有人告密说太尉封嵩和段太后都和慕容法有牵连,于是封嵩被捕入狱,段太后也吓破了胆,哭着向慕容超辩解说:"封嵩多次派黄门令牟常对我说:'慕容超不是你的儿子,以后肯定会像慕容宝逼死段皇后一样把你置于死地'。我们女人胆小,我怕你真会杀我,就把封嵩的话转告给慕容法,希望他为我出些点子,其实他根本没帮我什么忙。"段太后的话出卖了封嵩,保全了自己。结果封嵩遭到车裂,段太后总算保住了她的太后之位。

末主慕容超皇后呼延氏

◎ 马晓丽

南燕太上四年(408)二月,呼延氏十分荣幸地当上了南燕国君慕容超的皇后。当她披上皇后玺绶时,热泪盈眶,不禁想起了曾从慕容超的母亲口中知道的一些往事。

呼延皇后本来出身于前秦一个狱掾的家庭。前秦建元二十年(384),鲜卑人慕容垂和慕容德举起反秦大旗公开与前秦国君苻坚分庭抗礼后,慕容德的儿子和大哥慕容纳被张掖太守苻昌杀掉,他的母亲公孙氏和嫂子段氏被抓进监狱。当时呼延皇后的父亲呼延平是个狱掾,为了报答慕容德先前对他的救命之恩,便于夜深人静时打开牢门,放出公孙氏和已经怀孕的段氏,然后背起女儿,领她们逃入羌族地区。当年,段氏生下了慕容超。慕容超10岁时,公孙氏病死,呼延平又带着慕容超母子投奔后凉。建平四年(403),后凉国君吕隆投降了后秦姚兴,呼延平和慕容超母子一起加入了凉州人东迁的行列,到达长安。

呼延平年岁已大,经不住长途跋涉的折腾,到长安不久就离开了人世。慕容超的母亲看着十分憔悴的呼延平的女儿,用命令的口气对慕容超说:"我们母子能够幸存下来,全是呼延平的功劳。呼延平已不在人间,我们无法报答他的大恩大德,只有让你娶他的女儿为妻,以告慰他的在天之灵。"慕容超这时已是19岁的青年了,当然知道呼延平对他们的厚恩,何况呼延平的女儿始终和他在一起,颠沛流离,担惊受怕,吃尽了人间苦头,于是欣然答应了母亲,于次日和呼延小姐拜了天地,成为夫妻。说是成婚,实际上只是两人搬到一起居住而已。事过很久呼延皇后仍然记得非常清楚,结婚时几乎没有外人前来道喜。

婚后不久,慕容超背着妻子和母亲逃离长安,赶到广固(今山东青州西北),投奔慕容德,被慕容德封为北海王。建平六年(405)九月,慕容德突然病死,慕容超继承了帝位。

慕容超逃奔广固的消息传进呼延氏和段氏耳中之后,她们也想逃离长安,赶到广固。但是,因后秦对她们看管得非常严密,无法脱身。后来,当呼延氏听到慕容超继位的消息时,恨不能插上双翅飞到广固,分享慕容超的喜悦,只是考虑到当时如同蹲在牢笼中的现状,只好把一切希望都寄托在慕容超对她们的营救上面了。

慕容超每时每刻都想把呼延氏和母亲接到广固,让她们尝尝当皇后和皇太后的滋味,但继位伊始,政局不稳,一直没把此事放在日程上面，直到太上三年(407)才与后秦开始交涉。当时，姚兴口气很硬，提出了让慕容超向他称臣的苛刻条件。慕容超为了使母亲、妻子平安、迅速地回到南燕，含泪答应了姚兴的条件。同年十月，呼延氏和段氏抵达广固。

也许是呼延皇后长相太不出色，和慕容超重新团聚以后很快就觉察到，慕容超对她不过是略尽义务，应付而已，早已另有新欢，整天和魏夫人在一起。不过，呼延皇后好不容易才当上了皇后，如今只求保住这块宝座也就心满意足了，因而从不争风吃醋。然而，南燕这时已处于风雨飘摇之中，保住皇后之位又谈何容易! 太上六年(410)，广固被东晋攻陷，慕容超被押送到建康(今南京)处死，呼延皇后自然也成了东晋的俘虏。

西凉

十六国／西凉

武昭王李暠皇后尹氏

◎ 崔明德

东晋隆和元年(362)初夏的一个夜晚,从天水一个姓尹的小康之家里,传出了女婴的第一声啼哭。这位女婴就是后来西凉缔造者李暠的皇后。

尹皇后自牙牙学语开始就显得非常聪明,凡是父母教过的字,她都能很快地记牢,几年过后,她已经系统地学习了《论语》、《孟子》等好几部书。随着知识的增加,她的思辨能力远远超出了同龄儿童。

光阴似箭,转眼之间到了豆蔻年华,她的婚姻大事也提到了尹家的日程上来了。她先和扶风马元正结成伉俪,小夫妻情投意合，互敬互爱。但是，天有不测风云，人有旦夕祸福。他们婚后不久，马元正就不幸病死了。

说来也巧，就在她为失去丈夫而痛苦得心肺俱裂准备终生守寡的时候，陇西狄道（今甘肃临洮南）人李暠的妻子辛女士撇下一堆孩子，先李暠而去。尹、李两家的丧事都很快传到了对方耳中。不知是谁从中撮合，尹、李不久就组建了一个新的家庭。

也许尹氏受儒家思想影响太深，感到匆匆再嫁对不住先夫，决心为他守制3年，所以，在她和李暠婚后的3年内任凭李暠怎样对她开导、取笑、嬉闹，她就是一言不发。整整3年过后，她几乎变成了另外一个人，时而向李暠分析当前的时局，时而向李暠前妻的孩子讲解儒家经典，教他们如何为人处世，时而劝李暠抓住时机，及早建立称雄河西的大业。李暠很佩服妻子的胆识，对她言听计从。神玺元年（397），京兆（今陕西西安）人段业自称凉州牧，李暠被封为敦煌太守。庚子元年（400），李暠自称凉公，建立西凉政权。

西凉虽然领土小了一点，但在当时兵慌马乱的年代能够在敦煌站稳脚跟也不容易。李暠的能力有限，事事都与尹氏商量，尹氏也积极为他出谋划策，所以在河西地区流传出"李与尹王敦煌"的歌谣。

建初十三年（417），李暠病死，太子李歆继位，尹氏被尊称为太后。李歆是尹太后的亲生儿子，刚即位时，对母亲言听计从，但几年过后，他自认为羽毛已经丰满，对太后的话仅当耳旁风。

嘉兴四年（420）七月，李歆不自量力，准备袭击北凉国都张掖。尹太后闻讯，匆匆找到李歆，对他声泪俱下地说："我们西凉建国不久，地狭人少，好好防守还怕保不住领土，哪有能力讨伐他人！你父亲临终时谆谆教导你慎重用兵，保住国土，安抚民众，以等待时机。你父亲的话犹在我耳边回响，难道你这么快就忘掉了吗？！况且，沮渠蒙逊善于用兵，多年以来，常想吞并我们，而且天时地利人和都对他有利，你根本不是他的对手！再说，西凉国土虽小，但只要你励精图治，发愤图强，安抚好人民，做好储备，耐心等待时机，终究是会拓展领土的。你试想一下，如果沮渠蒙逊荒淫残暴，北凉臣民最终会像流水般归附于你；如果你不好好治理国家，即使他们暂时归附于你，也会很快与你离心离德。由此看来，你决不能轻举妄动，侥幸取胜。如果你一意孤行，依我之见，不仅会丧失军队，而且也会丧失国家！"尽管尹太后的话有理有情，但鬼迷心窍的李歆根本听不进去，仍然带着3万名士兵出征。

不出尹太后所料，李歆不仅丧失了军队，就连他自己的命都没有保住，国都酒泉也被北凉攻陷。

尹太后在被押往张掖的途中，路过姑臧（今甘肃武威）时意外地见到了北凉国君沮渠蒙逊。她见蒙逊主动向她走来，便故意转过身，不理会蒙逊。蒙逊没有计较这些，而是走到她的跟前，向她问好。尹太后一听，怒火油然而生，气呼呼地说："你已把李家政权消灭了，还说这种好听的话顶屁用！"这时，有人拉了一下尹太后的衣襟，轻声对她说："你们母女的生命都操在他的手里，向他求饶恐怕都晚了，为何还如此傲慢？西凉国破家亡，你的子孙遭到屠杀，不少人为此痛哭流涕，惟有你毫无悲伤之感，这究竟是为什么？"尹太后扬了扬头，慷慨激昂地说："生死存亡，全由天命，我已经年过半百，决不会因为怕死而要求做他人的臣妾！现在我惟一的希望就是快点儿死掉。"沮渠蒙逊听了尹太后的话，很为她的无畏精神所感动，不仅没让她死，反而让儿子沮渠牧犍娶她的女儿为妻。

沮渠蒙逊死后,沮渠牧犍继承了北凉王位,尹太后的女儿被封为王后。但是,好景不长。北凉永和五年(437),北魏太武帝为了控制北凉,便把他的妹妹武威公主嫁给了沮渠牧犍。尹太后见状,感到如不离开张掖,她们母女肯定凶多吉少,于是便和女儿商量让出王后之位,搬到酒泉居住。

尹太后母女到了酒泉不久,她的女儿因心情郁闷,患病去世。尹太后双手抚摸着女儿冰冷的尸体,悲壮地说:"孩子,我们国破家亡,本该早点儿离开人间,你死得太晚了……"尹太后自女儿咽气到被安葬,没有落过半滴眼泪,更没有发出一句哭声,冷静得几乎让人觉得她不通人情。

恰在这时,沮渠牧犍的弟弟沮渠无讳想以尹太后的名义招降她的孙子李宝,于是便对尹太后说:"太后的孙子都在伊吾,不知太后是否想去?"尹太后本来对西凉灭亡后逃到伊吾的孙子李宝是否还活在世上一无所知,经沮渠无讳的提醒,她突然萌发了逃奔伊吾的念头。为了麻痹无讳,尹太后故意说:"我的子孙已经流落到异国他乡,我也没有什么可以挂念的了。我这把老骨头支撑不了几天了,哪里还想到伊吾呢?!"

沮渠无讳一走,尹太后就简单地收拾了一下东西向伊吾奔去。快出北凉边界时,不料被沮渠无讳所派的骑兵拦住了去路。尹太后骗他们说:"沮渠无讳允许我到伊吾,你们为什么还要来追赶?如果你们非要把我追回去不可,那么你们只有提着我的脑袋回去了,说什么我也不会回去了。"太后的话说动了骑兵的心,他们跨上战马返回了原路。尹太后顺利地到达了伊吾。

由于年老多病和长途跋涉的折磨,尹太后和孙子团聚后不久,就离开了人间,是年75岁。

南北朝

（420 – 589）

南北朝是继东晋和十六国大分裂之后，中国历史上民族大融合的一个时期，共产生了10个独立的国家政权。

本书收录了34个皇帝的44位皇后，并附有7位皇太后、10位皇妃。

宋

南北朝／宋

附：武帝刘裕皇太后萧文寿

◎ 李炳泉

萧皇后是南朝宋国第一个皇帝刘裕的继母，名文寿，东晋建元元年(343)出生于兰陵(今山东枣庄东南)一个名门显族之家。她的祖父萧亮做过侍御史，父亲萧卓做过洮阳县(今广西全州西北)令。她品貌如何，史书没有记载。后嫁给刘裕的父亲刘翘做继室。

刘裕的生母在刚生下刘裕的当天就去世了。萧文寿嫁给刘翘后，自然承担起了抚养刘裕的责任。后来，萧文寿又生下了两个儿子。不幸的是刘翘在小儿子生下不久便去世了，萧文寿只好带着三个未成年的孩子凄凉度日，常常吃不饱，穿不暖。

为了抚养孩子，萧文寿白日带着刘裕种田或砍柴，晚上织屦。靠织屦换些柴米油盐，勉强度日。

刘裕是个有出息的人，他长大后投入军中当兵。因为他英勇善战，兼有谋略，被提为军官。后来，镇压孙恩、卢循起义有功，升任下邳郡(今江苏邳县西南)太守。此后，他出兵消灭了南燕、后秦，还收复了巴蜀。晋义熙元年(405)，他率军平定了桓玄之乱，掌握了东晋实权，被任为相国，并封为宋王。萧文寿被尊为太妃。

元熙二年(420)，刘裕代晋称帝，国号宋，即宋武帝。刘裕称帝后，尊萧文寿为皇太后。刘裕死后，儿子刘义符即位，又尊她为太皇太后。就在刘义符当皇帝的当年，萧文寿寿终正寝，终年81岁。

附：武帝刘裕妃张氏

◎ 李炳泉

张氏是南朝宋武帝刘裕的夫人，宋少帝刘义符的生母。她的芳名是啥？生于何年？祖籍何郡何县？父母是谁？由于史书无载，我们都不得而知。大约在东晋义熙元年（405），她被刘裕宠幸，后来生下了少帝刘义符和义兴恭长公主刘惠媛。

刘裕代晋称帝的那一年，张氏被封为夫人。由于她为刘裕生下了长子刘义符，母以子贵，很有希望被封为皇后。但不幸的是刘裕只当了两年皇帝便去世了。她在刘裕生前没有当上皇后。

宋武帝死后，年仅18岁的刘义符登基做了皇帝，尊张夫人为皇太后,居永乐宫。

刘义符不像他的父亲那样有所作为,而是一位荒淫的君主。当皇帝的第二年,司空徐羡之、尚书令傅亮就召南兖州刺史檀道济来到建康城(今江苏南京),密谋将他废黜。一天,刘义符正在华林园内列肆中做买卖,忽然檀道济等人带兵闯入,收去了他的玺绶,随后,废他为营阳王,并押送吴郡(今江苏苏州)幽禁。张夫人无可奈何,也只好乖乖交出皇太后玺绶,随儿子一道离开京城建康(今江苏南京)。不久,刘义符被杀,他的异母弟刘义隆当了皇帝,即宋文帝,降封张夫人为营阳王太妃。

元嘉三年(426),张夫人逝世。

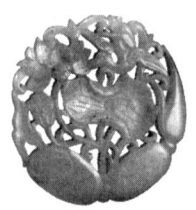

少帝刘义符皇后司马茂英

◎ 李炳泉

东晋元熙二年(420),刘裕逼迫晋恭帝司马德文让位,自己做了皇帝。次年,刘裕又将司马德文杀死。司马德文虽死于刘裕之手,但他的女儿、海盐公主司马茂英却做了刘裕儿子、宋少帝刘义符的皇后。

刘义符是宋武帝刘裕的长子。晋安帝在位时,刘裕被封为豫章公,立儿子刘义符为世子,纳司马茂英为世子妃。司马茂英生于东晋太元十八年(393),许配刘义符时已24岁,而刘义符才10岁。刘裕并不是没有考虑他们夫妻的年龄悬殊,但为了政治上的需要,还是将司马茂英迎娶过来。刘裕建宋后,刘义符被立为太子，司马茂英也成了太子妃。宋永初三年(422)，刘裕死，刘义符继位为皇帝，司马茂英也登上了皇后宝座。

刘义符做皇帝的第二年，就被司空徐羡之等人以张皇太后的名义，列数其罪恶将其废为营阳王。司马茂英也自然被降为王妃。元嘉十六年(439)，茂英死去，是年47岁。

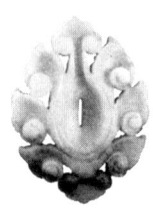

文帝刘义隆皇后袁齐妫

◎ 李炳泉

袁皇后，名齐妫，陈郡阳夏(今河南太康)人。她于晋义熙元年(405)出生在一个世代为宦的家族。曾祖父袁耽曾在晋朝做过历阳郡(治今安徽和县)太守，祖父袁质做过琅邪郡(治今山东临沂北)内史，她父亲袁湛做过左光禄大夫。她因是父亲的小老婆王氏所生，在家庭中的地位并不高。袁氏丽质天成，长大后更是楚楚动人。永初元年(420)，她嫁给宋武帝刘裕的三子、刚刚被封为宜都郡王的刘义隆为妃。元嘉元年(424)，刘义隆称帝，是为宋文帝，袁齐妫被立为皇后。

宋文帝开始对袁皇后情深意笃，皇后生下皇太子刘劭和东阳公主刘英娥后,更是得宠。但自从貌似天仙的潘妃入了宫,宋文帝的心就变了,对潘妃百依百顺。袁皇后娘家常常向宋文帝要些钱补贴生活。宋文帝每次不过三五万钱及三五十匹帛。可是人们传说潘妃要什么就给什么,要多少就给多少。袁皇后开始还不相信,有一次特意通过潘妃向宋文帝要30万钱。一夜过后,钱一文不少地转到袁皇后手中。袁皇后看着那一堆钱,心中的嫉妒和痛恨就别提了,以后就称病不再见宋文帝。宋文帝每次来到她的寝宫,她都到别处去回避,就是不肯见上一面。宋文帝便偷偷藏在暗处,想看她一眼,但终于没有成功。儿女们来看望袁皇后,她也同样不见。就这样,袁皇后终因怨气郁积而病倒了。

元嘉十七年(440)的一天,袁皇后病情加重,宋文帝急忙来显阳殿探视。袁皇后听说宋文帝到来,连眼皮也没抬。宋文帝轻轻坐在病榻边上,拉着袁皇后的手,流着眼泪想向她说些什么话。她慢慢睁开双眼,盯了宋文帝一会儿,便用被子遮住了自己的面孔。宋文帝无奈,只好伤心落泪。不几天,袁皇后便与世长辞,是年仅36岁。

袁皇后死后,宋文帝十分悲痛,命前永嘉太守颜延之做了一篇文辞艳丽的哀册。册文奏上,宋文帝称善,特意加上了"抚存悼亡,感今怀昔"八个字,表达了他对袁皇后的怀念。众大臣上奏文帝,谥袁皇后为宣皇后,文帝下诏改谥为元皇后。

附：文帝刘义隆妃沈容姬

◎ 李炳泉

沈容姬生于何年？籍贯何处？由于史书没有记载，我们不得而知。沈氏是个美丽的女人，因此被宋文帝刘义隆纳入后宫为美人。宋文帝对她十分宠爱，退朝之后，便到她宫中饮酒取乐，并宿居下来。沈容姬的肚子很争气，不久就结下珠胎，为刘义隆生下第八个儿子，取名彧，因此被拜为婕妤。元嘉三十年(453)，她和宋文帝刘义隆先后去世，被安葬于建康(今江苏南京)附近的莫府山。

宋孝武帝即位，追赠她为湘东国太妃。明帝刘彧即位，又尊为皇太后，并谥为"宣"，称其陵为崇宁。

孝武帝刘骏皇后王宪嫄

◎ 李炳泉

南朝宋大明八年(464)，建康(今江苏南京)宫中含章殿内，众多姬妾、宫人围在一个卧榻前，你一言我一语地劝慰卧榻上的一个中年妇女。只见那个妇女脸色气得铁青，左手撑着榻，努力支起半个身子，右手哆嗦着往前指点，吃力地喊着："快取刀来剖开我的肚子！快取刀来剖开我的肚子！怎么生出这么个逆子！"

卧榻上的女人是谁呢？原来是南朝宋孝武帝刘骏的皇后、前废帝刘子业的母亲王宪嫄。

王宪嫄于元嘉五年(428)出生于琅邪临沂(今山东临沂)一

个名门显族。父亲王偃,是东晋开国丞相王导的玄孙、尚书王 龃的儿子。母亲是晋孝武帝的妹妹鄱阳公主。王宪嫄姿色并不 十分出众,但毕竟是大家闺秀,举止庄重,仪态大方。元嘉二 十年(443),被宋文帝的儿子刘骏纳为妃。

元嘉三十年(453),太子刘劭杀死文帝刘义隆。刘骏起 兵杀死哥哥刘劭,于孝建元年(454)在建康称帝,立王宪嫄 为皇后。

王宪嫄为刘骏生有二男四女,他们依次是前废帝刘子业、 豫章王刘子尚、山阴公主刘楚王、临淮康哀公主刘楚佩、皇女 刘楚绣、康乐公主刘修明。

大明八年(464),刘骏去世,16岁的太子刘子业登基做了 皇帝,尊王宪嫄为皇太后,住永驯宫。

刘子业是历史上有名的荒淫君主。父亲死了,他本应该表 现出一些悲哀的情绪,可他偏偏喜形于色,居丧期间与宫女们 鬼混。王宪嫄思念自己的丈夫,看着眼前不争气的儿子,一气 之下便病倒了。遇到这种情况,皇帝应该每天到太后宫中问 安,还应亲自尝药侍寝。但王宪嫄病了3个月,刘子业只顾自 己玩乐,就是不去问安。一天,王宪嫄病重了,她思念儿子, 派人去叫。当时刘子业正和一群少年宦官玩得高兴,他不愿意 去,摇着头笑着说:"病人的房里有鬼,天子哪能去?"宫人 不敢隐瞒,如实报告了太后。王宪嫄气愤异常,就骂出了本文 开头那段话。

经过众人劝慰,王宪嫄逐渐压下了怒气。可一直等到晚 上,刘子业硬是没去看望母亲一眼。几天后,王宪嫄便含恨离 开了人世。是年38岁。不久与刘骏合葬于景宁陵。

附：孝武帝刘骏皇太后路惠男

◎ 李炳泉

路惠男，丹阳建康（今江苏南京）人。她生于何年？父母是谁？都不得而知。宋文帝刘义隆在各地选妃时，她被选入后宫。

路氏生得杏脸桃腮，千娇百媚，很受刘义隆的宠爱。几度春风，结下了珠胎，为刘义隆生下了第三个儿子，取名骏。刘义隆对她愈加喜爱，拜为淑媛。但随着年龄的增长，路惠男渐渐失去了魅力，刘义隆早已另有所爱，她只好跟着儿子刘骏出居外藩。

元嘉三十年（453）三月，刘义隆的长子刘劭发动宫闱政变，杀死刘义隆。刘骏听说父亲被杀，就带兵讨伐刘劭。同年四月，刘骏在建康城外即皇帝位，是为孝武帝。即位后不久，攻破建康，杀死刘劭及其4个儿子，并杀劭党多人。因此，当时流传着这样一首民谣："遥望建康城，小江逆流萦，前见子杀父，后见弟杀兄。"刘骏进入建康后，立即命人将路氏迎来，尊为皇太后，居显阳殿。

刘骏是历史上的荒淫君主，无论亲疏贵贱，只要是有几分姿色的女子被她瞧见，便要召入御幸，不肯放过。前去显阳殿拜谒路太后的内外命妇及宗室诸女很多，刘骏就乘机闯入，看见美貌的就要发泄兽欲，有时竟在路太后房内胡搞起来。路太后溺爱儿子，对这种事从不禁止。不久，刘骏的丑闻便在都城到处传扬开了。

路太后在孝武帝时经常干预朝政，利用手中的权力为外戚谋私利。在她的不断请求下，刘骏追赠她的父亲为散骑常侍，母亲为余杭县广昌乡君，她的侄子路琼之及弟弟路休之、路茂之也都擢以显职。她还经常赐给路琼之许多财物，使他享受和皇子们一样的待遇。路琼之是王僧达的邻居，有一次特地穿着颜色夺目的锦袍绣裤去拜访王僧达。王僧达正要出门打猎，已换上猎装，不得已就座接待，一副冷若冰霜的面孔，不愿搭理他。勉强寒暄几句后，王僧达突然问："我过去家中有一个马夫路庆之，是你的什么亲戚？"路庆之是路琼之的父亲，王僧达明知故问，有意使他难堪，路琼之悻悻告辞。他刚起身，王僧达又命令随从将他坐过的床榻立即焚毁。这样不留情面的侮辱，使路琼之和路太后恼羞成怒。路太后哭着对刘骏说："我还在世，家里人就受如此欺凌。我死后，他们只能沿街去乞讨了。"她还咬牙切齿地发誓说："我坚决不与王僧达共存于人间。"后来，王僧达终于不明不白地被刘骏赐死。

大明八年（464），刘骏死，长子刘子业继位，尊路惠男为太皇太后。次年，刘彧杀了刘子业，即皇帝位，尊路氏为崇宪太后。刘彧是刘义隆的妃子沈氏所生。沈妃早卒，刘彧由路惠男抚养成人，因此，对她很孝顺。不久，路惠男就去世了。刘彧将她葬在刘骏墓的东南，称修宁陵，谥号为"昭皇太后"。

明帝刘彧皇后王贞凤

◎ 李炳泉

一次，宋明帝刘彧把所有公主、嫔妃及宫女都请到宫中大殿里欢宴。饮到半酣，他忽发奇想，下了一道命令：无论内外妇女都要脱光衣服，恣意取乐，那些妇女迫于皇上淫威，立即照办。这时，惟独有一妇女以扇掩面，不笑不言。刘彧见状大怒，骂道："你娘家向来寒酸，今天有如此乐事，你为何不看一眼？"这位妇女不慌不忙地回答道："娱乐的途径很多。那有姑姑、姐妹们聚集在一起，以裸体来取乐的呢？我娘家虽然寒酸，但不愿如此取乐。"刘彧不等她把话说完，更加愤怒地骂道："你这贱货真不识抬举，给我立即离开这里。"这位妇女当即起座，掩面而去。她不是别人，正是宋明帝的皇后王贞凤。

王贞凤出生在琅琊临沂一个大族里。祖父王穆曾做过临海郡(今浙江临海东南)太守，父亲王僧郎做过尚书左仆射，都有名于时。王家不仅是名门显族，而且是书香门第。在这样的家庭氛围中，王贞凤自幼就熟读了儒家典籍，有着良好的修养。长成后更兼端庄秀美，不失大家闺秀的风采。元嘉二十六年(449)，王贞凤14岁，嫁给淮阳王刘彧为妃。后来，刘彧改封为湘东王，王贞凤又被拜为湘东王妃。她为刘彧生了两个女儿，一个是晋陵长公主刘伯姒，一个是建安长公主刘伯媛。泰始元年(465)，刘彧称帝，她被册立为皇后。

泰豫元年(472)，刘彧死去，太子刘昱继位，历史上称为后废帝。这时，王贞凤被尊为皇太后，住弘训宫。

刘昱不是王贞凤所生，而是刘彧的宠妃陈妙登所生。他从小就非常调皮，喜怒无常，动辄把随从们打得鼻青脸肿。宋明帝活着的时候，还经常让其生母陈妙登痛打他。10岁当皇帝后，还惧怕皇后王贞凤、生母陈妙登及几个有威望的大臣。但在13岁举行加无服(冠)礼后，就谁也控制不了他了。他经常偷偷跑出宫，或是跑到郊外，或是在街市上闹事。王贞凤常常耐心地劝说刘昱，要他努力上进，以便把国家大政掌握起来。开始刘昱还能听进去，行动上也有所收敛。但时间一长，便觉得不耐烦了，任凭王贞凤磨破嘴皮，就是不听，王贞凤也觉得自己虽为皇太后，但毕竟不是刘昱的生母，为了感化刘昱，便在元徽五年(477)端午节，赐给刘昱一把玉柄毛扇。刘昱不但不谢恩，反而认为扇子不够华丽，对王贞凤心怀不满。一天，他让太医煮毒药，准备杀死王贞凤。随从见了，慌忙阻止，刘昱这才罢休。

元徽五年(477)，由于刘昱的荒淫残暴引起了内乱，大将萧道成乘机杀死刘昱，立其弟刘准为帝，自己做了司空、录尚书事，专擅朝政。看到国家权力落入外人之手，王贞凤心中很着急，便鼓动刘晃、刘绰等宗室准备消灭萧道成。萧道成觉得代宋的时机已经成熟，便将刘准贬为汝阴王，然后自己当了皇帝，他就是齐高帝。改朝换代后，王贞凤被贬为汝阴王太妃，与皇帝刘准被送往丹阳宫。不久，刘准被萧道成杀死，王贞凤被迁回京城府第居住。建元元年(479)，王贞凤死去，是年44岁。萧道成追谥她为明恭皇后，以刘宋皇后的规格将她安葬。

附：明帝刘彧妃陈妙登

◎ 李炳泉

陈妙登，丹阳建康（今江苏南京）人。她本是屠户的女儿，后来一个偶然的机会使她成了南朝宋明帝刘彧的妃子。

刘骏是个荒淫的君主，他经常派人到民间去选有姿色的女子入宫。一天，刘骏带着几个随从出行，随口对随从说："御道旁怎么有这样的破草屋，这家一定很贫寒吧！"说罢，便赐钱3万，并派随从传达他的命令，让这家盖几间瓦屋。随从带着钱来到草屋里，只见到一个十二三岁的小女孩，正带着疑惧神色看着来人。小女孩生着一双水汪汪的大眼睛，皮肤白皙，身材苗条，美丽动人。随从说明来意，放下钱退出，然后向刘骏如实作了汇报。刘骏对这意外的发现很满意,急忙将那个小女孩迎入宫中。这个小女孩就是陈妙登。

　　陈妙登入宫后,一直呆在路太后房中,刘彧早年失母,路太后将他抚养成人,刘彧也不忘路太后的抚养之恩,对她格外尊敬,经常去宫中拜见路太后。一次,他在路太后宫中见到陈妙登,流露出爱慕之情。路太后也看出了刘彧的意思,便向刘骏请求将陈妙登赐给弟弟刘彧。刘骏倒也爽快,满口答应。就这样,陈妙登成了刘彧的妃子。

　　开始,刘彧对陈妙登十分宠爱,但有了新欢后就忘记了她。陈妙登正值青春年华,哪里耐得住寂寞,便与刘彧的老师李道儿眉来眼去,暗中偷情。一次,陈妙登大胆地要求嫁给李道儿,荒唐的刘彧竟欣然应允。

　　李道儿得了这么一个美貌女子,格外珍爱,不久她便怀了身孕。刘彧失去了陈妙登又觉后悔,竟将她要回。李道儿尽管十分不乐意,但也无可奈何,只得物归原主。不久,陈妙登便生下了一个儿子,他就是后废帝刘昱。

　　刘宋宫廷的明争暗斗十分激烈。刘骏只当了11年皇帝便去世,太子刘子业继位。刘子业更是荒淫无度,不久便被杀死,刘彧当了皇帝,是为宋明帝,陈妙登被封为贵妃。

　　刘彧当了8年皇帝后病死,10岁的太子苍梧王刘昱即帝位,将生母陈妙登尊为皇太妃。

　　刘昱当了5年皇帝,被萧道成所废,其弟刘准为帝,史称顺帝。刘准又将陈妙登降为苍梧王太妃。陈妙登死年不详。

后废帝刘昱皇后江简珪

◎ 李炳泉

泰始五年（469），南朝宋明帝刘彧下令在各地为太子刘昱选妃。古代选妃很重视生辰八字，因此，很多名门闺秀都因与刘昱的生辰八字不合而不得入选。选来选去，选了一位弱小的女子。经过占卜，认为最吉，就被刘昱纳为妃子。

刘彧选的这位太子妃就是以后的江皇后。

江皇后，名简珪，济阳考城（今江苏盱眙南）人。她的祖上也曾做过达官，但到她父亲江季筠时只做过太子洗马这样一个小官。江季筠命短，在生下江皇后不久，便去世了。江皇后只好和母亲王氏相依为命，凄凉度日，万万没想到能当上当朝太子的妃子。

泰豫元年（472），刘彧死，太子刘昱继位，是为后废帝。江简珪被立为皇后。

刘昱即位时才 10 岁。刘彧生前一直担心自己死后刘氏宗室不能对幼主尽忠，于是杀尽了孝武帝的儿子及自己的兄弟，只留下了白痴兄弟刘休范。想不到刘昱即位刚两年，刘休范便起兵寻阳，直捣都城建康（今江苏南京），幸赖右卫将军萧道成率军镇压。此后建平王刘景素又举兵反叛，也兵败身亡。由于王室内部倾轧，萧道成的权势日增。元徽五年（477），肖道成杀死刘昱，贬其为苍梧王。江皇后也被贬为苍梧王妃。其后情况如何，便不得而知了。

顺帝刘准皇后谢梵境

◎ 李炳泉

谢梵境，陈郡阳夏(今河南太康)人。她出身名门，曾祖父谢弘微曾做官太常，祖父谢庄为光禄大夫，父亲谢飏为太守。谢皇后出生于何年?品貌如何?因史书无载，不得而知。升明二年(478)，被南朝宋顺帝刘准立为皇后。

刘准是宋明帝刘彧的三子。明帝死后，由长子刘昱继位。刘昱即位时才10岁。他残杀成性，因此，引起了宫廷内乱。在王室内部倾轧的浪潮中，萧道成的权势日增。他派人杀死刘昱，又奉太后令迎刘准为帝。第二年，顺帝刘准立谢梵境为皇后。

萧道成在当了相国和齐王后还嫌不足，于升明三年（479）自立为帝，封宋顺帝刘准为汝阴王。谢梵境也由皇后降为汝阴王妃。

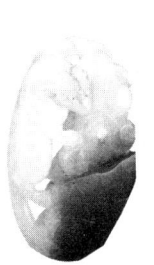

南齐

南北朝／南齐

郁林王萧昭业皇后何婧英

◎ 时 镒

齐永明十一年（493）初春的一天，在南郡王府内的深宫院内，一位打扮得花枝招展的少妇正与一个白面书生调笑嬉戏，打得火热。这时，丫环进来，递上一封书信。少妇见搅了好事，面容略显不快，将信接过打开，但见信笺中央写一大喜字，外面围绕36个小喜字，不禁笑逐颜开。白面书生从旁看过，一把扳过少妇肩膀，在粉脸上亲了一口说："恭喜娘子，不久就要成为皇后了！""那你就是皇帝老公喽！""不敢不敢!能搂着皇后玉体睡觉，也算小生三生有幸了！"说罢，俩人又抱做一团，滚在床上。

这位淫荡的少妇便是本传的主人公郁林王妃何婧英，那位白面书生是她的面首，南郡王侍书马澄。何婧英出身南朝名门，曾祖父何尚之官至宋朝司空，父亲何戢亦任侍中、詹事等职。出生在这样的家庭，何婧英本来应该是一个文静持重的女人。然而，当人们知道何婧英的母亲便是以淫荡著称的山阴公主之后，就不会为她的轻佻举止而感到奇怪了。齐永明三年（485），何婧英嫁给南郡王萧昭业。婚后，两人卿卿我我，朝欢暮乐，倒是一对恩爱夫妻。然而，何婧英并不满足只委身于一个男人的怀抱，便经常着意在南郡王的狐朋狗友中寻找美貌之人，暗地里引来同床共枕。南郡王侍书马澄便是她最可意的一个。马澄是剡县（今浙江嵊县）人，曾因调戏妇女而被当地县令拘捕，南郡王萧昭业将他救出并纳入府中。马澄色秀貌美，很快便与何婧英勾搭成奸。两人明来暗去，渐渐竟无所顾忌，常当着南郡王的面斗腕较力，南郡王不以为耻，反以为乐。后来，萧昭业赴建康为父亲皇太子萧长懋侍疾，何婧英留居西州，便与马澄公开私通，俨然夫妻一般。

齐永明十一年（493），世祖武皇帝萧赜病死，遗诏皇太孙萧昭业嗣位，何婧英因此受封皇后，由西州来到建康。萧昭业称帝以后，在各地遍采佳丽，甚至连父亲文惠太子的宠妾也占为己有，并为她改姓徐氏。何婧英身为皇后，独居中宫，甚觉寂寞无聊，于是又从佞臣中寻觅新欢。这时有一个女巫之子杨珉之，生得唇红肤白，丰姿绰约，被萧昭业宠爱，作为男妾。何婧英见过此人，心中便放不下，特令宫女引入内室，以赐宴为名与他调情，不一会儿两人便混得火热。

过了不久，何婧英与杨珉之私通之事被西昌侯萧鸾察觉，萧鸾通过萧昭业之心腹萧坦之和萧谌两人入宫面奏，请诛杨珉之。适逢皇后何婧英正与皇帝萧昭业同席而坐，闻听此言不禁泪流满面，对萧坦之说："杨郎年纪轻轻，没有罪过，怎好枉杀呢？"萧坦之不理会何皇后，径自向前对萧昭业耳语说："请诛杨珉之还有另一层意思，但不可让人知道。"萧昭业便对何婧英说："阿奴(何婧英小字)暂且回避一下。"何婧英无奈，只好与众宫人一齐退出。萧坦之这时才对萧昭业说："外边风传杨珉之与皇后有奸情，彰闻遐迩，不可不诛！"萧昭业一时气盛，当即宣旨令拿杨珉之受戮。

何婧英闻得消息，连忙入宫向萧昭业跪求，哭得似泪人儿一般。萧昭业见她可怜兮兮，急令左右传出赦诏。不料萧坦之领到圣旨后，立即驰报西昌侯萧鸾，将杨珉之行刑处决。待赦书到时，杨珉之早已身首异处了。

何婧英失去杨珉之，心中好久不能释怀。后来，又欲寻觅新欢。无奈此时萧昭业已被西昌侯萧鸾所废，何婧英亦在混乱中丧命身亡。

何婧英做皇后时间，前后不过一年。

附：郁林王萧昭业皇太后王宝明

◎ 时 镒

宋元徽二年（474）夏天，噩耗传至萧府，平南将军萧道成已在新亭（今江苏南京南）战死。萧府上下，正哀痛欲绝，不料又有小股盗匪前来抢掠，更使萧家惊恐不安。这时，一位年轻妇人挺身而出，请全家赴其兄王晏之处避难。萧道成孙子萧长懋与弟萧子良略作商议，认为除此之外别无良策，便奉母亲裴惠昭和婶母庾氏离家去王晏之处隐居。后来，萧道成平定叛贼，才复迎全家回府。

这位救护萧氏全家的年轻妇人名叫王宝明，是萧赜之子萧长懋的妻子。王宝明为琅邪临沂（今山东临沂）人氏，其祖父王韶之官至吴兴太守；父亲王晔之，曾任太宰祭酒。王宝明嫁与萧长懋后，对公婆颇为恭敬，深得公婆喜爱。齐建元元年（479），被立为南郡王妃。建元四年（482），萧长懋被立为皇太子，王宝明因此被封为皇太子妃。王宝明虽然聪明贤惠，但却不能讨得丈夫欢心。一次，萧长懋为东宫所有妃子宫女置办了鲜艳的衣服和首饰，却没有给正室王宝明置办一件。两人关系由此可见一斑。不过王宝明倒也能够容忍。此后十余年间，宝明房中布置依旧，非常简朴，其首饰不过陈旧钗镊十余枚而已。

齐永明十一年（493），皇太子萧长懋病故。王宝明长子萧昭业被立为皇太孙，宝明因此加称号为皇太孙太妃。同年，齐武帝萧赜病死。皇太孙萧昭业继承皇位，王宝明被尊为皇太后。王宝明这年才39岁，中年寡居，未免郁郁不欢。萧昭业是个花花公子，自然揣透母后心意，便下令挑选30名美男子入宫侍候。淫秽之声，不免传出宫外。

王宝明物质欲望多年遭受压抑，而今做了皇太后，便想着实排场威风一下。其年十二月，宝明令置备法驾，和儿媳何皇后浩浩荡荡赴太庙朝拜，城中观者如墙，齐叹仪仗威严豪华。王宝明听此议论，心中得意洋洋。然而好景不长，宝明孙子萧昭业第二年便被西昌侯萧鸾废为郁林王，王宝明奢侈淫靡的生活即告结束。因西昌侯萧鸾是齐太祖萧道成抚育成人，所以对王宝明还算优待，让她出居鄱阳王故第，仍称宣德宫。

齐永元二年（500）十一月，雍州刺史萧衍起兵于襄阳，遥尊王宝明为宣德太后。王宝明再度走运，实际上则成了萧衍的长线木偶。齐永元三年（501）正月，王宝明以宣德太后身份，诏令西中郎将南康王萧宝融纂承皇祚，公开与齐帝萧宝卷分庭抗礼。同年十二月，萧衍攻克建康，萧宝卷被斩首，王宝明又以宣德太后身份下令依汉海昏侯故事,追封萧宝卷为东昏侯,并进梁王萧衍为大司马、录尚书事、骠骑大将军、扬州刺史,封建安郡公。

齐中兴二年(502)正月,王宝明以宣德太后身份临朝称制,入居内殿,政治上达到一生之顶峰,实则傀儡而已。此后数月间,梁王萧衍加紧准备代齐称帝,四月,齐和帝萧宝融禅位于梁王萧衍,王宝明也于此时去掉太后称号,逊居外宫,结束了历时一年多的傀儡生涯。

梁天监十一年(512),王宝明病逝,享年58岁。葬崇安陵,谥号安后。

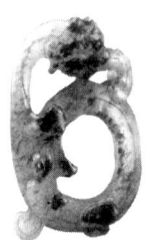

海陵王萧昭文皇后王韶明

◎ 时 镒

齐隆昌元年(494)深秋季节,万物萧瑟。在建康皇宫内,由宣城公萧鸾操纵了一场宫廷政变。废杀了皇帝萧昭业,然后假借皇太后名义立新安王萧昭文即位。萧昭文即位后,改隆昌元年为延兴元年,立王妃王氏为皇后。

王皇后名韶明,是齐太常王慈之女。在严格的家教下,王韶明颇识大礼,有国母之威仪,身为皇后可谓当之无愧。然而,宣城公萧鸾废旧立新不过是权宜之计。此后一个月内,萧鸾大杀异己,齐高武两帝所遗诸王几乎诛戮殆尽。王皇后和皇帝萧昭文没有半点自由,甚至连日常一饮一食,也必须经萧鸾允许,才能由御厨供上。一天,皇后皇帝想吃点蒸鱼,向厨官索要,厨官竟答称无宣城公命令,拒绝送上。对此,皇后和皇帝只有相对流泪,并无他法。过了不到一月,萧鸾便以太后名义再次发布敕令,废萧昭文为海陵王,王韶明也因此被贬为海陵王妃。

退居王妃之后,王韶明和萧昭文夫妇二人以为处境可以稍微好转,不想这时宫中发布一道诏令,说是海陵王有病,屡次派御医前来诊视,强迫他饮下汤药数剂,不久便把性命断送。王韶明年仅十几岁,就莫明其妙地做了寡妇,后事如何,史书无载,但也可想而知。

东昏侯萧宝卷皇后褚令璩

◎ 时 镒

齐东昏皇后褚令璩，河南阳翟人。其父褚澄善医术，官至太常。其母为宋文帝之女庐江公主。出身于这样的名门家庭，褚令璩举止有礼，性情温顺，颇合大家闺秀风范。

齐建武二年（495），褚令璩被齐明帝萧鸾第二子萧宝卷纳为妻室。萧宝卷已于前一年被立为皇太子，由于他生性轻佻，对知书达礼的褚令璩毫无恩爱之情。一次，萧宝卷酒后对亲信们说："娶妻若得山阴主，才可无所遗恨呢！"山阴主是齐明帝长女，萧宝卷的亲妹妹，所以众人只道萧宝卷酒后狂言，未加理会。谁知过了不久，萧宝卷竟真的与山阴主鬼混在一起，从此更把褚令璩冷落一边。

齐明帝萧鸾病死后,萧宝卷嗣位为帝,褚令璩亦因正室登上皇后宝座。宝卷称帝以后,幸臣茹法珍、梅虫儿在外采选数十名美女子入宫。其中有余、吴、潘三个女子最美,娇冶绝伦,备受宝卷宠爱。如此褚令璩处境更可想而知。由于褚令璩和萧宝卷关系不好,所以未能生育。萧宝卷另有一妾黄氏生一子萧诵,被立为太子。黄氏早卒,褚令璩视萧诵如己出,母子二人相依为命。

至齐中兴元年(501),萧宝卷被废为东昏侯,褚令璩和太子萧诵均被贬为庶人。

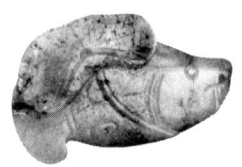

和帝萧宝融皇后王蕣华

◎ 时镒

齐和帝皇后王蕣华，琅邪临沂(今山东临沂)人。其祖父是齐朝著名大臣王俭。齐明帝建武年间，萧鸾第八子萧宝融受封随郡王，王蕣华此时嫁与萧宝融，封随王妃。

齐永元三年(501)，雍州刺史萧衍以宣德太后名义立萧宝融为皇帝，王蕣华因此尊为皇后。齐中兴二年(502)初夏，萧衍平定建康，掌握了南朝全部军政大权，逼迫萧宝融禅位，萧衍称帝建梁后，封萧宝融为巴陵王，王蕣华也由皇后降为巴陵王妃，与萧宝融迁居姑熟(今浙江苏江)。至姑熟第二天，萧宝融暴死，年仅15岁。王蕣华年纪轻轻便做了寡妇。

梁

南北朝／梁

附：武帝萧衍妃丁令光

◎ 肖 敏

丁令光，世居襄阳，生于樊城。传说她初生之时，有神光照室，紫气弥漫，所以起名为"光"。丁氏少时勤于劳作，夏日常与邻女月下纺织，诸女都被蚊虫叮咬得痒痛难忍，惟丁氏毫无所觉，诸女均视她为奇女。丁氏14岁时，乡人魏某来聘为妻，丁家应允议婚。此事还未议定，恰逢萧衍来镇樊城，一日登楼观望，见汉水之滨五彩如龙，下有一女子正在漂絮，心颇异之，令人打探，知为丁氏。此时萧衍正想纳妾传后，遂遣人与丁家商议。丁家一听萧衍要纳小女，虽不为正妻，也满心高兴地答应下来。萧衍赠丁氏以金环，遂纳为妾。

萧衍正妻郗氏性酷妒忌，自萧衍纳丁氏以后，醋意大发，一惧丁氏受孕得宠，二对自己生子仍抱幻想，于是百般阻止丁氏与萧衍同房，并日日虐待丁氏，令每日舂米五斛。萧衍虽为此心中不快，但郗氏性情既如此，也无可奈何。幸丁氏原为村女，性情宽厚，自视为一妾身，事萧衍与郗氏小心恭敬；身体也不懦弱，吃得起苦，每日舂米，从未违限，亦毫无怨言。

郗氏病殁后的第二年，丁氏便怀得身孕，次年生下一子，这就是后来著名的文学家昭明太子萧统。当时，萧衍正在围攻建康的南齐东昏侯，当得知儿子降生后，大喜过望，愈感振奋，不久便攻下建康。第二年萧衍建立梁国，丁氏也与儿子一同迁居京都建康。当年八月，丁氏被拜为贵嫔，居显阳殿。十一月萧统被立为太子后，有司又上奏曰："母以子贵，皇太子之母不容无敬。贵嫔之位仅次皇后，按礼应以敬皇太子之礼敬贵嫔。臣谓贵嫔典章，一与太子不异。"萧衍准奏，于是丁贵嫔备典章礼数，同乎太子，言则称令。

丁氏在内宫，待人宽厚仁爱，自下皆得其欢心。她生活俭朴，服装和用具没有一件华丽珍贵的，从未为亲戚向梁武帝要求过什么。到了梁武帝大兴佛教之后，丁氏也笃信奉行；改食素膳，不沾膻荤，并将自己得到的供赐财物全部捐献给佛门。对那些深奥难懂的佛教经典，丁氏日日诵习，不但能理解其中的要义，而且特别精通《净名经》。

普通七年（526）十一月，丁氏病逝，是年42岁。梁武帝非常悲痛，诏令吏部郎张缵写了一篇长长的哀册文，对丁氏的妇道德行大加赞扬。经有司奏请，封谥号曰"穆"。梁简文帝即位后，又追崇为太后。

丁氏与昭明太子的母子之情至深。在丁氏病危时，太子衣不解带,日夜在病榻边侍候。丁氏去世,他水食不进,常常痛哭到气绝而复苏,巨大的悲哀使他瘦削过半。可以说,昭明太子的宽恕俭朴,好学勤著的品质,是与母亲丁氏的性格和教养分不开的。

附:武帝萧衍妃丁令光

附：武帝萧衍妃阮令嬴

◎ 肖　敏

阮令嬴，会稽余姚人。阮氏原姓石，是齐始安王萧遥光的妾。遥光辅佐东昏侯萧宝卷时，起兵图自立为帝，失败遭杀，石氏被没入东昏掖庭。萧衍起事东讨齐东昏侯，攻下建康后，放宫女两千出宫，分赐将士。惟石氏华色未衰，体态轻盈，被萧衍据为己有，纳为彩女。萧衍当上皇帝后，石氏也颇受宠爱，虽只是一个宫女，却也常与萧衍共度良宵。天监七年（508）八月，石氏为萧衍生下一个儿子，这就是后来的梁元帝萧绎。萧衍得子大喜，于当日便实行大赦。又拜石氏为修容，赐姓阮氏。萧绎后被封为藩王时，阮氏也常随行。大同八年

(542)七月,阮氏死于江州内寝,是年67岁。萧衍诏封谥号曰"宣"。元帝即位之后,又追崇为文宣太后。

陈

南北朝／陈

武帝陈霸先皇后章要儿

◎ 肖　敏

　　章要儿，吴兴乌程人，祖上原姓钮，因父亲景明被章氏收养，故改姓章。景明在梁代官至散骑侍郎。据说，章要儿的母亲苏氏，曾遇一道士，送给他一只五彩斑斓、光泽艳丽的小乌龟，并说："三年以后，必有征兆"。果然，过了三年，章氏诞生，室内紫光闪烁，再找那只乌龟却不见了。

　　章氏自幼聪慧，容貌秀丽。章氏精通文墨，能谈《诗经》和《楚辞》。陈霸先先娶同郡钱仲方的女儿，很早就去世了，以后才聘章氏为妻。

　　梁武帝大同年间，陈霸先自广州南征交阯，命章氏与儿子陈昌、侄子陈蒨一起由海路返回吴兴。侯景之乱爆发后，章氏被侯景俘获并囚禁。叛乱平息后，陈霸先因功受封长城县公，章氏拜为夫人。永定元年(557)，陈霸先代梁称帝，为陈武帝。章氏被立为皇后。

永定三年(559)，陈武帝因病去世。当时萧梁旧将王琳勾结北周和北齐反对陈朝，陈的宿将重臣都带兵在外抵御强敌，朝中无大臣，形势紧急。章后临危不乱，召中书侍郎蔡景历等商议，决定秘不发丧，急召尚在前线的侄子、临州王陈蒨返回建康。天气炎热，武帝的遗体须放入棺木，但马上营造，又怕刀斧之声传到外面，蔡景历乃与宫人和宦者用蜡做了一口棺柩。与此同时，皇帝的文书诏敕，依旧向下宣行，没有中断。陈蒨回朝即位，他就是陈文帝。大局就此稳定下来。章氏被文帝尊为皇太后，她居住的宫殿被称为慈训宫。

陈文帝死后，太子伯宗继位，尊章后为太皇太后。伯宗史称废帝，为人懦弱无能，大权落入皇叔安成王陈顼手中。光大二年(568)十一月甲寅，章后在朝堂召集群臣，宣布黜废帝为临海王，命陈顼嗣位，是为宣帝，伯宗即日被徙居别第。章后复为皇太后。太建二年(570)，章太后在紫极殿去世，享年65岁。遗嘱丧事朴俭，祭奠不得用牲牢。章后的亲属没有在朝做官的，只有族兄钮洽官至中散大夫。

文帝陈蒨皇后沈妙容

◎ 肖 敏

　　沈妙容，吴兴武康人。父亲叫沈法深，梁朝时做过官。梁大同中，十几岁的沈氏嫁给了陈蒨。侯景之乱时，陈蒨和沈氏在吴兴，被侯景派人逮捕。侯景之乱平定后，陈蒨夫妇获释。陈霸先登上皇帝宝座后，陈蒨被封为临川郡王，沈氏成为临川王妃。永定三年（560），陈武帝病逝，陈蒨即位，是为文帝，沈氏被立为皇后。陈废帝伯宗即位后，沈后被尊称为皇太后，她居住的宫殿被称为安德宫。

　　废帝伯宗是沈后的亲生儿子，但懦弱无能，皇叔安成王陈顼、中书舍人刘师知、仆射到仲举等并受遗诏辅政，师知与仲举常在禁中参决众事，而陈顼位望隆重，执掌军政大权。刘、到等人忌惮陈顼，担心他觊觎皇位，打算把他迁到外地去，于是假传圣旨与陈顼："今四方无事，王可返回东府，经理川务"。陈顼闻诏正准备走，记室毛喜进来对他说："您若答应出外，就会受制于人，恐怕会落得当年曹爽的下场，想做富家翁就不可能了。再说当初是太后召您入省的，今日所言，必非太后本意，望您从速奏闻太后，勿使奸人得逞。"陈顼认为他说的有理，就托词有病不能从命，召师知前来商议。师知一到，便把他留下来长谈，使之不能脱身，暗中却派毛喜入宫奏闻沈后。沈后道："今嗣君幼弱，政事并委二郎（指陈顼），别无他意。"毛喜又转告废帝，帝亦称："这都是师知所为，朕未曾预闻。"毛喜心里有了底，急忙出来报告陈顼。陈顼乃扣留师知，亲自入宫谒见沈后和废帝，极陈师知奸诈。并自草诏书，请废帝盖印，将师知付廷尉治罪，当夜于狱中赐死，仲举亦遭贬斥，不久被诛。从此以后，政事无论大小，全由陈顼裁决。沈后见陈顼的野心越来越大，儿子的左右都被剪除，内心极为忧闷，但又想不出什么好办法，情急之下，乃秘密贿赂宦官蒋裕，让他诱使建安人张安国，据郡造反，企图以此来算计陈顼。无奈张安国谋事不密，被人告发，落得身首异处的可悲下场。当时沈后身边的宫女侍从，都了解其中的内幕，沈后担心这些人一旦被捕，将连累自己，就把他们全都杀掉。没过多久，陈顼就夺取帝位，将废帝黜为临海王。陈顼就是陈宣帝，沈后被尊为文皇后。陈朝灭亡后，沈后被隋军掳往长安，隋炀帝大业初，从长安返回江南，不久就去世了。

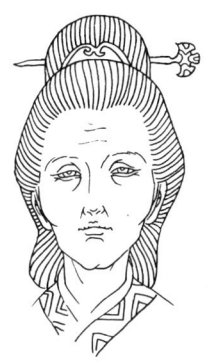

宣帝陈顼皇后柳敬言

◎ 肖 敏

　　柳敬言，河东解人。曾祖柳世隆，南齐时做过大官。祖父柳惔，是梁朝的高官，当时很有名气。父亲柳偃，是梁武帝的女婿，做过鄱阳太守。柳偃死时，柳氏才9岁，已能像成人一样处理家事了。侯景之乱爆发后，为了避难，柳氏与弟弟柳盼到江陵去依附梁元帝，由于柳偃曾是长城公主夫婿的缘故，梁元帝对这姐弟俩照顾得很好。陈顼到江陵做人质，受到梁元帝的赏识，元帝把柳氏许配给他。承圣二年（553），柳氏生下陈叔宝，即陈朝末帝陈后主。第二年，江陵被西魏军队攻陷，陈顼被掳往关中，柳氏与叔宝留在穰城。天嘉二年（561），柳氏携子返回建康(今江苏南京),不久,陈顼还朝,受封安成王,柳氏成为安成王妃。太建元年(569),陈顼取代侄子伯宗(陈废帝)做了皇帝,是为宣帝,柳氏被立为皇后。

柳氏容貌美丽,身材修长,双手过膝。当初陈顼住在乡下时,先娶了吴兴钱氏的女儿为妻,与柳后结婚是到江陵以后的事。宣帝即位后,拜钱氏为贵妃,非常宠爱。柳后不但不嫉妒,反而甘居其下。尚方每次供奉后妃的物品,柳后都把最好的送给钱氏,自己留下差的。

宣帝死后,他的第三个儿子始兴王陈叔陵乘机作乱,企图篡位。陈叔宝靠柳后的保护才免于一死。叔宝即位,是为后主,尊柳后为皇太后,她住的宫殿称为弘范宫。当时,陈朝刚刚丢失了淮南的土地,隋军已逼近长江,又加上宣帝去世,国遭大丧,而后主因病不能视事,陈朝正值危急存亡之秋,所有诛杀叔陵,平息叛乱,治理国丧,安排边境防守,处理百司众务等等事宜,虽然均以后主的名义施行,实际上都是太后决定的。后主病愈,柳后才将权力归还。

陈朝灭亡后,柳后被掳往长安,隋炀帝大业十一年(615)逝于洛阳,享年83岁,葬在邙山。

后主陈叔宝皇后沈婺华

◎ 肖 敏

沈婺华是仪同三司望蔡贞宪侯沈君理的女儿。她的母亲是陈武帝陈霸先之女会稽穆公主。公主年纪轻轻就死了,那时沈氏年龄尚小,而悲伤过于成人。丧期过后,沈氏还常常独自一人啼哭不已,左右的仆人都被她感动了,家里的人和外面的人都对她肃然起敬,觉得她很不平常。陈宣帝太建三年(571),沈氏成为皇太子陈叔宝的妃子,叔宝即位,是为后主,沈氏被立为皇后。

沈氏性格端庄沉静,且清心寡欲,自幼聪明,博闻强记,对经史典籍均有涉猎,并工于书法。当初,后主做太子的时候,沈后的父亲沈君理去世了,沈后服丧,与后主分居,且哀毁过于常理。后主是个花花公子,难耐寂寞,与沈后逐渐疏远。张贵妃乘虚而入,深得后主宠幸,后宫之政并归贵妃,沈后却淡然处之,没有半句怨言。沈后的住处很俭朴,从来不穿锦绣编织的衣服,左右近侍才百余人,天天埋头于阅览经史、吟诵佛经。沈后对后主沉溺声色、荒废政务,忧心如焚,多次上书劝谏。后主大怒,打算废掉沈后,立张贵妃为皇后,因亡国而未能实现。

陈亡后,沈氏与后主被隋军掳往长安。隋炀帝对沈后的才学很赏识,每次出外巡幸,均命她随行。炀帝被宇文化及杀死后,沈后从广陵过江还乡,在毗陵天静寺出家为尼,法名观音,贞观初去世。

附：后主陈叔宝妃张丽华

◎ 肖 敏

张丽华出身农家，家境贫寒，父兄以织席为业。陈后主做太子的时候，年仅10岁的丽华因容貌姣好，被选入东宫，为龚贵嫔做使女。一次偶然的机会，被后主发现，成了后主的心上人。张氏生性聪慧，善解人意，从此日见宠遇，如胶似漆。不久，张氏怀孕，生下太子深。后主即位，被拜为贵妃。

后主即位之初，他的弟弟始兴王叔陵作乱，将后主打伤。后主在承香殿养伤，嫔妃一概拒之门外，只有张贵妃有权在旁侍候。皇后沈氏因平素不受宠爱，单独住在求贤殿。

至德二年(584)，后主命人在光诏殿前造临春、结绮、望仙三座楼阁，每座高数十丈，共有几十间房子。每间房子的窗户、墙壁、栏杆、门槛等木构件，都用黄金和美玉装饰，并以珍珠和翡翠点缀，门外悬挂珠帘，屋内有宝床宝帐，服饰摆设器具都瑰丽多彩。每当微风吹过，香飘数里；旭日初升，光照后庭。阁楼之下，积石为山，引水为池，奇花异树，遍布庭园。后主自己住在临春阁，张贵妃居结绮阁，龚、孔二贵嫔居望仙阁。三阁之间，以复道连结，可互相往返，极为方便。三位贵妃之外，还有王、季二美人，张、薛二淑媛，袁昭仪、何婕妤、江修容等7人，俱受后主宠幸，轮流到楼上游乐。后主封袁大舍等懂文学的宫人为女学士。每次接待宾客，或与贵妃等游宴，便让诸贵人及女学士与客人共赋新诗，互相赠答。从诗中挑选写得最为艳丽的，谱上新的流行曲调；再从宫女中挑选长得漂亮的上千人，命她们学会这些词曲，为客人们演唱，以为娱乐。曲名有玉树后庭花、临春乐等，其中有这样的词句："璧月夜夜满，琼树朝朝新。"大部分词曲都是赞美张贵妃、孔贵嫔的姿色的。

　　张贵妃长发披肩，据说长达七尺，且色黑如漆，光可鉴人。贵妃光彩照人，举止优雅，容貌极为秀丽。每顾盼凝眸，则光彩溢目，左右生辉。一次在阁上化妆，凭栏远眺，从宫中遥遥望去，飘然若仙。贵妃博闻强记，能言善辩，善于揣摸君主的心理。对下面的人笼络有方，后宫都说她的好话。又精于巫术，借鬼神迷惑后主，在宫中设立神祠，招引女巫，令她们击鼓跳神。

　　后主沉溺声色，怠于政务。凡百司奏事，必经宦官蔡临儿、李善度进宫请示，而后主让张贵妃坐在自己的膝上，二人一起决定。蔡、李记不下来的，贵妃替他们写下，没有丝毫遗漏。因留心访察外事，凡民间有一言一事，贵妃必先于后主知晓,至臣下上奏时,贵妃已先有应对之策,由此益受宠爱,冠绝后庭。后宫诸人,即使犯了法,只要向贵妃求情,贵妃就会让李、蔡先向皇上启奏,然后再从容地为他们说情,没有不灵验的。大臣有不听命于贵妃的,就向皇上说他们的坏话,没有不听信的。于是张贵妃的权势,熏灼四方,她的亲戚族人,多被任用。宦官及奸佞谄媚之徒,内外勾结,攀炎附势,贿赂公行。赏罚不分,纲纪大乱。陈朝世风日下,国势日衰,隋军乘虚而入,一举攻克台城,贵妃与后主慌乱之下,躲到一口枯井里,被隋兵发现擒获。贵妃被斩于清溪中桥。绝代佳人,就此香销玉殒了。

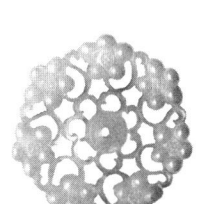

车吉心 主编

中国皇后全传

第三卷

山东教育出版社

顾　问　安作璋
主　编　车吉心
副主编　朱亚非　蒿　峰

本卷目录

北魏
道武帝拓跋珪皇后慕容氏 /468
附：道武帝拓跋珪妃刘氏 /470
附：明元帝拓跋嗣妃姚氏 /472
太武帝拓跋焘皇后赫连氏 /475
附：太武帝拓跋焘保太后窦氏 /477
文成帝拓跋濬皇后冯氏 /480
附：文成帝拓跋濬保太后常氏 /503
附：文成帝拓跋濬妃李氏 /505
附：献文帝拓跋弘妃李氏 /508
孝文帝拓跋宏皇后冯氏 /510
孝文帝拓跋宏皇后冯氏 /512
宣武帝元恪皇后于氏 /519
宣武帝元恪皇后高氏 /521
附：宣武帝元恪妃胡氏 /526
孝明帝元诩皇后胡氏 /565
孝武帝元修皇后高氏 /567

东魏
孝静帝元善见皇后高氏 /570

北齐
文宣帝高洋皇后李祖娥 /573
附：文宣帝高洋皇太后娄昭君 /576
孝昭帝高演皇后元氏 /581
武成帝高湛皇后胡氏 /583
后主高纬皇后斛律氏 /587
后主高纬皇后胡氏 /588

后主高纬皇后穆邪利 /590

西魏

文帝元宝炬皇后乙弗氏 /593
义帝元宝炬皇后郁久闾氏 /596
废帝元钦皇后宇文氏 /599
恭帝拓跋廓皇后若干氏 /601

北周

孝闵帝宇文觉皇后元胡摩 /603
明帝宇文毓皇后独孤氏 /607
武帝宇文邕皇后阿史那氏 /610
武帝宇文邕皇后李娥姿 /614
附：武帝宇文邕皇太后叱奴 /616
宣帝宇文赟皇后杨丽华 /618
宣帝宇文赟皇后朱满月 /621
宣帝宇文赟皇后陈月仪 /623
宣帝宇文赟皇后尉迟繁炽 /624
静帝宇文阐皇后司马令姬 /627

隋

文帝杨坚皇后独孤氏 /631
附：文帝杨坚妃陈氏 /646
炀帝杨广皇后萧氏 /651

北魏

南北朝／北魏

道武帝拓跋珪皇后慕容氏

◎ 崔明德

慕容皇后原是后燕国君慕容宝的小女儿，正当她步入豆蔻年华准备选择如意郎君的时候，后燕国都中山(今河北定县)不幸被北魏攻陷，她和后燕的文武官员以及守城的士兵一起成了北魏俘虏。由于她长着一双迷人的眼睛，匀称的身段，在到达平城(今山西大同)后，被道武帝拓跋珪看中，留到了后宫。

天兴三年(400)年初，一些大臣向拓跋珪提出了立皇后建议。当时，左丞相拓跋仪等人主张立慕容氏，另有几位大臣主张立刘贵人。说心里话，拓跋珪对她们两人都非常宠爱，究竟立哪一个，他一时也拿不准。最后，还是按照他的老祖宗留下的规矩，让她们都亲手铸一个金人，如果谁能铸成就立谁当皇后。慕容氏由于手巧和幸运，很快就把金人铸好，而刘贵人倒来倒去怎么也铸不成功。拓跋珪于是宣布立慕容氏为皇后。慕容氏的母亲孟氏被封为溧阳君。至于以后的情况，由于史书没有记载，我们就不得而知了。

附：道武帝拓跋珪妃刘氏

◎ 崔明德

刘氏是刘眷的女儿。登国元年(386)，在她还是少女的时候就以迷人的姿色进了北魏道武帝拓跋珪的后宫，被立为贵人，开始了她为当皇后而苦心角逐的艰难历程。刘氏凭着出众的美貌和高贵的家庭，战胜了一个个情敌，使拓跋珪的情爱和性爱全部灌注到了自己身上，把后宫的姐妹们气得咬牙切齿。登国七年(392)，刘贵人继生下华阴公主之后，又为拓跋珪生下了皇子拓跋嗣。

拓跋嗣降生后，刘贵人一心扑在料理内务上，把大小事情处理得井井有条。拓跋珪看到这一切，除对她更加宠爱之外，还对她产生了深深的敬意。

就在刘贵人受宠达到无以复加的地步时，拓跋珪攻取了后燕国都，将后燕国君慕容宝的小女儿带到了北魏后宫。慕容小姐年轻漂亮，气质高雅，很快就把拓跋珪对刘贵人的爱夺走一半，并有全部夺走的趋势。天兴三年(400)年初，一些大臣向拓跋珪提出了立皇后的建议。当时，大臣中有拥立刘贵人和拥立慕容氏两种意见。作为拓跋珪个人来说，对哪一个都宠爱，所以对立刘氏还是立慕容氏犹豫不决，最后，决定按北魏老规矩办事。拓跋珪让她们两人同时亲手铸一金人，如果谁能铸成就立谁当皇后。刘贵人运气不佳，怎么也铸不好，而就在她急得满头是汗时，慕容氏已经铸成。这样，刘贵人只好自认倒霉，屈居慕容皇后之下，继续当她的贵人。

命运也真会捉弄人。天赐六年(409)十月，刘贵人听到了令她且喜且忧的风声。所喜的是，自己虽没当上皇后，但儿子拓跋嗣将被立为太子；所忧的是，儿子被议定为太子那天就是她的祭日。原来，北魏统治者早在塞北的时候，就对中原王朝的历史作了认真研究，发现中原王朝历史上的母后干政和外戚专权会引起混乱，使国家衰败，觉得汉武帝为了防止母后干政和外戚专权而杀掉钩弋夫人的办法是治理这种通病的一剂良药，于是便定出了一条极其残忍的规矩：凡是后宫所生儿子准备立为太子的时候，必须先把他的生母杀掉。这条规矩代代相传，谁也不得更改。这样，刘贵人就被这条规矩夺去了年轻的生命。

刘贵人生前没有得到皇后的位子，死后一个月拓跋嗣继承帝位，她才得到了宣穆皇后的谥号。

附：明元帝拓跋嗣妃姚氏

◎ 崔明德

北魏神瑞元年(414)春光明媚的一天，后秦国君姚兴的女儿西平公主怀着忐忑不安的心情，来到了姚兴的病床前。她刚刚坐定，姚兴就开门见山地说："孩子，前几天北魏国君拓跋嗣派人来向我求婚，我已答应下来了。说心里话，开始我并不想答应这门亲事，后来我仔细琢磨了一下，觉得还是应当答应。你年龄小，对以前的情况不了解，现在有必要让你知道一些。12年前，我们后秦是十六国中比较强盛的一个国家。弘始四年，北魏拓跋珪派北部大人贺狄干带着500匹好马作聘礼向我们求婚，当时我很痛快地答应了，但是，拓跋珪不讲信用，原说好让我们去的人当他的皇后，可他却把慕容宝的幼女立为皇后，当时我的肺都快气炸了，马上派你叔叔姚平带着4万大军向北魏开战。没想到柴壁一战，我们被打得一败涂地，40余位大将被俘虏，4000余人在走投无路的情况下跳入汾水。那一仗我们好惨啊！从此，我们和北魏结下了不解之仇。这几年来，我这把骨头越来越不行了，而北魏明显比我们强大，所以，我时常这么想，如果再和北魏赌气，与它抗衡，我们显然不是它的对手。现在拓跋嗣向我们求婚，正是我们与北魏和好的良机。既然我已经答应了北魏的使臣，那么只好由你出嫁了。"

西平公主默默地听完父亲的话，心里就像开了锅的水不停地翻腾着。她了解父亲的苦衷，她也明白后秦的现状，她更清楚"父母之命，媒妁之言"的不可抗争，但正憧憬未来美好生活的西平公主也不能不关心北魏将立她当皇后的诺言能否兑现这一关系到她的前途和命运的重大问题，于是便壮起胆问父亲："北魏会不会再自食其言呢？我到北魏后，他们是否会对后秦以诚相待积极支持呢？"

西平公主的话提醒了姚兴，姚兴一时也说不准，只是挥挥手，轻声说："你先回去吧，我再好好想想。"

恰在这时，平阳太守姚成都回到了长安。姚兴立刻把他召到床前，焦急地问："你长期在东藩，熟悉北魏的情况。前段时间，北魏派人请求和亲，我已经允诺，当时我的动机是希望得到北魏的支持，减轻我的心病。不知你的意见如何？"姚成都胸有成竹地回答说："北魏自柴壁之战以来，兵强马壮，士气旺盛。现在他们要求和亲，建立姻亲关系，不仅会减轻你的心病，对国家也是久安之计啊！"姚兴听罢，立即通知西平公主做好出嫁的准备，并派吏部郎严康出访北魏，约定西平公主出嫁的具体时间。

神瑞二年（415），西平公主在东武侯姚敞、尚书姚泰的护送下到了北魏。北魏鉴于上次和亲失误所引起的柴壁之战的教训，对这次和亲相当重视，以皇后礼仪迎接西平公主。

西平公主到了北魏并没有被立为皇后，只是被立为夫人。作为拓跋嗣来说，真心想把西平公主立为皇后，但他无法抗拒他的老祖宗所定下的一条规矩，这就是要立谁当皇后必须让她亲手铸一个金人，能铸成的被认为大吉大利，则立为皇后，如铸不成功，则被认为不吉利，不能立为皇后。这种立皇后的办法全凭手巧、幸运和偶然性。西平公主因为没有铸成金人，只好屈居皇后之下，当一名夫人。对此，不仅西平公主感到愤愤不平，就是拓跋嗣也感到万分遗憾。

西平公主尽管只是一名夫人，但因她和拓跋嗣情笃意深，十分和谐，仍然得到了拓跋嗣的尊敬和宠爱，成了无其名而有其实的皇后。拓跋嗣虽然无法挽回当时的局面，但他总是以皇后之礼对待西平公主，后来还做了很大努力，准备让西平公主坐上皇后宝座。西平公主到了这时已变得非常宽容、大度、谦让、安于现状，时刻体谅拓跋嗣的难处，一再向拓跋嗣表明她不想当皇后。这样，更受到了拓跋嗣的尊敬。

泰常五年（420），西平公主谢世。拓跋嗣悲痛欲绝，一时茶饭俱废。为了追念西平公主，拓跋嗣给了她昭哀皇后谥号，葬于云中金陵。

太武帝拓跋焘皇后赫连氏

◎ 崔明德

赫连皇后是夏国国君赫连勃勃的亲生女儿。她终生不会忘记夏承光三年（427）六月的一天，还在她想入非非准备找一个白马王子的时候，夏国国都统万城（今陕西横山西北）被北魏太武帝拓跋焘攻陷，她和两个妹妹一起稀里糊涂地成了北魏的俘虏。

不过，由于她是国君女儿和出众的艳丽，虽是俘虏，却没有受到丝毫人身折磨，而是和两个妹妹一起当上了拓跋焘后宫的贵人。她凭着自己的姿色和多变的手腕，终于在延和元年（432）一月取得了第一夫人——皇后的头衔。

正平二年(452)，拓跋焘去世，赫连皇后改称皇太后，次年五月乙亥，她也告离人间，葬于金陵。

南北朝／北魏

太武帝拓跋焘皇后赫连氏

附：太武帝拓跋焘保太后窦氏

◎ 崔明德

保太后窦氏，籍贯不详，进入北魏皇宫时已是两个女儿的妈妈了。

保太后是带着屈辱感和负罪感走进皇宫的。她到死都不会忘记那些日子，丈夫因犯法被砍去脑袋，作为罪犯的家属，她和女儿在训斥和叫骂声中被押送到平城（今山西大同），成了皇宫内的一名婢女，整天干一些既脏又累的体力活。不过，她并不自暴自弃，而是兢兢业业，任劳任怨，尤其是她干活时那种一丝不苟的认真劲儿和对人的谦恭态度，以及对每一件工作的熟练程度，很快赢得了皇宫内不少人的赞叹。这些赞叹通过各种渠道很快传进了明元帝拓跋嗣的耳中。拓跋嗣不知出于敬意还是出于好奇,亲自召见了窦氏。

窦氏在皇帝面前既不卑不亢,侃侃而谈,又举止文雅,彬彬有礼,给拓跋嗣留下了深刻印象。不久,拓跋嗣就宣布让窦氏做拓跋焘的保姆。

窦氏有一副菩萨般的热心肠,对拓跋焘就像自己的儿子一样,除照料他的生活之外,更重要的是对他耐心教育。毫无夸张地说,拓跋焘的启蒙主要应当归功于窦氏。拓跋焘从懂事开始,对窦氏就像对自己的亲生母亲一样温顺听话,到了少年,对窦氏的关怀达到了无微不至的程度。始光元年(424),拓跋焘当上了皇帝。为了报答窦氏的厚恩,拓跋焘把她尊称为保太后,后来干脆称他皇太后,将她的弟弟漏头封为辽东王。

窦氏的地位虽然变了,但她那颗诚实、仁慈的心始终没有变。自被封为太后之日起,她便一心扑在总管皇家的内部事务上,由于她以身作则,又有扬人之长隐人之短的美德,谁都对她敬畏三分,所以,将皇家内务处理得井井有条。

保太后还是一位巾帼英雄。太延五年(439)九月,柔然可汗吴捏乘拓跋焘率兵出征北凉之机,向北魏发起猛烈进攻,很快到达了善无七介山。平城内的官兵惊慌失措,市民纷纷出城逃命。负责守城的穆寿见状,急得团团转,请求保太后赶快带上太子到南山避难。保太后对穆寿厉声说了句"胆小鬼"之后,转身拿起战刀,命令司空长孙道生,征北大将军张黎带兵火速到吐颓山抵御柔然军队。保太后目送长孙道生、张黎出城后,又积极组织市民做好迎战准备。由于北魏官兵的英勇杀敌,很快击退了柔然的猖狂进攻。

冬去春来,转眼间到了阳春三月。一天,风和日丽,保太后叫了几名侍从陪她攀登崞山。到了山顶,她极目远眺,感慨万端，对身边的人说："我一生敬神爱人，没做过半点亏心事。如果人死后可以投生到另一个世界的话，一定不能当贱鬼。但是，我也明白，北魏朝廷本来没有我的正当位子，所以，我死后决不能葬在皇家的陵园里面。此山之上，对我来说，是最理想的归宿。"保太后说这番话的几个月后，即太平真君元年(440)七月，便离开了人间，终年63岁，葬于崞山。

文成帝拓跋濬皇后冯氏

◎ 马晓丽

在今山西大同市的正北有一座山叫梁山，此山在北魏时叫方山，山中有片陵墓遗址叫永固陵。从现在留下的遗址来看，这里有回廊，有塔院。回廊基宽近10米；塔基呈方形，长40米，宽30米。从塔基可以看出，当时的塔是很气派的。往北200米是个高坡，坡上是一个长方形的建筑物，这是为墓主人歌功颂德的石碑。向北600米左右就是墓冢。冢基底呈方形，南北长170米，东西宽120米，高约23米，上部是一圆形。墓主人就是文明太后。

受牵连　入后宫　荣登后位

文明太后姓冯，长乐信都（今河北冀县）人，生于长安。她的祖父冯少通原是北燕国君冯跋的小弟，在冯跋死后继承帝位；她的父亲冯朗原为北燕的广平公，因母亲王氏被废，便于北魏延和元年（432）与胞弟冯邈逃奔辽西，然后到肥如劝说大哥冯崇投降了北魏。冯崇被北魏封为辽西王，冯朗后来也做上了秦、雍二州刺史、西郡公。

后来，冯朗犯罪被杀，他的女儿冯氏即后来的文明太后进了北魏后宫，与她的姑姑冯昭仪相依为命。冯昭仪是在北魏延和三年（434）北魏大军压境之下，由冯文通主动送给北魏世祖表示停战言和的。冯昭仪不仅从感情上给侄女许多温暖，而且还担当起了教育她的重担。冯氏天资聪颖，勤奋好学，对书写算账、天文地理、文学历史、宫廷礼仪无不学习，几年下来，肚子里装了不少墨水，说起话来总是温文尔雅，做起事来总是符合礼仪，加上少女特有的光彩，很快就成了后宫中比较引人注目的人物。北魏兴安元年（452），拓跋濬当了皇帝，冯氏被封为贵人，太安二年（456）又被立为皇后，即文明皇后。

杀乙浑　害献文　临朝听政

北魏和平六年（465）五月癸卯这天，26岁的拓跋濬不幸病死，北魏国都平城（今山西大同）沉浸于无限悲痛之中。按照惯例，国丧三天之后，就要把死者生前所用过的衣服器物全部烧毁，届时文武大臣及中宫都要赶到现场，以嚎啕大哭来表示对死者的哀悼。当宦官举着火把，将堆积如山的衣物点燃时，已哭成泪人似的冯皇后一头扑进烈火之中，待周围的人把她救起时，她已昏迷不醒，被抬回宫中，经御医紧急抢救才保住了生命。几天之后，年仅12岁的太子拓跋弘继承帝位，是为北魏献文帝，冯皇后被尊称为皇太后。

当时，侍中、车骑大将军乙浑感到献文帝年幼可欺，便乘机盗用献文帝诏令，肆无忌惮地诛杀异己，建立个人独裁政治，在短时间内先后把尚书杨保年、平阳公贾爱仁、南阳公张天度、平原王陆丽、司卫监穆多侯全部杀掉，一度把平城弄得腥风血雨，一片混乱。面对这场政治危机，年幼的献文帝一筹莫展，只知道在文明太后面前哭泣。文明太后开始对乙浑疯狂残杀大臣也十分害怕，不敢公开得罪乙浑，只好将他封为丞相，大小事情让他一人说了算，企图以此求得自己和献文帝的人身安全。但是，乙浑随着自己独裁地位的逐步稳定，他的野心越来越大，并不满足于自己的实际权力，而是准备发动政变，夺取帝位。这时，文明太后已看透了乙浑的险恶用心，便毅然决然地丢掉幻想，命令元丕、元贺、牛益得等人率领军队，前往镇压。由于官兵们勇敢作战，很快就把乙浑杀掉。文明太后鉴于当时的紧张局势，感到有必要由她出面料理政务，于是便宣布临朝听政，全权处理一切政务。不久，文明太后感到事务太多，即使自己再生出三头六臂也无法干完，于是又把中书令高允、中书侍郎高闾和贾秀三人叫到宫中，协助她处理政务。

一年之后，献文帝的儿子拓跋宏降临人间，给当奶奶的文明太后带来了无比喜悦。文明太后不知出于什么考虑，突然宣布还政于献文帝，不再过问任何政事，专心致志地抚养拓跋宏。话是这么说，其实权力欲很强的文明太后并不是真心实意地把大权交给献文帝，只不过是从台上的表演者暂时退到台下操纵献文帝表演而已。聪明的文明太后怕献文帝在台上不完全按她的指挥表演，又把她的哥哥冯熙提拔成太傅，随时监督，调整献文帝的表演。

刚开始时，文明太后见献文帝很听话，什么事情都按时向她汇报，按时向她请示，对他比较满意和放心，可是一二年过后，献文帝突然对她的专权大为反感，不仅不听她的话，反而故意找借口与她闹别扭。皇兴四年(470)十月，献文帝借故把文明太后的面首李奕和李奕的哥哥李敷杀掉。文明太后闻讯后，就像一头被激怒的狮子，朝献文帝一个劲地咆哮，并到处扬言说，不废掉献文帝誓不罢休。

遭到文明太后痛骂之后，献文帝心里很不是滋味，他心暗想，自己现在正当风华正茂之年，需要大干一番事业，留名于青史，可太后却左右制肘，任凭自己有天大本事也施展不开。施展不开也就罢了，可还要被废掉，弄不好还要丢掉脑袋，何苦来呢！对黄老之学、佛经义理很感兴趣的献文帝似乎突然看破了红尘，决定把帝位让出去。究竟让给谁呢？献文帝动了一番脑筋：如果让给儿子拓跋宏，大权最后还要落入太后手中，不如将帝位让给叔父拓跋子推。

文明太后听说献文帝准备让位，开始以为是让给太子，非常高兴，心想，5岁的娃娃总比18岁的小伙子更好控制，可后来听说要让给拓跋子推，心里既恼火又着急，很怕献文帝的想法变成事实。就在文明太后急得团团转的时候，献文帝于皇兴五年(471)八月的一天，把大臣们召集起来讨论让位事宜。讨论的结果使他大失所望，大臣们一致的意见是将帝位传给太子拓跋宏。直到这时，文明太后一颗悬着的心才算落了下来。

同年丙午这天，年仅5岁的拓跋宏登上了皇帝宝座。

文明太后刚从这场虚惊中平静下来，又被拓跋宏即位时的一阵揪人心弦、催人泪下的哭声搅得恐惧不安。文明太后对拓跋宏的哭声听得多了，对他的哭相看得多了，可这次的哭却与以往的任何一次都不同，其哭声比以往任何一次都响，其哭相比以往任何一次都凄惨。献文帝问儿子为什么要哭，拓跋宏回答说："对已故亲人的感伤程度太严重了。"文明太后一听，突然间联想到显祖身上长脓包时拓跋宏用嘴给他把脓吸出来的一段往事，心中不禁一怔：这孩子确实精明过人，小小年纪竟能说出这般有水平的话！自己本想他年幼听话，而他却如此聪明早熟，将来如何驾驭?!从此以后，文明太后的心理又失去了平衡，决心改造拓跋宏，让他百依百顺。一天，朔风怒吼，滴水成冰。文明太后用花言巧语把拓跋宏骗到一间屋子里，只让他穿一身单衣，然后把他锁在里面，三天三夜不给饭吃，企图以此磨掉他身上的一点点棱角。这次残酷折磨，并没有使拓跋宏向奶奶苦苦求饶，只是变得沉默寡语而已。文明太后还不甘心，又准备废掉拓跋宏，让他的弟弟拓跋禧继承帝位，后来在元丕、穆泰、李冲等重臣的反复劝阻下，才打消了这一念头。通过这次事件，拓跋宏学会了保护自己，平时只知道躲到书斋里刻苦读书，手不释卷。文明太后看在眼里，乐在心里，对拓跋宏的戒心不知不觉便抛到九霄云外了。

就在文明太后为她能随意摆布小皇帝而眉笑眼开的时候，已经当了太上皇的献文帝不甘寂寞，开始拆文明太后的台，对她所亲近的人不是疏远，就是排挤，对受她排挤的人不是亲近，就是提拔。延兴三年(473)十一月，献文帝在南下视察路过怀州时，碰到了薛虎子求见，要求恢复被文明太后罢免的枋头镇将的官职，献文帝当即允诺，让他当天就到官府上班。文明太后虽然对此极其恼怒，但她仍然努力克制自己，耐心等待惩治他的良机。文明太后在观望中过了3年，到承明元年(476)初夏，她把近年来献文帝的重大活动分门别类地做了总结：延兴二年(472)二月，显祖戎装出城，在北郊指挥各位将领反击柔然进攻；同年十一月，他又骑上战马，亲自讨伐柔然，一直打到漠南，把柔然赶出几千里外。次年十月，显祖一度打算南征刘宋；延兴四年(474)二月，显祖南下视察，次年十月，又在北郊举行阅兵仪式。文明太后对这类活动作了她自己认为是比较客观的评价：反击柔然，南下视察，对提高国威很有利，可也抬高了他本人的身价；再说，他常指挥军队，不是成心要操纵军权吗？一旦让他操纵了军权，自己的后果将不堪设想。接着，文明太后又搜罗他的其他活动：延兴二年(472)，颁布诏令，让工商杂伎全部务农，禁止滥杀牲畜，保护农业生产，还严格考核官吏，明确指出：对那些克己奉公、廉洁公正的牧守可以长期任用，对那些成绩显著的官员晋升一级，对那些贪婪残暴、榨取民脂民膏的官员严惩不贷。延兴四年(474)六月，再次命令：处理一切案件都应按法律程序办事，以事实为根据，以法律条文为准绳，用刑应当慎重，尤其重刑更要慎之又慎。文明太后暗想，他的这些活动不管动机如何，结果都一样：收买了人心，得到了下层的好评。如果任其继续活动下去，极有可能使他东山再起，也有可能引来淹没自己的惊涛骇浪。想到这里，文明太后不禁打了一个寒颤，心中突然产生了一种似乎马上就要被押赴刑场的感觉，一连几天几夜都没有合眼，始终绞尽脑汁，搜肠刮肚寻找对付献文帝的计策。最后，文明太后决心铲除后患，杀掉献文帝。六月辛未这一天，献文帝含冤离开了人间。文明太后的计划很诡秘，她所选用的刽子手干得也很利落，没有留下任何痕迹，因此，后世的史家只能对此事作出如下推测：一是将他毒死；二是在禁中埋伏壮士，乘他朝拜之机将他暗杀。

献文帝死后，文明太后宣布再次临朝听政。

除异己　结私党　独揽大权

文明太后虽然十公诡秘地毒死了献文帝，解除了威胁，但她的神经并没有松弛下来。再次临朝听政的实践，进一步激起了她独揽大权，残酷镇压政敌的欲望。文明太后暗中把自己的政敌分为两类，一类是献文帝的同党，另一类是孝文帝母亲一家的势力。文明太后认真分析了这两方面势力，并仔细权衡了其对自己的威胁程度，决定先拿献文帝的同党开刀。

献文帝同党的代表人物是侍中、镇南大将军李䜣。文明太后准备向李䜣动手时，心中也有几分怯意。她深知李䜣曾负责过选举工作，网络了一批人才，有一定的群众基础，对他的处理稍不谨慎就会引起连锁反应，惹出麻烦，对他不可轻举妄动。

就在文明太后愁眉不展时，宦官赵黑、卢奴令范标帮了她大忙。原来赵黑在与李䜣共同负责选部时，曾受过李䜣的排挤，由尚书降为一个看门的门夫，气得赵黑在好长时间内吃不下饭，睡不好觉。献文帝死后，赵黑向文明太后哭诉李䜣的所谓专权罪行，并表示愿为太后干掉李䜣效犬马之力。范标是个两面派人物，与李䜣原是无话不说的知心朋友，自然掌握了李䜣的不少材料。范标揣摸文明太后准备收拾李䜣，便主动到文明太后处诬陷李䜣企图外逃。太后明知范标的话是为迎合她的心意而胡编乱造出来的不实之辞，却如获至宝，先将范标夸奖一番，然后一再威胁他不准改口，见范标信誓旦旦地做了保证，便派人到徐州通知李䜣速回京师。

太和元年(477)十月的一天，文明太后将刚到京师的李䜣召进宫内，还没等李䜣站稳，就逼他交代所谓企图外逃的罪行。李䜣被太后的话弄得丈二和尚摸不着头脑，当然不会承认这种莫须有的罪名。文明太后倒也干脆，没容李䜣辩解几句，就向宦官使了个眼色，顷刻之间，范标就被宦官引到太后跟前。范标向太后行过礼，立即把在太后面前已经背得滚瓜烂熟的所谓证词在李䜣面前复述了一遍。范标的证词如同五雷轰顶，把李䜣炸得晕头转向，他怎么也不会想到自己推心置腹的朋友竟会反目为仇！李䜣瞪大眼睛，气愤地说："既然你都诬陷我，我还有什么好说的呢！"然后将一口浓痰吐到了范标的脸上，接着长叹一声，无比悲伤地说："都怪我认错了人，悔之晚矣！"

文明太后开始只听范标和李䜣对证，后见范标很尴尬，便朝他挥挥手，示意他暂时退出殿堂，然后喝问李䜣还有什么需要交代，李䜣扬了一下头，没有表示然否。过了一会，文明太后一声令下，卫兵手脚十分麻利地将李䜣捆绑起来，拖出殿堂。丙子这天，文明太后传出命令：立即处决李䜣和他的两个儿子李令和、李令度。几天之后，文明太后又把与李䜣关系不错的许多人一同杀掉。

消灭了献文帝的同党后，文明太后又把斗争矛头指向了拓跋宏母亲李氏一家。

拓跋宏生母李氏是南郡王李惠的长女，18岁那年被选入东宫，献文帝即位后被封为贵人，天安二年(467)生下皇子拓跋宏。两年之后，在拓跋宏被议定立为太子的时候，文明太后带着既显得同情又显得无可奈何的表情对李夫人说："孩子，你也知道，我们老祖宗为了避免中原王朝母后干政和外戚专权的祸害，早在代北的时候就立下了一条规矩，这就是，凡是后宫生下的皇子如果被立为太子，那么他的亲生母亲就要被赐死。我知道你还年轻，也很爱孩子，但老祖宗的规矩谁也不能更改啊！"李夫人无法抗拒这条极其残忍的规矩，只好含恨结束年轻的生命。李夫人的父亲李惠和李惠的弟弟李初、李乐，李惠的堂弟李凤以及李夫人的几个兄弟，在拓跋宏继承帝位后，自然是北魏中央内部一股很有影响的势力，时刻准备分享对拓跋宏的操纵权力。况且，李惠本人又是一个很有作为的人物，在任秦州、益州、雍州、青州刺史时政绩不错，断案如神，很受官员和百姓的尊敬和爱戴。李惠的存在，就是对文明太后的极大威胁。文明太后当然不会轻饶了他们。不过，文明太后也深知处理外戚要有合情合理的借口，要给他们定一个大臣们能够理解的罪名。但是，任凭文明太后怎么绞尽脑汁也找不出他们一条过硬的罪证。过了几天，文明太后从一位回朝的大将那里得到了启发，决定诬陷李惠准备外逃刘宋王朝，给他定下叛国罪名。有了这个罪名，就会引起文武大臣对他的切齿痛恨，就会让他掉下脑袋。太和二年（478）十二月癸已这天，文明太后以叛国罪名将李惠一家送上了断头台。

按一般情况来说，文明太后在清除了异己之后，本应精神振奋，心情舒畅，可她却精神压抑，郁郁寡欢，无精打采。这也难怪，人都有七情六欲，何况她又是一个年轻寡妇。文成皇帝去世时，文明太后年仅24岁，正是青春年华的大好时光。她不仅想永远操纵大权，而且也想满足生理需要，于是便用色迷迷的眼睛紧紧盯着自己的猎物。

王叡是文明太后第二次临朝听政后的第一个猎物。王叡字洛诚，自称太原晋阳人，祖先在西晋八王之乱时迁到姑臧（今甘肃武威)。父亲王桥,通晓天文历法,在北魏平定凉州后到了平城,靠算命占卜维持一家生计。王叡从小跟父亲学习算命占卜,后来被当时还是太子的恭宗发现,被提拔为太卜中散。文明太后再次临朝听政后,见王叡身材魁伟、仪表堂堂,便以找他算卦为名,把他召进后宫,百般挑逗,很快使他落入圈套,在他身上得到了满足。从此以后,文明太后按时和他同床共枕,寻欢作乐。文明太后也没有亏待他,先把他升为给事中,没过几天,又把他提拔为吏部尚书,赐爵太原公,允许他参议国家军政大事。太和四年(480),又把他提升为中书令、镇东大将军,封爵中山王。王叡的两个女儿出嫁时,先到宫中,按照公主、王女的礼仪,接受大臣们的恭贺。文明太后把王叡的女儿当作自己的女儿看待,每次都亲自到太华殿接见她们。到她们出宫去婆家时,文明太后又亲自把她们送到半路。这种场面惊动了平城的千家万户,被人们称为天子、太后出嫁女儿。王叡对太后感恩不尽,不仅按时入宫给她送去激情和欢乐,而且表示愿为她赴汤蹈火,献出微薄之躯。太和二年(478),文明太后兴致勃勃地率领拓跋宏、百官以及外国来宾到虎圈看虎。看着看着,一只老虎突然跳入阁道,向太后、拓跋宏猛烈扑去。太后身边的大臣和警卫人员见状大吃一惊,拔腿就跑。就在这千钧一发之际,王叡操起战戟,迎向老虎,大吼一声,竟把老虎吓退了。通过这件事情,文明太后把王叡当作自己最知心最可信赖的人,除了对他封官加爵之外,就是给他大量贵重物品、肥沃的田园、体健的奴婢、肥壮的牛马、成群的杂畜。文明太后很聪明,她怕给王叡这些东西被人看见,引起非议,总是在和王叡进行一番男悦女欢之后,开出一张物品清单,在夜深人静时让宦官悄悄地把物品拉到王叡家中。就这样,文明太后很快就让王叡当上了家财巨万,数不胜数的大富翁。

李冲是文明太后的另一个面首和私党。李冲字思顺，敦煌公李宝的儿子。李冲也是个美男子，不过他的美与王叡的阳刚之美恰好相反，他具有一种阴柔的美，是个温文尔雅，深沉而又工于心计的白面书生。文明太后为了对他带来的温情、慰藉和欢乐表示感谢，一个月之内就对他赏赐了几千万，使向来家境贫寒的李冲在短时间内也成了一位富翁。不过，李冲并不是一个贪财奴，他把这些财物大都送给了亲朋好友、街坊邻居，有时还分一些给乡村的贫民百姓。

俗话说，没有不透风的墙。文明太后和王叡、李冲的丑事再隐秘，也会传到大臣们的耳中，宦官给他们送东西时的行踪再诡秘，也会让人知道。文明太后对一般人的评头论足和风凉话并不害怕，她所怕的是德高望重的元丕和游明根等人对她的行为说长道短。文明太后为了堵住他们的嘴，在给王叡、李冲财物时，也少不了给元丕和游明根一份；给王叡建造一座豪华的住宅时，也没忘了给元丕建造一座。新宅落成时，她还率领文武大臣前去剪彩，并偷偷塞给元丕一颗金印。为了让陪同她的人皆大欢喜，文明太后提笔撰写了一首《劝戒歌辞》送给大臣。在大臣们的一片喝彩声中，她感情冲动地说："臣哉邻哉，邻哉臣哉；君臣和睦，天下太平。""君臣和睦"实际上是要求大臣们团结在她的周围，对她服服贴贴。

文明太后在与面首打得火热的同时，又在那些是男却已失去正常男子的生理功能，是女却又不具备女性特点的宦官当中培植自己的心腹，发展自己的私党。文明太后自入宫以后，越来越看清了宦官的真实面目。一般说来，宦官出身低微，地位卑贱，对正常男子具有强烈的嫉妒之心和歇斯底里的痛恨之情，他们整日生活在皇宫里，目睹了互相猜忌，勾心斗角，尔虞我诈的形形色色的人物和惨不忍睹的场面，逐渐养成了谨小慎微，阴险狡诈，见利忘义，落井下石，阿谀奉承的性格。文明太后所迫切需要的就是这些，于是她便把在宦官中精心选择的赵黑、剧鹏、李丰、张祐、王遇、抱嶷、苻承祖、李坚等人作为她的私党。

赵黑字文静，本是凉州隶户，凉州被平定后成了宦官，到了平城。文明太后发现他与献文帝的同党李䜣有矛盾，便竭力对他收买拉拢。赵黑也知恩必报，主动到太后面前揭露李䜣的所谓专横跋扈的罪行，为文明太后诛杀异己提供材料，出谋划策。文明太后为了奖赏他告状有功，把他提升为镇南大将军、河南王，还赐给他500匹帛、1500石谷子。赵黑死后，文明太后又赐给他的亲属450匹绢、1000斛谷子和20辆牛车。

张祐是文明太后的另一个称心如意的宦官，做一切事情都迎合太后的心意。文明太后为了嘉奖他的忠诚，下令为他建造一所豪华住宅，新宅落成时，太后率领文武百官前去贺喜。张祐荣幸至极，连忙设宴招待。饭饱酒醉后，文明太后情绪高涨，当场许诺把张祐晋升为尚书左仆射，进爵新平王。张祐走马上任那天，文明太后命令仪仗队肃立在宫城之南，夹道欢迎。这种气派的场面在当时还没有先例，令那些围观者羡慕得达到了妒嫉的地步。文明太后还嫌不够，又在当天晚上带着孝文帝到张祐家和那些前来道喜的大臣们热闹一番；次日一早，又派人给他送去许多贵重物品。张祐对文明太后感恩戴德，积极效劳。

文明太后对其他忠诚于自己的宦官也不偏待，不是给他们升官加爵，就是给他们成群的牛马，体壮的奴婢，成包的绢帛，或者给他们诸如"不死之诏"等最高级别的特殊优待政策。当然，文明太后对他们投之以李，他们也对太后报之以桃，关键时刻都会两肋插刀，在所不辞。

文明太后有了如此关心和保护她的面首，有了如此效忠于她的宦官心腹，又有如此听摆布的小皇帝，她当然无所顾忌，一手遮天，稳操生杀予夺大权了。

但是，随着时间的推移和政权的稳固，文明太后也时常想到她终究会像普通人一样告离人世，于是，她时常考虑为自己选择一块比较中意的地盘作为自己的阴间世界。一日，文明太后游兴大发，在文武大臣的簇拥下到了方山。她站在山顶，极目远眺，心旷神怡；俯视方山四周，只见山青水秀，景色宜人。过了半晌，她用略带感伤的语调对大家说："我死以后，你们把我安葬在这里就行了。"说者也许无意，可听者有心。拓跋宏一回到平城就下令为她在方山建造陵墓，在陵墓的南部建永固石室。太和五年（481）开始动工，太和八年（484）全部竣工。

文明太后每当想到自己终究会告离人世，便有一种无形的力量撕揪着她的心，让她心中剧痛，恼怒，恐惧，着急。她是明智的，也是现实的。她知道北魏大权不会随她离开人间带到阴间世界，难道就在自己长睡的那一刻让别人把大权拿走吗？冯家现在处于最显贵的地位，在自己死后还能保证不会跌落吗？这确是一些棘手问题。文明太后在焦虑之中，当她再度审视她的两个风姿绰约的侄女时，如同一个跋涉在沙漠之中的干渴者猛然发现一片绿洲中有一潭清水一样，眼睛一亮，很快想出了一条妙计：把侄女召进后宫，在适当时机立为皇后，继续保持冯家的权贵地位和冯氏政权的连续性。开始，她的两个侄女很令她失望，其中一个入宫不久就染病死亡，另一个也因身体欠佳，只好皈依佛门，削发为尼，在坐禅、诵经、撞钟中逐渐消磨掉了当皇后的念头。不过，文明太后的心血没有白费，在她死后，她的另一个侄女和当尼姑的那个侄女先后当了皇后。遗憾的是，她的两个侄女都没有她那般聪明，她那般胆略，她那般时刻为冯家着想的意念，更没有她那般强烈的使命感和责任感，结果姊妹之间发生内讧，姐姐把妹妹从皇后宝座上推了下去，自己取而代之；妹妹只知道寻欢作乐，结果在拓跋宏死后被北海王元详等人逼死。

给官禄　立三长　推行均田

鲜卑族入主中原后，本身带有许多落后的习俗和制度。文明太后作为一个汉族女子，虽进了北魏后宫，当了贵人，当了皇后，但她怎么也不愿把自己高层次的文化融入低层次的文化中去，对那些落后的制度更是看不惯。然而，在当时没有实权的情况下，她又无可奈何。当她毒死献文帝，再次临朝听政和培植了一批私党时，突然萌发了一种变革那些落后东西的念头。承明元年（476），她先做了一次尝试。这年二月，有关方面的官员要求对管理太庙内献文帝神主的执事官赐给爵位。按照先例，这些官员的要求合情合理，可文明太后却板起面孔对他们说："今后讨论任何事情都应依照'古典正言'，不准遵循什么先例！"大臣们听后个个都变成了哑巴。这次尝试的成功，似徐徐春风吹进了文明太后的心田，令她欣慰，令她陶醉，更令她充满信心，开始精心设计全面改革方案。

文明太后出生后的北魏，几乎各级官吏都截留国家赋税，中饱私囊，有的竟和商贾互相勾结，利用征收租调之机，向老百姓百般勒索，大发不义之财。文明太后临朝听政后，对这些现象了如指掌，但她在痛恨那些贪官污吏的同时，更多的更激烈的是痛恨当时制度的不合理。她经常这样想：按常理来说，对做官的应该发给俸禄，可北魏初期百官都没有俸禄。他们也是血肉之躯，需要衣食住行；他们也都有老有少，需要供养。这些问题，在经常发动战争的北魏初期比较容易解决，只要每次战争结束后按功劳大小和品爵高低分配战利品就会基本满足他们的要求。但是，到太延五年（439），在拓跋焘统一北方，战争日益减少的情况下，单靠掠夺就很难满足需要了，于是出现了即使一位颇受皇帝重用的中书令，也过起了只有几间草房赖以栖身，只好身着缊袍，夜盖布被赖以御寒，只用咸盐煮菜赖以果腹的贫困生活。当然，这是比较少见的清官，而大部分官员为了追求舒适富裕的豪华生活，大肆贪污公物，血腥榨取民脂民膏，致使民不聊生，怨声载道。如何解决这些问题？文明太后觉得最好的办法是给百官一定的俸禄，如果他们有了俸禄，一般就不会再贪污了，也不会变换手法向百姓勒索了。文明太后还认为，对那些贪婪成性，恶习不改的人，必须严惩；只有严惩，才能保证法律的严肃性和权威性，于是便在太和八年（484）开始实行班禄，规定：每户增加三匹绸绢、两斛九斗谷物作为官吏的俸禄；对皇子、皇孙、皇曾孙、皇女，每年也给一定的俸禄。给了俸禄后，如果再有贪赃枉法者，只要够了一匹就要被处死。条例颁布后，文明太后对40多位利欲熏心以身试法的官员判处了死刑。拓跋宏也积极配合奶奶的行动，亲自审问大贪污犯秦益二州刺史李洪之。

　　文明太后在严惩贪官污吏的同时，还清醒地看到了北魏另一些严峻问题。当时，豪强兼并了山林沼泽，而贫民百姓无地可耕，致使大量土地得不到开发和利用，不少贫民百姓成了豪强、宗主的荫户，豪强宗主则成了与国家争夺劳动力的强大势力和武装反抗中央的独立王国。在这种情况下，北魏经常出现贫民百姓因争夺土地而发生争斗和无法维持生计而武装暴动的反抗事件。如何解决这些问题？文明太后从反思北魏历史和缕析北魏现状中觉得只有推行均田制才能解决上述问题；只有建立三长制才能保证均田制的顺利推行。这时，文明太后的面首李冲为她出谋划策，提出了改变"宗主督护"制度建立"三长制"的具体方案：五家为一邻，五邻为一里，五里为一党，邻有邻长，里有里长，党有党长，合称"三长"。"三长制"建立后，国家可以有组织地搜刮隐漏户口，扩大编户齐民，顺利推行均田制。为了统一大臣的认识，文明太后把大臣们召集在一起，认真讨论建立"三长制"的必要性。中书令郑羲、秘书令高祐等人当场表示反对，认为李冲的方案说起来好听，做起来困难，并危言耸听地说："如果不信我们的话，尽管先尝试一下，失败之后才知道我们的话正确。"文明太后听罢一声不吭，把两只眼睛紧紧地斜向了拓跋丕。

拓跋丕是颇受太后重用的鲜卑贵族，对太后的改革也积极支持。他明白太后刚才的目光是提醒他立即站出来表态，于是铿锵有力地说："我认为，建立'三长制'对国家和个人都有好处。"经拓跋丕这么一表态，原持反对意见的人都不好再从正面反对，只好改换反对方式，说什么，这一方案虽好，但目前正是农忙季节，如果现在派人下去清查户口，搜刮荫户，恐怕会影响农业生产，引起百姓的不满，不如等到冬天农闲季节再派人下去。李冲据理力争，说："如果说会引起不满的话，恰恰是在冬季实行'三长制'。因为到了那时，百姓只会看到清查户口的麻烦，而看不到均徭省赋的好处；如果现在实行'三长制'，不仅会使百姓明白它是怎么回事，而且会让他们得到看得见摸得着的实惠。这样，就会顺应民心，推进改革进程。"说完，殿堂内一片寂静。文明太后环顾了一下大臣，准备结束这次讨论，宣布立即建立'三长制'，不料还没开口，著作郎傅思益突然站起来说道："九品差调已经实行了很长时间，一旦改变，必会引起骚乱。"文明太后十分恼火，用非常强硬的口气说："建立'三长制'，不仅会查出隐漏户口，而且会使租赋的征收有一定的根据，有合适的标准，我们何乐而不为呢?！"于是宣布建立"三长制"。"三长制"建立后，很快证实了它的可行性和优越性。

随着"三长制"的建立、地方组织的严密和隐漏户口被查出，文明太后又全面推行均田制。均田制是这样规定的：15岁以上的男子，每人授给露田40亩，妇女20亩；奴婢授田数量和平民相同；耕牛一头授田30亩，受田的耕牛以四头为限额。所谓露田，是指不种树的田。文明太后考虑到当时普遍实行休耕法，有的需要两年或三年轮种，因而授田数量相应增加一倍或两倍。文明太后把这部分土地叫做倍田。受田的良民到了不能劳动或者死亡时，要把土地交还给国家，如果失去奴婢和牛，也要交还其所受土地。另外，每个男子授给20亩桑田，在这些桑田里必须栽种50棵桑树，5棵枣树，3棵榆树，但露田不得栽种桑、枣、榆树，否则要依法惩办。奴婢也可以按规定得到如数桑田。这些桑田必须在3年之内种完，如果到期种不完，国家则要索回。土地不足之处，桑田包括在倍田数中。所有的桑田都是"世业田"，可以世代相传，不必交还国家，不够规定数额的可以买够规定数额，超过规定数额的可以卖掉超额的那部分。对那些不适宜栽种桑树的地区，每个男子给10亩、妇女给5亩麻田，奴婢也可以领种麻田，他们对麻田只有使用权，没有所有权，要按规定交还给国家。对那些癃残老少寡妇需要照顾，11岁以上和癃者授给一半土地，70岁以上的老人不必交还所授土地，没有改嫁的寡妇不仅授给妇田，而且还免征课税。文明太后还根据全国人口密度不一的实际情况，制定了关于"狭乡"和"宽乡"的具体政策。所谓"狭乡"，是指人多地少的地区，这些地区可以将桑田当作露田，如果露田还不够，则不给倍田，再不够的话就在本家内的人口中调整；没有桑田的地方也照此办理。如果满足不了应得的土地数量并且乐于迁移的人，国家鼓励到荒地多的地方开荒种地，不管什么地方，只要不避劳就逸，国家就积极提倡和予以鼓励。对迁移到空旷地区的新户，每三口人给一亩地作为建筑新居之用，每五口奴婢也给一亩地。但土地够数的地方不得无故迁移。所谓"宽乡"，是指人少地多的地区，在这些地区只要有力气就可以多开荒种地。文明太后进一步考虑到，罪犯和绝户人家的土地，先收为公田，将来作为授受之用，然后按照宗法传统或者送给他们的亲人，或者借给他们的亲人。增加了人口怎么办？文明太后也想过了：按照先贫后富的原则授给他们土地。各级官吏是文明太后统治全国的大小支柱，太后当然不会亏待他们，规定按官职高低分给公田：刺史15顷，太守10顷，治中、别驾各8顷，县令、郡丞各6顷。官田不得买卖，否则将依法惩处。

惩腐败　买民心　寿终正寝

　　文明太后在总结中原王朝的历史经验中发现，一般说来，一个政权的腐败往往先从皇亲内部开始，然后影响到其他大臣，蔓延到全国，最终导致这一政权彻底崩溃。相反，一个政权的兴旺发达往往是皇亲和文武大臣比较清廉，在清廉的氛围中，即使有贪赃枉法之徒也会被揭露，被惩治。自从临朝听政以来，文明太后对宗室子弟严格要求。太和九年(485)，文明太后在将拓跋宏的弟弟拓跋禧封为咸阳王、拓跋干封为河南王、拓跋羽封为广陵王、拓跋雍封为颍川王、拓跋勰封为始平王、拓跋详封为北海王的同时，下令建立学馆，给他们提供系统学习的环境。在开学典礼上，文明太后不厌其烦地对他们说："只要不是生而知之的人都要通过学习掌握知识，丰富头脑。在此之前，皇子皇孙没有得到良好的教育，这对国家和你们个人都没有好处。从今以后，你们有了安静的学习环境，有了博学多闻的师傅，应当努力学习，做一个对国家有用的人才。"讲到这里，文明太后停了一会儿，用手指着坐在她身边的拓跋宏接着说："拓跋宏继承帝位，日理万机，整天如临深渊，如履薄冰，总怕担当不起如此重任。你们现在都封了王，虽然担子比他轻一些，但也应当严格要求自己。这几年国家经济虽然有了长足发展，社会财富也不断增加，但我们仍要注意俭朴，不能奢侈浪费，更不能搜刮民财，饱吞私囊。你们都知道，我向来都对那些满身绫罗绸缎，满身珠光宝气的人十分厌恶，希望你们务必自重。"文明太后说完，拓跋宏接着说："你们都肩负重任，应当特别注意自己的行为，千万不能辜负太后的殷切期望。"拓跋宏说完，拓跋禧等人向太后信誓旦旦地作了保证，然后，文明太后把她亲自撰写的从各个方面为北魏宗室子弟制定做人处事准则的300多章《劝戒歌》分发给他们，让他们反复学习，自觉遵守。

作为太后孙子辈的诸王一般能够接受她的思想，遵照她的教导，可作为与她同辈的诸王对她的话就要打一些折扣了。怀朔镇将汝阴王拓跋天赐和长安镇将雍州刺史南安惠王拓跋桢都是文明太后丈夫文成皇帝的弟兄，在文明太后临朝听政时掌握一定权力。他们以老资格自居，对文明太后的话置若罔闻，贪赃枉法。文明太后对他们毫不客气,于太和十三年(489)把他们捉拿归案。当时,有些大臣认为二王是老臣应当特殊对待,于是便到太后面前为二王说情。文明太后没有理睬他们,当天就把所有文武大臣召集到皇信堂讨论如何处理二王。大臣们一入堂,文明太后就厉声问道:"依你们之见,我是赦免二王毁掉国家的法律,还是大义灭亲维护法律的尊严呢?"大臣们跪到地下,异口同声地说:"二王是景穆皇帝的儿子,无论如何也应赦免。"文明太后摇摇头,宣布休会。

大臣们退出皇信堂后,文明太后陷入了极其矛盾之中。入夜,她辗转反侧,久久无法入睡。她时而想到统治北魏皇帝需要这些文武大臣们的鼎力相助,不可轻易得罪,时而想到如不严惩二王,必然滋长腐败势力,引起下层的普遍不满,给社会增加不稳定因素。经过一夜的激烈思想斗争,到次日清晨,文明太后决定采取折衷方法,既照顾宗室和大臣的情绪,又教训二王,于是便通过孝文帝颁布了一份诏书:"二王虽然犯下了十恶不赦的罪行,但太皇太后念他们是高宗的兄弟,况且南安王又是远近闻名的孝子,所以免他们一死,只罢免他们的官爵,禁锢终身了事。"过了几天,文明太后了解到中散闾文祖在到长安调查南安王犯罪事实时,曾接受南安王的贿赂,为他掩盖罪行,便对大臣们气愤地说:"闾文祖以前经常自吹如何清廉,没想到他竟敢做这种知法犯法的勾当。由此看来,知人知面难知心啊!说完,下令立即罢免闾文祖。

文明太后对二王都如此严惩,对其他贪官污吏就更不手软了。太和三年(479),当她得知秦州刺史尉洛侯、雍州刺史宜都王目辰和长安镇将陈提等人贪污不法时,气得浑身发抖,立即派人调查他们的罪行,在基本弄清他们的犯罪事实后,下令处决洛侯、目辰,发配陈提,然后通过孝文帝将1000多名只对小贪污犯吹毛求疵,而对大贪污犯不管不闻的侯官全部撤换。这一手很起作用,不少贪官污吏被迫收敛起他们的罪恶手脚。

文明太后依稀记得,在她幼年时期颠沛流离的过程中,亲眼看到平民百姓的生活是多么凄苦;她也清楚地记得,在她临朝听政后四处视察过程中,了解到平民百姓的义利观念是多么简单。只要他们从谁那里得到了看得见摸得着的实惠,就把谁当作救星,就对谁百依百顺;只要谁同情他们,那怕仅说上几句同情的话,他们就对谁感恩戴德,顶礼膜拜。文明太后出于这些考虑,经常给贫民百姓一些实惠,对他们不同程度地表示同情。在均田过程中,文明太后特意对老、少、残疾人、没有改嫁的寡妇作了颇有人情味的特殊规定。后来,她觉得这部分人只占全国总人口的一小部分,不能代表百姓的普遍利益,便在灾荒年头给广大百姓送去温暖,解除忧虑。太和十一年(487)从春到夏,整个北魏统治下的地区几乎未见滴雨,春苗大都枯死,又发生了瘟疫,不少耕牛病死,夏种无法进行,几乎颗粒未收,不少人被活活饿死。针对这一问题,文明太后立即召集内外大臣就如何更好地发展农民生产,解决粮荒开会,让大家献计献策。齐州刺史韩麒麟上书认为:"古代哲王都积蓄9年存粮,即使遇到灾荒也不害怕,到了汉代,基本上遵循这一原则,规定交粮和杀敌立功同样授爵,努力耕作和悌悌同样奖赏。但是,现在许多人不种田,有三分之二的人整天东游西逛,游手好闲。更有不少人互比富有,致使奢侈之风愈刮愈烈。现在,富贵之家连僮妾都穿上了十分考究的衣服,工商之家连仆隶都吃上了山珍海味。而农民缺吃少穿,饥寒交迫。在这种情况下,农民失去了种地的积极性,土地逐渐荒芜,致使府库里的谷布殆于罄尽,而市场上宝货盈地;致使农民家中缺衣少食，而街道上到处可见被弃的豪华服装。这些才是问题的实质。如何解决这一问题？依我之见，凡是珍异之物全应禁断，吉凶之礼应当有个统一标准，同时劝课农桑，赏罚分明。如果能这样做，几年之后一定丰衣足食。往年所进行的检查户口，在我看来，租赋太轻。据我所统辖的齐州情况来看，租赋只够供给官吏的俸禄，真正入仓的极少。这样做虽然暂时对百姓有利，但不能持续长久，如果一旦发生战争或天灾，农民很难得到救济；不如少征绢布，多征谷租，在丰年多多积蓄，欠年拿出赈救，这样就再也不会对灾荒如此恐惧了。"韩麒麟的话提醒了文明太后。同年七月已丑，文明太后命令有关单位开仓赈贷，并允许百姓出关就食。为了不致于造成混乱和为他们提供方便条件，文明太后派专人编造户籍，分配去留名额，并通知各地三长，对前去就食的人一律赡养。同年九月，文明太后又命令停建或缓建一些房舍殿堂，并把与纺织没有关系的宫女赶出宫去。不久，又停止制作绣缔绫罗，还把御府中十分之八的衣服珍宝、太官杂器、太仆乘具、内库弓箭刀铃以及一大半的外府衣物、缯布、丝纺分发给百司、工商皂隶、六镇戍兵和光棍、寡妇、孤儿、孤独老人、贫民和残疾人。

　　文明太后从全国百姓喜悦的脸上看出，她的一系列收买民心的手段已在普通群众中开花结果，她情不自禁地乐了起来。不过，文明太后在自得其乐的过程中发现，长期生活在她身边的工作人员对她谨小慎微，胆战心惊。她心里明白，这些人之所以都怕她，完全是她平时凌驾于他们之上，对他们言辞过于严厉的缘故。文明太后在收买了民心之后，也曾扪心自问过：这些人也不容易，天天起早贪黑围着自己一个人转，付出了艰辛劳动，并没捞到什么好处，他们内心的牢骚也是很大的，只是不敢公开发作而已。如果再让他们整天提心吊胆，不仅会逼他们走向自己的对立面，而且或许会让人利用。如果不改变目前这种局面，其后果也是不堪设想的。不如对他们和颜悦色，既可以显示自己大度，又可以让他们成为自己的忠实走狗。想到这里，文明太后走到铜镜前面，仔细端详自己的笑容。从此以后，文明太后在她的工作人员面前十分注意自己的言行。一次，文明太后因身体欠佳需服菴闾子。厨师由于夜间失眠，白天迷糊，不仅把稀粥当成菴闾子端给文明太后，而且稀粥里竟然还有一只蜻蜓。文明太后和孝文帝几乎同时看到了粥里的蜻蜓，并同时作出了反应：文明太后轻轻吹了吹粥，用匕首将蜻蜓挑了出来，没有任何责怪的意思；孝文帝则勃然大怒，张口把厨师臭骂一通，并下令严惩厨师。文明太后面带微笑，安慰被吓得浑身发抖的厨师，然后转身对孝文帝说："不要惊吓他们，区区小事算得了什么！"厨师对文明太后的大度非常感激，连忙跪在地上向太后谢恩。这件事情就像插了翅膀很快飞遍了皇宫的各个角落。文明太后身边的工作人员除了钦佩她的宽宏大量之外，都纷纷表示认真工作，让太后满意，让太后放心。

太和十四年(490)，得到了社会各界拥护和爱戴的文明太后不幸身患重病，卧床不起。病床上，文明太后对一直守候在她身边的孝文帝说："生前我始终为国家为百姓着想，没做任何愧心事，死后也要对得起国家，对得起百姓。所以，我的丧事务必从俭办理。"同年九月，文明太后告离人间，是年49岁，谥号文明太皇太后，所以，后人称她为文明太后。

附：文成帝拓跋濬保太后常氏

◎ 崔明德

常太后是辽西人，父亲常澄原为前秦渤海太守，母亲宋氏是常澄的第二个妻子。约在太延三年(437)，常氏进了北魏皇宫。由于她心地善良，待人谦逊、诚恳、随和，对人说话总是微笑，很快成了皇宫中最受人尊敬的人物之一。太平真君元年(440)六月，太武帝拓跋焘的嫡孙拓跋濬降生，给拓跋焘晚年带来了无限乐趣。拓跋焘为了让皇孙健康成长，经过严格挑选，把常氏选为皇孙的奶妈。

说是奶妈，其实她不仅仅是为皇孙喂奶，而且还主动承担了料理皇孙吃喝拉尿等杂务。不管酷暑还是严冬，常氏就像对自己的亲生儿子一样照料皇孙。光阴似箭，转眼间皇孙长成了英俊少年。正平二年(452)，中常侍宗爱发动政变，先后暗杀了拓跋焘和拓跋余，还想对皇孙下毒手。常氏见状，巧妙地背着皇孙逃出平城(今山西大同)，在城外的鹿苑藏了起来，直到羽林郎中刘尼、南部尚书陆丽前来迎他们回平城。接着，拓跋濬登上永安殿宣布即位，是为高宗。

高宗在嘉奖提拔拥戴自己的那批人的同时，怎么也不会忘记常氏对自己的恩德，于是将她封为保太后。高宗觉得这样还不足以表达自己对她的感激之情和无限敬意，又于次年三月将她封为皇太后。

在中国封建社会，历来就有一人得道鸡犬升天的传统。常氏被封为太后不久，她的哥哥常英自肥如令一下子升到了镇军大将军，她的弟弟常喜升为镇东大将军，妹夫王睹升为平州刺史。常英对后娘宋氏——常太后的亲生母亲态度蛮横，而王睹对丈母娘非常孝顺，所以宋氏自然对王睹印象较好，对常英非常讨厌。太安元年(455)，宋氏听说常英被封为辽西王，便气愤地对女儿说："为什么不让王睹当辽西王呢？"常太后沉默片刻，然后笑着说："常英是长兄，是我们常家之主，理应封他为辽西王。至于在家中他对你有些不敬，我也多次批评过他，希望母亲不必过多计较。王睹虽然对你一片孝心，但他毕竟是外姓，无论如何不能列在常英之上，给他封个辽东公也就相当不错了。"一席话把宋氏说得理屈辞穷。

和平元年(460)，常太后不幸病逝，谥号昭太后，葬于广宁磨笄山。

附：文成帝拓跋濬妃李氏

◎ 崔明德

李氏是梁国蒙县人，父亲李方叔乃南朝宋文帝时的济阴太守。

据说李氏出生时，李家红光四照，屋内如同白昼。李方叔为这一奇异现象而兴奋了好久，他先对妻子说："此女将会胜过儿子。"妻子只是苦笑了一下，没有表示然否。李方叔又对街坊邻居说："我的女儿将来一定会大贵。"那些人听后，有的恭维了几句，有的"哈哈"一笑，有的一个劲摇头。他们的反应虽然不同，但看法却是一致的：那就是所谓"大贵"，纯属吹牛！一个远离国都的小小太守怎敢抱有这种奢望！

无论别人如何看待，李方叔仍然经常念叨着这些话。他的女儿在他的不休的念叨声中，渐渐地长成了一个皮肤白嫩，身段匀称，高高鼻梁，薄薄嘴唇，明亮眼睛，谁见了谁都会多看几眼的妙龄少女。李方叔看到这些，更加坚信他的女儿一定会大贵。

太平真君十一年（450），北魏太武帝拓跋焘亲征刘宋王朝，永昌王拓跋仁也带兵前往寿春。一天傍晚，拓跋仁经过李方叔门前时，下令原地休息。拓跋仁为了放松一下筋骨，便在门前来回走动。恰在这时，李方叔的女儿打开门，探出头，视线射向了拓跋仁。拓跋仁第一次看到如此之美的少女，眼睛直了，两腿酥了，油然生出了一种占有欲。结果，李小姐自然倒入了他的怀抱。

南征战争结束后，拓跋仁携带李氏到了长安。不久，拓跋仁和濮阳王闾若文狼狈为奸，企图发动叛乱，因走露消息被一网打尽。拓跋仁和闾若文丢了脑袋，李氏稀里糊涂地被送到了平城（今山西大同）皇宫。

就在李氏对自己的前途感到绝望的时候，一次偶然的机会给她带来了新的转机。一天，天空晴朗，万里无云。无精打采的李氏走出家门，伸了伸胳膊，沐浴在柔和的阳光之中。说来也巧，恰在这时，文成帝正在大臣们的簇拥下登上白楼，放眼远望，李氏的美姿一下子映入了他的眼帘。说实在的，文成帝尽管是一国之君，但他从来还没有见过这样的美女，于是把大臣叫到跟前，用手指向李氏站立的地方，问："这位妇人漂亮吗？"大臣们的注意力全被李氏吸引过去，似乎都没有听到文成帝的问话，直到文成帝再次问起时，他们才慌忙地回答："世上罕见。"文成帝听罢，按捺不住情欲的窜动，匆匆走下白楼，打发两人将李氏叫进附近的斋库内，命令士兵把守斋库，然后就和李氏在里边做起爱来。

这次云雨情给李氏带来了身孕。知道内情的人，暗自向她庆贺，不知内情的人则对她说三道四。此事传到了常太后的耳中，常太后要打破砂锅问到底，李氏坦率地把那天的事情一五一十地告诉了太后，太后半信半疑，又把当时在场的几个卫兵一一讯问，结果得到了同样回答。到了这个地步，常太后再没有二话可说，只好吩咐人精心照顾李氏。

兴安三年（454）七月，李氏生下了皇子拓跋弘。母以子贵，她也由一个没有任何名号的普通妇女一跃变为贵人。李贵人为此而兴奋得彻夜不眠，但兴奋过后，心就像针扎般的痛疼，全身就像掉进了冰窖般寒冷。原来，按照北魏朝廷的规矩：凡是后宫所生儿子准备立为太子的时候，必须先把他的生母杀掉。李贵人的儿子是文成帝的长子，自然要做太子，那么，按照这条规矩，李贵人只有死路一条，她怎能不恐惧不痛心呢？！

太安二年（456）二月，在文成帝立拓跋弘为太子的前几天，常太后宣布了将李贵人赐死的命令。临终之前，李贵人逐一喊着她的哥哥、弟弟的名字，每喊一个，她就捶胸顿足嚎啕大哭一会，到喊完她的小弟的名字时，她已昏倒在地。醒来后，她咬紧牙关，闭目自杀，葬于金陵。和平六年（465），她的儿子继承帝位时，她得到了元皇后谥号。

附：献文帝拓跋弘妃李氏

◎ 崔明德

李氏是中山（今河北定县）安喜人，父亲李惠青年时代就继承了中山王爵位，母亲韩氏是襄城王韩颓的女儿。

李小姐虽然是远近闻名的有德有才有貌的女子，但由于她身价太高，一般人攀不上，而且由于她眼光太高，对一般人她也看不起，所以直到18岁那年还没有找到如意郎君。李惠夫妇非常焦急，可李小姐却确信婚姻大事命中注定，稳坐她的钓鱼台。就在这年秋末，北魏太子拓跋弘再次挑选美女，她以出众的相貌、高雅的气质和温柔的性格被拓跋弘选中。

天安元年（466），拓跋弘继承帝位，李氏被封为夫人；次年八月戊申这天，李夫人为拓跋弘生下了第一个皇子拓跋宏。

当时，绝大部分妇女都会为自己的头胎是个儿子而兴奋，可李夫人却恰恰相反。当接生婆告诉她生的是儿子时，她几乎吓休克了。这也难怪，原来北魏有一条老规矩：凡是后宫所生儿子被立为太子的时候，必须先把他的亲生母亲杀掉。这条规矩代代相传，谁也不准更改。李夫人的儿子是拓跋弘的长子，自然要做太子。所以，李夫人自生下儿子那天起，就朦朦胧胧地看到一把利剑慢慢向她逼来，随着拓跋宏牙牙学语，站直迈步，这把利剑距她越来越近。皇兴三年（469）六月，拓跋宏被议定立为太子，李夫人也就走完了她短暂一生的路。死后葬于云中金陵。承明元年（476），李夫人由拓跋宏追谥为思皇后。

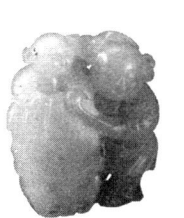

孝文帝拓跋宏皇后冯氏

◎ 崔明德

冯皇后是北魏太师冯熙的小女儿，文明太后的侄女。当时，北魏虽是孝文帝拓跋宏当皇帝，但大权实际上掌握在孝文帝的奶奶文明太后手中。文明太后是个权力欲极强、私心很重的女性，为了光耀冯家门第，她将两个侄女召进孝文帝后宫。不过，她的两个侄女命运不佳，其中一个刚入宫就染病而死，另一个虽得到孝文帝宠爱，但没有多久就身患重病，离宫回家。不久，文明太后又把冯熙的小女儿召进后宫。

冯熙的小女儿当时尚未成年，对后宫内的一切事情都非常好奇。光阴似箭，到她姑奶——文明太后死后的第三年，即北魏太和十七年(493)四月,被孝文帝立为皇后。孝文帝尽管在内心里不太喜欢冯皇后,但还恪守成规,对她比较尊重。

几年后,冯皇后长成大人。作为女人,她需要爱,所以她曾为孝文帝不热爱自己而苦恼;作为皇后,她需要尊重,也曾为孝文帝尊重自己而欣喜。苦恼、欣喜有时交织在一起,但苦恼始终占据上风。北魏太和十八年(494),当孝文帝再次南征时,冯皇后因忙于率领六宫从平城(今山西大同)迁到洛阳,暂时消除了一肚子苦恼。次年五月,孝文帝回到洛阳,不知孝文帝对她在迁都中出了力表示感激,还是可怜她父亲冯熙、哥哥冯诞的相继去世,总之,不仅对她尊重,而且对她非常宠爱。但是,好景不长。就在冯皇后为甜蜜的生活所陶醉时,她姐姐病情痊愈,被孝文帝重新召入宫中,封为左昭仪。左昭仪本事很大,很快就动摇了冯皇后的受宠地位。冯皇后倒也宽容,对姐姐的行为一笑了之。但是,左昭仪得寸进尺,时常对冯皇后出言不逊。冯皇后见状,脸上自觉不自觉地流露出不满之色,左昭仪见此,对孝文帝大吹枕边风,终于使孝文帝于北魏太和二十年(496)七月将冯皇后废为庶人。冯皇后受不了这般侮辱,一气之下当了尼姑,到瑶光寺和青灯梵钟厮守在一起,直到生命的最后一刻。

孝文帝拓跋宏皇后冯氏

◎ 崔明德

北魏延兴四年(474)的一天，北魏太师冯熙的家中传出了婴儿落地的哭声。冯熙听说是个女孩，不禁皱起眉头，转身走回了书房。孩子的母亲常氏尽管也不喜欢女孩，但毕竟是自己亲生的孩子，苍白的脸上仍浮现阵阵笑容。冯熙的妹妹文明太后闻讯赶来，仔细端详了一会女婴，连声说："长得不错，长得不错，是富贵相……"常氏听到太后对女儿的夸奖，脸上顿时笑开了花。

冬去春来，这女婴转眼间长成了14岁的少女。当时，北魏虽是孝文帝拓跋宏当皇帝，但大权实际上掌握在文明太后手中。文明太后是个权力欲极强、私心很重的女性。为了光耀冯家门第,她把自己的两个侄女召入孝文帝后宫,准备随时选择一个立为皇后。北魏太和十二年(488),冯熙的两个女儿进了掖庭。老大命短,进宫不久就命归黄泉;老二即本传传主,她年龄虽小,但凭着她那双使人销魂的眼睛,那副赛过仙女的脸蛋,那两叶能说会道的薄唇,那娇滴滴的甜润嗓音,很快就使孝文帝神魂颠倒。

但是冯二小姐的命运也很糟糕,入宫不到一年,也身患重病。她全身无力,无法再陪伴孝文帝不说,脸上还突然冒出了许多白点,破坏了她娇艳的面容,把她伤心得要死。文明太后见状,觉得没有可能将她立为皇后,便把她打发回家当了尼姑。从此,冯二小姐便和青灯梵钟、拜佛念经打起了交道。

北魏太和十七年(493),二小姐的小妹进了后宫,被孝文帝立为皇后。不知什么原因,孝文帝虽对冯氏三小姐比较尊重,但内心里并不爱她,而是每见到她就想起了她的二姐。于是,在将冯氏三小姐立为皇后不久,孝文帝便打发一名侍臣到冯熙家看望二小姐。二小姐见到这位侍臣,声泪俱下地申述自己是如何思念孝文帝,她的生母常氏也喋喋不休地讲她女儿的身体现已康复,希望能够继续服侍皇帝,说着说着,下人已把一桌丰盛的酒席备好。这位侍臣饭饱酒醉怀揣常氏母女塞给的金银回到家中略一休息,就回朝禀报孝文帝说:"冯氏二小姐的身体已完全恢复,脸上的白疹完全消除,肤色也比以前红润多了。噢,对了,她很想再见陛下一面。"

孝文帝听完这位侍臣的话,心里火燎燎的,立即写好一封慰问信,打发宦官双三念连夜送到冯家。二小姐一看完孝文帝的信,就激动地哭了起来。过了片刻,她告诉母亲说自己已时来运转,再次进宫指日可待。她的话很灵验,没过几天就被孝文帝派来的大臣接进宫中,被封为左昭仪,仅比皇后低了一级。

二小姐凭自己的姿色以及丰富的经验,很快就与孝文帝达到了如胶似漆、不可暂离的地步,把后宫佳丽气得直跺脚,她心软的妹妹冯皇后只好暗自流泪。二小姐还嫌不够,又对孝文帝大吹枕边风,终于使孝文帝于太和二十年(496)七月将冯皇后废为庶人,由她取而代之。

二小姐虽然当上了皇后,取得了第一夫人的资格,但由于孝文帝经常南征萧齐,她失去了与孝文帝做爱的机会。冯皇后是一个不甘寂寞,一时都离不开男人的荡妇。孝文帝离开洛阳后,她经常在夜幕降临时让心腹双蒙等人悄悄地把中官高菩萨勾引到床上,与他肆意淫乱。当她听到孝文帝在汝南染病的消息时,公开与高菩萨勾肩搭背,无所顾忌。中常侍剧鹏实在看不下去,便出面劝谏。冯皇后不但不听,反而臭骂剧鹏狗拿耗子管闲事,气得剧鹏很快病死。别人一看这架势,谁还敢自惹麻烦?!

就在冯皇后得意忘形的时候,彭城公主于北魏太和二十三年(499)二月冒着大雨赶到了悬瓠。她一见到孝文帝,就跪倒在地痛哭失声地说:"我命好苦啊!前些日子,皇后强迫我同她的弟弟冯夙成婚。我是个寡妇,怎么能再嫁人呢?希望陛下为我做主。"孝文帝看着浑身湿漉漉的彭城公主如此伤心,不禁产生了怜悯之心,答应回洛阳后解除她与冯夙的婚姻关系,令她马上起身。彭城公主不但不起,反而把冯皇后的丑行一五一十地告诉了孝文帝。孝文帝听后半信半疑,准备回家看个究竟。

孝文帝还没动身,彭城公主南下告状的消息已传到冯皇后的耳中。冯皇后大吃一惊,立即和她母亲常氏跑到一位女巫家中，对她说："现在我们遇到了难处，请你一定帮忙，你只要能把皇帝祷告死，我当上皇太后，会永远对你感恩戴德，让你一辈子富贵荣华。"这位女巫果真听信了冯皇后的话，点起香火，按照冯皇后的话反复祷告。

女巫的祷告并没有加重孝文帝的病情。就在冯皇后急得像热锅里的蚂蚁的时候，孝文帝已到达了邺城(今河北临漳)，冯皇后见状更加恐惧，急忙把了解她丑行的全部宦官叫到一起，对他们问寒问暖，关怀备至。并反复叮咛他们千万不要泄露她的隐私。

孝文帝刚回洛阳时，这些宦官还恪守诺言，没向孝文帝透露任何消息，可小黄门苏兴寿却向孝文帝告了密。孝文帝马上提审高菩萨、双蒙等6人，高菩萨等人见孝文帝已掌握了大量证据，只好如实坦白他们的丑行。

当天晚上，孝文帝在含温室召见冯皇后。冯皇后被宦官仔细搜查确认没有带任何凶器后，怀着忐忑不安的心情迈进含温室的门槛。她一见孝文帝那副威风凛凛、怒不可遏的样子，就扑通一声跪倒在地，泪水顿时就像断了线的珠子一样不停地掉下来。孝文帝先是沉默不语，过了一会儿，喝令冯皇后到东楹坐下，然后向宦官一挥手，立即有十几个卫兵把高菩萨等人押了进来。冯皇后斜视了高菩萨等人几眼，心中不禁一怔，暗想：完了，这些家伙肯定出卖了我。没容她再想下去，只听高菩萨像背顺口流似的把他们的丑行全部抖落出来。高菩萨等人全部讲完后，孝文帝高声对冯皇后说："你们的丑事证据齐全，你不必再作任何辩解。现在只需要你如实交待你母亲妖言惑众、蛊惑人心、咒我快死的罪行。"冯皇后听罢，轻轻地摇了摇头，孝文帝厉声喝问："为何不讲？"冯皇后轻声回答说："妾有秘密事情向你禀报，这些人在场多有不便，请你让他们回避一下。"孝文帝向中侍挥了挥手，他们都知趣地退了出去，只有长秋卿白整拿着卫直刀留在孝文帝身边。孝文帝不耐烦地说："快说吧！"冯皇后又轻轻地摇了摇头，不肯张口。孝文帝见状，只好用棉花把白整的耳朵塞紧，在他身边连叫三声白整的名字，白整全未听见，冯皇后这才启口讲话。她究竟讲了些什么？白整不知道，后人就更不得而知了。

待冯皇后讲完后，孝文帝便走出含温室，让彭城王元勰、北海王元详进屋。元勰、元详感到很难为情，怎么也不肯进去，孝文帝着急地说："过去她是你们嫂子，现在和过路人没有什么两样，尽管进去，没有什么难为情的。"元勰、元详不好再推辞，便十分尴尬地跟着孝文帝走进了含温室。他们刚刚坐定，孝文帝便指着冯皇后说："这家伙想把刀插到我的肋上！现在你们好好拷问她！说实在的，我只是因为她是文明太后的侄女才没有把她废掉，其实我对她已经没有半点感情了。如果她还有羞耻之心，还要点脸皮的话，那么她应当赶快自杀。"元勰、元详看着这种场面，自己也感到非常难堪，于是他们叹息了一会便离开了含温室。

元勰、元详一走，孝文帝又怒气冲冲地把冯皇后骂了一顿，最后咬着牙说了一句："你快死吧！"冯皇后听罢，一声不吭，只是不停地叩头，当她起身时，完全成了一个泪人。

从内心讲，孝文帝这时已对冯皇后绝了情，但他想到冯皇后毕竟是文明太后的侄女，文明太后对自己有抚养之恩，从对文明太后的感激之情而言，是不忍心将冯皇后废掉的，况且，南征军队还在前线，需要自己去亲自指挥，于是便把废皇后和将她赐死一事暂且搁置起来。这样，冯皇后便回到了宫中。

冯皇后尽管在孝文帝眼里已经分文不值，但她在宦官和后宫中的嫔妃面前仍然高傲专横、目空一切。当孝文帝派宦官向她提问时,她声色俱厉地说:"我是皇后,应当当面回答皇帝,怎能让你们传达!"孝文帝听了宦官们添油加醋的汇报后,气得脸色铁青,马上把冯皇后和她母亲常氏叫进含温室,把一根拐杖扔给常氏,命令她痛打冯皇后。常氏在孝文帝威严逼迫下,举起拐杖,劈头盖脑地向冯皇后打去,直到把冯皇后打得叫苦连天,鲜血淋漓,她也累得气喘吁吁时,才一屁股坐到地上。

冯皇后和常氏被宦官拖出含温室不久,孝文帝就离开洛阳,重新回到南征前线。孝文帝本来身体欠佳,加上对冯皇后的气恼以及来往于洛阳途中的颠簸,回到前线不久身体就支持不住了,只好原道而归。路过谷塘原时,孝文帝感到自己在世上的时日不会太久,而自己一旦去世,冯皇后必定是北魏的一大祸害,于是便对元勰说:"看来我是不行了。我现在最大的心事是如何处置冯皇后。你也知道,她无耻淫乱,自绝于天理人伦,如不及早把她除掉,恐怕会重蹈汉末太后专权引起内乱的复辙。我死以后,应当立即逼她自杀。但是,为了不给冯家抹黑,还要以皇后的礼仪安葬。"元勰心领神会地点了点头。

北魏太和二十三年(499)四月,孝文帝在谷塘原病死。遗体到达鲁阳时,元勰委托北海王元详速奔洛阳,宣布对冯皇后赐死的遗诏。冯皇后听了遗诏,又哭又骂,大叫:"这是阴谋。"元详不管这些,喝令白整等人逼皇后马上服下毒药。冯皇后见白整拿药向她逼来,边跑边哀求白整说:"这是诸王陷害我,你不要被他们利用!"说着说着,退到了墙根,被一名卫士紧紧抓住,白整乘她还在叫骂的时候,十分麻利地将毒药灌进她口中。冯皇后翻了翻白眼,一会儿便停止了呼吸。

几乎与冯皇后咽气的同时,咸阳王元禧等人已陪孝文帝的遗体到了洛阳城南。当元禧问清冯皇后确已死了时,便看了看元勰、元详,长叹一声说:"假如没有遗诏逼那骚娘们自杀,我们弟兄也会想法把她除掉;我们怎能让那品行不端的女人主宰天下,眼睁睁地让她把我们一个个杀掉呢?"诸王会意地点点头。到了洛阳城内,元勰、元详等人遵照孝文帝的遗嘱,给冯皇后拟定了幽皇后谥号,比较隆重地把她葬于长陵。

宣武帝元恪皇后于氏

◎ 崔明德

于皇后在北魏太和十七年(493)生于北魏一个十分显赫的官僚家庭，从她的曾祖父于栗䃳到她的父亲于劲三代，于家共出了4位赠公，3名将军，2个尚书，3位开国公。在讲究门当户对的中国，如此显贵家庭的女子自然要嫁给有显赫地位的人。北魏景明二年(501)，领军将军于烈见她的侄女已经出落成一个如花似玉的美女，便以宣武帝元恪的后宫人数不够为名，鼓动他的同事、部下在元恪面前大肆吹嘘他侄女如何漂亮，如何温顺，如何贤惠，如何有品行。于烈的同事、部下正愁巴结于烈无路，拍他的马屁没有机会，于是便摇唇鼓舌轮番为她吹嘘，更有甚者，直接到元恪面前极力推荐。

元恪认识于烈的侄女。在他看来，她虽说不上是天姿国色，绝世美人，但也算漂亮的女子之一，况且，他也深知于烈的地位和于家的势力，现在即位不久，很需要他们的支持，于是便顺水推舟，下令把她召进后宫，封为贵人。于贵人进宫不久，就凭她的喜欢宁静、沉默寡言、宽容大度和对元恪的体贴入微，博取了元恪的欢心，于同年九月被元恪立为皇后，又于北魏正始二年（505）年底为元恪生下了皇子元昌。

就在于皇后受宠于元恪和生下皇子品尝母爱时，两只罪恶的毒手慢慢向她伸了过来。这两只毒手就是高贵人和高贵人的伯父尚书令高肇。高贵人是个妒妇，恨不能把元恪死死攥在自己的手心里，她见元恪时常召见于皇后，心里气不过，准备随时加害于她；高肇是个喜欢独揽大权的权贵，他见于皇后一家非常得势，自然想把他们挤垮，于是便和高贵人精心策划了毒死于皇后的计划，以便让高贵人当上皇后，由他操纵朝政大权。这时，于皇后只顾抚养元昌，没有料到会遭到他们的暗算，结果于北魏正始四年（507）十一月不明不白地被高肇、高贵人害死。由于高肇、高贵人干得利落，没有露出任何破绽，自然蒙骗了元恪。元恪对于皇后之死极其痛心，给了她顺皇后谥号，将她葬于永泰陵。

宣武帝元恪皇后高氏

◎ 马晓丽

高皇后是大家闺秀。说"大家"恐怕是北魏当时最为显赫的家庭。她的伯父高肇是北魏的尚书令,掌握了北魏的实权,她的伯母高平公主又是宣武帝元恪的姑姑,她的堂兄高猛袭封渤海郡公,娶元恪的亲妹长乐公主为妻。按照中国封建社会门当户对的传统观念,最显贵家族的女儿理所当然地应嫁给最显贵的人物。北魏景明四年(503),这位大家闺秀在她的亲属串通下,步入后宫,当上了宣武帝元恪的贵人。

高贵人与元恪的感情比较融洽,为元恪生了一位皇子,但这个皇子是个短命鬼,生下不久就离开了人间。高贵人感到十分惋惜。次年，高贵人又有了身孕，但令她大为失望的是这次生下的是位公主(建德公主)。在男尊女卑的时代，公主不能对抬高她的身价起任何作用，因此，她迫切希望再能怀上个皇子。但天不遂人愿，任凭高贵人做多大努力，直到北魏正始二年(505)年底，她再也没有怀孕。

恰在这时，于皇后为元恪生下了皇子元昌。于皇后也出身于一个十分显赫的家庭。元昌的出世，不仅给了于皇后一条紧密联络元恪感情的纽带，而且也巩固了她的皇后地位。作为妒妇和决心夺取皇后地位的高贵人来说怎么也不愿意面对这一现实。于是她便向伯父高肇请教整垮于皇后的高招。高肇是个利欲熏心的官僚，他虽已当上了尚书令，操纵了中央相当一部分权力，但深为自己在皇宫内没有坚强的后盾，随时有可能被赶下台而不安，因此他迫切希望高贵人能爬上皇后宝座，以便巩固他的地位，于是他便和高贵人密谋了毒死于皇后的阴谋计划。北魏正始四年(507)十一月，高贵人十分干脆利落，不露任何痕迹就把于皇后送上了西天。

于皇后死后，高贵人又立即意识到另一个问题，这就是如何处置元昌。尽管元昌当时仅是一个不足3岁的幼儿，但他却是宣武帝的长子，是太子的第一人选，如果将他留在世上，以后对自己极为不利，最后决心让他跟着他母亲的阴魂一道而去。高贵人是个聪明人，她深知中央文武大臣中已经有人怀疑于皇后之死与她有关，更有远见的人已经预料到她会对元昌下毒手，因此在这种情况下如果继续袭用毒死于皇后的办法显然会弄巧成拙，于是她只好另找办法。北魏正始五年(508)三月，元昌患了重病。高贵人仔细看了一下元昌的病情，心中暗想，何不乘机将他置于死地?!高贵人假惺惺地叮咛元昌身边的人好好照顾元昌后，匆匆离开病室，径奔高肇家中，让高肇暗中嘱咐侍御师王显借机害死元昌。此计正合高肇心意，高肇当即赶到病室密嘱王显照此办理。王显是个很有心计的医生，他知道在众目睽睽之下不能胡来，只好在拖延疗程、误施药物方面做些手脚，即使这样，也很快断送了元昌幼小的生命。元昌随于皇后的阴魂走了，高贵人心里乐开了花。次年七月，高贵人荣登皇后宝座。

常言道，乐极生悲。就在高皇后陶醉于取得皇后之位的喜悦之中时，胡国珍的女儿进了后宫，被宣武帝封为承华世妇。胡小姐是个知书达理，能诗善文，精通佛经，略习武艺，诡计多端，年轻貌美的女子，并且很快得到了元恪的宠爱，入宫不久就有了身孕。高皇后通过这一切，看到了对自己的潜在威胁，因此不能对她等闲视之，时刻准备加害于她。但是，由于元恪期望胡氏为他生个皇子，对她严格保护，致使高皇后无从下手。高皇后见状，气得浑身发抖，眼睁睁地看着胡氏的肚子一天天隆起。北魏永平三年(510)三月，胡氏生下了皇子元诩，并被晋升为充华。高皇后见胡充华那副得意模样，心里又气又急，恨不得立刻将她母子杀掉。但由于他们母子得到了元恪的特别保护，使得高皇后怎么也找不到机会，只好独自生她的闷气，诅咒胡充华母子早些遇上天灾人祸。

胡充华母子不仅没遇到什么天灾人祸，相反，后宫一位了解内情的女子到处传播说，胡充华越来越受宠，元诩长得非常招人喜爱，并且得到了元恪和不少文武大臣的赞誉。传播这些话的人本想气一气高皇后，可高皇后听了却情不自禁地笑了起来，把这位女子吓得快步溜走了。高皇后看着她逐渐消失的身影，自言自语地说："好，他立为太子才好呢!他立为太子之日，就是胡充华的祭日。"说完，三步并作两步到了镜前，又是抹粉，又是画眉，把自己打扮得分外娇艳，然后让宦官禀报元恪，说她极想见元恪。

元恪听了宦官的禀报，突然意识到近来冷落了皇后，于是在处理完政务之后，便径直到了高皇后那里。高皇后一见元恪，就娇滴滴地说了一连串"我想死你了，看看我这身打扮……"等令元恪感到不太自在的话。皇后和元恪经过一番鸾颠凤倒之后，突然问："陛下，听说你准备立元诩当太子，这话当真吗？"元恪笑了笑算作回答。皇后着急地说："作为女人不该议论国家大事，可为了祖宗江山，我不得不向您进言。咱们北魏老祖宗为了防止母后干预朝政和外戚专权，曾经立下了一条规矩，如果后宫女子生的皇子被立为太子的话，那么这位女子必须被赐死。希望陛下以大业为重，不能因为一个女人而断送了祖宗江山！"元恪听后，沉吟片刻，说："这也太不人道了，我们何不变通一下呢！其实，当年文明太后逼贞皇后自杀时，就遭到了很多人的反对。对这件事情，你最好不要多言多语。"说完，起身离开了皇后。

北魏永平五年（512）二月，元诩被立为皇太子，胡充华破天荒地逃离了鬼门关，把高皇后气得直跺脚，躲在房子里痛哭了几天。

高皇后在痛苦、恼怒、诅咒、起誓中艰难地熬了将近3年，到北魏延昌四年（515）一月元恪病死时，她为之一振，准备借机干掉胡充华。但是，由于她的部下泄露了天机，胡充华早已做了防备，高皇后的阴谋不仅没能得逞，反而让胡充华借肃宗的名义封她为皇太后，把她架空，并把她的伯父高肇活活打死，搬掉了她的惟一后台。直到这时，高皇后才意识到自己的悲惨境地，发出了无可奈何的叹息声。一个月之后，高皇后的太后空名也被胡充华搬掉，被强迫到金墉瑶光寺为尼姑，和青灯梵钟厮守在一起，不是重大喜庆的节日，永远没有步入皇宫的机会。

高皇后虽然进了梵门，但并没有摆脱厄运。北魏神龟元年(518)九月，胡充华听说"天文有变"，便让高皇后当了替死鬼，然后以尼姑的礼仪将她葬于北邙。

附：宣武帝元恪妃胡氏

◎ 马晓丽

少年入宫

无法考清是哪一年的腊月，狂风卷着雪花，猛烈地扫荡着城镇、山野和村庄，摇撼着大树的躯干，碰撞着家家户户的门窗。这风，这雪，好像要把这世界盖住吹跑似的。平民百姓屋子上的茅草被不住地揪打，屋子里也撒进了冷森森的雪花，惊动了缩在屋角的男女老少。有一座高墙院落，虽也蒙受风雪的撕打，但院落的主人似乎没有注意到这一切。

这家的主人姓胡，名国珍，是北魏武始侯胡渊的儿子，安定临泾(今甘肃镇原东南)人。胡国珍和皇甫氏婚后多年没有儿女，急得像热锅里的蚂蚁，便到处求神拜佛，说来也巧，皇甫氏果真有了身孕。星转斗移，转眼间到了生产的日子。皇甫氏分娩时，窗外大雪纷飞，屋内红光四照，辉煌夺目。红光过后，一位千金落地，她就是后来颇有点名气的胡太后。

胡国珍夫妇对女儿出生时的奇异现象非常纳闷。当时临泾一带占卜相面成风，胡国珍也想为女儿占卜一下以后的命运。一天，他怀着不安的心情把远近闻名的占卜大师赵胡请到了家中。赵胡见达官贵人有请，到了胡家还没来得及喘息一下，便把胡国珍的女儿左右端详了好一阵子，然后十分诡秘地说："从贤女的长相来看，是大富大贵的象征，以后肯定会成为国母，生就龙种。"过了一会儿，赵胡又压低声音说："这事我们三个人知道就行了，千万不要传出去。"胡国珍夫妇听了这话，欣喜若狂，盼望着襁褓中的女儿快快长大成人。

不论载入正史的这段占卜故事是否无稽之谈，后来胡国珍的女儿果真生下了太子，当上了太后，成了北魏历史舞台上的一位风云人物。

胡国珍的女儿真幸运，一落地就是一个歌舞升平、繁华似锦的大千世界。

她更幸运的还在于她有一个非凡的姑姑。她的姑姑从小就当上了尼姑，对释加穆尼崇拜得五体投地，此人一张嘴也很巧，能把深奥的佛经义理讲得头头是道，就连石雕像她都能讲活了。经胡国珍引荐，她到了皇宫，给皇帝、皇后、太子、公主等人宣讲佛经。时间一久，胡国珍的妹妹结识了不少皇亲国戚，在为他们宣讲佛经之余，乘机夸赞起她的侄女，说她如何美貌、如何温顺、如何端庄。很快,她的侄女成了皇宫里的新闻人物。不久,她的名字也传到了宣武帝的耳朵里,他怀着好奇心,派人把胡国珍的女儿召到皇宫,想看个究竟。

胡国珍的女儿到了皇宫,她也确实令人倾倒:匀称的身段,一潭水似的眼睛含着热烈而温柔的亮光,鲜艳的红唇充满青春活力,真可谓天姿国色。宣武帝当即如痴如醉,传下圣旨,把胡国珍的女儿封为充华世妇。

红颜有幸

永平二年(509)初夏以来,胡充华总是在花园里来回走动。是沐浴和暖的阳光?是观赏各种盛开的鲜花?她说不清楚。自从御医告诉她已经怀孕,她总是这样漫不经心。

胡充华怀孕本来是一件喜事,但她的眉头却缩得紧紧的。这也难怪,北魏后宫早就立下了一条规矩:后宫女子生的儿子一旦被立为太子,生母就要被赐死。这条规矩害死了不少后宫女子。根据史书记载,道武宣穆皇后刘氏和孝文帝皇后林氏都被这条规矩夺走了年青的生命。当时,孝文帝还较开明,多次向祖母冯太后求情,冯太后以一张冷冰冰的脸和长久的沉默做了回答。孝文帝也无可奈何。所以,后宫里的女子一旦怀孕就天天祈祷,只望生下皇子、公主,而不愿生太子。这种规矩的残忍和对后宫女子的威胁由此可见一斑。

作为一个后宫女子,胡充华开始也像她的后宫姐妹一样祈祷过,不过,时间不长她的恐惧感就没有了。她曾反反复复地揣想:魏世宗爱她如痴如狂,从情理上说不会轻易把自己处死;北魏现在的文明程度比以前要高出许多,孝文帝时已出现了想废除这一陈规陋习的端倪,这次,自己也许会免于一死。退一步说,如果能生下太子,为国家留下继承人,死也值得。

后宫的嫔妃见胡充华的肚子越来越大,一再劝她及早堕胎。胡充华对她们说:"天子怎能没有儿子呢?我们怎能贪生怕死而使皇家断了后嗣呢?"

夜阑人静,人们都已进入了甜蜜的梦乡。胡充华躺在床上,辗转反侧,不时地轻抚着肚子,露出丝丝笑容。过了一会儿,充华转念一想,若生下的是位千金怎么办?她翻身下床,点起蜡烛,在缭绕的香火前虔诚地跪下,一遍遍祈祷:"愿苍天保佑,让我怀的是太子,太子生下来即使要我死,我也心甘情愿。"当胡充华起身时,东方已经发白。

永平三年(510)三月丙戌这天,在宣光殿东北方向,一道金光闪过之后,一声婴儿啼哭,胡充华的儿子元诩落地,他就是后来的北魏肃宗孝明帝。

胡充华生下儿子,年已27岁的宣武帝乐得闭不上嘴。这也容易理解,在宣武帝早年,顺皇后于氏曾在正始三年(506)为他生下皇子元昌,但元昌3岁时就夭折了;高皇后也为他生下皇太子,皇太子刚会走路就被病魔夺走了生命。皇子早死,宣武帝十分悲伤,元诩的降生,给他带来了极大欢乐,他对儿子特别钟爱,精心选择了良家妇女当奶妈,在非常安全的地方精心喂养,还严格规定:高皇后和胡充华一律不准前去抚视。

元诩到了3岁时就显得聪明伶俐,很讨人喜爱。宣武帝见人就夸,想把他立为太子。下令把永平五年改为延昌元年,到了这年十月,宣武帝宣布立元诩为太子。诏书传出后,宫中好心人为胡充华提心吊胆,心胸狭窄的人庆幸胡充华将遭厄运,一些好事者想看热闹。但是,出人意料的奇迹出现了。这次册立太子竟然改变了北魏老祖宗的规矩,没有将胡充华赐死。这消息传开后，后宫的嫔妃齐声叫好，大臣们没多大反响，但高皇后却暴跳如雷，竭力反对。

高皇后本来也长得楚楚动人，开始很受宣武帝的宠爱。自从胡充华入宫后，她看着胡充华受宠的得意，想到自己遭到的冷落，内心非常痛苦。高皇后嫉妒心又很强，由嫉妒引来的痛苦，到后来达到了无以复加的地步。胡充华有孕在身后，高皇后由痛苦转为高兴，因为可以借北魏宫廷规矩将她赐死。元诩生下后，高皇后和伯父高肇多次劝说宣武帝，把胡充华赐死，宣武帝不但不听，反而把胡充华由世妇升格为贵嫔。贵嫔的地位仅次于皇后，这下可把高皇后激怒了。她诅咒胡充华，发誓把胡充华置于死地。

天赐高皇后良机。延昌四年（515）正月丁巳这天，33岁的宣武帝在式乾殿过早地离开了人间。高皇后悲痛欲绝。不过，当她从极度悲伤中清醒过来后，立即布置人马，准备加害胡充华。

宣武帝一死，胡充华犹如一朵盛开的鲜花突然遭到霜打。她无精打彩，满面愁容，双目失神。当她的麻木神经恢复过来时，顿时变得六神无主。这不仅因为她失去了宣武帝这一靠山，而且因为她听到了高皇后准备向她动手的风声。俗话说，天无绝人之路，就在胡充华坐立不安时，她身边的几个关键人物为她分愁解忧，出谋划策。宦官刘腾得知高皇后的阴谋后，立即告诉了左庶子侯刚，侯刚又当即告诉了侍中领军将军于忠，于忠又连夜向太子太傅崔光处寻问对策。崔光老谋深算，不紧不慢地说："看来高皇后下决心要把胡充华置于死地。依我之见，最好的办法是先把胡充华安置在看守比较严密的地方，这样，高皇后就无从下手了。"他们又把这个意思告诉了如惊弓之鸟的胡充华，充华一颗悬着的心这才略微放了下来。

但是，胡充华仅被守卫好，并没有从根本上解除高皇后对她的威胁，于是，她又让侯刚、于忠、崔光等人在宣武帝死的当天夜里拥立她的儿子元诩登上皇位，即孝明帝。这样，胡充华为自己立下了靠山，接着，胡充华通过孝明帝这块招牌，尊高皇后为皇太后，把她架空，又强迫她搬到瑶光寺当尼姑，并给她下了戒令：不是重大节日或国家大庆，不得随意进宫。这样，高皇后就开始了凄苦孤独的与青灯梵钟为伴的尼姑生活。神龟元年（518），胡充华把高皇后杀死。

胡充华处置高皇后比较容易，但对付地位和权势都非常显赫的高皇后伯父高肇就不是那么轻而易举了。

高肇的父亲高飏和叔父高乘信在北魏高祖时就很受重用。高肇的妹妹又是孝文帝的皇后，生下宣武帝。宣武帝即位后，对舅舅关照很多，几天就让他成了暴发户。不久，高肇又娶宣武帝的姑姑为妻，攀着裙带升迁到尚书令。有这么多的关系，高肇开始飘飘然了。当时，宣武帝对六辅专政不满，把国家政务全部委托给高肇处理。高肇也不安分守己。他专横跋扈，排斥异己，大搞顺我者昌，逆我者亡。北海王元详受到他的诬陷，成了刀下鬼；彭城王元勰受到他的诬告，掉了脑袋。高肇本来学识浅陋，经常违法，却喜欢装腔作势，随意改换北魏的制度，被以正统自居的士大夫瞧不起。高肇还刚愎自用，性情粗暴，随意削减大臣的俸禄。一句话，宗室、士大夫和当权派都对他不满。

宣武帝命归西天之际，高肇正带兵西征。当他接到讣告时，虽有一丝对宣武帝之死的哀伤之感，但他也预感到自己的好景不长。回京的路上，悲惧驱赶了颠簸的疲劳，走了几天，他哭了几天，时间不长，面色已憔悴不堪，好像一下子老了20年。到了洛阳城外，天色已晚，只好在驿亭借宿一宵。

就在高肇宿在城外时，胡充华作了部署。次日一早，高肇身穿丧服，嚎啕大哭，跟跟跄跄来到阙下，然后跟随百官到了西廊。这时，邢豹、伊瓮生等10多名壮士蜂涌而出，抓住高肇，用力一拉，高肇便呜呼哀哉了。

高肇的被杀，为胡充华临朝听政扫清了障碍。

临 朝 听 政

延昌四年(515)正月，京师洛阳寒气袭人。这天夜里，领军将军于忠和侍中崔光委托右卫将军侯刚把胡充华的儿子元诩从东宫迎到内殿登基即位。元诩就是北魏历史上的肃宗孝明帝。

过了一个多月，胡充华指使肃宗把她尊称为皇太妃，过了半年，又让元诩把她尊称为皇太后。以下我们就把胡充华称为胡太后。

肃宗即位时只有6岁，6岁幼儿连吃穿都需要别人照料，更谈不上处理什么政务了。这倒给胡太后提供了临朝听政的机会。

作为一个女人直接提出要临朝听政，在当时是难以启齿的。不过，胡太后还是有自己的一套办法。她经常在崔光等人面前唠叨：肃宗太小，什么事情都要由我照应。脑瓜子转得很快的崔光、于忠等人听出了胡太后的弦外音，略一商量便奏请胡太后临朝听政。胡太后召集大臣当即议定垂帘听政。开始还让大臣们称她殿下，下达命令，后来把令干脆改为诏，文武大臣上书时一律称她陛下，自称为朕。这样，胡太后俨然成了北魏世宗之后的又一位皇帝了。

在中国古代，人们都有一种男尊女卑的意识和偏见，所以，该由男人干的事情女人去插手一定会遭到非议和反对。

延昌四年(515)十二月，北魏皇帝要大飨宗庙，当胡太后意识到这是表现自己的千载难逢的好机会时，便借口肃宗年龄太小，不能亲自祭祀，要模仿周礼上国君与夫人交献的古制代行祭礼。礼官和博士们不识好歹，一致反对。胡太后也有心机，很快想出了用帏幔把自己遮挡起来，观察三公行事的办法。女人毕竟是寡断的。胡太后对这样做是否合适一时还吃不准，又向崔光讨教。崔光竟然曲意逢迎，把东汉和熹邓太后荐祭的先例抬了出来，这正中胡太后下怀，便以崔光所引据的作为铁证，备齐全副仪仗队，在文武大臣的簇拥下，亲自到了宗庙代替肃宗祭祀。

从代替肃宗祭祀遭到礼官和博士的反对这件事上，胡太后意识到，并不是所有官员都长着一副媚骨。对这些人怎么办？胡太后动了一番脑筋，结论是培养自己的死党。有了死党，往后的路无论如何坎坷还是能够走下去的。

胡太后在培养死党时，先把目光放在已经倾向于自己的那些人身上。

宦官刘腾在保护胡太后的过程中立下了汗马功劳，胡太后封他为长乐县开国公，食邑1500户，又封他的妻子为钜鹿郡君，还把他的3个养子分别提拔为郡守和尚书郎。刘腾病重卧床不起时，胡太后曾多次亲自登门看望。

侯刚在胡太后受到高皇后的威胁时，为胡太后通风报信、出谋划策，胡太后当然不会亏待他，封他为武阳县开国侯，食邑1200户，后来又为他进了一级爵位，成了开国公。

崔光对保护胡太后也有功劳，胡太后也封他为博平县开国公，食邑2000户。

于忠在这4个人当中功劳最大，胡太后把他封为常山郡开国公，食邑2000户，不久又升为尚书令。

胡太后在对这4个人封官加爵的同时，又意识到另一个问题：自己虽然临朝听政，但毕竟是北魏的一位太后，而北魏名义上的统治者是元氏家族。如果仅对刘腾等人宽厚而对宗室冷落，或许会很快惹出麻烦。想来想去，还是把宗室中有影响的几个人物予以升迁。把高阳王元雍升为太傅，统领太尉；清河王元怿升为司徒，骠骑大将军；广平王元怀升为司空。

胡太后在笼络大臣和宗室的同时，又做了几件旨在收买民心的工作。首先是从把京师洛阳的一头白象关进笼子开始。

有一段时间，洛阳的市民经常为一头白象大伤脑筋。这白象说来还是进口货，原来是乾陀罗国王向北魏皇帝进贡的礼品。这象力气很大，经常冲出笼子，跑到街上，遇到大树当即拔起，碰到高墙一推就倒。洛阳市民见此惊慌失措，到处奔跑躲避。这事传到胡太后耳朵里，太后立即下令把白象迁到永桥之南，给它建了一座十分牢固的白象坊，把它紧紧地圈在里面。胡太后这一手真见效，很快就赢得了京师市民的赞誉。

胡太后在沾沾自喜中也经常思考这样一个问题：整个北魏领土辽阔，人口众多，仅受到京师市民的赞誉还很不够，既然已临朝听政，就要誉满天下。

在这方面胡太后很有心计，她知道，中国是一个儒家思想根深蒂固的国家，忠孝仁义对人最有诱惑力。胡太后因此下达了一份诏书，明确表示对孝子、孝孙、义夫、节妇要大力表彰，提高他们的社会地位，号召全国百姓向他们学习，让他们受到人们的尊重。这份诏书，尽管是虚情假意，但它的确把当时那些有文化的人蒙骗了。

有文化的人可以被一份充满虚情假意的诏书蒙骗过去，但下层百姓只有得到看得见摸得着的实惠，才会对胡太后感恩戴德。胡太后深知，凄惨的生活，铸造了老百姓这样一种性格：为了一点小利往往争得头破血流，得到了别人的一点小利，往往感恩不尽。对此胡太后下达了一份诏书，公告北魏的老百姓说："年岁大了或者孤寡老人已经失去生活能力，由政府供给粮食、布帛，不要为吃穿担忧；失去土地流离在外的人或者卖给别人当奴婢的，马上到家中和父母团聚；长期在外打仗的士兵，由政府派人前去慰劳，赐给他们衣服良马；沿边州郡，担负着保卫国家领土的重任，辛苦至极，应当多给他们一些好处，让他们感受到政府的温暖；有一些人由于种种原因长期留在民间没有受到提拔，应当不拘一格地升迁"。不管这份诏书所标榜的有多少以后能够兑现，但下层人当时确实感到胡太后临朝听政会给他们带来福音。他们也开始对胡太后感恩戴德，顶礼膜拜了。

法律能否取信于民是胡太后能否在臣民舆论中站住脚跟的重要方面。胡太后真情实意地给了自己死党和宗室里有影响的几位人物不少好处，又虚情假意地蒙骗了下层百姓之后，便开始在法律上用点心思，她认识到，国家一旦冤假错案太多，就会带来不少麻烦，弄不好还会把自己的位子丢掉。在这方面她确确实实做了一些事情。她曾下达命令，制造一辆"申讼车"，从云龙大司马门开出，绕到宫殿西北，再从千秋门开进宫内，这样一来，不少状子投到了"申讼车"中，胡太后或亲自处理这些状子或督促有关部门迅速处理。这样，不少冤假错案得到了甄别、平反和昭雪。

熙平二年(517)，监狱里的囚犯突然增多，不少人鸣冤叫屈。为此，胡太后做了一次私访。九月十五日，她离开洛阳，走州过郡，奔县赴村，亲自调查案由，处理一些案件，尽量使法律取信于民。

　　熙平年间，又发生了一次案件。事情是延陵法权等人诬告一个名叫刘景晖的儿童造谣惑众。这件事情本来发生在国家大赦之后，按照常规把他放掉也就算了。但法权等人一再坚持要把他判死刑。大臣崔纂据理力争，认为朝廷现在应当按法律办事，不能滥杀无辜。况且，刘景晖才是一个9岁的小孩，乳臭未干，怎能造谣惑众？这完全是奸吏横生粉墨，不足为凭。如果把刘杀掉，法律怎会取信于民？天下人怎能不对法律持怀疑态度呢？双方争来争去毫无结果，最后送给胡太后裁决。胡太后一句话把刘景晖从死囚中拉出："刘景晖已经赦免，不准再对他滥加罪过。"

　　该笼络的都笼络了，该蒙骗的都蒙骗了，作为一般女性达到这种程度也该满足了，但胡太后毕竟不是一般女性所能比拟的，她没有满足，她要在武功上下些工夫。据说她的武功，就连当时的不少武将也交口称赞。一次，她和大臣们在西林园游玩，举起弓箭射中了针孔，博得了大臣们的一片喝彩声。胡太后并没有完全陶醉在这片喝彩声中，她要进一步显示自己、表演自己。

　　表演的舞台倒也给她准备好了。原来，自东晋南迁以后，中国当时分裂为南北朝。胡太后执政时，北魏和南朝仍然处于紧张的对立状态。虽然进行了一次次厮杀，一次次较量，但都难见胜负。为此，双方都在积蓄力量准备吞并对方。

　　一天，胡太后接到一份报告，说萧梁所筑淮堰即将竣工。胡太后心中不禁一怔，她深知淮堰一旦筑成，萧梁不仅可以抵挡北魏军队南下，而且更重要的是淮堰将成为萧梁进攻北魏的大本营。胡太后当然不会坐以待毙。她立即起用杨大眼为平南将军，争夺淮堰。梁主萧衍见北魏大军南下，马上派左将军赵祖悦偷袭北魏的西硖石，进逼寿阳，包抄北魏。由于萧梁比较被动，结果被北魏定州刺史崔亮击败。崔亮乘胜进军，但因寿阳镇帅李崇贻误战机，北魏军队没有取得突破性的进展。

当胡太后了解到几位将领各自为政导致这次作战失利时，像一头困守洞穴、陷于绝境的母狼，心中燃烧着熊熊怒火，暴跳如雷。她马上派吏部尚书李平率2000人的精锐队伍奔赴寿阳，指挥作战。李平临走时，胡太后一再对他说，如再有胆大包天违背军令者，务必按军法惩处。

李平到了前线，对水陆大军作了部署：崔亮带领陆军进攻寿阳城西，李崇率领水兵攻打寿阳城东，李平率领大军直攻正门。在紧锣密鼓的助威下，北魏官兵奋力出击，梁朝将士丢盔卸甲，纷纷向北魏投降。萧梁的左游击将军赵祖悦还负隅顽抗，坚守城门，但一夜之间就被攻陷，赵祖悦的军队全部被俘。

捷报传到了洛阳，胡太后眉飞色舞，心花怒放。

通过施展铁的手腕和诡诈的权术，胡太后有了死党，得到了声誉，巩固了地位。在这种情况下，她想到了应该为自己的家族做些什么事情。

光 宗 耀 祖

中国人历来有衣锦还乡的习惯。胡太后以生命作赌注跳出了鬼门关，又顺利地消灭了对手高皇后和政敌高肇，成了北魏实际上的主宰者，这样，她无须衣锦还乡，但总得有别的名目来代替，这就是光宗耀祖。

胡太后的父亲胡国珍在太和十五年(491)承袭了父亲胡渊

武始侯的爵位。爵位分公、侯、伯、子、男五等，按照惯例在承袭时必须降下一等，这样，胡国珍就成了武始伯。这一爵位对胡国珍来说是无尸之禄，可在胡太后眼里，显然与她的身份地位很不相符。这也难怪，因为从东汉以来的社会风气就是注重门第，为了抬高自己的门第，什么事情都做得出来，有偷换家谱的，有把自己的名字写到门第高的户口簿上的，千奇百怪，无所不有。胡太后现在已经掌握了北魏大权，就不需要也无必要干那些偷鸡摸狗的勾当，只要把自己亲属的官爵封得高高的也就行了。

胡太后先把父亲封为光禄大夫，不久，又给了他侍中的头衔，还把爵位连提两级，成了安定郡公。为了与父亲的身份相般配，胡太后为他挑选了一栋豪华的房子，送给他大量的布帛粮食，成群的奴婢，十分考究的车辆，肥壮的牛马。胡太后的母亲皇甫氏虽过早的去世，享受不到今天的富贵，胡太后为了让母亲在九泉之下分享到她的荣誉，特意调了10户专门负责守护她的坟墓，管理她的陵园。

总揽大权，对权力欲强的人来说是件很有乐趣的事情，但日理万机又十分辛苦。胡太后自临朝听政以来，既为总揽大权而心满意足，又为处理太多的政务而忙得焦头烂额，于是很想找合适的人帮忙。胡太后这时虽已培植了死党，百官中有才能的人倒也不少，但她对他们不太放心。想来想去，还是自己的父亲稳妥。正在这时，善于察颜观色的任城王元澄看出了她的心思，回到家中连夜起草了一份奏表呈交胡太后。胡太后接表一看，上面写着：

> 胡国珍德高望重，礼贤下士，应当出入禁中，参决政务。这不仅是我个人的心愿，也代表了全部大臣

的心愿。请陛下万万不可推辞。

胡太后看完奏章,心里就像喝了蜜一样甜,没有半点客气,当即派人把父亲请进宫中,处理政务。

延昌元年(512)十月,胡太后在胡国珍原有侍中官职的基础上,又给了他中书监和仪同三司两顶纱帽。过了一段时间,胡太后又颁布诏书,让胡国珍依照汉车千秋、晋安平王前例,可以自由出入掖门和宣光殿。到熙平元年(516)八月,胡国珍已经有了侍中、中书监、仪同三司、安定郡开国公、雍泾岐华东秦豳六州诸军事、骠骑大将军、开府仪同三司、雍州刺史等桂冠。

常言道,一人得道,鸡犬升天。胡太后并没有满足于对胡国珍封官加爵,她还要让她的外祖父在九泉之下荣耀一番。胡太后的外祖父在景明三年(502)死于洛阳,到熙平三年(518)胡太后把他追封为秦太上君。一天,胡太后到外祖父的墓地仔细看了一下,只见低矮的坟墓,歪斜的碑石,荒凉的陵园,蔓草丛生,光景惨淡,几棵光秃秃的树,胡太后顿时感到浑身凉了半截。回宫的路上一直沉默不语,没过多久,就调去不少民工,把坟墓修缮一新。陵园有了门阙,有了牌位。这样,胡太后的外公在九泉之下也感到十分荣耀了。侍中崔光等人又迎合胡太后心愿,对她说:"陛下,历史上有这样的事情,汉高祖刘邦的母亲最初谥号叫昭灵夫人,后来改称为昭灵后,拨给园邑200家。现在秦太上君(胡太后外祖父)还没有尊贵的谥号,这也实在太寒酸了。我们认为,应当给他孝穆的谥号,拨给30户人家守坟,设立长丞管理。"胡太后很感激他们,马上派专人办理此事。

胡氏父女都是虔诚的佛教徒。胡国珍虽已年迈,但对佛教

更加雅敬，天天烧香念经。也许是这个缘故，胡国珍的身体很结实，到了晚年还能跨马据鞍，威风凛凛，犹如一位南征北战的将军。神龟元年(518)，胡国珍过了80大寿，四月七日从家中到间阖门，徒步行走四五里路观看佛像。第二天，又伫立在佛像跟前，聚精会神地凝视着佛像，似乎要把它印记在脑中。也许劳累过度，胡国珍回到家中就染病在身，卧床不起。

中国历来对人最重要最基本的道德要求是忠孝二字。作为以天子自居的胡太后要想别人对自己忠，自己首先要做出孝的榜样。在胡国珍生病期间，胡太后时时处处都显出一个孝女的样子，亲自为父亲煎药喂饭，端茶倒水。胡国珍一生只有胡祥一个宝贝儿子。这小子不争气，整天喜欢嬉闹。胡太后对胡祥很讨厌，经常加以训斥。胡国珍看在眼里，痛在心里，但一直没有说出口。到了临终之前，胡国珍带着十分可怜的表情恳求胡太后："你弟弟胡祥很不争气，但我就这么一个儿子，我死之后你千万不要再像以前那样训斥他了。"胡太后看着老父可怜巴巴的样子，含着眼泪默默点了点头。

自从孝文帝迁都洛阳以来，随迁而来的代北人死后大都安葬在洛阳。一天，崔光当着胡太后的面半开玩笑半认真地问胡国珍："我衷心地希望您长命百岁。不过，您作古之后是长眠在此，还是回到老家安定呢？"胡国珍不假思索就回答："当然是陪葬天子的陵墓。"到了病危时，胡太后又问起此事，胡国珍迷迷糊糊地说："叶落归根，还是回安定老家吧。"遂昏迷不醒。究竟把父亲安葬在什么地方？胡太后一时拿不定主意，她向清河王元怿和大臣崔光等人征求意见。元怿认为，昏迷中的话是在失去理智的情况下说的，不足为凭，还是应当安葬在洛阳。胡太后虽觉得元怿的话有理，但心里仍想着父亲昏迷中的话，于是对元怿说："我父亲思念他的二位亲人，也像我们思念自己的父母一样。"但胡太后转念一想,以后的路还很长,很坎坷,不宜在这件事情上得罪元怿,只好在洛阳大兴土木,营建陵墓。

四月十二日,胡国珍的心脏停止了跳动。整个洛阳和四方村野,悲声大恸,哀乐低廻回,仪卫森严。灵车在长龙似的吹鼓手的吹送下缓缓行进,浩浩荡荡的送殡队伍依次经过各道城门,到了墓地。胡太后在宫女的搀扶下,哭得死去活来。

胡太后把父亲安葬不久,又把她母亲的灵柩迁来和父亲合葬,还把母亲称为太上秦君。谏议大夫张普惠认为,前代皇后的父母还没有称"太上"的先例,"太上"之名不可滥用,于是跑到阙下,给胡太后递交了一份劝谏书。

胡太后把劝谏书粗略地浏览了一下,便把五品以上的官员召集起来讨论此事。王公大臣为了巴结胡太后,纷纷和张普惠辩论,但没有一个是唇枪舌剑的张普惠的对手。胡太后见状十分尴尬,便打发元叉向普惠转告她的意思:"你所讲的是忠臣之道,我所做的是孝女之事,这是截然不同的两回事。况且,大臣们已有定论,你不要再不识好歹。"

胡国珍和皇甫氏婚后没生儿子,后来续弦赵平君生下贵子取名胡祥。胡国珍死后,由胡祥承袭爵位。按照北魏惯例,凡是世袭爵位一律要减少封邑。但是,胡祥毕竟是胡太后同父异母弟弟,而且还是胡国珍的心肝宝贝,再说胡国珍临终之前,胡太后答应对胡祥多多关照,所以在胡祥承袭爵位时得到了全部封邑。胡祥虽说品行不端,但有胡太后做后台,仍然爬到了殿中尚书、中书监和侍中的高位。

胡太后不仅对自己的亲属封官加爵,就是他们做了违法乱纪的事情,也极力为他们开脱罪责,加以保护。一天,风和日丽,胡太后和侍臣们正在观赏盛开的牡丹时,突然接到歧州城市民和士兵暴动的紧急情报。胡太后差点惊跳起来。这是怎么回事?原来歧州的最高长官是她的侄女婿元谧,元谧狗仗人势,在那里胡作非为,把所有歧州城的士兵当成自己的奴仆,随意拉来使用,动辄拳打脚踢,还无辜在城内残杀6人,激起了民愤,导致了暴动。胡太后平时对元谧的行为有所耳闻,但根本没有想到暴动会突如其来地爆发。既然已经爆发,胡太后还是想出了两全其美的办法,把元谧调离歧州,听候处分。这样,既可平息暴动,也显示了自己的大公无私,不袒护亲属。

元谧怀着忐忑不安的心情离开了歧州,但一到洛阳,就受到胡太后所派的专人迎接,一颗悬着的心落了下来,顿时心花怒放,匆匆跑到胡太后面前谢恩。胡太后尽管轻描淡写地批评了他几句,但还是任命他为大司农卿、散骑常侍、平北将军、幽州刺史。

胡太后是个聪明人,她十分清楚是由于自己从世妇到贵嫔再到太后的历程,才使自己的家族一步步荣耀起来,但自己毕竟不会活千岁万岁,以后怎么办?她动了一番脑筋:要想永远光宗耀祖,还是要培养像自己一样的人物,于是乎她把视线放到了自己的堂兄胡盛的女儿身上,最后把胡盛的女儿立为肃宗的皇后。

这样一来,胡太后认为胡氏家族会永远立于不败之地,不料刚得意忘形不久,就大难临头。

被 废 幽 禁

时值青春年华的胡太后,尽管自临朝听政以来十分得意,但无论如何得意,也难以弥补这位寡妇的空虚与孤独。每当处理政务的空暇，她就感到无比的寂寞。

胡太后并不是一个甘受长期寂寞煎熬的人，为了从寂寞中解脱出来，她仔细地物色了周围的人，终于选中了清河王元怿。

元怿从小聪颖过人，成人以后，博涉经史，才华横溢。元怿还是一个仪表堂堂的美男子，喜怒哀乐不形于色。这样一位风流倜傥的才子如同高强度的磁场紧紧地吸引着胡太后。

胡太后动心了，青春的火焰在内心燃烧。但胡太后毕竟以帝王自居，总不能一开始就赤裸裸地和元怿私通，还是要先遮掩一下人们的耳目。为此，胡太后经常在大臣们面前说起元怿德高望重，是当今的周公、霍光。不久，胡太后对元怿委以重任，不管大小事情一定把他叫到跟前商量。过了一段时间后，胡太后在夜里到了元怿家中，元怿既惊又喜，很快摆下一桌丰盛的酒宴。胡太后醉翁之意不在酒，喝着喝着，对元怿目逗眉挑，暗送秋波。

然而，元怿并非酒色之徒，不愿而且也不敢和嫂子勾搭，只是虚与周旋，未曾沾染。偏偏胡太后欲火甚烈，忍耐不住。一天晚上胡太后以讨论公务为名，把他召进寝宫。元怿原以为有什么重要事情，进宫后方知上了胡太后的圈套。在胡太后的逼迫下，只得和她同枕共欢。第二天刚起床时，元怿还怀着一种羞辱和恐惧感。不过，他在近处仔细端详了胡太后时，仿佛刚刚发现她确实是美色迷人，因此，羞辱感和恐惧感一扫而光，遂陷入深潭不可自拔，以致于出入宫帏，成了家常便饭，天天和胡太后如胶似漆，不可暂离。天长日久，丑闻自然传出。但是，由于元怿素有才能，辅政也很有成绩，还礼贤下士，所以毁不掩誉。不过，时间一久，就遭到了人们的攻击。侍中、领军将军元叉凭借父亲元继的权势和自己又是胡太后妹夫的裙带关系，骄横不法，为世人所痛恨。由于元怿曾经整过元叉，元叉一直怀恨在心，而且元叉更瞧不起元怿的盗嫂，经过一番苦思瞑想，终于有了整垮元怿的办法。他让通直郎宋维告发有人准备发动兵变，拥立元怿当皇帝。元怿当然有了罪名，后来查明不实，元怿才无罪获释。

元叉料到元怿与胡太后关系非同一般，对此事不会善罢甘休，整天提心吊胆，生怕吃了元怿的大亏，于是便和宦官刘腾进行密谋，准备先向元怿动手。

别看刘腾是一个文化水平不高的宦官，但他在宫中是个关键人物。在胡太后临朝听政时，他出了不少力，很受太后的信任。主管任免官吏的吏部头头们想巴结刘腾，提出了提拔刘腾弟弟的奏章，上奏朝廷。元怿认为刘腾弟才能一般，就把此事压了下去，刘腾知道底细后，对元怿怀恨在心，便私自和元叉勾结起来，准备干掉元怿。接着，二人认真研究了行动计划。

正光元年(520)七月的一天，烈日似火。刘腾把胡玄度和胡定叫到跟前，问寒问暖，关怀备至。胡氏兄弟受宠若惊，对刘腾感恩不尽，愿为刘腾上刀山下火海。过了几天，刘腾又让胡氏弟兄二人到肃宗处诬陷元怿，一字一句地教他们说："你们到陛下处说，元怿给了你们很多布帛，让你们把毒药放到御食当中，毒死陛下，元怿答应你们事成之后，让你们荣华富贵。"刘腾对他们千叮咛万嘱咐之后，便气喘吁吁地跑到肃宗处，告发元怿准备毒死肃宗。肃宗当时只有11岁，没有什么分析判断能力，当然对刘腾的话信以为真，便匆忙赶到显阳殿。刘腾乘机关闭永巷门。

元怿对元叉的阴谋一无所知，当元叉张开捕他的罗网时，元怿在含章殿后面碰到了元叉。他不愿见到元叉，急忙向徽章东阁走去，结果被元叉厉声拦住。

"你想谋反吗?"元怿怒吼道。

"元叉不谋反，现在正想抓谋反的人。"元叉阴阳怪气地回答。

元叉当时兼管中央禁卫军，当即下令三十多个卫兵抓住元怿，看管在含章东省。

刘腾见元怿被抓了起来，马上假称肃宗的诏令召集公卿百官讨论元怿所谓叛逆之罪。大臣们都害怕元叉，莫不失色顺从，只有刚直不阿的游肇坚决抗议，但孤掌难鸣，起不了多大作用。元叉、刘腾拿着早已拟好的元怿罪状，向肃宗作了汇报，很快就被批准，当夜就把元怿杀掉。

正在嘉福殿避暑的胡太后听见外面的嘈杂声，起身就往外走去，但大门早被刘腾关闭。这时，她才意识到宫廷里发生了政变，急得搥胸顿足，毫无办法。

次日一早，元叉和刘腾假称胡太后的诏令，布告全国。诏令宣称："过去，因为肃宗皇帝年幼，不懂政事，我难以推辞大臣们的请求，临朝听政；以后肃宗年龄大了一些，对政事也熟悉了，我早就想还政于他，但百官们一致反对，我只好执政到今天。然而，从今春开始，我的老病复发，药石治疗，效果不佳，从夏初以来，病情加重，无法再日理万机。既然肃宗现在有能力接替我，那么，从今以后，我不再参与政事，专心休养。"这份诏书宣告了胡太后第一次下台。

胡太后被幽禁后，刘腾把大门昼夜紧闭，不准内外行人出入，就连肃宗也不准和母亲见面。胡太后的日用品也被限量，不免饥饱不匀，常常哀叹道："唉!养虎反而被虎咬伤。"

东山再起

胡太后刚被幽禁时,吓得脸色苍白,心惊胆战,两眼盯着紧闭的大门。很快,她心里由害怕变成愤怒,像一头关进笼子的母狮,声嘶力竭地骂起元叉和刘腾。

折腾了一阵后,胡太后冷静下来,悲伤、绝望之感涌上心头。但是,紧接着发生的两件事,很快唤起了她东山再起的信念。

第一件是她的堂侄儿胡僧敬在她被幽禁后,和张车渠等人策划杀掉元叉。可惜,还没来得及动手,就走露了风声,张车渠被杀,胡僧敬遭到流放。

第二件是相州刺史元熙的弟兄们反对元叉,拥护胡太后上台。就在胡太后被幽禁的半月后,元熙起兵讨伐元叉。这次起兵的规模不小,据元熙自己宣称,当时有甲兵8万,还得到了并州刺史、城阳王元徽,恒州刺史、广阳王元渊,齐王萧宝夤等人的支持和配合。

从表面看,元熙起兵的声势很大,但是,由于他打出拥立胡太后这个旗帜不受元氏皇族欢迎,号召力不大,加上仓促起兵,准备不充分,很快就一败涂地。

这两次拥立胡太后的事件虽然都没有成功,但向胡太后投去了一束希望之光,这就是在宗室和大臣中不乏拥戴自己、反对元叉的人。

正在这时,肃宗在渐渐平静下来后,急着要看望一下母亲。他先请示元叉,经元叉勉强同意后,便于正光二年(521)三月,率领文武百官到西林园朝见胡太后。酒宴上,一些文武官员翩翩起舞。轮到性情粗鲁的右卫将军奚康生时，他表演了力士舞。他借着酒劲，起舞旋转，每次都回头看胡太后，舞手蹈足，嗔目颔首，做出要抓人的样子给胡太后看。胡太后理解奚康生的意思，心中暗自高兴，但不敢遽言。到了傍晚时分，胡太后想让肃宗住在宣光殿，好好畅谈一下，侯刚反对，奚康生气愤地说："至尊(指肃宗)是陛下(胡太后)的儿子，母子在一起，这是人之常情，还有什么可以非议的！"听了这话，大臣们还能再说什么呢？

胡太后拉着肃宗的手上了殿堂，跟在他们身后的奚康生拿着千牛刀，准备借酒劲壮胆，杀掉元叉。不料元叉已有防备，喝令士兵七手八脚把奚康生绑了起来。大臣们刹时目瞪口呆，不知所措。

胡太后见此情形，也乱了方寸，举足无措。正在这时，光禄勋贾粲匆匆赶了过来欺骗胡太后说："侍官都恐惧不安，陛下应当亲自去安慰他们。"胡太后不知贾粲的话中有诈，马上起身而去。刚下殿阶，贾粲乘机扶着肃宗从东序向显阳殿奔去。胡太后回顾时，已不见肃宗的人影，方知已上了当，顿时六神无主，糊里糊涂地又被关进北宫。

接着，元叉开始审讯奚康生等人，将康生处以死刑，黄昏时分奚康生被押赴刑场。康生的儿子难当对着父亲痛哭流涕，康生慷慨陈词："我死得堂堂正正，你还哭什么呢？"说完悲壮伏刑。

胡僧敬、元熙和奚康生企图拥立胡太后失败，十分清楚地向胡太后表明，尽管有这些热血之士，但要用武力除掉元叉谈何容易！胡太后只好另寻新招。

其实，元叉把胡太后再次关进北宫后，内心也很恐惧。所以，在出入禁中时，总是让前后卫士都手持刀剑，以防不测。

但是，过了一段时间，尤其是刘腾死后，元叉对胡太后的戒备逐渐松弛下来。

正光五年(524)初秋，胡太后感到有机可乘，突然对群臣发疯似地说："你们太没有人情味了，把我们母子隔绝起来，不允许我到自己的亲生儿子处，我留在这里还有什么用处呢！你们还不如放我出家，到嵩高山闲居寺当个尼姑。先帝很有远见，建造了此寺，正为我今日着想。"边说边要剪去青发，肃宗和大臣见状惊慌起来，纷纷磕头哀求。

胡太后声泪俱下的表演，很起作用，不少大臣开始对她产生了怜悯之情，纷纷劝肃宗经常到嘉福殿看望母亲。

肃宗随着年龄的增长也多了心眼，心里虽痛恨元叉而且也很想把他干掉，但外表却显得和他更加亲近。不久，肃宗把胡太后想往来于显阳殿的意思转告给元叉，还流着眼泪把胡太后想落发出家的假戏，绘声绘色地作了描述。已放松警惕的元叉信以为真，同意胡太后到显阳殿。这样，胡太后又像放出笼子的鸟儿可以自由飞翔了。

被幽禁的宫门打开后，胡太后装出了一副若无其事的模样，整天和肃宗一起四处游玩。一天，她又和肃宗到洛水游玩，正当游兴大发时，回头碰到了丞相、高阳王元雍。元雍是元叉的对立派，多次想向肃宗进言，把元叉搞掉，但一直没有机会。偶然遇到胡太后和肃宗，自然不会错过良机，于是邀请胡太后母子到他家中。傍晚时分，肃宗和胡太后到了元雍的内室。他们闲谈了一会，元雍感慨地说："天下之贼我全不怕，只担心元叉。为什么呢？元叉掌握着禁卫军，操纵着宫廷里的军队；他的父亲率领百万大军，虎视京西；他和弟弟当上了总督，统率三齐之众。元叉不想谋反则罢了，如果他一旦萌发谋反之心，朝廷将靠什么对付他呢？元叉虽然口头上老老实实，但人心隔肚皮，谁知他的葫芦里装的是什么药。陛下不可不防啊!"胡太后也颇有同感地说："是啊。元叉如果忠于朝廷，毫无谋反之意，为什么还抓住兵权不放呢?"

过了几天，胡太后和元雍的话传到了元叉耳中，元叉大吃一惊。为了表白他并无谋反之心，次日一早，他跑到了肃宗和胡太后跟前，主动提出辞掉领军将军之职。胡太后正求之不得，没有半点客气就同意了他的请求，但为了暂时把元叉稳住，又宣布让元叉的同党侯刚当领军将军。元叉虽交出兵权，但仍有骠骑大将军、仪同三司、尚书令、侍中等头衔。因此，他仍逍遥自在，并没有预料到大祸即将临头。

当时，肃宗的贵嫔潘外怜是倾国倾城的绝色，很受肃宗宠爱。宦官张景高、张思逸、屯弘昶、伏景等人也非常痛恨元叉，企图把他搞垮，便利用了潘外怜，谎称元叉准备加害于她，让她说服肃宗抓紧时间收拾元叉。潘氏果然假戏真演，哭哭啼啼地对肃宗说："元叉这个狠心狼，不仅想把我杀害，还决心杀掉陛下。"这么一说，肃宗自然要赶快动手。恰在这时，宦官穆绍也一再劝说太后尽早除掉元叉。

胡太后何尝不想迅速干掉元叉呢!但经过两次被幽禁的坎坷经历，她变得更加聪明成熟了。她心里虽然恨不得顷刻之间即把元叉一伙一网打尽，但转念一想，元叉的党羽目前还有很强的势力，不宜操之过急，还是一口一口吃掉稳妥。于是先指使肃宗把侯刚调到冀州，又把贾粲调到济州，去掉了元叉的两只臂膀。这样，元叉在京师已势单力薄了。

正光六年(525)三月辛卯这天，春意盎然，元叉照例出去游玩，因贪恋春色和美酒，当天宿在城外。胡太后乘机宣布将元叉除名为民，由她重新临朝听政。次日，元叉入宫，被守门的卫兵拒之门外，这时他才感到大事不妙。正当他急得团团转时,宦官传达了胡太后把他免官为民的诏令。元叉顿觉天旋地转,如一堆烂泥瘫软在地上。不久,胡太后以谋反的罪名,将元叉和元叉的弟弟元爪赐死,对元叉的同党刘腾、贾粲、侯刚等人也不放过,有的赐死,有的罢官,已死的也要剖棺戮尸。胡太后被废幽禁的怒火在此得到了淋漓尽致的发泄。

崇佛建寺

胡太后由一个入宫的少女,得到了北魏宣武帝如痴如狂的宠爱,又在不少人的帮助下跳出了鬼门关,顺利地除掉了高皇后和高肇,她庆幸这一切,她自我欣赏着自己的才能和幸运,她也衷心感激佛祖的保佑。

佛教从西汉之际传入中国,到了北魏已经十分盛行。胡太后的姑姑就是一个对佛教颇有研究的尼姑,经常出入宫廷给胡太后及皇室宣讲佛经。胡太后的父亲胡国珍更是一个虔诚的佛教徒,年老还手不释卷。况且,北魏从帝王到大臣都对佛教顶礼膜拜。胡太后也不例外,她相信佛祖会保佑自己。

不过,胡太后还看到了佛教的另一面,这就是,它会使人安于现状,削弱反抗精神。北魏自孝文帝死后,社会曾出现过动荡不稳的局面,阶级矛盾和民族矛盾不断加深。为此,胡太后把佛教当作解决社会问题的一剂良药。

在这方面,胡太后做了建寺、拜佛和派人去西域取经三件大事。

先是建寺。熙平元年(516),胡太后下令在阊阖门南面破土动工,建造永宁寺。一天,胡太后在百官的簇拥下来到这里主持奠基典礼。按照胡太后的旨意,永宁寺要建很高,民工们便不分昼夜地深挖地基。挖着挖着，黄泉喷涌而出，在浑浊泉水的冲击下，眼尖的民工看到了金像，工头马上禀报胡太后。

胡太后看到虽有点蚀锈但仍栩栩如生的32尊金像，如获至宝。说实在的，胡太后并不为出乎意料地得到这么多财宝而动心，而是天真地认为，这是吉祥的象征，是北魏得到佛祖保佑的好兆头。这样一来，胡太后命令民工加紧建筑，只要建得华丽气派，无须计较费用。

施工进展越来越快，其规模也出乎了预料，到了临近竣工时，费用已经不足。为了筹措资金，胡太后把文武大臣召集起来，说是献计献策，实际上是让大臣掏腰包。大臣们对永宁寺的建造无度内心里是极其不满的，但他们又不敢向胡太后泼冷水，只是沉默不语。胡太后看着大臣们毫无表情的脸色，不快之情油然而生，气乎乎地说："建永宁寺不仅为了国家永远太平，而且也是让佛祖保佑你们家家无灾无难。32尊金像的出现，说明佛祖有灵。事到如今，永宁寺决不能停下。你们及其他官员的俸禄虽然不是很多，但也不少。我想，给你们减少十分之一，不知你们是否有意见？"胡太后说到这个地步，大臣们哪个还敢提出异议，只好唯唯诺诺地点头答应。

永宁寺建成后，胡太后自然要来亲自察看，此寺极其壮观，佛塔共有九级，全部用坚硬的木料架成，塔高九十丈，塔上有柱，柱高十丈，这样，远离京师百里的地方，就能看到拔地千尺的佛塔。佛塔上柱还有金宝瓶，宝瓶下面又有十一重的承露金盘、金铃垂于四周。又有四道挂有大小如一石瓮的铁镲，把各柱引向佛塔四角。佛塔四面各有三门六窗，每扇门都涂上了红漆，各个门都有五行金铃。每到夜深人静的时候，5000多个金铃，让风吹得互相碰击，发出清脆的响声，十里之外就能听到。

佛塔北面有一所佛殿，其规模和宫中太极殿不分上下。殿中铸有一尊喜笑颜开的高达一丈八的金像，在它旁边站立着十尊形状不一和真人差不多一样高的金像，另外还有两尊玉像。这些佛像都做工精巧，冠于当世。永宁寺内和尚很多，仅他们的住房就有千间之多，这些住房都雕梁粉壁，用珠玉锦绣装饰。挺立的松柏、簇簇的翠竹、芬芳的花草，点缀着殿园。

寺院的墙壁全用短椽垒成，墙顶用瓦覆盖，犹如宫墙。四面各开一门，南面三重门楼拔地而起，高达二十丈。门上的图案彩画，栩栩如生，四个拱门也很气派，每面都站立两个石雕狮子及两个森严的石雕卫士，这四个力士、四个狮子全用金银珠玉装饰打扮，其壮丽程度世所未闻。拱门外面槐树荫路，绿水环绕，地上升起的尘土很快就被水上升起的气流吞掉。一到酷暑，清风送凉，沁人肺腑。

胡太后建寺有瘾，多多益善，永宁寺建好后，熙平三年(518)又为死去的母亲兴建了太上君寺。此寺富丽堂皇，高门洞开，其规模可与永宁寺相媲美。杨州刺史李崇在忍无可忍的情况下劝谏胡太后不要搞得规模太大，并说现在国家经济条件并不好，还是应当节俭一下。胡太后把李崇的话当作耳旁风，照建不误，又在伊阙建造了石窟寺，也很壮观。

孝昌二年(526)夏天，狂风怒吼，倾盆大雨自天而降，房屋被吹倒，大树被平地拔起。永宁寺佛塔上的宝瓶随风落地，佛塔全被吹折。胡太后见状伤心不已。雨过天晴后又命令工匠重新铸造了新的宝瓶，修缮佛塔。

永宁寺是北魏历史的一面镜子。它的建成，标志着北魏的强盛，九级佛塔，象征着皇家的气派；它的烧毁，恰好也是北魏灭亡的前兆。永熙三年(534)二月，永宁寺发生了火灾，烈火熊熊，浓烟弥漫。长孙稚亲自率领1000多人奔赴现场抢救，也无可奈何，只好垂泪而去。凝结着劳动人民血泪、工匠们汗水的永宁寺被持续了三个月的大火全部烧毁。

胡太后除了建寺有瘾外，对拜佛的兴致也很高。神龟二年（519）八月，胡太后刚登过九层佛塔，又在九月攀登嵩高山去拜佛。当时的嵩高山，久不见雨，路上浮土积得很深，当胡太后一行走过时，尘土飞扬、遮天盖地。胡太后在侍从的搀扶保护下攀登挺拔峻峭的辕关，经过危狭的山路，沿着几乎不敢俯视的涧壑，风餐露宿，曝晒弥日，终于到了山顶。

就在胡太后艰难地攀登嵩高山的时候，宋云和惠生遵照胡太后的旨意正在翻山越岭，向西域进发。宋云是胡太后派遣去西域取经的使者，惠生是一个颇有名气的和尚。他们在神龟元年（518）冬天离开洛阳，以每日百里的速度向西行走，40天就到了草木不生的赤岭，在此稍微休息了一下，又启程向吐谷浑进发。刚过皑皑的白雪地，又迎来了飞沙走石，稍有风吹，连眼睛都无法睁开。33天后渡过流沙，到达吐谷浑境内。他们不辞劳苦，跋山涉水，经鄯善，过左末城，接着西行890里到达于阗国。次年八月初翻越了葱岭。再往前走，步步艰难，山路陡峭，长坂千里，悬崖万仞，耸入云霄。神龟二年（519）九月中旬，他们进入钵和国。又艰难前进两个月，到了赊弥国，然后沿着仅通人马的小道走了半个月，到达乌场国。正光元年（520）四月中旬到了乾陀罗，国王为宋云和惠生的吃苦耐劳精神所感动，派人拜访了他们，并惊奇地问他们："你们难道不怕劳苦吗？"宋云答道："我们北魏皇帝，非常佩服大乘（佛教的一支），特派我们远求佛教经典，道路再远，也不敢说什么辛苦。"他们经过艰难险阻，终于到达了目的地。正光三年（522）冬返回洛阳，带回佛经130部。

胡太后带头建寺拜佛，大臣们群起响应，于是乎京师洛阳石窟屡凿，寺塔林立，就连屠宰场、小酒馆的边角上也建上了寺院。这些寺院大都侵占了居民的房舍，仅洛阳的 500 所寺庙就侵占了 1/3 的市民居住区。失去土地和住宅的百姓，有的投身寺庙暂时栖身，有的起而反抗。北魏已经处于风雨飘摇之中了。

风 雨 飘 摇

　　胡太后东山再起，对元叉及其同党发泄了私愤之后，尽管像大暑天喝足了泉水般痛快，但元怿被处死，她内心的空虚与寂寞比以前更厉害了。就在这时，郑俨、徐纥闯入了她的生活，将她空虚的心充实了起来。

　　说起郑俨，他与胡太后是老相识了。年轻时曾当过胡太后父亲胡国珍的参军，常借工作之便出入胡家，与还是少女的胡太后有过私情。胡太后入宫后，郑俨对她只好望宫兴叹。胡太后被关进北宫幽禁后，郑俨连看她的权利都被剥夺了，内心十分痛苦，便跟着萧宝夤西征去了。胡太后重新掌权后，立即传令把郑俨召回宫中。郑俨求之不得，自然投入了胡太后的怀抱之中，几乎昼夜都留在禁中，陪伴在胡太后身边。为了给郑俨提供出入禁中的便利条件，胡太后把他任命为谏议大夫、中书舍人和尝食典御。郑俨每次回家时，胡太后都派宦官尾随他的身后，在这种情况下，郑俨见到妻子，只是提一提家常事而已，根本不敢在家留宿。

　　胡太后有了郑俨做面首，还嫌不够，又把徐纥拉入了怀抱。徐纥靠舞文弄墨出名，起初追随赵修，当过赵修的幕僚，后因赵修犯罪受到牵连被调到枹罕。回到洛阳后，徐纥巴结元怿，元怿死后，又对元叉阿谀奉承，颇受元叉的器重。胡太后将元叉赐死后，突然想起徐纥曾和元怿的关系不错，就把徐纥提拔为中书舍人，并把徐纥看成元怿的再现。徐纥很有才气，军国诏令全由他起草。一有诏书，他就让几个官吏拿着笔墨，自己一会儿踱步，一会儿卧下，顷刻即成。徐纥身强力壮，精力充沛，与胡太后如鱼儿离不开水的关系。胡太后有了郑俨、徐纥并不满足，不久，又把大将李神轨占为己有，供她自己寻欢作乐。

胡太后的这些面首凭借胡太后这座靠山，作威作福，横行霸道。一些大臣只要巴结这些面首就可以升迁，否则，就受到排挤。北魏宗室亲王是北魏的正宗，对面首弄权强烈不满。一天，宗室元顺到西游园朝见胡太后时，看到徐纥正在和胡太后调情，怒火顿起，当着胡太后的面把徐纥臭骂一顿。徐纥起身就走。元顺一看他那副小人得志的无赖样子，指着他的背影厉声骂道："你这个刀笔小人，只能当个几案书吏，奈何败坏我们门庭！"元顺见胡太后一直沉默不语，便把衣襟一甩，气乎乎地离开了西游园。

面首的弄权导致了面首与宗室亲王的矛盾，胡太后一味地偏袒面首，又使宗室亲王对胡太后大为反感。所以，胡太后在受到尔朱荣的威逼时，宗室亲王没有一个人为她说情。这是后话，暂且不提。

不仅宗室亲王对面首专权和胡太后强烈不满，就是胡太后的儿子肃宗随着长大成人，也对胡太后开始不满了。

说起肃宗对胡太后的不满，其中一半还要归功于元雍、崔光和贾思伯对他的教育。元雍在高祖时就被封为高阳王，到宣武帝时已大名鼎鼎。宣武帝死后，胡太后对他非常信任，遇到重大事情就派黄门侍郎到他家中征求意见。胡太后被关进北宫，元雍出任丞相。元雍尽管受到胡太后的重用，但对胡太后的临朝听政大为反感，而对小皇帝肃宗却发生兴趣，一处理完政务，就对肃宗循循善诱地讲述治国之道。肃宗对元雍也很尊敬，一字一句地听着、记着。

熙平元年(516)二月，元雍又推荐崔光为肃宗讲授儒家经典。崔光对肃宗的影响很深。神龟二年(519)九月，崔光斗胆向胡太后进了谏言，劝她学习尧舜，禅让帝位；效法老庄，无为而治，还政于肃宗。尽管权力欲很强的胡太后决不会轻易放权，但崔光的谏言无形中给了肃宗很大的震动和启迪。

正光四年(523)，崔光染病卧床不起，到了弥留之际，把礼贤下士、为时人所称道的都官尚书贾思伯推荐给肃宗做侍讲。贾思伯对肃宗的教育也尽心尽力，兢兢业业。

肃宗随着知识的增加，视野的开阔，难言的苦衷伴随而生，他时常痛恨母亲仍然独揽大权，而自己有名无实只当空架子。怎么办？肃宗搜肠刮肚总算有了办法：培植自己的势力，待时机成熟向母亲夺权。孝昌元年(525)三月，肃宗提拔了一批资历较浅、官位较低容易驾驭而又与胡太后没有什么联系的官吏。次年六月，又颁布了一份诏书，明确表示要亲自招兵买马，培养自己可以随时调动、愿为自己效劳的官兵。

胡太后看到肃宗的翅膀一天天长硬，心中感到极不踏实。为了防范再次发生宫廷政变，胡太后随时都在设计消灭肃宗的亲信。

有一位通晓北方少数民族语言的蜜多道人，和肃宗亲如兄弟，形影不离。三月初三这天，这位蜜多道人在城南被胡太后派去的刺客杀死。胡太后为了掩人耳目，贼喊捉贼，命令洛阳全城戒严，搜捕已被她暗藏起来的刺客。但与此同时，胡太后又派人在禁中把肃宗的另一个心腹谷士恢杀掉。

谷士恢在正光年间和肃宗有了交往，不久就亲密无间，被肃宗提为谏议大夫，很快又升为通直散骑常侍、直阁将军、鸿胪少卿。对胡太后和郑俨、徐纥私通之事，谷士恢了如指掌。对此，胡太后一清二楚，时刻感到谷士恢的存在就是对自己的威胁。于是，她委婉地劝谷士恢离开洛阳，到他愿意去的地方当个刺史。谷士恢和肃宗正亲热无比，不愿离开洛阳，并准备随时为肃宗向太后夺权贡献力量，当然不愿离去。胡太后暗想，你是敬酒不吃吃罚酒。恰巧发生蜜多道人一案，胡太后便暗中派人诬陷谷士恢与此案有关，在禁中把他杀掉。

肃宗对胡太后暗杀自己的心腹气愤难忍，和母亲的裂痕更深，最后演出了向尔朱荣求援的悲剧。

几乎在胡太后和儿子、宗室亲王离心离德的同时，北魏燃起了边镇和农民起义的烈火。火种一半是胡太后亲手撒下的，一半是她自觉或不自觉地继承下来的。

胡太后作为一个入宫的少女，能多次战胜政敌，躲过鬼门关，除了她的才能和工于心计外，自然离不开那些保护和拥戴者。她每次度过难关后，都少不了对这些人感激一番，给一些好处。刘腾、侯光等人在高皇后准备加害胡太后时，积极保护，得到了不少实惠。但这些人对得到物质财富并不满足，又伸手要官。领军将军于忠在保护胡太后时出了大力，当然要向胡太后要官，但他碍于面子，便在背后怂恿别人到胡太后面前说情，太后也不吝啬，让他当上了尚书令。其他一些人也采用不同的方式得到了高官。第二次帮助胡太后当权的人，自然也毫不例外地当上了显贵高官。而这些人在高官厚禄的优裕生活中很快就腐化堕落了。

高阳王元雍有童仆6000名，使女500人，吃一顿饭要花费数万钱。河间王元琛比元雍更奢侈，他家有十几匹马都用银槽喂养，请客用的器皿如水晶钵、玛瑙碗、赤玉卮等都是进口货。章武王元融看了十分懊恼，卧床三日不起，家人问他时，他无限伤感地答道："我们简直是贫困潦倒。"其他官吏也不见得好多少。这正如《洛阳伽蓝记》所称：

> 于是帝族王侯，外戚公主，擅山海之富，居山川之饶，急修园宅，互相竞诱。崇门丰室，阔户连房，飞馆生风，重楼起雾，高台芳榭，家家而恐，花林曲池，园园而有。莫不桃李夏绿，竹柏冬青。

这些人的奢侈品一小部分是胡太后赐予的，大部分则来自于四处搜刮，卖官鬻爵。元晖当吏部尚书时，公开把官爵像商品一样标价拍卖：大郡2000匹，中等郡1000匹，小郡500匹。其他的官爵各有等价。当时的各级地方官吏都是一些明火执仗的抢劫犯。元琛在任定州刺史时，大量受贿索贿，中饱私囊。从定州回洛阳时，金银财宝装了几大车。就连胡太后也感到搜刮得太多，气愤地说："你除了没把中山宫带来，还有什么没带呢！"农民的血被吸光了，油水被榨尽了，除了起义反抗再也没有什么路可走了。

胡太后执政时继承了一些火种，这些火种还是孝文帝留下的。当时孝文帝改制，重视门阀，冷落武人。随迁洛阳的人都已飞黄腾达，而在北方边镇抵御柔然的军人却一直不得升迁，为此他们满腹牢骚。同时，在戍守北镇的军人中，镇将肆意欺压镇兵和镇民，强迫他们运输、作战、生产，镇将和镇民、镇兵之间，针锋相对，誓不两立。胡太后执政后，把精力主要放在如何巩固自己的地位和防备南朝梁军的进攻上，根本没把北镇的问题放在心里。她怎么也没有想到，这些火种终于在正光三年(522)燃起了大火。

就在这一年，柔然王阿那瓌进攻北魏。怀荒镇民请求打开仓库，让老百姓与戍兵吃饱，以便迎敌，镇将于景是个贪财奴，怎么也舍不得开仓放粮，镇民一气之下杀死了于景。接着沃野镇人破六韩拔陵杀掉戍主，不久攻占了沃野镇。正光五年(524)，高平镇人赫连恩等人又举起了起义大旗，推敕勒酋长胡琛为高平王。在起义的高潮中，北镇的一批中下级军官也加入了起义队伍。与此同时，关陇地区的农民起义也如火如荼，蓬勃发展。正光六年(525)，胡太后把北魏的仇敌柔然主阿那瓌当作救星，请他帮助镇压起义军。边镇起义失败，20多万起义军被俘。

胡太后把这20多万人迁到河北就食。河北的老百姓早就饥寒交迫，边镇军民又到什么地方就食呢？走投无路的边镇军民又在河北发动了大起义。正光六年(525)，柔玄镇兵杜洛周起兵，占据上谷，改元真王。次年，沃野镇人鲜于修礼起兵，占据古城，攻陷定州、瀛州。鲜于修礼死后，葛荣领导起义军继续战斗。葛荣在博野县斩杀北魏大将元融，自称天子。河北起义军失败后，山东又点起了起义的烈火，农民起义的烈火燃起不久，北魏内部也就分崩离析了。

河 阴 之 变

就在肃宗和胡太后离心离德，北魏处于风雨飘摇的时候，契胡酋长尔朱荣成了北魏君臣的瞩目人物。他不仅兵势强盛，而且还网络了一大批有胆有识的人物。高欢就是其中之一。

一天，高欢十分感慨地对尔朱荣说："现在的天子年幼懦弱,太后淫乱,奸臣专政,朝纲紊乱,以您的才能和威望,乘机出兵讨伐郑俨、徐纥,以清君侧,霸业可举鞭而成。"高欢的话正中尔朱荣的下怀。为了稳妥起见,尔朱荣又同并州刺史元天穆、帐下都督贺拔岳商量此事,他们对尔朱荣都极表赞成。尔朱荣当即上书胡太后,以官军屡次被农民起义军打败为借口,请求胡太后允许他带领3000名精锐骑兵东援相州。胡太后怀疑尔朱荣别有用心,便派人委婉地对尔朱荣说:"念生已被杀戮,宝寅也束手被擒,丑奴已经请求投降,关陇业已安定。而且,费穆战败群蛮,绛蜀渐渐平定下来。更何况北海王元颢已率兵2万出镇相州,不需要你再出兵了。"

尔朱荣听了这话,料到胡太后已经对他起了戒心,于是又上书威胁胡太后,还没等胡太后答复,就部署兵马,控制马邑,占据井陉,准备南下进入洛阳。

这时,郑俨、徐纥沉不住气了,心惊胆战,坐卧不安,他们充分估计到尔朱荣出兵的矛头是对着胡太后,但名义上是要拿他们开刀,于是多次劝说胡太后用铁券分化离间尔朱荣的左右。尔朱荣听到这一消息后,对胡太后、郑俨、徐纥更加痛恨。

恰在这时,决心除掉郑俨、徐纥和胡太后一伙的肃宗,密诏尔朱荣迅速带兵奔赴洛阳,杀掉郑俨、徐纥,逼迫胡太后交出大权。尔朱荣一见密诏,更觉出师有名,马上派高欢打先锋,浩浩荡荡地向洛阳进军。

正当大军行进到上党时,肃宗又给尔朱荣下达了密诏,命令尔朱荣停止进军。尔朱荣不知其中的缘故,禁不住犹豫起来。高欢见状,立即对尔朱荣说:"事到如今,骑虎难下,只能进不能退。"尔朱荣感到高欢的话有道理,决定继续前进。隔了一天,京师发出讣告,19岁的肃宗在显阳殿突然病死,甲寅这天，又宣布皇子即位。尔朱荣惊愕不已。

原来肃宗妃潘充华在武泰元年(528)正月生下了一位千金，郑俨和胡太后从自身利益和长久之计考虑，假称潘充华生下了皇子，宣布大赦改元，认为这样就会平安无事。但是，到了尔朱荣南下时，郑俨、徐纥如同热锅里的蚂蚁，又私下与胡太后商量，把肃宗干脆毒死了事。胡太后早已与肃宗发生了分歧，乐得如此，遂将肃宗毒死，让潘充华生下的女儿假称太子即位。

过了几天，胡太后见人心已经平稳下来，便声明潘充华生的本来是个女儿，只是因为当时国家动荡不安，假称是皇子，以此来稳定一下局面，现在重新立临洮王的3岁儿子元钊为皇帝。这种翻手为云覆手为雨的做法使朝野愤怒，天下愕然。

这也难怪，生活在中国封建社会里的几乎所有的人都把太子看成龙种，当作国本，视为国家存亡盛衰的关键。而胡太后竟然敢冒天下之大不韪，把女孩说成是太子，又另立3岁小儿为帝，这对当时普通人来说，在感情上是无论如何也接受不了的；作为朝廷大臣来说，觉得这是奇耻大辱；作为野心勃勃的尔朱荣来说，听到这些消息也无比气愤，于是对天穆说："肃宗死时，已经19岁了，人们还称他为幼君，现在所立的竟是还不会说话的婴儿，这不是天大的笑话吗?这样想使国家平安不是欺人之谈吗?我想率领骑兵，扫除奸臣，重新改立长君，怎么样?"天穆答："这是伊尹、霍光再现啊!"尔朱荣当即上呈抗表，曰：

> 我对肃宗的命归西天万分悲痛，五脏俱碎。恭听诏令，实在吃惊。今天下异口同声，都说肃宗是遭到毒害而死。我细听众言，经过反复思索，觉得这话很

有道理。25日肃宗还身体健壮，26日就呜呼哀哉，由此看来，死非天命。退一步说，天子即使果真生病，侍臣也应不离左右，亲贵名医也要好好治疗。据说肃宗死前，身边既无医生，又无亲人侍候，这样，全国百姓怎能不吃惊不丧气呢？这还不算，又欺骗臣民，把女儿说成是太子，胡乱庆贺，使宗庙之灵被欺，天下人大失所望，国家即将被毁掉；又把一个婴儿立为国君，让奸臣专权，贼臣乱纪，干那些掩耳盗铃、遮眼捕雀的勾当！当今天下形势大乱，人心浮动。肃宗皇帝驾驭天下时，边境上的烽火还接连不断地燃起，何况现在奸臣当道，臣民受骗，想使天下安定，恕我直言，没有半点希望。现在，我受臣民的委托，奔赴阙下，追寻肃宗死因，讨伐郑俨、徐纥之徒，以雪普天之耻。然后，按照宗室后代的年龄和德行重新选立皇帝，以此使北魏振兴，天下大快。

　　尔朱荣上表时，他的堂弟尔朱世隆当时在洛阳当直阁，胡太后一接到尔朱荣的表就把世隆派到晋阳代表太后慰问尔朱荣，希望他能回心转意。尔朱荣见到世隆，想把他留在晋阳，世隆却说："现在你把我留在这里，正向胡太后表明你要马上行动。这样，她会对你早作准备。这不是好的计策！"尔朱荣感到此话有理，便让他回到了洛阳。

　　尔朱世隆走后，尔朱荣又和天穆商量立谁当皇帝的头等大事，经过一番权衡，决定拥立长乐王元子攸。

　　大计已定，尔朱荣马上派天光等三人到了洛阳。天光在尔朱世隆的引荐下见到了元子攸，把尔朱荣准备立他当皇帝的意思转达给他。元子攸见红运将至，喜笑颜开。

天光回到晋阳后，尔朱荣又对拥立子攸当皇帝是否合适犹豫起来。想来想去还是听天由命吧！原来北魏有一条规矩，要立皇后必须先铸铜像，哪位能把铜像铸成，就立哪位，否则被看作不吉祥，即使开始议定也得废止原来所议。这种册立皇后的办法，一般说来，存在很大的偶然性。尔朱荣犹豫之中把册立皇后的办法搬了过来，用铸铜像决定立谁当皇帝。他让咸阳王元禧、长乐王元子攸等6个王铸像，说来也巧，只有子攸把像铸成。尔朱荣见状，感到再没有什么顾虑了，只好准备立元子攸当皇帝。然后，立即进军洛阳。

心事重重的胡太后听说尔朱荣来势凶猛，万分恐惧，立即召集在京的文武大臣开御前会议。宗室大臣平时大都对胡太后的行为不满，不肯发言。只有徐纥夸夸其谈，大吹牛皮："尔朱荣只不过是一个小胡，并没有什么了不起的，文武宿卫足以抵御他们。而且，尔朱荣悬军千里，兵马疲惫，只要我们坚守险要，以逸待劳，就会稳操胜券。"胡太后经徐纥这么一吹，到了嗓子眼的心也放了下来。于是急忙部署军队，坚守要地。

尔朱荣到了河内，又派王相秘密到了洛阳，迎接元子攸。四月丙寅这天，子攸和他的哥哥彭城王元劭、弟弟霸城公元子正从高渚偷偷渡过黄河，会见尔朱荣。子攸没顾上休息，就带领尔朱荣的军队，重新渡过黄河南行，在途中慌忙称帝，传诏远近，谕令效顺。

这时，胡太后十分紧张，虽作了军事部署，但都出兵失利。大都督李神轨率兵刚到河桥，听说北中城无人防守，就逃了回来。郑先护和郑季明二人听到元子攸已即帝位，便打开城门迎子攸进城。徐纥见大势已去，便在深夜从御厩中牵马东逃兖州，郑俨也逃到了乡下。

胡太后失去二位面首，如同失去手足，急得不知所措，踌踌多时，便想出一着无聊的办法，把肃宗后宫的全部妇女召来，让她们一律出家当尼姑。正当胡太后剪落自己的青发时，尔朱荣的骑兵已经闯入宫中，七手八脚地把她和小皇帝大绑起来，送到河阴。

胡太后一见尔朱荣，就失声痛哭，并请求尔朱荣对她宽恕。小皇帝也不停地哇哇啼哭。尔朱荣哪管这些，拂袖而起，令部下把胡太后和小皇帝一同沉入黄河。

费穆感到杀人太少不够过瘾，又密劝尔朱荣说："您的军队还不过万人，现在常驻洛阳，麻烦很多。如果京师的官吏一旦知道您的底细，一定会对您产生轻蔑之心。假如您不大加诛罚，多树朋党，恐怕在您北归之时，没过太行山就会发生政变。"尔朱荣听后，转而征求慕容绍宗的意见，绍宗与费穆大唱反调，说："太后荒淫无道，奸臣弄权，扰乱天下，您发动义兵清扫朝廷，受到了不少人的称赞。但是，如果不分良莠无辜杀人，天下人会对您大失所望。"尔朱荣根本不听，让元子攸沿着黄河西到淘渚，引见百官。百官一到，尔朱荣下令骑兵把他们团团围住，肆意杀戮。彭城王元劭、始平王元子正、丞相高阳王元雍、司空元钦、仪同三司元恒芝、东平王元略、广平王元悌、常山王元邵、北平王元超、任城王元彝、赵郡王元毓、中山王元叔仁、齐郡王元温以及公卿以下2000多人全部成了刀下鬼。这就是历史上有名的河阴之变。

河阴之变后，北魏出现了割剧、争斗的局面。先是尔朱荣专横跋扈，被孝庄帝亲手杀死，接着尔朱荣的侄儿尔朱兆由并州出兵洛阳，斩杀孝庄帝及其左右大臣，把元恭立为傀儡皇帝（节闵帝）。两年以后，高欢进兵洛阳，杀死元恭，把元修立为傀儡皇帝（孝武帝），尔朱兆自杀。到了第二年（534），北魏就分裂为东西魏，正式退出了历史舞台。

孝明帝元诩皇后胡氏

◎ 马晓丽

北魏熙平元年(516)，年仅7岁的元诩当上了北魏皇帝，按当时制度，需要选择一位德貌双全、门第显赫的女子当皇后。尽管元诩仅是个孩童，但文武大臣心里都明白，只要谁的女儿能当上皇后，不仅会光宗耀祖，而且更重要的能够保证他占据高位，在中央分享更多的权力，所以，不少大臣都抓住这次机会，千方百计地想把自己的女儿推到皇后的宝座上面。博陵崔孝芬、范阳卢道约、陇西李瓒自认为是门阀大姓，根基雄厚，便在这场闹剧中首先出台争夺，但当这场闹剧的帷幕快要落下时，大家都被惊呆了：冀州刺史胡盛的女儿被立为皇后。

胡盛是胡太后的堂兄，胡太后又是元诩的亲生母亲，临朝听政，操纵着北魏大权。既然是太后一手导演的闹剧，谁敢出面反对呢？！

　　胡皇后自恃是胡太后的堂侄女，有强硬的后台，常常以大姐姐的身份训斥元诩，结果在元诩幼小的心灵中留下了许多阴影，时间一久，她在元诩的心目中只成了一个可有可无的摆设而已。而潘贵嫔和胡皇后则恰好相反，只要和元诩在一起，总是说说笑笑，两人很快就建立起了一种深厚的姐弟感情，所以，当元诩随着年龄的增长生理上有了那种需要的时候，首先想到的是潘贵嫔，而不是胡皇后。为此，胡皇后曾多次暗自流泪，也多次找过元诩，但元诩根本不理她。胡皇后又向皇太后哭诉，求她在元诩面前说情，但元诩因对母亲生活作风不检点极其反感，根本听不进胡太后的半句话。这样，直到北魏武泰元年(528)二月元诩被胡太后害死，胡皇后和元诩从来没有一次床笫之欢。

　　元诩死后，胡皇后带着一肚子委屈和遗憾，毅然削去青发，上瑶光寺当了尼姑。

孝武帝元修皇后高氏

◎ 赵补文

高氏是北魏丞相高欢的长女，中兴二年(532)四月，高欢打败尔朱氏军队，进入洛阳，立平阳王元修为帝，为了使高氏家族与皇室更加紧密地结合在一起，高欢把长女高氏嫁给了元修，于是，高氏便当了皇后。

元修虽然当了皇帝，却并无实权，因而对高欢这个岳父大人积怨日深，对于高皇后自然也没有什么感情。因此，高皇后婚后的生活其实并不幸福。可是，就这样的皇后生活，她也只过了大约三年。

那是永熙三年(534)的七月，元修决心不再当傀儡皇帝，他假称要亲率大军讨伐南方的梁朝,在洛阳城北集结了10多万军队,准备北上晋阳(今山西太原),讨伐高欢,夺回实权。不料被高欢先发制人,率领20万大军南下,迅速击垮了元修的军队,元修见大势已去,只得三十六计走为上,西去关中,投奔了宇文泰。大约是一则走得太匆忙,二则从内心也不愿再让高氏跟在身边,因此,高氏竟独自留在了洛阳。当然,也不排除高氏自己不愿随元修西逃这种可能。

皇帝和皇后分居于两个敌对的阵营之中,实际上宣告了婚姻的终结。高氏独身生活,心情更加郁闷。高欢不愿看着女儿长期过这种不幸的日子,便又把她下嫁给了魏氏皇室的一位亲王——彭城王元韶,于是,高氏又从皇后降格做了王妃,一直到走完她的人生之路。

东魏

南北朝／东魏

孝静帝元善见皇后高氏

◎ 崔明德

东魏天平元年(534)，年仅11岁的元善见被高欢拥立为皇帝，迁都于邺(今河北临漳西南)，史称东魏。

四年之后，元善见主动向高欢求婚，准备把他的次女立为皇后。不知高欢出于什么考虑，开始怎么也不同意，后来经元善见反复请求才答应下来。兴和元年(539)五月，高欢的女儿在司徒公孙腾、襄城王元旭、西河王元㥄、宗正卿元孝友等宗室大臣的迎接下，从晋阳丞相府到了邺城皇宫，被立为皇后。

但是，好景不长。一年之后，元善见在高氏家族的强压下，被迫将帝位让给了高欢的二公子高洋，他本人被降为中山王，这样，高皇后也只好降为王妃。北齐天保二年(551)十二月，元善见命归西天，高氏连王妃的位子都失掉了，只好又嫁给了尚书左仆射杨遵彦。9年之后，杨遵彦因和燕子献、郑子默等人企图把高氏的母亲娄太皇太后赶到北宫，让废帝高殷的母亲李皇后临朝听政，结果被娄太后杀掉。从此之后，高皇后一直过着寡居生活。

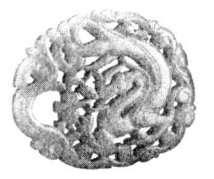

南北朝／北齐

北齐

文宣帝高洋皇后李祖娥

◎ 崔明德

李皇后名祖娥，赵郡平棘人，是上党太守李希宗的千金。祖娥在十几岁时，一次偶然的机会被东魏丞相高欢的次子太原公高洋一眼看中，结果成了太原公夫人，先后为高洋生下高殷和高绍德两个儿子。

北齐天保元年(550)五月，高洋将东魏孝静帝元善见赶出皇宫，当了北齐皇帝。那么，由谁来当皇后呢？从高洋内心来讲，李祖娥是最佳人选，但是，高隆之、高正德为了拉拢权贵，便以汉族女子不应做北齐皇后为借口，极力贬低李祖娥，积极推荐段氏。吏部尚书杨愔看出高洋立李祖娥当皇后的决心很大，于是便反复与高隆之、高正德辩论，一再坚持依照汉、魏先例，将元配夫人立为皇后。最后，高洋宣布按杨愔的意见办理，这样，李祖娥堂堂正正地成了北齐皇后。

高洋是个比较残暴的皇帝，动辄打骂后宫嫔妃，有时竟把她们活活打死。李皇后由于会讨高洋的欢心，从来没有挨过一次打骂。北齐天保六年（555），高洋神经失常，李皇后经常忍受他的非人性的折磨。天保十年（559），神志暂时清醒了一点的高洋竟按照少数民族的称呼改称李皇后为可贺敦皇后。李皇后还没有领悟出高洋为她改称号的意图和"可贺敦皇后"的含义，高洋就命归西天了。

高洋一死，李皇后的儿子接替了帝位，李皇后自然成了皇太后，但在她上面还有她的婆婆娄太后操纵着北齐大权，所以，李皇后的话并不具有任何权威性，更无法保护她的儿子。高殷仅当了11个月皇帝，就被娄太后赶下台，由娄太后的儿子高演接替帝位。高演也是一个短命皇帝，于太宁元年（561）十一月一命呜呼，由他的弟弟高湛继承帝位，是为武成帝。

武成帝是个色鬼，早就打起了李皇后的主意。他登上皇帝宝座的次日，就把李皇后从昭信宫叫进他的寝宫，对她威胁说："如果不听我的摆布，那就别怪我不客气，你儿子的小命可攥在我的手中呀。"李皇后了解武成帝的为人和性格，深知如果拒绝他，自己的儿子十有八九会死在他的手中。为了保全儿子，只好屈辱地满足了他的兽欲。说来也巧，一个月后，李皇后发现自己已经怀孕，羞愧之感顿涌心头。为了躲避别人的耳目，李皇后不仅自己从不出宫，更不许他人迈进昭信宫的门槛。一天，李皇后的儿子高绍德来到昭信宫门外，求见母亲。李皇后听到儿子的声音，按捺不住内心的复杂感情，急忙往外走去，但走了几步，又低头看了看挺起的肚子，突然停住脚步,让侍从通知卫兵不许绍德进宫。一会儿,只听到儿子在门外怒骂道:"你们不要再解释了,我心里很清楚,只是因为她的肚子鼓起来了才不见我。"李皇后听到这里,泪水夺眶而出,用手捂住嘴扭头跑进了屋内。

高绍德的怒骂,使李皇后更感到耻辱和羞愧,因此,她的女儿刚出世就被她掐死了。

武成帝听到这一消息后,立即跑进昭信宫,声嘶力竭地把李皇后骂了一通,然后命令卫兵速把高绍德押来。高绍德一到场,武成帝就举起刀对李皇后恶狠狠地说:"你杀了我的女儿,我就要杀你的儿子。"说完,一刀刺进了高绍德的胸口。李皇后见状,发疯似地哭叫。她的哭声虽然很大,也很悲哀,但并没有唤起武成帝的良知,她被武成帝扒光衣服,用鞭子抽打得浑身鲜血淋漓,最后昏倒在地。过了一会,李皇后又被武成帝装到绢袋里面,由4个卫兵抬着扔进了水渠。过了许久,李皇后慢慢苏醒过来,刚要喊叫,又被卫兵用牛车送进了妙胜寺。从此,李皇后削去青发,当了尼姑。北齐灭亡以后,她辗转到了关中,隋朝初期,又回到了老家。

附：文宣帝高洋皇太后娄昭君

◎ 崔明德

在"父母之命，媒妁之言"的封建社会，几乎所有妙龄少女的婚姻大事都是由父母包办的，娄内干的女儿娄昭君却是例外。娄昭君到了豆蔻年华时，许多名门大族主动向她家提亲，希望与她结成伉俪。昭君的父母对求亲的各家大都满意，可昭君本人连一家都看不上。

昭君对任何事情都很有主见，她的婚姻观与别人截然不同。在她看来，这些名门大族的子弟大都是些纨绔子弟，成不了大器，都不是自己的最佳选择，而且，她对父母包办婚姻也比较反感，因此，毫不客气地拒绝了多次求亲。但是，女大当嫁又是她无法回避的现实。

也许是命中已经注定，一次偶然的机会使娄昭君找到了她心目中的白马王子。一日，昭君在家婢的陪同下到小溪边游玩。开始，她情绪不高，玩了一会就向施工现场走去。到了那里，她漫不经心地观看民工们筑城的忙碌景象。看着看着，一位身材高大十分引人注目的青年映入她的眼帘。她疾步走向前去，聚精会神地看着那位青年，只见他头长颧高，两眼发光，满口白齿。昭君心中不禁一怔，暗想：这不正是自己所要找的如意郎君吗？这位青年就是后来成为东魏、北齐历史上著名人物的高欢。回到家中，娄昭君把自己平时积攒下来的钱财全部拿出来，打发家婢送给高欢，并嘱咐家婢让高欢向娄家求亲。

高欢刚向娄家求亲时，昭君的父母嫌高欢是个穷光蛋，怎么也不同意，可他们又无法改变性格特别倔犟的昭君的意愿，最后只好勉强同意他们成婚。

婚后，昭君把父母陪嫁的钱财全部用于高欢结交英雄豪杰发展自己势力上面。高欢先当上了队主，以后步步升迁，当上了渤海王，昭君则当上了渤海王妃。昭君虽然达到了绝大多数女人所艳羡的地位，但她仍然平易近人，宽厚待人，对高欢的姬妾就像自己的亲姐妹一样；她虽然具备了优裕的生活条件，但从不讲究排场，仍然十分俭朴，随身侍从从不超过 10 人，受到了时人的交口称赞。

娄昭君共为高欢生下六男二女。说来也怪，昭君每次怀孕，都有梦境感应。她在怀高澄时，梦到了一条断龙；怀高洋时，梦到一条大龙，这条龙首尾与天地连接，张着大嘴，翻动着大眼睛，令她出了一身虚汗；怀高演时，梦到一条龙在地上蠕动；怀高湛时，梦到龙在海中翻腾；怀两个女儿时，每次都梦到月亮扑入她的怀中；怀高淯和高济时，都梦到了老鼠钻进她的衣襟下面。在家天下的时代，她的6个儿子中有3个当皇帝，2个被封王，高澄虽没正式当上皇帝，却在死后被追认为文襄皇帝。她的两个女儿也都当上了皇后，大女儿是北魏孝武帝的皇后，小女儿是东魏孝静帝的皇后。

昭君自当上渤海王妃时起，便只顾料理家务，很少过问政事。但她看准的事情，也要极力说服高欢。北魏分裂为东、西魏两个政权后，高欢控制的东魏和宇文泰控制的西魏互相争斗，水火难容。天平四年(537)，大将侯景向高欢自吹可用2万名骑兵打败西魏，高欢信以为真，准备派侯景出征。娄昭君闻讯，对高欢说："别听他胡吹，如果让他出兵，失败无疑。"高欢看着昭君自信的神色，也就取消了这次出兵计划。

武定三年(545)，高欢为了破坏柔然与西魏的外交关系，便派杜弼出使柔然，为世子求婚，不料柔然首领阿那瓌却提出要高欢娶他的女儿蠕蠕公主为妻。这下可难坏了高欢。娄昭君见高欢愁眉不展，唉声叹气，便主动对高欢说："我们虽是多年夫妻，感情很深，但为了国家利益，你就不要再犹豫了。她来以后，我主动把王妃的位子让给他。"高欢听罢，泪水纵横，紧紧抓住昭君的手，轻轻点了点头。

蠕蠕公主到达邺城(今河北临漳西南)时，昭君正朝宫外走去，迎面碰到高欢，哽咽着对高欢说："从今以后，你不要惦念我，否则，蠕蠕公主一旦起了疑心，对你和国家都没有好处。"说完，扭头离开了高欢。

高欢死后，娄昭君的儿子高洋于天保元年(550)取代东魏孝静帝，建立了北齐政权，昭君被尊称为皇太后。从此，北齐的大权实际上掌握在娄太后手中。

天保六年(555)，高洋神经失常，而且又特别贪酒，经常喝得酩酊大醉，口出狂言。娄太后看在眼里，恨在心上，决心逼高洋戒酒。一天，娄太后见高洋又喝得不省人事，举起木棍就向他劈头盖脑地打去，边打边骂："怎么能生你这么个孬种。"高洋接着说："我不能把你嫁给胡人。"娄太后勃然大怒，一屁股坐到床上，痛骂高洋。高洋见状，嬉皮笑脸地爬到床前，使尽吃奶的劲把床和娄太后一起举到头顶，然后一松手，将娄太后摔倒在地。娄太后被弄得哭笑不得，只好在高洋醒酒后，让平秦王高归彦把他痛打一顿。这次痛打，确实使高洋发誓戒酒，但10天之后，他又旧病复发了。

天保十年（559），高洋病死，他的儿子高殷继承了帝位，娄太后又被尊称为太皇太后。次年年初，辅佐高殷的尚书令杨愔、尚书左仆射高归彦、侍中燕子献、黄门侍郎郑子默等人准备将娄太后赶到北宫，由高殷的母亲临朝听政。但是，杨愔等人的计划还没付诸行动，宫人李昌仪就把他们的计划全部密告给娄太后。娄太后一听，速将儿子高演、高湛叫到跟前，密谋反击措施。

乙已这天，高演、高湛在尚书省大摆宴席，邀请文武大臣参加。杨愔等人不知其中有诈，按时赴宴，结果都被高演兄弟擒拿。这次事件平息后，娄太后在高殷和李皇后的陪同下来到殿堂。她刚一坐定，就大声喝问："杨愔在什么地方？"贺拔仁随声回答："他的一个眼珠已经掉了出来。"娄太后沉默片刻，然后悲伤地说："杨愔毕竟是我的女婿，你们怎么能对他下毒手！留下他还能派上用场！"然后转回头，对站在身边的高殷厉声说："这帮家伙想杀我的两个儿子，最后杀我，你为什么不出面阻拦？"娄太后见高殷不吭声，接着骂："让我们母子受你妈的欺负，这是痴心妄想。"高殷的母亲李皇后一看这架势，扑通一声跪到地上，接二连三地给娄太后叩头请罪。娄太后没有理会李皇后，而是指着高殷的脑门说："还不赶快向你叔父认错!"高殷如梦初醒,连忙对高演、高湛说:"杨愔等人全由叔父处置,只要给我留下一条小命,我现在就离开殿堂。"说完,起身往外走去。

高殷离开殿堂后,娄太后立即下令将杨愔等人处死。过了一会,娄太后赶到杀人现场,看着杨愔的尸首假惺惺地说:"杨愔因忠于朝廷而得罪。"说完,将一颗金豆塞进了杨愔眼中,哭着说:"给你一只金眼,以表达我对你的哀悼。"

这次事件平定之后,娄太后见北齐政局已经稳定下来,便于同年八月宣布废掉高殷,改立高演当皇帝,是为孝昭帝。但是,高演是个短命鬼,仅当了一年皇帝就命归西天了。娄太后又将儿子高湛立为皇帝,由她自己继续操纵朝政。河清元年(562)四月,娄太后突然病倒,神志不清,不久就离开了人世,葬于义平陵。

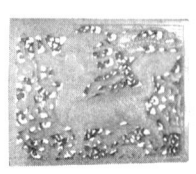

孝昭帝高演皇后元氏

◎ 崔明德

元皇后乃北齐开府元蛮的女儿,不知何时,嫁给了北齐常山王高演当王妃,为高演生了儿子高百年。北齐天保十年(559),文宣帝高洋病死,他的儿子高殷继承了帝位。不久,高演的母亲娄太后把高殷赶下台,把高演推上了皇帝宝座,元氏也由王妃一跃升为皇后。

但是,元皇后命运极其不佳,仅当了一年皇后,高演就命归西天,她只好乖乖地退离皇后之位。当她陪高演的灵柩从晋阳宫运往邺城途经汾桥时,武成帝高湛听说她有一种奇药,便向她索取,元皇后怎么也不肯交出,结果被宦官打得遍体鳞伤，死去活来。元皇后得罪了高湛，高湛当然不会善甘罢休。北齐河清三年(564)五月，高湛以莫须有的罪名把元皇后的儿子高百年杀掉，并把元皇后软禁在顺成宫内。从此，元皇后和家中亲人失去了联系。北齐灭亡后，元皇后又逃入了北周后宫，直到杨坚当了宰相才被放出宫中，和亲人团聚。

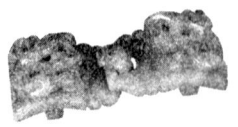

武成帝高湛皇后胡氏

◎ 崔明德

有位胡僧在中午时分到了中书令胡延之的门前，对人诡秘地说："这家的葫芦里面有个月亮。"众人听了大惑不解。过了几天，此话传到了胡延之的耳中，延之对妻子卢氏说："人们都说月亮象征皇后，你现在肚子里怀的肯定是个女孩，以后肯定能当上皇后。"不久，卢氏果然生了女孩。胡延之夫妻对女儿非常喜欢，精心喂养。十多个春秋过后，胡延之的女儿出落成一个分外艳丽的豆蔻少女，被北齐长广王高湛选为王妃，并于北齐天保七年(556)五月五日为高湛生下了第一个儿子高纬。北齐太宁元年(561)，高湛当上了北齐皇帝，胡王妃也一跃升为皇后。北齐河清四年(565)四月,高湛在祖珽、和士开的劝说下,将帝位传给高纬,他自己当太上皇,这样,胡皇后自然成了皇太后。这时,右仆射和士开因受宠于高湛,常以各种借口出入皇太后寝室,时间一久,两人有了感情,少不了制造一些风流韵事。北齐天统四年(568)十一月,高湛病死,北齐大权落入了以和士开为首的"八贵"手中。

和士开的专权,引起了赵郡王高叡、冯翊王高润、安德王高延宗以及娄定远、高文遥的强烈愤慨,他们纷纷劝说高纬,将和士开等人赶出京都。高纬年龄太小,拿不定主意,迟迟没有给他们明确答复。高叡等人见高纬软弱无力,于是便乘胡太后设宴招待大臣之机,义无反顾地对胡太后说:"和士开身为大臣,竟敢受贿索贿、淫乱后宫,请皇太后对他严厉惩罚。"胡太后气愤地说:"先帝(指武成帝高湛)在世时,你们为什么闭口不谈呢?现在想欺负我们孤儿寡母吗?!今天是让大家来喝酒的,不是来谈论国事的。"高叡怒不可遏,边骂和士开边准备退离宴席。仪同三司安吐根见状按捺不住内心的愤怒,呼地一下站了起来,说:"我本是一个普通的胡商,不该对谁评头品足,但是,既然我受到了皇帝和大家的如此热情的款待,我就要说句公道话:不把和士开赶出京都,国无宁日。"胡太后也不示弱,厉声说:"今天什么话也不要说了,你们马上滚开!"胡太后精心准备的旨在联络大臣感情的宴席就这样不欢而散。

高叡等人虽遭到痛骂,但仍不甘心。次日一早,他们赶到云龙门,求见胡太后,准备再次劝谏,但胡太后说什么也不召见他们。又过了一天,胡太后在与和士开经过一番密谋后,便欺骗高叡说,等安葬好高湛之后就打发和士开到兖州当刺史。高叡等人信以为真,同意和士开推迟动身时间。高湛葬礼结束后，胡太后又说再过百天才让和士开动身。这时，高叡等人已看出了胡太后的阴谋，便一齐涌到和士开的家门，逼他赶快动身。和士开见众怒难犯，只好答应明天就上路。但是，高叡等人一离开他的家门，他却用美女、珠廉贿赂娄定远，经娄定远批准，进了皇宫，向胡太后和高纬哭诉说："我是先帝最信得过的人，愿为你们效犬马之劳。现在高叡、娄定远等人图谋不轨，准备夺权，我走之后，他们就会发动政变。如果我不能在跟前保护你们，怎能对得起九泉之下的先帝呢?!"胡太后被和士开一番离间、威胁的话吓破了胆，连忙问："怎么办？"和士开停止哭声，咬牙切齿地说："这很好办，只要颁布几份诏书就行了。"胡太后立即行动，很快就颁布诏书，打发娄定远、高文遥到外地当刺史，并以不臣之罪将高叡打杀。这样，北齐大权重新落入了和士开手中。

但是，好景不长。北齐武平二年(571)七月，正准备上早朝的和士开被对立派琅邪王高俨等人杀害。胡太后闻讯，先将高俨臭骂一通，然后把为高俨出谋划策的侍中冯子琮绞死。

和士开死后，胡太后整天昏昏丧丧，度日如年。不知是为了解除苦恼，还是到佛门寻找精神寄托，从此以后，胡太后经常出入佛门。尽管她在佛教义理方面没有多大收获，却在那里认识了和尚昙献。胡太后见昙献能说会道，一身阳刚之气，于是便在听昙献讲解佛经过程中，主动对昙献暗送秋波，眉挑目逗，几天之后，就和昙献勾搭成奸。胡太后为了讨昙献的欢心，主动把高湛生前用过的胡床搬到昙献屋内，在他床底下塞上不少金钱，并把高湛用过的宝袋挂到昙献屋内的墙壁上面。时间一久，胡太后和昙献的丑事便在佛寺内传开了，不少人一见昙献，就戏称他"太上"，使昙献常常难堪得无地自容。胡太后见此情景，也感到面子上过不去，于是便以听和尚讲经为借口,把很多和尚请入宫内,这样,胡太后既免了步履之劳,又听不到寺院内大小和尚的闲言碎语,也可以随时和昙献鬼混一通。

高纬对母亲的风流韵事虽也听到一些传闻,但他怎么也不敢相信这是事实,后来一次偶然的机会使他了解了事情真相。一日,高纬在朝拜母亲的时候,看到母亲身边有两个长得非常妖艳的尼姑,心中大喜,顿生恶意,可领她们回去一看,却是两个男子。高纬十分恼火,立即动刑拷问,结果得到了胡太后和昙献的全部丑行。高纬一气之下,把他们全部杀掉,并谎称邺城(今河北临漳)发生紧急情况,把胡太后挟持到邺城,然后命宦官邓长颙将她软禁在北宫里面,并下令任何人不准与她来往。过了一段时间,高纬估计胡太后已有悔过之心,便派人把她接进宫中。从此之后,胡太后和儿子互相猜疑,都怕对方毒害自己。俩人一起吃饭时,都不愿先吃第一口。

胡太后在儿子的约束下,放荡的生活作风总算收敛了许多。北周天齐,胡太后到了北周之后,老毛病复发,重新开始了她的淫乱生活。到隋朝开皇年间,胡太后才结束了她丑恶的一生。

后主高纬皇后斛律氏

◎ 崔明德

斛律皇后乃北齐左丞相斛律光的长女。在高纬被高湛立为北齐皇太子的时候,她因出身高贵和长得漂亮被选为王妃。北齐天统元年(565),高纬继承帝位,她也由王妃升格为皇后,并于北齐武平三年(572)正月为高纬生了一位千金。半年之后,斛律光因遭到祖珽的排挤和谗毁,被高纬所派的大力士拉杀,斛律皇后也因此遭了殃,先被搬掉皇后位子,遭到软禁,后来又被强迫出家,当了一名普通尼姑。北齐灭亡后,斛律皇后在政治上获得了解放,又与开府元仁结为夫妻,开始了新的生活。

后主高纬皇后胡氏

◎ 崔明德

胡皇后是北齐后主高纬的表妹，高纬母亲胡太后的亲侄女，陇东王胡长仁的女儿。高纬继承帝位后，他的母亲胡太后生活作风更不检点。她怕儿子对她的淫乱生活说三道四，便想用她的侄女堵住高纬的嘴巴。一天，胡太后的侄女被叫到宫中，由胡太后亲手打扮后，便似羞非羞地和高纬会面。胡小姐怎么也不会想到，当胡太后对高纬说明意图时，高纬当场表示同意，当天就宣布将胡小姐封为弘德夫人，不久又将她升格为左昭仪，仅比皇后低了一级。

北齐武平三年（572）八月，斛律皇后由于父亲的原因被废后，北齐中央围绕着再立谁当皇后产生了严重分歧。皇太后主张立自己的侄女，而抚养过高纬的女侍中陆令萱则主张立她的养女穆夫人，双方一时相持不下。最后，陆令萱做了妥协，胡昭仪当上了皇后。但是，好景不长。同年十二月，胡皇后就在陆令萱的离间下，被胡太后削去青发，赶回家中。北齐灭亡以后，胡皇后改嫁他人。

后主高纬皇后穆邪利

◎ 崔明德

穆皇后究竟姓什么，恐怕连她自己也说不清楚，只知她乳名叫黄花，字舍利(又称邪利)，她使用的姓是后来经女侍中陆令萱申请由北齐后主高纬赐给的。穆皇后出身低微，母亲轻霄，原本是穆子伦的一位婢女，后来不知什么原因又转到侍中宋钦道家当婢女，被宋钦道强奸怀孕，生下了黄花。

北齐乾明元年(560)二月，宋钦道因与杨愔等人企图发动政变，被掌握北齐实权的娄太后全部残杀，邪利又由罪犯的家属变成官奴婢。邪利由于长得漂亮，能说会道，手脚麻利，既免遭了皮肉之苦，又没有像其他罪犯那样干又脏又累的体力活，而是当了北齐后主高纬皇后斛律氏的贴身婢女，常年生活在斛律皇后身边。时间一久，邪利不仅与斛律皇后有了深厚的感情，而且还受到了高纬的宠爱，得到了"舍利太监"称号。

这时，曾抚养过高纬的女侍中陆令萱见邪利越来越被宠爱，于是便收养邪利，并把她推荐为弘德夫人。邪利也不负陆令萱的厚望，施尽一切手腕讨取高纬的欢心，还于北齐武平元年(570)六月为高纬生下了皇子高恒。当时陆令萱见高纬还没有确定接班人，便灵机一动，让邪利主动把高恒送给斛律皇后做养子。邪利也感到有利可图，满口答应了陆令萱。不久，高恒就被立为皇太子。

北齐武平三年(572)八月，斛律皇后因受父亲牵连被废，北齐内部围绕着立谁当皇后展开了激烈的斗争。高纬的母亲胡太后一再主张立她的侄女当皇后，而陆令萱则始终坚持立邪利当皇后，最后陆令萱做了妥协，暂时放弃了自己的主张。

但是，事隔不久，陆令萱又对胡太后大施离间计，借胡太后之手废掉了胡皇后，把邪利推上了皇后宝座。

高纬本来与邪利感情很深，只是迫于母亲的压力才同意立胡氏当皇后，现在邪利当上了皇后，他不仅发自内心高兴，而且还尽量取悦邪利。高纬为了给邪利制作珍珠裙袴，曾派胡商带着3万匹锦绢与北周交易珍珠。而邪利自从当了皇后之后，几乎每时每刻都把高纬拴到自己身边，整天和他把杯对饮，两人经常喝得酩酊大醉，因此，在北齐京都传出了"黄花势欲落，清觞满盃酌"的民谣。就在邪利和高纬天天喝得醉如烂泥的时候，北周大军开进了北齐。北齐隆化二年(577)一月，在北周大军压境之下，高纬把帝位传给高恒，企图与邪利到河外募兵抵抗周军，不料刚出邺城不久，邪利就被滞留在济州，高纬则被追赶到青州，最后均成了北周的俘虏，被押送到长安。

西魏

南北朝／西魏

文帝元宝炬皇后乙弗氏

◎ 崔明德

北魏永平年间(508—512)的一天,仪同三司、西兖州刺史乙弗瑗的家里宾客满座,热闹非凡。正当大家开怀畅饮时,乙弗瑗的妻子淮阳长公主把仅有几岁的女儿领了过来,乐滋滋地对来宾说:"你们看看,我的女儿长得有多漂亮!别看她才几岁,懂的事可多了,就凭她那副不苟言笑的高贵模样,以后也会有出息。现在人都不愿要女儿,其实生女儿又有何妨!像我这样的女儿比儿子好多了。"淮阳长公主的话把来宾的视线一下子拉到了她的女儿身上。

淮阳长公主的话在10年后得到了印证。北魏正光六年

(525),她的女儿被元宝炬纳为妃子;10年之后,元宝炬当上了西魏皇帝,她也顺理成章地当上了皇后。

乙弗皇后虽然得到了女人的最高地位,但她仍然粗茶淡饭,穿一身旧衣,珠玉罗绮从不和她沾边。文帝对她的俭仆非常佩服。文帝的后宫美女如云,乙弗后从来不嫉妒她们,文帝对她更加敬重。

西魏大统四年(538)正月,柔然首领阿那瓌的长女郁久闾氏到了长安。原来北魏分裂成西魏、东魏两个政权后,双方政权都想吞并对方,但由于双方势均力敌,都想把北方兴起的少数民族柔然拉作外援,以对抗对方。大统元年(535),文帝采纳了丞相宇文泰的建议,与柔然和亲,娶柔然可汗阿那瓌的女儿为皇后。郁久闾氏的到来,拉开了乙弗皇后悲剧的序幕。

郁久闾氏到了长安后,乙弗皇后的位子自然就让给郁久闾氏。当时文帝和乙弗皇后感情甚笃,当然舍不得将她废掉。但是,这时阿那瓌已率领兵马渡过黄河,扬言如果文帝不废掉乙弗皇后,柔然大军将进驻长安。文帝迫于柔然的强势,只好忍痛割爱,将她废掉。乙弗皇后被废后先到别宫居住,后来索性削去青发,当了尼姑。

进入佛门,整日和青灯梵钟厮守在一起打发岁月,并没有改变乙弗皇后的悲惨命运。郁久闾氏心胸狭窄,非常嫉妒乙弗皇后还留在长安,因此天天向文帝吹枕边风,让文帝把乙弗皇后赶出长安。文帝不敢得罪郁久闾氏,只好把乙弗皇后迁到泰州,让她和儿子武都王元戊相依为命。

乙弗皇后到了泰州后,文帝就像丢了魂似的,心中感到极其空虚和不安,不久,就秘密派人嘱咐乙弗皇后重新蓄发,待时机成熟,再次把她立为皇后。

这件事神不知鬼不觉地传到了郁久闾氏的耳中,她勃然大怒,立即派侍从告诉了阿那瓌。西魏大统六年(540)春,柔然大举南下,西魏君臣见状惊慌失措。文帝开始还不相信阿那瓌是为乙弗皇后之事而发兵,说:"岂有为了一个女人而兴师动众之理!"但转念一想,接着又说:"如果确实如此,我还有什么脸面再见将帅呢?"于是派中常侍曹宠带着他的亲笔信逼迫乙弗皇后自杀。

乙弗皇后似乎已经意识到了自己死亡的日期,看完文帝的信后显得非常平静,对曹宠说:"愿皇帝万寿无疆。只要天下能够太平无事,我死也无憾了。"说完,眼泪禁不住像断了线的珠子一串串落了下来。过了许久,乙弗皇后把儿子元戊叫到跟前,和他抱头痛哭。然后,泣不成声地让曹宠转达她对皇太子的遗言。周围的人看到这凄惨的场面,都泪如雨注,失声痛哭。又过了一会,乙弗皇后叫来和尚,摆下供品,命令她的几十个侍婢全部剃掉青发,出家为尼。乙弗皇后看着她的侍婢个个都落发之后,便跟着曹宠进了房子,用被子把自己蒙得严严实实,在被中自杀,是年31岁。她的灵柩被安放在水麦积山寂陵窟内,到废帝时,合葬于永陵。

文帝元宝炬皇后郁久闾氏

◎ 崔明德

北魏正光五年（524），中国北方的一个少数民族政权——柔然的首领阿那瓌两口子为生了第一位千金而乐得不可开交。这位千金就是后来的西魏文帝皇后郁久闾氏。

光阴似箭，日月如梭，小千金很快就出落成一个容貌出众、十分庄重的少女。

郁久闾氏的少女时代，正是柔然与中原王朝关系最为密切的阶段。当时，北魏分裂成东魏和西魏两个政权，这两个政权为了逐鹿中原，争夺地盘，都以和亲为手段，向具有举足轻重地位的柔然政权套近乎，以求得到它的支持。西魏大统元年

(535),文帝采纳了丞相宇文泰的建议,与柔然建立和亲关系,娶郁久闾氏为皇后,阿那瓌也愿与西魏建立和亲关系,于是和妻子商量,让郁久闾氏出嫁西魏。

西魏大统三年(537),郁久闾氏开始动身,随车700辆,带马10000匹,骆驼1000头,浩浩荡荡,向长安进发。到达黑盐池时,迎亲使扶风王元孚请新娘郁久闾氏面朝南方,因柔然风俗以东为贵,所以新娘对元孚说:"我还没有见到你们皇帝,现在仍是柔然公主,你和你们的迎亲使者愿意朝南,请便,但我还是要朝东方。"元孚无话可说,只好迁就。

第二年正月,新娘到了京师,年仅14岁。

文帝早在大统元年(535)已立乙弗氏为皇后,当时,文帝和乙弗皇后恩爱很深,当然舍不得废掉乙弗皇后,但是阿那瓌已经率领兵马渡过黄河,扬言文帝必须废掉乙弗皇后,否则,柔然大军将进驻长安。文帝迫于柔然的强势,只好忍痛割爱,把乙弗皇后废掉,立郁久闾氏为皇后。乙弗氏逊居别宫,后来又被迫出家为尼。但是,郁久闾氏还对乙弗皇后猜忌不已,文帝又只好把她迁居泰州,让她和儿子武都王元戊相依为命。文帝虽从国家大局考虑,然而对乙弗后仍念念不忘,秘密派人告知她重新蓄发,待时机成熟,重新立她为皇后。

大统六年(540)春天,柔然大军渡河,西魏君臣惊慌失措。这时,有人说柔然是为了乙弗皇后的原因才兴师动众,文帝被迫派中常侍曹宠带着他的亲笔信去逼迫乙弗后自尽。

就在乙弗皇后被迫自尽的那一年,郁久闾氏有了身孕,将要生产时,搬到瑶华殿居住。这时,她的精神开始错乱,每当夜深人静时,郁久闾氏就听到殿上不时传来狗叫声,心里既害怕又厌恶。她还经常发生错觉:有打扮得十分漂亮的妇人来到她的跟前,她吃惊地问左右人:"这是什么人?"医巫当时也在跟前侍候她，都一无所见。郁久闾氏一生完孩子就告离了人间，年仅 16 岁。西魏先把她安葬在少陵原，大统十七年(551)又与文帝合葬于永陵。

废帝元钦皇后宇文氏

◎ 崔明德

西魏文帝的长子元钦在西魏大统元年(535)一月被立为皇太子,成了法定的皇帝接班人之后,由谁当他的第一王妃则成了大家十分关注的大事。西魏文帝父子心里都很清楚,丞相宇文泰掌握着西魏实权,不如把他的女儿立为王妃,对自己也许更有利,于是便主动提出让宇文泰的女儿当王妃。大统十七年(551),文帝病死,元钦当了皇帝,宇文王妃正式升格为皇后。

宇文皇后从小就喜欢看书学习,对列女图尤感兴趣,受传统的妇人之道影响很深,所以自当皇后之日起,就发誓永不干预朝政，因此受到了元钦的尊敬和宠爱。

元钦对宇文皇后越来越敬重的同时，对宇文泰的独揽大权却越来越愤慨。废帝三年（554）一月，元钦因密谋杀害宇文泰事泄，被宇文泰废掉。对此，宇文皇后曾向父亲表示强烈抗议，但一个弱女子起不了任何作用，最后反而以"忠于魏室"而遭到了杀身之祸。

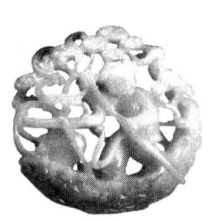

恭帝拓跋廓皇后若干氏

◎ 崔明德

若干皇后是西魏司空长乐郡公若干惠的女儿。不知何时，若干小姐以出众的容貌被西魏齐王拓跋廓选为王妃。西魏恭帝元年(554)一月，拓跋廓当上了西魏皇帝，若干王妃也当上了第一夫人——皇后。

拓跋廓虽是皇帝，但西魏实际上是宇文泰的家天下。西魏恭帝三年(556)十二月，拓跋廓在宇文氏的强压下，被迫将皇帝宝座让给宇文泰的三公子宇文觉。次年二月，拓跋廓被杀，若干皇后出家当了尼姑，最后病死于佛寺之内。

北周

南北朝／北周

孝闵帝宇文觉皇后元胡摩

◎ 赵 强

元胡摩是西魏文帝的第五位小姐,鲜卑族人。

元胡摩出生在皇室这种天堂般的家境中,自然有着超群绝伦的优越条件。她从小受着良好的家教,勤习歌舞,通晓文墨,撒起娇来更是乖巧逗人。文帝对她特别喜爱,把她视为掌上明珠,封她为晋安公主。大统十七年(551)三月,元胡摩的父皇——西魏文帝一命归天,丞相宇文泰扶持她的长兄元钦继承了皇位。宇文泰以开国元老的身份继续摄政。这时候,小元胡摩已经变成一个天真活泼的小姑娘了。她常常跟宇文泰的三公子宇文觉在一起嬉戏玩耍。他们俩年龄相仿,情趣相投,在一起甚为惬意,颇有点难舍难分的味道。宇文泰夫妇看在眼里,喜在心间,暗暗给孩子定下了这门亲事。

就在元胡摩和宇文觉十三四岁的时候,父母兄长决定为他们完婚。亲友们请来了阴阳先生,选定吉日良辰,广请贵客,大设宴席,在京城为他们举行了隆重的婚礼。蜂拥而至的达官显贵们纷纷贺彩道喜,整个场面热闹非凡。

天色晚了,贺喜的人们相继离去,忙碌了多日的家人也都带着浓浓的倦意去寻找各自的梦乡。喧闹了一天的京城又恢复了往日的宁静。天上,一轮明月正透过那几朵淡淡的白云,给大地罩上了一层薄薄的银纱。

吃过团圆饭,告别亲人,小夫妻俩携手走向豪华阔绰的洞房,迈进这新的天地。小两口你瞅我,我看你,四目相对,不知撞击出多少绚丽的火花。平日里欢快活泼的小元胡摩一下子变得腼腆害羞了,她不好意思地低下头来,脸上泛起阵阵红润。还是宇文觉首先做了个鬼脸,惹得元胡摩婉然一笑,脸蛋上留下两个深深的酒窝儿……此时此刻,没有也不需要半句多余的话语,只有两颗激烈跳动的着心在弹奏着和谐的旋律。一对炽热的躯体第一次这样紧密无间地相拥在一起。随着感情的升腾,室内的灯光变得更加柔和迷人了,连同这座新房一道都融入了这静逸的月色之中……

美满的婚姻使得元胡摩对生活充满了希望。婚后不久,她的小郎君宇文觉又被封为安定公。西魏恭帝三年(556)十二月,元胡摩的公公宇文泰不幸病逝。15岁的宇文觉以嫡长子的身份被封为周公。这时,国家政权主要控制在宇文觉的堂兄宇文护的手中。宇文护是由其叔父宇文泰生前一手提拔上来的,他心中充满了对叔父的崇敬和感激之情,为了宇文氏早日夺取天下,他伪造了西魏恭帝(元胡摩的四哥)的诏书,逼迫恭帝禅位给宇文觉。就这样，西魏恭帝被稀里糊涂地搞下台去，又在一个月后遭到暗杀。

西魏恭帝四年(557)正月，宇文觉在堂兄宇文护的扶持之下登基坐殿，建立了北周。宇文觉即孝愍帝。不久，元胡摩以结发妻的身份被立为皇后。

这一系列政变使元胡摩陷入了极度的彷徨与苦闷之中——昔日父皇和两位兄长(西魏文帝、废帝和恭帝)坐过的龙椅，今天换上了自己的夫君。尽管自己也由王妃晋升为皇后，成了第一夫人，但这毕竟是骨肉倾轧的结果。这其中凝聚着亲人的鲜血啊！

她开始冷静地对待现实了，并由此而对政治斗争产生了一种发自内心的抵触情绪。她痛恨对四哥暗下毒手的宇文护。但她又摸不清当今皇上——自己夫君是何心态，所以一直不敢贸然吐露心声。万一惹怒圣颜，那可是要被杀头的，更何况自己还是元家的后代。

其实，孝愍帝宇文觉是个倔犟少年。他看不惯堂兄宇文护的盛气凌人，更忌恨他独断专行的做法。当皇帝就要自己掌权，说一不二。可是宇文护却处处束缚着自己的手脚，因此他下决心一定要摆脱宇文护的控制。他主动向元皇后谈了自己的想法，立即赢得了她的赞许。小两口取得心灵沟通之后，就开始寻找铲除宇文护的最佳时机。

自古以来，人们在权力之争面前总是冷酷无情的。手足同胞也会视若仇敌，父母兄妹亦能兵戈相见。孝愍帝和元皇后基于这种思想的指导，秘密召见一批心腹进行谋划。大臣李植、孙恒、乙弗凤等劝孝愍帝立即采取果断措施，干掉宇文护，以免夜长梦多。可这位小皇帝毕竟年少胆小，觉得铲除宇文护是一件惊天动地的大事，绝不可轻举妄动。于是，他下令召集了一批武士在皇宫后园练习拳脚，喊杀之声常常震撼着整个皇宫。

孝愍帝和元皇后的这种做法很快张扬出去，闹得满城风雨。参与密谋的李植还嫌势单力薄，又去拉拢掌管宫廷事务的张光洛，并把计划设想一古脑地全盘端了出来，结果被张光洛一句不漏地报告给了宇文护。宇文护看在先辈的面上，念及孝愍帝年纪幼小，没有立即采取过激手段，只是贬了李植和孙恒的官职，把他们逐出朝廷，算是斩断了孝愍帝的左膀右臂。

这次事件的结局使孝愍帝和元皇后吃惊不小。乙弗凤等大臣继续劝导孝愍帝并积极部署行动。可是又被张光洛告了密。这下宇文护大为恼火，决定立即采取措施。他召集亲信，设下圈套，以召请议事为名，逮捕了孝愍帝的亲信，撤销了皇宫的警卫部队。皇上与元皇后急忙命令太监宫女们操起兵器进行自卫。可这伙由半男不女和女人们组成的队伍，哪里抵挡得住正规军的挺进！孝愍帝和元皇后只好束手就擒，双双被软禁起来。孝愍帝被废为略阳公，元皇后也被废为庶人。一个月后，宇文护又派人暗杀了宇文觉，并把元胡摩赶出皇宫当了尼姑。

带着忧伤，带着悲愤，元胡摩心灰意冷地来到佛门圣地，闭目诵经，修身养性。

关于元胡摩出家后的生活履历，史书记载疏略，只留给我们一点粗略的线索。她在寺院中熬过了二十四五年的光景。直到北周灭亡，元胡摩才得以回归故里。这时她已经40多岁了，也不知是否重新嫁了人，反正她在民间又活了30多年，到大业十二年(616)才染疾死去，终年70余岁，葬于乡野。

明帝宇文毓皇后独孤氏

◎ 赵 强

公元6世纪50年代初期的一天，西魏大司马独孤信的官邸里，熙熙攘攘，人声鼎沸。全家人正在忙碌着操办大小姐的婚事。此时，独孤信的大女儿正在闺房中梳洗打扮，等待着迎亲队伍的到来。

十五六年的光景，独孤氏在父母的悉心培育之下，渐渐变成了一个楚楚动人的少女。现在，她就要去寻找自己的伊甸园——嫁给当今西魏第一权臣宇文泰的长公子宇文毓。这是一桩门当户对的婚姻，是高贵与权势的结合。独孤氏端坐在梳妆台前，面对着铜镜中的朦胧倩影，不禁陷入了静静的沉思——这匀称的身材,这乌黑的秀发,这俊俏的脸蛋儿,这丰润的乳胸……不错,的确长得不错,难怪人们夸我是个稀世美人儿。可是,我那未曾见面的夫君又会是什么样子呢?他能配得上自己的美貌吗?

正在心驰神往之际,忽然听到外面笙箫悦耳,她知道是迎亲的队伍到了。不一会,两位侍女扶持她缓缓坐进了花轿。望着伫立在门口的父母,望着送行的亲人,独孤氏禁不住流下了几行惜别的泪水。

不知过了多少时辰,接亲的队伍回到了长安(今西安)宇文泰的府上。在一片震耳欲聋的庆贺声中,两位新人——宇文毓和独孤氏结成了患难夫妻。

小两口在长安父母公婆家住了几天,蜜月未满就回到乡下宇文毓自己的别墅。在这里,他们自由自在地生活着。独孤氏对自己的婚姻感到十分满意。丈夫家世显贵,他们用不着为物质生活担忧。在精神和情感方面,虽说宇文毓称不上英俊男子,可他浑身充满了阳刚之气,而且有一副火热的情肠,对她百般体贴。谁说生活是一种磨难,它分明是一坛沁人心脾的美酒,是一首充满浪漫色彩的不朽诗篇。他们的一言一行、一举一动,都是一个华丽的词藻,是一首精美的小诗,构成人生诗篇中的一个段次。然而,这首诗能句句都和辙押韵吗?

西魏恭帝四年(557)正月,宇文氏夺得天下,建立了北周。孝闵帝宇文觉就是宇文毓同父异母的弟弟。宇文毓以皇兄的身份被封为岐州(陕西凤翔南)刺史。他在贤内助独孤氏的参议下,取得突出政绩,深受当地居民的爱戴。

这时在朝廷内部发生了权力角逐。掌握军权的大将军宇文护一手遮天,控制着孝闵帝的行动。独孤氏的父亲——身为太保的独孤信坚决站在孝闵帝一边,反对宇文护独断专权,结果遭到贬逐后被迫自杀。没过多久，孝闵帝也被搞下了台。宇文护暗中选定宇文毓为新的皇位继承人。他派人前往岐州迎接宇文毓进京坐殿，当了皇帝，史称明帝。

夫贵妇荣。宇文毓位尊九五，独孤氏理所当然地晋升为皇后。可是，事情并非想像的那样一帆风顺。由于她父亲独孤信反对宇文护的缘故，独孤氏在位迁皇后的过程中又闹出了一场不大不小的风波。若不是她与皇上恩爱甚笃，皇上执意坚持，恐怕宇文护是不会做出让步的。因此，宇文毓当了4个月皇帝之后独孤氏才得以正式立为皇后。

地位的变动并没有给独孤皇后带来更多的乐趣，相反却加重了她的心事。她深切怀念自己已故的父亲，决意为父报仇。每当她遇到宇文护的时候，总是义愤填膺，恨不得一拳把仇人砸得粉碎。怎奈自己是一个妇人，宇文护大权在握，又能置他于何地？渐渐地，独孤皇后积郁成疾，卧床不起，虽经御医百般诊治，仍不见半点疗效。可怜一朵鲜花就这样过早地凋谢了。独孤氏才当了两个月的皇后就告别了人间，终年只有20余岁。

武帝宇文邕皇后阿史那氏

◎ 崔明德

阿史那皇后是突厥木杆可汗的女儿。阿史那氏生于西魏大统十六年(550)，到她父亲即位为可汗时，她已3岁。

木杆可汗在位时，突厥的势力更加强大，西魏恭帝元年(554)，突厥消灭了柔然的残余势力，做了蒙古草原的主人。其后，突厥赶跑了契丹，兼并了其领土，成了北方又一个强大政权。当时，中原地区的北周和北齐正在激烈争夺，双方都竭力巴结突厥，和它结成联盟。在西魏恭帝拓跋廓时，木杆可汗曾提出把女儿嫁给宇文泰，婚约还没有确定下来，碰巧宇文泰病死，这次和亲宣告流产。不久，木杆可汗又把他的一位千金许配给周武帝宇文邕,这位千金就是后来的阿史那皇后。

俗语说,好事多磨。正当北周准备派人到突厥迎接阿史那皇后时,北齐也带着大批金银财宝到了突厥,向木杆可汗求婚。木杆可汗用贪婪的目光看着金光闪闪的财物,禁不住后悔当初对北周的许婚。在北周与突厥的和亲之约即将被破坏时,北周君臣惊慌失措,急忙派凉州刺史杨荐、左武伯王庆等人出使突厥,巩固婚约。杨荐等人一到突厥就受到了木杆可汗的软禁,木杆可汗还打算把他们送到北齐。杨荐得知这一消息,冒着生命危险找到木杆可汗,连声责备说:"太祖昔日与您友好相处,柔然部落数千人投降我们,太祖把他们全部送给了您的使者,使你们痛痛快快地处置他们,为什么今日忘恩负义?难道不愧鬼神吗?"杨荐慷慨激昂,泪水横流,木杆可汗惨然良久,说:"你说的也有道理。我的主意已定,希望诸君不必多虑,我应当和你们一起讨伐北齐,然后出嫁我的爱女"。于是让杨荐回到长安向周武帝汇报,约定出兵时间。

保定三年(563),北周命令杨忠带领1万步骑兵和木杆可汗率领的10万骑兵在陉岭会师,战争以失败而告终。保定四年,木杆可汗又请救联军伐齐,北周仍命令杨忠出兵,再次被北齐打败。

为了使和亲之约变成事实,伐齐战争结束后,北周又派杨荐带着大量金银到了突厥。保定五年(565)二月,北周正式派出使者到突厥迎接阿史那皇后。前去迎亲的人数很多,主要人物有:陈国公宇文纯,大司徒许国公宇文贵,神武公窦毅,南安公杨荐,骠骑大将军李雄,左武伯王庆,车骑大将军赵文表等。

当北周的迎亲队伍经过长途跋涉到达突厥木杆可汗牙帐时,木杆可汗又答应与北齐和亲,于是把北周的迎亲使者扣留起来，达两年之久。天和二年(567)秋末，本来少雨的蒙古草原上，电闪雷鸣，狂风骤起，倾盆大雨灌注草原，几十天没有停歇，狂风吹散了突厥的牛羊，大雨淹没了可汗的牙帐。木杆可汗见此惊慌不已，以为是苍天在谴责他自食其言，于是急忙打点行装，准备彩礼，送阿史那出嫁北周。早已等得不耐烦的北周迎亲使者也赶忙设置行殿，陈列卫队，把阿史那皇后迎到车上。

当浩浩荡荡的迎亲队伍簇拥着阿史那皇后即将进入北周边境时，突厥的送亲使者假称马瘦无力，越走越慢。赵文表考虑到突厥可能会搞什么阴谋，便对突厥使者罗莫缘说："木杆可汗的宝贝女儿从贵地出发已走了很久，沿途经过石碛沙漠，人马也已经疲惫不堪。而且，北齐正在窥测时机，企图阻拦我们，吐谷浑也会出来骚扰，形势极其不妙。您现在奉命护送可汗爱女，对这些未曾注意，不加防范。如果一旦出事，您可担当不起啊！"罗莫缘一想已离开突厥牙帐很远，赵文表的话也有一定道理，于是下令马不停蹄，日夜兼程，数日就到达了甘州，他们在此略微休整后又踏上了旅途。终于在天和三年(568)三月到达长安。

尽管阿史那皇后容貌出众，举止温文尔雅，但并不受周武帝的宠爱。当周武帝的外甥女窦氏了解了详情后，便对周武帝说："天下还没有统一，突厥也还十分强大，希望舅舅为国家大局着想，不要冷落阿史那皇后。只要你对皇后多温存一些，得到突厥的帮助，江南、关东还值得忧虑吗？"周武帝一听，恍然大悟，从此转变了对阿史那皇后的态度。

周武帝死后，阿史那皇后的称号不断升格，被周宣帝尊称为皇太后，大成元年(579)二月又改为天元皇太后，次年二月，又被尊称为天元上皇太后。宣帝死后，阿史那皇后被周静帝尊称为太皇太后。隋开皇二年(582),阿史那皇后去世,年仅32岁,附葬于孝陵。

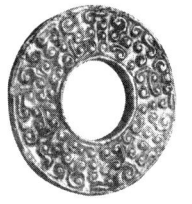

武帝宇文邕皇后李娥姿

◎ 赵 强

西魏恭帝元年(554)十二月,西魏丞相宇文泰派大将军于谨、宇文护、杨忠等率军5万向南方的梁朝发起猛攻,占据了江陵地区,俘获男女10万多人,并收缴大量珠宝财物,凯旋中原。其中有一位芳龄19岁的盖世美女被作为战利品敬献给丞相宇文泰,可是,宇文泰自知年过半百,身体虚弱,国事繁重,对她并无兴趣,于是就把她赐给了自己的四公子——年仅12岁的宇文邕当侍从。

这位女士姓李,名娥姿,生于大同二年(536)。她出身贫寒,小时候与父母相依为命,过着艰苦的生活。就在李娥姿

19岁那年，国遭劫难，她被作为战俘押往西魏，寄食于辅城郡公宇文邕门下。李娥姿常常为自己的走运而暗自庆幸。她像大姐姐一样尽心尽意地照料着小主人宇文邕。在生活上，她想方设法给他更多的体贴和温暖，付出更多的爱与情。闲暇之时，她给他讲南国的美景，讲家乡的故事，讲五彩斑斓的社会，讲丰富多姿的人生旅程。长此以往，十三四岁的宇文邕被她彻底征服了。渐渐地，宇文邕长大了，朦朦胧胧地懂得了男女间的事情。而此时的李娥姿已经是二十多岁的大姑娘了，她更渴望畅饮爱的美酒甘泉。频繁的生活接触使他俩产生了一种难舍难分的情感。终于有一天，宇文邕再也经受不住她那女性的诱惑，情意绵绵地一头钻进了李娥姿的怀抱。

武成元年(559)，他们爱情的第一颗果实成熟了。在同州(今陕西大荔)的皇家公馆中，李娥姿生了个大胖小子。这年李娥姿24岁，首次开怀。宇文邕年方17，可谓早得贵子。虽然他们各自心态不同，但在那子多福的年代，儿子的降生自然又加深了两个人之间的情感。虽然李娥姿还没有经过名媒正娶，但她事实上已经成了宇文邕名正言顺的夫人。第二年，宫廷发生政变，宇文邕接替大哥的皇位当了皇帝，即北周武帝。李娥姿也由此福禄俱增，成了人们心目中高贵无比的皇后。

历史的车轮又向前滚动了18个春秋，周武帝宇文邕寿终正寝，他与李娥姿生的儿子宇文赟继承了皇位(周宣帝)。不久，李娥姿被尊封为天元帝太后，又改为天皇太后、天元圣皇太后。宣帝死后，静帝继位，又尊封她为太帝太后。

开皇元年(581)，杨坚推翻北周建立隋朝，李娥姿被迫出家当了尼姑，法名常悲，在寺院中又熬了8年，于开皇八年(588)染疾死去，按照尼姑的礼仪葬于京城南部，终年53岁。

附：武帝宇文邕皇太后叱奴

◎ 赵补文

叱奴太后是代北拓跋族人，宇文泰当西魏丞相时，叱奴成了他的姬妾。大统九年（543），叱奴在同州（治武乡，今陕西大荔）王府生下了宇文泰的第四个儿子宇文邕，此子自幼聪明机智，孝敬父母，宇文泰十分喜欢他，曾说："成我宏图大志的，必定是这个孩子！"看到自己的亲生儿子如此聪明可爱，做母亲的叱奴自然也高兴得笑口常开。

武成二年（560），宇文邕被立为皇帝，他就是北周武帝。不过当时他只有18岁，也没有实权，因此，没能立即尊封生母叱奴为太后。一直到天和二年（567），叱奴才被尊为皇太后。

这时，武帝与当宰相的堂兄宇文护之间的矛盾日益尖锐，只是时机未到，武帝只得暂时隐忍，表面上还对宇文护优礼有加。对此，叱奴太后当然不会不知，而且不免也替自己的儿子担心。所以，她也对宇文护特别优遇，每次宇文护进宫朝见太后，她总要赐他坐，而让武帝站着侍候在一边，以示对他尊重。此外，由于心有隐忧，便想借酒浇愁，她变得越来越爱饮酒了，甚至因此误了接见。此时太后大约在45岁到50岁之间，正值更年期。这几种因素加在一起，不免使她的脾气也变得喜怒无常起来。

建德元年(572)三月，武帝宇文邕准备就绪，开始动作。在文安殿上见过从同州回京的宇文护以后，又带着宇文护去含仁殿见叱奴太后。进殿之前，武帝对宇文护说："太后年纪大了，喜欢饮酒。我多次劝她戒酒，她都不听。兄长今天去朝见，希望能再劝劝她。"说着，从怀中拿出《酒诰》，交给宇文护，说："以此谏太后。"进含仁殿后，宇文护果然按照武帝的嘱咐，在太后面前读起《酒诰》来。还没读完，武帝就拿起玉珽从他身后对准他头部猛然一击，宇文护应声倒地。武帝又命宦官何泉拿御刀去砍下宇文护的脑袋，何泉又惊又怕，连砍数刀，也没伤着宇文护。这时事先隐藏在屋内的卫王宇文直赶紧出来，一刀结果了宇文护的性命。叱奴太后目睹这一血腥场面，自是别有一番滋味在心头。儿子从此得掌实权，她自然高兴；可宇文氏兄弟相残，竟致演出如此血腥的场面，她一定也受到极大的震动。她的心因此仍然得不到安宁。

两年以后，即建德三年(574)三月，叱奴太后因病死去，葬于永固陵。谥为文宣皇后。

宣帝宇文赟皇后杨丽华

◎ 赵 强

杨丽华是北周隋国公杨坚的长女,生于保定元年(561)。13岁的时候,父母做主把她嫁给了周武帝的皇太子宇文赟。

宇文赟比杨丽华大两岁,是个天性淫荡的家伙。他从小就嗜酒好色,胡作非为。而丽华则是个典型的东方女子,性情温柔,心地善良,对丈夫万般体贴,千依百顺。但是,宇文赟并不欣赏这种规规矩矩的女人,他对夫妻间一板一眼的生活兴致索然。婚后不久,他便不再迷恋于小娘子这冰肌玉肤,而去寻花问柳,追风戏月。丽华自知无法劝阻,只好强忍醋意,任其性子,由他去吧。

宣政元年(578)，周武帝不幸病故，太子宇文赟继承皇位，他就是周宣帝。杨丽华以结发妻的身份被立为皇后。

当了皇帝，宇文赟更是肆无忌惮地纵情声色。他自称天元皇帝，封杨丽华为天元皇后。不久，他又相继立了3位皇后：天皇后朱满月、天右皇后元乐尚、天左皇后陈月仪。为了扩大占有欲，满足虚荣心，他下令在洛阳(今洛阳)大修宫殿，广泛收罗天下美女充实宫中。他又担心宫殿规模不够，亲自监督，携带4位皇后到洛阳巡幸，跟随的警备人员也不下千人。宣帝亲御驿马，令4位皇后骑马并驾跟随其后，稍不同步，便加责骂。到了洛阳，4位皇后已经累得精疲力尽了，可她们仍得不到休息，必须昼夜陪伴宣帝寻欢作乐。回到都城长安(今西安)以后，宣帝又增设了一位皇后尉迟繁炽，并且在宫中配备了5套精巧的床铺，令5位皇后各居一床，这样，他可以随心所欲地临时更换侍寝对象。

人的精力总是有限的，夜夜欢歌，搞得宣帝力尽精竭，逐渐瘫软下来，他越来越感到身不由己，力不从心了。他才刚刚二十来岁，欲火正旺，岂能过早地枯萎，更不忍心冷寞这些色艺双全的皇后美女。于是他开始吃金石仙丹，以求壮阳强身，不料搞得神经错乱，喜怒无常。他发明了"天杖"，一打就是120大板。宫内官员侍从无不提心吊胆，惶惶不可终日，就连5位皇后也难免遭受此刑。杨皇后看在夫妻份上，苦口婆心地进行劝说，没想到更激怒了宣帝，反而自己招致天杖。杨皇后那细皮嫩肉哪里经得起这120大板！未及刑毕，腰背上已是鲜血直流了。可她偏不服软，不卑不亢，据理相争。宣帝更是怒火不息，下令赐她自杀。这下子可吓坏了杨皇后的母亲独孤氏，她老人家急忙跑进皇宫，像捣蒜一样磕头求情，以致脑门出血，杨皇后才算免于一死。

大象元年（579）二月，当了不足一年皇帝的宇文赟主动让位给太子宇文阐（静帝），自己悠闲地当了太上皇。19岁的杨皇后也就成了皇太后。

第二年五月，太上皇宇文赟患脑血栓卧床不起，不能说话。大臣刘昉眼看静帝幼小（8岁）无法执政，即与郑译等合谋推荐皇太后杨丽华的父亲杨坚出面主持国家政务。

起初，杨丽华对父亲出面执政存有戒心，但又只好支持，她怕政权落入坏人手中。可是后来杨坚篡夺皇位建立隋朝之后，杨丽华又感到大为不平，整天闷闷不乐。杨坚自觉心中有愧，便封她为乐平公主。母亲见她芳姿不减，劝说她改嫁从良。可丽华誓死不从，决意守志终身。大业五年（609），杨丽华跟随弟弟隋炀帝杨广到张掖（今甘肃张掖西北）巡游，途中死于河西，终年49岁。炀帝返回京城时，把她的棺材带了回来，附葬于周宣帝的定陵。

宣帝宇文赟皇后朱满月

◎ 赵 强

朱满月出生在江南的一个小镇，家境贫寒，未及成年，父母便把她许配于人。周武帝在位期间，她丈夫图谋不轨，被斩首抄家。人们见她风韵犹存，就把她送进东宫给皇太子宇文赟掌管衣服。

朱满月可不是那种守本分的女人。她对丈夫的死并不感到痛心和悲哀，相反倒觉得少了一些束缚。

刚刚踏入东宫的时候，她被皇宫这富丽堂皇的建筑惊呆了，更被权贵们豪华奢侈的生活迷住了。二十五六年的人生旅途，自己哪曾见过这等人间天堂！她有些兴奋了，觉得这是上帝赐予她荣华富贵的好机会。于是，她开始着意打扮，用尽女人的全部武器对太子进行挑逗。宇文赟本来就是个好色之徒，哪里经得起如此诱惑，没过几天，两个人已经如漆似胶了。三四个月之后，宇文赟发现朱满月的肚子一天天大起来了，对她的兴趣也就日渐淡漠了。

此次怀孕，朱满月感到万分庆幸。因为这是一颗高贵的种子，是她日后荣升的保证。足月之后，她顺利地生了个儿子，起名叫衍，后来改为宇文阐。

宣政元年（578）六月，宇文赟继承父位当了皇帝。朱满月被立为皇后，称天元帝后，不久又改为天大皇后。她的儿子宇文阐被立为太子。随着时光的流逝，朱皇后渐渐香消玉减，失去了原先的风韵。只因为她生了贵子，在宫中才特别受到尊崇，名位仅次于杨丽华皇后。宇文阐继位之后，尊奉母后为帝太后。后来杨坚推翻北周建立隋朝，朱满月出家为尼，改名法净。开皇六年（586）病死在寺院中，终年40岁，按尼姑礼葬于京城西部。

宣帝宇文赟皇后陈月仪

◎ 赵 强

陈月仪是大将军陈山提的第八个女儿。

陈月仪15岁那年,宣帝下诏在国内搜罗美女。经过层层筛选,陈月仪作为凤毛麟角的美人进入皇宫。宣帝一见面立即被她的美貌迷住了,当夜便与之合欢,乐趣无穷,封她为德妃,一个月后又立她为皇后,称为天左皇后。宣帝驾崩,陈皇后出家为尼,改名华光。她在寺院中度过了大半辈子,直到唐朝贞观年间,才寿终正寝。

宣帝宇文赟皇后尉迟繁炽

◎ 赵 强

天和元年(566)的一天夜里，万籁俱寂，皓月当空，中原大地沉睡在一片寂静之中，劳累一天的人们也都早已进入了梦境。惟有蜀国公尉迟迥的府宅上依然灯火通明，不时地传来女人痛苦的呻吟声。不多时，一声婴儿的啼哭，预示着一个新的生命诞生了。尉迟迥的儿媳妇又生了个千金。本来等待抱孙子的尉迟迥，听到这一消息，那满面的期待和兴奋顿时消失了。可仔细一想，这毕竟是家世繁盛的象征，并不妨碍今后再抱孙子，于是，他灵机一动，就给新生的孙女起了个名字叫繁炽。

尉迟繁炽从小聪明乖巧，很会撒娇，加上模样俊俏，深得家人喜爱。十三四岁的时候，她已经出落得光彩照人，上门求婚者络绎不绝。经多方比较，父母还是决定把她嫁给了西阳公宇文温。

宇文温是北周宣帝宇文赟(yūn)的本家叔叔。作为皇室宗亲，他们受到许许多多的优待，生活非常舒适。大象二年(580)二月，宣帝又新册封了两位皇后。为此，皇上在宫内举行盛大的庆贺典礼，特邀请贵夫人们前来光顾。尉迟繁炽以宗室妇的身份进京祝兴。在宴席上，宣帝一见到花枝招展的尉迟繁炽，立即动了邪念。可是，在坐的那么多妇人，如何下手才能达到目的？宣帝灵机一动，暗暗叮嘱宫女，轮班对尉迟繁炽劝酒。盛情之下，尉迟繁炽无法推托，几杯下肚，已是头晕目眩，仿佛跟前的一切都在转动。她醉了，昏昏沉沉地趴到了酒桌上面。等酒宴结束，众妇人们纷纷归去，尉迟繁炽被搀扶到皇帝的寝宫，酣然睡去。宣帝一见此计得逞，心中万分兴奋，急忙赶走侍女，独自来到尉迟繁炽的床前，急切而粗鲁地凑了上去……

第二天醒来，尉迟繁炽发现躺在自己身边的不是丈夫而是当今皇上，不禁大吃一惊，但她很快冷静下来。她想起了昨天夜里朦胧中所发生的一切。她没有喊叫，因为她知道此时的一切都只有服从。就这样，宣帝又强留她在宫中住了八九天才恋恋不舍地放她回家。一进家门，丈夫和公公就大体上猜出了这些天在她身上所发生的事情。经详细一问，果真如此，气得宇文温怒目圆睁，大骂宣帝是禽兽不如的昏君，并决意造反，不料事机泄露，被大将韦孝宽缉拿处斩。尉迟繁炽被宣帝召入皇宫，拜为长贵妃，并许诺立为皇后。这时宣帝已经立了4位皇后：天元皇后杨丽华、天皇后朱满月、天左皇后陈月仪、天右皇后元乐尚。现在又特增天中大皇后的名位，令天左皇后陈月仪充任，立尉迟繁炽为天左大皇后。

大象二年(580)五月，宣帝患病而崩，尉迟皇后削发为尼，改名华道，在佛门圣地度过了她的后半生，到开皇十五年(595)死去，终年 30 岁。

静帝宇文阐皇后司马令姬

◎ 赵 强

司马令姬是荥阳公司马消难的女儿。大象元年(579)二月，年仅21岁的周宣帝主动禅位给太子宇文阐，做了太上皇，自称天元皇帝。这年宇文阐才刚刚7岁，连吃饭穿衣都不能自理，史称静帝。5个月之后，天元皇帝又给小皇上娶亲完婚，司马令姬就这样嫁给静帝，跨进了皇后的行列。

大象二年(580)五月，天元皇帝命归黄泉，大臣们推举杨坚辅政。因为静帝是个乳臭未干的孩童，纯属摆设，所以国家政权实际上完全落入杨坚手中。身为国丈的司马消难极端不满，起兵反叛，结果被杨坚镇压下去。

父亲殉身以后，司马皇后受到牵连被废为庶人。不久，杨坚推翻北周建立隋朝，并斩草除根，杀害了宇文阐。为了谋生，司马皇后只好改嫁给司隶刺史李丹为妻，过上了正常人的生活，直到唐太宗贞观初年依然健在。

隋

(581—618)

　　隋朝结束了分裂,统一了中国,推进了中国历史的发展。

　　本书为两个皇帝的两位皇后立传,并附有皇妃1位。

隋

(581—918)

隋朝建立不久，便一举消灭了南朝陈，结束了西晋
以来近三百年的分裂割据局面，实现了全国的重新统一。

文帝杨坚皇后独孤氏

◎ 杨 宏

身世与婚姻

　　独孤皇后(553—602),河南洛阳人,北周大将独孤信的小女儿。独孤信是北周的名将,作战勇敢,战功卓著,官拜上柱国大都督,封河内公,他共有7个女儿,其中长女是北周明帝的皇后,因而显赫一时。

　　独孤氏出生将门,曾经历过魏末的战乱,随家人从洛阳逃到长安。她时常听父亲讲出生入死的战争故事，自幼不喜欢做女红等家事，却偏偏喜爱读书，以古为鉴，很有个性，因而深得独孤信的宠爱，被视为掌上明珠。

14岁时，独孤氏已经出落成一个美丽的姑娘了。她身材颀长，婷婷玉立，面如满月，凤眼杏腮，眸如点漆，照人有神。许多士家大族子弟都纷纷慕名前去求聘。独孤信左挑右拣，要为自己的爱女选一个佳婿。他环顾满朝青年子弟，最后选中了生得一表人材、相貌非凡的杨坚。杨坚是北周开国勋臣杨忠的长子。杨忠是弘农华阴人，官拜柱国大将军，封隋国公。他的长子杨坚不仅相貌气度不凡，而且为人深沉稳重，不苟言笑，谈吐表现极有见识，很多人对他刮目相看，说他风骨特异，必有飞黄腾达之日。独孤信有意将女儿许配给杨坚，但又觉得不能仅凭相貌取人，还要亲自考察一番。一天，独孤信特意摆下酒筵，宴请杨忠父子及几个知己朋友。席间，独孤信对杨坚说："我与你父亲在战场上出生入死，才获得今天的功名。你还没有经历过战场考验，你有什么打算？"

杨坚不慌不忙地回答："大人盛名盖世，我常听家父称赞大人用兵如神，谋而后动，所以才战无不胜，声振邻国。我将来如果上了战场，当以大人为榜样，建功立业。"

独孤信被恭维得呵呵大笑，通体舒畅。他又问道："你平常喜欢练何种武艺？"

"刀枪弓马，每日必练。但我以为，为帅者不仅要武艺出众，更重要的是要有韬略的修养。盖战争之事，斗力不如斗智。项羽能力敌万人，但智谋却不及刘邦，所以才落得四面楚歌，自刎乌江的败局。"

听了杨坚这番话，独孤信十分赞赏。他对杨坚说："你将来的造就，一定在老夫之上，愿你好好努力。"

经过这次考验，独孤信对杨坚十分器重，于是决定把幼女嫁给他，这门亲事很顺利地完成了。

独孤氏婚后生活十分美满。刚结婚不久，这对新婚夫妇在一次交谈中，就显示了独孤氏不凡的个性。她对杨坚讲了在她心中蕴藏了许久的想法："你们男人都有一个毛病，一得意，就会妄自尊大，这年头如果能和一个多情多义的人白头偕老，实在难得。"

"你怎么有这样的议论？"

"男爱女以色，有几个白头偕老的美满夫妻？男人一旦得意，就视女人为玩偶。你看权势之家，宫廷之间，昏淫秽乱，能有几个尊重女人的？"

"难道你怀疑我有对不住你的地方吗？"

"我父亲看中的是你相貌不凡，识见远大，说你将来一定会有成就。不过就我一个女人来说，你事业成就愈大，如果不能尊重我，始终如一地对我好，那又有什么意义呢？！我父亲有5个姬妾，家庭中争宠夺位，扰得不得安宁。几个哥哥也这样，自寻烦恼，我见得多了。你们男人对婚姻不尊重，娶妻、休妻如同换件衣服一样随便。你要是那样，我可受不了，也绝不答应你那样做。"

"想不到你这样多虑，我保证不会背弃你。我爱你之外，只有更加敬重你，我向你保证，除你之外，不和第二个女人有来往。"

"你敢发誓吗？"

"我杨某，如果背着你和第二个女人有来往，就遭天罚……"

独孤氏瞟了杨坚一眼，脸上泛出了喜悦的笑容。

在中国封建社会里，难得这对夫妻对婚姻关系这样重视。

史书上称独孤氏善妒,其实不然。她力求夫妻之间真诚相爱,要求杨坚不纳妾,不乱爱,即使到杨坚贵为帝王时,也不能破坏这个原则。正因为如此,才演出了以后的种种故事。

助夫建隋

独孤氏嫁给杨坚后不久,杨坚就靠父亲荫官为车骑将军,从此声誉日隆。这时,正值北周明帝宇文毓统治时期。明帝的皇后是独孤信的长女,因此和杨坚是连襟,尽管这样,但他对杨坚并不放心。在明帝登上帝位以前,就曾听人说过杨坚相貌贵不可言,如今皇权不振,不能不警觉。为此,明帝密遣相术家赵昭去仔细察看,如果杨坚有帝王之相,就决定除掉他。

赵昭见到杨坚后,发现杨坚果然气宇不凡,又仔细观察,见杨坚上身特别长,长着一对三角眼,眼神如电,照人有威;谈起话来,声音宏亮,铿锵有力。而且杨坚额头中央微微突起,愈往头顶愈突起,像一根肉柱,头顶两角也各突起一块。赵昭不禁啧啧称赞,心中暗暗盘算,这真是个真龙天子之相。为图日后富贵,赵昭对杨坚直言相告:"将军之相,真乃五百年也难得一见。额广,中央突起,直贯入顶,相术上称之为'五柱贯顶',此相当为天下之君。异日富贵时,愿将军不要忘了我今天的论断。"

杨坚生性沉稳,他怕赵昭是来试探自己的,因而慌忙回答:"我不过是一介凡夫,惟一的希望就是能效法父亲,为国效力。此外别无他求。"

但赵昭却是真心实意,他告诉杨坚:"目前时机未到,要深自隐晦,不可太露锋芒。宇文大冢宰忌贤害能,将军要特别小心才是。"

赵昭回到皇宫,奏禀明帝,说杨坚虽奇,但依人成事,顶多只不过做到柱国之类的军职,从而消除了明帝心中的疑惑。

而这一边的杨坚,在听了赵昭的话后,心中不免泛起奢念。回到内室,对独孤氏谈起了这番经过。

"赵昭态度诚恳,不像是在骗我。"

"这种事哪能尽信。"

"有一个秘密,我从来没有告诉过人。"杨坚一把拉住独孤氏的手臂,走到窗前,伸开左手,将手心迎向窗前的阳光,只见杨坚的掌纹明显地组成一个"王"字,同时,左右两手的掌心下端,各有一个回旋螺纹。

独孤氏很惊讶:"这确是很奇怪,我曾听人说,掌心有螺纹,主大贵,你两手都有,又有'王'字在上,确是异相。"

杨坚又给她讲了自己小时出现的种种异相。独孤氏不仅好奇,心中也充满了无穷的希望。她略一思索,正色对杨坚说:"依这样看,你的确不是常人,不过现在权臣当道,你不能不特别小心。而且,在我看来,成大事的人,一定要有几个志同道合的人帮助才能成事。否则,你纵有天大本事,一个人也是孤掌难鸣。你应该结交几个真心朋友才是。"独孤氏这些话,使杨坚受益匪浅。

当时,杨坚的官职是"小宫伯",主管宫间的事务。一方面,他小心尽职,不敢稍露锋芒,另一方面,他冷眼旁观,在朝臣中结识了不少有识之士,引郑译、刘昉为知己,与他们时常秘密谈论朝政,结为一党。他们在日后杨坚夺取皇位和执政时都有很大作用。

执掌大权的大冢宰宇文护,颇疑忌杨坚,曾有意杀他,但都被杨坚逃过。明帝受宇文护的辖制,一心想除掉他,但宇文护竟先下手把明帝毒死。继立的武帝,即宇文邕,是一个相当有心计的人,他经过11年的准备,设计杀死了宇文护,尽诛其党羽,自己掌握了大权。武帝亲政以后,积极整练军队,灭了雄踞于冀晋鲁豫的强敌北齐。到这个时候,杨忠已经死了,杨坚袭爵为隋国公。在几次征战中,杨坚功勋显赫,又有郑译等人在武帝前不时吹捧,杨坚的声誉日渐上升。武帝的太子宇文赟16岁时,择杨坚的长女为太子妃,这样杨坚成了太子的丈人,更提高了他的地位。

杨坚37岁时,武帝驾崩,太子宇文赟即位,史称周宣帝。新皇帝是个21岁的青年,性格暴躁而自大,嗜酒,喜怒无常。杨坚以皇后之父被任命为大后丞。宣帝远游时,就派杨坚居守。杨坚的地位渐渐升高以后,也常常借机弄权,以讨好内外,对宣帝则时常规劝,要他注意政事。宣帝渐渐感到不耐烦而对杨坚不满。

杨坚知道自己已不再被皇帝信任。暗中和郑译、刘昉等几个知己讨论应付的办法,觉得惟有外放,离开朝廷,才比较安全。这样,由郑译策划,杨坚被外放任扬州总管。上任前,杨坚特别关照郑译等人,以后朝中政情大事,要随时通报消息。

当时,刘昉官居御正大夫,郑译为内史,都是能接近皇帝的近臣。正在杨坚准备去扬州,行期已定之时,郑译传来消息,宣帝因饮酒过度,已昏迷两天,怕有变故。杨坚得知后,拿不定主意。不走,怕人说逗留观变,存心不轨;走呢,又怕一出国门,将来要受制于人。在这种犹豫彷徨的情况下,杨坚只有与独孤氏商议。

独孤氏的确是一个了不起的女子,她审时度势,替杨坚拿主意,说道:"这个时候,绝对不能走。机不可失,否则就难有出头之日。从现在起,你装作失足扭伤,不能行走,传话出去,暂时延缓行期。其他的事,赶快找刘昉一班人密议。"

杨坚依独孤氏的主意而行,一面装着脚痛,宣布行期延缓,一面秘密与刘昉、郑译等商议,定下策略。万一宣帝驾崩,由郑译、刘昉作内线,相机推荐杨坚为辅政。

宣帝暴饮昏迷了10天,郑译乘机草拟一诏令,策命杨坚入朝辅政,并都督内外军事。在杨皇后支持下,诏令在皇帝病床前宣读,当时宣帝已昏迷不能言语,算是宣帝口授诏书,立刻正式宣布,使内外周知。杨坚就这样轻易取得辅政大权。他立即进居朝堂,施展权谋,以郑译、刘昉为心腹,并乘宣帝未死,假称赵王宇文招嫁女于突厥,尽召诸王入京。两天后,宣帝驾崩,7岁的太子宇文阐继位,杨坚身为摄政,大权独揽。他施展一套手法,自己躬行节俭,布衣素食,勤劳治事,一方面布置心腹分掌重要位置。他的作为,引起几个重臣的不满。相州总管尉迟迥,益州总管王谦联合起兵,声讨杨坚。杨坚用将得人,短时期内先后平定叛乱,他对反对者毫不留情,予以杀戮。

杨坚的作为,渐渐显出揽权的野心,宇文氏诸王尤其反对。赵王设宴请杨坚,准备在宴席上以伏兵杀之。但杨坚在随从元胄的保护下,未遭毒手。独孤氏看到杨坚犹豫不决,提出自己的建议:"不想受制于人,就不能后退,现在退一步就没有生路了。无毒不丈夫,你不要顾忌太多。"

独孤氏"无毒不丈夫"这句话,在杨坚的脑海中产生了很大的作用。他命人告发赵王等同尉迟迥的叛乱有勾结,一气杀了5个亲王和他们的全家老小。凡是不附合他的朝臣也被一一翦除。

杨坚执政两年以后,见时机成熟,就由郑译、刘昉策动,逼静帝宇文阐禅位。公元581年,杨坚登上帝位,建立隋王朝，史称他为隋文帝，独孤氏被立为皇后。

内廷变故

杨坚登基以后，志得意足。他勤于政务，政治才能颇高，在他治理下，国势日强。

独孤氏被立为皇后后，杨坚对她既爱又畏。直至独孤氏去世，杨坚的后宫才设立妃嫔，这在历史上也是前所未有的。每天上朝，独孤后总要陪杨坚共乘一坐舆，杨坚在前殿听政，她就坐在后殿等候；杨坚如有失误，独孤后立即指出，杨坚下朝，他们又一同回内殿。

这时的杨坚四十出头，精力旺盛。他躬行节俭，皇宫内苑，清静无华。无事时，杨坚就到处察看。一天，他来到后院洗衣局，几个女子正在洗衣，见文帝驾到，慌忙伏跪行礼。其中一个年约20岁的女子，眉清目秀，长得丰满，皮肤白皙，唇红齿白，气质典雅，如鹤立鸡群，杨坚不由得心动。他平日所见的宫女，都是独孤后所选，不是粗短，就是瘦弱。独孤后从不选美貌妙龄女子在身边，这样做，自有其深意，以防杨坚见色起意。

"你姓什么？来宫多久了？"杨坚故意找话问她。

"奴婢复姓尉迟，来宫4年了。"

杨坚听这女子说话时，声音清脆悦耳，更是喜爱。他有心将尉迟氏弄到身边，又知道独孤后绝对不会允许。几天过去，杨坚总不能从心中抹去尉迟氏的形象。一天，杨坚在御书房批阅奏章，利用皇后午睡的机会，命内侍引尉迟氏来见。尉迟氏略加妆饰，更显得美丽。杨坚急不可待，在内书房后室和尉迟氏温存起来。事后，杨坚问起她的家世，才知道她是当初起兵反对自己的尉迟迥的孙女。尉迟迥被杀后，她被没入官府为奴。杨坚为美色所迷，加上尉迟氏又体贴人意，他暗中常与她欢聚。但日子一久，被独孤氏得知，就对杨坚大兴问罪之师。

"你当初山盟海誓，现在是否嫌我年老色衰，还是你做了皇帝就可以随随便便？"独孤后逼问杨坚。

杨坚一向敬爱独孤氏，又有些心虚，希望把事情冲淡："我只是一时之兴，皇后何必认真。"

"还有，那狐狸精是尉迟迥家的人，她如果不安好心，你岂不危险？你怎么这么糊涂？你给我把她撵出宫去。"

杨坚深知独孤后的脾气，没法缓和，只有遵命。

这件事给独孤后很大的刺激。她知道，只要放松一次，就会有第二个、第三个。纵然杨坚现在身为帝王，她也无法容忍别的女人闯进她的婚姻圈子。她越想越有气，内心拿定主意一定要给丈夫点颜色看。

次日，杨坚退朝后，正思考如何打发尉迟氏，只见独孤后命人提来一个盒子，放在内寝走廊上。

"那是什么？"杨坚问。

"把盒盖打开，让皇上看看。"独孤后命令内侍。

杨坚不看犹可，一看脸色陡然大变，却见盒内盛着一颗血淋淋的人头，仔细一看，正是他喜爱的尉迟氏。杨坚气得说不出话来。

"我替你了结了她，免得你为难。"独孤后望着吃惊的杨坚说。

杨坚大怒，愤然离去。他没有想到这件事会是这样。他既为惨死的尉迟氏而悲伤，又为自己的面子大受损伤而气愤。他到后院御厩，骑上他那匹枣骝马，从右侧门直出长安北门，没有目的地狂奔而去。飞奔20余里，停在一个山谷边的松林下，坐在岩石上休息。他心情很复杂，虽然非常不满独孤后的做法，也曾想大施龙威，将她囚禁起来，让她吃尽苦头，又怕别人会传为话柄，"皇帝偷情，皇后吃醋"，实在不好听。他反复思量，没有什么好主意，只觉得自己受了莫大的委屈。

不知过了多长时间，太阳已西沉，杨坚仍坐在枯树下。这时，从长安方向的道路上，飞奔而来两骑。原来独孤后见杨坚怒气冲冲地离开，生怕出事，忙叫近侍召来杨坚的两个亲密大臣——高颎和杨素，告知他们事情的原委。两人慌忙四处寻觅，好不容易才找到这儿。见面后，他们力劝杨坚息怒回宫。

"她这样做，实在令我难堪。朕贵为天子，却不能自由，她未免太过分了。"杨坚气愤地诉说。

"皇上应以天下为重，怎么能够因为一个妇女而轻易丢开天下呢！"高颎极力劝解。

"皇后也为此深感不安，非常后悔。皇上息怒，臣等护送皇上回宫。"杨素也从旁相劝。

虽然高颎、杨素一再劝慰，杨坚仍不肯马上回宫。一直等到天黑，杨坚怒气才稍平，在高颎、杨素的陪同下，缓缓回宫。

独孤后已在宫中阁道前迎候，一见杨坚，便呜咽流泪，跪在地上请罪。夫妻重行见面之礼，都有很多感触，不知说什么好。高颎、杨素见此情景，连忙用好言规劝："皇上回来了，皇后就不要再忧伤自责了。皇上到现在还没有用晚饭呢。"

独孤后见有台阶可下，忙说："可真难为你们了。"

这时，杨坚也开口说道："你们就留下来一起用晚膳吧！二位在外朝政事上为朕分忧，在内朝又为朕的家事挨饿，朕要好好谢谢你们。"

这样，一场冲突终于在酒宴上被冲淡了，大家极欢而散。

经过这一番波折，独孤后为讨杨坚欢心，刻意修饰，夫妻重温旧情，和好如初。但后来独孤后听说高颎在劝杨坚时，将自己比做一个无足轻重的妇女，心中大为气愤，对高颎不满。高颎的妻子死后，杨坚命他续妻，高颎辞以新丧，不忍续弦，但不久高颎的爱妾生了孩子，这更惹恼了独孤后，她极力破坏杨坚和高颎的关系，高颎从此不再受宠，之后又被罢黜官职。独孤后这种痛恨男人纳妾的心理，也导致了太子杨勇失欢于她，最终被杨广取而代之，演出了一幕家庭悲剧，使杨坚辛勤建立的帝业也随之覆亡。

废立皇太子

隋文帝杨坚有5个儿子，都是独孤后所生。杨坚颇以此自豪，常对臣下说："朕别无姬侍，五子同母，可谓真兄弟。不像前代帝王内宠多，兄弟间互相纷争，亡国之道，莫此为甚。"他哪里会料到，一母所生的兄弟，为了权位，照样会闹出阴谋夺位的悲剧。

杨坚的长子杨勇，小名阿㶉。次子杨广，小名阿㦬。杨勇品性宽厚，只是从小养尊处优，有些恣意任性，没有心计。杨广长得仪态俊美，善于察言观色，深藏心计。5个儿子中，独孤后最喜欢杨广。杨坚登基以后，杨勇因系长子，被立为太子，杨广被封为晋王。开皇八年(588)，杨坚兴兵，大举伐陈时，杨广为行军元帅，统御各路军马，战功卓著，也赢得杨坚的喜爱。

杨勇的妃子元氏，是前朝北魏的皇族，门第高贵。但元氏不够美丽，太子并不宠爱她，而是宠爱出身低微的幸姬云氏。为此，独孤后常斥责太子，要他礼爱元氏，太子只是表面应付。后来，元氏暴病两天而亡，而云氏这时却生了一个儿子，这孩子就成了杨坚的嫡长孙，杨坚很高兴。但独孤后却不以为然，她说："夫妻是人伦之始，不重视这个伦常的，一定没有好结果。你做老子的，身为天子，都没有一个姬妾。儿子不像你，要好好教训他，不然将来恐怕会坏了你的家业。"

这番话后，杨勇免不了受父母的责备。独孤后常常派人伺察太子杨勇的举动，很多事情使她不满，因此少不了在杨坚面前说这个儿子不堪重任。而杨勇又不够警觉，他并不因此而约束自己。有两件事又使杨坚大为不满。某次大阅，杨勇在他的铠甲上加上了金珠等装饰，杨坚很重视节俭，为此，杨勇受到了斥责。那年冬至节令，杨勇在太子宫张罗接受百官贺节，场面又极端铺张。善于猜忌的杨坚得知后，认为这是朝臣冷落自己，大为气愤，责问众臣。又怀疑太子暗中弄权收揽人心，对太子很不放心。杨坚又见东宫太子宿卫有几千人，于是下令将其中精壮者选入皇帝的禁卫军。杨勇觉得父母对自己有误解，私下也表示不满。晋王杨广觉得有机可乘，遂设计图谋夺取太子宝座。

杨广与杨勇的性格迥然不同。他阴险狡诈，知道文帝不喜欢奢华，崇尚节俭，他就投其所好，车马衣物，连家人等一律朴素无华，家中也布置得十分寒素。杨广表面上谦逊有礼，倾心结交群臣，对杨坚的宠臣杨素更是虚心结纳，因此获得许多朝臣的称赞。不但如此，杨广和夫人萧氏，还在母亲独孤后面前大献殷勤，显得十分恭敬孝顺。有时独孤后派宫婢传话，或是有所赏赐，杨广命萧氏视之为上宾，甚至和萧氏同寝共食。回去的人自然在独孤后面前夸赞晋王夫妇的美德。日久，杨坚也对他刮目相看。灭陈以后，杨广被任命为扬州总管，镇守南方。临行之前，杨广进宫与母亲辞别，母子二人呜咽流泪，悲不自胜。杨广得知母后对太子极为不满，觉得取代太子大有可为，遂和心腹定下计谋，深交杨素以便让杨素帮助他谋求皇太子之位。杨素也看出独孤后对太子杨勇不满，就决心帮助杨广打击太子。

随着时间的推移，杨勇渐渐觉察到自己的太子地位发生动摇，因而大为惶恐，不知如何是好。他在自己的后园中搭了一个草屋，布衣草褥，栖息其中，表示悔过自新。杨坚得知太子不安，派杨素去东宫观察太子言行。杨素来到东宫外通报进见，杨勇不敢怠慢，冠带整齐在台阶下等候，但杨素故意迟迟不进，以激怒杨勇。杨勇果然中计，见面时，内心的愤怒都流露了出来。杨素回宫报告说太子有怨气，恐怕有变。同时，独孤后也派人秘密刺探太子的过失。杨广更甚，用重金买通太子的幸臣姬威，于是东宫内芝麻大的小事，也有人夸大其辞地报告为太子怀恨，图谋不轨。这样天长日久，杨坚深感忧虑，认为自己处境危险。杨广见时机成熟，派人胁迫姬威诬告太子谋反。杨坚气愤已极，命令杨素负责调查。杨素一手遮天，搜罗太子过失，把太子饲马千匹和将庭前枯树根制成火燧千枚等事说成是蓄谋政变。文帝杨坚听信谗言，遂于开皇二十年（600）将太子杨勇废为庶人。

两个月后，晋王杨广被立为太子。又过了两年，仁寿二年（602）八月，独孤后病故，时年50岁。

独孤后的品性

在中国历代皇帝皇后中,惟有隋文帝和独孤后过着一夫一妻的生活。这虽然可以说是两人的感情深厚,却也表明独孤后御夫有术,史书上称独孤后奇嫉,不可尽信。杨坚能平步青云,职位不断提高,最后登上皇帝的宝座,这多得益于独孤后的帮助,而登基后,国势蒸蒸日上,也有独孤后的一份功劳。独孤后一直在后为杨坚出谋划策,因而杨坚既爱又畏独孤后,对她言听计从。

然而作为一个封建时代的皇后,独孤后也没能超越封建礼教的要求,她柔顺恭孝,谦卑自守。被立为皇后后,凡事都要遵守礼的要求,她曾教育几个公主说:"北周皇家的几个公主,都没有妇人之德,嫁到夫家后,不尊重公公、婆婆,还离间夫家至亲骨肉,搅得一家人不得安宁。这样的事,你们要引以为戒。"一次,独孤后侄女的丈夫死在并州,其嫂告知独孤后,说女儿已有身孕,请求准许不去参加葬礼。独孤后说:"女人应该伏侍丈夫,这样的事,怎么能不去!况且她的婆婆还健在,你们理应去问问她。"结果由于她的婆婆不答应,独孤后的侄女只得前去参加葬礼。独孤后还颇为仁爱,每当听说大理寺要处决犯人,常常呜咽流涕。

独孤后生性非常节俭,不好华丽。一次幽州总管献给独孤后一筐明珠,精美绝伦,价值800万两银子,独孤后却说:"这些东西我用不着。现在边塞上战事频繁,将士们都很疲惫劳苦,不如用它犒劳有功的将士。"

独孤后作为一个皇后,遇事能从大局出发,毫不顾念私情。一次，独孤后的表兄大都督崔长仁犯法，依照法律应该杀头，但由于他同独孤后的关系，杨坚打算赦免他。独孤后得知后，对杨坚说："处理国家大事，怎么能顾及私情呢？"结果，崔长仁就被处死了。独孤后的深明大义，博得了臣子们的称赞。同时，由于她在言及政事时往往与杨坚不谋而合，宫中并称他们为"二圣"。

附：文帝杨坚妃陈氏

◎ 赵 敏 王 瑞

人们对隋炀帝杨广"杀兄淫母"的故事也许并不陌生，其兄是指隋文帝杨坚的长子杨勇。其母就是本文所要介绍的宣华夫人陈氏。

生于乱世　宫中得宠

陈氏是南朝陈宣帝的女儿。她自小聪明伶俐，颇具倾国倾城之貌，故而深得陈宣帝的喜爱，被视为掌上明珠。陈氏在这样的环境里度过了她的童年。但是，陈后主整天沉缅在歌舞酒色之中，填词作赋，不理朝政，广大人民过着暗无天日的生活，因而陈朝人民十分痛恨这个腐朽的统治集团。开皇八年(588)的除夕之夜，正当陈后主君臣在宫中饮酒作乐之时，隋军已渡过长江，直抵建康，陈军纷纷投降，陈朝灭亡了。陈氏和陈国宫人一起被发配到隋朝后宫，不久，又被隋文帝征选为嫔，从此开始了一种新的生活。

宣华夫人生于陈朝宫中，自小耳濡目染宫中礼仪，行止端重，加上她年轻漂亮因而颇得隋文帝杨坚的赏识。隋文帝的皇后独孤氏，不仅参与朝政，而且对文帝的私生活控制得很严，所以陈氏的受宠，乃是独孤皇后去世以后的事情。仁寿二年(602)八月，独孤皇后在永安宫中病逝。隋文帝便开始毫无顾忌地宠幸陈氏，不久，陈氏就由夫人晋升为贵人。随着陈氏地位的提高，她开始处理宫中一些内部事务，权力越来越大。六宫中其他一些妃嫔，都不能和她相提并论。陈氏成为凌驾于其他妃子之上的特权人物。

移嫁杨广

仁寿四年(604)七月，隋文帝在仁寿宫避暑。从四日开始就感到身体不适，四肢乏力，身体倦怠，不思饮食，到了暑天已过，秋风渐凉的时候，他便躺在床上，一病不起了。太子杨广、大臣杨素、柳述及陈宣华夫人、蔡容华夫人等都在跟前伺候。而这些人都对隋文帝的病情非常关心，杨广之流关心的是文帝快些死掉，以便他早日登上皇帝宝座。同隋文帝一起来避暑的宣华夫人陈氏和容华夫人蔡氏，却是希望文帝早日康复，她们日夜守在床边。看到杨坚生命垂危,杨广等人加紧策划登基阴谋。一天,东方刚刚露出鱼肚白,宣华夫人和容华夫人在杨坚病榻前一宿没有合眼,此时困得实在不行,便闭上眼睛打个盹儿。她们实在太劳累了,隋文帝自病倒以后,她们一直守护在床前,连续数天的睡眠不足,她们已是疲倦不堪。隋文帝一觉醒来,发现二位夫人一直守护在自己身边,一夜没有合眼,赶紧催促二人去更衣休息。

不长时间,更衣后的宣华夫人陈氏又回到隋文帝面前,并且神色慌张,衣衫不整,环佩错落,文帝赶忙询问怎么回事?宣华夫人只是摇头落泪,一声不吭。隋文帝更加奇怪,一再追问,宣华夫人才道出真情。原来,在她出去更衣的时候,正巧遇到急匆匆赶来的杨广,杨广见宣华夫人年轻漂亮,而且父亲又重病在床,不久于人世,于是胆大妄为,竟想对宣华夫人施以非礼。宣华夫人拼命挣扎,才逃出杨广的魔掌。

隋文帝听后暴跳如雷,破口大骂杨广:"畜生,这样的人怎么能把治理国家的大事交付于他?独孤皇后误了我的大事"隋文帝悔恨交加,后悔自己把国家重任交到杨广手里。然而杨广更为残暴没有人性的事却是刚刚开始。

隋文帝死后,杨广继位,称隋炀帝。隋炀帝派人把一个精致的金盒送到宣华夫人手中。宣华夫人看着这四面御封画押的金盒,对自己的命运想了许多许多。太子既然能毒死亲生父亲,几日前调戏未遂,他能轻饶自己吗?她猜想,盒里装的大概是鸩酒,想到这,宣华夫人的眼泪扑簌簌落了下来,她为自己红颜薄命而伤心。

来使见她犹豫不定,就催她打开金盒,自己好回去复命。无奈,宣华夫人颤抖着手揭去黄封,轻轻打开金盒盖,里面哪是什么毒酒,而是五彩制成的同心结。摆在陈宣华夫人面前有两条路：一条是随波逐流，依从杨广，收下同心结；一条是拒绝杨广的威胁利诱，不收同心结。何去何从？宣华夫人犹豫不决。在来使的催促下，宣华夫人终于收下了同心结。

杨广得知宣华夫人收了同心结，非常高兴，连夜赶来与宣华夫人相会。从此，杨广强占父妃事件成为隋王朝贻笑后人的丑闻，也是隋炀帝贪婪残暴的历史见证。

隋炀帝杨广继位以后，背着萧皇后整天与宣华夫人饮酒作乐。萧皇后开始以为先皇初丧，炀帝可能到别宫独处，并未在意。但纸里包不住火，炀帝与宣华夫人的丑闻，很快就传到她的耳朵里。萧皇后妒火中烧，怒上心头，恨恨地说道："才做了几日皇帝，就如此淫乱，将来如何是好！"作为隋炀帝皇后的萧氏，她是不允许有人代替她的。为此，萧皇后当着宣华夫人的面大骂杨广："你刚刚做了皇帝，就奸淫父皇的妃子，背弃正妻；如果当了几年皇帝，又将怎么样呢？你一定要把她打入冷宫，不然，我就传下懿旨，让百官都知道你的丑行，看你这皇帝如何当法？"萧皇后的话不仅说得杨广哑口无言，而且说得宣华夫人羞愧难当。在当时的封建社会里，做出这样违背人伦之事，其压力可想而知。聪明的宣华夫人久居深闱，深知宫闱内斗争的残酷，既已遭到皇后的嫉妒，如不赶快退步，恐怕性命难保，她要求杨广把她送到一偏僻居所。杨广在无可奈何之下将她送到仙都宫居住。

宣华夫人离开之后，杨广整天闷闷不乐，经常莫名其妙地大发脾气，萧后知他惦记着宣华夫人，最后没有办法，不得已又把宣华夫人接回宫中。

宣华夫人虽然又回到宫中，可是经过这一次变动，心理受到很大摧残，整日郁郁寡欢，只过了一年多就离开了人世，享年29岁。

宣华夫人死后，隋炀帝悲恸万分。为了表示对她深切的哀悼，为她举行了隆重的葬礼仪式。同时炀帝也附庸风雅，为她写了一首《神伤赋》来纪念她。

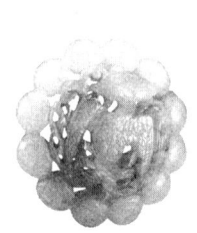

炀帝杨广皇后萧氏

◎ 周玉琴

生不逢时　福从天降

太建元年(569)二月二日，北风呼啸，夹着雪花吹得飒飒作响，寒气逼人。江陵(今湖北沙市)城内后梁宫中，皇帝萧岿的宠妃张姬产下了一名女婴。出乎人们意料的是，这天王府里丝毫没有喜庆的样子。在朔风的呼啸声中，气氛愈发显得沉闷压抑。作为帝王之女在人们心目中该是一位佩金戴玉、气指颐使的娇贵千金,该是父母的掌上明珠,然而命运却偏偏与这个刚刚降临人世间不知善恶的她开了个玩笑。按照当时江南的风俗,孩子生在二月命运多舛,多灾多难,而她出生在二月二,更加不吉利。萧岿迷信占卜,连占两卦卦象都不好,于是这个小小的生命就面临着两条路的选择:要么被弄死,要么送给别人。张姬哭得两眼红肿,无论怎样哀求,身为一国之君的萧岿为了自己的社稷是不能允许这样的"灾星"留在家里的。于是,第二天,这个新生的女婴就送给了没有儿女的远房亲族萧岌收养。这个小女婴就是后来贵为隋炀帝皇后的萧氏。

萧岌夫妇无儿无女倒也乐意收养一个女儿,老了也好有个依靠。更何况,萧氏毕竟是帝王之女贵为千金。所以,虽不是亲生父母抚养,也没少了疼爱。可命运偏偏作弄人,安安静静的日子只过了几年,到萧氏8岁时,萧岌夫妇便相继谢世了。孤苦无依的萧氏只好辗转投奔外祖父家,由舅舅张轲收养。收养归收养,张轲的家境远远无法与萧岌相比。老两口儿辛勤耕作,过着清苦的日子,再添上萧氏更是难上加难。没办法,连小小的萧氏也得干些力所能及的活以维持生计。张轲夫妇人穷志不短,他们教会了萧氏如何做人,该怎样生活。劳动之余,他们又教会了萧氏读书认字。萧氏天性聪颖,过目不忘,所以后来成为一个知书达礼、颇有教养的女子。

光阴荏苒,秋去春来。14岁时萧氏已成为一个娴静温柔、美丽端庄,明眸皓齿,温文尔雅的妙龄少女。见到她的人没有不称赞的,认为她日后定能享受富贵荣华。张轲夫妇听后只是暗暗地摇头,感叹她的命太苦了。这期间尽管有人曾劝萧岿将女儿接回去,可萧岿迷信很深,始终没有答应。

开皇三年(583)的一天,有人驾车匆匆赶到张轲家里,说萧岿有令让萧氏回家一趟,事急须立即动身。坐在疾驰的车里，萧氏忧喜交加，喜的是能回去看一看亲人，看一看自己的家，忧的是不知等待自己的又是什么，想到这里不禁秀眉微蹙。

原来，这一年隋军新败突厥，隋文帝已巩固了北方的统治。但如何尽快统一中国，巩固对南方的统治是他朝思暮想的事情，常令他寝食不安。恰好次子晋王杨广已年满16年，到了选王妃的年龄，文帝和独孤后为此大动了一番脑筋。当独孤后提出最好从南方的名门望族中为杨广挑选王妃时，二人一拍即合。历代以来，统治阶级的上层人物的婚姻更多考虑的是政治上的联姻——如何结成庞大的势力网，进一步巩固自己的政权。杨坚和独孤后正是考虑到隋立朝不久，有赖于广大贵族、地主阶级的支持，所以才想凭借这个机会笼络住南方大族的心。当时南方的名门望族中最为门当户对、最有影响、最受礼重的莫过于江陵后梁王萧岿了。于是，杨坚派使者陈中带厚礼去萧家提亲。萧岿喜出望外，倘能与皇帝结为儿女亲家，那么他的地位、他的统治就确保无虞了。于是把家中三个女儿都拉了出来，可陈中看来看去，不是相貌不好，就是卜卦不吉，一时大家都很扫兴，眼看这门婚事已没有希望了。正当萧岿愁眉不展、束手无策时，有人小心翼翼地向他提起了寄养在张轲家的萧氏，萧岿欣然同意，派人立即去接。使者陈中一看这个女儿，安详典雅，落落大方，美丽而高贵，妩媚而不失端庄，娇羞中透出大家风度，与前几个大不相同。陈中心中暗喜，先自定住八九分，于是再虔诚祷拜，占得一个大吉大利的卦。陈中向萧岿道贺，回去禀报文帝定夺。萧岿怎么也没想到这被遗弃14年、从未相聚过的女儿竟给他带来了希望，从此对她另眼相看。就这样，萧氏终于苦尽甘来，福从天降了。

不久，萧氏被迎到长安，文帝和独孤后亲自召见。这次晋见是一次关键的考验,关系着她未来的命运,所以心中颇为紧张。见面的时候,文帝问了些南方习俗和萧家的情况,萧氏对答得体,独孤后甚为满意。当文帝问及梁王才学很高还精研易理,以至于每有行动必先占卜吉凶一事时,萧氏说:"臣父因为过信占卜,以致废弃事务。一个人倘能行正立端,必能达到天与人归,不必求诸占卜。"文帝听后大加赞赏,觉得她的见解十分正确,对她愈发喜爱。这门婚事就这样最后拍板敲定了。不久,举行策封礼,萧氏进为晋王妃。

良谏苦劝　对牛弹琴

萧妃性格随和温顺,自幼在舅父家好学敏记、能书善画、善解文理,尤其对占候占卜颇有造诣。每当与笃信占卜的文帝、独孤后谈到卜卦时总能把其中的道理分析得透彻、精辟,深得文帝的赏识和独孤后的青睐。晋王杨广仪容俊美、才思敏捷,萧妃嫁得快婿十分欢慰。杨广对这样一个温柔贤惠、美丽端庄的妻子更是百般恩爱。夫妻十分相得。

随着年龄的增长,杨广的权力欲越来越大,开始觊觎太子的位置。他深知父亲杨坚是一个励精图治,反对奢侈的君主,母后独孤氏又是一个力主一夫一妻制,深恶淫行的皇后,所以他在衣食住行等方面处处装出清心寡欲、克勤克俭、心怀大志、奋发向上的样子,收买大臣与宫廷内侍,宣扬自己,中伤哥哥太子杨勇。众口铄金,久而久之,杨勇懦弱无能、心怀不轨;杨广清正贤明、循规蹈矩成为朝中一致的舆论。杨坚与独孤后对此也有耳闻,终于废了杨勇的太子之位而代之以杨广。

大业元年(605),杨广登基,是为炀帝。下诏册封萧妃为皇后。

　　杨广继位后，他的所作所为和他当太子时的表现全然不同，和杨坚的作风更是背道而驰。他父亲一生辛勤治国，留给他一个统一富足的大帝国，有足够丰富的财货供他享用。可杨广骄奢淫逸，大修洛阳宫室，搜罗天下奇珍异宝；滥用民力，凿通运河，巡幸江南，这一切使萧后越来越感到不安。她正位为皇后，儿子杨昭立为太子，母子至尊至贵，她自己没有什么不满足的了。只是看到炀帝的所作所为，想起这些都是文帝和独孤后所痛恨、力加戒止的，可现在都成为现实出现在眼前。她虽婉言规劝，可沉浸在安乐窝里的杨广哪里听得进她的话。她知道想要炀帝完全像父皇杨坚那样勤俭治国已不可能，只希望他行事能有个限度。

　　大业三年（607），炀帝下令开运河、造龙舟，准备一次盛大的水上游历。一时江南震动，朝廷上下没有人能劝止他。萧后觉得自己身为皇后，有责任来规劝。一天，正值牡丹盛开，她特地在院中设酒筵请炀帝来赏花。炀帝兴致正浓时萧后婉转地谈起了独孤太后："母后驾崩前曾找我去说了一段话，我一直想告诉你，可迟迟……"她故意沉吟起来。"说呀，母后她说什么？"炀帝迫不及待地追问。"她老人家说，她一生恪守治家之道，一是持家俭朴，二是力主一夫一妻防止父皇私宠。她说帝王之家至尊至贵、家有天下，最容易腐化，北齐高家、前朝周帝骄奢误国都是活生生的例子。老人家以为她这两件事做得很好，所以父皇能专心治国，使隋家天下安如磐石。"萧后幽幽地说。"母后性情固执，太过迂腐了。"炀帝很是不以为然。"迂腐倒不是，她是择善力执。她老人家一直认为你简朴恭孝、自守甚严，将父皇基业托付给你最放心。可你现在……我一直觉得有些不安。""我看你受母后影响太深了。要知道，我当初只是装装样子，还不都是为了今天。我一生最大的愿望就是无拘无束做自己最想做的事，而不要别人絮絮叨叨。""母后见得多识得广，她说帝王家奢侈淫逸是取败之象。皇上，不是我扫你的兴，我们夫妻20多年无话不说，我希望皇上凡事不要过度。开运河、造龙舟耗费钱财不说，更使多少百姓无家可归啊。"萧后仍不甘心地劝道。"皇后，你真是太过虑了。国库里的钱堆得像山一样，下面的都腐烂了。钱是供人享用的，像父皇那样空做守财奴，岂不自寻烦恼。你读过不少书，正如魏武帝所歌：对酒当歌，人生几何。譬如朝露，去日苦多。我就喜欢这几句，过往今来多少帝王，唐尧虞舜也好，夏桀商纣也好，到头来不都成为灰土，同样归于乌有。所以看透这一点，一个人应趁少壮之时尽情享乐。我现在富有天下，这是老天对我的恩赐，倘不享用它，岂不辜负了上天的美意。"炀帝得意洋洋地说。听了这番话，萧后非常失望，知道再也无法改变他的观点，多说也无用，反而破坏了夫妻的感情，只有暗自流泪叹息。

炀帝对萧后相当尊重，无论到哪里游乐，都要萧后跟随。只是萧后心静，希望能平平静静、简简单单地生活，对天天陪宴游乐相当厌倦。自那次和炀帝谈话后，萧后自恨无法改变炀帝享乐主义的观念，眼见大隋江山每况愈下，在无可奈何的情况下，作了一篇《述志赋》，表达了对炀帝的希望和规劝。文章写道：有幸能为皇帝打扫宫庭，真是莫大荣耀。又深怕自己尽不到责任，名不符实而负先辈的期望，因此昼夜不敢懈怠而自强不息。我平生的志向是能做到谦恭、节俭、不骄不躁，内心知足，不求虚名，能与君王白头偕老而已。但自己声名高、才能低，难以做到，终日惶恐不安，真有临深渊履薄冰之感。站在很高的位置上，一定要警惕危险也同时存在；荣誉、欲望得到满足之后，一定要防止骄傲自满。应光明正大、坚守志向，安安稳稳保住现有地位。荣华富贵、骄奢淫逸我看不上眼，古圣贤遗训和做人道理我不能忘怀。我的愿望是做一个周文王夫人周姒那样的贤良圣母，为国家培养出周武王那样的英才；做一个像齐威王虞妃那样的贤妻内助，规劝君王勤政爱民，致君尧舜之上……

萧后费尽心思只望炀帝看到能有所心动。

炀帝幸临萧后住处，看到了这篇文章。他一面读，一面赞道："写得好，没想到皇后居然有此文才，真是可佩可敬呀，只是太过自谦了。"萧后心中暗喜，大概这次规劝会有些成效吧。炀帝越看越觉得不对劲儿，很是不以为然地放下，不愿再读："你身着绮罗，处居瑶台，却心慕寒素，未免高调。""皇上，我只是想得天下易，守天下难，应该有一种临深履薄、居安思危的心情。皇上似乎不是这样想的。""皇后，所谓人生如寄，多忧何为。我取大业作年号，就是要追求秦始皇汉武帝的伟大事业，生有荣名，死有遗业。我做一个伟大的皇帝，你就是一个伟大的皇后了。"萧后见她苦思而成的作品并不为炀帝欣赏，大为失望，仍想再劝几句，却见炀帝脸色一沉："皇后，古语说：'今朝有酒今朝醉，哪管明日是与非'，我平生讨厌别人劝我，希望你以后不要再说这些不中听又无用的话了，这样徒惹你我不高兴罢了。"听到这话，萧后如冷水浇头，五雷轰顶，她清醒地认识到炀帝已经不可救药，再怎样说也不会有什么效用，只好听天由命。从此她只有不闻不问，做个旁观者了。

国破家亡　颠沛流离

炀帝不光不听劝告，一意孤行，而且对拂逆他的进谏大臣必置之于死地，朝廷上下噤若寒蝉，人人自危。这年洛阳宫建成，穷极华丽，美仑美奂。八月仲秋，炀帝亲率龙舟数千艘、随从2万多人巡游江南。第二年四月才返回洛阳。此时，太子杨昭已19岁，颇像萧后，待人宽厚，自奉甚俭，很得人心。时届七月，天气酷热，从长安赶来朝见的杨昭一路受暑，不久就一病而亡。消息传到洛阳，最伤心的是萧后。她觉得这是上天的警告，乘机再劝炀帝收一收心。炀帝起初勉强答应不再远游，可他好大喜功的性格，如今据有天下，总想做些惊天动地的事才能显出他的伟大，他向萧后保证的话很快就忘在脑后了。

当时，四境已无强敌，只有北方的突厥称雄塞外，时常南下骚扰边境。隋文帝时曾用和亲政策，将宗室之女号为义成公主下嫁突厥启明可汗。炀帝突发奇想，要去塞外炫耀武力。于是，下令发动民夫修筑直通太原的大道，亲率三宫六院、百官甲兵50多万人浩浩荡荡直趋胜州（今内蒙古托克托附近）。在胜州行宫里，炀帝接见了启明可汗、义成公主及众酋长，盛筵款待。筵席上山珍海味、奇珍异宝、歌舞奇技应有尽有，令塞外酋长们大开眼界，赞叹不已，纷纷臣伏敬酒，果然达到了耀兵扬威的目的。萧后心不在此，她一直惦念着义成公主。盛会后，萧后特地排出皇后仪仗，亲自拜会义成公主。这一不寻常的举动令义成公主十分感动，皇后屈驾给她一王室之女、番邦之妻无上的殊荣，更有一种如见亲人的感觉。由此，萧后与义成公主建立了一份深厚的感情。

这次盛会更加助长了炀帝追求新奇、永不满足的欲望。从大业四年至十二年（608—616），炀帝两次巡游江都，一次巡游长城，三次攻打高丽，损兵折将，劳民伤财。连年的横征暴敛、穷兵黩武搞得民怨沸腾。将士离心,哀鸿遍野,饿莩载道。自大业七年(611)邹平人王薄在长白山首先发难后,天下云集响应,各地农民起义风起云涌。这时全国到处都有逃亡的将士聚众为盗;豪杰之士乘机号召,称雄一方,割据而立;州郡官吏无力平盗,惧怕隋朝刑律,反与盗匪暗通。全国渐渐失去控制,犹如风雨中将倾的大厦,隋朝统治已名存实亡了。

就在这种情况下,大业十二年(616),炀帝又下令游江都(今江苏扬州)。自萧后以下许多忠正大臣极力反对劝阻,炀帝一怒之下杀了不少臣僚,在一片反对的声浪中,依旧我行我素。到了江都后,炀帝醉生梦死,想方设法来享乐,置朝政社稷于不顾,宠信佞臣、沉湎酒色、乐不思蜀。萧后见炀帝完全荒废政务,一意享乐,觉得这情形再继续下去实在是太危险了。她找了一个机会再作努力,规劝炀帝:"皇上,现在群盗四起,人心浮动,你怎能放弃朝务,安下心来享乐呢?""一般政事都有尚书、仆射处理,大事才来找我,不用你担心。"炀帝随口答道。"皇上,你还蒙在鼓里呢,他们只报喜不报忧,事事瞒着你。这样下去,就怕大隋江山不稳了。"炀帝不以为然地说:"哪有这样严重,我都有安排,不用你杞人忧天了。""但愿我这是杞人忧天,皇上倘再执迷不悟,恐怕将来不能再安心享乐了。"这番话并未能使炀帝振作起来,他对日益严重的局势丝毫没有办法。当时中原已乱,太原李渊占了长安,山东窦建德、晋北刘武周各自独霸一方,尽管炀帝派王世充领兵征讨,但毫不奏效。惟一的路就是凭借长江天险,偏安江南了。于是,炀帝下令在丹阳(今南京)预造丹阳宫以为将来退路。他的侍从和兵士多为关中、洛阳人,思念家中父母妻儿,炀帝的这一决定使得跟随他的百官和卫兵大为不安,倘若跟炀帝去丹阳就永无归期了,所以不时有人开小差。炀帝对士兵逃跑采取了残酷的镇压手段，然而军队的散乱情绪有增无减。

叛乱行动日渐明显，炀帝部将宇文化及联络炀帝的近侍、卫兵准备杀炀帝率众西归。一日，萧后正在行宫中心绪不宁地独自静坐。有宫人进来报告说："外面许多人想造反，情形很不好。"萧后长叹道："皇上心中烦恼，不愿多问政事。你直接去告诉给他听，也许会相信。"这个宫人得皇后的指示去向炀帝报告，不想炀帝听后暴跳如雷，认为这是不应说的话，以致造谣惑众，立即把宫人斩了。后来又有人向萧后报告，萧后低下头沉吟半晌，说道："冰冻三尺，非一日之寒。国家局势坏到这个地步，也不是一两天造成的。现在看来已无法挽救了，你们再报告这些消息，也一无用处，徒增皇上烦恼而已。这是天命，我有什么办法呢？"说完，不禁泪如雨下。从此，再也没人反映外边的情况了。

大业十四年三月（618），宇文化及眼见隋室江山大势已去，率领禁军冲入宫中，发动兵变。他先在炀帝面前杀死了炀帝的幼子赵王杲，炀帝知死期临近，解下腰间束巾交给士兵，被活活勒死。乱军离去后，萧后眼见炀帝死在御座之上，赵王杲仆在座前血流满地，睹此惨象痛哭失声："你享尽人间荣华富贵，却落得这样下场，这是何苦呢?!"隔了许久才令人用床板临时钉成两口棺材，装了杨广和赵王杲草草葬于扬州西苑流珠堂。

宇文化及只留下了炀帝之子秦王浩，以萧皇后的名义立他为傀儡皇帝，自己位居大丞相，总揽一切大权，霸占六宫妃嫔，以皇帝的姿态处理一切大事。后来，宇文化及率10万大兵、六宫妃嫔西下长安，在途中毒死秦王浩，自己称帝。

远在突厥的义成公主闻知隋朝江山破灭，萧后被执，想起以前萧后的情义，便促使启明可汗之子处罗可汗发兵围困窦建德，逼迫窦建德生擒宇文化及，尽杀宇文氏请出了萧皇后，又为炀帝发了丧。义成公主派专使迎接萧后，萧后举目无亲，从此就过上了背井离乡、流落异域的凄惨生活。

贞观四年(630)，唐朝大将李靖率军大败突厥。唐太宗李世民得知萧皇后尚在塞外，便派特使迎接她返回长安，颐养天年。

14年的流亡生活，使此时的萧皇后已成了白发苍苍的老妇人。从定襄返回长安的途中走到胜州附近，看到眼前的景物，兴起往事的回忆。想当年炀帝和自己就在这里接受中外贵客的朝拜，那是何等的气派，何等的荣耀。如今山河依旧，人事全非，往事不堪回首。想到这里，萧后不禁凄然泪下。

她的一生经历的坎坷太多了。难怪她每到一个地方，都会勾起她无限的回忆。她有太多的感触。她的一生有欢乐，也有孤苦，享尽人间的豪奢生活，登上了尊荣富贵的顶峰。最终，从富贵的辉煌中步入空虚，竟至一无所有。她喃喃自语道："难道，难道这一切就是我出生在二月命运的安排吗？"

大唐王朝又有一番新景象，可这对她来说毫无意义，一切都无法弥补她此时心中的裂痕。在孤独寂寞中她悄悄地离开了人世，结束了坎坷波折的一生。

车吉心 主编

中国皇后全传

● 第四卷

山东教育出版社

顾　问　安作璋
主　编　车吉心
副主编　朱亚非　嵩　峰

本卷目录

唐

太宗李世民皇后长孙氏 /665
附：太宗李世民妃徐惠 /676
高宗李治皇后王氏 /681
高宗李治皇后武则天 /692
中宗李显皇后韦氏 /746
附：中宗李显妃上官婉儿 /756
睿宗李旦皇后刘氏 /769
玄宗李隆基皇后王氏 /771
附：玄宗李隆基妃武氏 /777
附：玄宗李隆基妃杨玉环 /785
肃宗李亨皇后张氏 /815
附：代宗李豫妃独孤氏 /829
德宗李适皇后王氏 /834
附：德宗李适妃王珠 /836
顺宗李诵皇后王氏 /840
附：宪宗李纯妃郭氏 /845
附：穆宗李恒妃王氏 /858
附：穆宗李恒妃萧氏 /862
附：穆宗李恒妃韦氏 /868
附：武宗李炎妃王氏 /870
宣宗李忱皇后晁氏 /875
附：懿宗李漼妃王氏 /878

昭宗李晔皇后何氏 /880

吐蕃　松赞干布皇后文成公主 /890
　　　赤德祖丹皇后金城公主 /898

唐

(618—907)

唐朝是中国历史上的一个辉煌的王朝,国力、经济、文化空前发展。

本书收录了10个皇帝的11位皇后,并附有12位皇妃;另收录了同期的吐蕃国的两位皇后。

太宗李世民皇后长孙氏

◎ 周玉琴　邹积善

唐太宗李世民是中国历史上很有作为的一代君主。长孙皇后在当时参政议政虽然受到限制，但也最大限度地发挥了贤内助的作用，功不可没。

凰求凤

长孙氏的父亲长孙晟文韬武略、英勇善战，是隋朝的右骁卫将军，喜欢涉猎书史，通晓边事，隋帝与突厥及其他外族的往来都是由他预先交涉。她的母亲也出身名门,是隋朝扬州刺史高敬德之女。长孙氏自幼酷爱读书,博闻强识,并有很高的道德修养。小小年纪,一言一行都循规蹈矩,以古代善恶自鉴,严格按照礼教行事,再加上相貌出众,简直成了家中的一枝花。长孙氏渐渐长大,很快到了该找婆家的年龄,家中上下很为此费了一番脑筋。大凡女孩子各方面很差,嫁人很难自不必说;而各方面都很出众,能与之天生一对、地配一双的如意郎君也不会多,找起婆家来更难。长孙氏的伯父长孙炽在北周时就是一名学者,留心各种事情,尤其是对当时盛传的北周武帝的外甥女窦氏生来奇特,自小见识超常印象特别深刻。窦氏后来嫁给李渊,生下四男一女。长孙炽认为这样明智贤惠的母亲教养出来的孩子必然不平凡,要给侄女找女婿,李渊的儿子应成为第一目标。长孙一家经多方打听,李渊的次子李世民文武双全,一表人才,年龄相若,所以就请人倒提媒,以凰求凤,把长孙氏许配给李世民。因双方条件般配,郎才女貌,一提就成。这一美满的婚姻,使李世民在后来打天下、坐天下的斗争中如虎添翼,也成为历史上的一桩美谈。

贤 内 助

　　长孙氏嫁到李世民家中,面临着种种复杂的矛盾,首先是李世民的母亲窦后去世太早,整个后宫缺少一个掌握全权的权威,各妃嫔争权争宠结成派系,纷纷向李渊吹枕边风。李渊听也不行,不听也不行,一时内宫混乱。长孙氏新来乍到,处于这些夹缝中要站住脚十分不容易。更大的麻烦是李世民在唐朝建立的过程中功高盖世,这一点李渊心中明白。虽把长子李建成立为太子，但无论是功劳、才能、人品，还是号召力，李世民都要比李建成出色得多，把李世民定为接班人更放心些，更合理些；而且唐初的一班开国元勋、文臣武将，大多跟随李世民打天下，深深爱戴和拥护他，对太子李建成从内心里不服。所以，李世民就构成了李建成爬上皇帝宝座的最大威胁，李建成处心积虑地要把这颗"眼中钉"、"肉中刺"除掉。还有，李世民的弟弟李元吉权力欲也不小，他觊觎皇帝宝座则要越过李建成、李世民两重障碍。在他眼里，李建成骄横自大、有勇无谋，比较好对付，最大的障碍是文武双全、威重功高的李世民。一个共同的斗争目标使李建成、李元吉结成统一战线，处处给李世民设陷阱，使其进退维谷。长孙氏心里明白，虽然斗争十分尖锐复杂、你死我活，但在外人眼里都是"皇家内部"矛盾，惟恐避之不及。要想保全自己，取得胜利，必须走得正，站得直，滴水不漏，让别人想找茬也找不着，日久见人心，经过几个回合的较量，真相会大白于天下。有了这个主张，长孙氏首先尽心尽孝地侍奉公公李渊，给李渊留下了很好的印象，使他在丧妻之后，又能真正感受到儿女的温暖。另外，在嫂子和弟媳中，她多承担家务，凡事忍让几分，尊敬顺从她们，从不顶撞，不怕吃亏，尽量让她们挑不出刺儿，找不到借口，以消除猜忌。

为了帮助丈夫建立一个有利的环境，长孙氏昼夜焦思劳神、殚精竭力，处处忍辱负重。到玄武门兵变，兄弟阋墙，真刀真枪地干起来的时候，她一反软弱顺从，旗帜鲜明，毫不畏惧地帮助李世民激励将士，以取得斗争的彻底胜利。

贞观元年(627)，李世民做了皇帝，长孙氏也由秦王妃升为皇后。可长孙皇后不以为到了作威作福的日子，而是觉得肩上的担子更重了。她认为，丈夫少年登基，很有抱负，夙兴夜寐、日理万机，很是辛劳，到了后宫应该有一个安定舒适的生活和休息环境，尽量不让后宫事务影响他。为此，长孙皇后以身作则不专宠幸，处处关心体贴太宗。有时唐太宗下朝回到后宫，遇到不顺心的事，会不经调查，不明缘由地严厉训斥宫中侍役者。每当这时，长孙皇后都装作很生气的样子，命令把惹太宗生气的人抓起来，等她有空亲自审问处理。等到唐太宗不生气的时候，她就慢慢地把事情的经过曲直告诉太宗，既取得太宗的谅解，又决不冤枉一个好人。长孙皇后赏罚分明，人人竭力效忠，没有人整日提心吊胆，宫中气氛比较宽松和谐。在后宫，长孙皇后对待其他妃嫔如亲姐妹，只要是太宗的孩子，不管是嫡生庶出，都一视同仁，待如己出，加以爱护。豫章公主出生后，母亲早死，长孙皇后主动收养，给公主的母爱甚至超过了长孙皇后自己的亲生儿女，宫中人很受感动；当妃嫔、宫女有病的时候，长孙皇后总是亲自去探望，给以安慰。她自己长年有病，当发现妃嫔生病用药、饮食有问题时，常置自己于不顾，把自己用的好药、食物送给她们，使之尽快痊愈。因此，宫中上下都十分爱戴长孙皇后。在长孙皇后的努力下，整个后宫宫纪肃整，秩序井然，温暖和谐，给唐太宗创造了很好的生活休息环境，使他得以把整个身心都投入到管理国家大事中。相比之下，唐太宗干的是轰轰烈烈、引人注目的伟业，而长孙后做的是默默无闻、全心全意的奉献。

深 明 大 义

长孙无忌是皇后的哥哥，曾在玄武门之变中立了大功，唐太宗几次想封他为右仆射（宰相）。当太宗亲自告诉长孙皇后时，她不禁大吃一惊。对于朝廷上的事，她从不过问。有时太宗回到后宫向她说起朝廷种种事，征询她的意见，她则温和地推却说："我一妇道人家，只知治好内宫中事，决不敢预问政事。"为此，太宗对长孙皇后更加敬重。这次，听说要给自己的兄长加官，长孙皇后心里实在不安，便对太宗说："妾位居三宫之首，家已贵宠至极，实不愿父兄之辈再位居显要。历史上外戚弄权误国的事太多了，汉高祖死后吕产、吕禄专权；汉昭帝时上官桀、上官安专权；汉宣帝时霍山、霍禹专权，他们最后都因谋反篡位而被杀，祸及家族，这应该成为刻骨铭心的教训啊，希望皇上矜察。"对于历史，太宗李世民太熟悉了，吕后专权，杀功臣、斩宿将，害死刘氏诸王，大封吕姓子侄，篡夺刘氏天下；汉武帝死前令霍光为顾命大臣，辅佐年少的昭帝，后来霍光妻竟然横行，公然使人去宫中下毒害死皇后。这样血的教训怎能不汲取呢？只是太宗对长孙无忌太了解、太信任了。两人从布衣之交，出生入死，立下汗马功劳。他看中的是长孙无忌的才能，而没有半分私心。所以他从容地说："皇后的苦心我是知道的。我用长孙无忌是为社稷着想，是为官择人，惟才是用，并不因为他是你哥哥。没有才能的人虽是至亲也不能；如果有才虽有仇隙，只要改过，我也重用。右仆射这职位只有他才能胜任，别无佳选。请皇后不必过虑。"太宗果于627年任命长孙无忌为右仆射、吏部尚书、武侯大将军。

长孙皇后见太宗不听她的劝阻，便派人把长孙无忌叫到宫中，注视着饱经风霜的兄长直言相劝："皇上任命你为右仆射，我已向皇上表明，你不适合做这个官。长孙家的人最好不要再做高官，这样可以省却不少麻烦。你最好向皇上力辞右仆射之职。"长孙无忌理解妹妹的良苦用心，不久，亲自拜见太宗，说明不能做右仆射的原因，坚决请求辞去职务。长孙皇后又极力劝说太宗接受。终于在贞观二年(628)，太宗李世民接受了长孙无忌的请求。长孙皇后的脸上才有了舒心的笑容，长长地松了一口气。

太宗最喜爱的女儿长乐公主要出嫁了，宫里人都为此事而忙碌着。长乐公主是长孙皇后的亲生女儿，她更是忙个不停。公主生得聪明伶俐，人才出众，深得父母喜爱。为使皇后高兴，太宗命令资送长乐公主的嫁妆什物要超过永嘉长公主的一倍，永嘉长公主是高祖李渊的女儿。这事很快被魏徵听到了，他就劝谏太宗说："从前汉明帝要分封他的儿子，明帝说：'我的儿子自然不能与先帝的儿子等量齐观，所以分封的领地仅是先帝儿子们的一半。'现在陛下您的女儿出嫁，论情感，您和公主是父女关系，更亲密一些；论道理、论地位长乐公主就不能与永嘉长公主相比，可嫁妆反而超过永嘉长公主的一倍，这是什么道理呢？"太宗面红耳赤，心里尽管十分不满意，但表面上仍装作很高兴的样子，下令资送公主的嫁妆按永嘉长公主的一半陪送。回到后宫，太宗把这件事告诉了长孙皇后，生怕皇后不满，心中有些不安。哪知长孙皇后听后感慨地说："我多次听到皇上推重魏徵，总不知是什么原因。现在我明白了，他能够引用古今一切道理说服皇上控制自己的私人感情，把事情办得更公正、更令人信服，这说明他真是一心为国的忠臣，这一点是十分难得的。像我和皇上是结发夫妻，应该说真正是一家人了，但我每次向你哪怕说一句规劝的话，也一定要先看你的脸色才决定，从来不敢冒犯皇上的尊严。魏徵不过是你殿下的大臣，许多事与他没有直接关系，更与皇家非亲非故，但他能不顾自己的安危，冒犯皇上的威严，驳回不合理的决定，这是难能可贵的，请皇上采纳他的忠言。"长孙皇后一番话，太宗听完如释重负，心里豁然开朗。长孙皇后派人带着四百缗钱、四百匹绢去魏徵府上表示感谢，并捎话说："很早听说魏公为人刚直不阿，从公主出嫁这件事上看得更加清楚。希望魏公能永远保持这种高尚的情操，对国家的忠心不要有丝毫改变。"

又有一次，太宗上朝归来，满面怒容地吼道："到时候，我一定杀了这个乡巴佬！"长孙皇后大吃一惊，却笑着问："皇上又跟谁生气了？"太宗余怒未消，恨恨地说："魏徵这个老东西太不像话了，他经常当着满朝文武的面使我难堪，下不来台，真正可恨。"听了这话，长孙皇后心里什么都明白了，她默默退出，回到寝宫，穿上朝服，端端正正地站在太宗前，然后深深一拜。太宗一看，只见皇后穿上了只有在册封、庆典、朝会仪式上才穿的服装，惊诧问道："出了什么事？皇后这样庄重严肃？"长孙皇后徐徐答道："我听说只有君主贤明，能采纳忠言才能有正直的大臣出现；现在看来，魏徵的确是少见的正直的忠臣。这当然是因为皇上贤明、能采纳忠言的缘故了。有这样的君和臣，国家有幸、百姓有幸，所以我不能不向您表示祝贺。"太宗恍然大悟，转怒为喜，把原来对魏徵的怨愤都转为内心的敬佩。感激地说："多亏皇后及时指点，给我敲了警钟，否则险些误了大事。""皇上果能闻过必改，亲近忠直之臣，乃我大唐之幸。"就这样，太宗上朝时，有魏徵这样的忠臣劝诫；下朝后，有长孙皇后把关，勤政爱民，事事办得合情合理，深得民心，才有"贞观之治"的繁盛。

百 世 楷 模

皇后本身的地位和权力就不小，若进一步影响和控制皇帝的话，其权力就更大了。历史上有为数不少的后妃为所欲为、弄权误国，以致身败名裂、断送江山。长孙皇后自幼勤奋读书，直到位居皇后仍坚持不懈，就是在梳头这一点有限的时间内，眼还是看着书。她吸取历史教训，时时引以为戒。她认为，国家大事应由皇帝与大臣们商量决定，女人过多干预朝政不是好事。虽然长孙皇后知识渊博，与太宗私下闲谈时，引经据典、滔滔不绝，可一旦太宗与她提到朝政，她就引开话题不肯发言。有的皇后，皇帝活着的时候不干预朝政，当皇帝先她而去，她就大权独揽，垂帘听政了。长孙皇后为避免这一点，早就想好了办法。有一次唐太宗病重，长孙皇后就偷偷在裙子上带着毒药，准备一旦太宗比她先去，她马上服毒自杀。

长孙皇后不贪权更不贪钱。她一生崇尚节俭，一粒米、一寸布都知来之不易。由于隋末连年的战争烽火，人民迫切需要一个安定的环境，发展生产，休养生息。太宗曾下诏轻徭薄赋，不修宫苑，实行均田制、租庸调制鼓励生产，深受人民欢迎。为了在宫廷内部树立勤俭节约的风气，627年，长孙皇后亲自率领宫廷内外自贵妃到宫内女官、内外命妇，诸如王、嗣王之母、妻，一、三、五品以上官员之母、妻等有封号的官太太们去"亲蚕"——栽桑养蚕，体会男耕女织的艰难，以向人民示范朝廷对农桑的重视。她深知，战乱刚刚结束，国家困难重重，人民从流离失所到安居乐业的局面刚刚形成，要帮丈夫治理好国家，就要谦恭、谨慎、节俭，首先从自己做起。在平时的生活中，长孙皇后率先垂范，东西只要够用，就决不多领，只要旧的还能用，就决不换新的。教育子女也是这样。一次，太子的乳母遂安夫人向皇后启奏说，太子的衣、食、住、行方面的器具太少了，不够排场，请求多供应一点。长孙皇后当时就生气地回答说："作为太子就怕将来继位时道德修养没有树立起来；勤政爱民，礼贤下士的美名别人不知晓，至于日常生活用品少一点有什么关系呢，够用就行了。你们应该多引导他，不要总替他多要用的东西。"

长孙皇后在病重和弥留之际，更表现出克己奉公、以国事为重的高尚品质和牺牲精神。她早年就患有咳喘病，贞观八年(634)旧病复发。恰好这时柴绍有军中大事禀报，太宗披甲胄而起，长孙皇后命人抬着紧紧跟随。宫中人急忙劝阻，说皇后应保重身体。她全然不顾自己的安危："这么大的事连皇上都震惊了，我怎么能安心躺着呢。"不久，长孙皇后病重，太宗经常亲临探视，太子承乾日夜守护。能请到的名医都诊视多次，能用的好药都用上了，但是病情无丝毫好转。万般无奈，太子向她秘密请示说："药都用遍了，母后您的病还不见起色。现在只有两个办法：一是大赦天下罪犯；二是奉劝更多的人加入佛道。做这样的善事，祓除灾祸，或许神仙能够保佑您早日康复呢。"长孙皇后睁开眼，喘了几喘，瘦削苍白的脸上现出严肃的神情，摇了摇头说："死生命中注定的，不以人的意志而转移。若做善事就可以延长寿命，我自忖一辈子行善不算少，从未做过恶事，看来行善没有什么作用。况且，大赦有关国家大政，不到关键时刻不能随便用，怎能因为我一人，就去破坏规定呢?佛教也好，道教也好，保留它们只是表示我们宽宏大量，照顾一部分人的信仰而已。皇上从来不求助于这些东西，怎能因为我而让皇上去干他所不愿干的事呢?你不要再向皇上请示了。"太子不敢违背母命,便把这事告诉了房玄龄。房玄龄又把这件事原原本本地奏知太宗,太宗与大臣们听后莫不感动,泪流不止。于是大臣们一致请求太宗大赦天下,太宗就答应了。长孙皇后知道后,对太宗说:"大赦与劝人入佛道都是无济于事的,只是让别人觉得为了我皇上什么原则都可以破坏,岂不误了国家大事。皇上若真那样办,我只求速死。"太宗无奈,只好作罢。

　　长孙皇后的病一天比一天加重,后来她自己也预感到将不久于人世了,于是派人把太宗请来,说出了最后的心里话。当时,房玄龄因与太宗意见不合,就受到太宗责备罢官回家了。长孙皇后虽在弥留之际,对此事却深感不安。喘息了一阵后,她对太宗说:"在所有的大臣中,房玄龄可以说是跟随皇上时间最长又最忠心耿耿的一位。他办事十分慎重细致,你们之间曾共同谋划了多少出人意料的奇谋秘计,他却从未宣扬出去或泄露给别人,这样劳苦功高的人,不是出了大问题,希望您能继续重用他才是。我自己攀龙附凤,荣华富贵已达到了顶点。像我娘家的人无功无德,让他们掌握朝中大权,别人不服,处境就危险了。皇上千万别因为我而那样做,您只给他们奉朝请(古代以春季朝见为朝,秋季朝见为请,故名,是朝廷安置闲散官员的散官官号),这样只享受荣誉、不掌实权,沐浴皇恩的官就行了。请皇上千万不要忘记,否则,就辜负了我的一片心意。"太宗流泪答应。"我病到这种程度再活下去对国家已没有什么用处,皇上不必过于悲伤,应该注意的是,千万别因为我的葬礼而花很多的钱。古语说得好,'葬'实际上就是'藏',就是把尸体一埋,别让人看见就行了。我死后埋葬一定要从简,干脆埋到山上,不用修陵墓。棺椁要用最简单的,陪葬物品绝对不要用金、银、玉器,只用木器、陶器足矣,省得那些掘坟、盗墓之徒大动脑筋。皇上真能照我说的办,那就是对我最好的纪念。还有,我死后,不在身边的子女先不要通知他们,以使他们风尘仆仆远道赶来哭得死去活来,死的人并不知道,只是增加了活着的人的伤感,对谁都没有好处。最后,希望皇上永远坚持重用魏徵、房玄龄那样的忠臣,采纳他们发自肺腑的忠言,广开言路。清除那些谄媚奸佞之徒,不听信谗言。尽量少征发徭役、兵役,一心勤政为民,兴师动众的游猎要减少到最低限度,争取年年五谷丰登,岁岁国泰民安,我虽死也瞑目了……"

贞观十年(636),长孙皇后与世长辞了,这位贤德的内助永远地离开了唐太宗。享年36岁,葬于昭陵(今陕西礼泉东北)。

怅然若失的唐太宗每每遥望昭陵,怀念他的结发妻子长孙皇后。战乱的年代里,无暇顾及她,她吃了不少苦;打下了江山,她夙兴夜寐,日夜操劳,她总是规劝、启发自己。每当想到这些,太宗就感慨落泪。立政殿内,案上仍放着长孙皇后编纂的那本《女则》,见书如见人,太宗拿着书对侍臣们说:"这是皇后采集古代妇女得失之事,写成30卷,此书足以垂范百世。她的死,使我再也听不到她的规劝,失去了一贤良内助。"说罢,恸哭失声。

不久,唐太宗就按长孙皇后的嘱咐把房玄龄召了回来,恢复了官职,朝廷上下知其秘密的都盛赞长孙皇后的美德。

应该说长孙皇后去世太早了,但她的愿望已实现,可以含笑九泉了。她站在推动历史前进的角度上,做了她能做出的贡献,不失为一代著名皇后。她的谦恭、节俭、牺牲精神,应说是中华民族优秀人物共同的优良品质,值得后人借鉴。

附：太宗李世民妃徐惠

◎ 赵 敏 王 瑞

知 书 善 文

徐妃，名惠，湖州长城人。她的父亲名叫徐孝德，曾经官至右散骑常侍。徐惠天资聪颖，生下来刚刚5个月就能开口讲话，而且口齿清晰、伶俐。4岁的时候能口诵《论语》、《毛诗》等经典著作。8岁的时候能写一些通篇流畅、颇有文采的好文章，表现出超乎寻常的天赋。她的父亲对女儿非常支持，经常让她读一些经史子集方面的书，以丰富她的知识。而徐惠自己尤喜读书，常常因读书而忘记吃饭，就连走路都拿着书。天赋加勤奋，使得徐惠从小就具有十分渊博的知识。父亲孝德曾叫她拟《离骚》为《小山篇》，她遂即拟作云："仰幽岩而流盼，抚桂枝以凝想；将千龄兮此遇，荃何为兮独往！"表现了她文学上很深的造诣。徐惠能做出这样的文章，连她父亲也大吃一惊，当太宗听说这件事后，也感到徐惠不同一般，欣赏她知书善文，于是下诏将徐惠召入宫中，纳为才人，那时她才11岁。

徐妃不但文章做得好，长于骈赋，诗亦端雅可诵。她常常闲暇之余写诗，表达自己的思想，抒发自己的内心感受。因此她受到太宗的特别宠爱。她做的诗基调欢快，在艳丽中透出自重自爱的情感，《全唐诗》卷五载有徐妃诗作五首，现录其三首于下：

《长门怨》
旧爱柏梁台，新宠昭阳殿。
守分辞芳辇，含情泣团扇。
一朝歌舞荣，夙昔诗书贱。
颓恩诚已矣，覆水难重荐。

《赋得北方有佳人》
由来称独立，本是号倾城。
柳叶眉间发，桃花脸上生。
腕摇金钏响，步转玉环鸣。
纤腰宜宝袜，红衫艳织成。
悬知一顾重，别觉舞腰轻。

《妆殿答太宗》
朝来临镜台，妆罢暂徘徊。
千金始一笑，一召讵能来？

要说徐妃做这篇《妆殿答太宗》还有一段小故事。长安崇圣寺中有一贤妃妆殿，太宗一次出游至此，偶发奇想，派人召徐妃来此共同游乐，过了很长时间徐妃也没有来，李世民很生气，徐妃于是写下这首诗以表达自己的想法。

另外徐妃还有一首颇有气势的诗，可与当时的男作家并驾齐驱。

《秋风函谷应诏》
秋风起函谷，劲气动河山。
偃松千岭上，杂雨二陵间。
低云愁广隰，落日惨重关。
此时飘紫气，应验真人还。

在诗歌的黄金时代的唐代，诗人多至不可胜数，就是在幽闭的皇宫里，也出了像徐妃这样的女作家，徐妃以上的四首诗，连同前面的《小山篇》，已证明这个结论的正确。

唐太宗很欣赏她"挥翰立成，词华绮赡"的才学，很快将其升为婕妤，不久又升至充容。唐朝制度规定：皇后而下，有贵妃、淑妃、德妃、贤妃，是为夫人。昭仪、昭容、昭媛、修仪、修容、修媛、充仪、充容、充媛，是为九嫔。由此可见，这时的徐妃已列入了九嫔之列，地位明显提高了。

敢 于 进 谏

然而徐妃最大的贡献还在于她积极进谏,在政治上给予太宗以很大帮助。

唐太宗作为封建皇帝,虽然在位时颁布了一系列深得民心的法律、法令,出现了贞观之治这样前所未有的盛世。但是他不会也不可能没有他阶级的局限性。李世民晚年的好大喜功,对外频频发动战争,战争需要人力、物力、财力作保障,这必然加重人民的负担。为此,徐妃利用一切可能的机会劝说太宗,极力阻止对外发动战争。贞观二十二年(648)春,唐太宗出游玉华宫时,徐妃上疏太宗,指出近年以来战争、劳役的双重压迫,东征高丽,西讨龟兹,加上兴筑翠微、玉华等宫室,使士兵和马匹疲于战争,船只、车辆忙于运输,势必造成田园荒芜。同时警告太宗:"人民的痛苦、疲劳是叛乱的导火线,当人民不堪重负时,必然会起义反抗。"希望唐太宗能减少兵役、劳役,让人民休养生息、发展生产。

唐太宗李世民在位之时,很少兴修离宫、别馆,这当然与他吸取隋炀帝灭亡的教训不无关系,但与徐妃的劝谏也不能说没有关系。在上疏中,徐妃劝谏太宗要无为而治,不可大兴土木。她说:"招募工匠大兴土木,必然给百姓带来困扰,使他们不能安心务农,假使皇帝能给他们便利,让民众自由耕作,而不是整天役使他们,普天之下就太平无事了。五谷丰登,人民自然会欢天喜地,高高兴兴"。唐太宗接纳了徐妃的建议。

徐妃非常痛恨玩物丧志之人。在给太宗上疏中,她认为珍玩伎巧,是国家沦丧的根本所在。珠宝玉器,是迷人心窍的毒药。珍玩珠宝盛行民间，必然会败坏淳朴的民风。她还举例说："商纣王迷恋玉器，最后导致了国破家亡"。所以，她说："做皇帝应提倡节俭，而不能奢华，应该给后人留下治国的法制、原则，让人们都尊从，这样大唐王朝必会更加强盛，永远立于不败之地。"

徐妃的这篇近千字的疏文，写得结构严谨，声情并茂，论据充实，真实感人。对此《新唐书》《旧唐书》均有记载，并且《旧唐书》将其原文照录。自从魏徵死后，贞观晚年中直谏大臣就数褚遂良、马周最为突出了。然观历史遗迹，马周、褚遂良因忙于辅佐李治，超擢宰相后，政治地位的骤变，直谏之举也不如前。相形之下，作为宫内的妃嫔能关心政事，骨鲠上疏，可见其难能可贵了。

唐太宗对徐妃的进谏非常赞赏，给予她很丰厚的赏赐。她的父亲也被提升为水部员外郎。

徐妃为唐氏王朝做出了很大的贡献，为此，唐太宗也给了她很高的荣誉。对于太宗的知遇之恩，徐妃非常感激，太宗于贞观二十三年(649)去世后，徐妃也因思念太宗，忧劳成疾，病情一天天加重。而她却不准许医生诊治，她曾充满深情地对她比较亲近的人讲："我之所以这样，就是想早日死去，假若真有魂灵的话，就让我日夜侍奉于太宗身边。太宗待我仁厚，即使做牛马我也心甘情愿。这就是我最大的心愿。"她还写诗连珠以示她对太宗深厚的感情。

永徽元年(650)，徐妃告别人世，终年24岁。唐高宗继位后，念其贤德，下诏追谥号"贤妃"。徐妃死后，按照她的遗愿埋葬于昭陵，使她得以永远陪伴于太宗身边。

高宗李治皇后王氏

◎ 阎忠军

贞观二十三年(649)五月二十六日，曾以励精图治创造了贞观盛世的唐太宗，咽下了最后一口气。临终时，太宗将太子李治和太子妃王氏这对"佳儿佳妇"托付给大臣长孙无忌和褚遂良。他何曾料到，王氏被安排了怎样一种命运……

后宫春怨

王氏是太子李治做晋王时，太宗为他选中的妃子。当时，王氏之父王仁佑任罗山（今河南罗山）令，官位并不高。但王氏又可谓出身名门。她的曾祖父是南北朝时西魏的大将，曾祖母是唐高祖的妹妹同安长公主。王氏母柳氏一族更是关中世代豪族。王氏的舅舅柳奭的叔母是高祖的外孙女。王氏正值豆蔻年华，面庞白嫩，眉目清秀，小巧红唇似花蕾一般……这一切构成了一个纤细的美女。当唐太宗为李治择妃时，同安长公主以王氏貌美贤淑，极力推荐。太宗也觉得王氏出身高贵，便选定王氏为晋王妃。

贞观二十三年（649），太子李治即位，即唐高宗。次年改号为永徽，册立太子妃王氏为皇后。作为高宗李治的结发妻子，王氏曾深得宠爱，一时间可谓春风得意。王氏由县令之女，而为晋王妃，又由太子妃册立为皇后，一帆风顺。更令她欣慰的是，王氏家族因她而荣耀起来。父亲由县令而至魏国公，逝世后又被追赠为司空。母亲柳氏为魏国夫人，舅舅柳奭被擢升为中书侍郎。王皇后明白，这一切都是这顶凤冠带来的。

但是，自从李治登基以后，王皇后心中原已隐埋着的烦恼越来越深了。后宫中有一个萧淑妃，容貌艳丽，姿色出众，且体态丰腴。这在以丰满为美的唐代，王皇后的纤细当然难以与之争宠了。萧淑妃性情刚强率直，举止风流高雅，傲若一只七彩生辉的孔雀，对年轻的高宗有极大魅力。而王皇后却性情温顺柔弱，缺乏妙龄女子应有的激情；特别是当觉察到萧淑妃所受宠爱日增的情况下，王皇后越来越显得寂寥、忧郁。自幼未得到母爱、性情怯懦的李治，本能地需要一种心灵上的依托，而这种依托在王氏那里未能找到，却在萧淑妃身上得到了补偿。这样，天生丽质，又凤冠加顶的王皇后，渐渐失去了应该属于她的宠幸，当然也就没有怀孕的征候。可是，天底下有谁比皇上更关心子嗣呢？他们是帝业的希望，是王朝的寄托。萧淑妃为高宗生了一个儿子，名素节。王皇后无子，嫡系无传，萧淑妃因此身价倍增。起初，王皇后的心中因萧淑妃的存在而罩上了淡淡的阴影，事情的发展，使她越来越觉得痛苦、烦恼。帝不宠后，皇后又无子，对其皇后位置自然产生了威胁。开始的时候，王皇后为自己不受帝宠、又无子女，委屈得夜里暗中哭泣。同时，她真羡慕萧淑妃所受的宠幸以及她生养的孩子。随着问题日益明显地摆在面前，王皇后由委屈转为憎恨，由羡慕升为嫉妒。她越来越清楚，萧淑妃得势后将意味着什么。皇后的母亲柳氏、舅舅柳奭更为着急，皇后的前景黯淡，同时会危及柳氏家族的前程。这样，王皇后将目标对准了对手萧淑妃。如果说当初还仅仅是单纯的争宠吃醋，现在则是为皇后的位子在拼搏了。王皇后实在受不了了，她要起而抗争。但王皇后势单力薄，又无良策，因而终日郁郁寡欢，这就使高宗更加避而远之了。

　　王皇后在其母亲和舅舅的帮助下，还是找到了一条出路。萧淑妃所生的素节是高宗的第四子，前面三子虽因生母身份低下而未得高宗厚爱。但是"子以母贵"，如果被皇后收为养子，成为准嫡子就可以登太子之位了。因此，王皇后的舅舅在尽力取得长孙无忌等大臣的支持后，欲立刘氏所生的陈王忠为太子，试图以此来巩固王皇后的地位。立太子之事，成为一根导火索，使王皇后与萧淑妃之间的矛盾明朗化、尖锐化。皇后与淑妃彼此对立、相互憎恶，使后宫笼罩着令人窒息的气氛。高宗左右为难，既难割舍对萧淑妃的宠爱，又顾及长孙无忌等大臣的压力，陷入极度的痛苦与寂寞之中。谁能给他以慰藉和温暖呢？高宗心中，突然再次燃起了对武则天的爱恋之火。她那超群的美貌和独特的魅力，使高宗心驰神往，难以按捺……

地 狱 之 门

武则天是唐太宗册封的才人，她以其特有的妩媚博得了太宗的欢欣。不料命运却开了个大玩笑。当时流传着一个蛊惑人心的谶语："唐朝三世之后，女主武王当有天下。"这使太宗对武则天疑虑重重，临终时降旨：武则天等一律出宫为尼。从此，武则天的生活开始与感业寺的钟声相伴。孤独、枯燥、单调，没有援助，没有照应，没有温暖。她惟一的希望就是那个曾经与她海誓山盟、如今已成为天下之主的高宗能旧情不忘。

永徽二年(651)五月二十六日，是唐太宗的忌日。高宗轻车简从，乔装打扮，悄悄离开宫城，来到感业寺。久别重逢，又惊又喜，高宗和武则天各自都得到了安慰。高宗决心要召还武则天了。然而，武则天毕竟是先帝的妃子，况且又已削发为尼，如将她接入后宫，不知会招惹多少是非。优柔寡断的高宗举棋难定，陷入难以解脱的烦恼之中。当王皇后得知皇帝的心事时，着实大吃一惊。但她很快有了自己的打算。召武则天还宫，既可以作顺水人情，使武则天感恩戴德；同时又可以给萧淑妃增加对手，给自己增加一份力量，这正是王皇后求之不得的。王皇后对召还武则天不仅不加反对，反而尽力加以操持。武则天终于实现了她朝思暮想的愿望。

武则天还宫以后，敏感地觉察到萧淑妃的存在是极大的威胁。一是因为萧妃端庄秀丽，深得高宗宠爱，是强有力的竞争对手。二是因为萧淑妃之子素节为高宗所喜欢，很可能被立为太子，这样萧淑妃的地位就会巩固下来。因此必须首先搬开萧淑妃这个绊脚石。同时，武则天很快洞悉了王皇后与萧淑妃之间的微妙关系,进而明白了王皇后使她重返皇宫的真正用心。在感业寺的日日夜夜,武则天体味到了世态炎凉,更悟出了地位的重要意义。武则天决定用王皇后这块招牌作为向萧淑妃进攻的武器。于是,皇后和武则天各怀用意结成了联盟。武则天摸透了皇后的脾性,躬身事奉,投其所好。久而久之,王皇后居然从内心里把她当成了知音。起初,王皇后为了对付萧淑妃,在高宗面前为武则天美言。后来则真心实意地夸奖起武则天来。唐高宗很快就降旨册封武则天为昭仪,宠极一时的萧淑妃开始尝受失意的苦头。王皇后看到情敌失意,格外高兴,以大量珠宝赏赐武昭仪。

武则天回宫不到一年,就生下了她与高宗的第一个儿子,即高宗第五子李弘。唐高宗喜出望外,对武昭仪的宠幸日甚一日。王皇后自以为是武则天的恩人,便趁机要求高宗立陈王忠为太子。永徽三年(652),在长孙无忌等大臣的挟持下,高宗册立陈王忠为太子。至此,王皇后击败情敌萧淑妃,立养子忠为太子的宿愿得以实现,得意之色溢于言表。

然而,在事实面前,王皇后很快就后悔不迭了。她万万没有料到,自己的良苦用心却召来一个新的更有力的对手。唐高宗得到了梦寐以求多年的武才人,心花怒放,因此本就很少得到皇帝宠幸的王皇后,处境更加恶化。同时,原先屈身迎合皇后的武昭仪,如今很少来侍奉她了。作为自己手中工具的武昭仪,如今却独占帝宠,与皇帝一起将自己抛弃!皇后还是和从前一样,忍受着难熬的空虚和寂寞。更严峻的是,武昭仪专宠于帝,不仅使萧淑妃遭殃,而且随着李弘的降生,开始危及皇后的凤冠了。这使皇后感到惶恐与不安。在母亲柳氏的怂恿下,她决定与昨日的敌人萧淑妃握手言和,共同对付武昭仪。

由于武则天的出现,皇上对萧淑妃的宠幸日渐稀少,而且立子素节为太子之事也化为泡影。这严酷的现实使萧淑妃陷入极度的愤怒、绝望和悲叹之中，阴郁的气氛开始笼罩着淑妃的寝殿。共同的命运使她与王皇后同病相怜，很快便抛弃前嫌，同心协力在高宗面前极力攻击武昭仪。然而，为时已经太晚了。高宗对武昭仪已经情深意切，尤其当看清皇后与淑妃化敌为友的用心，表现出了从未有过的厌倦和愤怒的情绪。王皇后努力的结果是适得其反，高宗对武昭仪的信赖与日俱增。皇后绝望了，自此再也没能力控制武昭仪，再也无法主动进攻了，相反则是日益陷于被动，转攻为守了。

萧墙祸起

武则天自从返回宫中以后，将计就计，尽力博得王皇后的欢心，使之失去戒心，从而借皇后的力量来加强自己在宫中的地位。她依仗王皇后、萧淑妃难以比拟的魅力和才能，独占了帝宠。武则天可以说是少有的美女：明亮的双眸恍惚而美丽，润滑的肌肤似白玉一般，尤其是那丰腴而富于弹性的躯体，像磁石一样吸引着高宗的心。不仅如此，武则天那坦率的性格和过人的聪颖，使她能在各个方面博得文弱青年高宗的欢心和敬慕。这是她能够击败萧淑妃，进而威胁王皇后的关键因素。然而，这一切并不是武则天的目的，而是她独特的、高超的手段。她的目标是取王皇后而代之。

实际上，在与萧淑妃争宠的同时，武则天就暗中把矛头对准了王皇后。武则天将皇后及皇上赏赐给她的珠宝钱财，拿出来买通宦官、宫女，由此建立了庞大而灵敏的情报网，柳氏母女和柳奭侍从中有不少都暗地里成了武昭仪的人。王皇后等人的言谈举止基本上被武则天掌握在手中。可怜的王皇后，对此却全然不知。当王皇后和萧淑妃联合起来对付她的时候，特别是立陈王忠为太子后，武则天再也不能坐以待毙，她开始反攻了。她将各方面的情报加以整理、发挥，向高宗告发萧淑妃特别是王皇后，以达取而代之的目的。可是，王皇后毕竟是高宗的结发妻子，往日曾有过的柔情蜜意仍记忆犹新。同时，王皇后是先帝所择，又托付给了长孙无忌等大臣。唐高宗是既不愿也不敢轻举妄动。武昭仪悟出了其中的奥妙，她开始采取更强有力的手段了。

永徽五年(654)，武昭仪又生了个女儿。这小公主和她母亲一样，天生丽质，十分逗人喜欢，高宗对武昭仪的恩宠更甚了。这时的王皇后陷入极度的悲观与痛苦之中，似乎预感到自己的命运将面临危险。思来想去，王皇后决定像与萧淑妃握手言和那样，和武昭仪重新和好。这兴许能够保住自己的地位，除此之外，别无他途了。小公主的降生正是一个难得的表示诚意的好机会。这天清晨，王皇后特意来武昭仪馆内探望，不料武昭仪不在，她感到很失望。皇后自己未生过孩子，也许出于好奇心，她独自走进小公主的卧室。皇后看着小公主，觉得非常新奇，不想人间还有如此小嘴、小鼻子的小人儿。随之而来的是一阵难言的伤感。如果自己能得皇上宠幸，能给皇上生儿育女，无论如何也不致于落到这种地步。唉，自己的命真苦呵！想到这儿，皇后不禁潸然泪下，掩着脸跑了出来。

皇后突然造访，很快就传到武则天那里。当得知皇后一人去过婴儿居室时，她的心一下子狂跳起来，这不正是千载难逢的机会吗？想到这儿，她浑身颤抖起来，唇被咬得几乎渗出血来。皇后刚刚出去，武则天就独自一人进入小公主的卧室……不一会儿，高宗驾到，武昭仪像往日一样迎皇上进房内看孩子。她上前掀开小公主的被子,突然一声尖叫,哭倒在地。高宗慌忙上前察看,见那小公主已断了气息。高宗急问左右谁曾来过,左右答道:"皇后刚才来过。"过于激动的高宗大怒,高声叫道:"皇后杀我女。"高宗对皇后的感情彻底破裂了,从此产生了废弃王皇后代之以武昭仪的想法。

王皇后得知小公主突然死去,简直不敢相信自己的耳朵,她被惊呆了。她恨自己过于简单,缺乏应有的戒心,事已至此,自己就是满身是嘴也说不清楚。她心灰意冷,彻底绝望了,在绝望之中还带有无可名状的恐惧,她不敢想像等待自己的将是什么。从此,她就如同幽闭一般把自己关在寝殿之中。她以为这样可以躲过随时可能飞来的灾难。然而,她哪里料到,更严酷的打击正等待着她呢!由于皇后处于身心衰弱的状态,母亲柳氏想祈求神灵保佑女儿早日康复。这事很快由耳目传到武则天那里,她要借此大做文章了。这一天,她告知皇上说皇后及其母亲柳氏沉迷于巫术。巫术在唐代是被严厉禁止的。高宗立即派人到后宫搜查,结果在皇后榻下搜出写有高宗御名的符咒桐木人。王皇后被吓懵了。她做梦也想不到,竟有人采用如此狠毒的手段置己于死地。即使自己对皇上有更深、更多的怨意,也绝不会诅咒他的。她再也抑制不住了,失声痛哭起来,并乞求皇上恕罪。但这已经无济于事了。高宗看见桐木人,肺都快气炸了,他对皇后完全绝情了,他决意要废弃皇后。因慑于长孙无忌等大臣的权势,没有即刻颁诏废后,但从此将皇后幽禁深宫。同时,将柳氏赶出宫廷,并借故将皇后的舅舅柳奭流放到西南边境。其实,这出闹剧是武则天有意安排的,这是她企图挤掉王皇后的又一个断然措施。

九 泉 含 恨

符咒事后，废后与立后的争议在宫廷中日益公开化了。高宗之所以犹豫未决，主要是因为长孙无忌等大臣的反对。在这关键时刻，中书舍人李义府等反长孙派，与武则天结成联盟，开始分庭抗礼了。李义府第一个表示支持废王皇后、立武昭仪。此举正合高宗心意，他决意召长孙无忌、褚遂良等讨论废立事宜。高宗开门见山，表白自己的态度："皇后无子，朕欲立昭仪为后，公等以为如何？"褚遂良立即表示反对，并以血相谏，但未能奏效。高宗正左右为难，司空李勣出人意料地说道："这是陛下的家事，何必再问外人？"这话使高宗吃了一颗定心丸，废王立武已成定局了。永徽六年（655）十月，唐高宗正式颁诏：废王皇后及萧淑妃为庶人，家人均予流放；同时立武则天为皇后。至此，废后立后之争平息了，武则天终于实现了取王皇后而代之的目标。可怜的王皇后，失去了自己所拥有的一切，被推进了万丈深渊。

王氏和萧氏贬为庶人后，被幽禁于后宫别院，这原是关押重罪女官、宫女的狱舍。冷宫房门紧锁，灰色厚重的墙壁没有窗户，禁锢甚严，只是在墙壁的下方开了个小孔，用以递送食物。里面黑洞洞的，又阴又冷，真可谓一座人间地狱。王皇后昔日金枝玉叶的贵体，如今已是花残叶落，形同囚徒。她对一切都已绝望，只求一死。但在内心深处仍然存有一丝希望，皇上终会念往日夫妻之情，解己于倒悬。果然，高宗旧情难断，乘隙前去探问，见此情景，不禁黯然伤感，他脱口叫起来："皇后、淑妃在哪里？"随着呼声，从冷宫的角落里传出王氏凄凉的声音:"我等不幸获罪,已成为宫婢,为何还有此尊号?"说完,王氏悲伤地痛哭起来。她说:"陛下若念旧情,就使妾等重见日月,乞请署此院为'回心院'。"王氏话音刚落,萧氏那惨痛的哭泣声又起。王氏的心碎了,她万万没有想到自己落得这步悲惨境地。她那悲惨的哭号,就像凄历的哀鸣,刺痛了高宗的心。高宗睹此惨状,不禁答道:"你们不必伤心,朕自有安排。"可怜王、萧氏哪里知道此时的高宗已经受控于新皇后武则天,高宗此次之行招来的是惨不忍睹的杀身之祸。

高宗刚从冷宫回来,武则天就知道了这件事。她敏感地意识到,如果皇上如此藕断丝连,说不定什么时候就会改变初衷,后果将不堪设想。再者,刚刚清除一切障碍,荣登皇后之位的武则天,也无法忍受皇上这种举动。她决心一不做,二不休,彻底断绝皇上之念。

高宗驾临,给王氏、萧氏带来了生的希望。这两位年轻女人在虔诚地期待着。这天下午,有数名宦官来到幽禁王氏、萧氏的冷宫。她们喜出望外,以为是皇上果真派人来解救。但她们很快就明白了将要发生的是什么。一个宦官用郁闷的声调宣读皇后旨意:各处笞刑一百。王氏彻底清醒了。她突然昂起头来:"我如今只有一死!"这凛然的声音是王氏面对死亡发出的誓言,她决心以死来向这悲惨的命运抗争了。竹杖抽下来了,像雨点般落在王氏和萧氏的躯体上,随之迸发出一阵阵撕人心肺的悲鸣。萧氏尽全身力量大骂武则天:"阿武恶魔,害我至此。愿我再生为猫,阿武为鼠,世世代代扼其咽喉。"转瞬之间,两人被打得血肉模糊,慢慢就动弹不得了。宦官们依皇后武则天的旨意,截去王氏、萧氏的手足,将她们投入酒瓮之中。两人哀号不已,没几天就悲惨地离开了人世。

宫中红颜多薄命。多少后、妃，或受帝王废弃，或遭他人暗算。唐高宗王皇后，也曾有过美好的憧憬和如花似玉的年华，也曾有过珠环翠绕，锦衣玉食的岁月，也曾为那颗凤珠苦苦挣扎过……然而，正是人生的阳春季节，她却凋落了，凋落得那样凄凉、那样悲惨。她在九泉之下，会瞑目吗？

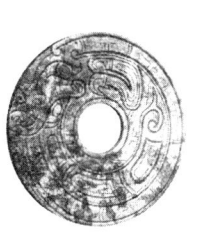

高宗李治皇后武则天

◎ 王世农

武德七年(624)正月二十三日,大唐帝国京城长安的一座官邸里传出一阵阵清脆而嘹亮的婴啼声,刚刚诞生的这个女孩,就是后来声名盖世的则天皇后、中国历史上惟一的女皇帝。

家 世

武则天的家庭出身对她后来的发迹和一生的政治性格有深

刻的影响。

细查起来，武则天的身世在当时并不显要，武则天的祖辈都是以务农为生，武家的兴起是靠则天的父亲武士彟做木材生意而致富的。

武士彟可算得上是一个有头脑的人，他看到祖祖辈辈在这贫瘠的黄土高坡上(武士彟祖籍并州文水，今山西文水)没有多大出息，终日劳作，仍然穷困挨饿。他想，与其这样挨饿，不如出去闯一闯，或许会发财的。于是，他便和好朋友许文宝一起，开始在山西一带做起贩运木材的生意。

武士彟的运气真是不错，他们的买卖刚刚开始，正赶上隋炀帝大业年间大兴土木，这给了他们发财的机会。武士彟当然不会放过，他四处奔波，多方交结，极力钻营，不久，武士彟成了远近闻名的暴发户。

与一般商人不同，武士彟发了财后，并不是广置家产，而是不惜钱财，贿买了一个"鹰扬府队正"的军职，虽然只是一个职位很低的小官，但自此就取得了与官僚结交的资格。不久，他便结识了后来唐朝的开国皇帝李渊。

大业十一年(615)，李渊任山西河东慰抚大使，在龙门讨捕毋端儿等反隋武装，部队开到文水境地，自然要到武士彟这一富商之家休息。武士彟对能攀上李渊这样的大官非常高兴，盛情款待。临行时，士彟又赠送了大批金银财物，以供军需。从此，士彟与李渊成为莫逆之交。两年后，李渊被任命为太原留守，马上提拔武士彟为行军司铠，这是一个负责军需供应的官职，即军需部长，成为李渊部下的重要人物。

要说"无商不奸"，似乎有损商人的形象，但对武士彟来说则并不过分。虽然他与李渊结为朋友，但在李渊发起晋阳兵变之前，士彟却采取了观望骑墙态度。

一方面，他秘密劝李渊起兵，并声称："前天晚上我梦见您将进入长安，升为天子。"一方面又受到隋炀帝派来监视李渊的副留守王威、高君雅的信任。在未决胜负之前，士彟两面讨好，因而在李渊晋阳起兵时，他并没有主动参与。直到王威等先后被杀，隋炀帝也被臣下弑于扬州之后，士彟看到局势已定，才主动表明态度，作为军需官跟随李渊，进军长安。

他这次投机，获得了空前的成功。李渊在长安称帝后，士彟也平步青云，升为正三品的工部尚书，忝居14名太原元勋功臣之列。

不久，士彟很敏感地觉察到，虽然自己身居高位，但时常遭受贵族们的冷嘲热讽，他很快明白，这是因为自己身世卑微的缘故。怎么能洗去身上的"铜臭"而跻身于高贵的士族行列呢？

那个时候，富有而出身低微的家族，常常和没落贵族联姻，从而改换血统，这被认为是无上的光荣。士彟自然想到了这一点。

武德三年(620)，士彟的原配夫人，文水乡下的相里氏去世了，这就为他的再婚提供了方便。

唐高祖李渊很了解士彟的心思，为了报答接济之恩，他便亲自做媒为士彟续弦，撮合了武士彟与武则天的生母杨氏的婚事。

杨氏的父亲杨达在隋为宰相，才行兼备，官高望重。后来杨达去世，又继隋亡，这宗室宰相之家的地位大不如前，杨氏竟以年逾四十的老姑娘之身成为武士彟的继室，并为他生下三个女儿，武则天排行第二。

武士彟从一个贫穷的商人，跻身为高官，他那过人的野心、倔强的性格，活生生地反映在了后来的武则天身上，则天几乎继承了父亲的全部个性。

虽然外祖父家是关中军事贵族的重要成员,武则天的血统里有高等士族的成分,但当时的门第是按父辈来论的,武士彟的出身只不过是一个地主富商。他作为开国功臣,官居三品,爵封三等,在当时可以跻身士族,但太宗贞观十二年(638)修的《氏族志》,按传统的门阀观念,把武氏家族排斥在外。这深深刺激了武则天,后来她一参政,马上着手修订族谱,改《氏族志》为《姓氏录》,把武氏家族列为第一等。

家庭给予武则天的,一方面是宦游于上流社会的荣华富贵,另一方面是过去沉迹于下层民间的寒门根底。荣华富贵滋养了她无限的权势欲,寒门根底使她饱受流俗的鄙视攻击,在一个极重阀阅的社会里,她这样寒门新贵出身的政治前途必然是坎坷有限的,这境遇刺激着武则天,由此养成了她那追逐最高权力、支配一切的欲望和冷酷不择手段地报复一切的独特心理性格。

太宗才人

武士彟和前妻相里氏曾生有两个儿子武元庆、武元爽,但这两个儿子极不争气,有的只是骄傲和自大,这使得一生历尽艰辛的武士彟大为失望。因此,他希望借着杨氏的高贵血统,生个优秀的儿子,将来能为武家光耀门楣。

不料,杨氏第一胎生下个女孩,第二胎生下来的又是一个女孩。士彟和杨氏抚摸着刚刚落地的则天,相视无语。他们多么希望这是个男孩!或许是为了抚慰心灵的失落,无意中,他们把则天打扮成了男孩子模样。

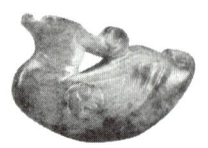
贞观元年(627)十二月,武士彟被任命为利州(今四川广元)都督(统辖数州军政的地方长官)。已经3岁多的武则天和兄姊们跟随心事重重的父母来到利州。

利州城位于嘉陵江畔,北倚连绵的巍峨山峰,悬崖峭壁间躺着一条"蜀道难,难于上青天"的栈道。西南耸立着峭拔的剑门山,川北第一要隘剑门关威严地端坐在山顶。这里是自巴蜀盆地的中心成都通往京城长安的陆路要冲。

士彟一家来到利州不久,得知名闻遐迩的相术大师袁天纲奉旨自成都往长安觐见皇上,将途经利州。士彟认为,这是千载难逢的良机,绝不可失,立刻盛情相邀,请求袁天纲为他们全家看相。士彟最关心的是杨氏能否生个男孩,因而首先让他给杨氏看看。袁天纲趁机奉承说:"夫人骨相非凡,将来必生贵子。"

士彟闻听非常高兴,连声道谢。

接着,士彟让奶妈把仍穿着男孩衣服的则天抱来,也让大师看看命相。

袁天纲走到跟前,仔细端详着则天的相貌,又让奶妈把孩子放在地上,则天立刻活泼地跑起来。袁天纲见此情景,脸上显出惊讶的表情,然后颤巍巍地说:

"此郎君子龙睛凤颈,日角龙颜,贵人之极也。只可惜是个男孩,若是女孩,将来必为天子。"

这石破天惊的话,和袁天纲无法抑制的惊叹神色,顿时把士彟吓懵了。

袁天纲对则天的惊人预言,在士彟夫妇的脑子里盘旋不去。他们不相信一个女人会成为天下之主,自古以来还没有这样的先例呀。但充满野心的士彟又想,我的女儿或许能够打破先例?即使不可能成为天子，册立为皇后该是可能的。对女子而言，皇后也就等于是天下的主人。

士彠想到这里，又看了看身边的则天。则天立刻露出天真无邪的笑容。士彠似乎看到则天长大之后，那种仪态万千、令人销魂蚀骨的巧笑。他突然萌发了一个念头："你要成为绝代佳人，一定把你送进后宫。"

他决定为则天取个漂亮的名字，就叫媚娘吧。

自此而后，媚娘被士彠视为掌上明珠，精心照顾、培养。媚娘也不辜负父母的厚爱，越长越漂亮可爱，越来越聪明伶俐。在父亲任利州都督的 5 年时间里，媚娘度过了一段美好的童年生活。

贞观五年(631)末，士彠改任荆州都督，则天又添了个妹妹。这一次，士彠和杨氏对生男孩已不抱希望了，把全部的希望和梦想都寄托于媚娘的未来。

士彠并没能等到那一天，贞观九年(635)，媚娘刚满 12 岁时，他就死在荆州都督任上。自此，媚娘幸福的生活也就告一段落。

武士彠前妻相里氏生下的两个儿子元庆、元爽和他们的叔伯兄弟惟良、怀运等对杨氏刻薄无礼，母女四人孤立无援，孤女寡母在长安过了一段很不惬意的生活。

生活的惨淡并没能掩饰媚娘的美貌，这时的媚娘已长成婷婷玉立、活泼聪明的少女：身段纤细柔美，肌肤白如凝脂，乳房丰满隆起；方额宽颐，樱桃巧嘴，圆巧鼻梁；最为动人的是那对细长的丹凤眼中不停地流出醉人的柔情。真是花容月貌，国色天香。

媚娘的美貌终于传到了天子太宗的耳里，这时，贤惠的长孙皇后去世了，太宗在抑郁中急于寻找精神上的寄托，于是，他下诏召媚娘入宫。

杨氏接到圣旨，惊恐万状，她不知道这是福还是祸。她出身贵族，对上流社会特别是皇宫的情形有些了解。她知道，加入"后宫三千"的行列，究竟能不能得到天子的宠幸还是个未知数，大多数宫女把青春埋葬在后宫里，直到白发苍苍连接近天子的机会都没有。且看唐朝诗人沈佺期的诗《长门怨》：

> 月皎风冷冷，长门次掖庭。
> 玉阶闻坠叶，罗幌见飞萤。
> 清露凝珠缀，流尘下翠屏。
> 妾心君未察，愁叹剧繁星。

这是对后宫宫女们凄惨哀怨境遇的生动写照。

杨氏看到召媚娘入宫的圣旨，抱着年仅14岁的媚娘，伤心地落泪。

媚娘静静地看着母亲，神情自若地对母亲说："能见到天子，不是很幸运的事吗？或许这是女儿的福分，母亲何必这样难过呢？"

此时媚娘的脑海里，浮现了一向溺爱自己的亡父的面容，她好像又听到了父亲弥留之际单独对她说的秘密：一个叫袁天纲的相术大师对她的预言。

现在奉了圣旨，终于向这条路迈出第一步了。她想，我发誓绝不会让父亲失望。

这样，年仅14岁的媚娘，怀着对宫廷神秘生活的憧憬，进入了掖庭宫。

当时是贞观十一年(637)十一月。

媚娘入宫后，立刻经由掖庭令赐给才人的地位。这是因为她是奉旨入宫的。

才人是正五品的女官。唐初承袭了隋朝的宫廷制度，皇后以下有四妃(贵妃、淑妃、德妃、贤妃)、九嫔(昭仪、昭容、昭媛、修仪、修容、修媛、充仪、充容、充媛)、婕妤、美人、才人等，才人是较为低级的内官，即侍寝陪宴的侍妾。

媚娘入宫后，经过两三个月的训练，由宦官带领，来到甘露殿第一次为太宗侍寝。

走在昏暗绵延的长廊里，紧张的心咚咚跳着，才人抬起宽颐的额头，心中默念着："终于到觐见天子的时候了！"

在屋内淡淡的烛光下，太宗看着面前这位比传闻中更美的丽人：细长的大眼睛，带着几分羞赧，同时露出好奇和挑逗性的光芒。脱下衣服后，只见未成熟的身子修长而纤细，洁白的肌肤如绵腻的羊脂，光滑而有冰凉的感觉。乍看之下，聪颖却不太成熟，具有说不出的性感和魅力。这是一个奇妙的混合体！对美女有千百次经验的太宗，刹那间感到异常的冲动……

在愉快的疲劳中，太宗轻轻问道："你叫什么名字？"

"我叫媚娘。"

"好一个美妙的名字，真是人如其名，今后你就以武媚为号吧。"

"多谢圣上赐号。"

武才人娇滴滴地道谢。

经过第一次体验，武媚本能地感觉到，自己侍寝有术，能使皇上如意。

第二天一大早，就经过掖庭令，送来了皇上的赏赐。此后，每隔几日，武媚就得到太宗宠召，再度侍候皇上。

武媚的受宠，却遭到其他宫女的嫉妒和怨恨。身边充满着怨气，使她常常觉得喘不过气来。但这位好强的少女，以超然的态度，对抗着周遭的情势。这种傲慢的态度，更激起了宫女们对她的怨恨。

就在武媚春风得意的时候，一场大祸临头。

这一时期，白天经常看到太白星。太白星在白天出现，这是什么征兆？太宗心中犯疑。他忽然想起不久前民间广泛流传的一本叫《秘记》的书，说："唐三世之后，女主武氏代有天下。"太白星相与《秘记》有无联系？

太宗急忙把太史令李淳风秘密召来，热切要求李淳风对这一星相作出解释。

"经臣观察天象、占卜历数的结果，这次太白之妖的确是女主昌的征兆。"李淳风战战兢兢地说。

"而且，那个女人已在陛下宫中。自今不出30年，她将成为天下之主，杀绝大唐的子孙。太白之妖正是这个征候。"

说完，李淳风偷偷抬头看了太宗一眼。

"既然如此，凡是可疑的人都尽快杀掉，以绝后患。"太宗恨恨地说。

"天命不可违也，由天命决定称王的人，是无法灭绝的。徒然杀戮无辜，毫无用处。"

李淳风继续说道：

"况且在30年后，此人已老，自然会生慈善之心，祸患也可能减轻。现在如果把此人杀掉，天或许在以后会生出更强壮的人物，灾祸将会更大。到那时，恐怕陛下的子孙会完全灭绝。"

面对这位饱学多识的李淳风那笃实敦厚的口吻，太宗不得不打消了杀戮宫人的念头。

太宗也不知道后宫数千名宫女中，有几个是姓武的。但他心里首先想到的，就是最近自己宠幸的才人武媚。这朵刚刚绽放的花蕾，全身上下都散发着一股近乎狐媚的吸引力。自皇后去世后，武媚成了他极大的精神寄托。深深宠爱的媚，为什么偏偏会姓武？

自从听到李淳风的解释后，在太宗心目中，武媚已经变成一个可怕的妖女，他告戒自己，无论如何不可再宠幸武媚了。

武才人完全失宠了。她不知道这是什么缘故。原先嫉妒、愤恨武才人的宫女们，终于得到发泄的机会，对她恶意嘲讽、辱骂。宦官们也露出了嘲弄的嘴脸。

处于孤立无援的武才人正当为不明失宠的原因而苦恼时，她花钱买通的那位宦官告诉了她民间流传的秘密：

"唐三代而亡，女主昌。"

这一突如其来的流言，像一股电流掠过她的身，她猛然想起父亲临终时对她反复叮咛的那个"伟大预言"，心脏咚咚狂跳起来。

失宠的谜终于解开了。

"如果流言中的女主真的是指我的话，不正巧和袁天纲的预言相吻合了吗"，她想，"但这要冒杀头之祸，今后我必须小心为是。"

于是，武才人便用积攒下来的钱财，广泛贿赂宦官，利用宦官探听外界消息。自己坚持每天都到专门为宫人设置的内文学馆中读书练字，填补失宠的空虚。

此后不久，掖庭局突然传来圣旨，召武才人作为侍候皇上的侍女。她意识到，重见天日的机会来了，这一次必须格外小心。

这次作为侍女，虽不能得到皇上的宠幸，但可以在早朝时站在屏风后面看到天子和大臣们议论朝政的情景，认识在后宫无法见到的皇亲国戚、朝廷百官。

在侍候太宗的过程中,武媚时常发觉有人在注视自己,她好奇地悄悄朝那个方向望去,她认识,那是太宗第九皇子晋王李治。

晋王治生于贞观二年(628)六月,生母是长孙皇后,虽比武媚小4岁,但已妻妾成群。这是一个文弱的书生少年。

两个人的视线刹那间不期而接,又慌忙地避开。武才人敏感地察觉到,晋王的眼里流露出的是赞美、期盼。

这时,武媚尘封已久的少女情怀突然间又开启了。她有分寸地、娇媚地送去一串秋波,他看到晋王脸上露出欣喜的光彩,脸颊飞上一阵红晕。

这件事发生后,晋王就经常来向父亲问安。武媚那淡雅超俗的美,深深地迷住了晋王。身边虽然妻妾成群,但没有一个能像武才人这样使他心动,他猛然醒悟:这或许就是爱情吧?

当他了解到,武才人曾是父皇的宠姬时,他失望了,这样一位绝色佳人,他是无法得到了。只有问候父皇时,偷偷地看一眼武才人。这是他心中的惟一安慰。

一天下午,太宗听说西域刚进贡了一批名马,其中有一匹叫狮子骢的骏马,膘肥体壮,但个性暴躁,很难驯服,他便带领侍女、宦官亲自到驯马场观看驯马。

太宗看到,驯马师已有多人被咬伤、踢伤,便自言自语地说:

"看样子,大家都拿它没办法,不知道有什么办法能够驯服它?"

周围没有人回答。

这时,站在身边的武才人突然说道:

"臣妾能制服这匹马。"

太宗饶有兴趣地转身问武才人：

"你有什么办法？"

"妾只需要三种工具，先用铁鞭抽它，不服从，就用铁锤敲马头，再不服，就用匕首割断它的咽喉。"

"好勇敢的想法！"

太宗吐出这句话后，向武才人投去箭一般凌厉的视线，然后转身回宫。

茫然伫立的武媚，立刻清醒过来，跟随其后。

回到掖庭宫，想起刚刚发生的一幕，武媚感到全身直冒冷汗，一阵阵的后怕。"怎么能说出这么愚蠢的话来呢？忍耐了这么久才从危险的边缘走出来，怎么又自投罗网呢？"

武媚在后悔、遗憾、自责中，谨慎地忍耐着，提防着。

接连几天，并没有什么不幸降临在武媚身上。心安之余，她痛下决心：现在让自己痛苦、恐惧的，将来一定要加倍奉还对方！

此后，武媚更加小心从事了。同时，她决定向晋王表达自己的情丝。

贞观十七年(643)四月七日，太宗正式宣布，立晋王治为皇太子，大赦天下，赐酺3天。

这一夜，太宗召来太子李治和长孙无忌等几位重臣，在甘露殿内室，为太子新立，举行小小的宴会。武才人等几位侍女在一旁侍候。酒过数巡，太子李治悄悄起身去厕所。武才人立刻跟了过去。

李治办完事后，武媚跪着手捧洗手盆娇声说道：

"恭喜殿下立为太子！"

听到这甜蜜温柔的声音，李治低头一看，在淡淡的灯光下，一张如花似玉的面颊多情地仰望着他。这是期盼已久的武才人;他感到一阵躁热。他匆忙洗好手,用力把武才人抱在怀里,贪婪地吸吮着她樱红的唇。柔软的身躯、淡淡的香味,使李治忘却了一切。

李治和武媚一见钟情,他们有生以来第一次"恋爱"了。

贞观十九年(645)末,太宗亲征高句丽失败后,大病不起。政务暂由太子李治代理。当然,实权操纵在长孙无忌手中。

李治虽生性懦弱,却是个孝子。朝政完毕后,立刻回到父皇身边,亲自侍候汤药饮食。太宗感到李治太懦弱,和他的两个亲哥哥太子承乾、魏王泰相差甚远。他不由得皱起眉头。事已至此,只好严加训导了。

武才人也小心地侍候在床前。

太宗病愈后,在宫中设宴慰劳远征高句丽的武将。太宗让武将们行酒令,受罚者必须说出自己的乳名。

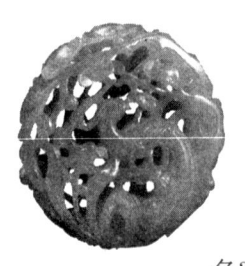

这时,掌管玄武门宿卫的左武卫将军李君羡被罚,难为情地说出自己的乳名叫"五娘"。

太宗听了吓了一跳,当场笑着说:

"堂堂的武将,怎么取了个女子的名?"

这件事,太宗一直挂在心上。他派人调查李君羡的出身,结果使他更惊愕。

李君羡出身武安(今河北武安),封邑武连县公,官称左武卫将军,乳名则为"五娘",都有个武(五)字,他猛然想起"女主武王代有天下"的流言,原来应在李君羡身上!自己怨枉了爱妾武媚,太宗后悔极了。

不久之后,李君羡被贬为华州刺史,后来又因他与一个自称通晓佛法、能不食而生的道员通信来往,被御史劾为与妖人交通,谋不轨,于贞观二十二年(648)七月下诏将他处死。

武才人早就发觉李君羡被贬的真正理由,在她的心里深深刻上了这位代她而死的李君羡的名字。42年后,当区区一武将被处死的事件早被人们遗忘时,刚刚当上皇帝的武则天却厚祭李君羡的亡灵。她没有忘记:李君羡的死掩护了她,使她安然逃脱了一场劫难。

贞观二十三年(649)春,唐太宗突然病情恶化,卧床不起,处于弥留状态。按唐制,皇帝死后,后宫凡是没有生育的内官都要被送到尼姑庵,落发为尼,虚度残生。

武才人想到自己14岁入宫,十几年来还只是个才人,受尽了后宫寂寞和恐惧的折磨,如今年纪轻轻将要成为尼姑,去过青灯梵钟的凄苦生活,这怎么能忍受得了!

"不能这样把自己活活埋葬。"

武才人下定了决心。越是面临灾难,她的头脑越清晰,斗志越旺盛。

她决定抓住太子治这棵救命草。不久,她们在共同侍候太宗的间隙,匆匆发生了关系……

武才人紧紧搂着太子治,乞求道:

"太子,请别抛弃我。希望你能以天子的身份发誓。"

"我发誓!"

太子治看着武媚神秘妖艳的凤眼,颤抖地说。

五月,死神终于降临到太宗身上。随着太宗被葬于昭陵,武才人等宫女们也都被送到长安的感业寺,落发为尼,成为太宗活的殉葬品。

武则天的才人生涯,就这样结束了。

入 主 后 宫

被幽闭在尼庵中的武则天并没有绝望,她把解脱自己的希望寄托于新皇帝唐高宗李治身上。她深信,这一愿望一定会实现,她相信李治的"誓言"。

转眼间,太宗的周年忌日到了。这是永徽元年(650)五月,高宗李治来到感业寺进香,借以探望武则天。

高宗看到自己心爱的人苍白憔悴、哀怨的面容,心中一阵酸楚,眼睛也湿润了。武则天也抑制不住自己的感情,泪水夺眶而出,投进高宗的怀抱。

高宗像抱着一只受伤的羔羊一样,喃喃地说:

"我一定要把你接回宫中,你要多多保重,耐心等待。"

说起来容易,做起来则有点棘手。则天不是一般的宫女,她曾是父皇的宠妾,如果直接把她接回宫中,则是名不正言不顺。如果先把她安排给皇后做个侍女,再封官宠幸会更好些。

于是,高宗来找皇后商量。皇后王氏想了想,竟十分痛快地答应把则天接到皇后宫中,让她蓄发等待。

久已得不到宠幸的王皇后为什么这么痛快地应承了高宗的要求?这里面大有文章。

此时的后宫正爆发着一场女人的战争。王氏虽被立为皇后,但久不生育,高宗对她已失去了信心。当时最受皇上宠爱的是萧淑妃。淑妃恃宠而骄,并生有一子(高宗第四子雍王素节)二女,相比之下,王皇后更显得黯淡无光。皇后竟难得见皇上一面。

这时高宗有四位皇子:长子陈王李忠、次子原王李孝、三子杞王李上金，他们分别为身份卑微的刘氏、郑氏、杨氏所生，四子就是雍王李素节了。此时萧淑妃正受专宠，于是很多人都猜测：素节很可能会超越其他皇兄，被册立为太子。

这一形势对王皇后很不利，一旦素节被立为太子，她的皇后位子就很有可能被萧淑妃取而代之。这对王皇后及其家族都是很大的危险。皇后的舅舅柳奭刚刚在永徽二年正月被任命为宰相，皇后的命运，自然也影响着柳氏家族的前途。他们绞尽脑汁，寻找打击萧淑妃的办法。最后决定，先把长子陈王李忠收为养子，再谋求立为太子，以与萧淑妃抗衡。

于是柳奭与长孙无忌等元老大臣联合陈请高宗立陈王李忠为太子。

萧淑妃自然也不示弱，把高宗逼到进退两难的境地。

就在皇后和萧淑妃争得不可开交的时候，皇上突然来请皇后把武媚接回宫中。王皇后心生一计，她知道皇上深爱这位叫武媚的尼姑，如果让她入宫，或许会打破萧淑妃专宠的局面，这对立陈王李忠为太子是极为有利的。这样既打击了萧淑妃，又可以顺利地立陈王为太子，从而保障自己皇后的地位。这可是一举两得的计策。所以皇后面带微笑地对高宗说：

"就把武媚交给我吧，暂时做我的侍女，养养身子。"

这样，武媚第二次入宫。这大约是永徽二年（651），武媚已经28岁了。经历数次磨难，才获得了这次入宫的机会，她决心要利用好这次机会，夺回失去了的青春年华。事实上，这次入宫后，业已成熟的武则天就在权力之争中大显身手了。

武媚入宫后，一方面尽心侍候王皇后，卑躬屈膝，很快就得到皇后的喜欢；一方面通过贿赂宦官，建立起广泛的情报网，探听宫内外的情势。不久，她便对后宫的形势了如指掌了。

皇后对武媚非常满意，她想，武媚真是个人见人爱的美人，这么温柔贤淑，善解人意，又有这样超俗的美貌，对付萧淑妃是不成问题了。

果不出皇后所料，武媚入宫后，以其高超的闺房技巧、无限的魅力，使高宗惊喜、陶醉，仿佛被妖魔所操纵，每夜都流连于武媚身边。10年里，武则天共为高宗生下四男二女，高宗总共12个子女，后面6个都是武则天所生。武则天独占房帷之宠的情形可见一斑。

此时，曾经独占房宠，娇艳自负的萧淑妃独守空闺，悲叹终日。

永徽三年(652)三月，武媚生下一个男孩。高宗十分高兴，为他第五个皇子取名为弘。武媚被封为昭仪。昭仪仅次于四夫人，位于九嫔之首，正二品。

皇后的目的都实现了：萧淑妃失宠，这年七月，10岁的养子陈王李忠被立为太子。任命宰相于志宁、张行成分别兼任太子少师、太子少傅，教育太子忠应懂得的仪节。

皇后在此刻显得有点得意忘形。但她高兴得太早了，她低估了武昭仪的能量。本来就不受皇上宠爱，在立了太子之后，她发觉高宗对自己愈加冷淡了。原来对自己卑躬屈膝的武昭仪，如今态度与前也迥然不同。她很快意识到，如今武昭仪独占皇宠，她和萧淑妃都被抛弃了。一种愤恨、空虚、痛苦的情感油然袭来，令她浑身颤栗。

"我不能败在这个尼姑手里。"皇后咬牙切齿地说。

皇后已顾不上尊严，亲自登门造访萧淑妃，希望两人联合对付武昭仪。两个沦落的女人同病相怜，尽弃前嫌，订立了攻守同盟。

这时，武昭仪又怀孕了。不甘寂寞的高宗又想到了也颇有姿色的萧淑妃，便又经常来到淑妃身边。但他常常碰到皇后也在萧淑妃宫里。这两个过去是仇敌的女人，现在怎么突然和好了？高宗心里感到非常不愉快。

这时，两个女人异口同声地说些"妖妇亡国"的例子，希望龙体多保重，并极力谩骂诋毁武昭仪。

高宗立时发觉，她们两人出于嫉妒，联合起来攻击武昭仪。意识到这一点，高宗感到一阵厌恶。他不由得发觉武昭仪有较高的修养，她从来没有说一句皇后和萧淑妃的坏话。从此，高宗就再也不到萧淑妃那里去了。

武昭仪虽不公开辱骂，但她也不甘示弱，只不过手法高明多了。她在后宫大肆活动，笼络人心，发现对皇后、淑妃关系不好的人，就竭力拉拢，施以恩惠，将其安插在皇后和淑妃周围。这样，皇后、淑妃的一举一动，武昭仪完全掌握，从而取得了主动权。

既然已经取得了皇上的信任，使皇后和淑妃一起失宠，下一步的目标就应当是取代皇后的位置。武昭仪下定了决心。

但是，自己现在只是个昭仪而已，中间还隔着四夫人，一跃皇上皇后宝座太困难。如果先提高一下地位，再去争皇后的位置，这样或许会更好些。于是武昭仪温柔地对高宗说："现在我是否可以升一级呢？"

高宗早就想把心爱的武昭仪升一级，但四夫人没有空缺。高宗露出困惑的神色。武昭仪嫣然一笑，说："陛下能否在四妃之上，新设一个宸妃，赐给臣妾呢？"

高宗听了武昭仪的提议，十分赞同。便说："等朕和宰相们商量后就封你为宸妃。"

出乎意料，宰相韩瑗、来济等断然反对。由于宰相们的反对，高宗只好把宸妃问题暂时搁置了。武昭仪闻听此情，咬牙切齿地说："有朝一日，我一定要整治这帮老混蛋！"

永徽五年（654）初，武昭仪生下第二个孩子，是个天生丽质的小公主，很讨人喜欢。满月之后，王皇后也忍不住悄悄来到武昭仪宫里，逗弄一番小公主。她知道皇上马上就要来了，她不愿看到皇上的冷眼，便匆匆回宫去了。武昭仪见这是扳倒皇后的绝好机会，不能放过。于是下狠心掐死了亲生女儿，然后轻轻盖好被子，像没事一样。

一会儿，皇帝来了，武昭仪佯装欢笑，拉着皇帝来到床前看女儿。可是掀开被子一看，武昭仪也忍不住了，失声痛苦起来。皇帝震惊，急忙讯问情况。宫女告诉他，王皇后刚才来过。

高宗听说王皇后刚才只身来过，马上意识到，皇后没安好心，"她为什么突然来这里呢？是不是因她自己不能生育，近年来又受到冷淡而嫉妒、迫害武昭仪呢？"想到这里，高宗愤怒地大叫："后杀吾女！"对皇后的妒妇心肠痛恨不已。

武昭仪凄惨地号啕痛哭，高宗感到心碎。这时，昭仪突然止住哭，抽泣地向高宗诉说这些年来所受的种种委屈：皇后收容了她，是为了打倒萧淑妃，结果皇后强迫她报恩，自己忍声吞气服侍皇后，却遭到如此的报应。生了皇子弘以后，皇后更和萧淑妃联合起来攻击她……

面对这一场从天而降的灾祸，王皇后就像遭受晴天霹雳的轰击，完全被打蒙了，她有口难辩，茫然不知所措。

高宗愤恨难平，心想，这样的女人怎么能够让她继续安然于皇后的宝座呢？

宫闱事秘。上述这个故事似乎不可思议。武则天作为母亲下得这般毒手，似乎超出常理，难以置信。但是，如果让武则天也遵循常理行事，那么武则天也就不成其为武则天了。

在当时的情势下，皇后虽然失宠且不能生育，但高宗是个性情优柔的人，要想让他割断与王皇后十多年结发夫妻的恩爱，实在是件不容易的事。武则天除非施展宫廷阴谋，脚踩自己女儿幼小的尸体，否则很难朝皇后位置迈进一步。16年的宫廷生活已经泯灭了她原有的那种循规蹈矩的思维逻辑和行为准则，太宗时代12年陷于被冷落的才人生活不能自拔，这三四年来虽然深得皇帝恩宠，但她哪怕要从昭仪进一级到宸妃也竟遭到反对而作罢。现在既然皇后和萧淑妃联合对付她，怎能再久久屈居她二人之下。既然没有退路，就不能安分守己听天由命。但是，她知道，后宫、外廷中都还没有自己的心腹，自己出身寒微，又有先帝才人的前嫌，要彻底取代王皇后，就只好做一次嫁祸栽赃的冒险了。结果取得了意想不到的成功。

王皇后失宠的事，百官都知道了，前一阵子以身为皇后舅父而趾高气扬的柳奭遭到如此沉重的打击，深感不安，他觉得皇帝投来的眼光充满了冷漠和憎恨。看来宰相位上呆不住了，还是极早退下来更安全。这年六月，柳奭便上书辞去中书令的职位。皇帝立即敕准，降他为吏部尚书，暂还留在朝中。但柳奭哪里想到，这竟是他跨进地狱的第一步。

柳奭的罢相，使王皇后的保护墙彻底崩溃了，对武昭仪而言，初战告捷。

但废后事关国体，必须取得重臣们的同意才行。当时的重臣、国舅、太尉长孙无忌就是最大的难关。

七月，高宗和武昭仪从岐州凤泉池休养回京后不久，武昭仪便要皇帝带她一起屈尊登门拜访无忌，并带了金银财宝、绫罗绸缎等十大车的赏赐。

无忌家马上设宴欢迎。武昭仪邀请无忌的宠姬及所生的三个儿子一同参加。

酒过数巡，高宗赐给无忌的三个儿子朝散大夫从五品的官位。无忌马上意识到，高宗和武昭仪私下造访，背后一定有什么问题。便装出毫不在意的样子，看他们演什么戏。

酒酣耳热之时，高宗果然说出了来意："近来皇后屡出麻烦，况且莫大之罪，无后为过。皇后无子，武昭仪有子，朕想要……"

高宗话还没说完，无忌便很巧妙地把话题岔开，不让高宗继续说下去。高宗和昭仪越坐越觉得没趣，只好怏怏而回。

但武昭仪还不死心，不久之后，又让母亲应国夫人杨氏出面，到无忌府上，想讨好无忌，要他不要干涉立武昭仪为后。然而无忌不为所动，始终不答应。

这时，卫尉卿(从三品)许敬宗因长期受到长孙无忌、褚遂良等的压抑而强烈不满，便站出来拥护武昭仪。为了表示对昭仪的诚意，径直来到长孙无忌家，提出皇上既然要立武昭仪为皇后，希望太尉不要阻拦。没想到许敬宗却遭到无忌的厉色斥责。他恼羞成怒，虽然表面上仍装出恭顺的样子，暗地里却下定了决心。

"事到如今，就是为了争一口气，也要帮助武昭仪达到她的目的。"

这件事很快传到武昭仪的耳里，没想到朝廷中已经有人在支持自己了。她心里非常高兴，立刻派人送给许敬宗大笔赏赐。她们不约而同地结成了联盟。

一想到长孙无忌的态度，武昭仪就感到恼恨。她现在才完全清醒，自己的阀阅门第经历，根本指望不上得到这些望族遗老的支持。既然对无忌的怀柔政策失败，下一步必须重新拟定新的战略她非常的聪明、冷静，不会只顾突破障碍而弄得头破血流，她不是那么愚蠢的人。

于是,她终于丢掉幻想,把和长孙无忌集团的决斗提到日程上来了。

王皇后家族率先遭到一连串打击。王皇后在个性强烈的母亲魏国夫人柳氏的唆使下,近来经常秘密召来巫女,沉迷于巫术之中。这是后宫所绝对不允许的。永徽六年(655)六月,武昭仪得知这一消息后,便告诉了高宗。高宗立即命令宦官搜查皇后宫,结果从床底下搜出了一个桐木人,木人身上写着"武媚"两个大字,胸部和腹部还钉着大钉子。

见此情景,皇后和柳氏号啕大哭。柳氏还不停地叫喊:"这肯定又是武昭仪栽赃陷害!"

不管桐木人事件是不是真的,但皇后和柳氏企图利用巫术咒死武昭仪的心思是有的。

武昭仪听说在皇后床下搜出写着自己名字的桐木人,马上哭倒在高宗怀里。高宗想起过去皇后和萧淑妃联合辱骂武昭仪,皇后又杀害了可爱的小公主,这次又从皇后房里发现了诅咒昭仪的桐木人,愤怒之余,他想立刻废掉违犯国法的王皇后。但一想到废后必须和长孙无忌商量,高宗就又犹豫了。

桐木人事件后,高宗立即下令禁止柳氏入宫,以切断王皇后宫庭内外的联系。七月,皇后母舅、吏部尚书柳奭被贬为遂州(今河北徐水)刺史。途中又以泄露禁中语的罪名,远贬荣州(今四川荣县)刺史。这样使王皇后陷于孤立无援的困境。

这时,外廷的一伙政治失意分子逐渐站到了武昭仪一边,组成了反长孙无忌势力集团,中心人物是中书舍人李义府。

李义府正面临一场劫难,因得罪了长孙无忌,他将被贬为壁州(今四川通江)司马。七月的一天,公文就要下达前,李义府知道了这一可怕的消息。他急忙求救于同僚王德俭,请他帮着出个主意。

王德俭是许敬宗的外甥，都是非贵族出身，对长孙无忌等也极为不满。他便给李义府出了个主意，郑重地说："现在武昭仪深得皇上宠爱，很早以前皇上就打算立武昭仪为后。但因长孙无忌等元老大臣们的极力反对，至今未决。如果您能想办法使昭仪立为皇后，那么就能转祸为福，享尽荣华富贵。"

李义府感到这一计策妙极了，当天晚上，便代替王德俭在中书省值夜班，上奏表称："皇后王氏行为有碍妇德，恳请尽快废王氏，立堪为后宫典范的武昭仪为皇后。愿圣上不要让天下人失望。"

高宗非常惊喜，居然有朝臣明确表示赞同立武昭仪为皇后了。在遭到长孙无忌等元老大臣的强烈反对后，高宗正不知如何是好，这时仿佛得到了百万大军。高宗立刻召李义府入宫密谈。当即赐珠玉一斗，并恩准李义府留居原职。李义府惊喜之下，立即跪地叩谢。

次日一早，李义府刚刚起床，武则天的密便使来访，转达武昭仪对他的慰问和鼓励。不久，李义府荣升为中书侍郎，正四品下。

李义府"转祸为福"的经历，极大地鼓舞了平时受尽无忌贵族派压抑的官员，暗中纷纷结合成反对无忌的一大势力集团。其中前不久被无忌辱骂、愤怒之情无法排遣的卫尉卿许敬宗及御史大夫崔义玄、御史中丞袁公瑜等争先恐后敢布腹心于武昭仪。

武昭仪这时也顾不上考察这些人的才能德行，只要朝廷里有人替她说话办事，她便一概接纳。他们的能量也确实不小，在武则天夺取皇后位置的这场争斗中出了大力。

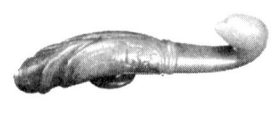

最先开火的是御史中丞袁公

瑜,一到八月,他便马上逮捕了无忌派的一员大将——长安令裴行俭。

裴行俭感觉到要立武昭仪的风声越来越紧,认为这将是国家祸乱的根源,便私下与长孙无忌、褚遂良商量对策。结果,这一密谈被御史中丞袁公瑜知道,他夜访应国夫人杨氏,将无忌等人的密谈报告与她。杨氏认为事态严重,不顾天色已晚,立刻进宫。

第二天一早,诏令贬裴行俭为西州都督府长史。

从离间皇帝和皇后的感情关系做起,经过内外廷的一番部署,在短短的时间里,无忌派中已有柳奭和裴行俭二人被贬到偏远地区,而拥护武昭仪的阵容则逐渐壮大。武则天自信可以摊牌的时机到了。

九月里的一天,退朝后,高宗召长孙无忌、李勣、于志宁、褚遂良等4名重臣入内殿议事。入殿前,褚遂良猜到是要决定废立皇后的事了,便慷慨激昂地说:"皇上已决意要立武昭仪为后,违之必死。遂良既受太宗顾托,辅佐国事,如今不以死谏争,无颜见九泉之下的先帝。请太尉元舅等不要说话,以免遭杀身之祸。"自己摆出一副准备赴汤蹈火、杀身成仁的架势。

进入内殿之后,他们看到武则天坐在帘后监视,气氛紧张。高宗果然提出:"皇后无子,武昭仪有子,朕要废王氏,立武昭仪为皇后,卿等意下如何?"

褚遂良立刻上前跪下,以嘶哑的声音说道:"皇后出身名门世家,又是先帝太宗特别挑选的。先帝临终时曾对臣说:'朕佳儿佳妇全托付给你了。'这也是圣上亲耳听到的。况且皇后没有多大过错,怎么可以轻易废黜呢?臣以为这不是皇上的本意,陛下生性笃孝,应不会做出这种违背先帝的事。"

高宗满脸不高兴，一句话没说，转身走进后宫。

第二天早朝后，他们又被召到内殿再议。这次，他们撕破脸皮，言辞更为激烈，毫不掩饰地对武则天进行了人身攻击。

褚遂良又首先谏诤说："陛下如果一定要改立皇后，可以从天下名门闺秀中挑选，何必非立武昭仪不可呢？武昭仪曾经侍候过先帝，这是众所周知，怎么能掩盖这一事实呢？如果陛下这样做，让后代人怎么评论陛下呢？愿陛下三思而行。臣违逆圣意，罪该万死！"

褚遂良一口气说完，把手中的笏板扔在殿阶上，解去幞头，叩头流血，恨恨地说："还陛下笏，乞放归田里！"

高宗大怒，命令侍卫："把他拖出去！"

这时，从帘后传来武昭仪愤怒阴冷的声音："何不扑杀此獠！"

长孙无忌赶忙扶起褚遂良，说道："遂良身受先朝遗命，就算有罪，也不可轻易加刑啊！"

于志宁在一旁看到这一阵势，低着头，像一尊石像似的，没敢吭气。李勣更乖巧，本来就与无忌有隙，更不愿同他们一起卷入这事，前一天就不肯入内殿，称病径自走了。

侍中韩瑗听到这件事后，立即要求觐见高宗，涕泣极谏。想到高宗竟昏庸至此，迷恋一名贱妾而甘心受其操纵，悲哀之余，泪流满面。便又上书列举"妲己倾覆殷王"、"赫赫宗周，褒姒灭之"，预言皇上若一意孤行，必定要重演历史悲剧。

以前和韩瑗共同反对立"宸妃"的中书令来济也上表力谏："王者之后，必慎选名门淑女，以贱婢为后，将灭绝皇统，倾覆社稷。"

可是高宗执意要立武昭仪为后，无论他们怎样濒死谏诤，也改变不了皇帝的决心了。

几天后，高宗单独召李勣入内殿，说："朕想立武昭仪为后，可褚遂良等人极力反对，你的意见如何！"

李勣回答说："这是陛下家庭私事，何必去征求外人的意见呢？"

李勣的回答出乎高宗的意料，他没想到元老重臣中还有同情支持自己的人，于是在皇后废立的问题上，高宗下了最后的决心。

许敬宗得知李勣的话后，立即在朝中宣扬，并粗俗地说："种田的农夫多收了几十石麦子，还想换个老婆，何况贵为天子呢？天子想立后，与他人何干，不是多管闲事吗！"

武昭仪听说后，非常满意，马上让身边的人把这话转达给高宗。

接着，褚遂良被贬为潭州（今湖南长沙）都督，长孙无忌集团的失败成为定局。

永徽六年（655）十月十三日，颁布诏令："王皇后和萧淑妃谋行鸩毒，废为庶人。其母及兄弟除名，流放岭南。"

十九日，颁布立后诏书，称："武氏门著勋庸，地华缨黻……朕昔在储贰，特荷先慈，常得侍从，弗离朝夕……圣情鉴悉，每垂赏叹，遂以武氏赐朕，事同政君。可立为皇后。"

诏书明白地指出武昭仪出身名门，尽管她是先帝的才人，但先帝把她赐给了朕。真是一篇苦心经撰的诏书，大概是许敬宗的杰作。这样一来，立武昭仪为皇后，就是明正言顺的事了。

十一月初一，举行隆重的册后大典，司空李勣亲自主持，左仆射于志宁担任副使，仪式颇为体面、壮观。大典完成后，又突然宣布，皇后将在肃仪门的城楼上接受文武百官及外国使节的朝贺。

皇后受朝这一史无前例的诏令，一时间把文武百官们搞懵了。不久，武后穿着大礼服出现在肃仪门城楼上，文武百官早已列队集合在肃仪门前，见武后登上城楼，一齐跪拜，山呼"皇后万寿无疆"。

武后接受百官的欢呼，脸上露出了轻松的微笑。

武则天终于坎坎坷坷地夺取了大唐皇后的桂冠，成为后宫的真正主人。是年32岁。

皇后的位置，对封建社会的一般女性来说，应是追求的最高目标了，武则天这时也该为自己的成功而庆幸了。但她并不满足，也不能满足，她深知，仇视她的政敌以长孙无忌为首仍控制着朝廷，随时随地都会颠覆她，对这伙实力派不可掉以轻心，有丝毫的懈怠。因此，武则天一当上皇后，就头脑清醒地盯着自己的对手，决不放过任何一个阻碍她入主后宫的政敌。

软硬兼施、又打又拉是武则天惯用的手段。就在颁布立后诏书后的第三天，她上了第一道奏表，要求褒赏去年极力反对晋封她为宸妃的韩瑗、来济。此刻武则天重提这桩旧事，对韩瑗、来济无异是一种居高临下的威慑。事到如今，只有辞职隐归故里了。二人便屡次上书辞职。但高宗一直没有批准。二人深感武后的阴险，想到暗淡凄惨的将来，如坐针毡。

高宗的性格素来懦弱、多愁善感，武媚立后的大典之后，他忽然想起什么似的，带着一名侍从，偷偷来到别院，看望囚禁中的王皇后、萧淑妃。看到囚禁二人的牢狱四周封闭，只有一个小小的送饭孔，脏兮兮的盘子上还留着些剩菜残羹，高宗心里一阵难过，不由得痛心叫道："皇后、淑妃，你们在哪里？"

一会儿，传来王氏呜咽的声音："妾等已因罪被废为庶人,为什么还称妾为皇后?"说罢又猛烈抽泣起来。接着又说:"如果皇上还念旧情,就请把我们放出去吧。为了不忘圣恩,希望把这个别院改名为回心院,妾等再生之幸。"

高宗看到这凄惨的情景,再也忍不住了,对她们大叫:"你们放心,朕自有办法。"

高宗探望王氏和萧氏,并答应营救的消息,很快传到武后的耳里,武后十分愤怒,她知道自己近来太疏忽了,最近过分专注外廷,忽略了高宗,为了杜绝所有的背叛行为,断绝王氏和萧氏东山再起的后患,必须尽早根除这两位冷宫阴魂。

几天后,王氏和萧氏被武后指使的宦官各打了一百杖,又砍去手脚,折磨而死。

这一举动说明武则天确实具有先见之明,在后来的废后风波中,武则天能够安然无恙,与早早诛除了王皇后和萧淑妃有很大关系。

武则天在打倒王皇后的过程中,也深深体会到皇后的地位多么脆弱啊!目前除非从长孙无忌手里夺回政权,否则难保自己平安无事。这样就必须发展自己的势力,第一步就是废太子李忠,立长子李弘为太子,俗话说:母以子为贵嘛。但是,要废太子李忠,就必须清除太子周围的顾命元老们,这是一股庞大的敌对势力,必须小心地寻找突破口。

就在这时,处于忐忑不安中的韩瑗、来济送上门来了。这两人很不知趣,竟出面为褚遂良诉冤,打抱不平来了。疏奏无效后,要求解职归田,又不准。但已经惹恼了武后。显庆二年(657)三月,褚遂良由潭州都督再贬为桂州都督。桂州素有"山水甲天下"的美誉,向来又是用武之地。许敬宗、李义府按武皇后旨意,诬奏这是韩瑗、来济有意安排,企图与褚遂良里应外合，潜谋不轨。

八月，韩瑗和来济分别被贬到振州（今海南崖县西）、台州（今浙江临海）当刺史，并且终身不得朝觐天子。这一特别处分，使他们无望再回朝复职，也就等于终身流放。

受韩瑗、来济牵连，褚遂良又被远贬爱州（今越南清华），柳奭从荣州贬往象州（今广西象州东北）。褚遂良到爱州后，心情沮丧，一蹶不起，次年死于爱州。

在韩瑗等人连遭打击，正不知所措时，显庆元年（656），14岁的太子李忠被废为梁王，武后的长子5岁的李弘被立为太子。

强烈反对武后的五员重臣中，已有柳、韩、来、褚四人被贬，最后只剩下了该集团的核心人物长孙无忌。无忌早年跟随李世民转战南北，又策划了玄武门事件，兼有开国功臣和佐命元勋的特殊荣誉，24名凌烟阁功臣中他名列第一。高宗之立，直接得力于无忌，因而高宗对这位有顾命遗老身份的国舅一直优礼尊崇。永徽元年（650）洛阳人李弘泰贸然告长孙无忌谋反，高宗二话没说，命令当即斩首。

武则天深知要扳倒无忌这棵大树，绝非易事，不可轻举妄动。为此，她采取了先清外围再克堡垒的攻坚战术，在忍耐了数年之后，终于翦除了羽翼，等到了总攻的时刻。显庆四年（659）春，武后授意许敬宗，精心设计了一个朋党案，把长孙无忌牵扯了进去。

当时，太子洗马韦季方和监察御史李巢等人在朝廷结党营私，许敬宗奉命审理此案。他借机严刑逼供，百般折磨，韦季方实在忍不下去了，企图自杀，结果又没死成。这样一来，许敬宗抓到了把柄，说他们和长孙无忌谋反，事情败露后，企图畏罪自杀。高宗见此奏疏，十分惊讶地说："元舅怎么会谋反

呢?"许敬宗煞有介事地说:

"无忌与先朝谋取天下,众人服其智,做宰相30年,百姓畏其威,可谓威能服物,智能动众。臣恐无忌知事露,即为急计,攘袂一呼,啸命同恶,必为宗庙深忧。"

高宗命许敬宗再审。

次日,许敬宗又编造韦季方供词:"韩瑗曾经对无忌说:'柳奭、褚遂良劝公立梁王为太子,现在梁王已经被废,皇上也怀疑公,因此把您的表弟高履行贬出京师。'自此无忌忧虑恐惧,后来看到堂侄长孙祥又被贬,韩瑗得罪,便日夜与季方等人谋反。"

高宗还犹豫,说:"我决不忍心加罪于元舅,让后代良史家说我不能和亲戚和睦。"

许敬宗又蛊惑说:"现在无忌忘先朝之大德,舍陛下之至亲,听受邪谋,遂怀悖逆,意在涂炭生灵……臣闻当断不断,反受其乱,大机之事,间不容发,若少迟延,恐即生变,惟请早决!"

高宗被这耸人听闻的言辞搞昏了头,仅听一面之词,便下诏削去无忌官爵,流放黔州(今四川彭水),立即发兵遣送。只是仍准按一品供给饮食,每天细白米2升,油5升,炭10斤等,每月还给羊20只,猪肉60斤,鱼30条,酒9斗,表示对这位至亲长辈的优遇。

许敬宗又捉摸可以株连的人,上奏:"无忌谋逆,由褚遂良、柳奭、韩瑗勾结而成,奭潜通宫掖,谋行鸩毒,于志宁亦党附无忌。"这时褚遂良已死,追削官爵。柳奭、韩瑗除名,于志宁免官,高履行贬洪州都督。

七月,许敬宗遣同党袁公瑜往黔州,逼令长孙无忌自缢而死。柳奭被杀于象州,韩瑗已死,开棺验尸,来济被远贬庭州

(今属新疆)。被株连的有长孙、柳、韩、于等家族成员几十人,或杀或流或贬。

至此,长孙无忌集团被彻底摧毁。

与此同时,素受压抑的寒门出身的官员李义府、许敬宗等被擢为宰相,把持朝政,逐渐集结到武后周围,形成了绝对的优势。

长孙无忌集团的垮台,标志着一个多世纪里关陇士族集团把持中央政权局面的终结,也标志着几百年来门阀政治的终结。从此,以武则天为首的寒门官僚可以在政治舞台上大有作为了!

正当武后庆幸自己清除了长孙无忌集团这一特大障碍时,麟德元年(664),宰相上官仪掀起的废后风波,险些使她功亏一篑。

自永徽六年(655)开始,到废立太子,直至彻底摧垮长孙无忌势力集团,每一步都遵循了武则天的意志,达到了预期的目的,这时,武则天春风得意,颇有心满意足之感。特别是自显庆五年(660)以来,高宗因病令她决百司奏事,更助长了武则天的骄傲情绪。她一反过去屈身忍辱、奉顺上意的谦恭姿态,对高宗横加牵制,恣意专行,并且还时常引道士到后宫做法术。

高宗虽然是个懦弱优柔的君主,执著追求真诚柔腻的感情生活。但此时他毕竟是一国天子,精力充沛的男子汉。他讨厌受人牵制,自被立为太子起就在长孙无忌的控制下生存,如今又受到妇人的摆布,使他仍不能舒心地做皇帝,这是他所不能容忍的。

宰相上官仪早就对武后的专横怀有不满,这时他猜透了高宗的心思,便指使亲信宦官王伏胜控告皇后引道士郭行真入禁中为患祝，祈求非分之福。高宗闻听此事，气就不自一处来，心想："皇后也太过分了，朕把你娶到身边，一切都顺从你的愿望，并把你立为皇后，如今还不满足吗?看来皇后没安好心。"于是对身边的上官仪说："皇后品行有损，应当废为庶人。"

上官仪见状，更是火上浇油，怂恿说："皇后专恣，海内失望，应该废之，以安顺人心。"

高宗立刻命令上官仪起草废后诏书。

武则天安插在高宗身边的亲信，见势不妙，赶快跑回后宫，向武后报告了这一可怕的消息。武后闻讯，慌忙赶到皇帝身边，这时废后诏书正捏在高宗手里。武后立即施展出妇人惯用的手段，跪在高宗面前，痛哭流涕，边哭边诉说："妾自跟陛下这么多年来，精心侍奉陛下，情真意切。近几年来，陛下龙体欠安，臣妾一方面帮陛下料理繁杂的国事，以减轻陛下的负担，一方面又四处派人，多方寻找良医为陛下治病。近来听说有个叫郭行真的道士技艺高超，妾特请来为陛下祈祷，希望陛下早日康复。没想到臣妾好心没得好报，却换来这样的下场。我好命苦啊!"说完，便号啕大哭。

高宗听完这番申诉，才明白，原来皇后的所作所为都是为了朕，朕真是怨枉了爱后。都怪上官仪这个混蛋。看到面前心爱的皇后哭得如此伤心，便内疚地说："起初我并没有要废你的意思，都是上官仪对朕说你如何如何，朕听了他的一面之词，都是朕不好。"

这样，高宗当场就把上官仪抛了出来。

上官仪曾在陈王李忠府中任谘议参军，和王伏胜同在陈王府供事。这便成了武后等人诬陷上官仪的素材。

高宗回心转意后，武后立即指使许敬宗诬告上官仪与李忠谋反，并将上官仪及其子上官庭芝逮捕下狱，百般折磨后死去。他的家属全被除籍。襁褓中的上官婉儿——上官庭芝之女——也随母一起被没入掖庭宫充当奴婢。婉儿在宫中受到良好的教育，后来成为武则天的心腹笔杆，活跃于武周政治舞台。郭沫若先生十分赞赏她俩能够摆脱杀父之仇的私怨，在国事上密切合作的雅量，并把这一故事写进了新编历史剧《武则天》一书中。

上官仪被杀后，朝廷中再也没有敢与武后作对的势力了。从此，武后便真正成为名副其实的后宫主人。

垂 帘 听 政

上官仪掀起的废后风波平息后，武则天不仅成为后宫的主人，而且在外廷也成为事实上的主人了。

自显庆四年（659）八月，长孙无忌集团被摧垮后，武后便逐渐参与朝政。显庆五年（660）十月高宗突感眩晕，头痛得厉害，眼也看不清楚，无法和文武官员讨论政事。于是高宗决定，在他痊愈之前，由武后代理朝政，亲自裁决政务。从此，武后正式垂帘听政。麟德元年（664）十二月，上官仪被诛后，武后与高宗并列临朝，在翠帘之后，过问一切政务，高宗只是个摆设，坐在御座上，极少发表意见，朝廷大权完全掌握在武后手里。当时朝廷内外并称帝后为"二圣"。

在高宗的信任下，武则天的政治势力顺利地稳步地增长着。在这期间，她所急于要做的第一件事就是《姓氏录》的修订。

自从得到高宗的宠爱，从尼姑庵重返后宫，人们常背地里说她是"身份卑贱的侍女",在入主后宫的过程中,那些贵族元老们又常常以"出身寒微"的理由来阻拦,她心里实在愤怒难忍。现在,虽然登上了皇后的宝座,也许还有人在背后对她指指点点,轻视嘲弄呢!过去一直受压抑,如今必须予以回报!

贞观中,太宗曾命高士廉等人依照官品定族姓的原则,重新修订《氏族志》。但是,《氏族志》并没有跳出魏晋以来重阀阅的旧例,一切旧士族虽然官职很低,但仍被列入。而在所列9等、293姓、1651家中,官至三品的武士彟一家竟被排斥在外。对此,武后一直耿耿于怀。特别是后来的种种遭遇,更坚定了她要修改《氏族志》的决心。

显庆四年(659)六月,长孙无忌刚被贬出京城两个月,武后便授意许敬宗、李义府等奏请修改《氏族志》。高宗准奏,命孔志约、杨仁卿等修订,改名为《姓氏录》,武后一族成为天下第一等的名门,以下按唐朝官品的高低,分为九等,彻底打破了士族大姓排在首位的框框。一些名门贵族和士大夫认为这样做违背了传统的定族姓的办法,把《姓氏录》称为"勋格",即赏军功的办法,以登上《姓氏录》为耻,纷纷抵制。李义府上奏收缴焚烧《氏族志》,强行推行《姓氏录》。

《姓氏录》颁后4个月,李义府又奏请全国七大名族十家——陇西李宝,太原王琼,荥阳郑温,范阳卢子迁、卢浑、卢辅,清河崔宗伯、崔元孙,博陵崔懿,赵郡李楷等,彼此之间禁止通婚,不得接受聘礼。这纸七族间禁止通婚的诏令,对于消除崇拜名门的思想,比《姓氏录》的功效更迅速。

《姓氏录》的修订,虽然没能彻底根除士族势力,但它对门阀制度的否定,却加速了士族势力的衰亡,人们的门第观念也为之一新。

在颁布《姓氏录》后,武后授意许敬宗向高宗提出了举行封禅大典的建议。封禅是指承受天命完成统一的天子或有为明君，禀承敬天的思想，到泰山祭祀天神和地神，陈述功绩，感谢上天恩赐的礼仪活动。封指封天，禅指祭地。武后非常盼望举行封禅大典，并希望能改变制度，主持禅礼。只要能举行大典，她就是本朝第一个直接参加封禅的皇后。她答谢上苍赋予自己的"天命"，更祈祷天命早日实现，能早日掌握天下大权。想到梦寐以求的封禅将要实现，她不禁欢欣雀跃。

高宗采纳了许敬宗的建议，决定于乾封元年（666）元旦到泰山举行封禅大典。麟德二年（665）五月，任命李勣和许敬宗为封禅使，并决定御驾提前两个月出发。十月，武后上表，向高宗请求道："以前封禅均由皇帝主持，虽贵为皇后，女性也不能参与。而'地'本来就应该属女性，因此祭地的'禅'礼应当由女性主持。请准予由皇后率内外命妇奠献。"

要皇后率内外命妇参加"禅"礼，虽然前所未闻，对武后来说已不是新鲜事了。当年举行立后大典时，武后就曾破天荒地登上太极宫肃仪门，接见文武百官和外国使节。此后，她不断地向男尊女卑的传统思想挑战，且每次都获得空前的胜利。毫无疑问，这也是为了将来名副其实地掌握政权、君临天下而修正轻视女性的错误观念。

当武后断然地、有条不紊地提出请求时，高宗立刻下诏："继天子之后，皇后可升禅坛主持亚献。"

十月二十八日，封禅仪仗，千骑万乘，绵延数百里，浩浩荡荡开往泰山。东自高丽，西至波斯、乌长诸国，朝会者各帅其扈从，穹庐毳幕，牛羊驼马，填咽道路。盛况空前。礼成，文武百官皆赐爵加阶，极尽优容。这些受赐之臣又怎能不对这位大唐开国以来第一次封禅大典中最出风头的武则天感恩戴德呢！她在击败上官仪以后，借助"比岁丰稔"的大好经济形势，立即策划筹办封禅，并在典礼中争亚献，抢角色，足见她在政治上的活跃和着意笼络人心的机智。

武则天为实现自己雄心勃勃的政治抱负，毕生坚持不懈地用各种手段扩大自己对官僚阶层的影响，不断培植和更新拥戴自己的官僚队伍，奠定了她一生成功的基础。周隋以来，随着九品中正制逐渐失去魅力，到武后掌权时，学而优则仕的科举制度发展起来，大批新成长起来的庶族地主知识分子蜂涌进入官场。他们代表新兴庶族地主的政治要求，成为一股不可遏止的潮流。武则天的登台，作为他们的总代表，为他们广开了门路。这样，在唐高宗在世时，武则天便在一定程度上造就了一支有相当势力的亲信队伍，其核心是开始于乾封年间的北门学士。

北门学士是武后以修撰为名召入禁中的文人墨客，因特许从北门即玄武门出入，时人称之为"北门学士"。知名的有刘祎之、元万顷、范履冰等。这些文章高手不仅完成了《列女传》《臣轨》《百僚新诫》《乐书》等一批著作，而且依仗武后的权势，直接参与朝政，分割宰相的权力，从而成为武后控制外廷的重要御用力量。开馆延揽士人著书立说，历来是有政治色彩的活动。北门学士的设立同样是武则天培植亲信力量以操纵朝政的新的政治策略。在此后的20多年里，武后由皇后到临朝称制，进而逐步造成改唐为周的形势，这批文人学士智囊班子的作用是不可低估的。

上元元年(674)皇帝称天皇，武后进号天后。皇后称天后，真是空前绝后的举动，天后与其说是天子的妻子，毋宁说是"天"本身的后妃，具有一种神秘、庄严的意味。只有喜欢玩文字魔术的武则天才会想出这种点子，但这实际上又是对反对势力的一次无形的示威。4个月后，天后提出了12条政治主张,即"建言十二事",包括了劝农桑薄赋徭、息兵、广言路、父在为母服丧三年等,这是具有政纲性质的建议书,涉及了国家政治、经济、军事、社会生活等各个方面,都由高宗诏令施行。

当时天后刚过50岁,虽然已接近更年期,但她健康状态极佳,天生的美貌仍未衰退,这样一位精力过盛的美人政治家,更年期对她也退避三舍。经过实际的参政,使她的信心和风度更加慑人。此时,处于政治峰巅的武则天,俨然当上了真天子。她自信,病弱中的唐高宗一合上双眼,便是她女皇的天下了。

然而,偏偏是自己的亲生骨肉和她过不去,她不得不做出了令人侧目的举动。

武则天与高宗共生了4个儿子,长子李弘、次子李贤、三子李显(又名哲)、四子李旦(又名轮)。显庆元年(656),废太子李忠,立李弘为太子。李弘性情仁厚,谦虚谨让,深得父皇的厚爱和大臣们的信赖。咸亨二年(671)正月,皇帝出幸东都洛阳,命皇太子李弘留在京师长安监国。咸亨四年(673),高宗因病又令太子受诸司奏事,屡次实习朝政。这年太子又娶左金吾将军闻喜大姓裴居道之女为妃,十月完婚。高宗对儿媳"甚有妇礼",十分满意,高兴地说:"太子妃贤淑通达,东宫的内政再也不用朕担心了。"这时的高宗,身体越来越不支,他感到自己无力承受国家政务的烦扰,便产生了禅位太子的想法。

长大成人的儿子(此时太子弘约20岁)使天后忧心忡忡,眼看着自己将要丧失辅政的权力,特别是这儿子对自己并不像丈夫那样百依百顺。咸亨二年(671)太子监国时,他发现宫中幽禁着自己的两个异母姐姐——萧淑妃的义阳、宣城二公主,都已是年逾三十的老姑娘了。太子弘心里对母后的残酷无情产生了强烈的反感。他立即向父皇奏本，要求马上释放被幽禁已久的两位公主，并设法将她们下嫁给适当的朝臣。太子弘的指责，惹恼了母后，她气愤地当即就把她们配给了身份低微的士卒。此后，太子屡次违背天后的旨意。对这么个"不识好歹"的儿子，武后也只好"忍痛割爱"了。上元二年（675）四月，24岁的太子李弘在与父母共进午饭时，突然暴死在洛州的合璧宫，大概是被母后用药酒鸩杀。后来追谥为孝敬皇帝。

皇太子李弘的死，对体弱多病的唐高宗无疑是一重大打击。一年多以前才为东宫纳妃完毕，皇帝像安排好了后事似的，以为没有后顾之忧了，不料太子先亡，又一切枉然了。他感到再也没有精力为国事操劳了，便想把权力交给天后执掌。

这一亘古未有的逊位事件，令宰相们噤若寒蝉，张文瓘、戴至德、李敬玄、刘仁轨等默不作声，只有中书令郝处俊、中书侍郎李义琰极力谏阻，慷慨陈词道："帝之与后，犹日之与月，阳之与阴，各有所主守也。陛下现在要违背此道，臣恐上则谪见于天，下则取怪于人。从前魏文帝著令，身崩后尚不许皇后临朝，现在陛下为什么要亲自传位给天后。况天下者，高祖、太宗二圣之天下，非陛下之天下也。陛下正应当谨守宗庙，传之子孙，实在不该把国家社稷当作礼物私自送给皇后。"看到他俩的激烈反对，高宗也就不再坚持，逊位皇后的事也就此偃旗息鼓了。武则天向来恩怨分明，在这次逊位事件中，出头谏阻的郝处俊给她留下了深刻的印象。10年后，武则天借故杀他的孙子郝象贤时，竟将郝处俊斫棺毁柩，报了宿怨。

高宗打算主动逊位对武后来说是一个重要的信号，表明她能不能受大位当女皇帝，在高宗的思想里并不成问题。15年后武后登上女皇宝座那震惊世人的壮举，或许正是唐高宗给了她第一个明确的推动。

李弘死后一个月，立次子雍王李贤为太子，时上元二年(675)六月，贤22岁。

兄弟4人中，李贤天分最高，又聪明好学，自幼便熟读了《尚书》《论语》《礼记》《诗经》等，过目不忘，深受父皇钟爱。他同长兄弘不同，身体非常健康，也长于弓箭、狩猎，朝臣们都认为他有文武双全的祖父太宗的遗风。

天皇一度想逊位于天后的念头被打消后，他就全力培养新太子李贤。屡次命他监国，实习朝政。李贤处理政务，有条不紊，颇能干。又召集著名学者到东宫注《后汉书》，在士人中声望很高。参与注书的有太子左庶子张大安、太子洗马刘讷言、洛州司户参军格希元、学士成玄一、许叔牙等。这实际上是以注书为名，在政治上增添羽翼，在后党北门学士之外并立太子系的另一宗派，这使武后很不高兴。仪凤二年(677)三月，曾反对逊位于天后的中书令郝处俊兼太子左庶子、同中书门下三品李义琰兼太子右庶子。原太子左庶子张大安升任宰相。当时宰相还有7人：李敬玄、薛元超、高智周、张文瓘、来恒、戴至德、刘仁轨，其中只有刘仁轨与天后关系比较密切。这样，仪凤年间，高宗安排的宰相班子基本上是太子李贤的人。可见，高宗下决心要扶持李贤接替皇位。

仪凤四年(679)五月，皇帝再次命太子监国。武后又一次面临失去权力的危机。她加紧训诫控制，命北门学士撰《少阳正范》和《孝子传》送给太子熟读，并接连写信责备太子贤不要无礼、不逊。可是李贤并不顺从，武后越来越不安，母子矛盾在明崇俨死一事上表面化。

明崇俨出身巫师，擅长巫蛊之术，巧妙地讨好武后。武后也时而想借助于一些超越人力的东西，因而对明崇俨的巫术十分满意，便推荐给高宗，要他为高宗施法医病。如此一来，高宗果然在心理方面觉得轻松多了。这样，明崇俨在天皇、天后两方面都受到信任和重用，一跃而为正五品上的正谏大夫。

明崇俨看出武后和太子贤之间隔阂已久时，悄悄对武后说："看来太子没有继承天子的命，而英王的相貌，与祖父太宗陛下很相似，相王的相貌最高贵。"

这话不知什么时候传到太子贤的耳里，使他又气又怕。在忧囤中，做了一首哀怨的乐曲：

种瓜黄台下，瓜熟子离离。
一摘使瓜好，再摘使瓜稀。
三摘犹自可，摘绝抱蔓归。

这是在追悼长兄李弘时，对母后提出的哀怨的控诉。

仪凤四年（679）五月的一天夜里，明崇俨深夜出宫，在回家的路上，突然遇刺身亡。

武后和高宗立即责令大理寺迅速破案，但几经折腾，还是无法找到凶手及指使人。

武后怀疑刺客必是太子贤派去的，当时许多人都认为暗杀明崇俨的凶手就藏在东宫。

武后再也不能容忍李贤了。她指使人向高宗告发太子贤生活糜烂，好声色，与户奴赵道生等人发生同性恋的不正常关系，而且还有叛逆的企图。高宗立即命宰相薛元绍、斐炎和御史大夫高智周审理此案，搜查东宫。竟在马厩里搜出了数百套武器。赵道生也被迫承认明崇俨是他受太子指使杀的。

高宗素爱太子贤，想宽宥他。但武后竟执意要依法从事，说："身为太子，阴谋造反，天地所不容。应当大义灭亲，决不可原谅他。"调露二年(680)八月，太子贤被废为庶人，押回京师幽禁起来。不久迁往巴州。文明元年(684)，在废中宗李显后三天，武后派人去巴州将李贤杀死。

李贤一案牵连了很多人。李贤的一批党羽被杀，宰相兼左庶子张大安等十余人被流放，唐宗室子孙也有许多受牵连。李贤的3个儿子光顺、守礼、守义都被幽禁宫中。守礼一直活到唐玄宗开元末年，由于长期幽禁，身患风湿病，传说能预知晴雨。

武则天作为母亲，对自己的亲生骨肉竟如此残忍，这除了"女皇"的诱惑外，据说还因李贤不是武后亲生的，而是其姐韩国夫人所生。

武士彟和杨氏所生的3个女儿都有殊容，大女儿嫁贺兰越石，生下一子一女便早早地守寡了。永徽年间，武则天入宫为昭仪，她以大姨身份携女儿出入后宫，得到高宗的暗宠，封为韩国夫人。女儿贺兰氏同母亲和武后一样，姿色艳丽，更令高宗神魂颠倒，急忙封她为魏国夫人，想着纳为妃。武则天得知，醋意大发，妒火中烧。乾封元年封禅后，趁武惟良、武怀运以岳牧身份参加封禅又跟随回京师之际，在武惟良所献食物中放入毒药，毒杀了魏国夫人。又嫁祸于武惟良兄弟，把他俩处死。一箭双雕，既除了在宫中和她争宠的外甥女，又宣泄了从小欺凌自己孤女寡母的两个堂兄的私愤。

大约永徽五年(654)底，韩国夫人忽觉自己怀孕，即将临产。这可难坏了皇帝和韩国夫人这对偷情人。恰在这时，武后在去拜谒昭陵的路上不足月小产，孩子夭折。于是好事者为这事做了巧妙的安排,以姐姐的私生子顶替小产夭折的孩子。武则天觉得当时她的地位还不稳固,多一个儿子将使她在后宫的地位更加优越,何况那时王皇后、萧淑妃还在。所以这个顶替的私生子可能就是李贤。当然,谁为此事张罗以及这事真假与否,现今还是个谜。

无论李贤是否嫡生,武后决不容忍任何阻碍她君临天下的势力,这一点是明确的。这样看来,李贤的死也就实属必然了。

弘道元年(683)八月,李贤被废的第二天,册立英王李显为太子,同时改元为永隆。十二月,56岁的唐高宗突然病逝,临终遗嘱太子显即帝位,并召来侍中裴炎,要他忠心辅佐太子,国家大事听从天后裁决。

李显在灵柩前即帝位,号中宗,尊天后为皇太后,以裴炎为中书令。同时册太子妃韦氏为皇后。

但在翌年二月,继位不足两个月的唐中宗竟被废为庐陵王,幽禁于深宫。改由他四弟雍王李旦继帝位,这就是唐睿宗。为什么会走马观灯似的换了一朝又一朝天子呢?

原来中宗即位后,打算升迁岳父韦玄贞当宰相,并授给乳母的儿子一个五品官。这时,韦玄贞刚刚从普州参军提为豫州刺史,又要拜侍中,这件事确有不妥。中书令裴炎断然拒绝了中宗的提议。这使中宗十分气恼,便摆出天子的架子说:"朕为天子,我要把天下都送给韦玄贞,又有什么不可,何况一个侍中呢!"不料想,裴炎把这事向武太后一说,太后马上召集百官到乾元殿,裴炎和中书侍郎刘祎之、羽林将军程务挺、张虔勖带兵入宫,戒备森严。裴炎以庄严的态度,宣读太后敕令:"废中宗为庐陵王。"中宗愣愣地站在御座前,大声叫道:"我有什么罪?"

"你要把天下让给韦玄贞,这还不算是大罪吗?"

太后冷酷的声音,像一把匕首刺向中宗。一句气话竟使李显离开了皇位。

唐高宗去世和唐中宗被废,是武则天政治历史的界碑,从此开始了她真正"圣衷独断"的武则天时代,史称"则天朝"

武 周 女 皇

唐中宗李显被废后,武则天又把四子李旦推上了皇位。但睿宗皇帝李旦必须住在别院里,不得参与政事。一切军政大事均有武则天以太后身份临朝裁决。

随着睿宗的即位,改年号为文明元年,九月又改为光宅元年,这是武太后临朝称制的开始。这次更改的不只是年号,而且把东都洛阳改称"神都",准备作为新的京师。又追尊武氏五世祖先,建武氏五代祠堂。更改唐朝官署和官职名称,如尚书省改称为文昌台,左右仆射为文昌左、右相;门下省改称为鸾台,侍中为纳言;中书省改称为凤阁,中书令为内史;"同中书门下平章事"和"同中书门下三品"也改为"同凤阁鸾台平章事"和"同凤阁鸾台三品"。尚书省六部也更改了名称:吏部称天官,户部称地官,礼部称春官,兵部称夏官,刑部称秋官,工部称冬官。御史台分为左、右肃政两名,左台纠察朝廷,右台纠察郡县。百官改名,实际上是女皇准备登基的一个步骤。

然而,太后这一系列改朝换代的行动,惹恼了一伙政治失意分子,导致了扬州的武装反叛。起兵的头子徐敬业是宿将李绩即徐世绩的孙子,不久前因事由眉州刺史被贬为柳州司马,弟弟李敬猷也被免官，给事中唐之奇被贬为括苍县令，长安主簿骆宾王贬为临海县丞，詹事司直杜求仁贬为黟令，而御史魏思温也被贬为周至尉。这批遭贬的中小官僚心中极为不满，秘密集结到扬州，以"匡复庐陵王"为号召，公开打出了反武的旗帜。

他们以扬州为据点，旬日间聚集起十余万人的队伍，推举徐敬业为首领，魏思温为军师，又请来初唐四杰之一的大诗人骆宾王为记事参军(即机要秘书)。为了造成强大的舆论声势，骆宾王写了一篇有名的《讨武曌檄》。檄文写到："伪临朝武氏者，性非和顺，地实寒微。昔充太宗下陈，尝以更衣入侍。洎乎晚节，秽乱春宫，密隐先帝之私，阴图后庭之嬖。入门见嫉，蛾眉不肯让人；掩袖工谗，狐媚偏能惑主。践元后于翚翟，陷吾君于聚麀。加以虺蜴为心，豺狼成性，近狎邪僻，残害忠良。杀姊屠兄，弑君鸩母，人神之所共嫉，天地之所不容。""一抔之土未干，六尺之孤何托？""请看今日之域中，竟是谁家之天下！"

武太后读完这篇文笔精彩却极尽谩骂攻击之能事的檄文，丝毫没有动怒的样子，竟坦然地问道："这篇檄文是什么人作的？"

"是临海丞骆宾王所作的。"朝臣中一人回答。

"真是绝妙佳作！这样的人才竟使他弃于乡野，失意落魄而流为叛逆，这不是宰相的罪过吗？"

裴炎及所有大臣，被说得哑口无言。

武则天以爱才之心压抑了受辱骂的怒火。这件事使武则天认识到，还有许多骆宾王式的人才仍被埋没在民间，次年，诏令群臣百姓可以自举为官。武则天这一极有政治家风度的表演，成为历史

上的一段佳话。

武太后虽然表面上镇定自若,但扬州失陷非同小可,首次面临这样重大的军事危机,总也掩饰不住内心的恐慌,行动上不敢有一丝怠慢。她紧急调集30万大军,任命李孝逸为扬州道大总管,率军从洛阳出发,沿运河汴水南下平叛。随后又任命著名的将帅、左鹰扬大将军黑齿常之为江南道大总管,率军协同作战。在强大军事攻势下,徐敬业、骆宾王等节节败退,最后企图出海逃往高丽(今朝鲜),因海风阻挡不能启航,为部将所杀。叛乱自发动到平息,仅40余天,10万叛军便烟消云散。武则天安然度过了这场重大的危机。

还在平叛战争最紧张之际,朝廷中的宰相裴炎不但没有积极组织平叛,反而乘机要挟武太后把政权交还给睿宗皇帝,说:"如果太后把权力还给睿宗皇帝,那么叛乱将不讨自灭。"这分明是同武则天唱对台戏。太后恼羞成怒,但又不便当场发泄,转身而去。

这时,监察御史崔詧急忙上奏说:"裴炎受先帝遗命,竟要求太后还政,其中必有异心。"太后借此机会,将裴炎下狱,命左肃政大夫骞味道、侍御史鱼承晔审理裴炎谋反案。10天之后,裴炎被斩于洛阳的都亭。

裴炎被捕时喊道:"我身为宰相,竟无故下狱,岂有此理!"他不明白他的死正是由他掌握的相权同武则天的皇权对抗的结果。裴炎受遗诏辅政,是当时惟一能同太后抗衡的力量,他不仅不顺从太后,甚至公然要挟太后下台,那么他的下场就只有上断头台了。

裴炎死后,武太后便着手对控制朝廷的宰相班子进行调整。刘景先、韦弘敏、郭待举先后被罢相,增补骞味道、李景谌为宰相,李当月又被罢,补沈君谅、崔詧、韦方质、武承嗣、韦思谦为相。不久，武、崔又被罢。光宅元年(684)和垂拱元年(685)这两年内，宰相的任免剧烈变化，这表明，武则天有鉴于过去同李贤争夺权力中外廷失控的教训，着力权衡、调整宰相班子，重新建立自己的亲信辅臣。

随后，她又大造登基的舆论，竭力渲染秉承天意的神秘气氛。垂拱四年(688)四月，太后的侄子武承嗣派雍州人康同泰向太后献了一块白石，上刻"圣母临人，永昌帝业"，诡称得自洛水，是天大的祥瑞。

太后接受了"瑞石"，非常高兴，把它命名为"宝图"，献宝的康同泰则被提拔为游击将军。五月，下诏，表示要亲自拜洛水受宝图，举行告天仪式。并正式给自己加尊号"圣母神皇"，从此称"陛下"。六月，制作执掌国柄权力象征的神皇三玺。七月，又改"宝图"名为"天授圣图"，洛水改为"永昌洛水"，出图地点名为"圣图泉"，封洛水神为"显圣侯"。翌年，改年号"永昌"。舆论准备得惟妙惟肖。自此以后，太后充满信心地等待着她所盼望的日子。

"圣母神皇"的称号，不过是由皇后到女皇的过渡，距名正言顺地戴上皇冠、统御天下的时间已经不远了。但是，她明白，越到关键时刻，就更需要谨慎。

果然，仅仅用"圣母神皇"的称号试探了一下，李唐宗室王公们就不甘沉默了。

唐高祖第十一子韩王李元嘉首谋起兵，同其子通州刺史黄公李譔打出"举兵唱天下，迎还中宗"的旗号，垂拱四年(688)七月，李譔写信给豫州刺史越王李贞说："内人的病更为严重，必须迅速治疗，如拖到冬天，很可能成为痼疾。"这显然是起兵的暗号。李譔又诈作诏书给李贞之子博州刺史琅琊王李冲："朕已被幽禁，诸王应立刻发兵救朕。"

于是李贞、李冲父子分别在豫州(今河南汝县)、博州(今山东聊城)率先发难。武则天有上次平叛的经验和这时地位的巩固,因而显得十分镇静,她任命心腹左金吾卫将军丘神勣为清平道大总管,左豹韬卫大将军鞠崇裕为中军大总管,率两路军马,没费多大力气就平息了这次宗室起兵。

豫、博事平后,太后用酷吏周兴审讯宗室诸王,参与谋划的韩王李元嘉、鲁王李灵夔、黄公李㧑、常乐公主、东莞公李融、霍王李元轨等皆被逼杀。

扬州及豫、博两次反武起兵的失败,用事实证明了再也没有可与武则天抗衡的力量了。垂拱四年(688)即将结束的十二月二十日,太后按计划在神都南郊"圣图泉"畔,举行拜洛授图仪式。次年元旦,在刚刚建成的明堂举行规模宏大的祭典活动。

明堂共有三层,上层圆顶由九条龙柱支撑,圆顶上有高一丈的铁制涂金展翅的凤凰。凤压龙的思想在此已经形成了。太后十分满意,把明堂命名为万象神宫。

太后第一次穿上天子大礼服的衮冕,玉带下插着大圭,手拿镇圭,这都是天子专用的玉笏。太后先祭拜,睿宗和皇太子李成器悄悄跟在后面为亚献和终献。江山谁主的格局彻底明朗化了。武则天正式登基称帝,只是个日程的问题了。

谈到规模宠大的万象神宫的修建,有必要介绍一位与武太后关系密切而又屡遭非议的人物,那就是男宠薛怀义。

薛怀义,原名冯小宝,鄠(今陕西鄠县)人。早年流浪洛阳街头,以卖药为生。闯荡江湖,练就了健壮的身体,粗犷中不失几分英俊,男人独有的气质他都具备。唐高祖的千金公主偶然发现了这伟岸壮士,立即把他召入宫中,亲自为他沐浴更衣,然后献给当时寡居多年正寂寞上火的武太后。这时小宝刚过30岁,男性的魅力和巧妙的技巧,使太后体验到了从未有过的满足。太后敏锐的眼光也看出他的机敏,没有传统观念的束缚,有新鲜的创造力和应变力。但如果要让冯小宝继续进入后宫,最妥善的办法就是把他打扮成僧人,这样既可掩饰身份,又可通过学习佛家经典,陶冶性情,培养参政的能力。主意拿定,太后马上命人整修洛阳名刹——白马寺,以冯小宝出任住持。随后赐给薛姓,改名怀义,让太平公主的丈夫附马都尉薛绍以叔父之礼相待。

薛怀义虽然是个侍寝的宠臣,但他那过人的机智和聪明,深得太后的欣赏。垂拱四年(688)二月,太后命他负责督建明堂。不到一年的时间,耗资巨万,雄伟华美的明堂竣工。太后十分满意,薛怀义也因功升为正三品左威卫大将军,封梁国公。他还多次担任大总管,统帅军队,远征突厥。在掌握了一定的佛法知识后,薛怀义便巧妙地利用当时流行的对弥勒佛的信仰,和僧法明等僧人联合编撰了4卷《大云经》献给太后,说太后是弥勒佛转世托生,应当代唐成为天子。《大云经》为武太后提供了对抗儒家男尊女卑理论的思想武器,从而更有助于她名副其实地登上皇位。由此可见,薛怀义的这些活动和政治手腕,绝非等闲之辈所有的,后起的张易之、张昌宗与他相比,只不过徒具美貌而已。

后来,御医沈南璆成为武则天新的男宠,使薛怀义妒火难平,气忿之下,一把火烧掉了自己亲自督造、耗资巨万的万象神宫。武则天温及旧情,为其摭挡,不加追究。但薛怀义神经质似的日益骄横,终于惹起武则天的厌恶。证圣元年(695),薛怀义被秘密处决。

虽说是临朝称制,已经成为独一无二的执政者,但毕竟还不是天子。可是想要正式获得"天子"的名分,又有着无法想像的困难。公开的起兵反叛虽然被镇压下去了,但是传统的和潜在的反对力量则是难以预料的。甚至连自己的亲信刘祎之也要她"返政"以安人心。武则天深深感到,这些潜在的反抗力量是她实现咫尺可达的女皇夙愿的极大障碍。必须把他们揭露出来,彻底清除掉!太后下定了决心。

垂拱二年(686)三月,侍御史鱼承晔的儿子鱼保家上奏"良策":在朝堂门前设置铜匦,收受天下告密文书。太后采纳了鱼保家的建议,铸造铜匦,命正谏大夫等管理铜箱。告密之门由此打开。

为了方便告密者,太后又诏令各州县,凡进京投书告密者,沿途供应驿马和五品官的食宿待遇。告密者不分贵贱官民,皆可晋见太后。密告内容合于太后的意思,可以擢官或赏赐,告密不实者也不予追究。一时间,四方告密者蜂涌而来,大小官吏处于惶恐之中。

通过这一告密制度,武太后很快物色到一批酷吏,如丘神勣、万国俊、周兴、来俊臣、皇承晔、索元礼、傅游艺、侯思止等。这些人大都出身无赖,性情残忍,专以告密陷害为能事。来俊臣和万国俊等还专门编写了一部告密《罗织经》,作为培养酷吏的教材。他们创造了名目繁多的审讯酷法,如"驴驹拔橛"、"犊子悬车"、"仙人献果"、"玉女登梯"等,还发明了十个大枷:定百脉、喘不得、突地吼、着即承、失魂魄、实同反、反是实、死猪愁、求即死、求破家。这些骇人听闻的酷刑,使受刑者颤栗流汗,望风自诬。

武则天放手任用酷吏,李唐宗室子孙和元老大臣们遭到沉重打击,被杀、被流放者,动辄几十,甚至几百、几千人。这样到天授元年(690),武则天正式登基称帝时,李唐宗室"于是殆尽矣！"就全然无力组织反抗了，而朝臣中也难以形成一个反武轴心。

武则天通过酷吏政治，终于打开了一条通向女皇宝座的血腥的路。

天授元年(690)的重阳节，九月九日，67岁高龄的武则天正式实现了她的女皇梦，从名到实当上了中国有史以来绝无仅有的女皇帝。武则天自号"圣神皇帝"，以十一月为岁首，改旗帜为赤色，改元为天授，建立了大周王朝。历史上称这一事件为"武周革命"。

武则天是以复兴周王朝的大义名分而革命的，因此，在神都洛阳立武氏七庙为太庙时，就把周文王姬发追尊为始祖文皇帝，以迁近洛邑的平王少子姬武为睿祖康皇帝。这样援引姬周为自己的远祖可谓荒诞不经，只因苦于自己先世没有门第封爵，只好胡攀乱附，捧出这么一个名武而不姓武的姬姓宗室作为新建武周政权的背景，伪称武氏出自姬姓。五世祖武克己尊为严祖成皇帝，高祖武居常为肃恭章敬皇帝，曾祖武俭为烈祖昭安皇帝，祖父武华为显祖文穆皇帝，父亲武士彟为太祖孝明皇帝。异母兄武元爽之子武承嗣、武元庆之子武三思被封为王。

登基前，武则天还制定了12个新的文字，如埊(地)、𠀷(人)、𢘑(臣)、𡕀(年)、圀(国)，改自己的名为"曌"(音照)，取日月当空之意。同时又改"诏"为"制"，以避讳与"曌"同音。这些字通行全国，在当时虽造成了一定的混乱，但为我们今天判断文物的年代提供了方便。

历史虽已经造成了皇位非武则天莫属的形势，但武则天做起事来总是有板有眼的。称帝前还导演了一出"劝进"闹剧，造成似乎她不得已才称帝的假象。

九月三日，侍御史傅游艺率关中百姓900人上表，请改唐为周。武则天当时没有答应，但心中高兴，擢傅游艺为给事中。接着，傅游艺又胁迫群臣极力请求，说什么"凤集上阳宫"，"赤雀现朝堂"等种种祥瑞，表明改朝换代纯属天意。睿宗皇帝很不自在，急忙上表请求赐给武姓。皇帝改姓从母，意味着李氏国柄彻底转移。

七日，武则天终于羞羞答答地接受了皇帝和群臣百姓的"请愿"，两天后，于重阳节这一吉祥的日子，登上则天门楼，宣布大周王朝正式建立。大赦天下罪犯，设宴7天，普天同庆。重阳节成为武周的开国纪念日。

这时，睿宗皇帝李旦降为皇嗣，皇太子李成器降为皇孙。

武则天终于堂堂正正地登上了女皇的宝座！为这一天的到来，她历尽了坎坷荆棘，享受了种种酸甜苦辣，极有耐心地经营了36年。女皇的圣灵诱导着她从媚娘、才人、昭仪、皇后、天后、太后、圣母神皇，直到武周皇帝，极不容易地一步一步爬上权力的峰巅。从此，中国历史上出现了惟一的女性帝王，为中国历史画卷增添了新的光彩。

武则天改唐为周，显然就是武氏的天下了。以武承嗣、武三思为首的武氏子侄们，跃跃欲试，甚至勾结酷吏迫害李氏宗室。武承嗣公然对皇嗣李旦的地位提出了挑战。洛阳人王庆之等数百人上表请立武承嗣为皇太子。长寿二年(693)元旦，在万象神宫祭典，武则天竟让武承嗣为亚献，武三思为终献，皇嗣李旦尴尬地站在一边。当时，群臣都认为李旦的皇储位置不久将由武承嗣代替了。

这时，宰相狄仁杰、李昭德等人提醒武则天说："姑侄和母子哪个更亲呢？陛下如果立儿子，那么百年之后可以永享子孙的香火；如果立侄子为皇储，则从未听说侄子当皇帝而为姑母立庙祭祀的。

则天闻听此言，大吃一惊。她不得不郑重考虑皇储的问题了。如果立本家侄子为皇储，的确可以保全她几经奋斗创立的武周政权，但继位的人能把她作为先祖供奉吗？如果立儿子，可以同夫君高宗共享子孙的香火，得到名正言顺的皇后位置，但这又必然使自己重新回到她亲自打破的传统中去。

在继承人的选择问题上，武则天陷入了极为苦恼的困境。

一天，武则天对狄仁杰说："昨天晚上，朕梦见一只大鹦鹉，两翼却折断了，卿看是什么征兆？"

狄仁杰说："鹉者，武也，即指陛下，两翼指陛下的两个儿子。陛下如果起用两位殿下，两翼不就更张了吗？"

这时，武则天的新男宠张易之、张昌宗兄弟在宰相吉顼劝导下，屡次吹枕边风，主张复立庐陵王李显为皇太子。

武则天作出最后决断：立自己的儿子庐陵王李显为太子。

圣历元年(698)初，庐陵王李显被秘密接回神都，皇嗣李旦知趣地请求退位。李显被立为太子。武承嗣恨不得立为太子，怏怏而死。

武则天的悲剧就是她从传统的叛逆者又不得不转回到传统的维护者。尽管如此，复立庐陵王，仍不失为武则天晚年的一项最为重要最为明智的决策，表明了武则天从立皇储的困境中解脱了出来，也表示了她在李武两姓之间的最后抉择。

复立李显，阻止了武氏诸王图谋太子位的活动，适时压抑了诸武的气焰，使他们在武则天在世时没能像在唐中宗时那样仗势用事，严重地危害政治。

为了防止日后太子与诸武再度纷争残杀，武则天又召集儿女们和武姓侄儿到明堂,祭告天地,宣誓永远和平相处,并立下铁券,藏于史馆。

这样一来,无论武则天和太子李显及李唐拥戴者的关系,还是太子与武三思为首的诸武的关系,一时都融洽起来。由此,武则天赢得了最后一段比较安定轻松的日子,赢得了她死后的哀荣。复立庐陵王为太子事件,无疑是这位女政治家晚年的又一巨大成功。

女皇毕竟已入古稀之年,如果不是上官婉儿悉心侍奉,特别是美貌男宠张易之、张昌宗兄弟使她精神上和生理上得到满足,春情暂住,她那副老态龙钟面貌早就裸露无遗了。所以,她很感激张氏兄弟的"奉献",授之高官,委以国政,成为她晚年最亲信的人。然而,二张的得势与跋扈,终于引来了朝臣们的诉诸武力。

神龙元年(705)正月二十二日,宰相张柬之、崔玄暐,左羽林将军桓彦范、右羽林将军敬晖、右台中丞(御史中丞)袁恕已5人发动了一场军事政变,杀二张于宫中,病榻中的武则天被"请"下御座,拥戴唐中宗李显复辟,李显重登阔别近20年的皇位,复国号唐。后来,张柬之等5人封王,史称这一事变为"五王政变"。

武则天这位在近半个世纪政治斗争中的常胜者,终于没有逃脱悲剧性的结局。

正月二十五日,武则天被迫离开她做了15年皇帝的宫城,迁居洛阳宫城西南的上阳宫。唐中宗率文武百官到上阳宫请安,并为母亲上尊号"则天大圣皇帝",以示慰藉。

从权力的峰巅突然跌下来,这样的痛苦,是终生为权力之争而奋斗的武则天无法忍受的,她骤然变老了,憔悴了。当年她活跃在政治舞台上，意气风发，以68岁高龄而更生新齿，那年因之改元长寿。如今软禁上阳，心境极坏，失去了精神寄托，已是风烛残年的身躯也随之垮了下来。

神龙元年（705）十一月初二，82岁的武则天凄凉地死在上阳宫的仙居殿。临终遗嘱：去帝号，称则天大圣皇后，归葬乾陵（高宗陵墓）。赦免王皇后、萧淑妃二族及褚遂良、韩瑗、柳奭亲属。被酷吏陷害的人在她临下台时已经赦免，这最早的也是最后的一批冤家也终于在她临死前昭雪了。她不愿再同他们结冤于阴曹地府了。

神龙二年正月（706），武则天的灵柩在唐中宗李显护送下，运回长安，与唐高宗合葬在乾陵。这位传奇式的人物，做起事来总让人揣摩不透，临终遗嘱儿子李显在她的陵前树一块大碑，但不许撰写碑文，从而留下了"无字碑"这一千古迷案。也许她明白自己一生的不平凡，只有让后人去评判。

武则天的谥号曾几经变化，睿宗即位后，改称"天后"，景云元年（710）再改为"天圣天后"，延和元年（712）又追尊为"天后圣帝"，不久又改为"圣后"。唐玄宗称帝后于开元四年（716），改称"则天皇后"，天宝八年（749），最后定谥号为"则天顺圣皇后"。这些谥号的变化表明，武则天一直保持着受到李姓子孙尊崇的地位。

中宗李显皇后韦氏

◎ 王贵永

韦氏，唐京兆万年人，祖父韦弘表，在贞观年间做曹王府典军，父亲韦玄贞，初任普州参军，中宗为太子时，纳韦氏为妃，提拔韦玄贞为豫州刺史。嗣圣元年(684)中宗继位，立韦氏为皇后。由于韦氏和中宗平时相爱较深，韦氏常常提及自己的家族，中宗会意，想再次提拔岳父到宫内当侍中。韦玄贞无功而连连提升，众大臣不服气，裴炎入朝谏阻，反复几次，惹得中宗大怒，厉声叱道："我把天下给韦玄贞也没有什么了不起，何止一区区侍中呢？"裴炎更为惊惧，忙将此话转告太后武则天。武氏正感到大权旁落。中宗的这番话更让她不安，当下与裴炎商定计谋。这年二月,武氏密诏中书侍郎刘祎之、羽林将军程务挺、张虔勖等率兵入宫,在乾元殿召集百官,太后武氏临朝,裴炎宣布太后敕令,废中宗为庐陵王,中宗愕然问道:"我有什么罪?"武氏大声训斥:"你连天下都想送给韦玄贞,还说没罪吗?"中宗无话可说,只好悻悻而去。接着裴炎等人又推相王旦为帝,改元文明,即唐睿宗,但皇帝不住正殿,国事大小皆出自武后。

中宗被废为庐陵王后,四月又迁到房州,前后14年中韦后一直陪伴中宗,备尝难苦,情爱笃深,每次听说敕使到来,中宗免不了恐惧一场,要自行寻死,韦后多次劝阻,"祸福没有长久的,敕使来,未必是敕死,何必这般慌张呢?"时间长了,中宗更相信韦后所言,并与韦后发誓:"有一天若重登皇位,只要你要干的事,想要的东西,我决不禁止。"可能正是这句话,使韦氏在中宗复位后,胆大妄为,干出无法无天的事情。

圣历元年(698)三月,武则天经过反复权衡利弊,终于决定将李显一家接回东都,九月,立李显为皇太子,韦氏亦再次当了太子妃。

神龙元年(705)正月,宰相张柬之和羽林将军桓彦范、敬晖等五大臣乘着武则天患病之机,发动政变,杀张昌宗、张易之及武氏数人,迫使武则天传位给太子李显,仍称中宗,恢复唐朝。

中宗复位后,韦氏被重新立为皇后,昔日压抑已久的政治奢求、权力欲开始萌动。五月份,韦后上表,请求修改服役制度,23岁为成丁,开始服役,59岁免役,减短服役时间,以取悦百姓。中宗欣然允许。每次朝廷议事,韦后必定布设帐帷,坐在殿上,干预朝政,像武则天和高宗时那样,桓彦范上表说:"自古帝王,凡与妇人共议政事的,最后没有不国破人亡的。"中宗不听,不久又追赠韦后的父亲韦玄贞为上洛王,左拾遗贾虚己上疏说:"自古的惯例对异姓人不封王,现在陛下中兴之日刚刚开始,千万百姓对大唐复兴拭目以待,您却先封后族为王,这可不是推广德行、实施仁政的行为。况且高宗时,曾封武后父为太原王,此殷鉴不远,要防微杜渐啊!"中宗仍不听谏,还把这些告诉韦后,韦后怀恨在心,时刻想加以报复!

韦后生有一男,即邵王重润,早死,追赠懿德太子;四女,即永泰、永寿、长宁、安乐四公主。安乐最小,是中宗被废后在赴房州途中所生。韦氏分娩,中宗脱衣作襁褓,于是起名裹儿。裹儿长至十几岁天姿聪慧,貌美姿丽,韦后、中宗特加宠爱。到中宗召还东都后,武则天见了裹儿,也爱她秀外慧中,令她嫁给侄子武三思的儿子武崇训,出嫁时,礼节隆重,不亚于皇太子成亲,贵戚显宦,无不前往祝贺,宰相李峤、苏味道,郎官沈佺期、宋之问等文士,献上诗文,满纸称颂。上官婉儿也作诗贺喜。中宗见上官婉儿诗意清新,容色秀丽,久久不能忘怀。等复位后,召幸婉儿,封为婕妤。上官婉儿,祖父上官仪,写得一手迎合上司的好文章,人称"上官体",太宗时为西台侍郎。父亲上官庭芝,高宗时,上官仪参与反对武后摄政一事,父子同被诛杀。婉儿还在襁褓中,母亲郑氏被罚到宫中做苦役,婉儿长在宫廷,从小知出身不幸,发奋识字、学诗,又对身边的事耳闻目睹,长大后,容貌迷人,不仅写得一手好文章,而且官场上颇能应酬。被武则天召到宫中参与政事。后来婉儿与武则天的侄儿武三思勾搭成奸,故而中宗复位,婉儿当了婕妤后,为了巴结韦后,又把武三思介绍给了韦后。自此之后,二人便常在中宗面前夸耀武三思的才能,使中宗任命武三思当了司空，同中书门下三品。

韦后与武三思私通的事成了宫廷内外公开秘密，只有中宗蒙在鼓里，张柬之、崔皎多次进谏，要中宗压抑诸武势力，取信于民。中宗怎能听得进去？不久，中宗采纳上官婉儿的建议，封张柬之为汉阳王，桓彦范为扶阳王，敬晖为平阳王，袁恕己为南阳王，崔玄暐为博陵王，明升暗降，把诸大臣赶出朝廷。武三思等人还怕有后患，进一步加害五王。一日，武三思暗自令人写了皇后的肮脏事，要求废黜皇后，贴在皇宫附近的天津桥边。中宗得知，大怒。令御史大夫李承嘉调查，李承嘉是武三思的死党，不几天上奏中宗："是张柬之等人所为，虽说是废皇后，实际是谋反，应当诛族。"中宗最后下诏，把五王流放边州。流放途中，韦后、武三思等人又篡改诏令，派人将五王分别杀死。武三思从此权倾天下。

中宗事事求教于武三思、韦后，但立太子时，由于太平公主、相王李旦催得急，没来得及和韦后、三思商议，便宣布立卫王李重俊为太子。重俊不是韦后嫡生，她当然不愿让重俊当太子，因而心中很不痛快。武三思对立太子的事也耿耿于怀。韦后的爱女安乐公主听说太子已定，同样焦急万分。原来韦氏只生了一个儿子重润，受封邵王，很早被则天皇帝杖杀，安乐公主竟痴心妄想，求中宗立她为皇太女，以便将来像祖母武则天那样为皇帝，中宗在大臣的再三劝阻下，没有答应，但允许她开府置官，才使骄横成性的安乐公主稍稍息怒。开府置官，实际是韦后和安乐、太平等七公主公开招权纳贿，把国家官爵分别标定价格，县官若干，州官若干，公开出售，价款交足，母女就用皇帝名义通知中书省发布任命。这种官叫"斜封官"。皇帝下达中书省的谕旨，都斜着封口，表示不必交门下省审查。安乐公主经常把诏书写好，用手遮住内容，请中宗签字。中宗爱女儿心切，也不管写些什么，签字了事。然而事情发展并非到此为止。李重俊被立为太子后，韦后非常嫉妒，安乐公主更瞧不起他，武三思的儿子驸马武崇训常教安乐公主如何欺辱太子，常常称太子为奴。时间长了，太子咽不下这口气。神龙三年(707)七月，便和魏元忠、李多祚等比较正直的大臣，密商斩杀诸武党羽和宫中淫妇。这天夜间，李多祚假托圣旨，率三百多名羽林军，随太子杀入武三思家，杀了武氏父子，接着率兵直入禁宫。那时中宗与韦氏、婉儿、安乐公主刚刚吃罢晚宴，忽报太子谋反，正向皇宫杀来，中宗不觉胆战心惊，还是上官婉儿有主见，急令羽林军大将军刘景仁调兵保卫宫廷，守住玄武门，又说道："皇上、皇后等，快上玄武门楼，那里坚固可守，一来可暂避锋芒，二来可向下宣布急诏。"等中宗、韦后上了玄武门楼援兵已埋伏周围，这时李多祚也率三百多名羽林军来到楼下，中宗鼓足勇气，对着李多祚说："我平时待你不薄，你为何谋反？"李多祚回答："武三思等在后宫淫乱，陛下您难道不知道吗？我等已奉太子令杀了武三思父子，恐宫闱还有乱贼，特来诛杀。"中宗知武三思父子被杀不由一惊，韦后、婉儿、安乐公主一听，忍不住泪雨涟涟，牵着中宗的衣襟，要中宗报仇雪恨。李多祚又大声诉说：上官婉儿勾引武三思入宫，理当处死。中宗仍执迷不悟，这时李多祚的三百多人马已被皇帝的羽林军团团包围，混战中，李多祚等将领被杀，太子率领几个人逃出京师，在林中休息时，被左右随兵刺死。韦后、婉儿、安乐公主逼中宗穷治余党。九月，改元景龙，追赠武三思太尉梁宣王，武崇训为开府议同三司鲁忠王。安乐公主又要求把武崇训墓改称陵，仿永泰陵墓，自称与崇训情深伉俪，为了将来同穴安葬。岂知武崇训在世时，安乐公主就与武崇训同族兄弟武延秀相好。延秀长得风度翩翩，在突厥生活了几年，精通番语，而且胡舞跳得娴熟；只因崇训在，没法儿偷情。这时丈夫已死，高兴地召武延秀入宫。名目上帮助治丧，背地里陪侍枕席，渐渐明目张胆，中宗知道后，干脆令武延秀娶了安乐公主，并授他太常卿兼右卫将军，封昌国公。延秀入朝谢恩，并拜见韦后，韦后见他翩翩少年，欲火复燃，又因三思已死，无可续欢，竟然迫令爱婿侍寝，居然母女同欢，可谓古今奇事。

中宗为韦后等人玩弄于掌中，又有那些追逐名利的谄佞之臣趋承陪奉，一点也不留心国政，天天与韦后等以嬉游、宴乐为事，景龙四年（710）正月，京都风俗上元灯节，每逢这时，六街三市，花团锦簇，大家小户都张灯结彩，游人如穿梭，通宵达旦，好不热闹。韦后知外边灯会，便忽发狂念，与上官婉儿、各位公主请了中宗，换了便服，一同出外观灯。又令宫中近臣、宫女打扮成市井男女模样，遍游街市，百姓私下议论："大唐皇帝未免太荒唐，难道宫中无好灯赏玩，为什么放出这么多男女？成何体统？"韦后、中宗不管议论，专捡热闹处游玩。等回宫清点，发现宫女十有五六逃掉，这样的事不好追究，糊涂了事。灯节过后，渐渐春色融和，中宗、后妃、公主又一起来到玄武门，看宫女打水仗，赐群臣筵宴，命令各献上技艺取乐，有的投壶，有的弹鸟，有的弹琴，有的击鼓，国子监祭酒祝钦明竟然跳起八面舞，弯腰曲足，舒臂耸肩，丑态百出，中宗、韦后见了抚掌大笑，内侍宫女也无不掩口。席间，安乐公主趁中宗高兴时提出把昆明池划为她的私池，中宗说："祖祖辈辈没曾把它赐给私人，所以……"公主很不高兴，于是另开凿一池，起名定昆池，意思是想胜过昆明池。不知耗尽多少民财和民力，不久凿成，并在池上修起亭台楼阁，极其壮观华丽。韦后知定昆池修好，催促中宗游幸。一天，中宗率后妃来此观览，果然宏阔壮观，心中大喜，传令群臣，要求在宴席上各赋一诗，夸赞此池。正当各位大臣构思之时，只见黄门侍郎李日知离席而起，径直走到中宗面前，奏称："我正奉诏构思，但没有成篇，忽然想到两句俗语，是否先奏呈陛下？"于是大声朗读："所愿暂思居者逸，勿使时称作者劳。"中宗笑道："这不是以诗讽谏吗？"沉吟半响，令内侍传谕："臣下不必赋诗，只准饮酒。"

喝到酒酣处，供宫廷取乐的优人一起跳起"回波"舞，中宗看了大喜，韦后又纵恿中宗下令以"回波"开头，作诗助兴。当时有个著名文学士沈佺期也在赐宴之列，原在朝中任给事中考功郎，后被流放，刚被召回，还没有录用。他想趁机赋回波诗自嘲，以感动君心，吟道：

回波尔如佺期，流向岭外生归。
身名幸蒙齿录，袍笏未复牙绯。

中宗听了微微一笑，安乐公主说："以他的才学，持牙笏、穿绯袍，上朝议政，也不算过分要求。""您现在就要委他重职！"韦后在旁说道。中宗接着下令："任命你为太子詹事。"沈佺期感恩流涕，谢恩退下。

这时一个叫臧奉的优人，向中宗韦后叩头奏称："奴才也想出一回波开头的俚语，比较谐谑，可能会冒犯陛下尊严，若皇上、皇后赦臣不死，我才敢奏上。"韦后马上说："你只管奏来，赦你无罪。"中宗也随声附和，臧奉慢声细语吟道：

回波尔如栲栳，怕婆却也大好。
外头只有裴谈，内里无过李老。

原来，当朝有御史大夫裴谈，信奉佛教，而他夫人凶悍得很，裴谈怕婆娘就像怕严厉的君主，人称裴怕婆。韦后想学武则天，挟持夫君，中宗很怕她，因此臧奉敢吟这类诗，为韦后颂扬，不怕中宗开罪。当下中宗听了大嚎，酒醒了一半，韦后却欣然含笑，洋洋自得。这下可惹恼了正直的谏议大夫李景伯，他觥然站起："我也奏上一诗。"吟道：

回波尔持酒卮，微臣职在箴规。
侍宴不过三爵，谨哗或恐非议。

意思是我的职责是规劝皇上，现在喝酒太多，不要做出格的行为。中宗听了不大高兴，这时同三品谏议大夫萧至忠奏称："这是肺腑之谏，望陛下珍重对待。"于是中宗传令罢宴，起驾回宫。第二天，朝中有人提议治罪臧奉，但听说韦后赐他大量金帛财礼，只好叹息，不再管"闲事"。这个萧至忠与韦后还有点联姻关系：韦后的弟弟韦洵早年夭折，正巧萧至忠女儿早殇，韦后坚持要为未成年的弟弟完婚，这样韦洵与殇女萧氏冥婚。韦后本想找茬治罪李景伯，见萧至忠力谏，不好再强词夺理。

安乐公主广建第宅，侈靡太大，长宁、太平等公主也纷纷效仿，劳伤民财民力，百姓报怨越来越多。

早在神龙三年，太子李重俊起兵被杀，韦后自封为"顺天翊圣皇后"，宫中多人劝韦后效仿武后，景龙二年（708）宫中传闻说皇后衣裙上有五色云凝聚，是祥瑞。中宗不分青红皂白，令宫监绘成图样，拿给朝中百官看。景龙三年冬至，中宗到南郊祠堂祭天，国子祭酒祝钦明等提议"皇后也应合祭"是自古少有的事。结果中宗初献，韦后亚献。祝钦明又提议安乐公主终献，因祭天是君主、太子的事，遭到大臣们的强烈反对，安乐公主没能得逞。景龙四年，韦后随中宗游春，赐宴群臣，祝钦明起舞，丑态百出，当时散骑常侍马秦客、光禄少卿杨钧也在座，韦氏见他们二位年轻貌美，散宴后，密令二人到宫中"待命"，当初马秦客因精通医术，杨钧擅长烹饪，两人被选入宫廷。这时韦氏毫不知羞，趁中宗另幸别宫，即令二人轮流侍寝。不久，定州人郎岌、许州参军燕钦融上疏，说韦后淫乱干政，图危社稷。中宗看后，还未来得及处理，早被韦后探知，韦后立刻假传圣旨，将他们捕杀。韦后觉得事不宜迟，要想像武则天那样成为女皇帝，就要及早杀掉中宗。安乐公主因父亲拒绝立他为皇太女，早已心中不悦，这时也希望父亲早早死掉，母亲当了皇帝，自己成为堂堂正正的继承人——皇太女。病态性的权力欲望已使母女丧失了人性。

景龙四年（710）六月二人合谋杀死中宗。一夜在枕头边，韦后把此事告诉了杨钧："那个老东西已经觉察到什么，不立刻采取行动，恐怕引火烧身。"杨钧说："马秦客配有一种碎末末，人吃了腹中痛疼，而嘴不会说话，再喝点人参汤，马上气绝身亡，不露伤迹。"韦后说："既然有这种药，快拿来！"杨钧趁机要挟说："嘿嘿，别忙，事成之后，要封我做武安君。"韦后急了："少费话，以后同享荣华富贵，何止武安君？"第二天，马秦客、杨钧秘密把药带到宫中，韦后知中宗平时喜欢吃三酥饼，便把药放进饼馅里。那日，中宗正在神龙殿闲坐，还没吃午饭，韦后亲自把三酥饼供上，笑嘻嘻地说："奴知陛下近日日理万机，龙身欠安，特做了您喜食的饼，请您用餐。"中宗经不住甜言蜜语，一连吃了八九个，连说："味道美极了，味道美极了……"再吃时，觉得腹胀，微微作痛，一会儿大痛起来，坐立不安，在坐榻上乱滚。韦后佯装吃惊，连声询问，中宗说不出话，但用手指口，韦后急呼内侍："皇爷想喝汤，快取人参汤来！"其实人参汤早已备好，韦后接过来灌入中宗口里，一会儿工夫，中宗两眼一番，双脚一伸，呜呼哀哉了。

韦后毒死中宗后，秘不发丧。一面把各宰相召入禁宫，征集各府兵5万人屯守京城，使驸马都尉韦捷、韦濯，卫尉卿韦璿、左千牛中郎将韦锜，长安令韦播等分领府兵，中书舍人韦元缴巡行京都六街；一面与太平公主、相王旦、上官婉儿议立太子一事，太平公主是武则天爱女，本来就对韦氏族党在朝廷为所欲为深为不满，又觉得中宗暴死，必有原因，极力拥立相王旦再次为皇帝，但韦后、安乐公主强烈反对，她们草定遗诏，拥戴5岁的温王李重茂即位，温王非韦后亲生，韦后以皇太后自居，临朝摄政。

不出10天，正当韦后积极布置称帝的仪式时，宫内有太平公主接应，中宗的侄子、相王旦的三儿子临淄王李隆基在深夜三更，率领禁卫军杀进皇宫，杀了韦氏。接着李隆基下令捕杀武延秀等韦氏族党，安乐公主和上官婉儿相继被杀。

附：中宗李显妃上官婉儿

◎ 王 瑞

上官婉儿(664—710)，唐代女诗人。陕州陕县人(今河南三门峡)。著名诗人上官仪的孙女。因上官仪主张废武后位，而被陷害下狱而死，家被抄没，她随同母亲被配入内庭。武则天爱其才华，命其掌诏命。她为人聪敏，善文章。中宗即位后被封为昭容。曾建议扩大书馆，增设学士。并常代朝廷品评天下诗文，致使文人墨客多集门下，对盛唐文学艺术的繁荣起有一定的作用。武则天死后，她又与韦后、安乐公主相勾结，树立私党，广纳贿赂，操纵政治。景龙四年(710)临淄王李隆基发动政变，与韦后同时被杀。年仅46岁。

婉儿与武则天

麟德元年(664),一场大祸降临到上官家中。身为宰相的上官仪因为参与了高宗废后的事件,被武则天以密谋造反的罪名,打入大牢,不久便死在狱中。其子上官廷芝被处死,年仅一岁的孙女上官婉儿和母亲郑氏一起被没入宫中成了宫奴婢。

掖庭宫里,无论是宫女,还是生理上无法成为父亲的宦官们,面对这个活泼可爱、天真无邪的孩子,给予了一种特殊的温情。婉儿从小记性很好,由母亲郑氏亲自作为她的启蒙老师。后来经特别的许可,婉儿得以和宫人们同去习艺馆,跟宫教博士正式学习。婉儿立刻崭露头角,成为博士们得意的学生。婉儿不仅精通经书、史书,而且书法、算术、吟诗、宫廷礼节、棋弈均有涉猎。

14岁的上官婉儿已成为一个亭亭玉立的少女,不仅妖冶艳丽,独出冠时,而且天生聪秀,过目成诵,下笔千言,好似平日构成,不假思索,因而名声大噪。武后听说后,决定召见她。

因为要觐见武后,掖庭宫特地为她换上干净的上衣和裙子,胸前挂着领巾。头发的样式和宫人的高髻不同,梳成双鬟,这是宫婢的发型。第一次觐见武后,婉儿镇定自若,武后命题,婉儿一挥而就,武后细看一遍,不由得极口称许,"此女绝非凡骨!"如果把这名少女留在身边,悉心指导,培养成有用的秘书人才,日常庶务一定能处理得更迅速、妥善。因即留住左右,命掌诏命。

对于女儿的一步登天，郑氏既喜又忧。喜的是婉儿从此可以荣耀门庭，忧的是女儿侍奉的是夺走了公公和丈夫的生命的武后，伴君如伴虎。她知道婉儿平常视武后为仇人，担心她找机会报复，反而惹出杀身之祸。

年幼的婉儿得知家世后，没有掉一滴泪，只是握紧小手，紧闭双唇，什么都没说。以后母亲想提这件事时，都被婉儿阻止："过去的事情还提它干什么？如果被别人听到，事情可就麻烦了。"她小小年龄好像一下懂得了很多。

婉儿从武后身上学到了很多东西，为以后的政治生涯提供了借鉴。婉儿佩服武后处理事务的敏捷和那孜孜不倦的精力。武后具有能使任何人都屈服的威严以及充满光彩的仪容，内在里还含有女姓独具的细腻感情；微笑时，有那种使人恍惚的独特魅力。久而久之，婉儿已经为之倾倒，为之折服，对武后产生了由衷的敬仰和无限的憧憬。

婉儿从武后身上吸取了各种各样的知识：言谈举止、价值观念、思维方法。而最最关键的还是武后作为"帝王"的为政之道。在和武后相处的日子里，婉儿看到了太子弘的突然死亡；看到了太子贤被立为太子，又转而被废的下场。太后做事的果断以及宫廷内部的尔虞我诈、互相倾轧，在婉儿幼小的心灵里留下了不可磨灭的印象。

嗣圣元年（684）二月，武则天废中宗李显为庐陵王，改立睿宗李旦，一切军政大事都由武则天临朝处理。这年九月，发生了柳州司马徐敬业在扬州举兵反对武则天的事件。当时和王勃、杨炯、卢照邻，共同称为"初唐四杰"的骆宾王，也参加了这次起兵，并写了一篇讨伐武太后的檄文——《为徐敬业讨武曌檄》。

骆宾王的檄文传到太后的手里，当太后看到文中写的"伪临朝武氏者,性非和顺,地实寒微。昔充太宗下陈,尝以更衣入侍。洎乎晚节,秽乱春宫。密隐先帝之私,阴图后房之嬖……加以虺蜴为心,豺狼成性,近狎邪僻,残害忠良,杀姊屠兄,弑君鸩母,人神之所共嫉,天地之所不容",不觉露出了微笑,婉儿站在武后身边直发愣,她不明白为什么武后看着大骂自己"弑君、鸩母"的文章,竟如此得镇定自若。太后望着发愣的婉儿说道:"婉儿,你怎么啦?从头开始朗读,让所有的人听听吧!"太后止住笑,催促婉儿。婉儿定了定神,稍稍清醒后,以清晰的声音读道:"是用气愤风云,志安社稷。因天下之失望,顺宇内之推心,爰举义旗,誓清妖孽。南连百越,北尽山河;铁骑成群,玉轴相接。海陵红粟,仓储之积靡穷;江浦黄旗,匡复之功何远?班声动而北风起,剑气冲而南斗平。喑呜则山岳崩摧,叱咤则风云变色。以此制敌,何敌不摧?以此图功,何功不克?公等或居汉地,或协周亲,或膺重寄于话言,或受顾命于宣室,言犹在耳,忠岂忘心?一抔之土未干(指高宗葬未久),六尺之孤(指中宗)何托?"读到此,太后制止婉儿读下去:"刚才那两句再读一遍!"婉儿又读了一遍:"一抔之土未干,六尺之孤何托?""这篇檄文是什么人作的?"武后问。"是临淄丞骆宾王所作。"婉儿回答。

"真是绝对妙句,虽然内容空洞,充满攻击谩骂,可是它确实是篇好文章,能写出这样好文章的人,也不简单,让这样有才学的人流落乡村野郊,这难道不是宰相的罪过吗?"

婉儿接着读下去,读完后,婉儿感慨万千。不只为骆宾王文章写得好,更为太后知人善任的肚量所叹服。

自万岁通天以后,所下制诰,多出婉儿手笔。随着婉儿的权势增强,婉儿的胆子也大了起来。

武则天在生活方面比较放纵。先是宠幸薛怀义，后来又宠幸张昌宗。到万岁通天三年（697）时，武后已达70岁。因为武后视婉儿为其心腹，所以她与昌宗的关系，对婉儿也不保密。这时婉儿也已经37岁了，在不知不觉中婉儿也对昌宗产生了感情。则天对婉儿与昌宗之事有所察觉。一天上午，婉儿和往常一样陪则天皇帝进餐。张易之、张昌宗均在座。则天女皇的右手伸向怀中，突然，一道如流星般的白光射向婉儿。婉儿脸上顿时血流如注，一切都发生在刹那间。匕首的刀锋刺伤了婉儿的额头，婉儿用手捂着脸，跪在墙角，空气好像也凝结了。则天女皇什么也没说，径自大踏步地扬长而去。

发生这件事后，婉儿被幽禁在掖庭局的女牢里。

则天女皇对如何处理婉儿一直犹豫不定。杀她，于心不忍，国内恐怕再也找不到像婉儿这样的才女，实在太可惜。不杀，平息不了心头这股恶气。在张昌宗的再三苦求下，则天皇帝决定不杀婉儿，代之以黥刑，让她永远牢记。所谓黥刑，就是在额头刺青，作为处罚的记号。

能够不死，婉儿又惊又喜，做梦也没有想到。可是额上留下记号，自己以后怎么见人呢？她决定请求宦官帮忙。婉儿的请求，说动了宦官医师给她以朱色刺青。从此在婉儿的额中央出现了以朱色刺成的梅花。

当身体康复的婉儿被再次召见的时候，不只是武后，所有的宫人皆惊讶不已，刺青以后的婉儿，更加散发出一股独特而神秘的魅力。虽然上官婉儿仍像从前一样被武后恩准，回到女皇帝身边担任秘书工作，可是从此以后，她再也没有机会陪则天女皇进餐，也不再受女皇的宠爱。

婉儿再度得宠

神龙元年（705）宰相张柬之等发动政变，诛杀二张（张易之、张昌宗），迫使武则天退位，尊为上皇，复国号唐，中宗（太子显）复位。婉儿很快又获得了中宗的宠幸。原来，中宗与婉儿早就相识。中宗共生八女，第七女安乐公主，乃是中宗被废时，携韦氏赴房州时，途次分娩，中宗解衣作褓，特取名为裹儿。裹儿长大后，姿性聪慧，容貌秀丽，中宗、韦氏甚加喜爱。待到武则天复立中宗为太子，见了此女，也格外喜爱，遂命嫁于武三思之子崇训。临嫁时，贵戚显宦，社会名流，无不往贺。上官婉儿也随同前往。当时还是太子的李显在宴会上看见婉儿诗意新颖，容色秀丽，内心不由得暗自欣赏。到中宗复位后，因为中宗不但对上官婉儿的诗文很是佩服，而且对她通晓朝廷万事的知识和经验相当重视，所以让她继续当新帝秘书，专门掌管制作敕命、誊写及向中书省传达命令的工作。不久，便册封婉儿为婕妤。婕妤，仅次于四夫人、九嫔，官位正三品。此时，婉儿已经42岁了。她与一心想学武则天临朝专制的韦后及武三思很快形成了一个新的权力中心。

武三思在神龙革命后，本以为武氏家族的末日到了，可由于他与韦后、婉儿早有私情，又是安乐公主的公公，因而在武后死后，武三思仍安然无恙。而且在韦后的怂恿下，中宗在决定政务时，越来越多地与武三思商量，于是，武三思的权势再次膨胀起来。

韦后、武三思等势力的发展，很快与太子李重俊发生了矛盾。重俊不是韦后的亲儿子，韦后对重俊被立为太子，深感不安，因而一直想废掉他。

重俊对韦后和武三思等要废掉他的想法早有所知，但他发现满朝文武大臣，多是武氏党羽，只有魏元忠、李多祚两人，较为正直，于是同他商议政变计划。

神龙三年（707）七月，李多祚会同李思冲、李承况等，带领三百羽林兵，拥着太子重俊，杀入武三思宅第，武氏父子及其全家男女老幼均被杀。

此时，中宗与韦氏、婉儿及安乐公主等，夜宴才罢，忽然右羽林大将军刘景仁，踉跄进来，报称太子谋反，已领兵入肃章门了。中宗不觉发颤道："这……这还了得！"还是婉儿有主见，便道："养兵千日，用兵一时，刘将军是干什么的？难道听任叛兵谋反吗？"景仁碰了一个钉子，一句话也回答不出。安乐公主接口道："你快去调兵入卫，守住玄武门，再报知兵部宗楚客等，速来保护！"景仁听令而去。婉儿又献计道："玄武门楼坚固可守，请皇上皇后，快往登楼，一来可以暂避凶锋，二来可俯宣急诏。"于是相互簇拥着登上了玄武门楼。这时多祚已带兵攻到，多祚喊道："三思等淫乱宫庭，陛下难道没有听说吗？我们奉太子的命令，已杀死三思父子，只宫闱内部尚未肃清，如果清除掉三思的宫内党羽，就立刻退兵，自请处罪，虽死不恨。"韦氏、婉儿听说三思已死，都忍不住涕泪涟涟，央求中宗报仇雪恨。多祚接着大呼："上官昭容，勾引三思，是第一个罪犯，陛下应忍痛割爱，将她交出来由我们处置。"中宗等他说完，回头望着哭得两眼发红的婉儿。婉儿赶紧跪倒道："我并无勾引三思，请陛下明察，我死不足惜，只是恐怕叛臣先抓婉儿，再索皇后，最后就是陛下。"中宗望着哭成泪人的婉儿,心里一阵发酸,说道:"我在宫中,难道什么也看不见,听不到吗?我怎忍心将你交与叛逆,你站起来,商讨如何对敌。"也许是重俊命运不好,这时宗楚客卫队赶到,重俊军大部被杀,重俊亦被刺死。

重俊之乱,上官婉儿因退贼有功而更加受到重用。

婉儿被杀

景龙四年(710)六月,韦后与一心想当皇太女以求临朝称制的安乐公主合谋,毒死中宗。韦后终于如愿以偿,临朝称制。不过,韦后恐怕也没想到,她不久也要遭受被杀的命运。

韦后专权以后,赶紧找上官婉儿以及太平公主,谋草遗诏,立温王重茂为皇太子。重茂当时年仅16岁,由皇后韦氏训政,相王旦参谋政事。韦氏的再度专权引起很多人的愤怒,形成很多股反韦力量,这些力量渐渐集中在李隆基的周围。

李隆基,是相王旦的第三子。初封楚王,改封临淄,出任潞州别驾。景龙四年(710)入朝,留在京城。他暗地联络豪杰,于六月二十日深夜,派兵包围太极殿,杀死了人人共愤的韦后,紧接着安乐公主也遭受了同样的命运。

那么这时的上官婉儿在干什么呢?

当李隆基的军队攻入宫中时,婉儿想到的并不是逃跑,而是手持蜡烛,率领宫人,从容地出来迎接。待见到刘幽求后,即将前日相王参政的草制,从袖中取出,递于幽求,表明自己是站在李唐皇室一边的,并请幽求转告隆基,请求免于一死。

听到婉儿的娇喉婉转的话语,看到婉儿镇定自若的神态以及楚楚可怜的样子,刘幽求深受感动,满口答应。李隆基正好在此时率兵前来,听到刘幽求的报告,并不心动,他已认定,婉儿是惑乱宫廷的刽子手,她虽是才女,可其罪不可恕,今日不杀,后悔都来不及了。随即下达杀死婉儿的命令,此时,婉儿46岁。

婉儿有才

应该承认上官婉儿是一位不可多得的才女。婉儿的诗文都很出色,他还提倡广置昭文学士,所以唐朝盛行词学之臣与婉儿也不无关系。婉儿与当时的文人学士宋之问、沈佺期、崔湜等关系都极为密切。

一次中宗命令侍宴诸臣作诗,沈佺期应声而作:

回波尔如佺期,流向岭外生归。
身名幸蒙齿录,袍笏未复牙绯。

佺期曾任考功员外郎,因与二张同党,坐流驩州。上官婉儿得宠后,招致文士,佺期复为起居郎,兼修文馆学士。此次借词自嘲,明明是乞还牙绯的意思。婉儿也在旁边替沈佺期说情:"沈学士才思翩翩,牙笏绯袍,当之无愧。"中宗听后对佺期道:"我还你牙绯也就罢了。"

景龙三年(709)正月,中宗到昆明池去游玩。中宗诗兴大发,当即作诗一首,并传谕朝臣,各献即事五言排律一篇,选取其中佳者，为新翻御制曲。于是朝臣都争华竞胜地去做诗了。韦后对中宗说："外廷诸臣，自负高才，不信我宫中嫔御有才胜于男子者，依妾愚见，应将众臣所作之诗，命上官昭容当殿评阅，让他们也知道宫中有才女子，以后应制作诗，俱不敢不竭尽心思矣！"中宗大喜道："此言正合吾意。"上官婉儿启奏道："臣妾以官婢而品评朝臣之诗，安得他们不服？"中宗笑道："只要你品评的公道恰当，不怕他们不心服。"当即传旨在昆明池畔搭彩殿，听候上官昭容登楼评诗。旨意一下，众臣议论纷纷，有人认为亵渎朝臣，有人则对上官的才能不以为然。

上官婉儿谢过恩后，登上彩楼。楼前挂一木牌，木牌上写：

昭容上官氏奉诏评诗，只选其中最佳者一篇，进呈御览，不中选者，即发下楼，付还本官。

不久，那些不中选的诗纷纷落下，众人争先抢看，见了自己的名字，即便取来装入袖里，默默无言地立到右边去。只有宋之问、沈佺期二人，任凭落纸如飞，只是立着不动，他们都相信自己的诗会中选，果不其然，最后只有沈、宋二人的诗，没有落下来。似乎等了很久，才慢慢飘下一诗，众人拾起一看，是沈佺期的诗。诗中写道：

> 法驾乘春转，神池象汉回；
> 双星遗旧石，孤日隐残灰。
> 战鹢逢时去，恩鱼望幸来；
> 山花缇骑绕，堤柳帐城开。
> 思逸横汾唱，歌流宴镐杯；
> 微臣彫朽质，差睹预章才。

诗后评语写道:

沈、宋二人的诗,工力悉敌,但沈诗落句辞气已尽,宋诗仍笔力雄健,所以去沈而留宋。

婉儿将宋诗呈给中宗,中宗、韦后、百官看后,无不称赞婉儿的才气。为什么呢?我们看一下宋诗:

春豫灵池会,沧波帐殿开;
舟凌石鲸度,槎拂斗牛回。
节晦蓂全落,春迟柳暗催;
象溟看浴景,烧劫辨沈灰。
镐饮周文乐,汾歌汉武才;
不愁明月尽,自有夜珠来。

这是一首五言律诗,不过比一般的"五律"多二联四句,也就是比40字的五言律诗多20字。这一类型的五言诗,唐代人就称为"五言六韵律诗"。唐朝有制规定,许多人用同一题目作诗,第一个人作的第一首诗,称为"首唱",大家跟着作,这整个赛诗的活动,称为"唱和"。为皇帝晦日游昆明池而作诗,题材的主要部分当然是皇帝、晦日、昆明池三项。宋之问、沈佺期二人的诗都运用了与此三项有关的典故。上官婉儿品评二诗时抓住了末句。宋之问用了一个汉武帝的故事。据说汉武帝曾救过一条大鱼,后来在昆明池旁得到了夜光珠,是大鱼报恩献给他的。于是这一联诗就说:不怕三十夜没有月光,自然会有报恩的夜光珠送来的。宋诗的结尾"言尽而意不尽"。而沈诗呢?尾句用《论语》"朽木不可雕也",句意表示自谦:我现在制作诗,好比雕刻朽木,看到别人的佳作,自愧不如。这两句诗已经离开了题目，只是硬凑来做结束，沈诗到结尾已经"言浮于意"。尽管二诗都是宫廷文学，都是为封建王公大臣服务的，但就上官婉儿能品评唐初齐名的"沈宋"诗，确实并不简单。

上官婉儿作诗亦讲究对仗工整。她曾写过一首《綵书怨》现抄录如下：

叶下洞庭初，思君万里馀。
露浓香被冷，月落锦屏虚。
欲奏江南曲，贪封蓟北书。
书中无别意，惟怅久离居。

题目是乐府曲名，诗体是五言律诗，五言律诗的格调形成于武后期，文学史上虽然归功于沈(佺期)宋(之问)，但上官婉儿也应该有一份功绩。从这首诗看，工稳不亚于沈宋。对仗甚为贴切。我们看"欲奏江南曲，贪封蓟北书"两句，要了解此句必须了解《江南曲》的内容，然后才能了解它与下句的思想关系。据吴兢的《乐府古题要解》记载：江南曲是古代相传的曲子。古词有"江南可采莲，莲葉何田田"的诗句，这一诗说，我本想写几篇良辰美景、及时行乐的《江南曲》，可是为了争取时间，封发寄到蓟北去给你的信，《江南曲》就无心作了。"江南曲本来不是此诗中必要的词句，但为了给"蓟北书"找配偶，就想到了"欲奏江南曲"一句，我们可以从此句欣赏到上官婉儿对诗方法之灵妙。

上官婉儿的诗作很多，她虽然因为附从安乐公主而被杀，但玄宗李隆基在开元初年指令收集她的诗文，编为《上官昭容集》20卷，可惜这个集子已亡佚，只有部分流传下来，《全唐诗》中收有32篇。但她的才华和诗篇,历代的文人雅士多有赋诗属文称赞的,如柳宗元的好友吕温所作《上官昭容书楼歌》诗中说:

汉家婕妤唐昭容,工诗能赋千载同。
自言才艺是天真,不服丈夫胜妇人。

睿宗李旦皇后刘氏

◎ 赵补文

刘氏生于官宦之家，祖父刘德威为唐初名将，官至刑部尚书；父亲刘延景为陕州刺史。仪凤三年（678），唐高宗第八子李旦从徙封为豫王后，刘氏被纳为孺人，不久又被立为豫王妃。此后七八年间，夫妇二人相亲相爱，过了一段舒舒服服的日子，刘氏在这些年内先后生下了儿子宁王李宪和寿昌、代国二位公主。

嗣圣元年（684），皇太后武则天临朝称制，废了当皇帝不到三个月的中宗李显，改立豫王李旦为帝，改元文明，刘氏也一步登天，当了皇后。然而，李旦名为皇帝，实为傀儡，武则天依旧临朝称制。即使名义上的皇帝和皇后，也只当了5年，载初元年(689)九月，武则天又革了唐朝的命，改国号为周，自称皇帝。于是，李旦从皇帝降为皇嗣，徙居东宫，享受皇太子的待遇，刘氏也由皇后再次降为王妃。

对于这种任人摆布的生活，刘氏虽然不敢形诸言表，心中却是深为愤懑。于是，她在没有其他良策可施的情况下，终于像以往某些后妃所做过的那样，也采取了厌盎咒诅之法，指望能诅死则天女皇，夺回皇后之位。不料事情泄露，长寿二年(693)正月初二，正当刘氏去嘉豫殿朝见则天皇帝时，被则天所杀，尸身埋于何处也无人知晓。

直到景云元年(710)，睿宗再次继位为帝，才将刘氏之案昭雪，招魂葬于东都城南，名惠陵，并追谥刘氏为肃明皇后。

玄宗李隆基皇后王氏

◎ 郑重华

唐玄宗的第一位皇后，惟一在生前被册封为皇后的，是"废后"王氏，死后未得谥号。

王氏是同州下邽（今陕西渭南）人，出身于士族，先祖是梁朝冀州刺史王神念。王氏的父亲王仁皎，在唐朝初年曾任甘泉府果毅都尉。

唐玄宗李隆基初封临淄郡王时，娶王氏为郡王妃。武则天退位还政，恢复了李唐的国号，唐中宗李显恢复帝位。中宗如其父高宗一样的懦弱无能，大权落入颇有野心的韦皇后手中。韦皇后生性歹毒，在武氏专权的时代，她备受压抑，委曲求全。一旦得势,便想效法武则天,做女皇帝。韦皇后玩弄权术,胜于武后;雄才睿智,却望武后之后尘而莫及。韦皇后为了达到临朝称制的目的,先设计除掉太子李重俊,后又毒死中宗,重用韦氏族人。

面对李唐王朝再次易姓的危机,临淄王李隆基与侍读张说密谋,联络太平公主,策动御林军,发动宫廷政变,诛杀韦皇后及其族人党羽,以图稳定李氏大统。

在这一场政治风波中,出身于官宦世家的郡王妃王氏,显示出了政治上的胆识和见地。她不仅晓以利害,力劝李隆基举兵翦除韦后及党羽,甚至直接参与了丈夫的密室谋划,以成大业。

这次政变成功,诛杀了韦后、上官婉儿及其党羽。李隆基的父亲李旦即位,是为睿宗。李隆基因匡扶大唐基业有功,先被封为平王,继之又被立为太子。王氏亦晋册为太子妃,踌躇满志,距"母仪天下"的皇后宝座仅一步之遥了。

先天元年(712),太子李隆基与张说、太子妃的孪生兄长王守一密谋发动政变,杀掉太平公主,彻底翦除了武氏势力。睿宗突闻此讯,极为惊恐。多年来的宫廷斗争,自己的兄弟姊妹,死的死,流的流,最后惟有他和太平公主尚在人世,而且他兄妹二人情感甚笃。此次太平公主被杀,使睿宗受到极大震动,他随即宣布"退位",禅让皇位与太子李隆基。

李隆基即皇帝位,是为玄宗,王氏被册立为皇后。

做了皇后的王氏,总算是了却了自己的夙愿。自从嫁到李隆基的郡王府,从郡王妃到太子妃,直至做了"母仪天下"的皇后,每一次转机,她都起了相当大的作用。王皇后及其族人,两次鼓动并参与了翦除韦皇后和太平公主的宫廷政变。举大事,成大业,襄助李隆基登上了皇帝的宝座。真可谓是李隆基在政治上的"贤内助"。当今大业已成,王氏贵为皇后,王氏家族也因此显赫。王皇后的父亲王仁皎官拜将作大匠,加开府仪同三司,封邠国公。李生兄长王守一尚靖阳公主,做了驸马,升为殿中少监,加太子少保,封晋国公。王皇后家族,大都得官升迁。

然而,作为"母仪天下"的王皇后,忧心之事却随之而来。自古以来,"母以子贵"。遗憾的是王皇后自从嫁给李隆基,一直没有生得一男半女。李隆基的其他几位嫔妃,却均生育有子女。这就让王皇后更加忧心忡忡,因为无子则无以继大统;无以继大统,则皇后名位亦难以永保。

李隆基即皇帝位后,杨良媛生了一个男孩,取名"亨",源于《易经》的"元、亨、利、贞"。李亨未出生前,李隆基曾梦有神人告之:神颖此子。所以,唐玄宗对李亨母子宠爱有加。晋封杨良媛为贵嫔。

李亨出世,特别是唐玄宗的梦兆,更增添了王皇后的担忧。于是她着人寻得一位道长为李亨占卦,卦象为"不宜养"。王皇后据此将李亨接到后宫,收为己有,亲自抚养。杨贵嫔因自己名位在王皇后之下,无奈只得割爱。不久,杨贵嫔病逝。但王皇后的忧虑却又加一重。

李隆基做了皇帝后,一天,发现后宫中还藏有一位艳丽、娇媚、高雅的佳人,这就是后来宠极一时的武惠妃。

武惠妃是恒安王武攸止的女儿。武攸止病逝后,武氏因年幼入籍后宫。自从见宠于玄宗,宫中礼遇,几乎与王皇后平起平坐。武惠妃持宠而骄,也不将王皇后放在眼里。武惠妃生有两子,均年幼夭折,后又生子李瑁。

对于武惠妃的骄蛮，王皇后甚为不满，常常在玄宗面前数落武惠妃的逾礼过失。但是，由于玄宗对武惠妃的爱宠，已经到了入痴入迷的地步，所以对王皇后所言，不但不可能相信，反而以为她是争宠斗艳，故意谗言诋毁。

由于唐玄宗对王皇后的所作所为日益不满，于是渐生"废后"的念头。他多次与秘书监姜皎商议废黜王皇后名位之事。此时，宫内宫外对玄宗专宠武氏早有议论，最为忌讳的就是"武"这个姓。于是秘书监姜皎有意无意地将玄宗企图废后的念头透漏了出去。

王守一闻讯，大吃一惊，立即将此事密告王皇后。当玄宗得知此事外泄，立即下诏流放姜皎去边地。

流放姜皎，恰恰证明了唐玄宗确有废后的意图。这对王皇后来讲，不能不说是一个莫大的威胁。自武惠妃专宠以后，玄宗几乎不召其他嫔妃侍寝，对王皇后就更不用说了。王皇后既不可能生儿育女，又不得常见玄宗，关系日渐疏远。如果这仅仅涉及王皇后一人，倒也罢了，因此而使整个王氏后族皆受牵连，也就不能不引起王氏家族的忧虑和恐惧。

王皇后的兄长，驸马王守一更为担忧，王皇后一旦被废，王氏家族的荣华富贵且不说，就连生死性命也很难预测。情急之中，王守一便求助于符蛊左道，以求渡过危机。

李唐一朝，崇道尚佛，迷信星占、卜筮和符咒压胜术。太宗、高宗和武周三代，宫中常常爆出蛊咒压胜之案，后宫嫔妃，多于失宠之时，将宿敌的生辰八字写来，制作一只木偶，书写于背上，然后寻到道士或和尚画咒符贴在木偶身上，念经作法，蛊咒其人。这类案中，涉及后妃、皇亲国戚为数不少，虽然施以重刑，仍屡禁不止。王皇后身在后宫，难得觅着僧道作法，即使找得到，于宫中作法也难免不为人察觉败露。于是，蛊咒做法之事便交由王守一具体操办。

王守一请来精于蛊咒压胜之术的左道僧人明悟，在府邸设坛作法。明悟教王守一沐浴祭拜"天枢"北斗，取块称作"霹雳木"的压胜神牌，按"天"、"地"、"人"之位，上位刻"天"，下位刻"地"，中位刻上玄宗的名"李隆基"。然后画符压住，念咒封固。明悟作法以后，将"霹雳木"交给王守一，说："神道已成，皇后佩带此牌，定会早得贵子，陛下被咒压，王皇后亦会与则天皇帝一样，大有作为，君临天下。"王守一闻此万分高兴，接过"神牌"，悄悄携带入宫，交与王皇后佩戴。

王皇后认为，有明悟法术相助，便可咒压玄宗，不敢废后。对于自己的将来，王皇后更是相信明悟的预言。李隆基能君临天下，自己确有"内助"之功。细想这事，王皇后甚至胜武则天一筹。天命所归，在所必然。于是，王皇后渐渐自大，以武后第二自诩，将玄宗比做高宗李治。

王皇后所为，特别是蛊咒压胜之事，很快被宫人告发。玄宗闻报极为震惊。自高宗以来，武则天、韦后、上官婉儿、太平公主几个女性相继专权朝政，几乎造成易姓改朝的事实。心有余悸的唐玄宗特别警惕后宫，生怕再出现一位武则天或韦后式的人物，危及李氏王朝的社稷。

开元十二年(724)秋七月，唐玄宗亲自查究此案，审讯人证，件件属实，罪不可赦。王皇后被贬废为"庶人"，迁出后宫。

为此，唐玄宗颁布诏书，诏告诸官衙有司："皇后王氏，自己做孽，天命亦不能保佑。王氏虚荣不实，以武则天自诩，以至引起宫闱讼案，造成后宫的混乱。她还私下勾结外戚家族以为党羽，干预朝廷政务，咒蛊当今皇帝。王氏上不孝敬祖宗，下不为诸嫔妃垂范，她不配做母仪天下的皇后。现着令废除王氏的皇后名位，贬为庶人，迁出后宫，别院安置。王氏族人，亦愧对所得官品爵位。今免去所有品位，量刑处置。为了朝廷尊严和庶民百姓，朕无奈，不得不这样处置。"

王皇后见到这诏书后，自知绝望。临行前，她恳求再见玄宗一面。玄宗准奏。当她与玄宗会面时，泪如雨下，痛哭失声，说道："陛下惟独不念你我患难时的情分吗？"说罢，拭泪拂袖而去。

王皇后被废为庶人以后，她的兄长王守一也被贬为柳州别驾，诏令接诏之时即刻起程。当王守一行至蓝田（今陕西蓝田）时，玄宗二次诏书又至，诏令"赐死"。王守一接到诏书，只有自杀。其后，王家财产全部被抄没充公。

当年十月，王庶人忧郁病死。唐玄宗下令以一品官的礼遇葬于长安城外的无相寺。

是时，诗人王湮曾赋诗《翠羽帐赋》，讥讽唐玄宗好色生事，厌旧喜新，致使王皇后寂而生怨，怨而生恨，最终冤死黄泉。

后来，玄宗的孙子、唐代宗李豫继位以后，于宝应二年（762），宣诏为"废后"王氏昭雪，免去所定所有罪名，追复"皇后"尊位，但未上谥号。

附：玄宗李隆基妃武氏

◎ 郑重华

唐玄宗即位以后，一天，发现后宫中还藏有一位艳丽、娇媚、高雅的佳人，这就是年幼即入宫待召，后来宠极一时的武惠妃。

武氏，恒安王武攸止的女儿，貌若天仙，艳丽娇媚，颇有大家闺秀的气质。武氏的父亲武攸止是武则天的侄子。武则天做了"天后"以后，武氏一族皆得封为王，武攸止亦受封为"恒安王"。武攸止不同于武三思等武氏诸王，在政治上没有什么野心，且待人宽厚，老成持重。"天后"执政、武周代唐、李唐复辟等政治风波，他始终是一位旁观者。即使武氏权势彪柄一时，不可一世之际，他也仅仅是治家教子，闲居自家，与李氏皇族私交甚好。"武周"后期，武攸止病逝，也算是武氏家族中少有的善终之人了。所以李唐复辟，归政中宗以后，惟独武攸止"恒安王"封爵未被削废。

武氏幼年入宫，深知后宫中以色争宠、冷酷险恶的情形。作为一个入宫的女子，除非是得到皇帝的宠幸，否则一世不得见天日。皇帝的宠幸，又是十分偶然的机遇，有的宫女，虽然以娇好的风姿见宠于皇帝，也往往是一生一世仅得侍寝一夜，讨得个名分，最终仍不免人老珠黄，寂寞一世。当然也有一夜侍寝，终生得宠的幸运者，武氏就是这样一位女子。

武氏得宠以后，甚得玄宗的专情，自此以后，王皇后，皇甫德仪、刘华妃、赵丽妃等后宫嫔妃，几乎是难见玄宗皇帝的面了。武氏的专宠，引起了王皇后的极大不满和妒嫉。她常常在玄宗面前历数武氏专宠，帝王沉湎于女色的危害。然而玄宗根本听不进去。开元十二年（724），王皇后蛊咒之术败露，早有废后念头的玄宗藉此贬废王皇后为庶人，同时，晋册武氏为惠妃，她衣食起居的待遇完全与皇后的礼秩相同。

王皇后被贬废以后，从武惠妃所处的地位以及后宫形势来看，继王皇后之后应立为皇后的，非武惠妃莫属了。玄宗为表示对武惠妃的爱宠，封武惠妃的母亲杨氏为郑国夫人，弟弟武忠升国子监祭酒，武信升为秘书监。由此可见，武惠妃实际上已是皇后，只差给予一个正式的名分了。

但是，当唐玄宗要晋册武惠妃为皇后的消息传出后，宫内宫外舆论哗然。以宰相张九龄为首的朝臣群起而反对，力阻立武惠妃为皇后。认为若再立武姓嫔妃为后，必将重蹈高宗、武后覆辙，危及李唐社稷。

御史潘好礼首先具书上奏，直呈玄宗：

"《礼经》中说道：'父母的仇人，子女与之不共戴天'。《春秋》中也说：'父母的仇不报，不为人子'。今天，陛下却要立武则天的后人武惠妃为皇后，怎么向天下死节的忠臣义士交代呢?武惠妃的伯父是武三思，叔父是武延秀，他们都是一些阴谋篡权、混乱朝政的逆臣贼子，天下忠义之士对他们是深恶痛绝的。俗话说：朽腐的树就是树荫盖地，有气节的人也不会在树荫下纳凉休息；盗贼饮过的泉子，就是泉水横溢，清廉之士也决不会饮用。庶民百姓择夫选妻的时候，还要注重对象的家世和德行，况且贵为天子的陛下呢?万望陛下谨慎选取有功名于天下，有德行于乡里的世宦贵族女子为后，这样才会让祖宗神灵安心啊。《春秋》记载，宋国人夏父曾与人立约，侍妾不得立为正妻。齐桓公会盟诸夏侯国时，盟会誓词中也立约一条：各国诸侯不得立待妾为正妻。自古以来，圣贤的人都非常明确嫡庶之间，在名分地位上是有区别的。只要名分地位确定了，争嫡立长的勾心斗角也就平息了。现在，人们传说右丞相张说帮助武惠妃争册皇后名分，目的是藉此功劳重新恢复宰相官职。当今立为太子的李瑛，并非武惠妃所生，而武惠妃又生有儿子，如果晋册武惠妃为皇后，那么太子李瑛的地位将不会安定。古人之所以在事故没有发生之前，就谏诤阻劝，为的是防微杜渐啊!"

唐玄宗看过潘好礼的奏折，感到确实合于情理，又加之张九龄等一班重臣从旁劝阻，晓以利害，玄宗也就将武惠妃晋册皇后的事搁置一旁，不再提了。

武惠妃是一个不达目的不罢休的人。虽然她当皇后的美梦受挫，但是自己的儿子李瑁如果做了太子的话，她当皇后或是皇太后的梦想不也就实现了吗?于是她便将下一步的目标盯在了储君太子的身上。

深知父皇秉性的太子李瑛，自然也不可能看不到事态的发展将会不利于自己。因为王皇后未生儿子，按古来礼制，继位应是无嫡立长。玄宗长子去世，李瑛为其次子，按礼法被立为太子。但李瑛的母亲赵丽妃是出身于教坊的歌妓，仅仅是因为长得漂亮才入选进宫。待玄宗一见到既有大家风范，又妩媚娇艳；既庄重贤凝，又独领风骚的武惠妃时，像赵丽妃这样仅以貌取宠，却难免低俗浅薄的妃子，自然相形见绌了。特别是当武惠妃生了一个聪明伶俐的儿子李瑁以后，玄宗对她母子的宠爱，更为其他嫔妃、王子所不及。对此，太子李瑛，皇甫德仪所生的儿子鄂王李瑶、刘才人所生的儿子光王李琚等年长的儿子，个个自危。

这时，废贬太子的阴谋，像一张大网，悄悄地在太子李瑛的周围撒了开来。

武惠妃召女儿咸宜公主的驸马杨洄入宫，密告了废贬储君太子的计划，令他密切监视太子李瑛的一举一动，谣言诽谤，于街头巷尾广为散布。

咸宜公主的驸马杨洄从自身晋官加爵的角度出发，当然希望李瑁升为太子。于是，他广为散布太子李瑛与惠妃不合的谣言，制造太子行为淫秽的舆论。

咸宜公主每次入宫觐见父母，必将这些谣言说于玄宗和惠妃，离间玄宗与太子的关系。武惠妃又常在玄宗面前哭诉自己的苦处，诋毁太子李瑛及其他诸王。

不管是真是假，说得听得多了，也就成真的了。唐玄宗对太子李瑛行为淫秽的谣言信以为真，更坚定了他早已萌生的废贬太子的念头。

太子的废立，是关系到朝政延续，政权安危的大事，是关系到国家社稷的大事。在这一点上，唐玄宗还不算糊涂。于是他即刻召见三省丞相商议废立储君事宜。

这次廷议之事,中书令张九龄等重臣早有预料,明白个中真情。所以当玄宗提出贬废李瑛,另立储君的要求之后,张九龄首先反对,他说道:

"太子和诸王早年既入太学诵习孔孟圣贤的训导,事事都能按礼仪规范去做,这是普天之下都知晓的事,并庆幸有这样的储君。陛下临政日久,儿子虽然很多,也不能一天就贬废离弃太子李瑛、鄂王李瑶、光王李琚三个儿子啊!史书上记载,晋献公迷惑于宠姬的谗言,使太子申生忧愤而自杀,晋国因此内乱;汉武帝听信江充的蛊惑,欲杀太子,结果迫使太子发动兵变,血流成河;西晋惠帝的太子宽厚贤明,被皇后贾南风僭杀后,导致了八王之乱和西晋的败亡。先朝的隋文帝听信了独孤皇后的话,贬废太子杨勇,改立杨广,最后连天下都失掉了。当今太子李瑛实在是找不出什么过失,鄂王、光王又为人贤仁豁达,怎么能说废就废呢?父子的关系,是法天地而成就的,如果儿子真的有过失不足,也应该掩密不语,怎么能满天下地张扬呢?希望陛下明察是非,谨慎裁断,赦免太子及诸王的过失吧!"

听了张九龄等一班重臣的直言诤谏,唐玄宗默然无语,不得不放弃贬废太子的意图。太子李瑛算是逃过了一场灾难。

太子李瑛虽然知道这一切都是因武惠妃所起,但武惠妃是父亲的宠妃,投鼠忌器,李瑛也无可奈何,常常是郁郁寡欢,怏怏不乐,特别是一班重臣相继去职,张九龄被免去宰相职权以后,李瑛失去外援,常常与鄂王、光王聚于东宫,借酒浇愁。

张九龄被免相以后,取代他掌握宰相实权的是李林甫。李林甫邪佞妒贤,闭塞视听,凡是与他不和,略有才能的人,他都要设计除去。此人诡计多端，很少有人能逃脱他的圈套。李林甫晋为宰相之前，就处处探听内宫动态，以投其所好。他早已知晓武惠妃有废贬太子，立寿王李瑁为储君的企图，只是唐玄宗立意不坚，又加之张九龄一班重臣的激烈反对，无法实施罢了。

自古以来，为臣子的，只有在君王面前唯唯诺诺，爱君王之所爱，恶君王之所恶，才可以永保权位，荣华富贵。为了讨好玄宗，赢取信任，稳固自己的地位，李林甫常在玄宗面前着意称赞寿王李瑁，贬斥太子李瑛。李林甫此举很快传入后宫。武惠妃得知后暗暗得意，对李林甫也另眼相待。宫内、朝外相互勾结，一拍即合，只差寻到一个合适的机会下手了。

开元二十五年（737），杨洄密令家人四处散布谣言，诬陷太子李瑛、鄂王李瑶和光王李琚以及太子妃薛氏的兄长薛锈等人私藏甲兵，阴谋夺宫造反。一时间，京城长安传言纷纷，唐玄宗也将信将疑。

一天，太子李瑛、鄂王李瑶、光王李琚同时接到宫中传旨，急召太子及二王，"内宫有贼盗闯入，速召太子和鄂、光二王，携兵入宫护驾。"

情急之中，李瑛、李瑶和李琚也未多加斟酌，立即披甲备兵，率东宫卫队入宫巡捕盗贼。此举正中武惠妃所设圈套。武惠妃得报太子及二王已率兵进入皇宫，立即赶到大明宫，面见玄宗。她惶惶地说："太子与鄂、光二王阴谋弑君篡位，已经带兵闯入宫中了。"玄宗闻讯大吃一惊，但因为他深知武惠妃和太子之间的矛盾，所以还是先派宦官前去证实。果然如武惠妃所言。唐玄宗即刻传旨速调禁卫军入宫，将太子、二王及东宫护卫团团包围。至此，太子李瑛等人才知道自己掉进了武惠妃精心设置的阴谋陷阱之中，有口难辩，只得寄希望于父亲的明断了。

事变平息之后，玄宗立即宣召宰相及三省重臣廷议太子"谋反"事宜。由于李林甫早早有言在先，所以众大臣都缄默不语，只待李林甫发话定夺。李林甫说："所谓太子'谋反'之事，实为陛下的家务纠纷，于国于民并无干系。家务事是无需臣子们廷议决策的，陛下圣明，定有明断。"李林甫讲完以后，众大臣只是附和，如出一辙，没有异议。于是，唐玄宗亲自颁布诏令："太子李瑛、鄂王李瑶、光王李琚有负圣恩，率兵闯入皇宫，阴谋篡权，反叛父皇，三人的罪行实属十恶不赦。现今诏告诸有司及天下，废贬太子及鄂、光二王为'庶人'，参与谋叛的党羽薛锈赐死。"

诏令公布以后，太子李瑛即被逐出太子东宫，与鄂王李瑶、光王李琚同时免去封号，贬为"庶人"。但是武惠妃、李林甫等人深恐有朝一日，李瑛等人翻案，累及自身，所以非要置三人于死地而后快，常于玄宗面前数落李瑛对父皇不满，企望翻案。最后，唐玄宗下令将李瑛、李瑶、李琚三人收监处死，以绝后患。

所谓"太子谋反"的冤案，很快就传遍京都长安及全国各地，士人官吏及黎民百姓都为太子三人愤愤不平，称李瑛、李瑶、李琚为"三庶人"，讥讽唐玄宗无识偏信，武惠妃和李林甫邪佞奸阴。

迫于朝野上下的舆论，唐玄宗没有诏立新的太子。武惠妃设计怂恿唐玄宗一日废杀三子，又加上玄宗在册立储君太子的事情方面犹豫不决，追悔不及，渐渐冷落了她，于是焦虑成疾，不久便病卧不起。武惠妃病倒以后，自知亏心，进而精神迷乱，夜夜都见太子瑛、鄂王李瑶、光王李琚的冤魂前来作怪索命，病情日愈沉重，无奈武惠妃只得求助于巫术。她宣召道士入宫,设术坛作法,用压胜术将冤魂驱走。谁知其后,武惠妃反而白日作梦,常见李瑛等"三庶人"冤魂白日幻出,索要性命。武惠妃日夜不得安宁。她宣召一批左道巫师入宫,日夜为之守护宫门,仍不见效。于是她请求玄宗将李瑛、李瑶、李琚的灵柩起出,重新按太子、诸王礼仪厚葬。同时,又将处死太子及二王的刽子手斩首,殉于三人墓旁,以求安寂亡灵。

谁知三人"冤魂"非但不去,反而日夜缠身,不得安宁。唐玄宗亦恐怕恶鬼缠身,处处躲避,疏远武惠妃,册立太子之事更不敢提。武惠妃的病情愈来愈重。开元二十五年(737)十二月,武惠妃连惊带吓,精神失常,终于离开了人世。

第二年,唐玄宗终于册立了太子,但不是寿王李瑁,而是第三子李亨。

同时,唐玄宗追封武惠妃为皇后,谥号"贞顺皇后",葬于敬陵。

附：玄宗李隆基妃杨玉环

◎ 滕明杰　孙显玲

寿王妃杨玉环

杨玉环祖籍蒲州永乐（今山西永济），生于蜀川（今四川成都），是隋末梁郡通守杨汪的四世孙杨玄琰的女儿。据说出生时手臂上还套着一枚玉环，这在亲戚中是很以为奇事的。杨玉环自幼聪颖伶俐，逗人喜爱，然而不幸的是她父母早逝，很小就成了孤儿，被叔父河南府士曹杨玄璬收养。因而她的少女时代是在洛阳度过的。

开元二十二年(734),年方二八的杨玉环已完全显露出其娇艳的风采。举手投足,顾盼神飞,无不在向人们展示她那青春的美丽。来访的亲友和达官的家眷们都非常喜欢美丽的玉环。作为养父的杨玄璬暗中也深为女儿的美貌所骄傲,因而更加宠爱,玉环也因此放纵了自己。她时而在府中弄歌习舞,时而结伴外出。一个偶然的机会,杨玉环意外地认识了玄宗皇帝最宠爱的女儿咸宜公主。与公主的结识竟成为她一生转折的契机。

在同咸宜公主的来往中,杨玉环认识了公主的同母弟弟、时封寿王的大唐皇子李瑁。杨玉环的姿色使寿王一见钟情,尚没有王妃的李瑁十分想得到美丽的杨玉环。

咸宜公主和寿王都是唐玄宗最宠爱的妃子武惠妃所生。武惠妃是女皇武则天的侄女,自幼入宫,聪慧机警,善解人意,加上她的美貌,深得玄宗的宠爱。王皇后被废后玄宗曾想立她为后,迫于种种压力,玄宗的愿望没有实现。然而武惠妃所享受的礼遇品格却是皇后级的,她也就成了宫中实际的皇后。为了达到废掉当朝太子李瑛,改立儿子寿王为太子的目的,武惠妃暗中联络奸相李林甫,在自己周围形成了庞大的权力集团,处处打击排挤太子,只等时机成熟,就扳倒太子,改立寿王。儿子对杨玉环有好感的事,她已通过女儿咸宜公主获悉。通过武惠妃,玄宗皇帝也很快应允了李瑁的要求。

开元二十三年(735)十二月,宰相李林甫和黄门侍郎陈希烈奉皇命持节到永乐坊的杨玄璬府册立杨玉环为大唐皇子李瑁的王妃,并择吉日完婚。美貌的杨玉环终因其明眸皓齿,风韵亭亭而成为寿王妃,开始了她荣华风流的生活。在寿王府的几年是杨玉环一生好运的开端。因其美丽的姿容,她得到了丈夫寿王的百般欢宠,也受到婆婆武惠妃的格外关照,能够时常入侍宫中,得见皇帝。诚然,一旦武惠妃的谋划成功,寿王能成为当今皇太子取得皇位继承大权的话,她杨玉环就会成为当然的皇后,母仪天下,那该有多么荣耀。然而不幸的是,大唐开元二十五年(737)的十二月,年仅40岁的武惠妃突然暴病身亡。这对于寿王夫妇来说无疑的是塌天大祸,母亲的早逝使他被立为太子的希望一下子变得十分渺茫。果然,太子的人选很快确定了,这就是后来的唐肃宗李亨。

太子问题虽很快得到了解决,然而玄宗皇帝却陷入了深深的哀痛之中。他在怀念已故的妻子武惠妃。他郁郁寡欢,除了上朝例行公事,常一个人独处。到哪里再找一个像武惠妃这样的女人呢?作为一个最高掌权者,玄宗一直被这样一种心绪困扰着。

"听说寿王妃杨氏容貌姣好,颇似惠妃,不知陛下意欲如何?"在一次与高力士的闲谈中,高力士诡密地向皇帝进言了。

寿王妃杨玉环的容颜很快在玄宗的脑海中出现了,是啊,他怎么没想到这个女人呢。美丽的杨玉环他是见过几次的,她确实有一些惠妃的影子,念及此,玄宗皇帝那阴郁的面孔上出现了微微的笑意。可是,杨玉环是儿子寿王的妃子,自己的儿媳妇,怎么可以……"唉!"一声浓重的叹息令已经绽开笑脸准备开口劝纳的高力士大吃一惊,不过善于巴结逢迎的高力士很快明白了皇帝叹息的缘由。

"陛下您放心,有老奴在,还有办不成的事儿吗?"

"唔!"皇帝不置可否地笑了笑。

大唐皇子寿王妃杨玉环的命运就这样在谈笑间被决定了。

开元二十八年(740)十月,像往年一样,玄宗让宰相李林甫留守京师,自己带领文武官员行幸骊山温泉宫。在玄宗一行到达温泉宫的次日,玄宗派出的使者从骊山径奔长安寿王邸,诏令寿王妃杨氏赴骊山侍驾。

这道诏令意味着什么,寿王心里十分清楚,看来父皇已下了最后的决心。然而拱手让出新婚5年的娇妻,寿王在感情上无论如何是不能接受的。但是又不能违背父皇的旨意,因为寿王深知自己的处境和自己在父皇心目中的地位。寿王虽曾获得过父皇的宠爱并且一度有被立为太子之意,但那是因为母亲武惠妃受父皇宠幸,现在母亲去世了,自己也就失去了靠山,失去了父皇的爱心,身份地位和其他皇子没有什么两样了。父皇既然诏令儿媳侍驾,想必已做了充分的思想准备,如果不从,只能招来杀身之祸。只许忍痛割爱,献出爱妻,或许会再得父皇的欢心,把自己立为太子。因为寿王深知,本朝的太子地位自开国以来就一直不稳,只要父皇不死,再加妻子在父皇面前的进言,自己的太子梦或许还会有希望。寿王在极度的矛盾和痛苦中打发杨玉环赴骊山侍驾。听到诏令后的杨玉环一直处在惶恐和不安之中,与父皇的暧昧关系这在他们夫妇间已不再是秘密,然而这样快就要离开丈夫,她又有些不忍。然而在听了丈夫的打算后,她又觉得释然了:作为一国之主的父皇,有权要求任何东西,包括他的美丽的儿媳妇的肉体。只有依从皇帝,才能保证自己的好运气,才能保证杨家一门的荣华显要和丈夫寿王的性命。她勉强与丈夫告别,便匆匆乘轿离开了寿王府。

骊山位于古城长安(今陕西西安)东北50华里的临潼县,这里山势陡峻,峰峦叠翠,山上松涛阵阵,山下温泉喷波,是个风景秀美的地方,自古以来就成为帝王将相们避寒的胜地。

从秦始皇时代起就利用山麓温泉构筑的骊山温泉宫,经过几代皇帝的扩建,规模日益扩大。到唐玄宗时代,又大规模修缮构筑了许多殿堂,温泉宫也改称为华清宫了。每年十月份,玄宗都要携大批随员前往骊山避寒,文武官员也都以随驾为荣,于是纷纷在骊山构筑府第,寂寞了将近一年的华清宫就会显现出一派繁荣的景象。

乘轿的杨玉环不到两个时辰就到了华清宫,皇帝却没有来接她。她被引到一处馆舍稍事休息,便又有侍女引她到宽绰的温泉池沐浴。泉水是透明的且有一股硫磺味,清澈的泉水飘着淡淡的雾气,并不很冷。洗温泉水澡,这在杨玉环还是第一次。从浴室出来,天生丽质的杨玉环更显楚楚动人,黑发轻云,肌肤柔滑,容光焕发。沐浴的疲劳,使她显得体弱力微,更为娇嫩可爱,美姿如仙女下凡,正是:温泉水滑洗凝脂,侍儿扶起娇无力。以前,她不曾注意自己的美色,现在从侍女注视自己的眼神里她觉得了自己的美,这使她明白美也是一种值得夸耀的资本,正是因为这美色才为寿王所钟情的,如今56岁的老皇帝不也正是因为这美丽的容颜才拜倒在自己的石榴裙下的吗?

在高力士等人的安排下,终于得到杨玉环的唐玄宗在骊山离宫里度过了最欢快的一段时光,面对22岁的杨玉环,他觉得自己年轻了许多。同端庄的惠妃相比,玉环更有一种野性的美,这正是玄宗迷恋的地方。然而杨玉环毕竟不是一个普普通通的女人,她是儿子寿王的妃子、自己的儿媳妇,和儿子共享一个女人,这在礼制上是行不通的。

"你打算怎样对待我?我可是没有脸再回寿王那边去了!"

寝室里杨玉环的娇嗔也是玄宗头疼的问题。是的,玉环已不能再回到寿王身边去,她必须留在玄宗身边,而玄宗又没有任何借口可以纳她为妃,可他又必须要得到这个女人,长久地得到。这无论如何是一件难办的事,却又不能不办。因为他是皇帝,皇帝要得到的东西谁敢剥夺,谁又有权力剥夺呢?

太真宫的新主人

开元二十九年(741)正月,杨玉环以为玄宗已故母亲窦太后奉献为名,入居长安太真宫,正式加入道教。太真宫里来了一位法号太真的漂亮女道士很快就成为街头巷议的主要话题。当人们知道那便是寿王妃杨玉环时,都大大地错愕了,他们不理解:杨玉环为什么要离开身为大唐皇子的丈夫寿王却去做什么女道士?这真是不可思议。而深谙其中奥秘的玄宗却非常高兴。道教是我国古代三大教派之一,是以老子为鼻祖的多神教,它所宣扬的长生不老、腾云驾雾本领吸引了不少帝王和平民百姓,玄宗的父亲睿宗就笃信道教,玄宗秉承父意,成为道教的忠实信徒。但让杨玉环入道,却只是为了暂遮世人耳目,是为了改变杨玉环的身份地位而采取的权宜之计。因为这样一来,皇帝将要娶的就是女道士杨玉环,而不是寿王妃杨玉环了,这无论于老子还是于儿子面子上都好看。何况太真宫就在皇宫中,玉环可以随时出入宫城掖廷,伴侍皇帝左右。

一年一度的元宵佳节很快就来到了。自古以来中国人就有正月十五赏灯的习俗,到唐玄宗时期,元宵灯会规模更盛,无论城乡家家户户都张灯结彩,尤以长安最盛,大街小巷,花团锦簇,无数灯笼争妍斗奇,巧夺天工。也只有在这一晚,长安城没有宵禁,人们可以通宵达旦地往来于各个街头,皇子皇妃也可以到街上赏灯。今年的元宵节格外隆重。玄宗登极近30

年,百姓安乐,府库充盈,天下太平,理当庆贺,何况今年是开元的最后一个年头,明年起就改元天宝了,因而今年的灯会更胜往年,皇宫里也要举行盛大的庆典。长安的大街小巷,灯火辉煌,鞭炮锣鼓彻夜不止,好一派火树银花不夜天的盛况。

太真宫里的杨玉环在这一晚也携侍女来到街上。往年的元宵节都是和丈夫寿王在一起的,而今这一切都成了过眼云烟,仿佛是很遥远的事了,现在陪侍自己的只是几个宫婢。皇帝在这一晚是不能陪她的,他要主持宫中的庆典,接受文武百官的祝贺和长安百姓的朝拜。永远不甘寂寞的杨玉环随街上的人流往前移动,狂欢的人们没人会注意她这位美人,她也乐得自在。然而一件意想不到的事情却扫了她的兴,或者说使她恼怒了。曾获玄宗专宠的梅妃在这一晚也带了婢女来到街上,当这两个女人相遇时,梅妃轻佻地骂了一句:"这肥猪!"被人当众骂作猪这在杨玉环来说还是第一次,她感到自己受了奇耻大辱。尽管自己身材很胖,但被梅妃这样的女人当众戏骂,她还是怒不可遏。然而一想到自己还不过是一个女道士时,便强压怒火:"哼!总有一天,我要叫你知道我的厉害!"

梅妃原名江采蘋,福建人,20岁时被选入后宫,受到唐玄宗的宠爱。比起体矮丰腴的杨玉环来,梅妃更显得修长窈窕。她能诗善画,酷爱梅花,居室前种有梅树多株,玄宗曾为梅妃的馆舍亲书"梅亭"扁额,并赐她梅妃这个名字。杨玉环入宫前,梅妃极受玄宗宠爱,就是在杨玉环入宫后,玄宗也还时常到梅妃处过夜,这使杨玉环醋意大发。她觉得从她加入道教以来,皇帝一直管她叫太真,宫中的人也这样叫她,而且她一天到晚只能呆在太真宫里,这使她感到惶恐。虽然皇帝会在适当时候册立她,但在那一天到来之前,她还必须进取,争取早日进入后宫。

"你为什么总叫我太真,难道要我当一辈子女道士?"玉环终于向皇帝发脾气了。

"怎么会呢,叫太真不是蛮好嘛。"玄宗笑嘻嘻的,并没有生气。

"我就讨厌太真这名字,你总叫我太真、太真,却管梅妃叫爱妃!"看到皇帝那笑嘻嘻的样子,她噘起了嘴,并让眼泪流下来。这是一个善变的女人,淫荡成性,贪得无厌。入宫一年来,几乎每晚皇帝都要她伴寝,对梅妃已很疏远了,她却还不罢休。她不能忘记元宵灯会所受的侮辱,她必须利用皇帝对自己的宠爱打击梅妃,把皇帝完全夺过来!

"原来是这样。"聪明的老皇帝一下子明白了,但他随即又为玉环那生气的样子所吸引,"泪如红冰滴",他想起了人们赞美玉环的诗句,他发现美丽的杨玉环生起气来也是美的。

从此以后,皇帝再也不叫她"太真"了,而是改称"娘子",并让宫中的人也这样称呼她。这样一来,杨玉环的地位又有了提高。很快地,她便受到了皇帝的专宠:"后宫佳丽三千人,三千宠爱在一身。"玄宗对她的宠爱超过了武惠妃和梅妃。虽有三夫人、九嫔、二十七世妇、八十一御妻及后宫才人乐府妓女,也引不起玄宗一点兴趣。杨玉环不仅有倾城倾国的姿色,而且通晓音律,能歌善舞,加上她聪慧过人、善于献媚的天赋,越发使玄宗这个风流天子迷恋,"春宵苦短日高起,君王从此不早朝。"这时的玄宗再也没有年轻时的进取心了。为了陪伴杨玉环游乐,他把军国大政全委之于李林甫一人。

李林甫口蜜腹剑,原为李唐宗室,官至刑部侍郎、吏部侍郎、中书令,自开元二十四年起执掌大权,是玄宗极为信赖的一代权臣。他极善献媚取宠，凡认为对自己有用的人，他都毕恭毕敬，摇尾乞怜，对妃子、宦官、宫女等都阿谀奉承。他在玄宗周围安插耳目，了解玄宗的好恶以便及时地迎合人主之意，哗众取宠。李林甫嫉贤妒能，凡是才干、声望超过他或者被皇帝看重可能会威胁到他的人，他都千方百计除掉以保全自己的地位。李林甫为人奸诈，他想陷害一个人时，表面上装作和他亲热的样子，并用甜言蜜语来引诱他说出自己的过失，背地里却向皇帝打报告，置人于死地。宰相李适之，御史中丞韦坚、杨慎矜，陇右节度使皇甫惟命等许多正直有为的大臣都被他迫害致死。凡不属于他门下的朝臣他都加以陷害，然后极力提拔自己的亲属及依附于他的人。儿子李岫担任将作监，李崿担任司储郎中，李屿担任太常少卿。女婿张博、郑平、杜位、杨齐宣、元伪等人也都身居要职。整个大唐朝廷几乎成了李林甫一家的朝廷，他凭借手中之权，杜绝言路，欺蒙皇帝，弄得国事日非，怨声载道。

国家被李林甫及其追随者搞得一片混乱时，太真宫里的杨玉环却在加速与高力士的勾结，着意排除妨碍她的势力，巩固自己在宫中的地位。

权力这种东西不是一个人一生下来就懂得运用的，然而随着生活环境的改变和自身地位的变化，杨玉环也要为着自己弄权了。耳闻目睹的宫廷生活的残酷使她明白，要保证自己在宫廷生活中不被抹杀掉，就必须抹杀别人。她曾奇怪武后的残忍，然而现在她理解了武后，要保证自己的稳固地位，就必须杀掉每一个有碍于自己的人。她懂得靠自己孤军奋战是不可能立稳脚跟的，必须寻求党援。在皇帝周围的人中，拥有实权的李林甫曾是武惠妃的得力帮手，二人内外联合扳倒了太子李瑛，企图改立寿王，由于武惠妃的暴亡未果，现在他似乎对自己诸多不满，多次试探李林甫不置可否。可以引为援手的只有老宦官高力士，在玉环看来，长得高高大大有着狡黠小眼睛的高力士，是玄宗把自己弄进宫来的主谋。

高力士生于嗣圣元年(684)，比玄宗年长一岁。本姓冯，幼年曾为一高姓人收养，故改姓高，后来作为阉儿入宫侍奉武后，到玄宗时代深受玄宗信任。经过一年多的观察，杨玉环发现，高力士同玄宗关系极为密切，可以说形影不离，在许多重大决策中，高力士都有很大的发言权。据说太子李亨的册立就是高力士的一句话决定的，因此东宫太子将高力士视为兄长。

初夏的一个黄昏，杨玉环邀请高力士到自己的宫室，这是她第一次单独和高力士在一起。

"玉环被宣进宫已经一年多了，宫里的许多事情都还不明白，希望在以后的生活中高公公能多加帮助。"像是不经意似的，杨玉环提出了自己的要求。

不男不女的高力士正襟危坐，脸上毫无表情，看不出他心里在想什么。过了一会儿，他才低哑地说道："您要保证自己的地位像泰山一样稳固，需要有一些得力的帮手，而最好的帮手还是您杨家的兄弟姐妹。让他们身居要职，拥有一定的权势，到您被册封为贵妃时就可以高枕无忧了。"

"外边的一切，您认为怎样办好就去办好了。"

此后，两人频频来往，杨玉环事事都同高力士商量，高力士为杨家的每一个人都安排了合适的位置。

玄宗天宝二年(743)正月，北部边塞胡将安禄山带着大批随员进京入朝来了。玄宗下令隆重接待。看着对安禄山如此感兴趣的皇帝，杨玉环感到不可思议。安禄山的名字她是听说过的，也知道他的一些情况。安禄山出身胡族，母亲突厥族，父亲是胡族。据说他会7个民族的语言，有着超乎寻常的肥胖身材,曾在范阳节度使张守珪部下干过,因为战功累累受到玄宗赏识,被任命为平卢兵马使、营州刺史,到天宝元年被破格提拔为平卢节度使,成为唐朝第一个拥有节度使称号的胡族将军,一手掌握了北部边境的军权、民权和财政大权。

元宵节过后的一天下午,当杨玉环陪同玄宗在大殿上看到向皇帝走来的安禄山时,不由得倒吸一口凉气,天啊,这就是那个拥有各种各样动人传说、以勇武著称的安禄山吗?你看他有多笨,那臃肿的大脸,还有那正慢慢向前蠕动的大肚子,实在看不出他勇武在哪里。

"啊,杂胡小子,你到底来了!"唐玄宗喜形于色。

当人们都看清安禄山的尊容时,也不由得瞠目结舌,世上竟有这样的人。然而更令人吃惊的是,来到玄宗面前的安禄山并没有弯腰下拜,而是转向玄宗的右边,对着杨玉环弯腰行礼。

"啊,杂胡,你为何不向朕行礼,却只向妃子叩拜?"

"从小时候起,臣就只向母亲行礼,从未对父亲行过礼,因为我只知道母亲生下了我,至于父亲是谁,那就很难说清了,因此臣总是先向女的行礼。"安禄山认真地说。整个殿内响起了笑声。杨玉环也笑了起来,她感到安禄山的声音像唱歌一样,内心不由得对他产生了好感,尽管他胖得出奇。

为了犒劳这位胡将,宫中连连举行宴会。玄宗赐给了安禄山数不清的金银珠宝,还给了他范阳节度使、河北采访使的领衔,使安禄山的势力一下子平添了 10 万人马,掌握了北部边塞的军政实权。然而玄宗却觉得给予安禄山的太少了,于是以后几乎每年都要给安禄山加官进爵,直到这位胡将扯起反旗要来夺他的大唐江山时,才猛然醒悟。——这是后话。

对玄宗的恩赏,安禄山感激涕零:"臣乃蕃戎贱臣,受此过分恩宠,真叫臣不知如何是好,望陛下减轻臣的重任。"

"根据你的体重,这还不算重呢。瞧你那惊人的肚子,里边到底装了些什么?"

"除了忠于陛下的一片红心外,别无所有。"安禄山献媚地说。

对安禄山肉麻的话语,群臣谁也不觉得奇怪。玄宗也信以为真,觉得像安禄山这样忠心耿耿的臣子真应该再赏点什么给他。

"陛下,臣有一事相求,希望陛下恩准。"一向嬉皮笑脸的安禄山忽然一本正经,这令玄宗和玉环奇怪。

"啊,杂胡,有什么要求你就尽管提吧。"

"臣自幼丧母,打算认一位高尚的女子做母亲。"

"不知这个女子是谁。"唐玄宗饶有兴趣地问。

"就是坐在陛下身边的那位。"安禄山认真地说,毫无做作。

举座愕然。玄宗和玉环也感到意外,旋即玄宗点头应允:"朕同意。不知玉环意下如何?"

"贱妾能收此义子,感到非常高兴。"认这个比自己大十几岁的安禄山为干儿子,这令玉环错愕,然而她还是表示接受,愉快地接受,这样一个拥有地方实权的武将在自己通往贵妃的道路上绝不会没有好处。聪明的杨玉环绝没有想到正是今天的事情决定了13年后大唐历史悲剧和她个人悲剧的上演。

"谢娘娘,从即日起,儿臣和娘娘就以母子相处了。"

玉环收安禄山为义子,这令玄宗十分惬意。为了庆贺,宫中连连举行盛宴。安禄山返任的前一天,玄宗在鸿卢亭为他举行饯别宴会。席间,玄宗问道:"杂胡小子,什么时候再来看朕呀?"

"等到杂胡母亲册封为贵妃时,杂胡再来庆贺。"

"那要到什么时候呢?"

"这是陛下心里的秘密,杂胡怎么会知道呢?"

玉环当贵妃的日子确实已经不远了。

大唐贵妃

天宝四年(745)七月,唐玄宗颁布诏令,命左相兼兵部尚书李适之为使,金紫光禄大夫陈希烈为副使,持节册立韦昭训的女儿为寿王妃。妻子入宫后就一直没有正妻的寿王李瑁终于又有了一位正妻,这位妻子的出身比杨玉环高贵一些,是玄宗亲自选定的,这大概是他觉得有愧于儿子而对儿子所做的一种补偿吧。

丈夫寿王另有妻室,杨玉环心中别有一番滋味。从内心里她是爱寿王的,然而命运却要她在先嫁了儿子后又嫁老子,她不能忘记5年前离开丈夫的情景,寿王眼含热泪教她如何为他被立为太子而努力争取的话音犹在耳畔,然而事情的发展却让她明白,自己的贵妃是当定了,寿王的打算却完全落空了,玄宗不会糊涂到让玉环的前夫来做太子的地步,她只能痛楚地在心里对前夫说一声珍重。

八月,唐玄宗李隆基在长安大明宫凤凰园向文武百官发布诏命,册封太真宫女道士杨玉环为贵妃,入宫5年身份一直不明不白的27岁的杨玉环终于有了正式的名分。为了庆贺,宫内举行了一次盛大的欢宴。第一次穿上大礼服的杨玉环显得雍容华贵,仪态风韵比之初入宫时还胜。她端坐在镶满金银的大椅上接受文武百官和朝廷命妇们的祝贺。看着那些年老的大臣命妇对自己下拜，杨玉环感到从未有过的惬意。

几天后，杨贵妃亡父玄琰被追赠为济阳太守，封齐国公，母亲李氏受封陇西郡夫人，叔父杨玄珪官拜光禄卿银青光禄大夫，哥哥杨铦为殿中少监，堂兄杨锜为驸马都尉，并尚武惠妃生的太华公主为妻。贵妃的三个姐姐天生丽质，都有倾城倾国花容月貌，也分别赐以夫人封号，大姐封韩国夫人，二姐封虢国夫人，三姐封秦国夫人，并赐第长安，准她们以女官身份出入宫廷。

当上贵妃的杨玉环与在太真宫时代的生活相比自是不可同日而语，杨贵妃已从冷冷清清供奉着老子画像的太真宫搬到兴庆宫来了，房间陈设焕然一新。侍女和服务人员的人数也大大超过以前，单是为她织锦刺绣的工人就有1200多人，出则乘轿，入则扶侍，享受的礼仪品格完全是皇后级的。大臣回京上朝时她要陪侍玄宗皇帝接见，还在宫中赐宴招待，外国使臣进京也要为她备份厚礼。然而现在的杨玉环却变得十分挑剔，难以侍候，饭菜稍不如意就要大发脾气，弄得御膳房十分为难，只好不惜巨金投其所好，据说一顿饭的花销就相当于当时10户中等人家的房产。年老的皇帝也不时地赐给她各种金银饰物和古玩珍画，有时还亲自取来黄金步摇为贵妃插在头上，每逢这时，贵妃就笑盈盈地轻移莲步，让黄金步摇随步轻摇，丰腴的体态，嫣然的笑容，令60多岁的玄宗皇帝心花怒放。

贵妃的三个姐姐也时常出入宫廷，她们个个妖艳异常，每逢宴会都打扮得花枝招展，陪侍皇帝和贵妃左右。三人中长相最美的虢国夫人骚首弄姿，特别善于逢场作戏，她时而笑闹不止，忽而满面娇羞，同玄宗眉来眼去，有时甚至当着杨贵妃的面和皇帝打情骂俏，令年老的风流天子春心荡漾。

虢国夫人是杨玄琰的女儿，杨贵妃的二姐，嫁给成都巨族裴氏，不幸早寡。贵妃得宠后，她携子来到长安，受封虢国夫人。她淫荡成性，骄奢无礼，据说同族兄杨钊即后来的杨国忠关系暧昧，时人称双孤。到长安后曾以不施脂粉名震京华，"虢国夫人承主恩，平明骑马入宫门。却嫌脂粉污颜色，淡扫蛾眉朝至尊。"一大清早就骑着马跑到宫中，三姐妹中除了虢国夫人还没有谁有过这种殊遇。放荡不羁的虢国夫人无疑地对玄宗有着巨大的吸引力。

天宝五年（746）盛夏的一天，皇帝一行游幸曲江，曲江是位于城东运河的一段，是长安百姓游乐的地方，附近有一小丘，名游乐原，一年四季游人不断。皇帝将幸曲江的消息发布后，长安的百姓奔走相告，从皇宫到曲江的沿途挤满了看热闹的人群，想一睹圣颜，也看一看天下第一华丽之族的杨氏姐妹。

那天，贵妃和皇帝同辇，三夫人各自乘着华丽的钿车随后，满朝文武也都参加了游宴，曲江河畔搭起了华丽的帐篷。由于天热，酒宴在傍晚开始，行将结束时，贵妃提议到附近的游乐原上看夕阳美景。皇帝连忙目示虢国夫人，推托饮酒过量想回帐篷歇息一下。贵妃一行走后，虢国夫人也趁机溜了回来，二人很快成了美事。

久已对虢国夫人不甚放心的杨贵妃，在发现了皇帝和虢国夫人都没有来时，立时感到不快，她立即带领随从下了游乐原，径回玄宗歇息的帐篷，看到那杯盘狼藉的场面和玄宗尴尬的目光，她明白了，立即吩咐："备车，回宫！"车子将要启程时传来了玄宗的诏命：令贵妃马上回去保驾。贵妃不理。

杨贵妃气呼呼地回到皇宫，坐等玄宗回来，她感到受了虢国夫人的侮辱，靠了自己才有今日的虢国夫人竟敢背着自己与皇帝乱来，她感到气愤。梅妃没除，又出了个虢国夫人，她不能容忍!匆匆赶回来的高力士一见贵妃就说:"哎呀,娘娘,请您千万别说其他话,就说是因为身体不适才急着赶回来的。"

"不行!虢国夫人算什么东西?!我岂能受她的侮辱!"

"哎呀娘娘使不得,不能那样说呀!她是您的姐姐,您怎么会为区区小事……"

"为什么不能那样说?!我就是受了虢国夫人的侮辱!"杨贵妃妒火难消,拂袖而去。次日一早,皇帝的使者带来了诏令:贵妃立即出宫,搬到杨铦府第。"知道了!"杨贵妃余怒未消,大唐宫廷中一宗严重的事件发生了。

杨贵妃乘了轿子离开。匆匆赶来的高力士一句话没说,然而贵妃却明白那扶轿而行的除了高力士不会再有别人。杨铦府已事先得到通知,做好了迎接的准备。高力士简单地嘱咐了侍女几句后来到贵妃的面前:"请娘娘暂且忍耐,老奴不久就来接您回宫。"

依仗贵妃而得以飞黄腾达的杨氏家族听说贵妃被驱逐出宫,都纷纷集到杨铦府中。往日豪华喧闹的杨府被一种紧张不安的气氛笼罩着,他们深知贵妃触怒了皇帝才被赶出来的,事情将向何处发展令人难测。也许赶出宫只是第一步,接着就会赐死,先是贵妃,再是杨家所有人。他们聚在一起商量应付这突来事情的办法,觉得最好的办法是赶快让贵妃向皇帝赔赔罪,然而贵妃却毫无认罪的表现,她觉得该赔罪的是玄宗而不是自己。

在宫中,大唐皇帝在盛怒中度过了这一天。他虽然觉得有愧却不想承认,因为他是皇帝,他希望贵妃有所表示,然而贵妃却更倔强。

到了晚上,皇帝的赐膳送到了杨府。次日又有十几辆宫车运来了贵妃的衣物和几十个侍奉贵妃的侍女,这使杨贵妃明白皇帝已不再生气了。

杨贵妃出宫的第5天夜里,玄宗下令打开安兴坊的栅门,命陈玄礼的龙武军做护卫,派高力士往杨府迎接贵妃回宫。在高力士的陪同下,贵妃一行悄悄地出了杨府,穿过大街,从安兴坊入内。看到迎接自己的皇帝,杨贵妃差一点叫出声来,仅仅5天不见,玄宗竟苍老了许多,平时她从没感到皇帝像今天这般衰老。在这一瞬间她明白了自己在皇帝心中的地位,掌握自己命运的大权已不在玄宗手中,部分地已移到了自己的手里。

为了给贵妃压惊,唐玄宗下令在宫中举行欢宴,并赐给了贵妃各色各样的小玩艺,给她的姊妹每年几千万钱作脂粉费,杨家满门为此又获得了大量的赏赐,贵妃依然过着奢侈豪华的生活。各国进贡来的珍珠宝石奇花异草,贵妃都要亲自过目,喜欢的留在自己馆舍,不喜欢的连看也不愿多看一眼,于是争相进贡成为一种时髦。岭南节度使张九章和广陵长史王翼进贡的物品数量之多质量之好超过其他人,贵妃匣中许多精巧优美世上罕见的东西就是他们奉献的,他俩也因此加官进爵,张九章得加正三品,王翼做了户部侍郎。杨贵妃爱吃荔枝,玄宗就诏令岭南地方官,荔枝成熟时选择最好的派专人奉送。于是每年荔枝成熟的季节,从岭南到长安的官道上马不停蹄,日夜兼程,"一骑红尘妃子笑,无人知是荔枝来。"

杨贵妃荒淫奢侈的生活令宫人侧目,因她而飞黄腾达的杨氏家族更是极尽奢侈豪华之能事。堂兄杨铦、杨锜和三国夫人在长安都有御赐的宅邸,时人誉为杨氏五府。五府之间竟相夸富比美,在京师大兴土木,一堂之费黄金千万两。而一旦发现周围谁的宅第建筑超过自己,就立即拆毁重建,除了皇宫外,五府的住宅是长安城最豪华的。三国夫人入宫时连公主都得让座，她们出游时地方官员必须亲自出迎，还要供给最精美的饭菜，备上丰厚的礼品。皇帝驾幸骊山时，五府都随驾同行，乘着豪华的车子，打着五彩的旗帜，缤纷的缨络遮住走过的路面，宜人的香气传出很远。长安的人们都传唱着这样的歌谣：生男勿喜女勿悲，君今看女做门楣。杨家因生了女儿举族荣耀，他们也希望自己养一个漂亮的女儿，像杨氏一门那样靠女儿获宠享荣华富贵。

也是在这时，杨家另一个重要人物出现了，这就是经高力士推荐得玄宗赏识的杨贵妃的再从兄杨钊。杨钊不学无术，但仪表堂堂，颇善辞令，他曾在蜀任小官，后到长安因贵妃的关系得任清贵官当监察御使。高力士以为，气宇轩昂的杨钊如果能和贵妃的那个干儿子安禄山联合起来必能当大任，既可保证贵妃的地位不可动摇，又能保证杨氏一门的荣华。在高力士的提携和贵妃的暗中干预下，杨钊很快又升任御史中丞，诏书发布后，高力士带杨钊到贵妃馆舍谢恩。

"承蒙贵妃恩德，臣才有今日。臣愿为贵妃效劳，纵然粉身碎骨也在所不辞！"

贵妃默然良久，方说："我有一不能告人的心事现托付于你，那个曾获圣上宠幸的梅妃，虽已远离了大明宫，却仍是我的心头之患，我要你……"贵妃突然停住，只是两眼狠狠地盯住杨钊。杨钊蓦然心惊，他没有想到看上去端庄柔顺的贵妃竟也这般心狠，对一个已经失宠的女人也不肯放过。"你明白我的意思么？"一句冷森森的话语从贵妃口中飞出。"臣明白。请贵妃放心！"杨钊赶忙低下头来。可怜的梅妃，做梦也没有想到，元宵夜的一句戏骂竟会招来杀身之祸。

天宝八年十月，玄宗驾幸骊山华清宫，贵妃随驾，杨氏五府也随同前往。在骊山的日子里,皇帝告诉贵妃打算在回宫时幸杨钊府。贵妃感到皇帝对杨钊的信任显然又大大增加了。

十一月初,玄宗回到长安后便驾幸杨钊府。为了迎接皇帝,杨钊下令让住宅周围的邻居立即迁出,然后大兴土木,把杨府修缮一新。皇帝在杨府停留的时间很短,只喝了一杯茶,然而这却足以使天下人知道杨钊是皇帝最宠爱的朝臣了。

谁知到了第二年的春天,杨贵妃突然又一次被逐出皇宫住到了杨铦府中。事情的起因是这样:杨贵妃因通晓音律,平日在宫中好摆弄乐器,她听人说宁王有个能吹奏出美妙声音的玉笛,就派人去借了来吹奏。宁王成器是玄宗的弟弟,喜好音乐,他的笛子借给贵妃这在礼制上是欠妥的。玄宗看见贵妃吹笛立时大怒,下令:立即出宫,搬到杨铦府中!

天宝五载因杨贵妃的嫉妒任性被玄宗赶出了一次,很快又被接回宫中。然而这一次会怎样处置却令人难以预料。于是从虢国夫人开始,杨家的所有亲族再次聚到杨铦府邸,商议对策。骄纵的虢国夫人像突然换了个人似的,说话娇声细语,再没有了那盛气凌人的样子,穿着打扮也忽然端庄朴素了起来,老实的秦国夫人则大放悲声。难道那欢乐的生活真的一去不复返,杨家一门的好运真的就此完结了吗?

笼罩着杨府的愁云惨雾只持续了四天。第四天晚上,玄宗派内侍张韬光送来了御赐膳食,这使贵妃明白皇帝的怒气已消了。

为了对皇帝的赐食表示感谢,杨贵妃剪了一缕头发用罗帕包妥交给张韬光,赋就短笺一张,令其转呈皇上:"臣妾罪该万死,妾死不足惜,惟望陛下珍重圣体,陛下对杨氏家族的大恩大德妾死不敢忘。金玉珍玩都是陛下所赐,只有头发是我自身所生，今将头发一缕奉献陛下以为纪念。"

张韬光回去不久，玄宗就派了高力士来迎接贵妃。

再次回到宫中的杨贵妃依然受着专宠，仿佛为了追悔，玄宗对杨贵妃的任何要求都立即予以满足，杨氏五府因此又获得了大量赏赐。杨贵妃发现，经过这次事变，她和皇帝的关系发生了逆转，皇帝已完全成了自己任意挥使的对象，他已不止是宠爱，简直是病态地迷恋自己。现在的唐玄宗一日三餐都在贵妃馆中进膳，连处理军国大事都拿到了贵妃馆中进行，宰相李林甫有事都是直接到贵妃处找皇上。贵妃的任何要求都变成了诏令通过玄宗的口发出去，她的权力在一天天扩大，大臣们已经不把玄宗皇帝和贵妃看成是天子和他的爱妃两个人，而是把他们视为一体，她的地位迅速地巩固了。她的家族，杨铦、杨锜、三国夫人五府的权势也超过了其他王族。在长安城内，杨家的人骄奢淫欲，飞扬跋扈。天宝十载（751）元宵灯会，五府各自带着随从在街上横冲直撞，在西市门邂逅玄宗女儿广平公主，双方互不让路发生争执，杨府随从挥鞭打人，公主受伤落马，驸马程昌裔下马欲救，也挨了几鞭。公主向父亲玄宗哭诉受辱经过，玄宗大怒，降旨将杨府随从乱棍打死，同时将驸马程昌裔削职为民，不许朝谒。由此可见杨府的权势。

作为杨氏家族主要成员的杨钊在朝堂上的地位越来越重要。由于杨贵妃在皇帝面前的极力夸耀和杨钊的善于投机钻营，到天宝九载，他已官至兵部侍郎兼御使中丞，遥领剑南节度使，身兼十五使职，权倾内外。这年八月，玄宗正式赐杨钊名国忠。杨国忠和李林甫一样都是阴险奸诈之辈，对外接受贿赂，暗结帮派，对上媚取皇帝，骗取玄宗的信任，以至于许多重大事情玄宗都撇开宰相李林甫直接找杨国忠商量，这使他很是得意。然而他很快便发现，玄宗的器重引起了宰相李林甫的不满，李林甫开始处处打击排挤他。李林甫为相十几年，朝野上下的大多数官员皆出于李氏门下，由地方小吏爬上来的杨国忠自感不是他的对手。为了与李林甫对抗，杨国忠便加强与安禄山在政治上的联系。天宝九载五月份，杨国忠提议赐给安禄山东平郡王职位，让一位胡将为王这在唐朝尚无先例，对此玄宗很快应允并发布诏令。入朝为官仅四年多的杨国忠势力迅速膨胀，成为独揽大权17年的宰相李林甫的强大对手，双方的明争暗斗渐趋激烈。

天宝十载(751)，李林甫以剑南地方战乱迭起，边境不稳为借口，奏请玄宗，杨国忠既领剑南应立即到任平定战事，企图把杨国忠排挤出朝。李林甫是在群臣上朝时陈奏的，这使杨国忠无法拒绝。散朝后，杨国忠立即来到贵妃宫室：

"臣出征南方，必遭李宰相暗算，请贵妃设法奏请圣上收回成命。"

杨国忠和李林甫的明争暗斗，贵妃心里十分清楚，她希望杨国忠压倒李林甫成为第一号铁腕人物，这对杨家的显赫和她自己地位的稳固都有裨益。杨国忠将受到暗算是她不能容忍的，她立即找来高力士商量。在杨国忠平步青云的幕后，高力士是主要的谋划者，他以为杨国忠不如暂避风头，先到蜀地处理一下军务，而后由贵妃奏请圣上将其召回，因为对杨家来说，杨国忠是不可缺少的顶梁柱子。果然，杨国忠刚到蜀地，玄宗派出的召杨国忠还朝的使者也随后赶到了。

天宝十一年(752)十一月，执政19年的宰相李林甫因病死去。李林甫的死对杨国忠来说无疑的是天赐良机，玄宗很快发布了由杨国忠代替李林甫为右相的诏令。杨国忠为相后的第一件事就是彻底扫荡李林甫的势力，把一切重要部门都换上自己的人。李林甫做梦也没有想到在他死后仅仅两个月的时间，杨国忠就以勾结阿布思谋反的罪名对他开棺鞭尸，流放发配了他的家人。

杨国忠本是一个才疏学浅的地方小吏，虽贵为宰相，却难负众望。为了捞取资本，提高威望，杨国忠于公元752年的夏天在毫无准备的情况下再度发动了对南诏的战争。南诏是我国西南地区一个古老的少数民族，为今天白族和彝族的祖先，玄宗统治前期归附中央政府，其首领皮罗阁受封云南王。皮罗阁和儿子阁罗凤在唐政权的帮助下统一了六诏，建立起南诏奴隶制政权。宰相李林甫当政时对少数民族横征暴敛引起反抗，天宝十载发动对南诏的第一次战争失败，遥领剑南的杨国忠曾为此受到指责。杨国忠当上宰相后为了挽回自己的名誉，贪立边功，又发动了对南诏的第二次战争。他下令剑南留后李密率领7万军队征讨南诏，由于后援不及，再加亚热带酷暑难当和南诏人民的奋勇抵抗，7万军队阵亡。杨国忠掩盖败绩，继续从内地强行募兵发往南诏，弄得许多家庭妻离子散，最后不得不以死伤30万人的代价停止了战争。这次战争给唐朝人力物力造成了极大损失，给人民带来了深重的灾难，使唐朝的军事力量更加衰弱。

杨国忠当政后，唐朝政治更处于混乱之中。杨国忠大权在握，奉行欺上瞒下的政策，边境上的战败报告他扣住不发，重大的人事更动也不再与玄宗商议，并利用宠臣的地位，身兼三十多使职，横行受贿，广结罗网，成为李林甫之后又一大奸相。

天宝十三年(754)正月，北部边将、身领平卢、范阳、河东三镇节度使的安禄山入朝拜年来了。在他到来以前，宰相杨国忠曾多次上奏说安禄山正在积蓄力量准备叛唐，要求玄宗革除安禄山的官职，用明升暗降的办法削夺安禄山的兵权，由于杨贵妃的暗中庇护，玄宗一直没有采纳他的建议。在杨贵妃看来，这是杨国忠的失策，她十分清楚杨国忠是和安禄山勾结起来才有了今天这样的地位的，然而她却没有想到，杨国忠之所以要除掉安禄山，是因为他觉得安禄山的存在对他的相位构成了威胁。安禄山身领三镇节度使职，在北部边地的战争屡立奇功，玄宗对他的宠爱较之杨国忠有过之而无不及，这在杨国忠是不能容许的，他必须设计除掉他。制造冤狱，阴谋陷害是杨国忠的拿手好戏，宰相李林甫在世时所搞的许多冤案都有他的功劳。然而陷害安禄山这却是杨贵妃不能容许的。高力士曾不止一次对她说过：

"娘娘您在任何情况下都要庇护安禄山，不管出了什么事都不能离开他，这样您的处境就会永远安泰。"对此，她深信不疑。她觉得自己的权力虽然在加大，但人都是有寿限的，自己才30多岁，而皇帝却已70多岁了，一旦皇帝死了，即位的必是太子李亨。李亨，这是个对杨家极为仇视的人物，她不能不早加提防，加强同安禄山的联络。玄宗这次召安禄山入谒就是她提出来的。为了笼络这位权势日益增大的胡将，玄宗下令在杨氏五府所在地宣阳坊附近的亲仁坊为安禄山不惜巨资盖起了一座宽绰豪华的住宅，安禄山这次入朝就下榻在这里。与以往许多次安禄山来时一样，玄宗仍然赐给了他金银财物，并加官左仆射，对其部下论功行赏。

安禄山在长安期间正逢自己的生日。这天，安禄山被召进宫，受到皇帝和贵妃的热情款待。三日后，贵妃把安禄山召进自己馆舍，在虢国夫人等人的怂恿下，把安禄山脱光衣服，洗了婴儿澡，并用大襁褓将他包起来，几个妇人扯住四角将他上下抛起，嬉戏欢闹直到深夜。这位出身异族，有着超乎寻常肥胖身材的安禄山对皇帝和贵妃的宠幸感激涕零，忠心耿耿，给人的感觉绝不像某些人说的那样包藏祸心,将要反叛朝廷。

"臣本胡人,完全因为陛下和贵妃的恩宠才有今日,臣当竭诚效忠,可杨宰相却忌恨为臣,臣以为死期不远了。"在给安禄山举行的饯别宴会上,安禄山悲悲切切,满脸泪水。瞧着安禄山脸上的泪水,杨贵妃也觉心里不好受。这样一位不会读也不会写的武夫怎会反叛朝廷呢?她怎么也难以相信。

遗恨马嵬坡

进入天宝年间以来,玄宗先后把军国大事托给奸诈的李林甫和杨国忠,他们相互勾结,骄纵跋扈,屡兴冤狱,致使官场贪污腐败,政治十分混乱,君臣又贪立边功,多次在边境上发动战争,大批精兵骁将集中在北部、西部边疆,内地兵力少缺乏训练,军队素质下降。唐初的那种内重外轻,以重驭轻的局面被打破了。这种国力空虚的现象被多次入朝的安禄山窥透,觉得有机可乘,于是他一面积极招兵买马,制造枪械储备粮草准备起兵叛唐,一面用贿赂媚取的手段骗取玄宗和贵妃的信任,年年加官进爵,兼任了平卢、范阳、河东节度使,拥有15万兵马,成为唐朝权势最大的边将。

天宝十四年(755)十一月九日,安禄山突然在范阳(今北京)起兵,以"诛杨国忠"的名义率领胡汉兵马15万长驱南下,前锋直指长安,"渔阳鼙鼓动地来",阴蓄异志十余年,深受玄宗和贵妃宠爱的安禄山终于举起反旗,公开发动了武装叛乱。

安禄山起兵的消息是在十一月十五日传到长安的。当时皇帝一行正在骊山,乍听消息玄宗还不相信,杂胡小子怎会反呢，十几年来自己待他并不薄啊。然而事实很快砸碎了玄宗的迷茫。河北的州郡纷纷投降，安禄山的军队所向披靡，已经渡过黄河，迫近东都洛阳了。多年不问政事的唐玄宗感到手足无措，不知如何是好。匆忙中，他召集紧急朝议，任命刚来京城的安西节度使封常清为范阳、平卢节度使，立即到东都洛阳募兵，固守洛阳。令荣王李琬、大将高仙芝为正副元帅，在长安募兵组成东征军，出守长安洛阳之间的陕州。东征军很快组成，这支以长安平民子弟为主组织起来的部队命名为天武军，因荣王李琬仍在长安，这支军队实际由高仙芝统率。

安禄山进军速度之快超过了人们的预测，十二月八日逼近洛阳外围。新任命的封常清率军迎战失败。十二月十三日，安禄山进占洛阳，从举兵叛唐到占领东都洛阳仅用了一个月时间。慌忙离开华清宫回到长安的唐玄宗听说洛阳失守，封常清退到陕州，高仙芝退保潼关，立时怒不可遏，下令将封常清、高仙芝在军中斩首示众。群臣极力反对，表示国家用人之际不宜斩杀大将，玄宗一意孤行，十二月二十日，封常清、高仙芝在潼关伏法。而后，陇右节度使哥舒翰被任命为守潼关的主将。哥舒翰同安禄山一样胡族出身，所不同的是他的父亲为突厥族，母亲是胡族。他统辖的地区是唐朝最富庶的陇右，物产丰富，多年来他在对吐蕃的战争中屡立战功，是唐朝威名赫赫的边廷武将。安禄山起兵时，他正在长安养病。他的受命真可谓是危难之际，临行前，哥舒翰循例谒见玄宗。

"多年来承蒙陛下的恩宠，臣当誓死效力，然而沙场之争胜败难料，这次出征或者是安禄山的人头落地，或者是臣的首级滚落在安禄山的床笫之侧。"因患病言语不清的将军临行说出的这番不吉利话语令在场的人感到阴森可怖，连贵妃都感到脊背发冷，以这样一个年老患病的武将能抵得过安禄山吗？她感到迷惑。

次日,哥舒翰率领留守京城的8万人马出发了。已在潼关的高仙芝的士兵和封常清的部下统归他指挥,此外还有各地汇集来的残兵败将,共计20多万人马。这是唐玄宗的最后一线希望,他希望哥舒翰能守住潼关,可是大病初愈的哥舒翰能敌得过拥有重兵的安禄山吗?他也怀疑。一天他突然对贵妃说:

"我想让太子监国,我要亲自率部队征讨安禄山这个畜牲!这个杂胡!我要亲手割下他的首级!"安禄山的叛乱对玄宗的打击太沉重了。

对玄宗的打算贵妃立即表示赞同。然而得知这一消息的杨家人却惊慌了起来。杨国忠立即谒见贵妃,请求贵妃设法阻止皇帝亲征。他说太子一旦监国,我们杨家倒霉的日子就来了。接着虢国夫人和韩国夫人也来了,秦国夫人已在年前死去。骄纵的虢国夫人直言不讳:

"我们依靠贵妃您才有了今天这种挥金如土、婢女如云的豪华生活,现在如果陛下亲征,太子监国,我们杨家满门都会丧失性命。难道贵妃忘了吗?我们可是一直在同东宫作对啊!"

对虢国夫人,贵妃素无好感,这位淫荡的姐姐曾令她大为生气。听了她的话,太子那阴森的眼睛立即出现在贵妃的脑海里,但她还是冷冷地说道:"凡事总得有个结局,我们杨家的美梦也该醒了。"

天宝十五年(756)正月,安禄山在洛阳称帝建国,自号大燕国皇帝,改年号圣武,正式建立起与玄宗分庭抗礼的政权。消息传到长安,玄宗大怒,这个杂胡居然也敢称皇帝,还改了年号,真恨不得亲手杀了他。

四月份,安禄山的后方兴起了许多义军,规模小的也有万余人，其中规模最大的是郭子仪和李光弼的部队，到处袭击安禄山的部队，收复了一些失地，一些投降的州郡纷纷反正，潼关的守军还击败了安禄山的一次进攻。接着又有消息传来，安禄山病重，目不能视，这使长安的部分官员认为安禄山已不足畏，收复洛阳的时机已到，请求玄宗下令让哥舒翰立即出兵收复洛阳。

派往潼关督促哥舒翰出兵的使者很快回来了，他带回了将军的一个奏折："安禄山的军队远道而来，他们善长于速战速决，而我军全系新募兵员，应该凭险固守，以待各地勤王之师。因此进攻事宜还望延缓时日。"老将军的分析颇有见解，这使玄宗犹豫。可是一份意外的奏折却使玄宗大惊失色：握有20万大军的哥舒翰一旦谋反，挥戈西指，唐朝的命运将会怎样？这使玄宗害怕，一个安禄山已使他焦头烂额，若是再加上个哥舒翰情形会更糟，于是不顾哥舒翰的反对，诏令哥舒翰立即出兵收复东京。

六月十日，哥舒翰的20万大军从潼关出发，在灵宝县西原同安禄山的劲旅崔乾祐部相遇，展开了决战。在军队数量上，哥舒翰占绝对优势，但是他的部队大部分是新募兵员，战斗力不强，以一支乌合之众迎战骁勇善战的崔乾祐部，其战局可想而知。双方刚一交战，官军即全线崩溃，安军乘胜追杀。哥舒翰虽拼死力战仍未能换回败局，官军死伤大半，哥舒翰被俘，潼关失守。

潼关失守的消息传到长安，人们还不相信，20万大军一天就溃败了是不可能的，然而六月十一日傍晚，长安城没有看到平安火。所谓的平安火，是指从潼关到长安每隔20里所设一烽火台的战时紧急报信系统，每天傍晚都有专人点火报告平安，自东往西很快就会传到长安，平安火不见，说明形势危急，长安城内一片惊慌。

宰相杨国忠召集紧急朝议。潼关一失，长安已无险可守，安禄山的部队很快就会到达长安，这是每个人都明白的事。朝议没有解决任何问题。次日，杨国忠入宫，商量皇帝西狩的具体问题，皇帝出逃的准备工作正在秘密进行，龙武军陈玄礼部被告知做这次出行的护卫。这一天在慌乱中度过。傍晚，皇帝从兴庆宫移住大明宫。

大乱以来，杨贵妃一直在惊恐和不安中度日。今晚她和玄宗一起移住大明宫，打发走了来探听消息的虢国夫人等，安定一下侍女们，她胡乱地和衣睡下。

六月十三日早晨天还未亮，贵妃就起床了，对镜梳妆，她不由地发出一声哀叹。入宫 16 年了，容颜未衰，摸一摸脸颊仍然是那么光滑丰满，富有弹性，纤细的十指也仍是那般白嫩，长安的妇人谁不嫉妒自己的娇容，天下的父母们谁不羡慕杨家的风华。宫城中留下自己多少欢声笑语，如今却要离开这豪华的皇宫到遥远的蜀地去，不知何时再能回来。

天刚蒙蒙亮，大唐天子李隆基便带着杨贵妃、高力士及一批皇子皇妃出了延秋门，踏上了逃难的路途。跟随去蜀的有太子李亨、宰相杨国忠等臣僚及充当护卫的龙武将军陈玄礼率领的龙武军。虢国夫人等杨氏一门已于昨晚出城。

逃难的皇室家族渡过渭水，到达咸阳的望圣驿时太阳已经老高了，吃了点早饭，稍事休息，又继续赶路。半夜到达金城。

第二天，匆忙用过早饭，一行人继续西行，茫茫的大平原一望无垠，骄阳似火，酷热难当，逃难的人们行进极为缓慢。负责殿后的是太子李亨的人马，启程不久，东宫宦官李辅国便来到太子亨面前，转达了龙武将军陈玄礼的话：他以为国家遭此大难完全是杨国忠骄横跋扈所引起，请杀死杨国忠以谢天下。紧张的气氛骤然笼罩着这支队伍，只是坐在车中的玄宗和贵妃一无所知。

队伍到达马嵬驿站时正是吃晚饭的时候，陈玄礼的近卫军四处游荡，一场阴谋正在酝酿中。为了安置随行的官员和各国使者，杨国忠忙得满头大汗，当他正要返回临时设置的宰相办公处时，20多个吐蕃使者拦住了杨国忠，请求宰相拨给粮食解决晚饭问题。看到这一情形的陈玄礼部下立即高喊："宰相与胡虏谋反！"呐喊的士兵举起刀剑追向杨国忠，他还没跑出多远就被蜂拥而上的士兵乱刀杀死。杨国忠的儿子户部侍郎杨暄及韩国夫人等同时丧命。

正在驿亭中吃饭的唐玄宗和杨贵妃听到外面的叫嚣声耸然而起，一种不祥的预感紧紧攫住了贵妃的心。有人报告：宰相杨国忠已被叛乱的龙武军杀死。皇帝闻言大吃一惊，容不得他多想，叛乱的士兵已围住了驿馆，龙武将军陈玄礼大声说：

"宰相杨国忠谋反已被臣等杀死，然而祸根却还留在宫中，请陛下割爱正法！"

陈玄礼所指玄宗当然明白，但是他不忍心："贵妃在深宫之中，怎会知道宰相谋反，她无罪啊！"玄宗哭了，他舍不得心爱的杨贵妃，可是士兵聚集不动，满脸杀气，形势非常紧迫。"陛下，"高力士急促地说："贵妃确实是无罪的，可将士们已经杀了杨国忠，贵妃还在宫中，将士们怎能安心？请陛下想一想，将士心安陛下才能身安！"

早已听到外面情况的杨贵妃明白自己决无可能逃脱这次劫难，她含泪向皇帝长辞："愿陛下珍重圣体，平安到蜀，妾死九泉亦当瞑目！"

看着心爱的杨贵妃，玄宗泪落如雨，他不忍心，他怎么能忍心呢？十几年来杨贵妃给过他多少欢乐的时光，他不能忘记长生殿里"在天愿作比翼鸟，在地愿为连理枝，生生世世夫妻永相随"的誓言，然而现在他将要失去她了。他想挽回，可是，士兵聚集着，高力士说得对，只有将士们安心，自己的皇位才能安稳。他掩面挥了挥手，对高力士说道：

"把贵妃引到佛堂那边去吧，莫用刀剑！"

年仅38岁享尽了人间荣华富贵的杨贵妃在马嵬驿佛堂前的梨树上结束了自己的生命，一抔黄土掩埋了绝代佳人的遗体。白乐天长恨歌写道："天长地久有时尽，此恨绵绵无绝期。"

虢国夫人和杨国忠的妻子逃到陈仓时为县令所追杀，权倾天下的杨氏一门在各地同时被扫荡。

肃宗李亨皇后张氏

◎ 郑重华

天宝十四年（755），安禄山、史思明发动叛乱，"请诛杨国忠，以清君侧"，爆发了长达八年之久的"安史之乱"。

天宝十五年（756），安禄山的叛军攻破潼关，挥师直取京师长安。

唐玄宗从长安出逃，京城的官吏百姓大部随驾西行。沿途的父老百姓，常常阻拦唐玄宗的行辇，恳请唐玄宗率军回师长安，讨伐安史叛军。马嵬驿兵变，杨贵妃被杀后，唐玄宗惊魂未定，哪还有胆量率军回师?!于是，逃难的吏民纷纷跪在太子李亨的马前，希望太子能留在马嵬驿，主持进剿叛军的军务。

多年以来，在皇室的争斗中，李亨总是退避三舍，逆来顺受，亦无任何主张。如今面对跪在马前的难民，亦不知如何是好。

唐玄宗得报逃难吏民跪障太子马前，恳请太子主政，立即颁布诏书，准太子李亨留驻马嵬驿主政监国，收拾残局。

太子良娣张氏与东宫太监李辅国劝说李亨顺应吏民百姓的要求，留马嵬驿统领各镇勤王之师，迎战叛军。

张氏，原籍邓州向城（今河南南阳）。出身官宦之家，几代皆于京城为官，所以举家迁到长安附近的新丰（今陕西临潼）落籍。

张氏的祖母窦氏，是唐玄宗的母亲昭成皇太后的妹妹。武则天执政时期，昭成皇太后因为对武后专权不满，被武则天赐死。是时，玄宗李隆基年龄尚小，幼年丧母，十分可怜。在武则天孙子中，她最喜爱的就是李隆基。于是，她下诏宣窦氏入宫承担乳母的责任，抚养李隆基。李隆基即皇帝位以后，为报达窦氏养育之恩，诰封她为邓国夫人。窦氏的5个儿子女儿也都封官晋爵。窦氏第四子张去逸，后来生了女儿张氏。天宝年间，唐玄宗又下诏宣张氏入太子李亨的东宫侍奉，并被册封为"良娣"。

李亨出世，就多有磨难。他的母亲杨氏，是李隆基做太子时，鉴于政治联姻的需要，入选东宫的，仅被册封为"良媛"。但是，这种联姻，并没有缓和李隆基和太平公主的矛盾，反而给太平公主提供了批评李隆基"多内宠"的口实。杨良媛入宫不久，即有孕在身。此时，李隆基与太平公主之间争权夺利的斗争日趋激化。李隆基惟恐太平公主得知杨良媛怀孕，又以"内多嬖宠"为理由，在睿宗面前进谗。于是，他迫令杨良媛悄悄服药堕胎。后经张说劝阻，未给杨良媛服药。太平公主被杀以后，杨良媛生下一子。李隆基十分高兴，便取名"亨"。因王皇后膝下无子，便将李亨收养于后宫，母子难得相见。

李亨是唐玄宗的第三个儿子，封忠王。开元年后期，武惠妃专宠，为争嫡立长，陷害太子李瑛。开元二十五年（737），太子李瑛及鄂王、光王被诬"谋反"，贬废为"庶人"，不久相继被杀。太子及二王死后，武惠妃精神失常，不久便失宠病死。她的儿子寿王李瑁，也没有得封太子。倒是忠王李亨，依无嫡立长的礼制，被晋册为太子。

开元二十六年（738），李亨被册立为太子后，韦孺人被晋封为太子妃。不久，张氏入选东宫，被册封为"良娣"。

太子妃韦氏，是兖州都督韦元珪之女。李亨为忠王时，选入王府，被册封为"孺人"。

当时，宰相李林甫专权朝政，满朝文武，大都以李林甫马首是瞻。风流皇帝唐玄宗几乎不过问朝政，大事小事皆委于李林甫。李林甫重用邪佞之人，闭塞言路视听，排斥贤能，引起了一批正直的朝臣的不满。

太子妃韦氏的长兄韦坚，当时官任刑部尚书。他常与柳勣之等一批朝臣聚在一起，指责李林甫的奸佞之为，并准备联络朝官，弹劾李林甫。

韦坚与太子李亨意气相投，常有往来，因为李林甫曾伙同玄宗武惠妃设计陷害前太子李瑛，改立武惠妃的儿子寿王李瑁为太子。事虽没有成功，但李林甫对扶立李瑁之事仍念念不忘，常在玄宗面前诋毁李亨。所以，太子李亨对韦坚、柳勣之弹劾李林甫之事，亦暗中支持。

李亨深知，自己能够得立为太子，实为侥幸，因为父皇李隆基对自己并没有格外的偏爱。一般作为太子，大都有朝臣做外援，特别是以宰相为外援，方能巩固地位，但李林甫却处处与之为敌，面对前车之鉴，他可以说是坐立不安，惶惶不可终日。

谁知李林甫得知韦坚、柳勣之等人联络朝官，准备参劾自己之后，先发制人，罗织"谋逆"罪名，起"柳勣之案"，捕杀柳勣之。韦坚连罪入狱，被迫自杀。

李亨闻知"柳勣之案"，韦坚连罪赐死的消息以后，极为恐慌。他知道，一但自己被牵连到"柳勣之案"中，便会步前太子李瑛的后尘，落个废贬被杀的下场。

储君太子之位，虽然距皇帝位仅一步之遥，但同时，也是诸王觊觎，废立即在旦夕的悬位。如果一言一事不妥，不仅被废，而且废后必杀，性命都难有保障。

于是，李亨想出一条荒谬的"计策"。他立即上表玄宗，辩白自己与韦坚等人的"谋逆"罪案没有任何干系。甚至声称，长期以来与太子妃韦氏"情义不睦"、夫妻不合，请求玄宗允准他与太子妃罢婚。李亨此为，本是解脱之计，谁知玄宗立即下诏准其罢婚，并废去太子妃韦氏的名号，削发为尼，送至皇宫内廷佛寺出家修行。"安史之乱"以后，韦氏未能随之西逃，陷在长安，安禄山攻克长安后，韦氏被杀于宫中佛寺。

李林甫去相后，佞臣杨国忠登场，继为宰相，杨国忠兄妹当权后，对李亨的控制稍为放松一些。所以，李亨和张良娣终于松了口气。可是不久就发生了"安史之乱"。于是李亨、张良娣又跟随唐玄宗颠沛流离，狼狈西逃。

马嵬驿哗变，杨氏兄妹被杀以后，李亨、张良娣与玄宗分道扬镳。因为李亨曾任朔方节度使，在那里有一定的基础。朔方路途不远，又有朔方留守杜鸿渐和行军司马裴冕在那里镇守。经多年经营，兵精马壮。因此，李亨决定西去朔方灵武

(今宁夏灵武)，征集兵马，再兵发长安。

这时，张良娣已有孕在身，随军西去朔方，风餐露宿，一路十分劳苦。李亨随从军卒为数不多，一路上和逃难百姓同行，杂混一处，更觉混乱。为了保障李亨的安全，每晚住宿，张良娣都将自己的被褥安置在前厅，让李亨住到后室，以防不测。

李亨非常感动地说："赶一天的路，已经十分辛苦了，何况天黑以后，一般不会有什么意外，外面有军卒护卫警戒御敌，不必为我过虑。再说，御寇警卫，也不是妇人的事，更何况你有孕在身。"并要张良娣到后室安寝。

张良娣立意睡在前厅。她说："眼下局势非常混乱，随时都有发生事变的可能。殿下长途跋涉，已是万分艰辛，随从护军又寥寥无几，若遇仓猝之变，恐怕难以抵挡，我在前厅，如果贼寇闯入，可以阻拦他们，赢得一点时间，殿下便可以乘机从后面走脱。"

李亨听了张良娣这一席话，万分感慨，便依她安排，不再阻拦。

不久，李亨、张良娣一行顺利到达了朔方灵武。广集各镇兵马，准备兴兵讨伐安史叛军。李光弼、郭子仪等人，闻知监国太子李亨已抵灵武，纷纷率部队前来会合。

抵达灵武以后，张良娣生了一个儿子，取名李佋。产下三天，张良娣不顾自己产后体虚，起身亲自带领随军女眷，为前线将士赶制战袍军服。随军女眷纷纷劝她回房卧床休息，李亨闻知后，亦劝说张良娣回房歇息。

张良娣说："前线将士日夜征战，殿下为平叛整日操劳，我怎么能躺得下去呢？"

756年，在张良娣、李辅国及文武官员的要求下，李亨在灵武即皇帝位，是为肃宗。改年号为"至德"。尊李隆基为"上皇天帝"。

肃宗即皇帝位后，立即诏令各部唐军，进剿叛军。李光弼、郭子仪率唐军及部分借用的回纥兵，大举进攻，很快就收复了京城长安。

758年，肃宗李亨、张良娣等返回长安，改年号为"乾元"。

肃宗回京后，即册晋张良娣为"淑妃"。同时，他又派人到成都接回太上皇李隆基，于城南兴庆宫居住。

接着，唐肃宗又任张淑妃的父亲张去逸为尚书省左仆射。母亲窦氏封义章县县主。姐姐封清河郡主。妹妹封邠国夫人。弟弟张清尚大宁公主，晋升为太常寺卿，张潜尚延和公主。一家皆加爵升官，因此显贵。

乾元元年(758)四月，肃宗诏告天下，立张淑妃为皇后。

安禄山攻克长安以后，曾放兵在城中大肆烧杀抢劫。唐肃宗、张皇后返回长安时，京城已是一片残破景象。这时，唐军和安史叛军正在河南地区鏖战，急需粮草后援。为了早日恢复经济，支援前线，张皇后着令将后宫禁苑改为桑园，亲自率领宫女、太监一起植桑养蚕。同时，发布懿旨，令京城官员命妇，以皇后为榜样，在自家后院植桑养蚕，以救急国难。由此可见，张皇后专心辅政的一片苦心。

张皇后自从嫁给肃宗以后，二人历经磨砺。危难时分，张皇后虽为女辈，但能够挺身而出，保护懦弱的李亨。内政外事，李亨也常常与张皇后商议。

乾元二年(759)，为了加强对各方镇的控制，强调皇帝的权威，经几位大臣提议，唐肃宗李亨诏令群臣重议帝号。经过廷议，上尊号为"乾元大圣光天文武孝感皇帝"。张皇后闻知，也要求为自己上尊号为"翊圣"。"翊圣"即为拥戴辅佐皇帝的圣贤之人。

回到长安后，朝臣官僚对张皇后伙同宦官李辅国干预朝政之事，早就不满。此次，张皇后乘皇上尊号之机，要求为自己上尊号，甚至自称"翊圣"，激起了朝臣的强烈反对。

李揆立即上奏肃宗，坚决反对为皇后上尊号，并力陈历史上后妃干预朝政、殃及天下国家的古训劝鉴唐肃宗。

面对为皇后上尊号一事引起的矛盾，唐肃宗亦感左右为难，不知如何是好。幸好这天晚上，出现月食天象，京城内外，十分惊慌。朝中盛传，皇后阴德过盛，以阴压阳，因此天降灾象，以示惩戒。为避天灾，唐肃宗这才决定诏令三省各部，禁止为张皇后议上尊号。从此以后，唐肃宗对张皇后日渐疏远。

张氏既然已经做了皇后，当然也就希望让自己的儿子做太子。早在朔方灵武，李亨即皇帝位的同时，就立长子广平王李豫为太子。当时，张皇后曾恳请肃宗立她生的儿子李佋为太子。遭到肃宗第三子建宁王李倓的强烈反对。李倓认为，广平王李豫已被立为太子，在战乱期间，刚刚确立太子，便重新改立，可能会引起混乱。另外，李佋尚是襁褓婴儿，若立为太子，也不能领兵平叛，与天下国家无利。时过不久，李佋夭折，改立太子的事便不再提及。但是，从此张皇后和建宁王李倓，却结下了怨恨。

建宁王李倓，英武有才略，自幼喜爱武术骑射。"安史之乱"后，他亲自统帅禁卫军护驾西行。马嵬驿事变后，他进言父亲李亨，不要随玄宗入蜀，改道西去朔方，召募豪杰，再图复兴大唐江山。唐肃宗在灵武兴兵讨叛时，曾想任命李倓为"天下兵马元帅"，但他坚辞不就。李倓同李泌等人力主由太子李豫担任"天下兵马元帅",以军功确立太子的威信。

太上皇李隆基得报李亨于灵武即位,发兵讨伐叛军,十分高兴。他深知张皇后多年来对李亨的贤助,于是,派人将自己喜爱的七宝马鞍赐给了张皇后。张皇后对这只嵌满珠宝的马鞍十分珍爱,收藏于自己的箱箧之中。谁知李倓却奏请肃宗,让张皇后交出七宝鞍,将鞍上珠宝全部拆下,分赏给禁军将士。这件事更加深了张皇后与李倓之间的矛盾。于是,张皇后和宦官李辅国,常常在肃宗面前潜言诬陷李倓图谋杀害太子李豫,并在外面散布谣言,说建平王李倓军功远在李豫之上,却没有被任统兵元帅,为此常忧忧不乐,万分恼怒。后来,张皇后又面告肃宗,"传闻李倓企图谋害太子,以武力夺取储君之位。"

肃宗闻知大怒,大敌当前之际,李倓不去奋力杀敌,却阴谋残杀自己的兄长,图谋不轨。于是,肃宗即刻下诏,赐死李倓。

这时,太子李豫率军收复洛阳。于是,他派李泌亲自回京报捷。

李泌以7岁"神童"入朝,后以翰林供奉入李亨宫中,与肃宗李亨关系甚密。肃宗灵武即位,他亦赶去灵武。后来,肃宗派他协助李豫,在军中出谋划策。

李泌回京报捷,与肃宗闲谈之间,有意引出了建宁王李倓赐死的话题。

肃宗见李泌提及李倓,气恼地说:"国家危在旦夕之时,李倓自以为手中有兵权,不去奋力杀敌,却受小人挑拨,企图谋害长兄李豫,篡夺太子之位。我为国家和大局着想,不得不忍痛让其自杀。"

李泌回道:"这件事发生的时候,我也在河西,对此事的内情还是比较清楚的。李豫、李倓二兄弟,自幼关系和睦,亲如手足。李倓死后,直至今日,只要一提到李倓,李豫仍然伤心落泪,咽呜不止!他们兄弟情义如此之深,怎么会有李倓谋害太子的事呢?陛下一定是听了某些人的谗言吧!"

赐死李倓以后,肃宗也风闻一些不平之言,甚为此后悔,现在听了李泌的一席话,伤心地流下了眼泪,他叹道:"事情已是如此,有什么办法可以补救呢?"

李泌讲:"陛下听说过《黄台瓜》这首词曲吗?当时,高宗有8个儿子,其中武后所生4子。这4个儿子当中,睿宗李旦是排行最小的一个。长子名叫李弘,被立为太子。他是一个明达事理,贤明孝悌的人。但是,武后企图临朝亲掌政务,李弘便成其障碍。因此她毒死了李弘,立次子李贤为太子。李贤做了太子以后,亦时常担忧自己的命运。每当朝见高宗、武后时,他不敢多说一句话。后来,他忍无可忍,便作诗一首,让教坊乐工谱曲,唱给父母听。歌词是这样:

种瓜黄台下,瓜熟子离离。
一摘使瓜好,再摘令瓜稀;
三摘尚云可,四摘抱蔓归。

谁知李贤还是被武后贬废,流放黔中,病死他乡。今天,陛下已经'一摘'了,万望不要再而三。"

太子李豫,率唐军先后收复了长安、洛阳,关中、河南一带得以安定。这样,太子李豫名振天下,万民翘首以待,解救于倒悬之中。

张皇后虽然常以李豫非嫡出为由,希望肃宗改立她的小儿子李侗为太子。但是,由于李侗年幼,而李豫威望极高,李泌及朝中文武大臣又强烈地反对，肃宗一直未予应允。特别是太上皇李隆基，格外喜爱李豫这个孙子。他认为，恢复李唐江山的重任，只有李豫才能承担。

太上皇李隆基回到长安以后，虽然不再过问朝政，但是，朝中大臣经常到兴庆宫走动，地方守吏入京办公，事毕以后都去朝觐太上皇，这几乎成了公例。因此，李隆基对军国大事，了如指掌，对张皇后伙同李辅国弄权、干预朝政之事也有风闻。他极力反对张皇后策划改立太子的图谋，多次面嘱肃宗，坚决不能改立李侗，以防造成政治紊乱，不利于当前的平叛。

自古以来，皇宫里面就无任何秘密可保。大多宫女、太监，都充当着诸位妃后、总管、太子、诸王以及诸多皇亲国戚的间谍，你中有我、我中有你。所以，张皇后对太上皇李隆基的一言一行，早就了解得一清二楚。

一天，唐肃宗李亨到兴庆宫问安。太上皇李隆基又问起张皇后干预朝政的事，历数她上尊号、改立太子等事，并要求李亨对张皇后和宦官李辅国严加管束，以防内乱。肃宗唯唯诺诺，应承几句，便返回皇宫。

太上皇与肃宗之间的这番谈话，很快就传到了张皇后、李辅国耳中。张皇后疑心太上皇所作所为，实际上是为重新恢复帝位做准备。她认为，李隆基如若复辟，对李亨和自己都十分不利，于是，她与李辅国密议，企图将太上皇李隆基迁出兴庆宫，软禁于西宫甘露殿，阻断他与外界的往来，以便于控制。

其后，李辅国密奏肃宗道："太上皇所住的兴庆宫，远离皇宫，却与百姓里坊相距太近。百姓常能见到太上皇，皆呼之为'万岁'。文武官员及地方长吏，也时时去兴庆宫觐见太上皇。另外，他身边还有高力士、陈玄礼等一班文臣武将，长此下去,恐怕对陛下不利。请陛下亲迎太上皇到宫中居住,杜绝与外人往来,以防不测。"

李辅国说完,见唐肃宗低头无语,一言不发,无奈只得悄悄退下,回后宫呈报张皇后。不得已,张皇后只得亲自出面,向肃宗晓以利害。但是,唐肃宗仍是沉默不语。

是时,"安史之乱"尚未平息,史思明在范阳(今北京蓟县)称帝。李光弼、郭子仪连续发动了几次大规模的进攻,均未获胜。为此,肃宗忧心如焚,现今,皇宫内又是争权夺利,搞得人人自危,鸡犬不宁。内忧外虑,使本来就很压抑的唐肃宗抑忧成疾,一病不起。

唐肃宗病后,张皇后乘机以肃宗的名义传旨,逼迫太上皇李隆基迁入西宫甘露殿,同时,又将高力士流放巫州(今四川巫山)。

这一年端午,肃宗病情稍有好转,正和自己的小女儿在太极殿玩耍。太监禀告,名士李唐求见。当李唐进到太极殿时,肃宗正将小女儿抱在膝上逗乐。见李唐进来,便说:"我最喜欢这个女儿,今天这样,请你不要见怪。"

李唐慨然叹道:"今天,太上皇一定也在想念他的儿子啊!"

唐肃宗闻此潸然泪下。由于张皇后正在身边,他也不敢去甘露殿拜见父亲。其后,肃宗的病情一天比一天沉重。

太上皇李隆基被软禁甘露殿以后,也染病不起。肃宗碍于张皇后,亦不敢亲去探视,于是在宫中刺破手指,蘸血誊写一卷佛经,偷偷派人送到甘露殿,面呈太上皇李隆基,以寄托自己的思念,算是尽了一点孝心。

上元元年(760),太上皇李隆基病逝于甘露殿。

唐肃宗正在病中,闻此噩耗,病势更加严重。弥留之际,他终于自作主张，颁布诏令，命太子李豫主政监国，掌管一切军国政事。

诏书颁布以后，太子李豫将即大统的局势已定。李辅国见肃宗命在旦夕，张皇后大势已去，转而投靠太子李豫。

张皇后得知李辅国易主，十分气愤，便想借太子李豫除去李辅国。她急召太子入宫觐见。

李豫入宫以后，张皇后屏去宫女、太监，对李豫讲："权阉李辅国自掌管禁军以来，手中握有兵权，不可一世。他专政弄权，连陛下的国事诏令，实际上都是由他来定夺。后来，他又矫命圣旨，逼迫太上皇迁到甘露殿软禁，途中又暗置禁军欲以加害。当今天下吏民，对这个权阉都非常痛恨。当今陛下病情严重，已是弥留之际，近来，李辅国经常怏怏不乐，惟恐陛下一旦逝世，你我将会对他不利。这几日，风闻李辅国的同伙程元振阴谋串通禁军黄门侍卫，图谋不轨。如果我们不即刻诛杀李辅国、程元振一伙，定会酿成大祸，追悔莫及！"

太子李豫对张皇后早已胸中有数。听罢张皇后这一席话，他声泪俱下说："李辅国、程元振二人都是皇上的功臣勋旧，有功于国家天下。目前，皇上病体危重，如果动用武力捕杀李辅国、程元振，一定会使皇上受到震惊，病情加重。依臣之见，还是和朝中大臣商量一下，慢慢再作打算吧！"说罢，李豫借口公务，匆匆退出宫去。

张皇后见状十分恼怒，她愤愤地说："太子李豫本不是能共事的人！"但是，张皇后已将自己的计划泄露给了李豫，如果李豫与李辅国联合，自己将会被置于死地。于是，她立即密召肃宗第二子、越王李係入宫，和盘托出诛除权阉李辅国的计划，同时，又对李係许诺，一旦计划实现，将贬废李豫，立李係为太子。

李係应允以后，张皇后立即令宦官段恒俊从宫中挑选二百多名强壮的宫卫太监，分发甲胄兵器，埋伏在肃宗病卧的长生殿内外。同时，又以肃宗名义，急召太子李豫到长生殿觐见，企图捕杀太子李豫。

张皇后所作所为，早有程元振的心腹太监密报了李辅国、程元振。李辅国火速调集黄门侍卫封锁宫门，又派禁军包围了皇宫。他亲自守候在进宫必经的凌霄门，等候太子李豫前来。

太子李豫接到父亲召见的诏令后，立即动身入宫谒见肃宗。当他行至凌霄门时，被李辅国、程元振阻拦。李辅国将张皇后阴谋废立太子，并在长生殿埋伏甲兵，只待太子前去的情况禀告了李豫。

李豫说道："今天皇上已经病危，才召我进宫相见，我怎能怕死不去呢？"

程元振阻住宫门，劝说太子李豫："殿下如果入宫，将必死无疑了！"

接着，李辅国、程元振派禁军将太子李豫护送到宦官衙门飞龙厩保护起来，暂避风险。

当天夜里，李辅国、程元振亲自率领禁军冲入长生殿，杀越王李係、宦官段恒俊、朱辉先等，参与阴谋的百余名太监全部被杀。

唐肃宗于病榻上，忽见禁军冲入殿前，大肆捕杀宫人，刀光剑影，不绝于耳。肃宗受到惊吓，当即毙命。

李辅国控制了局面以后，立即赶到后宫，将张皇后押解出宫，幽禁于别殿。

宝应元年(762)，太子李豫即皇帝位，是为代宗。

唐代宗经廷议议决，颁诏历数张皇后的罪薮，贬张皇后为"庶人"，后杀于宫中。张皇后族人及亲信，全部被杀。张皇后的弟弟张清、张潜被流放。

附：代宗李豫妃独狐氏

◎ 李 刚

代宗李豫原名李俶，是肃宗长子，玄宗长孙。15岁被封为广平王，当时由玄宗做主，把李俶乳母之女沈珍珠给他当了侍女，第二年（742）沈珍珠便生下一子，就是后来的德宗李适，李俶与珍珠从小一起长大，感情甚笃。后来，韩国夫人又把女儿崔氏嫁给了李俶，被册为王妃，崔氏依仗其母杨氏的权势，极为骄纵，李俶并不喜欢她，可又惧她三分，因而，沈氏一直未被立为王妃。"安史之乱"发生后，杨家败亡，肃宗即位，玄宗成了太上皇，李俶也于至德三年（758）被立为太子，并改名为李豫。乾元二年（759），史思明重新攻陷洛阳，从此，沈氏便下落不明。

太上皇李隆基看到太子李豫对崔妃非常冷漠，沈氏又踪迹全无，在李豫所居的东宫缺少一个李豫所钟爱的人，便派人去选士家女子到东宫侍奉太子。独孤氏因貌德双全，能母仪天下而入选。

独孤氏是左威卫录事参军独孤颖的女儿，她蟒首蛾眉，肤若凝脂，生得特别美丽；巧笑倩兮，美目盼兮，一举手一投足都有一种摄人心扉的魅力。同时，她的性情十分宽仁慧达，善解人意，这些对于处于忧愁焦虑寂寞的李豫来说不能不是一种莫大的安慰。也正因为如此，使李豫思念沈氏的痴情终于有了一个寄托和着落。

宝应元年（762）四月，太上皇李隆基忧郁而死，唐肃宗李亨也病危。此时，李辅国专权，张皇后也要受他挟制，两人致成嫌隙。张皇后因幼子仅3岁，恐太子李豫功高难制，便趁李亨病危，企图除掉李辅国与太子李豫，并谋立李系为太子。李辅国得知此事后，抢先下手，和另一宦官程元振，带兵冲进殿中，杀死张皇后和皇子李系、李侗等，唐肃宗受惊而死。太子李豫即皇帝位于柩前，后被称为唐代宗。

唐代宗李豫即位后，更加喜爱独孤氏，独孤氏却并不因此而无视朝规，丝毫不肯干预朝政，只是一个心思服侍代宗，养育子女，闲暇之时，做一些女红，全然一种娴雅贤淑之风韵。代宗觉得独孤氏是最可亲近、信赖之人，每遇朝廷有疑难棘手的事，总想与独孤氏来商量定夺。但独孤氏总是对此再三避让，说："妇人见识短浅，不应当参与国家大事，不然误了国家，岂不使皇上遭到非议？"代宗为了讨独孤氏的欢心，便派人寻访独孤氏的子侄辈，欲赐以官爵，独孤氏知道后，竭力辞谢说："皇上的好心妾知道。妾能够服侍皇上已深感万幸，妾的亲戚却不该享受这非分之福。"代宗见独孤氏如此贤德明达，深受感动，对她更是爱怜有加，渐渐地对别的妃嫔都冷落了。

尽管唐代宗李豫十分宠爱独孤氏，却并没有册立她为皇后，仅在大历三年(768)二月封她为贵妃，而虚皇后之位，等待着沈氏能够被寻找回来。对此，独孤氏十分理解李豫的一片苦心，因为李豫对沈氏依然一往情深，此时已立沈氏的亲生儿子李适为太子。同时，如果另外册立皇后，则会造成将来皇帝嗣位之争，造成兄弟相残的混乱局面，李豫本人就曾身受其苦，他不希望他的经历重演。

独孤氏入宫不久，就生了一个儿子，名字叫李迥，后来被封为韩王。几年后又生了一个女儿，就是华阳公主。华阳公主生得和她母亲一般美丽可爱，且聪明过人，悟性极好，十分乖巧。代宗对她十分喜爱，加之，华阳公主又是他最宠爱的独孤贵妃所生，爱屋及乌，代宗更是爱若掌上明珠。华阳公主能够看代宗的脸色说话做事。当看到父皇高兴时，便让父皇陪她玩耍；当看到父皇忧愁时，便牵着父皇的手，撒着娇逗父皇，直到逗得父皇哈哈大笑为止。华阳公主自小便十分懂事听话，父母说好的事情，她总是模仿着去做；父母说不好的事情，她情愿放弃掉，而不去做。代宗与华阳公主在一块时总是特别开心。

大历九年(774)，华阳公主突患重病，多方治疗均不奏效。代宗心急如焚，便令道教的宗师，接华阳公主到一所玄元皇帝庙中做道士女冠去修行，以期使她得到上苍的保佑，早日康复。道教宗师为华阳公主取名叫"琼华真人"。但华阳公主的病情不但不见好转，反而日渐严重，及至病危，代宗亲临探视。华阳公主弥留之际，代宗不忍看到她痛苦的样子，难过地竟咬破了自己的手指，可见他对华阳公主的疼爱有多么深。

华阳公主死后，代宗和独孤贵妃万分悲痛。代宗好几天不吃饭，不睡觉，很长时间没有上朝。文武大臣联合上谏，劝他以国家为重，宜节哀保重，"得失谬于毫厘，安危存于晷刻"。代宗这才开始听朝。可是独孤贵妃却因为日夜啼哭，过度哀伤悲痛，病倒在床，竟一病不起，于第二年（775）五月便香销玉殒了。

代宗刚失去爱女，又失去了爱妃，他的精神支柱全垮了，不由得号啕大哭。他在位的这些年，藩镇割据之势已经形成。朝政更是紊乱不堪，先是几个宦官乱政，李辅国自恃拥立代宗有功，专横跋扈，恣意妄行，后来代之者程元振更是有过之而无不及，再继任者鱼朝恩也是天下共怨之。后来元载虽不是宦官，但也是一个弄权舞智，贪污奢侈之徒。此外，外患频起，国家经济每况愈下等等，这些都使唐代宗焦头烂额，难以应付。能够使他得到暂时逃避和安慰的莫过于独孤贵妃和华阳公主了，可是，这些也都没有了，他变得精神恍惚，形容憔悴，涕哭不止，抱着独孤氏的遗体不肯放手。经过一些元老大臣跪求着，他才把独孤氏的遗体收殓，把灵柩停在内殿。代宗吃饭、睡觉都伴着这灵柩，昼夜不肯离开。几个月都不上朝。满朝的文武大臣忧虑徬徨，天天在商议着劝谏代宗的话。其中有一位补阙官姚南仲，上了一道奏章，力劝皇上要养身节哀，说皇上宜上体祖宗付托之重，下慰贵妃九泉之心，也不该随意糟蹋自己的龙体，这才多少对代宗有点触动。

唐代宗追封独孤氏为贞懿皇后。他将独孤氏的灵柩停放在内殿多年不忍心埋葬。到大历十二年（777），独孤皇后的遗体开始腐烂，实在无法再在内殿存放了，他才下旨，派人在长安城东、宫中能够看到的地方为独孤皇后治陵，以便能与她朝夕相见。姚南仲上言力奏说:"历来帝王都无此先例,这列祖列宗传下来的典制,到了陛下这里而有所变故,岂不会遭子孙后代非议;并且在城里下葬,也不是可以安阴灵的地方,独孤皇后在九泉之下也不会高兴的;再者,陛下每天看到独孤皇后的陵地,都会十分难过,心情永远不会安宁,陛下怎么来治理国家呢?"又经群臣再三劝谏,代宗才下旨,把独孤皇后改葬在庄陵。

出殡这一天,仪式十分隆重。满朝官员都步行送葬,代宗素衣白马,紧随在灵车后面。宰相常衮,代皇帝做悼词,表示皇帝燕婉之情,叙皇后贤淑之德。悼词文笔凄婉,令代宗追思不已,唏嘘不止。群臣也无不纷纷落泪。文武百官都献了挽辞。代宗还令乐府选择那些辞意悽惋的词句做成挽歌,由宫女们吟唱。后来,代宗下旨把华阳公主的灵柩也迁往庄陵,与她的母亲独孤皇后相依为伴。

独孤皇后的死给唐代宗李豫的精神上以极大的打击。自此,他茶饭不思,时时默默流泪。过度哀伤所致,身体极为虚弱。至大历十四年(779)五月,唐代宗李豫也病死于长安紫宸内殿。

德宗李适皇后王氏

◎ 张仁玺

德宗皇后王氏,出身显赫,其父王遇官至秘书监,主要掌管宫廷文件、图书著作。王氏从小受到良好的教育和熏陶。

广德元年(763)五月,唐代宗继位,封长子李适(即德宗)为天下兵马大元帅、鲁王。这期间,德宗纳王氏为妻。不久,王氏生下一子,名李诵,即后来的顺宗。德宗很高兴,对她也非常宠爱。到了大历十四年(779),代宗去世,德宗即位,立即宣布王氏为淑妃,排在众嫔妃之首,行使皇后的权力。几年后,唐朝统治阶级内部爆发了泾原之兵,叛乱的将领占领了长安,德宗仓惶逃往陕西乾县,因出逃时仓促,连玉玺都忘了带，幸亏王淑妃心细，把玉玺藏在衣服里，待德宗因需要玉玺匆忙寻找时，王淑妃将大印交出，解了燃眉之急，此事为德宗夸奖不已。由于离开长安后几年的奔波，特别是女儿生下后即夭折，对王淑妃打击很大。回到长安后，王淑妃即一病不起。贞元二年(786)十一月，德宗宣布立王淑妃为皇后，为此举行了隆重的加冕仪式，朝廷中文武百官都参加了这个仪式。甚至在病中的王皇后也挣扎着与百官见面。然而隆重的加冕典礼刚落下帷幕，王皇后便撒手归西。德宗悲伤万分，又为她举行了隆重的葬礼。赐谥号为"昭德皇后"。

附：德宗李适妃王珠

◎ 朱亚非

唐德宗原配是出身名门的王皇后，德宗与王皇后相处十分融洽和恩爱，谁知好景不长，德宗正值盛年时，王皇后却得病死去。也许是德宗过于怀念王皇后，自王皇后死后，他再也没有立皇后，德宗后宫中自有不少美貌女子，但与德宗相处一般。只有王贵妃与德宗有一段不寻常的传说。王贵妃在唐代属于一个传奇女子，虽然她被封为贵妃，并弥补了皇后的位子，但德宗皇帝终究未能打动她的心，她不慕荣华富贵，自愿放弃皇后不做，甘愿出宫嫁给无官职的平民百姓，这在唐代后宫嫔妃中是绝无仅有的，在历代皇帝的妻妾中也极为罕见。

德宗与王贵妃的结识还要追溯到德宗当太子的时候。因德宗经常到一位王承升的大臣家去，二人均喜爱弹琴赋诗，志趣相投。一次二人正在王承升家客厅中开怀畅饮，只听见后面书房中传出一阵阵悠扬的琴声，那琴声忽如鸾凤和鸣，忽如风涛怒吼，一曲弹罢，德宗拍案叫绝，追问是何人所弹。王承升回答是其妹王珠在弹琴。德宗也曾听别人讲过王承升之妹不仅姿色过人，而且棋琴书画，无不精通。连忙让王承升请其妹出来相见。王承升见太子夸奖其妹，自然高兴，急忙进后院书房催其妹打扮与太子相见。但这位王珠小姐对与皇太子见面毫不热心，久久不愿出来。王承升又到后院催促，王珠反而说："我一个女孩子家，并不想图荣华富贵，还是不见太子吧。"但王承升怕得罪太子，好说歹劝，王珠才来到前厅与太子施礼。德宗见王珠虽不施粉脂，却有天姿国色，止不住内心冲动，情不自禁地要上前扶她。但王珠却一溜身又进到屋里去了。这次与王珠见面之后，德宗恋上了王珠，整日朝思暮想，饮食无味。皇太后得知此事后，就托宗室大臣李晟夫妇去王家传谕，要纳王珠为太子妃。谁知无论怎么劝说，王珠也不愿进宫做太子的夫人。后来被哥哥王承升逼急了，她就先施缓兵之计，说："我现在年纪尚小，不懂得宫中礼节，如到宫中有失礼的地方，恐怕要连累家里人，望哥哥转告太子，待太子即承皇位，册立我为贵妃时，再进宫也不迟。"王承升知道其妹性格刚烈，如逼得过急，恐怕会闹出人命来。只好把妹妹的这番话告诉了德宗。德宗虽日夜想念王珠，却也无可奈何，再加上身边有王淑妃等嫔妃陪守，对王珠之事也一度冷淡下来。

几年后，德宗原配王淑妃被封为皇后，但很快一病不起，不久死去。德宗因此而心情忧伤，整日闷闷不乐。宰相张延赏、柳浑等为让皇帝欢乐，在御苑中举行舞会，将制成的新曲让宫女边歌边舞。在观看节目的时候，德宗又突然想起几年前在王承升家听王珠弹琴的情景，便立即让翰林学士关通玄捧着皇帝册文到王承升家宣读，册立王珠为懿贵妃，并召她立即进宫。王珠万般无奈，因有前言在先，也只好服从命中安排，来到德宗身边。

自王珠进宫后，德宗与她形影不离。甚至连上朝会见大臣也懒得进行了。为讨好王贵妃，他把宫中收藏最好的宝珠串成衣服让王贵妃穿，把王贵妃打扮得和天仙一样。王贵妃素来爱清洁，每天要洗三次澡，更三次衣。每当她洗澡更衣时，德宗都要派一大批宫女伺候，每当贵妃吃饭时，必有8个宫女端茶盛饭。特别是当王贵妃在宫庭里活动时，几十个宫女、宦官前呼后拥，好不威风。为让王贵妃欢喜，德宗还特地为她建造一座水晶楼。楼中以水晶为壁，人行室中，影在四壁，气派非凡。但尽管德宗对王珠百依百顺，这位贵妃自进宫中以来从不露笑脸，任凭德宗如何哄劝，她整日低头沉默，少言寡语，弄得德宗皇帝也不知如何对待才好。甚至对身边宦官说："如见王贵妃一笑，即便皇位不要也在所不惜。"水晶楼完工这天，德宗在此大宴宾客，然而王贵妃却迟迟不到，德宗亲自派人去请，王贵妃突然跪在德宗身边，放声大哭。德宗大惊，问其缘由。王贵妃说："万岁爷饶了我吧，我自知命薄，受不了您天大恩宠，也受不了宫庭中这般受拘束的生活。我自入宫以来，想念家中，心如刀割，又因宫中礼节繁琐，行动受监视，宛如狱中囚徒，所以饮食无味，睡卧不安。万岁爷如可怜我命小福薄，务求放妾出宫，还我自然，我将永远感激万岁爷天高地厚之恩。"德宗本来正在兴头上，听王贵妃说出这般话，大为扫兴，本想训斥她一番，但又见贵妃哭得像个泪人儿，只好悻悻而去。

德宗还有两个妃子，一个是李夫人，另一个是左贵嫔。只因王贵妃自入宫后就受到德宗宠爱，她们受到冷落，因此对王贵妃非常嫉妒，当她们看到德宗对王珠有怨言后，认为时机已到，就在德宗身边挑拨，说王贵妃恃宠而骄，对皇帝太无礼，又说她生来命贱，受不了荣华富贵。德宗听到这些话后，对王贵妃也逐渐疏远。一次德宗又到王贵妃住处，看王珠头发散乱，身着宫女粗布衣服，正与宫女混在一起干活，真是气不打一处出。王珠见德宗后，只求让她出宫。德宗更是恼火，骂道："你这贱骨头，无可救药！"立即下令除去王贵妃的名号，让她身穿入宫时的衣服，退回王承升家。德宗又把王承升招来，对他说："你妹真是穷相女子，我不强留。她命中注定寒气，将来必不能安享富贵，可选一军校与她相配，但不准让她嫁仕宦之家。"王承升受到皇帝讥笑，心中闷闷不乐，很想责骂妹妹几句，但一看回到家中后的妹妹笑逐颜开，一副天真烂漫的神态，和家中丫环们弹琴嬉戏，很是快活，也就不想再指责她了。王珠回家不久，中书舍人元士会到王承升家玩，碰巧与王珠相见。这位元公子面貌清秀，深通音律，被当时文人称为"才子"，他早年曾与王珠认识并颇有好感，两人还曾在一起商榷过音律之事，后因王珠成为太子妃，元士会也娶了夫人，才多年未见。此时恰好元士会的夫人病故，王珠也被赶回家中。二人再次相见，不由得引发了旧情，很快相恋起来，并情愿结为夫妻。但因德宗皇帝有言在先，不准王珠嫁官宦之家，元士会为了爱情，竟辞官不做，携王珠双双返回故乡，过了一段好光景之后，元士会家因遭强盗袭击，家产尽焚。王承升也去世了。二人均失去了依靠，只好流落民间务农。他们的真挚爱情，则成为后人流传的一段佳话。

顺宗李诵皇后王氏

◎ 郑重华

王氏祖籍琅邪（今山东临沂），曾祖父王思敬，年少从军，行伍出身，官至太子宾客。祖父王难得，在对外征讨中，立有赫赫军功，官升金吾将军，唐蕃战争中，杀吐蕃王子，在吐谷浑之战中，亲自俘虏了王子和王婿，玄宗于天宝七年（748），升他为右武卫将军。"安史之乱"时，与哥舒翰同守潼关，战败后，随肃宗到灵武，南征北战，屡立战功，官封琅邪郡公英武军使。父亲王子颜，少年随父从军，征战多年，封金紫光禄大夫，任检校卫尉。王家三代武将，均战功累累。王氏生于乱世，成长于将门之家，因而塑造了朴实宽厚的性格。

王氏幼年被选入宫，为才人。代宗见她年幼可爱，温文尔雅，将她赏给了自己的长孙宣城郡王李诵，当时王氏年仅13岁。大历十四年(779)，王氏生了一个儿子，取名李纯，就是后来的宪宗。同一年，李诵晋封宣王，王氏被立为宣王孺人。同年五月，德宗李适即位，立李诵为太子，王氏被封为"良娣"。

太子李诵为人十分宽厚仁德，危难时刻，往往挺身而出。"四镇之乱"时，李诵随德宗逃到奉天(今陕西乾县)，作为长子，他亲自率领禁军护卫，日夜守候在德宗身边，以防不测。回长安以后不久，太子妃的母亲郜国公主因为搞符蛊邪术败露，被德宗赐死，此案太子妃亦有嫌疑。因此，德宗几次想贬废太子妃，立王良娣为太子妃，但都被太子李诵劝阻。

李诵娶王良娣，在太子妃之前，王良娣又生有两个儿子，特别是大儿子李纯，在李诵的27个儿子中位居最长，但仅为"庶长子"。如果王良娣有争嫡立长的野心，这当是可以利用的最好机会了，但王良娣对太子妃始终十分尊重，从不搞那种争宠斗艳，落井下石的阴谋诡计。

贞元(794—804)后期，唐德宗打击藩镇割据势力，整顿朝政的宏图大志已成泡影，只得一步步妥协，政治的紊乱和朝廷对国家事务的失控，使奢侈享乐、得过且过的风气日盛一日，唐德宗在政治上失意以后，便将一切朝廷政务，悉委于宦官，自己极尽欢娱，沉湎于酒色。

一天，德宗在鱼藻宫设筵，召太子李诵前来奉陪，在湖中放彩船追逐游嬉，每条船上，都让几个粉黛宫女划桨，边划边唱，极其欢乐。德宗更是高兴，他乘兴问太子李诵"今天玩得怎么样？"李诵十分反感地说了一句："好乐无荒！"这句话出自《诗经》，意思就是荒淫则无道。德宗正在高兴之时，没想到太子李诵如此回答，遂即沉默不语，不欢而散。

面对国家、朝廷如此状况，太子李诵忧心如焚，积劳成疾。对此，王良娣焦急万分，她不仅日夜守候在李诵身边，而且身体力行，用度简朴，从不苛求，对待其他嫔妃，甚至是宫女也都十分友善，以至宫内风气大为好转。

王良娣的两个女儿，长女汉阳公主、次女恭靖公主，这时都已长大外嫁。是时，朝内朝外、皇亲国戚、文武官吏，常常争财斗富，攀比奢侈。由于王良娣家教严格，汉阳公主姊妹俩格外节俭，常常亲自计算收入，量入支出，从不超支。一直到文宗即位之时（827），府邸中器用衣物等等，还是十几年前自己结婚时母亲赐送的器物，由此可见其简朴的程度，确实为腐败奢侈市潮中的独秀了。

另外，鉴于历代外戚依靠后妃得宠而弄权聚财的祸害，王良娣对自己的族人也倍加抑制，从不妄加赏赐，索官请爵。王良娣的兄弟王重荣，这时被唐德宗任命为王良娣的小儿子福王李𣵶的师傅，晋升为太子宾客，金吾将军，常常出入太子东宫。如果他依势弄权，收贿聚财，当然是十分有条件的了，但是，王良娣对王重荣训导严厉，倍加抑限，以防止自家族人妄加干政，结党营私。史称王良娣有"古后妃风"。

贞元二十年（804），忧国忧民的太子李诵突然得了中风病，口不能言，瘫痪在床。第二年，唐德宗病逝，李诵即位，是为顺宗，改年号为"永贞"。

顺宗李诵在做太子的时候，对藩镇割据、特别是宦官专权的祸害就已有深刻的认识。所以，顺宗继位以后，虽然病重卧床，还是立即起用了王叔文、王伾，以及柳宗元、刘禹锡等人改革弊政。史称为"永贞革新"。

顺宗的革政首先从宦官把持的"宫市"开始。他下诏废除

"宫市",同时,又放还后宫宫女和教坊歌伎600多人回原籍安居,减教坊乐二正官员,以杜绝朝内外的奢侈腐败风气。

接着,顺宗又减免了两税之外的一切苛捐杂税,废除官吏的"月进"。

最后,顺宗选拔老将范希朝、韩泰掌管禁军,准备夺回宦官手中的兵权。

当时,顺宗的中风病已很严重,所以许多革新的诏令,都是通过在身边侍奉的王良娣传达给内侍太监李忠言,然后再交由王叔文、王伾颁布出去。这样,也就为权阉俱文珍军人提供了反攻的借口。

永贞革新,不但损害了宦官的利益,也损害了腐朽的旧官僚的切身利益,因此,遭到他们的联合反对。宦官俱文珍策动了废顺宗,立太子李纯的宫廷政变。他首先策动一部分藩镇的节度使,纷纷上表于朝廷,称顺宗久病,无法正常处理国家大事,应让位于太子。

面对这种状况,一边是自己的夫君,一边是自己的亲生儿子,王良娣无所适从,不知如何是好。顺宗自知不久于人世了,面对朝野的一片反对,改革新政也无法实行,政治上无法实现自己的愿望,生前惟一可憾之事,就是还没有正式册封王良娣为皇后。

正当顺宗准备册封王良娣为皇后时,病情突然加重,册封皇后之事不得不中止。

永贞元年(805)八月,只做了八个月皇帝的顺宗李诵,在朝野官僚和宦官的一片的反对声中,不得不"禅位"于太子李纯。自称太上皇,同时册立王良娣为"太上皇后"。

元和元年(806)正月,顺宗病逝,唐宪宗李纯迫于宦官集团的压力,将太上皇后王氏的封号改为"皇太后"。

册封"皇太后"的礼典刚刚完毕，宪宗就将自己的母亲王氏迁出后宫，送到长安城东南的兴庆宫居住。朝政大权完全落于权阉集团之手，宪宗李纯实际上成为一个傀儡皇帝。

元和十一年(816)，皇太后王氏因为长期不得与儿子李纯相见，忧郁成疾，命在旦夕，临终之前，她留言给宪宗："世人任何事，无论如何，最终都有一个了结极限，我现在虽然还活着，但已受尽了人间风霜冷温的苦楚，身体也一天天地衰病，如果有一个善终，死后能和先皇埋葬在一起，侍奉先皇，我的意愿也就实现了。既然我很满足，还有什么可以哀伤的呢？日月相易，旧去新来，自古以来都是这个道理。我死以后，皇上悼丧三天，就去处理国家政务，穿孝服27天就可去脱掉了。至于文武官吏和天下黎民百姓，举哀三天就足够了。宫中用不着天天来守灵，不要悲哭丧事。朝外，不要禁止文武官员、黎民百姓的婚姻嫁娶，祀祠典礼，不要禁止喝酒吃荤，庆喜宴席，服丧期满以后，就让人们去尽兴欢乐吧！我死了以后，为我治病的侍医也不要任意加罪，埋葬仪式和陪葬的明器，按照以往的旧制就可以了。"

不久，太后王氏病逝于兴庆宫咸宁殿，是年54岁。王氏去世以后，朝议尊谥号为"顺宗庄宪皇后"，与唐顺宗李诵合葬于丰陵。

附：宪宗李纯妃郭氏

◎ 陶 雪

名门之女母仪风范

唐宪宗李纯，是唐顺宗的长子。唐贞元四年(788)被封为广陵郡王，贞元二十一年(805)三月被册立为皇太子。同年六月，顺宗驾崩，李纯即位，是为唐宪宗。

在李纯还是一位少年王爷的时候，顺宗就把名将郭子仪之子郭暧与升平公主所生的女儿郭氏给他娶进了广陵郡王府。因为郭氏的祖父、父亲都为唐王朝立过大功，母亲又是金枝玉叶的公主，顺宗对这个儿媳妇便特别宠爱。李纯也非常喜欢郭氏的大家闺秀仪容和贤淑的德行，经常与郭氏在一起，两人十分相爱。贞元十一年（795），郭氏生下儿子李恒，这是李纯的第三个儿子。李纯的长子李宁，是纪美人所生。郭氏还为李纯生了一个女儿。

李纯即位当上了皇帝，但是却没有册封皇后。欧阳修在修《新唐书》的时候，对唐宪宗的评价为："刚明果断，自初即位慨然发愤，志平僭叛。"如果说政治上是这样的话，他的后宫生活就有所不同了。

李纯即位做了皇帝后，后宫里妃嫔宫女众多，他身居群芳之中，虽不说个个艳丽动人，但有姿色者颇多，宪宗周旋其间颇得其乐。新的皇帝继位以后，按照祖制，应该册封后、妃，将子女分封为王子、公主。宪宗只将郭氏封为贵妃，虽然比那些淑妃、美人已是高了一等，但并未封其为皇后。

朝中群臣对此大不为然，认为国中有帝无后，并且认为郭贵妃出身名门，生有子，并且入宫前后，均以贤淑达礼而著称于宫阙内外。于是在元和八年（813）十二月联名上表，请宪宗立郭贵妃为皇后。

宪宗览表之后，当朝未语，回到后宫之后，看到他喜欢的妃嫔宫女有许多，他可以任意召幸，遂掷回表章，不同意册封皇后。群臣不平，先后三次上奏表章，述及国不可无母，只有郭贵妃宜被册为皇后。宪宗还是一再推诿，对群臣说："现在正当年终、岁暮，来年又有子午之忌，不宜册立皇后，以后再说吧！"其实，宪宗李纯左思右想，郭贵妃出身华贵门族，不同一般，如果立她为正宫皇后，将要日日入正宫，他在后宫的活动就要受到限制，他私爱的许多宫丽就不能那么随意召幸相欢。所以，宪宗在位的时候，始终未将郭贵妃册封为皇后。宪宗这种做法也为唐代晚期开了一个不好的先例，其后连续有五朝皇帝都不立皇后。

不过，郭贵妃虽未被册封为皇后，但她的言谈举止仍很恭谨有礼，谦和仁爱，在宫中备受尊敬。他生的女儿，在宪宗即位后被封为岐阳公主。这位公主秉性贤惠，女道淑娴，因而也像她的母亲一样，在宫中颇受上下称道。

岐阳公主及笄以后，要为她选夫出嫁，宪宗便诏令宰相，从公卿子弟中，选择出一位面貌清秀，而又才学出众的青年作为皇帝的乘龙快婿、驸马爷。宰相从旨，选了几个人，但相说之后，总未成功。有的虽然是才貌双全的青年，但不愿为帝王女婿，怕受箝制，托辞有病不愿从命；有的或有才无德，有的一切平庸。在皇帝催促之下，最后选中了太子司仪郎杜悰。

杜悰的祖父杜佑，就是德宗朝的宰相，并且撰写了著名的《通典》，杜悰以门荫得官。公主出嫁之前，郭贵妃召见女儿，谆谆教诲，告以妇人之道，要敬夫孝婆，不可以金枝玉叶自居颐指一切。果然，岐阳公主下嫁杜悰以后，她不挟尊贵，丝毫没有骄倨状态，孝事舅姑，敬事尊长，杜家老少长幼数百人，公主均以礼相待，府邸之中，人们在称赞公主的同时，也称颂郭贵妃教女有方，正如人们所说的，有其母才有其女啊！

郭贵妃所生的儿子李恒，是宪宗的第三子，由于郭贵妃教子有方，李恒从小就聪敏贤能，深得宪宗喜爱。前太子李宁病死后，宪宗便立李恒为太子。

荣华富贵　天伦之乐

宪宗即位之初，尚能勤于政事，治理国家，但后来却逐渐沉湎于享乐之中。尤其是相信方士，寻求长生不死药，甚至让方士在宫中大炼金丹。但因他服食金丹过多，脾气暴躁，动辄罪杀宦官、大臣，郭贵妃曾多次劝解，都未奏效。

元和十五年（820）初，宪宗病危，朝中各掌大权的宦官们借这个机会展开了一场权力之争。

左神策军中尉吐突承璀欲立宪宗子沣王李恽为太子继皇位。内侍陈弘志便率兵杀死了吐突承璀和李恽，并且潜入宪宗寝殿，将宪宗毒死。随后，便拥立太子李恒为皇帝。众大臣见大势已定，只得唯唯从命。

李恒即位，是为唐穆宗。穆宗尊他的生母郭贵妃为皇太后。对于穆宗在宦官拥立之下做了皇帝，朝中上下虽有些议论，但对郭贵妃尊册为皇太后，却普遍欢迎，共相庆贺。群臣及命妇们虽不能入宫，也纷纷到光顺门祝贺，可见郭贵妃久得人心。

穆宗册母后以后，对郭贵妃的祖辈和亲属也分别给予不同的追封或加封。诏皇太后的曾祖为太保；追封岐国公敬之为太傅；太后的父亲原为驸马都尉的郭暧追封为太尉；太后的母亲升平公主为齐国大长公主；郭太后的哥哥郭钊，原任司农卿，现在晋升为刑部尚书；二哥郭鏦任命为金吾大将军，保卫京师。自郭子仪以来，郭家获得历朝殊荣，郭贵妃册封为皇太后后，又受追封、晋封。这当然使郭贵妃感到欣慰。

郭太后迁居兴庆宫。穆宗对母后十分孝敬，每月逢初一、十五都要入兴庆宫请安参拜。每年逢太后的寿诞之日，皇帝都亲率朝中百官到宫门为太后隆重祝寿。穆宗对太后的平时起居也十分关心，亲自过问，每天供奉的御膳甚为华侈。

每年的春秋佳日，郊外正是良辰美景，皇帝侍奉太后出城郊游，六宫命妇、戚里亲属的女眷一齐同行，一时间车骑拥塞，环佩之声充斥于耳。郭太后很喜欢长安城外的骊山景色，常去骊山游览观赏。每次出宫，皇帝都令景王督禁卫军侍从，太后在骊山游玩行乐，几天以后才回宫，而皇帝亲至照应奉迎。皇帝的这种至孝，深得太后欢心，使她过了4年欢愉的生活。

不以威德临朝听政

但是，好景不长。穆宗虽然事母至孝，在朝政上却不怎么上心，长庆二年（822）十二月，穆宗在宫中击球时得病，病情很重，3天没有接见朝中大臣。李逢吉等人几次求见皇帝，都没有被召见。左仆射裴度等见皇帝病重，三次上疏，奏请赶快下诏确立皇太子，以防圣上不豫。李逢吉见不到穆宗，也上疏请立湛王为皇太子。

唐穆宗在位期间，也同他父亲一样，没有册立皇后，他有五个儿子，景王李湛为长子，按祖制应立长子为嗣，所以穆宗在病中立景王李湛为皇太子。到长庆四年（824），穆宗驾崩。按制，应由皇太子李湛继承皇位，这年他仅16岁。郭太后，多年来素受称赞，从地位上，从民心上，都有很大德威，于是宦官们想利用她。以太子李湛年龄尚幼，请郭太后临朝执政。

郭太后闻奏，不但不听，反而怒斥："你们这不是要我像武则天一样吗?太子年龄还幼,可以从朝中选择贤能的大臣为宰相,以辅佐幼年皇帝,这在历史上是有过的。只要你们这些人不干预朝政,国家就可以太平了。"郭太后指着他们说:"试想从古到今,女子为天下主的,全没有好结果。我只身居后宫,不管前朝的政事。"说罢,将呈上的制书随手撕得粉碎。

郭太后的哥哥郭钊,这时正任太常卿。他听到宫中宦官们在秘密商议,拟推出郭太后临朝摄政,其实是作为他们手中的傀儡,他怕太后不识其中阴谋,就立即向太后写笺,其中说:"母后临朝当政,是历代的一大弊政,如果太后真要按照这些人的请求临朝执政,我就要率领儿子们全都辞去所有官爵,回归故乡,种田养生。"郭太后读信大哭,召见郭钊,对他说:"祖先的遗德,我岂能背弃,我虽然是女流之辈,但决不肯妄背祖训。"郭钊的信,更坚定了她不出朝的决心。举朝上下无不称颂太后贤德。

平宦安邦

太子李湛即皇帝位,是为唐敬宗。敬宗尊他的生母为皇太后,尊郭太后为太皇太后。

唐朝的宦官擅权,始于唐玄宗的高力士,到了唐代宗时,李辅国公然说:"大家(指皇帝)但内里坐,外事(指朝政)听老奴(指宦官)处置。"宦官们权力日大,且又分成几派,互相攻杀,甚至胆大妄为,可以废立皇帝。敬宗即位后,因不能满足他们的要求,仅隔两年,便被宦官谋害,他薨时年仅18岁,成了唐代宦官专权的牺牲品。

敬宗死后，各派势力展开了殊死的争夺。宦官刘克明等伪造遗诏以绛王李悟执监国事；内枢密使王守澄等则奉江王李昂为皇帝，派飞龙兵杀死了刘克明，连绛王李悟也同遭杀害。

郭太后为敬宗的暴殒而震骇，为了稳定天下大势，以她多年的威望下诏令，由敬宗的二弟李昂继承皇位，是为唐文宗。

经过郭太后亲自出面表态，传谕全国，对文宗以后稳定朝政起了一定作用。所以，文宗对他的这位祖母也事事至孝。当时后宫有三位太后，除郭太后外，还有文宗的生母萧氏皇太后，敬宗的生母王氏为宝历太后。文宗每日向三位太后请安，对三位太后的膳食也亲自过问，每有珍贵佳肴、蛮夷进贡的鲜果食品，经向祖宗陵庙献祭以后，必先拿出一部分奉献给三位太后，然后自己才品尝。所以，《旧唐书》记载："文宗孝而谦谨，孝祖母有礼"，这一评语，是合乎实际的。

诲孙善政

开成五年(840)，文宗病重，又引来一场废立的权力之争。

神策军护军中尉仇士良和鱼弘志假传圣旨，废黜了文宗已立的皇太子李成美，让他仍为陈王；而拥戴唐穆宗的第五个儿子，即文宗的弟弟李炎为皇太弟。这样，文宗驾崩后，李炎即皇帝位，是为唐武宗。

武宗继位后，在拥立他的宦官唆使下，杀了文宗的儿子、他的侄儿李成美。不过，他对郭太后仍待之以祖母大礼，以孝相奉，时常进到后宫，向郭太后问候起居。

武宗即位时已经 27 岁，在唐代晚期皇帝当中不算年幼，可是仍是少年之心不泯,以游戏玩乐安排了每天的生活,朝中政事反而由宦官们摆布。武宗每天不是带着侍从出城打猎、兴尽方归,就是将市井之民带进宫中踢球、角武,乐此不倦。朝中议论纷纷,大臣本章奏谏,武宗只是不听。

一天,武宗进入后宫,到郭太后处请安,并且说:"请太皇太后教诲。"郭后问:"陛下要问何事?"武宗说:"怎样才能做一个好的盛世皇帝?"郭太后早已耳闻武宗所作所为,虽身为祖母,已是隔代之人,仍毫不客气地对武宗直言:"谏臣们奉上的章疏,陛下看过吗?"武宗说:"看过一些。"太后说:"皇帝对敢于直谏的奏疏应仔细审阅,慎重考虑。其中好的奏本,就应接受采纳;对迟疑不决的,可询问宰相的意见。做一个好的皇帝,千万不要听不进大臣们的谏疏,更不要偏听偏信,要辨别谁忠谁奸,任用忠心之臣,这才是盛世的天子啊!"

皇帝听后,向太后叩拜。回到殿上,览阅群臣奏上的本章,其中有些是谏帝不要任意游猎、召民入宫踢球的本章。武宗从谏,从此大有收敛。

到了唐朝晚期,国家历经内战,徭役日重,人民多借佛教寺院为逃避之所。寺院又乘机扩充庄园,驱使奴婢,并和贵族势力相勾结,避免赋税,另外还放高利贷设立碾硙等多方牟利,这样在经济上便和国家的利益矛盾日深,故从文宗、敬宗以来,政府渐有灭佛之意。尤其是武宗,崇信道教,厌恶佛教,命令拆毁寺宇,勒令僧尼还俗,总计当时拆毁大小寺院4万余所,僧尼还俗26万余人。

武宗崇奉道教到了痴迷的程度。对方士优礼相如。他即位之初,就召方士赵归真上殿,向他受法箓。武宗甚至在皇宫内院建了一座道观,御题为"望仙观"。他吃了道家"仙丹"之后,身体不但不健,反而病重,以至不能临朝。

武宗病重,宦官们争夺权力的机会又来了。左神策中尉马元贽等在宫内密布心腹,以乘机夺权。

武宗有5个儿子,但是马元贽以皇帝诸子年幼为借口,一律不立为皇太子,而擅传诏命说,皇子年幼,不能理国,由皇太叔光王李忱监理国事。不久,只做了5年皇帝的武宗驾崩了,是年33岁。

晚 年 凄 苦

李忱即皇帝位,是为唐宣宗。他是唐宪宗的第13个儿子,是叔继侄儿位。这样,郭太皇太后,又从前三个皇帝的祖母,成了新皇宣宗的母后,这在中国历史上也算奇事之一。而郭太后先后经历了宪宗(为贵妃)、穆宗(为太后)、敬宗(为太皇太后)、文宗(为太皇太后)、武宗(为太皇太后)和宣宗(为太后)共六朝,这在中国历史上也是少见的。

敬宗、文宗、武宗对郭太后来说虽都是孙子辈,但都能恪尽孝心。宣宗与郭太后是母子身份,按理应该更加奉孝,可实际上却大为不然,宣宗对郭太后不仅不孝,反而十分不敬。原来,这里面有一个重要原因。

宣宗的生身之母丹阳人郑氏,相传为尔朱氏的后代。有一次家人请卜者为郑氏姑娘相面。卜者说,姑娘有大富大贵之相,有皇后之命,如果谁和姑娘匹配生了儿子,会有九五之尊成为皇帝。

这件事很快便在邻里中传播开来,也传到浙西观察使兼盐铁转运使李锜耳中。李锜早有谋叛之意,他反朝廷就是为了自己做皇帝。于是，他派人去了丹阳，把郑家姑娘娶到家中，因他已有妻室，就纳为侍妾。不久，李锜公然反叛朝廷。

李锜谋反，很快便被朝廷派兵镇压。有司把李锜的家产全部抄没送入京师。唐朝，叛臣及外夷入寇头领的妾、女，都同於物资一并抄没，郑氏也被送到宫中为奴，但她年龄尚轻，伶俐勤快，故被送入宪宗的郭贵妃宫中做了侍女，专门侍奉郭贵妃。

郑氏是罪妇身份，她自己虽然在宫中总是小心翼翼做人，但宫中一般人仍然知道她是叛贼李锜的侍妾，如今沦入宫中，对她就十二分地瞧不起，并且少有人与她交谈、交往。

郑氏生得艳丽，又善察言观色。她虽身为罪妇，却在内心里不甘受人耻笑，不甘心为人下，就在日夜谋计。郭贵妃虽不是皇后，宪宗却时常到郭贵妃宫中，这使得郑氏有机会接近皇帝。郑氏知道，若想出人头地，只有攀龙，于是每逢宪宗驾临，她都着意打扮，以引得宪宗注意。时间久了，宪宗果然注意了这个后宫侍女，见她秀色可餐，终于被宪宗召入别室，龙凤相配。

郭贵妃出自名门，对皇帝召幸郑氏并无表示，可是其他妃嫔宫女，觉得郑氏是罪妇，已是嫁过人的，如今却为皇帝宠幸，身沾龙恩雨露，有的出于恨，有的出于气，有的出于妒，对皇帝莫可奈何，各种怨恨、忌妒之气全加在了郑氏身上。只要皇帝不在，郑氏辄有所失，便受到打骂，恶言碎语更是充耳不绝，就是郭贵妃，对她也是时有责骂。郑氏当然并不敢在宪宗面前说什么，因为她虽为皇帝宠幸，但什么名位也没有，她这样一种出身，皇帝是不能册封她什么名位的。因而，郑氏在后宫只有忍气吞声，默默地忍受着这一切。

宪宗临幸郑氏，使她终于生下一个儿子，起名为李忱。宪宗一共有 20 个儿子、18 个女儿。有些子、女，史书上并没有留下他们母亲的姓氏，可见宪宗这个皇帝在后宫生活上的肆意寻欢情况。李忱是宪宗第 13 个儿子，所以宪宗在位的时候，尽管郑氏生了儿子，她的地位却没有变化。不过，郑氏仍记得未嫁时卜人为她卜的卦，心中怀着希望。

李忱在宪宗的儿子中有些奇异，从小就寡言少语。他既排行十三，生母又低人一等，在处世上便十分谨慎，当然他也一直以为自己此生此世绝不可能有当皇帝的份儿。但宦官之争，给了李忱机会。当武宗病重时，本应立皇太子，可左神策护军中尉马元贽等人以太子年幼不能理朝政为由，立李忱为皇太叔。武宗驾崩，就在武宗灵柩前李忱被立为皇帝。

早在这之前，郑氏的弟弟郑光，有一次叩见姐姐，自称晚上做了一个梦，梦见车中有日、月，光芒照六合，他找人"圆梦"，卜者说："此梦之后，必有大贵"。郑氏听罢，更充满了希望。果然，不久李忱当上了皇帝，母以子贵，出身卑微的郑氏被册封为皇太后，郑光成了国舅，任为检校户部尚书、诸卫将军，后又晋为平卢节度使。郑氏一家，真可谓获得了"大贵"。

郑太后受屈辱多年，今朝儿子当了皇帝，自己成了皇太后，真是一步登天，心里十分得意。多年的郁闷便想寻机发泄，报复当年宫中旧人。这时候，郭太后还居后宫，郑太后便向郭太后身上出气。她当面对郭太后冷嘲热讽，出言不逊，又挑唆她的儿子宣宗不要理郭太后。

人是最怕听谗言的，郭太后虽然德高望重，为唐代后期的著名"贤后"，可是郑太后在宣宗面前坏话说多了，宣宗对郭太后这位非生身的同父异母，便十分冷淡，甚至无礼。

郭太后入居兴庆宫，颐养多年，历为穆宗、敬宗、文宗、武宗所奉孝，上下尊敬。如今人到晚年，反遭人白眼，地位骤然下降，是她始料不及的。每想到此，心里便十分不愉快。

一天，她登上勤政楼四眺，忽然想起了绿珠坠楼的历史故事，在眺望之中，突然跃身要跳楼自杀，幸好身后的侍女眼快手疾，把她紧紧抱住，这才得免于难。这件事在宫中传开。多数人认为宣宗不孝所致，议论传到了宣宗耳中。他不但不自责，反而更加痛恨郭太后。就在当天晚上，郭太后突然"暴卒"，次日举哀。郑氏这才觉得出了多年的冤气。

郭太后究竟为何而死，传说纷纭。有人说她是自己服毒而死；也有人说她是被人毒死的。当时无论是宫中、民间，关于郭太后的死因议论纷纷，但不论如何，都很怀念这位"贤后"。

唐宣宗却余怒未息，在葬礼时又出现矛盾。有司请将郭太后葬于唐宪宗的景陵外园，这是宣宗的本意。而太常官王皞却上奏，太后应合葬于附庙。因为唐宪宗未册封皇后，郭后正式册为贵妃，应依礼合葬。王皞的本章，宣宗阅后大怒，令宰相白敏中责问王皞，居心何在？王皞并不畏惧，仗义直言："太皇太后是汾阳王郭子仪的孙女，是宪宗在东宫时候的元妃，事宪宗为妇，后身历五朝，母仪天下，谁人不尊敬？怎么能以暧昧事，遽而废除了正嫡的大礼呢？"他说得理直气壮，毫无惧色。白敏中正要上殿入奏宣宗，这时后任宰相，原为兵部侍郎的周墀在旁边说："有圣明的天子，才有敢于直谏的大臣，这句话早已听说过。于今算是见到一位敢于直谏的忠臣！"

可是，宣宗仍是不听所谏，甚至将王皞贬出朝廷为句容县县令。一直到宣宗的儿子漼登基做了皇帝，即唐懿宗时，王皞再次被起用，任为礼官，他又向懿宗奏郭太后的葬仪不合礼制。郭太后终于附葬于唐宪宗的景陵。谥号为"懿安皇后"。

唐代晚期，郭太后可以说是影响最大的一位贤后。故刘昫在《旧唐书》中称赞说："……后历位7朝，五居太母之尊，人君行子、孙之礼，福寿隆贵，40余年，虽汉之马、邓，无以加焉。识者以为汾阳王(即郭子仪)社稷之功未泯，复钟庆于懿安焉！"这个评价是比较正确的。

附：宪宗孝纯妃郭氏

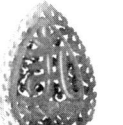

附：穆宗李恒妃王氏

◎ 陶 雪

越州人王绍卿，任婺州金华县的县令，他的女儿王氏少年时期被选送入大内，充当宫女，在东宫侍奉遂王李恒。王氏出身于仕宦家庭，与那些民间百姓家中的女子自然不同。她仪态端庄，又妩媚动人，为李恒所喜欢。两人同欢之后，生下了李湛，这是李恒的第一个儿子。不久，李恒即皇帝位，是为唐穆宗。当了皇帝应按制度册封皇后。可是，李恒见到后宫佳丽很多，唐宪宗在位的时候，不册立皇后，可以在后宫任意临幸，于是，他依样不册封皇后，只把王氏册为妃子。

穆宗只在位4年即驾崩。李湛即位，为唐敬宗。他把自己的生身母亲王妃册封为皇太后。又把王太后的父亲王绍卿封为司空，王太后的母亲张氏封为赵国夫人。

唐敬宗虽然登基当了皇帝，可还是一个少年，不懂朝事，喜欢玩耍，并且很任性。整天和宫中的一帮太监们，不是在中和殿击球，就是在飞龙院蹴鞠。这是中国古代的一种足球。皇帝挽起龙袍玩起球来，玩到高兴时，还让乐工们在球场奏乐。白天，与内侍们游戏一天，晚上又召集妃嫔女侍们嬉笑欢宴，酒醉饭饱之后，挽着喜欢的妃嫔或者女侍恣意欢乐，乃至晓不临朝，成了一个少年风流皇帝。对敬宗这些行为，太后心中十分不安，与太皇太后先后多次进谏，说皇帝应以理朝政为英明之道，沉溺于声色之中，将对祖宗留下的江山带来危难。敬宗表面诺诺，离开两宫太后仍然我行我素，于是导致了唐朝历史上一场篡位闹剧。

当时有一个以占卜为业的术士，叫苏玄明。有一天，他为一个染坊工人张韶占卜的时候说："可喜可贺，你近日可升座御帐当皇帝！"张韶说："我要是真能当了皇帝，便封你为宰相。"两个人密谋之后，真的行动起来，他们组织了染工和社会上的无赖百余人，藏在向宫中运送柴草的车子里，混进了皇帝后宫。

张韶、苏玄明等手持凶器，呼啸而至。唐敬宗这个风流皇帝正高兴地在清思殿击球，看到这群手持武器的乱民，逃到左神策中尉马存亮那里，令马存亮立即派将士讨伐叛逆。他还没忘记太后们，又令兵马使尚国忠到后宫去保护和迎接太后、皇太后。王太后在宫中，听到了人声嘈杂鼎沸，刀枪砍击的声音，正自惴惴不安，不知出了什么事情。这时尚国忠奉旨来保护太后，一颗心才安定下来。

而在清思殿里，张韶果然登上了御座，俨然成了皇帝，可是就只有一顿饭的时间康艺全率领军士赶赴大内,张韶和苏玄明死于乱刀之下,同党百余人全部被诛。一个染匠,一支不足百人的乌合之众,竟然能够篡位升殿,如入无人之境,这在历史上可说是奇闻。王太后才过了几年富贵日子,又受了这次惊吓,许多日子心中犹惊。

敬宗皇帝,虽经过篡位之乱,仍游戏如故。皇太后多次向他劝告以朝事为重,诸大臣也上谏,但皇帝就是不听,白天击球,晚上又玩起捕捉狐狸等游戏,并且任意鞭打身边的太监,直到流血方休。

宝历二年(826)十二月的一天晚上,敬宗夜猎归来,在殿中和宦官们喝酒作乐,酒已将酣,敬宗入后宫更衣,忽然殿中明晃晃的一片烛光刹那间熄灭,又听到内室一声大叫,接着烛光复燃,苏佐明从内室出来,说皇帝急病,顷刻之间已然驾崩。这一年,唐敬宗才18岁。

唐穆宗的第二个儿子李昂,继位当了皇帝,是为唐文宗。文宗尊他的生身母亲萧氏为皇太后,而王太后则被尊为宝历太后,仍居义安殿。这时候,后宫之中有了三位皇太后,她们就是穆宗的母亲郭氏、敬宗之母王氏和文宗的母亲萧氏,当时并称为"三宫太后"。

三位太后同时在世,后廷宦官、前朝文武在上表、赐奉和平时称呼时,都很容易混淆不清,不知是哪一位太后。人和五年(831),宰相建白上表说:"太皇太后与宝历皇太后未辨,前代诏令不敢斥言,皆以宫为称,今宝历太后居义安殿,宜曰:义安太后。"宝历太后就是王氏。文宗准奏。从此,王妃被尊称为义安太后。

唐文宗即位的时候,也才17岁。可是他同他的哥哥不一样,不只是一心戏游,并且也很遵孝道。他对"三宫皇太后"

执礼很恭，就是敬宗的妃子郭氏及敬宗的儿子、尚在幼年的李普也都优礼侍奉。他在后宫侍奉太后、礼嫂抚侄，受到了称赞。王太后虽然亲生儿子已死，自己却过着安逸的生活，度过了一个愉快的晚年。

文宗一共在位 14 年，去世时也才只有 32 岁。唐武宗继位以后，义安太后仍居义安殿，另外两位皇太后也仍享受原有尊号和待遇。

唐朝，如果皇帝在位有几年昌盛日子，就要给皇帝上尊号，会昌五年(845)武帝已登基 5 年，李德裕率同朝中百官，请依例上尊号。武宗表面上也推辞，经过五次上表，武宗应允，被上尊号为：仁圣文武章天成功神德明道大孝皇帝。这个"大孝"，有一定的道理，他孝侍过三位皇太后。

受尊号以后，于是郊天祭庙，下诏大赦天下犯人，对朝中文武官员要加官晋爵。一时间十分热闹，满朝上下都兴高采烈。就在这个时候，义安皇太后王氏身得重病，太医忙碌治疗，终于不治身亡。她已经先后经历了四朝。

太后驾崩，宫中更加忙碌，又要庆贺武宗上尊号，又要吊唁义安太后病逝，红白喜事遇在了一起。武宗为王太后上谥号为"恭僖皇后"。因时值武宗喜庆之故也。五月，葬恭僖皇后于唐穆宗的光陵。

附：穆宗李恒妃萧氏

◎ 陶 雪

唐代中期，福建有一户萧氏人家在动乱中逃离了家乡。兵慌马乱，家人失散。萧家的一个小姑娘与家人分离，孤身逃难，为人收养，辗转到了长安。这时候，宫中正从民间选贡民女入宫，萧氏亦被差官选中，给当时任建安郡王的李恒为侍女。

在李恒的建安郡王府内，虽然侍女众多，但出身南国的萧氏以聪颖秀慧得以成了随身侍女，这样得以朝夕相处。而萧氏又具有姿色，因而获得了李恒的欢心。李恒与萧氏相通，于元和四年(809)生下了李昂。这是李恒的第二个儿子。

后来，李恒当了皇帝(即唐穆宗)。萧氏虽然给他生了儿子，可是穆宗并没有给她什么封号，不仅没当上皇后，连个贵妃也没有封上，这使得萧氏郁郁寡欢。穆宗后宫妃嫔宫女众多，也难得临幸萧氏之处。

穆宗驾崩以后，长子李湛继承皇位，为唐敬宗。这时他还只是16岁的少年。李昂被封为江王，萧氏因穆宗在位的时候未获册封，仍然冷落一隅。

李湛只当了两年皇帝，便被宦官们害死。内枢密使王守澄、杨承和等人凭借他们的势力，拥戴江王李昂为皇帝，即唐文宗。这年他仅17岁。宦官们认为，只有这样的少年皇帝，他们才可以作威作福。

唐文宗李昂继位以后，被冷落十数年的萧氏这才有了出头之日，被尊奉为皇太后。

每当册封皇后或皇太后的时候，其亲属也要加官晋爵，以沾皇恩。可是萧氏自幼与家人失散，如今被册封为皇太后，更加怀念亲人。她只记得，父母已经亡故，只有一个弟弟不知现在何处。她希望文宗能给她寻到亲人，与之团聚。

文宗至孝，觉得母后家族没有别的亲人，既然还有一位舅舅，就要千方百计，设法为母后寻到弟弟。他一方面广告天下，一方面下诏，令福建、浙江一带的地方官吏在这两个地区内广泛查访，以慰母亲思亲的心情。

不久，朝中户部茶纲的一个役人姓萧名洪，他说，他是福建人，曾有一个姐姐，幼年时在战乱中失散，现已多年了。自称萧太后是他的姐姐。经赵缜介绍，入后宫晋见了太后。

萧太后与弟弟分离已多年。当时，二人都还年幼，面目如何，早已记不起来。况且长大成人，更不能辨识。但是，萧洪所说的故乡、家事都相同，于是姐弟二人相认，萧后忆起颠沛流离的幼年生活，十分痛心。如今又能和弟弟相见，真是悲喜交加。

萧洪一步登天，成了"国舅"老爷。唐文宗孝母及舅，下了圣旨任萧洪为金吾将军、检校户部尚书，从一个役人一跃而成为当朝一品大官，好不荣耀。萧洪顿时威武起来，搬进新的宅邸，还不时进宫叩见太后姐姐，姐弟二人心中都很喜欢。

在唐代中期以后，宦官们掌握军政大权，而皇帝本人大权旁落。唐文宗是王守澄等人拥戴成为皇帝的。王守澄等人自认为有功，横行朝中。但文宗即位以后，起用了李训、郑注二人，杀了宦官陈弘志和王守澄。文宗还想进一步除掉干预朝政的宦官势力。他准备以观宫中甘露为名，把有权势的宦官们都召集来，一举消灭。结果，这一预谋泄露了出去，宦官们反而杀了李训、郑注等人，被害的达千余人。这便是历史上的"甘露之变"。

还在"甘露之变"发生以前，文宗就认为，要真正执掌朝权，必须有自己可依赖的大臣。既然萧洪是国舅，就要大胆起用，因此进一步任命萧洪为河阳三城节度使、迁检校左仆射。不久，又任命他为鄜坊节度使，镇守一方。

在唐代，自神策两军到地方出任方镇的，军中资助他的行装，而到驻地以后，则须三倍偿还。在萧洪到鄜坊以前，是一位由左军出任鄜坊节度使的，他到任还没有按规矩三倍还钱就已骤然身亡。这时由萧洪出任节度使，于是向萧洪征钱，而萧洪认为是前任的事和自己没有关系，拒不给钱。宰相李训，一直对萧洪有所怀疑，他派人调查，发现萧确实是诈骗分子，是假国舅。萧洪听到消息十分害怕：一旦事情泄露，是欺君之罪，就要被杀。于是就任用李训的哥哥李仲景为鄜坊从事，以讨好宰相李训，不使事泄。

就在这个时候，又有一个人自称是萧太后的弟弟，来到长安城要求参见太后。这名男子姓萧名本，说自己是福建人，自幼与姐姐在战乱中失散，姐姐就是当朝的萧太后。这事一时间传得沸沸扬扬，长安城内街头巷尾尽谈这一奇事。但是，萧太后记不起弟弟什么模样，又无标记，孰真孰假，一时难辨。

萧洪因为拒不偿还宦官们的行装费，尽管讨好了宰相李训，却得罪了左军中尉仇士良。仇士良借萧平到来的机会上奏文宗皇帝，揭穿了萧洪的本来面目：萧洪是一个十足的政治骗子。

唐文宗大为愤怒，认为萧洪胆大妄为，竟敢欺骗皇上。萧太后更是十分不悦，出了一个假弟弟，不但未见到亲人，反而遭天下人耻笑。于是唐文宗下旨，把假国舅萧洪在鄜坊逮捕，押解至京，由御史台审问。萧洪招供了是为当官而冒充皇太后的弟弟，御史台审问清楚后，把萧洪的供词上奏文宗。文宗下诏将萧洪流放驩州，而在押解途中被"赐死"。当时向皇太后介绍萧洪的赵缜也被治罪。

一个假国舅判罪，另一个国舅萧本又被召进后宫，参拜萧太后，又是一番姐弟相见。唐文宗认为，萧洪治罪至死，萧本当是真国舅，于是又任命萧本为赞善大夫，赐绯龟。

萧本的本领比萧洪还要大。他听到萧太后在寻找失散多年的弟弟这一消息之后，就回到福建，到处查访，打听消息。他终于探听到萧太后本来有一个亲弟弟，但是孱弱无能。萧本设法弄到一本《萧氏族谱》。有了这部族谱，他背熟了萧氏祖上各代的名讳，这才窥伺机会，当遇到萧洪获罪的机会，他趁机上奏，终于被相认赐官。

萧本进宫谢恩，在萧太后与文宗面前，历数了祖上各代的情况，这使得上过一次当的文宗深信不疑，也使得萧太后满心喜欢。根据萧本提供的萧氏祖上名讳，文宗追封萧太后曾祖萧俊为太保，祖父萧聪为太傅，父亲萧俊为太师。萧太后祖上三代全都追封。满族荣耀。文宗与萧后哪里知道几代人的名讳，萧本全是根据弄来的那部族谱所说的。

唐文宗又赐给萧本万金，并诏令担任了重要的卫尉少卿，又晋封左金吾将军、大权在握，显赫一时，他也时常到宫中去叩见他的姐姐萧太后。

谁知，到了开成二年，文宗上朝，见到了一份本章，是福建观察使唐扶所奏，说福建泉州晋江县有一个萧弘，自称是皇太后的亲弟弟，而萧洪、萧本都是冒充的假国舅，而他自己才是真的。

唐文宗阅后，回后宫与母后说知。当然，萧太后自己是无法分辨真假的，而萧本持有萧氏族谱，谁真、谁假？唐文宗一时不知怎样才好，而全国上下，议论纷纷，成为古今奇闻。

昭义节度使刘从谏上奏本章，其中说："今自上及下，异口同音，皆言萧弘是真，萧本是伪，请追萧弘赴阙，与本证明。若含垢于一时，终取笑于千古。"

刘从谏的本章为文宗采纳，下诏将萧弘从福建调至长安，与萧本同时送交御史台。又诏令御史中丞高元裕、刑部侍郎孙简、大理卿崔郇三司共同"三堂会审"萧本、萧弘真假国舅一案。经过审问，结果萧本、萧弘与萧洪一样都是冒充的假国舅。一时间，朝廷上下，举国大哗。

纷纷扬扬，闹了十几年的假国舅案件，经过三司会审，皇帝御批，才算告一段落。最后，萧本遭流放，被发配到爱州。萧弘虽未曾当官，也是欺君、诈冒之罪，被流放发配到儋州。虽然先后有三个人自称是萧太后的弟弟，而萧太后却始终没有见到一个真正的亲人，这是她终身的憾事。

萧太后在穆宗时未获名位。但晚年有文宗膝下承欢，还是过得愉快的。

唐武宗即位以后，萧太后徙居积庆殿，按制改称积庆太后。

会昌中，萧太后驾崩，谥号贞献。历史上称为唐穆宗贞献皇后。

附：穆宗李恒妃韦氏

◎ 陶 雪

穆宗李恒在当遂王时，在王府之中召欢的女人很多。有一位侍女姓韦，几次为李恒所幸之后，生下一个儿子，这是李恒的第五个儿子，也：是最小的儿子，名为李瀍，后来改名为李炎。

李恒继宪宗为皇帝以后，为了在后宫"自由行动"，没有册封皇后。只在长庆元年(821)将长子李湛的母亲王氏与五子李光的母亲韦氏同时封为皇妃。这在穆宗朝的后宫之中，已是最高封号了。韦皇妃，与王皇妃同时受到穆宗的宠爱，而不像有的宫女偶而为皇帝召幸，虽然生了儿子或女儿以后不但没有名分，甚至终生不能再见帝、王之面。穆宗在位时，时常到韦皇妃宫中来。

在这一方面，韦氏还算幸运。

穆宗即位以后，韦皇妃所生的李炎被封为颍王，以后还被任为开府仪同三司，又任检校吏部尚书。

穆宗驾崩以后，长子李湛继位为唐敬宗，李昂又继兄位为唐文宗，就在这个时候，李炎的生母韦皇妃不幸因病逝世，离开了人间。这时李炎还是一个王爷，所以韦氏只能以皇妃之礼而成葬。

后来，李炎继兄文宗之后为皇帝，是为唐武宗。但他的生母韦氏皇妃已经去世，他只能将母亲追封为皇太后，谥为：穆宗宣懿皇后。

武宗还将韦太后的两位在世的妹妹册封为"夫人"，优礼相待，表示不忘故去的生母。

在追册韦妃为宣懿皇后以后，因原来是以皇妃礼安葬的，作为皇后应建陵园以奉安圣体。有司上奏："太后陵应别制号。"就是建议另单建陵园，武宗于是择吉日将宣懿皇后奉安于"福陵"。

有人认为，韦妃既然追封为后，就应与穆宗合葬。武宗拿不定主意，就问宰相："葬从光陵（就是唐穆宗的陵）与祔庙，哪样做方为得当？"宰相上奏："神道安于静，光陵因山为固，穆宗皇帝安葬已经二十年了，不可再行开穿。既然圣上已定另建福陵，并且已营建了陵地，就还是按址营建奉安。只是请皇帝将宣懿皇后的神主同祭在穆宗庙中就可以了。"武宗认为有道理，后葬于福陵未动，而在穆宗庙中立宣懿皇后神主。

所以，韦皇后也同唐代后期许多皇后一样，生前并未被册封为皇后，只在死后将神主与穆宗合在一起，每逢祭祀时，享受到皇后的待遇。

附：武宗李炎妃王氏

◎ 安克骏

武宗一生未立皇后，身边最宠爱的并且对他影响最大的就是贤妃王氏。王贤妃出生于河北邯郸一个普通人家。穆宗时，被选入宫中，当时年仅13岁，人长得聪明伶俐，能歌善舞，颇得穆宗的喜爱。武宗是穆宗最小的儿子，当时年仅十几岁，经常伴随穆宗观看宫中的女乐，王贤妃的美丽和聪慧吸引了他，凡是有王贤妃的表演，他每次都来，穆宗见自己的小儿子对王贤妃产生了爱意，看俩人的年龄又相差不多，便将王贤妃赐给了他，几年以后，武宗被封为瀍王。王贤妃也已出落成一位美丽的姑娘，她长得亭亭玉立，袅袅如花，与身材硕长、体格健壮的武宗出入相随，可谓是一对璧人，天作之合。武宗之所以宠爱王贤妃，不仅由于她美丽的容貌，更重要的是她聪慧机警，善解人意，考虑问题多有见地，成为当时武宗身边的一个得力助手。武宗即位后，有立王贤妃为皇后之意，但是由于门庭的关系，怕引起众大臣的反对，只好立为王才人。

武宗执政的前夕，唐王朝内部的政治斗争非常激烈，特别是宦官专权，甚至决定皇帝本人的生死废立。武宗的祖父宪宗李纯，在位16年，因惧怕宦官的缘故，很少料理国事，整日与宫女们嬉戏，才保住了16年皇位。最后因信道入魔，服过量的金丹而死。接着继位的是武宗的长兄李湛，他因得罪了身边的宦官，执政不到二年，就被宦官谋杀。敬宗李湛死了以后，武宗的另一兄长文宗李昂即位。刚上台的文宗正处于风华正茂之时，想有些作为，他任命李训等人为宰相，推行改革，为了彻底摆脱宦官的控制，文宗与宰相李训、凤翔节度使郑注等官员秘密商量，想以观看宫庭内石榴树降甘露的机会，突然谋杀作恶多端的宦官仇世良，然而这一密谋为仇世良等宦官所探知，仇世良利用手中掌握禁卫军的大权，反而捕杀了李训等4名宰相和官员千余人，文宗皇帝也成为宦官手中的傀儡。

武宗即位前，对当时宦官专权的局面，敢怒不敢言，王才人更是机警过人，她每日伴陪于武宗左右，处处提醒武宗要借鉴前辙，懂得明哲保身，要结好仇士良等宦官，一来首先保住自己瀍王的地位，再者与文宗的儿子有争当太子的机会。武宗对王才人的话，言听计从，平时竭力讨好仇士良等人，还不断地送厚礼。果然，文宗死后，宦官们就立他做了皇帝。

武宗执政时年仅27岁，在唐后期，还算是个稍有作为的皇帝。这与王才人的帮助是分不开的。武宗即位后，他有一个嗜好，就是爱打猎，王才人每次必骑马相随，她射骑和武功都非常好。她每日侍奉武宗，经常劝武宗以国事为重，重用正直的大臣，脱离宦官的控制，重兴唐朝基业。王才人不仅在生活上细心地照顾武宗，还常为武宗出谋划策，她对武宗提议：先利用各地节度使与仇士良等宦官的矛盾，封仇士良为观军容使，这样一来，外示尊宠，实际上把他架空，以削减宦官的力量。她的建议使武宗大为高兴，也使宦官仇士良被迫退休。这时武宗撤回由宦官充任的监军，并解除了宦官担任的禁军的职务，使他们的力量大大减弱。在朝中，武宗放手重用处事果断的宰相李德裕、同平章事李绅、杜惊等。支持李德裕平定昭义节度使刘稹发动的叛乱，收回被其控制的邢、洺、磁三州，给各地的割据势力一个沉重的打击。武宗又大灭佛教，下令长安洛阳二地，只许保留佛寺二所，每寺只能留10名僧人，其余的寺院全部拆毁，僧民勒令还俗，田产归国家，铜像铜钟熔化掉，制成铜钱使用，此一举共毁掉4600余座寺院，还俗尼僧人26万余人，良田数千万顷，遣散奴婢15万人，既打击了寺院贵族的利益，减少了游手好闲的僧尼，又为国家夺回了数十万劳动力，对发展和恢复生产起到了促进作用。

在民族关系方面，武宗执政后，王才人力劝武宗缓和与黠戛斯、回纥及吐蕃等少数民族政权的关系，从而赢得了边境的和平。

有一次武宗想让李惊为他选几个扬州的歌女到宫中，王才人对此很不满，批评皇帝这样做会玩物丧志，李惊也回绝说："如果皇帝不正式下诏，我就不能挑选美女。"武宗经过思考后，由生气变成了惭愧，立刻停止了这种做法。

武宗在位期间，大灭佛教，深得民心。但是，他在灭佛的同时，又过于信奉道教，从一个极端走到另一个极端。特别是他深信道士赵归真的说教，认为道教能使人返老还童，因此，天天服所谓的仙丹，把原来健壮的身体搞得面黄肌瘦。王才人看到这种状况，忧心忡忡，她几次劝阻武宗。说来也怪，凡事武宗都愿意听她的，惟独此事，武宗根本不听王才人的劝告，继续用丹，看到武宗日渐衰弱的样子，连国事也管不了了，王才人再次劝武宗："陛下日服丹药，无非希望长生，但服药后肤泽枯槁，日渐消瘦，还应少服或者不服丹药为好。"就连宰相李德裕也来劝谏武宗。他还是不听，干脆把一切国事都交给李德裕来处理，放纵自己享受服丹药的乐趣。他执政的最后一年，对道教的推崇已到了入迷的程度，又召入衡山的道士刘玄静，委任他为崇文馆的学士。刘玄静毕竟还有些学识，看到武宗的状况，知道寿命不长，怕日后连累自己，便辞官不做了。年轻的武宗本来还可以继续做皇帝，但在日服丹药的情况下，执政的第六个年头，就大病在身，连床也下不去了。这时大势已去的部分宦官，乘武宗生病的时候，妄图东山再起，幸亏发现得早，宦官们没有闹起来。武宗的好多嫔妃也不知道上哪儿了，惟有王才人始终伴陪在武宗的左右，端茶送水，毫无怨言。这年夏天，武宗已到了垂危的阶段，人瘦得吓人，一天，他长时间注视着在床榻旁忙碌的才人，不觉两眼潮湿，好不容易才从嘴里吐出一句话，说："看情形，我要和你永别了，我委屈你了。"王才人此时心似刀绞，强忍着泪水说："陛下大福未艾，如何说出这种不祥的言语？"武宗还想再说什么，可已是痰塞喉咙，发不出声来，只是两眼直直地望着才人，目光久久不肯离开。才人觉得皇上还有话对她说，她忙安慰武宗道："陛下放心，我一定和你生死相随。"武宗听后，略有欢颜，微微闭上了双眼，从此再也没有睁开，武宗在位6年，死时年仅33岁。

　　武宗死后，王才人忍痛料理完后事，并将多年来贮存的财产分给宫里的人，然后在武宗的灵柩前点香祭祀，流着泪说："我现在就要履行在你面前说的话，与陛下英灵同去。"遂即解带自尽。

继位的唐宣宗追赠王才人为皇后，让她与武宗合葬，实现了王才人的愿望。

王才人平时不吝财钱，乐于助人，因此在宫中很有人缘，她尽管长期以来受到武宗的专宠，被冷落的嫔妃对她毫无挑剔之处，并为她对武宗的忠贞而感动，因而，王才人下葬的这天，宫中所有的嫔妃和宫女都来送葬。

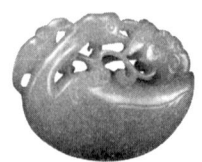

宣宗李忱皇后晁氏

◎ 陶 雪

民间少女晁氏，被地方官选送入宫做了宫女，分配到光王府中。在众多的侍女中，光王李忱虽召欢过很多人，可是对晁氏特别喜欢，召晁氏的次数也多。不久，晁氏为李忱生下了一个儿子和一个女儿。

穆宗驾崩后，他的3个儿子李湛、李昂、李炎相继做了皇帝，是为敬宗、文宗、武宗。这三朝皇帝都年纪尚轻，也都在位时间不长，便遽然去世，甚至死因不详。其实，他们不过是宦官权力斗争的受害者和牺牲品而已。而李忱位居皇叔，仍为光王，他本以为自己恐怕就这样了结此生了。谁想宦宫之争，给他制造了机会。

当武宗病重时,左神策护军中尉马元贽等人,以太子年幼不能理朝政为由,立李忱为皇太叔。武宗驾崩,就在灵柩前立李忱为皇帝,是为唐宣宗。

唐宣宗即位以后,也跟唐代后期的许多皇帝不立皇后一样,并没有册封谁为皇后,但他未忘记晁氏,封晁氏为"美人",虽然比皇妃要低一些,但总算有了正式封号,不再是一般宫女了,晁氏在后宫受到宠爱。

晁美人生下的女儿,被封为万寿公主。唐宣宗先后有11个女儿,这些女儿当中最受宣宗宠爱的,就是万寿公主。

宣宗与晁美人虽然十分宠爱万寿公主,可是对心爱的女儿要求极严。万寿公主长大后,下嫁给郑颢。当时郑颢只是个起居郎。当万寿公主出嫁的时候,按旧制所乘坐的舆车,一律是用金、银为饰品的,可宣宗说:"我向来是以俭朴来统治天下的,应该从皇家做起,金银都要换成铜制品"。于是,车舆均用铜器。

万寿公主出嫁后,三日回门,回宫叩见父皇和母亲晁美人。宣宗对她说,在夫家要"谆勉笃诲",并且教导女儿要遵守妇道,决不要干预政事。他以历史上的"太平、安乐之祸"的往事,来说明女子干预政事带来的危害。晁美人在旁也随声附和,在教育子女方面,晁美人是很认真而严肃的。

驸马郑颢的弟弟郑颐患病,宣宗派使臣去探视病情,并询问公主何在?郑颢说,万寿公主去慈恩寺看戏去了。使臣回奏以后,宣宗很不高兴,立即召见万寿公主,对她说:"弟弟有病,你怎么不在家照料,反而去看戏呢?"万寿公主自知理亏,便谢罪别父回府。宣宗对晁氏说:"我过去常责怪朝中的士大夫家不愿让他们的子弟与皇帝的女儿通婚,通过这件事才算明白了。"从此，皇亲国戚都谨守礼法，不敢凭势骄肆。

晁氏为宣宗生的儿子初名李温，后改名为李漼，这是宣宗的长子，宣宗即位后，李漼被封为郓王。

唐大中(847—860)中晁美人病死，宣宗念及少年时代的恩情，念及她生有一子一女，追封她为昭容。

宣宗死后，晁氏的儿子李漼被宦官拥立为帝，是为懿宗。懿宗追封晁氏为皇太后，谥号元昭皇后。没有把她与宣宗合葬，而只是将她的墓称为庆陵，又将她的神主祔于宣宗庙内，与宣宗共享祭祀。

附：懿宗李漼妃王氏

◎ 陶 雪

唐懿宗李漼被称为"在位14年，无一善可纪"。他在宦官扶持下登上皇位后，只是尽情享乐，恣意妄为。他日常的生活便是宴游，沉溺于声色之中。唐代后期这样的昏君很多。他喜欢音乐，以致怠于朝政。经常在他殿前侍奉的乐工就有500余人，他边饮宴，边听音乐。每月他必大宴十几次，山珍海味、水陆佳肴无所不备。对外，不顾国内形势，进行了对南诏的战争。在他统治下，国内先后爆发了裘甫领导的浙东农民起义和庞勋领导的徐泗地区农民起义。

懿宗在皇宫中宠幸的嫔妃很多，因而也像他的几位祖先一样，不册立皇后。后宫佳丽，他任意临幸，其中最喜欢的有一位是王贵妃。

王氏出身平民家庭，是懿宗做郓王时被选送到府中的。郓王李漼很喜欢王氏，多次被召，受到宠幸，她为李漼生了一个儿子。

懿宗即位以后，没有册封皇后，王氏被封为贵妃，贵极后宫，十分风光。王贵妃所生的儿子是懿宗的第五个儿子，名李儇，他前四个哥哥的母亲均未被册封为贵妃，可见懿宗对王贵妃的偏爱。

李儇在懿宗即位后被封为普王。谁知道，王贵妃好景不长，唐咸通七年(866)就患病身亡。而懿宗虽有几分悲色，但妃嫔众多，也就不算是一件大事。

不久，懿宗病重，召集大臣议论继位的大事。因为没有册封皇后，他的八个儿子不能分谁是嫡生，谁是庶生。那究竟让谁来继承皇位呢？按例应立长子为皇太子，但宦官们在争权夺利中却提出要立懿宗的第五个儿子，即王贵妃所生的李儇为皇太子来继承皇位。

咸通十四年(873)，懿宗驾崩。宦官刘行深、韩文约把李儇召到懿宗灵前，宣称先皇立下遗诏，立李儇为皇太子。李儇即皇帝位，这时，他年仅12岁，还是个少年。

李儇即位后是为唐僖宗，这个小皇帝成了宦官们任意摆布的傀儡，大权旁落。不过，按照惯例，早已去世的生身母亲王氏被追尊为皇太后，并加谥号为"惠安皇后"，并把还在世的娘家亲属加封官职。王氏的葬地未动，只称为"寿陵"，而将其神主祔于唐懿宗庙中，享受后代子孙的祭祀。

昭宗李晔皇后何氏

◎ 陶 雪

唐代后期，日趋没落，内则宦官专权，甚至皇帝废立这样的大事也由宦官所定。外则边患频繁，战争不断。对百姓剥削日重，天灾人祸，民不聊生，全国陷入深重的灾难之中。而统治阶级上层的权力之争却愈演愈烈。

唐懿宗选民女入宫时，东蜀梓州一个姓何的姑娘被选入长安宫中，乾符三年她被分到秦王李晔宫中为侍女。她时常在李晔身边侍奉，照料起居。这位何氏女子，"婉丽多智"，既有姿色又很聪明，获得了秦王李晔的格外喜爱，多次被召临幸。结果何氏为秦王生了两个儿子，一个是以后被封为德王的李裕，另一个是初封为辉王，以后继位成为唐朝末代皇帝的唐哀帝李柷。

唐懿宗死后，由第五子李儇继位为僖宗。僖宗为了加强皇室势力，任命寿王李晔为幽州卢龙军节度使，在黄巢起义军攻下长安，僖宗仓慌出逃时，李晔带兵在僖宗身边护驾。文德元年(888)三月，僖宗病重，观军容使杨复恭率兵入宫，强立皇太弟寿王李晔为帝。李晔即皇帝位，是为唐昭宗。

唐昭宗即位后，册封何氏为淑妃。这时杨复恭自恃有功，企图挟天子以令天下，昭宗虚有其位，文臣武将只顾互相倾轧，昭宗的圣旨却无人闻问。何妃在此乱世之中，享受不到那种仪威，却真心爱护昭宗皇帝。何妃不离皇帝左右，因前朝有的皇帝，原因不明，突然暴卒，为防备加害昭宗，每天进奉的御膳，何妃都要亲自品尝。

在军阀倾轧斗争中，杨复恭失势，而朱全忠连连获胜，权势日大，以至于挟天子以令诸藩镇。朱全忠更加毒辣。他将一些心腹派入宫中，将忠于帝、妃的内侍尽皆调出。这样一来，皇宫内院的一切行动，虽然是细小之事，也马上可以传到朱全忠耳中。这使得皇宫之内，从昭宗、何妃以至宫人，人人惴惴不安。入夜之后，昭帝与何妃两个人对坐后宫，相对垂泪，顾及朱全忠的耳目，竟然什么话也不敢说。

乾宁三年(896)，李茂贞出兵攻打京师长安，昭宗传旨延王戒丕保卫城池。但戒丕畏惧李茂贞兵势强大，就上奏昭宗说："关中藩镇，无险可守，无可依托，不如皇帝由鄜州渡河，临时驾居太原。"

唐昭宗别无兵可用，只得听从戒丕。于是草草整理行装，带着何淑妃和少数宫中嫔妃以及嗣王等几十人，偷偷逃出了长安城，奔至渭北，何淑妃在凄风凄雨中，随侍昭宗身边，亲自照料一切。

在渭北富平昭宗的行在,韩建赶来,叩首哭奏:"如今天下各处藩镇跋扈,不止是李茂贞一人,陛下离开长安而去,宗庙园陵怎么办?什么人将来据守?臣恐怕皇帝车驾渡河,就将再没有还期。现在,华州虽然兵力还微弱,但位置重要,控带关辅,还可以保全守住,并且西距长安不远,愿陛下驾临华州,徐图复兴,臣愿为陛下尽力。"昭宗听从了韩建,车驾跟随韩建到了华州,把华州府署作为皇帝的临时行宫。其实,昭宗和何妃是逃出了虎口又进了狼窝,韩建将帝妃迎至华州,也是为了借皇帝之名而控制藩镇,壮大自己。昭宗这时候也只得听从韩建的摆布,首先从韩建所"奏",解散了诸王的军士,至此昭宗身边没有了亲军。

昭宗在颠沛流离的生活中,深感何淑妃患难与共,对他恩爱不移,如今虽然是在华州行宫,他还是正式降旨,册封何氏为正宫皇后。唐代,自从唐宪宗以来,已经有五朝没有册立皇后了,何氏被昭宗册立为皇后是她的殊荣,也是唐代后期惟一一位在世时被册封的皇后,又是唐代最后一位皇后。

当时流落华州,简居府署,又在韩建控制之下,册封之礼,就未能像太平盛世那样隆重,也只是简单行事罢了。接着,又立何皇后所生的儿子李裕为皇太子,改元为光化。

光化三年(900),太子李裕已被封为德王,但年令尚幼。而唐昭宗又不甘于任人摆布,于是,左右军中尉刘季述和王仲光密谋:"昭宗皇帝轻佻多诈,不能继续奉为皇帝,不如另立皇太子继位。"他们说的皇太子,就是何皇后所生的李裕,他们所以说昭宗"轻佻多诈",只是因昭宗不能完全听凭宦官、藩镇行事。李裕年幼,可以做一个空头皇帝,他们可以假借皇帝名义自行其是。当年十一月,一天清晨,刘季述率领禁军千余人，破宫门而入，召集百官，陈兵于殿前，然后宣布，圣上昏庸，不能治理天下，废昏立明，自古有之，为了社稷大计，请太子监国。

这时候皇帝在乞巧楼，刘季述对群臣宣布以后，将甲士千余人埋伏于宣化门外，自己带兵士突入宣化门至思政殿，见到宫人就杀。昭宗在乞巧楼见到此情形，吓得躲在龙床下面，被刘季述拖了出来。

宫人赶忙去奏报何皇后，皇后虽是女流，但很镇定，乃出来见刘季述，以皇后之尊向刘季述拜请；"中尉不要惊动圣上，有事不妨慢慢商量才是。"刘季述取出他强迫百官所写的状白对何皇后说："陛下已经厌倦国家大事，朝中大臣，都愿请太子监国，请陛下到东宫，安静颐养。"昭宗支支吾吾，刘季述很不耐烦，对帝、后大声喝道："众怒难犯，休得自误！"何皇后见刘季述声色俱厉，众军士刀枪林立，就对昭宗说："陛下且听中尉的话，待事平定，再作商议！"于是昭宗皇帝取出传国玉玺交给了刘季述。

刘季述接过玉玺以后，令太监们扶昭宗、何后登辇，嫔御侍从相随的才只有十几个人，立即赶往少阳院。到了少阳院，刘季述痛斥唐昭宗，某时某事你不听从我的话，一件一件数落了几十件，然后说："罪至数十，还有什么话可说的！"他指挥人员把少阳院大门上了锁，并且熔化铁汁锢住了门锁，这样谁也打不开宫门。又下令派左军副使李师虔用兵将少阳院围上，有什么动静，随时报告。然后，刘季述才离少阳院而去。

李师虔令军士在院墙上开了一个洞，饮食都是从这个小洞送进去，并得经过检查，凡兵器、针、刀都不准送入。昭宗要求给予钱帛，受到怒骂，要求给予纸笔也一律不答应。这时候正是冬季，天气严寒，何皇后和嫔妃无衾缺衣，冻得哆哆嗦嗦，有的妃嫔放声大哭，声传院外。帝后相对无语，真是一对乱世帝后，患难夫妻。

刘季述囚禁了昭宗及何皇后以后，迎太子德王李裕为皇帝，改名李缜，并假仁假义地奉昭宗皇帝为太上皇，何皇后为皇太后，把少阳院改为"问安宫"。刘季述以皇帝名义，对其手下加官晋爵，将士都受优赏，而帝后所曾宠信的人都一一被杀，每晚所杀的人装满10车。

当时天下，兵权最大的还是朱全忠。刘季述派人拉拢朱全忠，与刘季述相对的崔胤也派人拉拢朱全忠，传密诏令他勤王救驾。朱全忠一时间踌躇不决，拿不定主意。副使李振对他说，方今天下，能救出皇帝，可得天下大权。朱全忠权衡之后认为有理，于是派人去与崔胤商量如何行动，崔胤又策通了神策指挥使孙德昭，一起行事，共同诛灭叛逆之贼刘季述一帮人。

天复元年(901)新正，宫廷内外，正在团圆守岁，刘季述的部下畅饮通宵。孙德昭、董彦弼乘这个大好时机发兵起事，首诛王仲先，砍下了他的首级，接着来到了少阳院。叩门大呼："逆贼已被杀死，请陛下出来犒劳将士。"大年初一，少阳院内凄凄惨惨，冷冷清清，一片泣声，昭宗与何皇后任泪自流。突然听到院外人声嘈杂，大喊已诛逆贼，还不敢相信，何皇后说："如果诛了逆贼，有什么证据？"孙德昭便将王仲先的脑袋从每天送饭的那个洞里扔了进来。何皇后看后对昭宗说："果然是逆贼的首级！"二人心中欢喜。于是孙德昭与赶来的崔胤令手下兵丁砸开了少阳院大门，拥戴昭宗到长乐门楼，接受百官朝贺。

这时候，周承诲已把刘季述擒到，昭宗还没有来得及诘问，刘季述已经被乱杖打死了。刘季述逆党20余人都被诛。

传国玉玺交还给了昭宗。

太子李裕藏匿在左军，有人说李裕应与刘季述同罪。李裕是昭宗与何后所生，昭宗不肯加害，就说："裕年龄很小，只是为刘季述这些逆贼所挟持，不足言罪。"仍令他居东宫，仍为德王。

昭宗改元天复，大赏功臣，孙德昭任为同平章事、静海节度使；崔胤进位司徒；朱全忠爵东平王。但天下并未太平，宦官、藩镇们的争权夺地在继续加剧，每天都在互相征战、残杀。

天复二年，韩全诲与李继昭等又把昭宗和何皇后劫持到了凤翔。朱全忠发兵5万以救驾为名围困了凤翔城。凤翔乃小城，城中粮食都已吃完，又是一个寒冷的冬天，每天都有人饿死、冻死。人肉每斤值100钱，狗肉每斤值500钱。昭宗、何后又陷困境，每天仅能以人肉、狗肉度日。

天复三年正月，李茂贞收捕了韩全诲等人，于是打开城门，朱全忠至昭宗殿前素服谢罪，顿首流涕。而昭宗对他说，唐代的宗庙社稷，全靠你来保全了，甚至把自己身上的玉佩解下来赐给了朱全忠。

昭宗携皇后、妃嫔们还都。朱全忠跟随而至。他又逼昭宗迁都于洛阳，车驾行经华州的时候，百姓们夹道高呼"万岁！"昭宗闻听下泪，对百姓们说："不要再喊万岁了，朕不能再为你们当皇帝了！"做了多年傀儡的唐昭宗也知道大势已去，无法挽回了。昭宗到陕西地界，东都宫室还没有盖起来，暂居行宫。朱全忠来朝见，昭宗请他入宴，并由何皇后出席相见。何皇后见到朱全忠，掩面而哭："自今以后，帝与后，全依靠全忠了！"这时朱全忠兼任左右神策及六军诸卫事，皇帝周围尽是他的兵马。

朱全忠出都，昭宗特设御宴，为朱全忠饯行，并有群臣出席做陪。酒过数巡，菜已上毕，参加宴会的大臣先后辞别，而昭宗犹留朱全忠及忠武节度使韩建在座。何皇后这时从后室出来，亲自以皇后之尊手捧玉卮，劝朱全忠饮酒。恰好就在这个时候，后宫晋国夫人到昭宗身边，附着昭宗的耳朵低语。朱全忠不由得大起疑心，心想是否昭宗设计加害于他。韩建在桌下用脚踏朱全忠的左足，于是他站立起来，对昭宗、何后说："臣今日饮酒已然过量，已经醉了，为免失态，不能再喝。"何皇后斟的这杯酒，他没有喝，就匆匆告辞而去。从此，朱全忠对昭宗和何皇后存了戒心和有了疑虑。

仲夏，洛阳的宫室已经建成，朱全忠请帝、后起驾入东都宫中。恰巧司天监王墀上奏，星气有变，期在今秋，不利于皇帝东行。昭宗闻奏，十分相信，就派宫人去告诉朱全忠，说皇后即将临产，不便行路，俟十月再东行洛阳，并且附上了太医为何皇后所开的药方。一个皇帝惧怕一员大将到了这种程度，这也是十分少有的了。但是，越是这样，朱全忠越发怀疑昭宗有什么谋略，立即派出了寇彦卿带领将士强使昭宗和临产的何皇后起驾东赴洛阳。东行前后，朱全忠把王墀、晋国夫人以及宫中平时侍奉帝、后的身边人众一律处死。从此，昭宗身边除何皇后一人以外，全是朱全忠派来的爪牙。昭宗真的成了孤家寡人。

昭宗至东都洛阳，入宫之后，又一次改元，是为天佑。晋封朱全忠为护国宣武宣义忠武四镇节度使，昭宗纯为傀儡。

尽管如此，朱全忠仍不满足，他自觉势力已大，决心弑君篡位。这年仲秋，昭宗宿于椒殿，蒋元晖等带兵夜叩宫门，奏称有紧要军事，需要立即面陈皇帝。宫人裴贞打开宫门之后，蒋元晖大呼："皇帝在哪里？"昭仪李渐荣披衣先起，开窗一看，只见院内刀枪闪闪，擂门如鼓，料知大事不好，便说："你们要杀，就杀我吧，不要伤及皇上。"昭宗闻声，也忙起床，光着脚便往殿门跑，正值牙官史太持刀进来，一下撞了个正着。昭宗见了拿着刀的史太，慌忙躲到柱子后面，史太紧追不舍，李渐荣抢上数步，以自己的身体保护住昭宗，史太一刀杀了李渐荣，昭宗大惊失色，越觉惊慌无主，双手抱头，欲逃无路，闷然一声，倒地不省人事，顷刻之间已然归天。

何皇后时寝正宫，闻变，从宫中披头散发奔走出来，正遇上蒋元晖。她连忙向蒋元晖乞求免死。蒋一时未忍下手，令她暂居宫中。

昭宗已毙，蒋元晖伪造昭宗圣旨说李渐荣阴谋弑君，已被处斩，并称立昭宗第九个儿子，何皇后所生的李祚为皇太子，时李祚为辉王。皇太子改名李柷，监军国事，其实他年仅13岁。第二天，又假传何皇后懿旨，昭宗驾崩，李柷即位，是为哀帝。

哀帝登基后，尊何皇后为皇太后，居积善宫，号为积善太后。

朱全忠弑君成功，更有信心，觉得自立为帝的时机已到，第二年想到称帝以前应先行九锡，然后再令宣帝"禅让"。他和几个心腹密谋之时，蒋元晖等人认为"山西、河北等地还未平，现在禅让，还不到时候。"他们请朱全忠再过些日子。宣徽副使赵殷衡等与蒋元晖一派素来不和，借着这个机会，在朱全忠面前，大肆挑拨离间。因而蒋元晖的意见提出，朱全忠大怒，认为有碍于他。蒋元晖闻听，怕朱全忠加害，与柳璨商量之后，封朱全忠为当朝相国，总揽朝事，并同时晋封为魏王，依意兼加封九锡。

何太后居积善宫，听到这个消息，已经料到朱全忠将要取唐而代之了，每天以泪洗面，心想怎么救得大唐朝。她想起了蒋元晖当时既然能留她性命，是否可求他相救，保全唐代。何后暗中派了宫中的阿秋、阿虔去蒋元晖处，请求蒋元晖设法在朱全忠当上皇帝以后，能保全她母子生命，大唐朝还有望。

谁知阿秋、阿虔去密见蒋元晖的事情为赵殷衡等知道了，这为他反蒋元晖抓到把柄，又添油加醋地对朱全忠说：何太后在积善宫设夜宴招待蒋元晖，并且蒋元晖在太后面前梵香起誓、兴复唐祚。

这一番谗言果然厉害，朱全忠未问真假，就派兵捕杀了蒋元晖，又令赵殷衡率人进到积善宫，当着何太后的面将阿秋、阿虔两位宫人乱杖打死。何太后历经灾难，已知这次难免身死，反倒心情安然。

赵殷衡等人打死阿秋、阿虔以后，将何太后弑死于积善宫中，这时正是天祐二年（906）。朱全忠又以幼主名义，伪造罪名，废皇太后为庶人。所以，何皇后虽然是唐代后期惟一一位正式册封的皇后，但她逝世后却没有谥号。

又过了一年，一切齐备，在朱全忠的威逼之下，年仅17岁的唐哀帝李祝以"禅让"的名义，让位于朱全忠，唐朝宣告灭亡。朱全忠因曾被封为梁王，遂定国号为"梁"，都开封，史称"后梁"。从此，统一的中国进入了五代十国的割据局面。

吐蕃

唐／吐蕃

松赞干布皇后文成公主

◎ 廉 慧

文成公主(？—680)唐太宗宗室之女。她一生致力于汉藏友好事业，对藏族的社会发展起了一定的推动作用，是一位献身于汉藏两族人民友好团结伟大事业的优秀女性。

唐朝初年，在祖国西南隅的西藏高原上，勃起了一个强大的民族政权——吐蕃。吐蕃是今天藏族的祖先，他们原来是汉朝羌族的一支，后来逐步西迁，在雅鲁藏布江南岸渐渐发展起来。贞观十年(636)，年轻的吐蕃赞普松赞干布平定了叛乱，完成了统一西藏高原的任务，经过一系列的政治经济改革，使吐蕃成为一个祖国西南地区的奴隶制强国。松赞干布虽然在贞观十三年已经娶了泥婆罗(今尼泊尔)那陵提婆王之女,但是这位"性骁武,多英略"的年轻赞普心目中却是日夜向往着大唐的制度、文物、礼乐冠裳。他曾经几次向唐朝求婚,唐太宗都没有答应。贞观十四年(640)冬天,松赞干布又派大相噶东赞(藏文史书名"伦噶尔")和智塞恭顿为正副使者,携带黄金五千两和大量的贵重礼物,率从者百名,从逻些(今拉萨)出发,经过数千里的草原,千里迢迢来到了唐朝首都长安,向唐太宗再次求婚。唐太宗这次接受了松赞干布的请求,答应把宗室之女文成公主嫁给他。唐太宗之所以肯把美丽、聪明的公主嫁给藏王,在藏族至今流传着"五试婚伎"的传说。聪明机智的大相噶东赞为藏王请婚,唐太宗向他提出了五个难题,并且把做好这五件事作为迎娶文成公主的条件。第一件是叫人拿来一颗九曲明珠,让他把一根丝线穿过去。聪明的噶东赞先用一条马尾鬃拴在一只蚂蚁的腰部,再把蚂蚁放进九曲明珠的孔内,然后不断向孔道里吹气,一会儿,这只蚂蚁便拖着细细的马尾鬃从明珠另一端的孔道中钻出来。这时,再把丝线接在作为引线的马尾鬃上,只须轻轻一拉,丝线便穿过去了九曲明珠。第二件是要把100匹马和100匹马驹的母子关系,分别地辨认出来。噶东赞熟练地运用了吐蕃人民在畜牧业生产方面积累的知识,先把母马和马驹分别圈养起来,并且暂时断绝了马驹的草料和饮水,过了一天之后,再把母马和马驹同时放了出来,100马驹很快地认出了自己的母亲。第三件是唐太宗给五名使者每人100缸酒和100只羊,要他们在一天内喝完酒,吃完肉,还要把羊皮揉好。别的使者和随从匆匆忙忙把羊宰了,弄得满地又是毛又是血,接着大碗地喝酒,大口地吃肉,肉还没吃完,人已经酩酊大醉了,哪里还顾得上揉皮子。而噶东赞让跟从的100名骑士排成队,杀了羊,一面小口地喝酒，小块地吃肉，一面揉皮子，不到一天的时间，就把酒喝完，把肉吃干净，把皮子也揉好了。第四件是在一个晚上，宫中突然敲起鼓声，唐太宗传诏他们到宫中来商量事情，噶东赞想到初来国都，路途不熟，为不致迷路，就在某些地方做了标记，到了皇宫后，太宗又叫他们立刻回去，看谁先到自己的住处，噶东赞靠着自己事先做好的记号很快地就回去了。别的使者都迷了路。第五件是太宗让文成公主和2499名宫女打扮得一模一样，集合在一起，让他们去辨认，谁先认出了公主，谁就可以把公主迎回去。别的使者面对着这么多名年轻美丽、服饰华丽、阿娜多姿的女子都没了主意，只有噶东赞因为得到服侍过公主的旅店女主人的指教，知道了公主的容貌特征，认出第7位女子便是公主。就这样，这五道难题都被噶东赞分别顺利地解决了，唐太宗非常高兴，愿意把美丽、智慧的文成公主嫁给松赞干布。当这一消息传到文成公主那里时，她的心情很矛盾。文成公主自幼被唐太宗和长孙皇后收养在宫中，生活无忧无虑，享尽了荣华富贵，她不仅相貌美丽，而且是一位很有文化教养和政治远见的才女，自幼受过良好教育，熟读经、史、诗文。一个年轻女子要嫁到遥远的边疆，远离家乡不能与亲人往来，而且风俗习惯与中原地区大不一样，那种不安和愁苦心情是在所难免的。但是她没有沉浸在即将远离父母、家园的悲伤之中，她能理解皇帝的意图和自己肩负的重任，意识到与松赞干布结婚，能使汉藏两族人民世代友好，便愉快地同意了这桩婚事，并且悉心筹划着未来的生活和事业，还召见了噶东赞，了解了吐蕃的物产、风俗、生活习惯，做好了嫁到"僻寂荒寒"的青藏高原去的一切准备。唐太宗为文成公主的出嫁准备了丰厚的嫁妆，有各式各样的日用器具、珠宝、绫罗绸缎、衣物、饰品等各种东西，显示了唐朝的富庶和国力强盛。还送去了中原的经史、医药、文学、历法等书籍和各种先进的生产技术，把中原文化的精华传到了西藏。还另备洁车奉载释迦牟尼佛像。选派了25名年轻美丽的侍女，一个乐队和许多制作生活用品的工匠、厨役以及公主奶妈的一家，他们都随同文成公主前往吐蕃。唐太宗特派他的族弟、礼部尚书李道宗主婚，并护送文成公主去吐蕃。贞观十五年（641）正月从长安启程，满朝文武大臣都来送行，在长安城西10里的送客亭，文成公主和噶东赞等告别了送行的人群，各自乘上车马浩浩荡荡地离开了长安。

文成公主和噶东赞等人经过鄯城（今青海西宁），越过险峻的赤岭，进入吐谷浑，在吐谷浑境内受到河源郡王诺曷钵和弘化公主的热烈欢迎。在这里早已奉旨为公主修建了一座行馆，公主在此停留月余，以消除旅途疲劳，然后继续向吐蕃进发。在文成公主入藏的道路上有许许多多关于她的传说，当公主越过青海的日月山时，好像是又过了一重天，不由得产生思念家乡的悲伤情绪，唐太宗为了宽慰她，特意用黄金铸造了日月模型各一个，派人远道送来，叫公主携带在身边，从此这座山就被叫做"日月山"，现在山上仍有旧石碑一座，碑上"日月山"三个大字还隐约可见。

青海还有一条倒淌河，这条河水自东向西流入青海湖，传说它本来也是由西向东流的，因为文成公主从这条河边起，要弃轿乘马，进入草原，她感到离家一天比一天更远了，不禁失声痛哭，由于她这一哭，才出现了"天下江河皆东去，唯有此水向西流"的现象，倒淌河的名称即由此而来。这些故事虽然是传说，但它却表明了人民对公主的深切怀念，因此把她的名字同许多地名联系起来，也说明文成公主入藏为发展民族友谊做出的重大贡献。

文成公主出嫁的消息传到了吐蕃,引起了藏族人民的极大喜悦和兴奋,为了减少公主在旅途中的艰难,他们在许多地方都准备了马匹、牦牛、船只、饮水和食物,来迎接公主。他们为了欢迎公主还编了民歌"唉马林几",其中这样唱道:

不要怕宽大的草原,
那里有一百匹好马欢迎您!
不要怕过高大的雪山,
有一百匹驯良的牦牛来欢迎您!
不要怕涉深深的大河,
有一百只马头船来欢迎您!

文成公主一行到达黄河源头附近的柏海时,松赞干布也从吐蕃远道赶来迎接,他穿上汉族的袍带,打扮成唐朝的驸马,以唐朝女婿的身份拜见了李道宗,对唐太宗把文成公主嫁给他表示衷心的感激,并请李道宗向唐太宗致意,李道宗辞别了藏王和文成公主回长安。松赞干布陪着公主去拉萨。

当文成公主经过千山万水的长途跋涉到达拉萨时,吐蕃人民穿着节日的盛装,迎接这位联系汉藏民族友谊,不远万里而来的赞磨(即王后)。以前,松赞干布是住在帐篷里的,为了和公主结婚,他在拉萨修筑了一座华丽的王宫,在这座王宫里他和文成公主举行了隆重的婚礼,至今著名的布达拉宫内还仍保存着他们结婚的洞房遗址和他们的塑像。

文成公主到达吐蕃,带去了先进的文化和技术,有各种谷物、蔬菜种子、工艺品、药材、茶叶及各种书籍,对吐蕃的农牧业，手工业以及宗教文化的发展都起到了推动作用。

文成公主入藏前，吐蕃人都是住帐篷，穿毡裘，公主入藏后，上层人物都改住房屋，衣着方面，一部分人开始用绫罗绸缎，生活习惯有所改变，生活条件也随着改善。同时，公主还建议松赞干布创造藏族自己的文字。在这之前吐蕃没有文字，无论什么事都是以绳打结或刻木记事的原始办法。于是他指令桑扎布去研究，造出30个字母和拼音及造句的文法，从此吐蕃有了自己的文字。当时吐蕃没有正式、可靠的历法，是以麦熟的三月为一年的开始，文成公主把唐代天文历法带去了，从此吐蕃开始用唐朝的农历，依12属相和60甲子计算时日。对吐番的经济、文化的发展，特别是农业生产提供了方便。公主还是一个虔诚的佛教徒，她吟诵过不少佛经，通晓占卜，这一点最受当时吐蕃人的欢迎，据西藏史书记载，当时兴建大昭寺时，就是请公主占卜选定吉地后，在当时的逻些川填湖动工修建起来的。在文成公主和尼泊尔婆尊公主的影响下，松赞干布信仰了佛教，从此佛教逐渐在吐蕃得到了广泛的传播。

文成公主入藏后，促进了藏族的经济、文化的发展。松赞干布不断派遣贵族子弟到长安求学，唐朝许多有学问的人，也被聘请到吐蕃掌管文书，加强了汉藏两族的友好关系。至今，西藏民间还流传着这样一首歌颂文成公主发展两族经济文化的民歌：

> 从汉族地区来的王后文成公主，
> 带来不同的粮食共有三千八百类，
> 给西藏的粮仓打下了坚实的基础。
> 从汉族地区来的王后文成公主，
> 带来不同手工艺的工匠五千五百人，
> 给西藏的工艺打开了发展的大门。

> 从汉族地区来的王后文成公主，
> 带来不同的牲畜共五千五百头，
> 使西藏的乳酪酥油从此年年丰收。

虽然这首诗歌不免带有文字夸张，但它充分表达了藏族人民对文成公主入藏和亲的赞美之情。

贞观二十三年，唐太宗逝世，松赞干布到长安吊丧，并献金银珠宝15种，"请置太宗灵座前"。唐高宗即位，封松赞干布为"驸马都尉"、"西海郡王"，并赐物2000段。永徽元年(650)松赞干布去世。高宗十分伤感，派将军鲜于匡济前往吊祭。松赞干布去世后，文成公主又活了30年，继续致力于唐朝与吐蕃友好团结的伟大事业。唐高宗永隆元年(680)吐蕃流行黑痘症，公主染病死去。她在西藏生活了40年。文成公主逝世后，藏族人民为她举行了隆重的葬礼，表示藏族人民对她的尊敬和爱戴。藏族还规定了两个节日来纪念她，一个是藏历四月十五日，为藏族的"萨噶达瓦"节，是公主到达拉萨的纪念日，每逢这一天，藏族人民按照传统习惯，载歌载舞，在布达拉宫后面的龙王庙举行盛大的纪念活动。再就是藏历的十月十五，相传这是公主出生日，藏族人民在这一天都穿上节日服装到寺院去祈祷祝福。在西藏拉萨市的布达拉宫和大昭寺内，至今还供奉着文成公主的塑像。在西藏民间至今还流传着许多关于文成公主的诗歌和故事。

"黠虏生擒未有涯，黑山营中识龙蛇，自从贵主和亲后，一半胡风似汉家。"唐代诗人陈陶的这几句诗，正是对汉藏和亲、友好的歌颂。汉藏两族成为亲密的兄弟民族，源远流长，文成公主是完成这一历史使命的杰出人物，她一生致力于西藏经济、文化的发展，播下了汉藏人民团结的种子，为西藏与中原人民间的友好往来疏通了航道，为藏族人民参加祖国大家庭与各族人民共同缔造和建设统一的伟大祖国打下了基础。

赤德祖丹皇后金城公主

◎ 廉 慧

唐神龙元年(705)，赤德祖丹继位为吐蕃赞普，唐朝应邀派了宰相豆卢钦望等22人前往与吐蕃和盟，这是唐朝与吐蕃有史以来的第一次和盟。

鉴于唐蕃关系再度趋于和睦，垂帘听政的赤德祖丹祖母趁机派大臣悉薰热入唐，献上礼物，为赞普请求娶唐公主。唐中宗允许将雍王李守礼之女金城公主嫁给赞普。景龙三年(709)，吐蕃派人前往长安迎接公主，中宗李显在苑内球场设宴招待。唐景龙四年(710)，唐朝派左卫大将军扬矩护送金城公主入藏，皇帝赐给绵缯各数万匹，大批杂使、工匠，还有龟兹乐队，李显亲自送至始平县(今陕西兴平)，并设宴饯行，席间向吐蕃使者表明了公主年幼割爱远嫁的意思，还命群臣作诗送别，同时还改始平县为金城县，改乡为凤池乡，地为怆别里。并颁布金城公主远嫁制书。

金城公主进藏所走的路线与文成公主相同，沿着丝绸之路至甘肃后，再经青海的河源、玉树等地进藏。经过长途跋涉，终于来到了吐蕃首都，藏族人民载歌载舞隆重欢迎远道而来的唐朝公主，藏王赤德祖丹更是欣喜若狂。

金城公主出嫁时，带去大量的锦缯和各种工艺技术人员；入藏后，又派专人来中原求取《毛诗》、《春秋》、《礼记》等文化典籍。在当时朝庭内为此事还曾引起一场争论。大臣于休烈主张不给，上书说："给吐蕃各书，使知用兵权略，更生变诈，非中国利。"对此，斐光庭反对说："给吐蕃诗书，可使他们逐渐熏陶汉族文化，休烈但知书有权略变诈之语，而不知忠信礼义皆从书出。"唐玄宗采纳了裴光庭的建议，完全照给。这些诗书的传入，对于吐蕃的语言文字以及整个文化的发展起了很大的影响。加上金城公主的丈夫赤德祖丹也与松赞干布一样，特别喜爱汉族文化，这时期吐蕃的文物制度多是采用唐朝的，汉文汉语也颇盛行。今日汉藏音义相同的字有很多，大抵其所受影响始于文成公主时期，盛于金城公主时期。

藏史盛传，唐玄宗天宝元年(742)，金城公主妊娠，藏王赤德祖丹的另一王后那昂女细顿得知后，产生了嫉妒心，她也声称自己怀有身孕。当金城公主生下王子赤松德赞时，被细顿夺去，伪称是自己生的，于是发生争执，藏王和大臣们一直疑而未决。对此金城公主心中十分恼恨。等到王子能说话走路时，按照古代藏族习俗，要举行庆祝小王子的能步喜会，赤德祖丹设宴庆祝，邀请了两个王后的亲属和大臣，藏王用金质的酒杯盛满佳酿,交给小王子说道:"儿呀!谁是你的舅舅,你就把这杯酒送给他吧!"那昂家族的人们用各种各样的美丽物品和衣服等引诱他,而王子却走到了汉人一边,把金杯递给了汉人。说:"我是汉人的外甥,与那昂家没有关系。"这时金城公主热泪盈眶地欢跳起来。这段王子认母的故事,虽然是一个传说,可它反映了藏族人民在千余年前就认识到汉藏血肉相联、不可分割的关系。

唐玄宗统治后期,皇室生活腐化堕落,中央和地方的政治日趋腐败,边疆官吏常常制造战端,作为他们升官发财的捷径。唐朝统治阶级的好战和贪欲给边境带来了危机。

藏王赤德祖丹虽然与唐室通婚,但他继位时,年纪幼小,对外军事政策主要是为大臣所操纵。到了成年以后,又常常受到边将的蒙蔽,因此,唐、蕃双方的战争时有发生。

当吐蕃在战场上受到唐朝的军事打击后,赤德祖丹便派使者入唐求和。唐玄宗以"藏王往年来书傲慢无礼"不与言和,大臣皇甫惟明进谏道:"开元初年,赞普幼小,必是边将伪造文书,激怒陛下,兴师动众,以便他们从中渔利,邀功讨赏。现战事不停,日用千金,河西陇右,百姓穷困,陛下何妨遣使以看望金城公主之机,与赞普面议和事,永息边患。"唐玄宗采纳了这个建议,于是派皇甫惟明前往吐蕃,并捎给公主一封信,藏王赤德祖丹见此非常高兴,又派了大臣名悉腊来唐,亲自转上赤德祖丹和金城公主的礼物及赤德祖丹的书信,其大意是:"外甥深知前代文成公主及今日金城公主的关系,前因年小,被边将欺蒙,以后多次派人入朝,又被唐朝边将遮拦,这次承派使者来看公主,我非常欢喜。已处分蕃中边将,不许抄掠,希望允许订盟,恢复旧好。"唐玄宗对吐蕃来使名悉腊予以优厚的招待,并与吐蕃订立了以赤岭(青海湟源日月山)为界的互不侵犯和约，并立碑刻约，这是唐蕃第三次和盟。

唐开元二十九年(741)，金城公主长眠于西藏高原。她自出嫁吐蕃到去世，在吐蕃生活了32年，始终沸腾着一片唐、蕃和平相处的心愿，并为此做出了巨大贡献，为传播汉藏友谊耗尽了心血。从文成公主出嫁到金城公主逝世的100年间，汉藏两次通婚，在双方民族情感和政治关系上起了一定的作用，它促进了两个民族在经济、文化上的密切交往，进一步巩固了汉藏兄弟民族的历史关系。

车吉心 主编

中国皇后全传

● 第五卷

山东教育出版社

顾　问　安作璋
主　编　车吉心
副主编　朱亚非　蒿　峰

本卷目录

五代十国

后唐　庄宗李存勖皇后刘玉娘　/905
　　　　附：庄宗李存勖皇太后曹氏　/922
　　　　明宗李嗣源皇后曹氏　/927
　　　　附：明宗李嗣源妃王氏　/930
　　　　末帝李从珂皇后刘氏　/938

后晋　高祖石敬瑭皇后李氏　/942

后汉　高祖刘知远皇后李氏　/957

后周　附：太祖郭威妃董氏　/963
　　　　世宗柴荣皇后符氏　/966

南唐　烈祖李昪皇后宋福金　/971
　　　　附：烈祖李昪妃种时光　/975
　　　　元宗李璟皇后钟氏　/979
　　　　后主李煜皇后周娥皇　/981
　　　　后主李煜皇后小周氏　/991

前蜀　附：高祖王建妃徐氏　/999

后蜀　附：后主孟昶妃徐氏　/1013

宋

北宋

太祖赵匡胤皇后王氏　/1021
太祖赵匡胤皇后宋氏　/1023
附：太祖赵匡胤皇太后杜氏　/1026
太宗赵光义皇后李氏　/1032
附：太宗赵光义妃李氏　/1034
真宗赵恒皇后郭氏　/1036
真宗赵恒皇后刘氏　/1038
附：真宗赵恒妃李氏　/1053
仁宗赵祯皇后郭氏　/1058
仁宗赵祯皇后曹氏　/1066
附：仁宗赵祯皇太后杨氏　/1099
附：仁宗赵祯妃张氏　/1102
英宗赵曙皇后高氏　/1110
神宗赵顼皇后向氏　/1131
附：神宗赵顼妃朱氏　/1139
哲宗赵煦皇后孟氏　/1142

五代十国

(907－979)

这一时期为群雄争鹿的分裂时期，先后有后梁等5个朝代相继统治黄河流域，并先后出现吴、南唐等10个割据政权，统称为五代十国。

本书共收录了9个皇帝的10位皇后，另外附有6个皇妃的专传。

后唐

五代十国／后唐

庄宗李存勖皇后刘玉娘

◎ 余同元

后梁乾化元年(911),晋王李存勖攻魏州(今河北大名)不克,便派裨将袁建丰掳掠成安(今河北成安)。成安街头,流浪着一老一少父女二人,四处为人行医问卜。老的生半脸胡须,形容枯瘦,带有几分狡黠,此人名刘叟,自号刘山人;少的乃刘叟之女,乳名刘玉娘,年纪不过五六岁,生得聪明伶俐,讨人喜欢。袁建丰率兵在街头烧杀劫掠,所获无几,情急之下,便将刘玉娘抢到马上,回营孝敬了主帅李存勖。李存勖见刘玉娘精灵秀慧,便将她带到晋阳(今山西太原南),令入侍生母太夫人曹氏。刘玉娘年虽幼小,但长年随父在外谋生,通得不少人情世故,既能端茶递水,又善承人旨意,因而深得曹太夫人宠爱,每逢闲暇之时,曹太夫人便教她学习吹笙弹琴及歌舞诸技。因她生性聪颖,所教无不心领神会,曲尽微妙,被曹太夫人视若掌上明珠。

刘玉娘长成十五六岁的大姑娘时,已经出落得娇滴滴、水灵灵,好似那含苞欲绽的花朵一般,异样鲜艳。一日,晋王李存勖出征归来,入内庭拜见曹太夫人,母子相聚,欢乐异常,曹太夫人命刘玉娘歌舞弹唱,以助雅兴。刘玉娘在年轻的晋王跟前,显得格外温驯,缟裳素袂隐现出玉肌艳肤,睡眼愁眉流露出缠绵曲意,纤纤婀娜,娇姿欲滴。再加上她缓歌慢舞,间以吹笙弹琴,悠扬婉转,更是显得楚楚动人。李存勖深通音律,听到刘玉娘按声弹曲,已是惊喜不已,又看她千娇百媚,缠绵万分,更觉得可怜可爱,只管目不转睛地注视着她,竟忘了同曹太夫人说话。曹太夫人早已看破天机,便将刘玉娘赐给李存勖为妾。李存勖大喜过望,当即将玉娘带回寝室。当时,李存勖的正室为卫国夫人韩氏,二房为燕国夫人伊氏。自从刘玉娘得幸,作为第三妻房,也被封为魏国夫人。从此,魏国夫人刘玉娘便开始了她争宠的活动。

在此之前,李存勖攻打后梁夹城时,虏守将符道昭之妻侯氏,侯氏正值豆蔻年华,又有芙蓉脸面,尚在惊魂不定之际,便被李存勖纳为己妾。侯氏姿色超众,很快得到李存勖的专宠,行军打仗,李存勖也将侯氏带在身边,留陪枕席,以解寂寥,弄得宫中其他妻妾全被废置冷宫,不免含酸吃醋,骂侯氏为"夹寨夫人"。但自从刘玉娘入宫后,侯氏很快被李存勖冷落了。刘玉娘不但年轻貌美,而且争宠有方。她多谋善诈,一方面暗中设置障碍,阻止李存勖

与其他妻妾会面；同时又百般献媚，曲意奉迎，想方设法让李存勖专心于己。后梁贞明元年(915)，后梁天雄军节度使贺德伦以魏博(治所在魏州，今河北大名)降李存勖，李存勖率军前去受降，刘玉娘强请随从，获准。从此以后10余年，李存勖每次出战，她必随军而行，陪伴枕席，从而彻底取代了侯氏，宠专一身。

刘玉娘获得专宠靠的是她的心术手腕，而使她的地位得以巩固的则是她为李存勖生了太子李继岌。李继岌生得酷似李存勖，深得李存勖喜爱。后梁龙德三年(923)冬，李存勖大举灭梁，进居汴梁城，命军士肃清宫掖，见梁末帝妃郭氏姿色迷人，释令还宫。及至夜晚，便召郭氏侍寝，郭氏贪生畏死，没奈何只得宽衣解带，任其戏弄。此事传至刘玉娘耳中，刘玉娘连夜同继岌赶到汴梁，说服李存勖把梁妃郭氏送入寺院为尼。

李存勖进驻魏州，经营河北时，刘玉娘及爱子继岌常在身边。仍以医卜为生的刘叟闻女已显贵，急忙赶到王宫求见，自称为刘夫人的生身之父。李存勖令袁建丰审视，袁建丰说当初得刘夫人时，确曾见此黄须老人挈着刘夫人。可是，当刘夫人自己出来会见时，却死不承认，并且玉颜大怒，说："妾离乡时，记得清清楚楚，妾父已死于乱兵之中，曾由妾恸哭告别，那里钻出这田舍翁，竟敢冒称妾父呢?!"说罢便命兵士棒笞刘叟百下。可怜刘叟老迈，哪里受得了如此打击，昏晕了好几次，最后只好哀号而去。为什么刘玉娘连生父也不认呢?原来事不凑巧，她正在与嫡夫人韩氏、伊氏争宠，三人皆以门第攀比，因耻为寒家之女，她只好六亲不认了。可见，刘玉娘为争得正室之位，确是费尽心机，付出了极大的代价。李存勖对此事怎么看呢?他确实相信了刘玉娘的解说，认为那个黄须老头可笑之极。一日兴起，李存勖背起行囊药箱，扮起了那个黄须老头，与儿子继岌一起，扮演成医卜的模样，乐不可支，便到刘玉娘卧室，并称作"刘衙推访女"，硬是把刘玉娘从睡梦中闹醒。刘玉娘睁眼一看，正中其隐痛，顿生无名怒火，将继岌重笞一顿，从此，对李存勖产生了极强的愤恨，只是不便发作而已。

后梁龙德三年(923)李存勖称帝，建立后唐王朝，改元同光。李存勖即史籍上所称的后唐庄宗。那么立谁为皇后呢？这成了庄宗最棘手的问题。魏国夫人刘玉娘一心想被立为皇后，多方说服庄宗，但是，卫国夫人韩氏为正室(第一夫人)，燕国夫人伊氏位次也在刘玉娘之上，越次册立，违反常规常法，无法向群臣交代，故庄宗就此事一再拖延。对此，刘玉娘表面上若无其事，私下里却早已焦灼异常。偏偏此时又生出两件事情，越发使她不能等待了。一是同光二年(924)正月，庄宗派皇弟李存渥、皇子李继岌去晋阳迎接皇太后及卫国夫人韩氏、燕国夫人伊氏来洛阳团聚。本来，就刘玉娘一人在庄宗身边，随时有可能被册立为皇后，韩氏、伊氏位在刘玉娘之上，她们来到洛阳无疑给刘玉娘以极大的威胁，而且此时皇太后曹氏也已对刘玉娘不满。更叫刘玉娘头痛的是河南尹张全义上表奏请庄宗到洛阳举行郊祀之礼，庄宗大喜，立即来到洛阳，拜张全义为太师尚书令，诏令定都洛阳，准备立即举行郊祀之礼。郊礼是一种盛大的国礼，新即位的皇帝要与皇后及群臣参拜天地祖宗，敬告神鬼和列祖列宗，使新建立的王朝更加合法化。刘玉娘心急如焚，万一在立皇后之前举行郊祀之礼，卫国夫人韩氏必定以第一夫人的身份参加，那不成为事实上的皇后了吗？她情急生智，一方面亲自出马，盛饰入谒庄宗，借端设谋，以仪物未齐，不足以显示尊严，需要再加制造等等为由，请求改定郊祀礼仪的日期。庄宗经不住她的蛊惑，遂将日期推至仲春二月。另一方面，她暗中打发伶人和宦官四下活动，运动朝臣，打通关节。朝臣当中，丞相豆卢革向来模棱两可，经刘玉娘说客劝说，加上金银财宝的贿赂，便对立刘玉娘为皇后之事表示赞同。最难说服的是枢密使郭崇韬，他位兼将相，为人正直，为官清廉，对刘玉娘伙同伶人宦官干扰政事大为不满，自然反对册立刘氏。刘玉娘无奈，便找到郭崇韬故友的子弟，重金赂之，请他们前去劝说郭崇韬。郭崇韬见了故友的子弟，对伶官把持朝政忧心忡忡。故友子弟乘机献策说："为公之计，不如主动奏请册立刘玉娘。她专宠，独占皇上，路人皆知，且皇上早就有意册立她，公何不顺水推舟，送个人情呢？公若率先奏请，上可得皇上的欢心，内可得到刘玉娘报答，虽遭别人评说，公之将相高位却更加稳固了。"这一席话，直说得郭崇韬点头称是，马上与丞相豆卢革联名上书，请立刘玉娘为皇后。庄宗接到奏章，欣喜无比，刘玉娘佯为不知，暗自欢喜若狂。

郊祀之礼终于按照刘玉娘的意愿举行了。二月朔日，庄宗亲祀洛阳南郊，群臣毕聚，宰相以下，按次称贺，颂声连天。还归五凤楼，宣诏大赦天下，万众欢呼。不数日，即正式册立魏国夫人刘玉娘为皇后，封皇子李继岌为皇太子并魏王。当时洛阳太庙已经建好，刘玉娘受册封之后，便乘上重翟车，在庞大仪仗乐队的簇拥下，参拜太庙。她本来就姿色迷人，妖娆倾国，这时又加珠冠玉佩，象服堆云，罗衣迭雪，更显出万分娇娆，千般婀娜。何况左倚采旄，右荫桂旗，前有乐队鸣锣开道，后有仪仗示武扬威，引得洛阳男女老少无不夹道聚观。与当年她同生父刘叟医卜于魏州，流浪街头，形成了多么强烈的对照呀！当刘玉娘礼毕归宫，朝庭内外，百官争相送礼朝拜，祝贺她荣居皇后之位，唯独卫国夫人韩氏和燕国夫人伊氏愤愤不平，不来朝贺。庄宗不得已封韩氏为淑妃，封伊氏为德妃。

刘玉娘爬上皇后位子后，进一步蛊惑庄宗，使庄宗志满气盈，不是外出游畋，就是深居宴乐，从而达到了她控制朝政的目的。刘玉娘将大批的宦官、伶人擢居高位，依靠他们兴利聚财，又重用一批奸谗小人，四处陷害忠良，擅杀功臣，使刚刚建立的后唐王朝君臣昏乱，弊政百出，内乱四起，最后连庄宗也自身难保，死于叛兵乱箭之中。

早在庄宗即皇帝位之前，刘玉娘就伙同一批宦官伶人操纵朝政，受贿索贿。后梁宋州节度使袁象先入朝，辇带珍宝数十万先赂刘玉娘，次及宦官伶人，立即得到庄宗的称誉和嘉奖，备加宠信，赐名李绍安。后梁降将霍彦威、戴思远等，因纳贿刘玉娘，大得庄宗恩赐。还有河中节度使朱友谦、博州刺史康延孝，相继入朝，重贿刘玉娘，亦皆打通内线，因而得到庄宗恩宠，朱友谦被赐名李继麟，康延孝被赐名李绍琛。匡国节度使温韬，原来隶属后梁，无恶不作，听说袁象先、朱友谦等人俱受恩宠，赶忙带金入朝，重赂刘玉娘，遍贿宫禁，马上被庄宗召见，庄宗对他慰劳再三，赐姓名为李绍冲，留住旬日，派人送还许州(今河南许昌)继任前官。枢密使郭崇韬上书弹劾温韬几大罪状，庄宗竟闻而不问。荆南(今湖北江陵)节度使高季昌，闻庄宗已灭梁，颇为畏惮，为了避庄宗祖父国昌之讳，改名季兴，然后亲自北上拜见庄宗，庄宗和郭崇韬对他优礼相待，赐以盛宴，命其归镇，官任原职。当高季兴辞朝南归至襄州(今湖北襄阳)时，突遭追缉，幸亏在卫士的保护下，乘夜逃脱，才免于一死。原来，高季兴入朝，馈赠刘玉娘及伶宦不足，刘玉娘便同伶宦一起，谗言庄宗。庄宗素来听信刘玉娘，立即让襄州刺史捉拿季兴，结果使高季兴怀恨在心，暗中召纳后梁散卒，缮城积谷，随时准备兵击后唐。

刘玉娘通过庄宗参与朝政，在用人理财等方面，无不弄得弊害万端。

在用人方面，刘玉娘遍插伶官，使大批的伶人得以出入宫掖，位加群臣之上。她曾鼓动庄宗用伶人杨婆儿为卫州（今河南新乡）刺史。伶人为官从此开始。继而又有伶人陈俊官至郡守，史彦琼官至武德使，郭门高官至从马直指挥使及内诸司使等等。她还鼓动庄宗任用宦官为监军，并下令：前朝宦官，不论贵贱，全部回朝廷任事。当时庄宗身边宦者不下千人，皆是给养丰厚，委以重任，成为腹心耳目。宦官伶人恃宠怙势，与刘玉娘串通一气，横行霸道，或有愤疾者，亦不敢出气。群臣为保住身家和官位，不得不附托以求恩泽；四方藩镇为免兵祸，也争以财宝贿赂交结。伶人景进最得庄宗宠信，他专门以进献美女和告密为手段，博取庄宗欢心，从而窃取权力。宦官伶人唯利是图，毫无治国之术，只知陷害贤能忠良，搜刮民脂，为所欲为；而一些贪官污吏，又倚他们奥援，殃害百姓。靠刘玉娘及伶宦而得重任的袁象先素以谄佞贪婪著称，温韬不但暴掠民财，还派军队发掘唐室陵墓，盗取宝物。

在理财方面，刘玉娘充当了后唐最大的搜刮民财的贪暴民贼。她和伶宦怂恿庄宗将天下租赋收入分内外两府（库）收藏，凡州县收入一律贮于外府，充当军国经费；方镇贡纳及其他收入则藏于内府，作为宫廷赏赐及游宴之用。外府常常入不敷出，内府财物却堆积如山。刘玉娘贪婪至极，早年住在魏州，就命伶人宦官设法倒卖货物，并以皇后之名倒卖樵苏果茹，从中牟取暴利。她被立为皇后后，公开聚敛财宝，凡州县方镇贡纳之物，皆先入后宫，然后再交纳府库。为了取媚于皇后，租庸使孔谦以暴敛而受重用，凡是朝廷下文所定的租赋之数，孔谦皆加倍征收。不仅如此，他还发明租庸使贴，不经州县以上的藩镇许可，直接下达到州县，催征租税，横征暴敛。天平、平卢两镇上书抗议，朝廷亦指责孔谦"有紊规程"，孔谦却置若罔闻，行之如故，还强行向百姓借钱，以高价货物偿还。皇后保护下的租庸使如此搜刮剥削，州县官吏遂群起效法，并且变本加厉，层层加码，造成了百姓流亡，士卒冻馁，国家财政危机愈演愈烈，刘玉娘个人却金银财宝充斥后宫。

有了地位和金钱，刘玉娘并不感到满足，她要从各个方面超过别人，世人所有的东西，她都要加倍享受。她一生中最为遗憾的是没有一个富贵的娘家作后盾，她那可怜的生父刘叟自遭笞后已不知下落。其他妃妾常回娘家省亲，她只好拉着庄宗耽情声色，肆意畋猎游乐，每次到洛阳郊外围猎，前呼后拥，所到之处，蹂践民田，行同盗寇。除了打猎以外，她还常常陪伴庄宗造访大臣宅第，饮酒作乐，通宵不归。往返最多的是张全义宅中。张全义原为后梁河南尹，镇守洛阳，后唐灭梁后，他投靠后唐，被庄宗拜为太师、尚书令。张全义为了保全身家性命，不得不常常纳贿后宫，刘玉娘很是满意。一日，刘玉娘自思娘家贫贱，难免为其他妃妾嘲笑，不如拜张全义为养父，得以借光。主意一定，便奏报庄宗，说她自幼失去父母之爱如何痛苦，想认张全义为父，以慰心愿等等。庄宗对她一向言从计听，唯恐她不高兴，便慷慨允诺，并立即与她再幸张宅。皇上皇后双双驾到，张全义竭诚迎接，匍伏道旁，怎奈年老力衰，一经跪下，两脚酸软，当庄宗命他平身时，他伸出一脚，另一脚却不听使唤，竟致跌倒在地。庄宗急令左右扶持，才得勉强起身，导入内庭。同往常一样，张全义摆酒设宴，陪皇帝皇后品尝山珍海味。宴席上，灯烛辉煌，珠光宝气。酒过三寻，刘玉娘突然让张全义上坐，与他行父母之礼，吓得张全义不知所措，怎么也不敢越居这位貌美心狠，权力显赫的皇后之上。刘玉娘令随从强扶张全义入座，自己婷婷下拜，惹得老迈的张全义面红耳赤，眼泪都快要出来了。张全义再次推辞，但又被诸宦官强拥入座，万般无奈，只好认了这位不可一世的义女，行了父女之礼。庄宗坐在一旁喜笑颜开，叫张全义不必谦让，并亲自筛酒举杯，为张全义祝寿。酒宴之后，张全义搬出很多金银首饰，赠献义女刘玉娘。

第二天，刘玉娘命翰林学士赵凤草拟诏书，答谢张全义，赵凤回奏道："国母拜大臣为父，自古未闻，臣不知如何起草这样的诏书。"庄宗微笑道："爱卿不愧为犯颜直谏的忠臣，但皇后执意如此，而且也不会大伤国体，还是不要推辞吧！"赵凤无奈，只好草拟诏书，敷衍了事。就这样，刘玉娘便有了显贵的娘家。张全义经常献礼，保住了刘玉娘的荣华富贵。如此皇后，简直是有财有势便是爹了，还有什么干不出来的事呢？

五代十国是中国历史上佛教最盛行的时期之一。当时，广大劳动人民苦于苛敛暴役，困于兵燹杀掠，很多人剃度为僧，逃避赋役，以全性命。统治阶级中大批没落的纨绔缙绅，消极颓废，为了寻求解脱，往往交结僧侣，谈玄说性，酬答诗词。慓悍武夫幸全于锋刃之下，往往斋僧礼佛，而杀人如麻，恶贯满盈者，亦往往做佛事以求赎罪解脱。荒淫奢靡的诸方镇割据者乃至"中朝帝王"，精神空虚，幻想来世享乐，每每乞灵于佛教，广建寺院，礼僧拜佛。刘玉娘自思：身为皇后，富贵荣显无以复加，难道不是佛力保祐的结果么？于是她怀着虔诚而又惶恐的心情加入了佞佛队伍。她将平时所得贿赂，大批大批地赏赐给僧尼寺院。虽然她对佛教的微言大义一窍不通，却朝夕诵经念佛，以示敬重。她不仅自己佞佛，还劝她的丈夫庄宗信奉佛教。有一胡僧从于阗(今新疆和田一带)来到后唐,她和庄宗及诸子竭诚迎接,匍伏道旁,顶礼膜拜。胡僧游五台山,她请庄宗派中使陪同,所到之处,无不盛宴招待,倾动城邑。五台山一佛僧诚惠,自吹能降伏天龙,呼风唤雨。刘玉娘和庄宗闻听诚惠神奇,特派中使请他入宫,率群臣齐声下拜,诚惠居然闭目高座,安身不动。刘玉娘及庄宗将诚惠留居宫中,奉若神明。闲暇时,诚惠昂然出游,百官遇于道旁,无不伏地叩拜,唯独枢密使郭崇韬不肯下拜,仅拱手示礼,诚惠大不高兴。正巧洛阳大旱,几十天不降滴雨,郭崇韬上奏庄宗,请神僧诚惠呼风唤雨。诚惠无法推辞,只好在城内筑坛祈雨,号召全城老少连日戒斋,他自己则每天登坛诵咒,念念有词。可是,偏偏神龙不听使唤,赤日仍然高照,人们再也不相信他的骗术了。郭崇韬乘机上书,指责他祈雨无方,应在坛下堆满柴草,放火将他烧死,以求上天降雨。这下可吓坏了诚惠,他又急又怕,趁着夜深无人注意,慌忙从祭坛上滚爬下来,逃得无踪无影。诚惠逃回五台山后,又怕朝廷派人来抓捕,竟然惶恐而死。事至如此,刘玉娘和庄宗仍不觉醒,反而指责群臣信佛不够虔诚,以致得罪了神佛。许州节度使温韬,听说刘玉娘佞佛,立即将自家宅第改为佛寺,日夜替皇后祈福。事情传至朝廷,庄宗下旨嘉奖,刘玉娘亦下令对温韬优加褒美,旨令同时驾到,温韬荣耀无比。从此以后,皇后刘玉娘的旨意称教令,与庄宗的圣旨并行内外,不分上下。朝野内外,官吏每接到刘玉娘教令,比接到庄宗的圣旨还要重视。后来中宫教令愈传愈多,应接不暇。

同光三年(925),皇太后曹氏魂归西天。没有了公婆的约束,刘玉娘更加肆无忌惮,开始全面地控制庄宗,并对那些与她不利的功臣将相进行排挤陷害。朝廷中,对刘玉娘妨碍最大的是郭崇韬。郭崇韬身兼将相，官居要位，以枢密使、检校太保、守兵部尚书加升府仪同三司、守侍中、监修国史。再兼真定尹、成德（今河北真定）军节度使，封太原郡侯。他本为李克用手下的一名教练使，机警英武，才干过人。李克用死后，他辅佐庄宗，参谋军机大事，在危难之际，他率军冲锋陷阵，出奇制胜，先后攻取博州、魏州等军事要地。在后唐灭后梁的过程中，他力排众议，一手谋划进取之策，布置攻战方略，特别是在占领汴梁、诛杀梁末帝的过程中，他的功勋尤为显著，成为后唐举足轻重的人物。他为人刚正不阿，为官清廉，勇于革新，在庄宗即位，举国相庆的日子里，他上奏时务利害25条，主张考核官选，反对唐末以来宦官充任枢密使的陈规，请求革除所有朝中任事的宦官伶人。郭崇韬的一系列改革，与皇后刘玉娘依靠宦官伶人干预朝政，为所欲为的做法水火不容，于是出现了以刘玉娘为首的伶宦集团同以郭崇韬为首的权臣集团的斗争。

　　斗争的第一个回合表现在立皇后的问题上，最后以郭崇韬作了让步而结束。这一次，刘玉娘一方面发动大批宦官伶人对郭崇韬进行大肆谮谗和陷害，迫其就范；另一方面派人对郭崇韬进行贿赂、拉笼。郭崇韬听信了亲信的规劝，原以为奏立刘玉娘为皇后便可以换取她的支持，维护自己的改革措施，并制服宦官伶人。结果，刘玉娘当了皇后，却极力伙同伶宦攻讦诬陷郭崇韬。后唐同光三年（925）春夏，洛阳大旱，半年没有降雨，至六月中旬，又遭大涝，大雨连降75天，百川泛滥，一片汪洋，宫廷虽处高地，也因此潮湿闷热。刘玉娘因而怂恿庄宗建造清暑楼，以登高避暑。她派宦官进言道："昔唐都长安全盛之时，宫廷楼阁不下百数，今陛下连一避暑楼也没有，不是太小气了吗？"庄宗反诘道："朕富有天下，难道不能建筑一楼?"宦官马上说:"郭崇韬终日愁眉不展,常常同租庸使郭谦谈论国用不足,陛下若真想建造楼房,恐怕郭崇韬还不会同意呢!"庄宗大为不满,变色道:"朕自用内府钱造楼,何须郭崇韬干涉?"当即诏令宫苑使王允平赶造清暑楼。为防止郭崇韬进谏,特派中使传谕崇韬:"朕昔日在魏州时,行营暑湿,还要披甲乘马,奔波沙场,却一点不感到疲劳。如今身居深宫,少事劳作,反而不堪暑热,这是什么原因呢?"崇韬似乎反应迟钝,托中使回奏道:"陛下当年在魏州时,强敌未灭,深仇未报,虽逢酷暑,不以为怀;而今外患已除,海内臣服,即使身居珍台凉馆,仍觉郁闷,这是因为处境不同,志向变化的缘故,艰难的环境使人发奋忘忧,安逸的生活则容易使人落拓颓靡啊!但愿陛下能居安思危,那深宫的暑热便会变得清凉了。"庄宗闻听此言,默然无语,刘玉娘又指使宦官进谗道:"郭崇韬的宅第,比皇宫还要宽敞豪华,难怪他不体谅陛下的暑热哩!"庄宗因此隐恨崇韬。崇韬听说王允平开始建造清暑楼,每天役使万人,费用数以万计,因而再次进谏道:"近来河南遭旱涝之灾,军粮不足,请陛下诏令缓建清暑楼,等到丰收之年再建!"庄宗本来就已恼怒崇韬,这下不仅没有听取谏阻,反而更加怀恨崇韬了。

斗争的第二个回合表现在怎样处理罗贯的问题上,又以郭崇韬的失败而告终。由郭崇韬一手栽培提拔的洛阳县令罗贯,为人刚正不阿,不避权势,敢于抵制刘玉娘及伶宦的不法行为。刘玉娘及伶宦怀恨在心,串通一气,密谋陷害罗贯。刘玉娘的义父张全义对罗贯怀有旧恨,也暗中为刘玉娘出谋划策,罗织罪名。正巧庄宗生母曹太后移葬坤陵,由于天降大雨,通往坤陵的道路被毁坏,桥梁冲塌,这些皆在罗贯的辖区内,刘玉娘及伶官乘机奏报庄宗,进行诬陷,将罗贯逮捕下狱,严刑拷打，并传令马上将罗贯诛杀。郭崇韬听说后，立即上书指出："罗贯仅仅因失修道路而处以死刑，此用法不公也！"庄宗是非不辨，反而责问道："太后灵驾送葬之道，天子朝夕往来，竟然桥梁毁坏，道路失修，难道说不是犯罪么？"郭崇韬冒死再谏道："陛下贵为天子，因诛一县令而招致天下议论，岂不因小失大了吗？"庄宗大怒，拂袖而起，大声吼道："你身为将相，竟同罗贯结党！你如此偏爱罗贯，那就由你裁决吧！"言毕返身退堂回宫，郭崇韬紧随而入，企图再作辩解，庄宗竟闭门不理。第二天，罗贯便被处死，并暴尸于市，百姓皆呼为冤枉，只有刘玉娘一伙在为他们的胜利弹冠相庆。

后唐同光三年（925）秋，庄宗选将讨伐前蜀。诸将当中谁能当此重任呢？庄宗将诸将领逐个掂量一番，最后还是非郭崇韬莫属。郭崇韬奉命出征，仅用了70天时间便灭了前蜀。然而，就在这胜利的欢呼声中，皇后刘玉娘已伙同伶宦给郭崇韬掘好了坟墓。

郭崇韬在征蜀途中，曾对魏王李继岌说："待平定蜀地后，王立殊功，威望遽升，日后继位做了皇帝，千万要尽除擅威作福的伶宦，礼贤下士。若不改变伶宦恃宠怙势的弊风陋习，必将造成上下离心，民怨沸腾的局面。"这本是发自肺腑的忠良之言，不料被刘氏的亲信听到并告诉了刘氏，因此，刘氏对他更恨之入骨。恰在此时，庄宗遣宦官向延嗣来蜀，催令大军还朝。延嗣到了成都，崇韬没有举行欢迎仪式，延嗣大为不满。这时，李从袭乘机密告延嗣道："蜀中军事措置，全由郭崇韬把持，他的儿子郭延海每天与军中骁将及蜀地豪杰相勾结，饮酒发誓，不知是何用意。军中诸将无不是郭崇韬的党羽亲信，一旦有变，不仅我等死无葬身之地，恐怕魏王也难免罹遭大祸啊！"说完泣不成声，让人备感悲哀。向延嗣当即表示:"等我归根报廷,必将严加惩办!"第二天,向延嗣便辞别魏王,打马奔回洛阳,向刘玉娘添油加醋地描述郭崇韬如何准备谋反,魏王李继岌如何危在旦夕。刘玉娘听后,认为除掉郭崇韬的时机已到,马上哭诉庄宗,尖声怪叫地请求庄宗派人杀掉郭崇韬,救出皇子继岌。庄宗一听刘玉娘哭诉,顿时怒气冲天,当即遣宦官马彦珪速去成都,敦促郭崇韬火速还朝,并下诏:"如果崇韬奉旨班师回朝,免去前罪,如果拒不受命,继续迁延时间,那就让魏王继岌设法取其性命,以除后患。"马彦珪唯唯听命,临走时却跑到后宫拜见刘玉娘,问道:"蜀中事势危在旦夕,万一发生紧急事变,在三千里之外,我怎样向您汇报呢?"刘玉娘决意要除掉崇韬,因而再度入见庄宗,要求庄宗给予马彦珪临时自行处置的权力。但庄宗对此进行了驳斥,指出:"诸事皆出自传闻,是否符合事实还待于调查证实,怎能让马彦珪擅自决断呢?"刘玉娘得不到庄宗的支持,便自行起草教令,让马彦珪送交魏王继岌,命令就地暗杀郭崇韬。

再说成都城中,郭崇韬正在全力布置军事,准备与李继岌班师回洛阳听旨。同光四年(926)正月初六日,马彦珪从洛阳赶至成都,拿出皇后教令给了魏王继岌,继岌犹豫道:"大军即将班师还朝,不见任何不轨之迹,怎能下此毒手呢?请赶紧毁掉教令吧。"马彦珪与李从袭拜伏于地,声泪俱下地说:"皇上已口谕圣旨,大王如拒不执行,万一中途事情泄露,必将大患无穷。"继岌坚持说:"皇上没有诏书,仅以皇后教令为凭,决不可诛杀安邦定国的功臣宿将,何况崇韬身为招讨使,更不可随意伤害!"李从袭、马彦珪都是皇后刘氏的死党,怎能轻易放弃这个机会呢?!他们得不到魏王的允诺,便暗自采取行动,伏兵杀死了郭崇韬。诸将闻崇韬被诛,无不惊愕，推官李崧质问魏王继岌道："大王行军千里以外，不见皇上敕旨，擅杀大将，如何向军士交代呢？"李继岌惶恐不安，只得伪造庄宗诏书，颁示军民，声明只罪及郭崇韬父子，他人概不牵连，才稍稍稳定了军心。

郭崇韬被诛，标志着以刘玉娘为首的中宫伶宦集团彻底控制了庄宗，操纵了朝廷大权。刘玉娘一面扫除了以郭崇韬为首的敌党，一面更加紧了对庄宗的挟制，将庄宗变成了手中玩物，随意摆弄。有一位年轻女子，蛾眉横翠，粉面生春，深得庄宗喜爱，被纳为姬妾后，很快孕生贵子，这下可气坏了刘玉娘。玉娘怕庄宗再有外遇，便想办法把这位新来的爱姬赶出宫廷。碰巧武宁军节度使李绍荣（原名元行钦）丧妇。被庄宗召见并赐宴抚慰。在宴席上，庄宗安慰李绍荣道："爱卿丧妇，不可过分悲痛，朕将帮卿再娶一美妇。"刘玉娘在旁一听，马上召来庄宗爱姬，指给庄宗道："陛下爱怜绍荣，何不将此女赏赐给他？"庄宗一时不知所措，只好佯装答允。不料，刘玉娘得寸进尺，立即拉李绍荣拜谢庄宗，并嘱咐宦官扶庄宗爱姬与绍荣一同出宫，乘车进了绍荣宅第。庄宗愀然不乐，好几天称病不食不饮，但最终还是拗不过刘玉娘，只好耐着性子，仍然陪她寻欢作乐。

这件事传出以后，宫廷内外皆知刘玉娘权重，争相献谀。这样，大批的钱财流入内府后宫，而贫民百姓流浪街头卖妻鬻子。在这种情况下，刘玉娘仍日夜与庄宗花天酒地，纵情欢愉。宫中生活厌烦了，就拉上庄宗游山玩水，追猎野兽，以解郁闷。就在派人杀害郭崇韬的同时，刘玉娘同庄宗率领诸皇子及后宫嫔妃，浩浩荡荡，穿越伊阙，扎营龛涧山，打猎取乐，数日不归。当时正值隆冬大雪，随从不堪寒冻，沿路抢劫民衣民食，甚至拆民舍焚火御寒，还责怪当地官府接待不周，结果，沿途各县县吏无不畏惧而逃避他乡。时至三月，天上流星频繁出现，占星者趁机上书说："流星出现，是有兵变的预兆，应将内府钱物散发天下，救济贫民，否则，天意难违。"庄宗害怕失去皇位，就命令将内府及后宫财物拨给军士，以稳军心。刘玉娘大为不快，对庄宗说："我们夫妇能够得到天下，全是天意，命既在天，人何足畏？散发粮草又有什么用呢？"庄宗只得找宰相商量对策，准备暗中开府散粮，又被刘玉娘从屏后偷听去，当即取出一些梳奁用品及皇幼子潇喜等扔到庄宗面前。竖起柳眉，嘶着嗓子大叫："诸侯贡物都已花光，宫中所剩的财物不过这些，干脆都拿去卖钱济军吧！"宰相等瞠目结舌，皆惶恐而退，庄宗只好赔礼道歉才得了结。

郭崇韬死后，庄宗听信刘玉娘及宦官景进的诬告，冤杀护国军节度使朱友谦全家。于是功臣宿将，人怀自危之心，军队乏粮，将士愤愤不平，在这种背景之下，伐蜀骁将康延孝（即陕府节度使李绍琛）便以替郭崇韬、朱友谦复仇为口号，举兵反叛。与此同时，戍守瓦桥关的魏博镇士卒，也杀死杨仁晸，共推军校赵在礼为首领，以讨伐刘玉娘为名，攻打魏博镇。魏博兵是后唐的一支精锐部队，在消灭后梁的战斗中，出力最多。庄宗闻变，急忙与刘玉娘商议对策，刘玉娘建议派归德节度使李绍荣率兵平乱，结果兵败而归，赵在礼占领了魏博镇，自称魏博留后，出示安民，成为一方霸主。庄宗又派蕃汉内外马步军总管李嗣源率侍卫亲军前往讨伐。结果亲军士卒也发生哗变，与魏博兵联合，胁迫主帅李嗣源攻取汴梁，进攻洛阳。住在洛阳的庄宗和刘玉娘闻变，急忙将内府钱帛散发给洛阳军士。军士虽得到赏赐的钱帛，却毫不感激，且怨恨道："我等妻子儿女均已饿死，还要这些钱帛何用？"庄宗亲率主力部队退守汴梁，途中听说李嗣源已占领汴梁，仓惶回逃，至荥阳，兵士已逃散了一大半。庄宗再三抚慰士卒，许以厚赏，士卒们回答说："陛下赏赐太晚，我们不能领受圣恩了！"回到洛阳，郭从谦率众哗变，与洛阳驻军混战，庄宗亲率近卫骑兵参加战斗。结果被乱箭射中，流血盈身，退到凌霄殿中，遇到了刘玉娘。刘氏见庄宗气息奄奄，竟命宦官给他灌注酪浆，一杯下肚，庄宗便一命呜呼了。时年仅42岁。

刘玉娘让人灌死庄宗后，又命宦官放起大火，将庄宗尸体化为灰烬。然后，她便与庄宗四弟李存渥及行营招讨使李绍等人，收拾宫中金银财宝，带领700骑兵，出洛阳狮子门，向西逃跑。出逃之时，她又命令宦官放火烧毁了豪华的嘉庆殿，造成宫中大乱，宦官伶人乘乱抢走许多财物。在逃往太原途中，刘玉娘与李存渥相依为命，因怕李存渥抛弃她，索性委身于他。李存渥见刘玉娘千姿百媚，风流娇娆，风韵不减当年，便也乐意和她结成露水夫妻，一路上恩恩爱爱，来到太原时，汾州刺史李彦超已先入为主，李存渥只好再寻他处，结果被部下杀死于途中。刘玉娘又失去了依靠，无奈削发为尼，将随身所携金银犀带变卖，请人在太原为她建造佛寺，准备安度余生。

后唐天成元年四月（926），李嗣源即帝位，是为后唐明宗。明宗派人到太原，历数刘玉娘谋杀大臣，淫乱宫廷等罪状，赐她自尽。这位不可一世的皇后从此便在历史舞台上消失了。她的儿子李继岌逃到渭河，亦卧榻自缢身亡。后晋天福五年（940），后晋高祖石敬瑭追谥刘玉娘为神闵敬皇后。

附：庄宗李存勖皇太后曹氏

◎ 余同元

曹氏（？—925）是太原人，以姿色出众被选为唐河东节度使李克用次妃，其子李存勖建立后唐政权以后，曹氏被册尊为皇太后，谥号贞简皇后。

贞简皇后的丈夫李克用（865—908），唐沙陀部人。当黄巢起义军攻克唐都长安之时，他率领沙陀兵南下，援助唐王朝，被封为代州（今山西代县）刺史。因镇压黄巢起义军，收复长安功居第一，被唐僖宗封为金紫光禄大夫，检校左仆射，同平章事兼太原尹，河东节度使等职，时年28岁。唐中和三年（883）八月，李克用赴镇太原，翌年，加封为陇西郡王。位列侯王，自然要挑选王妃。当时，曹氏正值豆蔻年华，生得眉如远山，目如秋水，鼻似琼瑶，齿似瓠犀，不但姿质娴丽，而且秀外慧中，谦退明辩，很快被选送王廷。曹氏盛饰入谒，不仅深得王意，连李克用的正室秦国夫人刘氏也爱而赞之，刘氏曾对李克用说："妾观曹姬非常妇人，王其厚待之。"李克用对曹氏宠若明珠，很快册她为次妃。

曹氏位列王妃，善承雨露，深惬王心。更重要的是，她温文尔雅，聪颖贤明，成了李克用的贤内助，于军国大事，多所建树，因而恩宠不衰。李克用生性暴戾，动辄杀人，左右无敢阻挡，唯曹氏从容劝谏，军士多所获救。唐昭宗乾宁元年（894），李克用兵进燕蓟，败燕师李匡俦，掳其妻张氏，纳为己妾。张氏姿色绝代，曲意奉承，很快得到李克用宠幸，致使盈室妻妾，罕得进御，唯独曹氏例外。曹氏常常为李克用出谋献策，恭勤内助，不但没有色衰爱驰，而且被李克用宠而贵之。因此，曹氏于众姬妾之中，出类拔萃，使诸夫人皆出其下。使曹氏地位超越于众夫人之上的另一个重要原因，是她第一个为李克用孕生贵子。唐僖宗光启元年（885），曹氏与李克用新婚不久，便生出贵子，形貌奇特，非同凡人，这便是后来建立后唐王朝的庄宗李存勖。新生婴儿，气粗力大，深得李克用钟爱，被立为太子，曹氏因此得以专宠。唐昭宗乾宁二年（895），李克用率蕃汉之兵四面出击，两次进兵关中，直指朝廷，威震中原，势压群蕃，唐昭宗不得已，赐李克用为忠贞平难功臣，进封晋王，于是，曹氏也由妃子进封为晋国夫人。

李克用凭恃沙陀铁骑，四面出击，劳师远征，胜则不能收其土地财富，败则兵员、物资损失巨大，实力削弱，加上军纪不整，将吏率多贪暴，扰民无度，致使其统治区内军食不继，时常出现以尸为粮的怪事。而且，李克用部下离心离德，一些归附的将帅纷纷叛离。这样，李克用很快由盛势霸王陷入窘困危急之中。后梁开平二年(908)，驻守晋阳(今山西太原南)的李克用头部疽发而死，其子李存勖继王位，在内外形势极其严峻的情况下，开始改革内政，整顿军纪，打败了后梁朱全忠的进攻。在这场复杂的斗争中，晋国夫人曹氏起了关键的作用。

首先，曹氏帮助李存勖巩固了王位。当初，李克用奖励军功，贪多而滥，因功而得礼秩高官者不计其数。这些所谓功臣无不居功自傲，握其重兵而无视年轻的晋王，在李存勖举行即位仪式时，他们或称疾不来或来而不拜。李克用之弟李克宁，为管内蕃汉马步都知兵马使典握兵政，在李克用养子李存颢等人怂恿下，乘李克用之死，密谋策划政变，废李存勖自立，以河东地降后梁。曹氏密召监军张承业说："先王将我母子交托与你，如有事变发生，你等要忠于先王，保证我母子有立身之地，以免乞食于汴梁(指朱全忠)"。张承业立即召集旧勋吴珙、李存璋、李存敬、朱守殷等，诛杀了李克宁和李存颢，平息了这场内乱。

其次，曹氏帮助李存勖整饬军纪，改革内政，任李存璋为河东马步都虞侯兼军城使，整顿军队。当初，李克用宠幸沙陀兵，纵恿他们横行市里，肆其豪夺。李存璋上任后，抑强扶弱，诛杀豪强恶霸，旬月之间，纲纪大振。同时，加强军士训练，命令骑兵不遇敌不准骑马。作战时，兵士不得相逾越，不得畏缩避险。进攻时，各军分道并进，各负其责。无论蕃、汉，违者必斩。通过这些措施，使晋军上下辑睦，同心对敌，军队战斗力大大加强。

在内政方面，推行强有力的改革措施。命令川县推举贤才，黜置贪残，减免租赋，育抚孤寡，伸张冤滥，禁止奸盗。李存璋在河东重视耕稼，整顿吏治，当时无人不颂其功德。昭义节度使李嗣昭在潞州，加强法制，宽减田租，劝农务穑，一二年间，军民皆富。举才、劝农、缓法等措施的实行，促进了社会的稳定和经济的发展，为战胜后梁建立后唐奠定了物质基础。

后唐同光元年(923)，李存勖称帝于魏州(今河北大名东北)，建立后唐，是为后唐庄宗。庄宗称帝后，大举伐梁，后梁全军解甲投降，后唐进驻洛阳，安都于此。定都后，庄宗便派宰臣卢损奉册书去晋阳，尊晋国夫人曹氏为皇太后，命令皇弟李存渥和皇子李继岌去太原迎接皇太后来洛阳。庄宗自己则亲至怀州迎驾，将太后接入长寿宫。曹氏到洛阳后，依然保持往日的生活作风，时刻不放弃对李存勖的严格管教。李存勖称帝后，生活开始腐化，奢侈淫乱、浪费无度，逐渐由叱咤风云的英雄变成了众叛亲离的独夫。当时，军府政事全委于监军张承业。张承业虽是宦官，却能廉洁奉公，励精图治。李存勖时常要钱赌博或赏赐伶人，张承业拒不支付。李存勖羞怒难堪向侍从索剑，企图杀死张承业。曹氏得知后，立即唤李存勖进宫，李存勖惊慌不已，忙向张承业叩头请罪。次日，曹氏还带着李存勖上张家赔礼谢罪。

宠任伶人，堪称是李存勖的一大特点。后唐建国前，已有伶人杨婆儿居州郡之任，此后，伶人更得宠恃势；出入宫庭，侮弄缙绅，群臣愤嫉，莫敢出气。得势伶人进施谗言，干预政事。对此，曹氏大加指责，曾经扭着李存勖的耳朵进行责骂。由于曹氏的严厉管束，李存勖在诸多方面不得不去恶从善。《旧五代史》称他：每出于路，遇饥寒者，必勒马而临问，使人情大悦。这与曹氏的教导是分不开的。她常在李存勖出兵之前，谆谆告诫："我已衰老，望儿多自发奋，不坠先王之业。"李存勖常以此激励自己。

曹氏身为太后，对原来李克用的妃妾仍能体贴关怀。闻驻晋阳的刘太妃病重，她坚持带病前去看望。李存勖阻拦，她悒然不悦，说："吾与太妃，恩如伯仲，她抱疾在床，我怎能不去问候？"后来听说刘妃病逝，曹氏恸哭累旬，哀伤不饮食，因此病逝于长寿宫，时在同光三年(925)七月。曹氏死后，葬于坤陵(或云寿安陵)。十月，上谥号"贞简皇太后"。

明宗李嗣源皇后曹氏

◎ 余同元

曹皇后大约生于公元 9 世纪末叶，死于后唐清泰三年（936），经历了唐、后梁、后唐三朝。

曹氏为人简朴大方，和善慈悲，端庄严肃。她是李嗣源的原配夫人。当时，李嗣源被河东节度使李克用收为义子，作战英勇，屡立战功，历任侍卫队长、代州刺史、邢州节度使等官。曹氏在随李嗣源过戎马倥偬的生活时，生下了一子一女。儿子李双环，是李嗣源的长子，被后唐庄宗封为金铃指挥使，并被收为义子，后来不幸被后唐武宁军节度使李绍荣杀害。女儿先后被封为永宁公主、晋国公主和卫国公主，嫁给后唐河东节度使石敬瑭，后来竟成了皇后。

后唐同光元年(923)，后梁王朝被后唐灭亡，李嗣源因功被升为后唐蕃汉内外马步军总管，进位检校太傅，兼侍中及天平军节度使，曹氏被封为楚国夫人。两年后，魏博镇发生兵变，庄宗派李嗣源率侍卫军前往讨伐。结果，亲兵发生哗变，劫持李嗣源入城，攻取汴梁。楚国夫人曹氏及李嗣源家小都住在常山(今河北曲阳、正定)，仍然被后唐庄宗所挟制，随时都有被杀害的可能。在这种情况下，曹氏沉着冷静，指挥全家人设法与后唐庄宗派来的监护军周旋，采取里应外合的方式，与牙门都校王建立一起将监护军全部杀死。不久，李嗣源攻克了洛阳，庄宗在荥阳被乱兵杀死，李嗣源即帝位，称后唐明宗。

李嗣源称帝后，立谁为皇后的问题便提到了议事日程。当时，作为皇后候选人的只有楚国夫人曹氏和新来的别室王氏。王氏年轻貌美，生得玉兰花一般标致，且妖娆多姿，最得李嗣源宠爱，被封为韩国夫人，但位在曹氏之下。曹氏眼见王氏得宠，只得主动找王氏说："我向来体弱多病，性情烦躁，妹妹年轻贤慧，应当立为皇后。"王氏口头推辞，内心却是求之不得。可是朝廷内外阻力太大，李嗣源只好采取拖延的办法。过了两年，到后唐天成三年(928)才将曹氏封为淑妃，同时将王氏封为德妃，立皇后的事仍放置在一边。

后唐长兴元年(930)，再次议立皇后。群臣再度上奏，皆云曹氏当立。德妃王氏见大势已定，便公开宣布："皇后为天下至尊之位，不可越次册封，请按古法册立淑妃曹氏，以安民心。"于是，李嗣源下诏，选择吉日良辰，举行册封仪式，正式册立曹氏为皇后。专管礼制的礼院上书建议：群臣百官上书曹氏，称呼"皇后殿下"，宫中妻妾侍卫、宦官、伶人则呼曹氏为"殿下"，不称"皇后"。中书省上书反对，认为"殿下"是皇太子的称号，不宜与皇后混称，主张凡是上书奏表一律称"皇后殿下"，平时则呼"皇后"二字即可。李嗣源最后下旨，批准了中书省的建议。曹氏被立为皇后，荣及三族。其祖父、祖母以下，父母兄弟姐妹全被封为太傅、太尉、太师、国夫人等。为了安慰王氏，李嗣源下诏，将王氏由德妃升为淑妃，将王氏一家老少也都加上了太傅、太子太保、太师、国夫人等称号，缓解了曹氏、王氏的矛盾。曹氏此时虽为皇后，但仅是一种荣誉而已。其实王氏依然专宠，掌握中宫大权，成了实际上的皇后。

曹氏被册为皇后不久，李嗣源便一命呜呼了。后唐长兴四年(933)冬，后唐闵帝李从厚继位。第二年春正月，册封曹皇后为皇太后。李从厚性情优柔寡断，朝政全由枢密使朱弘昭、冯赟把持。这时，李嗣源养子潞王李从珂在凤翔起兵，以诛讨朱、冯二人、清君侧为名，率军攻下长安、洛阳，闵帝李从厚被缢杀，李从珂继位为后唐末帝，曹氏仍住洛阳为太后。李从珂即位后，后唐朝廷陷入一片混乱之中，骄兵悍将纷纷邀功请赏。朝廷对百姓敲骨吸髓，无所不用其极。造成了众怨沸腾，上下离心的局面。在这种形势下，觊觎皇位的野心家蠢蠢欲动，其中阴险狡诈、手段最恶劣的便是曹太后的女婿、河东节度使石敬瑭。

后唐清泰二年(936)，身兼太原尹、北京留守、河东节度使三职，又手握重兵的石敬瑭在晋阳发动兵变，不惜出卖中原人民的利益，自称儿臣，割燕云16州给辽，借来5万辽兵，攻占太原，自立为大晋皇帝，率军进逼洛阳。李从珂与曹太后率宫中老少自焚于玄武楼。石敬瑭进入洛阳后，派人寻找岳母曹太后的尸骨，将寻来的骨灰安放在长春殿内，诏令罢朝三天，举行盛大的哀悼仪式。然后，将曹氏骨灰葬于后唐明宗李嗣源墓——徽陵旁边。后晋天福五年(940)，根据太常少卿裴羽的建议，石敬瑭又追谥曹氏为"和武宪皇后"。

附：明宗李嗣源妃王氏

◎ 余同元

在后唐明宗诸妃中，数着韩国夫人王氏最得宠，后来晋封为德妃、淑妃，她伙同宦官奸臣，把持朝政，陷害忠良，使后唐王朝很快陷于众叛亲离、内外交困的境地，直至最后灭亡。

王氏，唐代末年生于邠州(今陕西彬县)，父亲王万荣是一个卖烧饼的小商贩。随着女儿被列为王妃，他也由小贩变成了后唐王朝的韶州(今广东韶关)刺史，后又升为检校司空、华州(今陕西华县)节度使、左骁卫上将军等职。王氏从小聪明异常，伶俐活泼，闪耀出一种逼人的光彩。她要笑便笑，要哭便哭，从不需要什么恰当的理由，她的天生美丽与卖饼时学来的风流多情，使她全身都具有极大的诱惑力。在一次偶然的机遇中，王氏被后梁左龙武统军、永平军(守长安)节度使刘郚看上了，刘郚花了几十两银钱从王万荣手中买走了王氏。从此王氏便成了刘郚府中侍儿兼小妾。后唐末帝时，刘郚为泰宁军节度使，因出征数败被杀。这时王氏正是如梦的年华，几年将军府内的生活，使她更加遍体幽香、妖娆倾国。只可惜老丈夫作古，独守空房，过着带几分忧郁的新寡生活。然而，淡淡的忧愁却使王氏显得更加诱人，更加妩媚娇娆，以致当时人称她为"花见羞"。

正当王氏无家可归、流寓汴梁之时，后唐蕃汉内外马步军总管李嗣源最心爱的晋国夫人夏氏不幸病逝，急着访求别室。当时，李嗣源手下最得宠的将领安重诲为了表示对主帅的忠诚，派人四下寻访，最后当然是堪称绝色的"花见羞"成了主要人选。安重诲一见王氏色艺双绝，乐不可支，留在府中，殷勤献媚并亲承雨露，暗自恩爱一番，然后，以重金珍玩奉送王氏，再连金带人一起献纳主帅李嗣源帐下。李嗣源一见王氏，顿时醉了：经过安重诲细心培训的王氏确实成了一个地地道道的美人儿。但见她：碎步似轻云蔽月，曼舞如流星回雪。那红润的两颊，晶莹的双眼，比起那柔软、娇艳、成熟的躯体来，尤其显得容光焕发，兴奋机灵；那弯弯的细眉，间或微皱，便有无限的幽怨，动人怜悯，一旦挑起，却又满含一股按捺不住的激情；那堆积着火焰的眼光，充满了风韵少妇的全部希求和渴望。李嗣源被彻底征服了，当即纳王氏为妾。王氏从刘郚那里携带了大量金银财宝，又得到安重诲的丰厚贿赂，不仅是美人，而且是十足的贵妇。她将全部钱财拿出，分别送给李嗣源手下大小将领及家族老少，左右上下纷纷称赞王氏。对李嗣源正室曹氏，王氏更以重金贿赂，得到了曹氏的称誉。李嗣源对王氏备极宠爱，不过数月，便将她晋升为韩国夫人。安重诲亦因此建功，更得李嗣源宠信。

后唐天成元年（926），李嗣源在洛阳即皇帝位，为后唐明宗。当时楚国夫人曹氏为正室，韩国夫人王氏为别室，两人经过长达4年的后位争夺战，最后，李嗣源迫于朝臣的压力，还是立了曹氏为皇后，将王氏晋升为淑妃。王氏未当上皇后，心中虽然不快，却丝毫没有抱怨的表现，她不但对皇上侍奉入微，对新立的皇后也恭敬百倍。每当李嗣源与曹皇后吃饭时，她都侍立一旁，进奉饭茶，未曾少懈。因而，不仅皇帝对她喜上加喜，曹皇后亦对她怜而爱之，宫中大小事项，交她一手操办。这样，王氏与安重诲暗中勾结，渐渐操纵了内外大权。王氏为了感谢安重诲的知遇之恩，时常在李嗣源面前称赞安重诲如何能干，很快安重诲便由枢密使加领左领军卫大将军，深得皇上信任，他与王氏狼狈为奸，干出了一系列陷害忠良的勾当。

第一件事是陷害宰相任圜。按照惯例，朝廷派人出使各地，都由户部发给证券，安重诲却要求改为内廷办理证券，任圜据理力争，坚决反对安重诲的奏议，安重诲强词反诘，两人激烈争吵，声色俱厉，互相对骂，旁若无人，李嗣源看不下去，便退朝还宫，正遇淑妃王氏前来迎侍。王氏见李嗣源满面怒容，便软声问道："陛下与何人议事，声音大得连内宫都听得到呀？"李嗣源说是宰相任圜与安重诲争论，王氏乘机说道："妾在长安宫中，从未见宰相如此放肆，莫非是不把陛下放在眼里呢！"经过这一挑拨，李嗣源顿时怒火冲天，当即下令按安重诲建议行事，罢免宰相任圜之职，令其退休回家。后逢汴州（今开封）镇帅朱守殷叛乱，王氏与安重诲又乘机诬告任圜与朱守殷共谋，并秘密派供奉官王镐赶赴磁州（今河北磁县），矫诏赐任圜自尽。

第二件事是陷害忠臣王建立。王建立为成德军节度使，为人刚直，对安重诲阴结王氏、专权霸道极为不满，上朝当面指责安重诲专权，并揭露他结党营私的丑行，指出他与枢密使张延朗如何相互援引，作威作福等。李嗣源当即责令安重诲迁出朝廷，以王建立取代枢密使职位。此事传至后宫，王氏焦急异常，派宣徽使朱弘昭上奏道："陛下平常待安重诲如左右手，怎能因一小忿而将他摈斥呢？何况安氏侍奉陛下忠心耿耿，几十年如一日，还请陛下三思而行。"李嗣源又被说服了，下诏恢复安重诲官位，且亲自温言抚慰。安重诲得寸进尺，马上对王建立大打出手，迫使王建立退出朝廷。

第三件事是陷害皇侄李从璨。李从璨素性刚猛，对王氏与安重诲的胡作非为极其不满。一次，他在会节园设宴招待客人，酒醉忘情，戏登御榻，被王氏和安重诲抓住了把柄，指责他心怀异志，阴谋篡立，将他贬为房州（今湖北房县）司户参军。一年以后，王氏又与安重诲诬告李从璨谋反，李嗣源偏信谗言，竟将李从璨处死。

王氏一面利用安重诲排除异己，另一方面对他也怀有戒心。安重诲握枢密使大权，不但对皇上出言不逊，有时在王氏面前也任性使气，使王氏越来越不能忍受。一次，王氏出面将安重诲的女儿介绍给皇子李从厚，已报请李嗣源批准，偏偏安重诲不识抬举，竟入朝固辞婚议，使王氏一番好意失去效用，因而玉颜大怒。事后，王氏便开始寻找新的联盟，决意除掉安重诲。向来朝中妇人干政，免不了利用宦官作打手，王氏终于找到了宦官孟汉琼。孟汉琼为宣徽使南院使，生性狡黠，早就倾心王氏，平常办事，无不曲意奉承，让王氏心满意足。最后终于心心相印，结成盟友。后唐长兴三年(933)，后唐西川节度使孟知祥和东川节度使董璋叛乱，李嗣源派女婿、天雄军节度使石敬瑭为招讨使，率兵征蜀，又派安重诲率兵后援，供应粮草。蜀中各镇，闻安重诲西来无不惶骇，急将钱帛粮草转运他地，重诲因无法征集军粮而陷于困境，加上天寒道阻，人畜多死踣于道旁，石敬瑭等人纷纷上书劾责安重诲办事不力，惑乱军心。王氏趁热打铁，在李嗣源耳边说了一通安重诲的坏话，甚至说两川叛乱，全由安重诲一手造成的。李嗣源向来宠信王氏，立即勒令安重诲火速回朝待审。王氏又提议让孟汉琼去监督安重诲撤军，并调查他的违逆行为。孟汉琼根据王氏的旨意，收集材料，说安重诲如何同两川叛军勾结，如何策划颠覆朝廷。李嗣源深信不疑，急令安重诲不必回朝，假称让他出任河中节度使，然后派重兵包围安重诲宅第，密令皇侄李从璋出任真正的河中节度使，并就地处决安重诲。李从璋来到安重诲院宅，趁着安重诲俯首下拜时，用铁锤将他打死。

安重诲死后，王氏与孟汉琼将亲信范延光、赵延寿提升为枢密使，完全控制了朝廷。不过，王氏也常暗想，李嗣源已60多岁，年老体弱，卧病龙床，一旦辞世，谁继皇位呢？王氏为此焦虑不安。李嗣源不懂封建皇位继承制度，根本没有考虑立储的问题。大臣们请立太子，他误解为迫他让位，声泪俱下，从此无人敢言。当时，皇长子为秦王李从荣，乃夏氏所生；皇幼子为许王李从益，虽是宫嫔所生，但归养在王氏门下，认王氏为母，这二人成了争夺皇位的主角。王氏乘李嗣源病重，与孟汉琼密谋，策划除掉李从荣。李从荣听说父皇病危，数日不见臣下，怀疑是否已死，情急无策，便入宫探视。

恰逢李嗣源正在昏睡之中，李从荣三呼不应，退至门外，又听到王氏哭泣之声，便以为父皇仙崩，只好回府静候噩耗。谁知等到第二天中午也没有听到宫中消息，不由得惊惧交生，急忙召集党人，密谋拥兵入宫，先制群臣，然后发丧继位。谁知这时李嗣源早已睡醒，与王氏嬉笑进餐。突然孟汉琼大呼："从荣造反，已引兵攻打端门，不得了啦！"李嗣源大惊不已，忙问身边侍者："究竟有无此事？"侍者齐声泣道："确有此事，现已令门吏死守端门，恐怕支撑不住了。"李嗣源老泪纵横，命令枢密使朱弘昭等前去平乱。孟汉琼不等令下，便已披甲上马，率人将宫门堵住，随即又命马军都指挥使朱弘实率500骑兵射杀李从荣。朱弘实骑兵早有准备，迅速冲进了李从荣府第，将其全家老小全都杀了。李嗣源一听长子被杀，悲恸不已，竟坠落御榻一命呜呼了。

　　皇上归天，王氏与孟汉琼急忙筹划李从益嗣位，不料宋王李从厚突然引兵入都，控制了洛阳，在李嗣源灵柩前即位当了皇帝，即后唐闵帝。闵帝即位不久，有人便奏告李从荣死于冤诬，请闵帝为他辨白昭雪。闵帝令王氏迁入至德宫，听候发落，幸亏皇后曹氏出面庇护，才算无事，但王氏再也不能仗势专横了。后唐清泰元年（934），李嗣源养子潞王李从珂在凤翔起兵，攻占洛阳，缢杀闵帝，自己即皇帝位，被称为后唐末帝。李从珂为王时，曾与安重诲发生争执，互不相让，当时安重诲春风得意，指使同党捏造罪名诬告李从珂谋反，得亏王氏说了几句好话，才免于罪罚。从此，李从珂对王氏感激之情，不敢一日忘怀。这次李从珂起兵，王氏又暗派孟汉琼前去联络，更加巩固了他们之间的情谊。所以，李从珂称帝后，恭奉曹皇后为皇太后，恭奉王氏为皇太妃，对王氏尤其优礼相待。一次，王氏在院内与李从珂饮酒，突然举杯对李从珂说："妾将辞别皇帝削发为尼,伏乞皇上恩准。"从珂大惊不已,问她是何缘故,她答道:"先皇驾崩,贱妾已不想偷生,愿去佛寺日夜为先皇祈祷,为朝廷念佛颂福。"说罢泣不成声,李从珂亦凄然落泪,再三挽留,王氏才含泪答允。

后唐清泰元年(936),河东节度使李嗣源女婿石敬瑭起兵,并借助契丹人的支援,向后唐洛阳进军。后唐末帝走投无路,便与曹太后、王太妃及皇族老少登上洛阳玄武楼,堆积柴草,准备纵火自焚。王氏害怕,拉着曹太后说:"此事万分危急,您我宜暂避一时,等姑夫(石敬瑭)入城或许还有生路,何必如此惨死呢?"曹太后答道:"吾家已到了如此地步,老妇何忍苟且偷生!慧妹好自为之吧。"说罢同末帝及家人一起自焚而死。王氏带着养子许王李从益及女儿永安公主,乘火烈楼崩之时,躲藏到鞠院井内,等待姑夫石敬瑭前来救驾。石敬瑭入宫后,派人从井内找到了王氏数人,接入宫内,安慰一番。王氏见大势已去,姑夫对她也不动心情,便请求入寺为尼。石敬瑭没有同意她的请求,将她安置在至德宫,并在此设立后唐各主神庙,让她每天进香主祀。石敬瑭做了后晋第一任皇帝后,封王氏养子李从益为郇国公,给食邑3000户。从此王氏与李从益又得以苟且偷生。后晋被辽主耶律德光消灭后,辽主召见了王氏,将王氏女永安公主介绍给赵延寿。王氏乐不可支,亲自为女儿主持婚礼,卖身投靠了契丹朝廷。耶律德光拉着王氏的纤手拜祭后唐明宗李嗣源的画像,轻声说道:"明宗与我约为兄弟,你是我的嫂子呀!"王氏受宠若惊,感激万分。第二天,耶律德光又召见王氏,将她拥入怀中,说道:"你昨日为吾嫂,今日为吾妇。"王氏为谢知遇之恩,便横陈玉体,留陪枕席。耶律德光对王氏倍加宠爱,封其子李从益为彰信军节度使,不料李从益坚辞不受,坚决要求回洛阳闲居。

万般无奈，王氏只好辞别耶律德光，与儿子一道移居洛阳。

辽主耶律德光进犯中原，遭到了中原人民的强烈反抗。耶律德光惊惶失措，急忙驱迫后晋降官、宫女阉宦，乘夜北窜，留其弟肖翰为宣武节度使，驻守汴梁。肖翰眼见归路可虞，便匆忙派人迎接李从益来汴梁称帝，建立傀儡政权，代替辽在中原的统治。王氏和李从益深知大祸即将临头，慌忙逃到徽陵藏身避难，结果还是被肖翰使者发现，挟到汴梁，迫令就位，称作南朝。当群臣入宫恭贺太妃王氏时，王氏却哭道："吾家孤儿寡母，被肖翰驱使，大难将至，何福之有？"李从益称帝以后，肖翰也逃到北方去了。

当辽军北撤、肖翰册立李从益之际，河东节度使刘知远于太原称帝，建立后汉王朝。肖翰北窜后，刘知远大军南下，直逼汴梁。李从益派兵抵抗，王氏劝道："吾家亡国之余，安敢与人争天下？"于是遣人欢迎刘知远进入汴梁。刘知远心狠手辣，入汴后，即将王氏及李从益斩杀。王氏临死高呼："吾家母子何罪之有？为什么遭此罪孽？吾儿既为契丹所立，非敢与人争国。何不留吾儿一命，每年寒食之时，持一盂饭酒祭洒明宗陵寝！"听者为之酸鼻。

王氏一生，历唐、后梁、后唐、后晋、后汉数朝，先后被封为韩国夫人、德妃、淑妃、太妃；以姿色得宠，享尽非分之尊荣；在极承宠眷之时，她恃宠挟权，勾结奸臣阉宦，舞弄权势，陷害贤良，酿成祸乱，最后死于刀下，亦是罪有应得。

末帝李从珂皇后刘氏

◎ 余同元

刘氏在唐代末年生于应州(今河南与山东交界处)浑元,祖父刘建立,父亲刘茂成(或云刘茂威)都是戍边保国的军事将领。刘氏从小泼辣无比,说哭便哭,说骂便骂,快言快语,姐妹兄弟无不让她三分。虽然脾气很大,但她的长相却非常迷人,那正在发育的苗条腰身,每天都要增添一些新的妩媚娇艳,娇小的四肢柔软灵活,白里透红的双颊带几份狡猾,整个身姿、全部动作都显现出一种野性的特殊风韵。

后唐同光元年(923),李从珂被后唐庄宗封为卫州刺史。第二年,庄宗命河东节度使李嗣源率兵到北边防御契丹军队的进犯，李从珂被征调随行，任突骑都指挥使。李嗣源、李从珂兵驻太原以北边地，与边将刘茂成联合防守，大概就在此时，李从珂娶了刘茂成的女儿刘氏。再过两年，李从珂因军功被提升为河中节度使，娇妻刘氏亦被晋封为夫人。后唐天成元年（926），李嗣源在魏博（今河北大名）发动兵变，夺取了后唐政权，自立为帝，称后唐明宗。明宗封李从珂为潞王，出为凤翔（今陕西凤翔）节度使，刘氏亦被封为沛国夫人。作为沛国夫人，刘氏一方面随丈夫四处征战，帮助料理内政，出谋献策；另一方面，她变得愈加泼辣强悍了。她要李从珂听从吩咐，甚至不准李从珂多纳妻妾，遇到一件小事就嚎天动地闹一场。每逢此时，沛国夫人的风姿就全不见了，变成了一个地道的泼妇，因而李从珂不得不由着她，并渐渐地对她畏惧敬惮。

后唐清泰元年（934），明宗病死，闵帝李从厚即位。李从珂效法义父，在凤翔发动兵变，率军攻取洛阳，从李从厚手里夺取了帝位，被称作后唐末帝。刘氏赶紧运动后宫，劝说李嗣源正室曹太后出面讲话，帮李从珂稳定军心。曹太后在刘氏的反复规劝下，只得向朝廷将相臣僚们宣布："皇长子潞王从珂，克敬克孝，天资聪明，既神武又宽仁，冠古超今，更兼有克己化民、推心抚士的美德，宜即皇帝位。"这样，李从珂暂时稳住了皇位，刘氏也由沛国夫人晋封为皇后。

刘氏当上皇后以后，伙同她的弟弟刘延皓，掠夺民财，克扣军饷，弄得民怨沸腾。刘延皓从小跟随李从珂征战，在军中为牙将。李从珂即帝位后，升为宫苑使兼宣徽南院使，后唐清泰二年，因刘氏一再请求，再升为枢密使，兼领天雄军节度使，位极人臣。刘延皓本来宽厚谨慎，但位列将相后，一改前节，听从姐姐刘氏的吩咐，四处索取贿赂，公开抢占民宅，派人往各地聚敛民财，对老百姓敲骨吮髓，无所不至。有人弹劾刘延皓都被刘氏一一挡驾了。刘延皓以刘后为靠山，将抢夺的民财园宅全部纳为己有，召集大批的歌童舞女，过着酒池肉林、终日淫荡不堪的生活。后来，民间财富刮尽了，他又将手伸向军队，克扣军饷，并往魏州军中公开索贿，结果遭到驱逐，连夜奔逃到相州(今河北临漳)。此事传至朝廷，刘氏哭诉李从珂，诬告张令昭谋反。李从珂不仅不怪罪刘延皓，反而派大军讨伐张令昭，将张令昭全家抄斩，同时将魏州诸军3000余人全部处死。就在此时，河东节度使石敬瑭也效法李从珂，在太原发动兵变，并借助契丹军队，浩浩荡荡开进了洛阳。刘氏同李从珂派兵抵抗，但军士根本不听指挥，夫妇只好双双放火自焚了。

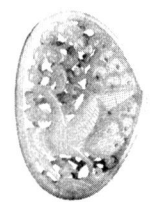

后晋

五代十国／后晋

高祖石敬瑭皇后李氏

◎ 余同元

恩赏叠加的公主

后唐清泰三年(936)正月上浣日,后唐末帝李从珂在皇宫中大摆宴席,庆祝自己花甲大寿,并将这天定为千春节,以求长寿千岁。文武百官纷纷入朝,献上珍奇美女,奉贺万岁诞辰。住在太原的河东节度使石敬瑭,既是后唐的重臣宿将,又是李从珂的妹夫,如此皇亲国戚,理当亲自上朝,但他称病不出，只派妻子前来祝寿。他的妻子李氏，当时称为晋国长公主，带着厚重的礼物入朝，拜过了母亲曹太后，便给哥哥李从珂进献寿礼，颂祝兄皇万寿无疆。这时，李从珂刚宴毕回宫，带着一片醉意，笑问公主道："石郎在家忙些什么呢？"公主答曰："敬瑭多病，连政务也不想亲自过问，每天卧床调养，不能前来贺寿，但请皇上恕罪。"李从珂道："我记得石郎筋强力壮，怎么突然衰弱多病呢？公主在宫中宽留数日，不要挂念石郎。"公主急忙答谢道："敬瑭每日需人侍奉，贱妹拟明天辞归呢。"李从珂不等公主说完，便醉语道："妹妹刚到京师，立足未稳就要返回，莫非是想与石郎谋反么？"公主惊闻此言，不禁默然俯首，趋退安寝。数日后回归太原，将此事详细告诉了石敬瑭，石敬瑭疑惧万端，很快便竖起反叛大旗，依靠契丹人的支持，推翻了后唐王朝，做了后晋第一个皇帝，称晋高祖，妻子也由长公主晋升为皇后，便是下面要介绍的李皇后。

李皇后原是后唐明宗李嗣源第三个女儿，生于唐朝末年兵荒马乱之中。她的母亲曹氏，被李嗣源立为皇后，后来又被闵帝李从厚和末帝李从珂尊册为皇太后。李氏生得清秀妩媚，继承了母亲的诸多美德，不但温良仁让，而且聪明能干，深为李嗣源所钟爱。长至二八佳龄，李小姐出落得亭亭玉立，那流露着激情的双眼，那小巧而玲珑的鼻子，那丰润而温柔的嘴唇，以及那饱满的胸脯和成熟的身躯，加上高雅大方的举止，相互映衬，格外调和，每天都要增添新的妩媚，每时都泄露出令人垂涎的诱惑。就在这春情荡漾的年岁里，李嗣源把她嫁给了自己最宠爱的将领石敬瑭。

李小姐出嫁石敬瑭，也许是为了某种政治需要。当时，李小姐的父亲李嗣源任后唐蕃汉内外马步军总管兼天平军节度使,权势一天天膨胀。石敬瑭为李嗣源的亲兵将领,作战勇敢,多次救李嗣源于危难之际,而且饶有心计,常为李嗣源出谋划策,深得李嗣源欢心,因而被招为女婿。婚事虽是父母主张,李小姐也感到心满意足,也许她早已暗中爱上了父亲身边这位来自沙陀部骁勇无比的小伙子。自从龙凤配对后,小夫妻备极欢娱,恩爱非常。石敬瑭不但对妻子言听计从,对岳父大人也更加尽心卖力。

后唐天成元年(926),李嗣源在女婿石敬瑭的策划帮助下,于河北发动兵变,率军攻占洛阳,篡夺了后唐帝位,自立为后唐明宗。称帝后,封赏功臣宗室,女婿石敬瑭功劳最著,由总管府都校署陕府兵马留后,加光禄大夫、检校司徒,充陕州(今河南三门峡)保义军节度使。第二年,又加检校太傅,晋封开国公,任宣武军节度使、侍卫亲军马步都指挥使,赐耀忠匡定保节功臣名号。第三年,再加检校太尉同中书门下平章事、兴唐尹、邺都(由兴唐府改,位于今河北大名东北)留守、天雄军节度使等职。随着女婿地位的不断提高,李嗣源考虑给女儿以相应的封号,让她与石敬瑭相匹配,因此于后唐天成三年(928)下诏将她封为永宁公主,由所司择定吉日,正式加封。然后,由正衙派人前往太原,举行了正式的册封仪式。

随着丈夫石敬瑭在太原的势力日渐强大,永宁公主的地位也渐渐提高。一方面,李嗣源要利用她来牵制石敬瑭;另一方面,石敬瑭羽翼未丰,也要依靠她掌握后唐朝廷的机密和争取李嗣源的信任。在这样的处境中,永宁公主既要对丈夫尽诚,又要对父皇尽孝心;既要成为贤良的妻子,又要做一个孝顺的女儿。在石敬瑭的军府中,她为丈夫出谋划策,帮助丈夫处理军机要务,一旦遇变,石敬瑭便派她前往朝廷探听风声，并说服李嗣源消除疑忌。在后唐朝廷中，她贵为公主，又是要镇守将石敬瑭的妻子，地位举足轻重。李嗣源对她宠若珍碧，每当有风吹草动，便召她入朝，了解石敬瑭的动静，设法限制石敬瑭势力的发展。李嗣源晚年，宠用后宫伶人，政治日益腐败，藩镇势力膨胀，纷纷虎视朝廷。其中，身兼太原尹、北京留守、河东节度使三要职的石敬瑭野心最大，他握有重兵和财赋，又有爱妻的帮助，时刻准备夺取皇位。这样，后唐朝廷要想控制藩镇，稳定中央统治，永宁公主便成了关键人物，因而后唐长兴四年（933），李嗣源下诏，晋封永宁公主为魏国公主，要她设法阻止石敬瑭的叛逆。

魏国公主十分理解丈夫的远大志向，从内心支持丈夫建立帝业的理想，只不过年迈的父皇尚未驾崩，她不愿看到生身父母成为阶下囚的惨景，因而多方劝阻石敬瑭的篡位行为；石敬瑭苦于实力不够强大，也乐得听取妻子的忠告。但时过不久，李嗣源便一命呜呼了，后唐闵帝李从厚继位。李从厚与魏国公主不是同胞兄妹，相互感情不深，只因他继位后，对魏国公主的生母曹皇后备加尊敬，册赠曹皇后为曹太后，才博得这位妹妹的好感。曹太后对女婿石敬瑭的野心早有觉察，从家本位观念出发，她召回女儿魏国公主，并召见女婿石敬瑭，要他们听从李从厚诏谕，共保后唐江山。但李从厚优柔寡断，朝政全由枢密使朱弘昭、冯赟把持，朱、冯排除异己，滥施赏罚，众皆侧目而不敢言语。于是，李嗣源养子潞王李从珂在凤翔起兵，攻占洛阳。李从厚率领从骑50人逃往太原投靠妹夫石敬瑭，希望得到魏国公主的庇护。遗憾的是魏国公主不愿出面，石敬瑭还派人在卫州（今河南汲县）将其随从全部杀死，使李从厚如一只孤兽，在途中被人缢死。李从厚死后，李从珂在洛阳称帝为后唐末帝，亦尊曹皇后为太后。这时，后唐朝廷一片混乱，骄兵悍将纷纷邀功请赏，朝廷对百姓敲骨吸髓，造成了民怨沸腾，上下离心的局面。石敬瑭加紧了篡夺皇位的进程。李从珂对石敬瑭怀有戒心，但无力控制，只好采取养父李嗣源的办法，增封加赏，以图安宁。因而，后唐清泰二年(935)，魏国公主又被晋封为晋国长公主，益发成为后唐朝廷与藩镇石敬瑭之间的焦点人物。

未遑举行册立仪式的皇后

与李从厚相比，李从珂仅是李嗣源的养子，与魏国公主关系更加疏远，虽然他送去了晋国长公主的美号，但也打动不了这位皇妹的慈悲之心。与此同时，石敬瑭也加紧了篡夺帝位的步伐，他要妻子接受晋国长公主的封号，常去朝廷周旋，设法稳住李从珂，自己则与北方契丹贵族相勾结，准备利用契丹军队起兵。不料李从珂提前发难，他借石敬瑭未上朝贺寿为由，指责石敬瑭有谋反之心，使晋国长公主无言以对。同时，他与侍臣密商制服石敬瑭之策，打算与契丹人和亲，岁输钱财十余万缗，以争取契丹，断绝石敬瑭后援，并准备下诏强迫石敬瑭移驻他镇。晋国长公主借贺寿之机，通过生母曹太后近侍摸清了李从珂的底细，返回太原，便向丈夫汇报了所见所闻，石敬瑭只好于匆忙中举起了反抗大旗。

晋国长公主窃取情报，促使石敬瑭提前起兵，避免了遭受李从珂的袭击，同时也促使石敬瑭出卖中原人民利益，卖身投靠契丹贵族，演出了一幕空前绝后的历史悲剧，这是她始料未及的。后唐清泰三年(936)，石敬瑭在晋阳(今山西太原南)提前起兵，李从珂亲统大军前来讨伐。石敬瑭自觉实力不足，听从幕僚桑维翰建议，遣使往契丹求援。当时契丹贵族建立的辽朝，在耶律德光的领导下东征西战，势力日渐强大。石敬瑭命桑维翰草表，向耶律德光称臣，并愿意事以父礼，乞求发兵援助。表中约定，打败李从珂后，愿意割地作为酬谢。耶律德光览表大喜，自率5万骑兵去解晋阳之围，与石敬瑭会师于太原北门外柳林，册立石敬瑭为大晋皇帝。45岁的儿皇帝石敬瑭，穿着契丹服装，出城拜见34岁的父皇耶律德光，当面确立了父子、君臣关系。为了感谢父皇大恩，儿皇帝当即宣布，每年献帛30万匹，割幽云十六州土地给契丹。接着，石敬瑭在契丹兵帮助下，进逼洛阳，李从珂自焚身亡，后晋正式代替了后唐。随着丈夫做了"儿皇帝"，晋国长公主也做了耶律德光的"儿媳妇"，后来她写信给耶律德光时，自称"晋室媳妇李氏妾"，还称耶律德光为"皇帝阿翁"。

后唐覆灭，她的生母曹太后在女婿石敬瑭兵进洛阳之际，率养子李从珂及宫中老小毅然自焚于玄武楼。看到此种惨景，晋国长公主呼天抢地，大恸数日，石敬瑭规劝无效，也陪着掉几滴酸泪。事后，石敬瑭派人找到了岳母的尸骨，安放在长春殿内，诏令罢朝三日，举行了盛大的哀悼仪式，并追谥曹太后为和武宪皇后，铸造了宏伟的陵墓，派人岁时祭扫，才使晋国长公主大哀稍节。

按照常规，皇帝登位应当立正室为皇后。晋国长公主对石敬瑭的帝业帮助很大，她不仅帮他到朝廷活动，而且在军府中，也是他的贤内助。《新五代史》记载，晋国长公主为人强敏，使石敬瑭敬惮不已，每逢军国大事，石敬瑭都要向她征求意见。因而后晋建立后，便有一班媚臣上表，请求册立皇后。石敬瑭遂在封赏文武将佐、大赦天下的同时，下诏册立晋国长公主为皇后。但是，在契丹人扶持下偷建起来的后晋小朝廷，内遭中原人民的唾弃，外受契丹人的挟制。石敬瑭本无大才，面对乱局，一筹莫展，惟一能干的事，就是媚事辽朝，借契丹之虚势以恐吓臣民。除谓辽主为父皇帝，岁输金帛30万之外，吉凶庆吊、岁时赠遗、珍奇玩好相继于道，卑鄙无耻到了极点。尽管如此恭顺，"父皇帝"仍然征求无厌，今日索币，明日索金，供不胜供，小不如意，辄来责让，寻机发兵，不惜置"儿皇帝"于死地，以满足那南侵中原、一统华夏的野心。在这公私两困、满目疮痍的局势下，石敬瑭反侧不安，惶恐终日，连标志国祚皇威的宗庙都不敢建立，哪里还有心思去封三宫六院呢?故虽有册立皇后之诏，并没有举行册封仪式。

后晋天福二年(937)暮春，有人再次奏请举行皇后的册封仪式，石敬瑭仍以宗庙未立，否定了这一建议。因为这时有几件大事掣肘，叫他大气难喘。一是他拥兵进入洛阳，见洛阳宫室一片残破，无法立足，便匆忙迁都汴州(后来又把汴州升做东京开封府，从此开封得了东京这个雅名)，奔波劳顿，月余不息。二是幽云十六州送给契丹，后晋北部边防一片空虚，契丹主移军云州，如同小绵羊一般柔顺的石敬瑭也深感不安，不得不偷偷地设计防御。更使他害怕的还是国内藩镇未尽归服，时刻都会发生武装夺取皇位的事变。为此，石敬瑭接受桑维翰的建议，推诚弃怨，厚抚藩镇；卑辞厚礼，敬事契丹；训卒缮兵，勤修武备；劝课农桑，藉实仓廪；通商惠工，俾足财货，才勉强得来国内粗安的局面。晋国长公主深深理解丈夫的处境，他并没有因自己未登后位而生怨责，相反，她多方留心政事，支持丈夫巩固政权，与丈夫忧勤相济，患难与共。石敬瑭也没有忘记册封爱妻，夏五月，局势稍定，他便下诏追封考妣，设立宗庙，待高祖以下四个宗庙立定后，他即令有司准备举行册封仪式。不料这时又发生了天雄军节度使范延光起兵谋夺皇位的事件，于是再度将仪式搁置了下来。

后晋天福七年（942），石敬瑭在契丹主和藩镇的双重压力下忧病而死。可怜晋国长公主再也没有享受册封皇后仪式的机会了。她哭得死去活来，既为丈夫的凄凉结局而无限悲哀，也为自己落寞抱寡，无依无靠而深深地忧虑。她给石敬瑭生下数子，或早殁，或被杀，只剩下幼子重睿，尚在冲龄，无法继承皇位，只得孤儿寡母，任人处置了。好在她平日为人敏慧，礼待臣下，深得文武将吏的敬爱，拥有实权的将相不但没有遗弃她，反而名正言顺地称她为皇后。

抱羞忍耻的皇太后

石敬瑭临死之时，宰相冯道入见，石敬瑭命幼子重睿向冯道下拜，意欲托孤寄命，让冯道辅立幼主。待石敬瑭咽气，冯道立即找马步都虞侯景延广商议，准备扶重睿即位，但景延广坚决反对，他认为重睿年幼无知，不能当国君大任，何况国家多难，非立年长的国君不能稳定局势，故提议让石敬瑭的侄子齐王石重贵继承皇位。冯道本是个模棱两可的人物，便将景延广的建议呈报李皇后，李皇后只好同意。这样，石重贵即位为后晋出帝，向辽主耶律德光上表称孙。景延广因定策有功，被任命为同平章事兼侍卫马步军都指挥使，集将相于一身。后晋天福八年（943）秋天，景延广建议石重贵册尊李皇后为皇太后，于是，李皇后正式被封为李太后。

本来，李太后与石重贵只是叔母与侄儿的关系，自石重贵嗣位后，李太后享受尊位，对政事便不过问了。但是，石重贵即位没有经过辽主的批准，他虽然上表向辽主称孙，但不愿称臣,表示只有亲属关系而没有君臣关系。辽主耶律德光为此大为恼火,马上下令兴师问罪。景延广未做任何抗辽准备,因而数战数败。后晋开运元年(944),辽兵攻陷贝州(今河北清河),分几路大军向南推进,咄咄逼人。出帝遣使致书辽主,求修旧好,遭到拒绝,只好请求叔母李太后出面求情了。辽主耶律德光对这位比自己年长的"儿媳妇"李太后以礼相待,他要依靠李太后收揽中原民心,因而自"儿皇帝"石敬瑭死后,每逢要事,他都要致书李太后,承认她的太后尊位,要她出面训导"孙皇帝"石重贵。这样,李太后的政治地位又显得极其重要了。

李太后身居尊位,实际上成了辽与后晋关系中的核心人物。她为了后晋的苟安,不惜低声下气,以"晋室媳妇李氏妾"的身份向辽主"皇帝阿翁"求情,希望"阿翁"宽恕"孙儿"重贵。同时她也企图以太后的身份管束出帝重贵,要他勤俭治国,振兴家邦。可是,一旦太平,石重贵便忘乎所以,根本不把李太后放在眼里。他本是一个昏庸无能而又鄙俗下流的武夫,当上皇帝后,纳叔母冯氏为皇后,专事淫乐,使朝廷力量比石敬瑭在位时更加腐朽脆弱。正在石重贵志得意满,以为天下无事,扩建宫殿,醉生梦死的时候,后晋开运三年(946),辽主耶律德光发动了大规模的南侵,派降将张彦泽和通事傅住儿率军一举攻克汴京,后晋全军溃败,皇宫被围。耶律德光致书李太后,说明晋军已全部投降,希望她携重贵快快归顺,同时,令张彦泽给石重贵发了一道言辞激烈的檄文,指责他纳叔母于中宫,乱人伦之大典等等,吓得石重贵面如土色,不知所措。李太后住在深宫,尚不知宫外天翻地覆的变化,当她看到辽主的来书,大惊失色,跟跄奔出,找到了石重贵,哭着说:"你与冯氏肆意妄行,闹到这等地步,如何保全宗社？如何对得住先人！"言毕恸哭不已，拉着石重贵及宫妃十余人，准备纵火自焚。眼见得宫中已三四处起火，石重贵亲军将领薛超赶到，命士卒扑灭了烟火，同翰林学士范质二人伏地劝阻，乞请太后与皇帝保全身家。范质认为："辽主来书，无甚恶意，只要奉表请罪，或许还能保全晋室宗社。"怀着这样的痴心妄想，李太后放弃了轻生的念头，命范质帮助起草降表，她与石重贵各书一份，乞求辽主宽恕，企图保全后晋社稷。其中她自己的那份表文写道：

"晋室皇太后媳妇李氏妾言：张彦泽、傅住儿已占领汴京，伏蒙阿翁皇帝降书安抚，妾感激涕零。妾伏念先皇帝(指石敬瑭)在太原之时，被大军围困，危同累卵，急若倒悬，智勇俱穷，朝夕不保。在那万分危急的关头，阿翁皇帝亲自率兵营救，跋履山川，逾越险阻，扫平围困军队，平定了中原，将石(敬瑭)氏从死亡中救出，还帮他建立了晋朝社稷，立他为儿皇帝，大恩大德，一日不敢忘怀。不幸先皇帝去世，重贵嗣位，不能安邦息民，反而忘恩负义，与阿翁皇帝大动干戈，犯上作乱，自起衅端，自贻颠覆，抗尊辱祖，内外离散，以至晋室上将牵羊，六师解甲，举宗负衅，延颈偷生。惶惑之中，阿翁皇帝不念罪过，明宣恩旨，曲尊慰抚，使贱妾垂亡之命神爽飞越，再生之恩，不知何以为报！今特遣孙儿延煦、延宝(石重贵之二子)奉表请罪，如蒙阿翁皇帝惠顾畴昔，念与先皇帝父子之情，稍息赫怒，不赐诛杀，实则贱妾之大望也。"

石重贵的降表与李太后降表内容相似，皆卑词切切，请罪求饶。耶律德光览表，立即令人将李太后和石重贵驱出皇宫，囚禁到开封府中。石重贵被迫脱去皇袍，改服素衣。后晋王朝至此告终。耶律德光在汴京登基，表示自己正式成为中原皇帝，宣布以大辽为国号，改年号为大同。

李太后本拟奉表请罪，保住后晋社稷，不料与石重贵一起做了阶下囚，难免满面挂泪，无限悲哀。但这并不是她的最后结局，更悲惨的遭遇还在后面。

负辱苟活的囚徒

辽大同元年(947)初，辽帝耶律德光来到汴京，李太后与石重贵请求到郊外迎接，辽主不愿接见，派人致书云："你等不要担忧，吃饭处当有安排。"然后命李太后带着石重贵及晋室官眷全部迁入封禅寺内，以重兵看守，不准随便外出。时值正月，连日雨雪，奇冷无比，寺内酒肉绝迹，素食也仅足僧人受用。过惯了酒池肉林生活的石重贵，如今又冻又饿又愁，哪里忍受得了呢？李太后派人给寺僧传说："我过去曾赏你们饭食数万金，难道你们全忘了么？怎么连口吃的也不给呀？"僧徒答曰："虏意难测，没有命令，我等不敢进食。"直气得太后老泪纵横。石重贵只好偷偷地向守兵乞求，讨来几碗粗粝烂饭，同太后等人勉强充饥。如此过了数日，才接到辽主圣旨：石重贵由孙皇帝降为光禄大夫、检校太尉，封为"负义侯"，合家迁往黄龙府(今吉林农安)。听说要发配到黄龙府，石重贵与李太后及诸随从宫眷，无不相向号泣，以泪洗面。想不到中原宫廷中的天子皇亲，一下子变成了漠北塞外的囚徒，怎能不慌，又怎能不悲！

挨过正月，辽主派来300骑兵，押送石重贵一家北迁。启程那日，李太后突然接到辽主传话："闻重贵不从母教，因致覆亡。太后媳妇可自行选择去处，不必与重贵偕行。"李太后慌忙泣道："重贵对太后媳妇李氏妾非常孝敬，不过违背先皇大志，失和于阿翁皇帝，所以一举败灭。今妾母子幸蒙大恩，保全身家性命，母不随子，欲何所归？"言毕挈眷起行，北迁的队伍开出都门，都城人士皆掩面哀叹。李太后乘车在前，后面皇妃安氏、石重贵、皇后冯氏、皇弟重睿、皇子延煦、延宝等人紧紧相随。还有宫妃50人、内官30人、东西班50人、医官1人、控鹤官4人、御厨7人、茶酒3人、仪銮司3人、亲军20人，一同从行。阿翁皇帝念媳妇李太后恭顺，又派原晋相赵莹、枢密使冯玉、都指挥使李彦韬随行伴送。沿途所经，皆是故晋州县，州郡长吏不敢迎奉，偶有路旁父老送来饭食，大都被契丹骑兵抢吃。可怜李太后一行，吃了早餐没有晚餐，得了晚餐又没有早餐，加上山川艰险，风雨凄清，触目皆愁。回忆宫内生活，荣华富贵，恍同隔世，忽听得几声马叫，李太后不禁大恸，仰面长号："天乎天乎，富贵原是梦幻么？"

到了幽州（今北京）城，全城士兵都争相迎观，有人牵羊持酒前来献纳，皆被卫兵叱去，李太后深感万分悲惨，观者亦无不唏嘘。不料突然来了守城主将，号称是奉了辽主的命令，将李太后一行接入城内，犒赏酒肉，奉为宾客。原来这主将不是别人，正是那后晋北边守将、石敬瑭的连襟赵延寿，现已投降契丹，被辽主任命为幽州节度使，封为燕王。他的原配夫人是李太后的姐姐兴平公主，兴平公主死后，他又娶了李太后的妹妹永安公主为续弦。因为这种亲戚关系，赵延寿不能闭门拒客。他的母亲种氏和永安公主将李太后奉为上宾，备食馔招待，石重贵等人皆得饱餐一顿。但好景不长，停住旬日又得上路北行。

自幽州启程，行十余日到平州（今河北卢龙），再向东过榆关，榛莽塞路，尘沙蔽天，供给顿绝，众人皆饿得饥肠辘辘，困顿异常，夜间住宿也无馆驿，往往在山麓林间瞌睡了事。幸亏路边布满野蔬果实，宫女随从争相拾来充饥，李太后及重贵也借此分享一二，苟延残命。

又行七八日至锦州(今辽宁锦州)，州署中悬有辽太祖阿保机画像，辽兵强迫李太后与石重贵下拜，二人不胜屈辱，泣呼："不令我死？"再走了十余日，渡辽河，至渤海国铁州(今吉林敦化西南，或云在辉南境)，迤逦而至黄龙府。李太后年岁已高，委顿万分，冯皇后以下诸妃嫔，也无不花容憔悴，玉骨销磨，石重贵更是形神俱损，气力幽微。

在黄龙府住到六月，契丹国母述律太后下令将李太后及石重贵移出黄龙府，迁居怀密州。这怀密州还在黄龙府西北1500里以外的地方，迫于命令，李太后只得领石重贵再度启程，跋涉长途，去往那遥远的荒野。当李太后一行来到辽阳(今辽宁辽阳)以北200里的地方时，辽朝内部突然发生了重大事变。耶律德光遽死于中原，其侄儿永康王兀欲在恒州(今河北正定)自立为帝，并捏造先帝遗旨，传谕四方，不料报知述律太后，遭到极力反对。述律太后以国母的身份传谕兀欲，令他取消成议，并发兵声讨。双方交战，述律太后失败被囚，大局就绪，兀欲自称天授皇帝，改元天禄，大赦天下，召李太后及石重贵还居辽阳。

辽天禄二年(948)，天授帝驾临辽阳，李太后领着石重贵，白衣纱帽，拜谒兀欲。兀欲大发慈悲，令石重贵更易常服入见，并赐他旁坐，摆酒款待，直把李太后及石重贵感激得涕零不已，真有点苦尽甘来的感觉了。偏偏福无双至，祸不单行。因天气渐近盛夏，兀欲同妻兄禅奴要去陉地避暑，竟向李太后、石重贵索取内官及东西班各15人，还要娶石重贵幼女为禅奴婢妾，石重贵子延煦也被索去陪行，刚刚安下心来的李太后和石重贵又是无限伤感、无限悲忧。待到秋天，兀欲还居霸州(今河北霸县)，李太后不顾年老体弱，单骑驰至霸州，往谒兀欲，乘便顾视孙儿延煦。延煦在兀欲帐中拜见祖母，老少重逢，悲喜交集，兀欲为此情景深深感动，对李太后说道："我无心伤害你的子孙，望你放心。"李太后拜谢道："蒙皇帝大恩，贱妾子孙将世世报德。但妾等坐食上国，常怀惭愧，能否于汉儿城旁赐一块土地，让妾子孙在此耕种为生？如承俯允，更感德无穷了！"兀欲温颜答道："我会让你满意的，你带延煦回辽阳等候敕令吧。"

辽天禄三年(949)春，兀欲敕书颁到，令李太后及石重贵南徙建州(今辽宁朝阳)。自辽阳至建州行程千余里，李太后与石重贵挈全眷启行，途中翻山越岭，备极艰辛，抵达建州，建州节度使赵延晖出城迎接，安置正寝，款待了李太后母子。几天后，赵延晖按照兀欲敕令，划建州数十里外土地50顷给李太后母子，并拨给库银若干，让他们开垦荒地，筑室分耕。李太后及石重贵带领随行数百人尽往耕作，按时收成，过着男耕女织的农家生活，总算是有了归宿。蹉跎过了一年，李太后寝疾，无药可医，病势日重，延至八月中秋，已入弥留之际，见石重贵在侧，便呜咽与语道："我死之后，焚烧尸骨，将骨灰送到范阳佛寺(今北京城西南)，万万不要做了虏地孤鬼呀。"言毕即殁，石重贵与随行宫人无不扶尸大恸，守灵数日，便将其焚骨扬灰，穿地而葬。此后石重贵一直苟安于建州，不知所终，多半是做了异乡鬼。

后汉

五代十国／后汉

高祖刘知远皇后李氏

◎ 余同元

唐朝末年的一天,晋阳(今山西太原)一对姓李的农家夫妇正在发愁:他们又生了一个女儿。虽然小女孩娇美可爱,但对于一个动乱年代的贫困家庭来说,总是一个沉重的负担。可谁知道这幼小的生灵,日后竟会贵为皇后,皇太后呢?光阴似箭,日月如梭,转眼到了后梁(907—923)王朝的中期,晋阳仍在唐河中节度使李克用统治之下,李家的小女孩已长至十六七岁。野外的劳动,风雪的洗礼,使她完全成熟了。她的眼睛是明亮的,嘴唇是刚毅的,脸颊是红润而深沉的。她的头发和衣着都没有特殊的修饰,但仍然显露出宜人的美。她的美丽就在于纯洁，朴素；她的魅力完全是自然的、本质的流露。一天，李克用的养子李嗣源带着两个偏将，一个名叫石敬瑭，一个名叫刘知远，一起到郊外打猎。刘知远年纪最小，率几个小兵在前面开道。刚到一条河边，刘知远便突然勒马。他看到河边有一个美丽的少女，也许是她的端庄朴实，也许是她的温柔沉静，使刘知远入迷了，他凝神注视她的一举一动，直到她移步回家。当天夜里，刘知远便带几个骑兵抢走了这个鲜花般的少女。她正是那李家姑娘。

后唐统治时期，石敬瑭为河东节度使，镇守太原，以刘知远为都押牙，充心腹之任。后晋天福元年（936），石敬瑭起兵推翻后唐王朝，建立后晋，以刘知远典掌禁军，兼任侍卫亲军马步都指挥使。与此同时，刘知远的妻室李氏被晋封为魏国夫人。李氏虽被强纳为妻，但对刘知远倾心倾意。新婚不久，便生下儿子刘承祐，甚得刘知远钟爱。后晋天福五年（941），刘知远同石敬瑭发生矛盾，被挤出朝廷，改任北京（今太原）留守、河东节度使等职。到太原后，刘知远以抗辽为名，招募军队，扩张势力，准备起兵反晋。第二年，石敬瑭死，后晋出帝石重贵即位，政治日益腐败，北方契丹人建立的辽朝军队乘机南下。天福十二年（947）辽王耶律德光攻占汴梁（今河南开封），废石重贵，自称皇帝，刘知远也在太原称帝，国号汉，史称后汉。称帝以后，刘知远打算敛取民财，犒赏将士。李氏闻知此事，乘刘知远入宫时，直言进谏道："建立国家虽是天意，但也要与民同治。陛下新登皇位，不采取惠民措施，反而剥夺民财，这怎能表现新天子救民的本意呢？贱妾伏请陛下三思而行。"刘知远答道："府库空竭，如何是好？"李氏又道："后宫尚有一些积蓄，为何不拿出来赏劳军士呢？即使不能厚赏诸军，但能安抚民心，这才是治国的根本呀。"刘知远听后，豁然开朗，命令将内府钱财全部赏军，军士无不感激，百姓也因此免受灾难。内府钱财，大多是李氏自己的积蓄，能拿出来助军，充分表现了李氏的大公无私。刘知远为此深受感动，因而对李氏宠爱异常。一个月后，李氏便被立为皇后。

后汉乾祐元年（948），刘知远病死，其子刘承祐继位，李氏被尊册为皇太后。刘承祐即位时年方18岁，年幼轻佻，狎于近习，今日赐宴，明日颁赏，贪恋声色，专事荒淫。李太后为此常常严词督责刘承祐。刘承祐听多了，竟反唇相讥道："国事由朝廷作主，太后妇人，管什么朝事？"根据刘知远的遗嘱，由宰相苏逢吉，枢密使杨邠、郭威和都指挥使史弘肇四大臣辅佐刘承祐治理军国。四大臣之中，刘承祐只信任善于谄媚的苏逢吉，郭威最具才干，却被任命为邺都（即魏州，今河北大名）留守而被挤出朝廷。杨邠、史弘肇虽位居将相，但都不学无术，而且沾染了藩镇的骄悍恶习，同苏逢吉争权夺利，相互仇恨。苏逢吉在刘承祐面前挑拨离间，专说杨邠、史弘肇的坏话。刘承祐本来就对杨、史二人不满，听了苏逢吉的诬告，立刻纠集舅父李业，近侍聂文进，后匡赞、郭允明一伙亲信，密谋翦除杨邠和史弘肇。翦除权臣，非同小可，李太后闻知此事，急忙劝阻刘承祐道："此等大事，不可轻举妄动，要同宰相等文臣反复商议后才能决定。"刘承祐愤愤答道："国家大事，不是闺阁所能知晓的，小儿自有主张。"说完，拂衣而出。第二天早朝之时，刘承祐伏兵殿门，趁杨邠、史弘肇入朝时，突然阻击，杀死二人，尽灭其族。同时，命开封府尹刘铢诛杀郭威家属，并密遣使者前去杀戮正在外面征战的郭威。郭威闻讯，召集诸将，哭诉杨邠、史弘肇之死和自己的遭遇，以激怒将士。然后，命亲将郭崇威为先锋，自统大军随后，长驱汴梁。刘承祐急命禁兵出城抵抗，结果禁军纷纷弃戈迎降，郭威轻松地进了汴梁城，刘承祐被乱兵射死。李氏在宫中闻悉，不禁泣下道："不听忠言，应该受祸，悔也迟了！"

当刘承祐将郭威赶出朝廷时，太后李氏曾责骂刘承祐喜新厌旧。郭威对李氏极为感激，入朝辞行时，伏阙奏请道："太后随先帝多年，具有治国经验，陛下年岁方盛，有事须奏请太后，听取训诰。遇事咨询，当无失败。"由此可见，李氏同郭威关系非同一般。当郭威率军攻打汴梁城时，刘承祐要亲自率兵抵抗，太后李氏劝阻道："郭威是我家忠臣良将，不是被死亡所迫，何至如此！但令将士守城，再下诏慰谕，保全君臣名分，千万不要轻举妄动！"刘承祐听后，不以为然，竟下令出征。慈母无奈，只好眼睁睁地由他自去，谁知一去便不复返了。

郭威入城后，闻知刘承祐被杀的消息，放声恸哭，且哭且语道："老夫此次起兵，本欲帮助皇上清除奸佞小人，谁料皇上被乱兵所杀，怎得不悲？"哭罢入宫向皇太后李氏请安。李氏涕泣涟涟，因事已至此，便出言慰抚，命郭威为刘承祐发丧，另择人嗣立皇位。郭威一一答允，尊李氏为德圣太后，且面请道："日后军国大事，须俟太后教令下达，然后才得实行。"李氏便下令，宣召百官入朝，讨论后事。郭威建议立高祖子刘承勋为帝，群臣随声附和。但太后李氏道："承勋久罹重病，不宜嗣立皇统。"郭威又提名刘赟即皇帝位，群臣同声称善，太后李氏也感到满意，当即又命冯道代拟教令，迎立新主。冯道因病推脱，便由郭威出面请来了翰林学士范质，帮助李氏起草教令。范质建议，太后的教令改称为"诰"（古代太上皇传言称"诰"，太后传言称"教令"），郭威非常赞同，并面奏李氏道："目下国家无主，凡事须太后裁断，不妨称教令为诰。"李氏便令范质代她拟"诰"。诰文下达后，刘赟即位，朝政皆决于太后，李氏从此正式临朝听政。她任命大将王峻为枢密使兼右神武统军，袁义为宣徽南院使，王殷为侍卫卫马步军都指挥使，郭崇威为侍卫马军都指挥使，曹威为侍卫步军都指挥使。这一班人马,全是郭威的心腹人物,他们掌握军权以后,便开始帮助郭威篡夺皇位,根本不把刘赟放在眼里。面对这种情形,李氏只得下诰道:"枢密使侍中郭威,以英武之才,兼内外之任,翦除祸乱,弘济艰难,功业齐天,人望冠世。今则军民爱戴,朝野推崇,应该升任监国。今后内外政事,全听监国处分。"这实际上是把朝政大权让给了郭威。

不久,镇州(今河北正定)、邢州(今河北邢台)二镇飞使来报,契丹主将率数万人入侵,前锋已开始攻打内丘(在邢州北),内丘戍兵死伤大半,余下500余人投降契丹等等。朝廷一片混乱,李氏命郭威率领大军前去抵抗,郭威毅然受命,率领禁军从汴梁出发。当军队开到澶州(今河南濮阳)时,发生兵士哗变,数千名将士突然连声大噪,冲进郭威驻地喊道:"侍中当为天子,刘赟不该登皇位!"有人将黄旗当皇袍披到郭威身上,拥郭威为皇帝,"万岁"的呼声四起,震动天地。很快,军队便拥郭威返回汴梁,一起上书太后李氏,请立郭威为皇帝,认李氏为国母。李氏闻变,立即下诰道:"前日枢密使郭威,志安社稷,议立国君,以徐州节度使刘赟为皇帝,诰命下达以后,军情不附,民心不向。现人心已定,特改发诰命,刘赟去皇位,降任开府议同三司,检校太师上柱国,封为湘阴公,食邑三千户!"刘赟受诰后,面如土色,但迫于李氏的威严,只好迁往外馆,做湘阴公去了。

后周广顺元年(951)正月初五日,郭威率军重返汴梁城,太后李氏派人迎接,将汉室所有国宝及玉玺全部送交郭威。郭威身着龙袍,出御崇元殿,接受文武百官的朝贺。从此,后周王朝正式取代了后汉王朝,李氏正是禅位的主持者。

郭威即皇位后,上太后李氏尊号为"昭圣皇太后",迁居太平宫,结束了李氏临朝听政的历史。在太平宫中,李氏度过了三年平静的生活,于后周显德元年(954)逝世。郭威为李氏举行了盛大的葬礼仪式。

后周

五代十国／后周

附：太祖郭威妃董氏

◎ 沅 江

董氏，常山灵寿(今河北境内)人，出身于行武军将之家。祖父董文广，唐朝深州录事参军。父董光嗣，为唐朝藩镇赵州昭庆军尉。

董氏生于战乱之际，孩提之时就很聪明，且从小就爱好音乐，有音乐天赋。7岁之时，遇镇州张文礼之乱，父祖亲戚全部遇难。当时董氏吓得呀呀直哭，喊爹喊妈，十分可怜，被潞州牙将抱回家中。正好，此牙将有妻多年未有生育，便将董氏视同己出，悉心教养，董氏得以长大成人。

董氏有三个哥哥在外当兵任将，在镇州之乱后四处寻访妹妹。长兄董瑀找了六七年，终于打听到了她的下落。那时潞州牙将入朝，董氏亲人有知情者转相告知，董瑀方与牙将见面，一时伤心痛哭。即往潞州将妹妹领回，这时董氏已13岁了。

归家数年，董氏由哥哥作主嫁给了同乡里人刘进超为妻。不幸的是，时隔不久，契丹骑兵破灭后晋，刘进超在抗战中陷阵而死。于是董氏少年守寡，居于洛阳。

正巧，后周太祖郭威的第二个妻子杨氏与董氏是乡亲。杨氏寡居时曾与董氏多有来往，友善相好，同病相怜。嫁给郭威后，杨氏多次在郭威面前夸赞董氏贤德，并劝郭威纳为妾房。郭威得知也很是动心，待他从石敬瑭处来到洛阳之时，在闾巷找到了寡居独户的董氏，以礼收为侧室。郭威声称是杨氏的意思，董氏也就高兴地从命，跟随郭威来到太原，和杨氏一起服侍郭威。

后周立国之时，郭威已三次丧妻，中宫虚位。唯董氏还在，于是由妾升为正妻，册为德妃，居于宫廷，在中帏做郭威的贤内助。

广顺三年(953)夏，董氏不幸染病。正在卧病医治之际，因战事紧迫，郭威要往兖州亲征，这使他放心不下，眷恋不已。董氏知道丈夫体贴自己，很是感动，乃强忍精神勉励郭威说："正当夏日暑毒，劳陛下亲征，望多保重贵体，得胜而还。我没有什么大病，不多时自会痊愈，不用为我担心。内中处理，我已安排好了，陛下亦不用挂心，专心去征战吧！"郭威听后十分感动，于是义无反顾率兵东征。临行前道声珍重，并命御医小心汤药。在江淮阵战期间，郭威数次派人探望董妃，董妃也派人往前线慰劳丈夫和将士。

兖州平定后，董妃的病情仍不见好转，郭威快马加鞭赶来时，董妃已奄奄一息。虽然病床边千般呼唤，仍然不能将病魔驱走。在郭威的怀抱中，董妃渐渐闭眼死去，时年 39 岁。这是郭威第四次丧妻，他悲痛万分，为之辍朝三日，亲自料理丧事。

董氏未有生育。她长兄董瑀官至左赞大夫，二兄董玄之，三兄董自明皆官至郡守，由周至宋，均为富贵之家。

世宗柴荣皇后符氏

◎ 沅 江

符氏，陈州宛丘(今河南境内)人，出身于将门世家。祖父符存审，后唐大将，曾出任宰相，赐姓李，父亲符彦卿曾任后晋天雄军节度使，与将军郭威是莫逆之交。符氏少有大节，聪明有妇道。初由父亲作主嫁给了大将李守贞之子李崇训。到后汉乾祐(948—950)年间，李守贞据河中反叛，后汉统军大将枢密使郭威率军讨伐。兵临城下时，李氏父子惊慌失措，拒不投降。及城陷，李氏父子为免遭俘虏，全部自杀。在自杀之前，他们先把自己的妻儿亲属杀尽。符氏的丈夫李崇训，把屠刀伸向弟弟妹妹，将他们一个一个地砍倒。但符氏并不愿随夫殉葬，她还年轻，于是四处躲避。当李崇训的屠刀伸过来时，她躲在一处屏风之后，以帷箔蔽体。慌乱之际，李崇训一时找不到符氏，汉军涌来，他只好自己仓皇自刎了。符氏大难不死，总算没做无谓的殉葬品。

据说，符氏自小有大贵之相。一位相面先生曾对其父符彦卿说："您的女儿贵不可言。"这话彦卿倒不介意，却被李守贞听到了。李守贞早就有异志，于是让自己的儿子李崇训娶了符氏。谁知因叛逆李氏全家死绝，符氏却成了寡妇。

符氏毕竟是大家闺秀，气度非凡。她所以不随夫死，除了她不愿年纪轻轻就舍弃生命外，还因为她知道围城大将郭威与自己父亲是老朋友，必不会因丈夫作恶而加罪于自己，知道自己在破城后必安然无恙。李崇训死后，符氏即从帷箔中从容走了出来，据堂而坐，面不改色。汉军冲了进来，见堂上坐着一个美丽女子，无不想趁乱贪占美色，那怕是摸上一把。汉军一窝蜂似地涌来，一时屋子里乱成了一团。谁知军士刚一走近符氏，为首的嘻皮笑脸正要动手，符氏却一起身，凛然喝道："谁敢动我，我是符魏王之女，魏王与枢密郭太尉的关系，虽兄弟也比之不过，你们胆敢无礼，我定不轻饶。还不快去禀告太尉郭将军，就说我在此，快去快来！"说完，稳稳当当地盘腿坐下。这下军士个个都怔住了，他们哪能不知道符彦卿和郭威的交情，忙说："夫人少惊，我等无礼，罪该万死，望夫人原谅。我们就去禀告太尉。"于是厅堂又平静了下来。

郭威心里也在惦念着老朋友的女儿，正在寻找符氏的下落。这时军士来报，说符氏女正在厅堂上坐，郭威不禁大喜，马上过来了。见到符氏，乃称赞说："这个小女在白刃乱军之际能保全下来，真是非常之人呀！"符氏大大方方上来行了一个礼，又诉说了刚才发生的一切。郭威马上派人备车，将符氏送归魏王符彦卿，让他们父女团圆。

符氏母亲思想比较古板，以为好女不嫁二家郎，女儿既然守了寡，就该去当尼姑，自认命苦。但女儿可不是这么想，她说："死生有命，我大难不死，本该好好活着，为什么要髡首跣足、苟且偷生呢？我不当尼姑。"母亲见女儿志坚，不可逼，也就没话可说了。郭威本来对符氏印象极佳，后来又听说她坚决不出家当尼姑，更是对这位老朋友的女儿赞美不绝，说："此姑娘正该为天下之母呀！"

郭威的养子柴荣这时正在澶渊(今河南濮阳)为镇将，郭威乃对好友符彦卿提亲，希望他能将女儿嫁给郭家为儿媳妇，配柴荣。彦卿当然同意，回去问女儿，女儿早知柴荣英名，且内心渴望有个好男儿为依靠，哪有不愿意的道理。再通报澶渊前线的柴荣，回报也是极表同意。于是一拍即合。很快，花轿就把新娘抬到了澶渊军中，柴荣排列仪仗迎接，在军中举行了盛大的婚礼。这天柴荣好生欢喜，简单地拜堂之后，柴荣在众人簇拥之下进入洞房。揭开头上的红巾，符氏含羞带笑，含情脉脉，使在军伍中苦熬了多年的柴荣魂飞魄散，他从来没碰过这样端庄美丽的大家闺秀，虽然他早已结过婚。

在军中的日子是甜美的。符氏性格随和，很有教养，而柴荣出身军伍，性格粗暴，虽然对妻子百般存慰，但对部下免不了打骂呵斥。符氏对柴荣体贴备至，每遇到柴荣对军士发脾气时，总是从旁边劝柴荣息怒，为军士打圆场。这使柴荣对这位妻子更加敬重了。

以后的情况由于史料不多，我们知道得很少。到柴荣继郭威当皇帝之时(955)，符氏被册封为皇后，少女时代相面先生所言竟成为事实了。柴荣的结发夫人刘氏早在四五年前死于刘承祐刀下，符氏经过迂回曲折的人生道路，最后竟富贵之极，成为一国之母。

柴荣即位当皇帝后仍然马不停蹄四处征讨，南征北战，皇后每每劝谏他，望保重身体，言词极为诚恳，使柴荣极为感动。有一次世宗亲征淮南，皇后坚决要求跟随同去，由于在南方久冒炎暑，结果染病在身。为了不耽误战事，她强忍病痛，辞别丈夫北归。但回到京师后，病情不但未见好转，反而加剧。后周显德二年(955)七月二十一日，竟于汴梁(今河南开封)滋德殿病逝，时年仅26岁。

世宗皇帝柴荣对皇后之死十分悲伤。回京后，给皇后上谥号叫"宣懿"。安葬于新郑，其陵墓叫"懿陵"。

南唐

五代十国／南唐

烈祖李昪皇后宋福金

◎ 沅 江

宋氏，小名福金，祖籍江夏（今湖北），父亲叫宋韫，出身书香门第。

宋福金生不逢时，幼年父母死于战乱，使她成了一个可怜的孤儿。记得父母死时福金吓得哇哇直哭，一位将军，即福金的养父吴国昇州刺史王戎，见了感到可怜，又见这小姑娘长得白白胖胖，和自己的女儿很相像，于是就将她领回家收养。王戎的女儿王氏只比福金年长1岁，二人自小厮打在一起，十分友善，长大后二人也形影不离。王氏待福金犹如自己的亲妹妹。

说来福分不浅，吴国掌握政权的大将军徐温为其养子徐知诰聘亲，指名要王戎的女儿王氏。徐温权势显赫，徐知诰也领有重兵，王戎哪敢不依，女儿也只得听从父命。但是，这事却急坏了宋福金，她和王氏女从未分离，王氏女也舍不得与福金分开。还是王戎有主意，干脆让宋福金作为婢女随女儿一同去徐家。果然，女儿和福金二人都很满意。

徐知诰却与王戎的想法不同，他见宋福金有大家闺秀的气质，觉得不能亏待了她让她作丫头，且福金和王氏本来就有姐妹之谊，自小形影不离，情同手足。于是，干脆作为媵把她和王氏二人一同娶来。作媵，也就是当小老婆，这在将军之家，是没有什么了不起的。果然，王氏和宋福金都没有意见，于是欢天喜地地结了婚。

福金在徐家表现得极有妇道，对丈夫和正室王氏都谦让有礼，对公婆也很温顺。当然，徐知诰待宋福金也很好，不时去她房中看望并居住。不久，福金怀孕了，这可喜坏了徐知诰，也喜坏了正室王氏，一家人都很高兴。十个月过后，宋福金生下一个男孩，这就是以后继位当了皇帝的李璟。母因子贵，宋福金在家中的地位也大大提高了。

可惜的是，王氏因病不幸早死，宋福金痛失一位好姐姐。王氏死后，徐温命令徐知诰将宋福金扶正。随着徐知诰地位的不断上升，宋福金先是被晋封为广平郡君，后又被晋封为晋国君，成了一个贵夫人。

生了李璟之后，宋福金在以后数年间又喜得二子，即景迁和景达。这两个儿子以后都成了南唐王朝的顶梁柱。

福金虽然贵幸无比，但仍然相当谦虚。她治家有方，处事谨慎，从来不妄言乱笑。徐知诰每有大事，常常和夫人商量。当领有吴国重兵的徐温在金陵（今江苏南京）病死的时候，徐知诰十分悲痛，想从自己驻兵之地的吴都广陵（今江苏扬州）到金陵奔丧。在这关键时刻，宋福金进谏说："忠孝当然重要，现在养父病死，你尽忠尽孝本是应该。不过，扬州是吴都所在，你手握吴国政柄，如果离去，则会失去权力，若柄不在我，你将后悔终身。"一番话，说得徐知诰恍然大悟。于是，知诰只派他人去金陵为养父料理丧事，自己则留在广陵，进行篡夺吴国王位的准备工作。

吴天祚二年（936），徐知诰自封为齐王，将宋福金封为王妃。不久，又干脆让傀儡皇帝杨溥禅位，自己当上了皇帝。徐知诰恢复自己原来的李姓，并自认为是唐太宗的后裔，建国号为唐，史称南唐。知诰改名为李昪，成了后唐王朝的开国君主。宋福金被立为皇后，成为这个新建王朝的第一位国母。

立后之日，左右称颂，大唱赞歌，皇帝李昪也说："王朝得以建立，皇后也立了大功。"的确，宋福金辅佐李昪，在许多关键问题上都把好了关。难怪李昪常对人说："我所想不到的，皇后早就为我想好了。"

新的王朝在李昪的惨淡经营下，逐渐富强。李昪贮藏了大量兵器和钱帛，编练了一支强大的水军，准备一旦中原有变，即进行北伐，恢复昔日唐太宗时的李唐江山。但时间不饶人，北伐机会一直未来，李昪想多活些岁月，竟然相信道士的鬼把戏，瞒着大臣服食丹药，越食越鬼迷心窍。宋福金见此多次劝阻，李昪当着皇后的面时，总是说不再食了，但皇后一离去，就又吞一丹。结果，闹得性情暴躁，喜怒无常，经常莫名其妙地呵斥大臣。每逢李昪无端谴责大臣时，皇后总是出来庇护，并善加劝导，不致朝政出现紊乱。当然，这样做是相当费劲的。有时李昪丹药发作，如出入云雾之中，飘然不省人事，福金赶忙打发人来护理，由她在皇帝身旁处理军政大事。南唐朝臣惊奇地发现，皇后宋福金具有杰出的政治才能，于是更加佩服她了。

不久，李昪因丹药中毒，病倒在床上。这时他深悔自己没有听从皇后的劝阻，妄想长寿延年，却落了个一病不起。弥留之际，李昪与宋皇后商量起了儿子继位的问题。李昪认为长子李璟文人气质太重，只会作诗，不会治国，不如让次子景迁继皇位。但这样做恐怕兄弟不和，引起内乱，于是叫皇后拿主意。宋福金征求过儿子的意见，次子景迁表示不敢越次，长子李璟也当仁不让，于是福金就让李昪打消废长立次的念头。对此，李昪并不满意，长叹一声，就死去了。

皇帝李昪去世，太子李璟身边的一群伶人魏令、冯延巳十分高兴，而宰相中书侍郎孙晟看不惯这批只会写诗填词，不懂治国的人，就想拥宋福金临朝听政，以钳制李璟及其一伙歌舞之徒。但是，宋福金想了又想，觉得不妥：自己是妇道人家，虽然活了许多年，可从来未经征战，治国平天下也非妇人能为。因此坚决拒绝。她说："临朝听政是武则天干的事，我怎么能仿效她呢？"于是，朝政大权全部归于儿子李璟，宋福金被尊为太后。

从此以后，宋太后深处宫中，对于国中政事，皆不干涉，一切让儿子去处理。起先，李璟对朝政处理得还好，打了不少胜仗，扩大了国家的疆土。但出师频繁，兵民劳苦，对北敌的作战最后却失败了。每当李璟朝见母亲时，宋太后只是慰劳而已，没有一句话言及军国大事。当然，她内心是十分忧虑的。但她却坚持说："妇人干预外事，并不是国家之福，很可能要坏事。"

南唐保大三年（945）十月，宋太后病逝，葬于李昪坟墓之旁，其墓称"永陵"。谥号为"元敬"。

宋福金一生谨慎谦让，在封建社会的皇后中，应该称得上是一位十分贤淑的女子。她完全有机会掌握朝政，但她拒绝了。她儿子李璟很不中用，朝政越搞越坏，到这时她也不出面说几句话，又未免太迂腐了。

附：烈祖李昇妃种时光

◎ 沅 江

　　种时光，江西人氏，出身于小康人家。时光自小聪明机灵，受过一些教育，略通书计，能读书写字。且越长越漂亮，站在大庭广众之前，落落大方，亭亭玉立，宛如神仙女，特别惹人喜爱。

　　十来岁时，种时光学会了一些乐舞，更加招人爱了，她不时演唱，嘴巴甜甜的，父母把她视为掌上明珠。16岁那年，南唐宫廷招秀女，她被相中入选，进了宫廷乐舞队。

　　种时光在宫廷中熬过了多少时光，就难以计算了，反正进宫后五六年，皇帝压根儿就没有摸过她一下。深院高墙的幽闭生活实难熬呀，况且种时光已是20好几的大姑娘了。论美色，在宫中无与伦比；论乐舞，她跳得最好。多好的女儿啊！可惜，皇帝李昪不好女色，而是雅信道教，心存天下，做梦都在想北伐，统一中国。种时光再婀娜多姿，也没有给皇帝留下什么印象。

种时光生性好动，天性多情，有时也不免流露出幽怨之色。皇后宋福金是个大好人，她知道种姑娘的怨苦，对种时光十分同情。女孩子家幽闭得的确是够苦了，皇帝为什么那么无情不去见一见她呢？于是宋皇后多次在皇帝面前穿针引线，荐引种姑娘。有一天，皇后安排了一场乐舞，种时光又是当主角。李昪和宋皇后并坐一起观看，演到妙处，皇后对李昪说："那个最出色的就是种时光"。皇帝一时也看得入了迷，种时光含情脉脉又不时秋波相送，使李昪一时老骨头发酥，情兴大发。突然，皇帝一把将种时光抓到了身边，问这问那，时光忸怩作态，娇嫡嫡地回答，其他舞女都退下去了。皇帝想起宋皇后经常说的，感到自己亏待了这姑娘，于是将种时光拥在怀里，又亲又摸，姑娘只觉浑身瘫软。皇后宋福金会心地走出了宫门……

种时光得幸怀孕，生下了龙子，取名景迈。母因子贵，种时光在宫廷内的地位一下子上升了，仅次于皇后宋福金，其服饰也奢华起来了。这时皇后宋福金毕竟年老，种时光正是青春焕发的年华，既已亲近了皇帝，自后就在李昪面前频频调情，惹得皇帝兴起，而每每得幸，皇帝似乎也离不得她了，而后宫诸多嫔御也就再也难得见上皇帝一面了。

种氏所生的景迈是李昪当上皇帝以后生的第一个儿子，当然十分喜爱。加上种氏得宠，被封为夫人，这又使内廷渐次发生一些变故。李昪晚年脾气很坏，动不动就发怒，吼叫起来，声如老虎，一般人都吓得心惊肉跳，甚至圣殿内的金环也被震动，宫女们魂魄有时也吓飞了。但唯独种时光不怕，每逢此时，她就会想出戏法，调笑作戏，有时干脆就扑上去捋老头子的胡须，使老皇帝的心都融化了。有一次李昪吃饭时发怒，旁人都吓得呆若木鸡，种时光却照旧吃饭，她左手端着碗，右手拿一把匙，从容有如平常。见皇帝不吃，就举匙往老头子嘴里塞饭，像喂婴孩一样，逗得皇帝哑然失笑，怒气也就全消了。种时光摸透了皇帝的脾气，搬弄着女子的情怀，使李昪一刻也离不开她。没有种时光，李昪就食不甘味，而到这个火候，种时光开始使坏心眼了。

有一次，李昪到太子李璟的宫室，发现李璟正在弹琴作诗，不禁大怒。他怀抱统一中国的志向，寄厚望于太子，而李璟却只知写诗填词，全不把国家大事放在心上，真是恨铁不成钢。于是痛斥切责，想废掉李璟的太子地位。种时光揣知了李昪的意思，就想趁机让自己的儿子取得皇位继承人的资格。几天后，种时光在老头子被迷得晕头转向时，乘机离间说："景迈的才能和德行超过李璟几倍，不如废掉李璟，让景迈当太子。"说着说着就在老头子身上施以温柔。但李昪不愧为英雄好汉，关键时刻不为女色所迷：景迈才多大年纪，如何能称得上有什么才能？南唐江山岂能付给一个娃娃！他听了种氏之语不禁大怒，即刻把爬在他身上的种时光推在一边，正色大骂道："儿子有过，父亲应该教育，这是人之常情，你胆敢挑拨我们父子关系，做出伤天害理的事来。你给我滚！滚！"种时光光着身子，连滚带爬一骨碌滚下了床，连衣服也不敢拿。打这以后，李昪再也不见种时光了。这还不算，又去掉她的一切封号，去掉她的佩带饰物，幽于别宫。

几个月后，李昪得知皇后宋福金先前替种时光讨情引荐，而种时光得宠后对皇后也不尊重,甚至暗中想夺皇后的位置,就更生气了。皇后贤德,先前一直没有说,这时在得知种氏阴谋夺嫡时才吐露出来。李昪越想越气,命令种时光削发为尼姑,不准居于宫中。她的儿子李景迈的爱宠也因此丧失了。

直到李昪死,种时光再也没有见过皇帝一面。李昪死时,种氏哭得很厉害,说:"古代的人彘、骨醉,全加到我身上一点也不过分。我对不起皇后宋福金!"

李璟即位后,对种时光母子宽大为怀。李璟诗人气质太重,为人仁爱,对弟弟景迈更是仁慈,封为保宁王,允许种时光与儿子景迈团聚,住进王宫就养,并加封号为"王太妃",一点旧恨也不记。皇太后宋福金对种时光虽还有些怨恨,但经李璟劝解,也就息怒了。最后,种时光总算能安度晚年,以寿而终。

元宗李璟皇后钟氏

◎ 沅 江

钟氏，名字和籍贯皆无考。父亲钟泰章，为徐温的裨将，在吴朝上层权力斗争过程中，死心踏地地跟随徐温，用计诛杀了徐温的政敌张颢，立下了大功。为结儿女之亲，徐温命钟泰章将其第二个女儿嫁给养子徐知诰的第二个儿子，即后来的南唐元宗李璟。

钟氏从小受过很好的教养，深闺淡处，不事玩好，是一个贤淑的大家闺秀。徐温初见钟氏时，十分赞叹，为自己的孙儿能娶这么好的媳妇而高兴。并说："好儿郎才配得上如此好女子。"钟氏在吴时受封为县君，又累加为国夫人，富贵无比。

南唐昇元中(937—943),李璟封齐王,钟氏亦同时受封为齐王妃。

南唐保大元年(943),李璟即皇帝位,钟氏得以立为皇后。当了皇后之后,钟氏仍保持先前作风,温良恭顺,每有赐物,必先让宫中其它姐妹品尝。然而,丈夫李璟不争气,当皇帝不能很好地治国,却喜爱诗词歌舞。起先,李璟在南方打了不少胜仗,但北方后周强大起来后,进兵淮南,南唐兵不堪一击,连连失败,失去了江淮间大片领土。钟皇后并不过问政治,但在国家大难之时,她居食不安,和皇帝一样同心忧国,宫中乐舞全部停止,表现了一个女子的爱国情操。

李璟在丧失大片领土之后忧惧而死,后主李煜继位,钟氏被尊为皇太后。因她的父亲名叫泰章,讳"太",又改称为"圣尊后"。不久,圣尊后钟氏生病卧床不起。后主是个孝子,朝夕在母亲身边侍候,衣不解带,药必先尝。

北宋乾德三年(965)十月,圣尊后钟氏病逝。这一天大雨倾盆,金陵(今江苏南京)全城被笼罩在一片悲痛之中。李煜哭得成了泪人儿,左右莫不失声痛哭。李煜将母亲安葬于钟山,陵曰:"顺陵"。上谥号为"光穆",又称作"光穆顺圣"。

后主李煜皇后周娥皇

◎ 沅　江

大周氏，小字娥皇。父周宗，字君太，广陵（今江苏扬州）人，跟从徐温为给使，因善于辞令，逐渐得以升迁。南唐建国，为宰相，官至司徒，成为元老重臣。周宗富贵之后娶高门之女为继室，生有二女，皆有倾国倾城之貌，并相继为后主李煜的皇后，其长女，即周娥皇。

娥皇长得白皙，人也聪明，自小受到良好的教育，既学诗书，又学弈棋、歌舞。娥皇从小就会演戏，能唱歌，还弹得一手好琵琶。在贵族女子中，娥皇孩提时就名声在外，赞誉之声不绝于耳。

19岁那年,娥皇被父亲带到皇宫,参加皇帝李璟举行的一次音乐诗会。老臣周宗自己诗词曲赋十分拙劣,这样的盛会又无法躲避,于是领来了女儿,一方面为自己遮风,另一方面又可让女儿在皇帝面前露一手。当时,诸家大臣和文士纷纷咏颂新词,当场谱曲演唱。轮到老臣周宗时,他表示自己没有什么好节目拿得出手,特把女儿娥皇介绍给列位,让女儿为大家弹奏一首琵琶曲。当下就是一阵喝彩声,因为大家早就知道老宰相的女儿多才,这下可以亲眼目睹,亲耳听听了。大家的目光一下子转到了那亭亭玉立的少女身上。在众目睽睽之下,娥皇倒也大大方方,显不出半点慌乱。她搬了一个小凳在场中坐下,一架腿,抱着琵琶就开始演奏了。

只听"叮当"一声,琵琶的银丝传来了妙音,大家的心弦都随着琴声一松一紧,皇帝和公卿大臣、少爷公主听着听着,不禁啧啧称叹。太漂亮了,人漂亮,琴弹得更漂亮。娥皇弹的是一曲小调,不一会儿,弹奏完毕。众人一阵欢呼,不知哪一位公子哥儿又大叫了一声:"弹得好,再来一曲。"娥皇站起身来,向听众频频施礼。突然,她一眼瞟见了那位情绪激动的公子哥,那不是当今皇太子李煜吗?是他!是他呀。太子是一个有名的风流才子,人也长得漂亮:广额、丰颊、骈齿,一目重瞳子,有大贵之相。他爱好文学、书法、绘画,诗词创作水平极高。虽然娥皇养在深闺不得见,但她早就从自己的老师处听到了他的大名。而且,李煜比自己还小一岁,成就却超过了自

己,这更使娥皇敬佩。这时,只见李煜两眼直瞪瞪地望着自己,无限情意,像是鼓励,娥皇由衷地感到感激。老父亲周宗见女儿出了风头,也十分高兴,捋了捋胡须启禀皇上,让女儿再弹一首,博皇帝一笑。李璟点头称是,当

即传下话来,请周娥皇再来一首。于是,欢呼声重新震动了整个皇宫。

娥皇又坐下来,端起琵琶,开始演奏。这次她换了一个格调,一改先前欢乐的琴曲,弹了一曲忧伤的相思调。弹着弹着,她自己情不自禁地落下了眼泪。在场的人无不感动,他们完全被这琴声征服了,情绪都随着这琴声波动。皇太子李煜也两眼噙满泪花,心有灵犀一点通,他觉得娥皇这首琴曲是专为自己一个人弹的。这时整个宫廷除琴声外,一点儿杂声都没有,大家都尽心地听着,尽情地欣赏。直到弹完最后一个音符,曲尽词终,悠扬的琴声仍在厅内回荡。所有的人都被感动了,不少人流下了眼泪。曲完,又是一片赞叹声。当周娥皇起身再次向公卿们频频施礼、鞠躬道谢时,皇帝李璟也被感动了。李璟本人也懂音乐、诗词艺术,他自己有一件盖世之宝,即"烧槽琵琶",他命乐工取来,当众赏给了娥皇。娥皇接过圣物,深深一鞠躬,父亲周宗不停地叩头道谢。这是多么难忘的一天啊,周娥皇名声大振了。

娥皇由父亲领着走出宫门,备马回家,只见一个小伙子匆匆赶来,硬是要和娥皇见一面,说句话。这正是李煜,他递上一首前几天创作的新词,恳请娥皇收下,并希望今后词曲唱和,交终生之好。当然,这不能拒绝。一声轻轻的道谢,娥皇恋恋不舍地回家了。

回到自己的闺房,娥皇将李煜的词打开来欣赏,那隽秀的字体,露出词牌名《清平乐》,娥皇不禁轻声地念了起来:

别来春半,触月愁肠断。砌下落梅如雪乱,拂了一身还满。

雁来音信无凭,路遥归梦难成。离恨恰如春草,更行更远还生。

写得多好啊！多有才华的皇子啊！一阵爱慕之情袭上心来。她在想，能和这位皇子生活一辈子，那才是自己最大的愿望，最大的幸福呀！

不久，宫廷就传来了佳音。原来，那次见面后，李煜一刻也忘不了娥皇，回去就苦苦哀求母亲皇后钟氏和父皇李璟，要求娶周娥皇做王妃。父亲李璟对娥皇印象很深，也很好，马上就答应了。母亲钟氏也觉得儿子都18岁了，该娶媳妇结婚，也高兴地满口答应。于是，由皇帝下了一道请婚礼帖，派人送到了宰相周宗宅第。

礼帖送到周宰相手，老头子高兴得嘴都合不拢，赶忙谢恩。并立即向全家宣布这一消息，于是全家都欢腾起来。娥皇早知李煜对自己有情，但没料到请婚聘礼来得有这么快。由于是皇太子娶妃，送帖人回宫后，皇宫马上派了花轿，一时宅外吹吹打打，上谕已下，今日是良辰吉日，即刻成婚。这下可把娥皇急坏了，她还没有梳妆呀！外面唢呐吹得一阵紧过一阵，分明是催人上轿，把娥皇的父母急得手忙脚乱团团转。好在娥皇有一个小妹妹，手脚麻利，很快就帮姐姐梳好了头。娥皇穿好衣服，盖上一条大红绸，由妹妹领着走出了周家大门，上了花轿。然后在人们簇拥下来到了皇太子东宫。

婚礼大典我们就不去描述了，其隆重豪华亦无法用笔墨描绘。洞房花烛夜，一对新人相对而坐，娥皇请李煜演唱一首曲子。于是李煜为娥皇演唱了南朝陈后主陈叔宝的极其艳丽的曲子《玉树后庭花》。李煜是一个享乐公子，对政治一窍不通，这《玉树后庭花》可是亡国之音啊！词虽艳丽，情调却较低下。对此，娥皇也没有什么异感，反而觉得这是帝王情调，皇太子是皇位的继承人，自己也是皇后的继任者。她感到生活一定是美好的，可极尽荣华富贵。婚后，他们的生活的确是美满的，虽然天下治乱兴衰不去理会，但却也不是虚度光阴，二人词曲你来我往，有时李煜填词，娥皇作曲，有时李煜作诗，娥皇演唱，生活充满了艺术气息，其文学才能显著地提高了。他们永远也不会忘记那结婚的甜蜜日子，这一年是公元954年，即南唐保大十二年。

到公元961年，不觉七年过去，国家形势发生了巨大变化。北方后周王朝在柴荣皇帝的治理下逐渐强大，派大兵南侵，几次战役，南唐大败，丧失了江淮之间全部领土。周军在长江以北窥视江南，在金陵以北与南唐王朝隔江相望，随时都可能渡江消灭南唐。南唐元宗李璟在大败之余已手足无措，吓得逃往南昌（今江西南昌）避难，将皇位让给儿子李煜。不久，李璟在恐慌和惊吓之中死去，李煜当上了皇帝，娥皇也当上了皇后。但是强敌压境，李煜当的只是儿皇帝，他得向后周皇帝、后来的北宋皇帝称臣进贡，处在十分屈辱的地位。然而，即使在这样的情况下，李煜和周娥皇仍然不把国家的安危放在心上，仍然不图进取。南唐王朝和后周王朝签订了屈辱的城下之盟，承认了北方的宗主国地位。此后，李煜与娥皇继续过着纸醉金迷的宫廷生活，他们不感到压抑，不觉得屈辱，只是觉得时光太短，整天写诗填词，歌舞作乐，整个宫廷沉浸在艺术气氛之中。在国势日衰的情势下，李煜反而在诗词创作上获得了更大的丰收。

李煜与周娥皇的爱情弥笃，并且越来越火热。李煜为娥皇写了许多诗词，如词《一斛珠》描写娥皇的妖娆：

晚妆初过，沈檀轻注些儿个。向人微露丁香颗；

一曲清歌,暂引樱桃破。罗袖裛残殷色可,杯深旋被香醪涴。绣床斜凭娇无那;烂嚼红茸,笑向檀郎唾。

李煜把娥皇的舌形容为"丁香颗",娥皇的口好似"樱桃"。"绣床斜凭娇无那"句,把一个风流少妇活灵活现地呈现在我们面前,使人感到娇态可亲、可爱。

有时周后载歌载舞,混在舞女中当起了演员,并且演技极佳,舞姿极美,这使李煜兴致极高。他有一首《浣溪沙》词,是专门描写周娥皇歌舞的:

红日已高三丈透,金炉次第添香兽,红锦地衣随步皱。

佳人舞点金钗溜,酒恶时拈花蕊嗅,别殿遥闻箫鼓奏。

又有一首《玉楼春》,也是描写娥皇歌舞的:

晚妆初了明肌雪,春殿嫔娥鱼贯列。凤箫吹断水云间,重按霓裳歌遍彻。

临春谁更飘香屑,醉拍阑杆情味切。归时休照烛花红,待放马蹄清夜月。

皇帝、皇后成天在宫廷轻歌曼舞,弄得流连忘返,颇废政事。周娥皇不仅不对李煜进行劝谏,反而自己越玩越高兴。为此,御史张宪曾当面切谏,词情恳切。李煜只是听,也不发怒,也不改正,赐张宪帛30匹,以资表扬,但仍旧歌舞不停,成天玩乐。

周娥皇好风雅,当了皇后更是刻意打扮。她独创了一种发式,称"高髻"。唐代贵妇人一般都穿肥大的衣裙,她却独具匠心地制作了一种瘦腰形的裙子,穿起来曲线显露,婀娜多姿。她的头饰也很奇特,贵妇人争相仿效,一时竟使南唐女子风尚大变,奇装异服多了起来。

南唐后主李煜热恋着娥皇,将娥皇册立为国后之后,对上千宫女一个也看不上眼,夜夜只与娥皇极尽男女情爱之能事,专房宠嬖,其它嫔御只能干瞪眼、空幽怨。爱情的果实是生了两个儿子,长子名仲寓,少子名仲宣,皆长得很可爱,逗人喜欢。两位小皇子同日受封,成天随父母在宫中游乐,父母并不想培养他们为治国能手,而是希望他们长大当大诗人。而娥皇对于少子仲宣,更是寄予厚望,她认为长子仲寓可继皇位应治国,少子理应擅长词曲。

周皇后成天嬉戏玩耍,有时雪夜酣宴,举杯请李后主起舞。有时李煜累了,娥皇还要他跳,李煜说:"你如果能创作一首新词曲,我就随曲跳舞。"这如何能难住才女娥皇呢?周后立即拿来纸笔,不一会儿工夫就填成新曲一首,随即张开樱桃小嘴,轻声演唱,于是,李后主又是一阵狂舞……

周娥皇有一首著名的《邀醉舞破调》,即是雪夜邀李后主跳舞所作,词极艳丽,才气横溢,读之叫人动情。可惜,这首词曲今已失传了。又有《恨来迟破》词曲,也是娥皇手写,也是极有才气的名作,今也失传了。我们今天已看不到这位才女留下的作品,这无疑是一件巨大的憾事。

周娥皇的音乐天才是很值得称道的,她自小学了古筝,能弹一手好琵琶,精通数种乐器。这位才女谱曲的水平也很高,李煜词的许多曲子正是周娥皇配的,有时即时配曲立即就交歌伎演唱。有一个流传很广的故事,更使人敬佩娥皇的音乐才能。盛唐之时有一首著名的大曲——《霓裳羽衣曲》，安史之乱以后，乐工离散，曲谱失传。有一份民间的残谱，传入了南唐宫廷，但一般乐工礼官都无法认出。娥皇听说后便令人将谱拿来，仔细钻研，个把月后，就理出了头绪。娥皇用琵琶弹奏，使开元、天宝的部分遗音复传于世。娥皇又加以引申创造，排成了大型的舞曲，轰动了京城。当时内史舍人徐铉也懂音律，听后啧啧称是，曾对宫廷乐师曹生说："的确像开元、天宝之音，但曲谱改了，不是吉祥之征。"其意思是说，此乃亡国之音。唐明皇不正是在灯红酒绿的轻歌曼舞中迎来安史之乱的吗？

的确，南唐国势日弱，离亡国已经不远了，皇帝皇后却日夜溺于乐舞，醉生梦死。然而，娥皇竟不待亡国而先逝了。在她才气日盛、词曲创作达于巅峰之时，竟卧床一病不起。娥皇卧病期间，李煜丧魂失魄，成天陪伴着娥皇，且夕侍疾，药非亲尝不进，甚至衣不解带，服不解体，累夕如是。他对周后也算是够痴情的了。对于李煜来讲，周娥皇便是一切，无论如何也不能让她一命归天。

正当病情有些好转之时，周后的掌上明珠，她最宠爱的少子仲宣夭亡了。仲宣小字瑞保，非常聪明，3岁读《孝经》，能一字不漏地背诵，一听到奏乐，就知道节拍音调，周后寄予他的厚望是大家都知道的。但这孩子娇生惯养，弱不禁风，北宋乾德二年（964），当娥皇在病床上饮药之际，4岁的仲宣正在一尊佛象前玩，一只猫一跃触倒了大琉璃灯，一声巨响，小仲宣吓得一头栽倒，竟一命呜呼了。这不啻是折了娥皇的命根子，给娥皇以最沉重的打击，以致病情又转于恶化，终致不起。

周娥皇知道自己已不可救药了，于是与李煜诀别。这时她已是残烛将尽,有气无力了。她让侍女将李璟所赐的烧槽琵琶拿来,又将平时所佩的一对玉环,一同交给李后主。临死之时,要求后主对她薄葬。这一年的十一月甲戌之日,一代才女,一代妖后周娥皇死于金陵瑶光殿西室,时年仅29岁。

李煜对周后之死痛不欲生。他与娥皇夫妻恩爱十载,有如一人,从未红过脸。周后一朝离去,不仅失去了爱妻,也失去了一位诗友。在哀苦伤感之余,李煜写了一首长赋,刻于石上,自称"鳏夫煜"。这篇洋洋数千言的哀赋,其开头数句是:

> 天长地久,嗟嗟烝民,
> 嗜欲既胜,悲叹纠纷。
> 缘情攸宅,触事来津,
> 赀盈世逸,乐尠愁殷。
> 沉乌逞兔,茂夏凋春,
> 年弥念旷,得故亡新。
> ……

这首极为动人的长赋,流传至今,读之仍然叫人哀叹。李煜将娥皇葬于懿陵,并将她平时最喜欢的那具金屑檀槽琵琶同葬于地下。周后谥号为"昭惠",因为后来她的妹妹下嫁李煜,也成为皇后,所以史称周娥皇为大周后,其妹为小周后。

娥皇死后,李煜又写了几首词悼念,以寄托哀思。《谢新恩》是李煜为娥皇死后一周年所写的悼词:

> 樱花落尽阶前月,象床愁倚熏笼,远是去年今日,恨还同。

双鬟不整云憔悴，泪沾红扶胸，何处相思？纱牕醉梦中。

在这以后，李煜又写了一首《长相思》词，也是怀念周娥皇的：

　　云一緺，玉一梭，淡淡衫儿薄薄罗，轻颦双黛螺。
　　秋风多，雨相和，帘外芭蕉三两窠，夜长人奈何。

这些诗词都充满了情感，说明李煜对周娥皇的爱情是真挚的。

后主李煜皇后小周氏

◎ 沅 江

小周氏，南唐后主昭惠国后周娥皇之妹，为了和她姐姐相区别，一般把她称为小周后。

小周后的名字已难详考，她是南唐宰相周宗的小女儿，大约比姐姐周娥皇小 10 岁。当初姐姐出嫁，就是她陪着娥皇上花轿的。从此以后，她常去皇宫看望姐姐，有时就留在禁宫玩耍，与后主李煜混得很熟。

小周后长得与姐姐一样漂亮，且比姐姐更加天真纯情。她从小就十分聪明，才思敏捷，在良好的家庭教养之下，和姐姐一样学会了作诗填词，书法作画，且能唱能跳，特别是跳舞，可以说是超过了姐姐。

小周后长到十七八岁时，出落得如出水芙蓉，像含苞欲放的花，窈窕多姿。此时，她仍经常出入宫禁，和姐姐、姐夫一起游玩。李煜是个风流皇帝，对娥皇非常痴情，虽然多年来别的嫔妃很少进御，但娥皇这个漂亮纯情的妹妹，却勾住了李煜的心，牵动了他的情思。当然，他不敢明目张胆，只是在娥皇不知的情况下，与小周后勾勾搭搭，偷情幽会。李煜有两首词，写的就是他与小周后偷偷摸摸幽会时的情景，词牌名叫《菩萨蛮》：

（一）

花明月暗飞轻雾，今朝好向郎边去，衩袜步香阶，手提金缕鞋。

画堂南畔见，一向偎人颤，奴为出来难，教君恣意怜。

（二）

铜簧韵脆锵寒竹，新声慢奏移纤玉。眼色黯相钩，秋波横欲流。

雨云深绣户，来便谐衷素。谶罢又成空，梦迷春睡中。

这里几乎是实情真写，那种偷偷摸摸的神情，全盘毕露。为了遮人耳目，少女时代的小周后穿着袜子，光着双脚，手提花鞋慢慢地跑，奔向情郎李煜的怀抱。这种细致入微的描写，使人觉得格外体贴，是一个极为感人的爱情画面。如果考虑到这是一个当朝皇帝和一个黄花少女的幽会，那就更使人感到真切动情了。对于小周后来说，这是她的初恋。

宫廷幽会是美妙的，一时也没有人知道。后来姐姐娥皇突然病了，一卧床就是好几个月，最后终于离开了人间。有一种传闻说，娥皇病在床上时，有一天发现了妹妹和李煜幽会，结果被活活气死了。我们认为，这种传闻不太可信。第一，娥皇不是那种心胸狭窄的人；第二，她实际上知道妹妹与李煜有私情，但她无权反对，因为一个封建皇帝，拥有三宫六院，姬妾成群，是很正常的事。况且，李煜和自己的亲妹妹有情，对周家是好事。古时皇后就有不少推荐自己的妹妹为皇帝续弦的。晋武帝杨皇后死的时候，就把妹妹杨宛介绍给司马炎，以保住自己家族的利益。因此，病重的周娥皇断不会因为自己的妹妹和皇帝幽会而活活气死。但这毕竟是一件丑闻，李煜当时尽量掩盖，外人很少知道，故流传着一些谣言。

大周后娥皇死后，小周后和李煜都十分悲痛。葬礼过后，小周后正式进宫，代替了姐姐的位置。但由于居丧，李煜心存娥皇的亡灵，和小周后的婚礼迟迟没有举行。直到第二年，即北宋开宝元年（968），李煜才开始议立小周后为继室，称国后。李煜先让太常博士陈致雍详考古今沿革，草具婚礼仪典。为了使婚典更加名正言顺，又命翰林学士徐铉、知制诰潘佑参加议定。

关于婚礼用乐不用乐，就争论了好久，为什么呢？因为此时李煜虽贵为皇帝，在南唐王朝是独一无二的君主，但却是一个儿皇帝，北宋太祖赵匡胤是父皇帝。宋军驻扎在长江以北，随时准备吞并南唐，只是因为北有契丹牵制，南有其他小国，赵匡胤才没有立即下手。南唐王朝危在旦夕，不仅每年都要向北宋进贡，而且凡事都要先向北宋禀报。李煜和小周后的婚礼，怎敢不禀报宋太祖？！至于用什么礼，更要经北宋批准，皇帝之礼是不敢擅用的。既然不敢行皇帝之礼，那么国王之礼是否用乐呢?这就值得考究了。如果超越礼仪，北宋肯定会找借口兴兵问罪，为此才争论不休。请看：

徐铉说："国王婚礼古代不用乐。"

潘佑说："现在不沿袭古法，用乐可也。"

徐铉又说："古代房子乐不用钟鼓。"

潘佑说："现在什么鼓乐都可用，百姓娶妇尚敲锣打鼓，吹吹打打，何况国王?！"

为了说明民间婚礼都可用乐，潘佑引用了儒家经典《诗经》中"窈窕淑女，钟鼓乐之"的先例。为此，双方还是争执不下。李煜又令文安郡公徐游来评二人的异同，徐游判定潘佑言之有理，于是，婚礼才成。但婚礼举行没过多久，徐游却死了。为此，朝野气氛十分阴沉，大家都感到很不吉利。和大周后相比，小周后的婚礼实在是太冷清了。即便这样，李煜还是要尽派头尽量隆重地摆了排场，以便让小周后心里高兴一些。

这时南唐虽然危在旦夕，但李煜仍不图进取。新婚后，日夜和小周后歌舞游乐，诗词往来。李煜还有一首《菩萨蛮》词，写的就是他与小周后在后宫深院调情的情景：

蓬莱院闭天台女，画堂昼寝人无语。抛枕翠云光，绣衣闻异香。

潜来珠琐动，惊觉银屏梦，脸慢笑盈盈，相看无限情。

这首词的前段描写在一个深静的环境中如何缠绵，如何沉醉。后段写"潜来"，写"惊觉"，写"笑"，写"相看"，精细刻划，生动活泼。通首都是真切生活的体现。说明小周后与李煜的爱情生活与前时姐姐娥皇的情况差不多，他们在宫中醉生梦死，将国家的前途命运全部抛于脑后。

南唐朝廷上下，对小周后和李后主的行为十分不满。据说，婚礼举行的那一天，李煜命令百姓杀鹅以代白雁，披以文绣，拿着彩带，在大街上举行迎亲聚会。当时，围观的群众多达几万人。有的人个子矮看不见，就爬到屋顶上，有不少人从屋上跌了下来，或者摔死，或者摔伤。暗地里，不少老百姓咒骂皇帝不要脸，亡国在即还逞这等派头。又据说，举行婚礼那天，李煜大宴群臣，宰相韩熙载等人都作诗讽刺。据《古今风谣》记载，当时江南民间流传着童谣："索得娘来忘却家，后园桃李不生花。猪儿狗儿都死尽，养得猫儿患赤瘕。""娘来"，指的就是小周后。可见，当时朝廷大臣和普通百姓对李后主和小周后不顾国家、只顾享乐是颇不以为然的。

李煜对大臣的讽刺既不理会，也不责备。他知道自己愧对百姓，但却又没有办法。他感到无力扭转乾坤，不如当一天皇帝就享乐一天。大周后死后，他把全部的爱都倾注于小周后身上。他在御花园中专门为小周后建造了一个小亭，小亭内罩以红罗，押以玳瑁，雕镂玉砌，华丽无比，里面仅能坐两个人。于是李煜与小周后经常二人呆在里面，卿卿我我，调情玩乐。有时酣饮其间，醉了就抱在一起在里面睡。李煜还在小周后所居住的柔仪殿另设太古容华鼎、金凤口罂，诸香器都是金玉所制，璀璨夺目，豪华无比，每天都要派许多主香宫女，为之焚香。在香烟缭绕之中，小周后又是唱歌，又是跳舞，国家前途和个人命运吉凶祸福，全不去想了。

北宋开宝八年(975)，宋军攻破了金陵，灭亡了南唐，小周后和李煜都成了宋军的俘虏，被押送到北宋都城汴梁(今河南开封)。从此，小周后陪着李煜过起了俘虏的生活，一下子由贵幸无比的皇后，变成了囚徒。

宋太祖和宋太宗对李煜十分尖刻，又十分猜忌，使小周后和李煜遭受了巨大的侮辱和痛苦。李煜本是一个多愁善感的人，由皇帝变成阶下囚，更使他想起了以往的岁月，想起他和小周后在金陵春宫的情景。为此，李煜作了两首著名的词，至今仍为我们所熟知。

（一）《虞美人》

春花秋月何时了？往事知多少，小楼昨夜又东风，故国不堪回首月明中。

雕栏玉砌应犹在，只是朱颜改，问君能有几多愁，恰似一江春水向东流。

（二）《浪淘沙》

帘外雨潺潺，春意阑珊，罗衾不耐五更寒。梦里不知身是客，一晌贪欢。

独自莫凭栏，无限江山，别时容易见时难。流水落花春去也，天上人间。

新词填好，小周后就轻声低唱，夫妻二人以此苦度时光。

宋太祖给小周后加封号为郑国夫人。到宋太宗时，对小周后就有些不礼貌了。太宗早就听说小周后漂亮，能歌善舞，故意让小周后进宫跳舞献技。李煜不敢怠慢，只得让小周后去，小周后当然也不敢反抗，结果遭到了宋太宗的百般调戏侮辱。小周后回到李煜身边，放声痛哭，叫人听了心肺都撕裂了。

太平兴国二年(977)七夕那天，正是李煜42岁生日，压在心头多年的忧郁使李煜和小周后夫妇早已按捺不住，他们利用庆祝生日，召集了一些南唐故旧，在他们的私第举行生日祝寿宴会。这天，小周后化了妆，显得特别精神也特别漂亮，给大家演唱了《虞美人》和《浪淘沙》两首词曲。小周后好久没唱了，这次唱得格外凄楚动人，当唱到"故国不堪回首月明中"和"恰似一江春水向东流"时，故旧大臣都情不自禁地流下了眼泪，都深深地怀念南方的故国。然而他们都没料到，这时有密探去报告了宋太宗赵光义。赵光义听了十分恼怒，感到李煜眷恋故国，贼心不死，是妄图复辟，心存报复。于是让弟弟赵廷美拿了牵机毒药，置于酒中，去李煜府第赐李煜自尽。李煜端着皇帝赐给的庆贺生日的毒酒，环顾故旧，更恋恋不舍地望了一下小周后，一甩手饮了个干净。一代才子，当即就一命呜呼了。

小周后眼见这惨景，悲痛欲绝，失声痛哭，她扑在李后主身上，哀毁不能自胜。赵廷美宣布，宋太宗希望小周后进宫内居住，小周后不愿再受污辱，当场就拒绝了。不几个月，这位年仅二十几岁的绝代美人，当世才女，在满怀悲愤中忧郁而死。

前蜀

五代十国／前蜀

附：高祖王建妃徐氏

◎ 余同元

前蜀(907—925)是由唐西川节度使王建在西南地区建立的封建王朝，首府在成都。王建当了12年皇帝，先后册立后妃十余人，其中最有名的为徐贤妃、徐淑妃姐妹二人，深得王建宠幸，与宦官勾结，把持朝政，史称大小徐妃，本文着重介绍大徐妃。

天生富贵相　甘愿当侍妾

大小徐妃为唐眉州(今四川眉山)刺史徐耕的两个女儿，

唐朝末年出生，姿色倾国。一天，徐耕家来了位相面先生，进门便惊呼："君家必大富大贵!"徐耕要他给两个女儿看相，相面先生一见二女，便找到了富贵将临的原因，说道："青城山王气冲天，10年之内必有真人在此登上皇位，这两位千金将列为后妃，君将因二女而富贵天下。"几句神话直说得徐耕喜出望外，从此，徐耕每天教两个女儿读书、吟诗，要她们学习治家理国的理论，并请人来家教她们弹琴弄舞，一切都按宫廷生活的要求去严格训练。这二女聪明绝顶，特别善于吟诗，五言七律，宫词杂赋随手拈来，皆为绝唱，不但是杰出的女诗人，而且在当时整个诗词界享有盛名。

唐广明元年(880)年底，黄巢起义军浩浩荡荡地开进了唐都长安，长安城里达官显贵惊慌万状，乱作一团。宦官头目田令孜率500神策兵护卫唐僖宗及皇子、妃嫔数十人，向西川逃窜。西川是田令孜营建的一个狡兔之窟。唐僖宗被挟至成都，唐朝廷庞大的机构，从官员到随驾诸军，像蝗虫一般，蔽天盖日而来，使本来安定的西川、东川(今四川中部、东部，以梓州为中心)陷入一片混乱之中。为了保卫成都，陈敬瑄将眉州刺史徐耕调进成都，任内外都指挥使。徐耕全家一同迁入成都，其二女进入大都市，显得更加娇艳绝伦。唐光启元年(885)，唐僖宗率嫔妃离成都返回长安，此后，西川与东川两镇展开了激烈混战，东川节度使顾彦朗与西川陈敬瑄互相火并，成都成了双方交兵的中心战场。正在两强相斗，两败俱伤之际，利州(今四川广元)刺史王建乘机于唐昭宗大顺元年(890)率军进入成都，斩杀田令孜和陈敬瑄，被唐昭宗封为蜀王。几年后，王建大兵攻下梓州(今四川三台)，吞并了东川，准备割据巴蜀地区，自立为帝。这时，内外都指挥使徐耕看到大富贵的时机已到，便将家中两个女儿送到王建府中，甘愿充当侍妾。王建正派人四下挑选美女，一见徐耕二女，蛾眉横翠，粉面含春，花钿显现娇态，绣带飘飘，当即命侍妾扶入洞房。

姐妹列皇妃　幼儿充太子

后梁开平元年（907），后梁太祖朱全忠囚禁唐昭宗，唐王朝灭亡。王建在成都称帝，建国号蜀（史称前蜀），年号武成。第二年十月，册立徐氏为贤妃，其妹小徐氏当淑妃。前蜀永平元年（911）徐贤妃生下一子，取名王宗衍，为王建第十一子。此子生得方头大嘴，两手长过膝盖，两眼又大又圆，深得王建钟爱，被封为郑王。郑王宗衍自幼聪明活泼，才思敏捷，童年时便会写诗作文，受母亲的影响，尤其擅长于诗词创作，作艳体诗二百余首，编为《烔花集》、《坤仪令》，在蜀地广为流传。由于酷爱诗文的缘故，宗衍似乎对政治无大兴趣，虽被任命为左奉驾军使，他依然四处游山玩水，弄风吟月。对此，徐贤妃姊妹俩非常焦急，因为当时正在暗暗地进行一场争立太子的斗争。王建长子幼年残废，不堪继位，次子王元膺，张贵妃所生，因发动兵变失败而被戮。此外，还有宗鼎、宗仁、宗纪、宗辂、宗智、宗特、宗杰、宗泽、宗平诸子，均得封王，以宗衍最幼。诸子之中，宗杰最有政治才干，宗辂长相与王建最相似，因而，王建私下决定，在此二子中选一人立做太子。大小徐妃却一心要立宗衍为太子，为徐家光耀门户。

徐氏姐妹自入宫以来，便开始运动臣相，为控制朝政打下基础。先后被她们笼络的有宰相张格、太监唐文扆等。太监唐文扆，被王建任命为内飞龙使，不仅是宦官的头目，而且典章禁兵，参与机密，比宰相张格权力还大。他阴结大小徐妃，挟制年老昏耄的王建，完全控制了朝政。张格身为宰相，最受王建信任，却专以攀附为能事，当他看到大小徐妃恃宠怙势，以唐文扆为心腹，操纵朝政时，便多方附托，求唐文扆作为他的保护伞。大小徐妃与唐文扆、张格勾结起来，内外相应，不但控制了朝廷，而且纠集了朝廷以外的部分地方势力，为所欲为，创造了五代十国时期皇妃宦官干政的奇迹。当王建准备册立第八子王宗杰为太子时，大小徐妃密令唐文扆从中阻挠，并以重金贿赂张格，让张格出面，拥立郑王宗衍为太子，请朝廷内外百官在奏表上签名，同声奏请册立宗衍。王建览表大惊道："宗衍幼弱，好立做太子吗？"站在身旁的大徐妃立即进言道："宗衍已10多岁了，相面先生说他后当大贵，只是陛下身边皇子10多个，且后宫充斥，人人获宠，哪里挨得着宗衍呀！贱妾情愿携宗衍出宫，免得遭人妒害，也省得陛下左右为难呢！"说到此，已是泣不成声，脸上的泪珠儿扑簌簌地落了下来。这大、小徐妃被王建爱逾珍璧，若是离宫出走，岂不令人心痛吗？王建连忙慰谕道："我并非不愿立宗衍，只是怕他年少不明政事，到时候莫要误了国计。"小徐妃答道："相臣以下，一致赞成册立宗衍，只有陛下过分圣明，忧虑重重。妾恐陛下并不仅仅为此担心吧？也许是另有他谋，借此诳妾呢！"王建被说得满面生红，一再申辩。大小徐妃一再撒娇弄嗔，直逼得王建性急起来，便道："罢了！罢了！我明日册立宗衍好了"。如此，大小徐妃才含泪谢恩，第二天王建即颁诏，正式册立宗衍为太子。

王宗衍虽然被立为太子，置东宫开府设官，仍然不以政治为意，整天和诸王斗鸡、击球作乐，且性好靡丽，酷爱声色，军国大事均由大小徐妃指使唐文扆处决。唐文扆为了取宠于大小徐妃及太子，专任一班淫朋狎客充当僚属，除和诗作词，歌舞升平外，就是伙同大小徐妃及太子戏狎淫荡。此时，王建已年老体衰，当他路过东宫，听到里面喧哗声很大时，便问明左右，才知道是皇妃、太子及僚臣在斗鸡击毬，不禁长叹道："我身经百战，历尽艰难，才创下了这番基业，此辈整日戏闹，能够守成吗？"

毒饼侍丈夫　　酒色迷儿皇

宗衍被立为太子不久，最为王建所钟爱的八子宗杰突然身中剧毒，四肢青黑，霎时命亡。年已衰迈的王建，禁不住这场打击，伤感成疾，危在旦夕。弥留之际，他想到了北面行营招讨使王宗弼。王宗弼沉着有谋，因而王建急召王宗弼来成都，命他为马步都指挥使，授遗嘱道："太子仁弱，朕曲遵众请，越次册立。如果他不能继承大业，你可将他移居别宫，再择其他皇子继承皇位。徐妃家人兄弟，只可优赏禄位，千万不能让他们掌兵预政！"宗弼唯唯而退，准备侍机行事。谁知道这番谈话竟被大小徐妃全部偷听去了，她们抢先下了手。大小徐妃让久握禁兵的宦官唐文扆采取措施；唐文扆立即派兵守住宫门，任何人不得入宫，就连宗弼等30余位大臣早晚问安也未获准，每天只有慰抚的命令不断从宫中传出。宗弼知道大事不妙，便同皇城使潘在迎联络，率领一班壮丁冲进宫中，揭露唐文扆罪状。王建虽病入膏肓，还能知道人事，便召太子宗衍入宫侍疾，令东宫掌书记崔延昌权制六军事，贬唐文扆为眉州刺史。大小徐妃及张格见大事不好，便密令尚食（主管皇帝膳食机构）制作含毒药的鸨烧饼毒死王建，让宗衍火速即了帝位。

王宗衍嗣位后，尊生母徐贤妃为顺圣皇太后，册立小徐妃为翊圣皇太妃，晋封宗弼为齐王，任命徐耕为骠骑大将军。分派完毕，又醉酒唱歌，迷恋声色去了。新朝廷中，王宗弼职兼文武，总揽大权，但他纳贿营私，擅作威福，很快与大小徐妃同流合污。宋光嗣为小太监出身，专长于揣摩迎合，对太后、太妃百般献媚，且同王廷绍等勾结，干预政事。礼部尚书韩昭，素无才干，因纳重贿于太后、太妃，得任文思殿大学士，位出翰林承旨之上。原来王建朝廷内的许多重臣宿将，皆心怀忧虑，称疾告老。这样，太后、太妃通过王衍及朝廷达官，完全操纵了前蜀政权。她们一方面以声色蛊惑王衍，怂恿他去过那种醉生梦死的生活，另一方面公开卖官鬻爵，搜刮民脂民膏，极尽荣华富贵。

一次，太后、太妃带王衍往省母家，王衍瞥见一个绝代佳人，顿时魂不守舍。这位美人原来是徐耕的孙女，太后、太妃的内侄女，与王衍为表姐妹，当下由太后召见，携带进宫，配作王衍妃嫔。小徐氏姿色在其姑母之上，才气也不在姑母之下，入宫以后，曲尽柔媚，极善奉承，宠盖六宫。太后、太妃因侄女又得专宠，更觉得光耀无比，不数日，她们便同王衍一起，废去原立皇后高氏，遣送回家，直把那年迈的高知言惊气致死，然后册立这位新来的徐氏为元妃。从此，王衍宫中佳丽日增，整天酣歌妖舞，花天酒地。

卖官刮民利　建苑酣游幸

太后、太妃一边怂恿王衍寻欢作乐，一边加紧侵夺民利。她们直接下达教令，通行各地。公开地卖官鬻爵，谁出价最多，谁得官最快，自刺史以下，每一官缺位，都有数人前来争买，以出钱多者得任。她们不但自己卖官，还允许亲信参与卖官活动。礼部尚书韩昭因贿赂她们得任文思殿大学士，然后又面恳王衍，要求将若干刺史官职出卖，王衍也不敢阻拦。为了游乐，她们又让王衍下诏修池造苑，大兴土木。本来已有清风楼、九顶堂、会仙楼、龙飞楼、应圣桥、摩诃池（龙耀池）、鼓角楼等，又改龙跃池为宣华池，就池造苑，大兴土木，又立高祖（王建）庙为万岁桥，造文人观、金华宫、三学士诸池，耗费巨大。华阳尉张士乔上书谏阻，陈述勤俭治国的道理，结果被流放到黎州。张士乔万分激愤，投水自尽，以示抗议。她们为了满足奢侈豪华的费用，还在各通都大邑设立邸店，派专人经营，垄断贸易市场，搜刮民脂民膏。

前蜀辖境在唐朝末年未遭大的战乱，经济一直平稳地发展，是当时全国最富裕的地区之一，加上晋王李克用、李存勖父子忙于争夺黄河流域的领导权，无暇西顾，使前蜀政权得以苟且偷生。太后、太妃与王衍不思振作，整天游山玩水，赋词吟诗。为了弄风吟月，在宣华苑中，增设重光、太清、延昌、会真殿，加修清和、迎仙二宫，于宫殿之间，建降真、蓬莱、丹霞、怡神亭等，再置飞鸾阁、瑞兽门，亭阁相连，星罗棋布，狎客巡卫其外，宫女穿梭其内。经常邀集大批诗人门客，整日在宣华苑内饮酒作诗，互相唱和。王衍有所谓"这边走，那边走，只是寻花柳"的名句，刻划了他那寻花问柳的丑态，也反映了前蜀统治集团过着侈靡腐烂的生活。徐太妃被宫中人称作"花蕊夫人"，她的诗词，情意缠绵，浓妆艳抹，流露出浓厚的闺阁脂粉气味，深受王公贵族钟爱。

宫中玩腻了，太后、太妃便挟王衍出外游幸，在名山大川之间寻求幽情，题写淫乐诗词。从前蜀乾德元年（919）开始，他们数次出游青城山，在山上修建宫殿亭阁，称为"当面厨"。用数万缎缯彩绸缎结成彩楼，其豪华超过成都宫殿，王衍母子住彩楼之上，列座畅饮不问晨夕。到了得意忘形的时候，男女媟亵，脱冠露体，恣意喧呶，毫无顾忌。彩山前修建宽阔的河渠，与宫中相连，酒醉后，便泛舟于渠中，让宫女乘坐短画船，手执火炬千余条，逆照水面，以供王衍母子观赏。渠两岸锣鼓齐鸣，歌舞沸扬。彩楼彩山遇大风雨即毁，毁而复建，毫无顾忌。每次游山，以韩昭、潘在迎、顾在珣、严旭等人为狎客。韩昭为吏部侍郎，生就一个美男子。太后太妃爱他优美风姿，将他带在身边，伴陪枕席，专宠至极。韩昭由此被提拔为文思殿大学士、京城留守判官，由他召集狎客，率领大批宫女随从，衣服上都画有云霞日月，飘然若仙。王衍自己作《甘州曲》数首，描述仙女风骚。自己往返山中，沿途歌唱，让宫女齐声和唱，娇喉清脆，娓娓不绝，声势浩大。太后太妃还崇奉道教，在山上大建道观，设立清宫，让宫人都穿着道士服装，头戴金莲花冠，饮酒时再涂上朱粉，号为"醉妆"，上行下效，很快流行全国。除游青城山外，还去其他州县游玩，每次出巡，均是旌旗戈甲，前呼后拥，相连百余里。前蜀乾德二年(920)冬到乾德三年(921)春一次北巡，从阆州(今四川阆中)浮江而上，龙盘画舸绵延数里，江水为之生辉，花费以亿万计，沿江百姓尽遭劫掠，人不堪命。

吟诗弄风骚　刻石留炫耀

每次出游，太后、太妃都要沿途吟诗，命令随从刻在石头之上，留做永久的炫耀。一次，徐太妃题写青城山文人观诗云：

> 早与元妃慕至元，同跻灵岳访真仙。
> 当时信有壶中景，今日亲来洞里天。
> 仪仪交影寥廓外，金丝声揭翠微巅。

惟惭未致华胥里，徒卜升平万万年。

徐太后应和道：

　　护陪翠辇喜殊常，同涉仙坛岂厌长。
　　不羡乘鸾入烟雾，此中便是五云乡。

徐太妃题《谒文人观先帝圣容》诗云：

　　舜帝归梧野，躬来谒圣颜。
　　旋登三径路，似步九疑山。
　　日照堆岚迫，云横积翠闲。
　　期修封禅礼，方俟再跻攀。

徐太后接吟道：

　　共谒御容仪，还同在禁闱。
　　笙歌喧宝殿，彩仪耀金徽。
　　清泪沾罗袂，红霞拂绣衣。
　　九疑山水远，无路继湘妃。

徐太妃再题《谒文人观先帝圣容》曰：

　　千寻绿嶂夹流溪，登眺因知海岳低。
　　瀑布遥春青石碎，菌轮横翦翠峰齐。
　　步粘苔藓龙门峭，日闪烟萝鸟径迷。
　　莫道穹天无路到，此山便是碧云梯。

徐太后又接吟道：

登寻开壑到元都，接日红霞照座隅。
即向周迴岩岫首，似看曾近画图无。

徐太妃题金华宫诗云：

再到金华顶，元都访道回。
云披分景象，黛销并楼台。
雨涤前山净，风吹去路开。
翠屏夹流水，何必羡蓬莱？

徐太后接吟道：

碧烟红雾扑人衣，宿露苍苔石径危。
风巧解吹松上笛，蝶娇频采脸边脂。
同寻僻境思携手，暗指遥山学画眉。
好把身心清净处，角冠霞披事希夷。

又一次，二人携王衍游丹景山、彭州及汉州等地，徐太妃题丹景山至德寺诗云：

周迴云水游丹景，因与真妃眺上方。
晴日晓升金照耀，寒泉夜落玉玎珰。
松梢月转禽栖影，柏经风牵麝食香。
虔探六铢宜祷祝，惟期圣祚保遐昌。

徐太后应曰：

丹景山头宿梵宫，玉轩舍辂住遥空。
军持无水注寒碧，兰若有花开晓红。
武士尽排青障下，内人皆讲在筵中。
我家帝子传王业，积善终期四海同。

徐太妃题彭州归平诗云：

寻真游圣境，巡抚到归平。
水远波澜碧，山高气象清。
殿严孙氏貌，碑暗祖师名。
夜月登坛照，松风森磬声。

徐太后接吟曰：

云浮翠辇到阳平，真似骖鸾至上清。
风起半厓闻虎啸，雨来当面见龙行。
晓寻水涧听松韵，夜上星坛看月明。
常恐前身居此境，玉皇教向锦城生。

徐太妃题《汉州之学士至夜看圣灯》诗云：

虔祷游灵境，云妃风致同。
玉香焚静夜，银烛炫辽空。
泉漱云根月，钟敲树杪风。
印金标圣迹，飞石显神功。

　　　　满望天涯极，临雨日脚红。
　　　　狷来齐石上，僧集讲筵中。
　　　　顿觉超三界，浑疑证六通。
　　　　愿成修短事，社稷保延洪。

徐太后接吟道：

　　　　圣灯千万炬，旋向碧云生。
　　　　细雨湿不暗，好风吹更明。
　　　　磬敲金地响，僧唱梵天声。
　　　　若说无心法，此光如有情。

最后一次游青城山，徐太妃题大迥驿云：

　　　　因寻灵境散幽情，千里江山暂得行。
　　　　即恨烱光看未足，却驱金辇入龟城。

徐太后接吟道：

　　　　辇驿红亭近玉京，梦魂尤自在青城。
　　　　比来出看江山景，尽被江山看出行。

乐极生大悲　终成冤死鬼

　　由于太后、太妃和王衍一味奢侈淫乐，加重剥削，前蜀的政治日益腐败，阶级矛盾日趋尖锐，国力也迅速衰弱。

前蜀咸康元年(925)冬，后唐派魏王李继岌、大将郭崇韬率大军伐蜀，前蜀武兴节度使王承捷以凤州(今陕西凤县东)、兴州(今陕西略阳)、扶州(今甘肃文县西南)、文州(今甘肃文县)四地迎降。正在秦州(今甘肃秦安北)游幸的王衍母子闻讯慌了手脚，急忙遣亲军将领王宗勋率兵3万抵御。王宗勋与后唐兵相遇，一触即败，狼狈溃逃。唐军乘胜追击，攻占绵州(今四川绵阳)，逼近成都。王衍母子匆忙奔回成都，只见群臣相对涕泣，百官垂手相嗟，成都尹韩昭、宦官宋光嗣已被掳杀，太后、太妃和王衍吓得直打哆嗦，魂不附体，只得率百官奉表迎降。

后唐同光四年(926)，大小徐妃及王衍带领前蜀百官妃嫔数千人，从成都前往洛阳。二月，行至长安，后唐庄宗有诏命他们住长安，不往洛阳。三月，庄宗命令宦官向延嗣赍敕西行，去诛杀"王衍一行"，枢密使张居翰取敕复视，忙在殿柱上揩去"行"字，改为"家"字。这样，就只杀了王衍一家，其余前蜀百官仆役等千余人得以免死。大徐妃临死时呼道："我儿以一国迎降，仍遭杀戮，太不讲信义了！"当时有人咏诗讽刺说：

> 乐极悲来数有涯，歌声才歇便兴嗟。
> 牵羊废主寻倾国，指鹿奸臣尽破家。
> 中禁夜凉空锁月，绞庭春暖慢开花。
> 两朝帝业空成梦，陵树苍苍噪暮鸦。

后蜀

五代十国／后蜀

附：后主孟昶妃徐氏

◎ 余同元

后蜀广政元年（938），后蜀主孟昶携爱妃张太华畋游青城山，住进豪华的九天文人观中，月余不知归朝。一天，突然雷雨大作，昏天黑地，张太华娇小胆怯，慌忙躲进小楼。不料霹雳无情，偏向这美人头上震击。一声响雷，小楼崩塌，玉骨冰销。孟昶悲痛不已，病倒龙床。一班媚子谐臣慌了手脚，为解主忧，他们倾巢出动，四方采选丽姝。世上无难事，只怕有心人。果然选得一绝色娇娃徐氏，献入宫中。孟昶仔细端详，只见徐氏花容玉貌，胜过太华。而且秀外慧中，擅长文墨，试以诗词歌赋，无一不精，直把这好色昏君喜欢得不可名状。绸缪几日，即拜贵妃。寻即赐号慧妃，别号花蕊夫人。

中国历史上有两个花蕊夫人。一个是前蜀后主王建的徐淑妃，一个是后蜀后主孟昶的徐慧妃。二人皆以色艺身列皇妃，皆擅长于诗词歌赋，尤以后蜀花蕊夫人名声为著。后蜀花蕊夫人徐氏，四川青城人。她的家庭虽没有显赫的权势，却也不在一般富豪之下。父亲徐国璋着意对女儿进行培养，准备将来许配王侯。徐氏从小聪明非常，经史熟读不忘，吟诗作词，每多奇句，令父母大喜过望。所以，徐氏被选入皇宫为妃，似乎是意料之中的事。

徐氏被称为花蕊夫人，并迅速升为慧妃，不仅在于她那花蕊一般的容貌，关键是她同孟昶志趣相投，皆擅长于吟诗作词，醉心于游山玩水。花蕊夫人最爱观赏牡丹和芙蓉。孟昶为了使她欢心，命令修建牡丹苑和芙蓉锦城。牡丹苑中，罗列各种名贵牡丹，无色不备。芙蓉锦城，是在城上种植芙蓉，秋天盛开，蔚若锦霞，故号为锦城。蜀地素称富饶，又逢10年太平无事，五谷丰登，斗米方值3钱。都市士女多半采兰赠菊，买笑寻欢。有人30岁还不识米麦之苗，一派盛世气象。孟昶因而居安忘危，每天同花蕊夫人游乐于池苑之中，弄风吟月。对于朝政，夫妇二人写了一篇艳丽的诏文，号称"朕念赤子，旰食宵衣，托之令长，抚养安绥"。让郡县长官按这个原则去治理百姓。同时告诫郡县官吏"无令侵削，无使疮痍。下民易虐，上天难欺。"要百官牢记"尔俸尔禄，民膏民脂"，不要忘记了自己是百姓的父母官。诏文下达以后，夫妇二人便潜心文娱，超凡脱俗了。

每年春天，花蕊夫人都要同孟昶大宴群臣于牡丹苑，进行大规模的品赏牡丹活动。但见那苑中牡丹，黄者白者三对一排，红、白相间者四四列队，又有深红、浅红、深紫、浅紫、淡黄、金黄、洁白、正晕、倒晕、金含棱、银含棱、旁枝副搏、合欢重台等。每朵生50余叶，叶面宽大，径长达七八寸，且皆檀心如墨，香闻50步远。在文臣墨客的簇拥下，花蕊夫人碎步花丛之中，浮想联翩，不时令侍儿取来纸笔，赞道："牡丹移向苑中栽，尽是藩方进入来。未到末春缘地暖，数般颜色一时开。""亭离百尺立春风，引得君主到此中。床上翠屏开天扇，折枝花绽牡丹红。"妇唱夫和，赋诗赏花，极其尽兴。

每年夏天，花蕊夫人同丈夫游浣花溪，乘龙舟观水嬉戏。溪边且置亭榭，都城男女夹道观看，珠翠罗绮，名花异卉，馥郁十余里，有如神仙境界。兵部尚书廷珪称此为"十字水中分岛屿，数重花外见楼台。"孟昶也拉着花蕊夫人的纤手赞叹不已，说道："曲江金殿锁千门，也比不上浣花溪一角之美。爱妃何不赋诗赞赏？"花蕊夫人柳眉微皱，诗便出来："画船花舫总新妆，进入池心近岛傍。松柏楼窗楠木板，暖风吹过一团香。"

每年秋天，花蕊夫人同丈夫到芳林苑赏红栀花，邀集百官一同观赏。然后各自赋诗。红栀花生于青城山，由一老叟在芳林苑种植成功。其树高大，开花后灿烂四出，清秀如梅，为当时百花之王。花蕊夫人每观此花，皆诗兴大发：

大臣承宠赐新庄，栀子园东柳岸傍；
今日臣恩亲幸到，板桥头是读书堂。
苑中排比宴秋宵，弦管挣拟各自调；
日晚阁门传圣旨，明朝尽放紫宸朝。

随口吟来，皆成绝句。孟昶随声附和，百官赞美不绝。看完红栀花又赏芙蓉花，芙蓉锦城中，花开四十里，更叫花蕊夫人流连忘返。

每年冬天，花蕊夫人同丈夫进居屏宫。屏宫以画屏七十、帐闱百纽组合而成。内有罗帐碧绫帷，鸳衾锦被，还有芙蓉花汁染缯成帐幔，名曰芙蓉帐，豪华无比，连溺器也以七宝装成。至腊月，令内官献罗体圈、金花树，所费无计。宫中玩腻了，花蕊夫人便同孟昶登楼戏闹。楼下歌童们唱着花蕊夫人的宫词："五云楼阁凤城间，花木长新日月闲，三十六宫连内苑，太平天子住昆山。"歌乐掀天，珠翠填咽，引得满城羡慕。

后蜀广政十八年(955)夏，天气渐渐炎热。花蕊夫人同孟昶避暑摩河上，夜凉开宴，无限欢娱。孟昶酒酣兴至，便命左右取过纸笔，即席书词，赞美花蕊夫人。诗曰：

> 冰肌玉骨清无汗，水殿风来暗香暖。
> 帘开明月独窥入，欹枕钗横云鬓乱。
> 起来琼户寂无声，时见疏星渡河汉。
> 屈指西风几时来，只恐流年暗中换。

花蕊夫人听罢丈夫的夸赞，高兴得泪眼盈盈，正拟从丈夫手里要过纸笔，作词答谢，突然紧急边报来到，乃是后周招讨使王景，率兵自大散关至秦州(今甘肃甘谷东，包括四川平武地区)连拔后蜀黄牛八寨。孟昶听罢边报，不禁掷笔道："可恨强寇，败我诗兴！"

后周显德七年(960)，后周殿前诸军都点检赵匡胤发动兵变，建立北宋。宋乾德三年(965)，北宋大兵到了成都，孟昶偕花蕊夫人出城迎降。

后蜀灭亡后，花蕊夫人同孟昶分别被解送到汴梁（今河南开封），孟昶被宋太祖赵匡胤封为秦国公，不到 10 天便遇害身亡，年仅 47 岁。花蕊夫人当了俘虏以后，自知不能再与孟昶恩爱合欢，万分悲痛。在被解送汴京的途中，她骑在马上，望着渐渐远退的蜀中天地，情不自禁地吟出一首"丑奴儿"调：

初离蜀道心将碎，
离恨绵绵，
春日如年，
马上时时闻杜鹃。

刚吟至此，军骑催行。可怜一首《丑奴儿》词，只吟了半阙便被腰斩了。后来有人又续写了后半阙，云："三千宫女皆花貌，妾最婵娟。此去朝天，只恐君王宠爱偏。"轻薄之极，不过虚空架桥，狗尾续貂而已，决非花蕊夫人之本意。

花蕊夫人被押至汴京后，被迫进了赵匡胤后宫。当赵匡胤召她出来吟诗颂德时，她含泪吟诵了她的杰作《亡国诗》。诗云：

君王城上竖降旗，妾在深宫哪得知？
十四万人齐解甲，可无一个是男儿？

这首诗充分表现了花蕊夫人对故国的怀念和对后蜀灭亡的万分悲愤。在赵匡胤宫中，她对孟昶备加思念，将孟昶的像画到墙壁上，每日祭祀。赵匡胤发现后，不知是谁像，问是何神？花蕊夫人说是张仙，并说妇人敬奉张仙便得贵子，赵匡胤信以为真，令各地建张仙祠以供敬奉，后世效仿不衰。花蕊夫人天生丽质，色艺双优，引得赵匡胤和赵光义（当时为晋王，后即位为宋太宗）兄弟争风吃醋。一天，兄弟二人同花蕊夫人在苑中打猎，赵光义调弓引矢，瞄准一头走兽正拟射击，突然转身回射花蕊夫人，一箭便取了她的性命。可怜那"冰肌玉骨"被送到福建崇安下土去了。

作为皇妃，花蕊夫人徐氏在生活上奢侈糜烂，导引蜀后主孟昶宴乐怠惰，使后蜀举国奢靡成风，最后积重难返，亡于一旦。作为中国历史上杰出的女文学家，花蕊夫人不仅在词的创作方面蜚声当时文坛，在诗歌创作上也同样取得了光辉的成就。她辛勤劳作，作品丰富多彩，现流传下来的有《宫词》百首，《逸诗》66首。其中不少妙语佳句，读来清婉新奇，为两宋以后历代文人所推崇。关于花蕊夫人及其诗词的传说很多，《五代诗话》、《全五代诗》（二书均见于《丛书集成》初编本）及《全唐诗》中均有详细记载。

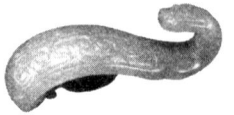

宋

(960 – 1279)

    宋朝分北宋和南宋,也是我国历史上一个繁荣的王朝,基本上消灭了地方割据局面。
    该朝代共收录了 15 位皇帝的 23 位皇后,另附有 2 位皇太后、5 位皇妃。

北宋

宋／北宋

太祖赵匡胤皇后王氏

◎ 李 晓

王氏，邠州新平（今陕西彬县）人，赵匡胤在原配夫人贺氏病死的当年（显德五年，958），就将她聘为继室。王氏的父亲王饶在后周时曾官至兼侍中、彰德军节度使，死后又被追封为巢国公，为人宽厚，举止文雅，恂恂有儒者之风，所莅藩镇，民皆安宁，因而在上流社会中有相当高的声誉，虽然他在显德四年（957）冬就已病故，而赵匡胤仍不顾其妻尸骨未寒急急忙忙地继娶王氏，这中间不能说没有企图借重王饶的威望以抬高自己地位之目的。周世宗对王氏这位名臣之后也高看一眼，婚后不久，就赐其冠帔，并封其为琅玡郡夫人。赵匡胤当皇帝后，建隆元年(960)八月，王氏也顺理成章地被册为皇后。

王氏相貌标致，尽管出身于名门望族，却没有一般富家小姐的骄娇之气，这一点倒颇像她的父亲。对丈夫，她一直恭勤不懈，对下人她也能仁慈待之，从不颐指气使地摆大架子。虽贵为皇后，她的装束仍十分朴素，甚至常常亲下御厨，为丈夫操办膳食。她有较高的文化素养，擅长弹筝鼓琴。还与婆婆杜太后一样，虔信佛教。每天晨起，必先焚香诵颂佛经，然后到杜太后宫中问安侍候，因而很得婆婆的欢心，杜老太太常常为有如此勤俭孝顺的儿媳而喜得合不拢嘴。赵匡胤对她的爱怜之情就更不在话下了。她的胞弟王继勋，尽管是一个地地道道的无赖，经常横行霸道，恣肆不法，甚至凶残到脔割奴婢、杀人吃肉的地步，但赵匡胤仍然看在王氏的面上，并不穷加究治。王氏生来体质纤弱，所生3个儿女也都不幸夭折。乾德元年(963)十二月，王氏因病而死，终年只有22岁。赵匡胤认为她的死与翰林医官王守愚用药不精有关，竟将王守愚流放海南。

次年(964)四月，王氏葬于安陵之北。

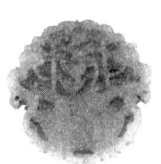

太祖赵匡胤皇后宋氏

◎ 李 晓

宋氏，河南洛阳人，父亲宋偓（原名宋延偓）官至左卫上将军，母亲乃是后汉高祖刘知远的女儿永宁公主。乾德五年（967），宋氏随母亲入宫接受赵匡胤的召见。此时孝明王皇后已故去数载，赵匡胤有心另寻佳偶，见宋氏风姿绰约，举止端庄，婉约动人，顿生爱意，当场赐予冠帔。开宝元年（968）二月，便将宋氏迎入宫中立为皇后，这年宋氏17岁。

宋氏柔顺好礼，赵匡胤每次退朝回宫，她总是穿戴整齐前往迎接，然后陪赵匡胤一起用膳，尽心服侍丈夫成了她的主要生活内容。转眼八九年过去，宋氏一直未曾生育，虽然她身为母后，对赵匡胤前妻们留下的两个儿子赵德昭和赵德芳十分关怀，并且更为偏爱德芳，但眼看丈夫已年近50岁，而自己的膝下依然无子，这不能不使她感到着急。她甚至经常设想：丈夫在的时候，自己可以把丈夫倚作靠山，万一比自己大26岁的丈夫撒手归天，自己的后半生依托于谁呢？每念及此，就有一种前途叵测、如临深渊的感觉。

开宝九年（976）十月二十日深夜，就寝于万岁殿的赵匡胤不明不白地猝死在"斧声烛影"之下。消息报给宋氏，已是四更时分了，天上雪花飞舞，宫中乱纷纷不知所措。赵匡胤的死犹如晴天霹雳，突如其来，他就寝前还与弟弟赵光义密谈，怎么转眼就溘然长逝了呢？宋氏泪眼模糊地望着赵匡胤的遗体，只觉得猛然陷入了无边的恐怖和绝望之中，呆若木鸡。在几个年长的宫女宦官的提醒下，她才想起丈夫死前对后事一直未做任何安排，而今由谁担当江山社稷的重任呢？赵匡胤子弟们的面孔飞快地在她脑中闪过，印象最清晰的要数官任贵州防御使年满18岁的赵德芳了。赵德芳是赵匡胤的庶子，无论在年龄或是名份上都比赵匡胤原配夫人贺氏生的赵德昭差得远，但在此惶急时分，宋氏已丝毫顾不上仔细计较舍长立幼，舍嫡立庶的利害得失，她只是感到与自己素来亲近的德芳才是最值得信赖和倚重的。于是，宋氏连忙遣宦官武德使王继恩前去召德芳火速进宫。王继恩一走，宋氏心中又犯起了嘀咕，种种疑虑涌将出来：自己做主拥立德芳合适吗？赵光义和赵德昭会善罢甘休吗？元老大臣们会听任我做主张吗？越想越感到心虚，越来越强烈地感到晋王赵光义那阴鸷冷峻的眼神咄咄逼人。她不寒而栗，再次紧张出了一身冷汗。

不知过了多久，王继恩回来了，宋氏赶忙颤声急问道："德芳来了吗？"王继恩低声回答："晋王来了。""啊！"王继恩这低低的话语不啻又一声晴天霹雳，直吓得宋氏目瞪口呆，面无人色，定睛望去，果见赵光义真真切切地站在了面前！"官家！"（唐宋时宫中称皇帝为官家）宋氏凄厉地喊了一声，双膝一软，不由自主地跪向赵光义："官家，我母子的性命，可全托付于官家啦！"赵光义搀起宋氏，说："咱们共保富贵，你不必担忧。"脸上虽涕泪涟涟，语句中俨然一副官家的派头了。宋氏只觉得一阵晕眩。

　　第二天，赵光义正式即位。宋氏得了个"开宝皇后"的称号，先是迁到西宫居住，后来又迁至东宫。至道元年（995）四月二十八日，宋氏清寂凄冷地结束了她的一生，终年44岁。弥留之际，她握着赵匡胤的女儿晋国大长公主的手断断续续地说："我瞑目之后不忧愁别的，只担心我娘家人闹不和睦，被人笑话啊！"赵家兄弟的同室操戈，对她的刺激实在太大了。有司上谥号曰孝章皇后。她的遗体在普济佛舍中停放了将近3年之后，才被安葬于永昌陵的北面。

附：太祖赵匡胤皇太后杜氏

◎ 李 晓

后梁贞明年间的一个冬天，朔风凛冽，大雪纷飞，家住定州安喜(今河北定县)杜家庄的杜爽老汉，热情款待了一位路过此地请求避雪的青年男子。杜老汉见来客状貌英伟，举止勤谨，顿生爱意，说话间又知他是官宦之后，更有心结纳，当下便自己作主，把年已及笄的大女儿许配给他了。这位客人便是宋朝的皇考赵弘殷，那杜家闺女便是为他生养了宋太祖和宋太宗两位皇帝的昭宪杜太后。

杜氏的祖上虽不能像她的婆家那样能数罗出一些令人钦羡的荣耀，但家境殷实，并又好佛向善，在安喜一带拥有颇好的名声。她家住于从幽涿通往汴洛的官道附近,南来北往的官员商贾络绎不绝,常有人来歇憩打尖,使她有机会经历许多场面,接触各种复杂的人物,因此,她虽然没有享受诗礼闺范的濡染,但待人处事的见识却远非身居阃闱的名门闺秀所能及的。随着婚后生活经历的复杂,和他丈夫、儿子在政治上的发迹,她的见识也在逐步增长。

赵弘殷路过杜家庄,是准备投奔一些强大的割据军阀谋一枝之栖。婚后不久他就到了赵王王镕的麾下,因替王镕率军应援后唐庄宗李存勖有功,得到李存勖的赏识,又成了李存勖军中的一员裨校。大概从这时起,杜氏就开始了随丈夫东征西讨的军旅生涯,她的哥哥杜审琦也投入后唐军中担任了义军指挥使。

随军生活迁徙无常,席不暇暖,杜氏少不了要饱尝颠沛流离的动荡之苦,丈夫长时间从征在外,往往数年之间难谋一面,家庭的重担就完全落在了杜氏的肩上。开始时丈夫的官职较低,又处在兵荒马乱的战争年代,灾荒严重,后唐政府根本发不出军粮,负责财政的租庸使孔谦每天都到洛阳的上东门外等候粮船,到一点发一点。许多军士没有饭吃,卖妻鬻子,骨肉分离。他们的家属只好成群结队到野外寻点野菜充饥,往往冻饿而死。杜氏日子的艰难也是可想而知的,她的第一个儿子赵光济和一个女儿(后来追封为陈国长公主)出生不久就不幸夭折了。直到婚后第10个年头,才在洛阳夹马营生下了第二个儿子赵匡胤,12年后又在浚仪(今开封)官舍生下了第三个儿子赵匡义。后来她又接连生了两个儿子,一个女儿。杜氏性格坚毅,治家颇有礼法,对孩子的训导也很严格。匡胤、匡义二子幼时虽顽皮好动,但长大后都能谨慎持重,这与她的家教是分不开的。杜氏教子虽严,但也不像一般的母亲那样总是把孩子拴在自己的身边,不离左右,而是让他们循着自己的天性发展,养成敢作敢为的作风。匡胤好舞刀弄枪,学习骑射,有一次他骑上一匹未勒绳索的烈马,顺着城墙斜道向上驰突,头颅猛然撞在门楣上,摔落地下,旁观者以为他的脑袋必碎无疑,哪知他慢慢爬起,又追上烈马纵身腾上。这种冒险的举动做母亲的哪有不担心的道理?但杜氏并未因此而限制匡胤的习武。等到匡胤十几岁的时候,她就放手让他四处闯荡去了。匡义嗜好读书,杜氏和赵弘殷就尽力为他创造学习条件,恒加饬励,赵弘殷在后周时领兵征伐淮南,每破州县,对金银财宝一概不问,只搜求各类古书捎给匡义,因此匡义能精于文业,多才多艺。

光阴蹉跎人易老。杜氏50岁出头之时,她的丈夫付出在战场上被打瞎左眼的代价之后,已由下级军官逐步升任右厢都指挥,领岳州防御使,后来又累官检校、司徒、天水县男。她的儿子赵匡胤更青出于蓝而胜于蓝,积战功担当了殿前指挥使等要职,赵匡义也当上了供奉官都知。她母因子贵,在赵匡胤官拜定国军节度使的时候被封为南阳郡夫人。这一年杜氏54岁。大概也就在这一年,她的丈夫死去,她变成了寡妇。老年丧偶是十分不幸的,但杜氏并没有在丧偶的痛苦中徘徊,几年后,当赵匡胤向着至高无上的皇权伸出他那强有力的双手的时候,杜氏便成了儿子政变活动的最坚定支持者。

有一个故事,说是显德六年(960)正月,当赵匡胤准备率军北征之时,汴京满城风雨地传播着一条小道消息:"出兵之日,当立点检(即赵匡胤,时任殿前都点检)为天子!"一时间,城里秩序大乱,许多富家大室纷纷挈家外逃,只有宫内不知。赵匡胤忧心忡忡地溜回家来问:"外面已汹汹然闹成这样,怎么办才好呢?"他的姑姑面色黟黑如铁,正在厨房做饭，一听此话，便操起擀面杖朝赵匡胤就打，一边打一边骂："大丈夫临大事，行与不行你自己看着办，回家来吓唬我们妇女干啥?！"打得赵匡胤不敢做声，低头退出。不管这则故事是真是假，赵匡胤在策划政变这样一个重大问题上是不会不向他的母亲通气的，杜氏也就不能不对此阐述她的意见。赵匡胤率军出城之前，为防意外，把杜氏与夫人王氏等家眷老小全都秘密安置到了僧寺定力院之内，杜氏正好可以在定力院焚香拜佛，祈祷她儿子成功。正因为杜氏参与了政变的决策，所以当赵匡胤在陈桥驿黄袍加身，并还军京师的消息传来时，赵匡胤的夫人王氏尚不免有些紧张，而杜氏则神态自若，淡然说道："吾儿平生奇异，素有大志，人们都说他能极尽富贵，有什么可担心的？"

儿子爬上了皇帝的宝座，做母亲的也就不再是一般的朝廷命妇了，自然而然地被尊为皇太后。建隆元年(960)二月，杜氏高坐于朝堂之上，赵匡胤率百官再拜礼毕，殿宇内顿时响起了一片朗朗称贺之声，气氛庄严而热烈。然而当人们抬起笑眼仰望端坐堂上的杜老太后之时，却发现她的脸上不但没有漾溢着志得意满的欣喜神情，反而阴沉沉地愀然不乐。这与喜庆的气氛是何等得不协调，赵匡胤君臣不免心下诧异。几个年老的大臣连忙趋前几步低声问道："为臣听说自古就有'母以子贵'的道理，现在儿子贵为天子，这是陛下的齐天洪福，陛下为何不龙颜愉悦呢？"杜氏沉吟片刻，徐徐说道："我听说当皇帝难啊！天子置身于黎庶百姓之上，若能得其治道，则此位可尊，一旦有何差失，恐怕连当一介匹夫的资格也没有了，这正是我所忧愁的！"赵匡胤听罢，连忙匍匐在地，一字一顿地说:"母亲的教诲,儿定铭记在心!"

此后,杜氏仍不放松对儿子们的训戒,每每参与一些重大朝政的决策,常对被赵匡胤倚为股肱的赵普说:"赵书记(赵普曾在赵匡胤手下担任掌书记),我儿子阅历的世事还很少,千万尽心辅弼啊!"她对三儿赵光义(即匡义)十分疼爱,要求也一直很严,赵光义每次出门,她总是请赵普伴随才准予放行,甚至还要记算时间待其归来。赵光义从来不敢违命。

杜氏对儿子的教养真可谓呕心沥血,得其母范之正了。然而她做梦也想不到,十几年之后,她的两个儿子赵匡胤和赵光义为了皇位之争会骨肉相残、刀斧相见;更想不到她最疼爱的儿子赵光义在"斧声烛影"之下杀死哥哥赵匡胤夺取皇权之后,会与赵普相勾结,以她事先做好安排为借口来证明其即位的合法性。据许多史书记载,杜氏在建隆二年(961)身染重病,赵匡胤为她煎药灌汤不离左右。后来病情加重,杜氏便召赵普进宫,安排后事。杜氏问赵匡胤:"你知道你能得天下的原因吗?"赵匡胤呜咽着说不出话来,杜氏说:"我年纪大了,难免一死,你哭有什么用呢?我正要向你嘱咐大事,快不要哭了。"赵匡胤说:"我能当上皇帝,除了依靠祖宗在天之灵和母亲您的恩德,还能依靠什么呢?"杜氏严肃地说:"不对。你当皇帝只是因为柴氏让幼儿主天下,人心不附罢了。如果柴家朝廷有年长的人坐江山,皇位哪能到你的手上?我们不能重蹈柴氏的复辙,你和光义都是我养育成人的,你百岁之后应当传位于弟弟。四海至广,百姓至众,能立一个年长的皇帝,这才是社稷的福分呐。"赵匡胤一面哭,一面叩头说:"儿怎敢不遵从母亲的教诲。"杜氏又对赵普说:"你要把我的话记下来,不可违背。"赵普当着杜氏的面记下了她的遗嘱,并在后面写上"臣普书"的字样。然后把它放进一个金匮里，交给谨慎老成的宫女掌管。这在历史上被称为"金匮之盟"。其实杜氏临终之时赵匡胤只有35岁，赵光义也才23岁，而赵匡胤的儿子赵德昭却已经10岁了。杜氏固然无比地关心她赵家朝廷的命运，在她年老病重之时也难免会神志不清产生一些糊涂意识，但无论如何她也不至于糊涂到认定只有35岁的赵匡胤会像周世宗柴荣那样在30几岁的年纪上就英年早逝，把政权抛给仅有十几岁的小孩。而所谓"金匮之盟"只是直到赵光义即位已有7年，赵匡胤的长子德昭、次子德芳相继被赵光义威逼自杀，或不明不白地暴病而死之后，才通过曾与赵光义有矛盾的赵普一人之口公诸于世的，在此以前就连赵光义本人也丝毫不知道有这么回事。因此，关于"金匮之盟"，以及杜氏嘱咐赵匡胤兄终弟及的故事，只能是赵普为了讨好赵光义以保住自己的相权而与企图为即位寻找合法借口的赵光义相互勾结共同杜撰的地地道道的伪造货。在杜氏的生平之中也根本不存在什么"预定继统"、"金匮之盟"的事情，对此近代史学家张荫麟在《宋太宗继统考实》一文中做过翔实的考证，可称定论(见《文史杂志》第1卷第8期，1941年)。

建隆二年(961)六月，杜氏死于滋德殿，终年60岁，谥号明宪，葬于安陵，其牌位安祭于太庙。乾德二年(964)，改谥号曰"昭宪"。

太宗赵光义皇后李氏

◎ 李 晓

李氏，潞州上党(今山西长治)人，宋朝开国元勋李处耘之次女。李处耘在陈桥兵变时，是协助赵匡胤黄袍加身，成就帝业的重要角色之一。又攻取荆湖，立有殊功。后遭同僚诬毁，被贬为淄州刺史，怏怏而卒。赵匡胤感到很对不起这位拥戴功臣，便于开宝九年(976)将李氏聘为赵光义的第二个夫人，刚纳过聘礼，赵匡胤便死去。赵光义即位两年之后，才在太平兴国二年(979)七月把已经17岁的李氏迎入宫中，封为德妃。雍熙元年(984)十二月又立为皇后。

李氏是一位恭谨庄肃的人，她对待赵光义的儿子们及宫中嫔妃十分宽厚。皇后李氏曾为赵光义生过一个儿子，可惜很快夭折。或许是因为父亲身世不幸的缘故吧，她对那些遭际坎坷的人怀有特殊的恻隐之心。赵光义的长子赵元佐，本来是位聪明英俊的少年，只因替阴谋叛乱的叔叔赵廷美求过情，而被父亲疏远，竟神志错乱，患上了癫狂之症。李氏对元佐便深表同情，所以当赵光义病死，宣政使王继恩等人企图废除已被封为皇太子的赵恒拥立元佐的时候，李氏便自然地倾向于他们。她向宰相吕端说："皇帝刚刚宴驾，按年龄的长幼拥立嗣君，这是顺天应人的事情，你看如何？"吕端曾被赵光义称作"小事糊涂，大事不糊涂"，在此关键时刻果真名不虚传，他断然回答："先帝之所以设立皇太子，不正是为了今天吗？岂可再有异议！"说罢，将赵恒请进殿来。事已至此，李氏也就不便再说什么了。

　　赵恒即位，李氏被尊为皇太后，居于西宫嘉庆殿。赵恒对待李氏还是十分孝敬的，专门为她建造了一座万安宫，后来李氏生病，赵恒亲手调剂药饵，升朝之际也常常显露出忧伤的神情。李氏病重，赵恒连说话都带上了哭腔，还屡次下诏悬重赏求请民间名医。李氏晚年比起赵匡胤的孝章宋皇后来，算是幸福的。景德元年（1004）三月十五日，李氏病死于万安宫，终年45岁，谥号明德。先是权殡于沙台，3年后安葬于永熙陵。

附:太宗赵光义妃李氏

◎ 李 晓

李氏,真定(今河北正定)人,乾州防御使李英之女。赵匡胤听说李氏人品出众,便亲自作主聘予赵光义。开宝初年,封为陇西郡君。赵光义即位后,进封陇西郡夫人。先后生育了4个孩子,2个女儿早夭,长子赵元佐,次子乃是后来成为真宗皇帝的赵恒。太平兴国二年(977)正月十二日,李氏病逝,享年34岁,葬于普安院。李氏身后享受了莫大的哀荣,赵恒即位先是追封贤妃,后又追尊为皇太后,谥号"元德",她的父亲李英也被追赠为检校太尉、安国军节度使、常山郡王,母亲被追封为魏国太夫人。后来赵恒命宰相李沆担任园陵使,在永昌陵附近为李氏修建了一座新的陵墓。咸平三年(1000)四月，赵恒身着素服亲自到普安院攒宫(即起出棺椁)，还拜伏在生母梓宫之前，呜咽痛哭。李氏若九泉有知，可能也会满足了。

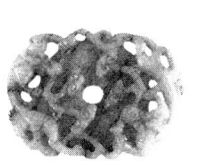

真宗赵恒皇后郭氏

◎ 李 晓

郭氏，太原人，宣徽南院使郭守文之次女。淳化四年（993），嫁给襄王赵恒，封鲁国夫人，又晋升秦国夫人。赵恒即位，被立为皇后。

郭氏秉性谦约，待下人宽厚仁惠，对待自己的亲属则不徇私情。她生活简朴，讨厌奢靡。亲戚们入宫拜谒，有人穿戴光鲜华贵，她总要严词劝戒。有不少亲属想通过她的裙带关系向赵恒提些要求，她也从来不予答应，就连她的哥哥出嫁闺女，因家贫置不起妆奁想向赵恒祈求点赏赐，她也只是拿出自己当年的嫁妆接济给哥哥，而绝不向赵恒伸手。赵恒曾让她去收藏珍宝的宜圣殿仓库中看看，她推辞说："宜圣殿乃国家的宝库，不是妇人应去的地方。陛下如果想惠赐给六宫一些财物的话，请你自己酌量颁赏，为妾却不敢掠人之美。"因此赵恒对她十分敬重。

郭氏对金钱名利淡漠如水，对儿子赵祐却是情深似海。然而她的儿子偏偏幼年早丧年仅9岁就暴病夭折，这意外的打击使得郭氏悲痛万分，伤感过度，竟也一病不起，景德四年（1007）四月十六日，命归黄泉，追随儿子去了。终年32岁。谥号庄穆，葬于永熙陵西北。宋仁宗即位，改谥章穆。

真宗赵恒皇后刘氏

◎ 李 晓

长江在真州(今江苏仪征)一段是十分繁荣的,因为向东不远便可通过瓜洲北入运河和汴河,直达汴京,乃川蜀、湖湘的财赋、商贾水上往来的必由之路,所以从早到晚,樯橹相逐,百舸争流。

和尚法灯,结庐岸边,一日清晨,忽听江风送来一阵由鼗鼓〔一种乐器,类似现在的拨浪鼓〕伴奏的歌声。曲调时而如细流涓涓,委婉低回,尤怨身世的不幸;时而如风卷残云,坚定高亢,抒发对壮丽前景的憧憬与追求。随着歌调的变化,鼓声也时如雨打芭蕉,嘈嘈切切;时如战鼓催征,丁丁冬冬,令人回肠荡气，心潮汹涌。法灯被深深地感动了，他循声望去，只见一艘来自川蜀的货船泊憩江边，一位年轻女子伫立船头，正手摇鼗鼓忘情地唱着。补丁四缀的衣衫，掩不住她那清秀明艳的天生丽质，在初升旭日的辉映下，越发风姿绰约，仪态万方，光彩照人。柳眉上挑，丹唇微抿，更使她在明艳之外，平添几分倔犟和凛然。法灯近前问讯，此女自言姓刘，祖籍河东太原，后迁居益州（今成都），乃华阳人氏。祖父刘延庆，曾当过右骁卫大将军，父亲刘通官任虎捷军都指挥使、嘉州刺史，后来随太宗皇帝从征北汉，死于途中，自己便是刘通的第二个女儿。说她在襁褓之中就成了孤儿，被寄养到外祖父家，穷苦无依，便向人学得这播鼗之艺，间或卖唱糊口。丈夫龚美，乃是以锻银为业的银匠，今随他泛江出蜀，是欲前去汴京谋条生路的。方才凭船四顾，见统是异乡光景，我两口向无余资，流落至此，浑似这逐波孤舟，不着边际，但想那汴京乃天子之都，首善之区，或许比华阳老家更能养人，胡乱想着，不觉随口唱出。法灯察言观色，认定这位刘氏必非寻常之人，说不定将来能遭际富贵，当下便慨然解囊，出资相助。刘氏龚美夫妇骤蒙此恩，自然千感万谢。后来，刘氏果然贵为皇后，她感念法灯的恩德，捐出妆奁百万余贯，命淮南、两浙、江南三路转运使修建大刹，工巧雄丽，甲于南北，请法灯前往住持，赐予不绝，这是后话了。

且说刘氏、龚美夫妇来到汴京，日子过得并不像他们想像得那么简单。这里举目无亲，衣食住行样样费钱，龚美新来乍到，许久揽不到活计，法灯周济的那点钱经不起坐吃山空，眼看又要囊空如洗了。龚美进京后，结识了在襄王府当差的张耆，想通过张耆介绍进襄王府找点活干。他们做梦也想不到，张耆虽然没有找到锻银子的差事，却为他们找来了一场天大的富贵。

原来,襄王赵元侃(后来改名赵恒)正值年少风流,有一次对左右侍从说:"久闻川蜀一带的女子才貌极佳,我想得到个蜀姬,你们可留心查访。"张耆一下子想到了龚美那位颇标致的妻子,连忙跑去找龚美商量,少不得絮叨了一大堆好处。龚美此时正愁求告无门,虽然十分舍不得,但也无可奈何。刘氏倒很是情愿,因为她原本就不是一位自甘平庸的女子,还在她小的时候,她的祖父常以将来会大富大贵的话哄她,说她的母亲庞氏当初梦见月亮坠入怀中,这才孕育了她。孩子是纯洁天真的,再荒诞的故事听多了也会当成真理,童心上打下的烙印常常会对人的一生产生影响。刘氏不由自主地把自己看成是月亮的化身,相信自己定会出人头地,真州江边法灯和尚的举动更使她坚定了信心。龚美虽说老实,但操此贱业,终究难有大出息,那襄王贵为王爷,中意佳丽何方难求,为何单单垂青蜀姬?这难道不是苍天专为我做的安排吗?或许母亲的奇梦和法灯的断言将要应在襄王的这段偏爱之上呢!果真如此,倒真得感谢祖上迁居川蜀之举。刘氏当即欢天喜地梳妆整齐,带上鼗鼓,随张耆径往襄王府而去。

鼗鼓本是一种寻常小鼓,没啥稀奇,然而经刘氏纤手摇来,竟节奏铿锵,别具韵味。刘氏这番着意让襄王喜欢,自然施尽平生手段,百媚俱生。襄王目醉心迷,大喜过望,拥着这从天而降的巫山神女共入高堂,如胶似漆,宠幸专房。偏偏好事多磨,棒打鸳鸯。襄王的乳母秦国夫人性情严肃,见刘氏出身卑贱竟使襄王一往情深,很不高兴。正巧宋太宗问她:"我见元侃近日虽未生病却面容消瘦,不知是何人在他身边服侍?"秦国夫人把刘氏得宠的事一说,太宗即命襄王进宫,当面训斥,令他赶走刘氏。襄王无奈,只好泣别刘氏,将她安置到张耆家,弄得张耆为了避嫌,每天当完差后都不敢回家。襄王见不是长法,便拿出500两银子托张耆另外建了处宅院由刘氏居住。

至道三年(997)三月,太宗驾崩,襄王元侃此时已改名为赵恒,即位为真宗。召刘氏进宫,不久封为美人,还因刘氏别无亲戚,乃把前夫龚美改姓刘,作为兄长。刘氏的位号也逐年晋升,由修仪进为德妃。

刘氏之得宠,倒也不全是凭着她那出众的色艺。她天资聪颖,秉性警悟,成为皇妃之后有机会接受上层文化的熏陶,逐渐通晓经史,朝廷之事一经耳闻,即能记其本末。自从与赵恒破镜重圆,俩人感情更胜于以往,简直是出双入对,形影不离,即使赵恒出外巡幸,相随身边者亦总是刘氏。但她并不恃宠成骄,依然衣着朴素,与普通宫女没什么差别。

郭皇后病逝,赵恒就有意立刘氏为皇后,怎奈大臣群起反对。参知政事赵安仁、翰林学士李迪屡上章疏,说刘氏出身微贱,不可母仪天下。赵恒虽然不乐,却也没有多少理由固执己见,只好把这事缓了下来。的确,当时宫中诸妃,论家世,论声望,刘氏均居劣势,但她懂得有一条嗣袭中宫的捷径,那就是仗着赵恒对自己宠幸专房,近水楼台,向阳花木,早日为赵恒育一麟子。赵恒曾生过5个儿子,都已夭折,如果刘氏真的能为他诞育皇嗣,则其功德不啻再造,正位中宫岂不水到渠成,理所应当的吗?然而有心栽花花不开,几年过去,春风无数,刘氏竟丝毫不见动静,急中生智,便想了个借腹怀胎之计,命自己的侍女李氏代己司寝。李氏不负重望,果然生下一子,取名受益,后改名赵祯,即宋仁宗。刘氏连忙将受益据为己有,让婉仪杨氏用心看护,同时对外宣称受益为自己所生。后人就是据此编出了《狸猫换太子》的故事。

刘氏这下子可有了当皇后的充分理由。赵恒自然也乐于即遂前愿，然而世上没有不透风的墙，人们早晚会知道事情真相的，因此赵恒在册立刘氏时也就难免心虚，不敢大张旗鼓，理直气壮。按照宋初规矩，册立皇后，应先写明册命告身，有司以金花龙凤罗纸、金涂袋呈进，然后由学士院起草制词，宣示于正殿。朝廷大臣、地方长官、宗室亲王都要进献贡礼，群臣要拜表称贺，还要到内东门奉笺向新皇后称贺。赵恒生怕节外生枝，便一切从简，不让地方藩臣进贡贺礼，也不宣制于外廷，只令学士院起草制词降付中书省就算完事。赵恒让丁谓请杨亿起草制词，杨亿当即显出十分为难的样子，丁谓劝道："只要你大笔一挥，不愁不富贵。"杨亿摇摇头说："如此富贵，实不敢当。"丁谓只好改命他人，总算把刘氏册为皇后。这时已是大中祥符五年（1012）十二月了。

　　刘氏做了皇后，更加留心政事，赵恒退朝回宫，批阅天下封奏常常忙到半夜，所有重大问题的处理，刘氏几乎皆预闻其间。宫闱事务归她管辖的，她也引经据典，措置得有板有眼。赵恒对刘氏越来越倚重，刘氏也渐渐地干预起朝政来了。

　　转眼几年过去，到天禧四年（1020），赵恒患中风之疾，说话困难，不能视事，政务便多决断于刘氏。当时朝中存在着两派水火难容的政治势力，一派以宰相寇准和李迪为首，另一派以参知政事丁谓为首，与丁谓相勾结的便是通过刘美与刘氏攀上亲戚关系的翰林学士钱惟演。原来刘美在刘氏改嫁之初，虽然没有立刻跟着沾上大光，却凭着刘氏的关系使许多朝中大臣成了他的主顾，钱惟演出嫁女儿也令他打造妆奁器皿。后来刘美由银匠一变成为刘氏的兄弟，并且封官晋爵不断升迁，善于钻营的钱惟演见刘美奇货可居，便赶紧与他套近乎，不但将先前令他打造的器皿全部慷慨赠与，还把自己的妹妹嫁给了他。

钱惟演与丁谓本来也是亲家，凭着这些盘根错节东拉西扯的裙带关系，丁、钱等人的权势日盛一日。寇准是个以刚介耿直出名的人物，有时连皇帝赵恒的账都不买，皇后刘氏就更不在他的眼里了。刘氏在川蜀老家的宗亲横行乡里，强占百姓的盐井，官司打到御前，赵恒因为刘氏的缘故，并不想追究，丁谓和枢密使曹利用等人也迎合赵恒和刘氏的旨意说什么："此时正值天旱，不应再制造冤狱，中伤百姓。"而寇准则坚持要依法治罪，遂引起了刘氏的强烈不满。

赵恒久受疾病之苦，自以为将不久于人世，曾想命皇太子赵祯监国。一次，他躺在亲信宦官周怀政的腿上有意无意地说出了这个打算。周怀政当时正在太子宫奉职，自然希望太子能掌握实权，自己好借机升擢，便跑去告诉了寇准。寇准本来就对刘氏干政不以为然，遂出面向赵恒密奏请皇太子监国，并建议罢免丁谓。不料寇准酒后失言，被丁谓探知此事，丁谓在刘氏支持下发动反扑，将寇准挤下台。周怀政见事不妙，与宦官杨崇勋等商议企图铤而走险，发动政变杀死丁谓，复相寇准，废黜刘氏，奉赵恒为太上皇，传位于太子。竟被杨崇勋告发，周怀政转眼身首异处。刘氏乘机再次与丁谓合谋，以寇准曾推荐过永兴军巡检朱能伪造的天书为罪名，将寇准一贬再贬为道州司马，朝廷中与寇准关系密切的人几乎全遭到排挤。

寇准被罢，丁谓升为宰相，擅权用事，很快又与另一位宰相李迪发生了矛盾。刘氏这时自然仍是向着丁谓的，因为她对李迪的恶感甚至不亚于寇准。当初就是李迪以"出身微贱，不可母仪天下"为理由进行谏阻，才使她晚当了几年皇后的，前不久，赵恒因病情加重，神志不清，语言错乱，竟怒气冲冲地对前来问安的大臣说："昨夜宫中嫔妃全让皇后唤去了，剩下朕孤身一人独守空房！"旁人皆不敢做声，又是李迪上前奏道:"果真这样,何不以法治之?"当时刘氏躲在屏风背后,听得分明,狠不得冲出来揍他几下。一想到这些,刘氏的气就不打一处来,她决计新账旧账一齐算,不几天,李迪就在与丁谓大吵一场之后被赶出了朝廷。

赵恒的病情愈益加重,而刘氏的地位则愈益巩固。这年十一月,赵恒在承明殿召见大臣说:"朕的疾病大概是怀念太祖、太宗皇帝创业艰难,不敢懈怠,忧劳积久造成的,近几日越发不见好转,今皇太子年德渐成,皇后素来贤明,处事平允,完全可以托付大事。此后凡有重大事务,可由太子在资善堂处置,内廷由皇后辅化宣行,文武大臣皆尽忠翊赞,我自可以放心无忧了。"太子赵祯这时才11岁,乳臭未干,少不更事。因此,赵恒的安排无论在事实上还是在名义上都承认而且增加了刘氏已有的权力。对此丁谓一班人是兴高采烈的,因为他们早已把自己的亨通郾蹇与刘氏的命运联系在了一起,而刘氏为了进一步揽权,也迫切需要得到他们的翊戴。但对于那些对所谓牝鸡司晨、女后干政怀有成见的人来说,刘氏那强烈的权力欲就难免使他们产生种种疑惧:年幼的赵祯在刘氏手上会不会出现三长两短?吕后、武则天的历史会不会在本朝重演?寇准、李迪担心这一点,想通过斥逐丁谓、废黜刘氏的办法来保全赵祯,其原因是他们把刘氏与赵祯看成了不共戴天的非此即彼的对头。事实倒并非如此,刘氏不但表面上以母后自居,内心里也把赵祯视为己出,她所唯一担心的是自己一旦丧失赵祯生母的地位,那么自己精心构筑的权力之塔就会从根本上遭到动摇,因此,她始终把赵祯看作自己立足的基础而严密加以控制和保护。对此参知政事王曾观察得比较透彻,他对钱惟演建议说:"太子年幼,非皇后挟持不能立足,皇后若不倚仗太子,人心也不会归附。皇后只有加恩于太子,太子才会平安,太子平安皇后自然也就平安了。"钱惟演把王曾的话转达给了刘氏，刘氏原来就有此意，于是对赵祯更加亲厚。赵祯生活中的一切内容她几乎都要亲自过问，赵祯偶尔离开身边，她也不断派人前去看护。侍奉赵祯的乳母、内侍虽已全是她亲手挑选的谨慎老成之人，但她仍不放心，还时常对这些人严加训戒。为了给赵恒祈福消灾，她拿出了自己宫中全部的妆奁费用，派遣的使者遍及天下的佛寺、道观、名山胜境。刘氏的苦心没有枉费，人们的闲话渐渐地减少了，刘氏的地位自然又稳固了一步。

乾兴元年（1022）二月，赵恒病死，在一片悲痛气氛中，刘氏向大臣宣谕了赵恒的遗诏：太子赵祯即位，尊皇后刘氏为皇太后，淑妃杨氏为皇太妃，军国重事权由皇太后处理。随后，王曾照例执笔起草遗制，当写到"军国事兼权取皇太后处分"时，丁谓为讨好刘氏，想把"权"字去掉，王曾严肃地说："皇上幼冲，不得已由太后临朝，这对国家来说已经是很不幸的了。有个权字尚可以昭示后人。方才遗诏说得分明，言犹在耳，岂有更改之理！"丁谓只好作罢。太后临朝称制，自宋朝开国以来这是开天辟地头一遭，无章可循，有关仪制少不得也要计议一番。宋制，皇帝每天都要临御垂拱殿，还在文德殿正衙接见文武百官，叫做"常参"；五天一次在崇德殿或垂拱殿接见群臣，叫做"起居"。太后临朝是否应在别的殿衙呢？大臣向刘氏请示，刘氏遣宦官张景宗、雷允恭答复："既然军国重事由我兼权处分，则天子视事我就该朝夕在旁预闻才是，何须别御一殿呢？"王曾请求像东汉时那样，皇帝和太后5天一御承明殿，皇帝在左，太后在右，垂帘听政。丁谓却阴谋进一步擅权，不想让其他大臣预闻机要政令，提出皇帝每月中只需初一、十五两天接见群臣就可以了，凡遇大事请太后召集辅臣决定，平常小事可令雷允恭传奏，太后用印画可就行了。王曾反对，但丁谓通过雷允恭向刘氏进言，刘氏便颁布手敕完全接受了丁谓的意见。王曾叹道："皇上和皇太后不相联系，把权柄交给一个宦官，只怕祸患要从此开端了。"果然，雷允恭逐渐恃权专恣，丁谓更是权倾内外，越发炙手可热。赵恒弥留之际曾说过寇准、李迪可以托付后事，这可不是刘氏和丁谓所愿看到的，因此，他们做的第一件事便是将寇、李两人再加贬谪，寇准被贬为雷州司户参军，李迪被贬为衡州团练副使，逼得李迪差点自杀。有人问丁谓："李迪若真被贬死，公怎样应付人们的议论呢？"丁谓满不在乎地说："将来若有好事的书生在这件事上玩弄笔墨，只不过会说'天下惜之'而已！"丁谓如此得意忘形，却想不到自己的政治末日也即将旋踵而至了。

对刘氏说来，寇准、李迪固然可恶，但他们毕竟已成为死虎，构不成多少威胁了，刘氏对他们再加贬谪只不过是在其尚存余温的虎尸上补踢两脚，聊泄宿愤而已。垂帘不久，逐渐让她觉着心烦的倒是丁谓、雷允恭这班权臣。丁谓确实曾为刘氏立下过抬轿垫脚之功，他巧于媚上、阿谀奉迎的伎俩也曾博得过刘氏的欢心，刘氏一度放手让他揽权也正是为了报答他的这些功劳，但他与雷允恭勾结专恣，企图独揽朝纲，挟制刘氏的倾向却终究要与刘氏产生尖锐的矛盾。按理说，太后是应与皇帝一同临朝的，但赵祯年幼贪睡，常常赶不上卯时御殿，刘氏便令内侍传旨中书，想单独御殿接受群臣朝拜。这道旨令宣谕之时，恰逢丁谓休假，参知政事冯拯等人不敢擅决，请求等丁谓复出再作商议。可丁谓还朝却极力反对，而且一再诘问冯拯等人为何不当即回绝。刘氏见丁谓如此专横，掣肘于己，自然大为不满。不久，王曾揭发丁谓担任园陵使时勾结雷允恭擅自迁移真宗陵寝,说是"包藏祸心,欲置皇堂于绝地。"刘氏更加震怒,立即下令诛杀雷允恭。丁谓虽然免死,但被贬为崖州司户参军,一下子被赶到海南岛去了。丁谓一伙结党营私,残害异己,早已路人侧目,他们的垮台多少起了些改善政治的作用。

刘氏驾驭臣下是很有一套的,一天,她鼻涕一把泪一把地对左右大臣说:"国家多难,若非诸公同心协力,何以至此!眼下大行皇帝的丧事已操持完毕,卿等可以把子孙亲属的姓名开具给我,我要尽数予以破例推恩。"大伙不知是计,纷纷兴高采烈地把自己三族亲戚的姓名一一呈上。刘氏将这些名字列成图表,贴到卧室墙上,每逢大臣推荐官员必先观图,只有图上无名者她才同意任命,原来她是在用这种办法防范大臣任人唯亲,形成过于强大的私人势力。大臣们满以为会鸡犬升天,却想不到正坠入刘氏彀中。刘氏称制达11年之久,尽管政出房闱,却还能号令严明,尤其在最初几年当中,较为处事公道,是非分明,内外的赏赐也有所节制。京西路转运使刘绰,借晋京朝见之机想讨好刘氏,说:"臣那里有余粮千余斛,准备上缴三司。"刘氏不客气地说:"你认识王曾、张知白、吕夷简、鲁宗道吧?这些人是靠着进献余粮当上朝官的吗?"说得刘绰汗颜而退。刘氏自己的亲戚入宫谒见,每逢赐予御膳,她总令把餐具换成铅器,说:"尚方的金银器皿不能进入我家。"但这种情况不几年就开始改变了。

在我国封建社会里,大凡女主当权,总要不遗余力地培植其娘家亲戚的势力,作为自己政治上的基础和靠山,这可以说是一条规律。刘氏亦不例外,她升为皇太后不久,就一再为其三代祖宗加赠封号,曾祖刘维岳成了镇宁军节度使兼侍中,祖父刘延庆成了建雄军节度使兼中书令,父亲刘通成了魏王、母亲庞氏成了晋国太夫人。尽管如此，刘氏仍嫌其祖上的名望不够显赫，竟老着脸皮干起了冒认祖宗的勾当。龙图阁直学士刘烨的先世乃代郡人，后迁居河南。唐末五代之乱，衣冠旧族或逃离乡里或爵命断绝，世系无所稽考，只有刘烨一家，自12代祖北齐时的中书侍郎刘环寯以下，仕者相继，谱谍俱存。这等煊赫的家世确实很令人眼馋，刘氏单独召见刘烨，说："听说你是名门望族，我想看看你的家谱，说不定咱们还是同宗呐！"这在一般人是打着灯笼都难找的高攀机遇，偏偏刘烨清高得很，不肯捡这个便宜，连声说："不敢，不敢。"想就此搪塞过去。刘氏丝毫不觉着难堪，以后又一再向刘烨提起此事，刘烨无法应付，急得当场佯装中风被抬出宫去，坚请外任，刘氏才算作罢。

祖宗的余荫再广，亦比不上现世亲族的翊赞来得直接，刘氏当然明白这个道理。但她娘家的人丁实在少得可怜，只有那位先是丈夫后成哥哥的刘美一家还算亲近。尽管刘美除锻银外别无所长，刘氏仍念其百日之恩，格外倚信，曾授予掌管马军的要职，她待刘美的儿婿们也像自己的孩子一样。刘美在大中祥符五年（1012）死的时候，长子刘从德年方14岁就升任供备库副使，次子刘从广尚在襁褓，也迁为内殿崇班。后来刘从德历任地方长官，虽年少才寡，依然恩宠无比，他任卫州（今河南汲县）知州时，县吏李熙辅溜须拍马，得其欢心，他就荐之于朝，刘氏也不管荐来的是个什么东西，竟喜得合不拢嘴，说："儿能荐士，已知为政之道矣。"当天即擢李熙辅为京官。偏偏刘从德这位知为政之道的好儿子享年不永，只有24岁就一命呜呼，刘氏悲痛欲绝，不啻国殇，下令将刘从德内外姻亲朋友及奴仆近80多人全部授予官职，屯田员外郎戴融因曾率人吹捧刘从德在卫州广行惠政使郡大治，请求立碑颂德，这次也沾光升为度支判官。侍御史曹修古等人看不下去，交章论列，刘氏由悲转怒，把曹修古等人统统降职治罪。刘美的女婿马季良，出身茶商，本来不学无术，刘氏偏让他担任史官。进入史馆必须通过考试，刘氏指使主考官晏殊等人公然作弊，由晏殊等当场替马季良答卷，考官代考生答卷简直是天下奇闻！后来马季良这位靠作弊起家的乘龙快婿居然担当了史馆长官、龙图阁直学士、同知审官院等职。刘从德死时，马季良本应连升两级，他奏请儿子马直方当上了大理评事。一时间，凡与刘美家多少沾点亲、带点故的人无不平步青云，飞黄腾达，就连他家的婢女也成了一些趋炎附势之徒巴结讨好的对象。身为枢密直学士、刑部侍郎的赵稹只因结交上一位能经常出入禁中、预知机密的刘家婢女而升为枢密副使，足见刘美一家炽烈到何等地步！凡是亲戚们仗势欺人、横行不法刘氏也极力包庇袒护。王蒙正本是嘉州土豪，因是刘美的儿女亲家，当上了荆南驻泊都监等官，在嘉州强占民田，欺男霸女，无人敢惹。还有一个不知拐了几个弯的姻亲马崇政，因在河北转运使司任职时大肆贪污，被转运使王彬揭发，刘氏便调走王彬使马崇正继续逍遥法外。

　　刘氏刚开始垂帘听政的时候，曾哀恸流涕地对大臣说："我受先帝顾命之托，辅导皇帝，若能将他扶上正道，造福为民，我自己早日抱上孙子，永遂含饴之乐，我的心愿也就满足了。"刘氏对赵祯确实要求得十分严格，动辄以礼法加以约束，生活上也尽量使之俭朴，就连虾蟹海鲜等物也很少让这位小皇帝受用。至于日常的经筵功课，刘氏更是时时过问，她特地命人选择了一些可资孝养、有补政治的文章，如《孝经》、唐代谢偃的《惟皇诫德赋》、唐太宗的《帝范》、唐玄宗时所撰的《圣典》、《君臣致理论》等，让赵祯反复阅览。

刘氏之所以把《孝经》列于赵祯必读之首，无非是想通过对他加强孝道教育，达到巩固自己地位的目的罢了。正因为如此，刘氏对自己与赵祯的真实关系就显得十分敏感。明道元年（1032）二月，赵祯的生母李氏病死，刘氏怕露出马脚让赵祯知道底细，本想以普通宫嫔的葬礼草草埋葬了事，不料这消息竟被宰相吕夷简得知了，有天上朝时，吕夷简当着刘氏和赵祯的面谈起此事，刘氏大惊，忙拉起赵祯回到内宫。过了一会儿，她只身来到帘下，责问吕夷简："一个宫女病死，当宰相的有过问的必要吗？"吕夷简从容回答："臣待罪宰相，自然事无内外，皆当预闻。"刘氏勃然怒道："你难道想离间我母子不成？！"吕夷简说："太后难道不想保全刘家吗？要想保全刘家，丧礼就该一切从厚。"刘氏听罢，怒气稍减，但仍不想大张旗鼓，免生意外，便派宦官罗崇勋向吕夷简说："本年岁月不利就葬，所以棺椁不能通过宫门，只能在宫墙凿个洞运出去。"吕夷简沉下脸，冷冷地说："李宸妃乃皇上生母，理应穿皇后的衣冠入殓，还应该在棺内盛满水银。若太后不听此言，丧不成礼，将来必定有人因此受罪，到那时可别怪我吕夷简事先没说！"刘氏明白这话的厉害，只好依言而行，令三宫举哀，从西华门出丧，殡于洪福院。由于监护得周密，赵祯对此事毫不知晓，刘氏悬着的心多少放下一点。

尽管刘氏在垂帘之初，曾一再表示等皇帝年龄稍大自己就还政引退。然而一晃十几年过去，赵祯已二十出头，刘氏不但没有还政的意思，而且越到晚年，对权力的热衷越强烈。一些官员沉不住气，纷纷上书请她还政，她要么不予理睬，要么把上书者贬官出朝，翰林学士兼侍读学士宋绶建议，依照唐朝先天年间，唐睿宗5日一受朝，裁决军国重务，唐玄宗每日临朝，处理一般事情的办法，请刘氏多少分点权力给赵祯，刘氏也大为不满,将宋绶贬知应天府。大理评事刘涣和书生林献可也因同样的事情触犯刘氏,一个险些被黥面发配白州,一个被流放岭南。

　　刘氏岂但准备称制终身,甚至产生了一点想过过真皇帝瘾的念头。一天,她冷不丁问参知政事鲁宗道:"武则天是个什么样的人?"鲁宗道回答:"唐朝的罪人!几乎危及社稷。"话不投机,刘氏默然。后来有个叫方仲弓的小官揣度刘氏的旨意,奏请依照武则天立祖宗7庙的做法也给刘家立7座宗庙。刘氏征求大臣的意见,大伙都不敢作声,又是鲁宗道挺身奏道:"若立刘氏7庙,将来的皇帝如何处置?"刘氏明白了,武则天的历史是不会在自己的身上再现的,如果谁还胆敢冒天下之大不韪、步武则天的后尘,恐怕只会留下个千秋骂名。所以当她看见另一个马屁精三司使程琳献上的《武后临朝图》时,便断然掷到地下,高声说:"我不干这种对不起祖宗的事!"虽然当不成武则天,但皇帝的样子总是可以摆一摆的,对此刘氏一直未曾忘怀。尽管平常她只穿绁襦练裙,相当朴素,但到了明道二年二月将要举行祭太庙大典的时候,却抑制不住强烈的欲望,想穿戴一番天子的衮冕了。人们纷纷劝谏,参知政事薛奎甚至说:"太后若穿皇帝的衣冠,有何面目进太庙见祖宗?"刘氏不管这些,执意要穿,大臣无奈,只好将皇帝衮服的样子稍作变通,制成一种不伦不类的新衮袍。典礼这天,刘氏在提前斋戒沐浴之后,乘玉辂来到太庙,只见她身着特制衮衣,上绣龙花16株,前后垂珠翠各12旒,头戴仪天冠,在一片庄严肃穆的气氛中,由内侍扶导着行初献之礼,虽然并不完全与皇帝的服饰相一致,但仍俨然一副天子的派头了。礼毕,刘氏在太庙文德殿接受了群臣新上的尊号——应天齐圣显功崇德慈仁保寿皇太后。平生的心愿已经了却,可以想见，刘氏肯定是满怀踌躇尽兴而归的。然而，她万万没有想到，乐极生悲，这次太庙之行，竟成了她最后一次重大活动。

几天之后，刘氏突发重病，卧床不起，赵祯遍募天下名医，驰赴京师，百般诊治终归无效，三月二十九日，刘氏命归西天，终年65岁。

她是怀着一桩心事离开人间的。第二天，赵祯在皇仪殿召见辅臣，悲痛欲绝，说："太后弥留之际，话都说不出来了，只是三番两次用手牵扯自己的衣服，像是有什么嘱咐，不知何意。"薛奎低声说："只怕是想着天子的衮冕吧？可是若真的身穿衮冕，如何见先帝于地下？"赵祯顿开茅塞，遂用太后冠服装殓。谥号庄献明肃。

刘氏刚死，人们就纷纷向赵祯讲明他的身世，有人甚至说李宸妃是刘氏毒死的，丧葬亦未成礼。赵祯震惊之下，悲愤不已，遂遣人开棺验尸，只见李宸妃的遗体浸于水银之中，面色如生，冠服也与皇后相等。赵祯才疑惑顿释，叹道："人言不可尽信啊！"并在刘氏牌位前焚香拜谢，哭着说："从此大娘娘（赵祯在宫中对刘氏的称呼）的生平清白分明了。"刘氏因此享受了她应得的待遇，灵柩起驾那天，赵祯说："我要亲行执绋之礼（牵引棺材的缰绳），以表孝心。"遂亲手执绋，一边走，一边哭，将灵柩送出皇仪殿门外，方才止步。当年十月，刘氏葬于永定陵，改谥章献明肃。假若当初刘氏一意孤行，不理吕夷简的忠告，真不知她身后的哀荣会是个什么光景。

附：真宗赵恒妃李氏

◎ 李 晓

她，生有一个儿子，却从未听儿子叫过一声"娘"！她的儿子在她健在时当了皇帝，却丝毫不知道她就是生身母亲。宋代诸妃中，有不少人生前地位平平，死后追尊为后。然而，像李氏那样生前遭遇和身后哀荣形成强烈反差者，却是极少见的。

李氏祖籍杭州，出身卑微，祖父李延嗣在钱氏吴越时当过金华县主簿的小官。父亲李仁德大概因为体质强壮，被挑选到近卫皇帝的左班殿直中当了禁军，直到死也未混上个一官半职。李氏十几岁上父母双亡，只剩下年7岁的弟弟李用和她相依为命。这时宫中征选秀女，李氏因生得肤色光洁，容貌秀丽而入选。皇宫是个森严神秘的去处，千百年来尽管遭逢天眷、宠幸一时者不乏其人，由此也引起了一些倩女妙姝的向往，但就多数宫女来说，却只能得到个形同皂隶，幽怨一生的结局。一般民女宁肯嫁与屠夫贩夫，也不愿身陷深宫，空抛青春。李氏尤其割舍不下年幼的弟弟，但皇命难违，由不得她孤儿弱女。李氏依依不舍地告别弟弟，迈进了巍峨森严的皇宫。

李氏被差到德妃刘氏的阁中当了侍女，她平时寡言少语，不显山不露水的，若不是一个偶然的机会，也许一辈子也无缘沐浴皇帝的雨露。大中祥符二年(1009)六月的一天，真宗赵恒从李氏住的房前经过，突然想洗洗手，李氏连忙端出铜盆恭恭敬敬捧到赵恒面前。赵恒见她肤色冰清玉洁，兼又曲眉顺目，容止可观，很讨人喜欢，便笑嘻嘻地和她拉起了家常。李氏初尚拘谨，说着说着见皇上一团和气，不由得也打开了话匣子，连昨夜做的怪梦也天真地说了出来。她梦见一个羽衣之人赤着脚从天而降，向她说声"来当你的儿子"，就飘然不见了。言者无意，听者有心。刘德妃在旁不由得怦然心动，她多年来梦寐以求地想给赵恒生个儿子，好顺利爬上皇后的宝座，尽管幸宠专房，可是一直未曾如愿，现在听李氏这样一说，便大胆想出一条以李代桃、借腹怀胎的计策，当晚就授意李氏代己司寝。春风几度，居然珠胎暗结。赵恒曾有过5个儿子，但都夭折了。现在他已四十有几，膝下依然无子，岂能不万分着急？李氏雪中送炭，身怀六甲，赵恒自然欢喜不已，不但专门派人好生服侍，自己若有闲暇也亲陪李氏玩赏散心。这天，李氏随赵恒缓步登上砌台，凭槛远眺，玩到心旷神怡之时，李氏脑袋一晃，插在云鬓中的玉钗径直坠落台下，李氏不觉失色。赵恒则心中暗卜：若玉钗完好，当生男孩，等侍从取钗呈上一看，竟完好无损，赵恒顿时心花怒放，喜上眉梢。

十月怀胎，瓜熟蒂落。到次年四月十四日，李氏果然不负厚望，顺利地产下一个男孩，取名受益，即后来的仁宗皇帝赵祯。儿子虽名曰受益，但真正受益的却是赵恒及刘德妃，前者社稷有后，皇位得嗣；后者锦上添花，正位中宫。而就李氏来说，随着婴儿的呱呱坠地，她就像一个派完用场的工具一样被搁置到一边了。孩子被刘皇后据为己有，连她生母的身份也一并被剥夺而去。李氏除得到一个崇阳县君的封号，比以前侍女的地位稍有提高，多少有点"母因子贵"的意思之外，对孩子不但没有哺乳养育的资格，就连看上一眼的机会也没有，更不用说让孩子喊声娘，抱一抱，亲一亲了。同居一宫，却是骨肉分离，咫尺天涯，由此引起的精神上的折磨，对任何母亲来说都是残酷的。赵恒倒是还记着李氏有生儿育女的能力，有时临幸阁中，缱绻一番。因此，李氏后来又生了一个女孩，可惜这个唯一能使她享有母亲资格的小公主，出生不久就生病夭折。在这一连串的打击之下，李氏的心情是可想而知的。

然而，并不是所有的事都令李氏心寒，值得欣慰的是她那阔别已久的弟弟这时与她重逢了。说起来此事还多亏了刘皇后。刘皇后并没有像一般心狠手辣的政治家那样一不做，二不休地把李氏干掉，她还算有仁厚的一面，她或许为了稳住李氏，或许对自己掠人之子的行径怀有一丝歉疚，总想予以补偿。她听说李氏有个弟弟流落民间，便命刘美、张怀德等人设法寻找。当初，李氏与年仅7岁的弟弟李用和临别之际，亲手织了个刻丝鞶囊交给他，一边哭一边嘱咐说："好弟弟，无论你以后沦落颠沛到什么地方，都千万不要把这丝囊丢掉，若今生今世我俩还有缘再见，就凭这丝囊作为信物啦。"姐姐走后，李用和小小年纪就开始为糊口而奔波，后来流落到汴京，雇给了一个凿纸钱的人家扛活。他牢牢记住姐姐的嘱咐，一直把丝囊贴身戴在胸前，从未摘下。一天，他突患痢疾，高烧不退，眼看小命难保，被狠心的主人抬出扔到了路边。也是该他苦尽甘来，恰好被一个在宫中当差的人遇上，摸摸尚有鼻息，顿起恻隐之心，遂背回家中给以调治。见他破衣烂衫，补丁罗补丁的，胸前却挂着一个十分精致的丝囊，很是奇怪，便详细问起了他的身世，李用和一五一十地做了回答，那人不由得大为惊喜：这不正是刘皇后吩咐寻找的人吗？连忙解下丝囊，拿入宫中请李氏辨认。李氏一见丝囊，悲喜交加，赵恒自然也为她高兴，当即授李用和为三班奉职，后来又累级升迁，也许正是因为这件事，多少打消了一些李氏对刘皇后的夺子之恨。

乾兴元年（1022），赵恒驾崩，赵祯当上了皇帝。李氏的生活依然如旧，波澜不惊。可以历数的变化是从大中祥符八年（1015）以来，她的封号有所晋升，先是进为才人，后又封婉仪，再后为顺容。这不知是因为她诞育圣躬，有殊功于大宋呢，还是靠熬年限、挨辈份的结果。李氏依然是少言寡语，也许因为亲生骨肉已贵为皇帝和弟弟失而复得封官晋爵使她感到了充分的满足，她并没有对自己眼前的地位和实际身份的悬殊产生什么抱怨。在赵恒撇下的嫔御当中，人们丝毫看不出她有什么与众不同，也从未听她表白过自己与当今皇上如何如何，似乎她压根儿就与赵祯不存在丁点儿的关系。她是那样的默默无闻，那样的普普通通，就像一株毫不起眼的小草，在一任四季轮回的荣枯。人们畏于刘太后的威势，自然不肯更不敢随便说三道四，所以赵祯不但不晓得李氏是自己的生母，恐怕连嫔妃中有没有李氏这么一个人都不见得知道。

李氏就这样默默地打发完了自己的余生。

明道元年（1032）二月，李氏生起了重病。刘太后虽派医官杨可久等人前去医治，并匆忙进封为宸妃。但并没有挽救李氏的性命，几天后，她悄然离开了人世。终年46岁。

由于宰相吕夷简的力争，追使刘太后打消了以普通宫女的待遇将李氏草草埋葬的念头，给她穿上皇后的衣冠，并在棺中灌满了水银，举行了较为隆重的丧礼，先殡于嘉庆院，后又于洪福院西北角择地安葬，同时追赠李氏的曾祖李应己和祖父李延嗣为光禄少卿，父亲李仁德为崇州防御使，母亲董氏为高平县太君，特迁李用和为礼宾副使。刘太后对李氏后事的安置还算是比较宽厚的。

赵祯亲政之后，当得知自己的真正身世时既惊又悲，哭得死去活来，接连几天都不视朝，并下哀痛之诏深切自责，责备自己没有对生母尽到应有的孝心。追尊李氏为皇太后，谥号庄懿，改葬永定陵。在更换梓宫之时，为弄清李氏是否因中毒而死的真相，赵祯专门派李用和前去验证，见李氏因有水银防腐，身穿皇后衣冠，容貌像生前一样，赵祯这才稍稍心慰。

明道二年九月，李氏灵柩改葬，赵祯亲自来到洪福院，身着重孝，攀着梓宫号啕不绝，一边哭，一边喊："母亲的养育大恩，儿终身无以为报啦！"呼天抢地一直送到洪福院西南角，待灵柩拐弯之后方才回宫。十月，李氏被重新安葬于永定陵，祭庙名叫"奉慈"。赵祯又在京城景灵宫为她建了座神御殿，称做"广孝"。庆历年间，改谥号曰章懿，灵位升祔太庙。

仁宗赵祯皇后郭氏

◎ 李 晓

天圣二年（1024），16岁的仁宗皇帝赵祯要择后成婚了，各地的名姝妙媛陆续入宫备选。若按赵祯本人的意见，未来的皇后要么是骁骑卫上将军张美的孙女，要么是四川富豪王蒙正的女儿，因为这两位豆蔻少女生得姿色冠世，妖艳动人。然而这位小皇帝偏偏对自己的终身大事做不了主，他的事情无一例外地全要由母后刘氏一手包办。刘太后可不像赵祯那样眼里只盯着美貌的姑娘，她甚至生怕过于妖冶的女子会把小皇帝拐带坏啦，她选择皇后的标准是"出身于衰旧之门，能以富贵自保，将来不至于挠扰朝政"。她看中了平卢军节度使郭崇的孙女，因为郭崇在后周时曾屡立战功，宋朝建立，他常常追念后周对他的恩赏，有时还要流泪，但仍得到赵匡胤的信任，让他出守河北重镇，算得上是个久经考验的知恩达义的忠臣良将。本来，皇后既要有内助之贤，还需得母范之正，刘太后首先从国家社稷的根本利益着眼自然有她的道理。就赵祯而言，即使张王二女不被立为皇后，倘能全都留在自己身边倒也罢了，可刘太后不知出于什么考虑，竟乱点鸳鸯把个艳丽绝伦的王家小姐嫁给了自己前夫刘美的儿子刘从德。这下子赵祯可无论如何也难以想通了："哼!你怕美女于我不利，就不怕她对你的侄子也不利?这不明摆着是夺人所爱、欺负寡人吗?"当年十一月，在刘太后的主持下，14岁的郭氏被册为皇后。小皇帝当面顺从母命，内心里却十分得不情愿。完婚之后，郭氏便开始咀嚼起了这颗强扭的苦瓜。

起先，赵祯对郭氏本人倒并不存在多少直接的恶感，他只是把对刘太后的一股怒气转嫁到郭氏头上而已。在这种情况下，假若郭氏能善解人意，主动设法消除赵祯的成见，并投其所好，满足赵祯的一切愿望，两人的感情其实并不难于改善。怎奈郭氏偏偏娇骄成性，而且狭猾善妒。刘太后教子甚严，禁止赵祯随意亲近后宫嫔妃，郭氏仗着刘太后撑腰，简直成了把门锁户的母老虎，除了赵祯早先看中的那位张家姑娘偶而能司寝几宿之外，其他嫔妃赵祯根本沾不上边。赵祯本是个风流好色之人，嫔御如云，却只能望梅止渴，被迫禁欲，由此引起的不满，是可想而知的。屋漏偏遭连阴雨，就连张氏也难以长久受用，天圣六年(1028)九月，她由才人进封为美人后，不几天就因病而死。这无疑更使赵祯与郭氏的关系雪上加霜。

刘太后死后，赵祯亲政，后宫生活也像脱缰的野马一样奋蹄放纵起来。早死的张美人被追尊为皇后，那位早就嫁做他人妇的王家小姐旧情不忘，这时也经常出入宫闱，与赵祯建立起了偷鸡摸狗的暧昧关系，尚美人、杨美人更是拥将上前，争妍献媚，曲意奉承，引得赵祯神魂颠倒。

尚氏出身平平，没有什么值得炫耀的家世。杨氏祖籍定陶，不知拐了几个弯子与刘太后沾上姻亲关系，算得上稍有点来头，她聪明机敏，不仅精通音律，有一副好嗓子，而且记忆力惊人，无论剪裁技艺还是书籍文字，她均能过目不忘。二美得宠，郭氏被撇在一边，备受冷落，不由得妒性大发，动不动就端起皇后的架子对尚、杨二女严词训斥。尚、杨二女早就知道赵祯与郭氏素不亲爱，根本不把她这个皇后看在眼里，现在又仗着赵祯的眷宠，越发泼劲十足，双方简直成了不共戴天的死敌，只要一见面总少不了炮火硝烟。战争逐步升级，终于演出了一场拳脚相加、大打出手的闹剧。

明道二年（1033）十二月的一天，赵祯退朝回宫，与郭氏、尚氏、杨氏围炉取暖，尚、杨二女一边一个，搂着赵祯撒娇，三个人打情骂俏，亵言浪语，亲热成了一团。郭氏被晾在一边，坐不是立也不是，脸上白一阵、红一阵的，直气得心中醋意翻腾，低声骂了几句。尚氏正严阵以待呢！顿时露出一口伶牙俐齿，反唇相讥，杨氏从旁摇鼓助威，战端于是骤然大开。三口对骂，各使出浑身解数，真有雷霆万钧、排江倒海之势。赵祯正瞠目结舌地观战，冷不丁见郭氏霍地站起身来，挥舞两只利爪，直向尚氏扑去。掌影一晃，还没等赵祯看得分明，只听"啪啪"两记脆响，原来是郭氏的素手已与尚氏的粉面结结实实地撞到了一起，尚氏"嗷"地一声尖叫，就势倒向赵祯怀中，粉嘟嘟的丰颊之上顿时泛起了两朵彩霞。再看那郭氏并不罢休，大有宜将剩勇追穷寇的气概，抄前一步，再次扑将过来，赵祯连忙探头一挡，想把尚氏护在身下，说时迟，那时快,"啪—"随着脑后一记爆响,赵祯猛然间觉着宛如遭到电击似的,一阵尖利的痛楚从头贯穿到脚底,眼前金花四溅,紧接着"扑通"一声,赵祯和尚氏的两具玉体颓然翻倒在地。

这一切全发生在转瞬间,其势若迅雷不及掩耳,炸雷过后,屋内除了赵祯本能的呻吟外,万籁俱寂,郭氏那只手臂木然呆在半空,方才紫若猪肝扭曲变形的面庞倏地褪成惨白,嘴巴愕然地张开着,大气都不敢出,尚、杨二氏也都呆若木鸡,手足无措。赵祯坐起身来,觉着脖颈上火辣辣钻心地痛,伸手一摸居然肿起了两道血痕!郭氏真不愧是将门之后,在手掌撞到对方身体的一刹那,不知是武术招法的需要呢,还是在骤然发现打错了人之后想疾速缩手?反正她的春葱竟下意识地由掌变勾,于是素日经过精心修整的颀长的指甲便毫不客气地在赵祯的御颈之上划下了两道血痕。

赵祯有生以来何时享受过这等待遇!倘若打他之人是尚、杨二氏或是早死的那位张美人倒也罢了,他顶多佯嗔几句,因为毕竟属于误伤。然而打他的偏是那倒霉的郭氏,还在战端初开之时,他心灵的天平就倾斜于尚、杨二氏,现在郭氏公然不顾体统,在他面前大打出手,而且打到了他皇帝的头上,是可忍孰不可忍?他不由得勃然大怒,压抑多年的对郭氏的怨恨一股脑儿涌上了心头,他烦燥地挥手将三人斥退,像只狂怒的狮子独自在屋内恨恨地打转。亲信宦官入内都知阎文应揣透他的心思,凑上前来煽风点火:"寻常百姓之家,为妻的尚且不能欺负丈夫,陛下贵为天子,居然被皇后打伤,这还了得!陛下把伤痕给大臣们瞧瞧,哪个不说皇后无礼?"赵祯当即愤然道:"你去召吕宰相来!"

赵祯盛怒之下已产生了废黜郭氏的念头,只是尚不十分坚定罢了。这也难怪,因为废后一事自大宋朝开国以来还从未发生过，事体重大，肯定会阻力重重，后宫之内也许不会遭到什么掣肘，但来自朝臣方面的舆论压力却不能不使他畏葸。这时，假若宰相吕夷简能出于公心，好言调解，旗帜鲜明地反对赵祯的废后之举，或许能迫使赵祯打消这一念头，郭氏皇后的位子或许还能保住。然而，吕夷简却因郭氏一言之仇要落井下石了。

原来，刘太后死后，刚刚亲政的赵祯为树立自己的权威，便多反刘太后之所为，刘太后在位时得势的一些人相继被贬，而那些曾遭到排挤迫害的人却陆续得到晋用，政治风气为之一变。担任宰相的吕夷简揣摩时政，随机应变，手疏条陈八事，提出正朝纲、塞邪径、禁贿赂、辨佞臣等建议，赵祯见他言辞诚挚恳切，大受感动，便召他商议准备将昔日依附刘太后的张耆、夏竦、陈尧佐等人尽行罢职。计议已定，赵祯回宫偶然向郭氏谈起此事，并称赞吕夷简忠心可嘉，郭氏冷笑一声，慢条斯理地说："吕夷简何尝不曾依附太后？只不过他机巧过人，善于随风打舵罢了。"赵祯点了点头，没再说什么。第二天吕夷简依旧上朝押班，黄门使宣读诏令，最先数语竟是"吕夷简罢为武胜节度使，同平章事，出判澶州"，以下才是张耆等人。吕夷简听来真像是晴天霹雳，吓得他惊慌失措。回家之后，大觉意外，百思不得其故。几个月后，他再次入朝为相，暗托宦官阎文应一打听，才知道是郭氏一句话的结果，从此便对郭氏怀恨在心。郭氏做梦也想不到，她无意中说过的一句话竟促成了她被废的命运。

吕夷简一进宫，赵祯就把脖子上的伤痕露给他看，还气呼呼地把事情的经过讲述一遍，问他怎么处置。吕夷简说："依臣愚见，只有废黜。"他见赵祯尚怀迟疑，便说："这有何不可呢？光武帝乃是汉朝的明主，只因他的郭皇后稍怀怨望，就把她废了。何况把陛下打成这样呢?"还说:"皇后长达9年没有孩子,而且妒忌成性,这在民间早就按七出之条休回娘家啦!"赵祯遂下定了决心。

明道二年十二月二十三日,废黜郭氏的诏令颁布出来。说是郭氏因长年无子,愿静心修道,特封净妃、玉宗冲妙仙师,赐名清悟,迁居长宁宫。降诏前还令有关部门不要接受台谏的章疏。

消息传出,朝臣中众议哗然。御史中丞孔道辅、谏官范仲淹、孙祖德等人联名上书,有关部门不予受理,孔道辅只好率领范仲淹等十几人径往垂拱殿,请求赵祯接见,给一个把话当面说完的机会,护门宦官关闭殿门不予通报。孔道辅忍不住上前猛敲门环,大喊:"皇后被废,为何不听台谏入言?!"正焦急间,忽听门内传旨:令宰相召台谏讲明事实真相。孔道辅等人连忙跑到中书,七嘴八舌地诘问吕夷简:"大臣对待帝后,就像儿子对待父母一样,父母不知,理应劝谏,岂能顺着父亲把母亲赶走?"吕夷简说了句:"废后自有先例。"孔道辅、范仲淹抢着说:"你所说不过是光武帝之事,那是光武失德,何足效法?其他废后之事,都是历代昏君所为。皇上圣若尧、舜,你岂可劝他效法昏君?!"吕夷简被问得张口结舌,尴尬地拱着手说:"诸位还是当面向皇上陈说吧!"孔道辅、范仲淹等人只得退下,并约定明日集百官进行廷争。第二天黎明,孔道辅等刚走到早朝休息的地方待漏院,就劈头听到诏旨:贬孔道辅知泰州,范仲淹知睦州,孙祖德等罚款若干,群臣今后不得结伙请对。一场轩然大波被生硬地平息下去。

郭氏被废,群臣无人敢再有异议,尚、杨二位美人更加得宠,越发炙手可热,成了人们巴结攀附的新贵;皇城使、英州刺史王怀节的弟弟王怀德就专门派自己的老婆暗送厚礼给尚氏，企图打通关节，买个管军的职位。就连宗室贵胄赵从演、赵从溰也争相买好尚氏，一个赠送侍女，另一个为尚氏访求父叔。

拨除了眼中钉，踢开了拦路石，赵祯和二位美人的生活也更加荒淫无忌，三个人每天夜里都要寝于一处，兴云布雨，结果乐极生悲，不出多时，就把赵祯累得形疲神乏。到次年的七八月间便卧床不起，甚至连日不能进食。宫廷内外群议汹汹，皆归罪于尚、杨二氏。杨太后出面干涉，阎文应也在朝夕入侍之时唠唠叨叨，再三请求将两人驱逐出宫，赵祯不胜其烦，只好勉强地点了点头。两位美人还哭哭啼啼地赖着不走，阎文应凶神恶煞般地抡起巴掌"啪啪"每人给了两记耳光，骂道："宫婢休得饶舌。"连推带搡地弄上毡车，逐出宫门。翌日降诏：尚美人废为女道士，赐居洞真宫，杨美人别宅安置。后来杨氏也当了女道士，赐名宗妙，与郭氏并居于瑶华宫。

经过这一番周折之后，赵祯慢慢改变了对郭氏的成见，经常派人前去慰问，还在景祐元年十月赐号曰金庭教主冲净元帅。一天，他到后花园游玩，偶然看见郭氏昔日乘坐的肩舆，不由得凄然伤神，百感交集，当下仿乐府诗体写成一首《庆金枝》，备述怀念之情，遣人赐予郭氏。郭氏也和诗相答，语调凄婉。赵祯读罢，更加感悔往事，准备召她回宫。郭氏闻知，偏又摆架拿款地说："皇上若要召我再入后宫，必须百官立班受册才行。否则我实在无颜相见！"当时赵祯已立曹氏为皇后，郭氏的要求实在让他感到为难。吕夷简、阎文应更怕郭氏还宫于己不利。正巧郭氏偶染小病，赵祯赐迁嘉庆院，派太医前往诊治，阎文应赶忙贿赂太医，误下药饵，加重郭氏的病情，不几天就一命呜呼。赵祯得知死讯，很是悲悼，命用后礼入殓。景祐三年（1036）正月，追册为皇后，葬于奉先洪福院之侧。

杨氏和尚氏后来又被悄悄召回宫中，重温旧梦。杨氏历封婕妤、修媛、修仪，熙宁五年(1072)死，终年54岁，追赠德妃。尚氏进封充仪，不知所终。

仁宗赵祯皇后曹氏

◎ 李 晓

尚氏、杨氏两位美人在一片臭骂声中被驱逐出宫后，神倦体虚的宋仁宗赵祯，一时间大概很想聘纳一位贤德的皇后，整顿一下频遭不靖的闺闱家政。他当着参知政事宋绶的面表示："选皇后当求德门，以正内治。"然而，赵祯唯美是求的秉性，是不会因一两次风波烦恼而改变的，他择后的目光总是在那些漂亮窈窕的姑娘身上打转，是否出身德门，他倒并不在意。这时最蒙他垂青的是寿州商人陈子城的女儿。

与其他一些腰缠万贯之后，总试图再往政治上下点功夫，抬高其社会地位，以便凭借政治势力进一步保障其经济利益的暴发户相比，靠经营茶叶买卖发了大财的陈子城眼界还要高一些，他千方百计想沾上点皇亲，他的投机资本除了钱，更有一位如花似玉的女儿。他费尽心机把女儿送进宫，不但很快使女儿赢得了赵祯的欢心，还不知施展什么手段买通了保庆杨太后，居然使杨太后公开打保票要把他女儿扶为皇后。虽说宋代在婚姻方面已不像魏晋隋唐那样特别注重门第阀阅了，个别宗室贵胄的闺女甚至连嫁给娼妓的儿子都不在乎，但作为母仪天下的皇后，人们通常还是希望她能出自名门望族，所以当出身于工商杂类的陈氏可能要当上皇后的风声传出后，朝廷上顿时人言鼎沸，纷纷反对，宋绶求见赵祯，说："陛下想把贱者正位中宫，不正好与前日的诏旨相矛盾吗？"宰相吕夷简、枢密使王曾、副使蔡齐、兼侍御史知杂事杨偕、同知谏院郭劝也都再三上疏讽谏，赵祯对此一概置之不理，若不是一个小官员在关键时刻说了句厉害的话，赵祯的第二任皇后大概非陈氏莫属了。

一天，赵祯正在翻阅《百叶图》选择册立皇后的吉日，颇受他信任的阎士良走了进来。赵祯抬起头，喜气洋洋地问："你怎么不祝贺我？"阎士良说："贺什么事？"赵祯说："贺我寻得皇后呀。"阎士良问："谁家？"赵祯摇头晃脑地说："陈子城也。"不知是阎士良受了什么人的指使，还是他自己寻思出来的，紧接着他反问赵祯："陛下可知子城使是个什么官吗？"赵祯丈二和尚摸不着头脑，说："子城使？不知道呀。"阎士良说："子城使是大臣家奴仆的一个官名，普通富民家用钱买来的奴隶也唤做子城使。陛下若纳奴仆之女为后，岂不令公卿大臣耻笑？"赵祯大吃一惊，忙问："真这样吗？"阎士良表情严肃地说："臣不敢欺君！"赵祯还将信将疑，第二天上朝时又问吕夷简,吕夷简只是连称"陛下圣明,陛下圣明"。堂堂一个圣明皇帝居然要娶奴隶的女儿当皇后,这还了得!赵祯只感到犹如兜头浇了一瓢冰水,从头凉到脚跟,他虽然好色,但总不敢不顾名份脸面,情急之下,忘记仔细查究查究陈子城与子城使之间到底有没有什么必然联系了,慌忙像打发瘟神一样把陈家姑娘送出宫去。

新皇后看来非得从名门望族中聘纳不可了,选来选去,最后确定了河北真定人,赠尚书令、冀王曹彬的孙女。景祐元年(1034)九月,赵祯诏立曹氏为皇后,命宰相李迪为册礼使,参知政事王随为副使,宋绶撰册文,并书册宝。曹彬的父亲早在五代后晋时就已是节度使了,曹彬则西征后蜀,南灭南唐,北平北汉,攻伐契丹,为大宋朝立下了汗马功劳,官至检校太师,同平章事,枢密使,一直深得太祖、太宗、真宗的倚重和尊崇。他的儿子们也都或为边关名将,或为朝廷重臣,新皇后的生父曹玘就官任尚书虞部员外郎。整个曹家真可谓世代簪缨,一门显宦。据说宋初的文臣武将中能维持好几代荣耀,一直常盛不衰的,只有曹氏一族而已,这与茶商陈子城相比,真不啻天渊之别。从这样的人家选皇后是任何人都不会有异议的。于是,一切顺理成章。十一月曹氏正式受册,成了赵祯的第二任皇后。

曹氏早在郭皇后刚刚被废的时候,就已受聘入宫了,到景祐元年九月赵祯诏令立她为后至少已过了半年多,这么长的时间里,为什么赵祯和保庆杨太后对出身煊赫的她丝毫未予重视,而单单把择后的目光粘在陈子城的女儿身上呢?唯一的解释就是赵祯对曹氏并不怎么感兴趣。她虽然当上了皇后,但在赵祯的心目中实际仍没有占到多少地位,此后发生的一些事就证明了这一点。

曹氏性情谦谨，主要得益于她出身的家庭环境。她的祖父曹彬就是个以谨厚宽恕著称的人，虽位兼将相，却从不居功自傲，作威作福，途中遇见士大夫都要主动避让，即使对待下属也非常客气，从不肯直呼其名。每逢部下有事禀报，他总要穿戴整齐后才出来接见。这种美德通过严格的家庭教育很直接地传给了他的子孙。担任东上阁门使、荣州刺史的曹琮是曹氏的七叔，曹氏的父亲曹玘死得早，她当皇后的所有妆奁和母家的礼仪都是由曹琮置办、主持的，曹氏正式册为皇后刚过了几天，曹琮就上了一道奏章，说："陛下正以至公治天下，臣既已备位后族，就不应冒得恩泽，乱朝廷之法，族人中若有敢因缘请托者，请求依法论处。"并且自己很快离开朝廷就任环庆路都部署、知邠州去了。曹氏大伯父曹璘的儿子曹仪也主动辞去了军职。这些做法顿时博得了众人的好评赞叹，曹家之所以能在难以捉摸的极权统治下和变幻莫测的政治风云中保持长盛不衰，其秘诀大概就是为人的谦谨。曹氏自幼长育于这种家庭氛围之中，耳濡目染，很自然地会对这一祖传的处世法宝心领神会，奉为圭臬。况且当皇后之后遇到的一件事更教育她必须这样做。

由于体弱多病，赵祯开始讲究起了修身养性，平时就连梳头也爱用导引之术。导引是一种气功，做起来呼吸俯仰，屈伸手足，以促进血气流通。赵祯是不可能一边导引一边自己动手梳头的，必须有一个具有相当气功功力的人与他配合才行，当时宫中只有一名宫女擅长此道，赵祯便命她专管梳头，人称梳头夫人。一天，赵祯退朝后回到寝殿，刚一进门没脱去御袍，就先摘掉幞巾，嘴里还连声嚷嚷着："头怎么这么痒痒。"忙不迭地传唤来梳头夫人。这宫女因素来得宠，平时在赵祯面前比较随便，正梳头间，她瞅见赵祯怀里揣着一封文书，随口问道:"官家是何文字?"赵祯说:"是台谏的章疏。"问:"说的什么事?"答:"霖涝日久,怕是阴气过盛的惩罚。嫔御太多,应稍加裁减。"梳头宫女立刻愤愤不平起来,说:"朝中大臣谁个家里没有歌伎舞女,官职稍有升迁,往往还要不断增添。官家宫中有一两个嫔御,就来说阴气太盛应该裁减。只教那些人自取快活。"赵祯默不作声。过了一会儿,宫女又问:"所说的一定要办,请以奴婢为首。"赵祯没再吭气,梳完头,宣来老内侍及掌管宫人籍簿的夫人,一同拿了籍簿到了后苑,命令守门人,即使皇后也不得跨进此门。好久过后,传出旨来:自某人以下30人全放出宫。这时已到了进膳时间,曹氏接到诏旨,不敢耽搁,照名单一一遣散。接着就来向赵祯回报,赵祯正在进食,曹氏不敢发问,食罢进茶,曹氏这才轻声细语问道:"梳头夫人,是官家素来所爱,怎么做第一名遣散了?"赵祯说:"此人劝我拒谏,岂能再留身边。"曹氏不由得打了个寒战,从此便经常暗中告诫嫔侍:"你看见梳头夫人了吧?若有妄言,官家是不容你的。"她本人也克谦克谨,每年都亲自动手在后苑空地上种几畦庄稼,栽几棵桑树,适时地忙着锄草施肥,采桑养蚕,闲下来的时候,或者博览经史,或者舒纸习字。赵祯很擅长书法,据说其飞白(一种书体,像是枯笔写就)尤为神妙。曹氏大概受他的影响,在飞白体上也下了不少功夫。陆游的先人就曾收藏过一幅她用飞白体写的一个二尺有余的"美"字。

  世界上的事物千姿百态,错综复杂,人的性格也不是纯之又纯的单面体,看似相互不协调甚至极其矛盾的两种或多种性格,往往会浑然天成地共存于一个人的身上。曹氏的性格除了受家庭的影响所养成的谦谦娴静之外,更有敢作敢为、勇于谏诤的一面。曹氏阁中的一个侍女与禁卫黄衣卒私通，按规定这个侍女应被处斩，但她走了最为赵祯所宠爱的张美人的门子，向赵祯求情，赵祯便答应赦免她。曹氏闻知，忙穿戴齐整地面见赵祯，坚决要求处死侍女。赵祯说："把她痛打一顿就足以示惩了。"曹氏不答应，说："这样做怎能肃清禁庭。"赵祯让她坐下，曹氏坚持不坐，竟在赵祯面前一直站了近两个时辰，才迫使赵祯下令把那个侍女拉到东园杀掉。

庆历八年（1048）闰正月，恰恰碰上了第二个元霄节，赵祯大概仍然沉浸在新年的欢乐中，十五日夜很想再次在宫中张灯结彩，热闹一场。曹氏觉着每年一度的元霄节就已花费不少，近来连年与西夏交战，军需浩繁，财政即已入不敷出，开始出现亏空，宫中应带头撙节开支才是，所以极力劝阻。赵祯听她一说，倒也没再坚持。转眼过了3天，晚上赵祯宿于曹氏寝殿，半夜时分，一阵呼喊声打破了宫中往昔的宁静。原来是崇政殿的亲从官颜秀、郭逵、王胜、孙利等谋反，杀死军校，劫夺武器，攀过延和殿屋顶，杀进了内宫。曹氏从梦中惊醒，连忙披衣起床，在寝殿供侍的宦官何承用开门向外张望，赵祯也穿起衣服，想出外看个究竟。曹氏抢前一步关上房门，抱住赵祯急急地说："宫中夜惊，只怕是有人作乱，官家万万不可轻易出去。"一面吩咐宫女速召都知王守忠等引兵入卫，一面命令身边的宦官紧紧地守住殿门。这时喊叫之声愈来愈近，颜秀等人已杀到了福宁殿下，一名宫女的臂膀被砍下，发出尖利的惨叫，赵祯听见吓得猛一抖搂。何承用担心皇帝受惊，宽慰说："这或许是宫中哪个夫人殴打小女子。"曹氏厉声训斥："乱贼在杀人，官家正想出去，你还敢胡说么？"曹氏估计乱贼可能会放火，便分派一些宦官提着水桶绕到乱贼的后面。乱贼见打不开寝殿，果然放起火来，宦官随即拥上前去用水浇灭。那天夜里，曹氏每派一个人就亲手用剪刀剪掉其一缕头发，嘱咐说："你们好好效力，贼平之后，就看你的头发加赏。"所以宦官、宫女们都争先恐后，拼死抵抗。不多久，王守忠也领宿卫兵赶到，颜秀等3人被杀，只有王胜逃走藏进了宫城北楼，第二天被搜出，当场死在了乱刀之下。

　　一场猝发变乱，多亏曹氏临危不惧，措置有方，才没酿成大祸，可谓功在社稷。然而，说不清是由于那天夜里受了什么刺激而导致了神经错乱呢，还是出于别的什么缘故，赵祯对此却莫名其妙地另有看法：平时很少到曹氏殿中就寝，为什么偶尔来一两次就遇上了变乱的事，为什么曹氏知道乱党会放火？难道她与乱党有什么事先勾结好的默契吗？她会不会借这种事来抬高自己，要挟甚至谋害寡人呢？这些念头在赵祯头脑里或许转瞬即逝，却使他在原先就对曹氏不怎么欣赏的基础上，又添上了一层疑心，在后来向大臣们介绍变乱情况时，他就只字不提曹氏的功劳，而是无中生有地大谈得他盛宠的张美人如何如何，把护陛之功一股脑儿全栽到了张美人的头上。枢密使夏竦揣度他的旨意，立刻顺竿往上爬，倡言应尊崇张美人，起居舍人、同知谏院王贽居然更进一步地心怀叵测地说，那些叛贼是在皇后寝殿附近作乱的，请求追究其事，企图动摇曹氏的地位，好为尊崇张美人作铺垫。这种明摆着颠倒黑白、恶语中伤的论调，赵祯听来特别顺耳，更加重了他的猜疑，他此时大概真的产生了废黜曹氏另立张氏的想法，所以他不但不对王贽的话做一丁点儿批驳，反而学来向御史何郯等人转述。幸亏何郯能处以公心，说："此乃奸人之谋，不可不察。"梁适也说："即使闾巷小人也不忍心轻易休妻，陛下乃万乘之主，岂可再乎。"赵祯冷静想想，觉着对曹氏的猜疑确实是捕风捉影，毫无真凭实据。在许多人看来，把曹氏的功劳掠为张美人之有已属过分，若再反功为过，毫无道理地把曹氏废掉，赵祯自知真有点心虚理亏。所以不得不打消了曾经产生过的废黜曹氏的念头。

赵祯的这些鬼胎，曹氏是不会不有所觉察的。此后，她更加谦谨，专求清静，除了埋头种粮养蚕、读书习字外，从不多事，即使赵祯或张氏有些明显的不合礼法的做法，她也不再与之较真。这时张氏已升为贵妃，在宫中，她拥有的权威实际上早已超过了名为皇后的曹氏，为了更加显示一下自己的非凡气派，有天张贵妃竟然想请赵祯向曹氏借来皇后用的伞盖仪仗，出宫去风光一番。赵祯仍记着曹氏的脾气，怕碰钉子，让她自己去借。张贵妃到曹氏那里一说，曹氏非常痛快地借给了她，丝毫没有一点不满的神情。张贵妃喜气洋洋地回来告诉赵祯，这时赵祯反倒觉着不太合适了，好言劝道："国家的文物仪仗，上上下下都是各有等级的，你打着皇后的伞盖出去，外朝怎么议论？"张贵妃讨了个没趣，只得作罢。

靠着这种极力的谦谨，曹氏避免了发生矛盾冲突，危及自身的一切可能。赵祯虽然在一定程度上维持了曹氏皇后的尊严，但他曾经产生过的对曹氏的那点疑心，却一直埋藏在他的潜意识之中。至和二年（1055）除夕，夜间暴雪纷纷，把宫中的花架都压折了。赵祯赤着脚在院里祈祷上天，受了严重的风寒。天亮时分，雪住天晴，已是嘉祐元年（1056）的正月初一了，赵祯照例登大庆殿接受百官朝贺，御座前的帘子刚刚卷上去，猛然看见赵祯一阵晕眩，脑袋往扶手上一歪，昏蹶过去，左右侍者赶快放下帘子，有人用手使劲撬开他的嘴巴，抠出一些浓痰，他才慢慢苏醒过来，重新卷起帘子，草草举行完了朝贺之礼。初六日，契丹使者入宫告辞，在紫宸殿设宴款待，赵祯坐在殿上，忽然大喊大叫："快召使者升殿，朕几乎见不上了！"接着又呜呜噜噜说了一大套语无伦次的话，侍者连忙把他扶回后宫，从此赵祯便处于歇斯底里的状态之中，动不动说些胡话。第二天，宰相们到内东门小殿问安，只听赵祯指着侍立的曹氏大喊："皇后与张茂则谋大逆，你们快把她抓住砍了！"张茂则是个一直不被赵祯喜欢的宦官，一听此话，吓得魂不附体，立即回到住处上吊自杀，多亏被人发觉救下，才没死成。文彦博把他找来训斥说："皇上有病说胡话罢了，你怎么这样！你若死了，让皇后何以自容？"按照弗洛伊德精神分析的观点，赵祯这种病中的胡话，恰恰是他隐藏在潜意识中的真实思想的暴露，曹氏虽没有吓得像张茂则一样自杀，但也不能不心惊肉跳，惊恐万状，再也不敢出现在赵祯面前了。直到赵祯痊愈之后，她才与赵祯恢复了例行的往来。

转眼到了嘉祐七年(1062)，已53岁的赵祯曾生过16个孩子，其中的3个男孩和9个女孩出生不久就相继夭折，现在他膝下除了4个公主外，没有一个儿子。还在嘉祐元年他暴得重病时，大臣们就纷纷建议他立一个宗室之子作为后嗣，但都被他拒绝，这时在宰相韩琦、知谏院司马光等人的一再要求下，赵祯才于八月把宗室濮安懿王赵允让的儿子宗实立为太子，赐名曙。大概由于仍然对曹氏心存疑忌的缘故吧，在作出这一关系到宋朝江山社稷前途命运的重大决策时，赵祯不想让宫中的任何人知道，所有工作都委派中书去做。其实立赵曙为皇子正是曹氏求之不得的事情，因为赵曙就是她的亲外甥女婿。原来，赵祯因为没有儿子，便在景祐二年(1035)把刚刚4岁的赵曙收养到宫里，一直未曾生育的曹氏也把自己姐姐的女儿高氏接来养在身边，高氏与赵曙常常在一起玩耍，很讨赵祯喜欢，曹氏对他俩更是万分疼爱，不啻己出，照料得很是周到。两个孩子在宫中生活了5年，才各自回到父母家中。后来赵祯和曹氏亲自主婚，使他俩结为伉俪。现在外甥女婿成了储君，曹氏哪有不高兴的道理？倒是赵祯完全出于迫不得已，他多么渴望能把皇位传给自己的亲生儿子啊，每当想起此事他就悲伤得涕泪涟涟。所以当赵曙以皇子的身份被接进内香药库西侧的庆宁宫，赵祯对他的感情反而大大不如小时候了，内外之人包括赵曙藩邸中的亲戚无一人敢通信问候，就连赵曙及其家人的一日三餐，有时都供应不上，曹氏为避嫌也不敢公开替他做主，只能偷偷地经常送些食物过去。

赵曙当皇子刚过了半年，嘉祐八年（1063）二月，赵祯再次生起病来，经医官多方诊治稍见好转，三月中旬还亲自登延和殿赐进士及第，宰相们以为他完全康复了，第二天特地到东上阁门拜表祝贺。岂料辛未日半夜，赵祯突然病情复发，忙不迭地要药吃，还派人速召皇后。曹氏闻报，急急赶到福宁殿，赵祯已不能说话，只是用手指指心脏。医官立即灌药、灼艾，进行抢救，但均不见效，不消三个时辰，赵祯便溘然崩逝。这事情来得太突然了，赵祯临死连半句话都没留下。左右宦官提议打开宫门宣召宰相，曹氏冷静地考虑了一会儿，说：“这时候宫门岂可夜间打开！还是密谕宰相们黎明入宫吧。”严令宦官秘不发丧，把各处宫门的钥匙全都收缴来归自己掌握，医官概不准离去，由专人看守，照旧按赵祯的习惯到御厨取粥，装出赵祯依然健在的样子。同时秘密派人去庆宁宫请来了赵曙。拂晓之前，有关新皇帝即位的主要工作，已在曹氏的部署下基本准备停当，然而宫廷以外对这些却毫无所知。

次日，也就是四月初一清晨，宰相韩琦率执政大臣依然像往常一样从内东门经垂拱殿来到福宁殿下，再拜之后，走上台阶，刚想掀帘进殿，侍立在前的宦官说："皇后在此。"韩琦等只得后退一步立在帘外，忽听里面传出了曹氏的哭声，并说："天下不幸，夜间官家忽然上仙。"韩琦等面面相觑，愣了一会儿，也哭了起来，曹氏又说："怎么办，相公？官家没有儿子。"韩琦回答："皇后不可出此言，皇子已在东宫，何不将他宣来？"曹氏说："那只是宗室之子，立了他，以后没人来争？"韩琦说："时至今日，怎可另外拟议！"曹氏说："皇子已在此了。"这才命人卷起帘子，众人探头一瞧，赵曙果然端坐在里面。于是众人退下，韩琦边抹汗边说："刚才敢乱发一言吗？"传令召殿前马步军副都指挥使、都虞侯及宗室刺史以上的官员到殿前听旨，又召翰林学士王珪起草遗制。太阳偏西时，百官才全部召集起来，大伙不明内情，来时仍旧穿着吉服，入宫后方知赵祯已经晏驾，换丧服已来不及，只好解去金袋及所佩鱼袋，一齐哭着从垂拱殿门外鱼贯而入，在福宁殿前班列成序。然后停止哭泣，听韩琦宣读了遗制。赵曙在东楹接见百官，正式即位，是为英宗。众人再拜，又齐声嚎哭退出宫去。皇位的交接至此才全部完成。

新天子赵曙即位还不满4天，除大赦外，一系列例行的诏令还没来得及发出，初四日夜就突然患上了怪病，不省人事，胡言乱语。初五日，按事先拟定的诏令尊曹氏为皇太后，赵曙却不能上朝视事了。初八日，举行赵祯遗体大敛的仪式，赵曙病情更加严重，竟当着百官的面，狂呼乱叫，疯疯颠颠四处乱跑，不能成礼。韩琦慌忙追上去将他抱住，扶回寝殿，令宫人加意看护，然后与宰执大臣一起求见曹氏，详细禀报了赵曙的情况，提议请曹氏权同听政，曹氏也不推辞，当即答应下来。从十一日开始，在内东门小殿垂帘听政。每天，宰执大臣们先向暂住于柔仪殿东阁西室的赵曙问候圣体，奏报军国事之后，再到内东门小殿向曹氏复奏。虽然，在一些关键时刻，曹氏表现出了处变不惊、举措冷静的胆识，在垂帘之初，她也几乎全身心地投入到繁杂的政治事务之中，对每天需要批阅的数十道中外奏章，都能一一记其纲要。对待曹家亲戚及左右臣仆，她也能严加管束，绝不假以丝毫颜色。然而，在政治上她最多算是个守成之主，在"祖宗法度不宜轻改"的思想指导下，她为政一仍旧贯，绝不肯轻易稍作更革，大臣们天天向她奏事，遇有疑难问题，她便总是说："公等再议之。"非得议到与所谓的祖宗法度完全吻合之后，才肯付诸实行。这些做法，固然基本维持了国家机器的日常运转，但与当时的现实要求却是相去甚远的。

这时，大宋皇朝已在太祖、太宗、真宗、仁宗4位天子的治下延续了100余年，经济文化在相对安定和平的环境中获得了长足的发展。可是，社会上的各种矛盾也在不断积累，至仁宗赵祯时，成堆的问题已日益明显地暴露出来。首先是官员冗滥。太祖时开始为突出皇权采用的分化各级官僚机构及其官员权力的办法，致使各级政府机构重叠，官吏人数大增。太宗以后，科举规模不断地扩大，每年总有500~1000多人被录取做官，大批的高官子弟、亲戚甚至门客也通过恩荫制度不经科举涌入了仕途，国初仅有几千人的官僚队伍，到仁宗嘉祐年间扩大了10倍，大多数官员人浮于事，职责不清，互相牵制，勾心斗角，尸位素餐，不思进取，严重影响了政府行政效率和职能的发挥。冗官的同时，又出现了冗兵问题，在"养兵政策"的指导下，每逢荒年，都有成千上万的破产农民穿上军装，职业兵人数直线上升，从太祖时的38万人，到仁宗皇祐年间已达140余万，远远超过了政府的正常需求，多数士兵无事可干，也不训练，除承担运粮、修河等杂役，便饱食终日，四下游逛,战斗力大大削弱。国家既要负担巨额的官员俸禄和军费开支,又由于对契丹和西夏战争连连失败,不得不每年拿出大量赔款以求苟和,便造成了第三个问题——冗费,即财政危机。太宗时,国家每年收入为两千几百万贯,开支后尚有盈余,到仁宗庆历年间,年收入虽高达一亿几千万贯,却入不敷出,赤字常在300万贯以上。仁宗死后,朝廷大办丧事,厚葬之外,还罄其所有按品级高低赏赐官僚,国库累世所积,扫地一空。一些地方的官库没有钱,就硬借民钱来赏,财政危机愈益严重。"三冗"日甚一日,社会上的土地兼并之风也越刮越烈,有权或有钱的贵族官僚、地主商人疯狂地扑向土地,他们仅占总人口的百分之几,却掌握了全国耕地的百分之七十以上。政府为摆脱财政困难,又变着法子盘剥百姓,数不清的苛捐杂税,一古脑地压到了贫苦农民头上,阶级矛盾由此被大大激化了。庆历年间,各地的士兵爆动、农民起义,便一年多如一年,一伙强如一伙,宋王朝这辆颠簸在古道上的破车,终于到了非维修不可的地步。

面对日益严重的政治和社会危机,朝廷内外早就响起了一片要求改革的呼声,庆历三年(1043),赵祯任用范仲淹、富弼、韩琦、欧阳修等人,围绕整顿吏治、裁汰冗员、减轻徭役、加强边防等内容进行改革,史称"庆历新政"。但由于改革触犯了大官僚地主们的既得利益,遭到他们的强烈反对,仅一年左右,新政就宣布撤销,范仲淹等被贬出朝,屏居江湖吟哦"先天下之忧而忧,后天下之乐而乐"去了。赵祯原本就少有的改革热忱也昙花一现、消沉净尽。改革失败,危机犹在,且更加严重,当矛盾积累到使现状难以继续维持下去的时候,社会发展规律就要求它必须作出相应的调整,寻找一条走出危机的新出路,于是改革的呼声一度沉寂之后,在赵曙即位之初再次掀起了高潮。

新天子赵曙,据朱熹的评论是一位"有气性,要改作"的人物,后来他一再提出"积弊甚众,何以裁救?""冗兵之费倍于往昔,何故?"等问题,充分显示了他革除积弊奋发有为的志向。这种志向与曹氏率由旧章、墨守成规的做法,恰好各自代表了当时社会上朝野日趋明显的革新与守旧两股政治势力的不同政见,这两种政治见解,不幸像暖气流和冷气流交汇一样在赵曙和曹氏之间形成锋面,就不可避免地在两人的关系上产生了一层阴云,在其他一些更为复杂、更为重要的原因的催化下,阴云越积越厚,终于暴雨滂沱、电闪雷鸣。

就个人品德而言,赵曙可以说是一个私心颇重的人。他刚当上皇帝不几天,许多国家大事还没来得及处理,就下令把赵祯遗下的当时尚未出嫁的3个小公主从原先的住处迁走,腾出房子,安置自己的3个女儿。这事赵曙做得实在太不近人情了,后来就连司马光、富弼也都上书批评。虽然有关史籍中并没有记载曹氏对此事的反应,但完全可以肯定,她身为母后是绝对不会无动于衷的。赵祯尸骨未寒,女儿们就落到了这种地步,那她作为赵祯遗孀,尽管曾对赵曙有母子之谊和扶立之功,能不能保证平安无事呢?她不能不感到心寒,先前对赵曙满怀期望的脉脉温情,立刻化作了百倍警惕的不信任,也许正是在生活上、政治上都对赵曙不放心的念头驱使下,她才毫不犹豫地答应垂帘听政的。

本来,赵曙被立为皇子之后,尽管赵祯对他的态度发生了一些由热变冷的变化,但中外臣僚们除了众口一词的赞成之外,并没有丝毫的异议。可是,曹氏垂帘后,为了提醒甚至警告赵曙不要忘本,便有意识地反复对中书大臣说:"大行皇帝立了皇子之后,因为追念死去的鄂王等孩子,常常悲伤涕泣,宦官宫妾，争相荧惑，近臣中也有异议，奇怪的还是一两个知名人士，几乎坏了大事。近臣的奏章以前藏在先帝的卧榻上，最近已在焚烧炉中烧掉了。"中书大臣听了这话，都感到莫名其妙，也不敢追问是谁提的异议，只是唯唯而退。谣言之所以往往能够产生强大的政治威力，并不在于它本身虚构得多么玄妙，而在于它出自什么样的环境和出自谁人之口。宫禁重地，深邃神密，里边到底隐藏着什么秘密，外间凡夫谁人知晓？太后懿旨，一言九鼎，掷地有声，拥有无上的权威性，有谁胆敢怀疑它的真伪？于是，通过曹氏之口透露出的这则秘闻，很快便在人们中间传扬开了，而且越传越生动充实，枝叶俱丰，曹氏所说的一两个知名人士具体化成了官任三司使、给事中的蔡襄。蔡襄在当时确实是个大名人，早年范仲淹因言事被贬，余靖、欧阳修、尹洙等大臣都上书解救，只有司谏高若讷认为该贬，刚刚步入官场的蔡襄就此写成一首《四贤一不肖》诗，对五人痛加褒贬，顿时名动京华，人们争相传抄，大有洛阳纸贵之势，书商们也靠刻印此诗赚了大钱。蔡襄为官敢于谏诤，颇有政绩，书法也造诣深湛，号称当时第一，尤为难能可贵的是，蔡襄还独具代人受过的雅量，以致朋友们惹了什么麻烦，总爱推到他的头上。有一次他和几个好友在会灵东园畅饮，酒酣之际有个老兄扯起弓箭胡乱一射，误将行人射伤，苦主找到门上，那老兄就一口咬定是蔡襄所干。后来赵祯问蔡襄怎么回事，他除了满面愧色地再拜谢罪之外，竟始终不肯辩白真相。这次又不知是谁看中了蔡襄的雅量，竟把反对立赵曙当皇子的事栽到他的头上，并且编得有鼻子有眼的，说蔡襄是如何如何地上了密奏，开头怎么说，结尾怎么说，仿佛人们不是曾经亲手帮蔡襄起草，就是曾经亲眼看过这道密奏似的。

　　三人言而成虎，当这则秘闻不知经过多少张嘴的充实加工传回宫里来的时候,就连赵曙也都深信不疑了,他病好之后,便几次询问蔡襄是个什么样的人。有一天,蔡襄请朝假,赵曙立即勃然变色,对宰相们说:"三司掌管天下钱谷,事务繁多,而蔡襄十天之中竟有四五天要请假,何不另用别人?"韩琦等共奏:"蔡襄虽经常请假,并未影响三司的工作,没有理由将他罢掉,况且现在也找不到一个才识名望比蔡襄更好的。"欧阳修又奏:"蔡襄的母亲已80多岁了,经常生病,蔡襄请的只是早朝的假,不参加点卯罢了,早饭后就会到三司上班,也不耽误工作。"赵曙没再说什么。但以后大臣奏事只要一提到三司,他总要变变脸色。过了两年,赵曙终于沉不住气了,再次提出要罢免蔡襄,韩琦等人知道其中的原委,便直接切入正题,问:"陛下亲眼见过蔡襄的密奏吗?"赵曙说:"我虽没见过,但在庆宁宫时就已听说了。"韩琦说:"事出暧昧,请再加审察。假若仅仅凭一条谣言就把蔡襄治了罪,那么今后小人就可以更加肆意倾陷,君子就更难立足了。"宰相曾公亮说:"京师之人从来就喜欢造谣生非,一人造谣,众人传播,假的也成了真的。"欧阳修问:"陛下认为真有此事吗?"赵曙说:"虽然没见过文字,但怎能保证必定没有?"欧阳修说:"诽谤之言,不要说无迹可寻,即便是迹状分明,仍要进一步辨其真伪。先帝时,夏竦想陷害富弼,令其婢女摩仿石介的字体,伪造了一份石介替富弼起草的要求废黜先帝的草诏,仗着仁宗圣明,富弼才得以保全。如此说来,即使真有蔡襄的文字,也应辨别真假,何况并无迹状,陛下万万不可轻信生疑。"赵曙坚持说:"造谣者为何不说别人,单单说他蔡襄呢?"终于将蔡襄贬出了朝廷。

曹氏为了警告赵曙不要忘记赵祯和她对他的扶立之功而有意编造的谎言,不但没有在赵曙身上产生如期的效果,反而平白无故地断送了大名人蔡襄的政治前途,这大概是曹氏始料不及的。蔡襄的遭遇表明,在赵曙私心深处,还有一根高度敏感的、紧紧绷着的神经,这就是时刻关注着人们对他继承皇位所持的态度。他认为自己当皇帝完全是天经地义、理所应当的,丝毫不依赖于任何外力的作用,凡是不承认其天经地义的人,不管是直接的还是间接的,他都不能容忍!任何人不能对他当皇帝稍有异议,哪怕这种异议只是捕风捉影的传闻;任何人没有理由表白自己拥有扶立他的功劳,哪怕这种功劳是钢浇铁铸的事实;任何人不能取代他的地位,代替他行使至高无上的皇权,哪怕这种代替完全是迫不得已临时变通的常规。当曹氏明显地表现出对他的戒备之心,一再告诫他不要忘本的时候,当曹氏泰然自若地垂帘听政,一直不肯主动让出权力还政引退的时候,他便非常本能地表现出了对曹氏的不满。

还在嘉祐八年四月赵曙病情最重的时候,这种不满就已大量流露出来,说了许多矛头直指曹氏的话。六月份以后,他的病情逐步有所好转,但对曹氏的不满却越发强烈了。他从患病时起就不愿意服药,大臣们闻知,都十分着急,纷纷上书劝他服药,宰相韩琦更是焦虑。六月的一天,韩琦亲手把药碗端到赵曙嘴边,赵曙仰卧榻上,只用嘴唇稍微抿一抿,就伸手推了回去,药水从碗中溅出来,撒在了韩琦的官服上。那天曹氏正巧也在这里,连忙找出一件衣服请韩琦换上,韩琦不敢当,曹氏叹息说:"相公真不容易。"又向赵曙说:"你难道就不能勉强喝一点吗?"哪知赵曙把头一扭,理都不理她。不但赵曙本人对曹氏表现出了明显的反感,在他的影响下,就连他的儿子们也对曹氏不很尊重了,这使曹氏更加伤心。有一天,她当着大臣富弼、胡宿、吴奎的面,一边哭,一边说:"没了丈夫的孤老太婆过日子真难啊!就连项儿、颢儿这些小孩子都不肯答理我了，受了委屈向谁诉说呢？"赵顼、赵颢即赵曙的长子、次子，赵顼即后来的宋神宗。听到曹氏的话，赵顼的老师韩维立刻教训说："皇上已失了太后的欢心，你应当极尽孝敬从中弥合才是，否则，你父子都要受祸了。"赵顼生性聪明，恍然大悟。过了几天，曹氏高兴地对宰相们说："顼儿这几天待我很有礼道，与往昔大不相同，全是卿等善择师傅的结果，应把他们请到中书好好褒奖一番。"赵顼再孝敬也终究难以弥合曹氏与赵曙间日益加大的感情裂痕，曹氏在极度烦恼之中，或许真的产生过废黜赵曙的念头。

十月，宰相韩琦兼任园陵使护送赵祯的灵柩去河南巩县安葬。这时大概曹氏已对赵曙的无礼到了难以忍受的程度，便派出一名宦官带着一封文书跑到巩县送给了韩琦。韩琦打开一看，原来上面抄满了赵曙平日所写的谩骂曹氏的歌词和他在宫中的种种过失。韩琦当着宦官的面把文书烧掉，让他捎话给曹氏说："太后不是经常说皇上疾病未愈，心神不宁吗？既然是疾病所致，那么言语举动有什么不对的地方，又有什么值得奇怪的呢？"十一月，韩琦刚一回朝，曹氏便呜咽流涕，详细数落了一通赵曙的过失，并说："老身已无地自容，须相公们作主！"韩琦说："这只是有病引起的，病一好必不会这样。儿子有病，做母亲的能不让着他吗？"曹氏的脸色更雪上加霜。欧阳修接着说："太后事奉仁宗数十年，仁圣之德，闻名天下。妇人的脾性很少有不妒忌的。过去张贵妃恃宠骄恣，太后都能处之裕如，足证太后襟怀坦荡，无所不容。如今母子之间反倒不能容忍了吗？"曹氏说："只要你们能知道我的为人，我也就知足了。"欧阳修说："此事岂只臣等知道，朝廷内外没有不知道的。"曹氏的怒气稍稍消了一些。欧阳修又说："仁宗在位岁久，德泽广被，人所信服，所以一朝晏驾，天下皆禀承遗命，奉戴嗣君，无一人敢有异同。今太后深居房闱，臣等只是五六个措大书生罢了，举动若非仁宗遗意，天下谁肯听从！"韩琦接过话头说："臣等只是在外面才能见到官家，内中保护全仗太后。若官家有什么闪失，太后也不会安稳的。"曹氏大惊，忙说："相公这是什么话？老身对官家几时不曾用心照管啦？"韩琦慢条斯理地说："太后照管，众人自然会照管的。"曹氏默不作声。这帮大臣真够老辣的，不仅一眼看穿了曹氏可能已经产生的企图废黜赵曙的心思，而且三言两语，一哄一吓，就把曹氏的满腹冤屈硬邦邦地顶了回去。他们都站到了赵曙一边，异口同声地替赵曙回护辩解，仿佛母子间的矛盾倒成了曹氏气量狭小不能容人造成的，在他们看来，既然赵曙有病，无论他怎样无礼，都是可以原谅的，而曹氏除了一忍再忍，不应有别的什么选择。这种态度虽然使曹氏更加愤愤不平，但也使她清醒地意识到，在朝臣们强大的保皇势力面前，她没有能力、也没有胆量冒天下之大不韪，她所能做的只是抹眼淌泪地发发牢骚，排遣一下心中的郁闷烦恼而已，对赵曙是半个指头也不能动一下的。

满腹的委屈同样也郁积在赵曙心中，当韩琦等人来看望他时，他二话不说，劈头就是一句："太后待我无恩！"韩琦真不愧是职掌调合百味的盐梅宰相，这时立场又反了过来，从容答道："自古以来，圣明帝王很多，但独称舜为大孝，难道其余帝王都是不孝的吗？若父母慈爱而子孙孝敬，此乃常事，不足道，只有在父母不慈爱的情况下，做子孙的仍不失孝敬，才真正值得称赞，只怕陛下对太后或许有事奉不周之处，天下父母岂有不慈爱的！"赵曙不吭声了，从此之后人们再也没有听见他公开说过曹氏的坏话。

十二月，赵曙开始御迩英殿听翰林侍读、侍讲学士讲解经史,刘敞负责讲《史记》,当他读到"尧授舜以天下"时,发挥说:"舜出身微贱,尧却把王位禅让给了他,天地享之,百姓戴之,不为别的,只因舜孝友之德光于上下而已。何谓孝友?善事父母为孝,善事兄弟为友。"赵曙知道他在乘机讽谏,不由得悚然改容,曹氏听说此事后也大为高兴。

高兴归高兴,曹氏与赵曙之间,尽管这时已不再像以往那样公开地互相责难了,但内心的芥蒂依然远远没有解开。赵曙在七月初就已基本痊愈,并开始每天临朝坐殿听取中书、枢密奏事。照理说,皇帝恢复了治国的能力,太后就没有必要继续垂帘听政了,可是曹氏一直不肯还政引退。如果说,她当初答应垂帘主要是迫于客观条件,不得已而为之的话,那么这时她赖着不肯还政则主要是因为在政治上、生活上都对赵曙不放心的缘故。她对赵曙越不放心,就越不肯放弃手中的权力,而她越不放权,赵曙对她就越是反感,两人的关系一旦陷入了这样一个怪圈,不但没有和解的希望,反而埋藏着进一步恶化的危险。为了打破这个怪圈,老谋深算的韩琦亲手布下了两个圈套。

治平元年(1064)四月初,代理御史中丞王畴上了一道奏疏,说今春以来,干旱少雨,麦田枯焦,建议赵曙以真宗为榜样,亲自前往寺观祈雨。韩琦等人立即随声附和,齐说应该。赵曙说:"还应与太后商议。"韩琦禀报曹氏,曹氏说:"官家大病初愈,恐怕不宜出宫。"韩琦说:"皇上已经答应出去了。"曹氏说:"素色的仪仗尚未准备就绪,再过些日子吧。"韩琦说:"这是小事,并不难办。"于是诏令有司选择出行日期。过了十几天,仍不见动静,知谏院司马光上疏催促,说:"皇上要出宫祈雨之事,早已流闻四方,但至今未见成行,众论狐疑,不知又发生了什么变故。王者四海为家,为民父母,何必拘泥繁文,选择时日,忘万民朝夕之急?"曹氏没有理由再加阻拦,只得放行。赵曙遂出宫祈雨于相国天清寺、醴泉观。韩琦等人之所以抓住祈雨这件事大做文章,并不在于皇帝能否真正求下雨来,而是有其深意的,因为这样一则可以向朝廷内外显示赵曙已完全痊愈,恢复了治国的能力;二则可以巧妙地把玉玺收回到赵曙手上。玉玺是最高权威的象征,谁掌握玉玺谁就拥有最终决策的大权。宋朝规矩,若皇太后垂帘听政,那么符宝玉玺必须归皇太后收藏,皇帝只有在外出行幸时,玉玺才可以随驾,回来后仍得交还太后。赵曙出外祈雨,顺理成章地把玉玺拿到了手上,回宫后却不肯交还。他一旦控制了玉玺,也就标志着拥有了发号施令的唯一合法权威,对于曹氏的意见,听与不听皆可随心所欲,曹氏的最终决策之权实际上已被他夺回。这是至关重要的一步。正由于王畴在这个关键问题上立了头功,尽管知制诰钱公辅等人一再说他资浅望轻,在御史台尸位素餐,认为不可大用,但赵曙仍特别感激他,不久就提拔他为枢密副使,钱公辅反而因此被贬为滁州团练副使。

赵曙亲政的关键一步顺利成功,韩琦紧接着布下了第二个圈套,这次的猎物便轮到曹氏了。此时赵曙虽早已御前殿视朝听政,但两府大臣仍旧像往常一样每天退朝后,到内东门小殿再向曹氏复奏。五月戊申早朝时,韩琦一下子向赵曙奏报了十余件事,赵曙裁决如流,悉皆允当。退朝后,韩琦对曾公亮等人说:"仁宗安葬完毕时,我就该求退,只因皇上御体未平,所以才迁延至今,现今皇上听断已如此不倦,诚乃天下大幸,我准备先禀明太后,请求安置一处地方,告老求退了。希望能得到诸公的赞成。"曾公亮等赶忙说:"朝廷怎能没有您?您千万别提这样的请求。"韩琦阴阴地笑了笑。于是一起来到内东门小殿，复奏赵曙已裁决的十几件事，曹氏每事都称善同意。众人退去后，韩琦单独留下来，把方才向曾公亮等说的那些话又复述了一番。曹氏说："相公怎可求退？老身才真正应该退居深宫呢，每天在此，实在迫不得已，还是容老身先退吧。"韩琦正等着这句话哩！立即眉飞色舞大谈起来，说前代马氏、邓氏皇后如何如何贤明，尚且不免贪恋权势，今太后若能急流勇退，还政复辟，比马氏、邓氏更是强了许多倍，再拜称贺。接着便抖出了包袱，说台谏官员也有章疏请求太后还政了，不知太后决定在哪一天撤帘？曹氏这时才明白了韩琦口口声声求退的真实意图，原来是在以退为攻，逼着自己让位，真是太诡诈啦！但自己话既然说了出去，反悔是不可能了，她强烈地感到被人愚弄了，虽然气恼却也无可奈何。愣了一会儿，恨恨地说了句："叫做是相公，不叫做也是相公！"愤然站起身来。韩琦见她一站，便厉声命令守候在旁的仪鸾司官员："撤帘！"帘子被扯下后，还能透过屏风瞧见曹氏靦微微踟蹰离去的身影。

　　曹氏被迫退居深宫，赵曙正式亲政，怪圈打破，避免了两人关系进一步恶化的危险，赵曙紧接着把曹氏的住所定名为慈寿宫，意思是希望这位慈爱的母后能够永远长寿，并且把曹氏的弟弟已官任宣徽北院使、保平节度使的曹佾，加封为同平章事兼中书令，使他享有"使相"这一极其荣耀的官衔。可是长期形成的感情裂痕仅靠这一两个虚名是不能完全弥合的。事实上，赵曙仍对曹氏心存余恨，就连曹氏所应享受的物质待遇，他都要施加这样那样的限制。在此之前，皇太后若需要什么物品，包括日用器具，只须凭事先加盖了皇帝御用之宝的空白文书直接到诸司库务索要，诸司库务就会立即供应，过后再由三司复奏皇帝就可以了。但如今临到曹氏时，赵曙却偏偏明文规定，必须首先由曹氏宫中的使臣把她需要的物品项目记录下来，送到有关诸司库务，再由这些部门另外书写牓文奏报皇帝，等到皇帝同意，盖上御宝之后，才可供应实物，平白使手续变得繁琐起来。这条规定虽经司马光上书反对，但赵曙一直维持不改。事实证明，曹氏以往的担心不是没有道理的，凡此种种不能不使她更加愤懑心烦。两人的感情依旧冰冻三尺，碰到一些重大问题时，还会很自然地出现新的裂痕。

赵曙是作为赵祯的过继儿子被立为皇子的，论理只有赵祯和曹氏才是他的皇父母，而对于他的生父濮安懿王赵允让，只能按宗族辈份称皇伯。然而对赵曙来说，真正有感情的还是其亲生父母，他认为自己当了皇帝，就该父因子贵，生父不应仍然处在皇伯和王的地位上。治平二年（1065）四月，诏令礼官及待制以上的官员讨论应如何尊奉濮王。此诏一下，朝廷之上立刻纷争鼎沸，掀起了一场轰动一时的政治风波。宰执大臣韩琦、欧阳修认为，自古无称父为伯之理，赵允让应称"皇考"，持此观点的人我们可称之为"皇考派"；司马光、王珪等人则以"为人后者为人子，不得顾私亲"为理由，认为赵允让只能称"皇伯"，形成了"皇伯派"。两派争论激烈，声震九重。曹氏闻知，也坐不住了，她想：称赵允让为皇考，这不是明摆着要排斥先帝和我独一无二的地位吗？果真这样，那自己更无容身之处了，是可忍孰不可忍！她当即写了一封手书，痛斥韩琦、欧阳修。太后的懿旨毕竟还是有相当分量的，赵曙迫于压力，只得宣布暂停讨论。曹氏出面干涉，"皇伯派"更觉着理直气壮，治平三年（1066）正月，争论再次掀起了高潮，侍御史吕诲、范纯仁、监察御史吕大防等引经据典，先后上了7道奏疏，支持司马光的意见，并弹劾韩琦专权导谀，欧阳修首开邪议，应予贬黜。正当赵曙在这强大的反对舆论面前进退两难的时候，二十日中午，中书堂突然接到了一道从慈寿宫送来的密封得严严实实的文书，打开一看，见上面写道："我听说群臣议请皇帝封崇濮安懿王，至今未见施行，我再三翻阅前史，才知此事自有先例。濮安懿王及其夫人谯国太夫人王氏、襄国太夫人韩氏、仙游县君任氏（赵曙的生母），可令皇帝称亲，并尊濮安懿王为濮安懿皇，谯国、襄国、仙游并尊为后。"后面的落款赫然是曹氏的亲笔签名！难道说先前还在强烈反对的曹氏，如今真的幡然悔悟，心悦诚服地支持赵曙了吗？不是的。这封文书实际又是韩琦等人设下的一个圈套的产物，与以往的圈套不同的是其手法尤为卑鄙、下作。

原来，在吕诲等接连上书之后，韩琦、欧阳修等仍建议赵曙明诏中外，坚持"皇伯乃无稽之谈，决不可称"的立场，但为了避免被"皇伯派"抓住辫子还必须解释，"现在所欲确定的只是名号而已，至于在京师立庙等干纪乱统之事，决非朝廷本意。"赵曙内心非常想按这个办法去做，可是顾虑"皇伯派"大臣，特别是曹氏的态度，他迟迟不敢下诏，韩琦等人深知，其所以形成眼前的僵局，关键问题就出在曹氏身上，解铃还需系铃人，要打破僵局，最好的办法是争取曹氏反水，但他们更晓得这简直无疑于与虎谋皮，纯属痴心妄想。正道不行为什么不能行邪道？在政治动物们看来，只要能达到目的，任何手段都可以施展出来的。于是宰执大臣经过一番密谋，定下了先以曹氏的名义下懿旨，尊濮安懿王为皇、夫人为后，皇帝称亲，然后再由赵曙下诏谦让不受尊号、只称亲的路子。然而曹氏的名义是万万不可随便盗用的，只有设法搞到她的亲笔签名才真正冠冕堂皇。欧阳修以曹氏的口吻草拟好的懿旨，在另外誊抄之后秘密交给了早就安插在曹氏身边的一名宦官。赵曙谦让的诏书也由欧阳修拟好。一切布置停当，单等曹氏落入圈套了。二十日，宫中照例举行天章阁赏小桃的庆宴，曹氏经不住左右轮番劝敬，喝得酒醉醺醺，搀回寝殿后，一阵睡意袭了上来，正迷迷糊糊瞌睡时，那名宦官拜到榻前，捧着一道文书请她签名，曹氏醉眼朦胧，也没看清上面写了些什么，顺手接过毛笔签上姓名就又昏昏睡去。宦官按规矩密封停当，一溜烟送到了中书。早已守候在那里的韩琦、欧阳修等见诡计得逞，得意地哈哈大笑。

太后的大名一盗到手，赵曙的腰板顿时硬了起来。第二天，曹氏的手书公布出来，同时降下了赵曙的手诏，煞有介事地宣称："朕面奉皇太后懿旨，已见手书。朕以为方承大统，惧德不胜，称亲之礼，谨遵慈训，追崇之典，实不敢当。姑且仍称濮王，建园立庙。期望皇太后能体谅朕的诚恳，即赐允从。"黑白就这样颠倒了过来：原本强烈反对称皇考的曹氏不但一下子变成了积极支持者，而且进一步提出要尊崇濮王夫妇为帝后；原本挖空心思、巧立名目地要尊崇生父母的赵曙，不但变成了不得不谨遵太后之命的被动服从者，而且树立起了既孝顺又谦恭的高大形象。赵曙、韩琦、欧阳修等政治艺术家们的天才演技真可谓美奂美仑，高超绝伦，足以惊天地而泣鬼神！他们面不红、心不跳、喜气洋洋地演完了自编自导的这幕闹剧，然而剧中的另一些演员却被惊呆激怒了，首先咆哮如雷的是吕诲、范纯仁、吕大防等人，他们以更加激切的言辞上书反对。范纯仁质问："皇太后自撤帘之后，深居九重，未尝预闻外政，岂会复降诏令有所建置？"吕诲甚至公开扬言，要与宰执大臣不共戴天势不两立。赵曙问韩琦如何是好，韩琦说："臣等是忠是邪，陛下清楚。"问欧阳修，回答："御史要势不两立，若陛下认为臣等有罪，即当留任御史，若认为臣等无罪，就应降旨处置。"诏旨下达，贬吕诲知蕲州，范纯仁为安州通判，吕大防知休宁县，就连替吕诲等辩解的赵鼎、赵瞻、傅尧俞也被贬斥。至于曹氏在醉乡梦回、发觉再次遭到了大臣暗算愚弄之后，是如何想、如何做的呢？由于史无明文，就请读者们去体味想像吧。

当曹氏与赵曙的关系雪上加霜的时候，曹氏与赵顼之间却嫌隙尽释，春风和煦。在受到韩维教训之后，赵顼就经常到慈寿宫看望曹氏，也许只有在这时，慈爱的微笑才会回到曹氏的脸上。一次，赵顼身着全副盔甲，英姿飒爽来到慈寿宫，问曹氏："娘娘，我穿这副盔甲好不？"曹氏笑着说："你穿戎装确实好看，可是，假若连你都要披挂上阵，那国家岂不危险了吗？"赵顼乖觉地把盔甲脱下，祖孙俩又有说有笑谈起了别的。

治平四年（1067）正月初八日，赵曙因病逝世，20岁的赵顼继位，是为神宗。孙儿当皇帝，曹氏得到的不仅仅是地位更加崇高，更重要的是心境出现了根本性的好转。初十日，她被尊为太皇太后，居住的慈寿宫也改名为庆寿宫。赵顼仿佛是在用自己的温情去弥补父亲的冷漠似的，对待曹氏极其孝敬，凡是能让曹氏愉悦的事，他无所不做。曹氏对赵顼的慈爱也是无微不至，有时赵顼退朝稍晚，她便要站在寝宫门外等候，甚至亲手端饭给赵顼吃。有一年清明节，赵顼陪曹氏闲聊，偶尔说起好久无人能制做珠子鞍辔了。赵顼虽是言者无意，曹氏却铭记在心，不几天就私下令人绘成图样，从内库中要来一副玉饰鞍辔送到后苑加工，装饰上珠玑，送给了赵顼。赵顼非常感动，立即唤人牵来心爱的坐骑小乌马，在福宁殿前亲试。为了答谢曹氏，他亲手设计了一乘小轿，制作得极其精致小巧，通体用珠玉黄金装饰，进呈给曹氏说："娘娘试乘此小轿，去凉殿散心。"于是载着曹氏前往凉殿，他与高太后步行着搀扶左右，曹氏下轿后，感慨万千，动情地说："官家、太后亲自扶辇，当初我在曹家做女儿时，哪敢想到会有今天的盛事!"满面春风，心里比炎热的天气还要温暖。她去世后，大臣王存献的挽词中说的"珠鞯锡御恩犹在，玉辇空扶事已空"，就是指的这两件事。

按照宋朝传统的礼制，外戚家的男子是不能进内宫谒见太后或者皇后的，随着曹氏年事日高，她的弟弟曹佾也成了老人，赵顼多次提出让曹佾进宫与曹氏叙叙亲情，曹氏都不肯答应。一天，曹佾向赵顼奏事，赵顼又提出这一要求，曹氏才勉强应允，赵顼便领着曹佾来到了庆寿宫。陪着坐了一会儿，寒暄几句，赵顼想让他姐弟俩单独在一块好好聊聊，便先站起身来，曹氏却对曹佾说："这不是你应该逗留的地方。"忙不迭地把他打发出去。曹氏这样做并不是不念弟弟的亲情，而是不想让自己破坏祖宗确立的任何一项规矩。正由于她始终抱定"祖宗之法不可轻改"的政治信条，也就决定了她对赵顼的所作所为并不是事事都满意、时时都愉悦的。

年青的赵顼在渴望改革方面比父亲赵曙气性更急，当皇子时，他就多次与老师韩维等人谈论天下大事和变法图强、改变国家贫弱不振局面的抱负，即位不久就着手裁减宗室冗费，开始了局部的改革。熙宁二年(1069)任命享有盛名的变法派大臣王安石为参知政事，翌年升为宰相。在熙宁二年至元丰八年(1085)这16年间，赵顼和王安石对财政、经济、军事和官僚机构诸方面，进行了全面的整顿和改革，展开了一场轰轰烈烈的变法运动。与历史上的所有改革一样，这次变法也不是一帆风顺，而是在惊涛骇浪冲击下进行的。自改革之日起，主张和支持变法者形成了以王安石为首的变法派，史册上称之为"新党";反对改革者则结合成反变法派,亦即史册上所谓的"旧党"。在熙宁二年至九年(1076)王安石主持变法期间,新旧两党围绕青苗法、募役法、市易法等,先后掀起了两次斗争浪潮,变法派虽然勉强挡住了反对派的猛烈进攻,维持了改革的继续进行,但力量却遭到严重削弱,使得王安石两次被罢相,最终离开了朝廷。而每次惊心动魄的斗争浪潮中,无不闪现曹氏的身影。

对于变法,曹氏早就打心眼里不赞成,但或许一则由于赵顼待她孝敬备至,使她不忍心转而撕破两人间的脉脉温情;二则由于对以往的不幸经历记忆犹新,创伤未复,担心在新的一轮政治斗争中再次遭到朝臣的暗算,所以在变法开始的几年里,她并没有将不赞成的态度公开表露出来。然而曹氏终归是曹氏,敢作敢为、勇于谏诤的性格,决定了她是不会对身边发生的剧变漠然处之、不闻不问的。当着变法的深入开展激起了旧党们愈益激烈的反对的时候,特别是变法触犯了与她保持千丝万缕联系的豪强兼并者和贵族势家们的切身利益的时候,她便本能地卷入了斗争的漩涡,扮演了兴风作浪、推波助澜的角色。

新旧党的第一次斗争浪潮是围绕青苗法和募役法展开的。所谓青苗法,就是规定每年正月和五月青黄不接时,由政府向农民赊贷粮食或钱款,称青苗钱,半年后加息二分归还。所谓募役法(又称免役法),就是废除原先农户按户口等级轮流充当州县政府差役的办法(差役法),改由州县政府出钱募人服役,募役所需费用,由农户按户等高低分担,称"免役钱",原先享有免役特权的官宦人家等等也要按等级减半出钱,称为"助役钱"。这两项旨在减轻农民负担,增加政府收入的新法,一条以低利贷代替高利贷,打击了大地主、大商人的兼并势力,一条取消了官僚们的免役特权,便很自然地遭到了他们的反对。韩琦、司马光、富弼等人纷纷上书要求取消。就连赵顼的两个弟弟岐王赵颢和嘉王赵頵也加入到了旧党的行列。有次赵顼与他俩在宫中击毬,原定以玉带作赌注,赵颢却说:"我胜了,不要玉带,只求废掉青苗免役法。"在从中央到地方的一片声讨声中,身居九重的曹氏也终于结束了几年的沉默,杀上了反对变法的战场,并且为首次出场选择了一个适当的机会。

熙宁四年(1071)九月,朝廷举行祭祀明堂大典。这种活动旧例是要实行大赦的,前几天,赵顼与赵颢来见曹氏,曹氏说:"天气晴和,在这样的好日子里举行典礼,真是大庆。"赵顼说:"确实。"曹氏突然话题一转说:"我当年若听说民间有什么疾苦,必定告诉仁宗,仁宗常乘大赦之机落实,今天也应该这样。"赵顼说:"现在民间倒没有什么疾苦。"曹氏说:"怎么没有?我就听说百姓苦于青苗、助役钱,何不趁大赦之际罢去?"赵顼回答:"这是为了利民,不是困苦他们。"曹氏不甘心,又把矛头指向了王安石,企图采取釜底抽薪的办法达到废除新法的目的,便说:"王安石诚然有才学,但怨恨他的人很多,官家若真想保全他,不如暂时把他放为外任,可以过两年再召回来嘛。"赵顼说:"群臣之中,只有王安石能挺身为国,这样的人十分难得,怎好赶他出朝?"赵颢从旁插话:"太皇太后说的都是至理名言,陛下不可不思。"方才与曹氏应答之间,赵顼就已寸步不让,只因碍于情面,不好过分顶撞曹氏,眼下弟弟又来帮腔,他便再也憋不住了,向着赵颢勃然怒道:"难道是我坏了天下吗?你来管吧!"赵颢吓得眼泪都流了出来,委屈地说:"何至于这样说呢?"曹氏碰了一鼻子灰,更是满脸的不自在，三人不欢而散。

新党在第一个回合的斗争中取得胜利之后，在商业领域里实行了市易法，即由政府出资在汴京等城市设置市易司，大量收储各种滞销货物，待市场短缺时赊销给商人贩卖，一年后加息二分收回贷款。同时，取消首都汴京原先实行的宫廷及官府所需物品、人工，都向各工商业行户勒派的办法，改为工商业行户根据获利多少按月或按季交纳"免行钱"，免除他们对官府的供应。市易法、免行法不仅限制了大商人操纵物价垄断市场，剥夺了官府、宦官恣意勒索的特权，而且触犯了与曹氏等人有特殊关系的两个大人物——赵顼的皇后之父向经、曹氏弟弟曹佾的利益。向经一直控制着一批行户，向他无偿供应各种物品，实施免行法后，向经无法从中渔利了，竟厚着脸皮写信训斥市易司。曹佾家修建房屋，所需木料也直接向商人索要，分文不给。曹氏庆寿宫的宦官为了挑起事端，居然无中生有地以曹佾家仆人的名义伪造了一份状文，诬告市易司强买曹佾早已定购的木料。于是，在与大商人有密切联系的官僚士大夫向变法发起新的进攻的同时，向经、曹佾等人的怨言也在宦官们添油加醋之后传进了曹氏及高太后、向皇后的耳朵，更激起了她们对变法的憎恨。宫内宫外反对势力联合掀起的第二次斗争浪潮，也就显得尤为汹涌澎湃。曹氏和高太后甚至对着赵顼抹眼淌泪，说王安石变乱天下，河北等地的大旱已使百姓流离，丧失民心，市易法的实施更使京城民怨沸腾，可能会酿成暴乱。面对母后的眼泪，赵顼彷徨不安，大大动摇了，不几天，王安石就被解除了宰相职务。

此后，虽然王安石一度恢复了相位，新法的基本面也得以维持，但由于赵顼对变法的态度已越来越不如当初坚决，对曹氏的反对意见便开始觉得顺耳了。赵顼曾有意发动一场恢复燕蓟故土的战争，在与大臣商议之后，又到庆寿宫向曹氏禀报。曹氏问："粮草、犒饷准备好了吗？兵马士卒训练精了吗？"赵顼说："都已部署去了。"曹氏说："事关重大，可要慎重考虑。那点疆土，收回来，得到的不过是举朝庆贺而已；万一失利，则关系到生灵江山的存亡，切不可轻举妄动。果真可行，那太祖、太宗早就收复了，何须等到今天？"赵顼说了句："敢不受教！"立即取消了开战的计划。

政治上的矛盾渐趋缓和，祖孙二人的感情也愈益亲密。元丰元年（1078）正月，年逾花甲的曹氏患上了牙病，牙床鼓得老高，半边脸庞也肿了许多，根本无法进食。赵顼十分焦急，诏令天下各地访求牙科名医进京治疗。闰正月十五，为了让曹氏高兴，还特地命令再次在宫中搭设露台张灯结彩，过第二个元宵节，曹氏心里欢喜，放开量连饮了数杯。

转眼到了元丰二年（1079）初秋，清爽的西风刚刚开始驱散蒸腾的暑气，曹氏却添上了一种称作"水疾"的新病。年迈的病体更需要静心调治，然而朝廷上新近发生的一桩案件，却使她无论如何也静不下心来。

熙宁九年十月，王安石再度罢相后，围绕变法在统治集团内部进行的一场严肃的政治斗争，逐渐演变成了排斥异己相互倾轧的权力斗争。元丰二年四月，担任湖州（今浙江吴兴）知州的苏轼，在一道谢表中对时政发了两句牢骚，立即招致了部分朝官的弹劾。御史中丞李定说他包藏祸心，谤讪皇上。监察御史里行舒亶则从苏轼诗词中摘抄出只言片语，说朝廷每行一项新法，他都写诗恶毒攻击：实行青苗法，苏轼说"赢得儿童语音好，一年强半在城中"；以明法课试群吏，就说"读书万卷不读律，致君尧舜知无术"；兴修水利,他说"东海若知明主意,应教斥卤变桑田";严禁私盐,他说"岂是闻韶解忘味,尔来三月食无盐"。认为苏轼愚弄朝廷,肆为诋诮,还把诗词镂板刻石,传播中外,造成很坏影响,应该开刀问斩,以谢天下。赵顼遂命御史台派人把苏轼拘捕入京审问。御史们来势汹汹,苏轼吓得几次想自杀,许多大臣也都以为他必死无疑了。享有天下奇才盛名的大文豪,只因发了两句牢骚,写了几首诗词就被逮捕下狱,眼看要杀,这可是自古以来少有的大冤案,顿时在朝廷上激起了轩然大波。正直朝臣纷纷营救,就连退居金陵的王安石也上书说:"哪有盛世而杀才士的?"曹氏闻知,更是万分焦虑,顾不上老病交加,支撑着找到赵顼说:"我记得当年仁宗皇帝录取苏轼兄弟为进士时,曾高兴地说:'我为子孙找到了两个宰相'。现在却听说苏轼因作诗被逮下狱,会不会是仇人中伤他呢?即使他写诗真的有罪,其罪过也大不到哪里去。文人咏诗,本是常情,若一定毛举细故罗织成罪,也不是爱惜人才之道,我已病成这个样子,不能再因冤滥不慎,而有伤中和,你应深思详察才是。"赵顼听罢,感动得流下了眼泪。最后,判苏轼免于死罪,贬为黄州(今湖北黄冈)团练副使。

苏轼之案得到缓解,曹氏的病情却日渐加重。十月初开始,赵顼就停止上朝视事,每天都在庆寿宫伺候曹氏,晚上就睡在那里,十多天衣不解带。还派宰相祈祷天地、宗庙、社稷,减天下囚犯死罪一等,判了徒刑的予以释放。大作善事,以回天意。至于医治更是不遗余力。然而这一切都没能发挥作用,十月二十日,曹氏的心脏停止了跳动,终年64岁。次年二月葬于永昭陵。曹氏死后,赵顼哀恸不堪,过了7天,才在群臣一再要求下上朝听政。将要殡殓时,特地把宰执大臣们召到柩前，察看放入梓宫的物品，还亲手举着一件玉枕和玉絃说："这都是太后平常使用的"，又悲哭欲绝。故而宰相王珪的挽词中有"朱絃湘水急，玉枕汉陵深"两句。

附：仁宗赵祯皇太后杨氏

◎ 李 晓

明道二年（1033）三月，刘太后在春意正浓的时候离开了人间，临终之际，她还不愿把权力交给皇帝赵祯，遗命尊皇太妃为皇太后，和皇帝同议军国大事。这位新皇太后姓杨，也是益州郫（今四川成都）人。祖父、父亲都是布衣平民，只有叔父杨知信在禁军中谋了个天武副指挥使，算是沾了点官气。

杨氏 12 岁上就进皇子赵恒的府中当了小妾。她聪明伶俐，秀外慧中，一直很讨赵恒的喜欢。赵恒之所以偏爱蜀姬，或许与她有一定的关系。后来刘氏入府，骤得专宠，杨氏却未因此而失宠。在赵恒的心目中，她的地位只是仅次于刘氏而已。赵恒即位,她封才人,拜婕妤,又进为婉仪,几乎与刘氏比肩齐名。赵恒东封泰山,西祀后土,祠太清宫,走到哪里她俩的倩影就随到哪里。

　　一般说来,天底下很难有两个女人同样得宠而不争风吃醋的,杨氏偏偏能做到这一点。她周旋在刘氏身边,靠着嘴巴甜,手脚勤,奉承得刘氏喜笑颜开,再加上一层同乡关系,刘氏不但从来没有把她当成争宠的敌手,反而热乎得简直成了体己知心的同胞姐妹,凡事总要与她商量通气。刘氏策划借腹怀胎,主要帮手自然非杨氏莫属,等孩子一出世,刘氏就让杨氏负责护养。杨氏心地善良,又没有刘氏那样的政治野心,便一心一意扑到了孩子身上,赵祯的饮食起居,全由她一手操办,同吃、同住、同起居,从不离开身边。赵祯在宫中便称刘氏为大娘娘,称杨氏为小娘娘。刘氏秉性严毅,在赵祯面前也总是板着面孔,相比之下杨氏却慈祥得很。赵祯身体素质较差,动不动就感冒咳嗽,刘氏大概为了劳其筋骨、苦其心志,连虾蟹之类的海鲜都不让他吃。杨氏叨念着:"老姐何苦如此虐待我儿",偷偷烹制了喂给赵祯。因此赵祯更为亲近这位小娘娘。

　　刘氏立为皇后,杨氏也升为淑妃,她的叔伯弟弟杨景宗也仗着她的裙带关系由一个无赖兵卒转眼变成了大官。杨景宗原是个市井泼皮,整天游手好闲,不务正业,在老家混不下去,便来到汴京想投奔宫中的堂姐。须知宫禁之地岂是他流浪汉能够随便靠近的?杨景宗求告无门,只好浪迹街头。他从来就不是个安分之人,不知怎的又惹出祸端,被黥面治罪,发配到致远务中当了兵卒。一天,赵恒从玉清昭应宫返回大内,六宫嫔妃皆乘金车,迎驾于道上。杨景宗正巧立在御沟之外站岗,被杨氏从车中瞧见,越看越觉面熟,便派人前去询问,杨景宗做梦都巴望着这一天,不管三七二十一,直着嗓子喊起了杨氏的乳名。杨氏也哭喊道："这是我的弟弟啊！"当即向赵恒奏明。杨景宗就这样一下子当上了茶酒班殿侍，不久又升任西头供奉官。更有意思的是，赵祯还把丁谓在敦教坊的府第赐给了他，这处府第正是杨景宗当年犯罪服役时担土搬砖参加修建的。官也有了，宅也有了，杨景宗却改不了无赖泼皮的本性，动不动就用棒槌打人，于是人送外号"杨骨槌"。尽管"杨骨槌"无德无才，却丝毫不影响其官职的升迁，这自然是沾了她那位堂姐的大光。但总的来看杨氏还算是比较的谦谨，没有为她娘家亲戚邀求过多的恩赏。赵恒死后，她按遗诏被尊为皇太妃。赵祯为了报答她的哺育之恩，曾召她的侄子杨永节、杨永德，想授予诸司副使之官，杨氏闻讯后辞谢说："小儿岂能胜此大恩？给他个小官就满足了。"遂命杨氏二侄为左右侍禁。

明道二年，刘太后尊杨氏为皇太后、与皇帝同议军国事的遗诏宣布之后，阁门使催促百官前往内东门向杨氏祝贺，御使中丞蔡齐暗示御史台属官不要入宫，并对宰相吕夷简说："皇上已经成年，熟知天下情伪，应该亲揽朝政了，有什么道理再让母后相继称制？"殿中侍御使庞籍更是不由分说上前扯下垂帘的仪制当场烧掉。赵祯遂颁布诏令，只尊杨氏为皇太后，削去遗诏中"同议军国事"之语。其实杨氏原本就对政治缺乏兴趣，取消议政之权对她来说倒并无遗憾。因她居住的宫殿名叫保庆宫，她也就相应地被称为保庆皇太后。

此后几年，杨氏最大的作为就是因赵祯没有儿子，劝他将太宗的曾孙赵宗实收养宫中，储为皇嗣。此外，惟专心于修身养性，布施钱物修建了几处道观禅院而已。

景祐三年（1036）十一月四日，杨氏无疾而终，享年53岁，谥号庄惠。次年二月，葬于永安陵之西北隅，后改谥章惠。

附：仁宗赵祯妃张氏

◎ 李 晓

宋仁宗赵祯在位42年，爱恋过的嫔妃难以枚举，最得盛宠者首推这位张贵妃。

张氏，河南永安(今河南巩县南)人，祖父张颖，进士出身，虽说是吴越王钱俶后人的乘龙快婿，却无奈仕途偃蹇，一辈子沉沦下僚，临死才当上了建平县令。到父亲张尧封时，家境贫寒，难以自立，便寄居于南京应天府(今商丘)助教曹简家中，在名儒孙明复门下求学。张尧封英俊豪迈，学习也较为勤奋，颇得孙明复的赏识，曹简就把自己的女儿嫁给了他，连生一儿三女，其中最小的一个便是张贵妃。后来张尧封考中进士，补为石州军事推官，满以为从此可以飞黄腾达、光宗耀祖了，却不料命运不济，还没走马上任就病死在京师。可巧，张尧封的本家哥哥张尧佐要去四川赴官，曹氏新寡，百无聊赖，便求张尧佐带着她和膝下孤幼一同前往。想不到张尧佐丝毫不念亲戚情分，竟以路途遥远为理由断然拒绝。曹氏走投无路，只好求婆婆钱氏沁娘家垂怜帮忙，把三个女儿送入宫中。这时张贵妃年方8岁。

人越是娇生惯养，越是不更世事，相反自幼坎坷多艰，却能较早地成熟练达起来。张氏幼年骤失父母之爱，来到这举目无亲的森严深邃之地，处处仰人鼻息，环境迫使她不得不处心积虑地揣度周围人们的心思，很自然地练就了一套善解人意的功夫，再加上她模样俊俏，口齿伶俐，几年过去，渐渐赢得了赵祯的宠爱。18岁上，由清河郡君晋封才人，次年又连越五秩封为修媛。就连她的祖宗三代也跟着沾了大光，庆历二年（1042），追赠其曾祖张文渐为宁州刺史、祖父张隶为光禄少卿，外祖父曹简为秘书省著作佐郎。仅仅是个修媛就膺得封赠祖宗三代的殊荣，这在宋朝开国以来可是从未有过的事情，足见张氏得宠到了何等程度。

但人无论怎样得意，也并不总是快马加鞭、锦上添花的，有时仍免不了要有些不尽如意之处。张氏生的两个女儿安寿公主和宝和公主先后生病夭折，都年仅3岁。张氏经不起这连丧二女的打击，也病倒了。她拉着赵祯的手说："妾之所以连遭灾殃，只怕是命薄福浅，难当宠名的缘故吧？请求把我降为美人，或许可以消灾避祸。"赵祯对张氏向来唯言是听，只怕就连代为染病也在所不辞，所以张氏名分虽降，盛宠却丝毫未减。张氏特别喜欢吃金橘，赵祯就专门派人南下江西采购，使得这种汴京人原本不认识的小水果名重一时。张氏为笼络众嫔妃，经常指示染院赶制各种新样时装，遍赠宫女，竟使左藏库所积红罗一再告罄。张氏在宫中的势力几乎超过了曹皇后，甚至曾一度让赵祯产生过废曹立她的念头。

庆历八年（1048）闰正月的一天夜里，几名禁卒发动变乱，杀入后宫，当时多亏曹皇后临危不惧，及时应变镇压下去，张氏只是在事后才跑到赵祯面前问安而已。照理说这一护跸之功应首推曹皇后，张氏根本沾不上边，但赵祯在向大臣们宣谕此事时，却大谈张氏的功劳，说六宫中只有她将生死置之度外，从别殿来卫，对曹皇后的作为竟只字不提。枢密使夏竦当即迎合赵祯的旨意，提出应大大尊崇张氏的地位，起居舍人、同知谏院王贽也连声附和，而且特别指出那些叛卒是在皇后的寝殿附近作乱的，请予严加追究，言外之意是皇后可能与叛卒有什么联系，企图陷害曹皇后，为尊崇张氏扫清障碍。由于王贽在关键时刻说了这些话，所以张氏后来对他特别感激，曾秘赠给他数以万计的黄金，甚至对人说："王贽，哀家之谏官也。"

既然赵祯咬定张氏有护跸之功，那她自然是非要尊崇不可的，尊到什么地步？难道要尊为皇后吗？赵祯心里何尝不希望这样！他虽然嘴上不说，但已是司马昭之心路人皆知，人们私下议论纷纷。宰相陈执中生怕说错了话得罪皇上及其宠妃，只好装聋作哑，翰林学士张方平对陈执中说："汉代冯婕妤勇拦猛兽，舍身护驾，尚且没有特别尊崇，据说平叛之际，张美人实际并无什么了不起的表现，又能尊到哪里去？况且皇后健在，并未失德，而美人与之并驾齐驱，古无此礼，若果行之，只怕你就要成为天下人责骂的众矢之的了，这可是终身难以洗雪的大罪啊！"陈执中听了这话，才打起精神向赵祯请求只把张氏尊为贵妃。赵祯其实也知道曹皇后有功无过，毫无借口将她废掉，天下亦无二后并立之理，而贵妃已是嫔妃中最高的封号，庶几可以表示自己对张氏的一片爱恋之情了，于是，在当年十月十八日进晋张氏为贵妃，令有司选择吉日，备礼册命。不料在册礼问题上又引出了一场风波。

一般说来，封个贵妃，并不是什么了不起的国家大事，按宋朝规矩，命妃是应该有个册礼的，但只要受命的贵妃稍作推辞，册礼即可搁置不行，所以在此之前宋朝从未真正举行过册妃典礼。虽然如此，按照当时的惯例，有关部门首先必须得到皇上同意不行册礼的旨令，由学士院根据阁门使宣读的进封某人为贵妃的制词，另外书写一份诰敕，送中书衙门由三省长官签字，再到官告院盖印，然后才直接呈给受封者。在宣布张贵妃制词的那一天，学士院值班的是翰林学士、知制诰宋祁，这位聪明一世的大学者不知怎地这天竟糊涂起来，他没有接到皇上关于不行册礼的旨令，就提笔另拟了诰敕，而且连中书长官签字这个重要程序也不经过，径直到官告院取过大印自己盖上，密封后派人送给了张氏，他忘了这位新封贵妃的张氏是何许人也?!没当成皇后她已经颇不情愿了，现在正等着在赵祯早就许诺下的隆重热烈的册封典礼上风光一番呐，冷不丁收到宋大学士送来的这么一道草率的诰敕，她不看便罢，一看竟恼羞成怒，"嗤嗤"两下把宋大学士那漂亮洒脱的墨宝撕个粉碎，掷到地上，哭哭啼啼闹到了赵祯面前。几天后，宋祁就被贬出朝，紧接着另一个与他同时值班的翰林学士李淑也被赶出朝廷。原来，宋祁把诰敕密封好还未送出之时，曾犹豫了一下，问李淑这样做是否合适，李淑心怀鬼胎，想看宋祁的笑话，明知他有误，却说："只管送去，包准没事！"宋祁闯了祸，李淑奸险小人的面目也暴露无遗，落了个两败俱伤的下场。一封诰敕竟这样使两个翰林学士丢了官。

册礼非举行不可了，这可是宋朝有史以来头一遭。为郑重起见，赵祯特命参知政事庞籍兼任贵妃册礼使，以他为首组成了一个筹备班子，经过反复研讨，又参照历代典故，专门修撰了一套《贵妃册礼仪注》。少府监文思院的能工巧匠们昼夜赶制所需的各种器具。负责礼仪的官员们也在就"贵妃应不应该接受命妇之拜"等问题争论不休。这个说："贵妃乃正一品，与外廷的王公地位平等，岂可受命妇之拜？"那个说："人家贵妃当修媛时，命妇们就不敢抗礼了，何况升为贵妃呢？"一个多月的日子里，各个衙门整日忙碌的重点全是这件册礼之事。

十二月初三日，司天监选定的这个黄道吉日好容易盼来了，在一片庄严气氛中，宰相率文武百官在文德殿庭内列好班队。经过一整套繁文缛节，册礼使庞籍从左中书令手中跪着接过册文，操起单州（今山东成武）口音，抑扬顿挫朗声念道："美人张氏，渊敏居质，醇和赋性。生绂冕之令族，禀图史之懿戒；柔明维则，克茂嫔风，婉嫕含章，诣烦姆训……命尔为贵妃，吁戏！体顺承以勤道，躬法度以修已，祗率九御，赞于壸则。惟劳谦以处其贵，惟肃雍以戚其美，永启休誉，不其盛欤！"然后又经过一套难以细述的繁琐仪式，张氏接受册文和内外命妇的拜贺，再谢过皇帝皇后，百官上表称贺，盛大隆重的册命典礼才告结束。

当初那个将张氏母女拒之门外的本家叔叔张尧佐，这时也攀着侄女的裙带扶摇直上了。这倒不是因为张氏秉性厚道，心无芥蒂，而是为了使自己的地位更加巩固，有必要在朝廷中培植并借重这个叔叔的势力。于是张尧佐仅在五六年间，就从地方知州爬上了三司使的高位。张尧佐政绩平平，为人自私，在同僚中威信较低，他的骤然发迹，顿时引起了许多正直官员的不满，谏官包拯、余靖等人就交章论列、痛加弹劾。而张氏始终觉着叔叔地位太低，显得自己出身的阀阅不够显赫，所以再三向赵祯吹枕边风，求他给张尧佐加官晋爵。景祐二年（1035）闰十一月，张尧佐一天之中竟接受了宣徽南院使、维康节度使、景灵宫使，同群牧制置使4个官职，诏令一下，朝议大哗。包拯骂张尧佐恬不知耻，实乃"清朝之秽污，白昼之魑魅也"！素来沉默寡言的新任御史中丞王峰正也率众官抗颜直谏。张尧佐迫于压力，辞掉宣徽使和景灵宫使，赵祯才把这场风波平息下去。但张氏仍不死心，过了不久，又向赵祯提出封张尧佐为宣徽使。一天早晨，赵祯要去上朝，张氏特地送到殿门，娇态万种，摸弄着赵祯的脊背说："官家今天可别忘了宣徽使。"赵祯通体酥麻，满口应承，一上朝就宣布任命。包拯请求陛对，力陈其不可，反复数百言，慷慨激昂，唾沫都溅到了赵祯脸上。退朝后，赵祯满面尴尬，对着前来迎接的张氏一边用袍袖擦脸，一面埋怨说："包拯凑到我面前说话，喷了我一脸唾星。你只管要宣徽使、宣徽使，岂不知包拯当御史吗？"埋怨归埋怨，赵祯宁可自己遭唾溅，张氏的面子可是不能不给的，张尧佐最后还是当上了宣徽使。

文彦博因是张氏父亲的生前好友，这时也跟着她沾了大光，据说文彦博出任益州知州就是张氏帮忙促成的，他到任后为表达感激之情，特地制作一幅"织金灯笼锦"进献给她。益州（今四川成都）是历史悠久的"锦官城"，丝织业最为发达，灯笼锦又名"天下乐锦"，纹样由几何图案并列组成，中有灯笼，灯旁悬结谷穗，灯的周围隐隐有蜜蜂飞动，隐喻五谷丰登之意，工艺精致，色泽绮丽，是当时极其稀罕的高级蜀锦。张氏一穿，越发光彩照人，锦上添花，连赵祯都被唬了一跳，忙问她从何得来。张氏故作严肃地说："此乃文彦博所送，他虽是我父亲的旧交，我能穿上这等贵重的衣服，还不是因为他看在陛下的面子上？"赵祯自然很是喜欢，对文彦博也产生了好印象，很快把他召到朝中任参知政事。这时，贝州发生士兵王则起义，连败官军，赵祯寝食不安，对着张氏大发牢骚："这些大臣平时养尊处优，到了关键时刻，却没有一个能为国了事的，天天上殿又有什么用处？"张氏忙偷偷派人授意文彦博。第二天，文彦博挺身而出，要求前往破贼，赵祯大喜，命他为河北宣抚使，残酷地将起义镇压下去，文彦博由此官拜宰相。显然文彦博若无张氏暗中帮忙是不会这么快就爬上宰相宝座的，御史唐介抓住这一点对他痛加弹劾，揭露他走了张贵妃的后门。唐介若单纯弹劾文彦博倒也罢了，居然把矛头指向了张氏，难怪赵祯会大发雷霆："唐介说别的尚可，说文彦博巴结贵妃而升官，此何言也？！"当即贬唐介为春州别驾，春州在岭南地区，环境水土最为恶劣，贬至此地处罚甚重，后经蔡襄等人求情才改为英州别驾。这件事一闹，文彦博也在朝中呆不下去，出为许州知州。当时诗人梅尧臣写了一首《书窜》诗说："无人更进灯笼锦，红粉宫中忆佞臣"。

内得皇帝专宠，外有朝臣相帮，张氏俨然成了不是皇后的皇后，甚至到郊外游玩时都想打着皇后的卤簿，招摇过市。幸亏曹皇后待人宽厚，赵祯此时也多少接受了一点尚杨争宠的教训，在这方面对张氏稍加约束，才没有闹出乱法紊政的事来。

转眼到了至和元年（1054）正月，在这喜庆佳节里，汴京城内却流行起了可怕的瘟疫，死者相继。深居内宫、宠爱日盛的张氏不知是感染上瘟疫还是因为得了别的什么急症，竟一病不起，在正月初八这天香消玉殒了，年仅31岁。

一往情深的赵祯眼睁睁看着宠妃猝然归西，禁不住涕泪纵横，悲悼不已，特命用皇后之礼治丧于皇仪殿，辍视朝7日

(贵妃只能辍朝 3 日),京城禁止音乐 1 个月。追封张氏为皇后,谥号"温成"。追赠其父张尧封为清河郡王,母曹氏为齐国夫人。

附:仁宗赵祯妃张氏

英宗赵曙皇后高氏

◎ 李 晓

元丰八年（1085）三月，宋神宗赵顼刚刚病死，北宋政坛上就卷起一阵摧新复旧的狂飙：短短几个月的时间里，赵顼和王安石等人主持实施达16年之久的新法，被全盘否定，逐个废除；太祖、太宗以来确立的所谓祖宗之法则僵尸还魂，全面恢复；原先因参与或支持变法而获不次升擢的新进之士，相继被这股狂飙吹落乌纱，贬窜江湖；起先因反对或破坏变法而遭排挤打击的元老旧臣则纷纷趁势东山再起，荣归庙堂。江山依旧在，几度夕阳红。掀起这阵狂飙的便是赵顼的母亲、太皇太后高氏。

高氏，乳名滔滔，祖籍亳州蒙城（今属安徽），出身门第和她的姓氏一样异常高贵。她的曾祖是太宗时就以武功起家官封忠武军节度使的高琼，她的祖父高继勋也有功于王室，官至节度使，父亲高遵甫任北作坊使，母亲乃北宋开国元勋大将曹彬的孙女，母亲的胞妹就是仁宗的慈圣光献曹皇后。曹皇后非常疼爱这个小外甥女，把她接进宫廷，养在自己身边。可巧，仁宗赵祯因没有儿子，也把4岁的侄子赵宗实（后改名赵曙，即宋英宗）养到宫里。滔滔与宗实同年出生，青梅竹马，两小无猜，嬉闹玩耍，形影不离，亲热得象同胞兄妹一样，宫中上下都习惯地将宗实称为官家儿，滔滔为皇后女。赵祯每逢瞧见他俩耳鬓厮磨的热乎劲儿，非常开心，经常逗弄宗实说："娶皇后之女当媳妇如何？"宗实和滔滔在宫中生活了五六年。宝元二年（1039）八月，赵祯的第二个儿子赵昕出生，宗实和滔滔便各自回到父母家中。转眼春秋10载，滔滔年已及笄，出落成了亭亭玉立的黄花姑娘。按当时的礼俗可以待字而嫁了。赵祯想起昔日的情景，有天对曹皇后说："咱夫妇老而无子，过去收养的十三（赵宗实是濮安懿王赵允让的第十三子）、滔滔，都已长大成人了，我为十三、你为滔滔主婚，让他俩两相嫁娶吧。"庆历七年（1047）初，高氏嫁到濮王府，封为京兆郡君，当时宫中称此事为"天子娶儿媳，皇后嫁闺女"，传为佳话。小两口新婚燕尔，如胶似漆，和睦缱绻，感情比孩童时更加亲密。次年四月，便收获了第一个爱情的果实，取名赵仲鍼，后改名赵顼。以后的十几年间，高氏更是硕果累累，到赵曙登基时，她已是4个儿子（颍王赵顼、歧王赵颢、润王赵颜、嘉王赵频）和一个女儿（封寿康公主）的高堂老母了。

嘉祐八年（1063）四月初一，赵曙当上了皇帝，二十五日，高氏正位中宫，成了皇后。4年后，长子赵顼即位，是为神宗,她又成了太后。从高氏一生的作为来看,在对待个人名利和高家的地位待遇等问题上,她很具有一些谦虚的美德。这方面与真宗那位章献明肃刘皇后总是处心积虑地抬高娘家人的地位的做法不太一样,而与婆婆曹皇后颇为相似。

高氏立为皇后之前,她的弟弟高士林已在宫中担任内殿崇班了。士林做的虽是武官,但对儒学很是喜爱,广泛涉猎经史,能通大义,尤有巧智。赵曙见他是个人才,又是内弟,在内殿崇班的职位上也干了不少时间了,便多次想提拔他,可是每次与高氏说起,高氏都不同意,还说:"士林得以为官禁从,这已经是很过分了,咱们岂能与先朝的皇后们攀比呢?"在她的阻拦下,直至治平三年(1066),高士林死后,赵曙才追赠他为德州刺史。有年元霄节,高氏登上宣德楼观赏彩灯,外戚们也全被召集到楼前,赵顼几次派人向她禀报:"应该向外戚们推恩赏赐,如何办法,请太后降旨。"高氏回答:"我自会处之。"第二天,赵顼问:"怎样处之?"高氏说:"年纪大的各赐一匹绢,小的分给乳糖狮子两个。"在当时,这实在是一份少得可怜的赏赐。赵顼即位后,多次想为高氏营造一处大的宅第,高氏仍然不许,过了很久,才勉强同意赵顼把望春门外的一块空地赐给高家作宅基。按规定,太后家营造新居的所有花费,都是可以从大农寺公款中支取的,但高氏却坚持只使用自己平时节省下来的私房钱,自始至终没有动用过大农寺一文钱。

高氏与曹皇后相似之处还远远不止这些。在政治观点上,两人更是惊人的一致,而且高氏比曹皇后更为保守。她对祖宗之法怀有深厚的感情,而对任何变法革新的事都觉着扎眼。当上太后之后,经常和他来往的,除了宦官内侍,就是那些在变法过程中受到抑制的皇亲国戚。贵戚、宦官及一部分朝臣组成的旧党,围绕市易法、免役法与新党掀起第二次变法斗争浪潮的时候,高氏便和曹皇后一起站到了斗争的前列,抹眼淌泪地劝说赵顼不要轻易变革祖宗法度,要求把王安石赶出朝廷。由于政治地位的特殊,从这时开始,高氏就实际扮演起了旧党的天然领袖的角色。旧党分子在变法过程中或因失败被逐出朝廷,或被迫过着隐居式的生活,但他们丝毫不甘心自己的失败,无时无刻不在等待时机,以便卷土重来。机会果然被他们等到了,这便是赵顼死后,因继位的宋哲宗年幼,而由高氏以太皇太后的身份垂帘听政的新政局。

元丰七年(1084)冬,赵顼生病,翌年正月过后,越发沉重,后来话都说不清楚了。还在疾病初起之时,赵顼就有了立太子的打算,准备在来年春天,把长子延安郡王赵佣出阁立为太子,并延请司马光、吕公著做赵佣的师傅。眼看赵顼的病情日趋恶化,立太子更是刻不容缓的头等大事了。高氏、皇后向氏,以及左相(首相)王珪等人对赵顼的安排是没有什么异议的。高氏考虑得还非常周到,为了让赵佣仓促即位时能有一套可身的御袍,她暗中对宦官梁惟简说:"你回家一趟,找人赶制一袭10岁小儿穿戴的黄袍,秘密带给我。"可是右相(副相)蔡确及其亲信职方员外郎邢恕却有另外的打算。蔡确早年靠依附王安石起家,后见王安石失势,便公开抨击王的过失,邢恕也是个趋炎附势、善搞阴谋的投机分子。两人不了解高氏在立太子问题上的真正意向,以为高氏会像史书上记载的太祖之母昭宪杜太后一样希望把皇位传给自己的另一个儿子。蔡确还担心赵顼重新起用吕公著、司马光会取代他为宰相,便阴谋把歧王赵颢或嘉王赵頵推上台,讨好高太后,以巩固自己的地位。在蔡确授意下,邢恕找到高氏的侄子高公绘和高公纪,说:"我家有棵桃树开了白花,据《道藏》记载白桃花能治好皇上的病，请二位一起去看看吧。"两人随他回家，见桃树上盛开的分明是粉嫩的红花，吃惊地问："白桃花在哪?"邢恕干笑几声，拉着两人的手说："蔡丞相让我向二人说句心里话，皇上看来快不行了，延安郡王只是个小孩，太子之事应有定论，歧、嘉二王都是很贤明的。"两人更加惊讶，"这是什么话! 君难道想贻祸我家吗?"慌忙跑了出去。邢恕碰了钉子，但也摸清了高氏的真实意图，就和蔡确回过头来准备首先拥立赵佣，夺得定策之功，同时借机除掉和蔡确有矛盾的王珪。

二月底，宰执大臣前往福宁殿问疾，起初没敢提及建储之事，退下后，都到了枢密院的南厅议论此事。蔡确一个劲地逼王珪表态，假若王珪稍有异议，就由事先安排好的杀手将王珪诛死。王珪一向谨慎怕事，是个出名的"三旨"宰相(他上殿奏事，称"取圣旨"，皇上可否之后他说"领圣旨"，退而传达就说"已得圣旨")，又口吃得很，蔡确一再追问，他结结巴巴连说几个是字，才期期艾艾地说："皇上自己有儿子，这事还讨论什么?"蔡确又是干瞪眼无计可施了。宰执大臣再次来到赵顼病榻前，王珪说："去冬曾奉圣旨，道是皇子延安郡王来春出阁，请求早日立为太子。"连说了3遍，赵顼才点头表示同意。王珪又请求，太后权同听政，赵顼也微微点了点头。众人退出时，恰好在殿前遇见了赵颢和赵頵，参知政事章惇厉声说："已得圣旨，立延安郡王为皇太子! 怎么样?"赵颢说："天下大幸。"就这样在表面平静的气氛中把后事安排妥了，蔡确、邢恕的阴谋，高氏一直不知道。

三月初一，王珪等人再到内东门问疾，高氏垂帘坐在一边，赵佣站在帘外，高氏说："相公们立的这个孩儿很好。清俊好学，已能背诵7卷《论语》了，平时不贪玩，只是学书。并且

非常孝顺，自官家服药，从未离开过左右，还吃素、写经为官家祈福。"说罢从帘内递出两本《延寿经》和《消灾经》，王珪叩拜称贺。接着就到前廷宣读了起草好的制词：立赵佣为皇太子，改名煦，令有司备礼册命。同时公布诏命：所有军国政事，由皇太后权同处理，直到皇帝康复为止。

赵顼没有熬到康复那一天，三月五日，在福宁殿与世长辞。当天，赵煦即位于柩前，穿的就是高氏为他秘密制作的那套黄袍。这年高氏54岁，而赵煦刚刚10岁。

老来丧子的悲痛，丝毫没有降低高氏保守的政治热情。还在赵顼弥留之际，她就当着赵顼的面说："我要给你改某事某事，共20余条。"她对新法憎恨到这等地步，竟连垂死的儿子都不肯原谅。现在年幼的孙子当皇帝，她不仅被尊为太皇太后，而且继续权同听政，实际掌握了最高决策权。一朝权在手，便把令来行。一场彻底清算新法的运动便毫无顾忌地展开了。由于高氏操纵的这一运动主要发生在元祐年间（1086—1094），所以史书上称之为"元祐更化"。

垂帘听政不久，高氏就为全面废除新法，做起了舆论上的准备。元丰八年五月五日，在朝堂贴出诏令，让百官言朝政阙失。但这时仍然在朝廷各要害部门掌权的新党人物，却不愿意反对派的言论趁此机会冒出头来，于是利用自己的权力在诏令中做了6条规定加以限制。说上书言朝政阙失是可以的，但若怀有阴谋，或者言事的内容超过了本职范围，或者造谣生事，干扰机务，或者迎合已行之令，上则顾望朝廷之意，以侥幸求进，下则眩惑流俗之情以猎取虚名，如此者，必罚无赦。紧接着，太府少卿宋彭年和水部员外郎王锷就被扣上"非职而言"的帽子罚铜30斤。新党的抵制，使高氏充分认识到了这些人势力的强大和自己在朝廷中的孤立。为了达到自己的目的，她迫切需要得到旧党干将们的支持，迫切需要把原先遭受排挤的旧党人物重新拉回到朝廷中来。因此，在贴出求谏诏令的同时，她就派出驿车接司马光、吕公著、文彦博等元老旧臣回京。

司马光，字君实，出身于陕西望族。传统的封建礼仪和渊博的学问，以及不大争夺官职和较其他士大夫为朴素的日常生活——司马光的这些个人特点，使他成为闻名朝野的人物。苏轼在一首诗中写的"儿童诵君实，走卒知司马"，就是对司马光之饱享盛名的真实渲染。然而，司马光在政治上的知名却不来源他的政治才干，而是来源于他对新法的坚决反对和猛烈攻击。对于他的政治才能，当时统治集团中的许多人都有一个相同的估价，韩琦称司马光"才偏规模浅"；大理学家程颐也说司马光如同人参、甘草，在疾病不重时还可使用，一旦病情严重就不中用了；至于变法派中的章惇则直斥之为乡巴佬、村夫子。但由于司马光从变法一开始就坚定地站到了改革的对立面，每逢一项新法出台，他都毫不犹豫地跳出来大唱反调，不遗余力地进行攻击和谩骂，这使他赫然成了反对派阵营中一颗光彩夺目的巨星、一面纠集旧党的旗帜，而当之无愧地受到了旧党们的一致推崇和高氏的极度垂青。三月十七日，司马光从洛阳来汴京为赵顼奔丧，然后依旧回到洛阳，高氏听说他已经走了，懊悔得不得了，随即派内供奉官梁惟简赶往洛阳劳问，称赞他历事数朝，忠亮显著，要他进言政务得失，并询问治国应先从何处入手。不多久，又派专车接司马光进京。司马光早就憋足劲，要在新的形势下大干一场了，立即登车启程。

然而高氏废新法的心情比驿车的行进还要急切，司马光还在路上，她就派出使者拿着她的亲笔手书迎劳于途，再次询问今日设施以何为先。司马光还没来得及奏明，她就迫不及待地遣散修筑京城的民夫，裁减皇城司的察事兵卒，停止宫廷工技制造，废导洛司，驱逐尤无善行的宦官宋用臣等人，告诫中外官员不得苛暴聚敛，放宽民间保护马之规定。这些事全是她从宫中直接发号施令去办的，连宰相王珪等人事先都不知道。摧新复旧的闹剧，就这样由她一手拉开了序幕。

司马光和吕公著来到汴京，分别被任命为门下侍郎和尚书左丞（都是副宰相）。在政治斗争中，思想舆论总是要成为实际行动的先导。因此，司马光下车伊始，高氏就把五月五日求谏诏令拿给他看，授意他先从舆论上打开缺口。司马光心领神会，立即把矛头首先指向求谏诏令，接连上了三道奏章要求修改，说诏中规定的六条限制，使得人们除非不言，一言必犯六条：对群臣有所褒贬，就可以说怀有阴谋；若本职之外稍有涉及，则谓之逾其本分；陈国家安危大计，则谓之造谣生事、干扰机务；若倡言与朝旨相合，则谓之迎合已行之令；言新法不便当改，则谓之观望朝廷之意；言民间愁苦可悯，则谓之眩惑流俗，沽名钓誉。如此则始于求谏而终于拒谏。六条必须去掉，新诏不但要贴于朝堂，还要颁诸天下。新的求谏诏令很快颁布，限制全部取消，反对派的言论立刻像火山喷发一样咆哮起来，不出一个月，上书言事者就数以千计，其中光是所谓农民所上的奏疏就达150道之多。舆论一经造足，废新法之事旋即提上了日程，到十二月间，保甲法、方田均税法、市易法、免役法、保马法相继被废。与此同时，旧党中的主要干将刘挚、范纯仁、王岩叟、李常、孙觉、苏轼、苏辙等人被陆续招回朝中委以要职。

就像变法改革因遭到旧党的顽强反对进行得不一帆风顺一样，废除新法的活动在变法派成员们的抵制下，同样进行得不一帆风顺。长期与变法派斗争的实践，使高氏和司马光等人深深懂得了这样一个道理：政权上每放弃一块阵地，变法改革就会迈进一步；政权上只要保留一个角落，就能或多或少地阻碍变法的进展。新法是与变法派紧密联系在一起的，而当时变法派首领蔡确、章惇、韩缜仍身居相位，要想进一步废除新法，除了积聚、扩大自己的势力之外，还必须不遗余力地排挤打击变法派，从而把全部政权攫取在自己手中。为了达到这一目的，高氏决定加强旧党在御史台、谏院中的力量。她在把王岩叟、刘挚、孙觉等人分别任命为监察御史、侍御史、谏议大夫之后，又在元丰八年十月，不经过谏官须由知制诰以上官员荐举，然后由宰执大臣进奏的正规程序，直接下令任命唐淑问为左司谏，朱光庭为右正言，苏辙为右司谏。宋代的御史台、谏院(合称台谏)执掌纠察百官、肃正纲纪之权，它控制言路，权力气势几与宰相抗衡，而且有"风闻奏事"的特权，即不一定需要真凭实据，只要抓住道听途说的传闻，就可以用来弹劾大臣，这一职能无疑大大强化了皇权，而使宰相的权力更受牵制。一班旧党的干将被接连安插进台谏之后，对变法派的参劾顿时掀起了更高的声浪。

最先暴露于他们炮火之下的是首相蔡确。赵顼死后，蔡确按惯例担任山陵使，主持丧葬事宜。据说当时规定在赵顼灵柩起程前的5天夜里，宰执大臣必须入宿宫中守灵，但蔡确没有来，刘挚就说是"慢废典礼，有不恭之心"。朱光庭也揭发说：灵柩出发时，蔡确不跟在后面，却先骑马跑出去数十里之远自图方便，"为臣不恭，莫大于此"。接着刘挚又说，蔡担任山陵使回朝，就应该引咎自劾，但他不顾廉耻，仍然赖着不退，以此为首共有十大罪状。朱光庭进一步扩大覆盖面，说蔡确、章惇、韩缜是三奸，不恭、不忠、不耻。到元祐元年(1086)二月，谏官们弹劾蔡确，要求将他罢黜的奏章已上了好几十道，言词越来越激烈，罪名也越加越多，蔡确终于坐不住了，开始上表辞职。但他仍不甘心就此下台，表章中罗列了一些自己当宰相以来的功劳，哪知更惹起了谏官们的不满，在所有的罪名用尽之后，他们又搬出了新的理由。闰二月初一，王岩叟面见赵煦，说："祖宗遗训宰相不可用南方人，今如蔡确、章惇都是南方人，恐怕有害于国。"赵煦说："他们都是旧臣。"王岩叟说："谁不是旧臣？"赵煦说："近日颇旱。"王岩叟说："皇上如此圣明，无致灾之理。只因朝廷中有蔡确这样的大奸小丑，所以天才旱。"在高氏眼里蔡确早就碍手碍脚了，见人们把他骂够了，第二天就将蔡确罢相，贬知陈州。

蔡确一下台，司马光当天就升为尚书左仆射兼门下侍郎（首相），这时司马光早已因病休假在家，他看到青苗法、免役法、将兵法还没废除，与西夏的和战问题还没解决，焦虑万分，叹着气说："四害未除，我死不瞑目啊！"同时写信给吕公著："我自生病以来，把身体交给医生，把家事交给儿子，只有国事未有交代，现在只有托付给你了。"流露出无限的伤感，然而在接到当宰相的诰词之后，他的病却奇迹般地好了。高氏特别照顾他，免其入朝觐见，让他坐着轿子，三天一次到都堂议事，他却说："不见君，不可以视事"，每天坚持让儿子司马康扶着上朝论事。病居金陵的王安石听到消息怅然许久，深深叹道："司马十二作相矣！"凭他对司马光思想性格的了解，他知道自己一生的事业将全部付诸东流了。

果然，司马光一当宰相，立即加快了废新法的步伐，同时也加紧了对新党的排挤。正月时，司马光连上两道奏章，要求废免役法恢复差役法，他挖空心思说尽了免役法的坏处，却没想到这两道奏章竟自相矛盾。他既说免役法使上户年年出钱①，无有休息，对上户极为不利；又转过头来说免役法虽使下户困苦，但对上户尤为方便。司马光说来自城乡居民的几千封奏章，无不言免役之害。可是经章惇检视，这些奏章中言免役之便者也有不少，司马光却隐瞒真相，不签贴整理。司马光这种前后不相照应，自己打自己嘴巴的漏洞和弄虚作假的伎俩，被任知枢密院事的变法派首领章惇一一捉住，敲点出来。司马光老羞成怒，与章惇把官司打到了高氏帘前。章惇自恃有理，对司马光冷讽热嘲，大加挖苦，甚至说将来我岂能陪着你挨刀吃剑。原来对章惇就反感的高氏这下子更火冒三丈，立即部署台谏向章讨伐。王岩叟说："章惇轻佻浮薄，奸险凶悍，寡廉鲜耻，无大臣之礼，平常动不动说些诙谐下流的市井俚语，侮辱同事，今于帘前争役法，又出言不逊，凌上侮下，败群乱众，大概是见陛下用司马光作相，眼红忌妒，心怀怨恨，请求痛贬以谢天下。"闰二月二十三日，章惇被贬至汝州（今河南临汝）。一个月后，韩缜也被贬到颍昌府。

高氏和司马光等排挤新党是为了给废新法扫清障碍。到元祐三年底，新法已废黜净尽，新党分子也基本上全部驱逐出朝，有的被贬为地方官，有的被逐出政府，赶回老家闲住，有的被"编管"到偏远州县，失去迁居自由，高氏却仍不放松对他们的迫害打击。被"安置"到建州的原是王安石主要助手的吕惠卿后来曾说："我被贬的9年间，连一口冷水都不敢喝，惟恐生病，让那些好事之徒抓住把柄，说我是因悲戚愁叹得病的。"如果说吕惠卿不敢喝凉水是由于他自身恐惧紧张导致的话，那么蔡确贬死于岭南则完全是高氏一手造成的。

---

① 北宋政府把全国人户分为主户和客户（即佃户）两类。又依资产高下把主户分为五等，一、二等称上户，三等称中户，四、五等称下户。

蔡确被骂出朝廷后，第二年又被递夺了官职、移贬安州（今湖北安陆）。此地有一处名胜，唤作车盖亭，蔡确有天前去游览，诗兴大发，连题10首，尽兴而归。却不料这10首诗被仇人知汉阳军吴处厚瞧见，种下了进一步挨整的祸根。原来，蔡确早年曾随吴处厚学过赋，作相之后，吴写信来请求照顾，蔡置之不理，王珪想提拔吴任馆阁之职，蔡又从中阻拦，吴处厚蓄意报复，就把蔡确的诗断章取义，滥加引申，上报朝廷，说："诗中提到的郝甑山，就是唐高宗时封为甑山公的郝处俊，高宗想传位武则天，被郝谏阻，蔡确用此讥讪太皇太后。诗中说沧海扬尘，意思是希望时局大变。"谏官吴安诗、范祖禹、王岩叟立即上书弹劾，皆言蔡确怀怨谤讪，罪大该杀。宰相范纯仁却认为仅凭暧昧不清的语言文字诛杀大臣简直太过分了。文彦博提议将蔡确贬到岭南，范纯仁向另一位宰相吕大防说："此路自丁晋公（谓）之后，荆棘六七十年了，一旦重开，我辈恐怕也免不了。"然而高氏却坚持非痛贬蔡确不可，她采纳文彦博的建议，发布命令，贬蔡确为英州别驾，新州安置。刘挚说蔡确有老母在家，不要像唐朝柳宗元、刘禹锡贬至播州那样，将他整得太惨，吕大防也请求贬得近一些。哪知高氏勃然怒道："蔡确肯定死不了！山可移，此州不可移！"当晚就差出入内供奉官裴彦臣，把蔡确押到了新州。新州是岭南蛮荒之地，瘴气氤氲，潮湿闷热，人极易生病，所以贬至此地是北宋最重的处罚。蔡确至此，很快患病，不几年就死在那里。一些不同意贬蔡确的官员也跟着倒了霉，御史中丞李常说了句"以诗罪确，非敦厚风俗之举"，被贬知邓州；中书舍人彭汝砺说"这是罗织罪名的开始"，被贬知徐州；侍御史盛陶说"不可长告讦之风"，也贬知汝州。高氏之所以借题发挥，痛贬蔡确，除了恼怒蔡确谤讪，还另外有一层深意。她后来解释说：

"皇上乃先帝长子，子继父业，理所应当，他蔡确有何功劳，竟三番五次地说自己有策立之勋？假若他以后东山再起，欺罔上下，岂不为社稷祸害！我怕皇上年少制驭不了他，所以才借机将他远窜，这全是为社稷着想哩。"原来她早已存心要把蔡确置于死地了。苏轼过去也因写诗被治过罪，挨整挨出了经验，当时曾向高氏秘进一言："朝廷若放宽对蔡确的处置，则对皇帝的孝治有所不足；若加重处罚，则对太皇太后的仁政稍有损伤。莫若由皇帝降敕痛贬而太皇太后特加宽贷，仁孝就可以两全其美了。"对高氏来说，这样做既可以达到目的，又能收到宽厚仁恕的美名，确是一条妙计。可是她整人心切，竟连策略都顾不得讲究了。

蔡确事件后，高氏为了使变法派永无翻身之日，继续加强对他们的打击。她授意梁焘，开具了一份新党分子的黑名单，把安焘、邢恕等47人列为蔡确的亲党，把章惇、吕惠卿、沈括等30人列为王安石的亲党，然后她拿着这份名单对宰执大臣说："蔡确奸党仍有不少窃居朝官。"范纯仁说："朋党难辨，可别误伤好人。"高氏很不高兴，梁焘竟弹劾范纯仁也是蔡确之党，高氏遂将范纯仁罢相，贬知颍昌府。"亲党"的黑名单也在朝堂张贴出来，告诫人们永远不准这些人再做官。

范纯仁的下场以及蔡确事件中彭汝砺、盛陶等人的遭遇，从一个侧面更加证明了高氏对变法派的憎恶，任何人不能替变法派说半句好话，任何人不能阻碍她对变法派的打击，哪怕这些人都曾经是旧党中的重要成员，都曾为她废新法逐新党效过劳、出过力。这些事同时也证明，所谓的旧党也并不是铁板一块，随着形势的发展，特别是牵涉到利害冲突的时候，矛盾斗争同样会在他们中间展开。

事实上，这种矛盾斗争早在旧党成员上台伊始就已展开了。这是因为，尽管对新法的一致反对和受变法派排挤的共同遭遇曾一度使旧党们结成了广泛的统一战线，但他们内部在如何对待新法和如何处置新党等问题上仍存在严重分歧。例如对于免役法，范纯仁、王岩叟、李常等人就不主张全部废除，苏轼还与司马光进行了一场激烈的争辩。有一天，经过多次争论之后，在政事堂上苏轼再次提出了支持免役法的意见，司马光很不高兴，有些怒形于色，苏轼毫不客气地说："当年韩魏公(琦)刺配陕西义勇兵，你当谏官，极力反对，韩公不乐，你也不顾。我过去曾几次听你讲起此事。难道说今天你当了宰相，反而也不许我尽言吗？"司马光尴尬地笑了笑，向苏轼表示歉意，但最后仍废除了免役法，气得苏轼大骂："司马牛！司马牛！"至于对新党分子的打击，旧党中的许多人或者出于公正之心，或者考虑到自己将来的政治前途，总是想方设法为自己留条后路，而反对过分打击新党，像范纯仁对吕大防所说的"我辈恐怕也免不了"的话，就典型地反映了这种心态。这些政治观点的分歧，再加上旧党分子中早就存在的个人恩怨和在新的形势下出现的利害冲突，终于使他们演出了一场激烈的党争闹剧。

　　冲突最先在苏轼和担任赵煦师傅的程颐之间展开。苏轼很瞧不起程颐一举一动都照搬书本的迂腐气十足的为人，常当众奚落他。元祐元年九月，司马光死的时候，百官正举行明堂大礼，大伙都想在庆礼结束后去给司马光吊唁，程颐以为不可，并引经据典地说："孔子在同一天里哭则不歌。"有人驳难："孔子说哭则不歌，并没说歌则不哭。"苏轼接过话头冷笑着讽刺道："这大概是枉死西市的叔孙通新制的礼仪吧。"众人大笑，程颐下不来台，两人的嫌隙更加深了。程颐的学生右司谏贾易、右正言朱光庭就借机弹劾苏轼，为老师报仇。从此朝内大臣以气相争、各立山头，分成了洛、蜀、朔三党。洛党以程颐为首，下有贾易、朱光庭等人；蜀党以苏轼为首，包括他弟弟苏辙和侍御史吕陶等人；另有刘挚、梁焘、王岩叟等结为一伙，号称朔党。各党之间，泾渭分明，互相攻讦，此党反对的，彼党必支持，彼党支持的，此党必反对，意气用事，不顾是非，乱哄哄闹成一团。

虽然高氏曾经讲过"要一心为国，不要拉帮结党"的话，但总起来看，她对党争的态度是比较超然的。她不像赵煦那样反感党争，也不像有的人那样对党争忧心忡忡，她不在乎党争如何激烈，如何荒唐，甚至有时还会给党争煽风点火，扩大党争的规模。如朱光庭抓住苏轼给馆职考试出的试题的一些话，弹劾苏轼，吏部尚书兼侍读傅尧俞和王岩叟也说试题不当，她说："这是朱光庭的私意，你们只是党附朱光庭罢了。"吓得傅、王赶紧要求辞职。然后她再下诏对试题批评一番，请傅尧俞、王岩叟、朱光庭依然上班供职。这显然是在利用党争各方的矛盾来维护自己仲裁一切的权威。因此，她对党争各方孰是孰非的评判，始终坚持了一条标准，即任何一方只要不妨碍她垂帘听政，不蔑视她的权威，无论争得多么激烈、多么荒唐，她都能容忍。但如果某一党对她稍有妨碍，或者稍有指责，无论他是什么人，她都会立即翻脸，给个颜色看。

程颐是著名的理学家，司马光称赞他力学好古，安贫守节，言必忠信，动遵礼法，推荐他当了崇政殿说书，即赵煦的老师。元祐二年（1069）八月的时候，赵煦生了一场麻疹，好几天没有上朝，也没去迩英殿听课。这事宰执大臣们连过问都没有一声，高氏也照旧上殿视事。程颐看不下去，就站出来问宰相吕公著："皇上没上朝坐殿，什么原因你知道吗？"吕公著回答："不知道。"程颐说："二圣（即赵煦和高氏）临朝，皇上不坐殿，太皇太后就不应该自己坐在那里。而且皇上生病，宰相居然不知道，行吗？"第二天吕公著等才去向赵煦问疾。程颐则因这番多嘴得罪了高氏，不几天就被罢官，赶回洛阳老家去了。一个月后，贾易也被加上"谄事程颐，默受教戒，附下罔上，背公死党"的罪名，被贬出朝。到了元祐七年（1092），宰相又建议任命程颐担任官职，高氏仍怀恨在心，不肯答应。

刘挚与吕大防同任宰相，两人很早就有矛盾。御史中丞郑雍，侍御史杨畏见许多大事是吕大防说了算，便极力巴结吕，弹劾刘挚，说他惯于笼络士人，不问善恶，即便是赃污久废之人，也甜言蜜语拉到身边。并列出刘挚一党的名单，共30人。右正言虞策也揭露刘挚包庇犯了法的亲戚王巩。因王巩做官是苏辙推荐的，所以刘挚和苏辙同时上章辞职，高氏却单单降诏，挽留苏辙而把刘挚罢相，贬知郓州。刘挚在旧党中几乎是仅次于司马光的重要人物，无论是废除新法还是弹劾蔡确、章惇，他都当急先锋，高氏也曾对他极其赏识。难道这次罢相真的因为他结党包庇吗？不是的，赵煦后来与吕大防的一次谈话透露了底细，"弹劾刘挚的奏章已有18道，但罢他不是因为王巩之事，而是由于与邢恕通信和接纳章惇之子的缘故。"原来蔡确被贬后，邢恕也被贬为监永州酒税。邢恕向来与刘挚关系不错，坐船经过汴京时，写信向刘挚告别。刘挚复信，安慰说："永州是个好地方，你到那里去为国自爱，等待休复吧。"送信的人来到汴河边，向监东排岸官茹东济打听："邢恕的船在哪儿？"不料茹东济是个奸诈小人，曾几次有求于刘挚却被拒绝，心怀怨恨，就把信骗到手，抄录了一份送给了郑雍和杨畏。这两人正找岔子倾陷刘挚哩，见信如获至宝，立即加上注释献给了高氏。注释说："休复二字出自《周易》，复就是'复子明辟'之复，意思是刘挚劝邢恕等待将来太皇太后复子明辟(还政给赵煦)。"同时揭露章惇的几个儿子一直与刘挚保持联系。高氏大怒，宣来刘挚厉声训道："有人说你结交奸人，为将来打算。你应该一心效忠王室，像章惇这种人，即使让他当宰相，他也未必满足。"刘挚惊恐万状，慌忙上书自辩，可是一切都晚了。当初罢免刘挚的诏令起草好之后，被给事中朱光庭退了回来，并说："刘挚是有功大臣，一旦因猜疑而罢，天下却不见他有什么错。"有人便说他结党刘挚，也被贬知亳州。王岩叟求见高氏，说："臣之所以欲有所言，不是为了一个刘挚，而是为陛下爱惜腹心之人。言事之官未必都忠直，杨畏乃是吕惠卿的党徒，他只是想除掉陛下的心腹，为奸邪开路罢了。"高氏说："垂帘之初，刘挚排斥奸邪，确为忠实，但这两件事他很不该做。"从此直到死去，刘挚再也没有迈进过朝廷。

高氏虽在垂帘之初表白说："我生性好静，只因皇上年幼，权同听政，实在是出于不得已。况且母后临朝，也非国家盛事。"然而七八年过去，赵煦都已经结了婚，不能算小了，人们仍没有看见高氏有一丝一毫还政退位的意思，看见的只是对她稍有指责、或可能希望她复辟还政的大臣被接连逐出朝廷。她的权力欲竟是如此强烈，大臣们需要做的只是匍匐在她的脚下俯首听命而已，凡有奏事，都只向她禀报，名为皇帝的赵煦却被冷落在了一边。赵煦后来愤愤不平地对人讲："元祐垂帘时，我每天看到的只是大臣的脊背和屁股，他们的脑袋全转到太皇太后那里去了。"有时赵煦偶尔问件事，大臣们竟连答理的都没有，甚至他生病好几天了，高氏都不兴说一声，大臣们也无人过问。这使赵煦的自尊受到了极大的伤害，心中充满了对高氏及其大臣的怨恨，但在高氏的威慑下，他表示不满的武器只能是沉默而已。高氏有一次问他："大臣们奏事的时候，你心里是如何想的？怎么连句话都没有？"赵煦答道："娘娘已处理过了，叫臣又说什么呢？"

一个如此热衷于权力的人，在垂帘听政、独揽一切大权的九年间，居然仍能似以往一样，对待个人名利和高家的地位待遇保持了谦虚的美德，这似乎是不可思议的，然而却是事实。

高氏的伯父高遵裕，自英宗时起一直在宋西北边疆与西夏作战，曾因几次赢得胜利，升任庆州知州。元丰四年（1081）神宗赵顼派宦官李宪为统帅向西夏发动了规模空前的五路大进攻。李宪从熙河路出发，种谔出鄜延路，高遵裕出环庆路，刘昌祚出泾原路，王中正出河东路，计划由环庆、泾原两路会师先取灵州，其他几路以夏州为会合点，再取怀州，最后五路会攻兴州，要一举讨平西夏。刘昌祚率兵五万，受高遵裕节制，首先向夏境挺进，在堪哥平磨哆隘口（在灵州南百余里）击败夏军，乘胜抵达灵州城下，发动猛攻，几乎攻克。高遵裕却嫉妒刘昌祚独得大功，命他停止攻城，等待后兵。可是等高遵裕来到，夏兵已作好防御准备，以致围城18天仍未攻下。夏人决开黄河淹灌宋军营垒，又截断宋军粮饷运输线，宋军因冻溺饥饿而死者甚多，被迫溃退。高遵裕率领的8.7万人，只剩下了1.3万。其他各路也损兵折将，狼狈撤回。高遵裕因此被贬为郢州团练副使。高氏垂帘听政后，蔡确为了巩固自己的地位，讨好高氏，有天提议恢复高遵裕的官职，高氏板着面孔说："遵裕灵武之役，涂炭百万生灵，先帝半夜得到战报，焦虑得起床来回踱步，达旦不寐，精神受了很大刺激，终于病故，这祸就是遵裕惹下的，他能免于一死，就已是万幸了。先帝尸骨未寒，我岂敢顾私恩而违天下公议！"蔡确悚然而止。

对待高家的其他亲戚，包括自己的母亲，高氏同样不肯顾私恩。有一年元宵节举行灯宴，按规定高氏的母亲曹氏可以入宫观览，但高氏说："夫人若登楼观灯，皇上必定对她加礼致敬，这样就会因我的缘故越犯典制，我于心十分不安。"只是命人给母亲送去几盏宫灯，请她在自己家里观赏，后来年年如此。高氏的侄子高公绘、高公纪按规定可以升为观察使，高氏也极力阻拦。赵煦请求了几次，高氏只同意提升一级，以后在整个垂帘期间，再没升过。

高氏本人也能做到谦虚俭朴。有年殿试举人，有关部门请求依照章献明肃刘皇后天圣年间的做法，请赵煦和高氏一同御殿，高氏不同意。后来大臣又请求她在文德殿举行册封太皇太后的典礼，高氏也说："文德殿是天子的正堂，岂是女主应当临御的？我只在崇政殿就可以了。"文思院每年进贡给皇帝御用的物品，无论大小，她终身不取一件。

对于宫中的宦官、宫女，高氏控制得更是严格，不准他们干预政治。垂帘之初，被她认为尤无善行驱逐出宫的宦官宋用臣等人，后来又托了赵顼乳母的关系向高氏求情，企图再得任用。高氏见那乳母进来，劈头就问："你来干什么？难道是为宋用臣等人游说的吗？并且你也想像以前那样，求皇上内降诏旨干扰国政吗？你听好了：若再敢这样，我就要你的脑袋！"乳母吓得要死，半个字没敢说，就乖乖溜出宫去。

由于高氏具有了这种美德，更由于她全盘推翻新法，起用元老旧臣，最大限度地迎合并满足了那些在变法期间受到抑制的官僚贵族、豪强兼并者的利益和要求，所以赢得了这些人的高度推崇，被称誉为"女中尧舜"。

然而，既然变法改革在一定程度上体现了社会经济发展的客观要求，或多或少地反映了千百万劳动人民的愿望，反改革反变法只是代表了一小撮在政治上、经济上居于统治地位的官僚贵族、豪强兼并者的腐朽、落后的利益，那么，在高氏把持下进行的"元祐更化"，无论多么冠冕堂皇、气势汹汹，都只能是一次逆历史潮流而动的倒行逆施，也就必然遭到社会的唾弃和人民群众的反对。早在"元祐更化"刚刚开始的时候，统治集团中的一些人就已敏锐地觉察到了"更化"必定失败，案子必定会被重新翻过来。有人对司马光说："你拿'以母改子'当旗号废新法，别人就不会拿'以子继父'为旗号恢复新法吗？"司马光斩钉截铁地回答："天若祚宋，必无此事！"鸿胪卿常安民写信给吕公著："如果用十个人制一只虎，人必胜，若以一人制十虎，则虎必胜，现在是数十个人制几千只虎，只怕祸不旋踵了。"吕公著没有司马光那样的主观武断，喊不出惊人的豪言壮语，只能默然以对。因为当时的实际情况确如常安民所言，变法派这只老虎虽然暂时被关进了笼子，驱逐进深山，但他们所代表的社会势力仍是那样的强大，相比之下，旧党们的力量又是那样的渺小，一旦政治风云再次突变，特别是最高统治者发生变动，这只老虎一定会挣脱牢笼，奔出深山，再度猛扑回来的。

　　形势的发展，不仅使常安民、吕公著有所警觉，就连顽固透顶的高氏也充分意识到了这种危险，这使他们不寒而栗，心惊胆颤。为了防止这一危险早日降临，她咬定权力不放松，绞尽脑汁向少年天子赵煦灌输她自己终生信奉的政治信条。说祖宗之法是多么多么的美妙，只要能尽行祖宗家法，就足能致天下太平，使百姓咸被其泽；还说赵顼晚年是如何如何地懊悔变法，有时痛苦得悔泪横流，并说如果赵顼仍然在世也必能尽废新法。但无论她怎样讲，赵煦始终保持着沉默，这种无声的抵抗在高氏及其大臣们看来，甚至比晴空霹雳还要惊心动魄。于是，当高氏躯壳中最后一缕生命之火快要熄灭的时候，她面对可能出现的政治前景，简直比死神的来临还要恐惧。

元祐八年（1093）七月初一，范纯仁再次被任命为宰相，范的复起丝毫不是高氏对他的政治观点放弃了恶感的缘故，而是认为范纯仁能像他的父亲范仲淹一样，在即将到来的风云变幻中采取符合自己意愿的行动。她召见范纯仁时说："令尊仲淹，在章献明肃太后垂帘时，劝章献对仁宗尽母亲之道，等到仁宗亲政，又劝仁宗尽儿子之道，真可谓忠臣，我相信你必能继承先人。"范纯仁感动得热泪盈眶，表示："敢不尽忠！"

八月，高氏患病，很快加重。她把范纯仁、吕大防召到榻前无限凄怆地交代后事："我觉着病情更重，只怕快要与你们长辞了，你们要好好辅佐官家。老身受神宗顾托，同官家御殿听断国政，你们回想一下，9年来，我曾做过一件施恩高家的事吗？我怀着一颗赤诚至公之心，为国操劳，一个儿子，一个女儿病得快要死了，我都顾不上看一看啊！"说着已泣不成声。众人陪着抹了一会儿眼泪，高氏又说："先帝晚年追悔往事，甚至泣下，这事官家应该深知，老身死后，肯定有很多挑拨官家的，一个不要去听。你们也要早早退避，让官家另外用一番人。"说罢命左右侍者端出社饭①，赐给众人，并说："明年社饭时，希望你们仍然记着老身。"

九月，高氏病故，享年62岁。次年二月，葬于永厚陵。

---

① 社饭，八月祭祀土神时供的饭食，宋代的做法是用猪、羊肉、内脏等切成棋子块状，加滋味调和，铺于饭上。

神宗赵顼皇后向氏

◎ 李 晓

治平三年（1066）春，宋英宗赵曙的长子颍王赵顼已近18周岁，按礼俗早已到了纳妃大婚的年龄，宫中派出了一些使者到大臣之家访求可以匹配的姑娘。赵顼的老师记室韩维对此事更是关心，为了明确选妃的标准，特地上奏："颍王为人孝友聪明，动遵礼度，正一心向学，培养贤德。为他择偶，关系重大，应遴选勋望之家，精择淑哲之媛，稽考先古纳采问名之义，以礼成婚，不可随便以貌取人，唯色是求。"要求家世、才德、年貌三方面的条件全部具备，一般来讲有些难度，但如果不计较年龄相貌，选择的余地可就大得多了。经过各方面比较审查，颍王妃很快确定下来，这便是比赵顼年长3岁，真宗时任过宰相的向敏中的曾孙女。

对象虽已确定好了，但到正式迎娶，还有一整套繁文缛节。为了把婚事办得郑重其事，合乎礼制，颍王府翊善邵亢又上奏说："国朝亲王纳妃之礼，虽有《开宝通礼》规定了有关仪制，但实际并没有得到认真推行，经常使用的只是些敲门羊酒、镇柜钱银等种种民间陋习粗俗，这对于我们圣朝是非常不合适的，应该博考旧典，特撰颍王聘纳仪范。"赵曙降诏同意，经过太常礼院的认真研究，制定了纳采、问名、纳吉、纳成、请期、亲迎、同牢之礼，以及每项仪式需要送给女方家的彩礼数和礼节仪仗等等。在这一项项的仪式全部进行完后，三月壬戌这天，向氏乘一顶涂金银装小轿，被热热闹闹地迎进了颍王府，正式成了赵顼的发妻，封为安国夫人。

次年正月，赵曙去世，赵顼继位。二月，向氏被立为皇后。大概此后不久，她便生育了一生中唯一的孩子燕国公主。赵顼年富力强，不仅在政治上锐意革新，在宫内生活上也精力充沛。他所亲幸宠爱的嫔御之多，人所共知。向氏年龄较大，相貌平平，特别是元丰元年（1078）二月年仅12岁的燕国公主病死对她刺激很大，刚刚30岁出头，就已显得老气横秋了。若在一般好色之徒眼里像她这样的"黄脸婆"是丝毫占不上地位的，但赵顼不仅治国有方，而且极善处理复杂的家庭关系，对待向氏，他照顾得十分周全，千方百计不使她感到冷落孤寂。而向氏也秉性谦冲，心地宽厚，对丈夫的私生活从不像仁宗郭皇后那样横加干涉。所以不只夫妇间从来没有红过脸、拌过嘴，宫中嫔妃在她的影响下也一团和气，从未因争风吃醋闹过什么纠葛。

向氏谦冲的脾性，不只体现在夫妻关系上，还体现在其他各个方面。赵顼任用王安石进行变法，贵族、官僚成了受抑制的对象，向氏的父亲向经控制一批行户向他无偿供应各种物品的事，被市易司揭发禁止。官府给向经盖房子，御史和一些军士也认为盖得太奢华，甚至冷言风语地说一次拜郊钱物①只够修一处皇后父宅。对这些事，向氏内心里虽然有些不满，但她并没有像曹太后和高太后那样公开跳出来反对，一直保持着沉默。有一年太祖忌辰时，百官列于开元殿下举行祭奠仪式，她把父亲请到帘前再三劝勉他尽忠朝廷，有关家事的话一个字都没说。哲宗赵煦即位，高太后垂帘听政，向氏被尊为皇太后，她的表现依然是谦冲自律。

高太后命人将曹太后原先居住的庆寿宫故宫修葺一下，作为向氏的住所，向氏推辞说："哪有婆婆住在西边儿媳住在东边的②？这是扰乱上下名分。"坚持着不肯搬迁。最后只是把庆寿宫的后殿改名为隆裕宫，后又改名为慈德宫供向氏居住。元祐七年（1092），赵煦要选皇后，其他亲王也到了纳妃的年龄，向氏告诫向家族人不得把女儿参与应选。亲族中有人想攀援先例通过恩荫升为阁职，还有的本来是选人③却想谋一个京官的，并说已得到皇帝特批的圣旨。向氏说："我族从来不晓得用这种办法当官，岂能凭私情扰公法？"一概不准。

向氏的政治观点无疑是保守的，而她在政治活动上的表

---

① 宋朝每年举行郊祀典礼，都向官员贵族禁卫士兵赏赐大量钱物。
② 古人以东为尊。
③ 宋制，担任州县幕职官的低级文臣，因由吏部铨选差遣的称选人，京官以上的则由中书注授差遣，级别较高。

现比她的观点还要保守拘谨。从皇后到皇太后的20多年间，人们很少听见她对朝政发表过什么见解。这种拘谨和沉默，直到高太后的名誉受到伤害威胁时，才开始被她自己打破。

高太后死后，赵煦改元绍圣，正式打出继承神宗变法事业的旗号，政局再次发生了翻天覆地的变化。变法派分子接踵回到朝廷，章惇被任命为宰相，曾布、蔡卞等分居要职，新法全部恢复实施，对元祐年间得势的旧党大臣们的清算也以更加无情的方式展开了。吕大防、刘挚、范纯仁、苏轼等人被贬到最荒僻的地区加以编管，已死的司马光、吕公著等人的官职被追夺干净，有人甚至建议挖开两人的坟墓开棺暴尸。随后清算的矛头便指向了旧党的总首领高太后。中书舍人林希起草贬责苏轼的制词，公然写上了"垂帘之初，老奸擅国"的话。元符元年（1098）制造的同文馆案件竟进一步想把高太后打成策划废黜赵煦的主谋。

当时，蔡确的儿子少府监主簿蔡渭上奏说："臣叔父蔡硕，早先曾在邢恕处见过文及甫元祐时寄给邢恕的一封信，信中讲了当时奸臣阴谋大逆不道的事情。文及甫是文彦博的爱子，必知当时奸状。"赵煦命令翰林学士承旨蔡京、权吏部侍郎安惇到同文馆立案追查此事。原来文及甫和邢恕同任馆职，关系不错。刘挚曾弹劾过文及甫，又曾说其父文彦博不该任三省长官。文彦博致仕后，文及甫也被赶到地方。文及甫就写信给邢恕说："司马昭之心，路人皆知，又以粉昆当帮手，朋党错立，必欲以渺躬作为甘心快意之地，可为寒心。"文及甫曾对蔡硕说：司马昭指刘挚；粉昆指韩琦之子韩忠彦，当时俗称驸马都尉为粉侯，韩忠彦的弟弟韩嘉彦娶公主为妻，故韩忠彦就成了粉昆；渺躬是指文及甫自己；朋党错立指的是王岩叟、梁焘等人。文及甫被逮到同文馆后，被蔡京、安惇胁迫,就妄加解释,除了司马昭仍指刘挚外,渺躬变成了赵煦,粉昆成了王岩叟、梁焘,说是王岩叟脸色粉白,故曰粉,梁焘字况之,以况为兄故曰昆,这样一来,刘挚等人就变成了阴谋危害赵煦的罪人!为了把火引到高太后头上,章惇、蔡京等又诬说刘挚、王岩叟、梁焘废黜赵煦的阴谋,是在高太后暗中支持下,勾结高太后的亲信宦官陈衍策划的,并捕得宦官张士良,由蔡京、安惇严加刑讯,寻找证据。蔡京摆出鼎、锅、刀、锯等刑具,威胁张士良:"你说声有,就恢复旧职,说无就用刑!"张士良仰天大哭,说:"太皇太后不可诬,天地神祇不可欺,你把我杀了吧!"抵死不认。这时,任御史中丞的邢恕捏造了一个故事,他向章惇说:元丰八年,神宗皇帝晏驾的时候,三月二十七日,范祖禹从洛阳应召来京,司马光送行,对范祖禹说:"现今主少国疑,宣训之事不可不虑。"宣训是北齐武明娄太后的宫名,娄太后废掉她的孙子小皇帝高殷,另立其子常山王高演为孝昭帝。以此证明高太后欲废赵煦的事,连司马光等人都担心。尽管章惇知道范祖禹应召来京是在元丰七年,而不是元丰八年三月,但仍与蔡京上书请求追废高太后为庶人。

向氏已经熄灯就寝了,突然听到这一消息,大惊失色,连忙起床,找到赵煦哭诉说:"我每天都侍候太皇太后,老天在上,哪里来的这种话?假若皇上执意这样做,日后还能有我吗?"赵煦的生母朱太妃也极力劝阻。赵煦自知理亏,拿过章惇的奏稿,在灯烛上烧掉。第二天,章惇、蔡京又递上奏状,坚持己见,赵煦勃然怒道:"你们不想让我入英宗庙了吗?"扯过奏状,撕成碎片扔到地上。这就是历史上被称为"宣仁之诬"的一桩公案。

"宣仁之诬"案在向氏的干预下完结了,向氏的心情却久久不能平静。多年以来她漠然坐视朝政风云，谦冲自处，置身局外，虽然没有陷入政治急流漩涡中备受熬煎，但她与高太后一致的政治立场和身份地位，却使得她对高太后生前身后高岸变深谷、黄钟变瓦釜的遭遇产生了极大的同情和愤懑，对大宋皇朝的政治前途和自己未来的命运充满了焦虑和不安。为了把朝廷政治重新纳于到符合自己愿望的轨道上来，为了使自己的未来有个可靠的保障，当元符二年赵煦唯一的儿子出生仅两个月就夭折了、赵煦本人也身患疾病且愈加沉重的时候，她就暗暗从自己的政治立场和感情好恶出发，开始从神宗的几个儿子中为大宋朝寻找起了自以为靠得住的皇位继承人。

神宗共生了14个儿子，其中有8个早死，这时在世的只有申王赵佖、端王赵佶、成国公赵俣、简王赵似、祁国公赵偲5人。赵佶异常聪明，天赋极佳，蹴鞠骑射、笔砚丹青样样精通。由于他对向氏极其孝顺，每天都跑到向氏居住的慈德宫问安起居，虽说他轻佻浮浪的坏名声早已远播千里，但在向氏的眼里却是个聪明好学、孝顺知礼的好孩子，对他的钟爱也远远超过了其他诸王。所以当元符三年(1100)正月初八赵煦驾崩，需要由向氏主持确定新天子的时候，她就毫不犹豫地把赵佶当成了可以继承皇位的最为合适的人选。

赵煦去世的当天，向氏垂帘，哭着对宰执大臣们说："国家不幸，大行皇帝没有儿子，谁来即位事关重大，应尽早确定下来。"宰相章惇不假思索地说："按照礼律，当立大行皇帝的同母弟简王似，这不是明摆着的事吗？"向氏说："老身也没有亲生儿子，诸王都是神宗的庶子，不好这样分别。"章惇又说："若要立年长的，则应立申王佖。"向氏说："申王眼有毛病，不便为君，还是立端王佶为好。"章惇抬高了嗓门，喝道："端王轻佻，不可以君天下！"话音未落，善观风头的知枢密院曾布从旁冷笑着说："章惇未尝与臣等商议，怎能如此独断？！皇太后的圣谕极是允当。"尚书左丞蔡卞、中书门下侍郎许将也齐声附和说："合依圣旨！"向氏接着说："先帝曾经说过端王有福寿，且很是仁孝，不同于其他诸王，老身立他，也是秉承先帝遗愿哩。"章惇势单力孤，不便再争，于是向氏宣旨，召赵佶入宫，即位于柩前，这便是徽宗。向氏执意立赵佶，除自己的感情好恶外，不能不说还有一重为国家打算的动机。然而她万万没有想到，20多年后正是这个她认为靠得住的好孩子断送了大宋朝的命运。对此向氏是难辞其咎的。

章惇等人仍对赵佶的轻佻浮浪不放心，紧接着就奏请向氏垂帘听政，权同处分军国事。向氏说皇帝年龄不小了，不便再由母后干政，再三推辞。赵佶却对向氏立己于不可立之中感激涕零，哭拜在地，乞求不已，向氏见他如此仁孝，很是感动，只好答应下来。

向氏一来到前台，立即学着高太后的样子，展开了摧新复旧的行动，提拔韩忠彦为宰相，恢复或追复范纯仁、文彦博、司马光等30余人的官职，苏轼等人也从荒僻之地移居内地。而章惇、蔡卞等人却陆续遭到贬逐，邢恕因诬陷高太后，更为向氏所不容，被谪居均州，一些被认为扰民害国的新法再被废除。朝廷上的政治气氛很快呈现出了元祐初年的样子，被称作"小元祐"。

向氏喜气洋洋地看着朝政纳入了符合自己愿望的轨道，而赵佶对自己更加孝敬，言听计从，更使她以为后事有托、前途有望了，谦和好静的脾性再次回到身上。七月初一，垂帘听政不满6个月，她便放心满意地回到了内宫。

十二月，向氏生病，次年正月十三日，死于慈宁殿，终年56岁。赵佶追念不已，特命向氏的两个弟弟向宗良、向宗回为开府仪同三司，分别封汉东郡王、永嘉郡王，自向敏中以上三代也破例追列王爵。

附：神宗赵顼妃朱氏

◎ 李 晓

朱氏，出身于开封的一个平民之家，幼时经历相当坎坷。她的父亲本姓崔名杰，在她很小的时候就去世了，母亲李氏年纪尚轻，带着她改嫁到一个叫朱士安的人家，她也就改姓朱了。幼年丧父已很不幸，继父朱士安又很不喜欢这个"拖油瓶"的孩子，李氏没法，只好把她托付给一个姓任的亲戚抚养，她从此也就有了三个父亲。

十几年过去，朱氏出落成了亭亭玉立的秀丽少女，在熙宁初年，朱氏被选入宫，分派到神宗赵顼身边当一名御侍宫嫔。春风几度，为赵顼生下了两个儿子、一个女儿，即后来成为哲宗皇帝的赵煦、蔡王赵似和徐国公主。她也慢慢由才人、婕妤，晋封为德妃。

元丰八年(1085)，赵煦即位，朱氏被尊为皇太妃。自幼寄人篱下的孤苦生活所养成的温恭柔顺的性格，使朱氏没有因为是皇帝的生母而骄矜自得，对待宫中嫔妃她一直十分谦谨，在婆婆高太后面前，她更是毕恭毕敬，极尽妇道。尽管如此，高高在上的高太后起初仍不把她放在眼里，有时甚至还要训斥上几句。

元丰八年十月，朱氏护送赵顼的灵柩前往巩县(今河南巩县西)陵墓区安葬，途中驻于永安(今巩县西南)。当时，曾担任过宰相的韩绛知河南府，亲自从洛阳到永安迎驾，朱氏走在后面，韩绛亦往迎之。葬礼结束后，朱氏回到宫中，偶尔向高太后提起此事，高太后不听便罢，一听竟勃然大怒："韩某乃先朝老臣，你哪能受他的望尘之礼！"吓得朱氏淌着眼泪连连向她谢罪。最高权力者的一笑一颦都会成为趋炎附势之徒的圣旨天条，看见高太后对朱氏产生了不满，几个马屁精顾不得细想朱氏是何许人也，立即顺着高太后的话头奏上了朱氏的所谓过失。有个叫吴靖方的御药院官员还描绘了许多细节，说朱氏奉灵柩西行的路上，不知何故竟笑出声来，这是不敬先帝；韩绛到永安拜见她时，她坐在堂上屁股都不抬一下，也没有一句慰劳之言，这是不重老臣等等。然而另一些官员却对高太后的这种态度不以为然，他们或者出于公心，或者企图从另外角度讨好高太后，提出应该进一步尊崇朱氏，为高家将来打算。承议郎、守起居舍人邢恕有天就对高太后的侄子高公绘说："太妃过去是先帝之妃，今日乃皇帝之母，母因子贵，理所应当，小人离间之风，决不可长，万一皇帝知道此事，你老高家将来可就麻烦了。"高公绘吓了一跳，忙问如何是好。邢恕说：

"看在老朋友的面上,我替你起草一道奏疏,你出面向太皇太后请求尊礼太妃吧。"高公绘就把这封奏章请人誊抄一份秘报给高太后。高太后一看,既生气又奇怪,宣来高公绘,厉声问道:"你不识字,是谁教你写的?若不实说,打你板子!"高公绘战战兢兢,把前后经过统统招供出来。高太后更是大怒,当即下令把邢恕贬到了随州(今湖北随县)。

高太后终究不是蠢才,心平气和之后,冷静想想邢恕和高公绘的话无论从礼法名分还是从自己的长远利益来讲,都是有些道理的。于是在元祐三年(1088)七月下了一道诏令,让有关部门稽考典故,讨论如何褒崇朱氏。从此之后,朱氏便在车舆、伞盖、冠服等方面,正式享受起了与皇后完全一样的待遇。绍圣年间,向太后进一步提高朱氏的地位,命令在她的住处建殿,改乘车为舆,可以从宣德东门出入宫禁,百官所上笺奏称朱氏为"殿下",住所定名"圣瑞宫",封赠其崔、朱、任三个父亲皆为师、保。

崇宁元年(1102)二月,朱氏病死,终年51岁。追尊为皇后,谥号钦成,陪葬神宗的永裕陵。

哲宗赵煦皇后孟氏

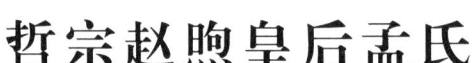

◎ 李 晓

她为人谦谨，却在北宋末年的政治风浪中戏剧性地经历了三起二落的浮沉；她才能平庸，却在南宋之初的重大事件中神明似的扮演了举足轻重的角色。祸，福之所存；失，得之所在，道学哲学中的这个辩证法真谛，在她的身上得到了淋漓尽致的体现。她就是宋哲宗的第一任皇后孟氏。

元祐七年（1092），赵煦17岁，高太后觉得应该给他立一个皇后了，就物色了百余名世家少女入宫备选。高太后最先看中的是仁宗时战功卓著的大将军狄青的孙女，门第显赫，年龄也合适，美中不足是庶出过继来的，有人觉着狄氏不是嫡生，名分不正，高太后只得放下这头。另有眉州防御使兼马军都虞侯孟元的孙女，虽比赵煦大了接近5岁，在闺范礼节方面也懂得不多，但端淑幽娴，生得文静，高太后和向太后都很喜欢她，便亲自教她妇道礼仪，就连倒着走、侧着行都手把手地教。孟氏更是使出浑身解数苦学勤练，不长时间就做得娴熟自如了，举手投足无不优雅中度，高太后和向太后欣赏着自己的教育成果，啧啧称赏，很是满意。四月间，高太后遂对大臣们说："孟氏能执妇道，可以正位中宫。"命翰林学士起草制词。为了把婚事办得隆重热闹，高太后觉着近世礼仪过于简略，命翰林、台谏会同礼官议定一套正规的册皇后的六礼仪制。主持六仪的使者班子也很快组建完毕，成员都是些位高权重的大臣：尚书左仆射吕大防、同知枢密院事韩忠彦，担任正副奉迎使；尚书左丞苏颂、签书枢密院事王岩叟担任正副发册使；尚书右丞苏辙、同知大宗正事赵宗景任正副告期使；判大宗正事高密郡王赵宗晟、翰林学士范百禄任纳成使；吏部尚书王存、代理户部尚书刘奉世任纳吉使；翰林学士梁焘、御史中丞郑雍任正副纳采问名使。举行册礼大典的日子，也经过慎重研究，太史局查阅大量历史文献，议定五月十六日是个黄道吉日。但在道教理论中，五月十六是天地交合之日，夫妇应分居别寝，违犯者必折寿早死，所以民间都把这天当作忌日。太史局辩驳说：皇帝和皇后一乾一坤，像天地一样，正应该在这一天交合。可是皇太妃朱氏以及赵煦本人仍对此心存忌讳，高太后出面裁决：那只是民间的陋俗，并非典礼所载，不足为训。最后还是把大喜之日定在了五月十六日。

这天，赵煦御文德殿册立孟氏为皇后。在高太后的直接安排下，大婚典礼盛况空前，只见卤簿仪仗导舆簇拥，百官宗室列班拜迎，笙乐喧天，钟鼓和鸣。人们脸上无不漾溢着欢欣喜悦，唯独小皇帝赵煦看到孟氏姿色平平，明显地流露出了不很满意的神情。高太后瞧在眼里，料知会有麻烦，当场语重心长地对赵煦说："得贤内助，不是小事。"过后想想，觉着很是块心事，便叹息自语："皇后贤淑，只恐福薄，将来国家有事，她怕是要担当其祸了。"

果然，新婚不久，皇帝和皇后不太融洽的关系就暴露出来了。当年十一月，赵煦前往南郊祀天，苏轼担任卤簿使，正行进间，前面路上突然出现了十余辆红伞青盖的牛车，不避仪仗挡住去路。苏轼派御营巡检使上去查问，看看谁如此大胆无礼，原来是皇后和高太后的女儿韩魏国大长公主。当时御史中丞李之纯任仪仗使，苏轼说："中丞的职责是讽谏肃政，此事不能不报告太皇太后。"李之纯怕得罪人，不敢言，苏轼就在车中草拟了一道奏疏。赵煦见皇后和大长公主不把他放在眼里，胆敢争道，很是气愤，立即派人骑马把奏疏呈给了高太后。第二天便下诏整肃仪卫：凡皇帝出行，自皇后以下皆不得"迎谒"。一年后，孟氏生下个女儿，唤作福庆公主。此时赵煦已另有所爱，与孟氏就更见疏远了，孟氏只得与女儿厮守空房，真个是"朱颜未衰恩先断，斜依纱笼熬天明"。然而，即使这样的日子孟氏也没有安安静静地过上几天。

赵煦宠爱的是一个姓刘的美女，此人恃宠成骄，泼性十足，挖空心思要把孟氏整倒，自己好取而代之。绍圣三年（1096）九月间，福庆公主生了病，多方医治不见好转，孟氏心焦如焚。孟氏的姐姐颇懂医道，以前曾治好过孟氏的急症，故能出入宫禁。她见公主用药无效，着急之下，便拿来了道士治病的符水。孟氏吃惊地说："姐姐不知道宫中禁严，与外间不同吗？"连忙命人把符子收藏起来。等赵煦难得来看望女儿时，孟氏向他详细解释了事情的原委。赵煦说："这也是人之常情，不必大惊小怪。"孟氏当着他的面把符子烧掉。刘氏却抓住这个把柄，四处造谣，说孟氏在搞符咒厌魅，而且派人把殡葬死人用的纸钱偷偷撒在福庆公主的床边。没几天，福庆公主病死，孟氏还没有从丧女的悲痛中挣脱出来，一场横祸就降临到了身上。

孟氏的养母听宣夫人燕氏、尼姑法端与供奉宦官王坚做佛事为孟氏祷祠祈福。刘氏又添油加醋地报告了赵煦，诬称孟氏如何如何居心险恶，说用道符是在诅咒赵煦，做佛事是为了把五月十六日结婚触犯忌讳而可能招致的折寿灾祸免除掉，并把灾祸集中到赵煦头上。赵煦大怒，即命入内押班梁从政、勾当御药院苏珪，到皇城司立案审查。在刘氏指使下，他们逮捕了30余名宦官、宫女，严刑拷打，有的被折断肢体，有的被割掉舌头，几经折腾，构成冤狱。赵煦又命侍御史董敦逸复审，只见宦官、宫女们被陆续带上堂来，都是气息奄奄，没一个能说出话来的。董敦逸颇觉疑惑，秉笔难下，刘氏的亲信郝随等人就向他施加压力，威胁恫吓他。董敦逸畏祸及身，只好将原案奏呈上去。赵煦立即降诏说："皇后孟氏旁惑邪言，阴挟媚道，废居瑶华宫，号华阳教主，玉清妙静仙师，法名冲真。"

诏令一公布，立刻在朝廷上激起了轩然大波，不少臣僚上书劝谏。殿中侍御史陈次升说："所治之狱，不经过司法部门，虽说曾追验佐证，却事迹秘密，朝廷之臣都不知道，百姓更惶惑奇怪。臣以为自古推鞫狱讼，皆付处庭，从来没有宫禁自治，将是非高下交给阉臣之手的。陛下见到的只是白纸黑字的案牍罢了，岂知罪情的虚实？万一冤滥，必为天下后世讥笑。请求陛下亲选在庭侍从或台谏官公正不阿之人，另行审察，以明实情。"后来董敦逸也说："皇后之废，事出有因，情有可察。诏下之日，天为之阴翳，这是天不欲废之；人为之流涕,这是人不欲废之。臣曾复审狱事,恐怕要得罪天下后世了。"赵煦暴怒,欲加重贬,宰相曾布说:"陛下本因宫禁重案,出于宦官推治,所以才命敦逸录问,今若贬之,怎能取信于中外?"赵煦只得作罢,同时他也觉得如此神秘轻率地废掉皇后毕竟难以服人,后来想起,多少有些悔意,不由叹了一声:"章惇坏我名节。"原来,孟氏被废,除感情问题外,还有一层政治原因。当时以章惇为首的变法派大臣在重新得势后,一方面力主诏述,恢复新法,另一方面对元祐时期在任的大臣极力打击,务求斩草除根。孟氏是高太后所立,又为高太后所厚爱,万一将来她像高太后一样有预政临朝之时,则元祐大臣未必不卷土重来。正是出于这种目的,章惇等人才坚决支持废掉孟氏。

瑶华宫听名字似乎像远离尘世的仙楼琼阁,实际是坐落在汴京街坊内只有几间破屋的一处小院子。孟氏一夜之间从皇后的宝座上跌落到这里,日常生活都受到了严密的监视,没有人敢同她来往;门前冷落,四壁肃然,茕茕孑立,形影相吊,生活寂苦凄清,连普通庶人的自由都没有,真个是求为长安一布衣亦不可得了。有趣的是就连平日在瑶华宫周围走街串巷的小商贩们的叫卖声都受她连累变了腔调。汴京城里卖熟食的小商贩,向来好喊一些奇怪诡异的话,以便吸引顾客,曾有一个挑着担子卖环饼的,并不明说卖的是什么东西,专好长叹一声,说:"亏就亏了我吧。"意思是卖的价太便宜,甘愿连本都亏进去。这人每逢来到瑶华宫附近,总要放下担子扯开嗓门连叹带喊吆喝一阵。派在此地负责监视的开封府的公差误认为他是在替孟氏喊冤,竟不由分说拖到衙门狠揍了100大板。从此以后,这个小贩再到这里就改口喊:"待我放下歇歇则个。"从这个小贩的叫卖声中,就可以想到孟氏此时的处境了。

过了4年，赵煦病死，徽宗赵佶即位，向太后垂帘听政，朝廷上再次出现了类似元祐的政治气氛。有个名叫何大正的太学生，上书为孟氏鸣冤叫屈，向太后早就对孟氏的遭遇不满，就借着这个引子在元符三年(1100)五月诏令接孟氏回宫，恢复皇后位号，因这时刘氏已称为元符皇后，孟氏就被称作元祐皇后。在孟氏和刘氏之间，向太后一直是向着孟氏的，她对曾布说："孟氏本出自士族，她的母亲就是王广渊的女儿。当初聘为皇后时，我就曾与太皇太后亲手教过她妇礼，其他各个地方也都不是那刘氏能比得上的。"于是在两人礼节名分的安排上，向太后便有意抬高孟氏，令刘氏见到孟氏要先拜，然后孟氏回拜。到八月份安葬赵煦时，也由孟氏陪奉灵柩西行，只让刘氏迎接虞主①。同时为了避免两人见面尴尬，命令除了大礼圣节宴会外，两人都不须参加。

岂料，孟氏恢复位号刚刚两年，政治气候又一次发生了变化：赵佶改元"崇宁"，即崇尚熙宁之意；韩忠彦、曾布被排挤下台；大奸臣蔡京当上了宰相，对元祐大臣进行严酷的打击。孟氏的地位再次受到了冲击，昌州判官冯澥首先上书说不应该恢复孟氏的位号。紧接着御史中丞钱遹、殿中侍御史石豫、左肤交章论列，说："韩忠彦、曾布听信一个布衣何大正的狂言，复立瑶华宫废后，这是掠流俗之虚美。当时议论就已汹汹，就连远方小臣都至阙上书，忠义激切，坚决反对。现在应断以大义，不要受流俗非正之论的牵制，有累圣朝之德。"蔡京和执政大臣许将、温益、赵挺之、张商英都支持台谏官员的论调，元符皇后刘氏也从旁煽风点火，赵佶遂于崇宁元年(1102)十月再废孟氏，赶回瑶华宫，名号改为希微元通知和妙

---

① 古代葬死者后迎魂安放于殡宫的祭祀神位。

静仙师。所有参与复立孟氏活动的官员皆被治罪,韩忠彦、曾布被降职,李清臣被追贬为雷州司户参军,黄覆贬为祁州团练副使,翰林学士曾肇、御史中丞丰稷、谏官陈瓘、龚夬等17人被安置到远僻州县。

以后的20多年间,孟氏一直在瑶华宫过着凄清的日子。靖康元年(1126),瑶华宫被一场大火烧毁,她迁居到延宁宫,不久延宁宫又发生火灾,她徒步回到了位于大相国寺前面的弟弟孟忠厚家居住。靖康二年(1127),钦宗赵桓与近臣商议,欲再次把她接回宫廷,尊为元祐皇后,诏令还没来得及下达,汴京就被金兵攻陷。塞翁失马,焉知非福。想不到庶人的身份反而奇迹般地保全了孟氏,使她不但幸免了被金兵俘虏北去的灾难,而且在以后的岁月里享受了至高无上的荣耀。

靖康二年二月,金人废掉赵佶、赵桓两个宋朝皇帝,册立原先力主投降求和的宰相张邦昌为伪楚皇帝。除了王时雍、范琼等几个卖国奸臣乐意为金人和张邦昌效劳外,宋朝的官员、军民都反对他,就连张邦昌本人也心虚胆战,不敢称孤道寡,见百官只自称"予",手诏称"手书",不敢改年号。四月,金兵押着赵佶、赵桓及宋朝的所有后妃、皇子、皇女、皇孙、宗室、外戚、近臣总共3000多人撤退北去,只有孟氏因被废,康王赵构因出使在外,幸运地留了下来。赵构在河北就任天下兵马大元帅,手下有8万余兵。张邦昌只得到几个人支持,更加孤立。尚书右丞吕好问对张邦昌说:"相公真想当皇帝吗?当初人们只不过是畏惧女真兵威罢了,谁肯真心拥护你?现在女真已走,康王在外,元祐皇后在内,这是天意不亡大宋,你只有迎回元祐皇后,请康王早正大位,或许才会转祸为福,保全性命。"张邦昌早已吓得要死,当即同意,把孟氏从弟弟家迎接到延福宫,尊为宋太后,同时派谢克家把"大宋受命之宝"的玉玺送给赵构。监察御史马伸上书要求张邦昌脱下皇袍仍当宰相,国事全听从孟氏的命令,张邦昌赶忙照办,只当了33天伪皇帝就滚下了台。十一日,孟氏登内东门小殿垂帘听政,接受群臣朝拜,派尚书左丞冯澥去济州迎接赵构,接着降手书请赵构即位。五月初一,赵构使用孟氏送来的圭宝、乘舆、服御,在南京(今河南商丘)即皇帝位,建立南宋,改元建炎。当天孟氏在汴京撤帘,赵构尊她为元祐太后。尚书省说"元"字犯孟氏祖父孟元的名讳,赵构又改尊她为隆祐太后。

八月二日,孟氏离开生活了56年的开封故乡,踏上南去流亡的路途,她当时怎么也想不到,这一走竟成了与故乡的永远诀别。赵构害怕金兵,不敢抗金,从南京跑到扬州,又跑到镇江,最后跑到杭州。孟氏只好随着他南逃,于建炎二年(1128)十二月到达杭州。南宋小朝廷在这里脚跟还没有站稳就发生了一场惊心动魄的兵变,孟氏被裹胁进变乱之中,经受了又一次严峻的政治考验。

建炎三年(1129),赵构迫于朝野舆论,将奸臣黄潜善、汪伯彦罢相,三月初,任命朱胜非为宰相,王渊主持枢密院。王渊原任御营都统制,伙同黄、汪二人主张逃跑;又有宦官康履等人横行霸道,作恶多端,都激起了军民百姓的强烈愤慨。将官苗傅、刘正彦等人见张浚、韩世忠、刘光世诸大将都领兵在外,杭州城内兵少将寡,就利用军民的不满情绪,打着为民除害的旗号,与将官王世修、张逵、王钧甫、马柔吉等人密谋,凭借王钧甫的"赤心军",策动兵变。三月九日,是神宗赵顼的忌辰,百官入朝行香,苗傅命王世修在城北桥下埋下伏兵,把退朝路过的王渊拖下马来,宣称他勾结宦官谋反,砍下他的脑袋。接着包围了康履的住宅,康履不在,苗傅、刘正彦就挑着王渊的脑袋领兵杀到了行宫门外。杭州知府康允之闻变,忙率属官叩开宫门,请赵构登门楼宣谕军民,百官也跟随上楼。赵构扶着槛杆问苗、刘二人为何如此,苗傅厉声说:"陛下信任宦官,军士有功者不赏,勾结宦官者却立得美官;黄潜善、汪伯彦误国,仍未流放;王渊遇敌不战,首先渡江,只因讨好康履就官升枢密。臣立功极多,只当了个远方团练。我们已杀死王渊,还请斩康履以谢三军!"赵构说这些人可以流放海岛,你们应与士兵回营。苗、刘说:"不杀康履,决不回营!"赵构无奈只好派人逮捕康履,从清漏阁厚厚的灰尘中把康履搜出,苗傅立即在楼下将他腰斩,脔割其肉,割下脑袋与王渊之头挑在一起。赵构又当场任命苗傅、刘正彦为御营都统制,令他们回营。苗傅却说:"陛下不该即大位,假若钦宗归来,如何安排?"赵构让宰相朱胜非缒城而下,曲意解释。苗傅提出请隆祐太后同听政,并遣使与金人议和,赵构应允,当即下诏请孟氏垂帘听政。苗傅等仍不罢休,又说:"自有皇太子可立,何况道君皇帝时已有先例。"朱胜非上楼禀报,赵构愣了半晌,慢慢地说:"我可以退位,但需太后下令。"接着就派人去请孟氏。当时仍是春寒料峭,门楼上没帘帷,北风起劲地吹,赵构坐在一张竹椅上等着。

孟氏早已听到了兵变的消息,正六神无主间,忽有人来请,慌忙坐上一乘黑竹肩舆,在4名老太监陪同下来到楼前。赵构不敢再坐,起身站在堂柱旁边。苗、刘向孟氏下拜,说:"如今百姓无辜受害,肝脑涂地,请太后主张。"孟氏说:"道君皇帝任用蔡京、王黼,更革祖宗之法,童贯又妄起边衅,所以招致金人之祸,与当今皇帝有什么关系?况且皇帝圣明仁孝,并无失德,只因被黄潜善、汪伯彦所误,已将他们窜逐了,你们难道不知吗?"苗傅说:"臣等商议已定,必欲太后为天下主,奉皇子为帝。"孟氏急得快要哭出来似的,说:

"今强敌在外,让我一个妇道人家抱着个三岁小儿决事,如何号令天下?敌国闻知,岂不更加轻侮?"刘正彦等又哭又闹,并对众人喊道:"太后既然不允,我们就该引颈受戮!"遂摆出脱衣的架式。孟氏忙上前把他劝住。苗傅威胁说:"将士们从早晨至今仍没吃饭,事久不决,怕有大变。"孟氏没了主张,眼巴巴地看着朱胜非说:"今日正须大臣决断,相公为何不发一言?"恰好有人从楼上下来,对孟氏说:"皇帝令臣奏知太后,已决意听从苗傅的请求了,请太后宣谕。"孟氏不许,返身走进宫门,苗、刘等人更加出言不逊。

赵构说:"今日之事,看来我非得退位不可了。"朱胜非哭着说:"逆谋到了这等地步,臣备位宰相,论义当死,请允许我再出去诘责二贼。"赵构说:"他们已杀王渊,若再杀你,我不更无可奈何了吗?"于是屏退左右,贴在朱胜非的耳朵上说:"我与你利害相同,当为以后打算,若将来事有不成,再死未晚。"两人嘀咕一阵,由朱胜非向苗傅提出了四个条件:①尊敬皇帝应像钦宗对道君皇帝一样,供奉之礼,务极丰厚;②禅位之后,诸事皆听太后及嗣皇安排;③降诏完毕,将士立刻解甲回营;④禁止军士抢劫、杀人、放火。如遵依约束,就降诏退位。苗傅等人齐声高喊:"同意!"赵构就坐在竹椅上亲笔写下了自己退位,皇子赵旉继位,请太后垂帘听政的诏书。宣布完毕,苗傅等人喊着"天下太平了!"呼啸退去。

赵构下楼徒步回到后宫,把朱胜非请到后殿,孟氏已在那里哭了好半晌了。赵构说:"康履欺负诸将,甚至让他们马前唱喏。有时高坐赤脚,让诸将站在面前,这都是招祸之事。但最终怎么办才好?"朱胜非说:"王钧甫是苗、刘的心腹,刚才我听他说'二将忠直有余,学识不足',这正可以为以后打算创造条件。"赵构说;"我明晨就不出朝了,请太后御殿。"朱胜非说:"明天应宣布大赦,他们杀了人,又胁迫皇上,肯定希望赦免。"又说:"按老规矩,母后垂帘,应有二人同时奏对,但我若有不能写在纸上的事,岂能让别人听去?还须降旨,因时事艰难,允许臣僚独自奏对。"孟氏问:"他们不会怀疑吗?"朱胜非说:"可以先从苗傅开始,每天召一名叛党上殿,以消其疑。"朱胜非退下后,孟氏的心情多少平静了一些,对赵构说:"幸亏让他当宰相,若黄、汪在位,事情怕是更不可收拾了。"当晚,赵构迁居显忠寺。

第二天,孟氏与赵构年仅3岁的儿子赵旉垂帘听政,颁布大赦令,称赵构为睿圣仁孝皇帝,显忠寺改名睿圣宫,只留宦官15人,其余全部发配到诸州编管。

镇守在外的大将张浚、韩世忠、吕颐浩等接到赦诏,料知朝廷有变,密谋起兵勤王。孟氏按朱胜非的计策,首先把叛党稳住,天天召一名叛党成员上殿奏对,每逢接见苗、刘时总要好言劝慰,果然打消了他们的疑心,哄得他们十分高兴。接着朱胜非设计分化瓦解苗、刘之党。他请来王世修,说:"国家艰难,正是英雄建功立名之秋。古人见机而作,能变乱为治,转祸为福,在于反掌之间,你也有意于此吗?"王世修高兴地说:"我本无意从军,朝廷若有所任用,正是我所期望的。"朱胜非说:"普通官职,只能授给平庸之士,你若能奋身立事,即使执政之官也可得到。"王世修更喜,于是经常向朱胜非透露苗、刘的动静。

苗傅想改变年号,刘正彦想迁都建康(今南京)。朱胜非对孟氏说:"金人就在江北,沿江没有设防,怎能迁都?"孟氏说:"但如何拒绝他呢?"朱胜非说:"太后只要把其奏状批转中书,臣等自有话说。"孟氏不放心,叮嘱说:"这是第一次与他们议事，一定要谨慎。"朱胜非说："臣近来观察二贼，愚蠢而无英气。王钧甫、王世修都有后悔的意思，可以以利诱之，拉他们过来。二贼手下有的小校开小差逃跑，他们已没有多大力量，皇上复辟已有眉目了。"孟氏说："可是这二件事若全不听从，难免他们会生疑。年号比较容易，就暂且按他们说的办吧。"遂降诏改元明受。

当初苗傅听说韩世忠在秀州准备起兵，就把他居住在杭州的妻子梁氏及儿子韩亮扣押起来当人质。朱胜非对苗傅说："太后说可以利用这两个人去抚慰诸大将，让他们安心。"苗傅不知是计，表示同意。朱胜非高兴地说："二贼果然没有什么学识。"孟氏召见梁氏，封为安国夫人，赏了很多财宝，拉着她的手说："国家不幸，需要太尉救驾，令他快来。"梁氏骑马驰去，一天一夜就到了秀州。

韩世忠、张浚、吕颐浩等很快各自率兵向杭州杀来，苗、刘等人慌了神，急得像热锅上的蚂蚁似的。吕颐浩乘机把他们请到都堂，劝他们上书请赵构复辟。二人迫于形势，无话可说。朱胜非就使王世修起草好奏章，持回军中，凡准备将以上的军官都签了名，进呈给孟氏，孟氏高兴得手舞足蹈，说："我完成任务了！"朱胜非又请来翰林学士张守、李邴连夜赶写百官奏表。不大功夫，按老套路需要的三奏三答，皇太后的手诏及复辟的敕文都起草好了。

四月初一，孟氏垂帘，百官朝见，朱胜非按事先计划好的程序首先奏道："臣等召苗傅、刘正彦到都堂，谕以今国家多事，干戈未弭，防秋在即，睿圣皇帝应还尊位，总万机，苗傅等一皆听从。"孟氏诏曰："甚合我心，可依所请。"朱胜非乃率百官呈上第一表，请赵构还宫，赵构不允。经过了例行的三奏不允之后，赵构答复说："太后垂帘，当共图国事；不然，不敢独当。"然后回到宫中，与孟氏一同垂帘见群臣。第二天，勤王兵在城外击溃叛军的阻击，苗傅、刘正彦连夜出逃，后相继被歼。韩世忠、刘光世、吕颐浩、张浚勤王之兵入城。四日，孟氏撤帘。她好容易熬过了这场惊心动魄的变乱，紧接着又再次踏上了颠沛流离的路途。

赵构去建康部署防秋，孟氏随后也到。自从南宋建立之后，金兵每年秋天都要大举南侵，春暖后退兵歇夏，成了规律。这年，兀术任统帅，又领兵杀过来了。赵构虽表面上说要死守建康，但心里怕得很，布防的事没讨论妥当，就急不可耐地寻找起了退路。他自己打算逃往东南海滨，却安排孟氏和后宫嫔妃向西南去洪州（今南昌），公开说是为了让孟氏更为安全些，实际是想分散一下金兵的注意目标。八月，孟氏在滕康、刘珏、杨惟忠等人率领的1万军队护送下，乘船离开建康，向洪州退去。经过落星寺时，船翻，宫女淹死十几人，只有孟氏的坐舟安然无恙，不久到了洪州。大臣们向赵构说："金兵若从蕲州（今湖北蕲春）、黄州（今湖北黄冈）一带渡江，陆行二百余里即可到达洪州。"赵构也怕孟氏有什么闪失不好交代，就派刘光世屯兵江州（今江西九江）设防。刘光世却不作防备，天天摆宴吃酒。十月底金兵从黄州顺利渡过长江，果然经大冶县（今属湖北）向洪州杀去。滕康、刘珏慌忙保着孟氏逃往吉州（今江西吉安）。金兵跟踪追击，孟氏顾不上喘息，乘船连夜再向南跑，黎明前抵达太和县（今江西泰和）。船夫耿信叛逃，杨惟忠率领的1万扈卫兵四散而去，当了土匪，随带的数百万内藏金帛全被劫掠盗走，宫女也失踪了160人。孟氏身边只剩下不到100人。金兵已追到太和，孟氏和赵构的潘贤妃舍舟登岸，雇农夫用小轿抬着走山路跑到了虔州（今江西赣州）。

这时，虔州的府库资财早已被人抢掠一空，孟氏等人寄居的州衙也是破弊不堪。卫兵得到的给养只是一些不能流通的薄片粗劣小铜钱，拿到市上买不到东西，与百姓争斗起来，竟四处放火抢劫，大大激起民愤。当地土豪陈新率众包围州城，滕康、刘珏、杨惟忠根本制止不住。幸亏杨惟忠部将胡友领兵从城外击败陈新，民众才退走。赵构乘船在海上躲避了一段时间，在兀术金兵北退之后回到陆地，住在越州(今绍兴)。惊魂甫定，这才想起了孟氏，以为她已跑到了闽、广，派人四下打听，得知仍在虔州，就命中书舍人李正民前来拜谒。赵构又对大臣说："我起初并不认识太后，自从迎到南京，她爱我就像亲生儿子一样。今太后在数千里之外，兵马惊扰，应该快点接回来，满足我早晚眷恋之心。"于是遣御营都统辛企宗来虔州迎接孟氏。建炎四年(1130)八月，孟氏到达越州，赵构亲自到行宫门外迎接，遍问所过之处官吏施政的情况，孟氏性情谨慎，一件事都没告诉他。

从此孟氏算是结束了动荡不宁颠沛流离的生活，在宫中当着太后，可以安安静静地贻养天年了。长期沦为庶人的遭遇，使她生活节俭，她本可以从有司随意支取钱帛，但每月只肯领一千缗。唯一的嗜好就是饮酒，这可能是屡遭不幸，被迫以酒浇愁养成的习惯吧。在越州时，赵构说越州的酒不好喝，可以让外地贡来，孟氏就自己派人拿钱去买。她自奉菲薄，在亲戚的待遇上也较为谦虚，赵构要诏令朝廷文书奏章都避她父亲孟彦弼的名讳，她不同意，群臣请求尊她为太皇太后，她也不许。赵构封她弟弟孟忠厚任显谟阁直学士，台谏官员认为他不称职，交章论列，赵构碍于孟氏的面子不予理会。孟氏闻知，请赵构改任孟忠厚为武官，并令学士院降诏，告诫孟忠厚等不得预闻朝政、交通贵近、到私宅谒见宰执大臣。亲戚有80多人可以靠她的恩荫当官，她一个也不肯封授。一次她微感风寒，有个宫女自称善用符咒治病，劝孟氏不妨一试，孟氏吓得吐了吐舌头说："我哪敢再听这话?!这种人岂可留在宫中。"立即下令把那宫女赶走。她对高太后的恩情一直念念不忘，有年她诞辰时，在宫中摆下酒宴，从容对赵构说："我老了，有幸相聚于此，将来死后，没有什么遗憾的了，但有一事当与官家言之。宣仁高太后之贤明，古今母后没有能比得上的。过去奸臣快其私愤对她肆意毁谤，建炎初虽曾下诏明辩，但国史记载至今未改，岂足传信?我觉着太后在天之灵，不会不期望于陛下。"赵构悚然听命，后来便重修《神宗、哲宗实录》。

赵构对孟氏也算较为孝顺，连卧室中的幄帐他都亲自检查。有时得到时新果品，必定先献孟氏，然后自己才肯品尝；孟氏对赵构也很疼爱。当时战乱之后物价奇贵，杭州城中，一只兔子价格五六千钱，一只鹌鹑也值数百，孟氏自己舍不得吃，却经常买来做好送给赵构。宣教郎范焘与孟忠厚有仇，诬告他和孟氏秘密收养了钦宗之子。赵构说："我与太后像母子一样亲密无间，岂有此事?"当即将范焘治罪。

绍兴元年(1131)春，孟氏患风疾，赵构从早到晚不离左右，接连几夜衣不解带。四月，病死，终年59岁。遗命先择地暂殡，候军事宁息，再归葬河南巩县陵园。上尊号昭慈献烈皇太后，殡于会稽(今绍兴)上皇村，灵牌祔于哲宗之室，位居元符皇后刘氏之上。后来改谥号昭慈圣献。

车吉心 主编

中国皇后全传

● 第六卷

山东教育出版社

顾　问　安作璋
主　编　车吉心
副主编　朱亚非　嵩　峰

本卷目录

哲宗赵煦皇后刘氏　/1157
徽宗赵佶皇后王氏　/1164
徽宗赵佶皇后郑氏　/1166
附：徽宗赵佶妃韦氏　/1170
钦宗赵桓皇后朱氏　/1177

南宋

高宗赵构皇后邢氏　/1180
高宗赵构皇后吴氏　/1182
孝宗赵昚皇后夏氏　/1189
孝宗赵昚皇后谢氏　/1191
光宗赵惇皇后李凤娘　/1193
宁宗赵扩皇后韩氏　/1202
宁宗赵扩皇后杨氏　/1203
理宗赵昀皇后谢道清　/1211
度宗赵禥皇后全氏　/1228

辽

太祖耶律阿保机皇后述律平　/1235
太宗耶律德光皇后萧温　/1260
世宗耶律阮皇后甄氏　/1262
世宗耶律阮皇后萧撒葛只　/1266
穆宗耶律璟皇后萧氏　/1268
景宗耶律贤皇后萧绰　/1270

圣宗耶律隆绪皇后萧菩萨哥 /1286
兴宗耶律宗真皇后萧挞里 /1290
附：兴宗耶律宗真皇太后萧耨斤 /1295
道宗耶律洪基皇后萧观音 /1301
道宗耶律洪基皇后萧坦思 /1309
天祚帝耶律延禧皇后萧夺里懒 /1311
附：天祚帝耶律延禧妃萧瑟瑟 /1312

北辽

附：宣宗耶律淳妃萧普贤女 /1317

西辽

德宗耶律大石皇后萧塔不烟 /1324
附：承天太后耶律普速完 /1327

金

熙宗完颜亶皇后裴满氏 /1333
海陵王完颜亮皇后徒单氏 /1336
附：海陵王完颜亮皇太后徒单氏 /1338
附：海陵王完颜亮皇太后大氏 /1342
附：海陵王完颜亮妃阿里虎 /1344
附：海陵王完颜亮妃定哥 /1346
附：章宗完颜璟皇太后徒单氏 /1349
附：章宗完颜璟妃李氏 /1352
宣宗完颜珣皇后王氏 /1356

西夏

景宗李元昊皇后野利氏 /1361
景宗李元昊皇后没藏氏 /1364
毅宗李谅祚皇后没藏氏 /1367
毅宗李谅祚皇后梁氏 /1369

惠宗李秉常皇后梁氏 /1378
崇宗李乾顺皇后耶律南仙 /1384
崇宗李乾顺皇后任氏 /1386
仁宗李仁孝皇后罔氏 /1387
仁宗李仁孝皇后罗氏 /1389

哲宗赵煦皇后刘氏

◎ 李 晓

她比赵煦小3岁,却曾被赵煦当作"乳母";她倍受宠爱,享尽荣华,却成了北宋后妃中惟一以自杀结束性命的人。

元祐初年,高太后为了加强对赵煦的管束,在他身边安排了20名年龄在四五十岁以上的老宫女负责照料他的日常生活。小皇帝天天与这些老态龙钟的婆婆们呆在一起,难免索然寡味,很想找一个年轻貌美的女子陪伴自己,可又不敢向高太后表白。14岁那年,就秘密派人外出物色,说是宫中需要一个乳母。不知怎地,这事竟很快在宫外传扬开了。接着就有大臣呈上谏章,礼部侍郎兼侍讲范祖禹说:皇上年方14,不该是亲近女色的时候,劝皇上进德爱身,又请高太后保护好皇帝,言辞十分激烈。左谏议大夫刘安世也上疏批评。高太后临朝时虽一再作了解释,但说的话很不一致。她对范祖禹说此事属于外间虚传,对宰相吕大防却说:"刘安世有疏言宫中找乳母,这不是官家的要求,乃是神宗的一两个小公主需要喂奶。官家常在我榻前阁内就寝,哪会有这种事发生?"退朝后,她却把伺候赵煦的宫女轮番叫去审问训斥。赵煦见回来的宫女一个个红肿着眼睛,像曾经哭过一样,吓得要命。幸亏高太后没再进一步深究。所谓的乳母依旧留在赵煦身边,这就是比赵煦小了3岁的刘氏。绍圣三年(1096)宰相章惇翻出这件事,给范祖禹、刘安世扣上"构造诬谤"的罪名,分别贬窜贺州(今广西贺县)、英州(今广东英德)。

　　刘氏不但姿色超群,容貌明艳冠于后宫,而且能诗善文,稍具才气,曲媚逢迎,工于心计。赵煦担惊受怕、偷偷摸摸把这么个色艺双全的可意人儿弄到手,岂能不喜,怎会不爱?最初几年,两人慑于高太后的威严还不敢过分亲热。等到高太后死去,刘氏的身份立刻由名义上的乳母变成了御侍,地位逐步提高,很快由美人晋升为婕妤。赵煦不仅在后宫与她如胶似漆,形影不离,就连外出也时常带在身边。绍圣二年(1095)九月,赵煦祭祀明堂,斋宫中的生活就由刘氏侍奉。祭祀结束后,赵煦又带她去大相国寺游玩,且用教坊奏乐,大吹大擂,好不气派,惹得汴京百姓群出观看。刘氏如此得宠,一班趋炎附势的朝廷大臣就凑上前来溜须拍马。翰林学士蔡京曾专门写了4首诗来奉承她,其中有"三十六宫人第一,玉楼深处梦熊罴"之语。意思是既盛称刘氏的美貌,又祝愿她早为皇上生个龙子。宦官郝随等也成了刘氏的心腹亲信。刘氏恃宠成骄,神气起来,不要说普通的嫔妃,就连皇后孟氏也放不进她眼里去了。

绍圣二年，孟氏率众嫔妃朝拜景灵宫，礼毕，孟氏就坐，其他嫔妃都恭恭敬敬侍立左右，只有刘氏背朝着她远远站在檐下。孟氏阁中侍女陈迎儿见状不平，厉声喝道："转过身来！"刘氏理都不理，众人瞧着她那一副傲慢劲儿，都很是生气。这年冬至，孟氏又率众到隆裕宫拜谒向太后，向太后尚未升殿，大伙就在旁边等着，暂行就坐。当时社会等级森严，不同的等级连座位都不一样，皇后坐的是朱髹金饰的交椅，其他嫔妃只能坐普通的座位。刘氏坐在自己的位子上觉着很受委屈，杏脸上泛出一层不高兴的模样，她的随从郝随知道主子的心思，连忙给她换了一个与皇后相同的椅子，众嫔妃再次愤愤不平起来。忽听有人传呼："皇太后驾到！"大伙全都起立，刘氏也站了起来。哪知伫立片刻，并不见向太后出来，孟氏等人只好再次坐下。这时只听"扑通"一声，众人扭头一看，见刘氏已结结实实摔倒在地，原来早已有人趁她不注意时把她不该坐的椅子撤到一边了。人们出了一口恶气，齐声哄笑。刘氏平时趾高气扬，哪能忍受得了这种耍弄，顿时恼羞成怒，脸色气得煞白，太后也顾不上见，跌跌撞撞地哭着找赵煦撒泼诉冤去了。郝随安慰她说："娘娘不必烦恼，只要能早给官家生个儿子，皇后的座位不愁不是娘娘的。"

但刘氏却不肯等到生儿子的那一天，她把满腔怒火倾注到孟氏头上，处心积虑地要把孟氏整倒，自己好取而代之。她勾结郝随等人抓住孟氏为女儿治病用道符和做佛事祈福等事，搬弄是非，四处造谣，大兴冤狱，终于促使赵煦把孟氏废掉。

刘氏扳倒孟氏，得意至极，天天望着正位中宫，宰相章惇和宦官郝随、刘友端等人也一再请求赵煦另立刘氏，郝随还把孟氏用过的皇后衣冠偷来拿给刘氏穿。但赵煦生怕自示偏心，不敢当即应允，便把皇后的位子虚悬着，几年未曾继立，刘氏只是晋升一级，升为贤妃而已。

元符二年（1099）八月，天遂人愿，赵煦平生唯一的儿子果真被刘氏生了下来，赵煦大喜过望，即在九月诏立刘氏为皇后。满以为这下该名正言顺了，不想又有臣僚抗疏谏阻。右正言邹浩说："立皇后以配天子，乃是为天下择母，怎能不慎？但今天立的竟是刘贤妃，一时公议，莫不疑惑。当年郭皇后与尚美人争宠，仁宗既废皇后，又斥美人，以示公正。再立皇后就不从嫔妃中选择，而是别择贤族，以求避嫌，这应当为天下后世所效法。孟氏被废之时，天下谁都清楚是贤妃之所为，等到听到陛下慨叹，以为国家不幸，人们遂释然不疑。现在这样做，岂不上累圣德！臣见诏书所说，不过称其有子，还引用永平（汉明帝年号）、祥符（宋真宗年号）之事作为依据。臣以为若说有子便可立为皇后，那么永平时马贵人并未有子，所以得立，是因为德冠后宫；祥符刘德妃也并未有子，能为皇后，是因为出身钟英甲族。并且永平贵人乃马援之女，祥符德妃亦无废后之嫌，与今日事体大相径庭。去年冬天，刘贤妃从享景灵宫当天就雷变甚异，今日宣诏之后，又霖雨飞雹，自奏告天地宗庙以来，阴霾不止。天意昭然，望停止册立，别选贤族。"赵煦找来邹浩说："此事祖宗时也有过先例，哪里只有朕这样呢？"邹浩说："祖宗大德甚多，陛下不去遵行，却单单效法其坏处，只怕后世少不了谴责你了。"赵煦变了脸色，但并未发火。刘氏却对邹浩恨入骨髓，晚间向赵煦猛吹枕边风。第二天章惇朝见，一个劲儿地骂邹浩狂妄，赵煦遂下令将邹浩除名，发配新州（今广东新兴）羁管。尚书右丞黄履说了句"邹浩犯颜纳忠，不应发配死地"，被罢职，贬知亳州（今安徽亳县）。邹浩的朋友宗正寺簿王回为邹浩送行，安排家事，竟被逮捕下狱，除名废职。

九月二十七日，赵煦登文德殿举行册立皇后的典礼，百官仪仗班列于庭。是日，天气晴朗，秋日融融，喧天动地的鼓乐声中，忽听有人喊："今日之事，上应天心，下合人望。"众人一瞧，原是御史中丞安惇在喊，便七嘴八舌骂他奸佞。

刘氏费尽心机当了皇后，自然如愿以偿，欢天喜地。岂料福兮祸之所倚，乐极生悲，当皇后刚过了29天，她的儿子（封越王）就生病夭折。赵煦遭此打击，悲痛万分，竟也生起病来，元符三年（1100）正月初八，死于福宁殿。刘氏几个月间连失两个亲人，刚刚32岁就成了寡妇。

徽宗赵佶即位，刘氏被称为元符皇后。向太后很反感她，把孟氏复立为皇后，多方压制她，邹浩等人也官复原职。刘氏被迫老实了一段时间，等到向太后和朱太妃相继去世，刘氏就勾结当了宰相的蔡京再次向邹浩、孟氏反扑过来。

当初，邹浩因进谏被流放时，呈给赵煦的谏章留在了宫中，时间一久，不知封存到了什么地方，赵佶等人都没有见过。邹浩官复原职后，入朝向赵佶拜谢，赵佶首先提到他谏阻立后之事，再三夸奖他忠直敢言，并问："谏章的草稿还有没有，很想看看。"邹浩回答："早就烧掉了。"退朝后，邹浩把这番话告诉了左司谏陈瓘，陈瓘说："灾祸只怕就在于此了，万一将来有奸人伪造一份草稿，你即使有一百张嘴也解释不清。"果然，刘氏为了加罪邹浩，在崇宁元年（1102）五六月间，授意蔡京找人伪造了一份谏章。内容是："臣闻仁宗皇帝在位42年，邦国无流离之患，边境无征伐之苦，黎民繁庶，万国咸宁。当时，并不是焦心劳力之秋，完全可以喜游后宫，但仁宗却对宰相寇准说：'朕观自古乱天下、败国家者，没有不因为女子的，所以褒妃灭周、妲己亡商。朕后宫女子，巧媚百生，朕都未尝顾盼。'仁宗之意无非是为了垂裕后嗣，为何陛下竟忘记了大业呢？臣观陛下之所为，不但有过于桀、纣，而且甚于周幽王。刘贤妃杀害宫女卓氏，霸占其子，欺人可也，能欺得了天吗！卓氏无罪被杀，陛下岂不有过于桀、纣吗？废孟氏而立刘氏，快陛下之意可也，刘氏何德而立，陛下岂不甚于幽王吗？臣观祖宗有唐、虞、尧、舜之德，而陛下有桀、纣二王之行，不知陛下能否安于寝食。今闻陛下立刘氏，用的是宰相章惇之策。臣今谏陛下，去废后之丑行，行复后之大德，听臣之直谏而拒章惇之奸言，使天下之人共仰首以见日月之光，盛大之世；不然，祖宗有百余年基业，将颠覆于陛下之手矣。唐朝褚遂良谏高宗立武昭仪，不听，叩头流血，把笏板放到殿阶上说：'还陛下此笏，乞归田里。'今臣谏陛下若不听，也愿归田里，种地务农，为乱世之民。"这份谏章伪造得极其拙劣荒谬，不要说邹浩身为大臣不可能说出如此狂悖的话，就连其中引用的典故也严重失实，仁宗从来没说过那番话，寇准在仁宗刚刚即位的天圣元年（1023）就死于雷州（今广东海康），何曾在仁宗朝当过宰相？号称学问渊博的蔡京拍马心切，整人性急，居然连这种明显的谬误都不顾了。同时，蔡京又根据刘氏的指使，平白伪造了一份刘氏在元符二年申辩自己并没有杀卓氏、夺其子的表章，连同伪造的邹浩谏章一起交给了赵佶。赵佶也昏庸至极，竟信以为真，勃然大怒，在崇宁元年闰六月下达一道诏令说："朕在元符末年，就知道皇后确实为哲宗皇帝生育了越王，但奸人造谤，竟说不是皇后所生。等到朕阅览臣僚旧疏，恰好见到了皇后当时的申诉表章，事实确凿，皆有明证。从哪里来的人，能入宫禁私行杀母夺子？朕为人之弟，岂能使沽名之贼臣，害友恭之大义，诋毁欺罔，罪莫大焉!邹浩应予重责,以戒为臣之不忠者。今将其原奏劄子及元符皇后的诉章,宣示中外。"邹浩被贬为衡州别驾,押赴永州(今湖南零陵)安置。蔡京又安排其党羽替刘氏撰写了一份谢表献给赵佶。赵佶诏令交付史馆,载入史册。

刘氏发泄完了对邹浩的仇恨,接着便把报复的矛头指向孟氏,三个月后,在蔡京的支持下,借昌州判官冯澥和一班谏官之口把孟氏再次废居瑶华宫,所有参与复立孟氏活动及与邹浩关系密切的臣僚都被贬官流放,冯澥则被提拔进京,当了鸿胪寺主簿。

崇宁二年(1103)二月,刘氏被尊为皇太后,住处定名为崇恩宫。她既报复了宿怨,又提高了地位,志得意满,便再次神气起来。仗着自己的身份,动不动干预朝政,对赵佶和朝中大臣指手划脚,呼三喝六。并且暗地里还不甘寂寞,做出了偷奸养汉的勾当,被人发觉,传得满城风雨。赵佶起先还能让她几分,日子一久,大生反感,就与大臣们商议,想将她废掉。刘氏身边的宦官内侍在她得势时,还能忍受她的跋扈撒泼,对她巴结奉承,现在一听说她自身难保,竟也一反常态,对她百般辱骂。刘氏羞愤不堪,无地自容。政和三年(1113)二月,在卧室的帘钩上自缢身亡。终年35岁。真个是机关算尽太聪明,反误了卿卿性命。

徽宗赵佶皇后王氏

◎ 李 晓

王氏，开封人，德州刺史王藻之女。元符二年（1099）六月，年方 16，嫁给了比自己年长一岁的端王赵佶，封顺国夫人。次年正月，赵佶即位，王氏被册立为皇后。生育钦宗赵桓和崇国公主两个孩子。

王氏相貌一般，秉性恭俭，老实端庄，不会施展手段取悦于人，所以并不很讨风流倜傥的赵佶喜欢。尽管她对正得盛宠的郑、王二妃颇能委屈求全，持平相待，从不敢摆出皇后的架子妄作威福，但仍然树大招风，成了一些别有用心的人飞短流长、说三道四的攻讦对象。大宦官杨戬就公然造谣，诬告她有暧昧不检的行为。昏聩的赵佶竟也不辨黑白，信以为真，命刑部侍郎周鼎设秘狱追查，结果查来查去，毫无实情。可怜王氏贵为皇后，遭此奇耻大辱，犹能忍气吞声，在赵佶面前对此事只字不提。赵佶自知理亏，动了恻隐之心，幡然怜之。大观二年(1108)十月，王氏病死，年仅 25 岁。初谥靖和，后改谥惠恭。葬于裕陵之侧。

徽宗赵佶皇后郑氏

◎ 李 晓

向太后居住的慈德宫中,有两个她很喜欢的押班侍女,一个姓郑,一个姓王。两人皆生得既美丽,又聪慧,懂礼法、善言辞。端王赵佶每天到慈德宫问安起居,向太后总令郑、王二女供侍。两人身为太后侍女,无缘亲近皇帝,难免私下芳心戚戚,赵佶的出现,重又燃起了她们的希望,为把青春托付给这个少年王爷,她们曲意奉承,无微不至。风流倜傥的赵佶同样也打心眼儿里爱慕她俩,于是眉挑目语,秋波暗送,彼此都情意盎然。时间一长,向太后也看出了些眉目,在赵佶即位前,索性成人之美,将二人赐给了他。从此两人大受宠爱,实际地位远远超过了皇后王氏。

郑氏是开封人，直省官郑绅之女，容止雅丽，秀外慧中。自入宫以后，很爱读书，由此能识字解文，以有才气著称，给皇帝的章表都是她自己捉刀命笔，无不字体隽秀、文辞藻丽。赵佶自命儒雅，对才貌双全的女子也格外欣赏，所以在郑、王二人中间，他更喜欢郑氏。还经常写些情词艳曲赐给郑氏，郑氏也每每和韵酬答，两人的这种作品传到宫外，人们竞相传唱。郑氏的地位很快提升，几个月间就从贤妃晋封为淑妃，又晋封为贵妃，大观四年（1110）十月正位中宫，成了皇后。

郑氏之所宠，不仅仅在于她长得好有才气，还因她善于揣摩逢迎赵佶的心思，在赵佶面前她刻意修饰，摆出谦虚端谨的姿态。册为皇后时，有司要给她制作一套新的冠服，她推辞说：如今国用不足，财政有困难，制作新冠，费用很多，请求把当贵妃时用的旧冠改制一下就行了。还请求罢除黄麾仗、小驾卤簿等仪仗。起先她因出身卑微，很想在朝臣中找个依靠，取得一定支持，抬高自己的地位。可巧有个叫郑居中的开封人刚考中进士，当了都官礼部员外郎，本来他与郑氏娘家没有一丝一毫的血缘关系，只是同姓一个郑字而已，但他基于与郑氏相同的目的，到处自称是郑氏的叔伯兄弟。郑氏闻知，就默认了这种关系，并且向赵佶竭力引荐，很快使郑居中升为同知枢密院事。这时，郑氏已宠冠后宫，不再需要郑居中当靠山了，而且生怕他在朝廷激烈的政治斗争中惹出什么麻烦连累自己，就按照亲信宦官黄经臣的计策，向赵佶奏道："外戚不应参预国政，陛下一定想用居中，那就降低妾的封号吧。"赵佶提拔郑居中本来就是看了郑氏的面子，哪能忍心因提拔郑居中而委屈了爱妃？于是郑居中被罢为资政殿学士、中太一宫使兼侍读。到大观四年，郑居中因与蔡京勾心斗角，一度得到赵佶的赏识，晋升为知枢密院事，蔡京罢相后，郑居中巴望着当宰相，赵佶察觉其意有些不太高兴。这时郑氏刚刚当了皇后，便进一步装出公正无私的样子，对赵佶说："妾回娘家省亲，见居中与父亲相往来，人们都说他在招权市贿，应该加以禁绝，并允许御史弹劾。"结果，郑居中宰相没当上，反而被罢为观文殿学士。

任何后妃，无论她怎样得宠，守着赵佶这样一个轻佻浮浪的君主，都不可能得到皇帝专一宠爱的待遇。赵佶爱恋的女子数不清，都各领风骚，擅一时之宠。对此，郑氏不但丝毫不予干涉，而且多方给赵佶提供方便，赵佶得以随心所欲，自然对她更加满意。至于赵佶在政治上的昏聩荒唐，郑氏更是从来不置一言，听之任之了。像这样一个善解人意的皇后，赵佶即使负心多宠，也不会把她冷落一边的，所以郑氏的位子坐得稳稳当当，从来没有受到过丁点儿动摇。

政和七年（1125）冬，金兵南犯，北宋危在旦夕，赵佶急于逃命，禅位于太子赵桓，被尊为教主道君太上皇帝，退居龙德宫，郑氏被尊为道君太上皇后，迁居撷景西园。

靖康元年（1126）正月初三日，金兵攻陷濬州（今河南滑县东北），渡过黄河。当天夜里，赵佶连郑氏都顾不上通知，就只带着几名随从乘船沿汴河向东南逃去。次日郑氏闻知，也慌了手脚，赶忙逃出汴京，追赶赵佶，怎奈赵佶跑得太快，等郑氏追到扬州，赵佶已渡江到了镇江，郑氏只好暂时住在扬州，嫔妃、皇子皇女们跟不上的，也在沿途州县住着。二月初，金兵从汴京城下撤走，郑氏决定回京。但由于随赵佶跑到镇江的宦官童贯等人把持着东南地区的行政、经济、军事大权，企图在镇江重新把赵佶捧上台，使得以赵桓为首的朝廷与赵佶的关系顿时紧张起来。所以当郑氏临近汴京时，有人就说她可能要从端门直接进入内宫，纷纷要求赵桓加强戒备。赵桓没有听从，亲自到郊外迎接郑氏，安置到了撷景园改名的宁德宫，称为宁德太后。郑氏深受感动，写信告诉了赵佶。赵佶遂打消了顾虑，回到汴京，依旧住在龙德宫。

当年闰十一月二十五日，金兵攻破汴京。翌年二月六日，宣布废掉赵佶、赵桓两个皇帝。第二天郑氏和赵佶就被抓到了青城，从太上皇后一下子变成了阶下囚。金兵凭借宦官邓述开列的名单，把皇子、皇孙、后妃、公主、外戚大臣等共3000多人全部扣押起来，要解往金国，郑氏的父亲郑绅也在押。郑氏不愿意父亲受自己连累，找到金帅粘罕，奴颜卑膝地乞求道："臣妾有罪，自该随上皇北迁。但臣的家属未尝干预朝政，敢请元帅开恩留下。"粘罕点了点头，果然派人把郑绅送回了城中。金将对郑绅说："你女儿很会说话，进退有法，容止雅丽，所以元帅才特别开恩的。"

三月二十九日，郑氏与赵佶等一班后妃皇亲被押解北去。郑氏在金国凄惨地生活了5年，建炎四年（1130）九月死于五国城，终年52岁。直到绍兴七年（1137），南宋才闻知了她的死讯，上谥号显肃。绍兴十二年（1142），郑氏与赵佶的梓宫运回南宋，两人合葬于会稽永佑陵。

附:徽宗赵佶妃韦氏

◎ 李 晓

韦氏,开封人,早年被选入宫当了郑皇后的侍女,这是《宋史·韦贤妃传》的记载。但有的野史说她是会稽(今浙江绍兴)人。元祐八年(1093),宰相苏颂罢为扬州知州,家中有个姓韦的丫环,削发成了尼姑,其妹妹就是后来的韦贤妃,最先也是苏颂的丫环。有次被送到苏颂床上伴寝,整个晚上小便不停,苏颂说:"此乃大贵之相,不是我这里所能容得下的,还是到京师求个前程吧。"正好哲宗要选择20名处女分赐诸王,韦氏被选中,分到了端王赵佶府。按说,郑皇后当向太后的押班侍女期间是不可能自己有侍女的,她被向太后赐到赵佶身边是在元符三年(1099)左右,次年随赵佶入宫,被册立为皇后则是在大观四年(1110)。若按元符二三年算,韦氏当时 20 或 21 岁,按大观四年算就成了 31 岁,这么大年龄的女子尚未嫁人,仍被选入宫廷当侍女似乎于理不通。若按野史的说法来算,那么元祐八年韦氏刚好 14 岁,在苏颂家当了一段时间的丫环后,依然是个处女,所以被哲宗选中分给赵佶则是可能的。或许韦氏进端王府后并没有受到亲幸,郑氏与赵佶结合后便成了郑氏的侍女,所以《宋史·乔贵妃传》记载说韦氏与乔氏同为郑皇后侍女,感情亲密,结为姊妹,约好富贵毋相忘,乔氏先得幸于赵佶,就把韦氏也引荐了上来。

韦氏脾气平和,信奉佛、道。在崇宁(1102—1106)末年,封为平昌郡君、才人。大观元年(1107)正月,生赵佶的第九个儿子康王赵构,晋封为婕妤。三天后,赵佶前来探视,把赵构抱到膝盖上哄逗,很是欢喜,笑着对韦氏说:"这孩子长得酷似南方人。"孩子像自己,韦氏更是喜得合不拢嘴。此后的二十几年间,韦氏除了奉道、念佛,养育儿子,无事可表。

靖康元年(1126)正月,金兵包围汴京,尚书右丞李纲率领军民奋力抗击,打退了敌人的猛烈进攻。金兵见一时攻城不下,就遣使入城,假意要求宋朝派一名亲王和宰相到军中议和。钦宗赵桓把众王召来问"谁可为朕一行?"亲王们没有敢作声的,倒是赵构还有点胆略,当即挺身站出,慨然请行。赵桓大喜,进封韦氏为龙德宫贤妃。韦氏却为儿子捏着一把汗,心惊胆战,紧张得不得了。赵构出发时,她来送行,一副生离死别的模样。有个名叫招儿的小宫女宽慰她说:"我看见有四个金甲神人,状貌雄伟,正手执弓剑护卫大王哩。"并指指点点让大家看,人们什么也看不见,韦氏却稍稍放心了点,以手加额说:"我向来事奉四圣,香火虔诚,这大概是他们在暗中相助吧。"

次年三月，韦氏和所有宋朝后妃被金兵俘虏北去，只有赵构因出使在外，幸免于难。不久，赵构即位于南京（今河南商丘），建立南宋，是为宋高宗。遥尊韦氏为宣和皇后，把韦氏的父亲韦安道从平民百姓一下子封为郡王，韦家亲属也有30余人封了官。

韦氏在金朝受尽了凌辱磨难，有的记载说她被安置到浣衣院中，成了金朝皇帝的妃子，还有的书中说她嫁了一个金朝大王，无论如何她一直在忍辱偷生，眼巴巴地指望着能有回归故国的那一天。赵构感念母子情分，固然不能没有同样的愿望，但他首先考虑的是自己的地位性命。他对金兵怕得要死，一味地屈膝求和，以便保全自己的偏安政局，于是，换回母亲便成了他投降求和的绝妙借口。

绍兴七年（1137），赵佶和郑皇后死去的消息传到南宋，赵构号恸欲绝，对大臣们说："宣和皇后年事日高，我想她想得坐卧不宁，屈己讲和，正是为了她啊。金人若能放还母后，提什么条件我都会答应的。"翰林学士李震请求遥尊韦氏为皇太后，赵构同意。可是太常少卿吴表臣却请求等赵佶的三年丧期满了之后再举行册礼。赵构只好先降御札，宣告天下，把韦氏祖宗三代都追封为王。后来宋金使者往还，带来消息说金人可能会归还韦氏，赵构就在杭州建造了一座慈宁宫，准备作为韦氏回来后的住所。绍兴十年（1140），遥尊韦氏为皇太后，每逢韦氏的生辰、节日，都遥行贺礼。

不久，因出使金国被扣押在那里的徽猷阁待制洪皓设法搞到了韦氏的一封亲笔信，派随从李微偷偷捎回南宋，赵构欢喜地说："我不知太后的情况将近20年了，即使遣使百辈也不如得到这一张纸。"

绍兴十二年(1142),金派萧毅到南宋议和,赵构和奸臣秦桧一切唯命是听,和议很容易地谈成了。赵构进誓表给金朝,对金称臣,答应每年贡银25万两,绢25万匹,两国领土东以淮水、西以大散关为界,一场投降卖国的丑剧终于闭幕。赵构仍然装出大孝子的模样,假惺惺地对萧毅说:"我拥有天下,却连自己的父母都不能孝养,徽宗是赶不上了!今立誓书,应当归我太后,我不耻称臣讲和。否则,我不怕用兵。"萧毅回朝,赵构又色厉内荏地对他说:"太后果能归还,我自当坚守誓约,若不然,虽有誓约,只是虚文。"南宋派何铸、曹勋去金朝答谢金主的许和之恩,赵构把他们召入内殿嘱咐说:"我北望庭闱,已经无泪可挥。你们见到大金皇帝,要说'慈亲在上国,只是一个无用老人罢了,对本国来说,则所系甚重'。一定要用至诚至哀的话劝说,或许他会有所感动。"何铸等到了金朝,果然奴颜卑膝低三下四地乞求,金熙宗说:"这是先朝形成的局面,岂能轻易更改?"何铸又是叩头,又流泪,金熙宗这才答应。

这年四月,与韦氏在金朝生活了17年的贵妃乔氏,摆下几个小菜为韦氏饯行。乔氏举杯劝道:"姐姐有福,生了个好儿子,这次归去,见到儿子就是皇太后了。要善自保重,妹妹永无还期,只怕要死于荒漠,做个异乡之鬼啦。"说着已泣不成声,韦氏也哭,接过杯子刚想喝,乔氏擦了一把眼泪,止住她说:"莫急,妹妹还有一言。姐姐到了快活处可别忘了这里的不快活。"韦氏说:"哪敢忘记今日?"说罢一饮而尽。临行时,乔氏把平日省吃俭用积攒的50两黄金送给金使高居安,恳求说:"薄物不足为礼,只求贵人好好护送我姐姐还江南。"姊妹俩又抱头恸哭,洒泪而别。

韦氏就这样与赵佶、郑皇后的棺材一起踏上了回归祖国的旅途。金熙宗派大臣高居安、完颜宗贤等护送南行。走到燕山时，金朝人害怕天热，停住不肯再走，韦氏察知其意，虽归心似箭，但生怕再发生什么变故，前功尽弃，就自称有病，上书金熙宗请求等秋天凉爽后再走，金熙宗同意。她又可怜巴巴地向高居安等人借了300两黄金，约好到宋境加倍偿还。这些黄金一部分被她施舍给佛寺，祈求神佛保佑，其余全赠送给从行的金人，买得这些人满心欢喜，一路上没再找她的麻烦。从东平上船后不多久就抵达了楚州(今江苏淮安)边境，然而韦氏怎么也想不到她在这些金人那里没遭到多大刁难，到了她儿子的大臣那里却碰到了钉子。

赵构派参加政事王次翁和韦氏的弟弟安乐郡王韦渊到楚州迎接。高居安等人一定要求偿还黄金后，才肯把她移交给宋人。韦氏想，眼看到家，已经见到亲人了，这事还有什么困难吗?就把事情的原委告诉了韦渊，要他赶快凑足还上。韦渊生性谨慎，来时自己又没带多少钱，就说有朝廷大臣在此，他不敢擅自做主，韦氏只好求助于王次翁。岂料，王次翁是秦桧的走狗，临来时秦桧把交接仪式的所有细节都向他做了交代，他一言一行都绝对照秦桧的话做，唯独没想到会突然冒出这档子事，这个秉承秦桧旨意亦步亦趋惯了的走狗，丝毫不考虑考虑韦氏是何许人也，心里牢记的只是秦桧的命令，竟断然拒绝了韦氏的请求。担任奉迎提举知事的王瑛怕事情闹僵，再三劝说，王次翁仍不肯答应。双方就这样在边境上相持了整整三天，最后还是王瑛想方设法找来了千余两黄金送给金人，韦氏才得以迈过边境。她历尽艰难，九死一生回到故国，万万没有想到竟劈头遭受了这种冷遇，怎能不气恼，不伤心! 八月，赵构亲率文武百官到临平(今浙江余杭)举行隆重热烈的迎接仪式，母子相见，抱头痛哭，韦氏挥泪如雨，这里面有喜、有悲，恐怕也不能没有怨愤。她被迎进临安（今杭州），住进了早就建好的慈宁宫。刚安顿好，就哭着向赵构诉说了在楚州受到的刁难，并说："王次翁身为朝廷大臣，居然如此不顾国家利害，万一生变，我母子恐怕就见不到了。"赵构勃然大怒，要杀王次翁，秦桧则花言巧语替他辩解，最后只是贬为资政殿学士奉祠了事。

故国河山毕竟是美好的，慈宁宫不算豪华，但很舒适。韦氏仿佛从地狱回到了天堂一样，对周围的一草一木都觉着赏心悦目，楚州的不愉快在她虔信佛道的澹泊和母子团聚的喜悦中很快就被淡忘了。在金朝时，她听说了抗金勇将韩世忠的威名，这时特地把韩世忠请来慰劳赞赏了一番。赵构对她也极尽孝心，常常在慈宁宫陪着聊天，到深夜还不肯离去，她便疼爱地说"快休息吧，天不亮就要早朝，可别耽误了国事"。有时韦氏饭量稍少一些，赵构都不胜忧惧，嘱咐慈宁宫的内侍们说："太后年已六十，只有优游无事，起居适意，才能够身体康宁。缺少什么东西，你们不要让太后操心，只管来告诉我。"17年俘虏生活，使韦氏养成了节俭的习惯，有司献给她一只金痰盂，她觉着太侈华，令换成个涂金的。每年得到的贡奉财帛，除了用一小部分供佛奉道外，其余全都节省下来封存库中，后来她死的时候，丧葬之费就是花的这笔钱。对于朝廷政治她从不过问，唯一关心的就是赵构的婚事。赵构的原配夫人邢氏被俘去金朝后，他一直不肯立皇后，韦氏多次劝他，他请求韦氏降一道手书，宣谕朝廷。韦氏却说："我只知家事，外廷如何不是我应干预的。"绍兴十三年（1143）赵构册立吴氏为皇后，有关典礼全是韦氏凭记忆按北宋时的老规矩办的。政和十九年（1149），韦氏七十大寿，正月初一，赵构在宫中举行庆寿大典，凡与韦氏稍有亲戚关系的全被封了官，总数达2000人之多。

　　据说,韦氏在离开金朝时,钦宗赵桓跑来拉住她的车子,声泪俱下地说:"慢着,慢着,你回去后千万想法把我也弄回去,我只求当个太乙宫使就够了,对九哥没有别的指望。"韦氏发誓说:"我先回去,若不迎你,就让我瞎了双眼。"韦氏回宋后,不知怎地竟把赵桓的哀求和自己的誓言忘得一干二净。奇怪的是这时她的双目果真失明了,赵构请遍了天下名医都没有治好,有个修泉县朱仙观的道士皇甫坦用针灸术一针就使她的左眼重见光明。韦氏大喜,对皇甫坦说:"请再费心治愈我的右眼,定当重谢。"皇甫坦却笑着说:"太后能用一只眼睛看见东西就足够了,那只眼还是留着牢记誓言吧。"韦氏一听,吓出了一身冷汗。可巧这时牡丹花盛开,赵构特地来请她去观赏,韦氏走到花房,把皇甫坦的话统统抛诸脑后,又是欣赏又是欢宴,尽兴而罢。不知是她真的记性不好,还是与赵构一样担心赵桓回来会威胁赵构的地位,反正直到她死去,人们一直没听见她提过赵桓的事情。

　　绍兴二十九年(1159),韦氏寿登八十,赵构再行庆礼。亲属晋官一等。长寿的普通百姓也跟着她沾了光,庶人年九十以上者,宗室子女及贡士以上的官员父母八十以上者,全被封官。这年九月,韦氏生病,赵构罢朝,敕令辅臣祈祷天地、宗庙、社稷,不久她就死在了慈宁宫,谥号显仁。葬于会稽永佑陵的西侧。

钦宗赵桓皇后朱氏

◎ 李 晓

朱氏,开封祥符人,父亲朱伯材,官任武康军节度使。政和六年(1124)六月时,赵桓当太子,徽宗赵佶亲自主婚,册封朱氏为皇太子妃。次年十月,生子名谌。在世皇帝生嫡皇孙,这是宋朝建国以来未曾有过的事情,赵佶大喜,隆重庆贺了一番。赵桓即位,是为钦宗,册朱氏为皇后,追封朱伯材为恩平郡王。靖康元年(1126)底,在金兵第二次包围汴京时,赵桓每天都驾临城墙视察战况。天气奇寒,大雪纷纷,朔风凛冽,经常可以看见冻死的兵卒被抬下城来。为鼓舞士气,朱氏就在宫中率众嫔妃亲手缝制棉围脖,赐给将士。士兵分到棉围脖的哭笑着说:"虽然脖子暖和了,可是浑身单寒又怎么办呢?"汴京终于失陷。朱氏、赵桓等全被金兵俘虏北去,不知何年何月死在了金国。南宋宁宗庆元三年(1197),上尊号、谥号仁怀。

宋／南宋

南宋

高宗赵构皇后邢氏

◎ 荆世杰

靖康二年(1127)五月初一,幸免厄运的康王赵构在南京(今河南商丘)即位,南宋建立。遥立元配夫人邢氏为皇后。这在当时有政治上的原因,是力图收复失地的一种表现,或许赵构想笼络一下人心吧!

这位遥立的邢皇后祖籍开封祥符县,赵构在康王邸时所聘,她的命运很悲惨,但是想到大宋的父子皇帝都成了阶下囚,在北国困作井底之蛙,她的经历反而不足为奇了。建炎元年(1127)七月,宋朝前武义大夫曹勋衔上皇命出逃,离开金营之前,邢皇后脱下随身佩戴的金环,派人交给曹勋,并请代向赵构致意,"转告大王,愿如此环,早日相见"。这很令人心酸,因为这根本是一个无望的期待。其间,高宗赵构思母念妻,也曾几次派人到金邦打探,盘算赎回,无奈金主知道邢氏是当今皇后,更将她居为奇货,非等议和所许的金银、土地如数交清,才能放还。然而国内连遭战乱,人民颠沛流离,田地荒芜,商业凋敝,哪里去搜刮大宗的金银呢?况且,不管二圣,先赎发妻,于理难通。绍兴九年(1139),年仅34岁的邢后终于客死金邦。

绍兴十二年(1142),高宗赵构杀掉岳飞,屈膝求和,金人放还赵构的生母韦太后。邢皇后已于三年前去世,金人一直秘不发丧,这次灵柩也被送回,魂兮归来,也算万幸了。高宗见了邢后的灵柩,不禁泪下,对群臣说:"朕虚置后位以待中宫,已经一十六年,不幸后已先逝,念及旧情,能不悲痛吗?"这是高宗的心里话,还是事出无奈,今天已无法搞清。据《宋史》记载,即位之初,高宗曾想立元懿太子赵旉的生母潘氏为后,受到大臣吕好问的谏止,方才作罢。

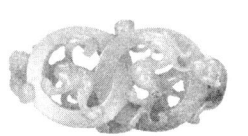

高宗赵构皇后吴氏

◎ 荆世杰

吴氏是宋高宗的继后,祖籍开封。吴后的父亲吴近在女儿降生之前,曾经梦到一亭,亭上的匾额上有"侍康"二字,亭子两旁遍种芍药,万绿丛中,一朵红花,迎风怒放,妍丽可爱。吴近从梦中醒来,心中惊奇,但是却不明是何预兆。吴皇后14岁那年,便长得秀外慧中,遐迩闻名。康王赵构慕她美名,选入宫中。吴近因女升官,方才明白"侍康"的梦兆。

康王赵构即位后,南宋形势依然严峻,金邦铁骑,来去飘忽,康王东躲西藏,吴氏身披铠甲,跟随左右,寸步不离。她少时就极聪慧,又熟读史书,因此颇能随机应变。后来,侍从康王驻骅四明，宫中卫士发动兵变，若不是吴氏虚与委蛇，骗走叛军，高宗赵构险些遭遇大难。嗣后，金兵大举南来，连陷州郡，高宗奔波江浙，万不得已，只好乘楼船入海。先到定海（今镇海），转赴昌国（今普陀）途中，白鱼跃入船中，吴氏熟谙典故，忙向高宗称贺道："这是周人白鱼之祥呢！"高宗四方流窜，心灰意懒，吴氏好言相慰，很中高宗心意，即乘兴面封为和义郡夫人。

吴氏渐渐得幸，金军北撤，又封为才人。她本来不以貌而进，之后更加用心博览书史，勤习翰墨，从此更受宠爱。邢皇后远在朔方，高宗虚置中宫16年，吴氏悉心侍奉，劳苦功高。高宗心中，有意立她为后，只因生母韦太后远在沙漠，不敢擅自行事。高宗曾对吴氏说："极知你劳苦，却迟迟不能正名分，朕甚有愧。一俟娘娘（韦太后）归国，你理当正位。"吴氏连忙行礼说："大娘娘远在北方，臣妾不能及时问侯。每当天晴日美，宫中开宴，念起娘娘便要落泪。至于正位与否，臣妾做梦也不敢想。"高宗听了，非常感动，更认为吴氏贤惠。韦太后南归，吴氏亲自侍奉太后起居，察颜伺色，往往能先意承旨。太后是个极为严肃的人，但吴氏屈己逢迎，因此她心满意足，对吴氏赞不绝口。有了太后的认可，又有"侍康"的瑞兆，高宗便在绍兴十三年（1143）正式册立吴氏为皇后。

吴氏一生不曾生育，孝宗也不是由她抚养成人。但在孝宗的继承问题上，却深明大义。高宗只有一子，便是早夭的元懿太子。后来因后宫再无生育，高宗便接受大臣的建议，在"伯"字行内的太祖子孙中挑选了伯琮作为养子，迎进宫中，由张贤妃抚养。那时吴后还是才人，她也想抚养一个孩子。绍兴四年夏，高宗便将伯璩交给她抚养。绍兴十二年，张贤妃病逝，吴氏便将伯琮也一同抚养起来，对两个孩子，一视同仁。

伯琮性情恭俭，天资聪慧，又喜欢书史，很中高宗心意。不过前时高宗犹在希望自己万一得生贵子，所以接受秦桧之策，待生亲子后再建皇储。但光阴流逝，事情毫无结果。伯琮、伯璩分别受封普安郡王、恩平郡王，当时号东西两府。都为养子，一样的官属礼制，朝中物议纷纷，人情不安。高宗虽然早就有意立储，但因普安郡王明察秦桧奸恶，为秦桧不容，高宗受秦桧掣肘，立储之议，迁延未决。高宗明知伯璩不如伯琮，但他担心伯琮不是吴后一手抚养，立为皇子，皇后会有意见。吴后也喜欢伯琮，于是她对高宗说："普安，其天日之表也"，称赞伯琮可当大任。高宗于是决心册立伯琮，伯璩出居绍兴。吴皇后深明大义，伯琮也就是宋孝宗，顺利地入承皇统。

几年以后，高宗禅位孝宗，自居太上皇，吴后也称太上皇后，与太上皇一起退居德寿宫。高宗禅位后，在德寿宫颐养，优游自适；封后25年中，吴后悉心侍奉，不曾失礼。高宗死后，孝宗见她孑身一人，有意将她迎还大内，可是吴后与高宗是患难夫妻，留连故地，不忍心舍弃，孝宗才不再勉强。吴后又善于居间调娱高宗父子之欢，所以两宫一无隔阂。曾有一次孝宗陪上皇在宫中开宴，酒醉许下供奉20万缗钱。孝宗醒后，已把这句醉话抛到脑后。上皇在宫中等候多日，不见送钱来，愠怒地问及吴后，吴后忙打圆场说："在此很久了。偶尔酒醉上奏，不知要银要钱，不敢冒然进献。"上皇说："要钱用。"吴后即代进20万缗，孝宗很感动，后来加倍献给太后40万。宋高宗诸事如意，不再过问朝政，宋孝宗得以有所作为，肃清朝政，北伐中原，颇有一番振作的气象。孝宗常教导儿媳李凤娘多学大妈妈(指吴太后)恭俭有礼，无奈李凤娘悍妒成性，不肯悔改。

光宗即位的时候，吴后就已近80了，这时她身居太皇太后之位，但是因为孝宗的原因，她又被尊为寿圣皇太后，阴差阳错，这位老人竟又走上政治舞台。光宗少有令名，即位之初，朝政粲然可观。可是皇后李凤娘既悍又妒，竟然挑唆光宗对抗寿皇，致使父子隔膜，形同路人。又因李后残酷处罚和杀死光宗宠爱的妃子，光宗精神有些失常，从此不大上朝，政事多由李后决策。绍熙五年（1194），寿皇患病期间，思念光宗渴望一见，李后百般阻拦。六月九日，孝宗在重华宫含恨去世。

太上皇已经归天，光宗仍不肯上朝，也不肯到重华宫主持丧仪。宰臣留正、赵汝愚等人，决定请求寿圣太后出面，主持丧事。吴太后不许，留正等人申奏说："臣等连日奔波南内请对不获，屡次上疏又不见答复。今日当率百官现次恭请，倘使皇上仍然不肯出宫，百官便会在宫门前恸哭，恐怕会使人心骚动，为社稷考虑，但望太后下诏，宣布皇帝有病，暂在宫内服丧，只是丧事不能无人主使，况且悼文自称孝子嗣皇帝，宰臣怎敢代行？太后系寿皇之母，不妨摄行祭礼。"国丧临头，太后这才答应，丧礼总算如期举行。

治丧期间，光宗仍称病不出，只颁下诏书，尊寿圣皇太后为太皇太后。一班大臣无计可施，留正等人于是联名上疏光宗，请皇子嘉王早正储君之位，安定人心。上疏之后不见消息，第二天再请，方从宫中传出御批，上写"甚好"两字。群臣便按照皇上的旨意拟出草诏，送交皇帝批复。当晚传出御批，较前回批语多了几个字是"历事岁久，念欲退闲"八个字。留正见了八字御批，十分担心，认为唐突了光宗，越想越怕，急忙与赵汝愚密商。赵汝愚以为不如请示太皇太后，直接命令光宗内禅嘉王。留正认为不妥，只可请太子监国。争到最后也没有搞出个结果。次日上朝之时，留正佯装跌倒，随后写了辞表告老，偷偷地潜出国门避风。京师人心更加不安。

一天,光宗上朝时忽然仆倒在地,赵汝愚仓惶无计。工部尚书赵彦逾对赵汝愚说:"事情如此危急,知院(知枢密院事简称)乃同姓之卿,岂能坐视?"赵汝愚沉默好久,说:"无可奈何,事急只好自杀。"赵彦逾说:"听说皇帝已有御笔,既如此,何不便立嘉王?"赵汝愚吃惊道:"前立太子,尚且怕皇帝发怒,此事且看两宫(吴太后和孝宗皇后)之意如何?"赵汝愚先去取得了军队的支持,但是如果贸然另立新帝,即是发动政变。必须取得吴太后的支持,才能名正言顺。知临安府徐谊说:"此大事,非太皇太后命不可。"并建议由韩侂胄向吴太后请命。

韩侂胄是北宋名臣韩琦的曾孙,父亲韩诚娶了吴太后的妹妹,他自己娶了吴太后的侄女,与吴太后的关系不可谓不亲。赵汝愚将用意说明,韩侂胄慨然应允。

吴太后深居慈福宫内,不但赵汝愚见不到,韩侂胄虽然宜属至亲,要见也相当不易。韩侂胄只得先找和他颇有交情的太后宫提举内侍张宗尹。

张宗尹同意奏知吴太后,但两天后还不见消息。韩侂胄只好亲自求见,不巧吴太后又身患感冒不出,无法觐见。韩侂胄站在廊庑之下,泪流满面。孝宗重华宫的提举内侍关礼来见吴太后,见状询问,韩侂胄不答。关礼指天发誓,决不泄密。韩侂胄才将本末告知,关礼立即去见吴太后。

吴太后谨遵祖训,不肯越礼。内侍张宗尹不知转圜,被吴太后一口回绝。关礼是一个忧国之士,他一见吴太后,便两眼落泪。吴太后问他原因,关礼说:"小臣无事,天下可忧啊!"吴太后一听,不禁皱眉。关礼又说:"圣人(指太后)读万卷书,曾经见过形势如此而能保不乱的吗?"吴太后说道:"此非你所宜知。"关礼便说:"此事人人皆知,留丞相已经离京，可以依靠的只有赵知院一人了。现在要定大计，却无太皇太后之命，也要离去了。"关礼边说边流泪。吴太后大惊："知院是皇室同姓，与他人不同，也要置之不理吗？"关礼说："知院不敢率尔离去，是寄望太后作主。现在托人代奏两次都不获准，只好一走了之。只是知院离去，天下赖何而安？"吴太后沉思良久，形势严峻已无退避的余地，便答应明日在孝宗灵前垂帘，与执政面议国事。

第二天，是禫祭（除丧服）日，群臣入宫。吴太后在孝宗灵前听政，同意光宗内禅，并主持了内禅大典。南宋朝廷在吴太后的主持下，完成了政权交接，度过了一场危机。

吴后最后一次出现在南宋历史舞台上是在庆元二年（1196）。

宁宗即位后，韩侂胄自居定策首功，觊觎节度使一职。宰相赵汝愚认为他是外戚，不肯履行诺言授他为节度使，激起韩侂胄的不满，一直耿耿于怀。后来，韩侂胄借着传达诏命之机，取得宁宗宠幸，渐渐窃据大权。韩侂胄在南宋历史上是个有争议的人物，他窃据大权，但又主张北伐，收复失地，可是却因为用人不当而失败，致使有"立功名自固"之讥。韩侂胄打击政敌不择手段，他先是排挤赵汝愚，赵汝愚则纠集道学之士制造舆论孤立韩侂胄。道学是对先秦儒学的发展，对巩固封建统治有一定作用。但物极必反，常常流入空谈，造就了一批伪君子式的人物，就连朱熹这样的代表人物也有时言不顾行，授人以柄，给韩侂胄以可乘之机。凭心而论，韩侂胄并不在乎道学有多虚伪，他只是借以打击反对派。韩侂胄想把反对派一网打尽，于是伙同同伙订立伪学名目，不论是否道家学派，只要反对韩侂胄，统统打入伪学，并在庆元二年，开始编列伪籍，准备大打出手。一时朝中汹汹，群臣不安。太皇太后吴氏得知消息，力劝宁宗不要搞什么党禁，宁宗只得下诏"不必更及往事，务在乎正"。党禁暂停，只是暂停而已，庆元三年(1193)冬，太皇太后吴氏一死，党禁重兴，吴后的心血白费了。

庆元三年(1193)十月，已届耄耋之年的太皇太后一病不起，宫中的御医们束手无策，因为太皇太后拒服他们的汤药。问她原因，太后坦然地说："我寿已八十，死而无憾，难道还要因病连累他人吗？"原来是怕皇帝怪罪御医才这样做的。十一月，身经四朝的吴太后病逝，终年83岁。

人言宋朝多贤后，吴后即是其一。她少有令名，能文能武，更为重要的是她操行过人。母仪天下，对她来说当之无愧。早年在宫中，她曾经绘制《古列女图》，作为座右铭，以为鉴诫。又取《诗序》之义，称其居所为"贤志堂"。难怪《宋史·后妃列传》以赞赏的口吻写她了。

吴后熟知经史，是一个有政治见地的人。光宗时，一起谈及用人，她曾提醒光宗应崇尚旧臣。她还教育储君读书要以辨邪正、立纲常为先。她有政治才干，虽从不想揽权干政，但历史却常常把她推到前台，从而使她在南宋历史上留下了明显的印记。

孝宗赵昚皇后夏氏

◎ 荆世杰

孝宗未即位前，有妻郭氏。她生有三个儿子，长子庄文太子早死，次子封为魏王，三子即是光宗赵惇。郭氏未及封后，就故去了。

郭氏早死，吴太后就将身边的宫女夏氏赐给孝宗。孝宗即位的第二年，夏氏被正式册立为皇后。

传说夏皇后降生时，有异光穿入室中，她的父亲夏协惊奇不已。到十九年之后，夏氏已出落成一个少见的美女。夏协认定女儿降生时的异光是后妃之祥，便想将女儿送进宫中。无奈夏氏的祖上并非达官显爵，史籍只云其曾祖作过吉水县的主簿,是一个不入流的小吏,祖辈、父辈不过小小地主而已。家道式微如此,连女儿的妆奁之资和盘缠也无着落,但夏协不肯罢休,典卖了房产将女儿送入宫中。

夏协献女后,流连京师数日,已囊中羞涩,不名一文,女儿的显达尚属遥遥无期,只好怅怅地离开京师。返回故里,旧宅已经易主,无家可归,只好客居袁州僧舍,号为"夏翁",艰难度日。

及至夏后显达,推恩亲属,乃父夏协已经去世,女儿的好运已无缘得见了。

乾道三年(1167),夏皇后死去,谥号安恭。宁宗即位后,又改谥成恭。

孝宗赵昚皇后谢氏

◎ 荆世杰

淳熙三年(1176)十月,孝宗又册立翟贵妃为新皇后。

翟贵妃是丹阳人,自幼父母双亡,由翟家抚养成人,遂姓翟。长大后,以品行端正,姿容秀美,被选入宫。后来吴太后将她赐给当时的普安郡王赵昚,封为咸安郡夫人。赵昚继位后,翟氏晋为婉容,一年后,又晋为贵妃。夏皇后死后,翟贵妃成了宫中品秩最高的妃子,又颇有令名,遂被册立为皇后。与此同时,恢复了本姓谢氏。

谢皇后是南宋贤后之一。她性情善良,自奉甚俭。每次进膳,总让孝宗先用,有些精美的菜肴她还下令减撤。她穿的衣服总是洗了又洗，有的衣服穿用多年，也舍不得扔掉。皇后的弟弟谢渊因后而贵，谢后惟恐他失德，曾谆谆告诫他说："皇上力行恭俭，我也亲服浣濯之衣，你也要自谦自抑，不可骄侈。"

　　谢皇后此举，深得太上皇与孝宗的欢心。立后之初，孝宗就曾沾沾自喜地对侍臣说："本朝家法远过汉唐，只是用兵不及。"盛赞皇后谦抑节俭的美德。谢皇后还一再辞谢皇上的推恩，削减封赏亲属的名额，比宋朝历史上有名的贤后削减的还多。大臣们非常感动，参知政事龚茂良上奏说："以中宫之贵而犹如此节俭，身为臣子应当怎么办呢？"他希望孝宗明令各级官府以此为率。皇后的美德在当时传颂一时，成为宋孝宗大力推行俭政的一面旗帜。

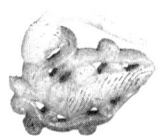

光宗赵惇皇后李凤娘

◎ 荆世杰

"忽闻河东狮子吼，拄杖落手心茫然"这两句出自大文学家苏轼手笔的诗，使得后来的悍妇都有了"河东狮"的美称，诗中的主人公柳氏因此名扬天下。宋光宗皇后李凤娘悍妒成性，超迈前人，就连河东狮中第一人柳氏恐怕也未必赶得上她呢！

李凤娘祖籍湖北，本不知名，如果不是邂逅道士皇甫坦，她根本与皇后无缘。

道士皇甫坦，是世上知名的异人，擅长相术。高宗生母韦太后晚年患了眼疾，多方诊治无效，皇甫坦妙手回春，一治便愈。高宗由是对他极为信任,常常召入宫中与他闲谈。后来,他游历到湖北,庆远军节度使李道听说他善于相人,便请入家中,请他为女儿相面。李道家有三女,二女名叫凤娘,出生的时候,李道军营之前不知从何方飞来一群黑风,因此取名凤娘。李道总感惊奇。果然,皇甫坦一见凤娘出来拜见,大惊不敢受拜,连声说:"此女当母仪天下,要善为抚养。"李道听了,只是莞尔一笑,不以为然。皇甫坦转到京都即马不停蹄进宫,说动高宗,将李凤娘聘为恭王妃,之后又晋封为太子妃。然而高宗不久就失望了。李凤娘虽然容貌超人,品性却骄悍好妒,曾在高宗、孝宗面前诉说太子左右的过失,搬弄是非。这在古时早已犯了妇女的"七出"戒条,应该休回娘家。高宗大呼上当,私下对吴皇后说:"太子妃终究出身将门,不懂妇道,我为皇甫坦所误,悔之晚矣。"孝宗更看不惯儿媳的作为,屡次教训她说:"要效法太后,雍容大度,宽以待人,总和太子争斗,我宁可将你废掉。"凤娘不以为戒,反而疑心太后说了她的坏话,时时伺机报复。

光宗受禅后,凤娘也被册封为皇后,皇甫坦的预言竟然应验了。第二年,改元绍熙,用留正为左丞相,王蔺为枢密使,葛邲参知政事,胡晋臣签书枢密院事。几位重臣用心辅佐,一时号为得人。孝宗在重华宫,曾对前来拜见的大臣胡晋臣说:"嗣君新任诸位大臣,深符朕之心意,听说外廷也没有异论。"光宗确也希望能有一番作为。即位之初,他厌恶宦官为非作歹,干预朝政,很想借故除去这班小人,整肃朝纲。此计虽妙,不过他优柔寡断,不能雷厉风行,却被宦官们窥破了天机,便谄附李后,求她庇护。李后可不是一个自甘寂寞的女人,她仇视寿皇、太后,日思离间三宫(光宗、寿皇、吴太后),乘机窃权,好挟嫌报复,正与宦官臭味相投,一拍即合。因此，以后每次遇到光宗憎嫌宦官，李后便极力喊冤，竭力包庇。

光宗本与帝位无缘，长兄庄文太子死后，孝宗又担心二子魏王赵恺过于懦弱，无力担当重任，破例立三子光宗为太子。谁想到这位孝宗自诩"英武类己"的儿子，在李后面前却唯唯诺诺，百依百顺。光宗抱负难展，有口难言，渐渐郁闷心中，生出心病。

消息传到重华宫，孝宗忧急如焚，天天召御医问候病情，又派人采来草药，制成药丸。作好之后寿皇却犯了踌躇，想要送给光宗，又怕为李后阻拦，只好待光宗入宫问安时，当面赐给他服下。

光宗尚未来朝，孝宗自制草药的消息已传遍宫中，宦官乘机生事，对李后说："太上皇已做好药丸，只等皇上前去，便赐药。"李后深信不疑，便与嘉王涕泪交流地谏阻光宗说："药能救人，也能死人，万一有什么不测，岂不是造成国家大憾。"光宗听了，便不肯前去朝见寿皇。他原本没有大病，只是心疾偶然发作，调养了几天，就告痊愈。李后筹算已定，瞅准机会，便在内宫设宴以示庆祝。席间李后殷勤相劝，酒过三巡，李后便对光宗道："扩儿已经成人，陛下既已册封他为嘉王，何妨就此立为太子？他很有些才干，名分既定，定能助陛下一臂之力！"光宗本也有意，只是立储是国家大计，不敢贸然应允，便含笑回答说："此事重大，要禀报寿皇方能施行。"李后满脸不高兴，说："这是分所当然，也须禀报寿皇吗？"光宗回答说："册立储君，非同寻常。常言道，父在子不得自专，怎能撇开寿皇，擅作主张？"李后自思寿皇向来对她不满，当然不肯册立为太子，便对寿皇怀恨在心。

事有凑巧。第二天，寿皇听说光宗病有起色，便派人召他入重华宫赴宴,以叙父子亲情。哪知李后略加安排,不让光宗得知消息,单身一人前往赴宴。寿皇见她一人前来,很感惊愕,问起光宗,李后撒谎说:"昨天稍有好转,今天又感不适,特意嘱托臣妾前来侍宴。"寿皇忧心忡忡,说:"正在壮年,便如此多病,年纪一大,更不知怎样。"李后见机会来了,急忙接口说:"皇上既然多病,据臣妾的愚见,不如早立嘉王为太子,也好随时辅弼皇上。"寿皇立即摇头说:"皇上受禅刚满一年,就要册立太子,有些操之过急。况且册立储君,须要择贤,不可草草从事,再待几年不迟!"李后受了申斥,反唇相讥,说:"立嫡以长是历朝旧例。臣妾系六礼所聘,位居中宫;嘉王扩是妾亲生,册为太子,顺理成章,为何不可?"这一席话,无礼之极。原来孝宗不是高宗的亲子,谢氏出身寒微,累迁为皇后,光宗又是郭后所生。李后有意嘲笑,指桑骂槐,气得孝宗拂衣而起。李后也不甘示弱,昂首挺胸地离开了重华宫。

李后回到宫中,一见光宗便抱头痛哭。光宗不明情由,反复劝勉,她才让内侍召来嘉王,母子二人一齐跪在光宗面前,李后且哭且诉说:"寿皇将要废逐臣妾,另立中宫,妾与扩儿难以保全了。"光宗当然不知,茫然不知所措,连声安慰说:"朕实不知,你且起来,把废后的缘由讲明,朕替你做主。"李后察颜观色,见已到火候,便添油加醋渲染一番。光宗向来对李后言听计从,经过一番表演,更是信以为真,急忙对李后说:"朕自即位以来,海内承平,并无失德,谅他不能将朕无故废去。你俩不必担忧,朕既身为天子,难道保护不了自己的妻儿吗?"李后趁机撒娇献媚,且提出建立家庙的请求,光宗要为饱受委屈的皇后出气,当即恩准,第二天就传旨开工。枢密使王蔺不晓内情,闻讯上疏谏阻,说皇后家庙,不当用公费建筑，这是历代遗规，先朝的定例，希望光宗遵守。李后正要逞强，王蔺的上书拂着了她的逆鳞，便请光宗将他免职。枢密使官居执政，是国家重臣，说罢就罢，光宗也觉面子上不好看，沉吟未决。李后竟迫不及待亲笔草就罢免王蔺的上谕，送给光宗过目之后，即遣内侍发出。一面又升任葛邲为枢密使，从头到尾一手包办。朝臣们顿时噤若寒蝉。家庙工程热火朝天地搞起来了。

之后有一天，光宗在宫中洗手，一个宫女捧着脸盆伺侯，光宗见她皮肤莹润，十指纤纤，不由多看了几眼，并随口称赞了一声，可巧被李后听见，她当场没有发作，却暗暗记恨心中。隔天，光宗正在便殿批阅奏章，忽然李后派人送来一个食盒，光宗只当是李后体贴，送来美味佳肴，谁知盒内竟是血肉模糊的两只断手！顿时惊得目瞪口呆，想要发作，奈无这点勇气，只好闷入心头，因此旧病复发，不能自制，梦中常常抽抽噎噎地哭个不休。转眼到了绍熙二年（1191）十一月，照例要祭祀天地宗庙。国家重典，须由皇帝亲自主祭，不能委人代行，光宗无奈，只好勉力出宿斋宫。李后又趁此机会，将光宗宠爱的黄贵妃杀死。黄贵妃本是谢皇后宫中的侍女，温柔恭顺。光宗在东宫时，孝宗见他身旁没有别的侍姬，李氏又悍妒成性，特意赐给光宗。黄氏悉心侍奉，深得光宗宠爱，即位后加封为贵妃。李氏悍妒成性，视她为眼中钉，肉中刺，自然不肯轻饶。只是苦于没有时机，难以下手。光宗出宿斋宫，正是千载难逢的机会，李后岂能错过，便着人将黄贵妃召来乱杖击毙，草草埋葬，佯告光宗贵妃暴亡。光宗本就病体怏怏，闻知此等噩耗，又是震惊，又是心痛，无异于雪上加霜。偏偏祭祀那天，天气本就不妙，天空里阴霾密布，昏昏沉沉。典礼尚未开始，瓢泼大雨骤然而降，蜡烛全被吹死，典礼固然不成，光宗立在伞下,也禁不住风雨交加,还是着了凉,只好下令起驾回宫。自此,惊忧交加,数病并作,终日辗转床笫,长吁短叹,茶饭不思,朝政只好弃置脑后了。

李后趁机揽权干政,骄横恣肆,威福任意,俨然成了无冕女皇。朝野上下,啧有怒言,李后毫不觉悟,依然我行我素。光宗病重的消息传入重华宫,寿皇亲自过宫探视,刚好光宗昏睡未醒,寿皇令左右侍从不须惊动,自己退坐一旁静候皇上醒来。不久光宗觉醒,唤内侍上茶,才有小黄门上前通报。光宗一骨碌跨下床来,上前施礼,面容憔悴,两眼无神。寿皇心中殊为不忍,忙掉头张望,却发现前后左右都不见李后踪影,一问之下,才知道她竟然越俎代庖,忙着替皇帝处理朝臣的奏章去了。须知宋朝规矩极严,后妃向来不许干预朝政,李后公然违背祖宗家法,真有点无法无天了。寿皇很为恼火,召来李后大加训斥,李后不敢强辩,心中却立誓与寿皇不共戴天。

就为此事,丞相留正也被寿皇责备一通。其实留正并非不加劝谏,奈他力陈千言也敌不过李后枕头之旁的风儿一丝。这不,绍熙三年三月,光宗刚能上朝听政,李后便又重施故技,在皇上面前且哭且诉,说:"曾劝皇上少饮酒,不听。近来生病,寿皇几欲族灭妾家,妾家倒是何负何辜?"有李后从中撺掇,又听说丞相留正已经得到寿皇圣谕,说若皇上再过宫时,一定留之不归。光宗疑信参半,便再也不肯轻易过宫了。此事若在寻常百姓之家,倒也无关大体,不过皇帝身居九五之尊,一举一动,关涉视听,系国安危,却是不能任凭己意的。尤其是寿皇的圣诞及四时的节令,实在却之不恭,光宗却心如金石,毫不通融。年迈的寿皇倒是很为宽容,此前光宗身体偶有不适,即便传旨罢免。现在光宗身体既然好转,便无不见寿皇之理。大臣们一致请求皇上朝拜重华宫,光宗托辞大病初愈,不肯听从。文武百官又联络士庶人等，伏阙哭谏，光宗勉强答应，谁知一过数日，还是不见动静，幸亏宰相等人再次上请，才在四月间朝拜寿皇一次，此后又不再往。五月份，光宗旧病复发，朝政尚且无法顾及，当然更不会前往重华宫了。一晃半年，到了这年的冬至节，光宗病愈临朝。节前一天，留正当面奏请朝拜寿皇，光宗不肯回答，他只好约同百官，先期往朝重华宫。兵部尚书罗点也率同僚上疏相谏，光宗竟拂袖退朝。大臣彭龟年实在看不过去，慷慨激昂地说："寿皇当年侍奉高宗，极尽为子之道，此乃陛下亲眼目睹。何况寿皇只有陛下一人，听说陛下患病，亲自探视，拳拳之心，尽人皆知。现在陛下却听信小人谗言，不肯过宫，如此亏于孝道，怎能慰天下众人之心？"宗室大臣赵汝愚也再三进谏。光宗取得李后首肯，方才点头答应。李后本不想让步，后想到家庙已经建成，不如趁此机会归谒一下家庙，又怕招致闲话，因此满口答应，乐得做个顺水人情。

冬至节后第六天，光宗先行到达重华宫。李后继也到来，对着寿皇及寿成皇后，谦和有礼，并且引咎自责。寿皇是忠厚长者，还道是她洗心革面，痛改前非，因此留她二人在宫中盘桓整天。京中人士，也都欣欣然，认为两宫已经冰释前嫌。过了两天，宫中就传出内旨说皇后要归谒家庙，那时已无人能够阻拦。李后便乘上凤辇，得意洋洋地前往祭拜家庙。李后的家庙经过几年的修建，祠宇巍峨，差不多与太庙一般，护卫之士，竟还多于太庙，李后见了，喜不自胜。瞻拜完毕，李后又推恩颁赏，除去此前已经封王的祖宗三代，这次又有亲属26人、故旧172人各授官职，甚至家中的门客也有5人封官。这真是宋代少有的盛典。中兴以来，更是仅见。

残冬逝去，到了绍熙四年的元旦，这次应时朝贺，总算没费周折。三月，光宗与李后随寿皇与寿成后游幸玉津园，李后因家庙建筑华侈，遭寿皇训斥，又与公婆翻了脸，发誓"以后臣妾不死，不许过宫"。就此自夏及秋，光宗绝迹不往重华宫。九月九日重阳节，是光宗的生辰，百官上寿已毕，即请光宗朝见重华宫，光宗未得李后同意，不敢贸然答应。大臣谢深甫叩头直谏说："父子至亲，天理昭然，太上皇钟爱陛下，如同陛下之于嘉王。此情此理，可泣鬼神。况且太上皇春秋已高，千秋万岁后，陛下何以见天下之人？"说得光宗怦然心动，立刻传旨过宫。百官兴奋异常，静候以待。隔了多时，光宗走出屏风，忽见人影一动，屏风后闪出李后。原来，李后接到心腹密报皇帝要过宫，即匆匆赶来。她上前一把揽住光宗双手，笑吟吟地说："天气寒冷，官家还是不要过去，回宫饮酒吧！"光宗见了李后，立时没了威风，转身要退。大臣陈傅良见状，忙抢上前，牵住了光宗的袍角，恳切地说："陛下幸勿再返，暮秋天气，并不严寒。"李后生怕光宗不肯回宫，急忙把他扯到了屏风后面。陈傅良大着胆紧跟不舍，李后怒斥他说："这是什么去处，酸秀才不怕被砍头吗？"陈傅良无奈，只好放手，退到殿下，嚎啕大哭。李后又派人斥责说："无故恸哭，是何道理？"陈傅良回答说："子谏父不听，则号泣相从。"李后怒上加怒，传旨责令百官退朝，不再过宫。

　　礼部侍郎倪思对李后居间挑拨、干预朝政非常忧虑，他借着为光宗讲解《春秋》的机会，提醒光宗说："君主治国要从齐家始。如果不能齐家，便不能防微杜渐，慢慢就会从邈视不尊，发展到恣横，最终阴阳易位，内外无别，甚至离间父子。汉代吕后，唐代武后和韦后，都几乎把国家弄得乱亡。因不能齐家而误国，不只一个鲁桓公啊！"鲁桓公不能齐家，致使夫人姜氏与齐侯私通。倪思特意讲述这个故事，用心良苦。但是，光宗已被李后蛊惑，对倪思的犯颜直谏，反而认为是他有意讥讽，盛怒之下，将倪思开除出京。

当时，临安城中，街头巷尾，上自官僚缙绅，下至庶民百姓，没有不对李后议论纷纷的。此后两日，群臣百般奏请，都由于李后阻挠，迟迟不能成行，最后，总算在绍熙五年元旦过宫省亲一次。咫尺宫墙，竟如隔天涯。寿皇望穿秋水，渐渐忧郁成疾。病卧三个多月，光宗从未过宫探视。立夏后，天清气爽，光宗对过宫的请求置之不理，反而与李后前往玉津园，畅游终日。五月中旬，孝宗病情日甚一日，水米不进，想着一见光宗，常对着左右侍从流泪。有时梦中还唤着光宗的小名，一旦醒来，更加感伤不已。群臣进谏无奇不有，大臣彭龟年竟至伏地叩头，血流满地，李后却没有丝毫恻隐之心，光宗虚与委蛇，不肯过宫。万不得已，总算答应由儿子嘉王前去探望一次，以后也不再往，自然也是由李后从中作梗。

六月九日，寿皇含恨而崩。局势艰危，群情汹汹，光宗执意不肯临朝主丧。宗室大臣赵汝愚等人只好请出太皇太后吴氏主持，逼迫光宗内禅嘉王，退出政治舞台，颐养天年去了。

光宗禅位，李凤娘被尊为太上皇后，总算安分守己地在宫中生活了6年，直到庆元六年(1200)病死，终年56岁。

宁宗赵扩皇后韩氏

◎ 荆世杰

韩皇后相州人，出身名门，是北宋名将韩琦的六世孙，后来赫赫有名的大权臣韩侂胄是她的小叔。最初，她与姊姊一起被选入宫，后来到了平阳郡王赵扩府中，成了赵扩的正妻，封新安郡夫人，晋崇国夫人。赵扩受禅为宁宗后，她被册为皇后。史载韩皇后并无多大失德之处，也无显著名声，平平常常。皇后的父亲韩同卿因为女儿做了皇后，自己也升为庆远军节度使，后又加封太尉，但他却担心权势太盛，不敢干政。以致外界只知韩侂胄是后族，不知韩同卿是后父。庆元六年（1200），韩皇后死去，谥号恭淑。

宁宗赵扩皇后杨氏

◎ 荆世杰

杨皇后，原为宁宗的贵妃。韩皇后一死，后位之争就开始了。朝臣中要求立后的议论渐渐多起来。那时宁宗身边的妃嫔中杨贵妃与曹美人最受宠爱。杨贵妃为人性情机敏，又好涉猎书史，富于学识，不似凡庸女子。曹美人与杨妃迥然不同，她性情柔弱似水，平平无奇。表面上看，二人各有立后的希望，不分轩轾，实际上宁宗早就意有所属。

当朝的权臣韩侂胄却另有打算。他惯以定策元勋自居，又身居两重外戚，因此韩家四夫人常常出入宫禁，依恃韩侂胄的权势，自高自大，与妃嫔们并坐并起，不讲礼数。杨妃心高气傲,早就看不过眼,不免形诸词色,曹美人却一向和颜相待,不折韩家夫人的面子。故而四夫人一味撺掇韩侂胄请立曹美人,宁宗权衡再三,不肯答应韩侂胄的请求。

立后的风声却已泄露出去。杨妃工于心计,外示安闲,与曹美人称长道短,情逾姊妹,寻个时机干脆将事情与曹美人挑明了。两人约定各设酒宴,邀请皇上临幸,以决胜负。只是设宴有早有晚,不能同时,杨贵妃故意谦让曹美人在先,自愿居后。曹美人不知是个圈套,心中暗自高兴,假意推让一番,便依约行事。届期,曹美人命御厨整备精致的肴馔,自己又精心梳妆打扮了一番,一早便亲往皇帝的寝殿邀请宁宗光临,宁宗含笑允准。日暮时分,曹美人恭恭敬敬地将宁宗接入自己宫中,两人举杯对饮,正要启齿谈及正题,忽接宫人禀报:贵妃娘娘前来迎驾。宁宗为了表示自己不厚此薄彼,便起身前往。曹美人虽想阻拦,奈无杨妃的伶牙俐齿,反被杨妃抢白得无话可说,宁宗便与杨妃登辇而去。到了杨妃宫中,她放出一番狐媚手段,殷勤劝酒。宁宗不胜酒力,不一会儿便喝得龙颜泛赤,玉山半颓。杨妃百般体贴,拥起宁宗,扶入寝室休息。借着和宁宗的亲热劲儿趁机提出立后,宁宗一口应允,旁边宫娥奉上早已准备好的文房四宝,宁宗随手写道:"贵妃杨氏可立为皇后。"杨妃又担心权臣韩侂胄反对,甚至封诏驳还皇帝的御笔,便要宁宗照样再写一纸,以防万一。宁宗醉眼惺忪,也不多想,即另书一纸。心愿既遂,杨贵妃登时心花怒放,一面春风满面地谢恩,一面服侍皇帝安寝。随后,派遣心腹内侍星夜将御笔送给哥哥杨次山。

翌日清晨,百官刚刚入朝,就看见外戚杨次山匆匆登上金殿,从袖中取出御笔,宣布册立杨贵妃为皇后,大臣们都没有异议。另一份御笔按常例发出,等到韩侂胄得知,木已成舟，只好遵旨，听任百官筹办册后大典了。两人交手的第一回合，杨妃便大获全胜，难怪后来韩侂胄栽在这个女人手上了。

杨皇后出身微贱，母亲张氏擅长音乐，她后来随母亲张氏加入了德寿宫乐部。她的姓氏如何，谁也不甚清楚，杨姓可能是她冒用的姓氏，她的出生地也是众说纷纭，皇后自己说她是会稽人。

杨皇后入宫的时候，作了宫中的杂剧孩儿。别看她年龄尚小，但秀外慧中，绝顶聪明，有天赋的音乐才能，闻声即悟，按节能歌。又生性好学，闲暇则请人教书识字，浏览书史。她人长得机灵，善于迎合太后，尤其是一副袅袅婷婷的身材，更是冠绝后宫。后来母亲张氏因病还乡，杨皇后留在宫中，被分派侍候吴太后，很得太后的怜爱，有些宫女便心中难平。有一次吴太后正在沐浴，那些宫女撺掇她穿戴太后的衣冠，乘机大肆诋毁。太后哈哈一笑，不以为意，说："你们这些人不要小觑了她，总有一天她会穿上皇后的凤冠霞帔的！"

那时宁宗常往太后宫中侍宴，见了杨后，常常目不转睛。吴太后心中了然，宫中的宦官趁机进言说："娘娘尚未见玄孙，观杨氏面相，命中合该有子。"吴太后便将她赐给宁宗。

杨后容颜过人，又善承意旨，所以大得宁宗宠爱，先封婕妤，又封贵妃，不次超升，至此立为皇后。杨皇后既为中宫之主，非常感戴吴太后的栽培之恩。她的寝宫的墙壁上，贴有吴太后的同宗姓名，平日常问起：这人有否差遣，那人有否安排？以示饮水思源。养母张氏早死，无法沐浴皇恩，只好大起山陵，据说张氏坟墓，"天造地设，若神龙昂首"。

　　杨皇后争强好胜,但却出身微贱,常以此为耻。早在册为贵妃时,即与家人明里断绝来往,但在暗中常馈送家人财物。后来索性派心腹宦官在朝臣中寻得一个会稽人名唤杨次山的认为胞兄。宁宗召见时,杨次山声泪俱下,又举了许多例子加以证明。宁宗信以为真,马上将杨次山补官。知情人都说出自杨后的安排。

　　杨次山的手下有一个叫王梦龙的,侦知韩侂胄曾有意劝立曹美人为后,报告了杨皇后,从此她耿耿于怀,一直想伺机报仇。

　　时机终于来了。开禧三年(1207),韩侂胄首倡的北伐连连败北,与金军的求和谈判也因金人坚持要罪首谋而不果,韩侂胄于是再起用兵之心。当时朝中形势已有变化,敌对势力趁机大肆攻击,反对再战。杨皇后早就有心寻机诛杀韩侂胄,就指使荣王赵曮暗地弹劾韩侂胄。赵曮不是宁宗的亲子。庆元四年,宁宗因皇子兖王夭折,后宫又不生育,故听从宰相京镗的提议,挑选了太祖的十一世孙赵与愿,抚养在宫中,并赐名赵曮。此时已封为皇子,晋封为荣王,年方16岁。杨氏身为母后,又擅长权术,少年荣王自然唯其命是听。

　　荣王曮奉了母后的命令,便俟宁宗退朝时,向父皇进言说:"韩侂胄身当国家大任,执迷不悟,再次燃起战火,势必危害国家,希父皇明鉴,速行罢免。"宁宗听了很不高兴,厉声斥责说:"黄毛孺子,岂能与闻国事?"杨后见荣王进言没有奏效,只好亲自出马,极力陈情,宁宗虽然固执己见,口气却是软了许多。杨皇后说:"韩侂胄的罪戾,宫廷内外,有谁不晓?不过惮于他的权势,不敢明言罢了,陛下怎么至今还被蒙在鼓里呢!"宁宗还是犹豫:"事情尚未明了,不宜遽下结论,且待朕安排查明,再议不迟。"朝中尽是韩侂胄的走狗奸党,贸然行事,自会打草惊蛇。杨后自忖此着难以奏效,赶紧进言:"陛下身居九重之内,怎能查清详情,我看此事非托付可靠的皇亲不可!"宁宗心中尚不以为然,事已至此,只得由着皇后安排。

杨皇后于是召来其兄杨次山,秘嘱他在朝臣中交结外援。荣王的师傅礼部侍郎史弥远与韩侂胄有宿怨,欣然奉命。杨次山又联合韩侂胄的仇敌参知政事钱象祖、礼部尚书卫泾,著作郎王居安、前右司郎官张镃等人积极准备发难。

开禧三年(1027)十一月三日,韩侂胄早朝路上,在六部桥侧,被史弥远的伏兵强行逮捕,押至玉津园。正焦心等待的钱象祖立刻上奏宁宗,宁宗料知韩侂胄凶多吉少,有些于心不忍,急下手谕要殿前司追回太师。杨皇后手拿御旨痛哭失声,对宁宗说:"韩侂胄无礼,竟要废黜我们母子,又枉杀两国百万生灵,陛下欲要追回他,我请先死!"宁宗也不禁潸然泪下,只好改变主意。权势显赫的韩侂胄就这样不明不白地栽在一个妇人之手。

杨皇后计杀韩侂胄之后,皇子曮也入主东宫,成为正式的储君,之后又改名为赵洵。史弥远更是一再擢升,渐渐执掌了朝廷大权。嘉定十三年(1220)八月,皇太子赵洵夭亡。后宫仍无生育,宁宗只得再行挑选皇嗣,将宗室之子贵和养在宫中,立为皇子,并赐名赵竑。

史弥远出入后宫,宫廷内外议论纷纷。有人作诗讽刺他,其中有"夜驾老蟾嫔月母"之句,此公更在自己大作下面加注说:史弥远与杨皇后相表里,与唐中宗韦皇后宠爱武三思相类。还有诗说"往来与月为俦侣(伴侣),舒卷和边天蔽蒙"。

史弥远本是奸佞小人，靠着走杨皇后的门路，扶摇直上，一再越级升迁。从嘉定元年（1208）始，独擅相权多年。朝无正直之士，尽是狐朋狗党。皇子竑对杨皇后和史弥远深恶痛绝，史弥远对此有所觉察，便出重金选购一位善于鼓琴的美女安插在皇子竑的身边，作为眼线。赵竑很爱鼓琴，因此这位美人深得他宠爱，在她面前，也从不掩饰对杨皇后和史弥远的不满，曾将杨皇后与史弥远的丑事写在书案上，扬言一旦得志，即将史弥远流放八千里之外。消息传到史弥远耳中，他于是起了废立之心，想用另一个宗室子弟贵诚取而代之。

原来，皇子赵竑是宁宗为弟弟沂靖惠王挑选的继嗣。贵和成为皇子后，沂靖惠王一支又需另外择人了。史弥远与皇子竑关系不好，便假借替沂王觅嗣，在宗室中寻找和自己关系好的人，以备将来顶替皇子竑，便选中了贵诚。贵诚入宫的时候，年方17岁，凝重寡言，洁身好学，深得朝野的好评。史弥远又派大臣郑清之悉心教导，贵诚学识渐长，连宁宗也对他刮目相看。史弥远更是天天在宁宗面前诉说皇子竑的坏话，称赞贵诚的优点，希望宁宗改立贵诚为皇子，但宁宗却不表态。

嘉定十七年（1223）八月二十七日，宁宗病重，史弥远于是假传诏旨，宣召贵诚入宫，并改名为昀，封为成国公。这件事做得极为秘密，连杨皇后也被蒙在鼓中。5天以后，宁宗驾崩，史弥远即派杨皇后的侄子杨谷、杨石告诉了杨后废立的事。杨后虽然不喜欢皇子竑，但他是宁宗册立，自己无权更动，摇头不应，说："皇子竑是先帝亲自册立，怎敢擅自变动？"杨氏兄弟反复劝说，一夜之间往返于杨皇后和史弥远之间7次，说得口干舌燥，杨皇后执意不肯。最后，杨谷哭劝说："朝廷内外，军民一心，拥戴成国公(赵昀)，如不即行策立，定会生出事变，杨氏一族将无噍类了。"杨后沉默了许久，才无可奈何地问道："赵昀在哪里？"看到皇后态度终于有了转变，杨谷即兴冲冲地通报史弥远去了。按照史弥远的刻意安排，当晚皇子赵昀由宫中的快足宣进宫中。杨后见了赵昀，扶着他的背说："从今往后，你就是我的儿子了。"随后才派人召来皇子竑。百官已静候朝堂之上，杨皇后于是假托宁宗的旨意废掉济王赵竑，立赵昀为新皇帝，是为理宗。杨皇后被尊为皇太后，与皇帝一起临朝听政。

理宗即位时，已年满20岁，杨太后则是年逾花甲老人了。杨后自垂帘听政以后，许多朝臣常常说起本朝代有圣明的母后，言外之意无非阿谀杨后。太后侄子杨石不以为然，他说："事情岂能一概而论？从前仁宗、英宗、哲宗继位，或是年龄尚小，或是亲手抚养，对国家军政大事尚未谙熟，因之母后临朝听政，尚为适宜。现今皇上熟知民事，天下人心悦诚服，即使母子天性相通，如不即早归政，恐怕会给小人离间之机。"杨石忧心忡忡，不久又秘密上疏陈述真宗刘皇后、仁宗曹皇后、英宗高皇后临朝听政的缘由，同时兼及两汉、唐朝母后临朝称制的得失，言词恳切。杨后一见，犹如醍醐灌顶，蓦然醒悟，下令朝臣选择吉日，撤帘归政。

宝庆元年(1225)四月初七日，皇太后亲手书就懿旨一封，宣布说："我年老多病，志在安闲，嗣君可自行上殿听政，今后便撤帘。"

杨太后此举，赢得不少大臣称颂，有的大臣上奏说："臣拜读太后还政的御札，不胜欣喜。前代母后勉强不能为之事，太后却能当机立断，急流勇退，一点也不为难，堪称千秋万代母后垂帘的楷模。"后妃临朝，接踵而来的常是外戚干政，往往会败坏朝政，杨太后不贪权、急流勇退，可谓晚节流芳了。

罢政之后，杨后不再染指政事，平静地度过了8年的宫廷生活。理宗宝庆五年(1232)十二月，已过古稀之年的杨太后病逝。谥为恭圣仁烈皇太后。

理宗赵昀皇后谢道清

◎ 荆世杰

公元 1276 年,元朝大军第三次南侵,终于灭亡了南宋王朝。

当时琴师汪元量写了一首《醉歌》,详细描写了元军进入南宋都城临安的情景:

淮襄州郡尽归降,鞞鼓宣天入古杭。
国母已无心听政,书生空有泪成行。
六宫宫女泪涟涟,事主谁知不尽年。
太后传宣许降国,伯颜丞相到帘前。

乱点连声杀六更，荧荧庭燎待天明。
侍臣已写归降表，"臣妾"佥名"谢道清"。
涌金门外雨晴初，多少红船上下趋。
龙管凤笙无韵调，却挝战鼓下西湖。

诗中的谢道清，就是理宗的皇后。这年她已年过70，既无心组织抗战，又不能为国死难，甘做蒙古人的阶下囚，因此受人讥讽。

谢道清祖籍浙江天台，是宁宗时宰相谢深甫的孙女。她的母亲毛氏不是正妻。生母怀着她的时候，嫡母让毛氏伺候洗脚。毛氏心中不乐，随口道："夜来梦到五色彩霞罩体，可能是个吉兆呢！"嫡母不屑地说："你也能生皇后吗？"世事就是这样难以预料，十几年后，这个未出娘胎便遭挖苦的孩子果真当了皇后。不过小道清生来面目粗黑，一只眼中还生有白斑，丝毫没有什么富贵之相。道清的父亲早死，家道中落，自小便提水打柴，淘米做饭，过着朴实无华的平民日子。

却说宋理宗少年即位，转眼到了大婚的年龄，便由廷臣着手挑选中宫。消息传出，朝中贵戚大臣趁机攀附真龙天子，无不竞相送女入宫。杨太后因为早年荣登后位，除了自己苦心经营，还得力于当时的左丞相谢深甫，所以一直感恩不尽，这次选妃，特意关照要从谢家女儿中遴选。谢家门中，只有道清一人尚待字闺中，兄弟都想将道清送入宫内，道清的叔父谢掬伯摇头不止，说："看她长相，怕只能做个灶下婢女，就算有人帮衬，进入后宫，将来也不过做个老宫人。何况是奉皇帝之命纳女入宫，不比寻常，应当准备丰厚的行装，匆忙之中，哪里筹办得来呢？"可巧，会元夕县里举行灯会，一群喜鹊飞上灯山做巢，乡人见了啧啧称奇，都认为是县中要出后妃的吉兆。

县中名门首推谢氏，众人推来算去，事情只能应在谢家女儿身上，一时亲朋好友慷慨解囊，为她置办行装。叔父无由阻挡，只好听凭天意，又亲自送她启程前往京师。

上路不久，谢道清面部便生了一种奇怪的皮疹，之后结痂退去，脸色渐渐转白，最后变得肤如凝脂了。国人传统审美观一直是肤色尚白，民谚就有"一白遮百丑"的话。美中不足的是，目中的一点白斑，虽经多方求医诊治，未见起色。也许是谢道清真有后妃之命，途中又碰上了眼科名医，治好了多年的宿疾。一双流光溢彩、顾盼生辉的眼睛，配上可人的身材，平添了谢道清不少的风韵。

谢道清这段传奇经历，让人难以置信，或许仅是传奇而已，但杨太后听说谢道清异乎常人，已经有意立她为后了。

那时一同选送入宫的美女共有6人，都是万里挑一的人选。要论相貌，前制置使贾涉的女儿贾氏独领风骚，而且乖巧伶俐，善于撒娇献媚，极得理宗喜欢，是理宗的意中人。但宋王朝的传统历来是选后重德行、轻才貌。因此，杨太后劝说年轻的皇上说："皇后母仪天下，应当注重品德，封妃可以侧重容貌。谢氏女儿长相端庄，极有福分，应当立为皇后。"理宗不敢违拗太后的旨意，只好册立谢道清为皇后，贾涉的女儿屈居为贵妃。诏命一出，合宫均感意外，内侍宫人不敢明言，暗中却笑话皇帝："不立真皇后，却立一个假皇后！"谢皇后固然端庄，但她只知侍奉皇太后，不会奉承皇上，所以，理宗最宠爱的还是贾贵妃。

谢皇后性情温和，对她的情敌也绝少嫉妒之心，杨太后益发认为她有古时贤后之风。杨太后死后，贾贵妃越发专宠后宫。贵妃弟贾似道是个地道的无赖，但因为贵妃的关系，也做了籍田令，逐步受到重用。

贾贵妃外，还有一个宫人阎氏，也受到理宗的爱幸，不断迁封，不久就被封婉容，与贾贵妃两人宠冠六宫。可惜这阎妃不是善良之辈，仗着理宗的宠爱，与内侍董宋臣等表里用事，败坏朝政。所以大臣真德秀和魏了翁，一个劝理宗远色，一个劝理宗齐家，理宗虽然表面从谏如流，实际上并无起色。贾贵妃死后，阎婉容晋封贵妃，董宋臣因妃得宠，更加横行不法。另一个内侍卢允升，也走阎妃的门子，得以与董宋臣狼狈为奸。萧山县尉丁大全是阎妃娘家婢女的丈夫，因为巴结阎妃，很快便超升为朝廷的重臣——签书枢密院事。他们又网罗了马天骥等党羽，完全控制了朝廷，肆意为非作歹，百般搜刮百姓。有人冒死在朝门上写道："阎（贵妃）、马（天骥）、丁（大全）、当（谐指董宋臣），国势将亡"，对阎妃内外勾结败坏朝政表示了极大的愤慨。开庆元年，元军侵宋，丁大全、董宋臣策划理宗迁都逃亡，引起朝野大哗。文天祥等抗战派将领反对逃亡，并要求处死董宋臣，贬斥丁大全。众怒难犯，宋理宗罢免了丁大全，将董宋臣驱逐出宫，任命贾似道代替丁大全。贾似道靠着姐姐贾贵妃的关系，从小小的籍田令做到长江沿岸的军事要员。他做了宰相，比丁大全更为奸邪无道，专权十五年，亲手断送了南宋王朝。

阎贵妃恃宠干政，贾贵妃援引外戚窃据高位，只有谢皇后虽然贵为天下之母，但既无意争宠，也无意弄权，却能效尤贤后，埋头深宫。所以宋理宗虽然不喜欢她，对她也还比较礼重。

宋理宗是南宋最为荒淫的皇帝，可能是他生活过于荒唐，宫中虽然妃嫔成群，却没有留下什么子息。景定五年（1264）冬十月，理宗驾崩。继位的皇太子赵禥是理宗之弟荣王的儿子。新皇帝即位，谢皇后被尊为皇太后。有些大臣趁机建议皇太后垂帘听政。代理参知政事叶梦鼎说：太后垂帘，岂是什么美事?断然反对。谢太后也无意听政。实际上，新皇帝年已25岁，已能自行处理政事了。

在理宗、度宗统治的50年中，谢道清僻处深宫，安分守己，这个时期，她是称职的后宫之主。在开庆初年的迁都之争中，她曾力劝理宗，反对迁都，这是相当明智的见识，她也因此为人称道。除此之外，她几乎没有其它的政治建树。

可是，度宗死后，皇子幼小，不能亲政，她不得不走上政治舞台，这个舞台她是全然陌生的。更为不幸的是，南宋末期，外有强敌压境，内有权奸肆虐，国破家亡在即，这样棘手的政治形势，岂是她这样的庸弱妇人所能应付的，这就注定了她是一个悲剧人物。

咸淳十年(1274)七月，度宗病死，遗命皇子赵㬎继位。不少大臣认为国家正当多事之秋，应立长君，身为太后的谢道清召集大臣商议定策事宜。权臣贾似道反对另立皇子的意见，扬言说："有嫡子不立，即是制造内乱的厉阶。难道诸公尚嫌外患不足，想助长内乱吗?"此言一出，群臣面面相觑，不再提什么异议。实际上，册立长君对朝廷来说还是很有必要的，可惜谢太后没有什么主见，只好由贾似道作主，立年仅4岁的赵㬎为小皇帝。谢太后被尊为太皇太后，那时她已年过花甲，疾病缠身，根本无心过问政事。但是主少国疑，在大臣们一再请求下，她不得不勉为其难。

赵㬎继位，尚未改元，忽必烈又要大举伐宋了。咸淳九年(1273)初，元军攻陷了襄阳、樊城，消息传来，举国震动。襄樊是南宋西边的门户，门户既已洞开，元军便可舳舻千里，顺流而下，灭亡宋朝了。这次忽必烈听说度宗去世，即位的新君只有4岁，欣喜若狂，立即调兵遣将，准备一举灭宋。

宋廷里面，小儿为帝，妇人临朝，哪里晓得什么军国大事？贾似道已专权15年，连度宗皇帝也对他唯唯诺诺，何况谢道清一个花甲妇人？而且她年龄大了，连到正殿上朝都感到吃力，只好将慈元殿改作后殿，在那里处理政事。这样听政也只是一个形式，大权实际上都掌握在贾似道的手里。谢道清一直认为贾似道是三朝元老、国家栋梁，所以她信任贾似道也就毫不奇怪了。这是宋理宗、度宗父子种下的苦果，与谢太后无关的。

大敌当头，贾似道仍在朝欢暮乐，歌舞升平。无怪乎去年樊城被围，人们讽刺他"羽书莫报樊城急，新得娥眉正少年"了。京湖制置使汪立信听说元朝出兵，忧愤交迫，上书贾似道提出抗元二策，上策：集中内地兵充实沿江。沿江防线不过7千里，每百里设屯，10屯为府，府有总督，要害处屯3倍的重兵，无事则屯兵巡逻，有事则东西齐奋，互相支援。挑选有才干的宗室大臣，统领东西两府。中策：礼送使者，许输岁币，延缓出兵日期，我加强战备，元军若来，可战可守。否则，就要早做亡国打算。贾似道看了上书，勃然大怒，大骂汪立信"瞎贼，胆敢狂言。"后来，元军统帅伯颜得知汪立信的计策，曾经说过：假使汪立信的上策得以实行，元军何能到此？！元军不过20万人，而宋朝当时还有生力军70万人，那个时代宋朝并非注定要灭亡，还是大有作为的。可是贾似道反而罢免汪立信，另以亲信担任京湖制置使，不做丝毫抗战准备。

忽必烈以伯颜为统帅，兵分两路，水陆并进。咸淳十年(1274)底，元军攻陷重镇鄂州，（今湖北武昌）。伯颜留将军阿里海涯经略鄂州及荆湖未陷地区，自己率大军沿江东下，兵锋直指临安(今浙江杭州)，沿途宋将望风投降，觍颜事敌。谢太后闻报大惊，召集群臣会议，大臣们纷纷要求宰相贾似道出兵抗元，南宋太学生也不断请愿，要求贾似道出兵。贾似道无法推诿，只好在临安建立都督府，但是又害怕降将刘整，不敢出兵。直到第二年，刘整的死讯传来，贾似道手舞足蹈，认为刘整一死，元军没了向导，便会失败，于是上表出兵。抽调各路精兵13万人，金帛缁重满载船中，舳舻相衔，几乎百里，根本不像打仗的样子。贾似道本来是无赖子弟，对军事一窍不通，也无心作战，一到芜湖，即派人向伯颜馈赠荔枝、黄柑，称臣纳币，请求议和，遭伯颜断然拒绝。元军不肯议和，大军继续向前推进，又攻下了池州。贾似道无路可退，挑选精锐7万人交给孙虎臣，命他截击元军，又命夏贵率水师跟进，自率后军屯驻鲁港，作为后援。夏贵是鄂州败将，唯恐贾似道成功。孙虎臣是贾似道亲信，带着爱妾上战场，这样的人领兵作战，结果可以想象。果然，两军一交手，宋军即败下阵来，元军乘胜追杀，宋军全军覆没，江水为之变赤。贾似道单舸逃往扬州。宋军丢魂丧胆，不堪再战。更可笑的是贾似道在扬州收罗溃兵，不仅无人理睬，反遭恶语痛骂。贾似道六神无主，只有请谢太后迁都逃跑。

宋军战败的噩耗传来，中书舍人王应麟建议下诏勤王，合力作战，以攻为守。但是谢太后在下诏勤王和迁都之间左右两难，无力决断，只好交给大臣讨论，却又引起一场争论。贾似道在朝的爪牙附和贾似道，坚持迁都；左丞相王爚主张固守，两派争执不下。王爚自以身居宰相，不能决定国家大计，气愤地弃官出走。太学生们强烈反对迁都，说："陛下迁都，无非庆元(今浙江庆元)、平江(今江苏苏州)两地，形势危急，便由海上逃往福建。此举实在有欠考虑，不想我既能往，寇亦能往，徒然惊扰自家，别无益处。"犹豫不决的谢太后觉得这个说法有理，方才下定决心，重新下诏勤王。可是勤王诏下，反应冷淡。上次下诏,诸将多观望不前,只有李庭芝曾派兵支援。这次又增加了一个张世杰。四月,赣州知州文天祥,变卖家财,组织了一支5万人的民兵队伍前往临安勤王。友人劝阻他说:"元军三道鼓行,破郊畿,薄内地,君以乌合万余赴难,是何异驱群羊而搏猛虎?!"文天祥答道:"国家有急,征集天下兵,无一人一骑入关者,吾深恨于此,故不自量力,而以身殉之,或许天下忠臣义士,将有闻风而起者。"可谓用心良苦。但朝廷并不领情,勤王的张世杰反遭当朝的陈宜中猜忌,这实在让忧国之士寒心。

鲁港师溃之后,堂吏翁应龙自军中逃出,参知政事陈宜中问贾似道在哪里,翁应龙也不知道,陈宜中断定贾似道已死,便上书谢太后请求诛杀贾似道以正其误国之罪。谢太后却为之辩护说:"贾似道毕竟是三朝元老,怎能忍心以一时之罪,破坏我朝优待大臣的礼节呢?"结果这个祸宋的罪魁只被罢免了平章和都督之职,改授醴泉观使。谏官、侍从、太学生争相上书请诛贾似道,太皇太后都置之不理。贾似道自知情势不妙,只好上章自劾,并为自己辩护。谢太后不肯杀贾似道,下诏李庭芝出资送贾似道回籍,为母守丧。但贾似道还赖在扬州不走。丞相王爚不满地对太后说:"贾似道既不死忠,又不死孝,请太后下诏责罚。"贾似道不得已,只得打道回绍兴府。绍兴守臣知道贾似道罪大恶极,闭城不纳。王爚又劝太后说:"本朝权臣为祸,没有像贾似道这样剧烈的。缙绅草民,屡加弹劾,太后陛下都置之罔闻,不只落得不恤人言,也无以谢天下!"太后才将贾似道降官三级,移居婺州(今浙江金华),州人闻讯,张贴露布宣告罪状,要将他驱逐出境,不准居留。谢太后没法,只好下诏把贾似道流放到建宁府(今福建建瓯)。监察御史孙嵘叟等人认为对贾似道的处罚太轻,应该斩首以正纪纲。大臣方回上疏列举了贾似道贪、淫、吝、专、恶等十大罪状。谢太后还想袒护，大臣翁合气愤地上奏说："贾似道欺君罔上，卖国招兵，专利虐民，滔天之罪，人人皆知。迫于众怒，仅谪发建宁，而建宁是朱熹讲学的圣地，即使三尺童子也知其地乃礼义之邦，那里的人听说贾似道三字都要吐，更不用说见面了。应该把他贬到蛮荒之地。而且要严惩奸党，以申国法。"谢太后方才狠狠心把贾似道贬为高州(今广东茂名)团练副使，抄没家产。在押送去贬所的路上，这个国人皆曰可杀的奸贼，被仇家郑虎臣缢杀。

鲁港惨败后，谢太后被迫罢免了贾似道，任命王爚为平章，陈宜中、留梦炎为左右丞相，并兼枢密使，都督诸路军马。贾似道既被罢免，他当政时的害民之政，也陆续除去，得罪贾似道而被贬官流放的人也发出公文追回，连被贾似道迫害致死的前丞相吴潜和大将向士璧也都追复原职。朝政有了振作的势头，可是谢太后却起用了陈宜中作丞相，又把这良好的开端断送了。

陈宜中，少有虚名，在太学学习时，因为上书弹劾权奸丁大全，成为有名的六君子之一，后来丁大全被杀，陈宜中时来运转，靠着攀附贾似道，跻身执政。贾似道芜湖丧师，陈宜中怀疑他已死于乱军中，第一个跳出来请求诛杀贾似道，沽名钓誉。陈宜中当政后，首先逮捕了擅自杀掉贾似道的郑虎臣，并很快把他处死。郑虎臣虽然违法行事，但陈宜中此举更令人心寒。之后他又允贾似道归葬原籍，赐还贾似道被抄的田地、房舍。这番表演，使谢太后认为他心存忠厚，从此把他倚为干城。

元军步步紧逼，宋军节节败退，连失十几城，伯颜大军兼程前进，前锋迫近南宋首都临安。知书枢密院事曾渊子、左司谏潘文卿、右正言季可、两浙转运副使许自、浙东安抚使王霖龙、侍从陈坚、何梦桂、曾希贤等共几十人，还未见到元军，就乘夜溜走，朝中为之一空。更为可笑的是签书枢密院事文及翁、同签书枢密院事倪普竟然故意令谏官弹劾自己，好借故溜走，哪知奏章还未来得及上，即匆匆逃出关去。庙堂萧然，门可罗雀，时日维艰，太后以庸弱之身，勉强支撑残局。有时太后与皇帝上朝，竟找不见一个大臣。谢太后非常忧虑，特意下诏，张榜朝堂，告诫百官说：

我朝三百多年，待士大夫从来以礼。今我与嗣君，遭逢家中多难，你们这些大小臣子，未曾有片言只语以救国，朝内臣僚叛离，朝外守臣委印弃城，皇帝之耳目不能为我尽纠弹之职，宰相、执政也不能驾驭群臣，而且里应外合，相继遁走。平日里读圣贤书，究竟为何？却在国家需要之时，做出这等事情，活着有何面目对人，死了又有何面目去见先帝！元兵虽然强大，但天命未改，国法尚存，凡在朝文武，一律官升二级，负国外逃者，御史台只要发觉，要马上奏闻，量加惩罚。

"言者谆谆，听者藐藐。"虽然下了诏书，但君臣离心离德，还是不断有臣僚借着夜色溜走，他们已对谢太后为首的朝廷丧失了信心。

陈宜中是贾似道的同党，幻想纳币求和，无心抵抗。伯颜不理睬陈宜中求和的主张，率大军四处攻击，连陷州城，湖北荆南各地宋将非逃即降，元军不再有西顾之忧，安心东下，战局急转直下。幸亏，杨州守将李庭芝率众死守，方才稳住阵脚。五月，宋将刘师勇收复常州，浙西降元诸城也重新反正，与张世杰会师，庆远府的仇子真、淮东兵马钤辖袁克己，各自率军入卫京师，有诏令二人与张世杰、张彦分道出击，增援扬州。四路出兵，却无督师统一指挥。谏官上奏太后要求大臣督师，谢太后也不知如何处理，交给大臣讨论，又久议不决。大臣陈文龙气愤地说："北军今日攻某城，明日又筑某堡，而我却佯装谦逊，实际相互猜忌，恰如救人灭火却强装从容不迫的风度，请诏令众大臣，不要再妄生空谈。"但大臣们争执不已，互相排挤，谢太后也无力阻止。平章王爚也说："陈、留二相，宜由一人督师吴门，否则我自己请求前往。"陈宜中心中不满，暗地里百般阻挠。他不得已，和留梦炎一起上书请求行边，却迟迟不肯动身。

张世杰率军进至焦山（今江苏镇江），因朝廷措置不当，宋军大败。张世杰上表求援，可是朝廷里面明争暗斗，根本无人顾及前方。大臣王爚上书辞职，他说："事无重于兵，现今二相并建都督，运筹决策，臣却不知。大敌压境，非陛下自己率军则由大臣督师，方能事专责成，可望退敌。可是张世杰却因诸将离心，导致失败，试问国家今日，还能受起几败？臣既无职可守，又有言不从，请求解除平章重任。"谢太后虽然觉得他的话有理，可是她又无法怪罪陈宜中，只得两面讨好，不准辞职。太学生刘九皋等人也伏阙上书历数陈宜中擅权误国，不亚于贾似道，其中有"文天祥率兵勤王，却听信谗言，横加阻挠；贾似道丧师误国，却佯请惩罚，阴加庇佑；大军直迫国门，却将勤王之师留置京城不加调遣；宰相应当出外督军，却令朝臣漫议终不出行；吕师夔狼子野心，竟使他与元通好结盟；张世杰所部步兵却用之于水，刘师勇水兵却用于步，指挥不当，授任无方，因而致败"。陈宜中闻讯，还未等谢太后作出反应，他就掼了纱帽，不告而别。谢太后派人召还，屡召不至。谢太后只好将京学生刘九皋等人下狱，罢免王爚。不久王爚忧愤而死。陈宜中已回到温州老家，遇使者征召，就以母亲年老无人奉养为辞，谢太后又亲自给其母杨氏写信，让她督促儿子还朝，这次总算是束装归来。但他本人既无运筹帷幄的才能，也无指挥若定的本领，能和则和，能降则降，根本没有什么长远打算，只知道敷衍。

九月，朝廷突然发布了两个诏令，一命文天祥出知平江府（今苏州），率军守吴门；一命襄阳守将吕文焕之侄吕师孟为兵部尚书，同时封其父吕文德为和义郡王。这预示着谢太后和陈宜中为首的南宋小朝廷急于乞降了。

南宋朝廷对文天祥这支抗战力量从没有认真使用过。德祐元年（1275）四月，局势危急，文天祥奉诏勤王，招募了一支5万人的新军星夜奔赴临安。可是大军刚刚开拔，谢太后和陈宜中怕文天祥到来，妨碍正在进行的乞和投降活动，又传令留屯隆兴府（今江西南昌）。七月，张世杰在焦山战败，谢太后又下诏命文天祥提军入卫，可是又久留不遣，不肯用这支力量抗战。这次，陈宜中回朝，文天祥奉调出京，这分明是一个排挤文天祥出京的阴谋。文天祥发现朝廷正在一步步滑向乞和、投降亡国之路，他利用"陛辞"的机会上了一本。在本中，他迎头痛斥"朝廷姑息牵制之意多，奋发刚断之义少"，要求将鼓吹投降的新任兵部尚书斩首，以振作将士之气。又重新提出建立方镇的主张，他说：祖宗鉴于方镇作乱，所以削藩镇，建郡县，一时虽足以矫尾大不掉之弊，可是国家却渐渐衰落，所以"敌至一州则破一州，至一县则破一县，中原陆沉，痛悔无日"！他主张立即变通，分天下为四镇，地大力众，才足以抗敌，改变郡县各自为战的局面，"约日齐举，有进无退"。同时发动"吾民之豪杰"打击敌人。可是这时朝中左丞相是后来降元的留梦炎，右丞相是陈宜中，结果可想而知。文天祥分天下为四镇之策和汪立信集中兵力于长江沿线的方案，都是大有作为的，可是汪立信不用于贾似道，文天祥同样不用于陈宜中。文天祥竟被视作"迂阔"，只好叹息出京。谢太后两用权臣，致使时局一坏再坏，终至于无可逆转。

元军兵分三路，渡江南下，约日在临安会师。陈宜中慌忙征发临安百姓年龄15岁以上者充军，号武定军，又急令文天祥入卫。文天祥尚未赶到，独松关便已丢失，元军距离临安已近在咫尺了。临安城内，勤王之师只有三四万人，另外还有点乌七八糟的武定军。文天祥与张世杰商量，淮东城池坚固，可以死守，闽、广也在宋朝掌握之中，如果能与元军血战获胜，再命淮东之师抄敌后路，国事或有转机。张世杰很以为然，便上奏了朝廷。可是陈宜中却对谢太后说："王师务宜慎重，不可操切行事"，竟将张世杰的奏章搁置，甘愿困守孤城，坐以待毙。秘书监陈著上书请从文天祥之议，被贬往台州。谢太后和满朝文武都寄希望于陈宜中，可他束手无策。社稷将倾，军情紧急之际，他不想整军经武，遣将迎敌，却埋头料理科举、士大夫差遣等不急之务，左丞相留梦炎则挂冠逃跑。缓急倒挂，官不守职，宋朝不亡何待！

事到临头，陈宜中除了求和，无计可施，便派工部侍郎柳岳出使元军。柳岳见了伯颜，边哭边诉，说："嗣君年幼，而且正在服丧，自古礼不伐丧，贵国为何兴师？以前失信背盟，都出自贾似道一人，现在贾似道已经伏诛，请班师修好！"伯颜反驳说："你国杀我使臣，才兴师问罪。从前钱镠纳土，李煜出降，都是你们的旧规，你国得诸小儿，也应失诸小儿，天道好还，何必多言！"柳岳无词可对，只好退还。及至伯颜进驻平江，陈宜中又奏请谢太后派陆秀夫、吕师孟和柳岳再赴元军，情愿称侄纳币，若不准再降称侄孙，谢太后听任陈宜中摆布，但愿求和成功。哪知伯颜照样不许，谢太后只有向隅而泣。陈宜中想来想去，只有建议谢太后再降低一下条件,奉表求封小国。可是负责起草的高应松耻于下笔,不肯草诏。总算找人写成,奉表的使臣又在途中被当地百姓杀死。但谢太后和陈宜中虽然屡遭挫折,却仍冒天下之大不韪,继续走乞和卖国之路。

残年已过,新年伊始即噩耗频传。

临安城人心惶惶,谣言四起。参知政事陈文龙,同签书枢密院事黄镛又相继逃走,左丞相留梦炎已在上次军情紧急时逃走,执政乏人,太后只好下诏任命吴坚为左丞相,常楙参知政事。正午时在慈元殿宣诏,文班只到6人。不久常楙又偷偷溜走。外面的凶讯接连不断,临安诸关守兵逃之一空,太皇太后惶惶不可终日,便想向元称臣,奉表乞和。连陈宜中这样的人,也假意为难。谢太后也是肝肠寸断,涕泪交流,但她心存幻想,道:"倘能保存祖宗社稷,称臣也不足惜!"随即派监察御史刘岊前往元军奉表称臣,上元主尊号,岁贡银绢25万两、匹,恳求保留国土。伯颜本怕过早攻打临安,惊走小朝廷,故而一直虚与委蛇。此时大军兵临城下,执意要南宋君臣出降。刘岊无奈,回朝复命。太后召集群臣会议,了无主张。主战派文天祥请求命吉王、信王出镇闽广,徐图恢复,但群臣多已丧胆,所以议而未决。幸亏几位宗室大臣,不甘心绝了宗祀,附和文天祥之议,太后方才晋封吉王昰为益王,出判福州,信王昺为广王,出判泉州。二王虽然都是幼龄稚子,但抗元火种实赖以保存。宰相陈宜中见元军不肯许和,他身为百僚之首,仓惶无计,便率群臣入宫,请求迁都,实际上是要逃亡。谢太后不准,陈宜中痛苦流涕,伏地不起,谢太后才下令整装待发。合宫草草收拾已毕,却又不见宰相前来护驾启程。等到夜幕降临,谢太后大怒,说:"我本不想迁都,可是大臣屡请,谁知竟是欺骗我呢?"一边说,一边将满头首饰扯得遍地都是，闭门大哭。群臣请见，一概不理。其实，陈宜中并非存心欺骗，只是仓促之际忘了奏明次日一早启程，结果惹出了这场风波。

次日一早，形势骤变，伯颜率军进驻皋亭山。阿拉罕与董文炳的部队也与伯颜会师，前锋直抵临安府北新关。文天祥、张世杰联名上书，请求转移三宫（太皇太后谢氏、全太后、皇帝）下海，由文张二人率军背城一战。陈宜中认为此招太险，不肯应允，反而与太皇太后私谋派遣监察御史杨应奎携带传国玉玺及降表前往元军大营投降。降表是以小皇帝赵㬎的身份写的：

> 宋国主臣㬎，谨百拜奉表言：臣值年幼，遭家多难，权奸贾似道，背盟误国，至劳兴师问罪，臣非不能迁避以求苟全，只是天命有归，臣将焉往？谨奉太皇太后之命，削去帝号，以两广、福建、江东西、湖南、二广、四川、两淮、现存州郡，悉上圣朝，为宗社生灵祈哀请死。优望圣慈垂念，不忍臣三百余年江山，猝然中断。曲赐存全，则赵氏子孙，世世有赖，不敢弭忘。

伯颜接受了降表，一边派人召陈宜中商讨投降事宜，一边派人将宋朝传国玉玺和降表飞马送赴上都。不料陈宜中听说伯颜指名要他前往议降，怕惧不已，竟在当夜悄悄溜回温州老家。主战派张世杰、刘师勇等人，见朝廷不战而降，各自率部出走。刘师勇下海后，见时不可为，心中忧愤，不多久便郁郁而死。

伯颜屯兵城下，必欲宋朝执政出城议降，谢太后只好另外任命文天祥为右丞相，与左丞相吴坚同赴元军。可怜文天祥一片忠心，见了伯颜尚苦苦相争。伯颜疑他有异志，只将吴坚放回，却将文天祥扣留在元军营中。直到此时，谢太后还心存幻想。二月初一日，小皇帝赵㬎率文武百官在祥曦殿北望元都上表，乞为大元属国。如此执迷不悟，真是可笑之极。伯颜秉承忽必烈意旨，在临安建立两浙大都督府，派蒙古岱、范文虎入城治事，另命张杰、董文炳、张弘范等人将临安府抢劫一空。随后元军进屯钱塘江沙岸上，临安人都寄望钱塘江波涛大作。据说，谢太后曾仰天祈祷："海若有灵，当使波涛大作，一洗而空。"谁知天不助宋，涨落有时的钱塘江潮竟三日不至，临安人只好嗟叹不已，无可奈何了。

三月间，伯颜进入临安，率手下左右翼万户观潮浙江，又登师子峰览胜。耀武完毕，便在翌日启程北返，同时派人押送小皇帝赵㬎及全太后等人北上觐见。德祐二年，也即公元1276年三月十五日，亡宋小皇帝赵㬎、母亲全太后及一班宗室大臣凄凄惨惨启程北上，重演了150年前祖宗悲怆的一幕。

太皇太后谢道清因为年老有病，暂且留在临安。使者拿着她的手诏和枢密院的投降文告晓谕天下州郡投降。抗元义士们对此不加理睬。元军大将阿术久攻扬州不下，他让人拿着谢太后的手诏谕降，李庭芝站在城墙上对使者说："我奉诏守城，没听说过奉诏投降！"使者狼狈离去。宋朝君臣被押解北上经过瓜州（今江苏扬州南）时，谢太后又派人送来手诏，说："上次我曾下诏让你纳款降元，但是很久没有得到你的答复，难道还不明白我的意图，打算固守下去吗？如今我与嗣君已经降元，你还为谁死守！"李庭芝不听，射杀使者，直至失败，慷慨就义。

谢太后投降了，她屈膝投降，晚节不忠，可是李庭芝、文天祥等忠臣义士点燃的抗元烈火还在熊熊燃烧。诚如文天祥所说的:"人生自古谁无死,留取丹心照汗青。"民族英雄们在烈火中得到了永生。

几个月后,太皇太后谢道清被人从宫中抬出,押送到元朝大都(今北京),降封为寿春郡夫人,从此大宋王朝的未亡人一变而为异邦的诰命夫人。这是一个永远难堪的话题,宋朝人尤其不能释怀,时人孟鲠的《折花怨》诗,是其中的一个代表:

匆匆杯酒又天涯,昨日墙东叫卖花。
可惜同生不同死,漫随春色到谁家?

元世祖忽必烈至元十八年(1281),谢道清在度过6年缧绁生活后,74岁时客死在大都。这几年的时光,她是如何度过,已不甚了了。章丽真是同谢太后一起被掳的宫女,她写过一首诗,名叫《长相思》,能让人想见谢道清当时的心境:

吴山秋,越山秋,吴越两山相对愁,长江不尽流。
风嗖嗖,雨嗖嗖,万里归人空白头,南冠泣楚囚。
感时伤世,读来令人心酸,寄人篱下的亡国奴,心境能轻松吗?

度宗赵禥皇后全氏

◎ 荆世杰

全皇后原籍浙江会稽,是宋理宗之母慈宪夫人的侄孙女。全氏年幼的时候,父亲全昭孙对她很爱怜。后来,其父出任岳州知州,也把她携带身旁。开庆初年,全昭孙任满进京,途经谭州,恰遇蒙古将领兀良哈台率部南侵,先后攻破全州、衡州、永州、桂州,所向无敌。全氏只好与父亲暂入城中避难。谭州战事异常艰苦,几乎无望。不料,全氏入城不久,兀良哈台即解围北归。城中人纷纷传言,全氏身受神明庇佑,合城百姓赖以保全。今天看来,身受神助的传言不值一驳,只是当时消息闭塞,人们不知元军班师的内情而异想天开罢了。不过,这却成了全氏日后册封皇后的契机。

第二年,战事平息,全氏回到临安。父亲全昭孙出调外任,病死治所。就在这一年,忠王赵禥正拟议纳妃。赵禥本已由丁大全做媒,聘定临安知府顾嵓的女儿,丁大全后来被罢免,顾嵓也因夤缘丁大全而被免官。谏官们于是提议另选名族,以配皇储。有的大臣便直接提名全氏,说她侍奉父亲昭孙,往返江湖之间,历尽艰险;如果处于富贵,定能常加儆戒,赞成帝德。理宗虽对全氏未加认可,但他眷念母族,倒是很想亲上加亲。又听说全氏之父昭孙早死,便召全氏入宫,抚慰她说:"你的父亲昭孙,宝祐年间殁身王事,朕每念及此,总是哀怜不已!"昭孙对全氏爱如掌上明珠,父亲早死,自然伤心不已,但她自幼读书习字,深明大义,便随口答道:"家父固然可念,但淮、湖一带百姓更是可念!"理宗听了这话,暗自诧异,心想她年纪轻轻,竟能出语惊人,颇识大体,于是主意已定。次日,理宗便告知大臣们说:"全氏之女,言语伶俐,宜配太子,以承祭祀。"景定二年(1261)十二月,正式册封为太子妃。

度宗即位以后,咸淳三年(1267),全氏被正式册封为皇后。如果从册妃之日算起,到咸淳十年(1274)度宗去世时止,两人度过了14年的夫妻生活。她与度宗的感情如何已无法确定,不过,似乎可以推测,大概全皇后是不好妒人争宠的。证诸史乘,也见不到这方面的记载,仅就此而论,全皇后可算是一位"贤顺"的妻子了。度宗早在年轻时,便以"好内"闻名,即位后更加贪恋女色。宋朝惯例,天子召幸嫔妃,次日清早,一定要到阁门谢恩,写明月日,以备查考。度宗时,每日谢恩的有时多达三十多人。如此荒淫无度,自然寿命不长。咸淳三年七月,刚过33岁的度宗即告驾崩。全皇后的儿子,年幼的赵㬎奉遗诏之命在灵柩前即位,尊全皇后为皇太后。半壁残破的江山就这样撇给了孤儿寡母。

度宗在位时,南宋已呈亡国之兆,只是像旧史上所说:"亡国不干其身,幸矣。"但度宗一死,形势急转直下,南宋朝廷度日维艰。全太后虽然母以子贵,位居太后,却无意干政,也从不依恃身分骄蹇恣肆,朝中仍由年迈的婆婆太皇太后谢道清听政。谢太后懦弱平庸,她倚为栋梁的陈宜中等人既不能建策,又不能齐心协力,终至一误再误,合朝被擒。

德祐二年(1276)二月,太皇太后谢道清宣布投降,元军统帅伯颜进入临安。不久接到降表的元世祖忽必烈指示宋朝母后、君臣前往人都觐见元主。三月,伯颜拒绝了宋朝太后与小皇帝见面的要求,派人入宫宣读元主诏命督促帝㬎与全太后入京朝觐。宣诏的使者读到"免牵羊系颈"一句时,全太后哭泣着对赵㬎说:"受天子圣恩,你应拜谢。"协助小皇帝赵㬎行礼完毕,太后与少帝乘坐肩舆出了皇宫,与一班皇亲国戚凄凄惶惶地离开了京城。

路途的劳顿自不必说,可是那种改朝换代名分顿失的痛苦,又有谁能说得尽,道得清呢?赴北之前,有位婉仪叫王清惠的,在壁上题了一首《满江红》词:

太液芙蓉,浑不似旧时颜色。曾记得春风雨露,玉楼金阙。名播兰簪妃后里,晕潮莲脸君王侧。忽一朝鼙鼓揭天来,繁华歇。

龙虎散,风云灭,千古恨,凭谁说?对关河百二,泪沾襟血。驿馆夜惊尘土梦,宫车晓碾关山月。愿嫦娥相顾肯从容,随圆缺。

王婉仪一阙词，描尽了骤遭巨变的宫廷贵妇们的哀怨愤懑的心态，幽吟泣诉，令人泪下。传至中原，爱国之士感到意嫌不足，和词两阙，全是字字血、声声恨的不平之作。全太后何尝不是这样！繁华梦歇，国亡家破的灾祸，使母子二人骤然沦为阶下囚。儿子赵㬎还是弱龄稚子，也不能幸免，亏他不谙人事，体味不到那是一种怎样的灾难，全太后却肝心若裂，一路涕泪长流。"肌玉暗消衣带缓，泪珠斜透花钿侧"可算是一个真实的写照了。

途经瓜州（今江苏扬州东南）、真州（今江苏仪征）时，宋军曾两次袭击押送的元军，无奈势单力薄，无法改变全后母子阶下囚的命运。五月二日，全后母子与侍从等人到达大都。

当时元朝的统一战争已近尾声，但仍有众多不屈的南宋臣民团结在新的小皇帝端宗赵昰及卫王赵昺的麾下，新征服地区的反抗烈火，亦是此起彼伏。出于对统一战争的考虑，元朝皇帝忽必烈对赵㬎颇为宽容，封他对开府仪同三司，检校大司徒，瀛国公。显而易见，这样作，只是佯示优礼罢了。实际上，全太后与小皇帝都只能在高墙深院中苦熬岁月。许多随来的宫女不堪凌辱，自戕而死。五月十二日夜，宫女陈氏、朱氏和另外两名宫女，沐浴整衣，焚香遥祭故国之后，自缢而死。朱氏临终前留诗一首："既不辱国，幸免辱身，世食宋禄，羞为北臣。妾辈之死，守于一贞，忠臣孝子，期以自新。"忽必烈本就对全太后忍辱偷生，不能为国尽节而鄙夷不屑，宫人的死，大大助长了忽必烈的这种情绪。事件发生后，忽必烈命人砍下4人的头颅，悬于全后的寓所，以示羞辱。全太后念及小儿伶仃孤苦，无人照看，忍辱含垢，不肯轻生，但远迁北方，不服水土，使她受尽折磨。后来，大局已定，方动了回南方定居的念头，但她也清楚，恐怕今生难以复见故土，因此日渐憔悴。还是女人心软，忽必烈的皇后蔡必看她凄苦难耐，多次向皇帝求情，忽必烈却担心南宋遗民思念故国，引起事端，不肯有丝毫的通融。

时间到了至元十九年(1282)底，忽必烈突然下诏，命赵㬎和宗室赵与票火速迁离上都。原来，忽必烈接到警告，有人要谋害皇帝，应该加以提防。他凭直觉认定退位的亡宋小皇帝赵㬎仍是一个潜在的威胁，所以他将小皇帝赵㬎及降元的宋朝官员迁往内地，并勒令赵㬎出家为僧。同时，全太后也奉命削发为尼，出居大都正智寺。后来，她就在那里悄然死去。

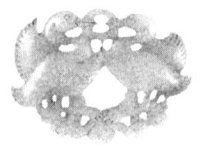

辽

(907 – 1125)

辽代是以契丹族为主体建立起的封建政权。

共收录 10 位皇帝的 12 位皇后,并选择了在历史上小有影响的 4 位皇太后或皇妃写有专传,附在所在皇后之后。

太祖耶律阿保机皇后述律平

◎ 李 晓

述律平,小字月里朵,就像耶律阿保机当皇帝后又取名叫耶律亿一样,平,也是月里朵成为皇后之后另取的汉名。另据《辽史》记载,阿保机非常钦慕汉高祖刘邦,所以当皇帝后下令耶律氏兼称刘氏,又听说刘邦的主要佐命功臣是萧何,故把述律氏改称萧氏,有的书中,述律平又被称为萧平。其实,述律氏改称萧氏是在辽太宗耶律德光时才开始的。

8世纪50—60年代,有个叫糯思的回鹘族人,不知什么原因,投奔到了活动在西拉木伦河南岸(今内蒙古昭乌达盟牛特旗西北)的契丹族迭剌部述律氏中,变成了述律氏的一员,其子孙魏宁、慎思、婆姑等人还相继在契丹族遥辇氏部落联盟中担任了舍利、梅里、阿扎割只等官职[1]，跻身于契丹贵族的行列。糯思便是述律平的四世祖。

契丹族和回鹘都是我国北方具有悠久历史的游牧民族，逐水草而居，畜牧渔猎，盘马弯弓，是他们的主要生活方式，因而男女老少从小就过惯了马上生活，娴习骑射。述律平自幼长育于马嘶弦鸣声中，又有机会接受贵族文化的熏陶，不但长于骑马射箭，其见识阅历也不是普通牧人孩子所能比的。契丹族各部落中实行的是氏族外通婚制，大约从耶律阿保机的四世祖萨刺德开始，耶律与述律两个氏族间便结成了牢固的婚姻关系。按照父系氏族共有的传统，耶律氏的女子全都嫁到述律氏，述律氏的女子也全都嫁给耶律氏，而且不限尊卑，氏族间即使原先并不同辈的男女也可结为夫妻，外甥嫁舅舅，表侄娶表姑等等，是普遍现象，这种婚姻习俗，在后来的整个辽朝都一直保持着。就这样，述律氏中官任阿扎割只的婆姑（又名月椀）从耶律氏中取回了撒剌的的妹妹，879年十月一日生下了述律平。十几年后，述律平又嫁到耶律氏，成了撒剌的的长子、比她大8岁的表兄阿保机的原配夫人。从此，两个契丹族的优秀儿女珠联璧合，共鼓琴瑟，在我国北方的政治舞台上谱奏出了一曲雄壮恢宏的历史乐章。

契丹部共分为8个部落，阿保机和述律平所在的迭剌部因靠近农耕的中原地区，同汉人接触的机会多，社会经济发展要比其他各部快，远在阿保机的七世祖涅里时，就已成了8部中

---

[1] 据《辽史·国语解》，当舍利须交纳牛驼10头，马百匹，只有拥有相当财富者才有资格担任。梅里，是贵戚官名，不详何职。阿扎割只，位居枢密使之下，是高级武官。

最大最强的一部。涅里是遥辇氏部落联盟初期著名的统帅，曾在735年被唐朝任命为松漠都督。从他以后，阿保机的祖先累代被选为迭剌部的酋长，并世代担任部落联盟的军事统帅——夷离堇。阿保机幼年的时代，正是契丹部落贵族已经羽毛丰满，积极进行对外发展和掠夺的时代。与述律平结婚前后，阿保机已担任了过挞马狘沙里（意为扈卫郎君，即遥辇氏部落联盟可汗的亲兵队长），在降服大小二黄室韦部和另外几个小部族的战斗中崭露头角。901年，他当选为迭剌部酋长，并担任部落联盟夷离堇，3年后又被授予"于越"尊号总揽军国事，其地位仅次于可汗，统兵御众，四面出击，北攻室韦、东讨女真、西破奚族、南掠河北、河东，在一连串战争中掳掠了大量人口和牧畜。以迭剌部为首的契丹部落联盟更加强大，阿保机也成了威名远播的大英雄，就连割据河东（今山西）的军阀李克用都跑来与他结为兄弟，寻求支持。907年，也就是唐朝灭亡的那一年，阿保机利用部落选举的传统仪式，推翻了遥辇氏联盟可汗痕德堇，自己登上了可汗的宝座，此后继续四处征讨，占领了东际大海，西逾沙漠，南及白檀，北抵于潢的广大地区。

在阿保机对内攫取权力，对外东征西讨，艰难创业的过程中，述律平一直与他戮力同心，出谋划策，显示了卓越的政治、军事才干。阿保机当上可汗后，采取了一系列措施巩固和强化自己的权力。他把部落联盟中原先存在的北府、南府两个行政机构牢牢控制在自己手上，打破两府长官（后来称为宰相）由各部落酋长联合推选的常规，直接任命述律平的哥哥敌鲁担任北府宰相，从此开创了皇后家族世代任相的传统。同时，阿保机在自己的营帐设置了称为"腹心部"的侍卫亲军"皮室军"（皮室意为金刚），从各部中挑选3万名豪健勇士组成，由他亲信伙伴曷鲁和述律平兄弟敌鲁、阿古只统率。述律平也选番汉精锐2万骑，组成了"属珊军"（属珊，意为珍宝），归自己统率，作为腹心部的辅助力量。一些具有杰出才能的汉族知识分子也是通过她的保护、荐举，成了阿保机的得力助手。

有一年，割据幽州（今北京）的汉族军阀刘守光在与李克用之子李存勖的战争中连连失利，派手下观察度支使韩延徽来向阿保机求援。韩延徽见到阿保机不肯下拜，惹恼了阿保机，将他扣留下来，发配到野外当了牧马的奴隶。述律平经过一段时间的观察，却发现此人很有些智略，并有较高文化，便向阿保机推荐说："延徽能守节不屈，正说明他是难得的贤士，这种人不能牧马当奴隶，应该礼而用之。"阿保机召来韩延徽，一交谈，果然发觉他是个人才，当即任命他为参军事，倚为不可缺少的左膀右臂。韩延徽感激知遇之恩，尽心尽力为阿保机效劳，在他的建议下，开设官府，修筑城郭，安置逃亡来的汉人，垦辟荒地，扶持农业生产，极大地增强了契丹的经济实力。阿保机认识到汉族知识分子的重要性，从此更加注重从汉人中选拔人才，像韩知古、康默记等人纷纷为他重用，对辽朝的创建出了大力，所以后来都成了阿保机封赏的21名佐命功臣中的成员。对于一些身怀技艺的汉人述律平也十分重视，很多俘虏来的汉族手工业工匠编到了她所统辖的属珊军中。吐谷浑族人直鲁古原是被契丹兵掳掠来的一个婴孩，述律平收养了他，使他成长为精通针灸的一代名医。

这时的契丹族正处在旧的父系氏族制度迅速瓦解，新的奴隶制逐步确立的历史转折关头，随着统治地域的扩大特别是对汉族农耕地区的占领以及社会经济的发展，汉族地区比较先进的生产关系和社会制度对契丹族的影响日益增大，契丹族内部新旧两股社会势力之间的冲突也越来越强烈。当八部贵族共推阿保机为可汗时，原想依靠阿保机的才能，使他们更加富强起来，获得更多的金钱和人口，占有更多的好牧场和牲畜。阿保机领导的东征西掠固然在很大程度上满足了他们这方面的欲望，但阿保机所采取的一系列强化自己权力，压制各部贵族势力的措施，却极大地触犯了他们原有的政治利益，引起了他们的不满。阿保机空前增多的个人财富和高高在上的派头也引起了他们的眼红。阿保机周围的汉族谋士又劝说他仿照中原帝王的做法，建立世袭的专制权力，更违背了契丹可汗3年一选，以次相代的旧习，激起了守旧势力的反对。于是，阿保机的弟弟剌葛便纠合一帮叔伯兄弟迭剌、寅底石、安端等人以及同样具有当选可汗资格的贵族，结成集团，发动了叛乱，史称"诸弟之乱"。叛乱共进行了3次，前两次阿保机都用妥协的方式和平解决了。913年三月，剌葛集团经过周密的部署之后，第三次发动了更大规模的叛乱。当时阿保机外出住在芦水，述律平留守行宫（位于今昭乌达盟巴林左旗南波罗城），剌葛派迭剌、安端率兵千骑谎称朝觐，准备伺机干掉阿保机，被阿保机发觉，扣押起来。另一支叛军由寅底石率领向行宫杀来，焚烧辎重、庐帐，夺去了作为可汗象征的"旗鼓"和祖先的"神帐"。述律平沉着应战，一面据险自守，一面调兵援救，夺回了旗鼓。阿保机派述律平的兄弟敌鲁、阿古只率领腹心部亲兵向叛军发起反击，终于将剌葛等人擒获，寅底石后来被阿保机释放，述律平却派人将他杀死。

"诸弟之乱"平息后，迭剌部中的旧势力虽被击溃，但其他7部贵族中的反对派仍占着上风。915年，阿保机在征伐黄头室韦部归来的路上，被7部酋长拦位劫持，他们举着原始民主传统的旗帜，硬要阿保机下台，阿保机只好交出旗鼓，同意不再担任可汗。随后带着自己的迭剌部和以往战争中俘获的汉人，迁到炭山东南的滦河沿岸，建起了一座汉城，所有城郭、居室、市廛，悉仿幽州的汉族制度。这里既盛产五谷，又有盐铁之利，不仅使汉人俘虏们得到了安居乐业，而且关内地区的汉族百姓为逃避战乱也纷纷被吸引前来。阿保机站稳脚跟，经过短时间的休养生息，实力再次强盛起来。这时，述律平向他提出了一条东山再起的妙计。阿保机依计派人捎信给7部酋长说："我有盐池，各部都在食用我产的盐，但你们只知道盐好吃，可不知道盐是有主人的，这怎么行？你们必须来犒饷我。"7部酋长不知是计，都携带牛酒前来聚会。阿保机在周围埋伏下刀斧手，酒酣之际，杀将出来，片刻之间，7部酋长全都脑袋落地。旧势力遭到毁灭性的打击，为阿保机正式建立奴隶制国家扫清了障碍。

916年2月，阿保机在龙化州(昭乌达盟八仙筒一带)以东的金铃冈，筑坛即皇帝位，国号"契丹"(辽太宗时改为辽)。并采用汉族王朝的体制，建元神册，自称"大圣大明天皇帝"，册封述律平为"应天大明地皇后"，在今昭乌达盟巴林左旗南波罗城营造皇都(辽太宗时定名上京)。契丹族奴隶制国家宣告诞生，我国北方历史也揭开了新的一页。

辽朝建立后，由于契丹8部的统一，疆土的开拓，外来的俘虏、难民和降附部落的增多，以及农业和工商业的发展，契丹的经济力量、军事力量更加强大，以阿保机为首的契丹贵族更加积极地向外发展。述律平则在这一系列战争中或亲临戎阵，或参与决策，提出了很多堪称远见卓识的韬略。这时的中原地区，正处在藩镇割据、军阀混战、烽火连天、横尸盈野的大动荡时期。阿保机有意乘此机会向南扩展。神册二年(917)，盘踞江南的吴主李昪派人献给阿保机一些猛火油(一种比较原始的石油产品)，并说："攻城时，若用此油点火焚烧楼橹,敌人用水不但浇不灭,而且越浇火焰越旺。"阿保机得到这种新式武器,大喜,立即调遣3万兵马要攻打幽州。述律平对此却很不以为然,说:"哪有用油攻人国的?"为了说服阿保机,她又指着帐前的大树问阿保机:"这树无皮能活吗?"阿保机说:"不能啊。"述律平说:"幽州有土有民,就与这棵大树有皮有叶一样。我们只须动用三千骑兵骚掠其四野,不出三年五载,它自然困敝不堪为我所有,何必一定用什么猛火油硬攻硬打呢?一旦不胜,被对方取笑,我们的部落只怕也会解体。"阿保机想想有理,暂时取消了打幽州的计划。述律平并不是不主张占领幽燕汉地,她与阿保机一样有着展边拓疆的强烈愿望,对富庶的中原和那里无数的金帛人口也是垂涎三尺,但她认为应该用理智稳妥的办法达到目的,反对在时机成熟之前盲目硬拼蛮干,徒然消耗自己的实力,这种见解无疑是颇有道理的。天赞元年(后梁龙德二年,922),晋王李存勖围攻镇州(今河北真定)的张文礼。盘踞定州(今河北定县)的义武节度使王处直也与李存勖为敌,他担心镇州一失,定州唇亡齿寒,就暗中差人令已投降了辽朝的儿子王郁设法贿赂契丹贵族,让辽朝发兵南下解镇州之围。王郁向阿保机游说道:"镇州美女如云,金帛如山,皇帝若速速前去,都会成为自己的囊中之物,否则将会为晋王所有了。"阿保机被他说动了心,要乘机拿下镇州、定州这两大中原重镇,点集全国主力就要南下。述律平仍认为时机不成熟、不该冒这次风险,对阿保机说:"我们有西楼羊马之富,其乐无穷,何苦劳师远出,乘人之危捞好处?我听说晋王用兵,天下无敌,与他交锋可要慎重,万一失利,后悔可就来不及了。"阿保机不听,说了句"张文礼有金玉百万,待我取来送给你。"空国而去。攻克涿州(今河北涿县),包围了定州。次年正月,李存勖亲率5千铁骑来攻，击退辽军，又在望都(今属河北)把阿保机杀了个落花流水。阿保机被迫撤退，正赶上大雪下了十几天，深达数尺之厚，辽兵人马冻饿而死不计其数，狼狈而回。

阿保机得此教训，见汉地未易轻取，即在述律平的策划下，先向西平定力量较弱的突厥、吐谷浑、党项、阻卜诸部，述律平坐镇皇都，确保后方腹地的安全。有一年，阿保机越过沙漠西征党项，室韦族黄头、臭泊二部见辽后方空虚，企图乘机袭灭契丹皇室。述律平得报，勒兵严阵以待，敌人来到，猛然发起反击，大败敌军。从此，她的威名更为各族敬畏。西部平定后，述律平又随阿保机回头向东消灭了渤海国，占领了整个辽东地区，也为日后南进解除了后顾之忧。

天显元年(926)七月，阿保机在征服渤海国后的回军途中，死于扶余城(今吉林农安)。第二天，述律平称制，权决军国事，她并没有像中原皇朝一样立即立一个新皇帝，而是在长达一年多的时间里，一直由她一个人面南临朝。为了把大权牢牢控制在自己手上并把自己喜爱的儿子耶律德光扶上台，她挥舞着白森森的屠刀向一切妨碍自己的人大开杀戒。

述律平和阿保机共生育了三个儿子。长子耶律倍，又名图欲，次子即耶律德光，老三耶律李胡。还在这三个儿子少年时，阿保机就用一种非常有趣的方式测验过他们各自的性格。有年隆冬，天上飘着鹅毛大雪，滴水成冰，极其寒冷，阿保机吩咐三个儿子出去捡柴薪，回来生火取暖。德光不管干的湿的，很快弄到一抱，最先回到帐中。图欲只捡干的捆扎好第二个回来。李胡磨磨蹭蹭，捡的不多，丢的却不少，最后一个回来往地上一丢便再也不肯动手，抄手站到一边，缩头缩脑暖和去了。阿保机冷眼旁观，对述律平说：「大儿巧，二儿成，小三最没出息。」三个儿子以后的成长果然像阿保机评价的一样。图欲聪明嗜学,通阴阳、知音律、精医药、针灸之术,能写作华丽的辽、汉语文章,曾把《阴符经》译成契丹文,还擅长丹青绘画,他绘制的《射骑》、《猎雪骑》、《千鹿图》等作品后来流传到宋朝,被宫廷珍藏。他多方搜集了一大批汉文图书,据说有万卷之多,收藏在医巫闾山绝顶的望海楼,其中有些缮本书,当时在中原都很难见到。他主张应在辽朝大力发展儒家文化,甚至应该皆用汉法。一次,阿保机问侍臣:"受命之君,应当事天敬神,凡自古有大功业的,我都想祀奉他,应把谁放在首位呢?"侍臣皆答应先奉佛。阿保机摇了摇头,说:"佛不是我们中国之教。"图欲说:"孔子是大圣,乃万世所尊,要奉该先奉孔子。"阿保机很高兴,便诏令建孔子庙,令图欲每年春秋进行祭祀。述律平虽然也非常钦羡高度发达的汉族文化,器重韩延徽等汉族知识分子,对儿子们学习汉语也抓得较紧,曾让图欲、德光当着他的面写汉语文章给她看。但总的来说,她对汉族文化的理解比较狭窄,最为重视的只是那些具有实用价值的技术、技能,如手工业、医术等等。她认为汉族文化比如工技、医术、农耕、城市建筑等只能在保持契丹族固有传统的前提下发挥作用,只能用于增强契丹的军事、经济实力,而不能容忍汉族文化取代契丹传统,担心不加限制的汉化会使骠悍勇猛的契丹人变得怯懦无用。因此,这种对汉族文化的基本态度就导致了她对图欲不喜骑射、一味迷信儒术、主张全盘汉化等有违契丹民族传统的思想和做法的极度不满。尽管图欲是长子,阿保机当皇帝后很快把他立为皇太子,但阿保机后来大概也觉着他继承皇位有点不合适,所以讨平渤海后,把原渤海国改名东丹国,称国都为天福,册命图欲为人皇王当东丹国的最高首脑。并且赐给他天子的冠服,建年号"甘露",称制,设置左右四宰相及百官。除了每年进贡十五万端布，一千匹马外，国中一切事务一概随着图欲的心愿用汉法治理。东丹国实际就像个独立国家一样，图欲也基本上成了那里的皇帝。阿保机大概是想用这种办法来换回已被图欲拥有的辽朝皇位继承人的身份。图欲可能也窥破了父亲的这层用意，东去就国时丝毫没有高兴的神情，而是哭泣着上路的。阿保机没来得及做进一步的安排就溘然长逝，在述律平眼里图欲就更没有什么地位了。

述律平真正喜欢的儿子是德光和李胡。德光精于骑射，很有些政治才干。尤其在军事上颇多成就，20岁出头被任命为"天下兵马大元帅"。阿保机每次出征都把他带在身边，攻克平州，迫降胡逊奚，南掠镇、定，西取回鹘单于城，东平渤海，破达卢古部，皆所向有功，在最高统治集团中实际已成了仅次于父母的重要角色，掌握了军马大权。两个哥哥或文或武都有些建树，老三李胡可就表现得太没出息了。他徒然长就一副高大魁梧的身躯，生就如牛似熊的一身蛮劲，却是文无韬，武无略，只有一股残忍暴虐的坏脾气。平时稍不如意就迁怒于人，在人脸上黥面刺字，若大动起肝火来，非要把人活生生抛入水中火中，或剥皮抽筋才肯消气。他的残酷在契丹贵族中是出了名的，人人都畏而远之，不敢同他打交道，生怕稍不小心惹恼了他，招来横祸。然而述律平却像喜欢德光一样溺爱他，处处事事让着他、护着他，不但从来没有对他的残忍暴虐稍做训戒，而且还在德光死后想把他也扶立为皇帝。原因是，述律平本身也有凶残横暴的一面。

如果撇开个人的感情因素，从契丹贵族奴隶制国家的自身利益出发，述律平在阿保机死后要立德光这样一个颇具才干的儿子当皇帝，比较多地保持契丹族固有的民族传统，推动奴隶制的进一步发展，比起图欲那样过分激进的要求一切向汉族学习,全盘实行封建化的主张来,在当时是有一定现实依据和道理的。尽管图欲已被立为皇太子,成为皇位的合法继承人,契丹族封建化也是不可逆转的历史趋势,但在当时,一方面由于封建经济的成分在契丹社会中还很微弱,图欲在政治上又没有实力。而德光在阿保机时期的历次战争中所显露出来的政治军事才干,已给契丹贵族展示了满足其掠夺占有欲望的广阔前景,德光已在一定程度上成了诸部畏服的英雄人物,按照消失不久的原始民主的遗风,也具备了选汗的资格。另一方面,述律平身为母后,早已大权在握,按照契丹族一直保持的尊重母权的传统,由她来发号施令废黜图欲另立德光,固然不能没有一些阻力,可是如果她坚持这样做,贵族们一般来说也不会死顶硬抗,群起反对,事情完全可以用和平的方式加以解决,没有必要一定在统治集团内部掀起一场血与火的斗争。然而,述律平为了进一步大权独揽,消灭所有的异己势力,也为了给废长立次扫除障碍,同时还出于一种稀奇古怪的念头,却莫名其妙地搞了一番清洗和屠杀,结果既害人又害己,大大激化了统治集团内部的矛盾,为以后争夺皇位的斗争埋下伏笔,而且使她原本十分崇高的威信受到损伤,连她本人都自残失去了一只右手。

阿保机死去不久,述律平就变得与以往仁明理智的形象判若两人,露出了凶残横暴的另一种面孔。她把各族酋长的妻子召到面前,阴森森地说:"我现在成了寡妇,你们也必须像我一样!"酋长妻子们还没弄明白她的意思,她就把酋长们召集起来,问:"你们思念先帝吗?"众人朗声回答:"我辈受先帝之恩,没齿难忘,永世难报,岂能不思!"述律平说:"真是思念,这太好不过了,你们就到地下去报答先帝吧。"不由分说一个个砍了脑袋。此后,只要哪一个人被她看不顺眼,她说一句"去给我捎信给先帝",就会把那人送到阿保机墓前杀掉,就连她弟弟敌鲁的妻子,也稀里糊涂地成了她的刀下鬼,至死都不知道自己犯的到底是什么罪。无罪的被杀,有"罪"的就更该杀了。官任惕隐的耶律迭里,阿保机时,从征阻卜、党项,立过汗马功劳,因主张让图欲即位,反对述律平另立德光,被述律平扣上"党附东丹王"的罪名,逮下监狱,动用了炮烙之刑,逼他招供。耶律迭里宁死不服,被她处斩,籍没其家产。在一年的时间里,先后被述律平以种种借口杀害的贵族有百人之多。至于被她逮捕下狱的人就更不计其数了。耶律铎臻的祖父蒲古只曾对阿保机有过救命之恩,铎臻也幼有志节,足智多谋,被阿保机置于左右,倚为股肱。述律平却不知什么原因很讨厌他,给他戴上手铐脚镣,囚禁起来,并且发誓说:"铁锁烂,才放你!"过了一段时间,又不知什么原因要把他召回朝廷,加以重用。铎臻却显示了气节,反问说:"铁锁还没烂呐,能打开吗?"述律平丝毫不感到尴尬,笑了笑把他释放。最后,述律平的屠刀挥舞到汉人赵思温头上。赵思温原是幽州军阀刘仁恭手下的将领,膂力超群,作战勇猛。有一次迎战李存勖,被射中眼睛,从头到脚变成血人,仍拼杀不止。后来投降辽朝,屡建战功,极受阿保机赏识,授为汉军都团练使。这次不知怎的,也得罪了述律平。述律平在上朝时突然命他捎信给阿保机,要把他送到墓前杀掉。赵思温到底在中原官场上混过多年,勇猛之余,还有点智谋,不甘平白受死,横下一条心,要给述律平出点难题,站在堂上不肯上路。述律平仍一本正经地问他:"你侍奉先帝极为亲近,为什么不去!"赵思温慢条斯理地回答:"若说与先帝亲近,有谁能比得上太后您呢?太后若能先行,臣一定随后跟上。"这句话一下子把述律平问住了。她杀了一百多个人,可从来没考虑过回答这样的难题。当着满朝文武的面,她不好自我否定以往杀人惯用的这个冠冕堂皇的借口。愣了半晌,见实在下不来台,只好说:"我不是不想从先帝于地下,只因儿子们还幼弱,国家无主,一时不能前去而已,但我也一定会有所表示的!"说罢,抽出腰刀,喀嚓一声把只好端端的右手砍了下来(她可能是个习惯用左手的左撇子),派人送到了阿保机墓中。赵思温竟奇迹般地幸免于难。述律平万万没有想到,她舞起的屠刀没有落到赵思温的头上,反而落到了自己的手上,落得个请君入瓮自食其果的结局。以后她接受教训,再也不敢随便杀人了。为了纪念那只右手,表彰自己义殉丈夫的节烈壮举,她专门在上京建了座义节寺,寺中建了座断腕楼,并且树碑纪颂。从此她便得了个"断腕太后"的绰号。每当人们提起这个绰号时,不知是真对她的节烈壮举感到敬佩呢,还是在对她挥起屠刀砍了自己手的下场表示讥笑?

述律平的凶残嗜杀闹得人心惶恐,使统治集团内部的矛盾变得尖锐紧张起来,阿保机建国后相对比较团结的贵族群体出现了缺口。被杀者的子孙兄弟对述律平怀恨在心,许多暂时没有被杀被囚的贵族则担心大祸临头,相继逃亡。耶律铎臻被逮后,他的弟弟官任副大元帅、曾协助阿保机创制契丹文字的耶律突吕不也受到蜚语中伤,述律平发怒,要杀他,他吓得赶忙跑到荒僻民间躲藏起来;镇守平州(今河北卢龙)的卢龙节度使汉族将领卢文进,因手下汉人都切望返回故乡,他自己也觉着在辽朝吉凶未卜,遂在后唐明宗李嗣源的招诱下,率其众十余万、车帐八千乘南逃中原。接着,代替卢文进任卢龙节度使的张希崇也杀死平州的契丹将领,率所部2万余口投靠后唐。没过多久,就连述律平的长子图欲也不堪母亲和弟弟的迫害携家带口投奔了后唐。

原来，在述律平临朝称制的一年零四个月里，通过连杀带关，觉着把自己认定的所谓异己敌对势力基本清除干净之后，便着手实施废长立次的计划了，她大概已意识到了滥杀无辜所造成的消极后果。尽管阿保机死后，图欲从东丹国前来奔丧时，已深知述律平决心另立德光的真实意图，就主动提出了"大元帅（德光）功德无量，英武神明，中外归心，应主社稷"的让位请求，但述律平仍要摆出公正无私的姿态，利用传统选汗的习惯，通过民主推举的形式，造成"众人所欲，我岂敢违背"的局面，来达到目的。天显二年（927）十一月的一天，她把贵族和百官召集起来，让图欲和德光分别骑马立在帐前，说："这两个孩子都是我的亲生骨肉，都是我平时最为喜欢的，我觉着他俩的才干都很卓越，难分上下，实在闹不清应该立谁当皇帝最合适，现在就请大家来为国选君吧。你们认为谁能胜任，就牵起谁的马缰。"到了这个时候，司马昭之心谁不知晓？又有谁胆敢说个不字！于是众人呼隆一下都跑到德光那里，争先恐后地抓起他的缰。述律平又装出无可奈何的模样，说："大家的意见，我怎敢违抗？那就立德光吧。"紧接着举行了传统的柴册礼。这是契丹皇帝即位时或即位后例行的一种很有戏剧场面的典礼，它通过一些富于象征性的动作，来模拟古代契丹选举可汗的仪式。大体是事先要挑选9个普通人假扮皇帝，连同皇帝本人共是10人，一样的身材，一样的服装，悄悄地分头走进预先设下的10个庐帐，然后由贵族大臣分投各帐"捉认"天子。捉到天子后，真天子须说："我不是皇帝，你捉错了。"大臣则须说："你就是皇帝。"如此这般往来三遍，真天子说："是便是了。"然后出帐来穿起皇帝的衣冠，拜祖宗、先帝神位，宴饷群臣，颁布赏赐，捉到天子的那位大臣当场可得到牛羊驼马各一千的赏赐。耶律德光就这样被捉出帐来,即皇帝位,尊号"嗣圣皇帝",是为辽太宗,述律平尊号"应天皇太后"。

图欲回到丹东国,仍当人皇王,他刻意装出超脱逍遥的模样,在宫中建起书楼,整日埋头钻研,还作了一首《乐田园》诗,表述自己甘心林泉,无意政治的情怀。虽然述律平和德光表面上也摆出对图欲关心爱护的架势,在图欲之妃萧氏病重时,几次亲临探视,在萧氏死后,还令东丹国举国服丧,但实际上,述律平和德光一时一刻也没有放松过对图欲的防范和迫害。为了削弱东丹国的力量,天显三年(928)他们乘图欲居留上京之机,令其宰相耶律羽之把东丹百姓迁到东平(今辽宁辽阳),加强辽朝朝廷对他们的控制。同时给图欲增设仪卫,名曰保护,实为监视。德光还多次到东丹王府,伺察图欲的动静。图欲更加郁郁不得志,情绪极度低落。后唐明宗李嗣源闻知,派人从海路持密信加以招诱,天显五年(930)十一月,图欲愤然做出了投奔后唐的决定。临行前他对身边人说:"我把天下让给皇上,满以为能过几年安顿日子,不料反遭受他的疑忌,我如今无路可走,不如到别国去,以成吴泰伯之名。"并在海上立起一块木牌,刻诗一首:"小山压大山,大山全无力。羞见故乡人,从此投外国。"满怀抑郁悲愤的心情,偕同夫人高氏和部分儿女随从,载着万卷图书浮海南下,到中原寻求避难去了。李嗣源以天子之礼迎接他,给了他极其优厚的待遇,赐姓东丹,名慕华,后又改赐姓李,名赞华,官任怀化州节度使、瑞真等州观察使。述律平几次遣使与后唐修好,要求遣返图欲,都被李嗣源拒绝。图欲南逃时,他的长子耶律阮,又名兀欲,留在了辽朝。图欲身在中原,心里却时时怀念故国亲人,经常派人回去探视问候。936年,他被后唐末帝李从珂杀害,年仅38岁。图欲的不幸遭遇,激起了辽朝臣民的极大同情，后来人们纷纷拥立耶律阮当皇帝，就在很大程度上受了这种感情的驱使。

耶律德光即位后，对述律平尊奉备至。在述律平的诞生地坤仪州建起"应天皇太后诞圣碑"，纪颂其功德。将述律平的生日十月一日定为永宁节，年年庆祝。有时述律平身体不好，食量减少，德光也不肯吃饭。应对答话稍不如意，述律平就扬眉怒视，吓得德光慌忙退避，述律平不召，他不敢再见。有年述律平生病，德光恰在外地，闻知立即驰至上京，榻前伺候，所有汤药必先亲尝，才敢端给述律平喝。还祭告辽太祖庙，大办佛事，向菩萨祷祝，饭僧（招待僧侣斋饭）5万人，为述律平祈福。军国大事也仍旧控制在述律平手中，在她的直接干预下，耶律德光对辽朝的官制、军制等等进行了全面建设。在中央本着"因俗而治"的原则，形成了南面官和北面官两个官僚系统。北面官管辖契丹和其他游牧民族，官吏一律只用契丹贵族担任，是辽朝最高权力机关。南面官仿照唐朝封建制度，管辖汉族等农耕百姓，官吏主要由汉人担任。这些制度的建立，使辽朝奴隶制统治制度逐渐完备起来了，为契丹社会的封建化铺平了道路，是具有历史进步意义的。制度的完善，也使辽朝内部统治秩序暂时安定下来，为进一步向外扩张创造了条件。可巧，一个天赐良机落到了契丹贵族的面前。

天显十一年（936），担任后唐河东节度使的石敬瑭，在晋阳（今山西太原）发动叛乱，要夺取后唐的天下，因兵力不足，上表向辽朝求援，条件是割让卢龙一道和雁门关以北地区给辽，称比自己大9岁的耶律德光为"父皇帝"。觊觎中原为时已久的述律平和德光对石敬瑭的卑鄙计划喜出望外，忙点集起5万兵马，由德光亲自率领，逾雁门关南下，支援石敬瑭，大败唐将杨光远、张敬达，册封石敬瑭为"大晋皇帝"。之后石敬瑭攻陷洛阳，建立后晋，后唐末帝李从珂杀死图欲，也自焚身亡。从八月出兵，到十二月班师，辽朝轻而易举地从石敬瑭手上得到了位于今河北、山西北部以幽州和云州（今山西大同）为首的16州之地。这16州山岳襟连，关险错列，向来是中原王朝防御北方少数民族骑兵的天然屏障。此地一失，整个华北藩篱尽撤，门户洞开，不到黄河再也遇不到什么天险。此后，辽朝不但雄踞燕山，虎视平野，掌握了随时可以纵马南攻的战略优势，而且把后晋变成了它的附庸，每年可以从中原坐得30万匹布帛的财富。儿皇帝石敬瑭为报答辽朝的扶立之恩，给述律平、李胡等人送礼行贿的进贡车马也不绝于途。这真是辽朝开国以来空前绝后的大收获，契丹贵族踌躇满志，更不把中原王朝放在眼里了。

石敬瑭叛乱时，担任后唐卢龙节度使的赵德钧也想学石敬瑭的样子向辽朝称臣称儿，捞个儿皇帝当当，被拒绝。李从珂命他带兵援救张敬达，他又磨磨蹭蹭不肯进军，结果被耶律德光杀了个大败，率部投降被带回辽朝。这时，他向述律平献上大量财宝以及自己所属的田宅，企图买好求宠。述律平表现出对见异思迁、忘恩负义的软骨头极其痛恨的架式，冷嘲热讽地向赵德钧训斥说："我儿将要出兵时，我曾告诫过他，要他小心谨慎，若是驻守幽州的赵大王引兵北向榆关阻击我军，他必须迅速撤回，太原是帮不了的。你赵大王既然想当天子，为何不先击退我儿，然后下手也不晚。你身为人臣，既背叛你主，又不能击敌，还想乘乱捡便宜，这等不忠不义，有何面目活在世上?!"赵德钧被骂得无地自容，低着头说不出话来。述律平又问："你献的财宝在这里了，田宅何在?"赵德钧说："在幽州。"述律平问："幽州现在属谁管?"回答："属太后。"述律平哈哈大笑，说："那还用得着你献吗?"赵德钧更加羞愧不堪，很快抑郁而死。

石敬瑭靠出卖民族利益当了7年儿皇帝，会同五年(942)死，他的侄子石重贵即位。中原人民痛恨辽朝的残酷盘剥，掀起了日益浩大的反辽热潮。石重贵也不甘心受辽朝的凌辱，要求向辽朝只称孙不称臣。耶律德光大怒，连续几年兴兵讨晋，发誓不但要灭掉后晋，还要由自己当中原的皇帝，结果好几次都被晋兵杀败，有一回还差点成了俘虏，多亏胯下骆驼跑得快，才没被晋兵捉住。开始时，述律平十分支持德光南侵，但看到几年战争过后，辽朝的军事、政治力量消耗严重，士兵战马死亡不少，人民的厌战情绪日益增长，使她对战争的信心产生了动摇，遂问德光："让汉人当我们蕃人之主，行不行？"德光答："不行。"述律平又问："但是你为什么想当汉主呢？"答："石氏背恩负义不可容。"述律平说："你如今即使得到汉地，也不能久居，万一闪失，后悔莫及。"又说："那汉儿何曾睡过一个安稳觉？自古只听说汉人向蕃人讲和，未闻有蕃人向汉人讲和的，汉儿果能回心转意，我何惜向他讲和？"她的这个见解是比较明智的，可惜她对战争虽表示了怀疑，但并没有制止，大概对中原无数财宝和广袤疆域的贪欲此时已经把她原本清醒的头脑冲昏了。于是德光经过充分准备，于会同九年(946)八月，再次领兵南侵。中原在连年战乱之后，更加凋敝不堪，后晋的统治也早已不得人心。结果辽兵连战皆捷，后晋将官纷纷迎降，十二月，石重贵奉表投降，后晋灭亡。次年(947)正月，德光开进后晋都城大梁(今开封)，洋洋得意地穿起汉族天子服装接受百官朝贺，改国号"大辽"，年号"大同"，表示天下已实现大同，自己要在中原长期居住下去，作天下独尊的蕃汉共主了。述律平听到这个消息，大喜过望，原有的顾虑和担心一扫而光，立即派出专使，带上酒、果、食物千里迢迢赶到大梁贺赏德光。德光举着母亲赏赐的美酒，更加得意，站起身来说："母后所赐，不敢坐饮。"与群臣站着痛饮尽欢。

然而，他们的得意和欢欣并没有持续多久。契丹贵族占领大梁后，充分暴露了他们那种落后的野蛮性和掠夺性，他们不仅掠夺了后晋宫廷内所有的嫔妃、宦官、工匠、金帛、珍宝、图书、卤簿仪仗，全部送往上京，而且对华北和中原人民进行了残酷的统治和洗劫。契丹军队的粮秣，一向是由士兵自筹，他们在各地以牧马为名，四处剽掠，称作"打草谷"，中原百姓，无数丁壮毙于锋刃，几多老幼委于沟壑。大梁周围方圆数百里间，财畜殆尽，无复人烟。又以犒赏军士为名，搜刮各城居民钱帛，上自将相，下至庶民皆须纳钱，敲剥逼逐，弄得民不堪命。契丹贵族的这种野蛮、残暴的掠夺行径激起了中原人民的同仇敌忾，聚众抗辽者蜂起并作，到处攻打州县，杀死辽朝派来的官吏，围歼大肆掠夺的契丹兵卒。尤其是大梁以东的起义军来势猛烈，连克宋、亳、密三州，威胁着大梁；澶州王琼起义也使耶律德光感到有归路断绝之忧。他在大梁，仿佛置身于熊熊烈火之中，惊惶失措，哀叹说："我不知中国之人是如此难制！"他在大梁住了不满3个月，就再也呆不下去了，谎称天气炎热，归国省母，仓皇北撤。一路上，一边更加凶残地纵兵杀掠，一边不停地自吹解嘲："要不是中原炎热，水土不服，只须一年，太平就会挥手而致。其实汉地也没有什么好的，我在上国(辽朝)向来以打猎吃肉为乐，自到汉地，无处打猎，吃不上好肉，每每不快，我若得归本土，死亦无恨。"可是，这个双手沾满了中原人民鲜血的刽子手还没有走到辽境，就因惊悸忧郁，患上了重病，浑身燥热难耐，弄来冰砖置于胸腹四肢，嚼食冰块，体温还是降不下来，终于在大同元年

(947)四月死在了河北栾县境内的杀胡林。随从们把他的尸体解剖,摘去肠胃,塞进食盐,用车载着北去,沿途人们见了,都把他的尸体称作"帝羓"。

耶律德光一死,一度潜伏下来的辽朝统治集团内部的矛盾再次在皇位继承问题上暴露出来,各种政治势力蠢蠢欲动,争相乘机捞权,一场更加激烈的斗争如山雨欲来,箭在弦上,即将爆发。述律平充分意识到了事情的严重性,见到德光的尸体后,她顾不上哭泣,只是说:"等我把诸部安定得宁静如故之后,再来葬你。"但是,她仍然认为自己拥有无边的权势和强大的威慑,自信自己只要仍像阿保机死时那样,凭借太后的身份,挥舞起白森森的屠刀,要不了多久,就会把不安定因素压制下去,让人们重新战战兢兢匍匐在她的脚下,把自己心爱的三子李胡扶上台。这是她早就打好的如意算盘,为了让李胡具有与德光相同的身份资格继承帝位,还在天显五年(930)时,她就任命李胡当了天下兵马大元帅,此后还在各种场合公开宣传要把天下传给李胡的意图。如果说当初她主张立德光除了感情因素外,还有一层充分发挥德光的文武才干,为辽朝奴隶制国家的长远利益着想的公正理由的话,那么,这时她企图拥立李胡,则完全是出于感情偏爱的私心动机了,因为李胡在担任天下兵马大元帅之后,不仅没有创建过一点功劳,而且更加残暴跋扈,欺上凌下,除了述律平对他溺爱尤加,再也没有第二个人愿意与他来往。然而,述律平做梦也没有想到,她临朝称制时的凶残嗜杀,早已激起了一大批贵族勋臣的不满和恐惧,这次耶律德光暴死境外,人们更担心述律平迁怒于众,使阿保机死后的那幕惨剧在自己身上重演。于是,如果说述律平称制时残杀的那些人实际并不是她的敌对势力的话,那么,这时那些被杀者的兄弟子孙以及害怕成为新的被杀者的贵族大臣,便真正站到了她的对立面,要坚决与她为敌了。

东丹人皇王图欲投奔后唐之后,他留在辽朝的长子耶律阮被封为永康王。耶律德光南灭后晋时,耶律阮也随军从征,为的是起回埋葬中原的父亲的遗骸。德光猝死栾县,辽军士马困乏,陷入群龙无首的局面。从行诸将耶律安端、耶律察割、耶律刘哥、耶律盆都和萧翰等人众口一词地提出在军中立耶律阮继承皇位。当时能够与耶律阮争立的是德光的嫡长子寿安王耶律璟和李胡,这两人都是颇有资格的人物,耶律阮对他们心存顾忌,犹豫未决,就密召负责宿卫的好友耶律安抟商量对策。安抟的父亲就是曾被述律平扣上"党附东丹王"的帽子下狱处死的耶律迭里,安抟因此一直对述律平怀恨在心,当然是耶律阮的积极支持者。他对耶律阮说:"大王聪明宽恕,又是人皇王的嫡长子,先帝虽有寿安王在朝,但天下人多归心于大王。今若不断,后悔无及。"与此同时,南院大王耶律吼和北院大王耶律洼也在商议说:"国家不可一日无君,若请太后安排,她必定要立李胡。李胡暴戾残忍,他若当皇帝,非失人心不可,也不必考虑寿安王,最好是立永康王。"安抟来与两大王商议,意见不谋而合,大计遂议定下来。耶律吼和耶律洼便号令诸将说:"大行皇帝上仙,神器无主,永康王乃人皇王之嫡长,天人所属,当立。有不依者,军法从事!"行至镇阳(今河北正定),耶律阮正式即皇帝位,是为辽世宗。

述律平在上京闻知,勃然大怒,忙遣李胡引兵迎击,企图用武力夺回皇位。怎奈人心尽失,覆水难收,除属珊军旧部,谁也不肯支持述律平。李胡又是个外强中干的大草包,结果很快被耶律阮派出的安端、刘哥杀得大败,耶律阮乘胜引兵北上。李胡跑回上京,把倒向耶律阮一边的贵族家属全部抓起来,扬言:"我若不胜,先杀此辈!"接着,述律平和李胡重新组织起队伍，开到黄河岸边的横渡，与耶律阮隔河对阵。述律平以为自己亲自出马，诸将肯定会畏服倒戈，哪知对峙了三天，对面阵营没有一个跑过来的，自己这边却跑过去不少。她又想用旧情打动对方，笼络人心，挽回败局，瞧见耶律安抟站在对岸，便发问："我过去待你不错，你为何叛我？"安抟说："我父亲无罪被你杀害，岂能无怨？"一句话驳得她哑口无言，沉默片刻，又以同样的话问耶律刘哥，哪知刘哥的父亲就是追随剌葛叛乱，被阿保机释放后又被述律平派人杀死的寅底石，回答自然也毫不留情，振振有词。述律平仍不死心，突然又瞧见了她弟弟敌鲁的儿子萧翰，以为此人肯定会向着自己，便说："你是我亲外甥，又是我儿（德光）的妻弟，为何你也叛我？"岂料萧翰应声反驳："你杀了我无罪的母亲，难道你忘了吗？"述律平再也无计可施，垂头丧气回到帐中，盘算着要拚死一战。这时若不是耶律屋质出面奔走调停，一场恶战看来真的不可避免了。

耶律屋质，字敌辇，官任惕隐。他博学多才，足智多谋，有器识，重然诺，沉着冷静，处变不惊，颇有政治才干，此时正跟随在述律平身边，耶律阮担心他被述律平所用，于己不利，就写了一封信给述律平，想行反间计，借述律平之手除掉他。其实，屋质压根儿就不愿意看着内战继续扩大，也不肯帮述律平打仗，正在冥思苦想如何用和平的方式解决冲突。述律平见信后，将信将疑，她知道屋质是个可用人才，舍不得在这众叛亲离的关头将他杀掉，就把信拿给屋质看，屋质胸有成竹地说："太后曾辅佐太祖定天下，所以臣才愿竭死力追随。若太后怀疑臣，臣虽欲尽忠，能办到吗？为今之计，莫如以言和解，或许还能成功；否则就请速战，以决胜负。万一犹豫不决，人心动摇，国患不浅，望太后裁察。"述律平说："我若疑你,怎肯给你看信?"屋质说:"李胡、永康王都是太后的子孙,神器并没有落到别人手里,有何不可?太后还是从长计议,与永康王议和吧。"述律平深知自己势单力孤,哪里是耶律阮的对手?对决战的前途心里早就发虚,想想若能议和的确可以顺梯下台,体面收场,就问屋质可派何人前去说和。屋质说:"太后不怀疑臣,臣请往。若永康王同意,正是社稷之福。"遂带着述律平答应议和的信去见耶律阮。

屋质去后,耶律阮命宣徽使耶律海思写回信,仗着人多势众,言辞多有不逊。屋质向他进谏说:"陛下这样写,国家之忧远未完了。能释怨以安社稷,臣以为莫若和好。"耶律阮说:"他们都是乌合之众,岂能打得过我?"屋质相激说:"陛下打赢,又能拿至亲骨肉怎样?况且孰胜孰败还不知哩,即使陛下胜了,李胡扣押的诸臣家属就不会有活人了。以此计之,还是和好为善。"耶律阮问:"怎样和?"屋质回答:"与太后相见,各消怨愤,和好不难;若和解不成,再战不晚。"耶律阮同意,遂遣海思去见述律平,又往返了数天,议定以当面讲和解决争端。

但是,当述律平与耶律阮见面时,仇人相见,分外眼红,真的干戈虽未用上,唇枪舌剑却交锋得异常激烈。述律平为求主动,想先声夺人,不敢再提李胡这头,而把德光的儿子搬了出来,声色俱厉地高喊:"我儿南征东讨,建有天大功德,他有儿子在我身边,理当继位。你父亲背叛我,走投外国,乃是叛逆之人,难道能立逆人之子为帝吗?"此言一出,耶律阮及其大臣争先恐后众口一词,痛加驳斥,把述律平的气焰压了下去。述律平看着屋质说:"你该替我说话。"屋质说:"太后与大王若能释怨,臣才敢说。"述律平说:"你尽管言之。"屋质拿起一支筹箭,表示公正无私,不偏不倚,首先向述律平发问："过去人皇王在，何故立了太宗？"述律平回答："这是太祖遗旨。"屋质又向着耶律阮发问："大王何故擅自即位，不禀告尊亲？"耶律阮回答："人皇王当立不立，所以不告。"屋质见双方仍各持己见，互不相让，愤然说："人皇王舍父母之国而奔唐，做儿子能这样吗？大王见到太后，不稍做逊谢，唯怨是寻；太后偏心偏爱，假托先帝遗命，妄授神器。这样还想讲和？你们速速交战吧！"说罢扔下筹箭退到帐外。述律平见势不妙，最先软了下来，流着眼泪说："当年太子遭诸弟之乱，天下荼毒，疮痍未复，岂能再伤？"边说边拿起一支筹箭。耶律阮虽仍嘟囔着："父不为而子为，又有什么过错？"但也拿起一支筹箭，双方总算达成了和解。

　　述律平回到营帐，还不死心，又对屋质说："和议已定，神器到底应该归谁？"在这个问题上，屋质是支持耶律阮的，回答："太后若授给永康王，顺天合人，还有什么迟疑的？"李胡在旁边厉声喝道："我在，他兀欲休想立！"屋质说："礼法传嫡，不传诸弟，当年太宗之立，人们都已非议，何况你暴戾残忍，人多怨言呢？现在已是万口一辞，愿立永康王，不可扭转了。"述律平也总算明白过来，看着李胡说："你听见这话了吗？我和太祖爱你超过你的两个哥哥，常言道：'偏怜之子不保业，难得之妇不主家'。不是我不想立你，是你自己不争气啊。"于是达成"横渡之约"，述律平承认耶律阮即位，各自罢兵返回上京。

　　但是斗争仍没有结束。述律平和李胡并不真正甘心失败，又在策划发动政变，被耶律阮发觉。为了防止他们作乱，耶律阮一不做二不休，把他们强行迁到祖州(昭乌达盟林东镇西南)软禁起来，杀死参与策划的司徒划设和楚补里。同时，又解散述律平拥有的官户奴隶，分赐大臣，大大削弱了述律平的势力。

辽穆宗应历三年(953)六月,述律平默默无闻地结束了她既聪明又糊涂的悲剧余生,终年75岁,葬于祖陵,谥号贞烈。辽兴宗重熙二十一年(1052),改谥淳钦。

述律平死后不久,李胡因儿子喜隐谋反受到牵连,被逮捕死在狱中,后来被追尊为章肃皇帝。

太宗耶律德光皇后萧温

◎ 姜雪燕

辽太祖耶律阿保机与皇后述律平生育的惟一的女儿质古，按契丹族甥舅相配的古老婚俗，嫁给了述律平的弟弟室鲁。质古与室鲁生的女儿萧温，长大后又按同样的婚俗嫁给了阿保机与述律平的次子、当时担任天下兵马大元帅的耶律德光。天显二年(927)，德光即位，册萧温为皇后。四年后(931)，萧温生下了德光的长子耶律璟(又名耶律述律)，即后来的辽穆宗。

萧温聪慧洁素，很受德光宠爱，无论打仗、畋猎都带她在身边。天显十年(935)十二月，萧温随德光驻跸于百湖西南的行宫之中,生下了第二个儿子阿钵撒葛里①,可能因产后感染患了重病,次年正月死在行宫。不知什么原因,德光没有立即接受群臣为萧温追加谥号的请求。直到当年的五月初一,才开始为她服丧,3天后,葬于奉陵,德光亲自撰写哀册,追谥为彰德皇后,还亲自到弘福寺饭僧,为萧温祈求福祉。辽兴宗二十一年(1052),改谥号靖安。

---

① 《辽史·皇子表》作罨(音眼 yǎn)撒葛,是同一个人。

世宗耶律阮皇后甄氏

◎ 姜雪燕

在辽朝历代皇后中，甄氏是惟一的汉族人。她本是后唐皇宫的宫女，后晋建立后，大概因为她长得颇有姿色，依然留在了宫中。946年，辽太宗攻克大梁（今开封），灭了后晋，这时甄氏已有41岁，徐娘半老，但风韵犹存。随辽太宗进入大梁的耶律阮虽比她年轻10岁，但对她一见钟情，堕入爱河，抢到身边，喜欢得像宝贝一样。次年，辽太宗死于撤军途中，耶律阮被诸将立为皇帝，是为辽世宗，甄氏则册封成了皇后。后来她生下了耶律阮的第三个儿子，取名只没，字和鲁堇。

甄氏举止端重，风姿娴雅，并且处事严明，内治有法，虽为皇后，却从未一丝一毫谋取私利。耶律阮受他父亲图欲影响很大，对汉族封建文化极其钦慕，甄氏恂恂儒雅，具有与契丹游牧民族女子截然不同的气质风范，自然深深打动了耶律阮的情怀，对她一直敬重爱恋，宠遇甚厚。每逢大事，总爱与她商量，尽管甄氏的一些见解，如反对攻掠中原等，他并没有认真采纳。

耶律阮即位时，虽然得到了大多数契丹贵族的支持，即位后，又通过打击述律平、李胡一伙的势力，封赏有功之臣，设置北枢密院强化辽朝中央的权力机构等措施，暂时巩固了自己的地位。但是，辽朝社会内部，关于谁来掌握最大权力的斗争，关于是原封不动地在各个领域保持奴隶制，还是加速封建化进程的斗争，关于对归附过来的汉族上层人物不可太依靠，还是可以大加重用的斗争，以及关于不可太多地出兵中原地区，还是必须极力争夺中原地区的斗争等等一系列的矛盾斗争，仍然错综复杂，十分激烈。耶律阮大体上代表了那种要极力争夺中原地区、重用汉族上层人物和多采取一些封建成分的倾向。他释放了一批奴隶，把许多从后晋带回的汉族官员委以要职，而对诸部酋长加以压制，并且几次发动对后汉、后周的攻伐，这些都引起了相当一部分契丹贵族的反对。从他即位的第二年开始，周边部族的叛乱和朝廷贵族的谋反就此起彼伏，接连不断。

在这样一片日益高涨的反对声浪之中，甄氏的皇后地位也受到了一些贵族的非议。他们对耶律阮破坏契丹社会氏族间通婚的传统习惯表示不满，纷纷要求他另立契丹本族女子为后。耶律阮迫于压力，虽仍然保留了甄氏皇后的地位，但在天禄四年(950)还是把自己原先的妃子萧撒葛只册立为皇后，因此便出现了两位皇后同时并存的奇怪现象。《辽史·后妃传》把晚当皇后的撒葛只置于甄氏之前，只称甄氏为妃的做法，就反映了契丹社会的这种矛盾。

天禄三年(949)，原先参与拥戴耶律阮的萧翰、耶律安端等人企图谋反，被耶律阮发觉镇压。安端的儿子察割利用这个时机假装揭发父亲的罪恶，跑到耶律阮面前泣诉哀告，骗取了耶律阮的信任。察割表面上恭顺老实，背地却在积极策划夺取皇位的叛乱活动。大臣耶律屋质几次提醒耶律阮警惕察割的阴谋，耶律阮都不以为然，说："察割舍父事我，岂能有异心？"他置内部日益加剧的矛盾危机于不顾，反而轻率地要再次南攻中原，终于招致了一场杀身之祸。

这时，中原地区依然处在兵连祸结的动荡之中，天禄五年(951)，后汉枢密使郭威策动政变；建立后周。后汉的皇族刘崇则在太原称帝，占据山西中南部的12州之地，是为北汉。刘崇向辽朝称侄，要求派兵支援，合攻后周。耶律阮以为有机可乘。九月初一日，不顾甄氏的劝阻和诸将的反对，强行亲自领兵南下，他的生母萧氏和甄氏、撒葛只等后妃也都从军随行。三日，抵达归化州(今河北宣化)的祥古山。四日，耶律阮在行宫大摆宴席，祭奠生父图欲，纵酒狂欢之后，他与群臣都酩酊大醉，沉睡过去。当天傍晚，察割纠合耶律盆都、耶律郎五等人密谋已久的叛乱终于爆发了。他们率兵杀入宫帐，把耶律阮和甄氏杀死在梦乡之中。

甄氏当了5年皇后，就这样死于非命，尸体起初被草葬于野，969年，耶律阮的次子辽景宗耶律贤即位后，将她和同时遇害的萧撒葛只合葬于医巫闾山，建庙祭祀。但她始终没得到一个谥号。

甄氏死时，她惟一的儿子没只大概只有三四岁，由于自幼受父母的影响，也聪敏好学，精通契丹、汉字，擅长写诗。但他生性轻佻，辽穆宗时居然与一名宫女勾搭成奸，穆宗闻知，大怒，痛打了数百板子，刺瞎一只眼睛，处以宫刑，关进监牢。景宗即位，将他释放，封为宁王，把先前私通的宫女赐给他。后来，他因妻子私造鸩毒受牵连，被剥夺王爵，流放到乌古部。幸亏他的诗救了他，所写的《放鹤》诗得到景宗称赏，才得以回到上京，免除了终生流放的苦楚。

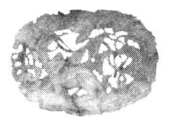

世宗耶律阮皇后萧撒葛只

◎ 姜雪燕

东丹王耶律倍逃奔后唐时，他的长子耶律阮（又名兀欲）留在了辽朝。辽太祖皇后述律平不知是对耶律倍的流亡产生了一丝歉疚，还是对耶律阮没有从父出逃的举动表示赞赏，把他封为永康王，还把弟弟阿古只的女儿撒葛只许配给了他。

但耶律阮并不喜欢撒葛只，很少与她亲近，耶律阮的长子吼阿不就是他与别的女子生的。耶律阮被拥立为皇帝，册封的皇后是他从中原带回的汉族人甄氏，撒葛只仍然只是一个普通的妃子而已。直到天禄二年(948)七月她才生下了耶律阮的次子耶律贤，又名明记，即后来的辽景宗。

这时，契丹贵族接连策动反对耶律阮加速汉化重用汉臣的叛乱，皇后甄氏因为是汉族人，又与耶律阮趣味相投，也受到了贵族们的反对。耶律阮迫于压力，只好在天禄四年(950)把撒葛只正位中宫，与仍当皇后的甄氏比肩并立。次年(951)八月底，撒葛只生下女儿萌古公主。九月初一，耶律阮带兵南攻后周，撒葛只还在月子里也随军从征。行至归化州(今河北宣化)祥古山，四日傍晚，耶律察割伙同耶律盆都、耶律郎五等人发动了蓄谋已久的政变，闯进宫帐把睡在一起的耶律阮和甄氏杀死，察割自称皇帝，把百官家属扣押起来。撒葛只因宿在别帐，没有当场被杀。她听到叛乱的消息，不顾自身安危，乘步辇找到察割，请求为耶律阮和甄氏收尸。察割不由分说将她也扣押起来。

政变发生时，官任皮室军详隐的耶律屋质统帅着皇室精锐皮室军，是叛乱分子的主要阻力。当时屋质身着紫色官袍，察割为了捉拿屋质，下令凡遇穿紫袍者一律逮捕。屋质换便服逃出，急忙派人召集诸王。诸将闻知屋质已出，纷纷汇集而来，屋质和辽太宗长子寿安王耶律璟整军包围了察割。察割见势不妙，派人把撒葛只杀死，仓皇出阵。但其同党见耶律璟和屋质势大，相继溜走，察割自知不是敌手，气急败坏，跑到扣押诸将家属和群官的囚所，威胁说："先将你们杀掉！"林牙(即翰林学士)耶律敌猎也被捆在那里，向察割献计说："你不杀皇帝，寿安王岂能上台？以此为理由与他讲和，或许能转祸为福。"察割同意，派敌猎去耶律璟处求情，耶律璟将计就计，让敌猎引诱察割出帐，乱刀砍死，盆都、郎五等人也同时被杀，政变平息。

耶律璟即位，改元应历，是为辽穆宗，追谥撒葛只为孝烈皇后。辽兴宗重熙二十一年(1052)，改谥怀节。

穆宗耶律璟皇后萧氏

◎ 姜雪燕

萧氏，幽州厌次（今河北安次西）人，父亲萧知璠，官任内供奉翰林承旨。传说萧氏诞生时，身边云气馥郁，满室馨香。幽州本是中原故土，又是辽朝的汉族聚居区，经济、文化非常发达，萧氏生活在这里，受到汉族文化的薰陶，自幼便养成了举止端凝、动遵仪则的气质。辽太宗长子耶律璟任寿安王时，将她聘纳为妃。天禄三年（951）九月，耶律璟平定察割之乱后，继立帝位，即辽穆宗，册萧氏为皇后。

耶律璟在位的19年间，虽然挫败了后周世宗柴荣试图收复幽云十六州的进攻，基本保住了辽朝现有的疆域，但由于契丹贵族内部长期的自相残杀，辽朝的国力却大大衰退了。耶律璟即位后，贵族们的谋反事件接连不断，耶律璟采取强硬手段——镇压下去之后，以为统治已经稳固，开始疯狂地饮宴游猎，荒淫无耻，不问政事。他每天夜里都要海吃狂饮，而且一定要喝个通宵。整个白天或者昏睡不起，所以人送绰号谓之"睡王"；或者纵情游猎，即使隆冬盛夏也不废驰骋。精神空虚到了极点，喜怒无常，动不动就因小事杀人，视人如草芥一般。刚即位不久，他就听信女巫萧古的话，说是取活人之胆可以合成长生不老之药，于是不知有多少壮年男子活活被杀。到后来，暴虐更甚，百官奴仆，稍不如他的意，要么当场砍头，要么施以酷刑，截断手足，燎烂肩股，打折腰肢，裂唇割舌，抽筋剥皮，炮烙铁梳，马踏车裂等刑罚，般般皆用。吃酒时，近侍给他递勺子稍迟一点，杀；围猎时，奴隶们驱赶的野兽稍少一点，杀。弄得从大臣到奴仆，在他面前蹑手蹑脚，战战兢兢，生怕稍有触犯，死不旋踵。朝廷政事也昏天黑地到了极点，要么一年到头不问一事，要么乘着酒兴滥赏滥罚。耶律璟肆意妄为，暴戾恣睢，没有人敢说个不字，身为皇后的萧氏也过于柔顺，从不敢稍加规劝。耶律璟的残暴统治终于维持不下去了，萧氏也随着他落了个身首异处的下场。

耶律璟四时游猎多在怀州(治于巴林左旗林东镇境)。这里峰峦嵯峨，有黑山、赤山、太保山，山明水秀、麋鹿成群。应历十九年(969)二月，依然是隆冬季节，耶律璟又跑到黑山打猎，同时纵饮狂欢。有天夜里，酩酊大醉，呼索食物，近侍小哥、花哥，厨子辛古等6人，久已不堪虐待，乘进献食物之机，将耶律璟刺死，萧氏也同时被杀。

景宗耶律贤皇后萧绰

◎ 姜雪燕

在关于杨家将的演义和戏剧中，有一个经常出现的人物——"蕃国女主萧太后"，此人便是辽景宗的皇后、辽圣宗尊为皇太后的萧绰。

萧绰，小名燕燕，出身于契丹贵族家庭，父亲萧思温是辽太祖皇后述律平的族弟忽没里之子，母亲则是辽太宗的长女燕国公主吕不古。萧思温才能平庸，为人龌龊，不修边幅，人们都认为他非将帅之才，但由于与皇室关系密切，地位显赫，长期担任了南京留守的要职。南京即幽州（今北京），这里因原属中原疆土，封建经济、文化高度发达，为辽朝的首善之区，萧思温本人也通晓书史，这些都对其女儿们产生了较大影响。他生了3个女儿，萧绰是最小的一个。萧绰自幼聪明伶俐，办事认真，有较深的文化修养。一次，父亲让姐妹几个扫地，两个姐姐潦潦草草挥舞了几下笤帚，就甩手不干了，惟独萧绰仔仔细细地把整个屋子打扫干净。喜得萧思温连声夸奖："此女必能成器。"

应历十九年(969)二月，萧思温陪辽穆宗耶律璟在怀州(今内蒙古巴林左旗林东镇)黑山打猎。耶律璟射死一只狗熊，萧思温与夷离毕牙里斯等人讨好地献酒祝贺，耶律璟平日就嗜酒如命，醉生梦死，这时更在兴头上，哪有不饮的道理？于是又烂醉如泥，当天夜里被近侍刺杀。耶律璟在位19年，没生过一个孩子，他一死，皇位的继承顿时成了严重问题，谁在此关键时刻有所作为，谁就可以从新天子身上捞得无限的好处。萧思温虽然无能，但也深知其中的利害，他过去与世宗耶律阮的次子耶律贤为首的一伙势力颇有来往，这时自然首先想到了他们，遂秘密派心腹潜往上京报知耶律贤。耶律贤连夜与亲信南院枢密使高勋、飞龙使女里等率甲骑千人来赴，黎明时分到达怀州，接着在耶律璟的枢前即位，是为辽景宗。为了感谢萧思温的拥戴大功，封其为魏王、北院枢密使兼北府宰相，成了北面官的最高首领。同时迎娶萧绰为贵妃，不久册为皇后，这年萧绰17岁。两年后生下长子耶律隆绪。

耶律贤在辽朝诸帝中，只能算是个中才之主。天禄五年(951)，察割叛乱杀死他父亲耶律阮时，他刚满4岁，幸亏被御厨尚食官刘解里用毛毡裹住藏到柴草堆里，才没被逮住砍头，但从此留下了病根。即位后，开始时尚能任人不疑，信赏必罚，针对累朝积弊进行一些改革，但没多久就渐趋荒怠。又因沉湎酒色，身体更加虚弱，连马都骑不上去，整天阴沉着脸，即使佳节朝会之际也难露出一丝笑容。到后来病情越发沉重，经常不能视朝，只好命萧绰临朝决事，所有赏罚征讨皆由萧绰裁定，他只是仰卧病榻，点头称是而已。萧绰由此发挥出她的雄才大略，成了比述律平还要杰出的女政治家、军事家。

  辽朝自世宗以来，贵族内部围绕争夺皇权展开的长期而激烈的斗争，尤其是穆宗时期的残暴统治，严重激化了阶级矛盾，造成国势中衰，统治力量大大削弱。耶律贤即位后，由乱转治成了朝野上下的普遍呼声。社会要进步，国家要富强，用人是首要前提，萧绰对此十分清楚。她在父亲被人刺杀后，首先任命能够推诚待人、忠心勤政的名臣耶律贤适继任北枢密使兼侍中，接着又重用了一大批具有文武才干的汉族、契丹族官员，分居要职。韩匡嗣任南京留守，号称有"理剧之才"的汉人室昉升任枢密使兼北府宰相，名将耶律休哥、耶律斜轸分任北、南院大王。经过对内政的初步整顿和改革，辽朝开始出现了"中兴"的转机。在对中原王朝的战争中也开始扭转世宗、穆宗以来的被动局面，节节获胜了。

  这时，中原已建立了宋王朝，经过宋太祖赵匡胤的励精图治，也国力大增，已基本统一了长江以南的地区。保宁十一年(979)，宋太宗赵光义灭掉北汉，试图乘胜收复幽州。当年六月，宋军由太原移师河北，连克数郡，包围了幽州。韩匡嗣之子韩德让代父任留守，日夜登城抵御，等待援军。幽州是军事重镇，又是辽朝的南面门户，自然不能轻易放弃，萧绰忙命休哥率五院部精锐前往救援，同时命斜轸在昌平得胜口一带设伏。休哥先以5千弱兵去幽州引诱宋军主力，再选精骑3万，夜间从小道绕到宋军背后，发起猛攻，在高梁河(今北京西北)与斜轸左右夹击。宋军惨败，全线溃退，赵光义背上中了流矢，乘坐驴车遁逃，宋军横尸遍野，丢弃盔甲，辎重堆积如山。

  乾亨四年(987)九月，耶律贤病死，遗诏年仅12岁的长子耶律隆绪继位，是为辽圣宗，萧绰正式临朝称制，被尊为"承天皇太后"。此后她称制27年，在契丹社会中进一步实行了全面的封建化改革，使辽朝达到了它的鼎盛时期。

萧绰正式来到前台之初，面临的是母寡子弱，族属雄强，边防未靖的艰难局面。对内如何应付旧势力的反扑，革除累积已久的沉疴，对外如何对付宋朝新的军事进攻，确是一件不容易的事情。她首先在用人上作了新的调整：一方面提拔有经国之才的耶律斜轸为北院枢密使，任命耶律休哥为南京留守，总管南面军事，以加强边防；另一方面继续大力重用汉官，除了老臣室昉仍居北府宰相要职之外，一些新的人才如邢抱朴等也相继委以重任，韩德让此时所拥有的地位和发挥的作用，就更加特殊、更加重要了。

韩德让就是杨家将故事中被称为"蕃国大将韩昌韩延寿"的那个人。他祖藉蓟州王田（今河北玉田），祖父韩知古在辽太祖时就任中书令，颇受宠信，父亲韩匡嗣曾因擅长医道，被述律平视若儿子，后来拜为南京留守兼枢密使，封魏王。辽朝制度，南京留守一般只有宗室亲王或外戚才有资格担任，韩匡嗣作为一个汉族人荣膺此职，可见韩氏家族的势力已不同凡响了。韩德让本人，性格淳厚，举止沉稳，智略过人，喜建功立事，甚有声望，一度代替父亲担任南京留守，为保卫幽州，赢得高梁河之战的胜利立了大功，被召进朝廷，拜为南枢密院使，总知宿卫事。耶律贤死时，萧绰命他与斜轸同为顾命大臣。此后他步步高升，先加开府仪同三司兼中书令，后封楚王。统和十七年（999），斜轸病死，他兼任北府宰相，总知契丹、汉人两院事，拜为大丞相，晋封齐王，位兼将相，总揽了辽朝军政大权。他入朝不拜，上殿不趋，有时偶而患个小病，萧绰和隆绪都要祷告山川，遍召天下名医诊治，朝夕不离左右。后来赐名德昌，赐姓耶律，改封晋王，又赐名隆运，户籍列于皇族横帐季父房，特置左右侍卫百人。按照辽制，设置护卫的待遇只有皇帝才能享受，表明他已位居亲王之上，权势仅次于帝后了。固然，任用汉臣从太祖时起就已成了辽朝政治的一个基本内容，随着契丹社会封建化的日益加深，汉臣的作用愈加重要，地位自然会更加提高。韩匡嗣担任南京留守就反映了这一过程，然而韩德让在萧绰手下所享受的这一系列宠遇，已经大大超越了任何一个佐命功臣所应有的范围，在整个辽朝不要说汉族官员再没有第二个人，就连宗室亲王也罕有其比。这种特殊现象的出现，除了萧绰政治上的需要外，还有一层感情因素。萧绰不只把韩德让当成了自己励精图治的股肱之臣，而且与他建立起了形同夫妻的亲密关系。

据说，萧绰少年时，父亲就曾把她许配给了韩德让。本来韩德让生于太宗会同四年(941)，比萧绰大了整整13岁，如果按照女子及笄而嫁计算，萧绰15岁时，韩德让已是28岁了，这么大年龄犹未婚配似乎不太可能。但或许此时韩德让的原配夫人死去，或许虽然才能平庸，但在关键时刻，颇能见风使舵、进行投机的萧思温有意结纳韩家这股举足轻重的政治势力，即使让女儿当续弦、做二房也在所心甘。萧思温便与韩家缔结婚约，一切准备就绪，眼看就要出嫁了，忽然朝廷政局发生变化，新即位的耶律贤提出要与萧思温联姻。长女、次女均已嫁人，夺回来献给皇上不大合适，唯一可行的是萧绰，皇亲国戚显然要比与大臣通婚强上百倍了，这笔帐萧思温算得非常清楚，于是毫不犹豫地解除与韩家的婚约，把萧绰送进宫去，册为皇后。耶律贤死时，萧绰刚满29岁，正是青春犹在，风华正茂之时，不幸守寡，独居空帐，衾冷枕寒，寂寞难耐，很自然地把脉脉情怀倾注到了不但才略杰出，而且风度翩翩，相貌堂堂,稳健儒雅中透着一股果毅阳刚之气的韩德让的身上。她想:若能与此人重偕前缘,梅开二度,既可以使自己的感情有所依托,又可以为国家谋得一位辅弼良材,使他忠心报效,共图大业,岂不锦上添花,两全其美?于是,她私下对韩德让说:"我幼时就曾许配与你,今愿与你破镜重圆,共效于飞,那么我儿当国,也就是你儿了。"从此韩德让出入帏帐,与萧绰名为君臣,实同夫妻。

堂堂皇太后,居然与大臣关系暧昧,这在宋明以后道学先生们的眼里自然是匪夷所思、伤风败俗的勾当。但在我国历史上,即使高度封建化了的中唐盛世,武则天尚能公开豢养薛怀义、张昌宗等一大帮男宠而并不觉着见不得人,何况契丹社会本不同于中原汉地,不仅把妇女再嫁视作理所当然,而且广泛存在着"妻庶母、报寡嫂"的习俗,耶律隆绪甚至还曾下诏让侄儿宗政娶其继母为妻。并且萧绰与韩德让又属旧缘重叙,人们就更不会对此大惊小怪,说三道四了,所以萧、韩二人丝毫不对这种关系感到有什么难为情,出双入对,如胶似漆,并不避讳。无论是朝会奏对,还是平时饮宴坐卧都干脆与真夫妻一样,出征游幸同帐共衾,甚至接见外国使臣都并肩坐在同一辆车上。大概爱情是自私的缘故,萧绰为了保证韩德让感情专一,设计把他妻子李氏鸩杀。群臣对韩德让稍有冒犯的,她也像冲撞了自己一样对对方毫不留情。有一次,萧绰在南京观看群臣的击鞠表演,大臣胡里室不知有意还是无意将韩德让撞堕马下,萧绰大怒,当即把胡里室斩首。涿州刺史耶律虎古有次在朝上与韩德让发生争执,韩火冒三丈,夺过卫士所持兵杖朝虎古头上砸去,虎古脑浆迸裂而死,萧绰并不加罪。就连小皇帝耶律隆绪也像待父亲似地尊敬韩德让,每天都要派两个弟弟隆庆、隆祐向韩德让问安起居,两人乘车走到距韩德让卧帐二里远的地方就必须下车徒步而进。韩德让从外地回朝,两人也要事先赶到其帐外站立迎候,向他作揖,韩德让则依旧昂首坐在车上,受之泰然。隆绪有时去拜见韩德让,也得在50步开外下车,韩出帐迎接,隆绪要先向他行礼,等来到帐内,韩德让便高坐在上,隆绪毕恭毕敬,与父子相处完全一样。而且这些动作都是隆绪内心真实感情的流露,丝毫不是他迫于母亲的压力或畏惧韩德让的权势而装出违心应景之举。群臣贵族们也压根儿不觉得韩德让在皇帝亲王面前高高在上的派头有什么僭越乱礼,因为大家都知道韩德让事实上就是隆绪兄弟的继父。况且韩德让毕竟不同于薛怀义、张昌宗之类仅凭色相供女主玩弄的男宠面首,萧绰与他齐力同心,如鱼得水,内振朝纲,外求展拓,为辽朝鼎盛做出了卓越贡献,人们就更不会对他们的这种关系妄加非议了。

　　韩德让的确不是等闲之辈,萧绰和隆绪母子对他的极度宠信,并没有被他利用来作为谋求私利、浊乱纲纪、妄作威福、飞扬跋扈、欺上凌下的资本,而是为他施展自己的政治才干提供了用武之地。他忠心体国,知无不为,勇于进谏,积极进贤,虽有时也有粗暴之嫌,但总的来看颇能顾全大局,注重团结,成了萧绰不可一日或缺的得力助手。他与萧绰,应该说是同功一体,大凡萧绰的作为,都有他的一份在内。

　　萧绰临朝称制之初,主少国疑,诸王宗室200余人,拥兵握政,盈布朝廷,怙势恣横,蠢蠢欲动,目光均集中到了12岁小皇帝的宝座上。萧绰当朝虽久,但缺乏姻亲之助,就连两个姐姐也未必与她一条心,存在着爆发政变的潜在危险。正是在这样的政治背景下,萧绰为了寻求以韩氏家族为首的汉族官员的支持,投进了倾心已久的韩德让的怀抱。韩德让没有令她失望,建议她调整朝廷各部门的权力分配,把耶律斜轸等人安插在重要位置上，同时敕令包藏野心的诸王各回领地，禁止他们私相宴会、接触，并伺机剥夺了他们的兵权，从而基本上稳定了局势。韩德让还知人善任，荐举好学博古、颇有吏干之才的邢抱朴担任参知政事。耶律乌不吕曾因事顶撞过韩德让，韩当时十分生气，但他认为乌不吕材堪大用，后来仍保荐其担任统军使。萧绰问他："乌不吕曾对卿不逊，卿为何还要推荐他？"韩德让笑着说："我当宰相，乌不吕对我都能犯颜抗争，何况对别人呢？由此知他可用。若信任他，他必能镇抚诸蕃。"萧绰很受感动，连声称赞："进贤辅政，真乃大臣之职。"加封乌不吕为金紫崇禄大夫、检校太尉。韩德让又主动密切与耶律斜轸、室昉等人的关系，结为好友，凡事尊重听取他们的意见，使辽朝最高统治集团呈现了前所未有的同心同德、团结一致的大好景象。

此后，萧绰在韩德让等蕃汉臣僚的得力辅佐下，顺应契丹社会封建化的历史趋势，仿效中原王朝的统治方法进行了一系列改革。她解放部分奴隶，把原先属于宫帐的俘户奴隶加以改编，分别设置为部族，使之获得平民的身份，又把旧部落拆散，编成新的部族，使其分别统于南、北二府，分镇于边疆，既大大削弱了奴隶制的成分，也瓦解了契丹旧贵族们的势力。在整饬吏制方面，诏令中央及地方各级官员必须认真执行法令，要敢于抵制包括朝廷使者在内的无理索求，对上级不得阿顺；还以是否廉贪作为考课官员的标准，规定各级职官凡有贪暴害民者，立即罢免，终身不用，能清勤自持者，不次升擢；并禁止皇室外戚受贿，一旦发现，与常人同罪。在封建社会里，真正实现王子犯法与庶民同罪是非常困难的，法律条文与实际情况往往是两码事。可贵的是萧绰不仅下达诏令，而且能够实施。有个名叫柘母的太师，就因犯了"迎合阿顺"之条，被她责打了20大棍。韩德让也亲自写信制止哥哥韩德源贪赃受贿。统和十年（992），萧绰派参知政事邢抱朴到各地稽察官员的政绩，把一批贪官绳之以法，忠于职守、清正廉洁者破格提升，大得人心。经过一番任贤去邪的整顿，使吏制大为改观，政治走向清明。萧绰还在统和六年（988）开始实行科举取士制度，录取名额逐年增加，统和二十四年（1006）就有杨吉等23人及第。科举不但将越来越多的汉族知识分子吸收到朝廷中来受到重用，如统和十四年（996）考中进士第一的宛平（今属河北）人张俭，就历任知枢密院事等职，成为一代名臣，而且促进了辽朝文化事业的发展。辽朝前期，法律混乱严苛，有浓厚的奴隶制色彩和严重的种族偏见，如契丹人打死汉人，只赔偿牛马就算了事，若汉人打死契丹人，除他本人斩首，家属还要没为奴隶。为了调整民族关系，缓和蕃汉矛盾，萧绰明令取消"同罪异论"的旧制，一依汉律，而且规定契丹人犯了法的由汉官审理。同时用法务从宽减，实行"上诉"制度，允许自以为冤枉的罪犯上告诉冤。辽律原先规定，凡是叛逆之家，兄弟之间即使不知情也要连坐受罚。北院宣徽使耶律阿没里进谏说："兄弟虽是同胞，但秉性各异，一人行逆谋，余者不知情也要连坐，这是冤害无辜。"萧绰采纳其谏，下令废除谋逆罪中的兄弟连坐之法。当时的宋朝都对连坐法爱不释手，且连坐范围不断扩大，相比之下萧绰的这一决定无疑具有很大进步性。有个官员乃万十喝醉了酒胡说宫廷秘事，大概也透露了一些萧绰与韩德让的风流韵事，按旧法当斩，萧绰只将他打了数板。五院部民偶尔失火，蔓及辽朝圣地木叶山，罪当死，萧绰也是杖而释之。她还经常亲自处理冤狱，判决系囚，多次告诫耶律隆绪要谨慎用法，留心狱事。但她对违法乱纪，随便杀人的官僚贵族却严惩不贷。耶律国留内弟之妻阿古与奴仆私通，国留就把企图逃往女真的奴仆追杀，又逼迫阿古自缢，萧绰依法处斩国留。统和六年(988)，奚王筹宁杀死无辜汉人李浩，她把筹宁痛打一顿，还令他出钱供养李浩的家属。法律的整顿，使辽律的混乱性和残酷性减少了许多，尤其是一依汉律具有重大意义，对于进一步打破民族隔阂，缓和民族矛盾发挥了很大作用。萧绰还为促进辽朝社会经济的发展采取了很多措施，在继续大力发展畜牧业的同时，她对农业的发展也特别重视，多次募民垦荒，给贫户提供耕牛和谷种，明令贵族和军队不能因打猎妨碍农业生产，更不准牲畜损害庄稼。据《辽史》记载，在她执政的27年间，减免赋税的诏令有23道之多，其中有局部地区的，也有全国范围的，在一定程度上减轻了农牧民的负担。与宋朝订立"澶渊之盟"后，为了适应新的政治经济发展的需要，统和二十五年(1007)，萧绰下令在今内蒙古昭乌达盟宁城县南仿照唐都长安、宋都汴京的模式兴建一个新的都城，名为中京大定府，从燕蓟一带征调来能工巧匠，历时2年建成，方圆40里，郭郛、宫殿、楼阁、市廛、庙宇、街道等等都十分整齐华丽，成为辽朝后期的政治经济中心。萧绰主持下进行的这一系列改革和建设，标志着契丹社会已经在整体上完成了封建化的历程，辽朝国力大大增强，发展到了鼎盛时期。

在整饬内政的同时，萧绰领导的辽朝与宋朝及周边地区部族的战争也取得了一连串胜利。她或攻或交，措置有方，进一步显示了其政治、军事才干。高梁河之战惨败后，宋太宗赵光义念念不忘收复幽云十六州，决心报一箭之仇。萧绰和韩德让的关系在辽朝没有引起丝毫的反感，在宋朝人的眼里却成了败坏伦常的丑事，他们异想天开地认为这种关系肯定会引起辽朝的内乱，正好可以利用来作为收复幽州的良机。雄州(今河北雄县)知州贺令图向赵光义进言:"契丹主幼,国事决于其母,与大将韩德让不清不白,深受国人嫉恨,我们可乘机而作。"赵光义觉着有理,经过几年准备,统和四年(986)三月,再次向辽朝发动了大规模的进攻。宋军分三路出兵,东路主力由曹彬率领,从雄州出击,采取缓慢进军的战术,虚张声势,向幽州进发,以牵制辽军主力;中路由田重进率领,出飞狐(今河北涞源北);西路由潘美、杨业率领,出雁门(今山西代县北)。起初三路皆捷,分别攻下了几处州县。萧绰面对宋军的全面进攻,沉着冷静,一面调集各路军队,以智勇双全的耶律休哥抵御曹彬,以耶律斜轸抵御潘美,自己带耶律隆绪和韩德让赶到南京督战,相机山援;另一方面,纵敌深入,待其疲惫,乘势夹击。五月,萧绰赶到涿州(今河北涿县)西南的歧沟关,与休哥合兵反攻,宋军大败,溺死在拒马河中者不计其数,退到易州(今河北易县)。休哥乘胜追击,宋军再次大溃,尸体多得堵塞了沙河流水。赵光义闻东路主力惨败,急令全线撤退。斜轸率十万重兵追击西路宋军,在飞狐口大败宋军。七月,潘美、杨业撤到代县以南 30 里的狼牙村,杨业认为辽兵士气正盛,不可与战,应暂避其锋,潘美和监军王侁却斥责他胆小畏敌,强迫他出兵迎击。杨业是宋朝边关名将,人称"杨无敌",不甘心背此黑锅,愤然出兵,临行前要求潘美伏兵于陈家谷(今山西朔县南)接应他,潘美答应。杨业且战且走,行至陈家谷被辽兵包围,潘美却早已离去。杨业孤军奋战,部下全部战死,他也身受几十处创伤,力竭被俘,绝食三天而死。杨家将的故事就是据此演义出来的。

萧绰大获全胜,腾出手来西讨阻卜、敌烈诸部,降服其众;东征高丽,迫其称臣纳贡,又把女儿越国公主之女嫁给高丽王王治,双方建立起和亲关系。这时,居于今陕西省北部的党项族首领李继迁起兵抗宋,萧绰不失时机地大力支持李继迁,利用他构成对宋西北边境的严重威胁,授李继迁为定难军节度使,把宗室耶律襄的女儿封为义成公主嫁给他,还赐马三千匹。统和八年(990),又封李继迁为夏国王,使西夏力量进一步壮大,年年寇掠宋朝边境,形成了辽夏连手对付宋朝的格局。宋朝迫于两面受敌,日益走向消极防御,而辽朝则解除了西边的后顾之忧,趁势转为主动,向宋朝发起了大规模进攻。

统和十七年(999)开始,萧绰就或者亲自出马,或者调兵遣将,扬鞭南下,几乎每次都攻城掠地凯旋而归。统和二十二年(1004)闰九月,萧绰偕同耶律隆绪、韩德让率兵20万又一次大举南下,一路破关斩将,连败宋军,十一月抵达澶州(今河南濮阳)城下。宋廷大震,大臣有的请求宋真宗赵恒去金陵避难,有的请求他去四川躲风,只有宰相寇准是个抗战派,力排众议,坚持请赵恒立即亲征。赵恒勉强同意,赶到澶州,同时飞檄调集援军。赵恒的亲征使澶州军民士气大振。辽兵却因前锋主将萧挞凛被宋军床子弩射死①,士气受挫。萧挞凛是辽朝名将,曾在西讨阻卜时立过大功,萧绰对他的死十分伤心,对着他的尸体恸哭不已,在军中罢朝五天。早在这次刚刚南下的时候,萧绰就一边进攻,一边放出了和谈的空气。他利用宋的降将王继忠给宋莫州(今河北任丘)守将石普写信,说愿意讲和,但必须先由宋方提出,目的是既试探宋朝虚实,又可以在需要讲和时处于讨价还价的主动地位。这时,她见宋援军几十万会聚而来,顿感自己孤军深入,犯了兵家的大忌,知道宋朝是灭不掉的。想想太宗皇帝从大梁仓惶退回的教训,与韩德让

---

① 床子弩,一种远程弓箭,弩机装于车上,可以同时发射多枚箭头。

等权衡再三,决定见好即收,把假和谈变为真和谈,取得用军事手段得不到的东西。赵恒本不敢硬打,忙派曹利用到辽营议和。萧绰和韩德让并肩坐在一辆驼车上接见曹利用,几经交涉,商定:宋辽约为兄弟之国,隆绪称赵恒为兄,赵恒称萧绰为叔母;宋每年给辽银10万两,绢20万匹,称作"岁币";双方罢兵,各守旧疆。这就是历史上有名的"澶渊之盟"。萧绰领兵一路平安回朝,从此,正式形成了辽、宋北南对峙的政治形势,结束了双方的长期战争,此后的120多年间,辽宋基本上和平共处,从未发生过大的战争,这对双方都是有利的。辽朝更是充分利用了这种和平环境,完成了封建化改革,实现了政治、经济、文化全方位的发展,萧绰在这方面的作用应予适当的肯定。

在萧绰内行改革,外求展拓的过程中,契丹贵族内部基本是稳定的,但也不是一点矛盾都没有,萧绰的两位姐姐就公开站到了与她作对的立场上。她的大姐胡辇嫁的是太宗次子齐王罨撒葛,齐王死后,胡辇在阅马时发觉奴仆挞览阿钵姿貌甚美,顿生爱慕之心,就把他召入帐中养为男宠。奇怪的是萧绰对自己与韩德让的关系处之泰然,对姐姐的举动一时之间反倒不能容忍了。她把挞览阿钵囚禁起来,用沙袋狠击了4百多下,强令他离开。过了一年,胡辇向萧绰求情,哭诉寂寞之苦,萧绰想想自己的体验,对她颇感同情,又把挞览阿钵找回,与胡辇结为正式夫妻,还封挞览阿钵为将军,领兵西伐鞑靼。那知胡辇夫妇并不感激她,竟私结党羽,率众跑到骨历扎国,阴谋拥兵篡位。萧绰闻知,下令夺其兵权,把胡辇、挞览阿钵关进怀州狱中赐死,其党羽全部活埋。萧绰的二姐嫁给了太宗的第五个儿子越王必摄,后来不知什么原因也想乘宫中宴会之机毒死萧绰,被其婢女告发,萧绰遂将她诛杀。严厉镇压这些谋反是必要的，但在这些事件之外，萧绰还做过几次只凭个人好恶或一时喜怒随便杀人的事情。她杀死韩德让的妻子李氏和把韩德让撞下马的胡里室之后，又把刀架到了女婿萧恒德的脖子上。原来，萧绰最疼爱的小女儿越国公主耶律延寿女嫁给了萧恒德，恒德是一员有勇有谋的猛将，南下攻宋时曾独当一面，亲冒矢石，身中流箭仍一马当先，萧绰一直很喜欢他。可是有一年延寿女患了疾病，萧绰很挂念，派自己帐中的宫女贤释前去伺候，恒德居然色胆包天，与贤释勾搭成奸。延寿女一气之下，病情更重，呜呼哀哉。萧绰大怒，随将恒德赐死。好在萧绰杀这些人或者事出有因，或者无碍大局，所以并没有像述律平嗜杀那样，引起整个契丹贵族内部的动荡危机。更重要的是萧绰施政明达治道，善驭大臣，赏罚分明，处置得体，作风也比较民主，闻善必从，举止随和，宴集朝会时群臣甚至可以不拜、不拱手作揖，故群臣贵族皆愿为她效力卖命，比较成功地把统治群体紧密团结在了一起。萧绰对儿子耶律隆绪的训导管教也保障了统治集团的稳定。

萧绰临朝称制27年，这期间隆绪早就长大成人了，但萧绰一直没有放松对他的管教，隆绪从府库中索求一件东西，她必定要问一问干什么用，隆绪穿的衣服、骑的马，她经常检查看有没有过于奢华的地方，防止隆绪养成奢靡之心。隆绪要赏赐大臣，也必须先征得她的同意，她说行才赏，不行，一个大钱都拿不出去，防止隆绪滥行赏赐。开始时，隆绪沾不上政事的边，就纵情游猎，击鞠玩耍，萧绰教训说："圣人有言：欲不可纵。我儿是天下之主，万一驰骋畋猎时发生危险怎么办？一定不要再干了！"从此把隆绪留在宫里专心读书，让他反复研读《贞观政要》等典籍，把唐太宗当成学习榜样。隆绪是个大孝子，不仅没有像许多帝王那样对母后称制产生丝毫的抵触,而且对母亲的训诫始终毕恭毕敬,言必奉行。有时宫女向萧绰告隆绪的状,即使说的不是事实,萧绰听信后当着满朝文武的面训斥他时,他都俯首顺承,毫无怨言。隆绪亲政后,根据长期学习得到的汉族王朝的治国经验,以唐朝为模式,沿着萧绰的足迹继续进行封建化改革,成了辽朝9帝中最享盛名的"明主",这与萧绰的教育培养是分不开的,所以《辽史》说,"圣宗称辽之盛主,承天后教训为多"。隆绪对萧绰的一片孝敬之情直到她死后还深深地保持着。

统和二十四年(1006),隆绪率群臣向萧绰加尊号曰"睿德神略应运启化承天皇太后"。统和二十七年(1009)十二月,萧绰还政于隆绪,准备到南京去贻养天年了。可惜十二月初她就在路上患了重病,没几天即与世长辞,终年57岁。次年四月,葬于乾陵,谥号圣神宣献皇后。重熙二十一年(1052)改谥睿智皇后。隆绪极尽哀恸,哭得吐血,好几十天吃不下饭。群臣在安葬萧绰后请他改元,他说:"改元是个吉礼,我为母亲守丧却要行吉礼,乃是不孝之子。"群臣说:"这是古制,应该照办。"隆绪说:"我是契丹之主,宁违古制,也不做不孝之人。"坚持在守丧3年期满后才改元开泰。

萧绰的去世,也使韩德让遭受了重大的感情创伤,一年零三个月后,即统和二十九年(1011)二月,韩得让也生起病来,隆绪与皇后萧菩萨哥在榻前亲奉汤药。三月初,韩德让死,一缕忠魂悠悠追随萧绰去了,享年71岁。隆绪与皇后、诸王、公主及群臣为他服丧,葬礼一概与萧绰相同。灵柩上路时,隆绪亲挽灵车哭送,群臣泣谏,行至百步开外才止住脚步。葬于乾陵之侧,影堂规制一同乾陵。诏令全国各地凡是供有景宗画像的宫殿,也都要把韩德让的画像挂上。德让终生无子,隆绪特命魏王耶律贴不之子耶鲁过继为嗣。耶鲁也无儿子,天祚帝耶律延禧即位后，又把自己的儿子晋王敖鲁斡嗣其后。历代大臣中，能享有如此荣宠者可谓绝无仅有。

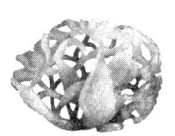

圣宗耶律隆绪皇后萧菩萨哥

◎ 姜雪燕

统和十九年（1001）五月，辽圣宗耶律隆绪原有的皇后萧氏不知犯了什么罪被降为贵妃，另一位妃子萧菩萨哥则被册立成了皇后，尊号"齐天"。菩萨哥的父亲萧隗因是隆绪之母承天太后萧绰的弟弟，母亲是萧绰的相好大丞相韩德让的妹妹。

菩萨哥早在12岁上，也就是隆绪即位的那一年，就入宫为妃了，当皇后时，已经31岁。她姿色明艳，聪颖巧慧，萧绰、韩德让很喜欢她，隆绪对她更是爱幸特甚。隆绪精通音律，菩萨哥善弹琵琶，经常是菩萨哥伴奏，隆绪歌舞，夫唱妇随，其乐陶陶。菩萨哥心灵手巧，尤喜工技制造，营建中京时,清风、天祥、八方三殿就是比照她用草秸扎制的模型建成的。她还设计制造了九龙辂、诸子车,用白金装修宝塔,各具巧思。她自己乘坐的车舆,被她安装上龙首鸱尾,表面饰以黄金。每年夏秋季节菩萨哥乘此车随隆绪游玩山谷之间,翠草如茵,花木如绣,车驾金碧辉煌,服饰绚丽斑斓,交相辉映,光彩夺目,远远望去,恰似一幅神仙云游的壮丽图景。

萧绰死后,隆绪亲政,菩萨哥也得以预闻国事,自己专门设立了一处官署,称做宫闱司,设官置吏,发号施令。生日定为顺天节,每逢此节,宋朝都要遣专使祝贺。宋仁宗即位后,章献明肃刘太后垂帘听政,按澶州之盟的约定,菩萨哥恰与刘太后同辈,隆绪便对她说:"你可以先写信给南朝太后,备述妯娌之谊,这样使者往来,你更能名闻南朝了。"

菩萨哥曾生过两个儿子,都不幸夭折,开泰五年(1016)二月,宫女萧耨斤生子名唤木不孤,虽不是菩萨哥的骨肉,但她名义上却是嫡母,遂把一腔母爱倾注到木不孤身上,取来养在身边,就像对待自己的亲生儿子一样,却不料引起了耨斤的嫉忌,种下了晚年悲剧的祸根。

耨斤诬称菩萨哥与琵琶工燕文显、李有文有不正当关系,添油加醋向隆绪嚼舌,怎奈隆绪根本不信。耨斤一计不成又生一计,她用契丹文写了封匿名信投到隆绪的卧帐中,企图造成三人言而成虎的声势。隆绪见了后摇了摇头说:"这肯定又是耨斤捣的鬼。"命人投到火上烧掉。耨斤枉费心机,妒火益炽。

太平十一年(1031)三月,隆绪在长春河行宫患了重病,眼看不久于人世,耨斤乘机撒泼起来,她把菩萨哥拖出行宫,大骂:"老物,你得宠也有完的时候!"隆绪闻知,又气又急,把木不孤唤到病榻前,嘱咐道:"皇后伺候我40年,只因她没有孩子,才命你为嗣的,我死后,你母子俩千万别杀她。"还立下遗诏由菩萨哥为皇太后、耨斤为皇太妃。六月三日,隆绪死于太福河北岸。耨斤扣下遗诏自立为太后,木不孤即皇帝位,改名耶律宗真,是为辽兴宗。耨斤则把军政大权全部揽到了自己手上。

耨斤做的第一件事就是向菩萨哥开刀,她与亲信萧孝先密谋罗织菩萨哥的罪名,在其授意下,护卫官冯家奴、耶律喜孙诬告说:菩萨哥的弟弟萧锄不里、兰陵郡王萧匹敌企图谋反,把菩萨哥推上台,然后另立皇帝。耨斤下令鞫治,很快铸成冤狱,萧锄不里、萧匹敌被赐死,与菩萨哥关系密切的围场都太师女真人著骨里、右祗候郎君祥隐萧延留等七人被斩于街市,家产全部籍没。接着便要把菩萨哥置于死地。宗真自幼随菩萨哥长大,毕竟有些感情,劝阻说:"齐天后和先帝40年夫妻,又把我抚育成人,本该尊为太后的,咱不这样做,反而要害她,行吗?"耨斤咬牙切齿地说:"此人若在,必为后患。"宗真说:"她没有儿子,年纪也不小了,即使留在宫中又能怎样呢?"中书令萧朴也奋身为菩萨哥鸣冤,急得吐血。耨斤报仇心切,丝毫不管这些,派人用小车把菩萨哥拉到上京(今内蒙古巴林左旗)囚禁起来。

次年(重熙元年,1032)春,宗真照例去雪林游猎,可能路过上京,耨斤担心宗真见到菩萨哥,念她养育之恩于己不利,索性一不作二不休派人去杀菩萨哥。菩萨哥自知不免一死,镇静地对刺客说:"我实在是无辜的,这天下人都知道,如果一定要我死,请你允许我沐浴完后再死,行吗?"刺客退去,等回来一看,菩萨哥已自缢身亡了,就把她身边的100余人全部杀死,用庶人葬礼将她尸体草草掩埋于祖州白马山(今内蒙古巴林左旗西南)。菩萨哥这年只有50岁。她的惨死激起了人们的极大同情，纷纷传说她并没有真的自杀，有人还说曾在木叶山后亲眼见到了她，乘坐青盖车，前簇后拥，仍仿佛神仙一般。

重熙四年(1035)秋，宗真到了黑山岭打猎，途经白马山，见菩萨哥的坟冢孤零地掩没于荒草荆棘之中，不由得心中恻然，流下了眼泪，说："我早有今天，你就不至于此了。"左右随从也跟着泣涕成声，遂追尊为仁德皇后，诏令上京留守耶律赞宁等人在祖州陵园内仿照萧绰的陵墓择吉地改葬，定期祭扫。

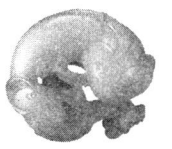

兴宗耶律宗真皇后萧挞里

◎ 姜雪燕

辽兴宗耶律宗真即位后，其母萧耨斤把弟弟萧孝穆的长女萧挞里聘纳进宫，当了宗真的妃子。挞里的为人可不像她姑母那样凶狠阴毒，她性情温婉，待人宽容，姿貌端丽，能歌善舞，而且精于骑射，有一手好箭法，打猎时，甚至能射杀熊虎之类的猛兽。宗真虽已把原配夫人萧三嫊立为皇后了，他本人又佻挞风流，放荡不羁，惯于拈花惹草，但对挞里却分外爱恋，即使后来与耨斤产生了激烈的冲突，也丝毫没有影响对挞里的感情。挞里入宫只过了一年多，就于重熙元年（1032）八月，在刺河源行宫生下了宗真的长子查剌，即后来的辽道宗耶律洪基。后来，皇后萧氏废为贵妃，重熙四年（1035）三月初一，挞里被册立成了皇后。群臣每次给宗真加上尊号，她也随着加封，先是封为"贞懿宣慈崇圣皇后"，后又加封"贞懿慈和文惠孝敬广爱崇圣皇后"。

辽朝宫廷非常重视歌舞、散乐、杂剧的演出，凡遇佳节或喜庆大典这种活动更是必不可少。从圣宗耶律隆绪开始，辽朝的皇帝、后妃大多具有深湛的音乐艺术修养，他们已不满足于老是处在观众的位子上欣赏别人的表演，而是自己也要充当角色，与伶人舞伎联袂同台。圣宗隆绪就经常与皇后萧菩萨哥弹瑟歌舞，只是那时皇帝、皇后亲自演出节目，只限于在宫闱深处自我娱乐而已。到了宗真时，便干脆走出内宫，搬到比较正式的宴会上来了。宗真精通音律，能歌善舞的挞里在这些场合自然成了他的好搭档。自澶渊之盟以后，宋朝与辽建立起了和平友好的交往关系，每逢宋朝使者到来，辽廷非要为他们演出歌舞杂剧不可，否则就违反礼节，成了不友好的举动。辽朝不仅为此配备了一大批专职演员，还专门制订了一整套隆重的礼乐。有一次，宗真举办盛大宴会款待宋朝来使，贵族大臣也都在场，酒酣耳热之际，宗真与刘四端、王刚等官员加入到乐队中充当乐手，另命挞里率嫔妃换上女道士的服装扮演杂剧中的角色。挞里的父亲萧孝穆觉着不成体统，有伤体面，站起身对宗真说："当着外国使者的面，令后妃入戏，只怕不太合适吧？"宗真正演奏到高兴头上，一闻此言，酒劲上涌，怒发冲冠，挥起老拳直冲萧孝穆面门搠去，边打边骂："我都这样干，你女儿又算得了什么？"直揍得老丈人鼻青脸肿，血流满面，宗真出罢了气，继续弹琴伴奏。挞里见父亲横遭凌辱，虽心中十分悲愤，却不敢流露出来，只得强作欢颜，把戏演下去，陪着宗真尽兴而罢。

后来，挞里又相继生下了和鲁斡、阿琏两个儿子，跋芹、斡里太两个女儿。重熙二十四年（1055）八月，宗真病死，长子耶律洪基即位，尊挞里为皇太后。

挞里的生活一直比较俭朴，当了太后之后仍能自奉菲薄。每年宋朝和其他诸部向她祝贺元旦、生辰的贺礼，她很少留用，基本上全都赏赐给了贫困之家。她没有多少政治才干，但能做到是非分明，识忠爱贤。还在宗真时，她就保护过忠臣耶律义先。当时有个奸臣萧革，小名滑哥，为人处世圆滑狡诈得很。宗真在一次宴会上对他说：“朕知道你有才分，所以特地把你提拔上来，你应勉力。”萧革连连叩头谢恩：“臣不才，承蒙陛下错爱，无以报答，只有竭尽愚忠，怎敢懈怠？”仗着这种奉承拍马的绝招，萧革大受宗真宠信，官拜北府宰相，从此怙宠擅权，恣意妄为。南院宣徽使耶律义先很痛恨他，经常对宗真说：“萧革狡佞喜乱，一朝大用，必误国家。”言辞激切，宗真却根本听不进去。有次宗真召群臣喝酒，席间令他们掷骰子赌博，输者罚一巨觥。冤家路窄，正巧义先应当与萧革对赌，义先乘着酒劲愤然嚷道：“我各位大臣，纵然不能进贤退不肖，又岂能与国贼对赌！”萧革怀恨在心，却又装模作样地说：“你开玩笑可别太过分。”宗真起初也不愿坏了兴致，只是对义先说：“卿醉啦。”哪知义先拍着桌子越骂越起劲，宗真大怒，下令将义先推出去斩首。挞里赶忙劝道：“义先酒后发狂，醒后自然会好的。”宗真才没杀义先。洪基即位后，萧革依旧得宠，封为魏王，任北院枢密使，更加横行不法。东京留守萧阿剌忠直不阿，通晓世务，因多次向洪基极陈利弊，犯颜进谏，又揭露萧革的罪行，遭到萧革陷害，被洪基下令用绳勒死。挞里营救不及，悲痛万分，哭着斥责洪基：“阿剌何罪之有，遭此残害？！”迫使洪基将萧阿剌的遗体厚礼殓葬。挞里还能积极进贤。耿介刚直、廉洁奉公,后来与大奸臣耶律乙辛进行坚决斗争的北面林牙萧岩寿,就是首先被她赏识得以进用的。"重元之乱"时,也多亏挞里临危不惧、部署有方,才得以平息叛乱,稳定了局面。

耶律重元是兴宗宗真的胞弟,耨斤专权时,曾阴谋废黜宗真,另立重元。洪基即位后,封重元为皇太叔,优渥备至。重元长得眉目秀朗,却残忍毒辣,是个典型的虐待狂,经常在吃酒的时候,命人把罪犯拉到席前,轻则乱箭射死,重则用刀脔割,剥皮抽筋,被害者惨叫之声撕肝裂肺,重元却高坐席上,边吃喝,边欣赏。他因没当成皇帝,一直怀恨在心,四处网罗党羽,图谋不轨。清宁九年(1063)七月,洪基到滦河太子山打猎,除萧挞里、南院枢密使耶律仁先等人外,扈从诸官多数是重元的爪牙。重元见有机可乘,决定策动叛乱,雍睦宫使耶律良察知其谋,连夜报告了挞里。挞里审时度势,知道自己和洪基的一举一动都处在了重元的监视之下,便假称有病,召洪基来到卧帐,对他说:"局势危急了,这是关乎到社稷存亡的关键时刻,应早做准备。"洪基却将信将疑,犹豫不决。挞里命耶律仁先用车辆在行宫外围成一道防线,率官属近侍30余人骑马在圈外摆成阵势,刚安排停当,重元就与儿子涅鲁古率叛党冲杀过来。叛党人多势众,攻势凌厉,眼看仁先的30余人纷纷落马,就要支撑不住。说时迟,那时快,挞里率自己的卫兵旋风般从侧面插入阵中,指挥南府宰相萧德左冲右杀,所向披靡,叛党稍退。涅鲁古再次组织冲锋,被近侍详隐阿厮看得真切,一箭射去,正中涅鲁古前胸,当场毙命。重元无心恋战,率众退走。挞里命仁先一面派人急召离行宫最近的五院部萧塔剌来援,一面分派现有人马,四下巡逻,加强警戒。第二天,重元再次来攻,又被击溃,重元见大势已去,自刎身亡,其帮凶全部被杀。后来，挞里梦见重元披头散发地对她说："臣的骨骸在太子山北，不胜寒慄。"挞里动了动恻隐之心，下令在重元的坟上建了座小屋，替重元的亡灵避寒。

大康二年(1076)三月，挞里病死，葬于庆陵，谥号仁懿皇后。

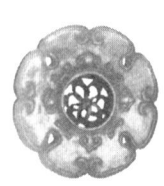

附：兴宗耶律宗真皇太后萧耨斤

◎ 姜雪燕

重熙三年（1034）五月，一队骑兵剑拔弩张地押着一辆黄布囚车，离开沿柳湖避暑行宫，朝庆州方向疾驰而去。车上载着的便是4年前把萧菩萨哥幽禁于上京，现在又被自己的亲生儿子耶律宗真以同样的手段软禁起来的、曾经嚣张一时的萧耨斤。

萧耨斤是辽太祖皇后述律平的弟弟阿古只的五世孙。传说在她很小的时候，她的母亲曾做过一个怪梦：有一根金柱直插云霄，儿子们围在旁边都想往上爬，但只爬几步就掉了下来，耨斤慢腾腾走过来，只消几下就爬到了柱顶，伺候她的奴仆们也跟着攀了上去。如果说这根金柱的顶端象征着权力顶峰的话,那么耨斤后来的经历,果然像母亲梦见的一样。

耨斤本来长相十分丑陋,面色黝黑,目光像饿狼一样凶狠。但由于出身后族,辽圣宗耶律隆绪还是按传统把她娶进宫当了妃子。她这副尊容人们瞧一眼或许都会恶心害怕,更不用说伴宿司寝了,所以多少年过去了隆绪根本不理睬她,只是把她派到母亲承天皇太后萧绰帐中当侍女使唤。也是该耨斤时来运转,有一次她在给萧绰打扫床榻时,偶尔拾到一只金鸡,她见这金鸡很是精致奇特,拿在手上玩得入了迷,忽然萧绰进帐,她吓得藏匿不及,慌忙塞进嘴里吞下肚去。大概这金鸡只是一种鸡状奇药,所以过了几天耨斤不但没有坠死,反而浑身上下蜕了一层皮,脱胎换骨一般变得肤色白皙,光彩照人了。萧绰非常惊异,说:"你肯定能生个奇子。"就令隆绪与她亲近。开泰五年(1016)二月,果真生下了一个儿子,取名木不孤,这是已经46岁的隆绪得到的第一个儿子,自然欢喜若狂。皇后萧菩萨哥也十分高兴,把木不孤取来养在身边,比自己的骨肉还亲。

耨斤自以为诞育皇嗣,功在社稷,顿时神气起来,野心越来越大,得了个顺圣元妃的封号还不知足,巴望着非要当皇后不可。她见菩萨哥才貌双绝,深得隆绪的眷宠,木不孤对菩萨哥也很有感情,便妒火中烧,视菩萨哥为眼中钉、肉中刺,挖空心思想把她扳倒,自己好取而代之。她在多次诬告菩萨哥碰了钉子之后,不甘心失败,就暗中收罗亲信,培植势力。宦官赵安仁本是宋朝深州乐寿(今河北献县)人,因思念故乡,有次偷偷离宫南逃,被捉了回来,菩萨哥要杀他,耨斤却心怀叵测地讲情把他救了下来,让他窥察菩萨哥的动静。赵安仁感激涕零,菩萨哥的一举一动都跑来报告耨斤。耨斤的兄弟们也都布列朝廷,身居要职,她的弟弟萧孝穆任南京留守、兵马都总管,萧孝先官任上京留守、国舅详隐,萧孝友任左武卫大将军、检校太保,后来耨斤又保荐萧孝先总领禁卫事,控制了军队。终于以她为首形成了一股强大的政治势力,为日后专权奠定了基础。

太平十一年(1031)六月,隆绪病死,木不孤继位,改名耶律宗真,即辽兴宗。隆绪死前曾立下遗诏,册菩萨哥为皇太后,耨斤为皇太妃。耨斤指使赵安仁把遗诏偷到手,藏起来,这时便自立为太后,称"法天皇太后",就势把军政大权全捞了过来。从此她独揽朝纲,滥施淫威,进行了4年之久的残暴统治。

耨斤首先给菩萨哥扣上谋反的罪名,囚禁于上京杀掉,牵连在案的有四十多名贵族大臣,也都被杀,家产籍没。眼中钉一除,耨斤更加大胆放手,中书令萧朴上书为菩萨哥诉冤,她一声令下,把他赶出朝廷。隆绪的丧期未满,她就令宗真给她上尊号称:"仁慈圣善钦孝广德安靖贞纯宽厚崇觉仪天皇太后",生日定为应圣节。她追封其曾祖为兰陵郡王,父亲为齐国王,弟弟们也都封了王,分任北、南面长官,凡有政事都与兄弟们聚首商议,合伙谋私弄权。她家亲戚鸡犬升天,就连毛克和等40多位奴仆也当上了团练、防御、观察、节度使之类的高官,惹得南京(今北京)一带的地痞无赖纷纷投身到她家当奴隶,想乘机捡点便宜。一时之间,朝廷内外布满了她的党羽,这帮暴发户全都趾高气扬,权势灼奕,出入宫禁,诋谩朝臣,卖官鬻爵,为所欲为。耨斤的姐姐秦国夫人,早年丧夫守寡,耐不住寂寞,常干些偷鸡摸狗的勾当,耨斤见长沙王谢家奴长得魁伟俊俏,就杀死其妃把姐姐嫁给了他。耨斤的妹妹晋国夫人看中了一表人才的户部使耿元吉,耨斤就杀死耿的妻子,强迫他娶自己的妹妹。在不到一年的时间里,萧绰、隆绪时长期推行的封建化改革措施,被耨斤废除殆尽。原来比较缓和的统治集团内部矛盾,也被耨斤搞得再度紧张起来。

契丹族有尊崇女性的习俗,母权在社会生活中拥有相当的影响,这是从母系氏族留下来的遗风,皇后、皇太后向来都参与军国要事的决策和执行,像述律平、萧绰都能居内临朝,出征挂帅,菩萨哥得势时也曾参决朝政,置官属、出教令,所以宗真对耨斤的专权开始时没有产生多少反感、抵触情绪。然而,当耨斤的权力欲无限制地膨胀,甚至把宗真的一举一动都置于自己控制之下的时候,母子间的矛盾就逐渐变得尖锐了。宗真把自己用的酒樽赠给琵琶工孟五哥,耨斤知道后很不高兴,下令鞭打孟五哥。宗真怀疑是内品官高庆郎告的密,就派人杀了高庆郎,耨斤更恼火了,把宗真派的人捉住交付司法官审问,还要宗真前去对证。宗真生气地说:"我贵为天子,难道还要和囚犯一同受审吗?"耨斤连宗真赐手下人酒杯这么一桩小事都抓住不放,大发雷霆,说明她怕宗真广施恩惠丰满羽翼,变得难以驾驭,这种出发点与萧绰管束隆绪,为的是将他向明达治道,戒奢节俭,赏罚分明的正路上引导是根本不同的。但宗真毕竟是皇帝,年龄又一年大起一年,总有一天要临朝亲政的。耨斤不愿意看到这一局面,就与萧孝先兄弟合计,废掉宗真,另立自己的小儿子耶律重元。为了证明这一举动的正确,耨斤有次故意向宋朝使者王拱辰谈起了宋太祖和宋太宗的关系,她问:"南朝太祖、太宗是什么亲属?"王拱辰答:"是兄弟。"耨斤得意地高声赞叹:"善哉,何其义啊!"宗真坐在旁边,明白母亲的意图,也问:"太宗和真宗是什么亲属?"王拱辰说:"是父子。"宗真立刻高声赞叹:"善哉,何其礼啊!"随后宗真又私下对王拱辰说:"我有个弟弟很不是东西,将来若他真的当国,南朝只怕不会高枕而卧啦。"从此母子间的裂痕愈益明显。

宗真不甘心被废,断然把母子情分抛在一边,暗中策划先发制人,夺回权力。一批遭受耨斤集团压制欺辱的皇族大臣都支持他,就连耨斤的亲信赵安仁、耶律喜孙也被他设计拉拢过来。这两人为了洗刷自己,将功折罪,积极向宗真出谋划策,充当政变的急先锋。重熙三年五月,耨斤和宗真到沿柳湖行宫消暑度夏,耨斤的亲信多半留在中京,宗真见时机成熟,率卫兵出宫,先找借口扣押萧孝先,逼他招供废立的阴谋,吓得萧孝先抖成一团。接着派500名亲兵包围了行宫。宗真策马立于行宫东二里的小山上督战,耶律喜孙带人直接闯入耨斤的卧帐,杀死她身边的数十名内侍,把她连推带搡弄上了一辆黄布小车,押到庆州七括宫(今巴林左旗西北)软禁起来。宗真收回被耨斤掌握的符玺,然后回师中京,分兵捕获耨斤的兄弟亲信,或处死,或流放,耨斤集团就这样被一网打尽。

耨斤当朝时,宋朝每年都派使节分别向辽朝皇帝、太后祝贺生辰、新年,礼物丰厚。耨斤被囚后,宋朝遣使就没有太后的礼物。有人劝宗真迎回耨斤,以便重新得到宋朝贺礼,宗真对耨斤怒气未消,不予采纳。5年过去,宗真在请人讲解佛经时,听到了《报恩经》,很受感动,想想耨斤虽然可恶,但毕竟是自己的生母,就在中京门外单独修建了一处住所,重熙八年(1039)七月将耨斤迎回奉养在里边。耨斤铁石心肠,并没有因此消除对宗真的怨恨,双方都内存芥蒂,互相提防,平时根本不见面,偶尔一起出行,也要隔着十几里远。重熙二十四年(1055),宗真死的时候,耨斤依然健在,一点心痛的样子都没有,相反见宗真的皇后萧挞里悲泣不已,她还很不以为然,说:"你年纪轻轻,如此悲伤有何必要呢?"

宗真的儿子耶律洪基即位，是为辽道宗，因耨斤是祖母，格外敬重她，尊她为太皇太后，照例欢庆应圣节，向耨斤祝寿，大宴群臣。清宁三年（1057）十二月，耨斤生病，洪基还赦免中京500里内的囚犯，为她消灾祈福。不几天，耨斤病死，谥号钦哀皇后。

附：兴宗耶律宗真皇太后萧耨斤

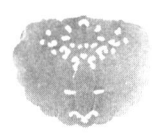

道宗耶律洪基皇后萧观音

◎ 姜雪燕

大康元年（1075），辽道宗耶律洪基听信奸臣耶律乙辛的谗言制造了一起大冤案。由于这个事件极富悲剧色彩，又被当时官任翰林学士的王鼎比较详细地记载于《焚椒录》一书之中，流传至今，因而成了历代文学家、剧作家爱不释手的创作素材。清朝人王仲瞿就据此编成一部传奇，名叫《回心院》，可惜已经失传。本世纪的40年代，李健吾先生也用这个故事写成一幕话剧，被人誉为中国的《奥赛罗》。后来，周水荷、朱铿又将它改编成了越剧——《凄凉辽宫月》，1981年在上海戏剧节演出。这桩大冤案的主要受害者便是辽道宗的皇后萧观音。

萧观音的姑母是辽兴宗的生母钦哀皇后萧耨斤,父亲是耨斤的弟弟、曾官任北府宰相、爵封魏王的萧惠。萧惠虽在任职期间统兵驭众,屡战屡败,有次还差点让辽兴宗成了西夏的俘虏,但由于他性情宽厚,自奉俭薄,又没与一度专权的耨斤集团过多纠缠在一起,所以辽兴宗看在亲娘舅的份上,对他一直非常眷顾,亲自做主把他的女儿聘为自己的儿子、时任燕赵国王的耶律洪基之妃。清宁元年(1055)八月,洪基即位,十二月,册立萧观音为皇后,尊号"懿德"。

萧惠才能平庸,却生了个聪明绝顶的好女儿,萧观音不仅姿容标致,而且才华出众,写得一手好诗,饱览史籍,熟知掌故,还精通音律,能自制歌词,文化水平在辽朝历代皇后中称得上是首屈一指的。洪基本人也喜好儒术,经常吟诗作赋,在这方面,夫妇俩可谓趣味相投。有一次,萧观音随洪基前往秋山打猎,到了杀虎林,洪基命她即兴作诗,她随口吟道:"威风万里压南邦,东去能翻鸭绿江。灵怪大千俱破胆,那教猛虎不投降!"这真是一首气势澎湃,雄壮豪迈的好诗。洪基大喜,立即命人记录下来,乐颠颠地拿去向群臣炫耀了一通。第二天,洪基围猎,一箭将只老虎射死,高兴地对群臣说:"力能伏虎,这才不愧皇后之诗。"洪基每有诗作也总令萧观音属和,夫妇俩一唱一和,其乐融融,从此足以看出洪基对萧观音的爱恋。清宁四年(1058),萧观音为洪基生下了长子耶律濬后,洪基和她的感情更加深厚了,有专房之宠。后来萧观音又接连生了撒葛只、纠里、特里三个公主。

萧观音性格端重,生活俭朴,很讨厌侈靡。生耶律濬时,皇太叔耶律重元的妻子入宫祝贺,她打扮得珠光宝气,花枝招展,妖冶俗艳,像青楼娼妓一般,神情也颇为骄矜自得。萧观音对她这种作派很看不惯，劝诫说："你是贵家的夫人，何必妆扮成这样？"重元的妻子泼性大发，气呼呼地回到家中，指着重元的鼻子大骂："你也算是圣宗的儿子，竟然让人这般污辱我！你若有点男子汉的志气，非得替我揍揍这个婢子不可！"从此重元的谋反步伐更加紧了，终于策动了叛乱。洪基并没有从这一事变中汲取教训，继续信任奸佞，骄奢淫逸，昏聩腐朽。萧观音平生敬慕唐太宗爱妃徐惠的为人，所以也像徐惠那样经常向洪基进谏。

　　洪基沉湎游猎，所骑骏马名曰"飞电"，驰骋起来，风驰电掣，瞬息百里，洪基就经常跨着"飞电"，撒开缰绳，随意乱跑，动不动只身闯到深山幽谷之中，让扈从卫士找上半天。这是极其冒险的事情，万一有个闪失，后果不堪设想，有个叫萧韩家的官员就是在随洪基打猎时坠于马下活活摔死的。萧观音对洪基的这种疯狂举动深表忧虑，遂上疏谏道："妾闻穆王远游，周朝的德政因此衰败；太康佚豫，夏朝之社稷几乎倾亡。这都是沉湎畋猎之教训，帝王施政之龟鉴啊。妾见陛下临幸秋山，不带随从，只以单骑驰逐，深入幽远不测之地。这虽然表明陛下威武至极，自有神灵保驾，但万一遇上东方朔所说的那种猛兽怪物，只怕要遭受简子被沟中野猪咬坏车驾的伤害啦。为妾愚蠢，却不能不为社稷担忧。希望陛下能遵守老子关于驰骋的告诫，采用汉文帝吉行的做法，不把为妾的话当成牝鸡司晨的赘言。"对洪基纲纪紊乱、昧于用人等事，萧观音也多次提出了忠告。怎奈洪基是个性格乖戾、刚愎自用、喜谀恶直的人，不管是谁，只要一不顺他的心思，他立刻就会翻脸六亲不认。萧观音的这些劝谏他不仅丝毫不予采纳，时间一久，反而对萧观音产生了强烈的反感，后来洪基除了对儿子耶律濬还能比较钟爱外，对萧观音则日渐疏远了。

大康元年（1075）六月，洪基命皇太子耶律濬兼领北南枢密院事，总揽朝政。耶律濬小名耶鲁斡，自幼聪明，好学知书。洪基曾向萧观音称赞说："咱的儿子如此聪慧，岂不是上天赐予的吗？"耶律濬小小年纪就显示出了文武才干，7岁时，他随洪基在中京打猎，连发三箭，箭箭皆中，洪基拍着他的肩膀对左右大臣说："朕的祖宗都是骑射绝人，威震天下，此儿虽幼，却不堕祖宗尚武之风。"后来耶律濬又遇见了10只鹿，弓弦响处，有9只应声而倒，洪基更喜，特地设宴庆祝。耶律濬6岁封梁王，8岁立为皇太子，洪基还命群臣每逢正旦、端五、冬至等节日都得向他进表称贺。耶律濬开始总揽朝政时还不到18岁，他法度修明，从善如流，又建议提拔颇有才能的定武军节度赵徽为南府宰相。许多人从耶律濬身上看到了辽朝重振的希望，但大奸臣耶律乙辛却觉得受到了严重威胁。

耶律乙辛字胡覩衮，专权误国达十几年之久，算得上是辽朝的头号奸臣。他靠钻营谄谀得到了洪基的极度宠信，官拜北院枢密使，爵封魏王，洪基把军政大权全部托付到了他的手上，允许他便宜处理四方军旅事，可以先斩后奏，使得乙辛的威权实际上超过了身为皇帝的洪基，当时有句谚语就说："宁可违犯皇上的敕旨，也不敢不遵行魏王的白帖子。"乙辛威福在手，恣意妄为，凡是对他献媚讨好者立蒙超擢，比较正直的朝臣则被他横加斥逐。有一次，洪基对参知政事刘诜说："卿要敢做敢为，不要害怕宰相。"刘诜回答："臣连耶律乙辛都不怕，岂能怕宰相！"乙辛怀恨在心，稍加诋毁，就把刘诜贬了官。在洪基眼里，乙辛简直成了真理的化身，乙辛喜欢的他也跟着喜欢，乙辛厌恶的他也跟着厌恶，他对乙辛敬若神明到了这种地步，不要说区区一个刘诜，就连自己的至亲骨肉在遭到乙辛诬陷时，他也宁肯倾向于乙辛一方了。乙辛担心耶律濬妨碍自己专权，为了搞倒耶律濬，便利用洪基与萧观音的感情裂痕，阴谋首先把萧观音除掉。

洪基的疏远，使萧观音感到十分痛苦。她因为熟悉唐玄宗时，杨贵妃与梅妃江采苹争宠，江采苹失宠后把自己的住所称作"回心院"，希冀玄宗回心转意的典故，便以《回心院》为题，写了10首歌词。这10首歌词写得缠绵悱恻，柔肠寸断，倾诉了失宠后的凄凉之苦，抒发了对重新得到丈夫爱恋的渴盼之情：

扫深殿，闭久金铺暗；游丝络网尘作堆，积岁青苔厚阶面；扫深殿，待君宴。

拂象床，凭梦借高唐；敲坏半边知妾卧，恰当天处少辉光；拂象床，待君王。

换香枕，一半无云锦；为是秋来转辗多，更有双双泪痕渗；换香枕，待君寝。

铺翠被，羞杀鸳鸯对；又忆当时叫合欢，而今独覆相思块；铺翠被，待君睡。

装绣帐，金钩未敢上；解却四角夜光珠，不教照见愁模样；装绣帐，待君贶。

叠锦茵，重重空自陈；只顾身当白玉体，不愿伊当薄命人；叠锦茵，待君临。

展瑶席，花笑三韩碧；笑妾新铺玉一床，从来妇欢不终夕；展瑶席，待君息。

剔银灯，须知一样明；偏是君来生彩晕，对妆故作青荧荧；剔银灯，待君行。

爇薰炉，能将孤闷苏；若道妾身多秽贱，自霑御香香彻肤；爇薰炉，待君娱。

张鸣筝，恰恰语啼莺；一从弹作房中曲，常和窗前风雨声；张鸣筝，待君听。

萧观音好音乐，尤善弹琵琶，孤寂之时，便经常与伶官赵惟一等人演奏，以排遣满腔抑郁之情。特别是这10首《同心院》词，只有赵惟一能弹唱得令她满意，不料就此种下了悲剧的根苗。

萧观音有个婢女，名叫单登，本是耶律重元的家奴，也会弹筝、弹琵琶，但技巧比起赵惟一差得远，于是她就对赵惟一嫉妒得要命。洪基曾召单登弹筝，萧观音进谏说："此人是叛臣家的婢女，岂知她不会怀有豫让之心①?不能让这种人亲近御前！"遂把单登赶出宫去，单登对萧观音更加怀恨。她有个妹妹是教坊艺人朱顶鹤之妻，朱顶鹤又是耶律乙辛的走狗，在乙辛指使下，单登就与朱顶鹤诬告萧观音与赵惟一私通。乙辛又模仿萧观音感怀西汉赵飞燕的情调，伪造了一首《怀古》诗，巧妙地隐括进"赵惟一"三个字，谎称是萧观音写给赵惟一的情诗，作为他们确曾通奸的证据。诗曰："宫中只数赵家妆，败雨残云误汉王。惟有知情一片月，曾窥飞燕入昭阳。"洪基见所谓的人证物证俱在，勃然大怒，命乙辛和北府宰相张孝杰审理此案。乙辛对赵惟一施加钉子钉、炭火烧等种种酷刑，又捕风捉影把教坊艺人高长命抓来，严刑拷打，两人都屈打成招。枢密副使萧惟信闻知，急忙找到乙辛说："皇后贤明端重，养育储君，她是天下的母亲啊！怎可凭叛家仇婢的一句话就把她治罪呢？"乙辛不予理睬，把供词呈给洪基。洪基起

---

① 豫让原是战国时智伯家的门客，赵襄子灭了智伯，豫让毁容变哑，谋刺赵襄子为智伯报仇，被执自杀。事见《史记·刺客列传》。

先还有点犹豫不决，等张孝杰再审，又捏造了许多细节，洪基便火冒三丈，当天下令将赵惟一灭族，斩高长命，勒令萧观音自尽。耶律濬与三个妹妹披散头发，痛哭流涕地乞求代母受死，洪基不许。萧观音悲愤交加，含泪写下了一首绝命词：

嗟薄祜兮多幸，羌作俪兮皇家。承昊穹兮下覆，
近日月兮分华。托后钧兮凝位，
忽前星兮启耀。虽蚌蜉累兮黄床，庶无罪兮宗庙。
欲贯鱼兮上进，乘阳德兮天飞。
岂祸生兮无朕，蒙秽恶兮宫闱。将剖心兮自陈，
冀回顾兮白日。宁庶女兮多惭，
遏飞霜兮下击。顾子女兮哀顿，对左右兮摧伤。
其西曜兮将坠，忽吾去乎椒房。
呼天地兮惨悴，恨古今兮安极。知吾生兮必然，
又焉爱兮旦夕！

自缢而死，尸体送还她娘家安葬。耶律濬痛不欲生，在地上打着滚哭喊："杀我母亲者，耶律乙辛也！"旁观者吓得咋舌。

接着乙辛就把谋害的矛头指向了耶律濬。殿前副点检萧十三对乙辛说："今太子犹在，甚得民心，大王既不是名门望族，又有诬杀皇后的过失，将来太子继立，大王灾祸难免，应早作打算为好。"乙辛说："我担心的正是此事。"当晚就纠集党徒密谋。第二天，在他指使下，护卫太保耶律查剌等人向洪基报告：都部署耶律撒剌、枢密使萧速撒企图废皇上、立太子。洪基立即命他追查，结果查来查去毫无实情，洪基仍不放心，把耶律撒剌、萧速撒贬官，把600多名护卫士兵痛打一顿，调到边境，同时根据乙辛的建议颁布诏令：有告谋逆者，

重赏。此令一下，乙辛的走狗萧讹都斡、耶律挞不也装出投案自首的模样说："耶律查剌告发之事全是实情，臣也参与其谋了，就是想谋害乙辛拥立太子。臣等害怕连坐，所以才来自首。"这苦肉计真灵，洪基完全相信了，下令杖责关押耶律濬，由耶律燕哥负责鞫治。耶律濬百般诉冤，对燕哥说："皇上只有我一个儿子，把我立为储君，我还能有什么别的要求？公和我是堂兄弟，请你念我无辜，向皇上替我辩清冤屈。"不料，燕哥就是乙辛的死党。萧十三对燕哥说："如果把太子的话原原本本禀报上去，咱们的大事可就坏了，干脆就说他已供认不讳。"燕哥遂按萧十三的意思禀报上去。乙辛又把耶律濬平日亲近的几个人逮入狱中严刑逼供，使他们屈打自诬。乙辛仍怕洪基下不了狠心，就把这几个人押到洪基面前，给他们戴上重枷，用细丝线勒住脖子，连气都出不来。这几个人不堪其苦，只求速死，一副挣扎痛苦的模样。乙辛从旁说："陛下请看，他们都痛心疾首了。"洪基至此，岂能不信？遂暴跳如雷，下令将耶律濬囚于上京，太子宫役使之人全部诛死，牵连被杀者不计其数。当时正值盛夏，尸体多得来不及掩埋，到处都散发着腐烂的臭气。耶律濬被押走时，仰天大呼："我何罪之有！"萧十三硬把他拖上车去，锁闭车门，一路上不准他下车，百般凌辱。到上京后，把他囚禁在高墙围成的院子里。大康三年（1077）十一月，耶律濬被乙辛派来的刺客暗杀，年仅20。

寿昌七年（1101），洪基病死，因没有儿子，遗命长孙耶律延禧继位。延禧即耶律濬之子，追封萧观音为宣懿皇后，与洪基合葬庆陵。追尊耶律濬为顺圣皇帝，庙号顺宗。

道宗耶律洪基皇后萧坦思

◎ 姜雪燕

奸臣耶律乙辛害死皇后萧观音之后，为了继续蒙蔽道宗耶律洪基，便说："皇帝和皇后如同天地一样，有天无地是不行的。"接着极力称赞他的走狗驸马都尉萧霞抹的妹妹萧坦思，如何美貌，如何贤德。洪基召来一看，果然中意，遂在大康二年（1076）六月，母亲萧挞里丧事还未结束时，册立萧坦思成了皇后，还封她父亲祗候郎君鳖里剌为赵王，叔叔西北路招讨使余里也为辽西郡王，哥哥萧霞抹为柳城郡王。

不久，耶律濬又被耶律乙辛害死，洪基没有了儿子。萧坦思入宫已两年多了，仍没有怀孕的动静，洪基非常着急，萧坦思就说自己的妹妹萧斡特懒会生孩子。当时斡特懒已嫁给乙辛之子耶律绥也，洪基就命他们离婚，把斡特懒纳入宫中。岂料几年过去，萧坦思姊妹俩连半个孩子也未生下来，洪基只得死了这条心，把寄养在大臣萧怀忠家的孙子耶律延禧接回宫，册封梁王，立为皇储。把萧坦思降为惠妃，迁居到乾陵，斡特懒赶回娘家。她们的母亲燕国夫人削古见两个女儿落到这个下场，怀恨在心，把一腔怒气发泄到延禧头上，以巫蛊之术厌魅诅咒延禧，事发被杀。萧坦思被贬为庶人，囚禁于宜州(今辽宁义县)。

耶律延禧即位后，天庆六年(1116)，将萧坦思召回宫，封为太皇太妃。这时辽朝已被金兵打得七零八落，眼看要亡。过了两年，萧坦思怕一起完蛋，私自跑到了黑顶山，企图过隐居生活，很快死去，葬于太子山。

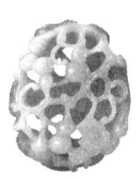

天祚帝耶律延禧皇后萧夺里懒

◎ 姜雪燕

萧夺里懒，父亲萧槊剌官任节度使。大安三年(1087)嫁给耶律延禧，次年封燕国妃子。寿昌七年(1101)，延禧即位，是为天祚帝，册立夺里懒为皇后。延禧很宠爱她，她的兄弟萧奉先借着这种关系又靠谄媚奉迎，得到了延禧的宠信，官任北面枢密使，封兰陵郡王，浊乱朝政，结党营私，成了辽末奸臣之首。夺里懒本人虽性情娴淑，举止端凝，但对萧奉先兄弟的胡作非为，以及延禧荒淫无耻、昏聩腐朽、祸国殃民的行径，从未作过一次劝谏，终致辽朝统治土崩瓦解，濒于灭亡。后来她追随延禧四处逃亡，因病而死。

附：天祚帝耶律延禧妃萧瑟瑟

◎ 姜雪燕

自从天庆四年（1114）九月，完颜阿骨打领导女真人掀起声势浩大的反辽战争以来，仅仅四五年的时间，女真人便攻占上京，辽朝分崩离析，只剩下半壁山河。辽天祚帝耶律延禧荒淫无耻，众叛亲离，早已被吓得丢魂丧胆，不知所措，这时便产生了退位保命的打算。他共有6个儿子，即晋王敖卢斡、梁王雅里、燕国王挞鲁、赵王习泥烈、秦王定和许王宁，其中，长子敖卢斡是文妃所生，秦王定和许王宁是权臣萧奉先的妹妹元妃所生。

文妃名叫萧瑟瑟，姐姐嫁给贵族耶律挞葛里，妹妹嫁给了副都统耶律余覩。延禧刚刚即位的时候，有次到耶律挞葛里家游玩，偶尔遇到了正在看望姐姐的瑟瑟，被她的美貌和气质所吸引，一见钟情，把她带回宫中住了好几个月。皇太叔耶律和鲁斡劝他明媒正娶，别偷偷摸摸像见不得人似的，延禧遂在乾统三年（1103）册瑟瑟为文妃。

瑟瑟聪慧娴雅，稳重寡言，自幼便工习文墨，擅长作诗，文化修养很深，而且颇识大体，有一定的政治眼光。她见女真强兵压境，国势日危，而延禧终日醉心游猎，沉湎酒色，宠信佞臣，疏斥忠良，很是忧心忡忡，多次写诗劝谏。有一首《讽谏歌》说：

> 勿嗟塞上兮暗红尘，勿伤多难兮畏夷人；不如塞奸邪之路兮选取贤臣，直须卧薪尝胆兮激壮士之捐身；可以朝清漠北兮夕枕燕云。

瑟瑟对萧奉先、李处温等奸臣飞扬跋扈、谋私误国的行径也深恶痛绝，所作《咏史》诗便表达了她的满腔义愤：

> 丞相来朝兮剑佩鸣，千官侧目兮寂无声。
> 养成外患兮嗟何及，祸尽忠臣兮罚不明。
> 亲戚并居兮藩屏位，私门潜蓄兮爪牙兵。
> 可怜往代兮秦天子，犹向宫中兮望太平。

岂料，这些言辞激烈的讽谏不但没有使延禧稍微回心转意，反而招致了他的厌恶，结果延禧对瑟瑟的感情从此便一落千丈了。

瑟瑟倍受冷落，屏居空房，却没有凄凄惨惨，自怨自艾，而是把满怀希望寄托在儿子敖卢斡身上，呕心沥血要把他教育成一个仁明英武、堪当大任的人材。敖卢斡没有辜负母亲的苦心，孩提时就驰马善射，爱书嗜学，并且秉性宽厚，乐于助人。当时延禧在宫中禁止读书，发现读书者就要严加斥责。敖卢斡有次到寝殿玩耍，看见小底官茶剌正在偷偷翻一本书，也凑上去阅读起来。忽听外面传来一阵杂沓的脚步声，原来是几个亲王嬉闹着跑了进来，敖卢斡连忙把书藏在衣袖里，悄声嘱咐茶剌："别让外人瞧见。"若无其事地走了出去。敖卢斡因此在国人中建立起了很高的威望，人们都归心于他。

此时延禧企图退位保命，敖卢斡是长子，一般说来继承者非他莫属了。但北院枢密使萧奉先却不愿出现这种局面，他早就对文妃怀恨在心，更害怕较为贤明的敖卢斡继位会不利于自己专权，便策划把自己的外甥、年龄又比较小的秦王耶律定推上台。为了达到目的，他蓄意要除掉敖卢斡母子。

正巧保大元年(1121)正月瑟瑟的姐姐到妹夫耶律余覩家相聚，萧奉先抓住机会，指使人诬告余覩通过妻子结纳耶律挞葛里、驸马萧昱等人企图发动政变，要拥立敖卢斡，尊延喜为太上皇，瑟瑟也参与其谋。延禧打算退位只因荒惰倦怠，一时的心血来潮罢了，岂是真的愿意放弃权力?于是信以为真，怒火冲天，连例行的审查都不肯做一做，下令诛杀挞葛里、萧昱，瑟瑟赐死。可怜瑟瑟忠心耿耿竟这样死于非命。敖卢斡暂时没有治罪。

耶律余覩在军中听到被诬的消息，知道有口难辩，索性带领一千人马投奔女真去了。延禧更加气急败坏，派知奚王府萧遐买等人追捕，眼看就要追上了，萧遐买等商量："皇上一味听信萧奉先的谗言，萧奉先狗仗人势，根本不把咱们放在眼里。余覩是宗室俊杰，常常不服萧奉先的权势，所以萧奉先陷害他，今天若是捉住余覩，只怕要不了多久咱们也会成为余覩第二的，不如干脆送个人情，将他放跑算了。"空手回来，对延禧说："叛将跑得太快，我们追不上。"延禧也无可奈何。

保大二年(1122)正月，阿骨打派耶律余覩为先锋攻占了辽的中京，延禧吓得慌忙西逃，到了鸳鸯泊(今河北张定西北)，惊魂未定，萧奉先又凑上前来献策说："余覩乃本朝宗室，岂能忍心灭辽?我看他不过是想借机拥立他的外甥敖卢斡罢了。舍不得孩子打不得狼。陛下何苦爱惜一个儿子让余覩的奸计得逞?"延禧又信以为真，当即将敖卢斡赐死。百官士兵无不为敖卢斡的惨死痛哭流涕，人心更加解体。没过几年，延禧就当了金兵的俘虏。

北辽

辽／北辽

附：宣宗耶律淳妃萧普贤女

◎ 姜雪燕

保大二年(1122)三月二十七日，辽朝即将灭亡的前夕，宰相李处温、都统萧幹等人在燕京(今北京)拥立秦晋国王耶律淳为帝，尊号"天赐皇帝"，改元建福，册妻子萧普贤女为德妃，降封西逃的天祚帝耶律延禧为湘阴王，建立起了历史上称作"北辽"的小王朝。

耶律淳是辽兴宗的孙子，辽道宗的侄子。道宗之子耶律濬被害后，奸臣耶律乙辛曾提出把耶律淳立为皇位继承人，因同知南院枢密使事萧兀纳等人劝阻，道宗才没这样做。大概就在此时，萧普贤女嫁给了耶律淳。天祚帝即位后，耶律淳官拜南府宰相，封魏王，任南京留守。由于耶律淳长期接受汉文化教育，施政处事比一般契丹贵族开明些，因而在燕京颇得汉人之心，声誉鹊起。再加上差点成为储君的不平凡经历，使他在辽朝贵族内部成了一颗引人瞩目的明星。随着辽朝在与女真人的战争中连吃败仗，原本十分尖锐的阶级矛盾、民族矛盾更加激化，统治集团的分崩离析也日益加剧，天祚帝的统治岌岌可危。一些贵族官员开始策划踢开这个腐朽透顶的昏君，另觅新主，久负盛名的耶律淳便成了这伙人翊戴的对象。

天庆五年（1115）十月，天祚帝率大军御驾亲征，企图一举消灭女真，刚渡过鸭子河，他的前锋官耶律章奴就带领300余人临阵脱逃，要迎耶律淳取代天祚帝。耶律章奴派普贤女的弟弟萧敌里、耶律淳的外甥萧延留当说客，对耶律淳说："御驾亲征已被女真人打得落花流水，皇上失踪，天下已是群龙无首，皇子们又都幼弱无知，请您能权理军国事。失此机会，万一让奸雄抢先，后悔可就晚了。"皇位如此多娇，引无数英雄竞折腰，耶律淳肉骨凡胎，岂会对它无动于衷？但怦然心动的同时，他转念又想起天祚帝那阴鸷的嘴脸，他深谙天祚帝阴险毒辣、六亲不认的为人，知道天祚帝此次亲征带有15余万大军和好几个月的粮食，曾发誓要决一死战的，怎会这么快就战败失踪？越想越觉着形势不明，心里不踏实。萧敌里的劝进，在普贤女的脑海里引起的波动则是另一种样子：她具有较为浓厚的正统观念和忠君意识，这可能因她长期随耶律淳生活在燕京，比较多地接受了儒家忠孝节义思想影响的缘故。她也对天祚帝的昏聩腐朽深感不满，但这基本属于恨铁不成钢的艾怨；她也认为应该有个英明雄武的君主取代天祚帝的统治，能力挽狂澜，中流砥柱，挽救辽朝覆危的命运，但她觉着这位新君主最好应出自天祚帝的几个儿子之中；她与丈夫的利害关系无疑是完全一致的，但她觉着耶律淳做个周公式的人物更能全名全节，在忠义方面做个完人，流芳百世。夫妇俩商量再三，决定先采取观望的办法，暂时把萧敌鲁二人软禁起来，看看风头摸准实情再说。不多时，天祚帝的亲信乙信带着御札赶到，详细讲述了耶律章奴发动政变的阴谋和天祚帝的近况。耶律淳暗自庆幸，赶忙将萧敌里和萧延留拖出斩首献给乙信，自己连夜单骑抄小路向兵败退到广平淀的天祚帝谢罪。天祚帝见他忠心可嘉，喜出望外，晋封他为秦晋国王。

普贤女却因弟弟的事受了牵连，被天祚帝囚禁于上京，后来上京陷落，她又被囚于中京。直到保大二年正月金兵攻陷中京，她才乘混乱之机逃出，一路艰辛跑来燕京，回到耶律淳身边。无辜被囚的遭遇使普贤女加深了对天祚帝的不满，所以，当不久耶律淳乘天祚帝逃入夹山（今内蒙古萨拉齐西北），号令不通之机正式做起皇帝的时候，普贤女便积极支持了这一行动。

北辽建立后，控制着燕、云、平等州及中京路部分地区，虽然打败了童贯率领的宋军的第一次进攻，内部统治仍极其腐朽，拥立他的蕃汉大臣之间矛盾重重。李处温原来就与萧奉先等奸佞之徒狼狈为奸，做尽坏事，现在官拜太尉，他的族弟李处能、儿子李奭也担任了直枢密院等职，李家亲戚遍布朝野，李处温遂大权独揽，公然开门纳贿，每天到他家送礼的车辆骡马熙熙攘攘塞满了整条巷子。萧幹升为北枢密使，拥兵自重，与李处温尔虞我诈、勾心斗角。

耶律淳只当了98天皇帝，就在六月二十四日夜病重而死，终年60岁，谥号孝章皇帝，庙号宣宗。遗诏迎立天祚帝之子秦王耶律定为帝。萧幹秘不发丧，率领骑兵3000列阵宫中，召集百官，商议拥立普贤女为皇太后，权理军国事，令百官逐个在起草的劝进书上签名画押,百官无人敢违。普贤女遂在耶律淳柩前即皇太后位,改元德兴。

普贤女上台后,想整顿一下内政,有所作为,竭力保护辽朝的半壁河山。她晋封萧幹为于越王,剥夺了李处温拥有的都元帅之职。李处能见她比较英明,害怕自己的罪恶暴露被杀,慌忙落发为僧,被普贤女送到了海岛龙云寺。但李处温不甘心丧失权力,暗中与宋朝权阉童贯联络,企图把普贤女和燕京献给宋朝,同时又与金人交通,许诺在金兵来时作内应。有人向普贤女告发其谋,普贤女大怒,抓来李处温严辞训斥。李处温满不在乎地辩解:"臣父子对宣宗有定策之功,理应受赏,岂当因谗言获罪。"普贤女怒不可遏,破口大骂:"假若燕王(即耶律淳)能像周公一样,就可终享亲贤垂名于后世,岂不比太宁王述轧、楚国王涅里这些谋反亲王强得多?使燕王陷于不忠不义者,就是你父子!"又数罗了李处温数十条罪状,赐死,把李奭凌迟处死,碎尸万段,籍没其家产,搜出了十余万贯钱及大宗金银财宝,这全是李处温当太尉的几个月间收受的贿赂。此奸一除,人心大快。

但北辽内外交困的危机仍未缓解,而且日益加剧。普贤女为苟延残喘,一方面派大臣萧容、韩昉出使宋朝,奉表称藩,希望得到宋朝的庇护。另一方面却又担心内部汉人结交宋朝,准备设法解除汉人的军权。结果称藩之事被宋朝拒绝,镇守易州(今河北易县)和涿州(今河北涿县)的汉人将领高凤和郭药师也害怕挨整投降了宋朝,为宋朝打开了进军燕京的道路。宋徽宗见有机可乘,命刘延庆为都统制发起了第二次进攻,打到芦沟桥南岸。这时萧幹率辽军主力在燕京城外10里远的地方筑营抵御。郭药师领5000宋军抄小路乘夜色袭入燕京,派人劝普贤女投降,普贤女忙召萧幹进城展开巷战,郭药师缒城而逃，宋军活着跑回去的只有几百个人。郭药师打进城时，刘延庆却胆怯得要命，呆在芦沟桥南岸按兵不动。萧幹逮住两名宋军俘虏，押在帐中，半夜时假装对普贤女说："听说宋军有十万人，而我军是他们的三倍，我们只要分兵三路，左右两翼包抄，用精兵冲其中军，举火为号，三路夹击，包管全歼他们。"然后故意将其中一名俘虏放跑。刘延庆得知，更加害怕，这时突然见北岸放起火来，以为真是辽军来攻，慌忙烧营逃走，把军器物资丢得精光。却不知道萧幹和普贤女可以调遣的只有3000人马而已。

南边的威胁稍稍解除，来自金兵的威胁却愈益严重。十一月，金兵打到奉圣州(今河北涿鹿)，离燕京不远了。面对这个比宋军强大数倍的劲敌，普贤女势单力薄，思来想去，找不出一条好办法，只得接连五次向金主阿骨打上表，乞求金朝网开一面，高抬贵手，允许秦王定即位，保留辽的宗社。阿骨打严辞拒绝。普贤女无奈，集中了全部兵力把守居庸关，想凭天险暂时把金兵挡在长城以外。十一月底，阿骨打亲领金兵开到居庸关下，突然发生地震，山崖崩塌，守关辽兵被压死过半，余者不战而溃，金兵顺利进关。

普贤女得报，吓得面无人色，连夜打点行装车帐，率萧幹、翰林承旨耶律大石等人出城，扬言迎敌，实欲逃跑。宰相左企弓等到国门送行，普贤女对他说："国难至此，我要亲率诸军为社稷一战，打胜了回来见你们，否则就死在战场！你们要好好保护百姓，别让他们滥被杀戮。"说罢，热泪夺眶而出，咬了咬牙，拨马往西而去。普贤女刚走出去50里，金兵游骑就到了燕京城外，左企弓等正着手修整防守器具，忽闻统军萧乙信打开城门，金兵前军已登上城墙了，左企弓只得率百官出降，伏拜叩头，把随后赶到的阿骨打迎进了城内。普贤女君臣在耶律淳死后惨淡经营了半年的北辽就这样垮了台。

普贤女引残军出古北口,跑到了卢龙岭。下一步该怎么呢?她和耶律大石主张去投奔天祚帝,萧幹是奚族人,却想到奚族根据地去自立为国。驸马都尉萧勃迭说:"看这个形势固然应该归附天祚,但我们有何面目和他相见?"耶律大石怕这种论调动摇军心,再度造成契丹内部的分裂,命人将他拖出去斩首,同时传令军中:"有敢异议者斩!"于是两帮人分道扬镳,萧幹率奚、汉兵北去,普贤女与耶律大石继续西走。

普贤女和耶律大石此时都对天祚帝抱有一定的希望和幻想,他们都无限忠诚于辽朝的社稷国家,普贤女即使在支持耶律淳当皇帝和她自己当皇太后的时候,她的出发点也主要不是为了谋求个人的权势和私利,而是基于对天祚帝腐朽无能、倒行逆施的痛心疾首,试图苦心孤诣地保住辽朝宗社,挽狂澜于既倒。在自己失败之后,她便很自然地认为,天祚帝在领导辽朝的复兴斗争中仍是具有一定号召力的。同时,她也设想,天祚帝或许会在屡遭败衄的教训下,使昏聩的头脑清醒起来,悬崖勒马,卧薪尝胆,复国图治。正是这种希望和幻想促使她不顾自身安危,毅然决定投奔天祚帝。

然而事实无情地击碎了普贤女的这种希望和幻想。天祚帝早就对耶律淳的称帝气急败坏了,耶律淳只是把他降封为湘阴王而已,他却下令把耶律淳和普贤女贬为庶人,并把普贤女改姓"骶氏",用这种十分可笑的手法来发泄对耶律淳夫妇的怨恨。当时只因他躲在夹山,对燕京鞭长莫及罢了,否则定会亲手杀死耶律淳夫妇。眼下普贤女落难来投,他岂能善罢甘休?于是,当保大三年(1123)二月,普贤女在天德军(今呼和浩特东)好不容易找到天祚帝的时候,天祚帝二话没说,将她诛杀。

西辽

德宗耶律大石皇后萧塔不烟

◎ 姜雪燕

保大四年(1124)七月的一天夜里,200余骑离开辽天祚帝耶律延禧驻跸在夹山(今内蒙古萨拉齐西北)的行帐,向西北方疾驰而去,为首的一人便是后来成为西辽德宗的耶律大石。

耶律大石(1087—1143),字重德,是辽太祖耶律阿保机的第八代孙,中过进士,官拜翰林承旨,因契丹语称翰林为林牙,所以人们习惯地称他为"大石林牙"。后来大石离开朝廷,担任了泰、祥二州刺史和辽兴军(今河北卢龙)节度使。耶律淳建立北辽时,辽兴军正在其辖下,大石就成了北辽的官员。北辽灭亡后,大石随皇后萧普贤女投奔天祚帝。天祚帝杀死普贤女，又气急败坏地斥责大石："我还没死呢，你怎敢拥立耶律淳?!"大石回答："陛下以全国之势不能拒敌，弃国而遁，致使黎民涂炭，即使拥立十个耶律淳也都是太祖的子孙，岂不比乞命于他人强得多吗？"驳得天祚帝哑口无言，只得赦免其罪。但天祚帝并不信任他，不仅拒不采纳他的正确意见，还派人监视他。大石被迫出奔，另觅出路。

不久，大石一行抵达镇州（今鄂尔浑河与土拉河之间），得到了此地18个部族的支持。大石遂自立为王，册封妻子萧塔不烟为元妃。此后继续西进，历经千难万险，抵达原喀剌汗国的领地。1131年二月，大石在文武百官拥戴下登上皇帝宝座，号称"葛尔罕"（意为众汗之汗），又上汉文尊号曰"天祐皇帝"，改元延庆，册塔不烟为皇后，尊号"昭德"。定都巴喇沙衮（今新疆伊犁河西，后改名虎思斡尔朵），统辖今我国新疆和新疆以北的中亚地区，正式建立起了与南宋、金、西夏等政权并立的西辽王朝。

康国十年（1143），大石病死，因儿子耶律夷烈年幼，遗命塔不烟权理国事，塔不烟改尊号"感天皇后"，南面称制，次年改元咸清。

塔不烟长期与大石同甘共苦，出生入死，养成了办事果敢，不屈不挠的性格，并与契丹妇女一样精于骑射。咸清元年（1144）二月，金朝得知大石的死讯，派武义大夫粘割韩奴前来出使，企图窥察西辽的虚实。粘割韩奴进入西辽境内不久，恰好遇上了正浑身披挂在旷野打猎的塔不烟。虽已过去了20多年，但金兵在辽朝故土的横暴行径给塔不烟留下的印象是永远不会消失的。眼下见到这个高踞马上，女真装束的不速之客，埋藏心底的仇恨蓦然而起，厉声喝问："你是何人?敢不下马？"粘割韩奴趾高气扬地说："我乃上国钦差，奉天子之命来招降你，你该下马听诏。"塔不烟说："你单骑而来，难道是想费什么口舌吗？"命人上前，不由分说将粘割韩奴拉下马来，逼他跪倒在地。粘割韩奴不知死活，还硬耍威风，边挣扎边破口大骂："反贼！天子仁爱，不忍加兵于你，令我招降，你纵使不能自己绑缚随我请罪阙下，也该恭恭敬敬款待天子使者，怎敢胆大包天羞辱于我？"塔不烟怒不可遏，弯弓搭箭，结果了他的性命。

塔不烟称制8年，崇福七年(1150)去世。

附：承天太后耶律普速完

◎ 姜雪燕

崇福七年(1150)，耶律大石之子耶律夷烈即位，改元绍兴，是为西辽仁宗。绍兴十三年(1164)耶律夷烈病死，同样面临一个儿子幼小的问题，为了保证统治的稳固，他遗命妹妹耶律普速完权理国事。普速完遂南面称制，自号承天太后，改元崇福。

严格说来普速完并不是皇后，只是与辽朝历史上母后称制的传统习惯相一致，她才自称太后的。从实际意义上讲，称她是位女皇倒更为合适。

哥哥耶律夷烈英年早逝，当妹妹的肯定也年长不了多少，要想把庞大帝国的最高权力牢牢控制在手,对她这位长育深宫的年少女子来说并不容易,于是朝政便很自然地落到了她的公爹六院司大王萧斡里剌的手中。斡里剌是一员老将,他随耶律大石从辽朝故土万里西行创建了西辽,一直是大石倚重的股肱之臣,出征挂帅,屡立战功,逐渐在西辽统治集团中形成了一股强大的家族势力。此时军国重事皆由斡里剌幕后操纵,而由他的儿子、普速完的驸马萧朵鲁不在前台执行。普速完需要做的,只是临朝称制摆摆样子罢了,并不掌握任何权力。

崇福年间,西辽的封建经济文化在继续向前发展着,除了崇福七年至崇福九年(1170—1172)间,与西部的花剌子模有过一些冲突外,算得上是个太平安乐的岁月。

当时,西辽朝廷派出强大军队联合撒马耳罕的地方军讨伐花剌子模沙亦勒—阿尔思兰,大败之,俘虏其统帅阿马尔别。亦勒—阿尔思兰在此打击下病死,她的妻子秃尔罕(TeYken)将其幼子算端沙(sultan-snan)扶上王位,长子帖乞失投奔西辽。帖乞失向西辽表示,以花剌子模所有的金银财宝担保,一旦让他上台就年年入贡。斡里剌见有利可图,派朵鲁不率军援助帖乞失,算端沙及其母闻风逃跑,帖乞失被扶立上台。

十几年过去,普速完成熟起来了,她越来越不满足只处在傀儡的地位上任人摆布,试图夺回被斡里剌家族控制的原本属于她的权力。为了达到目的,她首先把小叔子、朵鲁不的胞弟萧朴古只沙里拉拢过来,与他建立了暧昧关系。然后,普速完找借口把朵鲁不从身边赶走,封为东平王,又罗织罪名将他诛死,一场权力斗争的暴风骤雨终于达到高潮。正当普速完准备向公爹斡里剌挥出决定胜负的杀手锏的时候,老谋深算的斡里剌举着为国锄恶、为家除奸的旗号发起了反击。崇福十四年(1177)的一天,斡里剌亲自领兵包围了普速完的宫帐,一阵乱箭射过，普速完与朴古只沙里双双倒毙于血泊之中。

斡里剌一派为了便于继续独揽朝纲，索性连年长不易控制的耶律夷烈的长子也一并除掉，另立其少子耶律直鲁古为帝，是为西辽末帝，改元天禧。直鲁古在位27年后，皇位被他的女婿蒙古族乃蛮部太阳汗之子屈出律篡夺。屈出律统治7年，于1218年被成吉思汗擒杀，西辽灭亡。

金

(1115 – 1234)

金是以女真族为主体建立起的政权，收录了3位皇帝的3位皇后，另外6位皇太后或皇妃没有专传，附在相应位置上。

熙宗完颜亶皇后裴满氏

◎ 郭思克

裴满氏，婆卢火部人，出身于女真贵族家庭。其父裴满达，本名忽挞，为人忠厚淳直，饮誉乡邻。太祖起兵后，裴满达积极投入到灭辽战争中，天辅六年(1122)裴满达跟随蒲家奴追杀溃逃的辽军，在铁吕川战役中，裴满达身先士卒、奋勇杀敌，立下战功，受到金太祖的赏赐。

裴满氏自幼受到良好的家庭教育，她聪明伶俐，颇有姿色。金熙宗即位后，为充实后宫，广招诸部美女，裴满氏奉召入宫。由于她非常善于见风使舵，深受熙宗宠爱。天眷元年(1138)四月，被封为贵妃，同年十二月，又被立为皇后，其父裴满达也被拜为太尉,授封徐国公。

皇统元年(1141),金熙宗接受群臣所上尊号,册封裴满氏为慈明恭孝顺德皇后。

第二年,太子济安降生,年仅24岁的熙宗大喜过望,下令在全国范围内进行大赦,宴请文武百官,告祭天地宗庙,还没到满月就册封济安为皇太子。一时间,裴满氏身价倍增,荣耀后宫。但是,好景不长,济安还不满1岁,便不幸夭折,金熙宗悲痛万分,诏谥济安为英悼太子,将尸体葬在兴陵一侧,又令工匠塑其形像,放置于储庆寺内,不时与皇后裴满氏前去探视。皇统四年(1144),熙宗的另一个儿子,魏王道济因冒犯圣威又被熙宗杀死。金熙宗失去了自己仅有的两个儿子,失嗣的痛苦久久地缠绕着他。

金熙宗是金朝历史上颇有作为的一代皇帝,他提倡文治,在即位之初,便任用宗干、宗弼等忠臣良将,铲除了以宗翰为首的奴隶主贵族的顽固守旧势力,积极进行社会改革,加速了女真族的汉化。皇统八年(1148)十月,宗弼病死,熙宗失去了政治上的辅佐,开始亲自过问政事,朝廷中的守旧势力又逐渐猖獗起来。金熙宗夙夜忧叹,万念俱焚,开始不理朝政,而沉湎于声色犬马。为了满足自己的淫逸生活,他无视祖宗立下的不娶庶族的规矩,下令在全国范围内进行选美,凡是13岁以上、20岁以下的美貌女子,无论门第、身份的高低,一律入侍宫禁。并且开始设立内官制度,给各位妃嫔册封宫号,先后封了贵妃、贤妃、德妃等号。他还嗜酒如命,整日与近臣宠嬖饮于宫中,每饮必醉,醉后就杀人取乐。有一次宴请群臣,熙宗喝醉了酒,竟当场杀死了户部尚书宗礼,并亲手杀死了十几个侍臣。群臣个个瞠目结舌,如履薄冰。

金熙宗纵情声色,荒废朝政,为后权的膨胀创造了有利条件。随着自己羽毛的丰满，裴满氏肆无忌惮地干预政事，当时，许多大臣都依附在她的周围，形成了与皇权的对立。左丞相、都元帅海陵是她最得力的支持者。海陵是宗干的第二个儿子，自认为是太祖嫡孙，对熙宗嗣位早已心怀不满，伺机准备取而代之，裴满氏把他收买过来，互相勾结在一起，把持了朝政，权势熏炫。

皇统八年（1148）朝廷中有人建议将祖居辽阳的渤海人迁入关内，屯驻燕南，熙宗采纳了这个建议，诏令平章政事秉德和左司郎中三合主管其事。近侍高寿星得宠于皇后裴满氏，他祖居辽阳，按规定，当在迁徙之列，高寿星不愿迁居关内，就向裴满氏哭诉，裴满氏便向熙宗求情，于是，金熙宗稀里糊涂地下令处死了三合，并杖打了秉德。

裴满氏的弟弟忽覩自幼不学无术，游手好闲，依恃自己的国舅身份，骄横不法，在出任横海节度使和崇义军节度使期间，勾结当地富豪，贪污受贿。以后调任中京留守，忽覩更加不可一世，勾结诸猛安谋克富家子弟，敲诈勒索，无恶不作，一时号称"闲郎君"，成为地方上的一霸。

裴满氏培植后党，图谋不轨，金熙宗早已不满。皇统九年（1149）正月，海陵生日，熙宗派近侍大兴国前去祝寿，赐给他宋司马光画像、玉吐鹘、厩马等，裴满氏也附带赐给海陵生日礼物。熙宗闻听大怒，严令大兴国追回裴满氏赐给的生日礼物，并把大兴国杖打一百，这件事情给裴满氏敲响了警钟。不久，金熙宗就寻找借口，处死了裴满氏。

皇统九年（1149）十二月，海陵发动政变，杀死金熙宗，篡夺了政权。为了争取民心，海陵下令降封熙宗为东昏王，封裴满氏为悼皇后。大定年间，金世宗恢复了熙宗帝号，并加谥裴满氏为悼平皇后，祔葬于峨嵋谷的思陵。

海陵王完颜亮皇后徒单氏

◎ 郭思克

　　海陵皇后徒单氏，其父徒单恭，又名斜也。徒单氏是海陵发妻，熙宗在位时受封为岐国妃；海陵篡立后，天德二年（1150），封徒单氏为惠妃，九月，又立为皇后。徒单氏生有一子光英，光英自幼养于宫外，先是养于同判大宗正完颜方家，由故崇德大夫沈璋妻张氏做他的乳母，其后又养于外公徒单恭家里。天德四年（1152）二月，海陵立之为皇太子，贞元元年（1153）由五品以下京官迎回宫中，居东宫。

　　正隆六年（1161）海陵迁都汴京，徒单皇后与太子光英一同入京，海陵备法驾，乘玉辂，前呼后应，浩浩荡荡。后来，海陵率兵南伐，徒单后与光英奉命据守汴京，尚书令张浩、左丞相萧玉、参知政事敬嗣晖留治省事，做为辅弼。海陵被杀后，太子光英也在汴京被咭满讹里也杀死，徒单皇后被遣回中都。后来金世宗见她无依无靠，很是可怜，下令将她送回上京的父母家中，每年赐给钱 2000 贯，大定十年 (1170) 徒单后病死。

海陵是金朝历史上最负有政治野心的皇帝。篡立之前，海陵任熙宗朝宰相，为了达到自己的政治目的，他沽名钓誉，收买人心。但在生活上极为检点，妻妾不过四人，除发妻徒单氏外，还有妾滕大氏、萧氏和耶律氏。即位后，徒单氏被封为皇后，大氏被封为元妃，萧氏被封为宸妃，耶律氏被封为丽妃。

随着帝位的不断巩固，海陵开始追求奢侈、腐化的生活，再加上原有的妻妾个个人老珠黄，海陵不断充实后宫，淫欲恣肆，仅贞元元年 (1153) 一次就征召良家女子 130 人充实后宫。为了加强对众多妃嫔的管理，严格等级秩序，海陵还建立了一套系统的内官制度：元妃、姝妃、惠妃、贵妃、贤妃、宸妃、丽妃、淑妃、德妃、昭妃、温妃、柔妃 12 位为正一品，昭仪、昭容、昭媛、修仪、修容、修媛、充仪、充容、充媛 9 位为正二品，婕妤 9 人为正三品，美人 9 人为正四品，才人 9 人为正五品，宝林 27 人为正六品，御女 27 人为正七品，采女 27 人为正八品。此外，还有尚宫、尚仪、尚服、尚食、尚寝、尚功等内官。到海陵晚年，金朝后宫充斥，妃嫔数量不可胜计。

附：海陵王完颜亮皇太后徒单氏

◎ 郭思克

徒单氏是辽王宗干的正室，她一生没有生育。辽王的次室李氏生了长子郑王完颜充，由徒单氏收为养子。

徒单氏聪睿贤慧，对宗干的其他妃妾都和和气气，以姐妹相称，在王府内外深受尊敬。

皇统九年(1149)，辽王另一王妃大氏所生的儿子海陵王完颜亮发动政变，杀金熙宗，夺取了皇位。徒单氏认为："熙宗皇帝虽然失道，但做为一个大臣也不该用这种办法来夺权。"所以拒绝派人向海陵祝贺，为此，海陵心中自然不满。

天德二年(1150)，海陵下诏尊徒单氏为皇太后，居东宫，称为永寿宫。当年,徒单太后过生日那天,已被封为皇太后的海陵生母大氏亲自为她操办庆宴。席间大氏向前祝寿,恰好徒单氏正与旁边的人谈笑,没有看到,使大氏在一旁进退两难。海陵见此,大为气愤,当即拂袖而去。第二天,海陵便召见公主、宗妇,凡在席上与徒单太后说过话的一律杖打,大氏反对这种做法,海陵说:"我现在是皇帝,此事不能不了了之。"海陵与徒单太后的嫌隙又加深了。

天德四年(1152),海陵迁都中都,王公大臣、勋贵世戚纷纷内迁,唯独将徒单太后留在上京,徒单氏不免提心吊胆。一直到贞元三年(1155),海陵才遵照大氏遗愿,将徒单太后接到中都,并向她请罪说:"儿不孝,长期以来服侍不周,望您老人家狠狠打我一顿,否则我心里会永远得不到安宁的。"此后,海陵每天都要到寿康宫向太后请安,凡是太后喜欢的东西,海陵无不一一满足。

海陵是一个多欲的皇帝,由于受儒家正统思想影响,他把统一天下,做全中国的正统皇帝做为自己一生所追求的目标。迁都燕京以后,他加紧了南下伐宋的准备。海陵穷兵黩武,横征暴敛,劳民伤财,引起了朝野反对,徒单太后是其中最坚决的一个,她多次劝谏海陵息兵,海陵大为恼火,使得两人的关系又进一步紧张起来。

迁都汴京以后,徒单太后入居宁德宫。为了监督海陵的行动,徒单太后让自己最亲近的侍婢高福娘每天向海陵询问起居。高福娘年青貌美,海陵很快就把她弄了过来,并且又反过来让她监视徒单太后的行动。高福娘的丈夫特末哥是海陵南伐的追随者,但因出身低微,一直没有受到海陵重用,为了能够出人头地,他不失时机地对徒单太后进行陷害,凡是太后的举动,无论大小一定要添油加醋地密报海陵。

正隆五年(1160),契丹人民不满海陵的残暴统治,在撒八的领导之下,掀起了声势浩大的反金起义,枢密使仆散师恭奉命领兵一万前往镇压。仆散师恭,本名忽土,出身微贱,做过宗干王府侍卫。海陵谋杀熙宗,仆散师恭为他内应,海陵篡权后,仆散师恭不断受到重用,正隆初年,被封为太尉、枢密使。迁都汴京后,仆散师恭府第紧邻宁德宫,他便经常去拜访徒单太后,高福娘对此早就有所注意。这次临行前、仆散师恭来向徒单太后辞行,两人密谈许久,徒单太后忧愁万分,对仆散师恭说:"我们女真人世居上京,在迁都中都后,海陵又迁到汴京,现在又要兴兵南下,搞得平民百姓疲惫不堪,我曾多次劝戒他不要兴师动众,但他执意不听。如今契丹人在北方挑起战乱,这可如何是好?"高福娘立刻将两人的会谈密报海陵。

海陵早就对徒单太后心存疑虑,现在仆散师恭将兵在外,两人过从甚密,他怕徒单太后有所异图,于是下决心借此除掉她。他密召点检大怀忠、翰林待制斡论、尚衣局使虎特末、武库直长习失深夜入宫,让他们将徒单太后秘密处死,为防万一,又加派护卫高福、辞勒、蒲速斡带兵士40人跟从。大怀忠一行来到宁德宫,徒单太后正与侍婢玩一种叫做樗蒲的游戏。大怀忠高喊太后领旨,徒单氏莫名其妙,刚一跪下,虎特末在后面猛击数下,太后扑倒在地,高福又用绳子将她缢死。同时被杀的还有徒单太后的乳妹安特,以及郡主白散、阿鲁瓦、叉察、乳母南撒、侍女阿斯、斡里保,宁德宫侍卫温迪罕查剌,直长王家奴、撒八、小底忽沙等。海陵又令将太后尸体焚烧,骨灰撒于汴河之中。完颜充的4个儿子中的檀奴、阿里白、元奴牵连被杀,唯有耶补儿得以幸存,逃归金世宗。在外出征的仆散师恭也被召回杀死,另外牵连被杀的还有阿斯的子孙，撒八的两个儿子，忽沙的两个儿子等人。高福娘告密有功，被封为郧国夫人，赐银 2000 两，并且海陵许诺说南征回来后，封她为妃；特末哥被授为泽州刺史，海陵特别敕戒他说："以后不要再酗酒，不要殴打高福娘，如若不然定斩不饶。"

大定年间，金世宗诏谥徒单太后为哀皇后，后来，宗干复封辽王，徒单氏又降封辽王妃。

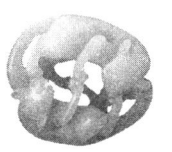

附：海陵王完颜亮皇太后大氏

◎ 郭思克

大氏是辽王宗干的第三房妃子，生有3个儿子：亮、衮、襄，完颜亮就是后来当了皇帝的海陵王。

皇统九年（1149），海陵王发动政变，夺权当了皇帝。次年正月，尊生母大氏为皇太后，居西宫，称为永宁宫。大氏以子得贵，升为国母，但对辽王正室徒单氏仍然恭敬有礼，徒单氏过生日，她还亲自为之操办庆宴。迁都中都以后，海陵因为与徒单太后发生嫌隙，把徒单氏留在了旧都上京，大氏力劝海陵不要忘记昔日情义，海陵才在天德四年十二月，徒单氏生日时，专门派了秘书监纳合椿年去上京为徒单氏上寿。

贞元元年(1153),大氏不幸染上了重病,海陵不惜重金招来天下名医,下诏以10万贯钱悬赏索求药方,为她治疗,但一直不见好转。临终前,大氏忧心忡忡,嘱咐海陵说:"你因为我的缘故不将徒单太后接来中都,我心里常感到不安。我死后你一定要把她接来,就像对待我一样来侍奉她,为她养老送终。"不久,大氏病逝,海陵下诏举国哀悼,官府三日不理政务,敲钟七昼夜,禁乐一月,海陵亲自守孝三年。贞元三年(1155),海陵将大氏与父宗干合葬于大房山,并尊谥为慈宪皇后。

大定年间,金世宗诏谥大氏为海陵太妃,后来,宗干复封为辽王,大氏亦降封辽王夫人。

附：海陵王完颜亮妃阿里虎

◎ 郭思克

阿里虎姓蒲察，驸马都尉没里野的女儿。起初嫁给宗盘的儿子阿虎迭，阿虎迭被杀后，阿里虎再嫁宗室南家，不久南家又战死。当时，南家的父亲突葛速为元师都监，驻扎汴京，海陵也随梁王宗弼坐镇汴京，指挥伐宋，海陵见阿里虎颇有几分姿色，就想娶为小妾，结果遭到突葛速的严辞拒绝。海陵篡位后，刚刚三天，就诏令突葛速将阿里虎遣送回父母家。过了两个月，海陵便将她纳入宫中，不久就特封她为贤妃，再封为昭妃。阿里虎喜欢喝酒，而且每次都喝得酩酊大醉，海陵多次劝她戒酒，她仍我行我素，拒不接受，很快便失宠。

阿里虎初嫁阿虎迭，曾生一女孩重节。阿里虎入宫后，重节也相随而入。重节青春年少，楚楚动人，海陵不顾廉耻，粗暴地将她玷污。阿里虎闻听后，狠狠地把重节揍了一顿，并大骂海陵道德沦丧，自此海陵对阿里虎耿耿于怀。一次，阿里虎暗地里将一些衣服送给与前夫所生的儿子，被海陵察觉，海陵便想借此杀死阿里虎，由于徒单皇后及诸妃嫔的求情，阿里虎才得以免死。

海陵纵情淫乱，其后宫妃嫔更是丑态百出，有许多妃嫔由于受皇帝冷落，就暗地里让自己的侍女穿上男人衣服，装扮成男子，号称"假厮儿"。阿里虎有个侍女叫胜哥，是她的"假厮儿"，阿里虎每天与她同床共枕，卿卿我我如同夫妻一般。厨婢三娘密告海陵，海陵并不以为是过失，没有处治阿里虎，只是告戒她不要报复三娘。阿里虎却置若罔闻，私下纠合几个侍婢，将三娘活活打死。海陵闻听，一定要将阿里虎处死，恰好那个月是太子光英的生日，海陵私忌，不愿在这天杀人。阿里虎知道自己必死无疑，开始绝食，每天焚香祈祷，乞求免除一死。过了一个月，阿里虎已经精疲力尽，全身虚脱，如同一个活死人，海陵派人将她缢杀，那些参与杖打三娘的侍婢也全部被杀。

附：海陵王完颜亮妃定哥

◎ 郭思克

定哥姓唐括，本是崇义军节度使乌带的妻子。定哥年青风骚，颇有几分姿色，早在海陵当宰相时，就通过侍婢贵哥与他勾搭成奸，不仅如此，定哥还常与家奴阎乞儿私通。

熙宗末年，荒于朝政，擅杀无辜，满朝文武人人自危，乌带与右丞相秉德、左丞相唐括辩等人密谋废立，海陵乘机与他们结成同盟，窃取了政权。海陵即位后，乌带受封平章政事、许国公，位居显贵。乌带自恃窃国有功，再加上自己妻子与海陵的特殊关系，在朝中傲视一切，骄横无忌。有一次，乌带早朝，见天气阴晦，好像要下雨，认为海陵不会临朝，便率先自行退朝回家,文武大臣也纷纷相随而去。不久,海陵临朝,得知是乌带率百官离朝,非常生气,下令将他贬为司空,出任崇义军节度使。

乌带出镇崇义军,每逢重大节日,就派家奴葛鲁、葛温到京城贡献贺礼,定哥也派贵哥向海陵问候。定哥的频频传情,勾起了海陵对往日恋情的追忆。一次,海陵通过贵哥向定哥传话说:"自古以来,天子可有两位皇后,你如果能杀死你的丈夫,我就立你为皇后。"贵哥回来后,把海陵说的话一五一十地告诉了定哥,定哥连连摇头,说:"年轻时我们好冲动,做出了一些见不得人的事,现在我们儿女都已长大成人,怎么能够再乱来。"海陵闻听,又让贵哥传话给定哥说:"你若不忍心杀死你丈夫,我就族灭你全家。"定哥惶恐万分,又对海陵说:"我儿子乌苔补每天与他父亲形影不离,我根本没有机会下手。"海陵于是下令将乌苔补召至中都,封为符宝祇候。定哥见事已至此,无可挽回,便横下心来。天德四年(1152)七月的一天,定哥与贵哥合谋,先用酒将乌带灌醉,然后让家奴葛温、葛鲁缢杀了乌带。海陵听说乌带已死,假意哀伤,一俟棺木入葬,就派侍臣药师奴传旨定哥,把她纳入宫中。贞元元年(1153)海陵封定哥为贵妃,两人男欢女爱,如胶似漆,每次同辇游幸瑶池,后面都有成群妃嫔徒步跟从。定哥飘飘然起来,俨然以海陵皇后自居,然而,过了没有多久,海陵又喜新厌旧,把与定哥的情义抛到九霄云外。一日,定哥独居楼上,看到海陵正与别的妃嫔乘辇从楼下经过,醋意大发,哭天喊地,大骂海陵忘恩负义,海陵装作没有听见,扬长而去。

定哥日受冷落,根本无法忍受孤寂的痛苦,极度寂寞之中,她又想起了曾与自己有过私情的家奴阎乞儿。有三个比丘尼因多次为海陵搜罗美女,受海陵特许可以随意出入后宫,定哥便通过她们向阎乞儿传情，两人很快又勾搭成奸。定哥想把阎乞儿接进宫中，又怕守卫宫门的士兵发现，就命令侍婢将自己穿用的内衣装入一个大筐内，让阎乞儿藏在里面，派人抬入宫中。进京时，守门侍卫照例打开检查，见是满筐妇人穿用的内衣，忙向定哥赔罪。定哥也乘势责怪他们说："我，堂堂天子贵妃，自己穿用的几件内衣你们也要动手检查，真是岂有此理！我要到皇上面前参奏你们。"守宫门的侍卫被她唬住了，没敢检查。阎乞儿入宫十多天后，定哥就让他穿上女人衣服，混杂在宫女之中，晚上则与他厮守在一起。后来，贵哥又受海陵宠幸，她把定哥的隐私揭发了出来，海陵下令将定哥缢死，又处死了阎乞儿和三个比丘尼，贵哥被封为莘国大人。

附：章宗完颜璟皇太后徒单氏

◎ 郭思克

徒单氏，忒黑阙刺人，其曾祖抄，因跟随太祖伐辽有功，被授予世袭猛安。她的父亲徒单贞，曾娶辽王宗干的女儿梁国公主为妻，海陵篡立后，封他为驸马都尉，加赠太师，广平郡王。

皇统七年(1147)，徒单氏出生于东京辽阳府，生长在一个优越的家庭环境之中。她生性庄重寡言，自幼年时期，梁国公主就注意对她的培养；成人之后，梁国公主便把管理家务的权力交给了徒单氏，有意识地锻炼她的处事能力。结果，无论大小事宜，徒单氏都理得头头是道，就连她的诸位兄长都自惭弗如。

徒单贞因参与谋杀熙宗，屡受海陵重用，正隆元年(1161)，奉命随军南伐，海陵兵败被杀后，徒单贞自汴京前来投奔世宗。金世宗不但没有杀他，反而高兴地对他说："你虽然是海陵的心腹大臣，但从来没有助纣为虐，希望以后你能为我效命。听说你的家教不错，就让你女儿给我做儿媳妇吧！"于是，徒单氏许配给了世宗的儿子允恭。大定二年(1162)五月，允恭被封为皇太子，大定四年(1164)九月，世宗把徒单氏娶进东宫，同年十一月，封她为皇太子妃。

大定八年(1168)七月，徒单氏喜得贵子，当时，世宗正游幸金莲川，得讯后立刻起驾回宫，并亲临探视。金世宗有了自己的嫡孙，大喜过望，大摆庆席，宴请群臣，席间高兴地对司徒李石、枢密使纥石烈志宁等人说："我虽然有很多儿子，但是昭德皇后只有太子允恭一人，今日幸得嫡孙，我看他气度不凡，就叫他麻达葛吧！"麻达葛是一座山的名字，此山势衍气清，世宗非常喜欢，就用它做了自己嫡孙的乳名。

徒单氏为人谨慎，处事得体，深受世宗喜爱，金世宗多次对诸位王妃和公主说："皇太子妃举止大方，服饰得体，从不矫揉造作，你们应当好好向她学习。"

大定二十九年(1189)，金世宗病逝，麻达葛以皇太孙的身份即皇帝位，是为金章宗。徒单氏被尊为皇太后，其所居仁寿宫也改名为隆庆宫。金章宗还诏令有司每年拨给皇太后黄金1000两、银5000两、重币500端、绢2000匹、绵2万两、布500匹、钱5万贯，凡是太后所需要的一律由内库供给。

徒单氏爱好诗书，尤其喜爱老庄，纯淡清懿；她以子得贵，并没有变得骄横跋扈，而且仍然恪守其处世之道，对人更是礼仪备至；她反对阿谀奉承，对向她进谗言的人不但不听信,反而要严惩;她对属下公正平等,就连对待她的至亲也是如此。她常常告诫自己的侄子们说:"当今皇上因为我的缘故,才对你们这样器重,你们应当尽忠图报,不要依仗我去胡作非为,干涉朝政。"徒单氏生活非常简朴,一次,她的妹妹并国夫人,嫂子泾国夫人进宫看望她,徒单氏嘱咐她们说:"我们家历来铺张浪费比较严重,你们应当注意节俭。我身为国母,受天下之养,并没有多少私房,何况一切财用都是朝廷的,我终究不能拿去交给你们使用。"还有一次,有人向她进献一尊精美的玉盂,她没有接受,并且说:"贵异物而殚财用,不是我所希望的,何况我的财用随时可由内库供给,现在你把这么贵重的东西送给我,只不过是浪费你的财物,对我不会有用,你以后也不要再干这种事情了。"

明昌二年(1191)正月,徒单氏病死于隆庆宫,终年45岁,章宗尊谥她为孝懿皇后,祔葬于裕陵。

附：章宗完颜璟妃李氏

◎ 郭思克

李氏，名师儿，出身微贱，其父李湘，母为王盼儿。由于李湘触犯刑律，李氏一家全部被籍没入宫监。大定末年，后宫妃嫔太少，人手不够，世宗下令召纳所有漂亮的监户女子入宫当宫女，李师儿也在入选之列。

按照金朝的宫廷惯例，宫女入宫后，首先要学习识字和宫廷礼仪；学习时，宫女与宫教以青纱帐隔开，宫女在内，宫教在外，双方不能见面，更谈不上接触；宫女有不认识的字需要请教宫教，只能在帐内映着青纱，指着不认识的字向宫教请问，宫教在帐外回答。李师儿等入宫后，担任宫教的是张建，李师儿聪慧好学，张建所教的东西她很快就能领会，并能举一反三。张建对她的敏捷才思极为赏识，但由于隔着纱帐，他也不知道"李师儿"是谁，只知道她的声音清晰宏亮。一次，章宗问宫女中谁最才学出众，张建回答说"声音清亮的那位学习最好"。章宗召见了声音清亮的李师儿，李师儿年轻貌美，聪明伶俐，给他留下了深刻的印象。

金章宗对李师儿念念不忘，不久就接受宦官梁道的建议，将她纳为妃子。李师儿聪颖、静雅，能诗会文，并且善于察颜观色，日受章宗恩宠。一次，她陪章宗赏月，突然间章宗雅兴大发，冒出一句"二人土上坐"来，李师儿应声对道："孤月日边明"，金章宗拍手叫绝。明昌四年（1193），李师儿被封为昭容；第二年，又晋封为淑妃。她的父亲李湘被追赠为金紫光禄大夫、上柱国、陇西郡公；哥哥李喜儿先后被授为宣徽使、安国军节度使，并被赐名为李仁惠；她的弟弟铁哥也先后被授为近侍局使、少府监。一时间，李氏兄妹成了章宗的红人，他们互相勾结，气势熏炫，朝中许多大臣竞相射利，纷纷拜在李氏门下，像南京的李炳、中山的李著甚至不惜更易族谱，与李氏攀上本家。

李氏兄妹飞扬跋扈引起了朝野上下众多官员的不满。一次，章宗临朝，就汉高祖与光武帝的功过问题同文武大臣们展开了议论。平章政事张万公说："汉高祖刘邦横刀立马，血战沙场，创立汉室，为子孙创千秋功业，他是汉代最优秀的一位皇帝。"平章政事徒单镒不同意他的这种看法，说："汉光武帝刘秀起兵于危难之际，再造汉朝帝业，在位30多年中，勤于政事，不事声色犬马；而汉高祖在即位之后，倨功自傲，一味追求奢侈享乐，宠信戚姬，终于酿成大乱，从这一方面来讲，光武帝更胜过汉高祖。"章宗听了他的话，脸上青一阵紫一阵,他明白徒单镒是在影射自己对李师儿恩宠过甚,他无言答对。

李氏兄弟依恃李师儿的势力,骄横恣肆,干预朝政,更引起了文武大臣的反对。一次,监察御史宗端修上书章宗请求他疏远小人。章宗弄不清宗端修所指"小人"是谁,就派国舅李仁惠前去传诏询问。宗端修一见是李仁惠来问,气就不打一处来,他义正辞严地回答说:"我所说的小人就是你李仁惠和你的弟弟李铁哥。"

章宗即位以前,发妻蒲察氏就已命归黄泉,多年以来,他一直没有册立皇后。李师儿得宠后,章宗有意将她册立为后。按照金朝的惯例,皇后必须是出身于名门望族的徒单、唐括、蒲察、挐懒、仆散、纥石烈、乌林答、乌古论等部落酋长的家中,李师儿出身微贱,引起了监察御史宗端修、御史大夫张晤、侍御史路铎等人的激烈反对,章宗无可奈何。明昌四年(1193)十二月,将李师儿由淑妃晋封为元妃,李氏虽然没有被立为皇后,但是,她元妃的地位与皇后不相上下。李氏更加不可一世,同尚书右丞胥持国勾结在一起,把持了中央政权,像诛杀郑王允蹈、镐王永中,罢黜完颜守贞等事,都出于他俩的策划。

胥持国,字秉钧,代州繁畤人,经童出身。所谓经童,也就是僧童,金朝科举制的一种,规定,凡是士庶子弟,年龄在13岁以下,能读大经2部,小经3部,又能读《论语》、诸子,认识5000字以上,经过考试合格,便称为经童。明昌五年(1194),胥持国被授为尚书右丞,他见元妃李氏深受章宗宠幸,就阴谋与她交结。章宗即位前,胥持国曾任职太子宫,他深知章宗生性好色,就私下里向李氏密授房中之术,还多次贿赂李氏的宫女。元妃李氏也明白自己门第低微,要想在宫中立稳脚跟，必须得到朝中官员的支持。于是，她多次在章宗面前为胥持国说好话，两人互为表里，把持了朝政，当时就有人讽刺说："经童作相，监婢为妃。"

章宗在位20年，妃嫔成群，但却没有留下一个儿子，其他妃姬虽然曾生过孩子，但大都二三岁就死掉了。泰和二年（1202）八月，元妃李师儿生下了皇子忒隣，章宗大喜，诏令举国欢庆，并宴请文武百官。可是，忒隣刚满2岁也不幸夭折，皇嗣一直空缺。到泰和八年（1208），章宗已得了咳疾，久治不愈。李氏见皇嗣未立，便与母亲王盼儿、宦官李新喜秘密策划，找一个宫女诈称已经怀孕，临产时从李家抱一婴儿顶替，诈充皇嗣。恰好有一承御贾氏，因得病呕吐，并且腹中有一积块，于是，李氏收买了贾氏，对外诈称贾氏已经有喜。

章宗弥留之际，将王位传给卫王允济，并且留下遗诏，说："我的宫人中有两位有娠（另一宫人为范氏），如果有一个生下男孩，就立他为皇储，如果两个都是男孩，挑选可立的立为皇储。"

卫绍王即位后，大安元年（1209）四月，完颜匡等上书告发了李氏的阴谋，卫绍王下诏赐元妃李氏、承御贾氏自尽；将王盼儿、李新喜处死；削夺了李氏兄喜儿、弟铁哥的官职，并恢复他们的监籍，安置到边远地区，结束了章宗末年元妃干政这一段不光彩的历史。

宣宗完颜珣皇后王氏

◎ 郭思克

王氏，中都（今北京）人，承安元年（1196），世宗孙乌达布被封为翼王。当政的章宗皇帝下令诸王广求民间美女，王氏与庞氏进翼王府，成为乌达布的妃子。后来王氏的姐前来王府探望她，乌达布见她长得颇有姿色，又把她纳为妃子。

贞祐元年（1213）九月，乌达布即皇帝位，是为金宣宗。下诏封王氏为元妃，她的姐姐被封为淑妃，庞氏被封为真妃。淑妃生完颜守绪，真妃生完颜守纯，元妃一直没生养儿子，自小抱养了完颜守绪。贞祐二年（1214）七月，宣宗赐王氏姐妹姓温敦，并封王氏为皇后，姐姐淑妃晋封为元妃。

元光二年(1123)十二月，完颜守绪继承皇位，这就是金哀宗。哀宗下诏尊王氏为仁圣皇太后，其姐即生母为慈圣皇太后。

正大八年(1231)九月，王氏姐慈圣皇太后先去世，遗体葬在汴京城迎朔门外5里的地方，哀宗改谥她为明惠皇后。

天圣元年(1232)冬，蒙古军南下。哀宗逃至归德(今河南商丘)，王氏留居汴京。蒙古兵攻下汴京后，王氏和其他妃嫔都被掳往漠北。

西夏

(1038 – 1227)

西夏是宋朝时我国境内的党项族建立的政权,共产生了10位皇帝,本书收录了其中5位皇帝的9位皇后。

景宗李元昊皇后野利氏

◎ 荆世杰

野利氏原是夏景宗李元昊宠妃。天授礼法延祚元年（1038），元昊正式称帝建国，野利氏也被册立为宪成皇后。

元昊建国称帝，后族野利族是主要的支持者。初期的立国谋划多出于野利仁荣。他是党项族著名的学者，学识渊博，谙熟汉文化典故，曾受元昊委托创制西夏文字。元昊对他极为倚重，封为漠宁令（天大王），建国后又派他主持蕃学。天授礼法延祚五年（1042），野利仁荣死后，元昊三次前去祭奠，并且抚灵痛哭，悲呼："何夺我股肱之速也！"野利旺荣和野利遇乞兄弟也是元昊的心腹重臣，分统西夏左右两厢兵众，勇敢善战,在对宋作战当中屡立战功。

野利氏生得体态颀长,美貌多姿,而且足智多谋。元昊对她又宠又怕。她喜欢戴一种用金丝编织的"起云冠",元昊就下令他人不准再戴。野利氏生有三个儿子,三子锡哩早死。长子名宁明,元昊建国时被立为太子。宁明天资聪颖,知礼好学,深明大义,但他生性仁慈,不喜欢荣华富贵。当时有一个叫路修篁的道士,在定仙山修炼,颇有道行,遐迩闻名。宁明拜他为师练"辟谷法"(辟同避,避除谷食想作神仙),沉迷其中,朝夕不懈。元昊十分不满宁明耽于道术。一天,元昊问宁明什么是养生之要,宁明回答说:"不嗜杀人。"元昊又问他:"什么是治国之术?"宁明回答说:"莫善于寡欲。"元昊听了十分生气地斥责道:"此子言语不肖,哪里是什么霸王之器?"下令不准宁明去见他。宁明知道闯了祸,又气又怕,索性不问国事,潜心道术。后来练功走火入魔,不能饮食而死。临死前宁明向元昊进言,希望父亲以关怀人民疾苦为根本,遗言死后穿白袷衣入敛,以志其不能体察与侍奉双亲的罪过。宁明之死,元昊十分哀痛。

次子名宁令哥,相貌酷肖元昊,元昊十分宠爱。宁令哥矫情任性,元昊恣其所为,简直有点过分溺爱。宁明一死,野利氏请求由他继承皇太子。宁令哥作了皇太子后,更加飞扬跋扈。

元昊有一妃没㖫氏,是党项大族没㖫皆山之女,生得亭亭玉立,美丽明艳。元昊本拟配给太子宁令哥,见她美貌多情,索性自纳为妃,号为"新皇后"。元昊在天都山(今宁夏固原西北)营造行宫,内有七殿,极为壮丽,府库宫舍俱全,同没㖫氏吃喝玩乐,逍遥其中。野利氏的叔父天都山守将野利遇乞受到了很大的刺激,族人也大发牢骚,扬言说:"我女出嫁

20年，只能住在故居，今新得没啰氏，便为其营建行宫，奈何如此重视？"话中不免有夸大讥讽之意。牢骚话传到元昊耳中，元昊很不满。他本来就猜忌好杀，担心野利兄弟尾大不掉，宋边将乘机实施反间计，元昊于是除掉了野利兄弟。

元昊除了野利兄弟后，渐渐醒悟自己错毁长城，悔恨不已。野利后又不断在元昊面前痛哭流涕，诉说二位叔父死得冤枉。正好野利遇乞被杀时，他的妻子没藏氏逃亡在外。这时元昊便下令将没藏氏接回宫中。没藏氏姿色十分出众，元昊一见钟情，不久，元昊便与她私通，而且大加宠幸，把皇后野利氏反撇在了一边。事为野利后所发觉，元昊只得让没藏氏出家为尼，赐号没藏大师，居住在首都兴庆府的戒坊寺中。元昊眷恋没藏氏，经常到寺中与她幽会，甚至出猎也带她同行。

天授礼法延祚十年（1047），没藏氏为元昊生下一子，即后来的毅宗谅祚，没藏氏也因此被封为皇后。而野利氏则被废掉，打入冷宫，不准相见。

太子宁令哥因父亲废母，深感不满，屡出怨言。没藏氏的哥哥没藏讹庞乘机唆使宁令哥作乱，企图借刀杀人，除去宁令哥，另立谅祚为太子。

宁令哥轻信讹庞的花言巧语，暗中联络族人，待机下手。天授礼法延祚十一年（1048）元宵佳节，元昊在宫中与诸妃饮酒终日，喝得烂醉如泥。宁令哥潜入宫中行刺，慌乱之中，一剑削掉元昊的鼻子，这时早已奉讹庞之命埋伏在宫门左右的军士涌出救驾。宁令哥仓皇逃走，无处藏身，便投奔讹庞家中，暂避风头。哪知这本来是讹庞设下的圈套，他自投罗网，被讹庞逮捕，和野利后一起以弑君罪被处死。元昊被儿子削去了鼻子，又羞又恼，鼻创发作，第二天，不治而死，年仅46岁。

景宗李元昊皇后没藏氏

◎ 荆世杰

没藏氏生于党项大族之家，本是元昊皇后野利氏的弟弟野利遇乞之妻，遇乞被元昊杀死后，没藏氏逃亡在外，得以幸免。后来元昊将她接回宫中，因她长得十分出众，便与她私通，并且大加宠幸。事情被野利皇后发觉后，便让没藏氏出家当了尼姑，号没藏大师，但仍不断与她相会，带她出猎。

天授礼法延祚十年（1047）二月，没藏氏随元昊出猎，在一条名叫两岔河的河边扎营。没藏氏就在营帐中生下了一个儿子，取名谅祚。元昊十分高兴，就在这一年废了野利皇后，改立没藏氏为皇后。没藏氏的哥哥没藏讹庞也因此受到重用，被任为国相。

元昊在贺兰山东修了一处宏大的离宫，史称"营离宫数十里，台阁高十余丈"。元昊将国事全都交给讹庞处理，自己整日与诸妃在离宫游宴取乐。

没藏氏兄妹乘机策划陷害太子宁令哥，另立谅祚为太子。宁令哥乃野利皇后所生，早就因母亲被废而对元昊不满，没藏讹庞投其所好，唆使他作乱，宁令哥果然中计，于天授礼法延祚十一年（1048）元宵节入宫行刺元昊，结果被杀，野利皇后也一同被杀。

元昊在事件发生的第二天，也随之而死。临终前，元昊担心幼子谅祚不能继承父业，遗命由他的从弟委哥宁令继承帝位。

元昊死后，群臣正准备遵嘱奉立委哥宁令，却遭到国相没藏讹庞的坚决反对，他说："委哥宁令并非先王之子，况且又无战功，怎么能由他继位呢？"大臣诺尹赏都说："国家无主，不立他立谁？不然，你若能保守夏国土地，大家亦愿奉你为主。"讹庞这才说出自己久藏心中的打算，他说："我怎敢呢？不过夏自先王祖、父以来，父死子继，国人才心悦诚服。今没藏后生有一子，是先王的嫡亲骨肉，立为国主，谁敢不服。"众大臣面面相觑，只得点头称是。于是讹庞挑选吉日，拥立刚满周岁的谅祚为帝，没藏氏被尊为皇太后。在没藏皇太后的支持下，讹庞权倾一时，"出入仪卫拟于王者"。这个曾经一度出家为尼的皇太后十分好佛。就在她执政的第三年，即天祐垂圣元年（1050），开始兴建承天寺。当时役使士兵和民工多达数万人，历时六年方告完工。今天在宁夏银川市还可以看到一座巍峨壮丽、削秀挺拔的佛塔。没藏氏不惜耗费巨额资财，动用大批人力，修盖如此规模的大型寺庙，这对于战乱不已的西夏来说，是十分沉重的负担。但佛教是西夏统治者麻醉众生进行精神统治的支柱，所以没藏氏还是乐此不疲。

　　没藏氏容貌妖艳，生性放荡，立后之前，她常在夜间出行，以大队人马扈从，华盖翠扇，俨然后妃。有时让国中张灯结彩，游乐其中，通宵达旦。生活极其糜烂。元昊一死，她不耐深闺寂寞，汉臣李守贵曾是野利遇乞的财务官，没藏氏很快便与他私通。又有一个叫补细吃多已的党项人，曾在戒坛院中侍奉没藏氏和元昊，因此得以频繁出入后宫，不避耳目，终致于淫乱。福圣承道四年(1056)十月，在陪没藏氏行猎途中，醋意大发的李守贵将没藏氏和情敌补细吃多已杀死。没藏讹庞为了替妹妹报仇，捕杀了李守贵全家，这场风波方才宣告结束。

毅宗李谅祚皇后没藏氏

◎ 荆世杰

没藏氏，是毅宗李谅祚的结发妻子。西夏政权自景宗元昊死后，一直操纵在没藏氏兄妹手中。福圣承道四年（1056）十月，没藏太后被杀，其兄没藏讹庞担心失去靠山，不能把持政权，便将女儿草草嫁给谅祚，这是毅宗谅祚的第一位皇后。当时谅祚刚刚9岁，一个黄毛稚子，未谙人事，懂得什么夫妻之情。大婚完毕，讹庞摇身一变由国舅变作国丈，继续把持西夏的朝政，诛杀由己，威福任意，国人敢怒不敢言。随着年龄的增长，谅祚对讹庞的专权行为极为不满。奲都三年（1059），谅祚12岁，开始参预国事。六宅使高怀正和毛惟昌是他幼时乳母的丈夫，谅祚对他们特别宠信，他们二人便仗着谅祚的宠爱，插手朝政，并时常在谅祚耳边反映大臣们对讹庞的议论，引起了讹庞的反感。八月，讹庞借故将二人诛杀，使他与谅祚的矛盾进一步激化。

谅祚是一个在宫廷斗争中早熟的少年，他仇恨权臣讹庞，因而与他的发妻没藏皇后没什么感情，反而爱上了讹庞的儿媳梁氏。奲都五年（1061）四月，谅祚与梁氏私通之事被讹庞儿子发觉，父子二人非常生气，密谋在梁氏屋中埋伏甲士，待谅祚前往私会时袭杀他。梁氏探知内情，忙向谅祚告发，在大将漫咩的支持下，谅祚抢先下手擒杀了讹庞父子，其子弟、族人在外者 80 余人都被杀掉。皇后没藏氏也被谅祚处死，西夏自景宗死后外戚专权的局面暂告一段落。

毅宗李谅祚皇后梁氏

◎ 荆世杰

梁氏本是汉人，后来成为权臣没藏讹庞的儿媳。谅祚之母没藏太后被杀后，讹庞将女儿嫁给谅祚，继续独揽朝政。谅祚年龄稍大，对讹庞的专权恨之入骨，不爱自己的发妻没藏氏，反而喜欢上了讹庞的儿媳梁氏。他白天上朝，夜里便与梁氏私会。讹庞父子暗中策划，准备诱杀谅祚。谅祚因有梁氏告密，先下手为强，除掉了讹庞。谅祚亲政，梁氏被立为皇后。谅祚生来志大才疏，狂暴无常，经常侵扰北宋边疆。宋英宗治平四年（1067）十二月，谅祚兴兵进犯宋境，在督战中被宋将以强弩射中，不治而死。儿子秉常继位，为惠宗。他只有7岁，梁氏以太后身份摄政，任命弟梁乙埋为国相。西夏再次出现外戚专权的局面。

梁氏掌权后，夏国内部发生了激烈的斗争。梁氏是一个蕃化的汉人，与没藏氏不一样，在西夏皇族中没有声望，没有根基，不能赢得西夏皇族的拥戴。梁太后为了巩固自己的地位，首先在朝廷内部进行大调整，凡近臣要职，均选用自己的亲属，在朝廷内部形成了以梁太后和梁乙埋为首的外戚集团，皇族势力受到打击。元昊的弟弟嵬名浪遇谙熟军事，曾任都统军，参预国政，但他不肯与梁氏合作，便被免除旧职，投闲置散。翌年，悒悒而终。这种与皇族的斗争，终梁氏一生一直不断。为了赢得支持，梁太后提出在国内恢复蕃礼，取悦党项贵族；另一方面，为了满足党项贵族的贪欲，频频在宋朝边境燃起战火。

谅祚去世后，夏朝使者来宋朝报丧，宋朝大臣曾劝神宗为西夏大臣颁爵，以分化其势力。事为梁太后得知，她派使者向宋神宗抗议说："皇上正要以孝道治天下，怎么却教唆小国之臣背叛国君呢？"说得宋神宗无话可说，只好派人册封秉常为夏国王，后又颁赐诏书。梁太后虽然得到宋朝赐诏，但她执意要用手中的塞门安远二砦交换被宋朝夺走的绥州，被宋朝断然拒绝。

乾道二年（1069）三月，梁太后派人攻入秦州，攻陷刘沟堡，杀死宋将与士卒数千人。

宋神宗刚刚即位，年轻气盛，为了报复夏国的进攻，下令禁止宋朝边民与夏民私市贸易，进行经济封锁。这一来，夏国不过几月便货用缺乏，梁太后又大举发兵攻庆州，大掠宋朝的户口。闰十二月，梁乙埋率领亲兵进攻顺安、绥平、黑水等砦（均在今陕西绥德境内），接着又围攻绥德城十余天，多亏宋朝绥州镇抚使郭逵在定仙山点放烟火，虚张声势，夏兵才惊惧走散。

天赐礼盛国庆元年（1070）八月，梁氏集中夏国的全部兵力，大军几路齐出，进攻环、庆等州，多者号称30万，少者20万，一直攻至庆州城下。宋庆州守将铃辖、郭庆等四五员大将被杀，吐蕃董毡部乘机进入夏国西境，梁乙埋方才退兵。

天赐礼盛国庆二年（1071）一月，梁乙埋下令在绥德北筑罗兀城（今陕西米县北）以拒守横山要冲，宋陕西安抚使韩绛令知青润城（今陕西青润）种谔以所部2万人马出无定河，由绥德进兵攻罗兀城，被梁乙埋邀击，宋军败走。以后宋军增兵攻打，夏都密使哆腊弃城逃走，宋军攻下罗兀城，筑城拒守；又进筑永乐川、赏逮岭二寨；分遣都监赵璞、燕达等，修整抚宁故城；布置河东路修筑荒堆三泉，吐浑川、开光岭、葭芦川四寨，相距各40里。夏军丢失罗兀城后，梁太后向辽借兵30万，夏兵士气大振。二月，梁乙埋调集十二监军司的全部人马，大举反攻，已进入顺宁寨，包围抚宁。当时宋朝边将折继世、高永能等驻兵在西浮图，距抚宁不过几里之遥。罗兀城兵力也颇为充足，又有赵璞、燕达二将防守罗兀城的外围抚宁。种谔在绥德城节制诸军，闻听夏军到来，茫然失措，待要提笔召回燕达，竟然浑身筛糠，不能下笔，对着身旁转运判官李南公涕泪交流。李南公见主帅吓成这个样子，不禁好笑，劝解说："大不了弃掉罗兀城，何必害怕。"夏军攻下了宋军新筑的各堡，将士千余人战死。宋神宗赶紧下诏撤兵，夏兵不战而胜，重新夺回罗兀城。五月，与宋朝谈和。九月，梁太后再次派员索取绥州，宋朝不许，直至翌年七月，两国议定以绥德城外20里为界，宋夏战争才暂告一段，但新一轮的较量又在紧锣密鼓的准备之中了。

绥州定界后，梁氏采用汉人学士景洵的建策，企图夺取吐蕃占据的武胜城。武胜是西夏向西发展的要路，与夏国安危至为悠关。这时，宋朝任命王韶为秦风路沿边安抚使，王韶也建策争夺武胜，断其羽翼，扼制西夏。天赐礼盛国庆四年（1072）闰七月，梁乙埋派兵进攻武胜，吐蕃守将瞎药战败，武胜城将破。这时王韶率领宋朝大军到来，夏兵出乎预料，仓促应战，被宋军击败。瞎药弃城逃跑，宋军占据武胜城。宋神宗在武胜建立了镇洮军，后又升为熙州，设立了熙河路，任命王韶为熙河路经略安抚使。次年，宋军攻下河州。河州原是吐蕃首领木征的据地，木征早已降服西夏，被王韶击败后，逃到夏国，请求梁太后派兵收复河州。又次年四月，梁乙埋派兵7000人出援，被王韶击败。木征走投无路，只好归降宋朝。西夏的西边藩屏尽失。夏军的屡战屡败，使得国内哗然。

大安二年（1076），秉常年满16岁，开始亲自执政，但这时母党梁氏已经完全控制了朝廷，所以实权依然掌握在梁太后手中。大安六年（1080）一月，秉常在皇族支持下，又下令取消蕃仪，恢复汉礼。梁太后屡次劝阻秉常，与梁氏一系的贵族也群起反对，惠宗不理。但权力不在惠宗手中，所以这番措施未曾实行。他处于梁太后的高压之下，心中郁闷，但初衷不改，羡慕毅宗时推行汉礼，与宋交好。秉常身边有一位将军李清，本是秦（今陕西）人，逃亡西夏。秉常渴慕汉族的礼仪文化，与李清相交甚欢，封他做了将军。李清劝说秉常将黄河以南的不毛之地归还宋朝，两国以河为界，结好宋朝，以便借助宋朝力量削弱梁氏势力。秉常接受建议，并准备派李清前往宋朝联系。李清又为秉常引荐汉族的艺伎乐人，这越发激起了梁太后不满。于是她与梁乙埋及幸臣罔萌讹设下"鸿门宴"宴请李清，席间将李清逮捕处死。随后又把惠宗囚禁到离故宫5里左右的兴州木寨，斩断河梁，使之与世隔绝。

秉常被囚的消息传出后，秉常的亲党和各部的酋长，各领所部，固守堡寨，与梁氏对抗。梁乙埋用银牌招谕，也无人听从，国内大乱。分领右厢兵马的重臣仁多族几乎和梁氏刀枪相向。五月，保泰统军禹藏花麻甚至向宋朝熙州（今甘肃临洮）地方官表示举族愿为内应，请求朝廷出兵征讨。宋神宗也认为这是兴师问罪的"千载一时之会"，下诏出征。

六月，宋神宗以熙河经略使李宪出熙河（熙州今甘肃临洮）、河州（今甘肃临夏）；鄜延总管种谔出鄜廷（今陕西鄜县）；环庆经略使高遵裕出环庆（今甘肃环县）；泾原副总管刘昌祚出泾原（今甘肃泾川）；签书经略使王中正出河东。五路大军共合50万，分兵齐出，企图一举荡平西夏。梁太后听说宋朝发起大规模进攻，慌忙调遣各监军司兵委大帅梁永能领兵抵御。

八月，禹藏花麻听到李宪已经攻入夏境，便领所部弃城出走。驻守西使城的党项族首领讹勃哆等，率兵万余人向宋朝投降。梁乙埋派兵数万赴西使城增援，途中得知城已丢，只好退守龛谷（今甘肃榆中南）。龛谷是西夏窖藏粮食的地方，夏人称为"御庄"。李宪进占西使城后，乘胜挺进龛谷，夏兵抵抗失败，纷纷溃逃。宋军攻破龛谷，发窖取谷及城中弓箭等武器，大军转而攻下兰州。

种谔领本部兵9.3万出绥德城，攻米脂砦（今陕西米脂），梁永能领兵增援，被种谔击败，夏兵相互践踏而死者，不计其数，致使无定河为之堵塞。米脂守将出降。宋军兵锋直指石州，守将抛弃文案、簿书、器械等，引兵败逃。种谔兵临夏州，知州索九恩还未见宋兵，就仓皇而逃。第二天，宋军向银川进发，守将未作抵抗即献城投降。

高遵裕率步骑8.7万出环州，沿白马川（今甘肃环县西北）进兵，直逼夏清远军。守将嵬名讹吼自知难以抵挡，举城投降。宋朝大军进至韦州(今宁夏同心),夏军早已逃走,只剩一座空城。

王中正率河东兵过无定河,循河北进。一路沙丘沼泽,步履难艰,行动迟缓,兵马多被陷没,一个多月后才抵宥州。夏军弃城,宋军入城将城中仅有的老弱病残500余家,尽数屠杀。接着又在城西击溃守卫粮仓的夏兵1000余骑。

在泾原方面,刘昌祚率本部兵5万进入夏境。梁乙埋督10万兵扼守磨哆隘口(今宁夏多原东南)阻截。刘昌祚选遣牌子军渡过葫芦河(今宁夏南部清水河)与夏兵作战,夏兵溃败,隘口失守。梁乙埋督亲军再战,又败。大首领设罗卧沙监军使梁格嵬被杀,梁乙埋的侄子讫多埋等20余人被俘,兵士死亡2000余人。刘昌祚乘胜出击啰口(今宁夏同心北)取鸣沙川,缴获夏国御仓粮食百万石。

宋朝5路大军远征西夏,捷报频传。夏军节节败退,梁太后束手无策,紧急召开御前会议,商议对策。少壮将领请求整军再战,只有一位老将说不要主动迎战,最好办法是坚壁清野,纵敌深入,然后在兴灵一带,聚集重兵,另外用轻兵抄敌军后路,断绝他们的粮运,宋军无粮就会不战自困。梁太后采纳了老将的意见,调集国中10万精兵,重点防守在西夏核心地区兴州、灵州一带。梁太后这个决策是很明智的,战局不久就发生了逆转。十一月,刘昌祚率兵直逼灵州城下,几乎攻破城门,但高遵裕担心他攻城成功,派人命令他暂停,等待自己的大军去夺头功,待到两军会师,已丧失了战机。夏军一面坚守,一面派出轻骑断绝粮道。宋军粮饷不继,又饥又饿。梁太后又命令掘开黄河七级渠,水淹宋营,宋军无备,淹死无数。时值隆冬,侥幸凫水逃走者,不耐饥寒,又有大批士卒死亡。两军丧亡大半,陆续败走,夏军衔尾疾追,宋军一败再败,10

万大军只剩下1.3万多人。种谔一路也因粮道被抄,士卒恐慌,全军溃败,沿途大雪漫天,士兵乏食,不断倒毙,近10万人的大军只剩3万人还塞。王中正部进列奈王井,因为乏粮,只好撤军,6万人饿死2万。主帅李宪领兵东上,在天都山下屯兵不进,结果5路大军会师灵州,偏主帅李宪不至,此时听说各路大军溃败,不敢再进,于是班师。宋朝5路伐夏,损失惨重,仅兵员损失即达40余万,夏军大获全胜。有个从高遵裕西征的士人张舜民作诗说:"青铜峡里韦州路,十去从军九不回。白骨似沙沙似雪,将军莫上望乡台。"可能触着了宋神宗的伤疤,张舜民因此得罪被贬。

不过西夏经历这次激烈的战争,损失也不小,元气大伤。梁太后实行坚壁清野,前方空虚,宋军得以顺利地占领许多城池,扩大了自己的地盘。沿边的肥沃土地也因战线内移而无法耕种,百姓不得不辗转迁徙,牛羊财产大量丢失,西夏的经济也受到了空前的破坏。

宋神宗对五路攻夏失败,一直耿耿于怀。来年四月,熙河统帅李宪奏请再次西征,朝臣争议不已。恰巧知延州沈括建议在横山筑城,取建瓴而下的形势,俯瞰西夏,使西夏不敢正视朝廷。宋神宗采纳沈括建议,决定乘机兴兵,派给事中徐禧考察建城地点,选定了永乐。种谔反对在永乐筑城,因为永乐在夏、银、宥三州交界,距银州25里,地当银州冲要,夏国必定力争,筑城不能裨益国家,反会惹起西夏的战争,岂不是失策吗?徐禧一定要筑城于西夏必争的地方,表示上国的威风,使西夏畏惧。徐禧奉诏建城,14日竣工,神宗大喜过望,赐名"银川砦"(今陕西米脂西)。徐禧领兵还米脂,副总管曲珍领兵1万留守。

永乐是西夏的必争之地。果然,城池刚刚修好,梁太后即点集大军，令统军叶悖麻、咩讹埋率领六监军司 30 万大军进攻永乐城。徐禧慌忙出援，两军相遇在永乐城下，大将高永能见夏军众多，建议乘夏军立足未稳，突然掩击，却遭徐禧怒斥，说是什么"王师不鼓，不成列"，而坐失良机。西夏军的步兵称作步跋子，多是山区部落，"上下山坡，出入溪涧，能逾高超远，轻足善走"（《西夏书事》卷二十六）。骑兵称作铁鹞子，骁健异常"倏忽百里，往来若飞"。(同上)打仗时，山谷险要，地形不便，就用步跋子；地形开阔，利于驰骋，则纵骑兵冲杀，号称铁骑。夏军耀武扬威，兵临城下。宋军隔河对阵，士兵面有惧色。永乐城下，一片沃野，夏军纵铁骑渡河。大将曲珍深知西夏骑兵锐不可当，力劝徐禧趁其半渡，挫其锐气。徐禧不听，说什么王师堂堂正正，不耍什么诡计。说话间西夏铁骑冲过河来，左冲右突，如入无人之境。徐禧手忙脚乱，掉头便跑，7 万大军一触即溃，退入城中。西夏军呼啦一声，把永乐城包围数重，又断绝水源，卡断粮运，奋力攻打。城中宋军无水，渴死大半。不久城被攻下。徐禧、李舜举、高永能尽皆战死，将校死数百人，士卒、役夫死者达 20 万。只有曲珍等丢盔弃甲缒城逃免。西夏军攻下永乐，乘胜进围米脂，耀兵三日，方才退去。

惠宗秉常即位以来，夏宋交兵数次，宋朝只得到葭芦、吴堡、义合、米脂、浮图、塞门 6 城，兵士伤亡单是灵州、永乐之战即达 60 多万，钱谷银绢，更是不可胜计。夏军两次大胜，大大挫损了宋朝君臣的锐气，宋神宗不再念念不忘西征了。

随后梁太后又令夏军进攻兰州，大军 50 万将兰州城重重包围，亏得守将王文郁率 700 兵士缒城夜袭，才将夏军吓走。入侵其他各处也都被击退。连年兴兵，西夏也疲惫不堪。更为重要的是，梁太后囚禁秉常以来，与宋朝累年战争，"岁赐"

自然没有了，因为战乱边境贸易交易也无法进行，国内财用困乏，物价暴涨。连年的征战，横山一带的良田成为旷野，百姓处境艰难，继续幽禁皇帝可能会导致政局不稳。大安六年(1083)闰六月，梁太后与梁乙埋商议，重把秉常扶到前台。

秉常虽然复位，不过是梁太后临时拖来"垫背"的，国政仍然掌握在她和弟弟梁乙埋手中。她一面派人向宋表请称臣纳贡，要求"欢好如初"，以便重新得到宋朝的"岁赐"，一面又以索要夏国被占领土为理由，不断指使前方将领对宋进行攻掠。梁太后这样做，也是苦心孤诣地想在对宋用兵中把持武力，稳住自己和梁氏家族的权势和地位。受当地尚武风俗的影响，梁太后有时亲自调兵遣将，驰骋沙场。她以太后身份听政，任用外戚梁乙埋和幸臣罔萌讹、都罗马尾。罔萌讹略微识一些字，都罗马尾倒是立有战功，但都是庸人，因此朝政混乱，军事上屡遭失败，宫闱中也有不少丑闻。大安年间，梁太后派兵攻打宋朝保安军顺宁寨，大军将顺宁寨重重包围。当时寨中兵少，人心惶惶，寨中有位唱曲的老妇李氏，了解梁太后的隐私，十分详细，于是登城骂阵，揭露梁太后的隐私，西夏将士都掩耳不敢细听，拼命往城上射箭也无法射中，主将担心捉不到李氏，梁太后怪罪下来吃不消，只得托词退走。

大安十一年(1085)二月，国舅梁乙埋死后，梁太后又扶持了梁乙埋之子梁乞逋作了国相。八个月后，梁太后死了。但梁乞逋继续把持夏国政权，梁氏专权的局面又持续了十多年。

惠宗李秉常皇后梁氏

◎ 荆世杰

惠宗李秉常的母亲梁太后为了保住梁氏家族的权力，让惠宗娶了她弟弟梁乙埋的女儿作皇后，此举果然收到了成效。待到大安十一年（1085）梁太后死去，第二年惠宗也随之而去，惠宗的儿子李乾顺即位，是为崇宗。崇宗只有3岁，她的母亲、新的梁太后便和她的兄长、国相梁乞逋继续把持朝政。

梁太后继续实行联辽抗宋政策，连续发动侵宋战争，企图借此来掠夺财富，缓和皇族和大臣对梁氏家族专权的不满。受党项风俗的影响，梁太后也长于骑射，能征善战，经常亲临前线，击鼓督战。

天仪治平二年到天仪治平三年（1087～1088）两年间，梁乞逋频繁与宋交战，大肆在宋朝沿边掳掠。频繁的战争使得百姓疲于征战，民不安生。为了消除百姓怨气，掩饰连年动众的好战行为，每一次发兵，梁乞逋都表白说，如果不给南朝先尝一点苦头，便不能为国人求得和平。天仪治平三年十月，国内大旱，民不聊生，两次点集都无人响应，战争才告暂停。

天仪治平四年（1089），西夏派使臣与宋议和，双方商定：宋朝将神宗时占领的米脂、葭芦、安疆、浮图等四寨地退给夏国，夏国把永乐城俘获的宋朝吏卒退还。夏宋暂时休战。

天祐民安元年（1090）八月，夏国派人送来永乐城俘获的宋朝吏卒149人，乘机索要横山、兰州以南的砦堡。宋哲宗听信保守派宰相司马光之言，归还了夏国的四砦。梁乞逋见宋朝如此软弱，更不把宋朝放在眼里，"得地益骄"。他外依强辽为援，秣马厉兵，再度对宋朝用兵。宋朝边境一夕数惊，无有宁日。天祐民安三年（1092）三月，梁乞逋屯兵3万在韦州，准备进攻宋朝环、庆等州。宋朝环庆经略使章楶侦知夏国的企图，先发制人，派兵掩袭韦州，出其不意，夏军被打得大败。

为了挽回败局，十月，梁太后亲自统帅10万大军攻环州。围城七日不下，只好退兵。宋环州经略使章楶久驻边防，屡建战功。他用丰厚的财物收买机灵可靠的俘虏，以苦肉计的办法放回，让他们为西夏人作事，刺探军情。这次梁太后出兵攻打环州之前，章楶便收到间谍们送来的消息。他预先作了精密的安排，挑选勇将折可适带领一万名精兵向敌后包抄，临行授策说："贼进一舍，我退一舍（30里），他们必定会认为我们怯阵，不会再有防备。然后由小道绕出其后，或登城固守，或埋伏山谷，专候夏军班师。"环州境外尽是沙漠，百里之内只有一处牛圈积水甚多，可供人马饮水，也派人趁夜投下毒药。梁太后率军围城七日不下，只得退兵。猛将折可适屯兵洪德城（今甘肃环县西南），发现夏军中国母梁氏的旗帜，即鼓噪出城，左冲右杀，夏军大败，死伤千余人，缴获牛马骆驼器械无数。残兵逃到牛圈，喝了牛圈的积水，中毒的将士沿途倒毙、坠落深谷的不可胜计。梁太后几乎无法脱身，丢弃了帷帐、首饰，换了衣服，方才狼狈逃走，保全性命。

洪德战败后，西夏不得不再次向宋请和。

环州之战，梁太后本想以"御驾亲征"挽回败局，没想到中了宋军的埋伏，损失惨重。国舅梁乞逋对梁太后亲自领兵出战极为不满，认为这是剥夺他的兵权。自乾顺即位后，梁乞逋白恃一门二后的显赫地位，把持了夏国的朝政，并通过领兵对宋大肆掳掠，扩张权势。把夏新得到宋朝的"岁赐"，作为他的功劳大肆夸耀，经常扬言说："嵬名（西夏皇族）家人有这样的大功吗？宋朝曾如此畏惧过吗？"他目空一切，群臣不敢多言。梁乞逋更加自命不凡，专权的胃口越来越大，刑赏自专，连梁太后也不得与闻，从而与梁太后发生了权力争夺。正因为这样，环州之役使他感到了权力危机，竟然铤而走险，阴谋窃取最高权力。

天祐民安五年（1094）十月，梁乞逋阴谋叛乱，被政敌大首领嵬名阿吴、仁多保忠等发觉。仁多保忠等人率领部众将梁乞逋及全家杀死。在20世纪70年代发掘的西夏陵墓陵碑上有这样一句话："后之舅梁乞逋等豪恶行行以器（难盛）。"据专家解释，这句话的意思是：太后梁氏之兄梁乞逋罪恶累累，罄竹难书。可见，梁乞逋是很不得人心的。梁太后亲自掌握了军政大权，继续进犯宋朝边境。当时，宋朝章惇宰相，劝说宋哲宗停止与西夏划分地界，断绝对西夏的岁赐，实行强硬政策，使西夏受到很大的削弱。

西夏自从宋朝归还四砦以后，连年以划界未定，侵扰北宋边境。天祐民安七年（1096），梁太后派人到宋朝要求用塞门、安远二砦交换兰州全境。兰州是北宋在西北边陲上的防线要点，直接关系整个国防安全。宋朝不准。这年十月，梁太后准备大举伐宋，事为鄜延经略使吕惠卿侦知，预先将军队分为11支，都屯驻城里。部署刚刚就绪，夏国主李乾顺和梁太后即率军50万蜂拥而来。乾顺还是个13岁的孩子，所以要"奉母"出征。50万大军渡过黄河，在乌延口兵分三路，西自顺宁、抬安砦（今陕西安塞西北），东自黑水、安定堡（今陕西子长北），中路自塞门、龙安砦（今陕西安塞北），200里间相继不绝。本来梁太后想以重兵包围延州，然后南掠鄜州，所以她在战后给宋将的降书中说："国人共愤，欲取延州"。可是等到了延州一看，宋将早已严阵以待。梁太后"欲攻则城不可近，欲掠则野无所有，欲战则诸将按兵不动，欲南则有腹背受敌之患"，所以围城两天便撤兵北去攻打金明砦。梁太后将大军分成11寨，二寨在金明北，九寨在金明南，"列营环城"，猛攻金明。梁太后与乾顺母子二人亲临阵前击鼓督战，又派骑兵四处掳掠。到鄜州，发现守卫森严，又掉头围攻金明，将骑兵精锐留在龙安阻击打援，宋军悉力攻击，也无法突破。夏军攻破金明砦，宋将张舆战死，守军2800人仅有5人逃生。夏军掳走了砦内剩余的一点粮草，数量也不是很多。这次进攻，因为宋朝守备有序，夏军劳师无功，战绩不大。对宋朝来说，也是有惊无险。宋哲宗听说梁太后入侵，泰然地笑道："50万大军深入我国内地，呆不过几日，即使得胜也不过攻占一两个堡砦。夏军缺粮乏草，很快便会撤兵的。"结果不出所料。梁太后这次出征没有获得预期的结果，宋朝继续保持强硬态度。

天祐民安八年（1097），从正月开始，梁太后连续出兵攻击宋沿边城砦，都被宋将击退。宋朝将领折可行，出身行伍，每战必胜，夏军极为畏惧。夏四月，宋军出击，连破西夏的洪州（今陕西定边南）、盐州。章楶因为夏军猖獗入侵，长驱直入，于是上书请求在葫芦河川建筑城堡，"据形胜以逼夏"。这个方案得到朝廷批准。章楶会合熙河、秦凤、环庆、鄜延四路军队30万，佯装修缮旧有堡砦，暗地里备好修城及防守的器械，出葫芦河川，在石门峡江口、好水川北岸修筑了两座城堡。位置正当葫芦河川，是夏兵出入的要道，东带兴灵，西趋天都，宜于农牧，地势冲要，是西夏必争之地。果然，城堡正在修建中，梁太后闻知，派兵突袭，被宋军击败。宋军奋战22日竣工，赐名为"平夏城"（即石门城，在今宁夏同心南）、"灵平砦"（即好米砦，在今宁夏隆德东），其他各路夏军的进犯，也被击退。从1097年到1099年，宋朝边将不断向外推进，沿边各路相继在要害地区筑城，陆续有五十多所城砦筑成，西夏的膏腴之地被蚕食殆尽。其间，宋军一度攻入宥州城，"振旅而还"，在两国交战史上，宋军还很少这样神气过。宋朝步步进逼，西夏着着后退。史载西夏"自失地之后，朝夕忿恚"，国人不满地说："唱歌作乐地都被汉家占却，以后可怎么生活？"

永乐元年（1098）十月，梁太后与儿子乾顺再点大军40万，从没烟峡急趋进军，攻平夏城。夏军连营百里，昼夜攻城不止，宋军守将郭成全力守城。夏军攻城不克，便建造了一种名为"对垒"的高大战车，每次用百余辆车载数百人填壕而进。夏兵奋力攻城，飞石激火，昼夜不息。围城13日，伤亡万余人，粮草将尽，还是无法攻破。一日，天气骤变，忽然刮起大风，战车被震毁，夏兵惊溃四散。梁太后羞愤不已，只得撤兵。有的史书上说她"剺（li 割、划）面而还"，未必确实。

"剺面"是我国古代突厥、回鹘、党项等少数民族的习俗,遇有大忧大愤之事,割面表示悲伤。还有的说她放声痛哭一场后退兵,这倒很合乎情理。

宋将章楶乘胜追击,生擒西夏勇将嵬名阿埋、西寿监军妹勒都逋。二人都勇悍善战,被宋朝视作"边患",朝廷曾特意颁下密诏,对付二人。章楶派遣大将折可适、郭成从小道率轻骑 2000 衔枚急追,六路分进。夏军不知,宋军乘夜摸入二人帐中将其生擒,连家属也无一漏网,俘杀夏军 3000 人,缴获牛羊 10 万余头,整个西夏都震动了。平夏城大捷之后,宋朝在新得的土地上建立了西安州(今宁夏海原西)和天都砦(今固原西)。此地历来是西夏"膏腴耕牧衣食根本之地",人力精强,出产良马,地形优便。宋军开疆拓土,在战局形势上引起了重大的变化。宋朝大将曾布说:"现在天都、横山都已被我掌握,两国隔沙漠为界,夏人无聚兵就粮之地,要犯塞就难了。"历史上多记载夏人"自此不复振矣。"梁太后统治后期,西夏国力降至最低点。

永安三年(1099)正月,乾顺年满 16 岁,但梁太后仍不许他亲主国事。辽道宗对梁氏一向极为厌恶,宋夏交战,夏国多次向辽求援,道宗都不理会。这次因为梁太后向辽上表,言辞不逊,辽道宗大怒,派使臣用毒酒鸩杀了梁太后。乾顺在辽国的支持下开始亲政。西夏几度出现的母后临朝的局面结束了。

崇宗李乾顺皇后耶律南仙

◎ 荆世杰

乾顺得以结束母党专权，亲自执掌朝政，全赖辽道宗。所以亲政以后，政治上更加依附辽朝。永安三年(1100)十一月，乾顺派出使者向辽国求婚。同乾顺的祖上李继迁、元昊一样，这桩婚姻是一桩攀高枝的政治联姻。

贞观二年(1102)，乾顺又派殿前太尉李至忠、秘书监梁世显去辽朝入贡，再次请婚。当时辽国天祚帝在位，他问崇宗为人如何。李至忠回答说："主上秉性英明，处事谨慎，是守成的好皇帝。"第二年，天祚帝答应了乾顺求婚的请求。贞观五年(1105)三月，辽天祚帝封宗室女子南仙为成安公主，嫁给乾顺。夏辽两国结为秦晋之好，从此夏国更依附辽朝了。

耶律南仙曾于贞观八年(1108)为乾顺生下一子，其它的事迹史籍上记载很少。元德二年(1120)，金军开始猛攻辽国。辽朝将要灭亡，辽天祚帝仓皇出逃，乾顺得知天祚帝临近夏境，派人前去迎接。这时，金朝也派人进入夏国，向乾顺帝提出如果辽天祚帝进入夏国，希望将他擒获给金，以后若能以对待辽国的态度待金，金会割辽的部分土地给夏作为酬赏。乾顺见辽朝的灭亡已无可挽回，只好奉表金朝，答应了他们的要求。元德七年(1125)，辽朝灭亡，耶律南仙一忧祖国灭亡，一愤乾顺无情，遂绝食身亡。

崇宗李乾顺皇后任氏

◎ 荆世杰

任氏的父亲任得敬原是宋朝西安州的通判。夏崇宗攻破西安城，任得敬投降。元德三年（1137）四月，任得敬把17岁的女儿献给乾顺，得到奖赏，擢升为静州防御使。任氏立为皇后之后，其父又擢任夏州都统军，任得敬以外戚身份逐渐受到重用。大德五年（1139）六月，乾顺死去，子仁孝继立，任氏被尊为皇太后。仁孝即位初期，任得敬立下赫赫战功，权势越来越大，威福任意，举朝为之侧目，后来竟欲和仁孝平分夏国，多亏金世宗明察，拒绝册封，任得敬的阴谋才未得逞。仁孝得到金朝支持，诛杀了任得敬，任氏族党也被消灭。

仁宗李仁孝皇后罔氏

◎ 荆世杰

仁孝即位第二年,立罔氏为后。罔氏出生于西夏大族,聪慧知书,识大体,喜欢汉礼。可以说,仁孝时期清明的政治局面和国家的强盛,是和罔皇后这一贤内助分不开的。仁孝酷爱汉文化,在这方面得到罔后的帮助也最大。人庆元年(1144),仁宗下令全国州县各立学校,全国增弟子员达3000人,等于崇宗最初建立国学时的10倍。这一时期无论是儒学的提倡,还是人才的培养都和以前不可同日而语。同年,仁宗又在皇宫内设立小学,凡宗室子孙7岁至15岁都可入学,专门请教授讲课,仁宗和罔氏也常前往调教训导。通过这条途径,皇室子孙也受到了系统的儒学训练。

天盛七年(1155)九月,仁孝骑马去贺兰山狩猎,路上因马失足而受伤,下令要杀修路人。尚食官阿华在侧,他对仁孝说:"你不宜于狩猎。如今为了一匹马而杀人,贵畜贱人,怎能让国人服你?"仁孝听后认为有理,回宫后便将这番话告诉了罔后,罔后立刻赏赐阿华银币,鼓励大臣们直言劝谏。仁孝时"上无勿知之隐,下无不达之情",罔后功不可没。观其行事,很有唐太宗贤后长孙氏的遗风呢!

罔皇后在仁宗天盛十七年(1165)病死。

仁宗李仁孝皇后罗氏

◎ 荆世杰

仁宗在罔皇后死后,过了两年,即天盛十九年(1167),又册立汉人罗氏为后。乾祐二十四年(1193),仁宗病死,子纯祐即位为桓宗,时年17岁。纯祐是罗氏所生,继位后即尊罗氏为皇太后。

罗太后好佛,为此她不惜代价,发愿令人抄写全部西夏文大藏经。大藏经的汉文本是宋朝组织大批人力花费十二三年的功夫刻印完毕的,可以想象,罗太后此举也不知要花费多少人力、物力。

天庆十三年(1206)一月,镇夷郡王安全,发动宫廷政变,废黜纯祐，做了西夏第七代皇帝。安全是仁孝弟仁友之子，仁友曾因诛杀任得敬有功，晋封越王。天庆三年（1196）十二月，仁友病死，安全请求袭封王爵，桓宗不许，降封他为郡王，安全极为不满，萌生篡夺之心。政变不久，桓宗在关押中突然死去。六月，安全让罗氏派人上表金朝，说："纯祐不能自守，与大臣议立安全。"安全很早就窥伺皇位，史书上记载他"天资暴狠、心术险鸷"，金朝一开始不予承认，专门派人出使夏国询问废立的原因。罗太后再次上表请求册封，金人勉强允准。史载纯祐尚能勉强遵守先皇遗训，并非"不能自守"，罗太后废子立侄，必有缘故。史家多以为安全废立与罗太后有勾结，不过史料缺乏，只好付诸厥如，罗太后后来不知所终。

车吉心 主编

中国皇后全传

第七卷

山东教育出版社

顾　问　安作璋
主　编　车吉心
副主编　朱亚非　蒿　峰

本卷目录

元

太祖孛儿只斤铁木真皇后
　　孛儿帖　/1393
太宗孛儿只斤窝阔台皇后
　　脱列哥那　/1409
定宗孛儿只斤贵由皇后
　　斡兀立海迷失　/1418
宪宗孛儿只斤蒙哥皇后
　　忽都台　/1425
附：宪宗孛儿只斤蒙哥妃
　　也速儿　/1428
世祖孛儿只斤忽必烈皇后
　　察必　/1430
世祖孛儿只斤忽必烈皇后
　　南必　/1440
成宗孛儿只斤铁穆耳皇后
　　失怜答里　/1443
成宗孛儿只斤铁穆耳皇后
　　卜鲁罕　/1445
武宗孛儿只斤海山皇后
　　真哥　/1448
附：武宗孛儿只斤海山皇太后
　　答己　/1450

仁宗孛儿只斤爱育黎拔力八达皇后
　　阿纳失失里　/1464
英宗孛儿只斤硕德八剌皇后
　　速哥八剌　/1469
泰定帝孛儿只斤也孙铁木耳皇后
　　八不罕　/1472
文宗孛儿只斤图帖睦尔皇后
　　卜答失里　/1478
明宗孛儿只斤和世㻋皇后
　　八不沙　/1491
宁宗孛儿只斤懿璘质班皇后
　　答里也忒迷失　/1495
惠宗孛儿只斤妥懽帖睦尔皇后
　　答纳失里　/1497
惠宗孛儿只斤妥懽帖睦尔皇后
　　伯颜忽都　/1502
惠宗妥懽帖睦尔皇后
　　完者忽都　/1505

明

太祖朱元璋皇后马氏　/1521
惠帝朱允炆皇后马氏　/1537
成祖朱棣皇后徐氏　/1541
仁宗朱高炽皇后张氏　/1555
宣宗朱瞻基皇后胡善祥　/1569
宣宗朱瞻基皇后孙氏　/1571
英宗朱祁镇皇后钱氏　/1576
代宗朱祁钰皇后汪氏　/1583
代宗朱祁钰皇后杭氏　/1590
宪宗朱见深皇后吴氏　/1592
宪宗朱见深皇后王氏　/1605
附：宪宗朱见深妃万贞儿　/1610

元

(1206—1368)

元朝是以蒙古族为主体建立的，其大统一，结束了长期南北对峙和边疆几个政权并存的分裂状态。该朝共传15帝，本书收录了其中的14位皇帝的19位皇后，并附有两位皇太后和皇妃的专传。

太祖孛儿只斤铁木真皇后孛儿帖

◎ 武普照

一代天骄成吉思汗所缔造的蒙元王朝是中华民族历史上版图辽阔、国势强盛的一个王朝。该王朝的创建,除了成吉思汗的雄才大略,木华黎、博尔忽、博尔术、赤老温等四杰的能征善战之外,所倚仗的主要辅佐是成吉思汗的四个儿子,即术赤、察合台、窝阔台和拖雷。这四位柱石人物的生母,便是成吉思汗的长妻弘吉剌氏孛儿帖。

一

12世纪时，在风吹草低见牛羊的蒙古草原上，分布着许多大小不等、互不统属的游牧部落。位于蒙古东南哈尔哈河流域的弘吉剌部便是其中之一。

孛儿帖是弘吉剌别部孛思忽儿的首领德薛禅的女儿。她自幼在草原上长大，动荡的游牧生活，造就了她坚毅、质朴的性格。水草肥美的生活环境和羊脂奶酪的滋养，使她出落了一副如花儿一般娇艳的容貌。当她10岁的时候，一个偶然的机遇使她与蒙古部的铁木真订了婚。

铁木真出生于蒙古孛儿只斤氏族，他的父亲是蒙古部首领也速该。公元1162年，也速该的妻子诃额仑生下了"手握凝血如赤石"的长子。当时正值也速该征讨塔塔儿部，他俘虏了敌将铁木真凯旋而归。因为恰好这时生了儿子，为纪念这次重大胜利，也速该就用敌将的名字将新生儿命名为"铁木真"。

时光飞逝，日月如梭。转眼铁木真已经9岁了。一天，也速该对妻子诃额仑说："我们的儿子这样英俊威武，要有一个美丽的姑娘配他才好。你看我应该到哪个部族为他求亲呢？"诃额仑深情地瞥了也速该一眼，笑着说："这你不是比谁都清楚吗？"也速该恍然大悟，因为他想起了自己当年抢亲的情景：

那是一个风和日丽的日子。也速该和他的兄弟们正兴致勃勃地打猎，突然发现有一只白兔跑入草丛中，赶上前一看，发现那儿有车辙，并有妇女小便的痕迹。也速该对弟弟说："看这尿迹，那姑娘一定能生好儿子。"他边说边沿车辙追去。但见篾儿乞部的一位叫赤列都的青年正领着刚从弘吉剌部娶来的妻子诃额仑往回赶路。也速该见新娘容貌俊美，便产生了抢亲的念头。他跑回去叫来兄弟们赶跑了赤列都，将诃额仑带回家成了亲。漠北少数民族抢亲，本是司空见惯的事情，被抢的妇女也认为理应如此。诃额仑不仅非常满意地做了也速该的妻子，而且她还为自己的美貌、为弘吉剌女子的迷人感到欣喜。

也速该在妻子的启发下，高兴地说："弘吉剌部的美女，多如草原上的鲜花，雁儿见了不愿飞走，孔雀见了都开屏。明日我就带着儿子去求亲。"

第二天，也速该和铁木真各骑了一匹快马，另外带了一匹备用的从马，一边欣赏着广袤无际的草原景色，一边向弘吉剌部驻地奔驰而去。

他们走到扯克撒儿山和赤忽儿古山之间，碰到了弘吉剌部的德薛禅，双方便交谈起来。德薛禅问："你们父子俩这是到哪里去呀？"也速该说："我带着儿子到他母舅家的部落去求亲。"德薛禅打量着英气勃发、体魄强健的少年铁木真，兴奋地说："昨天夜里，我得一梦，梦见白色的鹰抓着日月飞奔而来，落在我的手上，这个梦原来是预兆你领着儿子驾临。"也速该不住地点头。德薛禅用诗一般的语言接着说道："我们弘吉剌部有的是美貌的女子，从不掠夺旁的部落，也从不侵伐他族的土地。让我们美貌的女子，坐在合汗的大车上，驾着骆驼跑去做合汗的妃子。我们弘吉剌部的女子，自古以来便是如此，有的是持团牌的后妃，有的是奉奏事的仕女。生男以守营盘，生女以逞美色，到我的家里来吧，请来看看我亲生的小女。"也速该乐得哈哈大笑，便带着铁木真，来到了德薛禅家。

德薛禅领着也速该回到帐中，先摆上丰盛的酒食，举杯畅饮。酒酣之际，德薛禅叫出自己的女儿，让她拜见也速该。也速该和铁木真定神观瞧，那姑娘长得如花似玉，带有几分稚气的脸上，一双晶莹透亮的眼睛传神般地转动着，细嫩的容颜像绽开的桃花，洁白整齐的牙齿如同白玉。身材秀美，举手投足都显得那么温柔得体。也速该非常满意，当即应允了亲事，并留下一匹马作为聘礼。订亲之后，也速该留下铁木真在岳父家暂住，还叮嘱亲家："我儿子怕狗，千万不要让狗吓着他。"随后，也速该踏上了归途。铁木真便留下来与孛儿帖一起欢快的玩耍。两人情投意合，形影相随，真可谓是天造的一对、地设的一双。

二

也速该高高兴兴回家，路经塔塔儿部的领地，见一些塔塔儿人正在草地上举行宴会，又累又渴的也速该翻身下马，不客气地参加了宴饮。按蒙古习俗，骑马经过正在进餐者的旁侧时，要下马，不等主人邀请即可就餐，主人不得拒绝。只顾吃喝的也速该并未留意塔塔儿人的举止表情。不料塔塔儿人中有人曾参与同也速该的战斗，认出来人正是自己的仇人，复仇之心陡然而生，他们密商几句，便在酒食中偷放了毒药。毫无戒心的也速该毫无知觉地中了塔塔儿人的毒计。酒足饭饱之后，也速该告辞上马，走出不远，便觉腹中隐隐作痛，自知是塔塔儿人下了毒，忙快马加鞭往回赶路，勉强支撑着回到家里，肚子中的绞痛一阵比一阵厉害，脸色铁青，汗珠豆粒般的顺着双颊往下滚。守候在一旁的诃额仑悲愤交加，忙把家奴蒙力克叫来，找草药来煎服，无奈毒药已深入膏肓。也速该强忍巨痛，拉着蒙力克的手,恳切地叮嘱道:"我遭了塔塔儿人的暗算,可能不久于人世,请把我的子女视若你的子女。请速将我儿子铁木真从弘吉刺部的德薛禅家领回来,我想看他最后一眼。"说完便昏迷过去。

蒙力克飞速赶到德薛禅家,说明了情况。德薛禅虽然舍不得让铁木真回去,见事情紧急,便只得催他们上路。铁木真匆匆与自己心爱的孛儿帖告别,急急忙忙地踏上了回家的路途。

铁木真赶回家时,也速该已含恨死去。铁木真扑倒在地,放声痛哭。他与母亲诃额仑料理完丧事,便开始尽力笼络人心已散的蒙古部众。

孛儿只斤氏族失去了首领也速该,许多属民和奴隶改投其他势力较强的部族。蒙古部的泰赤乌氏族原来同孛儿只斤氏族关系至密,看到孛儿只斤氏族只剩下孤儿寡母统领,就抢走也速该的部众,自行迁走了。蒙古贵族的联盟从此无可挽回地破裂了。

少年铁木真一家暂时陷入了困境。诃额仑带着尚还年幼的儿子铁木真、合撒儿、合赤温、帖木格、女儿帖木仑和剩下的少数部众住在斡难河上游不儿罕山一带,过着困苦的生活。他们在斡难河边靠采摘野山梨、野樱菜充饥,用桧木掘取胡萝卜和杂草根勉强地维持生活。

铁木真还不断遭到来自其他各部落的打击。泰赤乌氏族的首领担心铁木真长大后报仇,就带人把铁木真抓去,给他带上手枷和头枷,四处示众。铁木真利用泰赤乌人举行宴会的机会打倒看守人,逃了出来。一时无法脱身的铁木真逃到了泰赤乌氏的属民锁儿罕失刺家,他请求隐藏,却未被获准。锁儿罕失刺的儿子赤刺温对父亲说:"雀儿被鹰赶进草丛,草丛还能救他的命;被穷追的鸟儿逃到猎人怀里,猎人还不杀它。这是草原的美德，我们怎能见死不救呢？"说通父亲后，他砸开铁木真的枷锁投到火里，并把他藏在装羊毛的车上，又嘱咐妹妹合答安好好照料。合答安非常喜欢铁木真，不时地给他送来吃的。当时正值夏天，铁木真在羊毛车里闷热得直叫苦，合答安在车外笑着说："他们正在外面搜索你，你如想要命，就别再乱叫。"铁木真只好忍着，再没敢吭声。不一会儿，一群人冲进来翻箱倒柜，到处搜查。有个人说："合答安，你是不是把铁木真藏在羊毛车里啦？"合答安镇定地说："天气这么闷热，就是有人藏在里面也早就闷死了，还等你们来捉什么。如果不信，那就搜吧。"说着，就去搬动羊毛，故意把羊毛弄得四处飞舞。几个搜查的泰赤乌人一边用手拂去身上的羊毛，一边没趣地退了出去。铁木真躲过搜索，骑马带箭，终于脱离罗网，与母弟们会合。少女合答安后来成了成吉思汗的皇后之一。

家无隔夜之粮的铁木真一家，以捕食阜原上的旱獭、野鼠为生，继续承受着贫困的熬煎。在诃额仑和蒙力克的教诲下，铁木真在逆境中渐渐长大成人，他生得虎背熊腰，身体如铁塔般结实，武艺和马术更臻精湛，头脑机智冷静、宽容大度，一些失散的部众陆续返回，他的力量也一天天壮大起来。

铁木真20岁时，诃额仑把他叫到身边，说："男大当婚，女大当嫁。你已经长大成人，该把婚事办了。你父亲在世时，曾给你订下弘吉剌部德薛禅的女儿孛儿帖。这些年，我们母子几个，历经艰险，受尽辛苦，很少去人家那边探望，现在你就到那边迎娶你的未婚妻，也好了却妈妈的一桩心事。"

第二天，铁木真和他的异母弟别勒古台一道，骑上骏马，兴致勃勃地前去迎亲。

自从铁木真被蒙力克接走后，孛儿帖天天盼望着他的归来，渴望着有一天威武英俊的铁木真会出现在她的眼前。她把自己的思恋之情悄悄地埋在心中，默默地期待着、盼望着。突然听得蒙古包外一阵马蹄声由远而近，德薛禅老人出帐观看，高兴地叫道："快来看呐! 我们的雄鹰飞回来了。"孛儿帖偷偷望去，见铁木真稚气尽脱，满脸英气，威风凛凛地翻下马背向蒙古包走来，心里像灌了蜜一样的甜美。铁木真向岳父问安，介绍了弟弟别勒古台。德薛禅望着已经长大成人的女婿，大喜过望，连忙请他们入帐。铁木真看见眉清目秀，容颜俏俊，面色绯红的孛儿帖，心里有说不出的喜欢。没想到10年过后，孛儿帖竟比当年更加端庄秀美。德薛禅听铁木真说明了母亲要他前来迎亲的意思，微笑着应允道："如今你和孛儿帖都已成人，我也正有此想法，今天就让你俩完婚。"

德薛禅和夫人搠坛为铁木真和孛儿帖举行了热闹的婚礼。三天过后，铁木真恐怕母亲惦念，想告辞回家。德薛禅道："你和孛儿帖已经成婚，我也不便强留，快点回去让你母亲高兴高兴也好。"搠坛见女儿要走，心中恋恋不舍，说道："让我陪女儿一道前去吧，也好见见我的亲家母。"

第二天清晨，收拾停当，随即启程。德薛禅老人送了一段路便辞别回家了。铁木真兄弟骑马前行，搠坛和孛儿帖乘车随后，一路青山绿水，天然美景与大家的愉快心情使漫长的旅途充满了活力和情趣。

诃额仑正望眼欲穿地盼望着儿子的归来，她看见儿子领着妻子和岳母安然而至，心中喜不自胜。她与搠坛亲热地攀谈起家常，热情而慈爱地握着儿媳孛儿帖的手。只见孛儿帖身穿红色皮袄，头戴羊皮高帽，身材婀娜动人，面带羞涩，老人高兴得如痴如醉。孛儿帖从奴仆手中接过一件贵重的黑貂鼠袄子，作为送给婆婆的见面礼，双手跪举献给诃额仑。诃额仑见这份陪嫁之物乃稀世珍宝，一面接过，一面与搠坛客套了几句。搠坛住了几日，见铁木真一家和睦团结，铁木真与孛儿帖十分恩爱，就放心告辞。铁木真送走岳母，同孛儿帖一起开始了愉悦的新婚生活。

三

为重振家业，铁木真认识到必须寻求一个更强大势力的庇护。当时有两个较强大的部族与铁木真关系较好，一是从少年时代就与铁木真结为安答(结拜兄弟)的札木合；一是曾与他父亲结为安答的克烈部首领王罕。为了解除威胁，发展自己的力量，铁木真决定带着厚礼去拜见克烈部首领王罕。可他又苦于没有晋见之礼，家里只有孛儿帖家陪嫁的黑貂皮袄较珍贵。于是铁木真去找母亲诃额仑商量。诃额仑说："我当然会同意，只是这是孛儿帖的随嫁之物，你最好还是同她亲自商谈一下。"铁木真只得硬着头皮去征求爱妻的意见，他说："孛儿帖，我有件事想与你商量。我父亲也速该在世时，曾经帮助克烈部的王罕取得首领地位，二人还结为安答。所以我想把珍贵的黑貂皮袄送给王罕，使我们的同盟更加牢固，你赞同我的意思吗？"孛儿贴听罢，笑着说："这么大的好事，还商量什么。黑貂皮袄虽是稀世之宝，可那却是身外之物，唯有事业是自己的。为了自己的大业，舍弃一些身外之物又有什么呢。"铁木真激动地把孛儿贴抱在怀里，口里喃喃地说："孛儿帖，你真是个通情达理的好妻子。"

铁木真带着黑貂皮袄，与弟弟合撒儿、别勒古台一道经过长途跋涉来到了克烈部的住地黑林。他以父礼拜见王罕，诚恳地说:"从前你与我父亲结为安答,就如同我父亲一般。我如今已与孛儿帖结婚,想用这珍贵的嫁妆来孝敬你老人家。"说着便将黑貂皮袄献上。王罕笑嘻嘻地接过礼物,见那袄子色如黑漆,油光闪亮,手感柔软光滑,确是一件宝物,情不自禁地笑着说:"你真是个有心的孩子。放心吧,你离了的百姓,我与你收拾;漫散了的百姓,我与你完聚。我心下好生记着。"

在王罕的荫护下,铁木真开始积聚力量。阿鲁剌氏的博尔术来到他家做伴当(那可儿);兀良合人札儿赤兀歹老人背着炼铁的风匣前来,并献上他的儿子折里麦;自由的骑士、勇敢善战的勇士摩肩接踵纷至沓来。铁木真周围群英汇集,他暗暗地收集部众,积蓄着对敌对部族复仇的力量。同时他也为妻子孛儿帖的深明大义和支持感到由衷的高兴。

但就在铁木真羽翼未丰的时候,又遭到了篾儿乞人的袭击。

原来铁木真从弘吉剌部娶回孛儿帖的消息让许多部族都知道了,这件事激怒了篾儿乞族的首领脱黑脱阿。当年他的弟弟赤列都的未婚妻诃额仑让也速该抢去的耻辱一直令他难以忘怀,为报抢亲之仇,他暗发奇兵,企图把诃额仑和她的儿媳孛儿帖一并抢来,以解心头之恨。

铁木真的营地还为黎明前的黑暗所笼罩着,人们都还沉浸在睡梦之中,纷乱的马蹄声撕破了草原的宁静。诃额仑忙唤醒儿子们,准备抵抗。眼看着篾儿乞人蜂拥而至,铁木真兄弟和战友们势单力薄,不敢硬拼,急忙跨上战马,带领部众逃到山里。可是孛儿帖没有马骑,未能脱身。正当她万分焦急之际,老女仆豁阿黑臣赶着牛车过来,让孛儿帖藏到车里,沿着腾格里小河逆行。可过不久便让篾儿乞人的骑兵追上,豁阿黑臣骗过骑兵,打着牛车急急忙忙地赶路,谁知慌忙中车轴突然折断，无法再往前走。恰在此时，骑兵们掳获了别勒古台的生母奔了回来，见豁阿黑臣正与牛车里的人说话，便下马搜查，见车里还有一位年轻漂亮的少妇，便拖下牛车，一并捆缚到马上扬长而去。

脱黑脱阿得知生擒了铁木真的妻子孛儿帖和庶母，非常满意地返回住地，并将孛儿帖配与赤列都的弟弟赤勒格儿为妻。

铁木真闻知爱妻与庶母被篾儿乞人掳掠而去，气愤至极，他捶胸顿足，仰天痛哭。他对山起誓："巍峨的不儿罕山啊，你像保护虱子一样保护了我，我实在惊恐不已。从此我每天早晨向你祈祷，每天祭祀你，子子孙孙永志不忘！"他把腰带挂在脖颈上，向太阳行九拜礼。把马奶洒撒向大地，向着九重天进行祷告。感谢它的保佑并祈求永恒的佐助。

铁木真被夺妻之恨所驱使，决意借助王罕的力量复仇。他再次赶到王罕的营地。王罕听完铁木真所遭遇的不幸，愤愤地说："孩子，你的事就是我的事，抢你的妻子就是抢我的儿媳。为了稳操胜券，一战成功，你可用我的名义约你的兄弟札木合一齐出兵。"

铁木真回家后，一边整顿兵马，一边派合撒儿和别勒古台去请札木合，札木合也同意发兵相攻。

经过长时间的筹划，王罕起兵2万，札木合起兵1万并统领铁木真的兵卒1万，分两翼出击。他们乘着夜色扎结木筏渡河，共同袭击篾儿乞人的营盘不兀剌川（今恰克图南布拉河地）。篾儿乞人毫无防范，见铁木真率大军来攻，纷纷逃散，脱黑脱阿只带着少数随从沿着薛良格河逃入八儿忽真峡谷。铁木真一边追击逃敌，一边高声呼喊着妻子孛儿帖的名字。孛儿帖正乘车夹杂在人群之中，听到铁木真的声音，不由得热泪盈眶。铁木真跳下战马，紧紧拥抱自己思念已久的妻子。孛儿帖痛苦地呐喊道:"让我去死吧,让这清净的河水洗去我身上的污垢吧!"铁木真抱着号啕大哭的孛儿帖,轻声抚慰道:"我的贤妻,这一切都不能怪你,全怨我没有把你保护好。"孛儿帖这才破涕为笑。被掳之后,孛儿帖被迫嫁给赤勒格儿并怀了身孕,不久她就生下了铁木真的长子术赤(蒙古语"客"的意思)。

战争结束后,铁木真把以前围困不儿罕山的300名篾儿乞人连同其子孙全部斩尽杀绝,并将俘虏的妇女、儿童变为奴隶。经过这次战争,铁木真的力量逐渐壮大起来。

四

破灭篾儿乞人之后,铁木真和札木合二人带着队伍来到一个叫作豁儿豁纳黑主不儿的地方,扎营在忽勒答合儿山崖前。他俩早已结为安答,如今就更加亲密了。

铁木真11岁那年冬天,在斡难河冰上抛掷髀石,札木合送给铁木真一个狍子髀石,铁木真回赠一个铜灌的髀石。他们以此作为结安答的信物。第二年春天,二人在一起习练弓箭,札木合把自己用牛角粘制的响髇头(箭头)送给铁木真,铁木真送给札木合一个柏木顶的髇头,约为安答,情谊进一步加深。他们打完胜仗一同扎营之后,便大摆宴席,狂饮大嚼。在热烈的欢呼声中,铁木真把从脱黑脱阿那里得来的金带子和自己的一匹数年不生驹的良马送给札木合;札木合也回赠新缴获的金带和他的一匹白马驹。这是他们第三次结为安答。尔后,他们俩至诚相处,相依为命,吃饭共一桌,睡觉同盖一条被。他们就这样同住了一年多的时间。

然而墨写的海誓山盟掩盖不了血写的事实。札木合是个嫉贤妒能、气量狭小的人。他虽然能扶助势单力薄的铁木真，但却无法容忍铁木真在才干上胜过自己。一旦有人胜过他，他就会视之如眼中钉、肉中刺，甚至会反目成仇，付诸武力。札木合的狡诈被细心的孛儿帖观察得清清楚楚。

随着时间的推移，铁木真的声望越来越高，不仅旧部纷纷来归，其他部众也多有归附者，势力日渐强大。札木合看到这些，心里如针扎一般的难受。

时至孟夏，草木茂盛，绿色正浓，札木合与铁木真揽辔催马出游，到了最高的峰峦之上，两人并马立住，札木合扬着马鞭，得意洋洋地说："我看这朔漠地方，野兽虽多，恰没有绝大貔貅，若有了一头，怕要将羊儿羔儿吃个净尽！"铁木真大惑不解，难以应答。

回到营地之后，铁木真把札木合的话讲与母亲和孛儿帖听，然后说："我不明白他是什么意思？一时不好回答，特来问问母亲。"诃额仑也颇感意外。忽听孛儿帖说道："这句话，便是说他自己想做貔貅。有人曾说他厌故喜新，如今我们与他共同生活一年多，怕他已有厌倦之意。听他的言语，莫非要图害我们，我们不如见机行事，趁着这交情未绝的时候，好好地分开如何？"诃额仑点头称善。铁木真也觉得孛儿帖的话有理。于是铁木真推说母亲想迁往原来的牧地去，向札木合辞行。札木合假意挽留了一番，便让他们走了。

铁木真带着人马返归故地，路经泰赤乌部时，泰赤乌人以为铁木真要攻掠他们，慌忙逃散。孛儿帖在关键时刻的提醒，终于使铁木真避免了一场劫难。事实的发展恰好证明了札木合的阴险和孛儿帖的聪颖多智。

铁木真在怯绿连河上游独立建营，许多蒙古部众被吸引到他这一边。他制定并实施严格的纪律和制度,锻炼习惯于放任自由生活的游牧民,组成了一支以那可儿为核心的精悍队伍,从而为统一蒙古奠定了基础。

　　铁木真先是与札木合统率的联军进行了残酷的十三翼之战,随后便全力攻打泰赤乌部,泰赤乌部的许多人都来归附,锁儿罕失刺和他的儿子赤刺温以及女儿合答安也都前来投奔,合答安因对铁木真有救命之恩,被铁木真纳为第二夫人。庆元二年,铁木真以为"父祖复仇"的名义要求王罕出兵,并同金军会合一处,将塔塔儿围歼。在被俘的塔塔儿妇女中,铁木真又选了美貌多情的也速干、也遂姐妹两人为夫人,并且随侍左右。从此铁木真控制了蒙古高原富饶的东部土地。嘉泰三年(1203)春,王罕父子与铁木真毁约开战,不久铁木真运用偷袭战术,消灭了克烈部,王罕父子也被杀身死。开禧二年(1206),铁木真又消灭了乃蛮不欲鲁汗,不久又捕杀了札木合,从而统一了漠北诸部。在向西追击篾儿乞部首领脱黑脱阿时,篾儿乞人答亦儿兀孙献上女儿忽兰,被铁木真纳为夫人。按照常规,蒙古族首领实行一夫多妻制是无可非议的,但也速干、也遂、忽兰等人的介入,使孛儿帖的位置受到一定程度地动摇。《元史》中将孛儿帖、也速干、也遂、忽兰分列为四大斡耳朵之首,也足以说明此四人是铁木真众多的后妃中最为得宠的。

五

　　开禧二年(1206)春,铁木真召集贵族首领们在斡难河源举行大会,建九脚白旄纛,即大汗位。

蒙古人信奉撒满教，相信撒满巫师能上通天廷，是传达上天意旨的使者。蒙力克的四子阔阔出就是一位撒满巫师，他见铁木真已统一诸部，便骑着白马，赤着脚在夜晚穿过草原和群山，向西方走去，次日返回后即声称他求得了上天的启示。他对铁木真说："如今地上各称古尔罕之诸国君均为你所服，其领土均归你治下。因此你亦应有普天下之汗、诸王之王的尊号。上天旨意，你的称号应为成吉思汗（成吉思汗意为"海洋"）"。成吉思汗登上大汗宝座，将建立的国家称为"也客蒙古兀鲁思"，即大蒙古国。至此，蒙古各部都统一在大蒙古国的统治之下，一个统一的蒙古民族共同体从此出现在世界舞台上。

蒙古国的最高统治集团是成吉思汗的"黄金家族"，成吉思汗建国后决不允许任何与他的"黄金家族"抗衡的力量存在。蒙力克享有崇高的地位，他的儿子阔阔出对成吉思汗登上大位立有功勋，因此便居功自傲，日渐专横，常假借传达"长生天"意旨为所欲为。他利用自己撒满巫师的影响，将教权介入政治并与成吉思汗家族争夺百姓。许多人都逃到他那儿去了。成吉思汗的末弟斡赤斤的部众也有前去投奔的，斡赤斤派人去领，阔阔出不但不予理睬，反将来人毒打一顿。斡赤斤亲自前往，阔阔出弟兄几人马上围上来，举拳便打，斡赤斤忙认错赔不是。阔阔出得意忘形，罚斡赤斤跪在帐后并且大加羞辱。斡赤斤跑到成吉思汗的营帐哭诉，成吉思汗尚未开口，孛儿帖闻听此事，流着眼泪对成吉思汗说："你还健在的时候他们就这样侮辱我们，万一您驾崩了，他们怎能听从我们孩子的管辖？"成吉思汗决心要除掉阔阔出。

第二天，蒙力克率领七个儿子来访。阔阔出刚在酒桶旁边坐下，斡赤斤就上前要与他较力气，刚到帐殿外面，就有三个大力士折断了阔阔出的脊梁,将其杀死。成吉思汗严厉地说:"阔阔出动手打了我兄弟,用毫无根据的谗言离间我们,违背了天意,所以苍天把他的生命和尸体都收回去了。"然后又责备了对儿子劝戒不严的蒙力克。

开禧元年(1205)三月始,成吉思汗开始对西夏用兵。嘉定四年(1211)起开始对金国发动进攻。嘉定十二年(1219),成吉思汗统兵向花剌子模进发,开始了著名的西征。诸夫人中唯有忽兰得令从行。临行之际,成吉思汗接受也遂皇后的提议,议定三子窝阔台为自己的继承人。宝庆二年(1226),成吉思汗结束了横扫欧亚大陆的西征之后,重新发兵攻打西夏,经也遂皇后再三恳请,成吉思汗答应由她随军南下。宝庆三年(1227),成吉思汗病逝。

在成吉思汗的晚年,孛儿帖没有什么重要事迹,忽兰与也遂的得宠反映出年迈的孛儿帖已无法再陪伴戎马倥偬的成吉思汗。尽管史书中没有确切记载她晚年的事迹,但她确乎是成吉思汗诸夫人中最为重要的一位,她给成吉思汗生下的四个儿子都在蒙元历史上发挥了举足轻重的作用。长子术赤,曾随父攻打金国,西征时受命攻打玉龙杰赤(今土库曼斯坦的库尼亚乌尔根奇),后率军返回封地,封地自海押立延伸至花剌子模地区。病死后由其长子拔都继立。次子察合台,曾从父西征,取兀提剌耳、玉龙杰赤。得畏兀儿以西直至阿母河地为封地,驻帐于阿力麻里附近的虎牙思。成吉思汗死后,与幼弟拖雷遵遗嘱,拥戴窝阔台(元太宗)为汗。太宗在位时,极受尊重,重大决策多从其意。三子窝阔台,于1229年即位为大蒙古国第二任大汗。始定朝仪与法令,攻灭金国,并开始攻打南宋。定中原赋税,以探马赤军分镇中原,在位13年。四子拖雷,西征时,领军进入呼罗珊。成吉思汗死后,继承了在斡难河、怯绿连河的遗产和军队。任监国，拥立窝阔台，伐金时病死，子蒙哥和忽必烈相继称帝。由此可见，孛儿帖是蒙元时期首屈一指的皇后，她不仅同丈夫一起艰苦创业，而且培养造就了一批颇有才干的子孙，在许多关键时刻她都起到了重要的作用，她是佐助成吉思汗定立天下不可或缺的助手，也是中国女性史上一个值得大书的杰出人物。

太宗孛儿只斤窝阔台皇后
脱列哥那

◎ 武普照

蒙元王室的后妃之选,基本上保留了部族通婚的原始习俗,多有美女出现的弘吉剌部成为成吉思汗及其子孙择选配偶的主要对象。来自其他部族的女子也有少数因某些缘由入主后宫,脱列哥那乃马真便是其中较有影响的一位。

脱列哥那乃马真成长在蒙古诸部相互征战的动荡时期,她最初嫁给了篾儿乞人忽秃。忽秃是篾儿乞部首领脱黑脱阿的儿子,他们与成吉思汗为首的蒙古部结怨已久,曾多次交战。

早在成吉思汗的父亲也速该统领蒙古时,两个部族便开始产生磨擦。当时年及弱冠的也速该曾从篾儿乞人也客赤列都手中抢来了一个妻子。这个美貌女子就是诃额伦,她后来为也速该生下铁木真。

也速该死后,20岁的铁木真娶了孛儿帖为妻。不久,篾儿乞人为报复前怨,夜间偷袭势单力薄的铁木真,掳去了他的妻子孛儿帖。不久铁木真又联合克烈部的王罕和札答阑部的札木合一起出兵,乘夜偷袭,把正在酣睡的篾儿乞人打得落花流水,溃不成军。其部众大都作了俘虏,只有少数几人落荒而去。铁木真终于找到了自己的爱妻。此时的孛儿帖已被脱黑脱阿强嫁给他的弟弟赤勒格儿,并且怀了身孕,后来便生下了铁木真的长子术赤("术赤"是蒙古语,意为"客")。

铁木真寻回了妻子,并木忘记逃掉的篾儿乞部首领脱黑脱阿等残敌。公元1204年秋天,铁木真率兵在合剌答勒忽札兀儿地区,打败了篾儿乞部首领脱黑脱阿,降服了他的部众,只有脱黑脱阿等少数人逃脱。篾儿乞部的一个头目歹亦儿兀孙,带着自己的女儿来归附,铁木真欣然接收。脱黑脱阿的儿子忽秃逃走后,留下两个妃子:秃该和脱列哥那。铁木真为奖赏在战斗中勇猛冲杀的三儿子窝阔台,便将脱列哥那赐给了他。脱列哥那成为窝阔台的第六个妻子,从此开始了新的生活。

公元1219年,成吉思汗准备亲自率军西征,也遂皇后奏禀道:"此次西征,涉历山川,不如让皇子们去的好。"成吉思汗笑着应道:"这倒无妨,我还想再创一番业绩呢!"也遂苦谏道:"大汗啊,你这一去,征程万里,你所缔造的国家,托付何人?你那高山似的,柱梁似的金身,如果倒塌了,蒙古国由谁来治理?你的四个儿子中,由谁来执政?"成吉思汗听罢,高兴地说:"也遂说得很对,真可谓深谋远虑呵。"于是他便将四个儿子召集到身边,把自己早已盘算好的汗位承继之事公诸于众。他慢慢说道:"汗位和国家的事,让窝阔台去治理吧。至于我的家室，以及我征集的军队、珍宝财物等，都交给拖雷管。你们要好自为之，对于我的旨意要秉遵奉行！"

公元1227年，成吉思汗在征服西夏的战争中病逝。公元1229年八月，窝阔台继承汗位。这就为脱列哥那接近蒙古帝国的权力中枢，亲身参与皇权之争提供了契机。

窝阔台对自己的诸位后妃，并非一视同仁。依照蒙古婚俗，似脱列哥那这样的再嫁之妇并不受人歧视。相反，由于脱列哥那的才艺和权术，窝阔台对她大加宠幸，从而使这位排行第六的皇后的地位大大胜过了窝阔台的长妻木格哈敦。窝阔台共有七个儿子，即贵由、阔端、阔出、哈剌察儿、合失、合丹、灭里。前五个儿子的生母是脱列哥那。合丹和灭里的生母是业里讫纳妃子。窝阔台最初选择的继承人是第三子阔出。聪明而幸运的阔出曾被立为太子，但不幸的是，公元1236年，阔出死于征宋的战争中。窝阔台就把阔出的长子失烈门抱养在自己的大帐，并指定失烈门为汗位继承人。所不同的是，窝阔台预定失烈门为继承人，虽然诸王百官都已知晓，但并没有像成吉思汗指定窝阔台那样在宗王贵族聚会上正式宣布，也没有要求宗王们立誓不违背他的意志。这就为日后脱列哥那从中做手脚留下了缺口。

窝阔台在位期间，南征西伐，收获甚丰。他下令修建了万安宫和哈剌和林城，并且广选美女充实后宫，一时后宫妃嫔不下数百人。晚年的窝阔台更加挥霍。有一平民送来三只瓜，窝阔台手头没现金，就叫一个妃子摘下耳环上的两粒珍珠来。那妃子舍不得宝珠，又不敢违令，眼圈一红，竟差点掉下泪来。左右侍从劝窝阔台："平民持珠无用，不如明日给他现金。"窝阔台只是一笑，说："给他珠，救他急，最后珠还是我的。"妃子这才转嗔为喜。果然，送瓜人以贱价卖珠，以济急用。而得珠者，见珠又大又美，立即进献给窝阔台。他得意地将宝珠给妃子戴上，说："我并没有骗你吧。"

　　蒙古人平时特爱喝酒，窝阔台更是嗜酒如命。每次饮酒，必定彻夜不休。受成吉思汗重托辅佐窝阔台的耶律楚材多次劝谏，他只是稍做收敛，随后便故态复萌，甚至变本加厉。公元1241年，也就是窝阔台即位的第13年，在二月的一天，他围猎回来，兴致甚高，便多饮了几盅，不料却病卧不起。脱列哥那皇后最受宠信，一时慌了手脚，急忙找耶律楚材商议。耶律楚材看了皇上气色，按了按脉，知是沉湎酒色之故，服药便可还原。但他毕竟深谙世故，闻知乃马真氏迷信占卜星相之术，不免施展一番手脚，推演了"太乙数"，说："皇后放心，大汗命数未尽，只因任人不贤，囚系无辜，受到长生天的谴责。只要颁诏大赦，长生天便会庇祐大汗。"乃马真氏急忙说："事不宜迟，就请快写敕文。"耶律楚材说："不可，大汗亲下赦旨，才有效验。"正巧窝阔台醒来，听皇后如此说，便降旨大赦，不久果然病愈。

　　同年冬天，窝阔台再次外出围猎，在行帐中纵情豪饮，结果头晕脚麻，有气无力。他自知旧疾复发，不久于人世，便把乃马真氏皇后及在身边的宗王大臣叫来，喃喃地叮咛道："我自继承父位以来，做了四件好事：一是平定金国；一是建立驿站；一是在无水之处打井；一是在各城池内任命了探马赤镇守。但也做错了许多事情……"窝阔台这番话，颇有反躬自省的意思。众人连忙安慰，劝他静心养病，不必想得过多。不料窝阔台已不能说话，左右忙赶回宫中，窝阔台已气绝而死，享年56岁。时为公元1241年夏历十一月初八。

　　按照蒙古习俗，部落首领死后，由其遗孀——长妻主政，直到新的首领即位为止。由于窝阔台的长妻无子，并且继窝阔台之后不久也死去，身为诸长子之母的脱列哥那在察合台等宗王的支持下，宣布称制，主持朝政。脱列哥那掌握了最高权力之后，就想改变窝阔台的遗愿，废黜失烈门，改立其他家嫡为汗。贵由作为嫡长子，自然成为第一位的候选人。

窝阔台驾崩时，贵由尚在班师途中。乃马真氏急急找耶律楚材商议嗣位大事。聪明的耶律楚材推辞说："此事非外姓臣子所敢与闻。"乃马真氏又道："先帝在时，曾立皇孙失烈门为嗣，但失烈门年幼，宜由长子贵由嗣位。"耶律楚材见此事非同小可，斗胆直言道："先帝既有遗命，应即遵行。"奥都剌合蛮却极力赞成，并主张先由皇后称制。奥都剌合蛮原是回回商人，后由译史安天合引荐，被任命为得领诸路课税所官。此人曲意逢迎，曾备受窝阔台宠信，被视为心腹，常通宵侍宴。他对汉法反对最烈。先此窝阔台曾建议扑买中原课税，由耶律楚材先定的50万两，增为110万两；奥都剌合蛮当了监税官，课银又增至220万两。为此耶律楚材曾当着窝阔台的面与他争辩，都没能取得支持。这次奥都剌合蛮迎合乃马真皇后，耶律楚材不愿与其争执，只得叹气而退。

乃马真氏称制后，奥都剌合蛮更加得势。乃马真氏在窝阔台未死前，耍弄权术，干预朝政，曾遭大臣反对。当时，反对最力的是丞相镇海、波斯诸省的长官阔儿吉思，以及在契丹之地的大臣牙老瓦赤。乃马真氏为报复前嫌，称制后便派人到契丹去取牙老瓦赤，并阴谋杀害镇海。镇海闻讯后藏匿到窝阔台儿子阔端处，才得免难。牙老瓦赤也早悉乃马真氏蛇蝎之心，便殷勤款待使者，将其灌醉后，脱身到了阔端住处。乃马真氏向儿子要人，颇晓是非的阔端回答说："鸟雀逃避凶鹫，草丛都能掩护他，希望我庇护的人，自然不能不管。他们都是大臣，有罪就让忽里台大会来惩处他们吧。"乃马真氏气得咬牙切齿，叫另一大臣亦马都木勒克罗织二人罪名，拟在忽里台上定罪。亦马都木勒克为人正直，不肯从命，竟被她关进监狱。乃马真氏还任命自己宠信的女人法蒂玛主持朝政，取代镇海。奥都剌合蛮则被派往契丹，取代了牙老瓦赤。乃马真安插妥当，便把御宝空纸交给奥都剌合蛮，由他随意书写。耶律楚材忍耐不住，又入朝争谏说："天下是先帝之天下，朝廷诏敕，自有宪章，怎能以御宝空纸付与权臣?"乃马真氏不敢对这位先帝老臣乱施手脚，只是一味敷衍，并不收回御宝。甚而变本加厉地下旨道："凡奥都剌合蛮所议，令史如果不予书写颁布，就斩断他的手!"耶律楚材毫无惧色，坚定地回答说："国家典故，先帝全都委托老臣，跟令史何干?事情合理，自然奉行，如果是不能做的事，决不相从。我死都不回避，何况截去手呢!"乃马真氏大怒，喝退耶律楚材。耶律楚材长叹道："我事太祖、太宗三十余年，无负国家，没想到最终竟会是这样。"从此以后，耶律楚材再也不能伸展己志，他心灰意懒，称疾不朝。至1244年，忧愤而死。有人谮言他在位时侵吞了天下贡赋的一半，乃马真氏命近臣去查视。在他的住所，查视者只见到琴玩十余张以及古今书画、金石、遗文数千卷，并无其它财宝。乃马真氏虽仇视耶律楚材，对此却又不能不暗生赞叹，只得追封他为广宁王。

为了稳稳地控制朝廷大权，脱列哥那积极地遣派使者召集在各地的宗亲贵族前来举行忽邻勒塔，以便将长子贵由扶上汗位。

早在1235年，贵由就参加了以拔都(术赤的长子)为首的蒙古第二次西征，攻略不里阿耳、钦察、斡罗思等国。约于1239年，攻下了上述各国以后，宗王们折回钦察草原举行庆功宴会。席间，拔都同贵由、不里(察合台的孙子)等发生争执。拔都派人向窝阔台告状，贵由、不里则遣使报捷。之后，拔都偕名将速不台等率大军又出征东欧各国。由于与拔都不和，更由于按照成吉思汗的遗言，花剌子模以西及"向那个方向尽鞑靼马蹄所及之地"尽属术赤系领有，贵由等宗王不愿为拔都拓土西方出力，没有继续西征。公元1241年初，窝阔台下令贵由班师。当窝阔台的死讯传到贵由军中时，贵由还没有回到他的封地叶密立。

在这汗位虚悬，大军西征未返，蒙古汗廷周围兵力空虚，脱列哥那搅乱朝政的时候，左翼宗王之首斡赤斤萌起了武力夺取汗位的野心。1243年夏，斡赤斤率大军迫近和林城下。蒙古汗廷顿时骚乱，百姓和军队都惶惶不安，脱列哥那也想听从奥都剌合蛮的建议，西迁避难。在踌躇不决的同时，她急忙遣使责问斡赤斤为何称病犯阙，并派在汗廷的窝阔台庶子灭里和斡赤斤之子斡鲁台率军相迎。值此危难之际，传来了贵由的大军已返抵叶密立的消息。斡赤斤见图谋难以实现，就诡称为奔丧而来，退兵东返了，一场内战的危机始告解除。

但是，斡赤斤称兵和林事件的发生，加重了汗位虚悬带来的危机感。而有宗室尊长身份的拔都借口有病，拒不应召来会，又使选立新汗的忽邻勒塔迟迟不能召开。贵由抵达汗廷之后，脱列哥那不待宗王们会集，便召集身边的大臣，作出了要选立贵由为汗的决定。然后，脱列哥那将自己的意图通知了所有宗亲贵族，召请他们尽快前来举行忽邻勒塔。

拔都接到已指定贵由为汗位继承人，再次邀他参加忽邻勒塔的通知之后，没有动身，只是派长兄斡儿答和几个弟弟前去赴会。后来，又让护送罗马教廷使者普兰·迦儿宾的人给将要被拥立为汗的贵由捎去了信件。

1246年春，各地的宗亲贵族陆续应召动身参加忽邻勒塔。前来赴会的宗王有：术赤的儿子斡儿答、昔班、别儿哥、别儿哥彻儿、唐兀惕、秃花帖木儿；察合台的儿子也速蒙哥、拜答儿，孙子哈剌旭烈兀、不里、也孙脱；窝阔台系的贵由、阔端等；拖雷的遗孀唆鲁禾帖尼及其诸子；斡赤斤及其诸子；以及按赤台等人。公历7月，忽邻勒塔在脱列哥那的居所昔剌斡耳朵（位于和林附近）召开。会上，有人提出失烈门曾是窝阔台生前指定的继承人，应当即位。阔端以成吉思汗曾一度提到要让他做汗位继承人为由，也站出来争位。但是，在称制者脱列哥那的主持和操纵下，大会以失烈门尚处幼年，阔端"病体奄奄"为由，否定了他们。经脱列哥那提议，唆鲁禾帖尼附和，宗王贵族们终于选定了窝阔台长子，以所谓"英武、严峻、刚毅和驭下而最知名"的贵由。公历8月24日，贵由在距昔剌斡耳朵不远、位于月儿灭怯土之地的金斡儿朵正式即位。曾经代表宗室尊长把窝阔台扶上大汗宝座的斡赤斤，因有称病和林之过，失去了扶新汗登位的权利，贵由被术赤的儿子斡儿答和察合台在世诸子之长也速蒙哥扶上宝座，是为定宗。

从公元1241年窝阔台病逝到1246年贵由汗登基，其间脱列哥那监摄国政长达5年之久。这个时期，蒙古宫廷动荡不定，矛盾错综复杂，蒙古帝国几乎被拖到了崩溃的边缘。脱列哥那虽然颇为能干，但她心胸狭窄、目光短浅、权欲极强。她称制期间，几乎拥有所有重大事务的决策权。扶持贵由是她巩固既得权益的一个重要步骤。但事物的发展变化是无情的，脱列哥那绞尽脑汁描画的蓝图的实现，却正是她失意的开始。

脱列哥那不顾窝阔台的宠臣耶律楚材的劝阻，改变亡夫的遗命，并无视拔都的缺席和一些宗王的异议，把持忽邻勒塔，将贵由汗扶上宝座之后，仍然紧紧地握持着汗廷大权。贵由汗对此极为不满。为争权夺利，母子间开始失和。

贵由为了夺回朝权，决心先除掉母后的宠臣法蒂玛。法蒂玛原是波斯女巫，被蒙古兵掠到和林，渐渐得宠，参理朝政。贵由让自己的师傅合答的侍从失剌出面揭发法蒂玛。失剌系哈里发阿里的后人，他指责法蒂玛用巫术蛊害贵由的弟弟阔端，使阔端体弱多病。正巧阔端的病势日益加重，接着便传来阔端的死讯。贵由以为弟弟报仇为借口，不顾脱列哥那的极力庇护，强行擒杀了法蒂玛。并且重新起用镇海、牙老瓦赤等人，还当众查收了宗王贵族们擅自发放的令旨牌符。后来他又设法处死了奥都剌合蛮。脱列哥那见母子间已经反目，大权已被贵由夺去，自己的宠臣接连被杀，不由得悔恨交加，加之年事已高，不久便悲凉地死去。

定宗孛儿只斤贵由皇后
斡兀立海迷失

◎ 武普照

蒙元王室的统治，曾多次出现皇后称制的局面，但治国有方的巾帼英杰却很难寻见，而败坏朝政，误国害民，搅乱天下者却比比皆是。贵由汗皇后斡兀立海迷失便是这些乱政皇后中较有代表性的一位。

斡兀立海迷失是斡亦剌长忽都花之女，命运之神的安排使她成了蒙古大汗窝阔台的长子贵由之妻，这就为她介入蒙古汗廷的争权斗争提供了机会。

最初，窝阔台并没立自己的长子贵由为汗位继承人。在众多的儿子中,他最为钟爱聪明多智的三子阔出,并有心让他做继承人。不料,阔出竟是一个同九五之尊无缘的苦命人,他在1236年同宋军交战时不幸死去。窝阔台转而又把阔出的长子失烈门抱养在自己的大帐,并指定失烈门为汗位继承人。公元1241年,窝阔台驾崩后,脱列哥那皇后临朝称制,她违背窝阔台的遗愿,准备立自己亲生的儿子为汗位继承人,这样贵由便成了第一人选。但由于新汗的确定需经忽邻勒塔大会议定,所以贵由并未顺利登位。由于脱列哥那不愿放权,更加上有宗室尊长身份的拔都迟迟不肯赴会,忽邻勒塔大会到1246年才勉强召开,这一拖就是五年多的时间。大会在拔都缺席的情况下确定贵由为新汗。斡兀立海迷失则顺理成章地登上了皇后的宝座。

贵由登位后,很快便从母后脱列哥那手中夺回了大权。他杀死了母后的宠臣法蒂玛和奥都剌合蛮,并且重新起用镇海、牙老瓦赤等人。对于一度阴谋用武力夺取汗位的斡赤斤,贵由借宗王法庭的名义将他处死。对于潜在的敌对势力,则采用拉拢手段加以安抚。他请拖雷的遗孀唆鲁禾帖尼代为散发赏给宗亲贵族的财物,并让拖雷的长子蒙哥同宗室长系的斡儿答一起代表全体宗王审理斡赤斤一案。为了在宗王中建立紧密的实力同盟,贵由还利用大汗的职权,以有子不能立孙为借口,废黜了察合台的孙子、继承人哈剌旭烈兀,改立同他关系密切的也速蒙哥为察合台兀鲁思之主。

贵由稳固了最高统治地位,处理了一些宗亲矛盾,但他内心最怨恨的敌人就是敢于公然无视大汗权威的拔都。所以,贵由即位后不久,便聚集兵马,准备远征钦察草原。他推说自己身患慢性病,须到窝阔台赐与他的旧营地疗养才好。因此他便于1248年初往自己的封地叶密立进发。他本想隐瞒西行的真实目的,但这种大规模的军事行动不可能躲过世人的耳目。唆鲁禾帖尼得知贵由的意图之后，及时派使者通知了拔都。唆鲁禾帖尼的泄密主要在于自成吉思汗以来术赤和拖雷及其家属之间皆因不甚得志而结下了一种不公开的同盟。拔都闻讯后，非常惶恐。寻思再三，他决定打着朝觐大汗的旗号，率军东迎。夏历三月，正当两军相向，战争迫在眉睫、一触即发的时候，贵由汗突然死于距别失八里一星期行程的横相乙儿之地。具体死因或言为人用毒酒暗杀，或言因饮酒斗殴而死，至今仍是个未解之谜。

贵由汗的猝死，使随驾而来的斡兀立海迷失皇后极度悲痛，为了防止朝权旁落，她立即返回汗廷，自抱失烈门，临朝视事。她颁布札撒（法令），下令封锁一切道路，每人应当在他已抵达的地方停留，不管是有人烟之地或是荒郊。她还降下懿旨，将贵由汗的灵柩运到他的斡耳朵所在地——叶密立。

为了争取宗亲贵族中最有势力的人对窝阔台系所剩下的孤儿寡妇的支持。斡兀立海迷失派使臣去见唆鲁禾帖尼和拔都，向他们通报了贵由汗驾崩的消息。唆鲁禾帖尼是一位颇有才智，善于收揽人心的人物，她派人送去了哀悼的话以及衣服等物。拔都也以类似的方式表示悼念，他还嘱托斡兀立海迷失应一如既往，与大臣们共同治理朝政，处理好一切事务。拔都本人则借口年事已高，体力不济，且又患有足疾，留驻在阿剌豁马黑（今伊塞克湖与伊犁河之间的阿拉套山地区），没有成行。

斡兀立海迷失是个缺乏政治头脑的庸碌女子，她并未意识到蒙古汗廷残酷的争权斗争即将来临。她在治国方面的无能与失策使窝阔台系的声誉一落千丈，越来越令蒙古宗族感到，贵由之死，已使窝阔台系失去了最后一个有能力治理国家的人。

贵由死时，适逢天气大旱，河水尽涸，野草自焚，牛马十死八九，饿殍遍地。自脱列哥那称制始，朝中派人到燕京南边诸郡不断索取货财、弓矢和鞍辔等物，或到西域回鹘索取珠玑宝物，到海东索取鹰鹘等等。驿骑络绎，昼夜不停；使者如雨，撒向各地；税吏如矢，射向民间。老百姓被摆布得时而这样，时而那样，束手无策，他们既不堪忍受下去，又走投无路。城乡上下，经济崩溃，民怨沸腾。斡兀立海迷失无力治理眼前繁乱的政局，大部分时间用心于巫术，成天同珊蛮巫师策划于密室，以实现她摄政的妄想。有了空闲则跟商人做点买卖，于朝政一无所为。她的两个儿子，忽察和脑忽，年轻任性，各自据有一宫，互不相服，并且与母后相对抗。于是竟出现了一个地方往往有三个统治者的混乱局面，国家的治理陷于瘫痪。右丞相镇海见朝纲紊乱，异常焦虑，几次向斡兀立海迷失进言，要她以社稷为重，进贤抑奸，扶正祛邪，但皇后竟拒而不纳。由于法度不一，内外离心，窝阔台系一度的繁盛至此被搞得混乱不堪，蒙古帝国也被拖向了危机的深渊。

相比之下术赤、拖雷一派却显得蒸蒸日上。术赤系自拔都继位后，兄弟垂手听命，内部稳定。他征服南俄草原，建立钦察汗国，驻军伏尔加河畔，兵强马壮，伺机而动。拖雷系内，唆鲁禾帖尼苦心经营，抚育儿子蒙哥、忽必烈、阿里不哥长大成人，个个能征惯战。而拔都和唆鲁禾帖尼在斗争中结成同盟，里应外合，从窝阔台系手中夺得政权已成定局。

贵由死后，拔都停驻在阿剌豁马黑，并以长兄的名义召诸王去见他。贵由诸子驻地较近，赶在诸王前去见拔都，但他们借口珊蛮说久留不利，仅呆一两天就返回去了。失烈门则拒绝应召。早就为其子谋求汗位辛勤奔波的唆鲁禾帖尼非常机警地把长子蒙哥遣往那里与拔都会面。拔都见到风尘仆仆的蒙哥，大加赞赏，他说："在所有的宗王中，只有蒙哥具有一个大汗所必备的秉赋和才干，因为他见过世上的善恶，尝过一切事物的甘苦，不止一次地统帅军队到各地作战，并且才智出众，在窝阔台汗、将领和战士的心目中，都受到了最充分的尊重。按照蒙古人的习惯，父位是传给幼子的，而蒙哥正是祖父成吉思汗幼子拖雷的儿子，因此他具备登临汗位的全部条件。"蒙哥的智慧与风采赢得了拔都的信赖，更主要的则是拔都念念不忘他与拖雷系的旧交情以及同窝阔台系诸王的矛盾。紧接着，拔都向各路宗亲派去了紧急使者，说明要重振蒙古帝国的声威，大汗之位非蒙哥莫属。他集合了自己的兄弟和整个术赤家族，还有右翼宗王中察合台的后裔哈剌旭烈兀，欢宴了几天，一致决定拥戴蒙哥即位。会后，他又派自己的弟弟别儿哥和不花帖木儿率军队把蒙哥护送到怯绿连河(今蒙古国克鲁伦河)地区，以便在全体宗王参加的忽邻勒塔大会上正式立蒙哥为汗。

斡兀立海迷失皇后得知这一消息，方才觉察到事态的严重性，她同儿子忽察、脑忽均无计可施，只得派使者去转告拔都说："我们不同意选举另外的汗，我们不承认你私订的协议。"而拔都对此却不予理会。他正同唆鲁禾帖尼等人一道，为筹备宗王大会四处拉人。

由于窝阔台系宗王和察合台的后裔也速蒙哥和不里等人拒绝出席，忽邻勒塔大会一直未能召开。拔都自恃握有重兵，先让诸位拥护蒙哥的宗王在怯绿连河一带集结，自己则派袭剌门必闍赤去见斡兀立海迷失皇后和她的儿子。先期到达的宗王们，让使臣捎去一封措辞委婉温和的信："成吉思汗家族中的大多数人已会齐，忽邻勒塔大会因你们拖延至今，再没有推脱和耽误的时间了。如果你们有和解和团结的愿望，应当尽快前来参加宗王大会，推选新汗。以便消除隔阂，整顿混乱的政局。"斡兀立海迷失听说拔都已扬言将不赴会者处斩，她担心拔都的火暴脾气真的发作起来不好收拾，便只得让脑忽、忽察先后启程，她自己则没有前往。

脑忽、忽察虽然已经出发，却磨磨蹭蹭，宗王们又发来第二封书信："如果你们故意没精打采，慢慢吞吞参加大会，我们将在你们缺席的情况下把蒙哥拥上汗位。"脑忽兄弟另有盘算，迟迟不愿到会。察合台系的也速蒙哥虽见到了拔都的使者阿兰答儿必闍赤，但也拖延过了会期。这样，参加忽邻勒塔的宗王们便于公元1251年1月25日至2月23日在合剌和林（今蒙古国鄂尔浑河上游东岸喀尔和林）拥立蒙哥为大汗，顺利地举行了登基大典。另有打算的窝阔台庶子合丹和灭里以及察合台系的哈剌旭烈兀都纷纷前来祝贺，蒙哥一一盛情款待。

正当蒙哥为登上汗位而兴高采烈时，一场叛乱阴谋也在悄悄酝酿着。

在斡兀立海迷失的唆使下，她的儿子脑忽联合了窝阔台的两个孙子失烈门、忽秃黑，以庆贺新汗登基为名，带着装满兵器的大车，悄悄逼近，准备以迅雷不及掩耳之势包围宗王大会，废掉蒙哥，篡取汗位。说来凑巧，蒙古汗廷的一个鹰人克薛杰，为了寻找一头丢失了的母驼，闯入脑忽、失烈门的营地，他发现作朝贺用的装饮食的车辆中藏有武器，一打听才知道这批人想趁朝贺之机，发动兵变。克薛杰悄悄地溜出营地，一口气赶了三天三夜的路，气喘吁吁、慌慌张张地奔入蒙哥的大帐。正在宴飨的蒙哥忙问："何事惊慌？"克薛杰环顾左右，欲语又止。蒙哥说："但说无妨。"克薛杰缓了口气，焦急地说："大汗容禀，我去寻找走失的骆驼，误入脑忽、失烈门王爷的大营，看见他们的朝贺车中藏有兵器……"说到这里，克薛杰如释重负，紧张骤弛，咕咚一声倒在地上。蒙哥立即命人扶他入宫中调养，并且派忙哥撒儿发兵包围脑忽、失烈门的营地，把他们连同部属一起拘捕。然后命尚未到来的诸王忽察及斡兀立海迷失皇后、不里、也速蒙哥及其妻脱合失等自行投案。同时又命不怜吉觯和10万人马驻守别失八里至和林一线，与驻守海押立的弘吉兰王子相呼应，防止察合台系诸王叛乱。

诸王迫于形势前来，最后全被拘留。不里当场即被拔都处死，也速蒙哥的妻子脱合失被哈剌旭烈兀下令当着其夫之面活活踢死。哈剌旭烈兀重新获得察合台封地的统治权，但却在赴任的途中死去。也速蒙哥后来则被哈剌旭烈死的寡妻斡儿吉纳奉蒙哥命杀死。其余的诸王遭到流放。失烈门后随忽必烈南征，被投于河中淹死。

斡兀立海迷失皇后见到蒙哥的使臣要她前去归案，非常恼火地说："宗王们曾经允诺过，大汗之位永远属于窝阔台家族，别人不得觊觎，更不得与窝阔台汗的后人为敌。如今你们却不守信用，自食其言，真是岂有此理？"说罢便将使者赶了回去。使者如实回禀，蒙哥听罢，怒发冲冠，下令说："成吉思汗的诸弟合撒儿、斡赤斤、别里古台的妻子均来朝贺，但斡兀立海迷失却偏要例外，莫非是要贵由的部下合答、镇海、八剌等人拥立她登基吗？"余怒难平的蒙哥下令立即逮捕斡兀立海迷失，并把她的双手缝在皮囊中，一直押到蒙哥的大帐。蒙哥命令将她关押在母后唆鲁禾帖尼的大帐内，由忙哥撒儿审讯。忙哥撒儿早已对斡兀立海迷失恨得要死，他命人剥光了她的衣服，让她赤身裸体地受审。斡兀立海迷失破口大骂道："你这畜生，我的身体只能呈露在贵由汗的面前，他人怎能随意观看？"忙哥撒儿下令用严刑拷问，最后斡兀立海迷失被迫承认了策动叛乱的事实。忙哥撒儿将她和失烈门的母亲合答合赤一起，按照蒙古习俗，用一张大毡子裹起来，扔进河里处死了。可怜这位曾横行一时的斡兀立海迷失皇后竟落得这么悲惨的下场！

宪宗孛儿只斤蒙哥皇后忽都台

◎ 任国让

宪宗蒙哥贞节皇后弘吉剌氏忽都台是蒙哥的第二个妻子，蒙哥继位后立为皇后。忽都台是德薛禅之孙忙哥陈的女儿。德薛禅弘吉剌氏是太祖成吉思汗光献翼圣皇后（旭真）孛儿帖的父亲，原名特弘吉剌氏。因为跟随太祖成吉思汗起兵征战有功，被成吉思汗赐名德薛禅；并且太祖年幼时在德薛禅家长大，两家自从祖辈关系友善。德薛禅和他的儿子按陈追随成吉思汗开国讨伐，战功赫赫，所以成吉思汗又赐予按陈国舅封号，加封王侯爵位，赐银印及白银25万两，遂统领蒙古各部。德薛禅把女儿（旭真）孛儿帖嫁给成吉思汗，成吉思汗谢恩并有旨：

"生女为后,生男尚公主,世世不绝。"所以忽都台长大后嫁给蒙哥是有着强烈的政治色彩的。

弘吉剌氏忽都台大家豪门出身,为人有胆有识,她深知当时大蒙古国那种"王室分裂,汗祚移人,今日贵为汗,明日楚囚相向,求为匹夫亦不可得"的严酷现实,迫使她对蒙哥夺取汗位的问题进行思索。弘吉剌氏忽都台自幼善于骑马玩弓习箭,有勇有谋。她对蒙哥进言,贵由只要一死,机会便会到来,那时窝阔台系家族所剩尽是孤儿寡妇,贵由妻翰兀立海迷失既无能又好巫术,她的两个儿子忽察和脑忽年轻任性,互不相服,这正是我们夺取汗位的好时机。忽都台很会侍奉丈夫,每当蒙哥从外面回来时,她都穿戴整齐地候在帐外迎接;蒙哥吃饭时,她总是伴陪,二人情深意重。一天他们正在帐内吃饭,突然传来几声雕叫,忽都台连忙取下弓箭出帐,蒙哥也兴致勃勃地随后跟出,这时只见数只大雕在空中盘旋。蒙哥半开玩笑似的对妻说:你如果能射中大雕,汗位就是可争得的;如果射不中,恐怕就很难了。妻顿时张弓弛箭,一箭发出,只见空中两雕落地而来,可谓一箭双雕。蒙哥颇为大喜,这是预示着蒙哥夺得汗位的吉祥兆头。

一方面,蒙哥积极活动,声望俱增;另一方面,忽都台和唆鲁和帖尼犒赏三军众民,赢得了人心。淳祐八年(1248)三月,窝阔台的长子贵由大汗在征战途中死去。贵由死后,朝廷无君。在忽邻勒塔(部落议事会制度)上,蒙哥依靠他的威望以及和术赤的儿子拔都形成的强大军事力量,终于把汗位从窝阔台系家族手中夺了回来。淳祐十一年(1251)夏,蒙哥即汗位。

蒙哥继位后,面对的是"大蒙分裂"、"久而不治"的局面,这种情况对他说来很是棘手,但皇后忽都台尽力辅佐。一天皇后考虑了一条措施,她认为可以利用阔出之子失烈门与贵由之子脑忽、察合台之孙也孙脱企图推翻蒙哥汗位的事件,将三王分别遣发到汉地军前从征,这便可以把窝阔台领地瓜分数块,分授其他后人。蒙哥采纳了皇后的建议,用分而治之的方法,使他们任何人都无力对抗汗廷。皇后对蒙哥说,应对诸王限制,如诸王驰驿只允许乘马3匹,远行也不准过4匹,诸王不得擅自招募良民百姓,等等。由于采取了不少措施,蒙哥的统治地位日益巩固加强起来。

宝祐四年(1256)皇后忽都台病倒,她把妹妹也速尔叫到床前,嘱托其妹要继承自己的遗愿,辅佐蒙哥建国立业。皇后去世后,也速尔遵照姐姐嘱托继为蒙哥皇妃。至元二年(1265)元世祖忽必烈追谥弘吉剌氏忽都台为"贞节皇后",并在宪宗庙里立了牌位。

附：宪宗孛儿只斤蒙哥妃也速儿

◎ 任国让

宝祐四年（1256）正当蒙哥心爱的皇后忽都台病逝之际，有人向蒙哥告发其弟忽必烈想在中原谋反。当时中原汉族地主对忽必烈寄有很大希望，称"贤王"，君为"中国之主"，并为之效力，进而形成对蒙哥的威胁。兄弟之间矛盾加深，危机日迫。皇妃也速尔始终没有忘记皇后忽都台姐姐生前的忠告，她面对现实思绪万千。也速尔虽也出身显赫豪门，但情柔温顺，秀外慧中。蒙哥很早就喜爱她，只不过她那时年幼。如今也速尔长大又继为蒙哥皇妃，蒙哥如愿以偿，心中自然高兴许多。一天，也速尔对蒙哥进言，兄弟之间不必争斗，最好想办法谋和为好，以兴盛大蒙古国之伟业，宽待其弟。忽必烈虽身为藩王，但调集军马粮草的权力都在大汗手中，因此断难与其哥进行直接较量。忽必烈为此也非常忧虑，他听从了谋士姚枢的建议，立即把妻子弘吉剌氏察必及儿女送到汗廷为人质，并表示无异志。皇妃也速尔见到察必后，姒娣二人相谈融洽，遂商议如何使蒙哥兄弟二人和睦之策，无论如何不能酿成一场战祸。忽必烈妻察必十分感激兄嫂虽然年少但宽容大度的襟怀。同年十一月，忽必烈谒见蒙哥于"河西"之地。兄弟二人见面后情景相当尴尬，但在也速尔的劝解之下，双方终于消除疑虑，动了兄弟手足之情，从而避免了一场不测之祸。

后来，兄弟二人团结合作，于宝祐五年（1257）春展开了对南宋的全面进攻。同年秋天，蒙哥率大军进入四川，开庆元年（1259）七月，蒙哥以英勇善战身殉钓鱼山下。皇妃也速尔得知消息后悲痛不已。元世祖忽必烈念兄嫂之前情，在蒙哥死后，每年赏也速尔银5百万两，折宝锭3000贯。

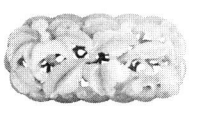

世祖孛儿只斤忽必烈皇后察必

◎ 贡绍海

　　大凡历代开国立业之君，必得贤后相助，如汉之吕后，前则助高祖定天下，后则足不出户与民休息。在这些皇后中，有的出谋划策以定天下，有的规谏左右匡佐君王，有的俭朴仁爱以率天下，有的娴淑知礼为天下表，有的则更是兼而有之，不仅为本朝本代的开国兴盛尽智尽力，而且在推动历史发展的过程中也作出了不可磨灭的贡献。元代开国元君忽必烈的皇后弘吉剌察必即是其中之一。

甘苦与共以定天下

弘吉剌察必出身于一个蒙古世宦贵族家庭，其父按陈官封济宁忠武王。由于当时蒙古族正处于东征西讨、四处征战的时期，察必从小便耳闻目睹，养成了一种遇事镇静、外柔内刚的性格。长大后，察必出脱成了一个知礼娴淑、温和美丽的大家闺秀，被太祖铁木真的孙子、时为藩王的忽必烈纳娶为妃。

当时的忽必烈虽身为藩王，但早有一统天下，雄居八荒的志向，史称他这一时期已"思大有为于天下"。1251年，宪宗蒙哥继位后，委忽必烈以漠南汉地的军国庶事，因而使得忽必烈深受汉族文化的影响，其思想观念和行为活动慢慢地开始脱离蒙古旧贵族的运行轨道。

蒙古族作为我国北方的一支游牧民族，在13世纪中叶开始由早期奴隶制向封建制飞跃。然而，比起同时期的中原汉族，不仅在社会发展水平上是落后的，而且仅仅习惯于单纯的、游牧式的畜牧业，不懂得对中原定居农业经济进行保护和利用，同样也不具备管理中原高度发达的封建社会所必需的政治素养和文化水平。这样一来，蒙古族在初入中原地区后，在经济上便采取了赤裸裸的超经济掠夺，大量地圈占原来的农田作为牧场，甚至有人提出把所有的农田毁掉用作牧场，放养牲畜。这种做法无异于把蒙古族落后的奴隶制的政治社会经济制度强加于汉族地区，其结果只能是造成我国北方地区在长期战乱后又陷入混乱和凋敝，社会经济呈明显的倒退局面。

究竟怎样才能巩固在汉族地区的统治呢？在这个问题上，忽必烈受到了他的母亲、酷爱汉族文化的庄圣太后的影响和启发——以汉人为师，仿效其法。因而，忽必烈经常邀请一些汉族知识分子到他的藩府中，向他们请教汉族的先进文化和管理知识，请教治国安邦的道理。在这方面，忽必烈显得十分开明，不仅自己学，而且在负责漠南汉地后的第二年（1251），便让他的儿子、年仅10岁的真金学习汉族的先进文化，"日以三纲五常先哲格言熏陶性情"。①作为忽必烈的妃子、真金母亲的弘吉剌察必也慢慢地对汉族文化历史及政治制度产生了浓厚的兴趣，并深受影响。

在汉族地主的影响下，忽必烈的思想产生了深刻的变化，认识到要想在封建文化高度发达的中原地区扎下脚跟，除施行汉族原来的一系列典章制度和基本政策外，别无它法。因而，忽必烈负责漠南汉地后，便开始积极地采用汉法治理汉地，以求得巩固在汉族地区的统治，为他以后争夺霸业打下坚实的基础。首先，忽必烈在漠南汉地改变了此前的奴隶制式的掠夺政策。他多次严申官兵扰民之禁，下令禁止以农田为牧地，禁止纵畜损残桑稼，要求官吏"劝诱百姓，开垦田土，种植桑枣，不得擅兴不急之役，妨夺农时"。②把财政收入放在恢复和发展农业生产而增加的贡赋上。其次，忽必烈还采用汉族的一整套行政系统，借以管理中原地区。另外，忽必烈还承认汉族的文化传统，不仅自己学习汉族文化历史，还用汉文化教育勋戚子弟，力图改变蒙古族落后的政治文化素质。

忽必烈的一系列努力得到了中原地区汉族地主阶级的支

---

① 《国朝文类》卷六〇，姚燧《中书左丞姚文献公（枢）神道碑》。
② 《元史·世祖本纪二》。

持，赢得了"爱民之誉，好贤之名"，汉族地主阶级把他看成能够保护和维持他们利益和文化传统的新主子，从而积极地帮助忽必烈巩固他在中原地区的统治，使忽必烈势力得到了较快的发展。对此，一些坚持遵循蒙古原有生产方式的旧贵族十分不满，自诩为"遵祖宗之法，不蹈袭他国所为"的宪宗蒙哥在位时，便对忽必烈统辖的漠南汉地进行了大规模地讨伐，给忽必烈的势力以极大的削弱。蒙哥死后，蒙古贵族内部新旧两派的矛盾便发展到非用武力不能解决的地步了。

1259年，忽必烈随蒙哥南攻宋朝。此时，忽必烈与蒙古旧贵族的矛盾已十分激烈。因而，忽必烈便把察必和17岁的真金留在北方，及时注意漠北势态的发展，以便迅速采取有效办法。1259年七月，蒙哥在合州战死。蒙哥的去世，使得维系新旧贵族的纽带崩裂了，一场围绕汗位的新旧贵族间的争夺战便悄悄拉开了战幕：留守和林的忽必烈的弟弟、旧贵族的代表阿里不哥，企图借留守和林的政治优势，迅速继承汗位，逼使忽必烈就范。而这时忽必烈正率师南征，在接到宪宗去世的消息时，不愿"无功遽还"，反而继续南下，包围了南宋重镇鄂州。对此，忽必烈的幕僚们万分焦急，纷纷劝说忽必烈迅速班师北返，郝经在《班师议》中指出："这个时候宋人正惧我如虎，根本谈不上对我们的威胁。但是，我们却正面临着后院起火的危局，别有用心之人已在等待时机，企图染指汗位呢！不马上班师早作打算是十分危险的。"对此，忽必烈仍是无动于衷，其实他已是焦急万分，不过是在等待着察必送来的可靠消息而已。

此时，留在北方的察必也早已嗅出了蒙古贵族间浓烈的血腥味，在得知阿里不哥正派其心腹阿兰答儿四处括扩后，便感到战争正在迫近。于是,老练的察必一面以忽必烈妃子的身份派人公开指责阿兰答儿:"发兵征战是军国大事,太祖皇帝的曾孙真金在这里,难道他不应该知道吗?你们是何居心,为什么不让他知道呢?"另一方面,察必秘密地派遣她的心腹脱欢和爱莫尔火速赶到了忽必烈的军营,报告了阿里不哥的图谋,并建议火速班师。

忽必烈在接到了察必的确切消息后,终于立下了北返争夺汗位的决心,迅速班师,展开了同阿里不哥的汗位争夺战。可以说察必的活动和密报对忽必烈的最后胜利起到了不小的作用。之后,忽必烈迅速回师秦、蜀、陇地区和燕京一带,果断地控制了这些地区,利用这一带充足的物力人力资源展开了同阿里不哥的决战。1260年9月,取得了对阿里不哥首次大战的胜利;1261年11月,再胜阿里不哥于昔木土脑儿;到1264年7月,阿里不哥被迫率众归降,忽必烈取得了汗位争夺战的最后胜利。

与阿里不哥相比,忽必烈是一个相对开明和进步的蒙古新贵族,面对历史的激烈变化能够较快地适应形势,采取一些符合历史潮流的措施。因而,忽必烈与阿里不哥之间的汗位之争就不仅仅是单纯的权利之争,忽必烈的胜利就具有相对的积极意义。与此相适应,在这场战争中扮演重要角色的弘吉剌察必,同样也是值得肯定的。正基于此,中统初年,察必被立为皇后,至元十年(1273)三月,真金被立为太子的同时,察必被尊为"贞懿昭圣顺天睿文光应皇后"。史称这段时间的察必是"曩事龙潜之邸,及乘虎变之秋。鄂渚班师,洞识事机之会"。①

---

① 《元史·后妃列传一》。

匡佐君王经营中原

元朝建立之后，忽必烈把仿效汉法的方针施行到了全国，对典章制度作了一系列的调整。但是，由于长期的习惯和一些旧势力的影响，忽必烈有时难免南辕北辙，动摇反复。而此时，作为皇后的弘吉剌察必在匡佐君王经营中原上表现出了非凡的才能和难能可贵的品质。

蒙古族进入中原地区后，首先面临的便是如何处理不同的生产方式的问题。而这一问题处置之恰当与否又直接关系到当时中原地区的稳定和发展。基于蒙古族长期养成的习惯和客观需要，蒙古族初入中原之后便大肆掠夺土地，用于畜牧业，严重地破坏了中原地区发达的封建经济。忽必烈在掌管漠南汉地时，为其自身政治的需要，曾下令保护农业生产，禁止随便圈占农田，取得了极大的效果。但是，在统一全国之后，为加强对汉族人民反抗斗争的镇压和为其进一步扩张准备足够的马匹，忽必烈仍然在全国范围内圈占了大批农田作为牧地，"东越耽罗，北逾火里秃麻，西至甘肃，南暨云南等地，凡一十四处，自上都、大都，以至玉你伯牙，折连怯朵儿，周回万里，无非牧地。"① 这一做法在很大程度上破坏了南方汉族地区经济的发展，也引起了人民的抗争。这种现象当时便引起了皇后察必的高度重视和不安。

一次，四怯薛奏请忽必烈，要求圈占京城附近的农田作为牧场，忽必烈竟然未作过多考虑就批准了这一计划。察必听到

---

① 《元史》卷一〇〇，《兵志》三，《马政》。

后，认为这件事极为不妥，燕京(今北京)是元朝统治的心脏地带，牵一而动百，如果大规模地圈占农田，必然引起人民的反抗，从而直接威胁元朝的统治。于是，察必急忙赶到殿前，极为严肃地批评官至太保的汉人刘秉忠："你是汉族人中识大体的佼佼者，皇帝把你当作心腹，委以重任，言听计从，你为我们蒙古族立下了盖世功劳，这些群臣上下没有不知道的。但是，四怯薛无知，竟奏请圈占京城附近的农田作为牧地，这是有损国计民生，不利于巩固统治的办法，你是汉人，难道不明白其间的利害吗？你为什么不劝谏皇帝呢？当然，我们蒙古族刚进入中原时，由于客观需要也圈占了一些民田，况且那又是战乱时期，土地废置荒芜；但现在是国家需要稳定的时期，人心思定，而我们所需要的牧场已基本齐全了，农民也在他们的土地上辛耕勤作，以图养家糊口，再像从前那样强夺民田，既不利于经济的恢复，又不利于国家的长治久安，这样做难道可行吗？"察必虽然是在指责刘秉忠，实则是在变相地劝谏忽必烈。她的这一番话，对忽必烈来说无异于迎头棒喝，遂下令停止割占农田，从而避免了由此而引起的动乱和麻烦。

创业和守成问题历来是封建君王所重视的大问题，忽必烈灭亡南宋统一中国后，也面临着如何长期稳定统治的问题。

至元十三年(1276)，忽必烈灭亡南宋，整个蒙古族上下喜形于色，沉醉于胜利的喜悦中。就在这时，具有卓识远见的皇后察必却面露愁容。忽必烈觉得非常奇怪，便问道："我现在灭亡了南宋，平定江南，从此君临天下，可以不必再东征西讨，过安逸奢华的生活，大家都很高兴，你却为什么一个人郁郁寡欢呢？"察必马上跪奏道："妾听说自古以来还没有可以延续千年而不易主的朝代。宋朝初建之时是何等威武，国富民安，其乐融融。但是，后来其子孙不肖，纲纪厥废，明暗不分,民怨沸腾,国力空虚,以致被我大蒙所灭,这是值得汲取的经验教训。现在,我们灭亡了宋朝,群臣上下便忘乎所以,这是一种极坏的征兆,应让他们明白'创业难,守成更难'的道理。倘若能够及早地提醒我们的子孙以亡宋为鉴,避免重蹈南宋灭亡的覆辙,那便是我们最大的幸事了。"

察必作为一个蒙古族出身的女子,能够在元朝建立之初即提出这样一个历代封建帝王为之寝食不安的问题,着实是难能可贵的。

其后,忽必烈又让人把平灭南宋所劫取的金银珠宝、字画古玩陈列殿廷之上,借以显示自己赫赫的战绩。然而,察必看后却一言未发悄悄离去,忽必烈感到奇怪,让宦官追问察必何故一物未取,难道这些东西不合皇后的心意吗?察必正色回答说:"宋人积蓄的这些东西,是作为家业留给他们子孙的。可叹其子孙不肖而不能守,反为我大蒙所得。我觉得这是件非常可悲的事,应引起我们的警惕,哪里还有心思考虑它们的好坏呢?"忽必烈听后也不免喟然长叹,颇有感触。

忽必烈灭亡南宋后,为防止赵宋戚贵聚众图谋,便把宋太后全氏劫持到了燕京。但是,由于全氏一直生长在江南,不服北方水土,经常生病,察必便多次请求忽必烈让全氏回江南居住。对于察必的建议,忽必烈一直未予同意,他对察必说:"你们妇道人家考虑问题缺乏远见,如果让全氏回江南居住,一旦有什么风吹草动,或关于她的一些传言,她可能就性命不保,这样做只能是害了她。如果你真的怜悯她,就经常照顾一下,使她能够平安舒适地度过余生便是了。"忽必烈的这番话当然是有其深刻含意的,当时蒙古贵族既已确立了在中原地区的统治地位,就必须拉拢并借助于汉族地主阶级,对宋太后的优礼照顾必然有助于蒙汉统治阶级的联合。因而,宋太后全氏在燕京期间一直得到了察必的精心照顾。

综上所述,元朝建立之后,察必的一些活动着实起到了巩固蒙古贵族统治的作用,一些建议对历史的发展也具有积极意义。因而,察必的孙子成宗即位后,对她作了高度评价:"上都践阼,居多辅佐之谋","左右我圣祖,建王之极功"。①

俭朴仁爱为天下表

察必一生共有子女12人,次子真金被立为太子,嫡孙铁穆耳又在忽必烈死后继承了皇位,成宗赞之曰:"抚育我前人,嗣社稷之重托"。然而,察必虽身居如此显赫的地位,却与当时大多数蒙古贵族铺张奢侈相反,一直保持着俭朴勤作的习惯。

一次,察必派人从太府监支取了缯帛表里各一匹,忽必烈知道后责备她说:"这些东西是军国必需品,不是咱们私家的东西,你怎么可以随便支取呢?"此后,察必便经常率领宫中嫔妃宫女亲执女工,搜集一些用旧的和作废的弓弦,煮炼之后编辑成䌷,用来制作衣服,其坚韧稠密程度可以同任何绫绮相媲美。又一次,察必看到宣徽院的一些羊前腿皮闲置不用,觉得十分可惜,便率领宫女们把它们搜集起来,缝合后制成地毯。在生活中,察必正是这样处处注意节俭,反对浪费,借以劝导天下。

由于长期参加力所能及的劳动,察必不但了解下情,且心灵手巧。蒙古族作为游牧民族,放牧和作战均离不开骑马射

① 《元史·后妃列传一》。

箭,而原来的蒙古人的帽子没有前檐。一次忽必烈射猎归来后,对察必抱怨说:"今日打猎时,因阳光耀眼,竟让一只大雁从眼皮底下飞跑了。"察必听后,灵机一动,给帽子加上了一个前檐。忽必烈戴后甚觉方便,便下令以此为式,广为流传。其后,察必还对蒙古族的骑服作了改进,制作了一种叫比甲的骑服,这种服装没有袖子和领子,前及腹部,后及膝弯下,用两条衣襻连缀起来,特别适应于骑马射箭,为当时人所喜爱并竞相仿效。察必性情敏达,明于事理,在其他事情上大多也是这样。

至元十八年(1281)二月,察必病逝。忽必烈死后,二人合葬于起辇谷中。基于察必生前的一系列有益的活动,成宗即位后追谥她为"昭睿顺圣皇后"。

世祖孛儿只斤忽必烈皇后 南必

◎ 宋继和

南必皇后,出生于蒙古贵族弘吉剌氏族系,其父仙童是元代名臣济宁郡王纳陈万户的孙子。至元十八年,同是出于弘吉剌族的察必皇后病逝。至元二十年(1283),容貌俏丽、正值青春年华的南必被元世祖忽必烈立为皇后,接替了其曾姑祖母察必正宫娘娘的职位(察必与纳陈是兄妹。蔡东藩先生所著《元史通俗演义》上说:南必皇后是察必皇后的从侄女,与宋濂编《元史》不符,本文依《元史》说法)。据史书记载,南必皇后算得上是贤惠厚德、知书达理之人,但与其曾姑祖母察必皇后比较起来,各方面仍显得略逊一筹。而她们都是侍奉同一个君主，孰优孰劣自然是很好区分的。

世祖忽必烈纳南必为皇后这年，他已是68岁高龄，而南必却正是青年妙龄之时。这时世祖后宫充盈，又与南必年龄相距甚大，因此免不了常常冷落南必。精力旺盛耐不住寂寞的南必皇后，总想找些事干干，打发一下时光，便时时利用皇后的权威干预朝政，对朝中大臣颐指气使。由于元朝对后宫的限制不太严密，遂使一代英主忽必烈健在时，后宫干政之势已经形成。忽必烈自感年迈，诸事力不从心，因此，对南必皇后参与朝政的做法不予禁止，听之任之，使朝臣认为是皇帝支持皇后这样做的。以致到了后来，南必皇后竟常以"皇帝春秋已高应多保重龙体为要"这样的理由，阻挡大臣面见皇帝奏事，甚至宰相这样的国家重臣也常常不能面见皇帝，朝廷有事，总是通过南必皇后转奏。朝廷内外皆有微词，但谁也无良策解决。年事已高的忽必烈对南必皇后的眷爱，远远不如对察必皇后的爱怜。以古稀之年的身体，还经常不忘采选民间美女充实已盈满的后宫，供其淫乐，民间时时盛传着老皇帝又在选美的艳事。南必皇后好言相劝，却遭元世祖呵斥，吓得她再也不敢言及此事。另外，忽必烈经常找借口游幸上都开平府，托词说是去避暑，不带南必皇后随行，其实是去纵情声色。上都府内旧有妃嫔大都未跟随朝廷南迁，蒙俗又与汉俗不同，对于前代守寡的年轻女子，元世祖经常找来寻欢作乐，乐得快活。

就这样，南必皇后伴随忽必烈度过了12年，生下一个儿子，取名曰"铁蔑赤"。至元三十一年（1294）正月，80岁高龄的元世祖忽必烈去世，皇位由其孙子奇渥温铁穆耳继承，是为元成宗。元世祖撒手而去，遗下尚还年轻的南必皇后（她还不到30岁），在宫中苦苦熬过她的后半生。关于南必皇后此后的生活，正史没有确凿的史料记载，但可以推想她是不会幸福的。元成宗刚一登基，便给已经去世多年的察必皇后上封号"昭睿顺圣皇后"，却不封仍健在的南必皇后，从这件事也可以看出她是不被朝廷重视的，当然也不可能再干预朝政了。由于史无记载，我们也不知道南必皇后死于何年。

元

世祖率儿只斤忽必烈皇后南必

成宗孛儿只斤铁穆耳皇后
失怜答里

◎ 阎忠军

至元二十二年(1285)，主张倡行汉法的真金太子死于非命。真金太子遗留下来三个儿子——甘麻剌(长子)、答剌麻八剌(次子)和铁穆耳，都很受世祖钟爱，由谁继嗣为"皇太孙"迟迟未定。直到至元三十年(1293)，忽必烈才决定立第三子怀宁王铁穆耳为继承人，并赐储闱符玺"皇太子宝"。

至元三十一年(1294)，元世祖忽必烈驾崩。这年四月，铁穆耳即皇帝位，是为成宗。

成宗即位后，于大德三年(1299)十月册立失怜答里为皇后。

失怜答里为弘吉剌氏之后。弘吉剌氏的闺秀不少成为元朝王室后或妃。按照蒙古族特有的习俗，所立皇后不止一人，但她们之间并不是平起平坐的，而有着嫡次之分、主从之别。失怜答里是为次后，卜鲁罕皇后身居其前。这使得失怜答里皇后一开始就处于较为被动的地位。失怜答里皇后温顺贤淑，曾受成宗宠幸。这年，她为成宗生下了唯一的儿子德寿。母以子贵，失怜答里皇后因此而身价倍增。这引起了卜鲁罕皇后的嫉妒和不安，她担心有朝一日失怜答里皇后会取代自己的位置。然而失怜答里皇后对此几乎全然不察。她心地善良，对自己可能受到的打击缺乏应有的防备，加之她性情柔弱，缄默少语，凡事均以卜鲁罕皇后为先。而成宗是个守成的皇帝，他在政事上恪守成宪，减免赋役，不行战事，使成宗朝在一定程度上维持了相对稳定。在对两皇后的态度上，他可以说是飘忽难定，他既喜欢为自己生子且温柔的失怜答里皇后，同时又不得不敬重有才华又有谋略的卜鲁罕皇后，而且其中还夹杂着几分胆怯。这样，渐渐地失怜答里皇后所受的宠爱不像当初那样了，且越来越感受到来自卜鲁罕皇后的压力。这使得失怜答里皇后心中添了几多忧虑，她不知等待自己的将会是什么。而唯一使她觉得有安慰和寄托的便是自己的儿子德寿，看着他一天天长大成人，且深得成宗喜爱，心中还能升起一线希望。

大德九年（1305），成宗重疾难痊，便立子德寿为太子，失怜答里皇后心中犹如石头落地，长长地松了一口气。然而，她万万没料到，太子德寿立未数月，便溘然而去了。这对失怜答里皇后无疑是致命一击，她悲伤，她抑郁，她无论如何也难以承受如此之厄运。失怜答里皇后终因饱尝忧患，早早地离开了人世。

元武宗即位后至大三年十月，亲率众臣祭奠失怜答里皇后亡灵，追尊谥"贞慈静懿皇后"并合葬于成宗皇帝殿室。

成宗孛儿只斤铁穆耳皇后
卜鲁罕

◎ 阎忠军

卜鲁罕，姓伯岳吾，为驸马脱里思之女。元贞初年，成宗册立卜鲁罕为皇后。卜鲁罕皇后和失怜答里皇后一样楚楚动人，但性格和为人却迥然不同。卜鲁罕皇后聪颖多智，而且长于心计，凡事不甘为人后。这使得成宗颇为仰重，并有几丝畏怯。成宗在朝政方面虽没什么大的作为，但对宫廷生活他却尽兴地去享受。成宗即位不久，即燕昵宫闱，常不视朝。晚年又多疾病，国家大事多废不举。后来，他基本上不再亲理政务。凡国家大事，内则决于宫人，外则委诸廷臣。卜鲁罕皇后和右丞相哈剌哈孙分别掌握朝廷大权。这样，以卜鲁罕皇后和左丞相阿忽台为一方,以哈剌哈孙为一方,形成了成宗朝内两大对立的派别。他们明争暗斗,使得矛盾日益尖锐化。特别是卜鲁罕皇后,她依仗自己成宗嫡后的身份,凭借不凡的胆识,得以在成宗晚年居中用事。一切政务,俱由卜鲁罕皇后主持。卜鲁罕皇后长居禁中,深谙排斥异己之道。大德九年,刚被立为太子不久的德寿先成宗而死,有言是被卜鲁罕皇后暗中谋害。此事虽无佐证,但德寿为成宗独子,又为次后失怜答里所生,且被成宗立为太子,这对卜鲁罕皇后来说不能不是心腹之患。因此,太子德寿之死很可能与卜鲁罕皇后有关联。大德十年(1306),卜鲁罕皇后又使出一着,将成宗的嫂子答己及其次子爱育黎拔力八达贬往怀州。

答己是成宗次兄答剌麻八剌之妃。答己生有二子即后来的武宗海山和仁宗爱育黎拔力达。不料答剌麻八剌短命,撇下妻儿归西。按照蒙古婚俗,成宗欲纳其嫂答己为妃。卜鲁罕皇后出于嫉妒,而且考虑到自身的权位,便阻止了这件事。由此卜鲁罕皇后与答己不睦。现在卜鲁罕皇后索性一不作二不休,贬答己母子于外。答己长子海山此时正奉诏镇戍漠北,闻知此事,颇怀不悦。

这一年冬天,成宗铁穆耳旧疾复发,且比从前加甚。大德十一年(1307)正月,成宗驾崩。因太子德寿早夭,帝位继承人的选定遂成为各种矛盾的焦点。根据元朝旧制,在皇位空虚之际暂由嫡后摄政。卜鲁罕皇后担心答己长子海山乘机来报前怨,便密令心腹去召安西王阿难答速来京师。阿难答系世祖诸孙之中最年长者,是元成宗的堂弟。卜鲁罕皇后在左丞相阿忽台等的怂恿和支持下,准备议立阿难答继大统。如果帝位可传世祖诸孙,阿难答也算是合法继承人。可是世祖生前有日后帝位必传真金太子之后的成约。这样正统的继承人应是成宗长兄甘麻剌之长子也孙帖木儿（后为泰定帝）。但卜鲁罕皇后称制心切，并未顾及这些问题。成宗尸骨未寒，卜鲁罕皇后便急于下敕垂帘，命安西王阿难答辅政，试图制造皇后临朝、皇叔摄政的既成事实。但卜鲁罕皇后却没有料到，右丞相哈剌哈孙表面上虽不反对，而暗中私通答己的两个儿子海山和爱育黎拔力八达。及卜鲁罕皇后醒悟过来，意欲寻隙除掉哈剌哈孙时，事态已发展到难以挽回的局面。成宗的讣告传至怀州，爱育黎拔力八达与其母答己便以奔丧为名来上都，准备伺机夺取元朝皇位。经过一番秘密谋划，爱育黎拔力八达在右丞相哈剌哈孙的支持下发动了一场宫廷政变。安西王阿难答、左丞相阿忽台及诸追随王臣，被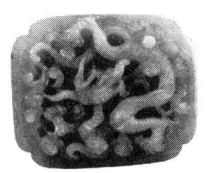"责以乱祖宗家法"全部处死，卜鲁罕皇后也被禁在宫中。这时元朝政权暂落于爱育黎拔力达手中。但因其兄海山拥兵朔方，且能征善战，母亲答己亦奈何不得，爱育黎拔力达更不敢造次，只好以监国的名义执掌朝政。大德十一年五月，海山率部入京师即位，号武宗，尊母答己为皇太后，立同母弟爱育黎拔力八达为皇太子。

　　元武宗即位后，即废卜鲁罕皇后，将她贬往东安州。然而，事情并没有就此完结。武宗又颁诏书，说卜鲁罕皇后之所以不立从子，反欲妄立皇叔阿难答，其中定有情弊私通。既然秽乱深宫，根据祖宗大法，罪在不赦，应予赐死。谪居东安州的卜鲁罕皇后再也无路可择了，只好仰药自尽。

武宗孛儿只斤海山皇后 真哥

◎ 王云彩

至大三年（1310），元武宗孛儿只斤海山立弘吉剌氏女真哥为皇后。

弘吉剌氏是蒙元一代最显赫的家族，世居也里古纳河一带。祖上德薛禅因从太祖铁木真起兵有功，深得太祖器重。他的女儿旭真、被太祖立为皇后。特薛禅的儿子按陈跟随太祖南征北战，立有赫赫战功。太祖赐按陈号"国舅按陈那颜"，并授以银印，封河西王，赐钱20万缗。且降旨："弘吉剌氏生女为后，生男尚公主，世世不绝。"

真哥的祖父脱怜，是按陈的裔孙，世祖忽必烈时授以本藩千户，赐以驿券、国符各四个。领兵守朔方客鲁连河一带。后随族文按答尔秃平定了乃颜的叛乱，被赐号"拔都儿"。他的儿子（也就是真哥的父亲）迓不剌继承父位。

真哥在诸后妃中最为武宗所宠爱。武宗天性好色，整天和真哥沉溺于声色宴舞之中，致使朝政日坏，国势日衰。中书平章政事阿沙不花为此曾直犯龙颜，对武宗说："陛下近来面色憔悴，大不如前。酒色就像两把利斧砍伐孤树，长此以往，终致仆倒。"武宗表面接受阿沙不花的劝告，事后一如既往。果如阿沙不花所言，武宗终于在酒色这两把利斧的砍伐下，于1311年倒下了。真哥皇后也只有独守空房，形影相吊了。泰定四年（1327）十一月，真哥皇后去世，无子，谥号"宣慈惠圣皇后"。

附：武宗孛儿只斤海山皇太后答己

◎ 武普照

元朝中期，宫廷内部的争斗相当惨烈，皇亲国戚之间为争取皇位，独揽朝纲，勾心斗角，互相倾轧，历临三朝的兴圣皇太后答己便是这一系列斗争中的重要角色之一。

守寡遭贬

弘吉剌氏答己是按陈的孙子浑都帖木儿的女儿，她自幼便受到贵族思想的熏染，元朝宫廷内部为夺取帝位所展开的你死我活的斗争在她的记忆中打上了深深的烙印。在命运之神的操纵下，她本人生来便拥有的高贵的出身和倩丽的容貌使她成了答剌麻八剌的妻子，这就为她亲身介入元朝宫廷的夺权斗争提供了历史契机。

答剌麻八剌是元世祖忽必烈的长子真金（裕宗）的次子，母亲是徽仁裕圣皇后弘吉剌氏。真金为燕王时，答剌麻八剌出生于燕邸。长大之后，他一直跟随在真金身边，无论是朝贺还是乘车出巡，他从不离左右。后来元世祖将侍女郭氏赐给了他，郭氏为他生了个儿子，名字叫阿木哥，后被封为魏王。此后答剌麻八剌又正式纳弘吉剌氏答己为妃。答己很受宠爱，为答剌麻八剌生了两个儿子：一个叫海山，就是后来的武宗；一个名叫爱育黎拔力八达，即是后来的仁宗。

至元二十二年（1285），主张倡行汉法的真金太子先忽必烈而死。他所遗留下来的三个儿子甘麻剌、答剌麻八剌和铁穆耳都很受世祖的钟爱，究竟由谁继嗣为"皇太孙"，一直没有明确的结果。至元二十八年（1291），答剌麻八剌奉诏同侍卫都指挥使梭都、尚书王倚一起出镇怀州（今河南沁阳）。行至赵州，有百姓拦道哭诉说有兵卒砍伐他的桑枣，答剌麻八剌大怒，下令杖罚违纪的兵卒，并派王倚入奏世祖，元世祖非常高兴。殊料答剌麻八剌却在途中染病，未到怀州就被召回京师调养，从此他便一卧不起。第二年春天，年仅29岁的答剌麻八剌竟留下孤儿娇妻而去。

答剌麻八剌病逝后，皇太孙之位，仅剩下甘麻剌与铁穆耳二人竞争了。至元三十年（1293），年逾古稀的忽必烈在臣僚的再三请求下，决定立仁孝恭俭的铁穆耳为继承人，并将"皇太子宝"授给了他。次年，忽必烈驾崩，宗室诸王会集上都，议立新君。身为真金太子的晋王甘麻剌迫于形势，也表示支持。铁穆耳顺利地继承了帝位,是为元成宗。

按照蒙古婚俗,弟有收兄寡妻的陋习。答剌麻八剌死后,铁穆耳想纳其嫂答己为妃,结果被生性好妒的卜鲁罕皇后阻止。由于此事,因年轻丧夫而极度悲戚的答己又受到了来自卜鲁罕皇后的排挤与打击。

成宗是个善于守成的皇帝,并无多大作为。因晚年多病,他不再亲理政务,凡国家政事,内则决于宫人,外则委托宰臣,皇后卜鲁罕和中书右丞相哈剌哈孙分别掌握了朝廷大权。大德十年(1306),卜鲁罕为泄私愤,将答己与其子爱育黎拔力八达贬往怀州(今河南沁阳)。答己一腔愁怨无处倾诉,只得打点行装,离开大都(今北京),踏上了赴怀州的行程。

弘吉剌氏答己是个很有心计的人。一路上,她与儿子十分注意收买人心。所过郡县无不设下华丽的营帐,摆出丰盛的酒席迎接亲王母子。可母子二人一律命令地方官吏把那些浮华的摆设和供奉统统撤下去,所有消费,一应从简。他们还命令随从人员绝对不许搅扰沿途居民,如有违犯,严惩不贷。这一着果然灵验,沿途官民,无不称颂王爷清正爱民。大德十年(1306)十二月,他们到达怀州。据说,怀州那地方现在有一种飞起来并不"嗡嗡"叫的苍蝇,而这种苍蝇在元大德之前也和普通苍蝇一样嗡嗡叫,而且叫声特别响亮。答己到了这里之后,被这苍蝇搅得头晕目眩,日夜不得安寝。于是,答己每天早晨开始虔诚地焚香祷告,说:"我母子正在颠沛流离之中,整日昏聩无着落,难道苍蝇也欺我母子么?"这样祷告了几天,那苍蝇居然不来吵闹了。从此,怀州的苍蝇都成了"无声苍蝇"。答己也十分懂得团结臣民的重要性。平日里,她不但对大臣们和颜悦色,十分尊重,有事就推心置腹地与他们商量,就是对侍候她的宫女仆役,也都十分宽厚仁慈。每逢外出,她总是令鹰坊卫士们在前面寻找僻静的路线,尽量少打扰百姓,并严令禁止践踏庄稼。尽管远离大都,但有心计的答己随时注意探听京师方面的消息,洞察着元朝宫廷内部的每一变化,并积蓄力量准备寻找机会发难。不久,元成宗病死,遂使答己的谋划有了实现的机会。

拥立武宗

大德十一年(1307)正月初八,成宗驾崩。他仅有的一个儿子德寿已于大德九年(1305)十二月早夭,帝位的继承遂成了问题。依元朝旧制,在皇位空虚之际暂由中宫卜鲁罕皇后摄政,由她负责召集宗亲大臣举行忽邻勒塔大会另选新君。卜鲁罕和左丞相阿忽台等准备拥立成宗的堂弟安西王阿难答,因阿难答是当时世祖忽必烈诸孙中年纪最长者,如果帝位可传给世祖诸孙,阿难答也算是合法的继承人。但是,世祖生前有日后帝位必须传给真金太子之后的成约,依此应是成宗长兄甘麻剌的长子也孙帖木儿(后为泰定帝)。因此,尽管卜鲁罕的计划相当周密,且有一些亲信支持他,但却受到了一些谨守礼法的朝臣的阻碍,不能尽快成事。成宗的死讯传至怀州,答己和儿子爱育黎拔力八达决定以奔丧的名义立即起程进京。

路过漳河时,刮起了北风,下起了大雪。当地官民听说答己母子路过此地,纷纷冒雪前来送行。一个老农捧着满满一瓦盆热粥,挤上前来,要献给爱育黎拔力八达。侍从人员刚要把他喝退,爱育黎拔力八达却上前阻止道:"汉光武帝尝为寇兵所迫,食豆粥。大丈夫不备尝艰难,安能成事?"答己也说道:"昔晋文公亡命在外,老农献土团与之食,文公尚唯唯领受。今日之献粥，定为成事之兆，何不速受？"于是命人取粥，分而食之，并赐给老农一匹绫缎。二月，答己母子进入大都。先为成宗哭丧，然后住进城中的旧宅邸。

当时元朝宫廷之中，卜鲁罕正准备垂帘听政，由阿难答辅政。右丞相哈剌哈孙表面上并不反对，暗中却派人到漠北去迎海山，到怀州去迎答己和爱育黎拔力八达。他将京城百司的符印全部收起，封闭府库，把守掖门，控制机要，对于来自内廷的旨意，他佯装有病，不予署理。答己到京后，哈剌哈孙连夜派人鼓动说："怀宁王海山路途遥远，不能马上到达，怕夜长梦多，生出不测，应先发制人抢得皇位才是。"答己立即决定由爱育黎拔力八达率兵发难。

卜鲁罕招安西王阿难答进京的目的之一就是为了稳固京师，防止镇戍北边的海山前来报复前怨。当她发现右丞相哈剌哈孙私通答剌麻八剌的两个儿子时，便有意杀死哈剌哈孙与答己等人。谁知道爱育黎拔力八达提前一步，他在阿难答等人预谋发难的前一天以迅雷不及掩耳之势抢先率卫士闯入内廷，收捕了左丞相阿忽台和安西王阿难答等人，并以"乱祖宗家法"的罪名，将其全部杀死。

先是，答己曾让阴阳家推算两个爱子的星命，看谁应立为皇帝。阴阳家道："重光大荒落有灾，旃蒙作噩长久。"据《尔雅》的解释，大岁在辛曰"重光"，在巳曰"大荒落"，重光大荒落的解释，就是辛巳年。又大岁在乙曰"旃蒙"，在酉曰"作噩"，旃蒙作噩的解释，就是乙酉年。辛巳年是海生的生年，乙酉年是爱育黎拔力八达的生年。据此，答己有意让次子继位。诸王阔阔出、牙忽都等也都劝爱育黎拔力八达即皇帝位。爱育黎拔力八达考虑到其兄海山拥有重兵且能征善战，不敢造次，于是先以监国的名义掌握政权，与哈剌哈孙一起日夜居守禁中，防备事变。

大德十一年（1307）三月，海山率三万精兵到达和林（今额尔德尼召南），得悉弟弟政变已告成功，他忙召集诸王驸王等商议南下夺取帝位。这时，答己遣派的近臣朵耳到了和林，他话传给海山说："你们兄弟二人，皆答己所生，本无亲疏之别，但阴阳家说你即位运祚不长，敬请三思。"海山听罢，极为不满，他对亲信康里脱脱说："我捍卫边陲，勤劳十年，又是长子，祖先的基业传给我是理所当然的事。如今母亲以星命好坏反对由我继立，将来的事谁都难以预知。假如我即位之后，所行措施上合天心，下符民望，即使当政一天，也足以垂名万年。怎么可以凭阴阳家的话改变祖托呢？京城肯定有人捣鬼，你为我侦察此事，急速报我。"说罢，他便派脱脱将他的想法告知答己，并率精兵分三路南下。

答己听了康里脱脱的禀报，大吃一惊，她唯恐自己的儿子因皇位一事反目，忙说："修短之说虽是术家所言，我也是替海山周思远虑，他既然这样说，那就叫他前来吧。"左右的宗王大臣都表示拥戴，决无二心。此后答己让左右退下，单独对康里脱脱说道："海山天性孝顺友爱，中外属望。今天你所讲的，怕是有人从中进谗。你快快回去为我们弥缝阙失，使我们骨肉无间，能够欢愉地相聚。倘真能如愿，你的功劳可不小啊。"脱脱顿首谢道："太母不必多虑，臣侍藩邸多年，深受信任，回去后一定推诚竭忠地开释海山。"在此之前，答己见海山迟迟不至，已派康里脱脱之兄阿沙不花前去对海山讲了诸王群臣拥戴之意。康里脱脱见到海山后转达了答己的话，海山顿时感悟，释然无疑。大德十一年（1307）五月，海山到达上都。母子三人相会一处，大会诸王。废掉成宗皇后卜鲁罕，将她贬谪东安州，后又赐死。经忽邻勒塔大会议定，海山即皇帝位，是为武宗。

武宗即位后，追尊先考答剌麻八剌为顺宗皇帝，母亲弘吉剌氏答己为皇太后，他还将平定内乱有功的母弟爱育黎拔力八达立为皇太子，确定他为法定继承人，并由他担任中书兼领枢密院，总领全国的民政与军政。至大元年（1308）三月，武宗为太后建立兴圣宫，给纱5万绽，丝2万斤。四月，又立兴圣宫江淮财赋总管府，以供太后钱粮。武宗对太后的要求，无不尽心满足，甚至诏命高丽王充当太后侍从卫队的长官。他还为兴圣宫鹰坊拨了4000户的租税。十月，武宗又率皇太子、诸王、群臣朝拜太后，为她上尊号"仪天兴圣慈仁昭懿寿元皇太后"，同时，大赦天下。答己从此便以皇太后的身份过上了养尊处优的奢侈生活。

扶持仁宗

自世祖忽必烈之后，元朝后妃多数崇尚佛教，答己也不例外。她被立为皇太后以后的第一件事就是西幸五台山拜佛。自兴圣宫建起之后，答己便派人请西僧亲到宫中讲佛。原来只在民间活动的西僧一到规模宏大的兴圣宫，就表现得特别殷勤，他们诵经建醮，祷佛祈福，不但白天在宫中承值，连夜间也在宫中住宿。宫中的妃嫔公主及大臣妻子常到兴圣宫拜佛，与那些好色的西僧厮混，天长日久，便做出一些越轨之事。元武宗整日灯红酒绿，纸醉金迷，只爱听西僧的献媚之辞，对此并不过问。

颐养兴圣宫的答己除了念经拜佛外，整日安闲无事。当她看到妃嫔公主多与西僧寻欢作乐，心中深感寂寞。自顺宗

29 岁去世，答己便年轻守寡。当时两个儿子都还小，多亏了同族的亲戚铁木迭儿照料。两人常在一起谈心，倒也解闷不少。后来答己出居怀州，遂与铁木迭儿疏远。不久，铁木迭儿被任命为云南行省左丞相，两人相隔万里，更难互通音信。为了驱除心中难耐的孤寂，皇太后答己暗中派人前往云南，召回了铁木迭儿。向来巧佞的铁木迭儿见到答己，便盘桓宫中，杜门不出。后来云南行省告发他擅离职守，要求从严惩处，尚书省据实上奏。武宗不知其中奥妙，将奏牍批下来，命令查办。几天后皇太后答己下令赦免铁木迭儿，尚书省官员只得照令行事。从此，铁木迭儿在答己的庇护下，日渐飞黄腾达起来。

武宗初年很想重儒尊道，有所作为。可不久他就坐宫承平，渐渐耽于荒逸，每日除听朝外，他在宫中招集一班妃嫔，恒歌酣舞，彻夜纵饮，有时则与左右近臣蹴鞠击球，角抵取乐。因沉湎酒色，重用佞幸，武宗对朝政很少过问，元朝统治非但未从成宗末年的混乱中走出来，反而愈来愈腐败。武宗本人也因纵欲过度，身染重病。至大四年（1311）正月初八，武宗驾崩于玉德殿，年仅 31 岁。

说来凑巧，武宗驾崩的时间与元成宗同在正月初八。他在位 4 年多便福禄享尽，这使答己皇太后更加迷信阴阳家的预言。尽管海山的儿子和世㻋（后为元明宗）、图帖睦尔（后为元文宗）都已长大，她还是支持已是皇太子的爱育黎拔力八达继承皇位。武宗死后，爱育黎拔力八达立即以"变乱旧章，流毒百姓"的罪名诛杀了武宗宠幸的一批奸佞。他废掉尚书省，选任素有声望的老臣重组中书省，更换了朝中要员，而后于至大四年（1311）三月正式即皇帝位，是为仁宗。

仁宗爱育黎拔力八达为人仁厚孝顺，再加上常年与母后答己生活在一起，所以对答己言听计从。正因如此，答己才得以在宫中左右仁宗,干预朝政。

仁宗即位后,深知"修身治国,儒道为权",所以大胆推行科举制度,重视人才的选拔。并着手整顿田赋。他还命"耆旧之贤,明练之士"将元朝开创以来的政制法程分类编集,辑成《风宪宏纲》。但仁宗一朝的政事,受到答己太后和铁木迭儿的严重干扰。"通贯经史,善论古今治乱"的汉族名儒李孟,曾是仁宗的师傅,仁宗当了皇帝之后,想立李孟为中书右丞相,而太后早已降旨,将中书右丞相的职务给了铁木迭儿。仁宗不敢抗命,只得顺从母亲。与仁宗的软弱无能相比,铁木迭儿却在答己的庇护之下,气焰愈来愈嚣张。

铁木迭儿窃居相位之后,起初还算规矩,未敢轻举妄动。后来为了讨好皇上、沽名钓誉,他想出一条理财政策,上奏仁宗。身居九重的仁宗哪里知道其中的弊窦,见其说得情真语切,立准施行。铁木迭儿遂分遣属吏,循行各省,括田增税。苛急烦扰,庶民百姓惨遭横祸。地方的贪官污吏为增报田亩,竟拆毁民房,挖掘坟墓,致使人们流离失所,无处安身,他们却乘机大发横财,铁木迭儿更是渔利甚丰。江漳诸路却因此叛乱四起。大臣纷纷上奏认为叛乱乃括田增税所致,应暂停推行,仁宗准奏。铁木迭儿却依然如故,而且贪虐更甚,凶秽愈彰。文武百官虽然各怀不满,却不敢贸然弹劾。

不久,答己又下旨,令铁木迭儿为太师。中书平章政事张珪,向来嫉恶如仇,至此不禁进言道:"太师论道经邦,须有才德兼全的宰辅才能当此重任。像铁木迭儿这样的人怕不称职!"仁宗素来器重张珪,无奈迫于母命,不好违抗,只得加铁木迭儿为太师,兼总宣政院事。太后答己虽然达到了目的,但对张珪却怀恨在心,伺机进行报复。适逢仁宗驾临上都,答己便令徽政院使失烈门传旨,召张珪上殿诘责。张珪据理力争，失烈门大发雷霆，下令左右杖答。可怜这位尽心为国的老臣在太后的策划下，平白无辜地受了一顿责罚，被打得皮开肉绽，奄奄一息。第二天，太后答己又派人收缴了张珪的印绶，连同家眷一起赶出城门。仁宗得悉后，慑于太后的淫威，并未敢追究失烈门的罪责。这时，上都富豪张弼杀人入狱，他派人贿赂铁木迭儿。铁木迭儿受贿后密遣家奴胁迫上都留守贺巴延，要他释放张弼。贺巴延不肯从命，据实陈奏。御史中丞杨朵儿只与平章政事萧拜住对铁木迭儿早已深恶痛绝，决心除掉奸臣。他们联合监察御史40余人，上奏仁宗。仁宗看罢奏折，非常气愤，立即下诏逮问铁木迭儿。铁木迭儿闻讯后，灰溜溜地躲进了兴圣宫，乞求太后保护。太后答己问明情由后，将跪伏在脚前的铁木迭儿扶起，安慰他说："你且起来，无论什么大事有我作主，皇上那边有我呢，你不必害怕。"接着，答己命贴身侍女准备酒菜，替铁木迭儿压惊。晚上也命令铁木迭儿匿宿于兴圣宫中。

御史中丞杨朵儿只得知铁木迭儿逃到兴圣宫，不敢擅闯禁宫抓人，只得入朝面奏仁宗："除非皇上亲自缉拿，否则臣下无从下手。"仁宗早已对铁木迭儿深恶痛绝，听说他躲藏到了太后住处，便直接闯进兴圣宫，要求面见太后答己。侍女忙进去通报，答己将铁木迭儿另藏别屋，待仁宗进来时，她还佯装若无其事的样子，仁宗行礼毕，由太后赐坐。母子二人在谈话中渐渐提到铁木迭儿。仁宗遂启奏道："铁木迭儿擅纳贿赂，刻剥百姓。御史中丞杨朵儿只等联衔奏劾，臣儿令刑部逮问，据说至今仍杳无下落，不知他藏在何处？"答己听罢，不以为然地说："铁木迭儿是先朝旧臣，现在身居相位，不辞劳怨。所以我想命你优待，加任太师。自古忠贤治国，易遭嫉妒，你也应调查确实，方可逮问，难道凭着片言，就可加罪么？"仁宗道："台臣联衔上奏者多达40余人，他们历数铁木迭儿的罪名，想必总有所依据，不能凭空捏造。"答己没料到仁宗竟会当面顶撞她，怒冲冲地说道："我说的话，你居然不信，却将台臣的奏请作为实据，背母忘兄，不孝不义，恐怕祖宗的江山要被你断送了。"说着便扑簌簌地流下泪来。素来孝顺的仁宗见母后悲伤动怒，心中大为不忍，不由得跪下谢罪，太后接着又唠叨了许久，仁宗顿首数次，才抽身退出了兴圣宫。

由于答己太后从中作梗，使得仁宗无可奈何，仅是夺了铁木迭儿的印绶，罢其相任而已。到了延祐六年(1319)四月，铁木迭儿又改头换面，以太子太师的身份重新登台。于是又引起了内外监察御史四十余人对他的联名弹劾，认为他"逞私蠹政，难居师保之任"，但结果仍因答己太后的袒护，仁宗为了不伤太后的面子，未能将其治罪。奸贪专横的铁木迭儿与答己相勾结，将朝廷上下搞得乌烟瘴气。屡遭母后责骂的仁宗皇帝开始厌弃朝政，一心迷恋佛教，甚至想让位给太子，自己做太上皇，因朝臣力谏才算罢休。答己太后却乘机揽权，愈来愈强化了对朝政的控制。

策立英宗

延祐七年(1320)正月，仁宗忧病而死，享年36岁。仁宗驾崩后，答己便同铁木迭儿等人将早已策划好的继承人硕得八剌推上了皇位，是为英宗。

早在元武宗立其母弟仁宗为皇太子时，曾经约定"兄终弟及，叔位相承"，就是说，仁宗之后，仍当以次传位于武宗的儿子和世㻋。可是等到武宗死后，答己太后见和世㻋相貌堂堂，机智果断，英气勃发，恐怕将来难以制服，便和铁木儿迭儿密谋胁迫仁宗违背诺言，立性情柔懦的仁宗之子硕德八刺为太子。延祐三年(1316)春，年仅13岁的硕德八剌被立为皇太子，兼任中书令和枢密使。为防止武宗后代起来争夺皇位，答己在此之前即将武宗长子和世㻋封为周王，并让其出镇云南。朝中臣僚多半是些钻营势利之徒，都怕拥立了一个明主，将来不好做手脚，对己不利，于是一致同意拥立硕德八剌。

　　仁宗刚死，太子硕德八剌哀毁过礼，素服寝地，每日只喝一碗粥。太后答己乘机宣布，令太子太师铁木迭儿为右丞相。几天后，又命江浙行省黑驴为中书平章政事。黑驴平时没有什么功绩，只是因族母亦列失八在兴圣宫侍候太后，颇得宠信，因此屡蒙超擢。从此铁木迭儿等一班爪牙在太后支持下，再度得势。

　　参议中书省事乞失监，常在铁木迭儿面前搬弄是非，竟私自仗势鬻官，被台臣劾奏，罪当受杖责。他忙密求铁木迭儿到太后面前说情。答己太后召太子入见，要他赦免乞失监杖刑。太子不许。太后又命改杖刑为笞刑。太子说道："法律为天下公器，若自徇其私，改重从轻，如何能正天下！"最终也不听答己的话，将乞失监杖打了一通，结案了事。不久，徽政院使失烈门，以太后的旨命，要求迁转朝官。太子硕德八剌拒绝道："大丧未毕，怎能更换朝官！况且先帝旧臣也不便随意更动。待即位后，招集宗亲元老会议，方可任贤黜邪。"失烈门惭沮地退了下去。通过这几件事，朝野上下深感太子英明果断，答己太后更是忧心忡忡。

　　重任中书右丞相的铁木迭儿对太子的英明并不放在心上，他乘英宗尚未正式即位之机，报怨复仇，宣泄旧恨。他先是杀了中书平章政事萧拜住、御史中丞杨朵儿只、上都留守贺伯颜,又多次诬陷四川行省平章政事赵世延,欲将其置于死地,因硕德八剌从中保护,赵世延才侥幸未死。仁宗生前所亲信的儒臣李孟也被剥夺了封爵,降职任用。与此同时,铁木迭儿大树已党,与他和答己太后关系密切的黑驴、赵世荣、木八剌等人,先后从地方进入中书,担任要职。

延祐七年(1320)三月,硕德八剌正式即位,尊祖母答己为太皇太后。这位少年皇帝生于洛阳附近的怀州王府,深受汉族封建文化的影响。他与崇信喇嘛教、游牧贵族思想意识浓厚的答己在政见上有很明显的差异。他在即位大典上的沉稳与果断及此前的刚毅之举,使答己深深感觉到了他的坚毅与严厉,远非像她原来认为的那般柔懦。至此答己才发现英宗也是一个刚毅果断、独断专行的人。答己回到兴圣宫后,暗自悔恨道:"我不该立此小儿。"她深感自己的地位和权势正在受到威胁。尽管她已威临三朝,可她要做的事,皇孙多半不从,这好似给了她当头一棒。答己终因心情压抑,忧愤成疾,病卧床榻。这时铁木迭儿也因弹劾赵世延遭英宗否决,气冲冲地来找太皇太后答己。答己深感力不从心,身不由己。她对铁木迭儿说道:"我老了,你也该见机而退,一朝天子一朝臣,千万别自织罗网自己投啊!"铁木迭儿听完这番话,好似冷水浇头,顿时瞪目无言。他只得与亦列失八等人谋议,准备趁英宗出宿斋宫之时行刺,以替太皇太后出气。

亦列失八同平章政事黑驴、徽政院使失烈门等多次密商,专等机会到来时行动。不料他们的阴谋被平章政事拜住暗中查实,迅速将其捉拿归案。英宗猜度到这场废立闹剧的幕后指使者就是太皇太后答己本人,因而也不敢进一步追查,匆匆把他们诛杀了事。答己的势力受到了沉重的打击。

英宗为避免铁木迭儿专断,牵制他的权力,巩固自己的地位，乃任拜住为左丞相，并引为心腹。铁木迭儿渐遭疏远。后来，铁木迭儿听说拜住到范阳为其先祖木华黎立碑，便不再装病，登朝求见。英宗冷淡地派人赐酒，并对他说："爱卿年纪大了，应以身体为重，等新年时入朝也不晚。"铁木迭儿碰了一鼻子灰，回去不久便老病而死。

太皇太后答己见自己的党羽多数被杀，又听说铁木迭儿病逝，万般苦楚，无从诉说。病情如雪上加霜，日甚一日，终于在至治二年(1322)九月卒于兴圣宫，从而结束了她坎坷不平的一生。

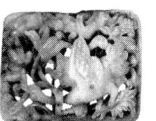

仁宗孛儿只斤爱育黎拔力八达皇后
阿纳失失里

◎ 韩广华

仁宗庄懿慈圣皇后,名字叫阿纳失失里,蒙古族人,弘吉剌氏(弘吉剌,原为蒙古族众部落之一,后成为蒙元王朝十分显赫的一个大家族,出了好几位皇后。居住在今额尔古纳河一带)。阿纳失失里生于何年何月,我们已无法知道,也无从查考其父母姓什名谁,是何身份。我们只知道她出身名门望族,从小天资聪颖,美丽可爱,承欢膝前,深得父母娇宠。良好的家庭教育使她及至长大成人后,不但相貌娇好,而且仪态不凡,举止端庄,谈吐文雅,琴棋书画样样都通,的确是一位百里挑一的有教养的才女。她待守闺中,日日观书习礼,周围充满赞誉之词，人们赞美她美貌，孝行、品行仁德。当时，身为元世祖忽必烈曾孙的爱育黎拔力八达与阿纳失失里年龄相仿，正值风华正茂，英俊潇洒，气宇轩昂，二人于十六七岁时缔结良缘，在当时被人们视为天作之合。两人婚后情深意笃，恩爱有加，夫唱妇随，相敬如宾。

大德七年(1303)七月的一天，在洛阳附近怀州王府，阿纳失失里正满头是汗，痛苦的在床上呻吟着、挣扎着，身边的接生婆同样挂满汗珠，紧张的侍候在左右。随着一声撕心裂肺的尖叫，一个婴儿呱呱坠地，是个胖胖的男孩。阿纳失失里望着哭闹不止的儿子，脸上露出了幸福的笑容，但这时的她怎么也不会想到，十月怀胎，她竟为蒙元王朝孕育了一位颇有作为的皇帝——孛儿只斤硕德八剌，即后来的英宗。

硕德八剌禀承了父母的天资，他聪明伶俐，且十分懂事。阿纳失失里视若掌上明珠，倍加疼爱，她把自己的一腔母爱全部浇灌在幼小的硕德八剌身上，使他从小受到良好的启蒙教育。洛阳怀州一带，是宋代理学的奠基人二程的故乡，这里的汉族封建地主文化十分浓厚。聪慧贤淑的阿纳失失里，由于长期受到这种文化氛围的影响，因此，在她对儿子所进行的启蒙教育中，难免蒙上浓厚的汉文化色彩，使他汲取到汉文化的营养。加上同样对汉文化推崇备至的父亲的影响，潜移默化，耳濡目染，硕德八剌的成长自然不同于蒙古草原马背上长大的贵族子弟。他外柔内刚，有胆有识，颇具政治家的谋略与改革家的气魄，这为他后来成为元朝中期一位杰出的政治家、改革家打下了坚实的基础。由此可见，在硕德八剌的成长过程中，母亲阿纳失失里显然功不可没。她不仅以其贤良的美德，端庄的品行，为孩子作出了表率，而且尽全力抚育提携，把自己的思想、学识灌输给他，使硕德八剌这棵幼苗茁壮成长，日后才会大有作为。

阿纳失失里被册为皇后,是在仁宗即位后的第二年,即皇庆二年(1312)三月。仁宗爱育黎拔力八达是元朝第四代皇帝,他是元世祖忽必烈的曾孙,其父名为答剌麻八剌。至元二十二年(1285)三月生于儒州。幼年的他,拜汉族儒学名士、向来以"通贯经史,善论古今治乱"闻名的李孟为师,悉心苦读,博闻强记,尤其通晓儒术,并深受其熏陶,从而,对他登基后十年的执政产生了重大影响。大德十一年(1307)正月,成宗铁穆耳驾崩,爱育黎拔力八达与其生母答己以及爱妻阿纳失失里一起,拥戴他的哥哥海山即位,是为元武宗。至大四年(1311)正月,年仅31岁的武宗因沉溺于声色,纵欲过度,又加之大量饮酒终于染病身亡。因为海山即位时为报拥戴之恩,下诏立爱育黎拔力八达为"皇太子",所以,依照旧例,皇位自当落在爱育黎拔力八达身上,并应立即继位。但他和阿纳失失里商议后做出了出人意料的决定,即暂缓登位,先以"皇太子"身份执政,罢黜污吏,整饬纪纲,以期大展宏图。在他大刀阔斧、雷厉风行地采取了一些重大决策后,才于至大四年(1311)三月十八日正式登上皇位,帝号仁宗,从此,揭开了他皇帝生涯的帷幕。仁宗即位,当然不会忘了十年耳鬓厮磨,秀外慧中的爱妻阿纳失失里。多年的共同生活,使他更进一步地了解了阿纳失失里温文娴雅,恭俭节用的美德。遂于皇庆二年(1312)三月,册封阿纳失失里为皇后,授以玉册宝章,并派遣官员到南郊及太庙祭告天地。改典内院为中政院,秩正二品。

阿纳失失里对仁宗的帮助是很大的,无论是立为皇后之前,还是立为皇后之后,她始终竭尽自己的微薄之力,从思想上、精神上给予仁宗以关心和帮助。以游牧为主的蒙古族,与当时的汉族有一个明显的区别,就是在这个民族中,妇女有着较高的地位。平时,她们作为"蒙古包"的主人,承担起一切家务;战时,她们随军远行,操持军务,喂养牲畜等。她们以自己吃苦耐劳、聪明能干的美德,奠定了在"蒙古包"中的地位。仁宗皇后对皇上的辅佐有自己的独到之处,那就是既非置身于朝野大事之外,又非翻手为云、覆手为雨的横加干涉,而是像历史上曾出现过的唐太宗的皇后长孙氏那样的"贤内助",她以自己的见识协助丈夫秉政治国。仁宗皇后时常将国家大事小事记挂心上,洗心涤虑,竭诚尽智,一有机会,就把自己的一管之见禀告圣上,以备仁宗察纳。为了能够给仁宗有益的帮助,她于国于家,夙夜忧虑,用自己毕生的聪明才智,尽心辅佐,故而,深得仁宗宠爱。

像无数的皇后一样,仁宗皇后也有寂寞惆怅的时候,在当时那种政治斗争还相当尖锐的情况下,不顾及她者有之,不理解她者有之,甚至欺负她者也有之。她总是认真的检点自己,使自己的言行循规蹈矩,一点也不放纵自己,也从不以皇后的身份欺凌弱小、飞扬拔扈。

仁宗即位后,在政治、经济、文化诸方面进行了一系列大胆的改革尝试,有的取得了一定的成效,也有的因措施不利,最终归于失败。这期间,皇后与仁宗同甘共苦,除了政治上做出自己力所能及的贡献之外,更多的是精神上的安慰与鼓励。尤其是当他举步维艰,又受到母亲答己和权臣铁木迭儿的牵制,身陷重轭之际,面对紧张的政治局势,皇后更是一筹莫展,只能以其贤淑的美德,温暖仁宗受伤的心灵。但是,在皇太子的人选问题上,仁宗和皇后一反常态,显得毫不手软。当初,元武宗海山在立爱育黎拔力八达为皇太子时曾约定,爱育黎拔力八达之后,皇位再传给海山的长子和世㻋。仁宗和皇后违背前约,决定立自己的儿子硕德八剌为皇太子。母后答己觉得硕德八剌生性柔懦，易于摆布，便于控制，将来会成为她们的傀儡，因此，也十分赞同立硕德八剌为皇太子。就这样，在延祐三年（1316）十二月，仁宗和皇后将年仅13岁的硕德八剌立为皇太子，兼领中书令。而对哥哥的长子和世㻋则软硬兼施，给予不公平待遇，先是封他为周王，后又命他离开宫廷去镇守云南。他们这种举动，招致许多蒙古诸王和武宗旧臣的不满。当和世㻋奔赴云南，途经延安附近时，武宗时的一些旧臣都纷纷前来集合，并向北逃窜，集结于阿尔泰山一带，等待时机，卷土重来。

至治二年（1322），仁宗皇后崩殂，比仁宗驾崩只晚了两年。她和仁宗均活了不到40岁。对于太后的仙逝，英宗硕德八剌悲怆万分，他没有忘记母后对自己的抚育之恩以及她仁及九族的德泽；也没有忘记母后悉心辅佐先朝，日夜忧思的风骨。于是，他为皇太后赐谥号曰：庄懿慈圣皇后，并在册文中表达了他对母后功绩的缅怀，以及对母后"圣善长违"的悲痛之情。

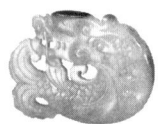

英宗孛儿只斤硕德八剌皇后
速哥八剌

◎ 任国让

亦启烈氏昌国公主益里海涯于大德五年(1301)生下了女儿速哥八剌。速哥八剌生得美丽而又聪慧，自幼勤勉好学，到十一二岁时就能写诗缮文，颇有才气，秀外慧中。延祐四年(1317)正月，17岁的速哥八剌嫁给了皇太子硕德八剌。至治元年(1321)速哥八剌被册封为皇后。

英宗与妻子速哥八剌都正当妙龄，且才貌出众，可以说是幸福的一对。皇后虽然年少，却端庄老成，柔顺好礼，为人凝重热情，英宗和她感情很好，多年相爱弥笃。每当英宗退朝，她都戴冠具帔、穿戴整齐地等候在门口迎接。这样有些朝政大事，英宗也就免不了向皇后述及一二，甚至可能征求她的意见。

当时的英宗年纪轻轻，刚强智锐，自恃储位早正，得位当然，一改蒙古选汗制度。蒙古贵族对废"国礼"的做法极为不满，于是他们上下勾结迫使英宗陷于孤立之中。答己太皇后是元武宗、元仁宗的母亲，是英宗的祖母，她逐渐发现这位少年皇帝，"毅然见于颜色"，远远不是以前认为的那么柔懦，不由发出了"吾不该立此小儿"的悔恨之声。仁宗驾崩，答己监摄国政时就倒向保守势力，她趁英宗还没有即位，就把当时的中书右丞相伯答沙撤掉了，更立了她的一党之人铁木迭儿为右丞相，形成了瓜分英宗君权的强大势力。

面对朝中分裂，英宗郁郁不快。一天，皓月当空，英宗连夜饮酒，并把爱妻速哥八剌召入宫中，当时左右都奉命回避了，只有皇后陪坐。英宗向皇后提起祖母答己和铁木迭儿相互串通威慑朝政的事情。皇后劝说英宗，对保守势力应主动采取拆散、瓦解的方法，不要莽撞行事。她接着建议推举拜住为丞相。英宗听后连连点头。速哥八剌皇后善辞赋诗，她为了消除英宗的忧郁心情，遂咏月赋诗：

斗转星移千层迷，月伴中空万国明；
悠悠蒙祖闯四海，开国兴师几征戎。
今霄与君度国是，浩歌正气贯长虹；
一代英才看今朝，你我千秋多峥嵘。

英宗颇受爱妻指点，每每临朝，镇定自若。

英宗为了牵制答己与铁木迭儿等保守势力，进而巩固自己的统治地位，在皇后的建议下毅然决然地把与铁木迭儿一党的左丞相合散免职,把木华黎的后裔、世祖时的丞相安童的孙子拜住立为左丞相,这时英宗的地位和权势有所加强了。至治二年(1322),英宗决心"一新政治",进行了一系列改革。

速哥八剌是个爱护人民的皇后。她告诫英宗要习知民事,时时观之;外出巡视,一律不得践踏民田。一次英宗和皇后巡视,车驾驻在农庄,时值天气寒冷,左右要求归返京都,皇后说:"民众之事非一目透之,汝不与民交谈,虽巡仍无所知也。"在皇后的带动之下英宗也说:"兵以牛马为重,民以稼穑为本。我们在此逗留,是想让马得放牧,民得收获,一举两得,还在乎什么寒冷呢?"可见,皇后和英宗是非常重农爱民的。

速哥八剌皇后还建议英宗重视民族文化。延祐七年(1320)十二月,翰林学士忽都鲁都儿迷失把他翻译的宋朝儒学家真德秀撰写的《大学衍义》进献英宗和皇后,得到英宗和皇后的赞赏,并赐钱五万贯。随后将《大学衍义》印本颁发群臣。根据皇后的建议,英宗曾两度诏命翰林国史院纂修《仁宗实录》、《后妃功臣传》等。至治三年(1323)二月《仁宗实录》修成。

英宗在位时,速哥八剌皇后经常告诫他要善于纳谏。英宗虽仅在位三年多的时间,却以善于纳谏永垂史册。泰定四年(1327)六月,英宗皇后速哥八剌去世,泰定帝谥曰"庄静懿圣皇后"。英宗继位后还立有朵而只班皇后和牙八忽都鲁皇后,其具体情况不祥。

泰定帝孛儿只斤也孙铁木耳皇后八不罕

◎ 房卫青

上都的大明殿中，张灯结彩，钟鼓齐鸣，一片喜气洋洋的气氛。

殿内人群川流不息，伴随着文武大臣们高呼万岁的雷鸣般的回响，元代又一位皇帝——泰定帝临朝执政了，这年是泰定元年(1324)。

习惯了走马灯般的更名易主，一切都似乎在平淡自然中进行着。大臣们的神情紧张而又木然，机械地做着所应做的礼节。在他们听来，耳边的喜乐声却怎么也冲刷不去心头的惊悸。半年前，刚刚即位三年的21岁的英宗硕德八剌及大批无辜者一夜间全部倒在血海之中，这"南坡之变"给每个人的印象实在太深刻了。他们不知道将来等待着这个新主子，等待着他们自己的命运又是什么。

而刚被封为皇后的八不罕的心头却充满了喜悦和满足。

八不罕是弘吉剌氏按陈孙干留察儿的女儿。相传弘吉剌素来以出美女著称，有人形容那里的美女多如草原上的鲜花，雁儿见了不愿走，孔雀见了都开屏。从铁木真的母亲诃额伦起，弘吉剌部族的女人又被赋予了极高的贤德和才智，蒙元历代君主的皇后大都是弘吉剌族人。八不罕虽然也容颜出众，但却是个嫉妒、泼辣、权势欲极强的人。据说，在她幼小的时候，她就是部落中有名的一枝花，有个相面先生见到她以后，说她有着成为人主的福贵相。从那时起，埋藏在她心灵中的便是对权势和富贵的神往。如今，戴上了皇后桂冠的八不罕梦寐以求的事情终于如愿以偿了，便更觉得扬眉吐气，时不时总忘不了抖抖她的威风。

泰定帝，名也孙铁木尔，是裕宗真金的长孙，晋王甘麻剌的嫡子。甘麻剌曾被封去镇守漠北（今阿尔泰山以西），他死后，由儿子也孙铁木尔继位。也孙铁木尔为人倒也忠诚正直，在武宗、仁宗执政期间，他一直是拥戴朝廷的。铁木迭儿一伙预谋杀害英宗和拜住时，为了借助他手中的兵权，准备在事成之后立他为皇帝。他们曾派斡罗思前去进见晋王，也孙铁木尔听后勃然大怒，当即命令将斡罗思扣押起来，关在槛车中准备押解上京。没料到英宗此时早已死于乱刀之下，以也先铁木尔和按梯不花为首的大队人马，正奉了玺绶，前来迎接晋王。也孙铁木儿闻变决定从长计议，随即释放了斡罗思，并接受了御宝，在怯禄连河畔即了皇帝位。

即位之初，泰定帝也想励精图治，谋求富国强兵之路。当时浙江行省左丞相赵能才学出众，泰定帝亲自下诏令太子以及诸王大臣子孙们以他为师，学习经典。而泰定帝自己也请平章政事张珪，翰林学士承旨忽都鲁都儿迷失、学士吴澄、集贤直学士邓文原，给他讲解《帝范》、《资治通鉴》、《大学衍义》、《贞观政要》等书，每日临朝前后，除去批改奏章外，他都伏案苦读。

铁失木儿十年的倒行逆施，使朝内党派之间勾心斗角，朝外百姓怨声载道。十月，幸免于南坡之难的诸王买奴对也孙铁木儿建议："不诛元凶，则陛下善名不著，天下后世从何而知。"也孙铁木儿也深感铁失木儿的存在对他江山的稳固有很大障碍，于是命令把铁失木儿全家问斩，并没收全部家产。铁失木儿被除掉了，而当今的也先铁木儿自恃拥立皇帝有功，目空一切，继续缔结私党，为所欲为，朝庭中的奸佞之人，乘机兴风作浪，天下仍是一片混乱。

八不罕身为六宫之母，独断了后宫中的一切大权。她嫉恨宫内所有漂亮的妃嫔，不许泰定帝接近她们，她也知道皇帝生性怯懦无能，皇位不会维持太久。为了要保住既有的权势还必须自己去奋斗。当时她的儿子阿剌吉八已被立为太子，只是年龄尚小。朝中也先铁木儿专断一切大权。也先铁木儿是个声色之徒，花天酒地，日嫖夜赌，朝庭内外对他一片怨言。八不罕乘机极力拉拢也先铁木儿奸党中的人，她压下了弹劾这些人的奏章，在泰定帝耳边时常替他们开脱和美言，为了投其所好，八不罕把宫中成为她眼中钉的侍女们赐给也先铁木儿。在她的周围已经形成了一股强大的力量，只待有了时机，她便能覆手为雨了。

泰定帝虽然不满皇后的所做所为，但自己却又无力抗争，便日渐消沉下去，终日纵情于佛事和声乐，消磨着自己的时光。

此时，兖王买住罕为了取宠皇帝，把自己一对双胞女儿进献给泰定帝，这便是必罕与速哥答里。这姐妹俩虽然都是仪表绝丽但又各有千秋。姐姐必罕出落得花容月貌，脸蛋不亚于汉成帝妃子赵合德，体态又与玄宗妃子杨玉环相似，艳丽之中不乏稳重。二妹速哥答里生得小巧玲珑，妩媚动人，两汪秋水脉脉含情，袅袅花姿如弱柳扶风，真可谓妖冶绝伦。姐妹俩自入宫后，轮流伴宿泰定帝，深得宠爱。泰定帝的全部心思，都用在了她们俩的身上。

八不罕却无法忍受这般羞辱，有一次泰定帝未去早朝，她怒气冲冲直入二妃居住的翠华西阁。二妃见状急忙从侧门逃走，她便把一腔怒火泼向泰定帝，声泪俱下，历诉泰定帝贪恋女色，贻误朝政。泰定帝被吓得战战兢兢，并发誓永不再宠幸这两个妃子。八不罕当然不会相信泰定帝的承诺，她只是为了证实自己的权力。此后她更加傲慢和嚣张，在皇帝面前她公开和两位妃子发生口角，每次跟随皇帝去巡游或进香时，八不罕总是凤冠霞帔，珠环翠绕，乘着凤辇，前呼后拥，浩浩荡荡，抖尽了皇后的威风。

蒙元一代佛教很是兴盛，历代君主总是要花大量的人力物力广修佛寺，似乎要借此来求得心灵上的安慰。一直郁郁不得志的泰定帝更是沉缅于此，对佛事的崇尚在这一时期也可谓达到了一个高潮。泰定帝亲自去寺院听讲佛法，同时命令皇后以下的妃嫔们都要在法师面前受戒。

泰定帝每遇天灾人祸，就要叫西番僧修佛事，设坛祈禳。而各地加急的驿报却雪片似的飞向京师。南方出现海啸，海水冲卷了无数民舍民田；北方陕西一带发生特大干旱和蝗灾，庄稼颗粒无收；西南四川一带天塌地陷，山崩河裂，老百姓处于水深火热之中……

佛寺广布各地，香烟终日袅袅，而百姓的日子日渐难过。

此时西僧的数目急剧增多，有时竟达万人。僧人享有各种特权，他们聚敛钱财，发放高利贷，更有甚者，乘进香之机肆意殴打无辜，调戏妇女，和后妃公主们眉目传情。这一时期的佛教造成的危害确实是很大的。

公私交困的泰定帝无力挽回这溃败的局势，他又将全部的心思投到出外游猎中。这日天阴沉沉的，泰定帝看到几案上高高的奏折，心中烦闷极了，他不顾大臣和后妃们的劝戒，又一次骑马出去了。霜天寥廓，疏林飒飒，萧瑟的秋景在阴云的笼罩下，更给人一种悲凉不安的感觉。泰定帝揽马沉思不语，云正慢慢聚集，一场暴风雨即将来临，而马上的泰定帝似乎全然不知。一阵惊雷响过，泰定帝即被罩在风雨之中……

泰定帝那羸弱的身体，怎能抵挡得住这多方面的袭击，他病倒了，他长吁短叹，饮食日渐减少，没多久，就变得骨瘦形枯了。

致和元年（1328）七月，秋风又一次吹起时，泰定帝终于撒手西去了。这位一直郁郁不得志的皇帝享年仅 36 岁。

时势造就英雄，当焦点又一次落在皇帝宝座上时，皇宫内掀起了轩然大波。被称为曹阿瞒的燕帖木儿开始施展手腕，他是钦察部都指挥使庆兀儿的第三子，因受武宗的特别宠爱，总想辅助武宗的二子怀王图帖睦尔做皇帝。他暗中拉拢了许多朝内大臣，集结了大批军粮和人马，也在等待时机成熟。此时皇后弘吉剌氏正在上都为泰定帝操办丧事。大树已经倒下，八不罕却没有绝望，她自信依靠自己的势力也能支撑起这即将倒塌的天。形势已非常危急，稍稍迟疑就会失去良机。她迅速派使节到京都，命令平章政事乌伯都剌收掌百司印章，并安抚好京城官员和百姓。而她自己也准备带着儿子阿剌吉八启程赴京。

老奸巨滑的燕帖木儿得知这一消息，决定将计就计。第二日当满朝文武百官都聚集在兴圣宫准备听乌伯都剌宣读皇后敕书时，燕帖木儿带领阿剌帖木儿、索伦赤等17人持刀闯入，将不顺从的乌伯都剌和伯颜捆绑起来，然后派兵把守各通路，以防泄露消息。

当燕帖木儿基本平定各部叛兵之时，上都内已是一片混乱，原来拥护皇后的各诸王见大势已去，纷纷自找出路，弘吉剌氏终于无力扭转大局。倒剌沙起先还拥护着小皇帝阿剌吉八称王称霸，后来干脆投降齐王帖木儿，可怜还未懂事的小皇帝在这场混战中丧命了。皇宫内泰定皇后和皇妃们都聚集在一起，燕帖木儿就要来宫处理迁置她们的事了，生死未卜，她们都吓得抖抖索索，面无人色。

这燕帖木儿更是个好色之徒，后人为他统计自至顺元年到三年，除皇上所赐公主宗女，以及后来聚纳的泰定后妃以外，他还霸占了40名妇女。有交拜三天后被遣归的；有在他玩弄之后被抛弃的；有的竟经不起他折磨，含恨而死。如今燕帖木儿见了风韵犹存的泰定后和如花似玉的二位妃子，不禁又产生了邪念。

按怀王的旨意，由燕帖木儿护送泰定帝的后眷去安东州。一路上燕帖木儿甜言蜜语，极尽所能讨好后妃们。万念俱灰的泰定后此时也只得忍气吞声。在两位妃子中，生性稳重的姐姐必罕郁郁不乐，她实在无法忍受燕帖木儿的讨好和调笑，只有妹妹速哥答里分外活跃，两汪秋水不时给燕帖木儿递传秋波，使得燕帖木儿不免神魂颠倒。

后来燕帖木儿纳她们为妻，为了收敛贺礼，又举行了盛大的婚礼，这更是让人啼笑皆非。从此，泰定后妃的命运也就无从得知了。

文宗孛儿只斤图帖睦尔皇后卜答失里

◎ 孙玉太

元朝中后期，封建统治集团内部矛盾空前尖锐，围绕帝位更迭而展开的明争暗斗更是愈演愈烈。自元成宗铁穆耳死（1307）至元顺帝妥懽帖睦尔立（1333），短短30年间，最高统治集团内部走马灯似的先后更换了九位皇帝，其中，在位最长的不过十年，而统治时间最短的仅一个多月。为了夺取封建皇帝的宝座，元朝统治集团在兄弟之间、叔侄之间，展开了你死我活的争夺，而每一次帝位的更迭，又几乎都与朝夕侍于君侧的后妃有一定的关系。文宗皇后卜答失里，就是这样一位在元朝中后期帝位更迭的政治斗争中发生过重要影响的人物。

出身贵族　入宫为后

卜答失里，弘吉剌氏，元成宗大德十一年（1307）十月生于一个蒙古贵族家庭。她的父亲是鲁王琱阿不剌，母亲是顺宗的女儿、鲁国大长公主桑哥剌吉。卜答失里的祖先，世居朔漠，因为跟随太祖成吉思汗征伐有功，终于在蒙元统治集团内部获得了显赫的位置和特殊的礼遇。德薛禅、按陈父子，被赐国舅号，封王爵。太宗窝阔台在位时宣布：今后，弘吉剌氏生女，世世为皇后；生男，长大娶皇室公主为妻。这种家族殊遇，使卜答失里从小便沉浸在一种神奇的梦幻状态中，未来的皇宫生活在向她频频招手。然而，通向皇后的道路却是不平坦的。卜答失里生活的时代，正是元代社会各种矛盾日益尖锐的时期，特别是伴随着帝位更迭所进行的一次次无情的政治清洗，对她的心灵产生了极大的震动。卜答失里心想，将来要想在宫廷内站稳脚跟，就必须在学习宫廷礼仪知识的同时，注意积累宫廷斗争所需要的智慧和经验。于是，这位美丽、聪慧、泼辣的王室公主，不再对家族、宫廷发生的重大事件采取漠视的态度。她利用一切机会，向自己的父亲、母亲学习，向本家族内入宫为后的姑姑、姐姐学习。她还常常细心琢磨宫廷中发生的一起起权力之争的起因、发展和结果，总想从中悟得点什么。

时光飞逝，转眼间到了泰定元年（1324）。此时的卜答失里，已经长到十七八岁，不仅风姿绰约、美貌非凡，而且举止得体，富于心计，显得比较成熟。这年九月，泰定帝也孙铁木儿将出居海南的武宗次子图帖睦尔召还京师，十月，封图帖睦尔为怀王。根据皇上旨意，年方20岁的图帖睦尔纳卜答失里为王妃。由于泰定皇帝是依靠宫廷政变上台的，所以，对武宗皇帝的后代很不放心，生怕他们起来夺取帝位。于是，泰定二年(1325)正月，又命图帖睦尔出居建康(今江苏南京)。致和元年(1328)三月，泰定帝病况日益严重，大臣倒剌沙等为减弱武宗后代对帝位更迭的潜在威胁，又将图帖睦尔迁居江陵(今湖北江陵)。在图帖睦尔徙居外地、颠沛流离、备尝艰辛的岁月里，卜答失里作为王妃，始终相随，与图帖睦尔同甘苦，共患难，相互慰勉，深得图帖睦尔的信任与宠爱。

怀王图帖睦尔是一个志向远大、深谋远虑的人。因此，虽居外地，但韬光养晦，密切注视宫廷内事态的发展，时刻准备北上大都，夺取帝位。

致和元年(1328)七月，泰定帝死于上都(今内蒙古正蓝旗)。泰定帝宠臣倒剌沙专权自用，宗室诸王辽王脱脱、梁王王禅趋附于他。此时，担任佥枢密院事的武宗旧臣燕铁木儿留守大都，实际掌握枢密符印，便与西安王阿剌忒纳失里等谋立武宗之子。同年八月初四黎明，朝中百官集兴圣宫，燕铁木儿率阿速铁木儿、孛伦赤等17人，兵皆露刃，号令于众，主立武宗之子为帝，敢有不顺从者，立即处死。平章政事乌都伯剌、伯颜察儿两人还想争辩几句，被燕铁木儿当场捆绑起来。又分别命令勇士们将中书左丞朵朵、参知政事王士熙等数位大臣抓起来，投入监狱。燕铁木儿与西安王阿剌忒纳失里共守内廷，分布心腹于枢密院，召集百官听命。同时，委派前河南行省参知政事明里董阿、前宣政使答里麻失里，驰驿往江陵迎怀王图帖睦尔，并且密令武宗旧臣、河南行省平章政事伯颜，领兵扈从。在伯颜的精心护卫下，图帖睦尔于八月平安抵达大都(今北京)，入居大内。此时，倒剌沙已派兵进攻燕铁木儿集团的大都防线，内战爆发。

九月，燕铁木儿率诸王、大臣请图帖睦尔早日即位，以安天下。图帖睦尔因长兄周王和世㻋尚在漠北，不敢贸然接受。老谋深算的燕铁木儿对他说："人心向背之机，间不容发，一或失之，噬脐不及。"图帖睦尔心中早想即位，只是碍于长兄和世㻋的存在。听燕铁木儿这么一说，立刻心领神会了燕铁木儿的真实意思。于是，在表白了一番"固让之心"后，于九月十三日即皇帝位于大都大明殿，此即文宗皇帝。不久，立卜答失里为皇后。

与此同时，在上都的倒剌沙和梁王王禅等人也拥立泰定帝皇太子阿剌吉八为帝，并加紧进攻大都。燕铁木儿与其弟撒敦、儿子唐其势等人，率军迎战，屡败上都兵，最后，上都兵全面崩溃。加上齐王月鲁帖木儿和东路蒙古元帅不花帖木儿合军围攻上都，倒剌沙等在和大都燕铁木儿集团较量了两个多月之后，于十月十四日，奉皇帝宝投降，文宗将他投入监狱。十一月，倒剌沙、王禅及其党羽被处死。

公开的武装反抗势力倒剌沙集团被消灭之后，文宗争夺帝位道路上的惟一障碍，便是自己的长兄周王和世㻋。天历元年（1328）十一月，文宗遣使奉迎和世㻋于漠北。天历二年（1329）正月，文宗又数次遣使迎和世㻋。和世㻋为人宽厚，勇而寡谋，见文宗再三遣使相迎，以为文宗诚心相让，遂于当月即皇帝位于和宁（今蒙古国库伦西南）之北，是为明宗。三月，文宗派权臣燕铁木儿奉皇帝宝于明宗途中。明宗接受皇帝大印后，依据前朝旧例，立弟图帖睦尔为皇太子。五月，图帖睦尔从大都出发，北迎明宗。兄弟二人，一个自北向南，一个自南向北，相向而行。八月初一，明宗到达王忽察都（今河北张北北部）之地。初二日，图帖睦尔入见。兄弟二人久别之后相会，加上图帖睦尔固让帝位，明宗非常高兴。当下，举行盛大宴会，大会图帖睦尔及诸王、大臣，以庆祝兄弟相聚。表面上一派升平之象，暗中，一场由燕铁木儿和图帖睦尔精心策划的阴谋，却在悄悄进行之中。八月六日，传出消息说，明宗暴崩。

明宗突然死亡之后，燕铁木儿趁明宗皇后及明宗一班旧臣陷入慌乱、悲痛之中的机会，携了皇帝大印及图帖睦尔，从明宗死地疾驱而还。一路上，他白天率宿卫士跟随保护，夜间亲自披甲执坚严加巡逻，一副如临大敌的样子。在路上疾驱了两天，于八月八日回到上都。八月十五日，图帖睦尔再即皇帝位于上都。

历经多少风风雨雨之后，随着文宗帝位的巩固，卜答失里的皇后地位也最终确立下来。

依仗权势　　谋害明宗皇后

至顺元年(1330)，明宗皇后八不沙自漠北返大都，文宗迎居宫中，命供给钞万锭、币帛2000匹，作为资用，并封明宗嫡子懿璘质班为鄜王。懿璘质班年仅5岁，系八不沙皇后所生。明宗还有一子，名妥懽帖睦尔，年令比懿璘质班大几岁，系迈来迪所生。迈来迪为罕禄鲁部族郡王阿儿斯兰的裔孙女，生下妥懽帖睦尔后即去世，地位自然比不上八不沙。所以，尽管妥懽帖睦尔年长，但因系庶出而未获封王。

八不沙作为明宗遗孀，寄居皇宫，虽然靠着文宗的供奉，可以维持生活。但是，一想起明宗被害一事，心中禁不住悲愤交加。有时暗自垂泪，有时与人交谈流露出不满情绪。文宗虽略有所闻，但觉得一个妇道人家，谅她也不会有什么作为，遂不加理会。只有文宗皇后卜答失里，依仗着母仪八方的威风，丝毫也容不得别人说一个"不"字。所以,与八不沙同处宫中,表面上好像很融洽,但心中不无介蒂。天长日久,彼此相见,免不得冷嘲热讽,恶语相攻。

恰在这时,一位深受卜答失里皇后宠幸的太监拜住,因为冒犯了八不沙皇后,被八不沙痛骂一顿。八不沙越骂越气,越气越骂,不知不觉便连同文宗和燕铁木儿暗算明宗的事情,也一起抖了出来。

拜住仗着卜答失里皇后的威势,哪里受得了这般怨气。一气之下,急匆匆跑到中宫,跪倒在地,哭哭啼啼,添油加醋地将八不沙所言转述了一遍。卜答失里闻听之后,气得柳眉倒竖,杏眼圆睁。她咬牙切齿地说道:"贱妇竟敢指桑骂槐,诬蔑当朝皇上,我与她势不两立,非让她死在我手里不可!"拜住乘机说道:"这也不难,只要奏明皇上,赐她自尽,便可一了百了。"卜答失里沉静下来,叹息道:"我也曾说过几次,可是皇上不同意,该如何是好?"拜住说:"从太子入手,事情就好办了。皇子虽然年幼,但将来总是储君。现在鄜王已立,住在宫中,必然从旁窥伺太子之位。倘若皇上舍子立侄,那对您和皇子可是不利呵!我们应立即禀明皇上,就说八不沙皇后潜结内外,谋立鄜王为太子,不怕皇上不信。"卜答失里顾虑重重:"皇上曾有立侄的意思,倘若弄假成真,岂不聪明反被聪明误?"拜住沉思半天,又生一策:"我们不妨采取激将法,把眼下宫廷内外谣传的燕铁木儿与皇上合谋暗算明宗一节奏闻皇上,并说八不沙皇后对此深信不疑,将图谋不轨,不利皇上。皇上一定会龙威大怒,下决心斩草除根的!"

听到这里,卜答失里不禁点头称善,拜住便知趣地退出。等文宗入宫,卜答失里便一层一层地细细说来。文宗虽然非常生气,但不肯马上就下毒手。经卜答失里婉劝硬逼,文宗不由得叹息起来:"凡事不要做的过甚,我已经为燕铁木儿所惑,做了不仁不义的事,现在,再要对明宗皇后下手,不是有点太过了吗?退一步讲,即使要除掉八不沙皇后,我也不便颁诏赐死。"

第二天,卜答失里继续召拜住商量,先将文宗的话复述一遍,然后以探询的目光盯着拜住。拜住说:"皇上太仁慈,此事只好由皇后作主。请皇后传一密旨,宣称皇上有命,赐她自尽。她纵然感到冤枉,也无处诉说。"卜答失里不再说什么,即刻援笔取纸,拟写密旨。速命拜住携带密旨、毒酒,前去谋害八不沙皇后。可怜年轻的八不沙皇后,叫天天不应,叫地地不灵,被迫饮下毒酒,含恨而死。心狠手毒的卜答失里,听到八不沙已死的消息后,脸上泛起得意的笑容。

迫害遗孤　谋立己子

八不沙皇后死后,卜答失里不肯就此罢休,又将矛头指向了明宗两个年幼的儿子。卜答失里心中盘算,鄜王懿璘质班和妥懽帖睦尔尚处宫中,对于确立己子阿剌忒纳答剌的太子地位来说,是一个潜在的威胁,必须将他们逐出宫去。主意已定,卜答失里便经常向文宗陈说祸福利害关系。文宗觉得两人年幼体弱,不宜遣发外地,答应从缓商量。

卜答失里岂肯就此罢手,她又从封建名分思想出发,劝说文宗。她说:"妥懽帖睦尔生母迈来迪,出身既非显族,入王府之后又仅为侍妾。鉴于嫡庶名分,我们已经立了懿璘质班为鄜王。可是,妥懽帖睦尔毕竟年长,如果几年之后,渐明是非,向皇上提出要求封王,甚至以明宗长子身份觊觎皇太子之位，恐怕会带来很多后患。不若现在趁其羽毛未丰，远遣边地，以明嫡庶、正名分。"文宗本是一位受汉族儒家正统思想影响较深的皇帝，经卜答失里一说，觉得十分有理，便立即下令将年仅10岁的妥懽帖睦尔逐出宫，流放于高丽（今朝鲜）一海岛中，不准与外人接触。

妥懽帖睦尔被流放之后，只剩下鄜王懿璘质班，孤苦伶仃，无人照顾。卜答失里皇后为消除后患，也想将他赶出皇宫，幸亏文宗还有点恻隐之心，觉得懿璘质班太小，始终没有同意遣发外地。

此时，卜答失里皇后已生有三子，长子阿剌忒纳答剌，次子古纳答剌（后改名燕帖古思），三子太平讷。至顺元年（1330）三月，诏封阿剌忒纳答剌为燕王。八月，御史台臣请立燕王为皇太子，文宗表示推辞："皇子年龄还小，不比裕宗为燕王的时候，待以后再议吧！"十月，诸王、大臣再次奏请立燕王为皇太子，文宗说："你们所讲的确实有道理，但燕王尚幼，恐他识虑太浅，难当此任，待以后慢慢商量也不晚。"朝臣们因两次请立太子未被接受，一时也不想再提。但卜答失里策立皇太子心切，暗中召见诸王、大臣，怂恿他们继续请求速立皇太子。自己也趁机向文宗进言，劝文宗尽快接受大家建议，以满足大家意愿。至此，文宗不好再固执己见，乃先令太保伯颜祭告宗庙，然后立燕王阿剌忒纳答剌为皇太子。卜答失里谋立己子为储君的愿望终于得以实现。

遵奉顾命　舍子立侄

几经曲折之后，虽然立了阿剌忒纳答剌为皇太子，但是，好景不长，至顺二年（1331）正月，刚被立为储君的阿剌忒纳答剌因病而死。文宗及卜答失里皇后双双陷入深深的悲痛之中。此时，次子古纳答剌也染病卧床，文宗及卜答失里皇后心急如焚。为禳除灾异，文宗下令西僧为皇子古纳答剌作佛事一年。同年九月，文宗又将诸王阿鲁浑撒里的住宅买下，命大臣燕铁木儿侍奉古纳答剌居住。在燕铁木儿等人的精心护理下，古纳答剌病情逐渐好转，文宗及卜答失里稍感宽慰。

一波刚平，一波又起。皇子古纳答剌病愈不久，文宗病倒了。经多方延医治疗，不见效验。文宗料到自己将不久于人世，追忆自己谋害明宗、夺取帝位的往事，感到十分愧疚。本想传位于阿剌忒纳答剌，又不幸早夭，其余两子幼弱，也不堪国家大任。为了在历史上留下一个好的名声，文宗决意舍子立侄，使帝位复归正统。主意已定，遂召皇后卜答失里近前，嘱以后事。文宗表示，自己死后，应立明宗之子鄜王懿璘质班为帝。卜答失里听后，流着眼泪说道："皇侄登基，皇子可怎么办？"文宗握着卜答失里的手，勉强笑了笑，说道："常言说，人之将死，其言也善，你且听我细细解释。我靠权谋夺得帝位，在位5年来，夙兴夜寐，不辞辛劳，取得了一些文治武功，但是，朝廷内外，是不会忘记明宗大统的。开始，我也有意传位于阿剌忒纳答剌，可他又不幸夭折。目前，若要逆众意强立皇子燕帖古思为帝，那么，后果会怎么样呢？我想，只要回忆一下我即位之初残酷的内战局面就行了。看来，欲想天下太平，还须立兄长之子。"卜答失里唯唯而退，令近侍密召太师、右丞相燕铁木儿商议。但燕铁木儿由于连年来深居简出，每日与妻妾寻欢作乐，荒淫过度，也已抱病卧床，乃改召太保伯颜入宫。卜答失里将方才文宗关于百年之后、改立鄜王的旨意述说一遍，请伯颜发表意见。伯颜不以为然地说："皇子年龄,与鄜王差不多,何必另立皇侄?"文宗听后说道:"朕意已定,不要再生异议。太师眼见得身体也已经不行了,将来的国事,还要靠你作主。你和皇后等,要勉力行善,竭诚翊戴鄜王,莫要辜负朕意。"伯颜深感皇上知遇之恩,眼中含泪,连声答应:"一定不负顾命。"

至顺三年(1332)八月,文宗崩,年仅29岁。临终时犹谆谆告诫皇后,勿忘顾命。

燕铁木儿听说文宗驾崩,只得勉强起床,踉踉跄跄来到宫中。见卜答失里等正在放声恸哭,燕铁木儿心中十分焦急,忙走上前,先劝慰了几句,然后说:"皇上驾崩,应由皇子嗣位。请皇后立即颁布遗诏。"卜答失里止住痛哭,回答道:"皇上已有遗嘱,命鄜王继承大统。"燕铁木儿听后,感到十分惊讶,失声叫道:"传位鄜王,臣不敢遵命。"卜答失里说:"此事不便改议,太保伯颜曾与先皇面议,太师可去问明。"燕铁木儿不好再说什么,退出宫来,直奔伯颜处。听伯颜将文宗临终一节说完,只是摇头叹息,无可奈何。

鄜王懿璘质班,年仅7岁,不能亲听国政,由燕铁木儿召集诸王、大臣宣布文宗遗诏。十月四日,燕铁木儿、伯颜奉懿璘质班即帝位于大明殿,是为宁宗。即位之后,立即下诏尊皇后卜答失里为皇太后。太后御兴圣殿接受朝贺,遂临朝听政。

宁宗仅做了43天皇帝,便因病而死。燕铁木儿当初主谋害死明宗,总觉得如果立了明宗之子,将来定遭报复无疑。天赐良机,宁宗猝死,遂与群臣议立文宗次子燕帖古思。燕铁木儿急忙入宫谒见太后,提起即位问题。卜答失里面对几个月来帝位的变故,感慨系之:"国家不幸,刚立嗣君,即因病而死,真令人感到可悲可叹!"燕铁木儿说:"这是天意。过去的事,提它也无补于事。国家不可一日无君,应当及时确立新君。依臣之见，应立皇弟燕帖古思。"卜答失里历经磨难，已经成为一位有一定政治见解的人物。她语气坚决地表示："我儿燕帖古思年幼，不应嗣位，还应另立为是。"燕铁木儿争辩说："拥立鄜王，已经履行了文宗遗命。现在鄜王已崩，自然非燕帖古思莫属。"太后从容道："明宗长子妥懽帖睦尔，前居高丽，现在广西静江（今桂林），今年已经13岁，可以迎立。"燕铁木儿听到这话，又吃一惊。心想，太后这是怎么了，当初谋害八不沙皇后、流放妥懽帖睦尔，她是那样斩钉截铁；如今，又要回过头来立妥懽帖睦尔为帝，真是不可思议。想到这里，连忙提醒说："先帝文宗在时，曾经明确宣布，妥懽帖睦尔非明宗亲子，所以先徙高丽，又徙广西静江。现在又要立他为帝，恐怕不妥吧？"卜答失里年轻、美丽的脸上，透着刚毅，几乎一字一顿地说道："无论妥懽帖睦尔是不是明宗亲生，明宗总还视他为子。我与先帝文宗，均深悔平生所为，现在只有通过确立帝位作些许补救，或可对得住良心。我意已决，先立了他，待他百年之后，再立我子不迟。"燕铁木儿怏怏而退。太后遂命中书右丞阔里吉思前往静江迎妥懽帖睦尔。

妥懽帖睦尔将至京师时，太后卜答失里命太常礼仪使整具扈从仪仗队伍，出京迎接。燕铁木儿此时病已痊愈，也打起精神，与文武百官一起至良乡（今北京房山）迎接。燕铁木儿凭着自己历事几朝的重臣资历，重抖当年雄威，与妥懽帖睦尔并马往大都进发。一路上，扬着马鞭，历述确定迎立妥懽帖睦尔的经过，借机矜夸自己功勋。妥懽帖睦尔一是年幼，心中惧怕燕铁木儿；再是觉得不论何事，总得了解清楚才好表态。因此，对燕铁木儿所言，一无所答。燕铁木儿心怀鬼胎，想起当年谋害明宗之事，深恐妥懽帖睦尔即位之后追举前事，遂一拖再拖，使妥懽帖睦尔一直不得立。后来，燕铁木儿终因荒淫过度身死,卜答失里乃与大臣议定,由妥懽帖睦尔于至顺四年(1333)六月即皇帝位于上都,这就是元朝最后一位皇帝——顺帝。当时卜答失里太后规定,妥懽帖睦尔之后,传位于燕帖古思,"若武宗、仁宗故事"。

宠贵一时 终遭贬谪而死

顺帝即位之后,听信明宗旧臣阿鲁辉帖木儿之言,正事全部听由太师、右丞相伯颜及燕铁木儿弟、左丞相撒敦等处理。卜答失里以太后身份,参与朝政,势倾天下,宠贵一时。至顺四年(1333)八月,卜答失里因燕铁木儿平生功勋卓著,遂将其女答纳失里纳入后宫,命顺帝册立为后。顺帝此时羽翼未满,不敢专擅,只好遵命行事。十月,依卜答失里行军之数,释放罪囚27人。十二月,为太后卜答失里置徽政院,设官属366员,专门管理太后日常生活事宜。元统二年(1334)十月,奉玉册、玉宝,上卜答失里尊号为"赞天开圣仁寿徽懿昭宣皇太后"。至元元年(1335)十二月,顺帝为表示对卜答失里礼遇之隆,不顾部分朝臣的激烈反对,违背常理,下诏尊婶母卜答失里为太皇太后,并在诏书中盛赞卜答失里"承九庙之托,启两朝之业"的功绩。卜答失里闻诏喜出望外,即日御兴圣殿,接受诸王百官朝贺。她衣着华丽,仪态端庄,脸上挂满惬意的笑容。此时此刻,她完全被眼前显赫的威势和隆重的场面陶醉了。

然而,尽管顺帝表面上对卜答失里尊宠有加,可是实际上,他一刻也没有忘记明宗夫妇被害以及自己流放边地、颠沛流离的往事。一旦羽翼丰满,就将进行无情的报复。至元六年

(1340)二月,顺帝在脱脱辅佐下,将中书大丞相伯颜贬黜之后,已基本将朝廷大权握于己手。同年六月,顺帝颁布诏书,撤销文宗庙主,徙卜答失里东安州(今河北安次)安置,流放太子燕帖古思于高丽。诏书中历数文宗、卜答失里谋害明宗及八不沙皇后的罪行,指责卜答失里阴勾奸臣,僭膺太皇太后之号,怙其势焰,离间骨肉至亲。卜答失里突遭变故,一时束手无策,只是与太子燕帖古思相对痛哭。在监押官的严厉督责下,卜答失里母子草草收拾行装,负屈出宫。刚出京城,即被强行分开,不准同行。卜答失里面对生离死别,撕肝裂肺,捶胸顿足,大声责骂顺帝不该如此对待她母子。监察御史崔敬见状不忍,奏请顺帝不要流放年幼无知的燕帖古思,顺帝坚决不允。

太后到了东安州,人地两生,满目凄凉,联想昔日煊赫之势,禁不住悲愤交加,不久,便忧愤成疾,在一片枯寂之中郁郁而死,年仅30余岁。临终时含泪说道:"我悔不该不听燕铁木儿的话,不然的话,怎么会落得这种下场?"

太子燕帖古思在流放途中即被监押官月阔察儿杀害。

明宗孛儿只斤和世㻋皇后
八不沙

◎ 房卫青

　　八不沙，是成宗的外甥女寿宁公主的女儿，自幼许配给和世㻋。这桩门当户对的婚姻却没能带给她幸福。八不沙姿色平平，性情懦弱，不为和世㻋所宠爱。只是她心地善良，待人谦和，受到五府上下的尊重。

　　自从京城名妓迈来迪进入王府，和世㻋视她如自己的心肝，朝夕相处，形影不离，八不沙因此更受到冷落。王府中时时可听到迈来迪柔怜缠绵的歌声，处处可见到迈来迪轻盈婀娜的身姿。八不沙虽嫉恨这无耻的娼妓夺去了自己的幸福，但毫无办法，她只能把所有的心思投入精心抚养儿子和每日焚香祷天中。

致和元年（1328），泰定帝死后，一场争夺皇位的斗争开始了。被称作曹阿满的燕铁木儿这时便开始施展手腕。他曾深受武帝的赏识和宠爱，被加授太仆卿，进而又晋签书枢密院事，因此他很想辅助武宗二子怀王图帖睦尔入承帝位。

怀王图帖睦尔虽然垂涎皇位时日已久，但因哥哥周王和世㻋在漠北拥兵自重，始终不敢越次僭位。在燕帖木儿的一再劝说下，于九月十三日在大明殿即帝位，并颁发诏书，说他本无意与哥哥争位，只因哥哥远在漠北。并一再派使者到漠北奉迎皇兄，好让天下人看到他让德让位的急切心情。

天历二年（1329）的正月间，周王和世㻋来到和宁之北（今蒙古国库伦西南），即帝位。宣布立怀王图帖睦尔为皇太子。怀王得知心中颇不高兴。于是，燕铁木儿与怀王再一次密谋……

八月，明宗途经五忽察都（今河北张北东）地方，皇太子图帖睦尔率群臣前来迎接。久别多年的兄弟二人相见，分外亲热，明宗设宴宴请皇太子及诸王大臣。不料到第四天早晨，日上三竿，明宗还未起床，八不沙前去呼唤，只见明宗七窍流血、四肢青黑，早已咽气身亡。八不沙怎受得这种刺激，惊叫一声，瘫倒在地。消息传出，图帖睦尔假意临哭尽哀，燕铁木儿立刻以八不沙的名义将皇帝御宝交给图帖睦尔，图帖睦尔遂返回京城，重新即了皇位。

燕铁木儿为了掩人耳目，建议皇帝把八不沙也接入宫中居住，专门设立宁徽寺，并以钞万锭，布帛2000匹，供八不沙使用。极度悲哀的八不沙寄居在已属于他人的宫中，她愤恨，她永远忘不了曾经是血气方刚的丈夫惨死时的那副可怖的面孔；她疑虑，也更伤心，终日眼含着泪水，跪在香案前，超度惨死的丈夫的灵魂。

图帖睦尔的心中也未得到宽和，明宗那惨死的可怖形象常常出现在他眼前。每天夜晚他都被噩梦惊醒。此时的燕帖木儿更加飞扬跋扈，专断了朝中内外一切大事，而作为皇帝的他却潜心于佛事来超度明宗的亡魂。他想册立明宗的儿子懿璘质班为皇太子，以告慰他那颗负罪的心，而皇后卜答失里坚决不答应，并迁怒于八不沙母子二人。

八不沙原来就与卜答失里不和，现在同时住在宫中，二人更是水火不容。卜答失里身为国母，声威俨然，而八不沙却无异于一个寄生虫。妥懽帖睦尔和懿璘质班，有时在外面贪玩惹祸，常遭到卜答失里的责骂。八不沙搂着哭着来见她的孩子落泪，凄楚地说："儿啊，你们是没爹的孤儿，我们寄人篱下，就只好低着头过日子。"有时她忍不住怨恨，迁怒于身旁的侍女，侍女们便跑到卜答失里跟前去哭，添油加醋地学说一番，卜答失里自然很不高兴。

一日，八不沙在宫中遇到一个叫拜住的太监，她原想这太监会过来请安，谁知他只顾跟小太监们说笑打闹，旁若无人。八不沙再也忍耐不住心中的怒火，厉声叱责："你不过是一个小小的太监，也叫你们的主子调教得狂妄无礼，你要知道我也曾经是个皇后，只不过因为先帝忠厚老实，反被那对狗男女暗算了。我相信泰山也终有坍塌的一天，你们还是留有余地的好，不要做得太绝了。"这拜住原是燕帖木儿的爪牙，是专门奉命监视八不沙的，他径直入宫去报告卜答失里皇后。卜答失里原来心中就有鬼,听完这番话更是心虚了,她一面让拜住不要张扬,一面毅然决定要斩草除根,免去后患。她和燕帖木儿又一次密谋,以八不沙在宫中口出怨言,暗中勾结内外,妄图立懿璘质班为太子作借口,请求文宗下诏处死八不沙,厄运终于又降临到八不沙的头上。

至顺元年(1330)四月,这天清晨八不沙刚刚梳洗完毕,就见拜住急匆匆走入大门,大声喝令她下跪接旨。旨意说八不沙私图不轨,谋立太子,应赐自尽。八不沙一时惊恐无语,眼睛直直地望着拜住那冷酷诡诈的脸,她决没想到自己原来忍辱受屈、老老实实地抚养孩子的希望也被扼杀了,她失声痛哭:"苍天呀,你睁眼看看吧,他们已经杀死了我先皇,今天又要杀我,我没有罪呀,我只愿死后变作厉鬼,向他们索命。"哭罢,从拜住手中夺过毒酒一饮而尽……

这巍峨富丽的皇宫就像一片血淤的泥潭,表面上青萍碧绿,平静无波,可青萍之下,蠕动着腥膻的血浆,不知吞没了多少无辜的生命,即使是一个平庸哀怜的女人也不会放过。

宁宗孛儿只斤懿璘质班皇后
答里也忒迷失

◎ 宋继和

答里也忒迷失皇后，出生在蒙古贵族弘吉刺氏家族，生于泰定三年（1326）。至顺三年（1332）八月，文宗奇渥温图帖睦尔病逝，九月皇太后命立7岁的鄜王懿璘质班为皇帝，是为宁宗。十月即位的宁宗，在皇太后及诸大臣的撮合下，居然也立了一位皇后，就是与他同岁的答里也忒迷失。皇帝、皇后两个孩子同处宫中，两小无猜，游乐玩耍，倒也有趣，成为中国历史上的一段奇闻。

但好景不长，是年十一月下旬，儿童皇帝懿璘质班即患绝症，不数日就一命归天，一共做了43天（有的书上说是53天）

皇帝。宁宗病逝，与皇帝玩乐了才一个月的小皇后答里也忒迷失从此深居宫中，不被人们记起。元顺帝至正二十八年（1368）孀居寡住孤寂一生的答里也忒迷失皇后在抑郁中死去，享年42岁。

宁宗孛儿只斤懿璘质班皇后答里也忒迷失

惠宗孛儿只斤妥懽帖睦尔皇后
答纳失里

◎ 宋继和

答纳失里皇后，姓钦察，是太师太平王燕铁木儿的女儿。至顺四年（1333）被立为皇后。

答纳失里能做皇后，与其父燕铁木儿在朝中的地位是分不开的。燕铁木儿在元朝后期，可谓是一个至高无上、权倾朝野的人物。燕铁木儿是前钦察都指挥使床兀儿的第三子，元武宗孛儿只斤海山镇守朔方时，已提拔燕铁木儿列为宫禁值宿警卫，深得皇帝宠幸。床兀儿死后，燕铁木儿承袭左卫亲军都指挥使。泰定二年，加授太仆卿，致和元年，晋签书枢密院事，留守京都，实际掌管枢密院大权。泰定帝也孙帖睦尔重病时，他就算计着自己深受武宗厚恩,应当报答,扶立武宗的儿子即皇帝位。泰定帝一死,丞相倒剌沙欺皇太子年幼,擅权恣意妄为,独行专断,于是惹得天怨人怒,众叛亲离。燕铁木儿立即秘密行动,首先召集心腹,周密部署,以武力控制住朝廷,然后选派官员在重兵保护下去江陵迎接泰定帝之二子怀王图帖睦尔来大都即位。丞相倒剌沙在上都开平闻变,马上率兵搜捕在开平的燕铁木儿亲信,并当时斩决,还立即拥立9岁的皇太子阿速吉八为帝,克期登位。然后派兵进袭大都,企图活捉燕铁木儿。不料却被燕铁木儿击败。接着燕铁木儿迎怀王图帖睦尔入主大都,不久就与其弟撒敦一齐率兵征讨倒剌沙,接连获胜,被封为太平王,多有赏赐。燕铁木儿再振神威,指挥大军连战皆捷,一直打到上都城下,倒剌沙被迫出降,小皇帝阿速吉八不知去向,上都遂平。燕铁木儿立了首功,其弟撒敦、其子唐其势也立大功。后来燕铁木儿又与怀王通谋,药鸩害死怀王亲兄明宗和世㻋,使怀王真正当上了皇帝,是为义宗。由于燕铁木儿立下如此大功,文宗追封其上三代皆为王,并封其为"开府仪同三司、上柱国、太师、太平王答剌罕、中书右丞相"等职,一时声名显赫。后来文宗将次子古纳答剌送燕铁木儿家寄养,改名为燕铁古思,与燕铁木儿前两个字相同,表明义父义子关系(按封建礼法,父子名应避嫌,但元朝由于是蒙古习俗,不同于汉族,故其定例,是以同名为亲属);同时又宣召燕铁木儿次子塔剌海入宫觐见,赏赐许多金银珠宝,并将其收为文宗帝后的养子。可见燕铁木儿在文宗一朝的地位是何等重要。燕铁木儿正室夫人死后,又续娶寡居的泰定皇后八不罕为正妻,还将泰定帝的两位皇妃纳为妾。这在名分分明、等级森严的汉族封建统治者中是不可想像的,但对刚步入封建制不久的蒙古族来说,本来就没有名节一说,况且八不罕又是一个久被冷落的故后,因此无人过问她是否再嫁。而且对此亲事,文宗还派专人持赏赐往赠燕铁木儿,以示祝贺。

燕铁木儿前后共娶纳皇室宗亲40余人充其后房,还常找来民间美女玩弄,纵欲荒淫毫无节制,如此几年,已把精力耗去大半,却仍不知收敛,终至淘空身体病倒在床。文宗短命夭折,燕铁木儿带病入宫,料理后事,并提议由皇子(也是他的养子)燕铁古思即位,但却遭到皇后卜答失里拒绝。宁宗死后,燕铁木儿又请立燕铁古思为帝,又遭拒绝。至顺四年(1333)二月,燕铁木儿体亏溺血而死。六月,妥懽帖睦尔得立,是为元顺帝。

太皇太后卜答失里此时专擅朝政,在顺帝13岁时她为顺帝选了一名皇后,就是答纳失里。答纳失里入宫后,倚仗着父亲的余威,哥哥的权势,依然保持了在家中的那种骄贵任性、傲慢无礼的性格,根本不把顺帝小皇帝放在眼里。即使这样,顺帝也只好忍气吞声,第二年,仍把册文宝玺授予答纳失里,正式册封为皇后。接着推恩于皇后一族,封撒敦(皇后叔父)为荣王,官拜左丞相,食邑庐州,唐其势继承其父王位为太平王,进阶金紫光禄大夫。但顺帝对答纳失里皇后骨子里是非常愤恨的,他等待机会报复。

答纳失里受册宝后,更加趾高气扬,她擅自传下懿旨,直接将应收归国库的盐利10万两白银取来,作为皇后个人的私房。她还甚至对顺帝接近的其他嫔妃横加责打。顺帝见此也无可奈何,只得装聋作哑,致使答纳失里气焰愈益嚣张。

后来傀儡皇帝妥懽帖睦尔又追赠已死的燕铁木儿为"公忠开济弘谟同得翊运佐命功臣,议同三司太师中书右丞相",并加封为"德王",上谥号曰"忠武"。使皇后家的门庭更加荣耀。但不久撒敦病殁,由右丞相浚宁王伯颜独秉朝政。国舅唐其势心甚不平,曾对密友说:"天下本是我们家的天下,伯颜算什么，但位置却偏偏居于我之上，真是可恨。"这话不久传入伯颜耳中，他非常恼火。唐其势同样难耐伯颜一手遮天，密谋联合另一被封为句容郡王的叔父答里等人，准备领兵入朝，发动政变，行废立之事，废顺帝妥帖懽睦尔，立燕铁古思为帝。不想行事不密，走漏了风声，被伯颜得知，预先做了防备。

元统三年（1335）六月，唐其势伏兵东郊，亲自率领勇士冲进宫阙，刚杀入禁城，早有准备的宫城卫队便从四面杀来，伯颜亲自督军迎战，唐其势寡不敌众，手下士卒先后战死。伯颜下令道："生擒唐其势者赏万金，立即升官"。在此重赏之下，卫兵个个奋勇，人人争先，把唐其势围在中间，唐其势冲杀不出，最后终于被扯落马下，活捉入宫。伯颜消灭了进入宫城内的叛军，立即领兵杀往东郊，答纳失里之弟塔剌海不知兄长已被擒，竟领伏兵接仗，但伏兵人数有限，经伯颜挥军一阵猛杀，已死伤过半，余者溃逃，塔剌海也被生擒。

伯颜捉住唐其势兄弟，押进宫来，请顺帝登殿审讯，答纳失里皇后也坐在殿上。傀儡元顺帝说："唐其势兄弟反叛的逆谋已然昭著，朕何须再问，伯颜爱卿尽可按国家法律严加惩办就是了。"于是伯颜就命令宫廷卫士动手，将唐其势兄弟牵出斩首。答纳失里皇后见此情况惊得目瞪口呆，眼看自己的兄弟命将不保，但又无计可施，挽救不得，此时身带枷锁的唐其势用双手抓住殿前栏杆，高声大叫道："皇上曾有明诏，宽赦为臣父子及孙辈九次死罪，为什么今天食言呢？"顺帝怒斥他说："谁叫你谋逆反叛，兴兵攻打朝廷，犯下如此十恶不赦的大罪，你难道还想保全性命吗？做梦！"卫士见皇帝这么说，都一齐来拖拉唐其势，唐其势抓紧栏杆死不松手，直到把栏杆扯断才将唐其势拽出宫殿，然后一刀斩为两段。而塔拉海年少胆更小，竟逃到其姐答纳失里皇后跟前，钻入皇后坐椅底下藏匿，想逃条活命。皇后当然想救弟弟一命，便拉开衣裙遮盖椅子。卫士们面面相觑，不知如何是好，伯颜急忙喝令发愣的卫士，从皇后坐椅下拉出塔剌海，当着皇后的面，拔剑出鞘，把手一挥，即把塔剌海杀死在大殿里，迸出的鲜血溅了皇后一身。吓得皇后答纳失里，战战兢兢缩成一团。

伯颜接着又上奏说："皇后兄弟谋逆反叛，皇后本人也应连坐其罪，况且她又袒护藏匿弟弟塔拉海，显然是作恶的兄弟的同党，请皇上割舍亲情，追究她的罪责，以为后来者戒。"元顺帝沉默不语，伯颜又喝令卫士押解皇后出宫，卫士却不敢上前动手，伯颜见此大怒，竟亲自走到答纳失里皇后面前，恶狠狠地揪住皇后发髻，将皇后从坐椅上拖下来，摔在地上。皇后哭叫着哀求皇帝："陛下救我！陛下救我！"此时早对皇后怨恨至深的元顺帝，当然不会替她说情，反而愤怒地指责皇后说："你的兄弟要谋害我，我如何救得了你！"伯颜见皇帝这样说，更加有恃无恐，马上将皇后拖出交予卫士监押。卫士按伯颜之命，先把皇后押解出宫，暂时安置在开平府民间小房里监视居住。到这一步，伯颜仍不肯善罢干休，不久就派人带着毒酒，去答纳失里皇后居处，强逼答纳失里喝尽毒酒，即刻自死，答纳失里入宫不到两年，就因为兄弟谋逆反叛的事被伯颜谋杀，死时她才只是个十几岁的孩子。

皇后及其兄弟死后，其叔父答里起兵叛乱，但很快被伯颜派兵平定，答里被捉，送往京城处死。接着皇帝下旨，将与唐其势一案有牵连的所有官员，统统罢黜治罪。并将皇后答纳失里一族的家产全部籍没归公。而将伯颜封为秦王，独秉朝政。不久，燕铁古思也被逮捕，诏令说是流放高丽，但在押解途中，就被奉了密旨的差官杀掉了。至此，皇后答纳失里家彻底败落。

惠宗孛儿只斤妥懽帖睦尔皇后伯颜忽都

◎ 宋继和

伯颜忽都皇后，至治三年(1323)生于蒙古贵族弘吉剌氏之家，其父孛罗帖睦尔是宣慈惠圣皇后真哥的娘家侄子，被封为毓德王。至元三年(1337)三月，伯颜忽都被元顺帝妥懽帖睦尔立为皇后，并授给她玉册宝玺。皇帝大婚之后，夫妻自然是一番亲情恩爱。而且伯颜忽都皇后谨守妇道之礼，不像答纳失里皇后那样专横跋扈，对皇帝格外温存体贴，因此使顺帝一时宠爱至极。不久，伯颜忽都皇后怀孕生下一位小皇子，顺帝妥懽帖睦尔大喜过望。给儿子起名曰"真金"。但天有不测之风云，真金2岁时生病夭亡，带给伯颜忽都皇后深深地创痛。

伯颜忽都皇后生性节俭,脾气柔和,心胸宽阔,能容人,不忌妒,一言一行都能用封建礼法约束自己。被立为第二皇后的完者忽都邀宠讨好有方,平素深得顺帝宠爱,她居住在兴圣西宫,顺帝经常去那里过夜,而对伯颜忽都皇后却经常冷落一旁。尤其是完者忽都第二皇后生子爱猷识理达腊(后被立为皇太子)之后,更是如此。对此连伏侍伯颜忽都皇后的太监宫女都常有不平的言论,而惟独伯颜忽都皇后本人却没有一句怨言,也从不带不满的神色。有一次,伯颜忽都皇后跟随顺帝巡游上京,夜晚在途中歇息,皇帝派太监向皇后传旨,准备到她房内安歇。伯颜忽都皇后婉言拒绝说:"深夜并不是皇帝至尊之体往来的时候。"太监往返了几次,但皇后却坚持不接待皇帝,由此,顺帝更感到皇后贤惠可敬。

有一次,顺帝妥懽贴睦尔问皇后:"宫内中政院开支的所有钱粮帛物,都是按你的旨意领取的,你是否还记得共用了多少呢?"伯颜忽都皇后回答说:"当我使用的时候,就派人去领取,凭有关证件和官印出入库房,管库者和领取人我都选合适的人专门负责,他们手中有详细帐目,我怎么能全部记住呢?"皇后住在坤德殿时整日谨守妇道之礼,端坐直立不违礼仪,从未自己随便出外闲走。这样她在深宫平淡地度过了20多年。而元顺帝却逐渐怠于政事,越来越荒淫起来,他曾向喇嘛僧人伽璘真学习房中秘术,每日习事其法,唯淫乱是乐。为此,专门设立"百花宫",收罗妇女,供其玩乐,并从众多美女中选出16名格外出众的,头饰红缨,装扮成菩萨模样,取名曰"16天魔舞女"。天魔舞女个个花容玉貌,又带有几分佛门圣女风采,直迷得顺帝妥懽帖睦尔如醉如痴不能自拔,当然他也更不会想起独守深宫的伯颜忽都皇后。至正二十五年(1365)八月,寂寞半生的伯颜忽都皇后去世,享年42岁。完者忽都皇后见她所遗留下的衣裙都比较破旧,就嘲笑说:"身为正宫皇后何至于穿如此破旧的衣服啊!"伯颜忽都皇后的节俭朴素于此可见一斑。一个月后,从冀宁归来奔葬的皇太子爱猷识理达腊回到京城,他哭得非常悲痛。

惠宗妥懽帖睦尔皇后
完者忽都

◎ 武普照

应选入宫

完者忽都皇后姓奇，出身于高丽(今朝鲜)一个贫穷寒微的家庭。当时高丽是元朝的属国，每年要向皇廷贡献许多美貌的女子，充当宫女、侍婢。自元朝开国以来渐渐形成一股风气，凡是公卿贵族，家里没有高丽女子，便会被人耻笑。高丽人对这种卑微的奴隶地位极为不平，为表示反抗，常常将女婴溺死,但这并不能唤起元朝统治者的怜悯。元朝最后一个皇帝惠宗即顺帝即位时,皇宫内有许多高丽侍婢,完者忽都便是其中的一位。

完者忽都是被徽政院使秃满迭儿选中送入宫中的。进宫之初,她只是为顺帝沏茶端饭,但因她艳如桃李,聪明狡黠,善承人意,因此倍受顺帝青睐。顺帝如果离开她的照应就会食不甘味,寝不安席,她很快便成为宫掖中最受宠幸的侍婢。随着时间的推移,终日与顺帝耳鬓厮磨、如胶似漆,完者忽都渐渐有了身孕,并且为皇帝生下一个男孩,取名为爱猷识理达腊。顺帝非常喜爱这个孩子,于是母以子贵,奇氏的野心陡然膨胀,居然开始觊觎皇后的宝座了。

元顺帝即位后,对拥立自己登位的皇太后卜答失里非常尊崇,对因酒色过度,溺血而死的燕铁木儿推恩备至。他先是娶了燕铁木儿的女儿答纳失里为皇后,又封燕铁木儿的弟弟、左丞相撒敦为荣王,燕铁木儿的儿子唐其势袭爵太平王,进阶金紫光禄大夫。但顺帝对皇后答纳失里并不喜欢,所以他仍专心宠爱着完者忽都。答纳失里借岔儿将完者忽都毒打一番,完者忽都虽有满肚子委屈,却隐忍不发。只是将万般怨仇刻骨铭心,准备伺机而动,借顺帝之爱取而代之。

顺 势 登 位

顺帝即位后,很想改革朝政,有所作为,并未耽嗜酒色。他很快选中了自己满意的伯颜,命他为太师、中书右丞相,监修国史,不久又晋封为秦王。至此,伯颜的权势已跃居燕铁木儿的后裔之上。左丞相撒敦病死后,伯颜独秉朝政,继为中书左丞相的唐其势当然不甘心失去其父燕铁木儿在世时的天堂，他愤愤不平地说："天下本我家天下，伯颜是何人物也敢位居我上。"此话传到伯颜耳中，伯颜暗暗怀恨在心。唐其势为人猛憨无术，裹甲带刀到伯颜家中，左吆右喝，施威吓人。伯颜见状，冷眼旁观，若无其事。但他外松内紧，日夜派人监视唐其势的行动。唐其势之弟答剌海，曾被文宗视为义子。他得知伯颜专权，顺帝无能，便要打入朝廷。燕帖木儿还有个叫答里的弟弟，答里与其好友晃火帖木儿密议，也要起兵，并遣使告知唐其势，约为内应。不料，走漏了机密，被郯王彻彻秃得知，密报给顺帝。顺帝又转告伯颜，令他早作预防。至元元年（1335）六月底，唐其势先派弟弟塔剌海在东郊埋下伏兵，自己率卫士袭击皇宫。谁知刚刚踏入禁城，便见伏兵四起，伯颜亲自带领大将杀了过来。唐其势毫无防备，仓皇应战，而伯颜的军队越来越多，把他和卫士们团团围住，最后终因寡不敌众，被卫士擒住，拖入宫中。答剌海以为其兄已经得手，即率兵从东郊入城，途中正遇上伯颜的军队，经过一番厮杀，答剌海也因不敌被擒。

　　伯颜平息了叛乱，将唐其势兄弟押解入宫，请顺帝登殿亲自审讯。顺帝说道："唐其势兄弟谋反之罪昭然，何必再审，你就按国法严办吧！"伯颜便命令卫士先将唐其势拖出午门斩首。唐其势返身攀住殿上栏杆，大叫道："皇后救我！"坐在顺帝身边的皇后答纳失里虽然又悲又急，但不敢说一句话。唐其势又对顺帝说："陛下当初对臣的父亲曾有明诏，宽宥子孙九罪不死，为何今日违背诺言。"顺帝怒叱道："你谋逆篡位，还想要我宽恕你不成！"两旁武士见皇上震怒，一拥齐上，猛力将唐其势拉开殿槛，那栏杆啪的一声折断下来，这才将唐其势拖出殿外，一刀两段。答剌海早吓坏了，趁乱躲入答纳失里皇后座下。皇后不忍见幼弟遭难，忙用自己的衣裙把他遮掩起来。武士们碍着皇后，谁也不敢到座下拉出塔剌海。但是伯颜却不肯放过他，他在文宗朝曾与燕铁木儿争权多年，一直屈居燕帖木儿之下，早就窝着一肚子气。只听他大声吼道："谁敢阻挡叫他人头落地！"随即拔剑出鞘，向皇后座下戳去。只听"哎哟"一声，鲜血溅在皇后衣裙上，吓得皇后面色如土，缩成一团。伯颜见状，微微冷笑一声，对顺帝奏道："皇后兄弟谋逆，皇后也有罪，何况皇后偏袒兄弟，显然是同谋。请陛下割舍私情，以正国法。"皇后急呼皇上救命，顺帝说："你兄弟欲杀我，我如何救得你！"伯颜随即命卫士将皇后拖出宫去，押到上都开平，暂时安置，听候发落。几天之后，就有燕京派出的使者，手持顺帝诏书和毒酒一瓶，赴开平命皇后自裁。

答纳失里死后，顺帝想立完者忽都为皇后，但遭到伯颜的反对，他认为完者忽都系高丽女子，且出身微贱，不配正位中宫。顺帝没有办法，只得立弘吉剌氏毓德王孛罗铁木儿之女伯颜忽都为正宫皇后。完者忽都因此对伯颜恨之入骨，常向顺帝进谗，希望早日除去这块绊脚石。

伯颜诛杀唐其势后，"专权自恣"，"益无所忌"。他"擅爵人，赦死罪，任邪佞，杀无辜，诸卫精兵收为己用，府库钱帛听其出纳"，"势焰薰灼，天下之人唯知有伯颜而已"[①]，他的各种封号、官衔加起来足足有246字之多。这就必然引起元顺帝本人的不满。当时伯颜的侄子脱脱，出于自家利益的考虑，见其伯父骄纵至极，挟震主之威，深恐一旦败亡，同遭灭族之祸，便暗中向元顺帝表白自己的忠诚，终于取得了元顺帝

---

① 《元史》卷一三八《伯颜传》。

的信任，并与元顺帝的心腹世杰班、阿鲁深相结纳，谋逐伯颜。至元六年(1340)二月，乘伯颜请太子猎于柳林之机，脱脱与世杰班、阿鲁共同策划，以所掌兵及宿卫士拒伯颜。由元顺帝下诏黜伯颜为河南行省左丞相。当伯颜知道不妙而遣使问故时，已无能为力，只得俯首就范。同年三月，伯颜被远徙而病死于龙兴路驿舍。这位权相的死，为完者忽都夺取皇后之位扫清了道路。

伯颜忽都皇后性本节俭，忠厚老实，循规蹈矩。又因她所生的儿子真金，只活了两年便夭亡了，以后不曾再生产，因此她并不与完者忽都争宠。但完者忽都并不满足于此，伯颜罢相后，完者忽都与嬖臣世杰班秘密商议，欲乘机升为皇后，但又不便将皇后废掉，世杰班援引先代皇后曾有数人的祖制，上奏顺帝，要求将完者忽都并列为皇后，此举正中顺帝下怀，立即册立奇氏为第二皇后，居兴圣宫，号兴圣宫皇后。这件事遭到一些大臣的反对，其中监察御史李泌上奏顺帝，认为此举违背了世祖忽必烈誓不与高丽共事的遗训，但却无济于事。就这样，出身侍婢的完者忽都在元朝宫廷斗争的漩涡中顺势而上，成了惹人注目的皇后。

阴 谋 禅 位

被册封为后的完者忽都为谋取更尊严的位置进行了一系列抬高自己声誉的活动。鉴于当时她羽翼未丰，而且出身卑微，她平时只得装出一副通达事理、贤淑端庄的样子来博取人心。她在宫中除了悉心照料皇子外，一有空闲，便煞有介事地取《孝女经》及其他史书阅读，声称要效仿历代有德识的皇后。

各地送上来的贡品，有珍肴美馔，一定先派人献给太庙，然后自己才敢食用。至正十八年(1358)，京畿一带发生饥荒，饿殍遍地，怨声载道。她特地命人公开施粥，救济嗷嗷待哺的饥民，又拿出金银粟帛，令宦官朴不花带人在大都11个门外各掘万人坑，共掩葬死尸十余万具。她还命令僧道建水陆大会超度亡灵。她的这些仁慈之举，博得了朝野上下的齐声喝彩，皆把她视为一个不可多得的贤德皇后。

元代统治阶级一方面推崇佛道，另一方面也尊崇儒家学说。完者忽都亲生的爱猷识理达腊被立为皇太子后，顺帝建端木堂，命丞相脱脱领端木堂事，延请儒学大师教授皇太子孔孟之道。专为太子讲授佛教的大师担心皇太子学儒学会使自己失去往日的地位，便悄悄地对完者忽都皇后说："太子过去一直跟我学佛法，对他的启发很大，现在却教他学习儒学，恐怕这样做会坏了他的真性。"完者忽都皇后听罢很不高兴地回答道："我虽是妇人之辈，长年深居皇宫，不知道多少国家大事，但我曾听说，自古至今治理天下者一定要用孔孟之道，佛法虽可让人精神上得到解脱，却不能治理天下，由此说来，怎么能让太子不攻习儒学呢？"一番话直说得僧师无言以对，只得灰溜溜地退了出去。

奇氏家族原在高丽，奇氏供职掖庭时，她的宗亲还默默无闻，等到她被立为皇后之后，她的家族也随之飞黄腾达起来。奇氏的宗戚子弟个个紫袍玉笏，轻裘肥马，高官厚禄，平步青云。尤其是她的几个哥哥，在高丽横行无忌，恃势骄横，搞得乌烟瘴气；她的妹婿敦绍，公然唆使家奴夺人之妻；另一族兄三万，也仗势夺人土地，弄得万民嗟怨，朝野不安。高丽国王伯颜帖木儿因慑于奇皇后的淫威，对奇氏家族一再退让，隐忍不发。但奇氏族人不但不思改过，反而变本加厉，布置心腹，阴树党援，图谋取高丽王而代之。因碍着奇皇后的面子一直忍气吞声的高丽王忍无可忍，抢在奇氏兄弟之前发难，派兵将奇后家族的人全部杀死。奇皇后闻知噩耗后，痛哭流涕地对太子说："你如今已长大成人，难道不能为我们家族报仇雪恨吗？"接着，她又要求顺帝下诏废除伯颜帖木儿的王位，立在京师的伯颜帖木儿的弟弟塔思帖木儿为王，以奇族之子三宝奴为太子，以便将来承继王位。同时派遣同知枢密院事崔帖木儿为丞相，带领一万多人的军队护送他们归国。但是高丽王对此早有防备，他派一支精兵埋伏在鸭绿江边，当元军进入包围圈时，高丽军队给元军一个猝不及防，从四面猛烈冲杀，直打得元军溃不成军，仅有17骑侥幸生还。这件事给完者忽都皇后的打击很大，总算是杀了一下她的嚣张气焰。

顺帝末年，天灾人祸接踵而至，农民起义此起彼伏，已成燎原之势。昏庸无能的顺帝整日沉溺于酒色之中，很少过问朝政。他的后宫中有贵妃数十人，他经常赐给她们奇珍异宝、绫罗绸缎，贵妃们用不了，就叫宦官拿到左掖门卖掉，一时间，京都巨室富豪争相抢购，遂使左掖门得了个"绣市"的新名。受元顺帝重用的脱脱，废伯颜旧政，实施"更化"，采取了恢复科举取士制；大兴国子监，遴选儒臣劝讲；开马禁，减盐额，蠲负逋；修三史和《至正新格》等挽救社会危机的措施。后来脱脱遭别儿怯不花诬陷被贬往甘州（今甘肃张掖）。奇皇后因此上奏顺帝道："脱脱是位贤臣，不宜黜居在外。"顺帝当即下令召回脱脱，再次任命他为右丞相。但是此时的元朝已病入膏肓，虽经脱脱扶正祛邪，匡补时弊，元朝统治的大厦依然呈倾倒之势。加上顺帝任用佞臣哈麻和雪雪兄弟，更使得脱脱难展抱负。顺帝本人则拜番僧为师，探讨房中术，令宫女学为天魔舞，上行下效，君臣宣淫，丑声四溢。他还大兴土木，赶造宫殿，穷极奢华。与此同时，农民起义如火如荼，发展迅猛。自至正十一年（1351）韩山童、刘福通等在颍州（今安徽阜阳）率领红巾军起义后，河南、江淮地区迅速形成为"红军满地"的蓬勃局面。在蕲州（今湖北蕲春）有徐寿辉、彭莹玉等起义，在徐州有李二起义，在濠州（今凤阳东钟离）有郭子兴、朱元璋起义。至正十四年（1354）正月，张士诚在高邮（今属江苏）建立政权，自称诚王，国号大周，年号天祐，组成了一支具有雄厚势力的反元大军，并多次打败前来镇压的元军，成为元朝的心腹大患。

至正十四年（1354）九月，脱脱率诸路兵马，亲自攻打高邮。他受诏指挥诸王诸省的军队，并调来西域、西番各族军助战，号称百万，从四面将高邮城紧紧困住。张士诚等被围三个多月，军中已开始议论出降事宜，而恰在此时，顺帝突然降旨罢免了脱脱，从而整个战局发生了急剧的转化。其中的缘由便是完者忽都皇后与哈麻捣的鬼。原来脱脱因与中书左丞相哈麻不和，出哈麻为宣政院使，哈麻对脱脱怀恨在心。奇氏与哈麻曾合谋立她所生的爱猷识理达腊为太子，但却遭到脱脱的反对，原本对脱脱存有好感的奇氏因此十分恼火。至正十三年（1353）六月，顺帝立爱猷识理达腊为皇太子。脱脱统兵出征高邮时，奇后和太子与哈麻指使监察御史弹劾脱脱"劳师费财"。本已对多次直谏自己骄奢淫逸的脱脱怀有不满的顺帝趁机下令削夺脱脱的兵权和官爵，并将脱脱流徙于云南大理镇西路。后来，哈麻派人用药酒害死了脱脱。顺帝改以河南行省左丞相太不花、中书平章政事月阔察儿、知枢密院事雪雪代替脱脱领兵。由于临阵易帅，元军哗然，"大军百万，一时四散"①。张士诚则乘机出兵，大败元军。从此元朝军队丧失了对农民起义军的优势，而只能靠地主武装来镇压农民起义军，元末农民战争进入了一个新时期。

皇太子见各路变乱迭起，时局越来越困难，而父亲元顺帝沉于酒色，不理朝政，十分着急。脱脱死后，奇皇后便支持皇太子迫使顺帝禅让出皇位，以免元朝就此灭亡。这时哈麻因倡议内禅已被顺帝杀掉。搠思监代为右丞相，太平为左丞相。奇皇后为求得大臣拥戴，指使自己的心腹宦官朴不花同太平商议内禅之事，太平置而不答。奇皇后亲自将太平召至宫中，设酒宴款待，并再次重申了禅位之事，太平仍然不置可否。内禅之事遂告破产。顺帝闻讯后非常气愤，开始疏远奇后。奇后与皇太子对太平怀恨在心，密嘱亲信大臣上本参奏太平。昏头昏脑的顺帝听信了谗言，竟罢了太平的相职，并将其发配吐蕃，不久又派使者逼太平在路上自尽。就这样，顺帝一朝难得几位忠直之臣如脱脱、太平等均遭灭顶之灾，元朝的统治更加腐朽没落。

太平死后，搠思监独揽大权，他同宦官朴不花内外勾结，仰承奇皇后旨意，把持朝政，排斥异己，残害大臣，遂将摇摇欲坠的元朝迅速推向绝境。

国 破 梦 灭

奇皇后和皇太子与搠思监、朴不花等人作恶朝廷，引起了许多忠直大臣的不满。监察御史傅公让等上疏弹劾搠思监和朴

---

① 《庚申外史》。

不花,说他们专权误国。奇后母子闻知此事,将奏折扣下,并将傅公让等一律改任他职,只有老的沙一人留任。但新上任的御史台官员仍要追究此事,奇皇后和太子又解散了御史台,并下令缉捕老的沙,老的沙逃至大同镇帅孛罗铁木儿军中。搠思监先在大都杀死了太平的儿子也先忽都等人,又遣使至大同,索要老的沙等人。孛罗铁木儿替老的沙等人申辩,被搠思监与朴不花劾其私匿罪人,罪不容恕。至正二十四年(1364)顺帝下诏削去孛罗铁木儿的官职,解除其兵权。孛罗铁木儿遂以"清君侧"为名,率大军进攻大都。

元顺帝命太尉扩廓帖木儿讨伐孛罗铁木儿,孛罗铁木儿不等扩廓帖木儿兵到,已突入居庸关,至清河列营,京师为之震动。孛罗铁木儿扬言要惩治搠思监、朴不花才能休兵。元顺帝慌了手脚,一面把朴不花与搠思监两人捆绑起来,送到孛罗铁木儿军营由其处死,一面命令使臣把孛罗铁木儿请进皇宫,好言抚慰,并下诏恢复其官职,加封太保。孛罗铁木儿这才答应撤军。

奇皇后和皇太子见自己的亲信被杀,非常恼火,发誓要除掉孛罗铁木儿,于是遣使至扩廓帖木儿军前,要他调兵讨伐孛罗铁木儿。孛罗铁木儿和扩廓帖木儿都是在镇压农民起义的过程中乘机发展起来的地主武装,这两大军阀之间为了争夺地盘,经常发生争斗。因此,扩廓帖木儿当即决定发兵。孛罗铁木儿察知此事,亲自带领大军再次攻打京师。皇太子亲自领兵抵抗,结果大败而逃,往冀宁(今山西太原)投奔扩廓帖木儿去了。孛罗铁木儿入城见顺帝,被册封为中书左丞相,老的沙为中书平章。不久顺帝又下诏以孛罗铁木儿为右丞相,节制天下兵马。

至正二十五年(1365),皇太子在冀宁与扩廓帖木儿等调遣兵马，进讨孛罗铁木儿。孛罗铁木儿大怒，带剑闯入皇宫，逼顺帝交出皇后奇氏，顺帝吓得浑身发抖，舌头发硬，连话也说不出来了。孛罗铁木儿指挥宦官宫女拥奇皇后出宫，幽禁起来，并派大将姚伯颜不花看守。

奇后虽被幽禁，但仍然设法脱身报仇。她设法授意一名亲信宦官，去皇宫里挑选了几名绝色的美女送入孛罗铁木儿府中，孛罗铁木儿喜形于色，他对宦官说："难得皇后这样好心，你去代我向她致谢，过几天，我马上送她回宫！"从此，孛罗帖木儿放松了戒备，一味在家中同美女们淫乐。在奇皇后的策划下，孛罗铁木儿被骗入宫中刺死，他的党羽也被斩尽杀绝，孛罗铁木儿的军队遂不战自溃。

顺帝召太子回京。扩廓帖木儿率领军队护送，途中接到奇后的密谕，要他率军进城胁迫顺帝退位，让皇太子登基。扩廓帖木儿虽是一介武夫，但知此事关系重大，不敢贸然行事。他思索半天，当走到离大都还有30里时，便下令随从的军队回去，自己只带了几名卫士，把太子送入皇宫。这使奇皇后的阴谋再度破产。从此奇氏母子便与扩廓帖木儿结下了怨恨。

伯颜忽都皇后去世后，中书省请求奇皇后居正宫皇后位，但顺帝因她两次逼宫，心中憋了一股气，一直没有答应。在大臣们的一再恳请下，他才于至正二十五年十二月册封奇后为正宫皇后，同时封奇氏父以上三世为王。又因为奇氏是高丽人，立为正后有违祖制，于是改奇氏为肃良合氏，算是蒙古族的后裔。

奇氏既立为正后，其母子权势更盛。此时，能够同农民起义军作战的劲旅只有扩廓帖木儿。顺帝任命他为左丞相，加封太傅河南王，总制关、陕、晋、冀、山东等各地军事，要他南下征讨江淮一带的农民军张士诚、朱元璋和川蜀的明玉珍。但是关中的李思齐和张良弼不肯听扩廓帖木儿调遣。扩廓帖木儿再派兵去攻打李、张。皇太子乘机向元顺帝进谗说："扩廓帖木儿不听调令，私自出兵攻打与他有私仇的自己人，未免有些骄恣跋扈。"顺帝听罢，派使者传谕，命扩廓帖木儿立即停止关陕一带的战事，挥师南下攻打起义军，并任命皇太子为全国兵马大元帅，统领扩廓帖木儿、李思齐、张良弼诸部。扩廓帖木儿拒不听命，依然同李、张自相残杀。皇太子请求顺帝撤消扩廓帖木儿的兵权，还命令李、张两面夹击扩廓帖木儿。就这样，元朝内部纷争不息，皇太子同扩廓帖木儿打得难解难分。

正值此时，占据江、浙一带的吴王朱元璋乘元朝军队忙于内战、无暇他顾之际，迅速壮大了自己的势力。他先打败占据湖广、江西地区的陈友谅，再讨灭了江淮一带的张士诚，又逼降了占据温州、庆元海域的方国珍。到至正二十七年（1367），朱元璋已经拥有了江南的半壁河山。

至正二十八年（1368）春天，朱元璋命徐达为征虏大将军率军北伐，一路势如破竹，连连攻下德州、通州，元军望风而降。起义军的兵锋直指大都。七月底，元顺帝率领奇皇后与皇太子匆匆出建德门，逃往上都开平。

至正二十八年八月二十日，朱元璋的北伐军浩浩荡荡地开进大都城，元王朝宣告灭亡。这以后，元顺帝及其后妃、侍从一直被明军追杀，他们从开平逃至和林（今蒙古国的鄂尔浑河上游），又从和林逃到应昌（今辽宁克什克腾旗西达来诺尔附近）。不久，元顺帝病死。皇太子爱猷识理达腊在应昌失守后，继续北窜，不知去向。其子买的里八剌及后妃诸王等被明将李文忠所获，又受朱元璋特赦，封为崇礼侯。奇皇后逃离京城后，由雍容华贵的皇后沦为一个难民，几经颠沛流离，最后不知所终。估计可能在战乱中结束了她的一生。她内禅干政的美梦,也随着王朝的灭亡而最终破灭,结果竟落得连自己晚年的一点线索也没给后人留下,这与她起初的弄权相比,不能不说是一个悲惨的结局。

明

(1368 – 1644)

　　明朝是我国历史上强盛、统一的多民族国家发展和巩固的时期，是当时世界上的一个富强大国。

　　明朝共有21个皇帝，其中包括南明的5个。本书收录了其中的17个皇帝的23位皇后，另附有皇太后和皇妃各2人。

太祖朱元璋皇后马氏

◎ 余同元

弘济艰难化家为国

元至正十二年（1352）盛夏的一天，濠州城（今安徽凤阳）内，农民军郭子兴军营膳食房中，一个年方20的少妇怯懦地站在庞大的蒸笼旁边，她向四周扫视了一眼，见无人注意，便悄悄拿了两块蒸饼跑出食房，不巧与郭子兴夫人张氏撞了个满怀。她一边向张夫人请安，一边迅速将蒸饼藏入怀中，神色极为慌张。张夫人见此情状，心知有异，便故意与她说长论短，不一时，少妇便柳眉频蹙，珠泪双垂，言不成词。张夫人将她挚入内屋，屏去婢媪，仔细诘问。少妇伏地大哭，说出了偷饼之事。张夫人忙令她解衣出饼，那饼还热气腾腾，粘着乳房，好不容易才取了下来，乳头已被烫得焦烂了。张夫人不禁泪下，一面为她敷药，一面问明了事情的缘由。这少妇不是别人，正是与九夫长朱元璋新婚不久的郭子兴养女马氏。马氏为何要偷饼呢？原来，新郎朱元璋与岳丈郭子兴发生龃龉，竟触动了岳丈大人的怒意，被幽禁别室，闭门思过。郭子兴的两个儿子素与朱元璋不和，听说妹夫被幽禁，便暗中嘱咐膳夫，不得给朱元璋送饭。眼见丈夫饿得不行了，马氏不得不干起了偷饼的勾当。幸亏义母张夫人仁慈，才没有将此事张扬出去。

马氏生于元至顺三年（1332），比丈夫朱元璋小4岁，安徽宿州人。祖上曾是当地豪富，到了父亲马公，仗义好施，家业日贫。马公后来为杀人避仇，逃往他乡，临行时将爱女马氏托付给生死之交郭子兴。马氏的母亲郑媪早在她出生不久即已去世，后来马公也客死外地。郭子兴夫妇对好友的遗孤十分怜惜，将马氏收为义女，悉心抚养。郭子兴亲自教她读书识字，张夫人手把手教她针织刺绣。十几岁的马氏聪明无比，凡事一经指导，无不立晓，不但女工灵巧过人，而且好读书，做得一手像样的文章。年近20，马氏便出落成一副朴素大方、端庄温柔的身姿，虽然称不上玉貌娇娆，芳容窈窕，但修短合度，仪静体闲，柔情绰约，幽婉可爱。加上秀外慧中，无论如何急事，她都能举止从容，没有半点疾言遽色，而且善承人意，精明干练，深得子兴夫妇的钟爱。子兴夫妇见义女已及婚嫁之龄，常常思考着给她寻一佳偶，使她终身有托，以不负马公遗言。

时值元朝末年，政治腐败，社会黑暗，阶级压迫和民族压迫使老百姓处于水深火热之中，逼使民众纷起反抗。又遇黄河大决口，连年黄水横流，大规模的农民起义爆发了。元至正十一年（1351），韩山童和刘福通在颍州（今安徽阜阳）发起了红巾军大起义，次年郭子兴在濠州起兵响应。闰三月的一天，濠州城门外，来了一个身材魁梧、衣衫褴褛的年轻和尚，喧嚷着要见郭主帅。门卒将他捆绑至郭子兴帐前，郭子兴见他龙形虎躯，呼令释缚，收入麾下作了亲兵。这和尚入伍后，机智勇敢，又识得一些文字，很快就被提升为亲兵九夫长，留在郭子兴身边。郭子兴见他义勇有为，便与张夫人商定，拟将义女马氏许配给他。这和尚年已二十五六，尚无家室，听说主帅要择他为婿，当即拜谢，喜不自制。郭子兴便命部将两人为媒，选择吉日良辰，并在城中设一甥馆，悬灯结彩，笙簧合奏，让马氏与和尚行了交拜大礼，正式龙凤配对。这位娶得巾帼佳人的和尚就是日后大明开国皇帝朱元璋。朱元璋做了主帅的女婿，被众人呼为"朱公子"，在军中地位大大提高，自不必多说。马氏自与朱元璋龙凤交辉后，益发显得神情秀越，温柔端庄了。从此，她随朱元璋南征北战，忧勤相济，为创建大明帝业作出了很大的贡献。

朱元璋在郭子兴军中崭露头角的时候，遭到周围人的忌劾排挤，常常险象环生，多亏了马氏的左右弥缝，排除障碍，才巩固了他在军中的地位。郭子兴性情暴躁，气量狭窄，在别人的搬唆挑拨下，常常听信谗言，多次猜忌贬斥朱元璋，甚至把朱元璋监禁起来，不准进食。每逢此时，马氏一面将自己的饭食偷送给丈夫，一面求义母张夫人说情，使朱元璋化险为夷。打仗的时候，其他将领都要拿一些掠获物献给子兴，朱元璋则秋毫无犯，即使有所缴获，也尽数分给部下。马氏怕义父不察实情而耿耿于怀，就拿出自己平时所有积蓄献给义母，求义母向义父调停说情，使郭子兴对朱元璋的猜疑渐释。

郭子兴的儿子天叙、天爵二人，素性褊浅，对朱元璋被重用心怀不平，常常乘间抵隙，在子兴面前诬告朱元璋谋叛，郭子兴惶惑轻信，加上朱元璋又与他发生军事龃龉，一气之下，便将朱元璋幽禁起来，于是发生了前面那段偷饼的故事。后来经张夫人解释，郭子兴明白了事实真相，释放了朱元璋，并对天叙、天爵大加呵斥，才使朱元璋少安一时。不久，天叙、天爵突然邀请朱元璋出城宴饮，企图用毒酒谋杀元璋，马氏闻知，立即密告元璋。朱元璋假装赴宴，骑马至中途，忽然下马，对天念念有词，然后上马驰归，并呵斥天爵、天叙道："天上神明指示，说你二人置毒酒中，令我迅速回家，免得中毒。"天叙、天爵以为真有神人暗助，吓得汗流浃背，从此再也不敢陷害朱元璋了。只有朱元璋内心清楚，这"神人"就是爱妻马氏。

马氏帮助朱元璋解除了天叙、天爵的障碍，使朱元璋在郭子兴军中威名日著。这时红巾军已在刘福通领导下建立政权，并派人立韩林儿为皇帝，号小明王。元至正十五年(1355)郭子兴病亡，小明王任命其子郭天叙为都元帅，朱元璋为左副元帅。不久，郭天叙战死，朱元璋便升为大元帅，郭子兴的旧部全都归他指挥。作为大元帅的夫人，马氏身上的担子更重了。她深深地知道，丈夫是一个有见识、有胆略的人才，他不但打仗机智勇敢，平时也豁达大度，礼贤下士，很得战士的欢心，将来必能像刘邦、李世民那样，实现创建帝业治国平天下的理想。她更深深地知道，作为朱元璋的妻子，她不仅要有贤妻良母的美德，而且要具备国母仪范，为丈夫创建基业献计献策，搞好后勤，当好贤内助。

就在朱元璋被升任大元帅的时候,马氏怀孕了。当时战事极为紧张,朱元璋率大军向南挺进,准备夺取南京以建立巩固的根据地。在采石矶(今安徽马鞍山)与元军大战,取得了渡江大捷。马氏随军来到太平(今安徽当涂),生活极其艰难。在当时,群雄并起,大多只图子女玉帛,不惜荼毒生灵。朱元璋以夺取天下为目的,约束军队,不许掳掠。有一个士兵私自向百姓借铁锅,被斩首。朱元璋自己以身作则,与战士同甘共苦。贤明的妻子马氏深深理解丈夫的所作所为,她虽有身孕,即将临产,仍然率领全军将士的妻妾随军渡江。在军需供给十分困难的情况下,她宁愿忍着饥饿,也得设法储备些干粮,保证朱元璋吃饱吃好。在太平朱元璋随从文吏陈迪家里,马氏产下太子朱标,从此,她便担起了良母的重任。后来又生下朱㭎、朱枫、朱棣及宁国公主、安庆公主等子女,都由她一手抚养成才。

马氏在生活上对朱元璋照顾周到,在家务中抚儿育女,送往迎来,无不井井有条,为朱元璋的军事行动解除了后顾之忧。不仅如此,平日在军中,她还充当了朱元璋的重要参谋和得力助手。渡江作战时,朱元璋率主力先行渡江,马氏带领全部眷属后勤尾随。考虑到元军有可能采取断后的行动,马氏不等朱元璋下令,便果断地指挥后勤人员紧急渡江,刚渡江完毕,左右大批元军便席卷而来,企图扼渡切断朱元璋军队的前后联系,幸亏马氏的机智决策,才使元军扑空。在许多重大军事行动中,马氏都在朱元璋身边帮助规划,提出一些很好的建议。她认为:"定天下在得人心,人心者天下之本也。"她曾多次告诫朱元璋:"用兵不能不杀人,但主帅不嗜杀人,则能避免不必要的伤亡。所以,定天下以不杀人为本。"朱元璋对此极其赞赏,每逢将士出征,他都反复强调:攻下一城,不许妄杀,不许掳掠。还让李善长率领一班文人写成布告,到处张贴,并派执法队沿街巡逻。因而仁义之声远近传闻,许多地方举城归附,这正是朱元璋战胜群雄的关键所在。

渡江之后,朱元璋虽然夺取了江宁(今江苏南京),但东有张士诚的威胁,西有陈友谅的虎视,东征西讨,战斗更为激烈。为了做好后勤工作,马氏亲自率领军士家属及其他后勤人员,日夜赶制军衣军鞋,及时送往前方,保证了将士的衣用供给。元至正二十年(1360),陈友谅率兵东下,攻下太平,直逼江宁,朱元璋亲赴前线迎敌。面临强敌压境、军事上暂时处于劣势的危急关头,城中部分官兵动摇,有的忙于窖藏金银,有的忙于屯积粮食,打算逃跑。马氏异常镇静自若,她尽发府中金帛衣服,犒赏将士,不但稳定了军心,而且使军士大受鼓舞,个个奋勇杀敌,因而大败陈友谅。接着朱元璋乘胜东并张士诚,南平方国珍,于一片凯歌声中,自立为吴王,马氏也正式成为堂堂的吴国夫人。

在朱元璋率军驰骋大江南北,创建帝业的过程中,马氏还亲自掌管丈夫的所有文札。无论是行军作战时的军状文书,还是朱元璋随手写下的札记、备忘录,都由她保管得井井有序,即便仓促来取,她都能准确地拿出所要的任何一份,从不出差错。马氏聪明过人,又好读书,对于文化水平很低的朱元璋来说,不亚于一个机要文书。

由此可见,不论从哪方面说,在朱元璋的帝王事业中,都有马氏的一份功绩。所以,朱元璋称帝后,常常在群臣面前夸赞马氏,说她与自己"起自寒微,忧勤相济",备极艰难,共成大业。事实确系如此。

家之良妻 国之"良相"

明洪武元年(1368),朱元璋在应天(由江宁改称)正式登上皇帝宝座,国号大明,册封马氏为皇后。从此,马皇后以"为妻之道"佐助朱元璋,以"皇后之尊"留心政事,关心人民、礼待臣下,与朱元璋同心忧勤,为巩固大明王朝的统治而竭尽忠心。

朱元璋称帝后,接受历史上的教训,不许后宫干预政事。在这种情况下,马皇后既要以其特殊的身份、卓越的见识和杰出的才能,全力支持丈夫的事业,悉心补救朱元璋政事上的弊病和缺失,又要做到不出头露面。所以,在明初的政治生活中,马皇后的特殊作用,被朱元璋贴切地比喻为"家之良妻,犹国之良相"。在某种情况下,这位"良妻"还起到了"良相"所不能起到的作用。

《明史》载,马皇后讲求古训,力倡"仁厚之政"。她同女史官商讨黄老之教,就何谓"清净无为为本"的问题提出自己的看法。女史官认为,如能绝仁弃义,使天下人专崇孝慈,以孝慈治天下,便是黄老清净无为的本义。马皇后对这种说法进行了批驳,指出:汉代窦太后所倡导的无为而治并非绝仁弃义。所谓清净无为为本,就是让仁义与孝慈并重,既提倡孝慈也重视仁义。后来她又提出"孝慈即仁义"的见解,坚决反对当时存在的"绝仁义而为孝慈"的偏见。这里,马皇后真正理解了汉代统治者所提倡的"霸王道杂之"的黄老之道,那就是综合儒家、法家和道家各派的统治思想于一身,而以仁义孝慈为根本,实行所谓的无为而治,而达到无为无不为的统治目的。在此基础上,马皇后进一步提出了"仁厚之治"的主张。她不但明确了汉代治国安民的精义所在,而且深刻地总结了宋代仁厚的统治经验,将汉代与宋代两家思想合二为一,得出了"仁厚"胜过"刻薄"的结论。据此,她命女史官总结历代仁厚之粹,写成家法古训,请求丈夫朱元璋予以表彰。

每逢朱元璋离朝归宫,马皇后便问:"今天下民安乎?"朱元璋回答道:"这不是后宫过问的事。"马皇后解释说:"陛下为天下父,妾为天下母,子女是否安乐,父母怎能不问呢?"她是否真能把百姓当作赤子,另当别论,但她有这种以百姓苦乐为念的心情,是难能可贵的。她常常劝朱元璋以尧舜为法行仁厚之政,以求天下太平,百姓安乐。如何才能达到尧舜之治呢?她认为重法治、重贤才、重教育是实行仁厚之政、达到尧舜之治的根本所在。因而在这几方面,她帮助朱元璋补弊救失,作出了有益的贡献。

在重视法治方面,马皇后提醒朱元璋说:"法律经常变动则生弊,法弊则奸邪生,奸邪出则百姓受困扰,百姓困则动乱生。"朱元璋认为这是至理名言,命令史官书之于册,以备省览。有了稳定的法律,还要公正地执行,才是保证法治的关键所在。朱元璋生性刚烈、好发脾气,动辄杀人,马皇后因此劝谏:"不以喜怒加刑赏"。每逢朱元璋龙颜勃怒,欲开杀戒的时候,文武大臣非但不敢吭声,而且各怀自危之心。但当朱元璋朝罢还宫,马皇后只要见他面有怒色,就婉言劝谏,因此而得以缓刑免戮的人很多。

有人报告参军郭景祥的儿子萌生杀父之心,朱元璋大发雷霆,下令将此不孝之子杀掉。马皇后得知,劝朱元璋道:"郭景祥只有一个儿子,要严防别人诬告。如果枉杀则使老郭绝后,不妨派人查明后再作结论。"于是,朱元璋派人调查,果然冤枉。事后朱元璋对马皇后说："不是皇后有洞见之明，我可就枉杀好人了！"

宋濂是明初的谋士，又是太子朱标的老师，朱元璋对他恩礼有加，年老退休返乡后，仍不断派人慰问。不幸孙子宋慎犯罪，他也被逮到京师判处死刑。马皇后为此竭力劝谏，她拉着朱元璋的手说："民间请一老师，还始终不忘恭敬，宋先生为太子诸王的恩师，怎能轻易诛杀呢？何况宋先生已告老还乡，对朝中事多不知情，又怎能因子孙犯罪而牵连致死呢？"话虽入情入理，朱元璋还是不肯采纳。到进御食的时候，马皇后特意不置酒肉，朱元璋问是何故，答曰："妾已用皇上的酒肉祭祀神灵，请求保佑宋先生，以使太子稍尽敬师之心。"言毕潸然泪下，朱元璋大为感动。第二天即下令赦免宋濂死刑。要不是马皇后的全力营救，宋濂也难免做冤枉鬼。

李文忠为朱元璋的养子，自幼从义父征战，忠心耿耿。建国后被派往东南戍守严州(今浙江建德)有人诬告他行为不法，朱元璋大为恼怒，令他火速还朝，听从处罚。马皇后待朱元璋怒火稍息后，细语劝道："严州地处边境，不宜轻易更换守将。况且文忠素性忠贤，恐怕有人诬告。"朱元璋向来敬重信赖马皇后，便派人去严州调查，果然不实。后来李文忠一直戍守严州，从无疏忽，说明马皇后对他的信任是有根据的。

吴兴富民沈秀出资助筑都城三分之一，金陵(即应天，今南京)自洪武门至水西门一段建筑，全由他一人承担。事后，他又请求出钱犒赏军队。朱元璋认为匹夫百姓出钱犒军，大不吉祥，因而大动肝火，下令处死沈秀。马皇后劝谏道："法者，诛不法也，而非诛杀不祥。沈秀富可敌国，虽为不祥之民，却没有犯法，何以随便诛杀呢？"朱元璋觉得很有道理，便将沈秀释放，并派去戍守云南了。

针对朱元璋经常法外用刑，随意治罪，马皇后总是时刻加以提防，并遇事设法补救。一次，朱元璋命令一些重刑囚犯去筑城，马皇后认为不可，婉转地指出："罚役赎罪，本来是国家的一种恩典。但随便罚役，让那些体力不支的犯人去干重活，势必造成死亡。这样，刑法不但不能使人改过从善，反而起了害民的作用。"朱元璋终于改变诏令。又一次，朱元璋发脾气责骂宫女，马皇后也假意发怒，命令将宫女交付宫正司论罪。朱元璋认为朕一言就是法，怎么还要交到宫正司论罪？马皇后解释说："帝王不可以喜怒加刑赏。当陛下怒时，用刑过重，不如交给宫正司，按罪定刑，公平处理。即便是陛下给人定罪，也应该根据法司的规定办事。"

在用人方面，马皇后非常爱惜人才，而且懂得贤才对于治国的重要性。她对朱元璋说："帝王虽有圣人之聪明，也不能一人独理天下；要达到天下大治，必须择贤而用。但对贤才也不可求全责备，要宽其小过而发挥其才能。"一天，马皇后听说从元都府库里运来了一批宝玉，举朝为之庆贺，便故意问朱元璋："元有这些宝货为什么不能守住呢？"朱元璋领悟了她的意思，立即答道："皇后之意，莫非是指得贤才为宝也？"马皇后拜谢道："陛下所言极是，有了贤才，可以与之共保天下，这才是真正的大宝。怎能专门以物为宝呢？"视贤才为大宝，充分显示了马皇后的卓见远识。她提出"愿得贤人共理天下"的建议，被朱元璋奉为至理名言。

朱元璋称帝后，多次提出要寻访皇后的宗族亲戚封官赏爵，马皇后坚决不同意。她说："国家官爵，应当授给贤能之士，妾家亲属，未必有可用之才。"她主张用人当举贤而不能举亲。所以，她一再向朱元璋劝谏："不论亲人外人，如果真有贤才，自当加以重用；如果授官给平庸之辈，必将恃宠致败。"她还强调指出,帝王举贤授官,还是搞裙带关系,其后果截然两样。并建议:"鉴于前代外戚干政覆败的教训,对妾家亲属,只要厚给赏赐,使其安居乐业,足矣。"有明一代,外戚遵纪守法,没有出现汉、唐时期的外戚之患,这与马皇后的表率作用是分不开的。

有了贤才,还要尊重他们,团结他们,才能发挥贤才的作用。特别要处理好君臣关系,才能使贤才为国君尽忠效力。马皇后临终之时,情意深长而又言词殷切地对朱元璋说:"夫妻相保易,君臣相保难。"她从夫妻关系推及于君臣关系,从治家之道推及于治国之道,考虑得极为细致周到。马皇后留下这份忠告是有其重要原由的。朱元璋从一个贫苦和尚变成称孤道寡的帝王,随着地位的改变,思想感情也发生了很大的变化。像历代帝王那样,他害怕大臣功高震主,他要防止手下文武贤才篡国夺权,因此,采用极其残酷的手段,株连屠杀大批文臣武将,借以树立自己至高无上的权威。就在马皇后死的前两年,发生了丞相胡惟庸案,诛杀1.5万人,牵连及坐者达3万余人。朱元璋的高压政策,使许多机灵人士辞官引退,开国谋臣刘伯温、朱升等人就是如此。朱升放弃大学士之位,隐居山林之中,终身不复出,当别人遭逢厄运的时候,他得以保全首领,被人夸誉有先见之明。对朱元璋的这种作法马皇后很不满意,她极力主张对下属不能过于苛刻,不能求全责备,而要仁厚以待之。所以,她留下了"夫妻相保易,君臣相保难"的遗言。

马皇后有一句名言:"人主自奉欲薄,养贤宜厚。"意思是君主应该过艰苦朴素的生活,但在发展教育、培养贤才方面要舍得花大钱。要使国家长治久安,不仅要重视选拔贤才,关键还在于培养大批的贤才以供选拔,这便是所谓的"养贤"。

一次，朱元璋视察太学(又称国子监)回来，马皇后问他太学学生有多少，答曰："数千人。"马皇后说道："数千太学生，可谓人才济济。但太学生虽有廪食(生活补贴)，他们的妻子儿女靠什么生活呢？"明建国之初，社会残破，政府财政相当困难。在这种情况下，朱元璋将应天府学改为国子学(太学，又称国子监)。文武百官子弟及百姓通文墨的子女都可入学就读，每个学生发给生活费用。这些学生大都来自一般人家，家有父母及妻子儿女，生活负担沉重，难以安心读书。针对这种情况，马皇后征得朱元璋同意后，征集了一笔钱粮，设置了20多个红仓，专门储粮供养太学生的妻子儿女。太学生年纪大而未婚者，可从红仓取粮娶亲，政府还发给结婚聘礼钱。另外，所娶新娘每人发给新衣两套，每月给米两石。太学生家住远方，家有父母或父母亡而有叔父叔母者，每年安排回家探亲一次，探亲费用全从红仓中支出，每人还额外发给探亲衣一套。红仓制度一直延续到明代中后期未变，是明代发展教育的重大措施，也是中国教育史上的重大事件。明代高等教育事业的发展，首先应归功于马皇后。

马皇后非常重视对宫廷子女妃嫔们的教育。朱元璋有26个儿子，16个女儿，这些公子公主的教育大都由马皇后亲自负责，特别是自己亲生的5个儿子，马皇后对他们管教极严。一次，皇子的老师李希颜因小孩顽皮不听话，用笔管戳伤了他的额角。小皇子哭着到父皇那里去告状，朱元璋大怒，正要发作，马皇后急忙从旁劝解道："李先生以圣人之道教训吾儿，有何过错？制锦的人受剪刀之伤，可以责怪其师傅吗？"朱元璋深感有理，不但没有惩处李希颜，反而提升他做了左春坊右赞善。马皇后还经常亲自给公子、公主、王妃们讲述百姓疾苦的事例，教育他们艰苦朴素、勤奋学习。

马皇后与朱元璋在动乱中起家,在富贵中相处。既没有借天子之威残害忠良,也没有恃后宫之宠结党营私。她的见解和建议被朱元璋认真听取并采纳,甚至被赞誉为至理名言,载之史册,垂范后世。事实表明,马皇后思想道德虽然没有超出当时的历史时代,但她以"良妻"的身份发挥"良相"的作用,不仅成了封建时代贤明后妃的楷模,在现代社会中,仍然给人们以深刻的启示。但是,马皇后决不是圣人,她成功的道路,完全是从平凡的生活中一步步走出来的。

克勤克俭　贤慈远扬

马皇后来自民间,始终不忘民间的畎亩之劳。虽身居深宫,也从未改变良家妇女的勤俭本色。她常常劝勉丈夫:身处富贵,要不忘布衣。她常常告诫子孙:生长富贵,当知耕田种地的艰难。她自己则躬行节俭,言传身教,堪称一位德行高尚的贤妻良母。

翻开历史,封建社会"朱门酒肉臭,路有冻死骨"的景象历历在目,而皇宫中生活穷奢极欲,后妃们披罗衣、珥瑶碧、戴金翠、缀明珠,更是举不胜举。马皇后则不是那样,平时,她穿的是粗丝织的衣服,而且洗了再穿,穿了又洗。衣被破旧了舍不得更换。宫里每次缝制衣服,她把剩下的边边角角都拾起来,拼成被褥,供严冬御寒;织工织丝,她也不让丢掉一点乱丝败缕,而且要织工将那些坏乱的丝疙瘩织成次等的绢帛,赏赐给王妃、公主,并严肃地对她们说:"虽然是次等绢帛,在民间仍然难得,赐给你们,使你们知道蚕桑之不易。"

在饮食方面,马皇后从不特别讲究,平时一律粗茶淡饭。

遇到旱年，她和宫妃们以素蔬为食；若是凶年，便吃麦饭野羹。她安排丈夫的生活，也同样以俭朴为原则。有时朱元璋因服御不满意而小有怒气，马皇后就劝告他："陛下难道忘记了过去的贫贱吗？"她认为不"忘本"，才能励精图治，帝王不但要自奉简素，还要提倡百姓节约储蓄，才不怕荒歉之年的突然到来。由于马皇后的影响和规劝，加上朱元璋也是布衣起家，使他能注意俭朴。明代开国之初，一切建筑设备都不许过分华丽，凡是雕饰之物，一律禁用。朱元璋还借用马皇后的话告诫臣下："穿衣要思织女之勤劳，吃饭要念耕夫之劳苦。一切兴作都不得劳民伤财。"

马皇后还亲自带领公主王妃刺绣纺织。她常常告诫公主王妃，身为妇家，要勤于女工；想当好贤妻良母，首先要学会良家妇女的治家本领。她自己以身作则，常常缝补旧衣，制作新衣，手不释劳。虽处皇后之尊，她一直亲自操办主管丈夫的膳食，甚至连皇子皇孙的饭食穿戴，她也亲自过问，无微不至。

作为妻子，马皇后与朱元璋忧乐与共30年，无论是在动乱的艰难岁月，还是在富贵为"天下母"的太平盛世，相互之间，始终情谊灼热。她不仅时刻留心政治，帮助丈夫治国安民，而且在生活上对朱元璋十分体贴关心。每日穿衣吃饭，她都亲自侍奉；无论春夏秋冬，她都比丈夫早起晚睡。遇到丈夫心情不畅时，她总是问长问短，细语相慰。朱元璋不仅对她尊重信赖，而且充满深情。马皇后死后，朱元璋恸哭不已，命令设立普度大斋，亲自烧香祭悼，从此再也没有册立皇后。

作为母亲，马皇后对子女以严为爱。她常常教育子女戒骄戒纵。特别是对太子朱标，要求他仁慈友爱，以便将来做一名开明君主。幼子朱橚放荡不羁，长大后被封到开封做周王，马皇后对他极不放心，便派江贵妃随往，随时监督。临行时，她将自己身上的纻衣脱下来交给江贵妃，再赐木杖一杆，嘱咐："周王有过错，就令他披纻衣杖责。如敢违抗，驰报朝廷。"见着慈母的纻衣，周王便生出敬畏之情，再也没有胡作非为。以严为爱，是马皇后对待子女的原则，对宁国公主、安庆公主等人，马皇后要求她们勤劳俭朴，不能"无功受禄"。朱元璋还将兄子朱文正、姊子李文忠及定远孤儿沐英收为养子，马皇后亦将他们视为亲生儿子。后来马皇后病逝，已被封为西平侯、升任大将军的沐英来到灵前，哭至呕血，悲恸欲绝，可见他对义母的感情之深。

作为"国母"，马皇后时刻关心民间疾苦。洪武五年（1372），发生严重春旱，秧苗不能入土，百姓忧心如焚。马皇后为此焦急万分，命妃嫔公主同她一道改吃麦饭蔬菜，告诫后宫节约衣食，准备迎度荒年。一天夜里，下了一场春雨，第二天，她亲自上朝庆贺，并高兴地对朱元璋说："妾事陛下20年，知陛下念虑之间全是爱民之心。"朱元璋也感动地说："皇后能同心忧勤，真是天下百姓的洪福啊！"

洪武十五年（1382）秋八月，马皇后病逝，享年51岁。病重期间，她自知难以痊愈，怕因此连累医生，坚决不肯服药。临终嘱咐朱元璋："愿陛下求贤纳谏，有始有终；愿子孙个个贤能，臣民安居乐业，江山万年不朽。"言毕溘然长逝。朱元璋放声恸哭，文武百官无不垂泪，连边陲龙州（今四川江由）百粤也上表悼唁。九月，举行了盛大的葬礼仪式，将马皇后葬于孝陵（今南京明孝陵），赠谥号为"孝慈皇后"。宫人怀念马皇后，作歌曰：

我后圣慈，化行家邦。
抚我育我，怀德难忘。

怀德难忘,于万斯年。

悠彼下泉,悠悠苍天。

永乐元年(1403),成祖朱棣即位,给马皇后上尊谥为"孝慈昭宪至仁文德承天顺圣高皇后"。为了表彰马皇后的贤德,永乐皇帝还上了一道长长的册文。大意是说,皇妣马皇后以圣辅圣,与太祖朱元璋同起寒微,弘济艰难,化家为国,克勤克俭,贤慈远扬,等等,对马皇后一生事迹作了概括性的评价。嘉靖十七年(1538),嘉靖皇帝又追赠马皇后尊谥为"孝慈贞化哲顺仁徽成天育圣至德高皇后"。

惠帝朱允炆皇后马氏

◎ 丛彩娥　杨世谷

在明王朝帝系的十几位皇帝中，有一位死后无尸骨、更无谥号的皇后，她就是"恭闵惠帝"即"建文帝"之德配元妻——马皇后。马皇后此般遭遇又是与夫君建文帝在明代帝王中之地位紧密相关的。

建文帝能登上至高无上的皇位，是朱元璋依遵封建社会历代帝王嫡长子继承制的结果。

朱元璋开创了大明伟业，却为谁来承袭他的事业所困扰。最终他没能跳出封建伦理之窠臼，君临全国之后，于洪武元年（1368）即宣布立嫡长子朱标为皇太子。为了确保朱氏王朝世代永存,他又开始大肆屠戮功臣而封自己的儿子为王,并予以厚禄,分驻在全国各战略要地。朱元璋的意图是"立太子为天下本","用宗室以为天下屏藩"。既可以不虞反侧,又可镇压一切异己之力量。事实证明,这乃是一项自相矛盾的错误政策,在立太子定储位的同时,又大力培植和加强诸王的军事政治力量,致使这些朱家皇室成为尾大不掉的"藩王",造成了对皇位继承和皇权行使的极大威胁。

洪武二十五年(1392)皇太子朱标去世,朱标有5子,长子早夭,第二子朱允炆便居长了。朱元璋乃按照传统,册立10岁的朱允炆为皇太孙,即法定的继承人。朱允炆的性格与祖父朱元璋不同,酷肖其父,优柔寡断。而当时,诸王都是他的叔父,且大多久经沙场,屡建奇功,手里又握有重兵,自然没把年轻懦弱的朱允炆看重。但是有祖父朱元璋健在,诸王畏其威势,秋毫不敢犯上。朱元璋也为自己的继承人担忧,为了使皇太孙得到锻炼,常常让他学习法律,熟悉政务。朱允炆"亲贤好学",也受到祖父的称赞。

转眼三年过去了,朱允炆已满16岁,到了成婚的年龄。明代开国,鉴于前代宫闱女祸,秽行乱政,朱元璋与贤后马氏特制"皇明祖训",对内廷制度严立纲纪,不准后妃干预政事。而对于选婚事宜更重视以贤德为先,莫敢随意马虎。皇太孙既是未来的皇位传人,皇太孙妃即是将来的皇后,故选婚更得精益求精。经过严格的筛选,光禄少卿马全之女,力挫群芳,独领风骚。洪武二十八年(1395)朱允炆行婚纳妃,册封马氏为皇太孙妃,婚礼按照"六礼"顺序进行,场面几乎同于皇帝册后一般隆重。朱元璋看到皇太孙长大成人,成家即立业,心里多了几分宽慰。是年,马妃怀龙胎,生龙子"文奎",68岁的朱元璋更是乐不可支:这帝业的香火又将续上了。

洪武三十一年(1398)71岁高龄的朱元璋与世长辞,遗诏让皇太孙继承王位:"皇太孙允炆,仁明孝友,天下归心,宜登大位。内外文武官僚,同时辅政,以安吾民。"(《明史·太祖本纪》)朱允炆做了皇帝,改年号"建文"人称"建文帝"。第二年即建文元年(1399)册封马妃为皇后,长子朱文奎为皇太子。朝野庆贺,歌舞升平,仿佛太平无事,暗下却危机四伏。朝廷与诸王之间的矛盾冲突由此终于渐次展开。各王府不断出现谋反的迹象,觊觎皇位。特别是朱元璋的第四子朱允炆的四叔父燕王朱棣,早已蓄谋夺权,在王宫中私制兵器,偷印宝钞,招兵买马,搜罗党羽,对朝廷造成严重威慑。建文帝和兵部尚书齐泰、太常寺卿黄子澄,深知朝廷权力之脆弱,处境之危殆。但是,燕王蓄谋已久,仓猝难图,决定先削废周、齐等王,剪除燕王的手足,然后再剿燕王不迟。于是,建文帝上台之后,便全力废黜诸王,实行坚决的"削藩"政策。数月之间,撤免周、湘、齐、代、岷五个亲王的藩王爵位,废为庶人,除湘王因畏惧而自焚身死外,其他四个或是幽禁,或是送往边远地区。屡建功勋、"智勇有大略"的燕王朱棣不甘示弱,他用手中掌领的10万大军先发制人,于建文元年(1399)七月起兵反抗朝廷。为了说明自己的行为是正义的,他打着"清君侧""靖难"的旗号。朱家王朝内部争夺最高统治权的斗争就这样全面爆发了。是时,朱元璋尸骨未寒,他的子孙们就兵戎相见,交相声讨厮杀。朱元璋亲自制订的立储和封王的办法,意在稳固千年江山不变色,竟在他死后就遭破坏,这是多么大的讥讽。历史上称这场皇室斗争为"靖难之役"。

经过三年恶战,朱棣终于攻陷南京。取胜后,朱棣命臣下搜捕建文帝,臣下答道:"宫中起火,火海冲天,想必建文帝已自焚了。"朱棣令大学士撰写祭文，到宫中来祭建文帝。并令清宫在三日，就瓦砾场中寻找建文帝与马皇后的尸骨，那知骨骸太多，也分不出男、女，更不知哪一副是建文帝，哪一副是马皇后了，只是胡乱抬出两副来，当作帝后的遗骨以应差事。朱棣按帝、后的礼节予以安葬，然葬地所在，无人知晓。也没有追赠庙谥号。由于死没见尸首，活不见人，明人有关建文帝出亡记载多传闻异辞，所谓成祖即位后曾派胡濙遍行天下郡县，名为访仙人张邋遢，实是暗访建文帝下落。又一说建文帝蹈海而去，故成祖时有郑和下西洋之行。无论关于建文帝传说怎样，看来马皇后自焚也许是无疑的。

由于建文帝和马皇后这般遭遇，在明朝帝后世系中，他们一直没有正式的地位。正德、万历、崇祯年间，不断有人提出要续封建文帝的后代，给建文帝加庙谥，虽经反复商量，皆无结果，到清乾隆元年才上了谥号"恭闵惠皇帝"而马皇后始终没有谥号，也就无正式地位。

马皇后一生事迹平实无奇，也无明显失德之处，竟连个谥号都没有，未免太不公正。而最为可怜的还是她的两个儿子。当年燕王攻入南京，皇太子朱文奎在皇宫起火的一片混乱之中，是随母亲葬身火窟？还是另有所终？不得而知，当时他仅是7岁的孩童。而马皇后两岁的幼子广王朱文圭，落在朱棣手中，被幽禁中都（朱元璋的出生地临濠府，后改称凤阳）广安宫，称为"建庶人"。天顺元年（1457）英宗复辟后，大概由于幽囚南宫的经历使他恻隐之心大动，他想起了早被世人遗忘的"建庶人"，不顾身边大臣反对，下令立即释放"建庶人"，恢复自由，拨给宦官20人，婢妾十余人，婚娶出入自便，妥善安置凤阳。可怜这位老翁，被囚历经五朝55年，当重见天日时，竟不能分辨马牛！不久便死去。

成祖朱棣皇后徐氏

◎ 王瑞　赵敏

在明朝史册上，曾经有一位被人誉为"女诸生"的人杰，她就是明成祖仁孝皇后徐氏。她德才兼备，贞静聪明，对外助成祖治理朝政，定国安邦；对内为朱棣安抚宫廷，上下齐心。明成祖时期之所以能出现明朝少有的永乐盛世，与这位卓有见识的徐皇后是分不开的。故而历史上称徐皇后是明朝后宫继马皇后之后的第二位贤后。

将门之女

徐氏的父亲徐达出身于贫苦农民家庭，元末参加郭子兴的军队，郭子兴死后，徐达成了朱元璋手下有名的战将。他作战勇敢，身先士卒，颇得士卒拥护，而且他智谋过人。朱元璋称吴王的时候，任为左相国，后任征虏大将军，为朱元璋北取中原。治国安天下立下了汗马功劳。朱元璋1368年在南京称帝后，徐达因战功卓著，被任命为右丞相，后又封为魏国公。徐氏，生于元顺帝至正二十二年（1362），是徐达的大女儿。母亲谢氏，知书懂理，温柔贤慧。徐达夫妇经常给女儿讲治国安邦的道理。因为是第一个孩子，父母视若掌上明珠，希望她将来能成为一个有用的人才。徐氏自幼非常聪明伶俐，而且记忆力很好，能够过目不忘，父亲给她讲的历史上英雄人物的事迹，她都能一一复述，丝毫无误，对这一点连徐氏夫妇都感到惊奇。虽然当时女子读书者甚少，夫妇俩仍然决定专门为女儿聘请了一位教师。在父母及教师的悉心培养和教育下，徐氏十几岁就精通了四书五经，并且还能自己作诗写文章。由于徐达桌案上经常摆放一些兵书战册，徐氏也经常浏览一下，故而颇懂一些排兵布阵的作战之法，这为后来她能镇定自若地指挥兵马守卫北平城奠定了基础。徐达家里有个才女，这个消息一传十，十传百，不胫而走，徐氏因而获得了一个"女诸生"的称号。

选 为 王 妃

"女诸生"的传说自然而然也传到了明朝皇帝朱元璋的耳朵里。朱元璋一共有 26 个儿子，四子朱棣"姿貌秀杰，目重瞳子，龙行虎步，声若洪钟"。朱元璋及其皇后马氏对朱棣格外喜爱，为此，洪武三年(1371)朱元璋分封诸王时，对朱棣尤为推重，封为燕王，并派他驻守最重要的藩地北平(今北京)。为了给这个儿子挑选王妃，太祖夫妇没少操心，所以朱棣到了17岁了，王妃仍无着落。当听说徐达有一才女后，二人不禁喜上眉梢：一是徐氏出身将门新贵，二人门当户对；二是徐氏才貌双全，对朱棣也是个帮助。于是，朱元璋赶紧把徐达召来，等徐达行礼完毕，朱元璋就迫不及待地对徐达说："朕与爱卿同是布衣出身，在建立明朝的战争中，患难与共，朝夕相处，结下了深厚的友谊。现在我是君，你是臣，古代君臣之间比较投脾气的，大都互为通婚，结成秦晋之好。我听说你的女儿尚未婚配，假如让她嫁给我的儿子朱棣，你看可以吗？"本来徐达对于太祖突然召见自己，心里正七上八下，不知是吉是凶，一听是这么回事，徐达赶紧撩衣下拜，对朱元璋说："能够嫁给殿下，是小女的福份，微臣岂有不同意之理呢？"这桩亲事就这么定了下来。可是真正的举行仪式，册立王妃，却是在洪武九年(1376)正月二十七日，由宫中宣制官在宫中正式宣布：册徐氏为燕王妃。然后派使节到魏国公徐达的任所，行纳采、问名之礼，再和徐府正式定好迎亲日期。迎亲那天早晨，朱棣率王府官员来到魏国公府。府内早已得知消息，傧相站在府门东侧，按照仪式规定问道："敢请事？"但他并不直接与新郎通话，而由一名引进跪禀朱棣。"我来奉制迎亲"，朱棣也按规矩答毕，引进再将朱棣的话转告傧相。朱棣只等到魏国公徐达迎出大门来，才进入府门，身后跟着一名抓雁的随从，这只雁要交给魏国公徐达，再拜过魏国夫人。这时徐氏才由宫人引导，站在母亲魏国夫人左侧，然后父母分别对女儿进行临行叮嘱，父亲讲："戒之戒之，夙夜恪勤，毋或违命。"母亲讲："勉之勉之，尔父有训……"此后，朱棣便引着徐氏到屋里行合卺礼。这一年朱棣17岁，徐氏15岁。从此，徐氏才正式做了燕王妃。

以母为师

明太祖朱元璋的皇后马氏，是郭子兴的义女，嫁给朱元璋后，两人感情很好，她为朱元璋掌札记，事无大小，从不遗忘。在朱元璋创业过程中，马氏立下了大功。等朱元璋称帝后，马氏仍然艰苦朴素，宽厚仁慈，暇则讲求古训、告六宫。以宋多贤后，命女史录其家法，朝夕省览。徐氏嫁给朱棣后，处处以马氏为榜样，和丈夫关系很好，关怀备至。徐氏很通礼法，对朱元璋夫妇很是尊敬，为此，颇得高皇后马氏的喜爱。洪武十三年三月(1381)燕王朱棣要到北平去就藩，徐氏也只好辞别相处四载的马皇后挥泪离开南京，到了北平后，徐氏把从马氏那学到的东西用到燕王府中，把燕王府一整套机构，安排得井井有条，为燕王解除了后顾之忧，成为燕王的贤内助。

指 挥 若 定

洪武二十五年(1392)，太子朱标去世，年仅10岁的嫡长孙朱允炆成了皇位的合法继承人。朱允炆一生下来前额就有些偏，长大后却十分聪明，他爱好读书，常和一些有识之士探讨问题，研究学问，可就是性格柔弱。洪武三十一年(1398)朱元璋与世长辞，临终留下遗诏，告诫子孙及大臣们"同心辅政，以安吾民……诸王临国中，毋至京师。"根据遗诏，朱允炆做了皇帝，改年号建文，即建文帝。朱允炆虽然做了皇帝，可是为明朝江山屡立战功的那些王爷们，不但拥有重兵，独霸一方，而且以燕王朱棣为首，早就对皇位窥视已久。21岁的建文帝也发现了叔叔们的企图，于是在大臣齐泰、黄子澄的协助下进行削藩。结果实力较弱的周王、岷王、湘王、齐王以及代王，在不到一年的时间里，都被削除了。削除五王后，朱允炆决心对最有实力的燕王下手了。建文元年(1399)七月，建文帝密令北平布政使张昺和北平都指挥使司事谢贵逮捕燕王府的官属。而这时的朱棣却早已接到了密报，先下手为强，逮杀了张昺、谢贵二人。这样，燕王与朝廷的战争不可避免地爆发了，因为朱棣打出了"清君侧"、"诛奸臣"、"奉天靖难"的旗号，历史上称这场战争为"靖难之役"。因为燕军起事早有预谋，所以战争开始后，燕军势不可挡，不到一个月，迅速占领了北平北面的居庸关、怀来、密云和东面的蓟州(今河北迁西西)、遵化、永平(今河北卢龙)等州县。建文帝见叔父朱棣真的动起手来，这才慌了手脚，急命长兴侯，65岁的老将耿炳文率军迎战。耿炳文凑起了13万人马，号称30万，日夜兼程，出师北上。八月中秋，到达雄县县城。中秋之夜，燕军偷袭雄县，朝廷北伐之师9000人全军覆没，接着真定一役，耿炳文军全线溃退。建文帝无计可施，只好派大明开国元勋李文忠的儿子李景隆代替耿炳文，去消灭燕王军队。

击败耿炳文后，朱棣也感到实力不足，他便和徐氏商量怎样加强自己的力量。徐氏认为，宁王朱权，占据大宁，拥有骁勇善战的突厥族骑兵，倒是可以利用的力量。徐氏的提醒，使朱棣恍然大悟，假如用现在的军队和李景隆作战，胜负难料，不如先攻大宁（今内蒙古宁县西）收编宁王军队，然后再迎击李军更有把握。燕王决定留下徐氏及世子朱高炽守北平，自己率主力奔袭大宁。这虽然是一种冒险的作法，可是他却成功了。

李景隆是一个"寡谋骄横，不知用兵"的将军，当他率领50万军队开到北平城下时，发现芦沟桥上没有守兵，更加得意，好像北平城不用打就唾手可得了。他把数十万军队分成三部分：一部分东去攻打通州，以防止通州守军与北平相呼应；一部分主力在北平与通州之间的郑村坝，准备阻击朱棣的回援之师；一部分攻打北平九门。从李景隆的兵力部署上，我们不难看出，他把主要兵力放在对付朱棣的回援之师上，并且亲自坐阵指挥，这无疑减轻了北平城的压力。尽管这样，北平九个城门前的战斗，仍然十分激烈，朝廷军队仗着人多势重，轮番攻击，日夜不停。作为北平城正门的丽正门，战斗尤其残酷，据守该门的燕府仪宾李让、燕将梁明等人，率军打垮了朝廷军队的一次又一次进攻，无奈兵力太少，只好向徐氏告急。这位平素端庄文静的王妃，面对危急局势，不慌不乱，镇定自若，她一面鼓励将士英勇杀敌，誓死守城，一面组织城中健壮妇女，发给铠甲，长矛，上城杀敌，她也亲自登上城墙督战。在她的影响下，守兵士气大振，登城妇女有枪的用枪，没枪的掷瓦、抛石，拚命厮杀。一时间李景隆军队目瞪口呆，似乎忘记了攻城。为了使李军不易攻城，徐氏让妇女们端来水，以此泼城，冰天雪地，很快结冰，这样更加增加了攻城的难度。在徐氏的带领下，燕军万余人终于守住了北平这座孤城，为燕王回师消灭李景隆的军队赢得了宝贵的时间。

十月十六日，朱棣在大宁得知了北平的战况，对自己这位贤妻大加称赞了一番。十八日，率领着明显强大的军队回师北平。李景隆军队久攻北平不下，士气低落，不堪一击，朱棣一到，李景隆败逃德州。第二年的四月初一，朱棣又率军南进，到建文四年(1402)六月十三日，攻陷南京城。朱棣终于在这场叔侄争皇位的"靖难之役"中取得了胜利。

立后分忧

建文四年(1402)六月十七日，朱棣登上了皇帝宝座，改元永乐，故称永乐大帝。十一月，册徐妃为皇后。朱棣当上皇帝后，首先就是要清除旧朝廷中反对自己的人，齐泰、黄子澄当然首当其冲。看到朱棣乱杀老臣，徐皇后就耐心地对成祖讲："当代朝廷中的一些贤才，都是高皇帝所遗留下的，望陛下在选拔任用时，千万不要有新旧之分，要对他们一视同仁，他们才能为你所用。"新帝初登基，百废待兴，徐氏除关心成祖的饮食起居外，还非常关心国家大事，她体察民情，关心老百姓疾苦，还常劝朱棣要与民休息。她说："南北之间，连年发生战争，人民饱受战争之苦，现在你当了皇帝，应该要体恤百姓，使老百姓能够得以休养生息。"朱棣对徐后的话深为赞同，当政不久就发布诏谕，安定人心："帝王图治，必审于用人。或取诸亡国，或举于仇怨，惟其贤而已。"看到朱棣的告示，徐后也非常高兴，他对朱棣言道："治国理民，要抓住任用贤才这个根本。在自己的费用上可以节约，但培养人才就不要怜惜钱财。夫妻之间相保容易，君臣之间和睦就要难得多了。陛下能知人善任，我就放心了。"另外，在徐后的帮助下，朱棣在很多方面进行了改革，故而成祖时期，"为政之道，在宽猛适中；礼乐刑政，施有其序"。徐后始终不忘马皇后的教诲，她和成祖一起大胆地对宫廷官员的设置进行了改革，选用那些品行端正，颇有名望的大臣入主宫廷，为明朝宫廷设置开了先河。徐后看到明成祖操劳国务很是辛劳，苦于自己不能为他多分担一点。一次，明成祖退朝回到宫里，徐后便问他："陛下经常和谁一起商讨治国大事呢？"成祖答道："六卿理政务，翰林职论思。"徐后于是请求让她召见一下六卿的妻子，成祖答应了她的请求。徐后和六卿的妻子一一相见，并表示了她和成祖对她们的问候之意，对她们说："做为妻子，不但是给他们准备好衣食就什么事都没有了，关键是要他无后顾之忧，事事都为他们多分担一点。朋友之间有些话可以不听，可是妻子的话，丈夫就比较容易接受。我朝夕侍奉皇上，我们之间就经常谈论如何使百姓安居乐业，我的很多建议，皇上都采纳了。"接着她又说："你们的丈夫都是国家的栋梁之臣，成祖对他们都很信任，希望你们回去以后，要积极地支持他们的工作，让他们一心一意，精忠报国。这是我对你们的希望。"徐后最后赐给她们很多衣服和一些丝织的布匹。这些大臣的妻子，看到徐后对她们这么好，都非常感动，都下决心做丈夫的好后勤。徐后的召见收到了奇效，自此以后，朝廷内外办事效率明显提高，这不能不说是徐后的功劳。

约 束 外 戚

徐皇后建议明成祖朱棣广纳贤才，可她始终牢记太祖马皇后："亲属未必有可用之才，一旦骄淫，不守法度，前代外戚覆败，皆由于此"的训示，严格约束外戚做官。

徐增寿是徐后的弟弟，官至右军都督，曾随同朱棣出塞征战，素相友好。在朱棣起兵发动"靖难之役"前，徐增寿驻守南京城。建文帝对燕王谋求篡位的事早就有所察觉，于是想扣留朱棣在南京家中的三个儿子：长子朱高炽、次子朱高煦、三子朱高燧。徐增寿知道后非常着急，一旦三子被扣，朱棣真要起事必然有所顾虑，所以，他就跑到建文帝那儿，大讲朱棣的好话，并说："你要扣留他的三个儿子，不是逼他造反吗？"建文帝一听也有道理，就放弃了扣留朱棣的三个儿子做人质的想法。等三个儿子从南京来到北平，燕王朱棣也就再无什么后顾之忧了。另外，徐增寿在建文帝京城内部还经常为朱棣通风报信。建文帝知道后，很是恼怒，就派人杀了徐增寿，可以说徐增寿对成祖霸业是有功的。等到朱棣做了皇帝后，决定追赠他为阳武侯，谥号忠愍，并追加功爵。他把这个想法告知了徐后。徐氏听后不同意赠爵。她认为："我和增寿是一母同胞，情同骨肉，给他封官晋爵，我当然高兴，可是就是因为他是我的弟弟，我不同意给他任何称号。"成祖讲："之所以给增寿晋爵，是因为他有功，决不是因为你是他姐姐的缘故。如果奖罚不明，立功不能受奖，我这个皇帝可怎么当呢？"明成祖自己私下决定加封徐增寿定国公，由增寿的儿子景昌世袭。当成祖办完这件事情告知徐后时，徐后只是淡淡地说："这并不是我的意志，我只是希望陛下能将景昌培养成人，让他长大后成为国家有用之才。"在徐后在世之时，她没有为一个亲戚争官夺利。这一点，很值得后人借鉴。

教 子 有 度

徐后不但是位贤妻，而且是位良母。在对待子女的教育问题上，她因人而施教，为后来明室江山的稳定发挥了重要的作用。朱棣一生有四个儿子，长子朱高炽、次子朱高煦、三子朱高燧，均为徐皇后所生。四子朱高燨，不幸早亡。长子高炽，生于洪武十一年(1378)，他从小体弱多病，性格柔弱，沉静好文，为人仁厚、豁达。对长子的性格，徐后深为了解，为了让他将来担当起治理国家的重任，徐皇后注意从小就培养他遇事果断、大智大勇的能力，并且经常教育他要体恤百姓，待人宽厚。洪武二十八年(1395)，长子的地位，使他被册为燕世子。徐皇后为了进一步帮助儿子成就大业，决定给儿子找一位贤德的王妃，因此，她没有注重门第观念，而是选中了出身农民家庭的张氏。张氏聪颖贤慧，待人和蔼，举止端重大方，无论做什么事，都非常细心。张氏入宫后，徐皇后告诉她怎样正确处理宫中诸人的关系，怎样支持丈夫成就大业。徐皇后的言传身教对张氏影响很大，事实证明，正是由于张氏的功劳，仁宗的帝位方始保住。朱棣本性刚毅，不喜欢拘守礼法，他与朱高炽的性格截然相反，因而并不喜欢这位世子，总想废长立幼，改立二子朱高煦为世子。朱高煦凶悍善战，在靖难之役中，随父朱棣亲征，白沟河、东昌之战，皆以力战使燕王获安于危急之中。燕王多次在高炽与高煦之间权衡，拿不定主意。徐皇后认识到高煦即位，必是暴君，因而主张立高炽为太子。也是徐皇后教育发挥了作用，高炽很懂得爱民的道理。还在太祖朱元璋健在之时，曾命他与秦王、晋王、周王等四世子分别检阅皇城卫卒，其他三个世子，很快检阅完回来交令，唯独迟迟不见他回来。等他回来后，朱元璋问他："你为什么这么晚才回来？"朱高炽回答："早晨天气寒冷，卫卒们正在吃饭，我等他们吃完饭才检阅。"朱元璋对他的回答很满意，就故意问他："古代尧、汤时候，如果发生水旱灾害，百姓们靠什么生活呢？"朱高炽毫无犹豫地说："靠的是圣人恤民之政。"朱元璋不由对高炽另眼相看，暗赞此子今后必有大用。另外，朱高炽跟徐后也学了一些带兵打仗之道，北平保卫战也有他的功劳。鉴于以上这些因素的影响，永乐二年（1404），朱高炽被正式晋为皇太子。他就是以后的仁宗。对另外两个儿子，徐皇后也极是关心。因为他们性格比较暴躁，恃功骄横，徐皇后就经常教育他们要顾大局，兄弟之间要互相关心，互相照顾，不能任意胡为。由于徐皇后的努力，高煦、高燧虽然早有夺位之心，但在母亲在世之时，终没有敢胡作非为。

编 书 助 学

徐皇后还积极从事于女子教育事业，极力主张女子入学读书。明朝教育制度、机构已经比较完备了。京城设有国子监，相当于大学；府衙州县，设有中等学校，相当于高中；县以下城乡设有初等学校。各级学校也有了一定的统一教材，选拔一批学者从事讲学。可是这些学校大部为男子学校。而女子所读的书很少，大部分又都是要女子应该怎样，不应该怎样之类的书籍。像《女戒》、《女宪》、《女则》等，都是这一类的书籍。为此，徐皇后决定编一部适于女子读的书，让广大妇女也受到良好的教育。于是，她广泛浏览有关女子教育的现有资料，并结合孝庄马皇后的一些言论：像"求贤纳谏，慎终如始"、"法屡更必弊，法弊则奸生；民数扰必困，民困则乱生"、"人主自奉欲薄，养贤宜厚"等等，著成《内训》20篇，主要内容涉及德性、修身、谨言、慎行等方面。该书一开头便开宗明义地提出了对待子孙的教育要宽严适度的原则，指出"本之以慈爱，临之以严恪。慈爱不至于姑息，严恪不至于伤恩"，她把自己对子孙教育的经验也写在了书里。另外，她还派人广泛搜集古人的佳言善行，集成一个集了，命名为《劝善书》，这本书明成祖看了后，深为满意，下令将此书颁行天下。徐皇后为明代教育事业作出了贡献。

死而后已

永乐五年（1407）夏天，徐皇后身染重病，随着病情的一天天加重，皇后自己也预感到将不久于人世。因此，她对前来探望自己的成祖说："我的病估计是好不了了，这是命运的安排，我自己倒没有什么，只是担心皇帝你。我死后，你要保重自己，千万别太伤感，搞垮身体。"接着她又说："治理天下，首要是爱惜百姓，与民休息，天下才能太平。"喘了口气，望了望正在仔细听的成祖，徐皇后又道："为政之二就是要广纳贤才，你必须有一批贤能之士辅佐，否则单凭自己的力量，明室江山永固是不可能的。用人上，要知人善任，不要因他敢于直言就贬低他，也不要因他讲几句好话就重用他，要根据他的德行，量才而用。"接着她又强调前代外戚误国的道理，奉劝成祖要慎用外戚，骄宠外戚必将遭致杀身之祸。最后，徐皇后请求见一下皇太子朱高炽。朱棣赶紧命人召来太子，当太子看到母亲瘦削的面容后，联想到母亲对自己的养育之恩，不禁泪如雨下，泣不成声。他跪倒在母亲病榻前，询问母亲有什么教诲。徐皇后颤微微地抓住儿子的手，端详了好久好久，好似有很多话要对儿子讲，"母后，你讲吧，儿子听着。"高炽又一次抬头用急切的目光注视着母亲。"你还记得北平保卫战吗?记得那些为守城而战死疆场的士兵的妻子吗?本来我想能同成祖去北平看看，看看那些可敬可爱的北平城的百姓，可是我今天病成这样，看来愿望是不能实现了。这是我一生中最大的遗憾！无论什么时候，你都不要忘记去体恤百姓。"徐皇后临终想到的不是自己，仍然是国家的安危，想到的是怎样从用人、爱民上帮助丈夫、儿子去治国安邦。七月四日，徐后去世，终年46岁。徐皇后的临终遗言，朱棣父子都一一记在心里，最后按照徐皇后的要求，丧事从简。朱棣对于徐皇后的死，十分伤心，为她在灵谷寺、天禧寺举行了隆重的大斋仪式。群臣对徐皇后都十分敬仰，听到她去世的消息，所有大臣都来祭奠她，都为失去了这样一位贤后而悲痛。朱棣追赠徐氏谥号为"仁孝文皇后"。永乐七年(1409)朱棣在北京天寿山营建了陵墓长陵，工程很宏伟壮观，直到永乐十一年(1413)方始完工，然后把徐皇后安葬在里面。

　　徐皇后的死对成祖是一个沉重的打击，他忘不了和他朝夕相处、志同道合的妻子。"积善如登山，久之必高；积恶如穿穴，久之必陷。"这些话又仿佛回荡在明成祖耳边。于是，徐皇后死后，成祖朱棣再也没有册立皇后，以示对她的纪念。

　　后人对徐皇后也颇多赞扬，清人有诗赞道：

读书少说女诸生，佳儿佳女事业成。
亲弟输情偏不取，独特卓识断私情。

仁宗即位后，追尊徐氏为"仁孝慈懿成明庄献配天齐圣文皇后"，后人简称她为仁孝皇后。

仁宗朱高炽皇后张氏

◎ 丛彩娥　杨世谷

母贤儿圣　帝统尚存

明成祖朱棣的长子朱高炽虽生于有赫赫战功的燕王府，却沉静好文，体虚多疾，无论性格和体貌都使燕王大失所望，而朱高炽的同母弟弟朱高煦、朱高燧以机警、狡黠有宠于燕王。尤其是燕王借"靖难"之名起兵，高煦、高燧异常出力，关键时刻，燕王以权位相许，及登上帝位，成祖屡欲易储，举棋不定之际，想起朱高炽的妃子张氏和他们的儿子朱瞻基。

张氏，永城人（今河南永城），为兵马副指挥张麟之女，洪武二十年（1387）选为朱高炽世子妃，永乐二年（1404）朱高炽由世子立为皇太子，册立张氏为皇太子妃。张氏行为端庄、谨守妇道，深得成祖及仁孝皇后的喜欢。据《明史纪事本末·高煦之叛》载：有一天，成祖与仁孝皇后来到便殿，张妃恭谨地呈上御膳请皇父、皇母享用。成祖看见儿媳一言一行大喜过望，

连连点头，称赞说："新妇有贤德，以后我皇室家事多得依赖她了。"仁孝皇后也早就暗察张氏，觉得很符合自己理想之中的模式，今天又见得到成祖的赏识，更为儿子幸娶这样的贤妇赞不绝口。

受到皇帝、皇后交口称赞，张妃不由得受宠若惊，之后她更存心修身养性，把家训《女诫》等宣扬妇女贤德之类，当作座右铭熟诵且付诸行动之中。也是吉人天相，洪武三十一年（1298）张妃喜得一子，名瞻基。据说，瞻基出生前夕，皇祖父成祖夜间梦见太祖朱元璋，太祖亲授之大圭一个，上面镌刻着"传之子孙，永世其昌"八个字。成祖醒来，听说张妃为他生了一个嫡长孙，联想夜间作的梦，认为这是一个吉祥的征兆，颇为高兴，等到小孙儿满月，成祖抢着先睹小孙儿的真面目。这一看不觉喜出望外："孙儿英气溢面，正符我梦中所见。"遂视孙儿为掌上明珠，爱护倍至。及至成祖考虑由哪个儿子继承皇位时，左思右想都有意于朱高煦。但又怕遭到大臣的反对，事先他秘密召见阁臣解缙，问他有何高见，当时解缙说："皇长子朱高炽仁孝，一定会使天下归心的。"成祖一听没有应允。解缙灵机一动似自语："好一个圣贤的孙子啊！"成祖知道"圣孙"指的是那位受他宠爱的朱瞻基，果

然为之所动，马上决定立朱瞻基的父亲朱高炽为皇太子，封朱高煦为汉王、朱高燧为赵王。

太子虽立，地位并不稳固，"靖难"之时，成祖曾令世子朱高炽与朱高燧协守北京，朱高煦随己征战，高炽有守城之功，曾以万人拒李景隆五十万大军于坚城之下，为成祖解除后顾之忧。但是，居守不如从征功显，高煦凶悍善战几次救成祖于危急之中，成祖平日就有宠于他，曾对高煦说："吾病矣，汝努力，世子多疾。"（《明史纪事本末·高煦之叛》）此时以权位相许，高煦认为自己将被立为皇位的继承人是确定无疑的了，没想到却因一个女人和小儿就立朱高炽为太子，封他为汉王，而且封国远在云南。朱高煦因此心中怏怏，埋怨说："我何罪之有？斥于万里之外？"赖在南京不去就藩。成祖也感到自己食言有负于高煦，故改封于青州（今山东益都），又托故不肯离去，且不惜设计离间加害太子，阴谋夺嫡。

永乐三年之后，成祖多次巡幸北京、亲征漠北，几次命皇太子朱高炽监国，裁决政务。监国期间，他注意爱护臣下，关心黎民百姓的疾苦，树立了一个仁厚君主的形象。其间虽历尽艰阻，但朝无废事。特别是当高煦、高燧与其同党伺隙谗构觊觎皇位时，有人问皇太子是否知道有谗人相间，朱高炽严词道："不知也，吾知尽子职而已。"可是，高煦图谋不轨，连结宦官、酷吏谗言太子，加深了成祖对太子的猜疑，几欲废皇太子之位。他召集朝臣商议此事，朝臣以为：朱高炽为世子是太祖朱元璋所立，今为皇太子又是按"祖训"嫡长之议按序而立，如果废除就等于破坏祖宗之法，也必然引发皇权再纷争。于是，朝臣纷纷奏请皇上保留原议，勿轻信谗言。成祖勃然大怒，遂将这些竟敢违忤其本意的大臣一个个下狱治罪。原为宠臣的解缙因上谏汉王"礼制逾嫡"而成罪囚，不久致死，受牵连的大臣多人也死于狱中；以敢言著称的大理寺丞耿通也因屡谏成祖"太子事无大过误，可无更改"（《明史·耿通传》）被置于极刑；阁臣黄淮、杨溥皆因亲近太子，设由获罪下狱。一时谁也不敢再为太子求情了，太子的地位岌岌可危。

　　成祖惩治了这么多亲近太子的大臣，为高煦、高燧夺嫡阴谋敞开方便之门，他们的活动更加频繁。这又引起成祖的警觉，他联想到最近围绕着太子发生的一系列事情，总觉得有些蹊跷，为万无一失，他想先命侍郎胡濙暗中调查清楚，再来决断皇位继承人的归属还为时不晚。胡濙奉命明察暗访之后，密奏成祖说："太子诚敬孝谨。"正好此时高煦、高燧的阴谋先后被揭穿败露，成祖方幡然醒悟，太子之地位始安。永乐九年（1411）成祖又立"圣孙"朱瞻基为皇太孙，也就是皇位的第二位继承人。自此之后，成祖有心专门培养瞻基，每当巡幸征讨之时，也皆令瞻基相从，还特命学士在军中为皇太孙讲经论史。如果有谁一提起这位皇太孙，成祖总是情不自禁夸道："这个孙儿，他日必定是个太平盛世天子！"所以说，朱高炽太子地位的保全，除靠他的努力及诚敬获全外，也有赖于其妃张氏和长子朱瞻基。有史为证，《明史·张皇后传》载：成祖恨太子太胖，甚至减削太子膳食，"濒易者屡矣，卒以后故得不废"。这"后"即张氏。而《明史·宣宗纪》又说："仁宗为太子，失爱于成祖，其危而复安，太孙盖有力焉！"这太孙就是朱瞻基。

参决国政　倚重"三杨"

永乐二十二年（1424）七月，成祖驾崩，遗诏传位皇太子朱高炽。

朱高炽继位，是为仁宗，册封张妃为皇后主事中宫，立长子瞻基为皇太子，位居东宫。

仁宗即位之前长期监国，积累了丰富的政治经验，对朝政得失有比较深切的体会。即位后他信用内阁，审时度势，转变国策，大有开创"太平盛世"之雄心伟志。作为皇后的张氏对中外政事也莫不知晓，但有仁宗主掌朝政大事，张皇后多以处理好宫内之事为己任。偏偏天不假年，仁宗在位仅仅十个月，忽然大病不起，竟然离世，皇储朱瞻基依次嗣位，是为宣宗，尊母后张氏为皇太后。

摆在张太后面前的是铁一般的事实：一年之间，成祖、仁宗先后去世，宣宗毕竟年轻，皇叔们时刻不忘争夺帝位。连成祖也不会料到，当年他通过"靖难之役"从侄儿建文帝手里夺得帝位，今天他的儿子又重演"靖难"之事，想从侄儿宣宗手中夺取皇位。亲骨肉又要以兵刃相见，祖宗开创的明朝江山岂不又将毁于战火。悲痛之余，张太后深为新上皇位的儿子担忧。可她深知：祖制家法为防患女主弄权乱政的事情发生，特立严格戒谕，用铁牌铸字，挂在每一宫门之内。其中最忌后妃干预政事，如有敢犯者废退问罪。可是太祖皇帝之马皇后，辅佐太祖不仅打下天下，治理天下，而且还赢得了一代贤后之美誉。与其坐视祖业毁于己手，不如效马贤后之样，恪守妇道，参政，而不乱政；有权，而不弄权。所以，宣宗初年"朝中政事"多禀报张太后裁权。张太后也不敢忘记自己的身份，深明大义，王朝统治主要依靠内阁进行，以内阁作为协助皇帝办理政务之机构。内阁阁臣继续重用仁宗朝的一班元老重臣，如：大学士杨士奇、杨荣在成祖时就进入内阁，杨溥自仁宗时进内阁，宣宗继位后，张太后把他们同时重用，晋授内阁大学士。杨士奇刚直敢言，在成祖时就受命辅助太子高炽监国；杨荣多谋善断，有军事才能，曾多次随从成祖出征漠北；杨溥是仁宗当太子时的老师，为人恭谨，有"雅操"。三人德高才多资深，同时辅政，时人并称"三杨"。另外，吏部尚书蹇义、户部尚书夏原吉，自永乐以来一直掌管重要部权，也为宣宗、张太后所倚重，他们"外兼台省，内参馆阁，与三杨同心辅政"，组成以宣宗为核心的强有力的统治集团。他们顺应形势，继续沿用仁宗规划的昌平致盛之措施，整顿统治机构，裁减冗官，保举人才；实行惠民之政，减轻民困。在他们同心辅佐下，宣宗先于即位之初，亲自出征，以先声夺人之势，戡平皇叔高煦之叛，解除了隐患；其后宣宗又果断从交趾撤兵，结束了这场牵连数年，徒耗国力的战争。故宣宗时期，文治武功多有建树，吏治民生亦有起色。

作为皇帝，宣宗在位时距开国未远，太祖、成祖勤政恤民之风对他还有影响，特别是张太后，经常教导宣宗勿忘祖宗创业之艰难，体恤民情。每当四方水旱，必赈济万民，蠲免灾粮。宣宗理解母后用心之良苦，更加孝顺仰重张太后。无论是入奉起居、外出游宴，皆先请奏张太后；四方贡奉的礼品，即使是微不足道的小物品，也必先给张太后送上，一时慈孝闻名天下。

宣德三年(1428)张太后游西苑，宣宗皇帝亲自扶持着张太后所乘轿子，一块登上万岁山。大家兴高采烈，由皇帝领先，后妃们依次为张太后献酒上寿,献诗颂德。又一年,张太后率儿孙们参拜成祖和仁宗的长、献二陵,宣宗皇帝身穿戎装衣甲,骑马亲自在前为张太后导路,遇到河桥之处,又下马扶辇过之。沿途百姓夹道欢迎,献上蔬食、美酒,高呼"万岁"。张太后端坐辇中,甚为感动。遂下凤舆,由宣宗搀扶着亲到农家,召集村妇问寒问暖,并询问年景收成,赏给银两。百姓感恩不尽,奉献上蔬食酒浆,让皇帝及太后尝食。张太后取过奉品,分别赐予皇帝皇后食之。张太后一边吃一边赞叹道:"这才是真正的田家风味!"又语重心长地说:"作一个受百姓拥戴的仁君,首先要让百姓安居乐业,希望皇上以此为重念。"接着,在行殿张太后令宣宗召见随从大臣"三杨"、张辅等,慰劳他们辅佐皇帝有功。并且还说:"你们都是先朝旧臣了,以后还要互相勉力,辅助嗣君。"张太后言传身教,对宣宗的影响是有益的,在返回宫城的路途中,凡过农家,宣宗皆赐银两。以后又亲自写成《织妇词》赐给朝臣,并叫人画成图张挂于宫中,目的是要官员和众妃嫔都知道百姓的艰辛。

当然,宣宗的开明政治只限于维护统治阶级的根本利益,为了明王朝的长治久安而"弭患于未萌"。尽管如此,宣宗承继父皇仁宗,继续实行合乎时宜的措施,使"吏称其职,政得其平,纲纪修明,仓庾充羡,闾阎乐业,岁不能灾",故旧史评述多把仁宗、宣宗两朝并提而论,比之周朝之成、康;汉朝之文、景,誉为"太平极盛之世"。虽有溢美之词,但综观明朝二百余年,仁、宣两朝政治毕竟还是较清明的。在这个基础上,社会经济向前发展,出现了明朝前期封建经济的繁荣景象。

宣德十年(1435),也就是宣宗在位统治的第十个年头,因患疾病,不幸英年早逝。朝臣们悲憾之中,一边料理他的后事,一边又期待着新君临位。五、六天过去了,仍不见太子登基,朝廷内外不由得纷纷扰扰,谣言四起。甚至有人说:太子年幼,张太后将召立远在长沙的襄王进京为新皇帝。襄王是张太后生育的第三子朱瞻墡,诸王中除早逝的数他最年长,且为人庄重,贤德有礼,众望颇属。但是,张太后不愿看到历史上惊心动魄的骨肉相残之事再发生。按照传统,宣宗有子即应是法定的继承者。她立即召请大臣到乾清宫指着太子,哭着说:"这就是当今的新天子呀!"众朝臣慌忙叩头高呼:万岁!人心安定下来,谣言随之平息。

新皇帝朱祁镇即英宗,嗣位一个月后尊张太后为太皇太后。鉴于皇帝只有9岁,宣宗弥留之际,遗诏国家重务必须禀报张太后。朝臣们也因为张氏自仁宗、宣宗两朝参政以来的政治威望及高尚的美德,联合奏请太皇太后"垂帘听政"。张太皇太后义正词严地拒绝说:"我不能坏了祖宗的法规。"朝臣更加敬重太皇太后的人品,尽管没有垂帘之形式,众臣仍将军国大政一一启奏于太皇太后,太皇太后也不让众臣失望,下令将奏疏悉交内阁,由"三杨"议决,然后施行。

张太后成功地避免了一次宫廷喋血事件,又继续保持与"三杨"之间默契配合,使仁、宣之治在英宗初年还能闪其余辉。

张太后在参决国家大事时,始终不忘"治天下者,治家为先"的古训,她把入宫以来所遵从的妇德、妇言、妇容、妇功等一系列告诫妇女的谕条,用以治理好皇家诸事。

仁宗除立张皇后外,按照帝王生活的惯制,他还可以有成群的嫔妃。据《明会典》记载,册封为妃的就有七位,仁宗死时有五人为之殉葬。这些后妃为仁宗生养了十子、七女。其中生有三子的皇庶母恭肃淑妃郭氏,也在殉葬之列。仁宗皇帝在位不及一年，统治地位还未巩固就匆匆而去，又留下这十几个年幼子女，对张太后说来，既有国家这个大"家"待她裁决政务，又有皇室小"家"等待她来主持。她默默地承受着，以其贤德表率两宫、治平家事。她对仁宗的子女一视同仁，教养得法。当政的宣宗皇帝就是一例，另外史书颇有称道的还有贤妃李氏所生朱瞻埈，即郑王，张太后所生另一子朱瞻墡，即襄王。仁宗死后，张太后曾命兄弟二人同时监国，以待宣宗从南京返回就位。宣德元年（1426），郑王亲征乐安，仍受命与襄王居守，兄弟二人协同努力，立下了赫赫战功，而从不居功自傲。郑王死后，襄王在诸王中居长，宣宗去世，曾有谣传欲立为皇帝，被母后张太后制止。尤其是侄儿英宗亲征瓦剌时，国内无主，宣宗的皇后孙氏见襄王贤德想让他入宫暂时代理，襄王仍洁身自爱，他写信让孙太后请立皇长子朱见浚，让英宗的弟弟郕王监国。郕王即位后，英宗又回京了，他又写信给皇上，提醒要尊敬英宗，早晚问安。英宗复辟成功后，有感于襄王的人品，把他比为周公，特意在宫内设宴招待，为他设襄阳护卫，预筑茔墓（一般只有皇帝才可预建墓地），特准他过年时也可以带儿孙出城猎狩，给他的待遇超过任何一个封王。襄王曾有两次做皇帝的机会都主动让贤，毫无怨言，传为一代佳话。

　　张太后把皇室这个特殊的家庭治理得井井有条，只有一件事张太后深为遗憾。

　　宣宗为皇太孙时已完婚，由张太后亲自指婚，选锦衣卫胡荣的女儿胡氏为正妃，选孙主簿之女为嫔，及即位，册立胡妃为后，孙嫔为贵妃。胡皇后静穆端庄，但体弱多病，不受恩宠；孙贵妃姿色俊俏，且工于心计，一向深受宠爱。可惜，两人都没能给宣宗生下龙子，这在帝王之家是最不幸的了。孙贵妃阴取宫女之子为自己的儿子，即英宗朱祁镇，之后孙贵妃更得幸眷宠，宣宗遂于宣德三年（1428）废胡皇后，册孙贵妃为后。

孙贵妃父亲孙主簿，名孙忠，为邹平人（今山东邹平），在永城县任主簿时，与张太后的母亲彭城伯夫人相识，见孙忠的女儿长相不同凡响，让张太后召之进宫，时年尚幼，则由张太后亲自抚养。宣宗完婚时，也由张太后作主选为嫔位，又封为贵妃。按情理说，张太后与孙贵妃之间的关系要亲于胡皇后，可宣宗之前，明代尚无废后之事，这等于违了祖例。张太后知道后，非常气愤，责问宣宗："胡皇后是当年懿旨指名册立，既未失德，何以妄行废立？"宣宗早命辅臣商议举过失废之，实在是无什么失德之处，但宣宗决心已定，故答称："皇后身有奇疾，不能生育。"如照此布告天下，岂不有损一代有德圣君的形象，后杨士奇不得已，建议让胡皇后辞让。胡皇后被废，退居长安宫，赐号：静慈仙师。张太后看已成事实，只能自责教子无方，她很同情胡氏无过被废，时常召胡氏到自己住处清宁宫居留，内廷朝宴时的规格仍以皇后等级奉侍，且居孙皇后之上。胡氏无比感激太后的恩德，张太后去世，她悲怆欲绝，第二年就随太后而去。

扶助幼主　洞察秋毫

宣德十年（1435）正月初十，新天子朱祁镇就是明代第六位皇帝英宗继位，改明年为正统元年。

英宗是明代第一个少年天子，当务之急是培养教育问题。张太皇太后为使小皇帝不忘祖辈立业之艰辛，请出祖训来，让英宗每天五鼓时，就披衣起身，由司礼监顶着祖训来宫门前跪诵，英宗在床上跪听，完毕再离床梳洗，然后乘辇临朝。实际上这个规例在宣宗时已经废除。英宗年少嗣位，让他自幼培养勤政之良风是大有必要的。

明代初期的几任皇帝，即位后接受正式教育的形式是开"经筵"。那时，没有固定场所和明确日期，并不十分认真对待。英宗的教育则不同，它包括最起码的启蒙教化，稍一疏忽，将误其终生。正统元年，"三杨"上疏，请求太皇太后早开"经筵"，择老成重厚、识大体之人供侍讲之职，太皇太后欣然赞同，令礼部尚书胡濙议定经筵注仪。二月，在英国公张辅和"三杨"主持下，经筵正式开始。按照注仪，每隔十天，以月之初二、十二、二十二这三日为讲期，皇帝要在早朝之后前往文华殿，听翰林讲官授四书、五经及历史，一些重要朝臣也前去参加。经筵之外，还有日讲，日讲不像经筵那样礼仪繁琐，但要求皇帝反复诵读规定的功课十数遍之多，故英宗登基后的最初几年里，他的主要任务是接受教育，履行皇帝必须躬行的各项礼仪。至于朝廷大事，则由太皇太后抚帝听政，三杨、胡濙等辅政。他们继承仁、宣之业，尚保海内之富庶，朝野之清明。可岁月不饶人，转眼张太皇太后与"三杨"步入古稀之龄，体衰力竭已无太多的精力参预朝政了，随之危机也逐步来临。

英宗当太子时，有个名叫王振的太监在东宫伴他读书，即位后，他便把王振提为司礼监太监。

本来，太祖初年曾制法度，严禁宦官预政。不许内臣读书识字。成祖时，"靖难之役"得宦官协助，即位后授以军权。宣宗时又设内书室，选小宦官读书其中，从此宦官通文墨，司礼监成为二十四衙门之首，司礼监秉笔太监则享有"批红"的权力，代替皇帝批答数量繁多的奏章。不过成祖和宣宗对太监的管制还是很严厉的，若有犯法，则置之重典。英宗幼年即位，宦官恃宠，王振又掌握了这样重要的机构，便利了他逞奸窃权。

王振原为一名儒士，后净身入宫，为英宗启蒙老师，王振为人狡黠，善于观颜察色，迎合皇帝的旨意。他小心翼翼、谦恭自守，以圣贤之道教导约束太子，蒙骗了许多朝内大臣，得到宣宗与"三杨"的赏识，皆认为王振忠诚可倚。英宗年幼，不辨忠奸，竟视王振为"忠臣"，宠信有加，称他为"先生"，而不直呼姓名。只有张太皇太后察觉到此人掩藏着不可告人之权谋野心。

一天，太皇太后命王振偕文武大臣在朝阳门外阅兵，隆庆右卫指挥佥事纪广与王振私交甚密，王振竟欺上瞒下，谎报纪广为骑射第一，并越级提拔他为指挥佥事。有第一次，就有再二、再三……渐渐地，王振有些放肆了，太皇太后命他到内阁问事，有几次杨士奇尚未决断，王振便自作主张，杨士奇忍无可忍，一连三日不上朝。太皇太后知道后甚为恼怒，立即命皇帝、五大臣便殿见太皇太后。

太皇太后便殿正面坐下，英宗立其旁，"三杨"、张辅、胡濙五大臣稍立下，太皇太后谕言："卿等老臣，嗣君幼，感谢你们同心协力，共安社稷。"五大臣诚惶诚恐连谢太皇太后恩典，转过来再对英宗说："此五大臣都是先帝重用俾辅后君之人，是历经几朝的重臣，希望皇帝以后所有政策法度必须与他们商议，若非五人赞同便不可实行。"顷刻，又厉声令召宦官王振，怒责："你侍奉皇帝饮食起居，不按规矩，应当赐死。"话音刚落，只见几个武装的女官应声而出，遂把刀架在王振的脖子上，王振一惊，吓得直打哆嗦，连呼：饶命，饶命!这时,英宗和五大臣皆跪下为他求情。太皇太后才改变颜色说:"皇帝年少,岂不知此辈自古祸乱国家,今天我看在皇帝和诸大臣的面上就饶他一命。但是,要记住以后不许再干预国事。"此后,每隔几天,太皇太后都要派人到内阁查问,了解王振有没有不通过内阁擅自作主张的事,一旦发现即加痛责。王振畏惧太皇太后的威势,自此稍收敛了一些。有言道:江山易改,本性难易。王振位居高职,大权在握,日益坐大。正统七年,张太后病故,"三杨"中,杨士奇也于次年病逝,杨荣更早已亡故,仅杨溥在朝,还年老多病,少闻朝事,王振便肆无忌惮,为所欲为。他明目张胆摘去宫门上的那块"禁止宦官干预政事"的铁牌,排斥异己,陷害忠良。英宗对此仍执迷不悟,宠眷如初,形成明代历史上第一次宦官专权局面,使明朝继仁宣开明盛世之后,陡然转向衰败。清代的乾隆皇帝曾感叹万分,他认为太皇太后既然当着诸大臣的面,数次责斥王振,且以刀刃加王振脖颈,不能说没有必杀之心。时五大臣倘能因势而赞成,则杀王振易如反掌。可五大臣不但不愿揭露其恶行,反而为王振长跪求情……这不能埋怨太皇太后之优柔寡断。乾隆不可避免地站在统治阶级利益上大发感慨,可如果从整个明朝历史发展的前景看,还是有一定道理的。

正统七年(1442)十月,张太后生命垂危之际,仍念念不忘国事。她召杨士奇、杨溥入见,询问国家还有哪些大事未办?杨士奇老泪纵横回太皇太后话,说尚有三件大事,一是,建文帝已亡当修实录;二是,成祖曾有诏:有收藏方孝孺诸臣遗书者当死罪。现在应弛其禁。三是……未及奏上,张太后已崩,遗诏:勉励大臣辅佐英宗皇帝要惇行仁政。其语甚淳笃。合葬仁宗献陵,祔太庙,谥号:诚孝恭肃明德弘仁顺天启圣昭皇后。

张太后在后位共 18 载，历经仁宗、宣宗、英宗初年三朝，正是旧史称道的"仁宣之治"太平极盛之世，仁宗去世早，张太后参与国事，重用"三杨"先后辅佐宣宗、英宗两帝，对巩固王权、保持政策连贯、发展国家经济做出了不可磨灭的贡献。正是张太后及元老重臣相继离去后，英宗才被宦官奸臣所挟，使明朝从盛世顶端急速滑坡。以后的几代皇帝虽有几番繁荣景象，但宦官专政成为巨患，直至明朝走向灭亡。张太后在明朝宫闱制度严禁的情况下，仍起如此大的作用，除了其他客观因素外，足以证明她不仅有贤德，还有才识。

宣宗朱瞻基皇后胡善祥

◎ 孙丽英

明永乐十五年（1417），皇太孙朱瞻基已19岁，成祖下令为他选妃。司天官经过占卜，说是应在济河一带求佳女。于是，济宁人锦衣卫百户胡荣的三女儿胡善祥便被选中。成祖见胡氏文静、端庄、贤淑，便册立她为太孙妃。

永乐二十二年（1424），成祖驾崩，皇太子朱高炽继位，为明仁宗，以朱瞻基为皇太子，胡氏为太子妃。

宣德元年（1426），仁宗病死，朱瞻基即位，史称宣宗。胡氏被册为皇后。但宣宗对胡氏并不喜欢，胡氏又未能生个儿子，因而宣宗宠幸的是贵妃孙氏。亏得胡氏大度，后妃之间尚能相安。但孙贵妃却并不安分，宣德三年（1428），她取了一个宫人所生之子，假称她自己所生。于是，宣宗让大臣杨士奇去劝胡皇后自动让位。胡氏无奈，只得强作笑容，表示接受。宣宗迅即下诏立孙贵妃为皇后。

胡皇后退位后，移居长安宫。胡氏生性喜欢清静，不好华饰，虽然内心十分痛苦，外表却似甘愿恬退。张太后一向喜欢她的品德，对她无故被废，深怀怜悯，所以常把她接到太后所住的清宁宫去，每逢内廷朝会或宴饮，也总是把胡氏坐位安排在孙皇后之上。宣宗为了表示对她主动退让的敬意，也特地赐给了她一个静慈大师的尊号。

宣德九年（1435），宣宗去世，太子朱祁镇即位为英宗。英宗正统七年（1443），太皇太后张氏去世，胡氏对于这位唯一的保护人之死，十分悲伤，哭得死去活来，也许因为伤心过度，胡氏在第二年也随之死去，以嫔御礼安葬。天顺六年（1462），孙太后死去，英宗才得知自己非孙氏所生，胡皇后被废亦属委屈，于是在天顺七年（1463）七月追谥胡氏为"恭让诚顺康穆静慈章皇后"，并下令为她专修陵寝。

宣宗朱瞻基皇后孙氏

◎ 孙丽英

明永乐二年（1404），明成祖朱棣册立长子朱高炽为太子。永乐九年（1411），朱高炽的长子朱瞻基被立为皇太孙。此时，朱瞻基已13岁，成祖打算为其选妃。皇太子妃张氏的母亲、朱瞻基的外祖母彭城夫人推荐孙氏为太孙妃。孙氏出身低微，是永城县主簿孙忠的女儿，自幼长得如花似玉，而且非常聪慧。彭城夫人也是永城人，偶然见到孙氏，大为称羡。由于她女儿张氏为太子妃，所以时时出入宫中，当成祖打算为皇太孙选妃时，她便推荐了孙氏。成祖传旨选孙氏进宫，见她年仅10岁，便令在宫中抚养，册立太孙妃之事暂缓。过了6年，即永乐十五年(1417)，皇太孙已19岁，成祖下令由司天官为其选妃。司天官经占卜后，认为应当在济河一带求佳女，济宁人锦衣卫百户胡荣的第三个女儿胡善祥便被选中。成祖见胡氏文静、端庄、贤淑，便册为太孙妃。彭城夫人本来想让孙氏选作太孙妃的，结果被胡氏所夺，心中很是不平，立即入宫启奏成祖，请他改命，册立孙氏为太孙妃。成祖认为册立胡氏为太孙妃的命令已经下达，不能轻易收回，便立孙氏为太孙嫔。

永乐二十二年(1424)，成祖驾崩，皇太子朱高炽登上皇帝位，史称明仁宗。仁宗册立张氏为皇后，长子朱瞻基为皇太子，太孙妃胡氏、太孙嫔孙氏也成为太子妃、太子嫔。彭城夫人对孙氏未能选作太子妃之事一直耿耿于怀，当她女儿张氏成为皇后之后，便在张皇后面前喋喋不休，怂恿皇后废胡氏、立孙氏。张皇后却是颇有主见，任她如何怂恿，只是默然不答。其实，张皇后一向喜欢贞静端淑的胡氏。

宣德元年(1426)，明仁宗病死，皇太子朱瞻基即位，史称明宣宗，尊张皇后为张太后。在妻、妾之间，朱瞻基宠爱的是太子嫔孙氏。因为孙氏不但生得妖娆聪慧，而且善于揣摸朱瞻基的心思，博取他的欢心。所以当他登上大宝，按成例册太子妃胡氏为皇后时，立即又册孙氏为贵妃。明初定制，册皇后用金宝金册，册贵妃有册无宝，但宣宗特命尚宝司制就金宝，赐给孙贵妃，使她享受同皇后一样的待遇。在宫中，孙贵妃的地位同皇后几乎不相上下，一样尊贵无比，而且依仗能博得皇帝宠爱的优势，反把宣宗玩于股掌之间，使其百依百顺。

宣德三年(1428)，宣宗朱瞻基想到自己年届30岁，尚无子嗣，不免忧心。一天，他同宠妃孙贵妃说起这事，愁容满面地叹道："皇后身子有病不能生育，爱卿无病也不能生育，难道朕命中无子了？"孙贵妃一听忙下跪，作出一番羞涩之态，

宣宗朱瞻基皇后孙氏

奏道:"臣妾常蒙陛下雨露承恩,近一个多月来觉得体内有异常征兆,红潮不至,莫非已怀麟儿不成?"宣宗听完贵妃这一番话,大喜过望,亲手把她扶了起来,又以双手合掌祈祷上天保佑,让贵妃早产子嗣。激动之余,他又对孙贵妃许诺道:"如若爱卿生下男儿,朕当改立爱卿为皇后!"孙贵妃内心惊喜异常,表面上却装出诚惶诚恐的样子,连连摆手说道:"皇后宝座已定,臣妾怎敢有非分之念,望陛下毋出此言!"宣宗听孙贵妃这样一说,更加喜欢,连连赞道:"真是朕的好贵妃!"宣宗又见贵妃娇羞可人,醉如桃花,越觉怜爱,便一把把孙贵妃揽进怀里,百般抚爱。

光阴似箭,转眼过了8个多月,孙贵妃居然生下了一个皇子。宣宗听到喜讯后,急忙赶至贵妃宫中,抱起儿子一看,见儿子方面阔嘴,啼声响亮,不由更加喜欢,当下亲为取名叫祁镇。宣宗从贵妃宫中出来后,当即传旨大赦,以庆贺他有了皇子。

其实,皇子祁镇并不是孙贵妃所生,而是偶然被宣宗召幸的一个宫人所生。孙氏被立为贵妃后,并不安分守己,不甘心屈居妃嫔之位,她觊觎皇后的宝座,千方百计想据为己有。唯一能实现目的的办法当然是生下皇子,因此,便想出一条秘计,暗中与怀孕的宫人定了易吕为嬴的密约。事情非常凑巧,怀孕的宫人生下一个男孩,孙贵妃便取宫人子为己子,诳骗宣宗。宣宗哪里知道这一秘谋,他盼子心切,一直认为皇子祁镇是孙贵妃所生的龙子。

几天之后,宣宗决定履行自己曾在贵妃面前许下的诺言。他把几位重臣张辅、蹇义、夏原吉、杨士奇、杨荣召入,对他们说:"朕有一大事,与卿等商议,卿等为我出出主意。朕30岁而无子,中宫皇后有病不育,据术士推算,说中宫命中无子，今幸得贵妃产下麟子，当立为嗣君。母以子贵，孙贵妃理当立为皇后，但不知何以处置中宫？卿等为我想一个得当的办法！"大臣们一听，面面相觑，无人应声。宣宗见大臣不发一言，便举出皇后的几项过失。善于奉承君主的杨荣首先奏道："既然皇后有过失，就应该毫无顾虑地废掉。"宣宗之前，明代帝王尚无废后之事。宣宗问道："历史上有废皇后的例子吗？"杨荣答道："宋仁宗废郭后为仙妃，便是成例。"宣宗见大臣中只有杨荣发言，其他大臣都不发言，便问道："卿等何故不发一言？"杨士奇比较守正，跪下奏道："臣等侍奉帝后，就像儿子侍奉父母，当今的中宫是母亲，群臣是她的儿子，母亲如果有过失，儿子应当极力规劝，怎么能与父亲议论废立母亲的事呢？"张辅、夏原吉也随之跪下，说道："废皇后是宫廷大事，当三思而后行，望陛下慎重！"宣宗又问道："此事能否交给外朝议论？"杨荣说："历朝历代不乏此事，用不着别人议论。"杨士奇说："宋仁宗废了郭后，范仲淹、孔道辅率领谏台的官员十多人，因入朝进谏而被降职，至今还在史册上写着，怎么能说没有议论呢？"宣宗十分不快，拂袖而去，大臣们退下。

第二天，宣宗又召杨荣、杨士奇问此事。倡议废后的杨荣从怀中取出一纸，奉呈宣宗。宣宗一看，纸上写的都是诬谄皇后的过失，多至20事。宣宗认为杨荣诬后有点过火，便生气地说："皇后哪有这么多的过失？这般诬毁，不怕伤天害理吗？"宣宗又问杨士奇："卿对废皇后有什么看法吗？"杨士奇答道："汉光武帝废后，下的诏书说：'废后乃是非常之事，不是国家的福气。'宋仁宗废后，事后甚为后悔，希望陛下慎重行事。"宣宗听了不乐，此事便罢。又过几天，宣宗单独秘召杨士奇到文华殿，屏退左右，告谕说："朕废后意已决，卿不必多辩。若是废后，何以处置中宫?卿须为朕想一得当办法。"杨士奇再三推辞，但宣宗再三要求，只得略略思索后问道："中宫与贵妃关系如何，有无宿怨?"宣宗道："相处和睦，相亲相爱，近日中宫有病，贵妃常去探视，慰藉甚是殷勤。"杨士奇说："既然如此，倒不如借着中宫有病，由陛下向她言明圣衷，导使她主动让位于贵妃。这样做，进退合乎礼，皇上对她的恩礼却不见衰减。"宣宗连连点头称善。

宣宗按杨士奇的意思，劝胡皇后退位。病中的胡皇后见宣宗来探望自己很是高兴，然而，她根本想不到宣宗竟是来让她自动辞去中宫之位的。君王薄情，自己多病，且又无子，软弱的她既无力抗争，又无法夺回君王的恩爱，只得忍让，强作笑容地接受了这道残酷的命令。

数日后，宣宗又召见杨士奇，对他说："卿的计策甚善，中宫果真欣然愿让，虽太后不准辞让，孙贵妃也坚决不接受，但中宫让后位的意志已很坚决了。"杨士奇说："既然如此，则望陛下对待两宫应一视同仁，不要分出厚薄。历史上宋仁宗废郭后，而待郭后恩礼有加，不减当年。"宣宗说："朕一定按卿的意思办，决不食言，说了必算。"于是废后之事定了下来。

宣宗迅即布置，先立祁镇为皇太子，后又起草中宫让位诏书，颁行天下。孙贵妃实现了多年的皇后梦，可她还矫揉造作地推辞一番，才欣然接过皇后册宝。

宣德九年(1435)，宣宗病逝，皇太子朱祁镇即位，史称明英宗。英宗尊张太后为太皇太后，孙皇后为皇太后。英宗天顺六年(1462)，孙太后病死。

英宗朱祁镇皇后钱氏

◎ 孙丽英

宣德九年(1435),明宣宗死去,年仅9岁的太子朱祁镇登基做了皇帝,改年号正统,是为英宗。

正统七年(1442),英宗册立钱氏为皇后。钱氏是海洲人,其父钱贵,官至都指挥佥事。钱氏被立为皇后以后,钱贵升为中府都督同知。英宗雅重钱后,见钱后的娘家门第低微,有意封钱家为侯,但是钱皇后谦逊谢绝,再三推辞,故一直未予封赏。钱皇后是一位有贤德的皇后,因而得到英宗的敬爱。

正统十四年(1449)七月,北方蒙古族瓦剌部首领也先率领大军南犯,大同告急。当时的军政大权掌于司礼监王振一人手里，在大敌当前的形势下，他不做切实准备，却怂恿英宗出京亲征，幻想以英宗御驾亲征来镇住也先，吓退敌兵。英宗事事依赖王振，对他提出的事情百依百顺，竟然不顾大臣们的反对，下诏亲征。七月十六日，英宗命弟弟郕王朱祁钰留京居守，自己和王振带领文武大臣百余人和50万大军浩浩荡荡北去。

王振是一个太监，根本不懂军事，视行军打仗如同儿戏。50万大军到达大同后，未曾同瓦剌军作战，便惊慌失措撤出。退出大同后，王振异想天开，命大军绕道向他的家乡蔚州（今河北蔚县）进发，想借此机会炫耀他的权势。但不久，又看到撤出的士兵、马匹，缺粮少草，数十万大军进入家乡，必定会毁坏庄稼，于是，改变主意，下令军队改道向宣府（今河北宣化）进发。队伍走至土木堡（今河北怀来附近），遇瓦剌大兵突袭。被折腾得疲惫不堪的明军已无斗志，一触即溃，英宗竟被也先俘去，大臣们大多中箭身亡，王振被倒戈明军杀死。最后，50万大军全军覆没。

八月十五日，英宗被掳北去的消息，传到京师，留守在京的郕王朱祁钰急忙入宫禀告孙太后和钱皇后。婆媳俩哭成泪人儿一般，她们决定"以物易人"，赎回英宗。孙太后把宫中珍宝搜集起来，载以八匹骏马，皇后钱氏，倾己私有，又添了一些金银、珠宝之类的东西，派遣使者送到也先营中。也先得到英宗如获至宝，想挟英宗在政治上向明朝讨价还价，所以，金银珠玉照单全收，就是不肯放还英宗。

与英宗恩爱异常的钱皇后，不见英宗归还，急得寝食难安，日日啼哭不止。一天夜里，钱皇后在宫中一边哀泣，一边设香案祷告，祈求上天保佑早日让英宗回朝，夫妻母子君臣团圆。由于她已是好几个昼夜不曾合眼，祷告完毕，竟伏在香案上朦胧睡去。不幸的是，睡梦中人未坐稳，一下从椅子上跌倒在地，一侧股骨折断，遂成残肢。又因思夫心切，昼夜啼哭，流泪过多，不久又有一目失明。

在后宫中，孙太后比较沉着稳重，见英宗一时不能回朝，便召集廷臣，商议对策。翰林侍讲徐珵主张向南迁都；兵部侍郎于谦主张坚守北京。于谦的正确意见，得到了许多大臣的支持，固守之策定了下来。八月十七日，孙太后下诏立英宗的长子朱见深为皇太子。朱见深不是钱皇后生的，而是英宗的周贵妃生的，当时只有2岁。孙太后命郕王朱祁钰监国，辅助皇太子统理国政。郕王朱祁钰监国后，做了几件取信于群臣的事情。他升于谦为兵部尚书，使京师的武备得到整顿；他下令惩处土木之变罪魁祸首王振的党羽，使宦官邪派势力有所削弱。于谦等大臣认为，英宗被俘、太子年幼，国家无主难以安定，联名上奏请太后立郕王为帝。太后从国家利益出发，答应百官所请，命郕王即皇帝位。正统十四年（1449）九月初六，郕王登基继位，是为代宗，改年号为景泰。朱祁钰继位后，遥尊英宗为太上皇，英宗的皇后钱氏失去了皇后宝座，代宗的正妃被立为皇后。

十月初，也先挟持英宗南下进攻北京。北京军民在兵部尚书于谦的领导下，齐心协力打退了瓦剌兵，保卫了北京城。从此，也先对英宗的幻想完全破灭，有了送归英宗的念头，原因是明朝已立新帝，而且重整武备，也先不能利用英宗讨到半点便宜。代宗朱祁钰不希望他的兄长归来，对此事一拖再拖，景泰元年（1450）八月十五日，做了一年塞外俘虏的英宗才回到北京。在东安门前，英宗与自己的弟弟代宗相见，随后英宗这位太上皇便被送入南宫，见过群臣后，宫门紧紧闭上。此后几年间，英宗便被软禁在这里，无法迈出重门紧锁的南宫一步。

兵败被俘、丧师去位的英宗，回到北京，眼见皇位丢掉，虽然年仅20出头就被尊为太上皇，不缺荣华富贵，但声望一落千丈，往日独尊的帝王威风没有了，心中老大不愉快。钱皇后见丈夫安然南归，喜出望外，她不因自己失去皇后宝座而痛苦，还常常劝慰抑郁不欢的英宗。钱后为英宗成了残疾，毫无怨言，反百般温存，曲意承欢，这对实际上已被禁锢的英宗来说，已是最大的慰藉。

朱祁钰虽然做了皇帝，但皇太子却是英宗的儿子朱见深，这使他感到自己帝位的不稳固。考虑再三，决定采取更换太子的办法，来巩固自己的皇位。经过一番周折，终于了却了多年的夙愿。景泰三年（1452）五月初二，代宗正式颁诏，立自己的儿子朱见济为太子，改封原皇太子朱见深为沂王；原皇后汪氏因反对易储被废，改立朱见济的生母杭妃为皇后。

景泰七年（1456），代宗朱祁钰因皇太子朱见济、皇后杭氏先后死去，痛失妻、子的情况下，也得了重病。景帝无其他子嗣，武清侯石亨与都督张轨、太监曹吉祥、右副都御史徐有贞等人密议，准备请太上皇英宗复位，目的是为了邀功请赏。景泰八年（1457）正月十六夜，石亨等人率领亲兵子弟拥入禁中，夺取东华门，去南宫接出英宗直趋奉天殿。一面请英宗下舆登座，一面擂鼓鸣钟，让百官们入朝觐见。事至这种地步，哪个敢于抗拒？于是各整衣冠，登殿排班，跪伏丹墀，山呼万岁。

物换星移，风云突变，被禁锢七年的英宗再次成为大明帝国的主宰，改元天顺。这一年，英宗已经31岁。英宗对钱皇后一直怀有感激和敬爱之情，复位后，就恢复了钱氏的皇后地位。英宗长子、周贵妃生的朱见深也恢复了皇太子名号。当时有一个名叫蒋冕的太监，为了讨好皇太子的生母周贵妃，向孙太后进言，说母以子贵，贵妃当立为皇后。英宗知道后，大为生气，把蒋冕斥罚一通，逐出宫去。

钱皇后恢复皇后地位后，贤德有增无减，使英宗更加敬爱。土木之役，钱皇后的弟弟钱钦钟为国殉难，英宗追念其功绩，想封钦钟的儿子爵位，钱皇后却推辞掉。天顺六年（1462）孙太后病死，钱皇后为宣宗的胡皇后辩白、申冤，力请恢复她皇后的名号。她说："胡皇后贤而无罪，废为仙姑。其死也，人畏孙太后，殓葬皆不如礼，胡后位未复，惟皇上念之。"英宗遂复胡后号位，追谥"恭让皇后"，还下令为她专修陵寝。

天顺八年（1464）元月，38岁的英宗病势日渐沉重，临终前，他唯一担心的是将来皇太子即位后，不再尊崇钱皇后的地位，便留下遗言，对顾命大臣、大学士李贤嘱道："皇后千秋万岁后，应与朕同葬！"他见李贤恭敬受命，将遗言抄录后藏置阁中，这才放心。

天顺八年元月十七日，英宗驾崩，遗诏罢宫妃殉葬。宫妃殉葬，在中国历史上由来已久。明太祖去世时，首创本朝宫妃殉葬的成例，以后成祖、仁宗、宣宗去世，都有一些宫妃殉葬，诸王以及勋戚大臣也加以效法。这种制度极为残酷。英宗在遗诏中明令从自己开始废止宫妃的殉葬，可能与钱皇后有很大关系。殉葬制度的废除，在最后为英宗本不出色的形象添上了光彩的一笔。

英宗死后，16岁的皇太子朱见深即位，史称明宪宗，年号成化。宪宗面对两宫，一个是嫡母钱皇后，一个是生母周贵妃，在给两宫上尊号的问题上引起一番争论。

宪宗生母周贵妃嫉妒钱皇后，密嘱心腹太监夏时，要他设法买通阁臣上奏宪宗，只立周贵妃一人为太后。夏时找到李贤说："钱皇后无子，且肢体残缺，不宜立为太后，当按前朝（宣宗朝）废后胡氏成例，以皇上生母贵妃为太后。"李贤一听,很是惊怒,力争道:"先帝尸骨未寒,怎能即刻便违背遗命?"夏时说:"先帝在世时,难道不曾尊生母为太后吗?"大学士彭时在一旁忍不住反驳道:"先帝即位时胡后已让位,所以未上尊号;今钱皇后名位俱在,未曾让去,怎能照胡后先例办?"夏时说:"钱皇后和胡后一样都无子嗣,为何不让她草就一道让位奏疏?"彭时道:"先帝在世时未曾这样做,我们身为臣子,怎么敢逼迫钱皇后让位呢?"夏时自知理缺,沉下脸高声威胁说:"尔等敢有贰心,难道不怕得罪贵妃?"彭时向苍天发誓,自己并无贰心,但还是申明自己的主张:"皇上当以孝治人,岂有尊生母,不尊嫡母的道理?"李贤又插入道:"彭学士所言极是,两宫并尊,理所当然,望先生照此复命。"夏时一看不能得逞,只得怒气冲冲离开内阁回宫。

夏时回宫不多时,一位名叫覃包的宦官,奉宪宗口谕至内阁,命速拟定两宫太后并尊的诏旨。李贤见宪宗同意两宫并尊,便放下心来。但彭时又说:"两宫并尊,毫无区别,太不相称,应于钱太后尊号之前加入正宫二字,以显尊贵。"覃包再回宫请命,不一会,宪宗传谕恩准彭时所奏,于是诏书拟定,尊皇后钱氏为正宫慈懿皇太后,周贵妃为皇太后,两宫太后地位相等。事后,覃包私下对李贤说:"两宫并尊也是皇上之意,因为周太后所迫,不敢自主,若不是公等守正不阿,力争两宫并尊,险些误了大事。"

成化四年(1468)六月,钱太后逝世,在丧葬问题上又引起朝廷君臣的争议。

英宗曾留下遗言,钱皇后死后与他合葬。所以,英宗的裕陵的门还没有最后封闭,以待皇后去世后前来合葬。周太后不愿让钱后与英宗合葬,想替钱后另造陵寝。宪宗宠爱的万贵妃迎合周太后的意思,力劝宪宗听从母后之命。宪宗在父命与母命之间难以抉择，不得已召集大臣，由廷议决定。彭时首先出班奏道："钱太后与先帝合葬裕陵，其神主入宗庙，此早为定制，何必再议？"宪宗答道："朕岂有不知？但朕所顾虑的是唯恐违背母后之意。"彭时又奏道："陛下孝事两宫太后，圣德天下皆闻。但最大的孝心莫过于遵从礼制，使钱太后得以合葬裕陵。"学士刘定元等出班齐声奏道："皇上大孝，当以先帝心为心，今若将钱太后葬于裕陵英宗梓宫的左首，右首则虚位以待将来，便是两全其美了。"宪宗略略点头，宣布退朝。

几天过去了，仍不见宪宗下达诏旨，大臣们猜想又是周太后的缘故。彭时又上一奏疏，竭力主张二太后并附陵庙。奏疏的大意是，钱太后行附葬之礼，于先帝伉俪之情和陛下母子之义皆可两全。今多异议，想必是因为二后同配先帝有违本朝规定，其实，本朝以前从未有过两位太后，有二太后自今日始，则并附陵庙，亦当自今日始。况且前代一帝二后并配附庙的例子举不胜举，皇上尽可参照执行，云云。

宪宗看了奏疏，又批下给礼部议处。礼部尚书姚夔与廷臣九十九人都主张按彭时所说去办。宪宗还是犹豫不决，对群臣说："悖礼制不孝，违母命亦不孝，你们能否为我想一个更好的办法。"大臣们执议如初，请求宪宗按彭时所奏去做，并跪在文华门前等候降旨。等了一段时间，宪宗传谕百官暂退，大臣们伏地大哭道："若不降旨，臣等不敢退去！"又等了一段时间，才见一名太监手持诏旨出来宣读，按群臣所议去办。大臣们听了，额手称庆，山呼万岁。

成化二十三年（1487），宪宗驾崩，皇太子朱祐樘继位，是为孝宗，年号弘治。周太后崩于弘治十七年（1504），死后，亦葬裕陵。

代宗朱祁钰皇后汪氏

◎ 丛彩娥　杨世谷

汪氏，北京人，祖父汪泉世为金吾左卫指挥使。正统十年（1445），郕王朱祁钰18岁，册封汪氏为郕王妃。授汪氏父亲汪瑛为中城兵马司指挥，"食禄不视事"。汪氏出身名门，颇能知礼遵法，很受英宗皇帝的养母孙太后喜爱。如按照皇位继承的一般规制，皇位当由嫡长子继承。英宗皇帝有子，亲王就不可能做皇帝。那么，亲王妃能当上皇后，就属于不可企盼之事。但在一场关系到大明盛衰的动荡之后，郕王朱祁钰却登上皇帝宝座，成了明朝的第七位皇帝，郕王妃汪氏也就成了皇后。

正德十四年（1449）七月十一日，蒙古瓦剌首领也先率大兵分四路大举进犯明朝，在太监王振的怂恿下，郕王之兄，英宗皇帝御驾亲征，把京师一切政务交由郕王朱祁钰负责。结果，土木堡一役，明朝从征军全军覆没，英宗被俘。败耗传至京师，百官一片恐慌，聚集在殿廷上号啕大哭，为维系人心，皇太后下诏，立英宗之子为皇太子，又命郕王监国，总管百官，经理国事。朱祁钰就成了明朝临时的首脑，这本是应急之策，却为郕王登上皇位架起了云梯。

郕王监国的13天内，提升兵部侍郎于谦为兵部尚书，令群臣直言国事，举拔人才，积极筹集粮饷，备战；并惩治"土木之变"罪魁祸首王振党羽，使宦官奸邪势力有所削弱。文武百官皆寄郕王以厚望，联合上奏皇太后，认为：国家不能无长君，为安宗社，请定大计，拥立郕王为新君。皇太后也认为百官所言极是，批出懿旨，命郕王嗣皇帝位。正统十四年（1449）择吉日登殿继统，是为代宗，遥尊明英宗为太上皇，改翌年为景泰元年。十二月尊皇太后为上圣皇太后，生母贤妃吴氏为皇太后，册封正妃汪氏为皇后。这样由于历史的原因汪氏平步青云地由一位亲王妃正位中宫。汪府出了位皇后，使府第之人欣喜若狂。随之，圣旨纷至沓来：晋汪皇后祖父汪泉为都指挥同知；晋汪皇后父亲汪瑛为锦衣卫指挥使，旋又晋升为左都督，连汪皇后叔辈亲戚皆授以高爵厚禄，一时，汪府门庭若市，有前来道贺的，也有攀亲寻故的，好不热闹。

朱祁钰即位之时，正是国家多难之秋，江山已远不如明初期那样稳固了。代宗深知：要稳定住并治理好这个国家，必须实行开明政治，广开言路，招举贤人才士。登基后，不负众望，任用于谦抗击瓦剌，守卫京师。在于谦的亲自部署和指挥下,瓦剌再次进犯北京时,遭到北京军民的迎头痛击,也先急忙退兵出关。北京保卫战的胜利,使明王朝度过了一场政治危机,也为代宗的统治奠定了基础。

作为皇后的汪氏,深深理解皇上初登皇位的难处,她尽自己所能,在内主掌中宫大权,处理皇宫内事,在外协助代宗树立自己的新形象。当瓦剌军战败撤离北京后,血战之后的北京城郊,来不及掩埋的许多牺牲士兵及遇害百姓的尸首,仍暴骨原野,情景十分凄惨。汪皇后不忍,亲下懿旨,令官校将其埋葬。这一举动深得人心,当时黎民百姓深慰社稷振兴有望,因为有了能定朝安邦的国君和仁慈贤德的皇后。

经过两年的整治,明朝江山真的渐见平靖,代宗皇帝和汪皇后总算松了一口气,然而,皇帝和皇后之间因易换储君一事,不久就闹翻了脸。

随着朝政统治的巩固,代宗想让自己的亲生骨肉朱见济作太子的想法日益强烈。然而此话又不好直说,因为,"土木之变"后,孙太后已下诏立英宗嫡子朱见深为皇太子。现在要"易储",废黜原皇太子,必须先请命于孙太后。孙太后能答应吗?那些靠背诵儒家经典科举得仕的朝臣不会反对吗?考虑到这些,代宗没有贸然行事,而是准备先商量汪皇后,以征得她的同意,再正式提出。没想到汪皇后颇有主见,她认为:从维护封建礼仪道统来说,郕王由监国而皇帝,已是超越祖训的紧急应时之策了,现在又"易储",未免贪心太大。她深谙宫廷权力斗争是你死我活、残酷无情的,劝代宗不要冒险,为自己的亲人留点后路。另一方面汪皇后自己无子,早把希望寄于未来的皇位继承人朱见深身上,故对皇太子见深喜爱无比。所以,代宗要"易储",汪皇后认为于公于己皆不可。而代宗则认为"父有天下,必传位于子"是天经地义之事,主意已定,就非要立自己的儿子当皇太子不可，于是就开始有计划的为自己儿子创造条件。当瓦剌也先部俘英宗皇帝不能收到挟重恫吓之效，想送归英宗时，代宗找出种种理由一再阻止也先送回英宗；当英宗终于被送回北京时，代宗竟将兄长深锢在"南宫"之内，不许外出，不许臣下朝觐，不许过问朝政。接着又试探周围官僚的意图。有一天，代宗问太监金英："东宫(指皇太子朱见深)的生日是七月初二吧？"金英一愣，皇上说的不正是自己的儿子朱见济的生日吗？可皇上问的却是皇太子的生日呀！作为皇帝贴身侍从，金英马上明白了皇上的用意，但又不敢冒犯圣颜，只能顿首答道："不，皇太子的生日是十一月初二日。"代宗听后默然良久。或许感到时机还不够成熟吧！

一晃两年过去了，代宗越加感到此事非办不可，于是在易太子之前，先给内臣们一些甜头尝尝，以堵住他们的嘴。景泰三年正月，先晋都御史杨善、王文太子太保，以官爵贿之。四月又赐给文渊阁大学士陈循、高谷各百两银子，赐侍郎江渊、王一宁、萧镃、学士商辂各50两。众大臣无功受禄，诚惶诚恐。等代宗正式提出废太子朱见深时，朝廷大臣皆唯唯听命，只有汪皇后仍极力争执，坚持己见，甚至劝代宗还政于英宗。皇后胆敢违忤圣上本意，使代宗不由得火冒三丈，盛怒之下代宗下诏废皇后汪氏，改立朱见济的生母皇妃杭氏为皇后；废原皇太子朱见深为沂王，立自己的独子朱见济为太子。不料，新皇太子朱见济福分太薄，只一年多就因病夭折，皇储之位又空了下来。景泰五年(1454)，复立沂王朱见深为皇太子一事被重新提起，御史钟同与礼部郎中章纶相约疏请复储。五月十二日，正是上朝之日，钟同呈上奏疏，提出皇太子毙逝，英宗太上皇帝之子犹如代宗之子，应重新立为皇储，以保国祚绵长。两天后，章纶又奏上一本，更请复汪废后于中宫，还沂王之储位。这似乎给冷宫之中的汪废后带来一线希望,然而奏疏正触及代宗痛处。代宗大怒,将钟同及章纶两人逮捕,百般拷打。两人被打得死去活来。一年后,代宗又下令于狱中将二人杖责一百。终于,钟同一命归天,章纶虽死里逃生,但也是伤痕累累。从此群臣再也不敢言"复储",更不敢为汪废后说话了。

代宗在位,公正地说比起乃父宣宗、兄英宗,称得上因忧国而思治国之君主了。尤其比英宗在位时的朝政要清明得多。但易换储君一事,触及宫廷最敏感的权位之争,终于祸起南宫。

景泰八年(1457)正月,代宗身染沉疴,一病不起。皇上的后妃们也未再给这位天子生一龙儿,国本无着。大臣们自然又暗地议论将来皇位继承人问题。代宗此时已无能为力施展其皇威了,正月十六日,被幽禁南宫整整7年的太上皇帝英宗,在众臣拥立下复辟,复立自己的儿子朱见深为皇太子,即后来的宪宗皇帝。改景泰八年为天顺元年,废代宗仍为郕王,迁往西内。十九日,郕王毙,时年30岁。英宗毁景泰为自己营建的寿陵,以亲王礼埋西山,与亲王、皇子、诸王、公主坟相属,谥号曰:"戾"。

当时,英宗还传御旨:令郕王后宫唐妃等人殉葬。拟定的殉葬名单也包括汪氏,侍郎李贤冒死劝英宗道:"汪妃虽然曾被立为皇后,但不久就幽闭,况且她还有幼女,无依无靠,望皇上留她一条生路。"皇太子朱见深知道汪氏曾力谏废太子遭贬,心里很是感激,也向皇上求情,汪氏得免不死。皇太子进而请求父皇让汪氏出宫安居旧邸,以度晚年,得英宗允许。在皇太子的帮助下,汪氏带走了宫内一些侍从和所有私蓄。同时,汪氏的祖父汪泉也仍居金吾旧职,父亲汪瑛还任锦衣卫旧职,又命任锦衣指挥佥事,并允许子孙世袭。

汪氏出居王府后，生活安逸，朱见深对她十分尊敬，加上汪氏与朱见深的生母周贵妃脾气相投，朱见深经常陪伴母亲周氏前去看望，并邀请汪氏进宫叙谈家常，感情一如当初。当年的遭遇总算也值得，但汪氏"刚执"的个性很快又给她带来麻烦。

有一天，英宗皇帝在宫中闲居无事，忽然想起曾经使用过的一件宫中珍品——玉玲珑系腰，便问管事的太监刘桓："玉玲珑系腰现在何处？"刘桓答道："此物曾被景泰帝使用过，现在当在汪妃处。"英宗马上派人往返再三找汪妃索要。汪氏得知后，把玉玲珑系腰投入井中答复英宗的使者说："此物我这里没有。"使者走后，汪氏对人说："景泰帝不管怎样也当了七年的天子，功劳不论，还有苦劳，难道连这么几片玉也不能消用吗？"使者吃了闭门羹，又将这冷言冷语传至英宗皇帝，英宗就耿耿于怀。后来，英宗又听说汪氏出宫时携走财物甚多，便派官差前去检取，收得银两20万，以及大量的物品。汪氏这次被搜刮得一干二净。平静的生活消失了，汪氏在生活上又陷于困境。幸有太子朱见深和周妃不忘当年恩德，接济援助，才得以生活下去。待到英宗去世朱见深即帝位后，汪氏的生活又有所改观。

成化十一年（1475），已经做了十多年皇帝的宪宗朱见深下诏为被父皇冤杀的于谦昭雪，谕祭其墓。宣布叔父朱祁钰"勘乱保邦、奠安宗社"有功，改谥号"郕戾王"为"景皇帝"，恢复了他的皇帝身份，但是，景帝的遗骨并没有因此迁到昌平的明陵，只将原郕王墓扩建为皇陵。这样，明朝16帝中除太祖朱元璋建陵于南京，建文帝朱允炆下落不明外，明代宗朱祁钰是唯一没有进天寿山祖茔的皇帝。尽管如此，宪宗皇帝的作法，无疑对仍健在的汪氏是一个安慰。

明武宗元年(1506)十二月，汪氏去世，武宗让大臣们商议祭葬礼仪，大学士王鏊奏曰："葬礼按妃礼进行，祭祀时以皇后礼待。"武宗同意，遂与景帝合葬金山。第二年武宗给汪氏的谥号是："贞惠安和景皇后"。

代宗朱祁钰皇后杭氏

◎ 丛彩娥

杭氏能当上皇后，乃是沾了"母以子贵"的光。杭氏为郕王妃时，生有一子朱见济，是为郕王世子。郕王即位为代宗后，易储换太子，又废了反对易储的汪皇后，朱见济成了未来皇位的继承者。杭氏也因此而被册立为后。新皇后的外戚家人也备受皇帝恩赐，父亲杭昱累官锦衣卫指挥使，皇后的兄长杭聚则授以锦衣千户。没料想太子朱见济，在景泰四年（1453）突然暴病而死，悲痛欲绝的杭氏，忍受不了这失子之巨痛，在第三年竟也离世而去。连续的打击，使代宗几乎不能自制。代宗赐杭氏谥号为"肃孝"，让她进祖茔，葬在代宗为自己营建的寿陵，准备来世二人再相依为伴。又授杭皇后之弟杭敏为锦衣百户。这足以说明景帝对杭皇后的爱宠之深。

英宗复辟，一切都发生了翻天覆地的变化。他尤其憎恶杭皇后，于是废杭氏皇后号，毁杭氏安葬的寿陵。而杭氏所生之子朱见济，也由"怀献太子"降为"怀献世子"。其时，杭氏父兄已死，英宗就削其弟杭敏之职，命还归乡里。

宪宗朱见深皇后吴氏

◎ 李 刚

吴皇后，是顺天(今北京)人，生于正统十三年(1448)。父亲吴俊是远近有名的一介儒生。母亲也是位能鼓琴、喜咏诗的才女。吴氏出生在这样一个书香门弟，从小便耳濡目染，加上她天资聪明，很小就识很多字，喜欢看书。父亲吴俊见她聪明伶俐，又喜爱学习，便系统地教她读书；母亲闲暇之时也常常教她抚琴。吴氏学什么都是心领神会、过目不忘。随着年龄的增长，她读的书越来越多，既有四书、五经类的经书，也有史学和文学类书籍；不但能看懂弄通，而且还有自己独立的见地；同时，也能偶尔写诗填词作赋，抒发胸臆。她的手也特别巧,随着她那纤纤笋指在琴弦上轻轻抚动,如行云流水般的美妙弦音便舒缓地潺潺流出。当她成为一个袅袅娜娜、亭亭玉立、标致绝伦的大姑娘时,她已经琴棋书画,无所不晓、无所不能,"聪明知书,巧能鼓琴"。[①]在她那眸如点漆的美丽眼睛里总是闪烁着聪慧、沉思的光芒。

这一年,明英宗朱祁镇下诏为皇太子朱见深选妃,他特别强调要选德行高贵、能够母仪天下的年轻女子入宫。英宗对为太子选妃特别重视,且尤其注重才德。英宗自从南宫复辟后,将长子朱见深复立为太子。大概是土木堡的惨痛教训和南宫的囚禁经历所产生的影响,英宗颇有意做一个名副其实的君主,十分珍惜这失而复得的帝位,因而他勤于政务,早出晚归,励精图治。怎奈他虽然年轻,却体质很弱,加之"土木之变"后一年的被俘和南宫七年的囚禁生活,使他无论在身体上,还是在精神上都受到很大损害,病患频至。他深感力不从心,所以他把革除积弊、重振大明伟业的希望更多地寄托在太子朱见深身上。他希望太子在将来不负嗣统之责的同时,要有一位慧达贤明的皇后辅佐才行。

选太子妃的诏令下来后,各地进行了层层筛选。吴氏通过初选,同上百个作为候选人的妙龄女子一起被送入宫中。英宗又命人从这上百名女子中再行挑选,通过严格的身体、德行、学识等诸方面的检查,又淘汰了大部分,剩下了12人。英宗又亲自对这12人进行了更为细致的比较,最后确定只留下3个人。吴氏才貌双全、娴淑高雅,当然在这三人之列,另外二人,一为王氏,一为柏氏。由于这三人都是雪肤花貌、端庄娴雅,一时难分高下,英宗觉得如此大事,先不忙于立即确定太

[①]《罪惟录》卷二。

子妃，须经过一段时间的观察再定夺，才更稳妥。

天顺八年（1464）元月初二，明英宗突然身体欠安，连起床的劲也没有。虽然他长期有病，但从未有过像这次一样虚脱无力，他预感到情况不妙，知道将不久于人世了。正月初六，他让皇太子朱见深登文华殿摄事。英宗原想在三个太子妃候选人确定一个，完成为皇太子纳妃这一大事，可天不由人，病情发展太快，他深感已无力完成这件事了。临终，他对皇后钱氏说，三人中吴氏好像更好一些，他让钱皇后再观察一下然后确定下来未来皇后的人选，并尽快举行大婚。又传来贴身太监牛玉，让他协助钱皇后，负责这些事的具体事宜。

正月十七日，明英宗朱祁镇病死于乾清宫。同日，16岁的太子朱见深即皇帝位，是为明宪宗。

朱见深登基时，虽然尚未完婚，却已经和从小就侍奉他的宫女万氏如胶似漆、恩爱缠绵了。万氏比宪宗要大19岁。正统十二年（1447），年仅2岁的朱见深被册立为皇太子时，万氏就被派往东宫照料、侍奉他。景泰三年（1452），朱见深被废为沂王逐出东宫，年仅5岁的他，父亲幽居南宫，母亲周氏也很少能见到，孤苦无依。幸而有万氏给他以无微不至的照顾和体恤，成为他少年时代的精神支柱。他对万氏十分感激，更有一种依附、敬畏、爱恋等交织在一起的莫名的情感，这使他从感情上无法自拔。按宪宗的意愿，是要立万氏为皇后的，可是英宗已经给他确定了皇后的候选人，他不能违背先帝的遗愿；况且他是一个具有宽厚仁柔性格的人，也不好把与万氏的私情立即提出来让内阁去廷议。再者，又因为一则万氏只是一般的宫女，二则万氏要比他大19岁，整整差了一代人，可以做他的母亲了，这在历代帝王的婚配中是没有先例的。对此，只能从长计议了。

皇太后钱氏因宪宗皇后的人选尚未确定，深感责任重大，为了更好更快地完成英宗生前的嘱托，她几次想找宪宗生母周贵妃商量此事，却被周氏借故避开了。周氏对钱氏是充满了敌意的。本来宪宗即位后准备给生母周氏与钱氏上尊号，这本是在情理之中的事，周氏却怎么也不同意两宫并尊，意欲自己独尊以独揽大权。钱氏是英宗的元配，为人端淑恭谨。她几次都谢绝了英宗对她的家人的赐封。英宗被俘后，钱氏跪在地上日夜啼哭，哭瞎了一只眼并弄伤了一条腿，还拿出自己宫中所有积蓄以帮助营救英宗。英宗在幽居南宫期间心情郁郁不欢，亏得钱氏经常在旁劝解。英宗对她十分感激，临终曾遗命："钱皇后千秋万岁后，与朕同葬"。但钱皇后无子，周贵妃有子被立为东宫。母以子贵，周贵妃因此颇有骄色，英宗对此极为不满，曾几次让她给钱氏道歉。周氏对此耿耿于怀，她坚持要独尊为皇太后，宪宗不敢违背母亲的意愿，却遭到了廷臣们的坚决反对。周氏派人以钱氏肢体损伤、无子不宜为太后为理由试图说服廷臣，内阁大学士彭时据理力争，坚辞不让，周氏无奈，加之宪宗百般劝解，方才俞允廷议。钱氏上尊号为慈懿皇太后，周氏为皇太后。两宫太后的徽号之争既已结束，皇后人选的确定和宪宗的大婚就该列入议事日程了。

太监牛玉按照两宫太后的旨意，又对三位皇后候选人进行了德才、身体等方面的检查和比较，觉得三人中吴氏端庄雍容、知书识礼、贤慧明达，是个能母仪天下的人。牛玉便把这些情况如实向两宫太后作了启奏，恭请定夺。钱太后本来也觉得吴氏更好一些，只是同时看到王氏娇小玲珑、弱眼横波，也颇有风韵和气质，舍弃哪一个都觉得可惜，而皇后又不能立两个，所以一直拿不定主意。牛玉的进一步观察，使钱太后心中便明朗了定吴氏。钱太后转头征询周太后的意见。周太后原也是认为吴氏是三人中的佼佼者，属意吴氏，但当听到钱太后同意吴氏的意见后，因过去对钱太后的成见，使她反而对立吴氏为皇后的意见产生了嫌恶，转而对王氏产生了好感。但由于英宗生前也有对吴氏有好感的言辞，她又不便提出这一闪而过的念头，便显得很不情愿的同意了确定吴氏为皇后。两宫太后决定后，命令便传下来了，择吉日为明宪宗举行大婚。

对于即将为自己举行的大婚，宪宗并不感到高兴。他无法想像他和这位即将被册封的皇后吴氏将如何相处，相比起他与万氏如胶似漆的爱恋肯定会是索然无味的，加上万氏对他时时的挑唆和诱使，使他已经对这个未来的皇后不屑一顾了。他看到册封皇后竟需要如此多的繁文缛礼，甚至对大婚产生了一种厌烦感。但他知道他的大婚暨册封皇后不光是他、更是国家的一件大事，两宫太后十分重视，作为一项任务也要完成它。

这年七月二十一日，是明宪宗举行大婚的日子。在这之前，已经按照礼仪进行了纳采、问名、纳吉、请期的步骤。大婚这一天，按明制皇帝贵为天子，不能屈尊去皇后家亲迎新娘，于是用发册奉迎代替亲迎：明宪宗下诏令选派的正副使臣去皇后家迎娶新娘。临行前，宪宗按规定对正副使臣说："兹册封都督同知吴俊之女吴氏为皇后，命卿等持节奉册宝行奉迎礼。"在此之前，按惯例已经封吴氏的父亲吴俊为都督同知。正副使臣来到吴皇后家，皇后之父吴俊出门迎接。正副使臣先取出皇帝诏告和册文放在桌上，然后对吴俊说："奉制册后，遣使持节奉册宝，行奉迎礼。"随从们便将雁和礼物送上。待吴皇后穿戴完毕，和家人告别时，已是泪流满面。此行骨肉分离，很少有机会再和家人见面，喜耶？忧耶？人生的吉凶祸福只能等待命运来回答。

当吴皇后随正副使臣来到宫中，只见紫禁城里到处张灯结彩，金碧辉煌，夺目耀人。一时间丹陛大乐齐奏，把隆重的气氛烘托了起来。吴皇后头戴凤冠，镶有龙凤翠珠；身着霞帔，织有金云霞龙纹。她面如满月，微露羞色，仪态高雅，款款而行，夺人眼目。文武百官朝服迎候于坤宁宫正门外。大婚举行后，宪宗与吴皇后昭告于天地宗庙。完婚后宪宗在御正殿受百官庆贺时，大臣们发现宪宗脸上并无悦色。随后，吴皇后在坤宁宫接受妃嫔、命妇庆贺，吴皇后发现在庆贺的人群中，有一个约30岁左右、并不漂亮的女子站而不跪，并用一种挑衅的目光逼视着她。吴皇后听身旁的侍女介绍说，她就是宪宗宠爱的万氏。吴皇后联系起宪宗对自己的冷漠，一种不祥的感觉涌入她的全身。但初次与万氏见面，吴皇后觉得对宫里的情况还不了解，对万氏的举动她并没太在意。

万氏与吴皇后并无怨仇，只是吴皇后阻碍了她实现梦寐以求的目标。万氏从四岁就来到宫中做宫女，长大后就开始侍奉朱见深，她是看着他长大的。眼见着自己成为半老徐娘，却连个名号也没混上，竟让吴皇后这黄毛丫头后来居上，她无论如何也咽不下这口气。她多年来努力的目标就是要当皇后，吴皇后却打破了她的皇后梦，她要夺回应属于她的东西。多年来的不得志和情感的积聚与压抑，使她产生了一种少有的强烈嫉妒心，对阻碍她达到目标的人恨得咬牙切齿，恨不能千刀万剐。万氏十分清醒地知道吴皇后比她年轻、漂亮、有才识；但她也有她的优势：警敏、富有后宫经验、善于迎合宪宗的心意、有一套取媚于男人的手法，更重要的是，凭着十多年对宪宗的侍奉，她对宪宗的性格、爱好等等了如指掌，她有办法控制住宪宗，并让宪宗完全听她的，这些都是吴皇后所远远不及的。因此，她相信她的目标能够达到。

吴皇后刚与宪宗举行完大婚，就受到了宪宗的冷落。她不能理解像万氏这样一个出身低贱,举止粗俗,年龄大宪宗19岁的宫女,怎么能使宪宗如此迷恋;而自己才貌双全、知书识礼,竟遭如此冷遇。但她身为六宫之首的皇后,这种屈辱、这种苦恼对何人说?泪水只能往肚里咽。她恨万氏的骄宠,她恨万氏的阴险,却又不能流露于言表。

宪宗由于过早地同万氏在一起生活,他对万氏的爱恋、依附和敬畏的情感难以自拔,加上万氏的挑拨离间,使他一开始就对吴皇后存有偏见,在心理上难以容纳吴皇后。他觉得吴皇后虽然年轻漂亮,却是一个含而不露的冷美人,无法给他像万氏那样的热情、温柔、体贴、娇媚以及温馨之感,以致对吴皇后产生了厌倦。这也难怪,吴皇后从小接受的是儒教,"笑不露齿","窥必藏形",更何况她是大家闺秀,感情内敛而矜持,当上了皇后,更要把自己的温柔蕴含在她那庄重、雍容华贵的风范之下,这是年仅16岁的宪宗所不能理解的。

万氏利用宪宗专宠她的有利条件,在宪宗面前千方百计地抵毁诬陷吴皇后;同时,她利用中宫受朝的机会,对吴皇后公然不恭,甚至讥讽相加。吴皇后开始觉得万氏比自己大得多,在宫中呆的时间也长,而自己的地位却比她高,她表现出嫉妒、不服是可以理解的,况且自己初来乍到,对她宽容一些也是必要的。但万氏却变本加厉,竟致指桑骂槐,颐指气使,一次比一次厉害。吴皇后实在忍不住了,堂堂的六宫之主竟遭到一个宫女的污辱,长此以往,岂不威信扫地,是可忍孰不可忍。吴皇后愤怒的斥责了万氏的粗俗和无礼。万氏见吴皇后终于被她激怒,窃喜时机已到,便跳起来大骂吴皇后,不堪入耳。吴皇后从未遭受如此肮脏的辱骂,气得浑身发抖,愤怒至极,她命令身边的侍女,把万氏按到在地,杖打了一顿。

万氏虽然受了皮肉之苦,心中却暗笑吴皇后毕竟年轻,不是自己的对手。她借着刚刚被打的狼狈相，跑到明宪宗那里瘫坐在地哭天抢地，大声喊冤，借题发挥，说她十分尊重吴皇后，而吴皇后却因为她出身低贱而污辱她，她仅辩白了几句，便遭到了杖责，这纯粹是吴皇后嫉妒宪宗对她的宠爱等等。她一边说一边哭，越说越伤心，哭声一声比一声大，使宪宗手足无措，百般哄劝。宪宗以前听到万氏抵毁吴皇后的话，觉得不过是女人间的嫉妒罢了，虽然他也看着吴皇后别扭，却并没觉着她有什么大的过失。今天听着万氏的哭诉，他深信不疑，觉得吴皇后也太猖狂了，盛气凌人，竟欺负到他宠爱的万氏身上了。他年少气盛，按捺不住内心的愤怒，命人把吴皇后传来，不问青红皂白，就让人用杖打万氏的方式杖打吴皇后。他哪里听得进吴皇后的诉说，只想给万氏解气。谁知，万氏并不甘心，在宪宗面前哭得死去活来，说吴皇后不会轻易放过她，一定会因此事而加害于她，她的日子将是日夕以泪洗面的日子，还不如早死了痛快，说着就要寻死。宪宗可被吓坏了，他看到吴皇后把他心爱的万氏欺凌得如此悲怜，就向万氏发誓，一定要借这个机会废掉吴皇后，立万氏为皇后，万氏这才破涕为笑。

　　但废后毕竟是一件大事。明朝历史上自宣宗才开始有过废后，不过那是因为胡皇后无子，并且是以胡皇后主动辞让的形式废后的；代宗时，汪皇后因为坚决反对易储，才被代宗废掉。而吴皇后又有什么大的过失呢？万氏和宪宗都明白，仅凭吴皇后杖责一个嫔妃的罪名是不足以废后的；况且吴皇后是经过两宫太后长时间的观察选定的，刚刚册立仅一个月的时间，不仅两宫太后不会同意，就连廷臣们也通不过。除非从立后本身做文章，才可能达到废后的目的。

　　宫中经验丰富的万氏很快为宪宗想出了一个阴险毒辣的计

谋。宪宗让人传来了当时负责选后具体事务的太监牛玉。牛玉是最了解选后全过程的人。宪宗想从牛玉那里了解明英宗当初对吴皇后的看法，牛玉据实说来，宪宗并未找到任何不利于吴皇后的证据。为达到目的，宪宗命人逮捕了牛玉，打入了锦衣卫大牢，对牛玉采取了刑讯逼供，到后来牛玉架不住酷刑的折磨，被迫在诱供下制造了一个假证据：明英宗在世为朱见深选妃时，对三个候选人中的王氏印象最好，并已确定王氏为太子妃，但由于明英宗驾崩突然，未及正式诏示，而这些只有牛玉一人知道。在之后的选后过程中，吴氏的父亲吴俊，通过太监吴熹对牛玉进行了大量的贿赂。故此牛玉在对两宫太后启奏选后情况时，将先帝英宗选定的王氏改为吴氏，从而在册立皇后时错将吴氏取代了王氏。

在从牛玉那里逼取了假口供后，宪宗立即禀报两宫太后。他把牛玉的证词和吴皇后被册立一个月来的种种失职表现，尤其是骄蛮后宫、杖责无辜的万氏等和盘托出，并提出废掉吴皇后，请求两宫太后批准。钱太后听后心里便犯了嘀咕，她从没听英宗说过要册立王氏为太子妃，倒是有过对吴氏更有好感的说法，只是此事的经办人牛玉的供词摆在这里，又不能不信。但即使如此，吴氏在被册立为皇后的这一个月里庄重得体，人品端正，没听说有什么过失，而且，据她所知，吴皇后杖责万氏纯是万氏激怒了吴皇后造成的，最多也不过理解为后妃之间嫉妒、争宠之举罢了。况且，皇后刚刚册立一个月，就要废去，很不成体统。钱太后明确表示不同意易后。周太后倒也觉得吴皇后是个贤后，但对钱太后与她并尊不能容忍，她不想让钱太后主宰决断这些大事，什么事都说了算，她总想与钱太后对着干，况且先帝对册王氏已有言在先，不废掉吴皇后怎么能表示对这件作弊事件的惩戒呢？她便接口说："照理说，吴皇后倒也不错，只是先帝临终的遗命，谁又敢不遵守呢？"宪宗听到母亲为他帮腔，便趁热打铁，扬言两宫太后如果不同意废去吴皇后，他就要削发入山，出家为僧。钱太后看到宪宗态度坚决，周太后也同意，便不再坚持，也同意了废掉吴皇后的主张。

内阁大臣们在对废后进行廷议时，听说这是明英宗的遗愿，尽管半信半疑，却又不好多说，况且两宫太后已经同意，便草草过场。

万氏听到两宫太后同意废后的消息后，笑逐颜开，她和宪宗兴奋地彻夜未眠。万氏怕夜长梦多，急忙催促宪宗发布废后诏书，把生米做成熟饭。宪宗马上传谕礼部，立即颁布废后诏书，共发了三道。第一道诏书发至吴皇后，上面说道："朕以为作为皇后，应该与朕共同承继祖宗传下来的千秋万代的基业，德行应该成为六宫之表率。不是德行贤慧明达、谙熟礼度的是不能够成为皇后的。而你被册为皇后以后，却行为放肆，言语轻佻，留心曲词，礼度率略，德不称位，怎么能与朕共承这天下大业，更谈不上德行成为六宫的表率。因此，特令你交还皇后册宝，移居别宫。"

第二道诏书发至前廷和后宫，诏书中说："朕谨遵先帝之命，册立皇后。本来先帝已经确定王氏，知悉底细的太监牛玉却收贿作弊，蒙骗两宫太后，将王氏改为吴氏，以致错将吴氏立为皇后。吴氏举动轻佻，德不称位。朕承继祖宗千秋大业，册立皇后，以为辅佐帝业，表正六宫。怎乃吴氏有负社稷之重托、朕之重望。现已请命两宫太后，废吴氏别宫。望尽知朕的苦心。"

第三道诏书发至全国各地："先帝为朕简求贤淑，已定王氏，育于别宫，以待婚期。太监牛玉却收受贿赂，蒙骗两宫太后,把已选掉的吴氏又重新推荐复选。吴氏被册立之后,朕见她举动轻佻,毫无礼度,德不称位,经过调查其实,才知道她并非先帝所选定的人。实乃不得已而为之,经请命于两宫太后,决定废掉吴氏退居别宫。"

吴皇后接到自己被废的诏书后,如五雷轰顶,欲哭无泪,她不知道自己到底做错了什么事。她一直致力于做一个天下人称道的能母仪天下的好皇后,却做了仅一个月零一天便被废了。她的罪责就只因为她是皇后,万氏并不是恨她这个人,而是想得到她所处的位置罢了。诏书既然已下,一切都无法辩解、不能挽回,只有交还皇后册宝,迁居西宫,像一般的宫人一样冷冷清清地去打发自己的后半生了。

随着吴皇后的被废,为废掉吴皇后而制造的假证据里所涉及的一批人及其亲属,也遭受了不白之冤。一个月前,吴皇后的父亲吴俊因其女贵而贵,被封为都督同知。一个月后,则因其女被废而被革职下狱,后来又被贬谪到登州(今山东蓬莱)服役。太监牛玉被贬谪到孝陵(今江苏江宁东北)种菜。牛玉的侄子朱纶被革去太常寺少卿之职。牛玉的外甥吏部员外郎杨琮也被革职为民。此外,牛玉的姻亲怀宁侯孙镗也同时被勒令回家。

废后的诏书颁布后,文武大臣们沸沸扬扬,议论纷纷,在背地里猜测分析,越来越觉得牛玉的证词漏洞百出,吴皇后被废得冤枉,他们对于这次废后的目的也愈加怀疑,但是又不能在上疏中直抒其疑,便采取了曲笔的方式。南京给事中王徽、王渊、朱宽、李翱、李钧等在给宪宗的联合上疏中说:"太监牛玉隐瞒先帝遗言,收受贿赂,蒙骗两宫太后和陛下,偷梁换柱,易换皇后,把国家大事视同儿戏,屡数牛玉的一系列罪行,实乃十恶不赦,不杀不足以平天下人之愤,其族人也该当治重罪，而今牛玉却仅仅被罚去种菜，族人也仅被免职，这岂不是罪重罚轻吗？此外，如果牛玉的罪名确实成立的话，不是也应该追究当时主管此事的大学士李贤的责任吗？"明宪宗自知做了亏心事，本来就非常心虚，王徽等人的联名上疏一下子刺中了要害。他恼羞成怒，为挽回面子，压制大臣们对废后的猜疑，他下令将上疏的王徽、王渊、朱宽、李翱、李钧等人都贬为边远州镇的判官。结果是欲盖弥彰，这件事反而更证明了牛玉易后的罪名是假的，吴皇后则成了万氏觊觎、夺取后位的牺牲品。

吴皇后被废、贬居西宫之后，过着十分冷清的生活，终日靠吟诗、摹画、抚琴来打发凄凉的日子。"曾经沧海难为水"，她常常凝眸呆思，目光迟滞，泪水涟涟。她才只有16岁，便被打入冷宫，以后漫长的日子怎么打发。有时她对镜梳妆，免不得顾影自怜，叹息红颜薄命，只能靠回忆入宫前美好的生活来获得心理上暂时的平衡和些许的慰藉。因此，她恨透了万氏。

万氏的愿望并没有实现，尽管宪宗极力想让她当皇后，却只因假造的废后证据中先帝是想让王氏当皇后的，以致让王氏捡了个皇后。被废了的吴皇后已不再成为万氏前进中的障碍，万氏还要腾出心思来对付新皇后王氏和其他嫔妃，也就不再找吴皇后的麻烦了，这倒使吴皇后不用再被那永不休止的争宠夺利所烦扰了，内心里清静舒心了许多。

吴皇后从宫中的侍女那里经常听到有关万氏的消息。万氏为宪宗生了皇长子后被封为贵妃，但皇长子不久夭折，万氏从此不再复娠。万贵妃为保住自己在六宫中的专宠地位，不让宪宗去召幸王皇后和其他嫔妃，对怀孕者使之堕胎，并毒杀皇太子。吴皇后恨透了万贵妃的心狠手毒，她身居西宫，却为宪宗至今尚未有子嗣担忧，为大明没有国本担忧。不久，她又听说瑶族出身的纪女史遇幸怀胎，逃避了万贵妃的毒手，在距西宫不远的安乐堂偷偷生下一皇子。吴皇后正愁没有机会对付万贵妃、帮助纪氏，便让找她来商量此事的太监张敏把小皇子藏在安乐堂旁边的一间密室，并把自己积攒下来的一些粉饵饴蜜之类的食品让张敏拿去哺养小皇子，她也每天都亲自往来照料哺养皇儿，这些竟躲过了万贵妃所派的人的严密监视。有了吴皇后的帮助，皇子总算活过来了。这个皇子就是后来即皇帝位的明孝宗朱祐樘。

明孝宗朱祐樘即位后，一直念念不忘吴皇后曾给予他的保护、哺养的恩德，特别是孝宗幼时遭际了种种的苦难坎坷，更使他格外感激吴皇后对他的关怀。他令人把吴皇后迁出西宫，安居到各方面条件都很好的仁寿宫。同时，他命令要完全按皇太后的礼遇安排吴皇后的服饰、饮食、起居等，孝宗还封赐吴皇后的侄子任锦衣卫百户之职。

正德四年（1509）吴皇后病逝，享年 61 岁。当时，太监刘谨专权，他以吴皇后被废、没有名号为由，提出将吴皇后的遗体焚烧掉。内阁大学士王鏊坚决反对，他列举吴皇后被废的无辜和曾对先帝（孝宗）的恩德以及先帝对之施以太后礼的种种事实，认为应以妃礼葬之。明武宗朱厚照采纳了王鏊的意见。

宪宗朱见深皇后王氏

◎ 李 刚

天顺七年(1463)，明英宗朱祁镇为太子朱见深选太子妃。经过严格的层层筛选后，最后只留下三个年轻女子作为太子妃的候选人，等待进一步的观察，再确定何人为太子妃。在这三个女子中，属王氏的年龄最小，她比当时刚刚15岁的太子朱见深还要小两岁。王氏属于那种聪明灵秀、性情随和、带有几分活泼的姑娘，她娇小玲珑，垂髫覆额，弱眼横波，颇有风韵，虽然渐已丰满，但稚气未脱的脸上还能看出较小的年龄。皇后钱氏较看中三人中的吴氏，吴氏庄重雍容、丰姿绝世。但同时王氏所具有的南国女子的绰约风姿和灵巧韵味使英宗对确立谁为太子妃举棋不定、踌躇再三,及至英宗于天顺八年正月突然崩逝也未确定好人选。由此,在宪宗大婚后,为使自己所宠爱的万氏取代吴皇后的位置,竟通过逼供的方式编造了明英宗生前已选定王氏为太子妃、经办人却隐瞒真相易换皇后为吴氏的骗局,致使吴皇后被册立一个月即被废。

王氏生于正统十四年(1449),是上元(今江苏江宁)人。她是中军都督王镇的女儿。她早年就识字,随着年龄的长大,迷上了看书、写字、读史、吟诗,而不喜缝织女红。到13岁的时候,她已出落成一个纤秾合度、修短适中、丰颐广额、焕彩生姿的美人了,并且通晓文墨,可谓才貌双全、出类拔萃,很顺利的被选拔入宫,成为太子妃的候选人。

吴皇后被宪宗和万氏设骗局废掉后,宪宗便极力推荐万氏为新皇后,却遭到了两宫太后的坚决反对。因为万氏不属于英宗所确定的皇后候选人之列;且万氏要比明宪宗大19岁,如若册立万氏为后,不仅在历史上帝王的正式婚配中是绝无仅有的,还会成为朝廷内外以及后人的笑柄;更重要的是,废掉吴皇后的理由便是明英宗为朱见深选太子妃已定王氏,而让人偷梁换柱易为吴氏,如果新册立的皇后是万氏而不是王氏,也就等于先帝的遗愿是可以不遵行的,那么吴皇后的被废也就不应该了,这必然会引起廷臣乃至全国的猜疑。尽管宪宗对万氏情有独钟、感情特殊,而万氏也挖空心思都想当皇后,但宪宗不能不考虑这些因素,况且册立谁为皇后也不是他一个人就能说了算的,他只能同意两宫太后立王氏为新皇后的决定。

万氏吃了个哑巴亏。她原指望废掉了吴皇后,她再指挥宪宗极力争取,必当皇后无疑。谁知费了九牛二虎之力,使用了浑身解数才扳倒了吴皇后,却让王氏白捡了个皇后,她对王氏恨得直咬牙,却没办法阻止王氏当皇后。

天顺八年十月十二日，在与册立吴氏为皇后相隔 81 天后，宫廷又为册立王氏举行了相同规模的隆重的庆典。年仅 15 岁的王皇后继吴皇后之后入主坤宁宫。

年轻的王皇后对万贵妃的宠冠六宫、专横霸道虽然也有所闻，但因为年龄尚小，阅历不深，仍然不大明白其中的奥妙以及背后的错综复杂的关系，她对吴皇后被废的真正原因也并不清楚。她天性清纯，什么事情也不愿多想、多问。王皇后父亲王镇在朝中有几个旧交，他从他们那里了解到万贵妃的阴险恶毒以及她设骗局废吴皇后想自任的情况，便为女儿捏了一把汗。王镇利用谒见皇后的机会，把这些情况都对女儿说了，并嘱咐她千万提防万贵妃，万事不可求强，对任何事都不要过多地去管去问，由万贵妃而为之。父亲的话使王皇后吓了一跳，她从来也没想到过宫中情况如此复杂、险恶。

万贵妃对于新册立的王皇后心怀不满，她不甘心让王氏抢走了她就要到手的后位，就故技重演，几次想找王皇后的茬。王皇后有了前车之鉴，显得比她的前任聪明多了，她对什么事都是尽可能不闻不问，视而不见，听而不闻。同时，她对万贵妃特别客气，甚至有时万贵妃故意做一些让她难堪的事，说一些让她难堪的话，她也能化怒为笑，婉言相劝，处之淡如。万贵妃是个非常狡狯的人，她转念一想，废了吴皇后，是因为假造了一个先帝之命。对王皇后，岂有再废之理？两宫太后和廷臣们坚决不会答应不说，即使是废了，她也是半老徐娘，足可以给皇上当妈，而后宫佳丽众多，到那时也轮不到她的份了；再说，如果再次唆使宪宗废后，必然招致两宫太后和廷臣们对她用心的怀疑，弄不好会导致她的失宠，那岂不是鸡飞蛋打了吗？现在这个王皇后一切由着她，对她在后宫中的地位构不成威胁，她虽不是皇后，却能宠冠后宫，何必非要再进一步不行呢？万贵妃从而心中释然了，她善于见机行事，现在有了台阶，她自然乐得一下。从此后，万贵妃不但不再找王皇后的茬了，反而在礼节上显得十分尊重王皇后，两个人关系竟一直处得不错。

王皇后表面上对什么事都不在乎，内心里却异常的痛苦。万贵妃虽然不再为争夺后位而算计王皇后了，却为了保住自己在宫中的专宠地位绞尽了脑汁、用尽了手腕。万贵妃知道，如果她能为宪宗生皇子、尤其是皇长子，那么她宠冠六宫的地位便会得到巩固，即使将来她当不上皇后，儿子即皇帝位后她却是必然的皇太后。但是要想达到这个目标必须限制别的嫔妃尤其是王皇后生皇子，万贵妃深知"有嫡立嫡，无嫡立长"的祖制，如果王皇后生了皇子或者其他嫔妃生了皇长子，她的美梦必然被打破。因此，万贵妃千方百计阻挠宪宗去召幸王皇后和其他嫔妃，还指使人对怀孕的嫔妃进行堕胎。宪宗在万贵妃的挑唆和离间下，渐渐地也疏远了王皇后；而王皇后不愿与万贵妃争宠，为防止万贵妃的妒火烧到自己头上，当宪宗偶尔要来召幸她的时候，便找出种种借口，推掉了事，这更使宪宗厌烦她。正如《罪惟录》卷二所载的："后终其身不十幸。"王皇后一生被宪宗所召幸不超过十次，致使她没能为宪宗生儿育女。不仅如此，宪宗出入于一些重要的场所和礼仪，也从不带王皇后，而是带着万贵妃。成化四年（1469）正月，宪宗命京城内外大行灯会，他将带着万贵妃出宫游览。翰林院编修黄仲昭等人上疏谏阻，认为不带皇后，只带宠妃出宫游玩，不合礼法。宪宗在万贵妃的挑唆下，将上疏的三个人一同贬谪出京。王皇后常常私下里独自伤悲叹息，自己虽为皇后，却徒有虚名，形同虚设，她很少能见到宪宗，甚至连一般的妃嫔都不如。

王皇后自己没有子女，她知道本朝历史上的废后事件是不鲜见的，宪宗要借此废掉她也不是没有可能。所以她处事小心，时时约束自己，宪宗爱宠幸谁就宠幸谁，万贵妃想包揽后宫的事情就由着她，王皇后都装作毫不介意的样子，还要强装笑脸，其实她内心的那份悲苦是很少有人能理解的。

成化三年，明王朝讨伐广西一带所谓南蛮部的人民起义时，俘虏了一批人送来北京，其中一部分女子被送进皇宫当宫女。王皇后从中挑选侍候自己的宫女，一眼就看见一个纪氏小姑娘不但人长得漂亮，而且机智灵敏，便把她给留下了。纪氏在王皇后的宫中干活，眼尖、手快、腿勤，说起话来伶牙俐齿，很讨王皇后欢心。王皇后也因此对她另眼相待，亲自教她读书识字，教她汉族人的生活风俗和宫中的礼节。纪氏秀外慧中，许多事情一学就会。王皇后看到纪氏进步很快，大为高兴，于是便提拔她到正出缺的宫廷内库去做管理人员，管理宫廷中的各种文字记录资料，即所谓"女史"。纪氏在那里得到了发挥自己聪明才智的机会，资料整理得井井有条。纪氏对王皇后也十分感激。成化五年，宪宗来到内库对纪氏非常赏识，便召幸了她。十个月后，纪氏生下一皇子，就是后来即皇帝位的明孝宗朱祐樘。

成化二十三年（1487），万贵妃因气咽痰涌而死，宪宗悲伤过度，不久也驾崩归天。太子朱祐樘即皇帝位，尊王皇后为皇太后，孝宗对王皇后特别孝敬，因感念于王皇后对他母亲纪氏的恩德，待之像亲生母亲一般。武宗即位后，尊王皇后为太皇太后，并于正德五年（1510）十二月给她上尊号"慈圣康寿"。正德十三年二月，王皇后病故，享年69岁。经内阁廷议，为王皇后尊谥号为"孝贞庄懿恭靖仁慈钦天辅圣纯皇后"，为她在明宪宗朱见深的茂陵举行了合葬仪式，并在太庙为她举行祔祭。

附：宪宗朱见深妃万贞儿

◎ 李 刚

觊觎后位

万贵妃，乳名贞儿，原籍是青州诸城(今山东诸城)。万贵妃的父亲万贵本来在诸城县衙里当一名叫做"椽史"的小官，后来因为亲属犯法，受到株连，不但丢了官，还举家被发配到了霸州(今河北霸县)。

万贞儿就出生在霸州，那年是宣德三年(1428)，她家里家道破落，缺吃少穿，难以为继。万贞儿虽出身寒微，却是出落得聪颖可人，她虽说不上漂亮，却是行为乖巧，极讨人喜欢。到4岁那年，就已经伶牙俐齿、善于迎合人意、体谅大人的苦衷了。

这年，万贞儿父亲万贵的一个在京城做官的同乡，探亲回京路经霸州，来到万家做客。万贵触景生情，看到同乡已是高官厚禄，荣华富贵，自己却是家道中落，不觉一阵酸楚。这位同乡自然看在眼里。他看到万贞儿异常的聪明伶俐乖巧，说朝廷现正在选侍女，何不趁此把万贞儿送去，兴许将来会有出息。万贵一听眼睛亮了，对呀！女儿长大了早晚也是人家的人，再说像他们这样的刑徒家属总是让人瞧不起，现在家里人口多，生活难以维持，何不把贞儿送去碰碰运气，起码也能混口饭吃，如蒙得到朝廷的喜爱，他这些年遭受的贬谪之苦，岂不苦尽甘来？万贵便说服了难以割舍的妻子，让同乡把万贞儿带到了北京。

万贞儿来到宫中后，按照父母临行前的千叮万嘱，加上她善应人意的天赋，特别乖巧听话，嘴又特别甜，很快便得到当时的皇帝宣宗孙皇后(明宪宗的奶奶圣烈孙皇太后)的喜爱。便让万贞儿当自己的小支使，随时使唤。万贞儿在这么一个大人物面前更是眼明、手勤、口巧，很让孙皇后满意。

宣德十年(1435)，宣宗死后，孙皇后被尊为皇太后迁居仁寿宫，万贞儿也跟随来到这里，一干又是许多年。这时万贞儿已经出落成很有姿色的大姑娘了。她虽算不上十分漂亮，但却身材丰满、皮肤白皙，眼睛不大却是秋波频频、诱惑媚人，同时她性格爽朗，口齿利落，很得人喜爱，宫里宫外都管她叫"小答应"。万贞儿一个心思都扑在侍奉孙太后身上，希图孙太后感于她的勤快灵巧、尽心竭力，能给她一个出人头地的机会。虽然孙太后对这个"小答应"颇有好感,却并未往多处考虑,仅仅把她看作出身低微、贴身的宫女而已。因此,虽然万贞儿自觉得仪态万千、风情无限,却并未在自己最诱人的年龄得到哪个皇亲的青睐。万贞儿不觉已过了最富吸引力的青春韶华时期。这些年,她跟着孙太后识了点字,能粗通文墨,并对很多事都有自己独特的见地。她在经受着心理上的千般酸楚、万般惆怅的失落痛楚中,渐渐地审视到了后宫中后妃集团内部复杂争斗的实质,学会了利用错综复杂的关系以及巧言令色、不择手段达到目的的本领,并由此形成了一种少有的强烈嫉妒心理。

正统十四年(1449),蒙古瓦剌部频频叩击明王朝的边关,并兵分四路大举进攻。在司礼太监王振的怂恿下,明英宗朱祁镇率兵亲征,八月的土木堡一役,明军全军覆灭,明英宗被俘。孙太后下诏立英宗两岁的儿子朱见深为皇太子,并委派自己的贴身宫女万贞儿前往东宫照料侍奉太子。开始,已经21岁的万贞儿有一种被遗弃的失落感,感到孙太后不仅不考虑她的归宿,又把她推到了别的宫中,她尽心竭力的侍奉孙太后,不就是为了有个好的去处吗?但她又转念一想,孙太后让她去东宫侍奉太子,正是对她的看重,她现在侍奉好太子,将来太子入继帝位,肯定会施恩于她的。于是,万贞儿对这位太子像亲生母亲般的体贴关怀备至,把在孤寂的宫女生活中所无法排遣的全部热情和自己梦寐以求的全部美好理想都倾注在了太子身上。特别是景泰三年(1452),年仅5岁的朱见深被废为沂王逐出东宫后,父亲英宗被囚居南宫,母亲周氏又不得常见面。朱见深既无父母的疼爱,又无童年的欢乐,精神郁郁不欢,在孤苦无依中,万贞儿给予了他生活上无微不至的照顾和精神上深深的寄托。万贞儿陪他度过了充满坎坷的童年时代。从幼年时起,朱见深渐渐对万贞儿产生了难以割舍的依恋、敬畏的特殊的情感,这种情感更像对母亲一般的亲情。这种童年心理上所烙下的印迹是他后来做了皇帝后对万贵妃情有独钟、一往情深的根本原因。

天顺元年(1457)正月,英宗复辟。同年三月,朱见深被复立为太子。此时万贞儿已年届30岁,似乎青春已逝。但"小答应"毕竟是"小答应",她十分会保养身体,加上她丰满、白皙,还是显得那么"小",还那么会媚人、警敏、善迎人意。随着太子的长大,她反而越活越年轻了,她那已深埋心底的少女的梦幻似乎又重新被勾起来了,她像情窦初开的少女一样脸上泛着红晕,总是咯咯直笑。确实让她欣慰的是,她在太子朱见深身上下的功夫没有白费。尽管当初她对太子的关怀是带有极浓的母爱成分的,但是随着朱见深长大成人,这种情感也发生了变化。朱见深过去一直对万氏尊重、畏惧、依恋,可在他13岁的一天,突然发现万氏有一双摄人魂魄的眼睛,脸上有着丝毫不减的青春风采,身上有一种一般少女没有的诱人的魅力,他竟怔怔地挪不动步了,他觉得她像太阳般明亮温暖。从此,他们就如胶似漆、形影不离了。

在万氏看来,只有太子朱见深是唯一有可能带给她幸福的机缘了,她对此下了所有的赌注。凭着她多年来对朱见深的懦弱、敦厚性格的了解;凭着她所具有的机敏、善迎人意、谲智善媚的天赋;凭着她在朱见深童年时给予的感情的慰藉和关怀;凭着朱见深成人后仍需要对于近似母爱的感情的需求,万氏施展了浑身解数,动用了她的所有媚力,终于从感情上深深地俘虏了朱见深,使风流不让其他帝王的朱见深,硬是宠了她一辈子,也怕了她一辈子。

天顺八年(1464)正月,明英宗驾崩归天。同月,朱见深即皇帝位，史称明宪宗，改元成化。

此时，明代历史已进入中期。明朝政治日趋混乱和黑暗，统治阶级糜财无度，宦官专权，土地兼并加剧，社会矛盾激化，内忧外患，层出不穷。年仅16岁的朱见深在这种历史条件下入登帝位，内心很是惶恐不安。他性格内向、敦厚，加上年龄又小，少有主见，以前做的很多事，都是极富心机的万氏帮他出的主意。现在虽有两宫太后帮他掌舵，他却想有一个他所宠爱并富有心机的皇后帮他出谋划策，按他的心意，此人非万氏莫属，但是父亲英宗生前已为他确定了皇后的候选人，这又令他无可奈何。

这年万氏已经36岁，比宪宗大了19岁，足可以做他的母亲了。但万氏那声音洪亮、敢做能为、颇有男子之气的性格对于生性懦弱、敦厚的宪宗来说是极富引力的，也是他生活中不能缺少的。有万氏在身旁，宪宗从心里感到踏实、充实、有依靠感；如果她不在，便觉得六神无主、空虚。宪宗每次出外游幸，也总是要万氏戎装相陪，这个时候万氏骑马在前为宪宗开道，然后再一起畅饮作乐。对于万氏与宪宗年龄相差悬殊，却得以专宠后宫而长久不衰，很多人都不能理解，连宪宗的母亲周太后也感到不可思议，历来帝王都喜欢年轻貌美的女人，而他儿子到底为哪桩？她不止一次地问宪宗："她哪点美啊，你怎么这么宠爱她？"宪宗回答说："有她在身旁，我心里就安稳，不在乎相貌。"这道出了他的由衷之意，也是他宠爱万氏的实质所在。多年来，万氏一直成为他精神上的支柱，并给予生活上无微不至的体贴，还帮他出谋划策，他对她也一直无法摆脱掉童年时代的依赖感，因而，万氏在他心目中是其他后妃所不能与之媲美的。故此，宪宗对万氏有着一种特殊的依恋和敬畏，万氏敢于对他颐指气使、发号施令，而宪宗对涉及到万氏的过失都一概不闻不问。

当初宫里的一些人就没有及时地理解这一点而给自己造成了不可挽回的悲剧，吴皇后被废就是其中一例。

王皇后吸收前任教训，处之淡如，不与万氏争宠，才得相安无事，前文已述及，在此不再详述。

万氏在处心积虑地扳倒了吴皇后之后，并没能做成皇后。在不甘心没成为六宫之首时，另一线新的希望使她释然。她积30余年宫中生活之经验，觉得在后妃之间复杂的争斗中，最终起决定作用的还在于能否生皇子，尤其是能立为储君的皇长子。英宗钱皇后和周贵妃之争就是一个很好的例证，周贵妃在英宗生前地位远远不如钱皇后，而英宗死后其子成为皇帝，她便成了当然的皇太后；钱皇后虽然人品端庄，受到英宗敬重，位列六宫之首，英宗死后却因无子，受到周贵妃的嫉恨差点没当成皇太后。她如果能给宪宗首先生一个皇子，肯定会被立为皇太子，那样就会永远保持她在后宫实际的宠冠地位，并且将来儿子做了皇帝，她即是当然的皇太后。因此，万氏便暂时改变了谋取后位的目标，而把自己专宠地位的巩固寄托在为宪宗生皇子上。因此，她紧紧地把宪宗抓在手里，挟制住王皇后，并防止宪宗去召幸其他妃嫔。

鸡 犬 升 天

成化二年（1466）正月，38岁的万氏如愿以偿，生下了一个儿子，并是皇长子。万氏心花怒放，多年的梦幻终于成为现实，这自然意味着她在后宫中地位的巩固。宪宗更是喜不自胜，他不但有了以保国祚绵长的"国本"，更重要的是他可以照祖制很顺利地为万氏加封名号了。为了庆贺皇长子的诞生，他一面派出许多太监到全国各地名山大川四处祈祷，乞求山神、河神、天神、地神们保佑他的皇子健康成长，一面晋封万氏为皇贵妃，并移居昭德宫、宪宗在加封号时，特意在"贵妃"前加一"皇"字，以示对她的宠爱。

皇上在她的手中，皇后处之淡如，如今又得子封贵，昔日的"小答应"不复存在，如今的万贵妃炙手可热，势倾朝野。她不是皇后，却胜似皇后，至于众多妃嫔宫女，由于她笼络与打击并施，早已领教了她的阴险和毒辣，对她是又敬又畏，谁也不敢与她分庭抗礼、争宠夺利。

万贵妃的家人也因为她的原因而骤然显贵。万贵妃的父亲万贵，先前坐法被贬，如今贵为皇亲国戚，被封为锦衣卫都指挥使；万贵妃的哥哥万喜被封为指挥使，后又被晋封为都指挥同知；万贵妃的另一个哥哥万通被封为指挥使；她的弟弟万达被封为指挥佥事。万通的妻子王氏可随意出入于宫掖，大学士万安极尽巴结之能事，每日早晚都要派婢女到王氏那里去请安。

随着万贵妃的擅宠得势，一大群趋炎附势的无耻之徒云集其门下，正好满足了利欲熏心的万贵妃的需要，故而成化年间奸佞丛生，幸门大开，方士妖僧，滥恩无纪。他们为了讨万贵妃的欢心，不惜"苛敛民财，倾竭府库①"，以此作为进身之阶。

在这群孤朋狗党之中，昏庸的大学士万安位居首要。万安本是眉州(今四川眉山)人，他苦于既不与万贵妃同乡，又不与之同宗，所幸的是同姓，便暗下里与万通疏通关系，并买通了

---

① 《明史》卷一一三。

太监与万贵妃接近,慢慢地便牵强附会地与万贵妃联系为同宗,自认是万贵妃的本家子侄;万贵妃正自愧于生身寒微、本家本族中没有高官显贵,也想借这个万安装饰自己家族的门面,便装作糊涂地认了这个侄子。从此万安得以经常向这位比自己小近20岁的姑妈问安行礼。万安也凭借万贵妃的势力青云直上,由礼部左侍郎兼学士入阁,官至吏部尚书、太子太师兼华盖殿大学士,后来又成为首相主持内阁。万安是一个既无学术、又无端品的人。当时宪宗整日迷于声色犬马,君臣隔绝,内阁请宪宗召见大臣,及宪宗召见,万安不奏时政,只顿首呼万岁,被大臣们私下讥讽为"万岁阁老"。万安还按万贵妃的旨意交结佞幸,排斥异己。另一个内阁大学士刘吉也久柄政权,权势烜赫,为万贵妃尽心竭力,颇得万贵妃的赏识。

宦官汪直幼年就入宫侍奉万贵妃,他为人狡黠,幸于逢迎,深得万贵妃喜爱。成化十三年,宪宗设西厂时,万贵妃推荐汪直任提督太监。他依杖万贵妃这一后盾,气焰十分嚣张,时常带领校尉出外侦察,上至王府,下至民间无不在缉拿之列,搞得人心惶惶。他还受万贵妃指使屡兴大狱,罗织罪名,迫害朝臣,以致到了"今人但知汪太监也,不知有天子"的地步。

太监梁芳贪婪狡猾,善于阿谀逢迎,靠"日进美珠"取悦于万贵妃,得以"擅宠于内"。依附他得高官的达数千人之多,妖人李孜省、僧人继晓就是通过结交他而得到重用的。此外,太监钱能、覃勤、韦兴等人也都聚在万贵妃的羽翼下,到全国各地借为皇官进贡为名搜刮民财、巧取豪夺、贪污府库,供万贵妃挥霍,以结万贵妃的欢心,因此,他们都得到了重用。

这些奸佞无耻之徒通过迎合万贵妃的利欲之心，得以跻身进阶。而万贵妃则依靠他们控制后宫，左右朝廷，排斥异己，为所欲为。

万贵妃自从被封后，更是挥霍无度、欲壑难填，以致公开索要钱财。那时万贵妃居昭德宫，外廷凡通过内侍以宝献给她的，她都要根据东西的多少传旨给予多大的官阶或给予赏赐，很多想当官的人正是为迎合万贵妃的需要而搜刮民财、挪用府库。此外，各地向朝廷进献的奇珍异宝等，她也都据为己有。她还指使手下的太监到各地去取珍夺宝。

正当万贵妃为生了皇长子而神气活现、身价倍增之时，天不作美，她的儿子还未及命名、活了不到一岁便夭折了。没有比这个打击更使她痛苦的了，她几乎悲哀得要发疯了。这个皇长子对她来讲是何等的重要，这不仅因为母以子贵、能使她巩固宠冠六宫的地位，而且她已年届40，要想再生一个，既是男儿，又是皇长子，谈何容易啊。痛苦悲哀之余，她还是抱着最大的希望：能再生一个儿子。她一心一意，千方百计，多与宪宗接触。同时，采取种种策略防止宪宗和别的妃嫔接触……她到了一种近乎疯狂的地步。

万贵妃的党羽们最了解主子的心思，也最会巴结主子。当他们看到万贵妃为不能再娠而郁郁寡欢时，便千方百计为万贵妃解忧。妖人李孜省，专以邪门旁道蛊惑信佛道的宪宗，当看出万贵妃的心思时，便向宪宗和万贵妃进献淫邪之术，声称如按他的办法去做定会其乐无穷，还会早生皇子。这博得了热心此道的宪宗和寻找怀胎良方的万贵妃的欢心，他很快得到了重用，官至太常寺寺丞，权倾一时。大学士万安也想方设法寻找到了许多房中术，进献于宪宗和万贵妃以寻欢作乐、早生皇子，自己也以此来固宠。妖僧继晓，本是京师一个卖春药的，也因精晓房中术，由梁芳推荐入宫，得到了宪宗和万贵妃的宠幸。妖人王臣也以左道、房中术得到宪宗、万贵妃的赏识，被召入宫，封为千户。一时间，一些毫无羞耻之心的朝臣为得宠纷纷效仿。

尽管万贵妃用尽了一切奇巧淫技和任何可以利用的方法，但都无济于事。她的生育年龄已过，已经失去了再怀胎的可能。

妒癖虐暴

万贵妃的脾气变得越来越坏，嫉妒之火也越烧越旺。她深刻体会到母以子贵的作用，自己的皇子夭折了，也绝不让其他妃嫔生子，以免动摇她在宫中的专宠地位。她开始是想防止宪宗去召幸其他妃嫔，尽管她处处设防，却是防不胜防，风流的宪宗正值青年，他还是常常偷偷地到其他妃嫔那里去寻欢作乐。于是，她不得不想办法对付其他妃嫔。

万贵妃把她的亲信、心腹安置在宫中各个地方，密切监视着宪宗的一举一动和其他妃嫔的活动。她对宪宗的行动了如指掌，每天都有人向她报告宪宗的行踪，凡是发现宪宗在哪个宫中留宿，她就会立即派人十分及时、十分准确地送给这里的妃嫔、宫女以烈性堕胎药，全然不管她们是否已经怀孕，多数人吃了药，孩子便被打掉，也有个别体弱的服药后死掉了。少数人侥幸保住了胎也难以就此幸免，万贵妃会采取更加残酷的手段把孩子弄掉，绝不让孩子降生。

对于万贵妃派人送来的堕胎药，几乎没有哪个妃子敢违背意旨的，她们必须吃下去，才不会遭受万贵妃的迫害，以保全性命。因此在一段时间里，妃嫔们为了免遭罪责，当皇上发下牌子要召幸哪个妃嫔时，这个妃嫔就找出种种借口，推掉了事。

对于这些事情，宪宗也不是不知道。他宠爱万贵妃，同时也惧怕万贵妃。万贵妃一旦争风吃醋撒泼发怒，宪宗就会被搞得狼狈不堪，不知所措。因此，他既想与其他妃嫔宫女们亲亲热热，又总是遮遮掩掩，怕万贵妃找他的麻烦。宪宗同时也理解万贵妃的心情和处境，也希望万贵妃能再生出个皇子来。因此，他对万贵妃的行为并不太在意。

由于万贵妃采取的严密措施，宫中妃嫔很少有能怀孕的。当然，也有个别漏网的。成化五年四月，柏贤妃在严格保密下生下了一个男孩，这是皇次子，取名祐极。成化七年，朱祐极被按照祖制立为皇太子，但不到四个月，皇太子突然死去。对于朱祐极的死，宪宗十分难过，赠谥号为"悼恭"。紫禁城内，人们偷偷地议论，谁也不相信一向健康活泼的小太子会得"暴病"而死，但人们惧于万贵妃的心狠手毒，没有人敢公开提出自己的怀疑，宪宗也不加细问。事实上，悼恭太子的死，是万贵妃派人所为。万贵妃是不能容忍其他妃嫔有皇子的，尤其是立为太子的皇子。

宪宗有子即逝，中年无嗣，朝廷内外很多人为此而不满和忧虑。没有皇子，没有皇储，就等于没有国本。可是，在宪宗面前谁也不敢指责万贵妃的行径，这不仅因为宪宗根本听不进去，而且还会把这些透露给万贵妃并因此而遭排斥。一些正直的大臣便采取旁敲侧击的方式，给宪宗进言，希望皇上不要受拘束，多多亲近其他妃嫔，普降甘露；请皇上溥恩泽、广御幸，以广继嗣。宪宗见所论正中下怀，又没有明提对万贵妃不利的言论，也就听之任之。六科给事魏元等人借着慧星出现这些自然天象进一步劝说，内阁大学士彭时更是直言："现在后宫嫔妃佳丽众多，却没见到皇子的降生，大概是陛下宠幸所专、而受宠幸者虽溥陛下恩泽但已过了生育年龄的缘故，还请陛下为祖宗和社稷考虑，望均恩爱。"宪宗听了觉得有些掉面子，里面有涉及他宠妃的言论却又很委婉，他不能采纳但又不好驳回，便显得有些不耐烦地说："这是朕的内事，卿不必过问，朕自会处置。"以此来搪塞。万贵妃听说了，觉得宪宗很理解她，从此更加骄横无比了。

成化五年(1469)夏季的一天，明宪宗在宫中闲逛，偶然来到了内库。这里的女史纪氏举止娴雅，把内库到处收拾得干净利落，宪宗很高兴，顺便问及内库的管理情况。纪女史对所管之事了如指掌，回答得简洁明了，细致详明。宪宗听了，惊叹于她的伶俐美丽和燕语莺啼般的语音，不禁十分动心，当晚便留在内库让纪氏侍寝。这纪氏就是前文曾提及的被王皇后收入宫中又提拔重用的姑娘，她原是广西贺县的土官之女。

谁知这次宪宗与纪女史的极偶然的欢洽，居然使纪氏怀了身孕。纪氏为宪宗侍寝的消息第二天就传到了时刻注意宪宗动向的万贵妃的耳朵里，她立刻派一名女官前往内库逼纪氏服堕胎药，以防止怀孕。谁知纪氏所怀的胎儿生命力极强，一天天长大起来，这又让万贵妃的爪牙看出来了。万贵妃又气又恨，又派了一名女官去给纪氏堕胎。这次奉命去为纪氏打胎的宫女却左右为难了。如果打胎，皇上如今还没有儿子，这一胎关系到"国本"，一旦以后让皇上知道了，自己身家性命难保；可是如果不打，违反了万贵妃的命令也难逃万贵妃的毒手。她看到纪氏这样小小的年纪，又这样美丽，还是不忍下手，她灵机一动，回去向万贵妃报告说纪氏并非有身孕，而是肚子里长有痞块，总算蒙混过了万贵妃。

为了防止宪宗再次去召幸纪氏，万贵妃便命人把纪氏由内库贬谪到安乐堂去干重活。纪氏为了躲过万贵妃的监视与毒手，整日提心吊胆，躲躲藏藏，终于熬过了十个月，生下了一个男孩，这是明宪宗的皇三子。孩子头上有一片一直没有毛发，这是当初万贵妃让人逼纪氏服药所致。纪氏惶惶不可终日，她已经充分领教了万贵妃的阴毒和惨忍，知道万贵妃自己没有了孩子，是绝不会容忍其他妃嫔生养孩子的，尤其是男孩子。她知道万贵妃的耳目到处都是，自己是没有办法把孩子养大的，这孩子与其早晚让万贵妃害死，倒不如自己现在把他弄死算了，免得他以后受苦。她忍着巨大的悲痛，抱着孩子找到了安乐堂守门的太监张敏，哭着求他把孩子溺死后扔掉。

张敏双手颤抖着接过孩子，内心十分难受。他知道万贵妃的残酷无情，可这是皇上唯一的皇子啊，怎能溺死？他悲戚戚地说："皇上还没有儿子呀！现在好不容易有了儿子，是无论如何也不能溺死的。怎么也要想个办法，把皇子偷偷养起来。"张敏知道废后吴氏与万贵妃有着不共戴天之仇，他便偷偷到附近的西宫找到吴皇后商量办法。然后张敏依计偷偷地把皇子藏在安乐堂旁边的一间密室里，并以米、面调成的稀粥再加上蜜糖之类食品进行哺养。吴皇后所居的西宫距这里很近，也每天往来共同哺养。由于万贵妃所派的人严密监视纪氏。纪氏虽知道自己亲生儿子就在附近的密室里，却从来不敢去喂奶或是看一看。但在张敏和吴皇后的哺养下，皇子总算活了下来。

明宪宗自从太子祐极死后，一直是郁郁寡欢。由于万贵妃控制得太严，他很少能去召幸其他妃嫔宫女，即使去召幸了,也没听说有怀孕的。他盼子简直是望眼欲穿,到了成化十一年(1475),也没听到后宫有报喜的消息。这天,宪宗召唤太监张敏给自己梳头。张敏是刚刚被调到乾清宫侍候皇上的。宪宗从镜子中看到自己已有了几根白头发,不禁触景生情,情不自禁地长叹:"朕即位有11个年头了吧?不知不觉中老之将至,可至今尚未有子,这江山将来托付给谁呀!"张敏本不想太早地将纪氏生子的事情告诉宪宗,怕纪氏母子难逃万贵妃的毒手,自己也难逃厄运。可看到宪宗悲苦的样子,他难捺对皇上的一片赤诚,已经不想再隐瞒。况且这样长期隐瞒也不是个办法,万一再让万贵妃知道了,皇子得不到皇上的保护,岂不更惨。张敏十分激动地扑通跪倒在地磕起头来,口里说着:"老奴死罪,万岁早已有子了,怎么能说没有呢?"宪宗听了不胜惊诧,随后又生气地说:"你胡说什么呀!朕哪儿来的儿子呢?"张敏还是不住地磕头,边磕边说:"万岁确实已有皇子了。老奴只因担心皇子的安全,才一直没告诉万岁。请皇上为皇子作主,为老奴作主,万岁要是答应老奴的要求,老奴就冒死告诉万岁。"这时在一旁的司礼太监怀恩也跪倒地下证实道:"张敏所言,千真万确,臣敢拿脑袋担保。皇子现在西内安乐堂里抚养,已经6岁,因为怕招惹祸患,张敏才不敢透露消息,致使万岁一直不知道。"宪宗还是将信将疑,有些迫不及待地生气地说:"朕当然会保证皇子和你们的安全,快说!怎么回事?"张敏便把纪氏生皇子的前后情况、曲折经历讲给宪宗听,宪宗这才确信无疑。他又惊又喜,激动万分,立即起驾,来到西内,派人去安乐堂迎接皇子。

　　太监张敏疾步来到安乐堂旁的密室,向纪氏奉上皇上的旨意,说皇上要召见皇子,并向纪氏道喜。纪氏听了却十分悲戚地大哭起来,她多年来受尽磨难,不就是为了这一天吗?可这事一旦公开,凶多吉少,恶毒的万贵妃是不会善罢甘休的。自己的生命不保倒不要紧,关键是皇子的生命随时会受到威胁。倘若有个好歹,这些年受的苦岂不白费了?可是,皇儿总有一天也要见父皇的,况且,君命已下,哪敢不遵。她擦了擦脸上的泪水,对儿子说:"孩子你去吧!事已至此,为娘的性命恐怕难保了。你跟着这位老公公到那边去,看见一个身穿黄袍、脸上长有黑长胡须的,便是你的父皇。"说着,纪氏为儿子换了件红色长袍,把他抱到车上,让张敏等几个太监推走了。

小皇子在太监们的引导下,来到宪宗面前,他依照母亲的描述,一眼便认出了他的父亲,跑着扑向宪宗的怀抱。皇子出生后,纪氏等人一直不敢给他剪头发,让他看起来像个女孩。宪宗紧紧地把皇儿搂在怀里,望着他那几乎拖在地上的长发,不禁悲喜交加,潸然泪下。他扳起皇儿的脸细细端详,一边流泪一边说:"是我的儿子呀!长得像我!长得像我!"

这几年,大臣们一直对皇上没有皇子而忧心忡忡,不断为此而上疏奏章。这年五月,乾清宫因雷击发生了火灾,大臣们认为这是上天对皇上没有继嗣的一个警告,便借此纷纷上奏,请求皇上为国家利益着想,赶快想办法生皇子。宪宗阅过奏章,有些按捺不住了,就派司礼太监怀恩前往内阁,宣布:"皇上已有皇子,现已6岁!"大臣们莫名其妙、惊诧不已。等怀恩把原委讲了,群臣这才恍然大悟,个个兴奋不已。

随后,宪宗颁诏天下,皇嗣有人,大臣们纷纷入朝祝贺,礼部送上已为皇子拟好的名字,宪宗看了总觉得不甚满意,便亲自为之取名"祐樘"。

万贵妃听到这些消息,如五雷轰顶。她无论如何也没想到宫中的妃嫔宫女和太监竟敢和她对着干,更没想到一个已经6岁的皇子像从地底下冒出来似的出现在她面前。她知道纪氏的存在对她是一大威胁,一旦纪氏的儿子即了帝位是不会轻饶了她的,她必须先发制人。

大学士商辂为人正直,做事稳健,他知道万贵妃什么事都能做得出来,他见宪宗将皇子留在宫中,而纪氏却仍在安乐堂,他担心纪氏的安全,也担心皇子重蹈悼恭太子的覆辙。于是他率大臣上疏说:"皇子为国本之所在。重以贵妃保护,恩逾已出,教养之事仍以其生母纪氏主持为好。但现在皇子之母因病别居宫外,致使母子不能相见,于情于理,均有不妥。请皇上降旨,令纪氏就近居住,使之母子朝夕相见,以便教养。"宪宗欣然准奏,让纪氏移居永寿宫并召见了她,两人7年以后重见,相看有泪,无语凝噎。第二天,宪宗册封纪氏为淑妃。从此,宪宗频频召见纪淑妃,与她饮酒作乐。

这年六月二十七日,纪淑妃在宪宗召她饮酒时,突然感到腹痛难忍,告病回宫。第二天,万贵妃便派太医院院使方贤、治中吴衡前去诊治,不几时纪淑妃就告薨。其时距宪宗召见皇子朱祐樘只有42天。这件事又是万贵妃的杰作,她首先指使人趁宪宗召纪淑妃饮酒之机在她酒中下了毒,见没有毒死,便又串通太医借诊治为名将她毒死。

消息传来,举朝震惊,多数人都能猜出一二。宪宗想派人调查,但又怕如果是万贵妃所为不好收场,便息事宁人,说纪淑妃得急病而死,赶忙让人埋葬了事。大臣们都是敢怒而不敢言。太监张敏听到纪淑妃的死,心中已经明白了大半,自己抚养皇子的事已经人人皆知,自知不保,吞金而死。

纪淑妃死时,朱祐樘年仅6岁,但几年来他所处的险恶环境使他体味到了较深的人生艰难,对万贵妃充满了愤怒,当他听到母亲的不幸,"哀慕如成人"。①这年十一月,他被明宪宗册立为皇太子。

谋 易 皇 储

周太后深知万贵妃手段毒辣,她看到宪宗无暇顾及年幼的太子朱祐樘,担心太子也遭到万贵妃的毒手,便亲自把太子接入自己所在的仁寿宫中抚育,饮食起居,照顾得无微不至。

一天,万贵妃突然发出邀请,请太子到她那里去进膳。对于这种礼节性的邀请不去是不妥的,但去了难以保证不发生意外。周太后左右为难,千叮咛万嘱咐朱祐樘不要吃万贵妃给的食物,不喝万贵妃给的水,因为里面可能有毒,然后才让他前去。万贵妃见太子如约前来,显得特别高兴,令人摆上宫廷中最好的美味佳肴,让太子入座进膳,朱祐樘却十分坚决地说:"我已经吃过了,不能再吃了!"万贵妃心中不禁冷笑,又故作热情地让太监端上一杯热腾腾的羹汤给朱祐樘喝,朱祐樘连看也没看,用愤怒的眼睛直逼万贵妃:"不喝,我怀疑汤中有毒!"说完,就起身告辞。望着太子远去的背影,万贵妃怔了好一会,等她缓过神来,才暴跳如雷地说:"这么小的岁数,就对我这样,等他将来长大即位,还不把我当鱼当肉给撕着吃了!"万贵妃盛怒难下,得了一场大病。自此后,她一反常态,再也不阻挠宪宗去召幸其他妃嫔了。反而对宪宗说:"历来帝王多子嗣者,基业稳固,

---

① 《明史纪事本末》卷四十二。

国家昌盛，否则就会国本不固、危机频至。请皇上溥恩泽、广继嗣，以保国祚绵长。"并代宪宗下诏，广选民女，充实后宫。这些正中宪宗下怀。此后，后宫陆续传来皇子降生的消息。万贵妃自知已不能生子，此举是在无可奈何的情形下为谋易太子朱祐樘而作的准备。

一次，宪宗视察府库，发现几年功夫历朝百余年积累的七窨钱财全部用尽，便质问掌管府库的太监梁芳、韦兴："宫内所积存的金钱已消耗一空，倘要究其责任，在你们二人，你们知道吗？"韦兴心中害怕，不敢作答。梁芳却有恃无恐，振振有词地说："臣用金钱，是为修建显灵宫及各祠、堂庙宇时所用，这是为陛下造齐天之福，不能说是糜费。"说罢，便将给皇上建的和给万贵妃建的祠堂庙宇一一罗列，并多报了许多数额。其实，宪宗心里有数，除了上述罗列的修建费外，他们为取悦于万贵妃而日进美珠以及中饱私囊而贪污了一大笔。但宪宗生性过于宽厚，因为里面涉及到万贵妃，他就不好加以追究。他不耐烦地、有些愠怒地打断了梁芳的禀报，说："朕即使现在宽恕了你们，恐怕后人也不会饶恕你们，迟早总要找你们算帐的！"宪宗的话使梁芳、韦兴面如土色，惶恐不安。

宪宗一走，梁芳和韦兴立即来到安喜宫找万贵妃禀报。万贵妃是前几年从昭德宫移居安喜宫的，在这两座宫中有着大量的各地向皇宫进献的、她非法收受的还有她派人搜刮的珍奇宝物和钱财，比之王皇后的中宫要多得多。梁芳、韦兴在把宪宗视察府库的情况讲完后，梁芳有意蛊惑万贵妃说："皇上所说的后人，不就是指的东宫太子吗。倘若将来东宫太子即了位，奴才遭殃倒不要紧，奴才担心的是贵妃会受到连累。"万贵妃听了不由地倒吸一口凉气，她联系太子朱祐樘对她的仇视，愈发感到事情的严重和易储的必要。她一想到朱祐樘就恨得咬牙切齿，只因为他人对她存有戒心,几次欲谋害都不成,现在她又愁一时无法找到废太子的理由,以及另立太子的合适人选。她自感可悲的是自从她所生的皇长子夭折后,再也没有复娠,便自叹命运不济。万贵妃一时间是又怒又恼又愁又悲,眼圈儿也红了。梁芳是最会迎合万贵妃心意的,他一眼就看出了她的心思,乘机说出了他已考虑好了的计策:"皇上如今是最钟爱兴王祐杬了,只因早已立了太子,不好再改变,要按现在皇上的意思,恐怕是非兴王莫属。贵妃虽然膝下无子,却可以将兴王养于贵妃宫中,再保荐兴王为太子以达到易储的目的。到那时兴王就会对贵妃您感恩戴德,待之胜似生母。如此以来,就可使贵妃无子而有子,兴王无国而有国,岂不两全其美。"万贵妃听了梁芳的妙计,不由地破涕为笑,连称是个好办法。

万贵妃利用宪宗对她的宠爱以及自己所网罗的势力对宪宗展开了一场易储运动。在宪宗面前,万贵妃说了一大堆东宫太子朱祐樘的坏话,说他目无朝纲,不懂礼仪,蛮横粗野等等,要求宪宗废掉朱祐樘,另立知书识礼、文韬武略的兴王朱祐杬为太子。那些卖身投靠万贵妃的佞幸之徒积极响应,纷纷向宪宗奏章上疏要求废易皇储。宪宗虽然很喜欢邵宸妃所生的皇四子兴王朱祐杬的"嗜诗书,绝珍玩,不畜女乐①"与远见卓识,但对太子朱祐樘却也并无成见,故而从无易储的想法。可是这一次在万贵妃及其党羽的一再鼓噪下竟有些动心了,他向来是少主见的,看到万贵妃态度十分坚决,也就同意了。

宪宗准备易储的决定,遭到许多正直大臣的反对,司礼监大太监怀恩据理谏争,宪宗恼羞成怒,在万贵妃的怂恿下,把

---

① 《明史·睿宗兴献皇帝》卷一一五。

怀恩斥居凤阳(今安徽凤阳)。正在这时,突然传来泰山发生大地震的消息。有个大臣马上借机进谏,说皇上是上天派来治理凡间的天子,皇上的一举一动都会引起上天的注意,如今东方泰山大地震,表明上天对改易东宫太子的不满,说明这个太子是上天所认可的。

宪宗看了这个奏章,不觉大惊失色。他一辈子都崇佛道,好方术,对这种自然现象所做的附会解释尤其笃信。他害怕如果做出改易储位的忤逆天意的举动,各种灾难祸害就会接踵而至。他连忙到寺庙挂袍行香,祈求上天原谅他的过失,并下旨说:"东宫太子之立乃天意,不可违背。任何人不得再提改易储位之事。"

改易太子不成,万贵妃无法咽下这口恶气,却又无可奈何。她知道有朝一日宪宗归天,太子即位,是不会饶恕她和她的家族党羽的。她变得心情低沉,郁郁不乐,嚣张之势有所收敛。

成化二十三年(1487)春,万贵妃的心情越来越坏,动辄发脾气,由于她肥胖臃肿,一发起脾气来就呼吸急促,好半天喘不过气来。这天,一个宫女因一点小事触怒了万贵妃,盛怒之下,她操起驱赶蚊蝇的拂尘猛力地朝宫女狠打几下,气喘之下,一口痰堵在嗓子里,气绝身亡,卒年59岁。出外参加庆成宴而回的明宪宗听到宠妃暴薨的消息,急忙赶到安喜宫,放声大哭,他抚摸着万贵妃的尸体,边哭边叹:"万氏长去了,朕怎么能再久留于世呢!"为了表示对万贵妃的痛悼,他下旨辍朝7日以示哀悼,并按皇后礼葬万贵妃于昌平天寿山西南的苏山,赠谥号为"恭肃端慎荣靖皇贵妃"。

万贵妃之死,对宪宗是一个极大的打击,还不满40岁的他竟因哀伤过度,一病不起,也于当年八月二十二日死去。历史上贵妃专宠不乏其例，但像明宪宗这样终生宠爱一个比自己年长19岁的女子，则是绝无仅有的。

明宪宗去世后，太子朱祐樘即位，史称明孝宗。历经磨难的明孝宗深知匡时纠弊的必要，即位之初就惩治了靠依附于万贵妃而进身的贪赃枉法、佞幸无耻之徒。他命令把李孜省谪戍边卫，旋又下旨把他捕入大狱，最后拷死于狱中；僧人继晓也被逮捕法办，后来被处死；太监梁芳、韦兴等被充南京净军，到死未再复用。大学士万安一看势头不妙，慌忙改弦更张，逢人便辩解说："我与万家并无亲缘，我与万家已经很久没有来往了。"后来孝宗无意中翻得一小箧奏疏，里面全是讲房中术的，每疏末尾处都署有"臣安进"。孝宗阅后怒不可遏，立即派已被重新召回的、忠厚耿直的司礼太监怀恩提着箧子去内阁质问万安："这难道是你大学士应该上的奏疏吗？"万安吓得魂飞魄散，跪在地上不敢作声。怀恩又将科道弹劾他的奏疏读给他听，让他辞职。可万安跪下哀求并无去意，怀恩只得摘其牙牌说："请公去矣。"万安这才仓皇索马回府，请求回乡。

朝廷憎恨万贵妃的人十分多，许多大臣纷纷奏章列举万贵妃残酷恶毒、杀人害命，以及其兄弟的骄横霸道。御史曹璘上疏要求孝宗拆掉万贵妃的坟墓，削夺她的谥号，并治万贵妃家属的罪。山东鱼台县丞徐锁上疏说，纪太后之死系万贵妃所为，请求逮捕当时的太医和万氏眷属曾出入宫禁者，究问纪太后的死因。还有的大臣借孝宗头上一直有的秃疤想激怒孝宗，治万贵妃家属的罪。但孝宗仅据事实降了万贵妃兄弟的职，降万喜都督同知为指挥使；降万通、万达都指挥同知为副千户。仅此而已，并未做过多处理。孝宗的孝悌观念很强，他正是因为孝敬父母才被后人称为"孝宗"的。孝宗下旨说,如果追究万贵妃的罪过,就会违背先帝(明宪宗)的意愿,他不能做不孝之事,对于有关万贵妃的事情,不再予以追究。

中国皇后全传

车吉心 主编

● 第八卷

山东教育出版社

顾　问　安作璋
主　编　车吉心
副主编　朱亚非　蒿　峰

本卷目录

孝宗朱祐樘皇后张氏 /1633
武宗朱厚照皇后夏氏 /1637
世宗朱厚熜皇后陈氏 /1643
世宗朱厚熜皇后张氏 /1646
世宗朱厚熜皇后方氏 /1648
穆宗朱载垕皇后陈氏 /1653
附:穆宗朱载垕妃李氏 /1656
神宗朱翊钧皇后王氏 /1662
附:神宗朱翊钧妃郑氏 /1664
熹宗朱由校皇后张氏 /1680
思宗朱由检皇后周氏 /1683

南明

附:福王朱由崧皇太后邹氏 /1686
唐王朱聿键皇后曾氏 /1689
桂王朱由榔皇后王氏 /1693
附:桂王朱由榔皇太后王氏 /1698

清

太祖爱新觉罗努尔哈赤皇后
　　阿巴亥 /1705
太宗爱新觉罗皇太极皇后
　　哲哲 /1713

附：太宗爱新觉罗皇太极妃
　　布木布泰（庄妃）　/1716
世祖爱新觉罗福临皇后
　　博尔济吉特氏　/1735
世祖爱新觉罗福临皇后
　　博尔济吉特氏　/1738
圣祖爱新觉罗玄烨皇后
　　赫舍里氏　/1741
世宗爱新觉罗胤禛皇后
　　乌拉那拉氏　/1743
世宗爱新觉罗胤禛皇后
　　钮祜禄氏　/1745
附：世宗爱新觉罗胤禛妃
　　年氏　/1748
高宗爱新觉罗弘历皇后
　　富察氏　/1751
高宗爱新觉罗弘历皇后
　　乌喇那拉氏　/1754
附：高宗爱新觉罗弘历妃
　　和卓氏　/1757
仁宗爱新觉罗颙琰皇后
　　喜塔腊氏　/1762
仁宗爱新觉罗颙琰皇后
　　钮祜禄氏　/1764
宣宗爱新觉罗旻宁皇后
　　佟佳氏　/1768
宣宗爱新觉罗旻宁皇后
　　钮祜禄氏　/1770
附：宣宗爱新觉罗旻宁妃
　　博尔济吉特氏　/1773
文宗爱新觉罗奕詝皇后
　　钮祜禄氏　/1778
附：文宗爱新觉罗奕詝妃
　　叶赫那拉氏（慈禧太后）　/1790

穆宗爱新觉罗载淳皇后
　　阿鲁特氏　/1816
德宗爱新觉罗载湉皇后
　　叶赫那拉氏　/1832
附：德宗爱新觉罗载湉妃
　　他他拉氏(珍妃)　/1848
宣统帝爱新觉罗溥仪皇后
　　婉容　/1861

后记　/1863
修订再版后记　/1865

孝宗朱祐樘皇后张氏

◎ 安克骏

成化二十三年(1486)，明孝宗已长大成人。昌国公的女儿——张氏，因姿色出众、知书达理而被选为太子妃。同年，孝宗登上皇位，她也被册封为皇后。

相 敬 如 宾

明孝宗和张皇后两人的感情非常亲密，宫里的人经常看到他俩形影相随，谈笑风生，恩爱无比。这在封建社会里，是宫里的皇后、嫔妃们一生所渴求的。他们两人关系如此亲密，除了张皇后的温柔体贴外，与孝宗坎坷的出身经历是分不开的。孝宗自幼生活在宫中险恶的环境里，后妃集团内部尔虞我诈的政治斗争，使他看透了人间的世态炎凉，过早地成熟起来。孝宗一生下来，就因为担心受到万贵妃的迫害，而由太监张敏偷偷地藏在安乐堂内抚养，一直到五六岁，还未起名字，更不知自己的亲生父亲是谁。成化十一年（1475），张敏才把真相告诉了宪宗，宪宗才将孝宗立为皇太子，并起名为朱祐樘。然而，他的生母纪氏随即就被万贵妃害死，此后，一直到他长大登基，都始终是在提心吊胆中度日。他的感情没有寄托，内心十分孤独，所以，他登基后，和张皇后俩人互敬互爱。张皇后了解了孝宗的身世后，对孝宗也更加体贴入微。张皇后不仅负责皇上的起居饮食，而且还与皇上一起分担国事忧愁，加上本人聪慧伶俐，知书达理，两人的感情是越来越深。后宫里美女成群，但孝宗平生所爱始终是张皇后一人，在闲暇的时候，他总愿和皇后一起，共同度过甜蜜的时光，在封建皇帝中，像孝宗这样对爱情专一的皇帝确不多见。

扶 助 帝 业

张皇后对明孝宗在政事的治理上有着重要的影响，孝宗之所以能励精图治，和她的帮助与理解是分不开的，《明史·孝宗本纪》赞孝宗道：明"传世十六，太祖、成祖外，可称者仁宗、宣宗、孝宗而已。"这句话是对明孝宗的肯定，也是对张皇后的褒奖。大凡一个取得事业成功的人，背后一定有贤内助的支持。张皇后不仅仅关心皇上的生活，更替皇上忧国忧民出谋划策，在皇后的倡议和帮助下，孝宗对一系列的政治制度进行了改革，提高了生产力，罢免了朝中的许多奸臣，边备也有所巩固。

1505年，孝宗去世。正德元年(1506)，朱厚照即位，即武宗。张皇后为朱厚照择选了美丽庄重的夏氏，起初俩人恩恩爱爱，国内也是一片升平的景象，可是，后来朱厚照在奸臣的挑唆下，变得荒淫无度，游乐成性，导致宦官专权，奸佞为非做歹，成为遭世人唾骂的昏君。

正德十六年(1512)，武宗朱厚照病死，他的后宫嫔妃成群，但未能留下后嗣。为了不让祖宗创立的基业就此毁掉，张皇后与众大臣商量，让孝宗的堂弟—朱祐元的儿子朱厚熜(世宗)即位。这样一来，张太后就把嗣君纳入了孝宗、武宗一系，自然保障了朱氏家族的利益。可是新的皇帝还远在湖北，一时还赶不到京城，以江彬为首的反对势力，控制着首都的禁卫部队，妄图趁朝中无主的机会策动政变。一时间形成了"武宗存，则挟天子以令诸侯；武宗崩，即矫遗命以擅大宝"之势，京城内外，人心惶惶。张皇后面临着这种情况，心里非常着急，她一生的知己孝宗已经死去，非但心里的话无人可说，而且还要独自支撑政局，她知道如果自己乱了方寸，整个朝廷就会乱做一团。她镇定了自己的情绪后，先说服了宦官张永、魏彬等人，又与内阁首辅大学士杨廷和等大臣紧急磋商。他们首先草拟出武宗的遗诏，让忠于江彬的一支部队到通州领赏，将其调离京师，以减轻宫中的压力。然后又在宫中设置埋伏，并以太后的名义邀请江彬到宫中参加"观兽吻"的仪式，乘机把江彬逮捕处死。又以迅雷不及掩耳之势抓获了江彬的余党，夺回了首都警卫部队的大权，稳定了人心。在某种程度上讲，张皇后为朱氏基业立下了汗马功劳。逮捕了江彬的余党后，张皇后又以太后的身份，发出懿旨，进行改革，大批裁减宦官，清除了一批贪官污吏，使受到刘瑾、江彬一伙迫害的官员得到了平反昭雪，提拔了一批正直有才干的官员；将皇庄和一部分贵族多占的土地分给无地的农民耕种；免除了受灾地区的赋税。在张太后和杨廷和主政的47天中，由于上述措施的推行，朝政出现了明中期少有的兴盛局面。

但是世宗上台后不久，便开始自行其是。他对大臣们讲："朕有生母，又有祖母，今天的朝廷不是昨天的朝廷，慈寿太后(张皇后)凭什么称尊至上？"并将张皇后主政时所下的命令逐一收回，又重用了一些妒贤忌能，成事不足，坏事有余的奸臣。张皇后因受到排挤，忧郁成疾，不久死去。

武宗朱厚照皇后夏氏

◎ 丛彩娥　杨世谷

正德元年(1506)金秋时节，明朝皇宫内外张灯结彩，热闹非凡。在满朝文武官员一片"万岁"声中，隆重无比的婚礼大典开始了。举行婚礼的正是当朝天子，16岁的朱厚照，册封为皇后的是军都督府都督夏儒的长女。尚是豆蔻年华的小姑娘，还在做七彩斑斓、扑朔迷离的人生之梦时，就被册立为皇后，贵为天下母。此时此刻，夏皇后在想什么呢？用女性的温柔博得皇帝的宠爱，夫唱妻随，恩恩爱爱？生个龙儿，让自己的地位永保无虞？即使生个公主，也可以作配至尊，享尽人间荣华富贵，过灿烂多彩的生活？然而，活生生的现实好像在作弄这位少女似的，本来这些或多或少属于她的一切，又似乎与她根本无缘。因为她进的是"天下第一家"——帝王之家，明制内廷规制十分严谨，加诸于宫廷后妃的是各种禁条苛律，使你生活起居全无自由。又因为她嫁的这位夫君，虽贵为天子，却是个荒淫无度，醉生梦死的昏庸之君。

朱厚照，即武宗，为孝宗皇帝的独子，从小聪明伶俐，备得孝宗钟爱，刚两岁就被立为皇太子。因孝宗忙于政务，忽略了对这位储君的培养，陪伴他度过童年的是一批宦官。这些宦官大多是市井之徒，粗通文墨，却善于表演各种杂戏，如刘瑾等，为了博取皇储的欢心，常弄些鹰犬、鸟兽、角抵之戏供武宗游玩取乐，渐渐地使武宗入迷，以致荒废了学业。

弘治十八年（1505）孝宗谢世，15岁的朱厚照依次继统，不几天就受不了清规戒律、封建礼仪的约束，把批阅奏章朝政大事都交给宦官刘瑾，以其为司礼监。于是一批佞幸趁虚而入，集结在以刘瑾为中心的有：马永成、谷大用、魏彬、张永、丘聚、高凤、罗祥等七人，他们皆为武宗东宫时的旧侍，此番凭借武宗的势力，成了宦官中的新贵，号称"八党"。武宗则又迷恋上武事，最感兴趣的是骑马射箭，有时竟挟带弓矢，单骑跑出禁门射杀鸟雀。

武宗与夏皇后新婚燕尔，对放鹰逐犬射鸟的事不甚放在心上，但没过多久就又渐渐纵情声色了。他常常带着几个宦官微服出宫，到那秦楼楚馆之地，陶情作乐，往往误认良家妇女为娼妓，任意闯进门去，纵情笑乐。夏皇后本性和柔，况且伴君如伴虎，对武宗一切作为，只有尽量迁就，少女般七彩的梦随之被惊断！

正德二年（1507）武宗大兴土木，用长达5年、耗费24万余两白金的代价，在西华门外太液池附近修了座多层的宫殿，此殿两厢设置密室，房屋勾连栉列，命名为"豹房"。"豹房"刚落成，武宗干脆搬出皇宫，住进了"豹房"，称之为"新宅"，日夜和一班美妓娈童纵情淫乐，不到一年就厌倦了。听说色目女子白皙幼润，姿色大胜中原，又搜罗了12个擅长西域舞蹈的美女进献。武宗在"豹房"里和12个色目美女歌舞淫乐，昼夜不休。

刘瑾见武宗完全沉湎于声色之中，便乘机窃取权柄，威福任情。当时有人讥讽说：朝廷有两个皇帝，一个"立皇帝"，即刘皇帝，一个"坐皇帝"即朱皇帝。

正德末年，武宗又宠信边将都督佥事江彬，江彬是宣府人，为讨好皇帝和夸耀乡里，多次对武宗谈起自己家乡宣府的乐户妇女之美和迷人的塞外风光，劝诱皇帝去宣府一游。正德十二年(1517)夏，皇帝带江彬等人微服混出紫禁城，出了居庸关。江彬在此之前，早已通知了宣府的党羽为皇帝建造了一座行宫，取名为"镇国府第"，里面房宇幽深，廊檐环抱，铺设得金碧辉煌。江彬还将"豹房"内的珍宝、美女运到宣府，皇帝一见，满意地称为"家里"、终日在此饮酒作乐。到了晚上，在江彬引导下，骑马到街上闲逛，每遇高门大户，闯进之后就强迫家中妇女陪酒寻欢。第二年正月才返京，没几天，觉得不如在宣府痛快，又回宣府。不久王太皇太后病故，才回京发丧，丧事刚刚完毕，又出游去了。这次江彬带武宗去太原索求女乐，在歌妓中发现有一女子姿色出众、技艺过人，姓刘，是本地乐户刘良之女，晋王府乐工杨腾之妻。武宗一见便为之倾倒，马上用车载回，宠冠诸女，称之为"刘美人"，留侍左右，饮食起居都必得刘氏陪伴。连江彬都恭恭敬敬地称之为"刘娘娘"。

饱览了塞外风情，武宗又欲南巡，遭到朝臣的强烈反对，处罚了上奏的大臣后，正好江西发生宁王朱宸濠叛乱。武宗乘机自称"威武大将军"亲自出征。一路上，武宗带着刘美人游山玩水，到扬州时，传旨征求异物，采选处女寡妇，一时闹得鸡犬不宁。武宗又好佛事，便带刘美人到各个寺院游逛，还让人制作了许多佛幔经联，都绣上"威武大将军镇国公某与夫人刘氏施用"字样。

这样，武宗自正德十二年出幸宣府，十三年太皇太后驾崩回京奔丧，之后又出巡江西，十四年春回銮，接着又南巡，足足在外游幸了四年，他在位的16年中，倒有一半的年头不视朝政，只在各处游幸，所以时人称他为"游龙"。

正德十五年（1520）武宗游完南京回返北京，路过积水池时又驾小舟钓鱼为乐，舟翻落水，虽被救起，但自此染病在身。第二年三月终因纵欲过度而死亡。

夏皇后比武宗多活了14年，在忧郁寡欢之中去世。这位活在世上默默无闻，几乎被人遗忘的皇后，没想到死后却格外引人注目。

原来，武宗一生虽众多嫔妃，美姬常抱，但无子无女。这对处在帝王之家的夏皇后是最不幸的。为了确保孝宗、武宗这一系帝统长存，张太后和内阁首辅杨廷和定策，以武宗遗诏的名义，召兴献王朱厚熜入继帝位。朱厚熜即是明世宗，当年14岁。朝廷上下一致拥戴这个少君主，无非是以为皇帝年少便于控制，也可改变一下武宗时那令人不满的局势。但事与愿违，世宗比堂兄武宗强不了多少，武宗好"佛"，世宗就好"道教"神仙之事，这且不论，世宗虽年纪轻轻，却个性极强，甚至乖张，又好虚荣。当他由外藩入继皇位，一步登天时，以维护自己的名誉为由，不接受以皇太子登极的礼仪迎接他，最后只得以天子之礼，在奉天殿即位，改年号为嘉靖。

世宗即位伊始，为了正本清源，下令要礼臣议生父兴献王的尊称。由于情况特殊，谁也不敢言语，这时首辅大学士杨廷和与群臣共议援引宋代故事，认为世宗是继承孝宗、武宗一系，建议称世宗的伯父孝宗为"皇考"，称生父即孝宗的亲弟弟兴献王为"皇叔父"，兴献王妃蒋氏为"皇叔母"，兴献王妃称世宗为"侄皇帝"。世宗一听，气愤难忍，怒气冲冲地说："世上哪有这个道理，父母还可以易换的吗？"从而挑起了"大礼议"之争。

礼议案争议之中，皇帝态度坚决，廷臣自杨廷和之下，确实也食古不化，不肯更改他们的主张，双方僵持不下，谁都不肯让步。这样，你来我往，几个回合下来，礼议一案相持竟长达3年之久，最终世宗皇帝施展其无边的权威把违背自己意愿的官员惩治法办，充军边疆的，夺去俸禄的，廷杖致死的共达200多人。兴献王的神主自安陆迎至北京，摆放进奉先殿旁新建的观德殿，上册宝，尊号"皇考恭穆献皇帝"而称孝宗为皇伯考。宫中就出现两位太后，一个是孝宗的慈寿张太后，一位是蒋氏兴国太后。至此，震动朝野的"大礼仪"一案以世宗的胜利而告一段落。

世宗与尊古势力争帝统的斗争，实质上是争压皇权，巩固自己统治地位的斗争，这一切对于夏皇后来说是无关紧要的，因她早被排斥在权力中心之外。世宗即位时，册后妃，尊太后的同时，也给予夏皇后一个尊称"庄肃皇后"。嘉靖十四年（1535）正月，夏皇后走完她寂寞的一生而告别了人生，刚刚平息的礼仪之争，现在又风波再起。夏皇后尸首停棺未葬之时，礼部朝臣上表，列丧葬礼仪之规制。按说，世宗皇帝应以君臣之礼为夏皇后穿丧服之中最重的斩衰，可是世宗皇帝此时大讲什么亲情之礼，他说："大行夏皇后，是朕的嫂子，朕为夏皇后的小叔子，嫂、叔之间不用穿丧服。况且，朕现在还有张太后、蒋太后两宫太后在上，如果穿上这等丧服，就好像为母后所穿丧服一般，这不是太不像话了吗？"礼部尚书夏言接着说："既然皇上以嫂、叔之情，拒绝穿丧服，那么群臣也不敢以素服见皇上，肯请皇上暂时罢朝。"世宗考虑了一下，认为此话有理，就答应了。等到再议定谥号时，又发生争议，时大学士张孚敬附会皇帝意奏道："大行皇后既然是皇上的嫂嫂，就与历朝的元配皇后不同，用两个字或四个字就可以了。"李时就说："用八个字比较合适。"左都御史王廷相、吏部侍郎霍韬则说："都是皇帝的皇后，为什么要搞一个特殊的呢？"这时众臣皆议论纷纷，因古代一般人的谥号才用两个字，明代世宗之前的皇后，除懿文太子、建文帝一系两皇后，一个没即位，皇后用两字，一个始终无谥号，其他封元后的皆用12个字。故众臣集议奏道："古代之人崇尚质，不在乎量的多少，谥法一般都简单，质朴，以后的人增加了臣子之情，才讲究量的多少。我们生活在今世，就应行今制，大行皇后的谥号应与列圣列祖之皇后的谥号一样用12个字。现在有人提出要用2个字、4个字或者8个字的，于礼仪无凭无据，望皇上三思。"世宗见大臣竟敢如此放肆，引经据典为夏皇后说情，不由得大怒斥责，要群臣重新商议。大臣早已诚惶诚恐，哪敢再议，只好请以张孚敬的折中方案去办，即用6个字，皇帝也勉强同意，于是才给夏皇后上谥号："孝静庄惠安肃毅皇后"，这场争论就这样结束了，大行皇后的遗体总算可以埋葬了。夏皇后带着这样被贬视的谥号又去作陪那荒淫的昏君了。过了一年，世宗觉得张孚敬所上的谥号不完备，6个字不配称武宗皇帝，这才给夏皇后改成12个字的谥号，曰："孝静庄惠安肃温诚顺天皆圣毅皇后"。

世宗朱厚熜皇后陈氏

◎ 余同元

武宗正德十六年（1521）三月丙寅，大明武宗皇帝朱厚照驾崩，按照惯例，应该由他的长子继承皇位，但是不巧，这位皇帝不但没有长子，甚至没有一个儿子。于是宪宗皇帝的孙子、兴献王朱祐杬的儿子朱厚熜，被推上了宝座，是为明世宗。

第二年，改元嘉靖，立王妃陈氏为皇后。陈皇后是元城（今河北大名）人，她是朱厚熜为兴献王时的妃子。刚即位的朱厚熜还没有明目张胆地表露其私欲，但他临朝时精神欠佳的现象，已被大臣看出来了。当时大理卿郑岳曾委婉地劝说他："皇帝陛下应该遵守圣祖的训示：寡欲勤治。宫中的安寝应有节制,宫人进御应有定时,退朝应到文华殿裁决奏章,天黑后再回宫,以便养精蓄锐,益寿延年。"朱厚熜根本听不进去。

嘉靖七年(1528)十月的一天,朱厚熜和陈皇后坐到了一起,这种夫妻同享秋光的情景,对陈皇后来说很是难得,加上她身怀六甲,日臻临盆,想着自己即将生个小皇帝出来,她沉醉在欢乐之中。正在这时,张、方两位妃子献上芳茗,正沉浸在遐思中的陈皇后缓过神来,拿过茶杯,一抬头,发现就要做爸爸的朱厚熜正目不转睛地看着张妃的手。张妃的手也真有特色:那纤纤玉指,如削尖葱白,托一杯芳茗,恰似甘露菩萨冉冉降临;更可爱的是,十指修长,灵巧无比,抚弄那茶托,如正要弹奏一首醉仙曲。朱厚熜正在专心欣赏,仔细回味,忍不住欲火中烧,有一种腾云驾雾之感。这边陈皇后醋意大发,勃然大怒,投杯而起。这一举动可败了朱厚熜的兴,他立即喝住陈皇后,大发脾气。盛怒之余的陈皇后,受此惊吓,不仅胎儿流产了,连她自己也因此被夺去了生命。世宗朱厚熜余怒未消,下令丧礼从简,并给了陈皇后一个"悼灵"的谥号。第二年三月,将陈皇后埋葬在襖儿峪。埋葬的那一天,也只是梓宫出王门,大臣们到现场一天,便把这位国母打发到地府去了。给事中王汝梅感到太不像话,上疏谏争,也是空言无补,无人理睬。陈皇后的父亲陈万言,在女儿被册立时得到了鸿胪卿的官职,后又改都督同知,封泰和伯。兄弟陈绍祖也曾得到尚宝司丞的印绶,赐第黄华坊,建房西安门,给田800顷。当时言官余瓒、给事中张汉卿以及巡抚刘麟、御史任洛等多方谏阻,统统无效。陈皇后一朝失宠去世,父亲即被罢黜,兄弟不让嗣封。

嘉靖十五年(1536),礼部尚书夏言旧事重提,议请改谥。这时的朱厚熜因为贪恋太多,纵欲无节,即位近十年仍然没有儿子，因而怀念起了陈皇后，于是改谥陈皇后曰"孝洁"。穆宗即位后，礼臣们商议："孝洁皇后，是大行皇帝的元配，应该合葬祔庙……大行皇帝升祔时，应该奉孝洁配，迁葬永陵。"穆宗同意了礼臣们的意见，陈皇后的墓地才由襖儿峪迁到了永陵，又尊谥她为"孝洁恭懿慈睿安庄相天翊圣肃皇后"。

世宗朱厚熜皇后张氏

◎ 余同元

张皇后以其沉鱼落雁之容、闭月羞花之貌被封为顺妃,但更得益于她那双绝妙的玉手。张皇后的玉手,曾令世宗看得神魂颠倒,忘了接茶,亦曾使陈皇后因而流产死去,更使她得以在嘉靖七年(1528)十一月登上了皇后的宝座。这在中国历史上确也是少有的。

但是,张皇后的好运并不长久,张氏当上皇后,正值世宗追崇古礼时,于是世宗便命她率领嫔御到京城北郊养蚕。张后为了取悦太后和以身作则,还每天带领六宫粉黛在宫中听讲章圣皇太后编的《女训》。虽然张氏作为国母的形象不错,但不能固宠于耽于淫欲的世宗。而且随着时间的推移，张后的那双手变得有些粗糙了，渐渐失去了昔日的魅力。更重要的是，新采选的淑女中有位方妃，长得十分可爱，她那南国丽质，光艳照人，在众妃嫔中犹如鹤立鸡群。于是在嘉靖十三年(1534)正月，喜新厌旧的世宗下令废张后，将她移居别宫。张后听到诏令，如五雷轰顶，瞠目结舌，难以置信。她反复考虑，仔细反省，无论如何找不出自己的过错。她哪里会知道，她的过错就是没有很好地保持住昔日的娇颜和美丽的双手。在此后她居住的宫中，再没有人来请安、探望，没有悦耳的丝竹之声，没有人来帮助她解除寂寞。她盼望世宗能念及她的好处，回心转意，龙眼再顾，但宫中的草绿了又枯，枯了复绿，始终不见世宗的影子。在万般失望和孤独中，她于嘉靖十六年(1536)离开了人世。正在纵情欢乐的世宗听到张后的死讯，并无哀悼之情，下令葬礼按宪宗时废后吴氏的规格进行，即用妃子的葬礼埋掉，也没有谥号。

世宗朱厚熜皇后方氏

◎ 余同元

明世宗废掉了张皇后以后，又立了第三位皇后方氏。这位方氏是江宁（今江苏南京）人，谁都知道金陵粉黛在全国的地位，这位方氏又为她们添了一分光彩。她不但花容月貌，而且身材纤弱，尤其是有一双和已故张妃同样完美的手，明世宗朱厚熜只要瞅一眼，即再难移开。

方氏的发迹，还得感谢大学士张孚敬的一席话。那是朱厚熜即位近十个年头的一天，张孚敬感到国本无托，便劝世宗说："古代的天子在立后的同时，并建六宫、三夫人、九嫔、二十七世妇、八十一御妻，目的是广继嗣。陛下春秋鼎盛，应该博求淑女，为子嗣考虑。"这话很合世宗的胃口，他立即同意，下旨让礼部在京城内外选采淑女。礼部遵旨选得1258人。嘉靖十年（1531）三月，世宗册立其中9人为嫔，方氏即为其中之一。方氏被封为嫔，其父方锐即被授锦衣千户。此后，方氏又被立为德妃。嘉靖十三年（1534）正月，张后被废，方氏终于实现了梦寐以求的理想，登上了皇后宝座。按以前的规定，立皇后，拜谒内庙而已，这次是明世宗第三次立后，为了表现其隆重和对方后的宠爱，世宗让礼臣重议庙见礼。于是礼臣以天子立三宫以承宗庙，《礼经》上有到庙中拜见的规定，又考据《礼经》，参查《大明集礼》，拟定了仪注。世宗根据规定的日子带方后拜谒了太庙及世庙。三天以后，颁诏天下。接下来的一天，方后接受命妇们的朝贺，方锐也因缘升迁都指挥使。

按照惯例，明世宗过了几年之后，便又对方皇后厌倦起来。正在世宗移爱曹妃时，皇宫中发生了一件意想不到的事情，使形势发生了变化。

那是世宗继位的第21个年头，即嘉靖二十一年，世宗迷信方士，幻想通过方术得到长生，成为神仙。为了炼出长生不老药，他听信方士的话，通过虐待童女获得炼药的原料，这种炼药法称为"先天丹铅"。明人王世贞的词中，曾有"灵犀一点未曾通"，"只缘身作延年药"，指的就是这种惨无人道的炼药法。明世宗这种做法，激起了宫婢们的强烈愤怒。这时他又宠爱有姿色的曹妃，册立她为端妃，经常住端妃宫，这也引起了妃嫔们的争风吃醋。于是以王宁嫔为首谋，宫婢杨金英等为主犯的一场弑逆行动便开始了。这一年的某一天晚上，明世宗又住进了端妃宫，杨金英等16名宫婢联合起来，趁世宗熟睡的时候，有的用绳子系脖子，有的用抹布堵嘴，有的骑在他身上用力勒绳子，企图杀死世宗。遗憾的是，她们不懂打结的方法，将世宗脖子上的绳系为死结，屡收不死。本来这样折腾下去，时间一长，世宗也没有不死的道理，偏偏她们当中又出了一个叛徒张金莲。她见世宗没断气，以为皇帝真的有神灵保佑，谋事在人，成事在天，天子怎么能是凡人杀得了的？想到这里，她偷偷溜出，跑去告诉了方皇后。方后急忙带人赶到，杨金莲等人已经离去，世宗已奄奄一息，她慌忙解开世宗脖子上的绳结，边抚摸伤痕边叫："快拿水来！"一阵急救，世宗又慢慢醒了过来。她又命令内监张佐等，逮捕宫人，进行拷问。在一顿严刑拷打之后，首谋王宁嫔、主犯杨金英被供了出来。曹妃实际不知道这件事，但她被世宗嬖幸，方后早已嫉妒怀恨，必欲置之死地而后快，因此说她也知道这个阴谋。当时世宗余悸未消，说不出话来，方后便传他的命令，逮捕端妃、王宁嫔及杨金英等16个宫婢，一起磔杀在市上，并杀掉她们的族属十几人。方后的功劳使她父亲由安平伯晋为安平侯，打破了祖宗"爵禄私外家，非法。"的遗训。方锐死后，其子方承裕又袭封了爵位，直到穆宗继位后，主事郭谏臣谏止，才罢袭。

渐渐地，世宗也知道了曹妃的死是冤枉的，对方后的救命之恩是不能割舍的，但端妃的容颜又不时浮现眼前，这使世宗不能不怨恨方后。嘉靖二十六年（1547）十一月，宫中发生火灾，大火在方后的宫中熊熊燃烧，宦官们请求救火，世宗的眼前又出现曹妃的倩影，同时脑海里出现一个声音："方后已经衰老，而她存在一天，你便一天没法自由寻欢，存在10年，你便要厮守10年！"他断然地摆了摆手："此乃天意，随她去吧。"方后就这样被大火活活烧死。就因为那一点点遗憾，就因为她挡住了自己寻欢作乐的道路，明世宗竟置救命之恩于不顾，甘心让方后被烧死，其残忍程度由此可见。事后，他竟厚颜无耻地说："皇后救我而我不救她，是想用隆重的葬礼来报答她。"他下诏说："皇后曾经救我于危难之中，用元后的礼节埋葬。"预定葬地名称为永陵，赠谥号曰孝烈。谥号葬礼都是由明世宗亲自制定的，所以显得特别隆重。礼成后，诏告天下。到大祥时，礼官请安放神主奉先殿东夹室，世宗说："奉先殿夹室，不是正室，可以直接祔于太庙。"大学士严嵩等请设位于太庙东面，在皇妣睿皇后的下面，后寝藏神主即设幄于宪宗庙皇祖妣之右，这样就符合了祔于祖姑的礼义。世宗说："祔礼至关重要，怎么可以权就呢?皇后虽不是皇帝，也是配皇帝的，自然应有一定的顺序，哪里有享祭从此而神主藏彼的礼仪呢?将仁宗的神主迁入远祖的庙，祔祭以一种新秩序，就放到我的位次上，不得乱礼。"严嵩等说："祔祭以新秩序，不是臣下敢说的，而且阴不可以代替阳的位置。"世宗这才下令姑且藏神主于睿皇后侧面。事情暂且告一段落。

3年后，即嘉靖二十九年(1550)十月，世宗又想祔祭方后于太庙，命朝臣再商量。尚书徐阶说不行，给事中杨思忠赞同，其余大臣都表示沉默。朝臣商量的结果传了进来，说："皇后正位中宫，按礼应该祔享，但突然谈到庙中的次序，那么臣子的心情，不只是不敢议，实际上也是不忍心议。应该设位于奉先殿。"世宗见此大怒。徐阶、杨思忠又诚惶诚恐地说："周建九庙，是三昭三穆。国朝的庙制是同堂异室，和《周礼》不同。现在太庙九室都满，若以圣躬而论，仁宗应当迁入远祖的庙，这没什么可说，但这是以后陛下子孙的事。我们听说夏朝的庙只立五室，商朝七室，周朝九室。礼是由义而起，五室可变七室，七室可到九室，九室之外自然也可以加。请在太庙及奉先殿各增加二室，以祔祭孝烈皇后，那么仁宗就可以不必迁入远祖的庙，孝烈皇后也可以迅速确立南面之位，陛下也就没有预迁先皇神主以等待自己的嫌疑了。"世宗说："臣子的职责，应当迁神主还是祔祭神主，努力请求是可以的。如果于礼合适，为什么要避预迁之嫌呢？"在世宗的压力下，徐阶等人只好再会廷臣上言："唐尧、虞舜、夏禹都是五庙，他们的祭祀都止四世。周朝九庙，三昭三穆，然而有兄终弟继的现象，也不能尽足祭祀六世。现在仁宗是皇上的五世祖，以陛下论，仁宗于礼应当迁入远祖的庙，孝烈皇后于礼应当祔祭。请将仁宗迁入远祖的庙，祔祭孝烈皇后于太庙第九室。"并上祧祔的仪注。方皇后终于得到了祔祭于太庙的资格。

接着群臣又请问方皇后的忌日祭礼，世宗犹衔前议，回答说："孝烈皇后是继后，所侍奉的又是入继之君，忌日不祭也可以。"徐阶等更加力请，世宗才说："不是天子不议礼。皇后应当祔祭庙中，居我室下面，礼官坚持说今天不应该如此，只是粉饰其说以惑众听。"手谕严嵩等说："礼官听从我的话，是勉强罢了。即不忍心迁仁宗神主入远祖庙中，暂且放置方后神主于别的庙中，将来由臣下们商议处置。忌日令祭一杯酒，不至于伤情而已。"礼臣们想到嘉靖初年的大礼仪，谁还敢再触龙颜？于是纷纷请求就按圣上说的办。嘉靖三十一年（1552），杨思忠贺表中又谈到这件事，世宗本来对他和徐阶提反对意见就很恼火，这次又犯忌讳，下令杖打削职，发回老家。穆宗即位后，方皇后被尊为"孝烈端顺敏惠恭诚祗天卫圣皇后"，世宗挖空心思所争取的方后神主被移到了弘孝殿。

穆宗朱载垕皇后陈氏

◎ 余同元

陈皇后是一位以国家利益为重、敢于谏言的皇后。她是通州(今北京通州)人，嘉靖三十七年(1558)九月她入选裕王朱载垕继妃，陪着裕王度过了如履薄冰的八年。隆庆元年(1567)，裕王终于登上了皇帝的宝座，陈妃被册立为皇后。经过长时期的苦难与压抑之后，朱载垕现在居于至高无上、可以为所欲为的位子上，于是便肆无忌惮地纵身声色之中。陈皇后对此婉言劝阻："圣上此位得之不易，身负祖宗之托，应谨慎小心才是。况且陛下也要注意保重身体。"穆宗非但不听规劝，且发怒道："祖宗之法，后妃虽然母仪天下，但不可参预政事。我的事你不要多言！"并因此将她安排到别的宫殿，大有废弃之势。陈皇后见忠言获罪，羞愤交加，便疾病缠身，卧床不起。大臣们纷纷上疏，请立即让皇后回到中宫。穆宗在回答詹仰庇的手批中说："皇后无子多病，移居别宫，聊以自适，以期痊愈，你怎么知道内庭的事，只管胡说！"在回答王之垣的疏请时，也说："皇后侍奉我时间太长，无子多病，移居别宫，使她心情舒畅一下，你不知内庭的事，胡说什么！"后来王之垣又上疏说："皇后是先帝为陛下选的，有关雎樛木之德，抑郁成疾，已经不好了，反而说移到别的宫中，使她心情舒畅一下。难道有夫妻分离而心情舒畅的吗？"穆宗这才说："皇后调理的稍有好转，就让她回本宫。"不难看出，穆宗为了自己纵欲方便，想方设法不让皇后回中宫。他和其父世宗策略不同。其父爱够了某一皇后，即废掉；他是不喜欢就放到一边，尽管自己快活。当时民间对挑选宫女非常恐惧，在《云间杂志》中卷有过这样一段记载："隆庆二年（1568），讹传京中将选淑女，一时间男女纷纷娶嫁，不论长幼良贱，有垂髫即出嫁的，有乳臭就作新郎的，寡妇也都再嫁男人。乐工昼夜不息地忙碌，菜肴果品的价钱因之上涨，经过一个多月事情才平息。后来因为婚娶不般配，往往打官司，但已经来不及了。"这当然有些夸张。贱民和寡妇，无论如何不会选进宫中，垂髫幼女也不应即为宫女，但这却反映了人们对皇帝的荒淫的恐惧。皇帝的纵欲，不仅给国家民族带来了无穷的灾难，而且自己往往因此丧生。穆宗若听陈皇后一言，便不会只在位6年即丧身牡丹花下了。

　　陈皇后是一位善良的皇后，她不因自己无子而妒恨别的妃嫔。神宗做皇太子时，每天早晨到她的住所问安，她听到脚步声，总是很高兴，为神宗强行起身。她平等对待神宗的生母李贵妃，两宫关系和睦融洽。万历元年（1573），神宗即位，上尊号为"仁圣皇太后"。年方十岁的神宗不能决定国家大事，政务全由陈太后和李贵妃主持，两人任命张居正为首辅，进行改革，取得了很大成绩。嘉靖、隆庆时期，明朝的财政年年亏空，经过张居正的改革整顿后，变得绰有剩余。在军事上，张居正改革前"虏患日深，边事久废"的局面，这时也大为改观。可以说张居正的改革成功是与陈太后的支持分不开的。万历六年（1578），神宗加上尊号贞懿，四年后又加康静。万历二十四年（1596）七月，陈太后去世，谥为"孝安贞懿恭纯温惠佐天弘圣皇后"，祭祀神主于奉先殿别室，但没有合葬到穆宗的昭陵，估计也葬到了金山墓区。陈氏的父亲陈景行在她被选为裕王妃时授锦衣千户。隆庆元年（1567）她被册立为后，父亲被封固安伯。景行一向恭敬谨慎，遇到遣祀、册封诸典礼，事前一定斋戒。在家里告诫诸子一定要退让，显然陈氏的德性跟其父的培养教育是分不开的。

附：穆宗朱载坖妃李氏

◎ 余同元

明朝嘉靖年间，漷县(今北京通州东南漷县镇)人李伟家中生下一个女婴，她就是明万历朝赫赫有名的李太后。

李伟后来携带全家迁居到北京城里，他的女儿很快就出落得妩媚动人，又天生非常懂事。为了帮助父母分忧解难，她自愿到裕王府作侍女。父亲在她的一再要求下，只好答应。她进入裕邸后，侍候裕王朱载坖。裕王是个特别好色的人，见有这么个美人儿每日侍候，怎能不动心？刚好裕王继妃陈氏不能生育，李氏又是个特别机灵的人，她对陈后毕恭毕敬，得其欢心，所以穆宗对侍女的一举一动，陈后也就睁一眼闭一眼，听其自然了。嘉靖四十一年(1562)，李氏生下一子，巧的是，裕王的前两个儿子都夭折了，这位王子却健康活泼，聪敏异常。裕王在宫中骑马驰骋，他就谏曰："殿下是天下之主，一个人骑马驰骋，难说没有马翻的危险啊。"穆宗见他小小年纪说出这等话来，十分欣喜，就下马夸奖了他几句。隆庆元年(1567)三月，裕王继位为帝，李氏亦封为贵妃。第二年，她的儿子翊钧被立为皇太子，也就是以后的神宗皇帝。

隆庆六年(1572)五月，穆宗驾崩，六月神宗继位，以明年为万历元年。以前的制度是，天子立后，尊皇后为皇太后，若有生母称太后的，则加徽号以示区别。当时，太监冯保想取媚李贵妃，暗示大学士张居正让廷臣商定并尊，于是尊皇后为仁圣皇太后，贵妃为慈圣皇太后。仁圣皇太后住在慈庆宫，慈圣皇太后住在慈宁宫。这一行动使张居正得到了李太后的信任，为此后她大力支持张居正改革埋下了伏笔。张居正请李太后照看小皇帝的起居，于是李太后又徙居乾清宫。这就造成了这样一种形势：神宗在其母李太后的控制之下，李太后又完全信任张居正，所以万历初年的大权实际上掌握在张居正手中。

李太后对神宗要求非常严格。神宗有时不读书，她就罚他长跪。每次为神宗讲课的老师来后，她便命令神宗讲一下老师上次所讲内容，而且总是亲自听讲。遇到上朝的日子，五更她就到神宗的卧室，叫"皇帝该起床了"。命令左右扶神宗坐起，取水为他漱口洗脸，带着他登上车便走。神宗侍奉李太后非常谨慎，这也造成了一种不好的现象：奉了太后旨意的诸内臣，往往对神宗挟持过分。实质上，外戚专权与此同出一辙。万历六年(1578)，神宗大婚，李太后将结束临朝，重返慈宁宫，她对张居正说："我不能早晚看着皇帝了，恐怕他不像以前那样自学、勤政，辜负了先帝的付托，你受先帝托付，应该早晚进谏,尽到先帝顾托的责任。"

李太后虽回慈宁宫,并未忘记管教督促神宗。万历八年十一月,神宗在西城歌宴,喝酒过多,命内侍唱新歌,内侍推说不会,他竟拿剑击之。左右大惊,慌忙劝解,他才戏割了这内侍的头发,说"即以发代首吧。"第二天,李太后听说了此事,先传话张居正准备切谏疏,命令给神宗起草罪己诏,又召见神宗,令其长跪,数说他的过错。直说得神宗涕泣请改,事情才算了结。李太后自己放手任用张居正,在管教年幼的神宗时,也说:"假若张先生知道了,怎么办?"从而给神宗造成了很怕张居正的印象,使得张居正有充分的权力,大刀阔斧地发展嘉靖、隆庆以来的改革活动。例如万历六年三月,张居正乞归葬父,明神宗戒次辅吕调阳等:"有大事不能专断,派快马送到江陵,听张先生处分。"张居正所进行的改革,像整顿吏治、整饬边防、整顿学校,量入为出节缩开支、丈量土地、推广一条鞭法等,执行得都比较彻底,因而真正达到了"国富兵强"的目的。而所有这一切,正如史书所说:万历初年的政治,委任张居正,综核名实,几乎达到富强,李太后的功劳居多。

李太后性格严谨,对朝中和家中都要求很严。给事中姜应麟上疏请求册立太子,受到神宗的谪遣,李太后听到这件事后不太高兴。一天,神宗到慈宁宫请安,太后问不册立太子的原因,神宗说:"因为他(朱常洛)是都人的儿子。"太后大怒说:"你也是都人的儿子!"神宗知道失言,诚惶诚恐,伏在地上,不敢起身。因为内廷叫宫人为"都人",太后也是由侍女得幸升迁的,所以发怒。因为太后的这次发怒指责,朱常洛才被册立为太子。一次群臣请求福王到封国去,诏令已下了很多天了,郑贵妃想留儿子多住几天,待明年再让他走,说是为祝贺太后诞辰。太后说："我的儿子潞王也可以来上寿吗？"这样郑贵妃便不敢再留福王了。太后的父亲李伟被封武清侯，家人曾经犯法，太后命令中使到家中责备父亲，并坚持让父亲的家人服法。李伟曾经有过错，太后召他进宫，狠狠责备了父亲一顿，她不因为是父亲就枉祖宗之法。

李太后又是一位很慈善的母亲。御史曹学程因为建言被判死刑，李太后知道他有老母，需他照料，就向神宗讲情道："忠臣出于孝门，他能孝其母，必忠其君，虽言语有错，念其初衷不恶，家母无人照料，就免其一死吧。"于是神宗就把他释放了。

李太后又是一位很喜欢佛教的人。据朱彝尊《日下旧闻》卷16说："北京城从辽金到元朝，没有一年不建佛寺的。成化年间，京城内外敕赐的寺观，已达六百三十九所。王宫保廷相诗说，西山三百七十寺，是正德年中内臣修作的，那么城中所建寺的数量可以推知。到万历时，孝定皇太后营造得更多，而且一经修建，寺额往往更换，如悯忠、静宁两寺相去很近，同改叫崇福，后人实在很难考证。"可见李太后所置的梵刹，比成化、正德时期要多得多，其工程所费也就可想而知了。仅在张居正文集中就有敕建承恩寺、重修海会寺、敕修东岳庙、敕建慈寿寺、敕建万寿寺、敕建五台山大宝塔寺等碑文。碑文中常说，"出帑储千金"、"出内帑银若干"、"出帑储若干缗"、"捐膏沐资若干缗"、"出宫中供奉金若干两"等，而且神宗也助施了无法计算的金银。虽然统治者说："力出于民，财出于府，费虽孔殷，民不与苦。"实际上，其财其力，都是出之于民！张居正在世时，为此曾劝说过李太后，"敦节俭要自上以身作则，尊崇梵佛，徒糜钱财"。但李太后没有采纳他的建议。

李太后出身于一个靠苦力养家的家庭,她本人就是为帮助父母减轻负担,才到裕邸作侍女的,所以她特别知道钱财的可贵。艰苦的环境所造成的她的性格,不能不影响神宗,从而出现了明朝最爱钱财的一个皇帝。张居正刚一去世,神宗所宠幸的中官张诚便在他耳边说:"张居正的宝藏超过天府。"神宗有点心动。冯保家财籍没,金银珠宝巨以万计,神宗越发怀疑张居正也有很多积蓄,心中羡慕。只要皇帝对谁家财富起了贪心,哪可是没有贪不成的。张居正曾断过辽庶人朱宪㸅的狱,庶人的妃子趁机上疏辩冤,并说:"庶人金宝万计,都被张居正据为己有。"这更使神宗心痒难熬,于是下令司礼张诚及侍郎丘橓带领锦衣指挥、给事中籍没张居正的家财。张诚是此案的祸首,哪有不卖力的道理!全部搜刮完张居正诸子兄弟所藏,也只有黄金万两,白银10余万两。这哪里符合张诚的原告?只好严刑逼供。张居正的长子礼部主事张敬修忍不住痛苦,诬服寄黄金30万两在曾省吾、王篆及傅作舟等家,接着便上吊自杀了。逼出了人命,朝臣们也看不下去了,合疏论争,神宗才下诏留空宅一所、田10顷,赠送他的母亲。这件事李太后不会不知道,能制止神宗如此做的也只有她一人,但悲剧还是发生了,难道她能没有责任吗?对张居正及其制定的各项措施的否定,是明神宗政治的转折点,此后的神宗一意聚敛财富、骄奢淫逸。万历二十四年(1596),仁圣皇太后去世,刚刚埋掉其尸骨,神宗便命中官开始在通州收榷税,以后很快遍及全国,群臣屡谏不听。这一敛财措施在仁圣皇太后去世后才实行,说明神宗母子不愿让她看到此举。万历二十九年(1601),神宗给她母亲加上慈圣皇太后尊号,万历三十四年(1606),又加上皇太后徽号。这时的李太后大概一心崇佛,不问世事,一切随儿子的便了。也许她是眼看国家破败,无能为力。在她去世的前两年,即万历四十年(1612),南京各道御史上言:"台省空虚,诸务废堕,上深居宫中二十余年,未尝接见大臣一次,天下将有陆沉的忧虑了!"神宗仍然置之不理。这种置国家民族利益于不顾的态度,激怒了各部大臣,户部尚书、吏部尚书、兵部尚书、礼部右侍郎纷纷拜疏自去。如果李太后还能对神宗起作用,当不至袖手旁观。万历四十二年(1614)二月,李太后去世,神宗上尊谥曰"孝定贞纯钦仁端肃弼天祚圣皇太后",和穆宗合葬昭陵,别祀崇先殿。

附:穆宗朱载垕妃李氏

神宗朱翊钧皇后王氏

◎ 周 兴

明神宗王皇后,名字叫什么史载不详。原籍今浙江省余姚县,出生于京师。万历六年(1578)被明神宗册立为皇后。王皇后性情端谨,淑颜姣美,但不受万历的宠幸。王皇后对李太后关心无微不至,博得了李太后的欢心。朱常洛被立为皇太子的时候,有明一代著名的"三大疑案"开始引发,朱常洛数次遭灾遭难,王皇后以嫡母的身份多方调护,关怀备至,使朱常洛多次幸免于难。郑贵妃争宠,王皇后自知敌不过郑贵妃,就有意采取不与之争宠的策略,一方面是为了显示自己是嫡后的气度,另一方面则加倍尊长爱幼,与郑贵妃的举动每每相反。因此正位中宫长达42年，赢得了宫内宫外的普遍赞颂，都交口称誉王皇后慈孝仁厚，不像那个郑贵妃尖酸刻薄，争风吃醋。万历四十八年（1620）王皇后崩殂，谥号"孝端"。明光宗朱常洛即位后，上尊谥为："孝端贞恪庄惠仁明媲天毓圣显皇后"。由于明光宗从即位到晏驾一共才只有30天，可谓中国历史上在位最短的皇帝之一，因此还没来得及商议王皇后的后事该如何处理。等到明熹宗朱由校登基方才上册宝，决定与明神宗合葬于定陵（今北京昌平太峪山东），配祭于太庙。

附：神宗朱翊钧妃郑氏

◎ 周 兴

明神宗郑贵妃，是大兴（今北京大兴）人。郑贵妃在万历所有的嫔妃中是唯一长得最为娇艳妖美，而又最善迎合万历的心意、得到万历欢心的妃子。所以一入宫即被超晋加封为贵妃，甚至位分跃居已生有皇长子的王恭妃之上。这对王恭妃来讲，倒也还可忍隐，因为谁让自己出身卑微呢？她对此也没有什么表示。但朝廷的百官群僚对此却极以为不然，他们早已习于封建正统礼法，认为社会之所以能够井然有序，靠的就是祖宗之法，皇亲国戚位居中天，为天下万众所仰视，更应格外遵以祖制，祖宗之法不可变。按礼，母以子为贵，已生有皇长子的王恭妃，地位仅可略次于皇后，除皇后之外，没有一个有资格可以位居其上的。群臣都认为，郑贵妃一入宫即受万历如此宠幸，恐怕非盛世应有之事，实应尽快加以纠正，至少也得把王恭妃晋位加封为贵妃，才算是合乎礼法。开始还是私下议论，最后由朝中而朝外，由京师至外地，闹得举国上下，沸沸扬扬，奏章更是像雪片一样往京城铺天盖地袭来，搞得万历十分气恼，坐立不安，不知如何是好。郑贵妃却只从旁淡淡地说了句：何不把这些奏章一概留中，看看这些乡巴佬还能怎样？所谓"留中"，是指君主把臣下送来的奏章留在禁中，不批示，不交议。万历一听转忧为喜，继而心花怒放，不禁脱口说道："知我者爱妃是也。"就这样时间一长，果然为此而上奏章的越来越少，渐渐地居然平息了下来，很少有人再提起这桩子事了。

可是一波稍平，一波又起。随着星转斗移，时来运转，郑贵妃已有身孕，十月怀胎，一朝分娩，抱出来一看，竟然也是个小龙子，这就是三皇子朱常洵。这下可把万历高兴坏了，又是摆喜筵，又是搞庆典，最后一项最为重要，就是把郑贵妃又晋封为皇贵妃。这无异于向平静的湖水中投下了一块巨石，往油锅里洒了一把盐，上疏论争的人便又哄然而起。为什么呢？个中原因无非有两条：一是郑贵妃又被晋封为皇贵妃，已高出王恭妃两级，仅比皇后低一级了；其二是当时风传说万历与郑贵妃之间曾有一个金盒密约，他早已答应了郑贵妃，把那个三皇子立为太子，赐给她的金盒，即是密约的信物。这一传说，说得有根有据，头头是道，一时甚嚣尘上。故此朝臣们私下议论纷纷，做什么样猜测的都有，议论来议论去，大家都一致认为，特意把郑贵妃晋封为皇贵妃，最有可能是为了废长立爱。因为"母以子贵"，也可以是"子以母贵"，皇后所生的儿子称为"嫡子",是理所当然该被立为太子的,皇贵妃与皇后相差无几,又加上位分超出王恭妃许多,极有可能会把皇三子立为太子,而晋封郑贵妃一事就是一种试探,也是为不久的将来做个铺垫,打个埋伏。因此群臣越议论越觉得郑贵妃其人实在奸诈,包藏祸心,意欲窥窃神器,其狼子野心已昭然若揭,若不予以迎头痛击,其图谋必然得逞无疑。

第一个上疏切论此事的是户科给事中姜应麟,他在疏中一针见血地指出:"礼贵别嫌,事当慎始,郑贵妃所生陛下第三子犹亚位中宫,王恭妃生育元嗣,竟翻然居下,于伦理而言则不顺,于人心而言则不安,传之天下万世则不正,非所以重储君,定众志之举。伏请圣卜俯察舆情,收还成命。其或情不容己,亦应请先封王恭妃为皇贵妃,而后封郑贵妃,于礼既不违,于情亦不废。然后所议者末,未及其本。陛下诚欲正名定分,别嫌明微,莫如俯阁臣之请,册立皇长子为东宫太子,以定天下之本,则臣民之望慰,宗庙社稷之庆长矣。"这份奏疏,在朝野引起了极大的震动,以此为标志,长达10年的建储之争由此拉开了序幕。

这场建储之争,对明朝来说影响极其深远,正如《明史》所言:"由是门户之祸大起"。它把明王朝末期的统治阶级分成了三派。其中人数最多、声势最为浩大的,是那些习于礼法,支持皇长子取得合法地位的广大士林集团。另一派有的为郑贵妃家的亲友,有的是一些投机钻营,拍马阿谀之徒,其人数不多,但阴谋诡计、各色花招层出不穷,使得这场斗争愈演愈烈,愈演愈趋纷繁复杂。还有一个特点是,这帮人自知理亏,做贼心虚,所以都很少公开出来与第一派较量。第三派的人数为最少,但起的作用很大,他们多是握有实权的内阁重臣。这一类人,为了合乎舆论,表面属于士大夫集团,其实每每在关键时刻摇摆不定，不知所从。

再说万历看过姜应麟的奏章以后，顿时大怒，在郑贵妃的鼓动下立举圣旨，降谕道："郑贵妃敬奉勤劳，特加此殊封。立储自有长幼，姜应麟疑君卖直，可降极边杂职。"御旨一下，姜应麟即被贬往大同境内，但旨中有"立储自有长幼"一语，群臣上下一见便欢呼雀跃，这句话实际上等于肯定了皇长子的地位。万历起初没有察觉有此一失，待诸大臣要求皇上实现诺言，按照"立储自有长幼"原则赶快立储时，方才感到一时疏忽，竟然如此失策。

很快这股浪潮，形成了汹涌澎湃之势。在朝中竟自形成了一种风气，便是以主张立谁为储君、是否主张立储，作为辨别忠奸正邪的试金石，以致阁臣、九卿等，为了表白自己的心迹，也不免上书争论此事。吓得支持郑贵妃一类党徒也不敢出面，怕反而因此会被舆论抓住把柄，更不利于皇三子将来地位的上升。只好让万历一个人去顶着。万历觉得此次不比上次，若再采取留中的办法恐怕是不行了，经过与郑贵妃的一番密谋，决定还是使用惯常伎俩，拖拖看。万历于是出面对群臣推说，皇长子年纪尚幼，这时候谈立储，实非所宜。万历原以为，皇长子确实年幼，这么一说就蒙混过去了。可反驳的奏章反而因此有增无减，士林们认为立储一事乃系国本，如今皇长子已经6岁了，万历本人就在6岁的时候被立为皇太子的，现在如何反说太早了呢？倒底千夫所指，人多口众，"孤家寡人"的万历一口如何能抵挡得起。拖了两三年实在熬不过去了，最后万历只好自己定出期限，让首辅传谕诸大臣，说立储一事应到万历20年才能议行，要诸臣安心等待着，不要再为此惊扰圣上。但因他本人屡次失信于人，这次自定限期也没起多大作用，群臣竟上疏究起老根来了。在论疏中不但已多次牵扯到郑贵妃,而且也已有人上疏弹劾郑贵妃的父亲郑承宪和她的哥哥郑国泰,说他们是"怀祸藏奸,窥觎储贰"。万历看到事态已发展到如此地步,十分羞恼,心想若再不及时制止,后果不堪设想,就来硬的一手,下诏说:"我最反对言语过激,恶语中伤和离间我们父子及我们宗室骨肉之亲的行为。从现在起不许再为此事生议,如果大家能遵守,我后年即行册立太子,若再有人生事的话,就等皇长子长到15岁的时候再行大礼。"诏中所谓后年,即是万历二十年(1592),那时皇长子年已11岁了。这回首辅大臣申时行反倒真的怕了起来,就告诫群臣千万别再激扰,以免又会节外生枝。但怎么劝诫廷臣仍是放心不下,唯恐万历会忘或者是装聋作哑,所以就在期限临近的时候,工部主事张有德再也忍耐不住了,便变个法进行试探,上疏请求把册立太子的仪注先行订出。没有此疏还罢,此疏一出,万历果然抓住了把柄,怒道:我早已有话在先,如若渎扰,便要延期,现在又来渎扰,只有延期一年了,以向天下昭示大信。如再渎扰,还要再延。

　　郑贵妃眼看中外汹汹,而心又不甘,就指使爪牙再想些办法,以利于进一步的斗争。于是左思右想,又想出一个"待嫡"之说,要万历加以宣谕。强调立嫡,无非是用来对付亲皇长子的一派,因为抬出了嫡子,则所有的皇子便都成了一样,都不是嫡子,也都没有什么当立为储的特权。可这待嫡之说又很快被众议驳倒,因为立嗣虽应以嫡子为先,但却无心授嫡子之说,而是"有嫡立嫡,无嫡立长",皇长子之所以不同于诸子,正是由于他是合于"无嫡立长"这一条的。这时候私下已开始有人议论,说待嫡之说实在不通,就是当今的万历皇帝亦非嫡子。所以这一说还没等公议,也就很快流产了。不过这些人的长技就是暗中捣鬼,一计不成,又生二计,转眼又想出了一招,要郑贵妃请求万历,来个"三王并封"。

所谓"三王并封",就是在建储之前,先把皇长子朱常洛,皇三子朱常洵和另一个皇子朱常浩三人都先封王。只要三人同日封王,彼此都别无二致,下一步就好另做手脚了。郑贵妃于是让万历交与阁臣拟旨,就在拟旨之时,外面又早风闻此事,大家细细一研究,认为这又是郑贵妃为抑制皇长子布下的一个陷阱,这道谕阁臣万万不可拟就。经过阁僚们的反对,这招又不灵了。

就这样彼此你来我往互相较量了无数个回合,皇长子朱常洛在这场马拉松赛中已长到了 20 岁,皇三子朱常洵也已年至 16,但都还没有成婚,举国上下无人不觉得这是亘古未有的奇事。万历自己此时也被这斗争搞得精疲力尽,终于在万历二十九年(1601)册立皇长子朱常洛为皇太子,并于第二年为他完了婚。郑贵妃在这一重大回合中终于惨败下来了。

皇长子虽然已被册立了,可幕后的斗争仍在继续,又演出了如下的一幕又一幕闹剧。皇长子被立后的形势是这样:在士林集团看来,立储的目的虽已达到,但仍觉太子根基不稳,说不定什么时候万历又会变卦,因此都警觉地注视着事态的发展。就万历本人来讲,已被弄得近似麻木了,觉得身后之事,由它去吧,现在得过且过,及时行乐。与之相反郑贵妃和她的父亲郑承宪、伯父郑承恩、哥哥郑国泰却比以前更起劲地在暗中搬弄是非,多方联络,挖空心思要把已被册立的太子给废掉。他们的爪牙也格外卖力,因为包括郑贵妃在内,他们的心里都清楚一旦太子登基将意味着什么,只有废了太子,他们才会有救。他们又决定利用"妖书"一案,挑起事端,借以扩大影响。所谓"妖书"案,还是在皇长子朱常洛被册立以前发生的一件案子。那时候有个刑部左侍郎叫吕坤,在他任按察使出巡山西时，写了一本名叫《闺范图说》的小书，书中所载的是历代一些有贤德淑名女子的图说。恰巧内监陈矩奉诏在外收书，这本小书也在被收之列，运进宫中。万历偶尔翻到此书，就把它赐给了郑贵妃。赐者无意，可受者有心。郑贵妃看过这本小书以后，觉得在这问题上也可以加以利用做点文章，于是自己又另外加上了十二个人的图说，并且为之作序，交给他的伯父郑承恩拿去刻板成书，又印了一些散发以扩大影响。给事戴士衡因为和吕坤有仇隙，便借这件事上疏弹劾吕坤假手郑承恩向郑贵妃进献此书，借以谄媚，勾结内宫，包藏奸诈。这时突然有人给《闺范图说》作了名为《忧危竑议》的跋，流传于世，跋文中说，是吕坤撰《闺范》一书，以汉明德马皇后为首，是由于那马皇后乃是从宫女逐渐被晋封为皇后的。他的用意，很明显是在向郑贵妃献殷勤。郑贵妃之所以要刻此书其深意实在于此，即为自己的儿子朱常洵能立为太子找个先例，加以宣扬罢了。跋文还在最后说明了该文取名的含义所在，它提到吕坤曾上过名为《忧危》一疏，其疏中可以说无事不谈，但偏偏不谈论当时最为世人所瞩目的立储一事，因此吕坤的用心，就此可见一二了。这篇跋文明里是冲着吕坤的，但明眼人一看便知，其锋芒是直接指向郑贵妃的。所以郑贵妃及她的家人同伙一致认定，此文必定是出于弹劾过吕坤的戴士衡，或曾弹劾过郑贵妃的全椒县知县樊玉衡二人之手。郑贵妃于是通过万历之手立即贬处了二人，才算罢手。

这事本来已算了结，不知是好事者还是郑贵妃的爪牙所为，又抛出一篇名叫《续忧危竑议》的文章，成了千古不解之谜。但因此案却又使很多人遭受了飞来横祸。这篇《续议》名义上虽似老调重弹，而意指却已全非，文章的核心是说太子虽然已立，但在不久的将来一定会被废掉。因为皇上是在被逼无奈的情况下，不得已勉强册立太子的。这篇文章是假托一位叫"郑福成"的人以与来客对答的方式而写成的。那时候皇三子朱常洵已被封为福王，从这一取名，一望便知，是暗喻郑贵妃的爱子福王必会成功之意。文中特意举一例，来证明确有其事。万历曾经特谕一名叫朱赓的入阁为内阁大臣，这个朱赓的"赓"字，就是"更"的意思，万历忽然有此一命不是含义很深吗？这是向世人暗示要更换太子了。大学士朱赓因文中牵扯到了自己，就寻到这篇文章让万历过目，以明心迹。万历阅过此文，不胜恼怒，立刻严令锦衣卫，一定严加侦缉，务必使主犯归案授首。此案一出，锦衣卫便假公济私，借以公报私仇，屡兴大狱，使好多人，上至朝臣下至百姓都无辜受害、死于非命，最后此案竟不了了之。

郑贵妃的种种阴谋伎俩均未奏效以后，曾一度绝望过，因为还只剩下一个办法，就是盼望着王皇后早日死掉。如果真的天从人愿，王皇后一死，正宫一席非郑贵妃莫属，到时候"子以母贵"，母正位中宫，其子自然成为嫡子，皇长子的东宫太子也就当不成了。这是没有办法的办法，但也不是没有一点根据，因为前文已叙，这个王皇后，身体确实不太好，加上不为万历所喜爱，心情抑郁。更有甚者将其待遇降低，与郑贵妃无法比拟，各种供给差极了，就盼着她早死。可说来奇怪，由于王皇后生性清心寡欲，对事对物都抱一种超然的态度，又加上李太后多方保护，居然熬到了万历四十八年（1620）与万历同一年死去，只比万历早去几个月而已。郑贵妃一个个手段都用尽了，一个个幻想都破灭了，绝望之余，就铤而走险，狗急跳墙。万历四十二年（1614）的二月，李太后死去，顾忌再也没有了，可以放手去干了。于是郑贵妃等人采取了非常手段，这就是次年发生的著名"梃击"案，此乃明三大案之首案。

万历四十三年(1615)五月初四傍晚，有一个不知姓名的汉子，手持枣木棍，悄悄地闯进了皇太子朱常洛居住的慈庆宫，打伤守门太监，直至大殿前檐下才被内侍抓获，扰攘多年的明末之案以此为起点，终于发生了。

第二天正是端午节，皇太子急急忙忙地把夜里发生的一切向万历启奏。万历得奏以后，就命先将罪犯交由近处法司先行审问。审理此案的巡皇城御史刘廷元审问之后，向上奏报。初审情况大致如此：罪犯名叫张差，是蓟州(今河北蓟县)人。自称靠乞讨为生，语无伦次，若涉疯颠。但是察看他的相貌，又像很狡猾的样子。因此最好还是交由法司严讯。刘廷元久历官海，这个奏章写得很圆滑，既说张差像个疯子，又说看来很狡猾。各方面都带着点，又都不说死，可把此事顺利交出，本人落得个干净。

此案接着移交到了刑部，由郎中胡士相、员外郎赵会桢和劳永嘉三人会审。那时候太子早晚将废的传说已经流传多年，成了妇孺皆知的事了，何况郑贵妃一家又是越发显赫，上下左右，到处都有她的心腹党羽，就连当时的内阁方从哲也是听从她的指使。有鉴于此，这三人习于官场，见风使舵，哪还管了什么理不理的呢。因此便抓住是疯子一点，由此串讯，说这个叫张差的原是卖柴草的人，由于柴草被人烧去，气得疯了，于四月间进京诉冤。在路上，有两个不知姓名的人和他同路，他们骗张差说，诉冤没有状子，可以拿一根木棍代替。张差信以为真，就手持木棍，从东华门潜入，一直溜进了慈庆宫门。按照律令，手持凶器，潜入宫门，应开刀问斩，何况还打伤了内侍，更应罪加一等，即刻斩决。三人把案卷送呈刑部代转，只待听候处理审批了。没想到外间对此早有所知，举朝为之大哗，奏疏再次像雪片一样飞来，都说张差入宫行凶，幕后必有操纵者，而刑部就事论事，只论张差一人，而且这样慌忙草率欲予处决，很显然是要杀人灭口，庇护幕后之凶。应请另予详审，查出元凶，以正视听，以服国人。上疏的言词还略客气些，而私下议论，都认定只有郑贵妃等人在暗中指使才有人敢做出这样的事。这使得郑贵妃一伙极为惊慌，连忙请万历给他们作主，万历想了个办法，让刑部对张差严加监管，外人概不许过问此事，想以此封锁消息。

虽然把张差与外界隔离了，少了些麻烦，可哪里晓得，纸是包不住火的，这时候出来了一位勇敢正直的朝臣，终于把此事弄得水落石出。他就是刑部主事王之寀。王之寀在入刑部之前曾做过知县，对于审理案情，颇有手段。他虽未被委为梃击一案的审讯者，对此案没能公开审问，但既然身在刑部为官，自然总可想出些办法。他反复思考着，终于想出了一条妙计，何不请求管理牢饭，这样不就可以接近张差，并以此为诱饵，设法使张差招供呢？想好以后，王之寀就讨下了兼管牢饭这个差事。他亲自率领狱卒给犯人一一送饭，唯独把张差放在了最后，使他早已饥饿难忍。当张差饥肠辘辘的时候，才眼看着王之寀等人慢慢腾腾地提着一篮子香喷喷的饭菜走了过来。谁知走到张差跟前却让人把饭摆在一边，要张差供出实情，才能吃饭。此时的张差已经受了几次杖刑，体力早已不支，而且饭时又早已过去了，在饿的再也难以忍受的情况下，语无伦次地说："我是来告状的，你要问我什么？"又说："打死我吧，什么都没用了！"王之寀令狱卒把饭送到张差的口边，又让两名狱卒紧紧地挟住他，不让他够到，就说："看见啦，饭就在眼皮底下，只要实说了，马上就吃，若不然，只有饿死了！"张差经不住这一招，开始实说了。经过三番两问都已和盘托出，虽还不免有深藏不说的地方，但这些就足以说明问题了。

那么张差究竟交代了一些什么?原来张差确是蓟州人,小名叫张五儿。他之所以来到北京是由于他们乡里的马三舅和李外父,叫他跟着一个不知姓名的老公(民间习称内监为老公)来的。他们叫他一切都听从老公的吩咐,还说事成之后还可以给他几亩地。他进京后,进了一条不知是什么街名的大宅子,有个老公拿出饭来给他吃,并且对他说:"你去闯一闯,看见人就打死他。打死人,我们会救你的,快去吧。"说完,给了他一根枣木棒,并把他带进了后宰门,一直带到那宫门口。在那里,他打翻了一个看门的,但随后又来了很多的老公,他才被捉住了。

王之寀知道张差的供词还有许多不实之处,只要再来次大审,一定会把事情的来龙去脉弄得一清二楚。于是,他把张差的供词,呈送给刑部侍郎张问达,请代为上奏。奏章中说:依他看来,张差不疯不傻,而且很有胆量。希望能押送到文华殿,举行朝审,或交九卿科道和三法司共同会审也可。这样定会审出详情,抓住幕后的操纵者。

张问达把王之寀的奏章奉上以后,万历感到十分挠头,只好暂不批复,留中了事。但奏章的内容却不胫而走,朝中上下又一哄而起,其中促请最力的有大理寺丞王士昌、行人司正陆大受、户部主事张庭、给事中姚永济等人。在陆大受的奏疏中,竟多处直书"奸戚"二字,矛头直接指向郑承宪等人。万历对此既感愤恨,可又拿他们没有办法,只有故技重演,一概留中不予过问。此时的郑贵妃和她一家更是感到惶惶不可终日,他们不断派人四处活动,但仍无法缓和这凶猛的来势。正在这时,说也无巧不成书,又有个叫过庭训的御史,也曾上疏言及此事,说这是"祸生肘腋,不容不闻"。万历把奏疏留中之后,这个过庭训竟移文到蓟州,要那里的地方官把张差原来的表现如实奏上。蓟州知州戚延龄很快就给过御史来了回文，这个回文对郑贵妃一方极为有利。文中说，张差确实是个疯子，他所以成疯，是由于郑贵妃要在蓟州修庙，派来内侍在那里设窑烧砖，居民把打来的柴草卖给窑上能很快获利。张差闻知就把家里的田产都变卖了，去抢着做柴薪生意。砖窑附近的人痛恨他抢夺生意，暗中把他的柴草都给烧了。张差向主持此事的内侍起诉，不料反被大骂了一通，因此就气疯了，手执木棍闯入京城想去告御状。这一回文与先前刘廷元的初审供词极相吻合，而且比那个供词更为详尽。这样一来反而有人怀疑郑家不断派人四处活动，势力极强，说不定蓟州知州戚延龄也事先受了郑家的贿赂，才如此这般地写。蓟州回文一到，郑家就像捞到了救命的稻草似的，又十分活跃起来，连初审的刘廷元也跟着重新多方活动起来。

经过群臣的一再抗争，万历只好降谕，命在五月二十一日由刑部会集十三司的司官和胡士相、王之寀等人，再行会审张差。这一回张差彻底招供，顿时朝野为之大震。他招出了以前没有说出的人名和地名：马三舅本名叫马三道，李外父本名叫李守才，那个不知姓名的老公是去修铁瓦厂的内侍庞保，他去的那所大宅，是朝阳门外内侍刘成的住宅。他还供认，是庞保和刘成让他去闯宫的。他们告诉他，"打死小爷（宫中太监称太子为小爷），有吃有穿"。张差还供了他的同伙，他们一共5个人，他的姐夫孔道也是其中之一。

经此一审，案情真相终于大白于天下，刑部有鉴于此，再也不能拖延了，马上行文蓟州，责令速拿马三道、李守才、孔道等人归案，并解京候审。又行疏请求，让法司到大内，拘传庞保和刘成对质。这样一来，连常常首鼠两端的首辅方从哲也竟和给事中何士晋等人上疏，请求务必穷追到底。朝中上下、形成了一面倒的势态。万历也深感,没有别的办法,只有降旨,准予严办此案。

现在最紧张、最害怕的莫过于郑贵妃了,她急得像热锅上的蚂蚁,那庞保、刘成都是她的贴身太监,他们一旦被审,那还了得!谁敢保这两个家伙不把老底亮出去?郑贵妃越想越害怕,只有使出女人最后一招了。于是跑到万历面前,一见面就连哭带嚎地要万历给她娘俩做主,不然的话,就要死在万历的面前。经此一闹腾,万历果然心酸起来,又是哄又是劝,最后万历想出了一条妙计,叹息着对自己的爱妃说道:"现今既然已经闹成这个样子,恐怕是难解了,我出面恐怕反倒会坏事,现在只有一人能救你母子性命。"郑贵妃一听连忙收住眼泪,屏住呼吸,急切地问道:"是谁?快说是谁?"万历答道:"就是你要害掉的皇太子。"郑贵妃一听不禁倒吸了一口冷气,"啊,是他。这如何使得。"万历说道:"以他的出身、地位和目前的处境,我想也许会饶过你的,你去好好说说吧。"郑贵妃低下了头,迅速盘算着,只有这一招了,脸面不能顾了,心一横转身走了。眨眼来到了东宫,先是装出十分可怜的样子,抽泣着,一见太子便俯身下拜。太子一见顿时受惊不小,连忙回拜。郑贵妃顺势拉着太子的手,伤心地哭诉着,说她是如何如何地冤枉,只有太子能救她们的命,给她辨明是非。太子出身卑微,一向不得志,加上对宫廷这种你死我活的政治斗争没有经验,年纪还轻,经过郑贵妃的这一番表演,也感到还是尽快了结的好。所以他听了郑贵妃的哭诉以后,很痛快地让手下草拟一道旨命,要朝中大臣们不必再为此事多加纠缠,既然凶手早已抓到,即刻正法就是了,不要牵扯他人了。郑贵妃见此连连称谢,把太子又好夸了一顿,才高兴地离去。可群臣却不买帐,认为郑贵妃一家必须揪出,否则国无宁日,民无宁日。在这万般无奈的情况下,这位已长达25年之久不上朝的万历为此格外破例上朝专议此事。在召见群臣之前,他把皇太子和三个皇孙也都召来。他命太子站在自己的御座右边,三个皇孙站成一排,站在左边的御阶之下。当群臣进来时,万历大声斥责文武百官,竟敢离间他们父子之情,闹得像什么样子。最后说只要把张差、庞保和刘成三个要犯斩罪示众就行了,不要再株连无辜了。说着十分亲热地拉过太子向群臣说道:"这孩子十分孝顺,我是从心眼里喜欢。"边说边用手认真地量了量太子的身子,接着说:"他出生下来到长大成人,我是一直关心着的,若是有意立他人的话,早就更换了,还用等到现在?况且福王已离京就藩到封地洛阳去了,离这有千里之遥,没有宣召,他是插翅也难以飞回来的。"说完又把几个皇孙也都叫了上来,让群臣们看看,说道:"皇孙都长成这样大小了,你们说我还能立谁呢?"最后让太子表个态。于是太子按照事先早已准备好的讲了话,他说张差不过是个疯子,我上次就表态,让有司从重从快处理就完事了。可你们却纠缠不放,离间我们父子之情。最后不无激动地说:"刚才皇父对我是何等亲爱,而你们却胡思乱想。你们想做无君之臣的话,可以随便。可你们怎么让我也为不孝之子呢?这是万万使不得的。"万历一听喜得搓手顿足,连忙接过话头,眉飞色舞地向群臣说道:"听见了!皇太子的话句句可都听真了!"群臣一见如此,顿时无话,只有齐身叩头,三呼万岁,一个个像是哑巴一样退了下去。

  万历一见戏表演得十分成功,群臣刚一退,便马上传旨,速斩张差。于是第二天张差便被押赴法场,一命呜呼了。也就在这一天,庞保和刘成也被押送到文华门听审。这两个家伙一见张差先已被处死,无人对证,便矢口否认,把一切推得一干二净。心想有郑贵妃在,看你们能奈何得了我们。郑贵妃此时也积极四下活动,这二人既是心腹,又是受自己的指使,尽管事没办好,也想成全他们,何况张差已死,解救他们不会成太大问题。可事实上与她的想法完全相反,早已被激怒了的群臣,奋起上疏,很有点不把梃击一案查清,就绝不善罢甘休的味道。万历着实害怕夜长梦多,就劝郑贵妃,还是牺牲了两个爪牙,保守自家才是上策,两个太监算得了什么。就这样万历降旨给司礼监,让他们在内廷暗中处死庞保、刘成。这两条走狗终于落得个应有的下场。梃击一案至此算是草草了结,郑贵妃一家安然无恙。日后此案谁想又被阉党魏忠贤翻了过来,此是后话。

时间一晃又过了5年多,也就是万历四十八年(1620)七月,明神宗死了。皇长子朱常洛在八月初登了皇位,是为明光宗。可他在位才30天。为什么在位只有这么几天呢?这还得从明末三大案的第二大案——红丸案说起。

梃击案了结以后,郑贵妃眼见皇太子的地位是不可动摇的了,因此对自己的前途感到了担忧。一旦万历死了,自己该如何自处?为将来着想,现在必须讨好皇太子。于是郑贵妃索性来个顺水推舟,借着感激皇太子在梃击案中的搭救之恩,极力去接近皇太子,以改变长期的紧张关系。通过一段时间的接近,郑贵妃摸透了皇太子的脾性,发现他跟其父万历没有什么两样,都是一样的贪财好色、嗜酒使气。抓住了皇太子的弱点,郑贵妃就有了办法,她常常给皇太子送些珠宝、赏玩,至于金钱更不在话下了。他还想了一条毒计,就是在自己的宫中选出8名最为漂亮的美女,送给皇太子,让她们一定要尽心尽力服侍未来的皇上,使他心满意足。郑贵妃暗想,此招一则定会使皇太子更加信任我,亲近我,二则最主要的是这一绝招必能致皇太子于死命,只要他短命,说不定将来还会……果然不出郑贵妃所料，这位皇太子真的掉入了圈套。这位吃够了苦头的皇太子，经梃击一案后，境况大有改观，饱暖思淫逸，皇太子开始放纵，整日耽于酒色之中，年纪尚不足40，却早已垮了身子。等到即位称帝时，已病得很重了，没过几天就病入膏肓，卧床不起了。内医太监崔文升开了一服泻药，光宗服后，腹泻不止，一日要拉三四十次。后来，鸿胪寺丞李可灼献上一颗红丸，自称是仙丹，光宗服后，觉得精神大有好转。过了半日，李可灼又献上一颗，光宗再服之后，睡到次日凌晨，竟然再也没有起来。此即为"红丸案"。

光宗一死，内外官员都归咎于李可灼，而当时的首辅方从哲却用光宗遗诏的名义，拟赏李可灼银50两。于是，群情为之大哗，纷纷上疏弹劾李可灼和方从哲。方从哲才把赏银改为罚俸一年。但弹劾的奏章仍是不断，一再声称，进泻药而使病情骤然加重的崔文升，原来是郑贵妃属下的人，而李可灼又是方从哲带进宫中的，二人同为弑逆，应处以极刑，同时，还应查明幕后主使是谁。方从哲在众官员的责难之下，只好辞职。大多数官员要求办方从哲的罪，方上疏力辩，加上同党官员极力为之辩护，争论了很长时间，最后，李可灼充军，崔文升贬放南京，方从哲和郑贵妃却都躲了过去。红丸案也就这样收了场。光宗死后，她又唆使李选侍霸居乾清宫，酿成"移宫"一案。在朝中正派官员主持之下，才挫败了郑贵妃的阴谋。

就是这样一个阴险、毒辣的贵妃，把大明江山搅得天昏地暗，她所一手制造的三案，形成的门户之见，竟与有明一朝相始终。遗祸之深，为历代罕匹，而她本人却屡次有惊无险，竟安然地度过了余生，直到崇祯三年（1630）七月才结束了她的一生。这种结局也算是"一奇"了。郑贵妃死后，被谥"恭恪惠荣和靖皇贵妃"，埋葬在银泉山。

熹宗朱由校皇后张氏

◎ 周 兴

明熹宗张皇后,是祥符(今河南开封)人。她的父亲叫张国纪,以女儿尊贵的缘故,被封为"太康伯"。天启元年(1621)四月张氏被册封为皇后。张皇后为人正直,多次在明熹宗面前历数魏忠贤、客氏等的不法行为。但熹宗竟没有听进去。有一次,客氏犯法,张皇后亲自派人召客氏进中宫,斥责她一番,并要绳之以法,经劝解才算罢手。因此魏忠贤与客氏怀恨在心,就诬陷张皇后,说她不是她父亲张国纪的女儿,明熹宗还险些被骗上当。过了三年,张皇后已怀有身孕,客氏和魏忠贤把不听他们使唤的宫人逐个逐出,都安插上了自己的心腹,这些爪牙不知用什么恶毒手段，使张皇后流产了。有一次熹宗来看望张皇后，张皇后正聚精会神地看书，熹宗走过来她都没有知晓。熹宗忙问："是什么书，使你这般入迷，我也看一看好吗？"张皇后一听吓了一跳，连忙跪下请罪，说"失礼了"，然后，一字一句地说："看的是《赵高传》。"赵高是秦王朝权相，曾把揽朝政，指鹿为马，党同伐异，使秦朝很快就灭亡了。张皇后的答语是很有寓意的，讽谏熹宗不要宠信阉党，否则会成为朱明王朝的千古罪人。可是明熹宗听了之后，只是沉默了一会，略有所思地走了，事过境迁，很快便把张皇后的话，忘到九霄云外了。

后来，有位匿名者在宫门口偷偷张贴露布，列举魏忠贤的逆状，读之者无不为之称快。魏忠贤得知后，恼羞成怒，怀疑是出自张皇后的父亲张国纪和一些被贬逐大臣之手。而手下的死党邵辅忠、孙杰等密谋，打算借此兴大狱，这样不但可以尽杀死敌东林党一派诸臣，而且还可以借整治张国纪之机动摇中宫地位，如果天遂人愿，事成之后，还可以立魏忠贤的侄孙女为皇后，那么大明江山就更在掌握之中了。这事不知怎的让顺天府丞刘志选暗中侦悉，为了抢头功，首先上疏弹劾张国纪，跟着御史梁梦环也紧随其后，一时中外汹汹，幸亏朝中一些守正大臣极力谏阻，此事方算平息。

到了明熹宗快要咽气的时候，张皇后对稳定局势和粉碎阉党图谋起了很大作用。她在熹宗病重期间，反复耐心地规劝明熹宗不要轻信阉党，揭露了魏忠贤的种种倒行逆施，极力谏言传位给信王，即后来的崇祯帝朱由检。最后明熹宗被说服了，从外召回朱由检，命他接受遗命，继立为君。崇祯即位，果然不负张皇后和群臣重望，干脆利落地解决了阉党魏忠贤及其同伙。崇祯为感激张皇后，号为"懿安皇后"。崇祯十七年

(1644)三月,李自成领导的农民起义军攻陷北京,张皇后自缢身亡。顺治元年(1644)清世祖福临命把张皇后的遗骸合葬在熹宗陵。

明 熹宗朱由校皇后张氏

思宗朱由检皇后周氏

◎ 周 兴

明思宗周皇后,先祖是苏州人,后来徙居大兴(今北京大兴)。天启年间被选入信王朱由检府邸,后被册封为信王妃。信王即帝位,是为明思宗,亦称崇祯帝。她遂被立为皇后。

周皇后性情严谨。有一次京师告急,周皇后曾婉转进言说:"我在南方尚有一家居室。"崇祯想详细问清楚,但因皇后不愿多讲,大概是为了提醒崇祯南迁。田贵妃受崇祯宠幸,因此露出骄态,周皇后常用礼仪来严束田贵妃。有一年元旦,天气十分寒冷,田贵妃来朝见周皇后,周皇后有意拖延时间,让田贵妃在外冻了很久,然后才让她进宫。进宫以后又过了很久周皇后方才出来,坐在御座上受田贵妃的朝拜,而且没有任何表示,坐了很久一言不发。田贵妃只好乘兴而来,扫兴而去。过了不久,袁贵妃也来朝见,两人一见欢声笑语,说个没完没了。田贵妃听说以后对周皇后痛恨极了,就跑到崇祯那里连哭带闹告起御状来了。后来,崇祯在交泰殿与周皇后言语不和,一气之下把周皇后推倒在地,周皇后也气得以绝食表示抗议。崇祯事后深表悔恨,派人给周皇后送去赏赐给她的貂茵,并且问及起居,以表示委婉的道歉。没过多久,田贵妃就被找个过错,经过申斥之后移居启祥宫反省,长达三个月不召。有一天,周皇后和崇祯在永和门赏花,看到高兴的时候,就启奏崇祯请求把田贵妃找来一起玩赏,崇祯说什么也不答应。周皇后说以前她那样对待田贵妃是为了折一折她的骄气,既是为她好,也是为大明江山社稷着想,可没有私怨在里边。但崇祯还是不答应请求,最后周皇后索性说道:"这事我做主了,赶快派人用车把田贵妃接来一起玩一玩。"两人相见,捐弃前嫌,遂相好如初。

崇祯十七年(1644)三月十八日,京城被李自成的大顺农民军攻陷,崇祯哭着对周皇后说:"大势去矣。"周皇后顿首说道:"贱妾卑事陛下已18年了,您没有听进我一句话,所以才有了今日。"说着抱着皇太子、二王大声痛哭起来,然后派人护送出宫。崇祯随后令周皇后自裁,周皇后就自缢而死。崇祯又命袁贵妃自缢,由于绳子断了竟然没有死,崇祯拔出长剑砍了她的肩膀,同时又砍了几个嫔妃,但袁贵妃却奇迹般地活了下来。清世祖福临定鼎中原以后,谥周皇后为"庄烈愍皇后"和崇祯同葬在田贵妃的寝园,取名叫思陵。同时,命有司拨给袁贵妃居宅,赡养终身。

南明

附：福王朱由崧皇太后邹氏

◎ 周 兴

邹太后是京师(今北京)人，福恭王朱常洵的次妃，弘光帝朱由崧的生母。崇祯十四年(1641)，李自成领导的农民军攻破洛阳，杀死了福王朱常洵，邹太后与朱由崧一起逃到怀庆(今河南沁阳)。第二年怀庆也被攻破，邹太后仓皇从城东门逃走，来不及照顾朱由崧，两人失散。后来邹太后辗转于兵火之间。不久朱由崧在阉党头目马士英等密谋策划和帮助下来到南京。本来以史可法为首的东林党人主张拥立潞王朱常淓，认为潞王"贤明可立"，而福王朱由崧有"不孝、虐下、干预有司、不读书、贪、淫、酗酒"等七不可立。但马士英以武力为后盾，迫使东林党承认朱由崧在南京监国。东林党方面，认为大难当前，不应当在立国之前，先闹家务，也就没有力争，就在这样的气氛下，两党共同支持福王在南京监国。1644年五月福王正式即位称帝，以明年为弘光元年，这就是历史上通称的"弘光帝"，南明的第一个政权就这样建立了。他即位后马上下谕参将王之纲到河南迎候邹太后。秋七月，又遥尊邹太后为"恪贞仁寿皇太后"。八月，当邹太后一来到南京，弘光帝即令修建豪华的西宫西园第一所作为太后宫。又封太后弟邹存义为大兴伯，晓谕工部搜刮万金作为充赏供太后挥霍。邹太后虽为弘光生母，又护驾从难有功，但山河残破，还如此这般未免有奢靡之过。

1645年，由于马士英等权奸误国，弘光帝整日忙着"饮醇酒，选淑女"，不思励精图治，南京很快陷落，弘光帝独自先逃了，马士英只好领着黔兵400人明是奉邹太后渡江，实为挟持，作为将来的政治资本。他准备去浙江，经过广德（今安徽广德），知州赵景和说："你马士英不奉君而奉母后，必定是诈。"拒不接纳。这下惹恼了马士英，竟下令攻破城门，杀死赵景和，绕道来到安吉（今浙江湖州），知州黄翼圣肃迎道左。巡抚张秉贞传檄讯问真伪，翼圣回答说阁部马士英既然是真的，恐怕太后不会是假的。张秉贞这才准备仪杖迎候太后，并以总兵府做为行宫。潞王和群臣闻讯前往朝见，太后穿一身赭服，只有一名身着紫色衣服的宫女侍在身边，其狼狈样子一见可知。当下太后传下命令，凡在籍的诸臣一律照例录用，想安定一下人心。但不久刘宗周、熊汝霖入见太后，当面揭露马士英的罪行，黄道周也上疏说马士英诚知弘光帝的去向所在而轻离左右，是有不臣之心，请诛杀马士英。此时不知邹太后是因执迷不悟，还是因仍在马士英掌握之中的缘故，看完奏表后只是欷歔不止，却没有一句话。

不久潞王投降清兵，在挟持太后一起渡过淮河的时候，跳入水中自尽而死。也有的说进入浙江的那个是假的，当弘光帝被俘的时候，邹太后和妃金氏是同居一室，被俘押渡淮时乘隙投水死了。

附：福王朱由崧皇太后邹氏

唐王朱聿键皇后曾氏

◎ 周 兴

曾氏,是南阳人,诸生曾文彦的女儿。崇祯五年(1632),朱聿键袭位为唐王,当时年龄已有31岁,而曾氏才芳龄19。曾氏由于出自书香门第,颇知书礼,唐王平素也很喜好读书,博通典故,因此两人谈古论今,情趣相投。唐王把内政统统交给曾氏管理,结果治理得井然有序,唐王欣喜万状,两人情好日密。

1636年八月,清兵犯关,北京宣布戒严。唐王激于义愤,毅然起兵北上勤王,不料却被崇祯帝以擅发护军勤王为罪,废为庶人,安置在凤阳的高墙(就是监狱)。因为明朝的律令规定,没有奉到诏旨,是不得擅自出兵勤王的。在狱中,狱卒以为皇亲国戚一定少不了金银宝物,就向唐王勒索贿赂,不想此时的唐王已是一贫如洗,山穷水尽。狱卒就总想法来折磨他,最后竟以祖制墩锁法来处置唐王,唐王哪里受得了这般皮肉饥饿之苦,染上了重病,奄奄一息。急得曾氏在深夜里,偷偷对着朗月稀星,默默地祷告,可是叫天天不应,叫地地不灵,唐王的病势仍继续恶化。可自己又怎么能够拯救夫君呢?她忽然想起了春秋时期介子推随晋文公流亡的故事。当时晋文公流亡在国外,饿得也是奄奄一息,介子推就割下大腿上的肉,奉献给晋文公,救活了晋文公,后来成就了晋文公的霸业。我若如此,也许会救夫君一命,说不定将来也一样能成就夫君的大业。想到此,就毫不犹豫地剜下了大腿的肉奉给唐王,唐王竟奇迹般地活了过来。唐王病愈后才得知这件事,从心里感激万分,于是更加怜爱曾氏,两人感情也更加深厚了。

　　福王登基后,宣布大赦,唐王也被释放出来,可并没有被重用,而是命他移驻到广西平乐。南行经过杭州时,在途中遇见了由南京逃来的镇江总兵郑鸿逵,他把南京即将陷落的坏消息告诉了唐王。唐王听后,想到国恨家仇,不禁忧愤慷慨,形于颜色,说到最后竟热泪纵横,洒满襟袂。郑鸿逵见唐王仪表非凡,谈吐文雅慷慨,就把这一情况暗中派人告诉了他的哥哥、驻守福建的安南伯郑芝龙。他们认为"奇货可居",在时局激变中,可以用唐王来作自己的资本。不久南京失守,苏州陷落,清军兵锋直指杭州。在这严峻的形势下,唐王为重振国威,主动劝说在杭州的潞王朱常淓监国。曾氏不同意唐王的做法,她力劝唐王说:"依我看来,潞王为人平庸,定非英主,他是不能挽狂澜于既倒,拯救这个国家的。您英明睿智,应早为自立计,收拾旧山河。在国家生死攸关的紧要时刻,应该当仁不让,莫做他举。"果然没过多久,潞王投降了清朝,浙西杭、嘉、湖等地，全被清军占领，失去了一次光复良机。

隆武元年(1645)唐王在郑鸿逵、郑芝龙的拥立下在福州即帝位，建元隆武，是为隆武帝。册封曾氏为皇后，封曾后的父亲曾文彦为吉水伯。由于曾后从前治理内宫很有条理，这时隆武帝就开始让她参与外政，凡是章表奏议，一般都要经过曾后的批阅。她在批阅过程中，往往指出不合时宜的地方，提出自己的处理意见，多被隆武帝采纳。隆武帝觉得曾后确实是位干才，高兴之余，就让曾后在他临朝听政的时候，垂帘座后，一起帮助他听断朝廷大事。都御史张肯堂专为这件事上奏疏说："我朝太祖朱元璋、成祖朱棣皆雄才大略，两朝皇后也都是圣德的，助成皇皇王业，肇基于今，即使是这样，她们也只是在宫闱之中默相赞助，垂帘听政不是我朝圣世所宜。"曾后看到奏疏后，非常怨恨张肯堂，开始疏远张肯堂。张肯堂是隆武政权中一位较有作为的大臣，郑芝龙也忌恨其能，觉得他在朝中于己不利。其后张肯堂就被调出朝中，率水师在外，未能尽展其所用。相比之下，当大臣路振飞上奏说隆武帝"有爱民之心，未见爱民之政"时，隆武帝却能对这样敢于犯颜逆鳞，直言诤谏的大臣予以"优旨褒纳"。这件事引起了一些朝野人士的议论，他们说隆武虽有英明识见的美名，可太过于溺爱曾后，看来隆武帝是不能成就光复大业了。

这年冬天十二月，隆武帝眼看二郑兄弟，尽收闽粤兵饷，操纵兵权，观望不前，根本无意于抗清。自己虽颇思有所作为，却又处处受制于郑芝龙，不得行光复大计。无可奈何，就决然让郑芝龙留守福州，自行誓师亲征，出师北伐，恢复国土。曾后一起随军出征，曾后暗中向隆武帝献计说："咱们再不能依靠郑氏兄弟了，莫不如借此脱离郑氏兄弟，去依靠何腾蛟，倒会有一番大的作为。"当时的明将何腾蛟正与李自成余部郝摇旗、高一功等领导的队伍联合，组成荆襄十三家军，带甲数十万，声振中南，抗清形势波澜壮阔。隆武帝本人的思想一直处在矛盾之中：主观愿望未尝不想振作有为，光复故土，建立中兴伟业，但军政大权已为郑芝龙所把持，很难脱离羁绊。况且隆武究竟不能摆脱怯懦庸弱的本质，他认为只有大军阀才能保障他的政权和生命，所以他宁可伏于郑芝龙的卵翼之下，始终不能、也不敢大振"乾纲"，收回"太阿之柄"。对曾后提出的移驻江西，依靠声势浩大的何腾蛟的正确建议，更是顾忌多端，畏首畏尾，认为荆襄十三家军原是农民军，还不如郑芝龙可靠，隆武越想越矛盾，最后对这个建议还是不敢采纳和实行。郑芝龙当然不愿意隆武帝出征，以免失去对隆武的控制，就指使数万军民遮道呼号，把隆武帝的车驾拥住，不能前进一步。隆武帝没有办法，只好停驻延平，以府署为行宫，又失去了一次光复故土的良机。

隆武二年(1646)六月，曾后生下元子。八月清兵进犯仙霞关，当时郑鸿逵驻防仙霞关外，闻知清兵到来，立即弃关而逃，郑芝龙早已暗通清军坐镇南京的洪承畴，准备投降，尽撤关隘水陆防线，仙霞岭200里间空无一人，清兵长驱直入福建。隆武帝从延平出奔汀州，命曾后先走，宫眷都骑马相从。到达汀州之后，福清伯周之藩朝见，听到了隆武帝与曾后口角争吵的声音。周之藩长长叹了口气说："唉，都到什么时候了还吵架，敌兵来了怎么办？"正说之间，突然十几骑清兵杀入行宫，隆武、曾后措手不及，还没明白怎么回事就被俘虏了。在押送经过九龙潭时，曾后趁清兵看守不严，抢步跳入水中自杀身亡。有的说曾后和隆武帝是在汀州的府堂上被一起杀害的，史称"汀州之变"。永历帝即位后，遥尊曾后为思文皇后，后又加谥"孝毅襄皇后"。

桂王朱由榔皇后王氏

◎ 周 兴

王氏,是江浙地区人,父亲叫王略,曾经做过粤中郡守。王氏平素沉静文雅,体谅他人。朱由榔被封为永明王时,王氏被封为王妃,在宫中老幼上下尊卑没有不挑指夸奖她的,说她会来事,很懂礼节,对谁都既不傲慢无礼,又不低三下四。这样,称誉之声渐渐传到了永明王朱由榔的耳朵里,朱由榔也感到很高兴,觉得没看错人,于是就让王妃总持内政,大小事悉听她断。她处理起事来滴水不漏,左右逢源,八面玲珑,宫中上下俱是欢喜,都在朱由榔面前赞不绝口。朱由榔听后自然是乐不可支。隆武二年(1646)冬十一月,朱由榔称帝,册封王氏为皇后,她的父亲王略被封为长洲伯。

永历元年(1647)春,孔有德、耿仲明率领清军向湖南进攻,何腾蛟的部将刘承胤率师进入桂林,拱卫皇室。但刘承胤想挟天子以自重,捞取政治资本,连骗带哄加威吓就把永历帝骗到了湘西山区的武冈,改武冈为奉天府,作为南明政府的政治中心。同年七月,清兵连破常德、宝庆,直犯奉天府。刘承胤眼见清军来势凶猛,感到大势已去,再挟持永历帝已毫无价值,还不如把永历帝作为投降清军的一份厚礼,以换取大清官爵。便急忙暗中与孔有德勾结,准备降清。就在这个节骨眼上,永历帝得到了消息,急忙与宫中后妃仓皇出逃。逃到二渡水时,由于人马都拥挤在一起,把源桥都给压断了,很多人掉进了水里,弄得浑身是水是泥。但这时谁也顾不得这些,在永历帝的率领下一气徒步跑了30多里,过去皇宫深院都是金枝玉叶哪受得了这些,偏偏老天爷又不作美,竟下起雨来,真是祸不单行,再加上已经两日滴水未进,大家都叫苦连天,哀声动地。但唯独王后的表现与众不同,她脸色泰然,像是什么事也未发生一样,她一面派人去寻找食物,一面令人去探明道路去向。正巧遇上了前来迎救的明总兵商邱伯侯性,把他们一行人马接到苗区,逃到柳州。后来瞿式耜守住了桂林,又派兵把永历帝及宫眷迎护回了桂林,事后没有人不从心里佩服王后沉稳有胆略的。永历二年(1648)三月,王后生下了儿子慈烜。永历帝宣布大赦以示庆贺。

当清军又一次攻打桂林时,瞿式耜率守军誓死守卫,眼见粮草用尽,忧心如焚。王后知道以后马上带头把自己积存的粮食银饷衣物送给守卫将士,激励士气。送的东西没有了,王后就把头上戴的簪子、耳上挂的耳环等手饰全部捐献出去。她激昂地说,前方将士连生命都不要了,我要这些东西干什么?如果国家完了，我积攒得越多越是帮助敌人了，这道理我还是明白的。瞿式耜的妻子邵氏也同样拿出金珠捐献出来，因此士气大振，桂林保卫战终于以明军胜利告终。王后贤德之声，一时在举国上下到处传扬。

永历六年(1652)冬十月，占据云贵地区的张献忠农民军余部孙可望，派人迎接永历帝到贵州的安隆所(今贵州安龙)，改为安隆府，作为行宫。孙可望只是想借一下"后明"的招牌，实际根本不把永历帝放在眼里，每年只送银8000两、米600石作为永历帝及朝臣的口粮，在他的帐本上仅写道："皇帝一名，皇后一名，及从官数名而已"。

看见明政权日渐衰微，皇帝庸碌无能，永历朝部分权臣就想趋炎附势奉承孙可望，官僚马吉翔和太监庞天寿甚至怂勇孙可望"受禅"篡夺帝位取而代之。这样孙可望就更加骄傲了，对永历帝更加傲慢无理。朝臣中比较有骨气的像吴贞毓、张福禄、全为国等18人痛恨这批权臣们的厚颜无耻和孙可望的狼子野心，就暗中与正在出征广东的名将李定国联系，请他回来保驾，迎接永历帝。谁知走漏了消息，宦官向孙可望密告了。孙可望一听怒不可遏，于是在永历八年(1654)三月，大兴所谓"密诏之狱"。他们到处捕人，张福禄，全为国急急忙忙向坤宁宫逃去，请求马太后和王后救命，那知庞天寿等人一直尾追其后，闯入宫门，在坤宁宫外把张福禄、全为国一举抓住。王后勇敢地走上前去想解救他俩，庞天寿横眉倒竖，大声喝斥道：这不干你事。说完竟扬长而去。最后18人全部遇害，当他们就刑的时候，赋诗唱吟，神色不变。史书记载当时的场面说："虽三尺童子无不垂涕者。"意思是说他们的浩然正气，连不懂事的孩子都被感染得热泪夺眶而出。但马吉翔、庞天寿想进一步讨好孙可望，以博得他的欢心，便借此机会说"密诏之狱"一定牵扯内宫，王后肯定参与密谋，知情不报可杀，免得留下后患。想好了这主意，就找来了死党肖尹，指使他上疏密奏。当时的主事肖尹，心领神会，回去以后马上起草，无非是历数前朝往事，说后妃从古干预朝政如何如何扰乱朝纲，只有废掉了事，不然后患无穷，希望永历帝明鉴。王后得知这一消息，心里难过极了，本想能帮助帝君有一番作为，想不到今日，竟连自己的性命都不能保全，想着想着无限悲痛，伤心地掉下了眼泪。她哭着找永历帝诉说道："真没想到西汉末期王莽篡汉的悲剧又要重演了，大明江山真的要葬送在我们手里了。"说完泣不成声。永历帝也是暗自落泪，默默无言，无可奈何。最后决定要死就一块死，就把王后留在寝宫中，一是用这种办法也许能救王后一命，二是向这些权奸们和孙可望表示一下态度。孙可望也有自己的打算，他虽说是杀了"十八先生"，但外有李定国、郑成功等人继续尽忠于明朝，朝臣忠杰之士也还是不少，最终孙可望没敢下手，王后的性命总算得以保全，永历帝也得以苟延残喘八九年之久。

永历十三年（1659）正月，永历帝逃到了缅甸，只住在几间竹编的房子里度日，生活极其艰苦。王后由于长期奔波劳累，心境越来越坏，染上了疾病。永历十五年（1661）缅甸发生政变，金楼白象王被他的弟弟猛白杀害，猛白自立为王。为了巩固新政权，他决意向清朝讨好，先假意与永历帝的大臣沐天波、庞天寿等42人过江盟誓，同饮咒水，以表心迹，却暗中派兵将他们全部杀死，这就是史称的"咒水之祸"。咒水祸起后，宫中的贵人、宫女以及大臣的妻女都预感到末日降临了，纷纷悬树自尽，史载死的人"累累如瓜果"一样多。每当听到这些可怕的坏消息，王后就哭着对手下人说："我不是没有气节的人，我也不是不能像她们那样去做。我是想还有马太后，她老人家需要照顾呀,不然就太让皇上伤心落泪了。"王后就是这样拖着重病之躯,一直维持永历朝的残局。永历十六年(1662)二月,缅王见永历帝爪牙已被除尽,就将永历帝献给清军将领吴三桂。王后在被清军押解进京途中,与马太后同时在槛车中自相扼喉而死。

附：桂王朱由榔皇太后王氏

◎ 周 兴

王太后是湖广（今两湖地区）人，桂端王朱常瀛的继妃，永历帝朱由榔的嫡母。史称她性情慈惠，而能通识大体。朱由榔嗣位桂王时，王氏被晋封为太妃。隆武二年（1646）九月，隆武帝殉国的消息传来，两广总督丁魁楚、巡抚瞿式耜就和两广主要官吏计议，认为国家不可一日无君，桂王朱由榔是明神宗的亲孙，应该继承帝位，于是准备共奉桂王监国。就去恳请王太妃，王太妃亲自把桂王叫到身边，语重心长地说："孩儿，不是为母不愿让你承绪大统，光复我大明江山，而是你确实没有治理国家的大才呀！何苦以一时的虚名，而让黎民百姓徒遭涂炭?弘光帝、隆武帝就是你的前车之鉴,你可要三思呀。"然后传告等候在外的朝臣说:"诸位朝臣卿士不要担心没有君主,只要各位悉心思考反复考察是能找到合适的人选的,到那时再立不迟。"群臣说什么也不走,一致坚持要奉立桂王为监国,最后终于答应了他们的请求。

十一月,清兵经过激战攻下了赣州,消息传来,这时已提升为大学士的丁魁楚、太监王坤主张逃避梧州。大学士瞿式耜一听义愤填膺,慷慨陈词:"我们共奉桂王监国是为了什么?还不是为了替祖宗报仇雪耻,安复社稷,此时正应该奋勇前进以鼓舞激励各地义士,如果像现在这样闻风而丧胆,国家还有什么可以凭仗的呢?"桂王本来就是平庸无能之辈,早已被吓破了胆,根本不理会这些,一跑了之,逃到了梧州。为整顿人心,鼓励士气,王太妃下令传见省臣李用楫、台臣程源,当着群臣的面,大声训斥他们玩忽职守、见敌即逃,连一点固守疆土、为国献身的精神都没有,人臣的通义忘到哪里去了。这样一来,不但李用楫、程源,所有在场的大臣们都自觉惭愧,一起伏地请罪。经过一番整饬,人心安定下来了,桂王又回到了肇庆。丁魁楚听说在广州的唐王朱聿镈称帝(是为绍武帝),就急急忙忙去劝说桂王,赶快即大位,不然无以压服人心而号召天下。于是就在1646年11月18日正式即位,明年改元为永历元年,南明的最后一个政权建立了,也是南明几个小朝廷中支撑得最久的一个政权,前后达16年之久。尊封王太妃为慈宁皇太后。

虽然即位称帝了,可统治集团内部派系林立。以金堡、袁彭年等为主的是楚党,被人称为"五虎",他们外联瞿式耜;而以李用楫等为主的吴党以锦衣卫马吉翔为内援;还有以地方区域或因私人关系的也各树一帜,彼此勾心斗角。马吉翔窜从王太后有功，又巧佞勤媚，庭内举动必早预知，然后先意迎合，所以永历帝和王太后都深信不疑，以为忠勤可靠，命掌戎政。"五虎"之一金堡，素有廉洁风厉的美称，见宦党专权，愤然上书，在驳斥马吉翔的死党吕尔屿谬说时写道："昌宗之宠方新，仁杰之袍何在？"意思是说武则天年迈，政事多委宠臣张昌宗，朝纲被扰乱，多亏贤相狄仁杰转旋，垂亡的唐室才得以挽救。现在的狄公在哪里呢？由于这次上书言锋口利，那些敌对派就给金堡取了一个绰号叫"虎牙"。王太后览表之后，见把自己比做武则天一样昏淫，当即大怒，自此深恨"五虎"，决计"虎口拔牙"。永历四年（1650）二月，李用楫、程源等奸党上疏诬告金堡把持朝政，罔卜行私，朋党误国。接到奏疏，锦衣卫马吉翔就怂恿永历帝暗下密旨，把金堡逮捕起来，在一座古庙里设立刑案，按照"厂卫缉私"方式，用非刑拷打，折断了金堡的大腿，必欲置于死地而后已。这一下舆论大哗，朝野上下，忠志之士都无比义愤，纷纷上书或进言，想方设法营救金堡，连被金堡弹劾过的阁臣严起恒也起而救之。原农民军的领袖高必正闻知此事，就和党守素、李元胤等将领联袂入朝，合辞为请。王太后脸色沉沉，垂帘座前，永历帝召呼三帅，还没等开口，高必正就抢上一步，气愤地说道："君宜化异为同，不必挟私报怨。"还没等永历帝辩解，却惹恼了王太后，王太后阴阳怪气地抢白道："诸位爱卿不要以为那个叫什么金堡的人是好人，我大明圣朝若用这般人等，岂不误国殃民了？不知各位爱卿意以为如何呀？"高必正等人见此状，无奈只好愤愤离去。永历一朝的中流砥柱、深孚众望的瞿式耜连奏七书，谏道："国家正值中兴之初，宜保元气为要务，切勿滥刑，以伤人心，诏狱追赃是熹宗时阉党魏忠贤迫害杨涟、左光斗等东林党人使用的手段，万万不可效法。"最后迫于舆论压力，金堡总算免于一死，而谪戍到清浪卫。又因道远不能成行，就流落桂林，养好伤后，落发当了和尚。袁彭年母亲去逝，他对众人说："我受皇恩深重，何苦要守孝三年，虚度岁月?现在是多事之秋，国家正是用人之际，我要竭尽驽马之劳效忠于朝廷，多做些工作才是。"王太后得知此讯，巴不得找个理由进行报复，就借此机宣敕问道："母亲死了，做儿子的不守孝道，是哪朝的祖训呀?"袁彭年只好避位服孝。永历五年(1651)四月，王太后死于田州，五月安葬于南宁。谥号"孝正庄翼康圣皇太后"。

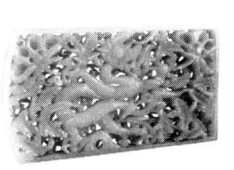

清

(1616—1911)

清朝是由满族所建立的一个王朝,也是中国历史上最后一个封建王朝,共传12个皇帝。本书收录了12位皇帝的17位皇后,另附有6位皇妃的专传。

太祖爱新觉罗努尔哈赤皇后
阿巴亥

◎ 周国柱 孙金玲

明万历二十一年(1593)，努尔哈赤打败叶赫、哈达、乌拉等九部联军以后，一方面加强军事进攻，乘胜挥军东进，逐渐攻灭较弱小的几个部族；另一方面，他又认识到自己的力量尚不可能立即攻灭海西四部，因此，采取了分化和蚕食政策，尤其是拉拢乌拉部首领布占泰，目的在于拆散海西四部的联合，以便各个击破。为此，他采取了结盟联姻的手段将自己的侄女(舒儿哈赤之女)嫁给布占泰，又娶布占泰的女儿给舒儿哈赤为妻，他自己则娶了布占泰的侄女(满泰之女)为妻。

那是在明万历二十九年(1601)，43岁的努尔哈赤娶了12

岁的乌拉纳喇氏阿巴亥为福晋(满语,意即夫人)。阿巴亥是努尔哈赤的第四位福晋,她面貌端庄,体态丰满,具有一种诱人的魅力。她不但美,而且很机智,又极能体贴,深得努尔哈赤的欢心,爱宠专房,其余三位福晋都被冷落了。她入宫后的第三年,叶赫纳喇氏病死。努力哈赤非常哀伤,阿巴亥心情也十分悲痛,她常在努尔哈赤面前簌簌地掉泪,嗓子也哭得嘶哑了。不久她被立为大福晋,亦称大妃。她为努尔哈赤生了3个儿子:阿济格、多尔衮和多铎。

阿巴亥跟从努尔哈赤的20多年,正是努尔哈赤势力发展的关键时期。她跟随努尔哈赤从费阿拉到赫图阿拉,又到界凡;她看着努尔哈赤灭辉发,并乌拉,创八旗,征服东海女真,降服萨哈连部;她看着奴尔哈赤在赫图阿拉创立"后金"政权,称大汗;她也看着努尔哈赤兴师攻明,取得萨尔浒大战的胜利。

这是一场多么激烈的鏖战啊。明万历四十六年(1618),努尔哈赤以"七大恨"誓师告天,斥责明朝杀其父祖,以及明助叶赫,使其已聘之女转嫁蒙古等等。"七大恨"是努尔哈赤公开与明为敌、兴师伐明的一项政治宣言。接着他率军攻克抚顺、清水等地,使明辽东防务受到很大威胁。明用杨镐为蓟辽总督,驻守沈阳,集中20万兵力,分四路出边关,向努尔哈赤的老巢扑来。无奈杨镐计划不周,且进军计划早已被努尔哈赤侦知。在兴京(赫图阿拉)附近的萨尔浒被努尔哈赤打得大败,四路兵马三路覆灭,一路逃回。这次战败,使明廷大为震惊,而对努尔哈赤来说却是关键性的胜利。

萨尔浒大捷后,努尔哈赤在这里修筑了萨尔浒山城,将大妃及亲眷接到这里。他又率领军队攻取辽阳、沈阳去了。

明天启元年(1621),后金攻占明辽东的首府辽阳,努尔哈赤遂将都城迁到这里。大妃也同诸福晋一起，在众贝勒的迎接下来到辽阳，踏着芦苇席上铺设的红地毯走进后金汗的宫门。不久，后金又在辽阳旧城以东8里的太子河畔兴建辽阳京城的宫殿、城池、坛庙、衙署，是为东京。东京周围6里零10步，高3丈5尺，东西广280丈，南北袤262丈5尺，有8个城门。已经是初具规模，比较正规的宫殿了。

4年后，努尔哈赤又决定迁都沈阳。当时的沈阳比辽阳城小一半，但是它的地理位置却更为重要。努尔哈赤认为它是"形胜之地"，便于控制整个东北地区，因而决定迁都于此。

努尔哈赤迁都后，沈阳被称为盛京。天命十年(1625)开始改建沈阳城，兴修沈阳宫殿。大政殿和十王亭是沈阳宫殿的主体建筑，也是当时努尔哈赤进行统治的权力中心。大殿坐北朝南，宏伟壮丽，金碧辉煌。基台周围用雕刻构件垒砌，纹饰生动，造型优美。台基上矗立朱红圆柱，正面有金色双龙盘绕，玲珑剔透秀丽，象征威严吉祥。大殿为亭子式八角重檐建筑，殿顶满铺黄色琉璃瓦，缘镶绿色剪边，上列16道五彩琉璃脊，整个结构既具有汉族传统的建筑形式，又具有少数民族的建筑特点和喇嘛教色彩。大殿与十王亭合成一组完整的建筑群，这里是汗与八位和硕贝勒等议政的地方。另有崇政殿(笃恭殿)、凤凰楼、德宁宫等，是进行政治活动和后妃居住的地方。

阿巴亥跟随努尔哈赤从费阿拉到沈阳城，宫殿一天天宏伟豪华，地盘一天天扩张广大，后金政权一天天强盛起来。然而，在这漫长的历程中，围绕着汗位权力的斗争也是激烈而残酷的。努尔哈赤为强化和扩大汗权，不惜幽弟杀子，骨肉相残。他的弟弟舒尔哈赤和长子褚英就死在他的手上，连这位最受努尔哈赤宠爱的大妃，最终也成为汗位争夺的牺牲品。

长子褚英被囚死后，围绕后金"建储"问题的明争暗斗更为激烈了。斗争主要在大贝勒代善和四贝勒皇太极之间展开。这时候，四大贝勒(代善、阿敏、莽古尔泰、皇太极)各拥重兵，觊觎汗位。其中，阿敏是努尔哈赤的侄子(舒尔哈赤之子)，没有争立的资格。莽古尔泰因富察氏得罪努尔哈赤而失去欢心，他本人也比较鲁莽，故处于不利地位。只有代善与皇太极二人最有希望成为汗位的继承人。在削平诸部、夺取辽沈一系列战争中，他们跟随父汗东征西讨，立下的战功最多。这二人相比，以序齿论，褚英死后，代善居长，皇太极为弟行；以武力论，代善独拥二旗，为皇太极所不及。且代善待人宽厚，深得众人之心；皇太极则威严色厉，为人畏惮。努尔哈赤有意让代善协助执掌国政。他曾对嫔妃们说："俟我百年之后，我的诸幼子和大福晋就要交给大阿哥(即大贝勒代善)收养。"这就暗示出他日后要将汗位传给代善。所有这一切，皇太极看在眼里，妒在心上，他不甘心汗位被别人占去，他要想办法，即使是搞阴谋，也要与代善争个高低。

争夺汗位的另一个潜在威胁，就是大妃阿巴亥的儿子们。阿巴亥是努尔哈赤晚年最宠爱的大妃，这位30出头的少妇，明艳动人，努尔哈赤英雄暮年，儿女情长。望着她那白嫩的脸蛋，清亮的眼睛，弯弯的眉毛，婀娜丰盈的体姿。和那甜甜的微笑，努尔哈赤从心里喜欢。也特命阿巴亥陪他同桌进餐，只有她见了他可以不行大礼，只有她可以在贝勒们议事时坐在他的身旁。子以母贵，阿巴亥的三个儿子自然为努尔哈赤所特别喜爱。尤其是多尔衮和多铎，生得最像他们的父亲。当时多尔衮虽只有十几岁年龄，却已多次跟随父汗出征，表现出非凡的勇敢和才智，努尔哈赤更是视之为掌上明珠。如此一个受宠爱而年轻有心计的母亲，如此一个受宠爱的才智过人的儿子，虽然年纪还小,在皇太极看来无疑是他争夺汗位的一个潜在的威胁,他要千方百计地打击他们。

一个阴谋终于出笼了。

大命五年(1620)三月的一天,小福晋德因泽向努尔哈赤告发,说大福晋多次备佳肴送给大贝勒代善,大贝勒受而食之。她还送佳肴给四贝勒皇太极,四贝勒没有吃。还有大福晋一天二三次派人到大贝勒家去,像是商量什么要紧的事。进而又说,大福晋有二三次深夜出宫院。努尔哈赤派人调查,结果是告发属实。而且进一步揭发大福晋在诸贝勒大臣举行宴会、集议国事的时候,饰金佩珠,锦缎妆扮,与大贝勒眉来眼去。诸贝勒大臣早已心怀不满,却因惧怕大贝勒和大福晋而不敢向努尔哈赤报告。努尔哈赤听后,对代善与大妃的暧昧关系极为震怒,他一向对后宫嫔妃管教甚严,并早已明令不准嫔妃结纳贝勒大臣,不想自己最宠爱的大妃与寄以厚望的大贝勒却做出此等事来,怎能叫他不愤慨呢?但他不愿这等家丑张扬出去,也不愿加罪于儿子,便借口大福晋窃藏皇帛,迫令大归。此后,小福晋德因泽因告讦有功,取代了阿巴亥在餐桌上的位置。代善则被停止了临朝摄政的权力,又被削夺了一旗。

德因泽的告讦是受了皇太极的指使,他精心策划了这一阴谋,利用代善与大妃的隐私,施一箭双雕之计,既使大妃被废,使多尔衮重蹈莽古尔泰的复辙,又使大贝勒代善声名狼藉,失去努尔哈赤的信任,为他以后夺取汗位迈出重要的一步。

然而,一年后,阿巴亥又被复立为大妃,一来是因她终究没有做什么大的错事,二来是努尔哈赤对她的感情的确是太深了,他不能没有她。且多尔衮、多铎都被封为贝勒,分别领有正白、镶白二旗。这样争夺汗位的斗争还将演出更加惨烈的一幕。

大命十一年（1626）正月，努尔哈赤在宁远城下被袁崇焕打得惨败，这是他起兵以来受到的最重大的挫折。他自己也被火炮击成重伤，众将士哭号着用红布将他包裹着抬下阵来。此后他心情十分沮丧，悒悒不自得，怿怿思往事，自起兵以来，44年的戎马生涯，他可以说是战无不胜，攻无不克，铁骑横扫了几乎整个东北，不期今日竟败在一个小小的袁崇焕的手中，败在一座孤零零的宁远城下，是何道理？难道我哪些地方违了民情，失了天意？难道说我的气数将尽了吗？努尔哈赤百思不得其解。他陷入终日焦躁、痛苦之中，食不甘味，寝不安眠，肝郁不舒，积愤成疾。他创伤未愈，痈疽突发，不得不于七月二十三日到清河汤泉沐养。但直到八月，仍毫无结果，病势危重，便乘船顺太子河而下，准备返回沈阳。这时，他自己感觉已经不行了，他便派人召大妃来迎。大妃在距离沈阳40里的叆鸡堡迎见努尔哈赤，八月十一日，68岁的努尔哈赤就在这里死去。

努尔哈赤死后，阿巴亥悲痛欲绝，泣不成声。她与群臣一起抬着努尔哈赤的灵柩回到沈阳宫中。努尔哈赤尸骨未寒，争夺汗位继嗣的斗争却已达到白热化程度。

这时，除了代善、阿敏、莽古尔泰、皇太极四大贝勒外，还有四小贝勒，他们是阿济格、多尔衮、多铎、济尔哈朗。四大贝勒的情况我们已在前面介绍过了，自那桩风流案之后，代善也无力争夺嗣位了，倒是多尔衮三兄弟成了劲敌。多尔衮这时15岁，多铎13岁，三兄弟各领一旗，又有其37岁正当盛年的生母阿巴亥控制于上，实力强大。那阿巴亥又是个极精明、有心计的人，日后这汗位很有可能要落到那多尔衮的头上。这自然为皇太极等人所惧，必定要排除这一后患。于是皇太极便用种种手段串通四大贝勒,在临终遗命上大作文章。

在努尔哈赤驾崩的第二天,皇太极与代善、莽古尔泰三人来到后宫,由莽古尔泰向阿巴亥宣布了努尔哈赤的遗命,说阿巴亥心怀妒嫉,留之恐后为国乱,"俟吾终,必令殉之"。阿巴亥知道这是个阴谋,拒不从命,说道:"老皇崩逝之时,我守在跟前,老皇没有说要我殉葬的话。"

"老皇早就预先留下遗言,他要你陪伴他于地下。"皇太极说。

阿巴亥看透了皇太极的心思,骂道:"你们为了夺取汗位,假传汗谕,老皇尸骨未寒,你们就来要我的命,你们还有点良心吗?"她哭喊着:"我不要死!我不要死!"

"父皇的遗命,只怕由不得你了。"皇太极恶狠狠地威胁说。

"父皇舍不得你,才要你相随于地下,我看你就不要再多说了。先帝的命令你敢不从!"莽古尔泰附和着。

阿巴亥睁着一双泪眼望着代善。代善赶忙低下头,她绝望了,知道死已不免了,她停止了哭泣,慢慢地说道:

"我从12岁归汗王,26年来汗王对我爱护备至,我与他同桌共饮,丰衣美食,还有什么不满足的呢?你们看,我并不老吧,脸上还没有皱纹。汗王去了,我应当相随。我死不难,只是我的两个孩子多尔衮、多铎年纪还小,我放心不下,拜托四大贝勒,念是汗王骨肉,多加照看吧。"

"你能尽节,我们对天发誓,一定保护好你的儿子,你放心好了。"代善说。

阿巴亥要三个人一起发誓,保护她的儿子,然后沐浴盛装,佩戴上努尔哈赤赏赐的珠玉,于八月十二日辰时自缢而死。

大妃死后，多尔衮和多铎年少失去依恃，无力争汗位，代善等人早败下阵来，于是皇太极继嗣父汗以登大位。

这逼宫杀母的一幕，实在是清朝宫廷史上一大惨事。37岁的阿巴亥成了后金汗位争夺的牺牲品。皇太极称她不忘皇恩，殉葬死节，将她同先皇同柩装殓，葬于沈阳东石咀头山的福陵。当年向努尔哈赤告发阿巴亥和代善的那位德因泽和另一位庶妃阿济根也一同殉葬。

顺治初年，多尔衮摄政。于顺治七年（1650）追谥其生母阿巴亥为"孝烈恭敏献哲仁和赞天俪圣武皇后"。顺治八年，多尔衮得罪，遂罢谥，连她的牌位也被"赶"出了太庙。

太祖爱新觉罗努尔哈赤皇后阿巴亥

太宗爱新觉罗皇太极皇后
哲哲

◎ 周国柱

后金天聪十年（1636）四月十一日，盛京（今辽宁沈阳）城内张灯结彩，一片欢腾。皇宫大政殿里正在举行隆重的登基典礼，后金大汗从这一天起改称皇帝，年号崇德，国号也改为清。

这位大清第一个皇帝登基之后，对他的后宫也进行了一番加封。盛京的后宫，包括清宁宫、关雎宫、永福宫、麟趾宫和衍庆宫，是后妃居住之处。皇太极有后妃15人，其中7人来自蒙古，这7人中又有3人来自科尔沁部，她们都姓博尔济吉特氏，而且是姑侄两辈。原来的中宫大福晋是科尔沁蒙古贝勒莽古思之女，名叫哲哲，现在被封为清宁宫皇后；她的大侄女海兰珠是莽古思之子宰桑之女，现在被封为宸妃，居于关雎宫；小侄女布木布泰是海兰珠的妹妹，现在封为庄妃，居于永福宫；其他两宫来自蒙古阿霸垓部，一个为麟趾宫贵妃，一个为衍庆宫淑妃。

哲哲皇后是皇太极的结发妻子。他们这一门婚事，是清太祖努尔哈赤定的。本来，科尔沁蒙古和努尔哈赤的关系并不好。明万历二十一年（1593）的时候，科尔沁部首领明安曾和叶赫、辉发等九部组成联军，向努尔哈赤发动大规模进攻。结果被努尔哈赤运用机动灵活的战术战败，明安的马陷在泥淖中，衣服、马鞍都丢失了，最后只穿条短裤，骑着无鞍马跑了。第二年，明安主动和努尔哈赤建立了友好关系。从此，双方的联系一直不断，关系越来越好。努尔哈赤和皇太极把自己的女儿嫁给科尔沁蒙古王公当福晋，科尔沁蒙古王公又把自己的女儿送给努尔哈赤和皇太极做后妃。通过这种政治联姻，巩固、加强了满蒙联盟。

明万历四十二年（1614）四月，哲哲出嫁那天，努尔哈赤命皇太极亲自出迎。皇太极迎出很远，在辉发扈尔奇山城，大宴亲朋，举行了婚礼。哲哲美丽端庄，性情温柔，待人和善，婚后与皇太极生活得十分甜蜜，关系非常协调。努尔哈赤常命皇太极出征，皇太极东征西战，很少在家，哲哲虽感寂寞，却能体谅，给皇太极以无微不至的关怀、安慰。

天命十一年（1626）八月，努尔哈赤死去，经过激烈的争夺，皇太极于当年九月继承了汗位，哲哲被封为中宫大福晋。此后，哲哲的后母科尔沁大妃便常来盛京城看望女儿。每次这位岳母来，皇太极都要亲自迎送，并赏赐给许多金银珠宝、绫罗绸缎。女儿做了皇后的第二年（1637），大妃又来到盛京城，皇太极设大宴欢迎。宴会后，皇太极追封已经去世的岳父莽古思为和硕福亲王，派人在他墓前立碑，封大妃为和硕福妃。

哲哲皇后恪守妇道，从不妒嫉，也不过分注意皇太极和其她嫔妃的关系，生活得平平安安。唯一的遗憾是她未能为皇太极生个儿子，因此，后来她又把两个侄女进奉给皇太极为妃，皇太极对她们十分宠幸，对她这个皇后不免有些冷落。她倒也并不计较，始终默默地柔顺地侍候着皇太极，并且关心和照顾着诸宫妃嫔。不过，她也很软弱，甚至软弱到有点无能，因而，她对于清宁宫以外的事情几乎一无所知。

崇德八年（1643）八月，皇太极突然发病死去。哲哲皇后身不由己地卷入了一场新的争夺皇位的斗争。她虽无能，但作为皇后又有极重要的作用，对此，急欲立自己的儿子福临为帝的庄妃自然很明白，因此，她被庄妃利用来对付一些可能的反对势力。她曾和庄妃一起说服皇长子豪格放弃争夺，争取大贝勒代善支持福临。最终使福临继承了帝位，是为清世祖。而她自己和庄妃都成了皇太后。

此后，哲哲皇太后又过了六年默默无闻的后宫生活，到顺治六年（1649）四月，终于走完了她的人生道路。

附：太宗爱新觉罗皇太极妃布木布泰（庄妃）

◎ 周国柱

皇太极和哲哲福晋结婚十多年，仍然无子，这使科尔沁蒙古王公极为不安。哲哲为了科尔沁蒙古在宫廷中的地位和利益，也为了使自己的生活不感到寂寞，在征得科尔沁蒙古王公同意后，便向皇太极提议，让自己的侄女布木布泰进宫侍奉他。皇太极虽有不少漂亮的嫔妃，但后宫没有一个绝色，一听哲哲此言，立刻同意。原来，在此之前他曾见过这位侄女。那是天命十年（1625）二月，皇太极在都纳治军，准备大举进犯明边，练军闲暇时，在他的大舅子莽古思之子宰桑家饮宴，见宰桑之女布木布泰艳丽绝伦，不禁为之动心，当即大为赞赏，有意聘纳。就这样，布木布泰成了皇太极的又一个福晋。当时她只有13岁，楚楚可人，一双机灵的眼睛无所畏惧。当时，皇太极34岁。举行婚礼的那天，宰桑遣子吴克善送女。皇太极出迎，遇于沈阳城北岗，筵宴如礼。将要到辽阳京城，努尔哈赤率诸贝勒及后妃等出迎10里，大宴，以礼成婚。皇太极得此美女，爱宠专房。又见她谈吐不凡，智慧超群，更加器重。

崇德元年(1636)皇太极称帝后，布木布泰被封为庄妃。崇德三年正月，庄妃喜得贵子，取名福临，他是皇太极的第九子。福临生得眉清目秀，十分聪明，深受父皇宠爱。

崇德六年(1641)七月，皇太极抱病出征，亲自指挥了具有决定意义的松锦大战，打垮了明蓟辽总督洪承畴率领的13万军队。洪承畴战败被俘，锦州守将祖大寿被迫投降。锦州沦陷，明朝经营了20多年的宁锦防线全部崩溃。这不仅使山海关变成了一座孤城，而且也大大加深了北京的危机。皇太极曾说："取北京如伐大树，先从两侧砍，则大树自倒。现在，明精兵已尽，我再四周纵掠，北京一定可得。"

洪承畴对中原的形势、风土人情，甚为熟悉。皇太极久有吞并华夏的宏图，早知洪承畴之能，他遣谋士说客，千方百计劝洪承畴降清。可是被囚禁在三官庙的洪承畴却拒绝投降。他辱骂劝说归顺的使者，声称愿做断头将军，要求早死。他穿上污血斑斑的明朝服装，朝着北京的方向跪倒，向崇祯皇帝告别，并断然绝食，三天不进滴水。皇太极召集诸王贝勒、内院学士商量对策，大家都劝皇太极放弃招降的打算，就连老谋深算的大学士范文程也认为招降怕是难于成事。皇太极怀着颇为失望的心情，走进永福宫，不禁感叹。庄妃关切地问道："国主威凌华夏，无往不克，何以近来长吁短叹，有什么忧心的事吗?"

"你们女流之辈,知道什么国事。"皇太极说。

"国主虎威,降蒙古、平朝鲜,大胜明军于松山,长城以外都已为我所有,是否以未能并吞中原而不乐?"庄妃说。

"你倒是聪慧,猜到我的心意。"皇太极称赞说。"经略洪承畴,乃中国杰出人才,我爱其才,想要进军中原与明争天下,非有一熟知中原内情的人领路不可。我有心说降洪承畴,无奈他誓死不降。他的仆人金升说他喜欢女色,我装饰了几个美女去侍侯他,都碰壁而回。我真想不出其他好计策了。"

庄妃听皇太极说出因由,沉思许久,似有所悟。她对皇太极说:"洪承畴若肯归顺,夺取中原的大门就打开了。皇上,可不可以叫范文程来一趟?"皇上同意了。不一会儿,范文程来到永福宫。庄妃详细地询问了洪承畴的家世、经历、爱好、脾气等情况,之后,对皇太极说:"我有一计,只是不好说。"皇太极说:"能为我想出收降洪承畴的计策,不管怎样都可以。"于是,庄妃低声悄语说出她的计策。皇太极不禁陷入沉思,最后决定由她去试一试。

庄妃本来就很美,如今正值二十八九、风华绝代的年龄,在盛饰之下,分外娇媚。她暗带一小壶人参汤入侍,见洪承畴闭目面壁,哭泣不止,劝之不成,就说:"将军即使绝食,难道不喝口水而后就义吗?"说时话音委婉,情感亲昵,一双纤纤玉手,丰若有余,柔若无骨,手中捧着一把玉壶,轻轻放到洪承畴唇上,洪承畴不得不喝了一口。不一会儿,庄妃又照此办理,洪承畴也就连饮不辍,一壶人参汤就这样慢慢地喝下去了。洪承畴把味一辨,知道是人参汤,不禁思家心动,又看到面前有这等美妇,生的欲望逐渐产生了。庄妃又连日劝慰,百般奉迎，以柔克刚，天天进奉美味佳肴，洪承畴渐渐地意转心回，终于吃喝照常，最后投降了。庄妃是多么的善于计谋，不同等闲!

庄妃降伏洪承畴后，返回永福宫，皇太极突然发现：庄妃那秀丽的容颜显得分外娇艳，晶莹流盼的眼睛格外温柔，丰满细嫩的肌肤无比动人。而她在降伏洪承畴时却又是那样的刚毅、机敏和沉着。想到后宫有一位如此美丽而又聪明的贤内助，皇太极十分动情，一时竟忘却了庄妃的侍女就站在旁边，猛然上前，一下子抱起了自己心爱的妃子——庄妃。

崇德八年(1643)八月初九日，皇太极暴病突发，他知道自己到了生命的最后一瞬。他看着大贝勒代善，看着皇后皇子，然后把目光凝聚在庄妃的脸上，仔细地端详着。庄妃忍不住哭了。皇上要说什么吗？难道是要庄妃殉葬？努尔哈赤死时宠妃纳喇氏不是殉葬了吗？庄妃在担心地等待着。可皇太极什么也没有说，便猝然病逝。终年52岁。

决定大清今后命运的人是谁呢？

清太宗皇太极没有来得及实现入主中原、夺取明政权的夙愿就暴病而死。他生前未能指定皇位继承人，按制应由八王共举"贤者"。宗室贵族，人人觊觎。于是，满洲贵族内部围绕帝位继承问题，展开了一场激烈的争夺。

皇太极有十一个儿子。肃亲王豪格是长子，当时34岁，为皇太极继妃所生。豪格早在太祖、太宗时期就曾领兵南征北战，颇有战功，实力很强。其他皇子，当时年龄都还小，最大的也不过十六七岁，他们既没有战功，也没有地位。因此，豪格继承皇位的把握比较大。但是，多尔衮和其弟多铎，因战功卓著，封为睿亲王和豫亲王，其兄阿济格封为英亲王，他们这一支极具势力。多尔衮这时也在盛年。努尔哈赤死时，多尔衮因为年幼，母亲被逼殉葬，皇位为皇太极所得。现在皇太极死了，他想以兄终弟及的方式入承大统。资历最老的大贝勒代善，因年老体弱，已没有继位之想。可他在观望着，谁继位对自己更有利，他也有相当的力量。因此，当时最有能力继承皇位的，就是豪格和多尔衮了。

清宫内部关系复杂，矛盾尖锐。皇太极曾亲自统率的正黄、镶黄两旗拥立豪格。豪格本人又统正蓝旗，在满洲八旗中，他已拥有三旗的力量。此外，索尼、鳌拜等大臣也支持他。多尔衮拥有的力量是两白旗，他还得到了多铎、阿济格的支持。双方势均力敌，剑拔弩张，各不相让。难道太祖、太宗创立的大清基业，就在这自相残杀中毁掉吗？庄妃悲痛之余，已经意识到人们在争夺权位了。

庄妃知道会有这场斗争，但没想到会来得这样快、这样猛，没想到清宁宫的地位已岌岌可危，后妃们的命运将任人摆布。她不能再等待了！在清宁宫的权力还没有完全丧失之前，她要运用这个权力，为自己的命运去搏斗。她想到了福临，儿子是自己的命根子，自己的命运要靠儿子来改变。她冷静了许多，开始分析形势，筹划计策。怎样保住清宁宫的特权？怎样避免同室操戈？怎样完成皇太极入主中原的遗愿？豪格与多尔衮二王相争，势均力敌，和不可得，拼则两伤。庄妃终于想好了一个折中方案，她要把福临推上皇位。这有可能成功，因为福临的背后，有忠于皇太极、忠于后妃的两黄旗，还有科尔沁的支持。庄妃的性格、才智、勇敢促使她去进行一次冒险的尝试。时势给了她一个神奇的机会，她决定豁出一切，去驾驭历史给她的这一次难得的机会。她不再犹豫，她要全力实现这个计划。

庄妃立即找皇后商量。她毕竟是个妃子，现在，在后宫中的地位要靠皇后这颗大树庇护，遇事也要靠皇后说话。她向皇后分析了目前的形势。皇后是个无能的人，听完庄妃的话以后，她深感害怕：不管豪格还是多尔衮继位，都要发生一场血战，后果都是不堪设想的。于是，她决定支持庄妃，让福临继位，以保住清宁宫的特权，避免相互残杀。于是，皇后和庄妃一起劝说豪格支持这个方案。豪格虽然明白这个道理，却总觉得委屈。他回到家中后，大喝一场，大醉入睡，醒后便心灰意冷，对侍候在身边的爱妻说："我德小福薄，不堪继位。让皇九子继位还可以，如果让多尔衮继位，我决不允许。"

说通豪格后，庄妃和皇后又召大贝勒代善入宫，说以利害。代善德高望重，又有实力，争取他的支持很重要。代善害怕豪格与多尔衮反目为仇，自相残杀。可当皇后提出要立福临时，他沉默了。他想，如果立福临，庄妃不就听政了吗？大清国说什么也不能掌握在一个女流手中！他正在犹豫之时，庄妃似乎看透了他的心思，对代善说："大贝勒素以国事为重，请放心，福临继位后，我退居后宫，深居简出，决不参政。"代善终于默认了。

几乎在这同时，急不可耐的多尔衮在三宫庙召大臣索尼询问册立之事。索尼说："先帝有皇子在，必立其一。其他的我不知道。""必立其一"？除豪格外，还会是哪个皇子呢？多尔衮在沉思。就在这一天，庄妃决定面见多尔衮。

多尔衮之妻是庄妃的妹妹。庄妃利用其妹，约见多尔衮，和多尔衮当面谈判。当庄妃来到睿亲王府时，多尔衮吃了一惊。庄妃微微一笑，说："我来睿王府，是和你商议嗣君事宜的。论功劳地位，你是有资格登大位的。但先帝有子，头一个豪格就不会甘心。先帝其他年长的儿子，以及代善一支，都会反对你。到那时，国中岂不就大乱了吗？"

"老皇在日，就有立我的说法。我等了17年，一直等到今天。"多尔衮说。

"王爷要以国家为重。大清初建，不能自己乱了阵脚。清宁宫决意不再拥立肃亲王豪格。他虽然是太宗皇帝的长子，为人又忠厚直爽，但只知其武，不知其文。今后，大清要叩关而入，问鼎中原，这副担子他挑不起来。"庄妃说。多尔衮听到后宫不再拥立豪格，松了一口气。"我有一个主意，特来和王爷商量。"庄妃接着说。

多尔衮看庄妃既美艳，又有智慧，以前虽然也见过，但没有现在看得清楚，比她妹妹美丽多了。所以他对她有相当的好感，说道："皇嫂说出来听听。"

"我儿福临，年方6岁，我可传先帝遗命，立他继承，以王爷为摄政王。王爷虽不居帝位，但国政全可由你做主，我从中支持。你岂不如同实际的皇帝一样。这样，众亲王无法反对，不会发生内乱。"

多尔衮想不到庄妃出的是这样一个主意。此刻他才明白，拥立皇九子福临继位的活动，已经在暗地里准备好了。他爱大清江山，他怕大清江山分裂，他要发展父兄的事业，要"入主中原"，可如果因自己夺位而发生内乱，对自己对国家都不利。再说，后宫、豪格、科尔沁联合起来和他作对，他的力量怕是抵挡不过的。多尔衮是个绝顶聪明的人，于是他放弃了自己登位的意图，说道："皇嫂所说颇有道理，我听从皇嫂的意见。只是皇嫂不能食言，我尽心国事，皇嫂可是要支持我。"

"王爷能这样舍己为国，我真敬佩你。请放心，我一定支持你。"庄妃运用灵活巧妙的手段，终于平衡了各派力量。

经过五天五夜紧张激烈的明争暗斗，八月十四日，诸王贝勒大臣会议召开，讨论嗣君问题。这一天清晨，归皇帝直接掌管的两黄旗坚决主张立皇子。两黄旗大臣布置的精锐士卒张弓搭箭，环立在宫殿两侧，一副杀气腾腾的样子，对会议施加压力，使会场有可能爆发一场公开的流血冲突。会议由大贝勒代善主持，他年长德高，理所当然。大臣索尼首先讲话，强调必须立皇子。代善则进一步说明，应当立豪格。而豪格的讲话中则有些谦让，他说自己"德小福薄，非所堪当"，中间退出会场。这时，阿济格、多铎先后发言，认为应当由多尔衮继位。多尔衮开始犹豫未允。对此，两黄旗大臣坚决反对，两黄旗的将领甚至佩剑向前，表示若不立帝子，宁愿跟从皇太极死于地下。而两白旗大臣又坚决反对立豪格。在这种情况下，多尔衮提议拥立皇太极的第九子、6岁的福临为帝，由他和济尔哈朗（努尔哈赤弟）共同辅政，等福临长大后，立即归政。这一折衷方案，立即得到会议主持者代善的支持，很快被会议通过成为决议。这五天明争暗斗的结果，也是会前在主要决策者间已经达成的彼此心照不宣的协议。这个协议是他们双方都能接受的，而且已经表示同意的。豪格对代善徒劳的荐己，无礼地退出会场，反映了直爽、粗鲁的武将性格。多尔衮犹豫未允，反映了他的矛盾心理，而首倡福临，则表明了他的精明和主动。拥立幼帝福临，由济尔哈朗和多尔衮共同辅政，这是一个解决择君危机的折衷方案，既照顾了各方面的利益，又有利于发挥多尔衮等人的才能，维护了满洲贵族的团结，以求入主中原。多尔衮与豪格的主动退让，在一定程度上反映了对这种共同利益的认识。其次，也是满蒙联合的需要。蒙古是满族的坚定盟友,也是满族入主中原必须依靠的力量。福临是庄妃的嫡子,也是蒙古科尔沁贝勒的外甥。福临即位本身就是满蒙联合的象征。福临继位,避免了皇室内部的一次大分裂。

崇德八年八月二十六日,福临在沈阳继承帝位,第二年改元顺治,是为清世祖。尊哲哲皇后和生母庄妃为皇太后。时势把一个6岁的孩子推上了历史舞台的中心,也把庄妃推上了历史舞台的中心。顺治元年(1644)四月,清王大臣会议决定,济尔哈朗留守沈阳,辅佐福临处理朝政,多尔衮出师往取北京,打开通向中原的道路。

就在这一年的正月,关内形势也发生了翻天覆地的变化。农民起义军领袖李自成在西安正式建立"大顺"政权,随后,他统率农民军,斩将夺关,势如破竹,向明朝的都城北京发起了最后的冲击。三月,李自成攻占北京,崇祯帝自缢煤山(即景山),明朝灭亡。李自成称帝。

当时,明驻守宁远总兵吴三桂和驻守山海关总兵高第,对李自成农民军采取观望态度。他们原是奉命防御关外清兵的,李自成进占北京后,两人便合住一处,屯驻山海关下。李自成曾派遣明朝降将唐通携带金银财宝,前往山海关招降。吴三桂和高第也表示愿意归降,他们甚至移交了山海关镇城的防务,由唐通率领8000人接管。吴三桂还奉李自成之命,率所部进京朝见新主。谁知,当吴三桂走到半路时,遇到从北京跑出来的一个家人,报告说他父亲吴襄被抓去拷打,爱妾陈圆圆被李自成所掳。吴三桂顿时怒火万丈,立即率所部4万人马返回山海关,打败唐通,占领了关城,誓兴师灭李。他自揣兵力不足,竟致书多尔衮请发兵助攻。多尔衮乃乘机倾其全力,兴兵入关,与李自成大军会战于山海关一片石,大败李自成。而后,多尔衮率军长驱西进,李自成逃往山西。

多尔衮打败李自成后，命令清军每天奔行120多里，一路上几乎没遇什么阻挡，五月二日便到了北京城。这天，多尔衮乘辇由朝阳门入城，明朝的文武官员迎出5里地以外。多尔衮在武英殿升坐，接受了众官的拜贺，宣布定北京为都城。随后，他派兵先后夺取了河北、山东、山西等省，大大稳定了北京地区的社会秩序。多尔衮采纳降臣洪承畴、范文程的建议，下安民告示，为明帝后发丧，给予隆重葬礼，免除明一切苛捐杂税以及扰民不便民诸事，重用降臣，不加派田赋。这一些措施，很快稳定了局势。这一年九月，皇太后和福临在济尔哈朗护送下，从沈阳出发，前来北京。

顺治元年九月九日，济尔哈朗统率一支骑兵部队，簇拥着一辆黄盖车，像一股滚滚洪流，驶进山海关，向北京方向涌去。黄盖车中坐着神采奕奕的布木布泰太后，她的身旁，是清世祖爱新觉罗·福临。他们不时透过帘布的缝隙，眺望车外的壮丽山河，惊叹不已。九月十六日，福临车驾到达通州（今北京通州），多尔衮率诸王、贝勒、文武群臣前往行殿朝拜。十九日，福临从正阳门进入皇宫。二十五日，多尔衮诸王及满汉官员上表，劝福临即皇帝位。十月初一日，福临前往南郊，祭告天地，并派遣官员祭告了太庙和社稷，正式即皇帝位，成为清王朝入主中原、君临全国的第一代皇帝。从此，中国历史进入清朝统治时期。

7岁的福临没有能力处理朝政，国家大权实际上掌握在多尔衮手中。早在崇德八年十二月，多尔衮就宣布自己"身任国政"。他要求各部尚书、侍郎和都察院听命于他，否则决不宽恕。他规定各衙门办理事务，凡是向皇帝上奏或要记入档案的，一律先启知于他。这样，多尔衮便独掌了朝政，称"摄政王"。辅政大臣之一的济尔哈朗也只好退居第二。为了尊崇多尔衮的地位，顺治元年一月，初步议定了摄政王的各种礼仪，规定其他各王不得平起平坐。多尔衮实际上享有了皇帝的尊荣和权力。他掌理国政，权高望重，天下只知有摄政王，不知有顺治帝。他如果要废顺治自立，易如反掌。他没有这样做，其中也许是受了布木布泰太后的影响。

多尔衮以摄政王之尊，出入内宫，和太后接触频繁。时太后年方31岁，正值盛年，一种成熟的美丽更惹人爱慕。多尔衮比太后大两岁，常常为太后之美所吸引，而太后也颇欣赏这位年轻的小叔子。另一方面，为了维护儿子顺治帝的地位，她对多尔衮也特别礼敬、殷勤，日久情生，难舍难分。太后为了笼络和控制多尔衮，巩固自己和福临的地位，便按照满族父死则妻其后母、兄死则妻其嫂的习俗，下嫁给多尔衮。但在太后下嫁之前，必须先去掉摄政王妃——太后的亲妹妹。摄政王妃在这种情形下，一夕暴崩，成了这件事的牺牲品。

顺治三年（1646），经过多尔衮与范文程密计，范文程在上朝时说："摄政王功高望重，谦抑自持。我皇上虽想报答，用什么来报答呢。虽然王是皇上的叔父，今日之事，犹如父传其子。王既然以子视皇上，则皇上也应当以父视王。怎么样？"众人议说可以。范文程接着说道："今听说王失去王妃，而我皇太后又寡居无偶。皇上既然视王像父亲一样，今不可使父母异居，宜请王与皇太后同宫。"众人又说可以。于是，群臣上贺表。当时，以顺治帝的名义颁发了一篇皇帝的文告，宣示天下：

"太后盛年寡居，春花秋月，悄然不怡。朕贵为天子，以天下养，乃独能养口体，而不能养志。使圣母以丧偶之故，日在愁烦抑郁之中，其何以教天下之孝！皇叔摄政王，现方鳏居，其身分容貌，皆为中国第一人，太后颇愿纡尊下嫁。朕仰体慈怀，敬谨遵行。一应典礼，着所司预办。"

时人张煌言曾写过一首宫词："上寿称为合卺樽，慈宁宫里烂盈门。春宫昨进新仪注，大礼恭逢太后婚。"形象地描述了他们的婚事。到乾隆朝，史家纪昀在修史时看到这件事，认为这是件丑事，便请示高宗毁掉了这段记载。其实，太后下嫁也不是什么了不起的事。既然允许姑侄同侍一人，当然也会出现叔嫂结合了。清军入关后，汉族的封建文化对满族的影响日益深入，其中也包括传统的封建礼教。太后与摄政王多尔衮结婚，当时曾受到维护封建礼教的汉大臣的指责和反对。但皇太后断然下嫁，藐视封建礼教，是很有勇气的。顺治六年(1649)一月，多尔衮改称"皇父摄政王"，并通行于全国。

正当多尔衮志满意得的时候，顺治七年(1650)十二月初九日，他突然咯血，病死在塞外的喀喇城，时年39岁。

13岁的顺治帝追尊他为成宗义皇帝。但不过几个月，却又有人告发多尔衮，说他私藏龙袍朝珠，有废帝自立的阴谋。顺治帝于是追废多尔衮的一切荣衔，削除多尔衮一支势力。这恐怕是多尔衮生前万想不到的。

顺治八年(1651)正月十二日，14岁的福临在太和殿宣布亲政。一个少年皇帝，临朝理事，日理万机，无疑是困难的。但在顺治亲政的8年间，能够有所作为，使清朝政权得到基本巩固，这与布木布泰太后的辅佐是分不开的。

顺治八年二月，布木布泰太后诰谕皇帝说："为天子者，处于至尊，诚为不易。民国者之本，治民必简任贤才，治国必亲忠远佞，用人必出于灼见真知，莅政必加以详审刚断。赏罚必得其平，服用必合乎则。毋作奢靡，务图远大，勤学好问，惩忿戒嬉。倘专事佚豫，则大业由兹替矣。凡机务至前，必综理勿倦,诚守此言,岂惟福泽及于万世,亦大孝之本也。"这份诰谕,既反映了我国历代治国的经验,也是针对少年皇帝的具体情况,有的放矢。既是对儿子的殷切期望,也是谆谆告诫。这份诰谕,顺治帝称为"作君之则",作为自己的座右铭。福临遵照母后的教导,亲政后立即开始大讲经筵,宣传儒家经典。他经常到内三院与汉人文臣讨论历朝治国的得失,总结治国的经验,选贤任能,严惩贪官,对朝政进行了一系列改革,并取得了一些成就,不负母后所望。同时,太后在后宫大力支持朝政。她对汉人将领孔有德、尚可喜等,抚孤结亲,使其为清朝更好地效力。顺治九年(1652),入关前降清的定南王孔有德死,遗有一女孔四贞,皇太后把她收为养女,赐号四贞格格,"育之宫中,赐金万两,岁俸视君王"。顺治十三年(1656),礼部奉圣母皇太后谕,立孔氏为东宫皇妃。孔四贞"自陈有夫",早年已许配孙延龄。皇太后尊重孔四贞本人的意愿,放弃了立为皇妃的打算,召孙延龄入宫,令其结为夫妇,赐第东华门外。顺治十年(1653),皇太后将皇太极的第十四女,嫁给吴三桂子吴应熊为妻。顺治十七年(1660),她又将抚育宫中的原承泽亲王硕塞之女封为和硕公主,下嫁入关前降清的平南王尚可喜之子尚之隆。通过这些联姻,一方面联络感情,以结其心,另一方面也加强控制,留居京师的额附,实际上成为人质。太后在后宫提倡节俭,常将节余银两赈济灾民。顺治十一年(1654),皇太后发宫中银4万两救灾。顺治十三年(1656),她又发宫中银3万两,赈济直隶灾民。福临年少,血气方刚,性格急躁,遇事常不冷静。顺治十六年(1659)七月,坚持抗清的郑成功从厦门率舟师北伐,攻克长江的门户镇江,围困南京,震惊清廷。顺治帝举止失措,想要退守关外。皇太后斥责他说:"你怎么可以把祖先以勇敢得来的江山这样轻易地放弃呢?"福临由羞愧转为狂怒,说:"我要亲自出征,或胜或死。"他甚至拔剑击案,以示决心。皇太后竭力劝阻,又遣福临的奶母与在京的传教士反复劝说,终于使狂怒的皇帝冷静下来,放弃了御驾亲征的打算,留在北京坐镇指挥。顺治十七年(1660)八月,福临因宠爱的董鄂妃病故,陷入极度悲痛之中,甚至要削发为僧,也为皇太后等人所劝止。制止少年皇帝的轻举妄动,尽量减少不必要的失误,这也是只有皇太后才能办到的。

顺治在太后的辅佐下,先后掌权11年,为清朝的发展奠定了基础。顺治十八年(1661)正月初七夜里,顺治因天花病死在皇宫中的养心殿,年仅24岁。

顺治一死,大清又发生了皇帝继承问题。顺治临死前,曾想选立一位兄弟,可布木布泰太后坚持立皇子,并作主立顺治帝8岁幼子玄烨为帝。其主要理由是玄烨在幼年时已出过天花,不会再受这种病症的伤害。当时天花对人们的生命还威胁很大。玄烨即康熙帝,太后被尊为太皇太后。清朝历史步入康熙时期,太皇太后也随之开始了新的征程。

8岁的康熙继承皇位,由索尼、苏克萨哈、遏必隆和鳌拜四大臣辅政。这四位大臣都不是出自皇族,在顺治亲政时,他们经常侍从皇帝左右,而且接近庄皇太后。皇太后有事,常通过索尼、鳌拜等传谕"启知皇帝"。有一次,皇太后患病,鳌拜等近侍卫护,昼夜勤劳,食息不暇,受到嘉奖。可见,四大臣与皇太后的关系非同一般,他们受任辅政,显然是出自皇太后的意旨。

康熙即位后,安徽桐城秀才周南,不远千里来北京请太皇太后垂帘听政。以太后的威望和能力,这是完全可以做到的,可太皇太后断然拒绝了。她谕示诸王、贝勒和大臣们说:"你们恩报朕子皇帝之恩,偕四大臣同心协力,辅佐幼主,则名垂万世。你们这样,我也就放心了。"

四大臣辅政时期,仍以"效法太祖、太宗"作为施政纲领,并恢复了一部分满族入关前的旧制,思想倾向保守。不久,四大臣内部开始分化。康熙四年(1665)初,议立索尼的长子噶布喇之女为康熙皇后,鳌拜坚决反对,声称:"若将噶布喇之女立为皇后,必动刀枪。满洲下人之女,岂有立为皇后之理?"并会同遏必隆、苏克萨哈启奏太皇太后。太皇太后回答说:"满洲下人之女如何立不得皇后?我意已定,不必再议。"毫不客气地顶了回去。七月,索尼的孙女册立为皇后。索尼成为皇亲,地位提高。而同时,鳌拜权势日涨,遏必隆依附鳌拜。康熙五年(1666),鳌拜提出镶黄旗与正白旗更换土地的主张,理由是清初入关后,多尔衮在圈地时偏袒自己所领的正白旗,硬把镶黄旗圈占的好地拨给了正白旗,这不符合祖宗规定"八旗自有定序"的原则。四辅臣中的索尼是正黄旗,遏必隆是镶黄旗,他们明哲保身,对这一主张采取默认的态度,而属正白旗的苏克萨哈坚决反对。因换地事件,苏克萨哈与鳌拜发生冲突,积怨日深。索尼年老多病,害怕卷入他们的矛盾,于康熙六年(1667)三月,提议并会同鳌拜等共同奏请康熙亲政,他们说:"世祖皇帝是14岁掌政,今主上年德相符,特奏请亲政。"太皇太后没有同意,谕示:"帝尚年幼,如尔等俱谢政,天下事何能独揽?缓一二年再议。"当年六月,索尼病故。七月,太皇太后考虑到鳌拜与苏克萨哈的矛盾,决定同意康熙亲政。就在这一年,康熙帝亲政。

但是,鳌拜集团仍把持朝政,不肯归政,想把年轻的小皇帝变成任凭他们摆布的傀儡。当时,辅政大臣只剩三人,遏必隆依附鳌拜。鳌拜专权,并排斥异己,结党谋私。苏克萨哈自知势孤,要求辞去辅政大臣的职务,疏请:"请派我到先帝陵寝处,使如献余生得以生全。"这一举动将了鳌拜的军,刺中了鳌拜的要害。因为苏克萨哈既然辞职,鳌拜势必也要仿效辞职,交出他手中的权力。于是,鳌拜称旨责问,将苏克萨哈及其子孙逮捕,定24大罪,要凌迟处死。康熙坚决不允,鳌拜便挥拳捶胸,疾言厉色,对康熙进行要挟。康熙无奈,只得答应。苏克萨哈被绞死。不久,康熙要往南苑海子打猎,命鳌拜报告太皇太后。鳌拜不但不报,还毫不在意地说:"皇上自己去吧。"康熙八年(1669),群臣向康熙朝贺新年时,鳌拜身穿黄袍,俨如皇帝,仅其帽与康熙不同。一次,鳌拜托病不朝,康熙亲往探视时,鳌拜卧床,席下置刀,根本不把已经亲政的年轻皇帝放在眼里。

鳌拜专权跋扈的行径威胁了康熙的地位,同时也驱使各种反对势力迅速地集结到康熙一边寻求保护。作为他的抚养人和保护者,太皇太后感到孙子的皇权受到威胁,必须清除鳌拜。为了清除鳌拜,她组织和导演了一场别有情趣的戏剧。她命令康熙帝挑选一批少年侍卫,经常在宫中练布裤(摔跤)游戏。鳌拜每次上朝,他们也不回避。鳌拜误认为是皇帝年轻好玩,心里很坦然,并不戒备。一天,鳌拜上朝,看到一群少年在摔跤,便走过来看,突然,这群小孩和他扭打起来。开始,鳌拜还以为是和他开玩笑,等他被捆绑住,才明白自己是被捉了。鳌拜被革职拘禁,其党羽被处死。太皇太后定巧计擒捉鳌拜,巩固了她孙子的地位。康熙夺回政权后,立即宣布停止圈地,平反苏克萨哈案件,甄别官吏,奖励百官上书言事,开始了清代政治史上新的一页。

康熙实际亲政后,太皇太后更全力辅佐。她虽不干预朝政,但朝廷大事,康熙帝基本上是先告诉她,然后再办。朝中重大决策,甚至日常事务的处理,都与她的旨意是分不开的。康熙每天上朝前或下朝后,都要到后宫问安请示,有时一天多达三次,聆听祖母面授机宜。康熙赞颂祖母说:"祖母虽然处在深宫,但为国家谋划弘纲大政,勉以怀侍,惕以励精。"康熙十一年(1672)末,太皇太后谕示康熙:"如今天下太平,四方宁谧,然安不忘危,闲暇时仍宜武备训练。人君之道,诚莫如虚公裁断。"又作书以诫曰:"古称为君雄,苍生至众,天子以一身临其上,生养抚育,莫不引领。必深思得众得国之道,使四海康丰,历数于无疆,惟休。要宽厚慈仁,温良恭敬,慎言谨行,以继承祖宗大业,也无愧于我心。"次年二月,翰林院进呈刊刻满译本注释儒家经典的《大学衍义》一书。太皇太后传谕康熙说:"你要特别加意编纂,命儒臣翻译刊刻,颁赐诸臣。这样,我心欢悦。"并特发内宫白金千两,奖赏译刻有功人员。祖孙间关系十分融洽,配合默契。祖母对孙子格外慈爱,孙子对祖母极尽孝道,言听计从,躬行不怠。

康熙十二年(1673)十二月,爆发了规模浩大的三藩叛乱。"三藩"是指吴三桂、耿精忠、尚可喜。这些降清的明将,为清军竭力效劳,充当镇压农民起义军和抗清力量的急先锋,从而使他们得到了保存和扩大实力的机会。他们分别封王,镇守一地,各自拥有重兵,树立党羽,割据一方。"三藩"割据势力的不断发展,严重威胁着清朝的国家统一。康熙亲政后,十分重视国家的统一和权力的集中。他说:"天下大权,惟一人操之,不可旁落。"康熙决定撤藩。撤藩令一下,吴三桂发动叛乱,自称周王、天下招讨都元帅,其他王纷纷响应叛乱,使清朝统治者大受震动。这事也日夜牵动着太皇太后的心弦。她时刻关注政局的发展，经常发宫中帑银犒赏前方将士。康熙二十年（1681）末，三藩叛乱平定。群臣要给康熙上尊号，康熙帝断然拒绝群臣上尊号的奏议，提出应给太皇太后上尊号。太皇太后再三辞谢说："我一个妇人，无功于臣民，如受徽号，实感不安。"康熙说："国家凡有大庆，必归美于尊亲，臣下也有光荣。"硬是说服祖母接受尊号，并大赦天下。

康熙二十六年（1687）十二月十一日，太皇太后病重，卧床不起。康熙帝在慈宁宫侍奉，连续30余天。他每天只在辰时到乾清门听政，事毕即返，遍检方书，亲自调药，昼夜席地而坐，衣不解带，寝食俱废，侍奉在祖母身旁。无奈太皇太后的病愈来愈重，再也不能起床了。临终前，她平静地回忆了自己的一生，嘱康熙帝"勉自节哀，以万机为重"。并面谕："太宗文皇帝梓宫，安奉已久，不可为我轻动。况且我心恋你皇父及你，不忍远去，务必于孝陵近地为我选择一个地方。这样，我的心就没什么遗憾了。"当年十二月二十五日，太皇太后逝世，年75岁。遵照她的遗愿，安葬于河北遵化昭陵西，曰昭西陵。谥号孝庄文皇后。

孝庄文皇后辞别了人世，康熙陷入极度悲痛之中。文武群臣合疏劝皇上节哀，称颂太皇太后"佐太宗文皇帝，肇造丕基。启世祖章皇帝，式廓大业。"康熙在祭文中，回顾自己的亲身经历，对祖母作了令人诚服的评说："忆自弱龄，早失怙恃，承奉祖母膝下三十余年，鞠养教诲，以至有成。设无祖母太皇太后，臣断不能致有今日。成立罔极之恩，毕生难报。"康熙是清代最杰出的皇帝，对中国的历史做出了伟大的贡献，而他是在祖母的抚养、教导和辅佐下成长起来的。可以说，没有孝庄文皇后，也就没有康熙皇帝。

综观孝庄文皇后的一生,历经三朝,辅立两帝,运筹后宫而不临朝擅权,顺应时势而不固执旧制,默默无闻地促进了清朝的建立、巩固和发展。她是清朝的兴国女杰。

附:太宗爱新觉罗皇太极妃布木布泰(庄妃)

世祖爱新觉罗福临皇后
博尔济吉特氏

◎ 周国柱

顺治八年（1651）正月，14岁的福临开始亲政。同年八月，册封科尔沁蒙古卓礼克图亲王吴克善的女儿博尔济吉特氏为皇后。对于这位皇后，福临并不满意，因为婚事是多尔衮生前定下的。可是考虑到和蒙古王公政治上的联盟关系，他又不得不表示同意。

多尔衮为"摄政王"时，以"皇父"自居，为了控制福临，他便按满族旧例为福临定婚。那时，多尔衮独揽军政大权，居功自傲，培植私党，排斥异己，他的王府宏伟壮丽，比皇宫还有气魄。以致当时人们只知道有摄政王，不知道有顺治帝。顺治帝年幼的时候,对此还不介意,随着年龄的增长,就日益感到难以忍受。顺治帝的母亲布木布泰太后为了笼络和控制多尔衮,巩固自己和儿子的地位,便按照满族习俗下嫁给多尔衮。可多尔衮对太后的感情日益冷淡,太后当然很不满意,这又进一步影响了顺治帝。随着时间的推移,顺治帝对多尔衮的不满越来越强烈。顺治七年(1650),多尔衮突然咯血而死。这样,顺治帝的顾忌也就不存在了。顺治帝亲政后,大臣上告多尔衮生前准备篡夺帝位。顺治帝立即颁布诏书,削去多尔衮的尊号,抄没了他的家产。

顺治帝对多尔衮的不满,直接影响到他对皇后的感情,他把对多尔衮的怨恨迁怒于皇后,于是,顺治帝就对皇后非常冷淡。尽管皇后非常聪明、美丽,无奈顺治帝怨恨之情太甚,她怎么也打动不了年轻皇帝的心。顺治帝好简朴,皇后则注重打扮、讲究排场,生活比较奢侈,这更为顺治帝所看不惯。不久,顺治帝便有意疏远皇后,后来,干脆不和她见面,一隔就是近两年的时间。皇后是布木布泰太后的亲侄女,她便向姑姑哭诉冤屈,太后也劝说皇帝,可顺治帝始终不改变态度。可怜年轻漂亮的皇后,枉费了许多心思,也没得到皇帝的一点点尊重和爱。

顺治十年(1653)八月,顺治帝命大学士冯铨等人,整理各朝皇后被废的故事送他阅读。冯铨等人便从中得知皇后要被废掉的消息。这消息一传开,举朝震骇。大臣们纷纷上疏,劝告顺治帝不要这样做。冯铨疏中说:"前代如汉光武、宋仁宗、明宣帝,皆称贤主,俱以废后一节,终为盛德之累。望皇上深思详虑,慎重举动,万世瞻仰。"顺治帝拒绝了他们的请求,谕以"无能,故当废"。还骂冯铨是不明事理,沽名钓誉。即日,顺治帝又上奏皇太后,把皇后博尔济吉特氏降为静妃,从中宫改居侧宫，并要礼部进行讨论。礼部尚书胡世安、侍郎吕崇烈、高珩上疏请求慎重考虑。礼部员外郎孙允樾及御史宗敦一等14人各上疏力争，建议顺治帝改变决定。孙允樾所言尤切："皇后正位三年，未闻失德，特以'无能'二字定废嫡之案，何以服皇后之心？何以服天下后世之心？君后犹如父母，父欲出母，即心知母过，犹涕泣以谏，况不知母过何事，安忍缄口而不为母请命？"顺治帝置之不理，还命诸王、贝勒、大臣集体讨论。大臣们仍然坚持要皇后正位中宫，此外可再分立东西两宫。顺治帝大为恼火，命令大臣们再次讨论，并谕示孔允樾引咎自责。迫于皇帝的压力，孔允樾上疏承认了自己的不对，大臣们再次讨论后也决定按顺治帝的意见办。皇太后对废掉来自科尔沁的自己的侄女，是很不情愿的，可考虑到顺治帝的心情，还是顺从了儿子的意愿。就这样，皇后博尔济吉特氏终于被废。

博尔济吉特氏被废5年后，顺治帝醒悟到废后的不对，便下令将皇后位号及册宝等悉如其旧。可她已不是正式的皇后了，顺治帝再也没有亲近过她。在如海的深宫中，她含怨忍悲，孤寂地走完了她的人生道路。

世祖爱新觉罗福临皇后
博尔济吉特氏

◎ 周国柱

顺治十一年(1654)六月，福临又册立科尔沁蒙古贝勒绰尔济之女博尔济吉特氏为皇后。

顺治帝的母亲布木布泰太后来自科尔沁，考虑到满蒙联姻的传统及与蒙古王公的关系，由她作主选聘了这位皇后。初为妃，一个月后册为后。新皇后的妹妹和她同一年进宫，被册为淑惠妃。

顺治帝对这位皇后也没有什么好感，冷冷地对待她，常常责备她。顺治十五年(1658)，皇太后有病，顺治帝责备皇后不懂礼节，命令停止她应当享受的某些礼仪性待遇，并让诸王、大臣讨论执行。由于皇太后的干预，皇后的这些待遇才得到了恢复。但顺治帝一直冷淡这位皇后，直到他去世。康熙帝即位后，博尔济吉特氏被尊为皇太后，居慈仁宫。

太后和太皇太后及康熙帝的关系一直非常融洽。康熙帝奉太皇太后谒孝陵、幸盛京，谒福陵、昭陵，出古北口避暑，幸五台山，皆奉太后侍行。康熙二十二年（1683），康熙奉太皇太后出塞，太后未同行，康熙中途射得一只鹿，断其尾用盐腌好，亲自送给太后，极尽孝道。康熙二十六年（1687），太皇太后病重，太后朝夕侍奉在身边。太皇太后去逝后，太后非常悲痛，几次仆地大哭。康熙帝令诸王大臣奏请太后节哀回宫，再三劝请，她才忍痛回宫。康熙二十八年（1689），建宁寿新宫，奉太后居住。

康熙三十六年（1697）二月，康熙帝亲征噶尔丹，驻扎在他喇布拉克。太后在康熙生日时，遣使赐金银茶壶，康熙帝奉书拜受。平定了噶尔丹后，群臣请康熙帝加太后徽号寿康显宁，太后因为康熙帝不受尊号，也坚决不受。康熙三十九年（1700）十月，太后60大寿，康熙帝制《万寿无疆赋》，并奉佛像、珊瑚、自鸣钟、洋镜、东珠、珊瑚、金珀、御风石、念珠、皮袭、羽缎、多罗呢、沈、檀、芸、降诸香、犀玉、玛瑙、瓷、漆诸器，宋、元、明名画，金银、币帛。又令膳房数米万粒，号"万国玉粒饭"，及肴馔、果品等献上。到太后70大寿时，也是如此。很有作为的康熙皇帝，在孝道方面，可谓是历代君王的典范。

康熙五十六年（1717）十二月，太后病重。是岁，康熙帝已64岁，身体也欠佳，头眩足肿。可当他得知太后病重时，便用帕缠足，亲自到宫中看望太后，并跪在床下，捧着太后的手说："母后，臣在此。"当太后睁开眼睛时，因畏明，用手遮住光线，一边执着康熙的手，一边仔细地端详着他，泪水不禁流出，但已不能说话了。康熙帝带病朝夕侍奉。第二年三月，太后去逝，年77岁。葬孝陵之东，曰孝东陵。

孝惠章皇后在漫长的一生中，虽然没有得到顺治帝的爱情，却得到了康熙帝的敬爱，这也算是不幸中的幸运了。

世祖爱新觉罗福临皇后博尔济吉特氏

圣祖爱新觉罗玄烨皇后
赫舍里氏

◎ 周国柱

清圣祖玄烨亦称康熙帝,他是清朝历史上在位最长、最有作为的一个皇帝。他一生有过3位皇后:孝诚仁皇后赫舍里氏、孝昭仁皇后钮祜禄氏和孝懿仁皇后佟佳氏。

康熙的第一位皇后是孝诚仁皇后赫舍里氏,她是辅政大臣、一等大臣索尼的孙女,领侍卫内大臣噶布喇的女儿。康熙四年(1665)七月,她被册立为皇后。这门婚事,是康熙的祖母布木布泰太皇太后给定下的。康熙8岁即皇帝位,由索尼、苏克萨哈、遏必隆和鳌拜四大臣辅政。居四大臣首位的索尼,是四朝元老,从一等侍卫累升至内大臣、一等伯,深受太皇太后的信任与赏识,因此,太皇太后便作主要把他的孙女立为皇后。康熙四年,将此事交大臣们议论。鳌拜坚决反对索尼的孙女立为皇后,声称:"若将噶布喇之女立为皇后,必动刀枪。满洲下人之女,岂有立为皇后之理?"并会同遏必隆、苏克萨哈启奏太皇太后。太皇太后回答说:"满洲之女如何立不得皇后?我意已定,不必再议。"于是,赫舍里氏成为皇后,她一家成为皇亲,地位显赫。康熙十三年(1674)五月初三日,皇后生下皇二子胤礽。不幸的是,她在生胤礽的当天就死去了,年仅22岁,谥号"仁孝皇后"。康熙二十年(1681),葬孝东陵之东,即景陵。后来改谥号为"孝诚仁皇后"。

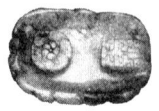

世宗爱新觉罗胤禛皇后乌拉那拉氏

◎ 周国柱

清世宗胤禛，即雍正皇帝，先后有过两个皇后。一是雍正嫡妻乌拉那拉氏，二是钮祜禄氏。

乌拉那拉氏，是内大臣、步军统领费扬古的女儿。胤禛为皇子时，娶了她。后来被康熙帝册封为雍亲王嫡福晋。她在雍正的藩邸生活了30年，亲历了康熙晚年宫廷斗争的多事之秋。

胤禛即位为帝后，那拉氏的地位也随之提高。雍正元年（1723），她被册封为皇后。那拉氏为人孝顺恭敬，无论在藩邸的年月还是被封为皇后以后，她始终如一。她曾为雍正生下长子弘晖,长到 8 岁,不幸夭折了。雍正对皇后很尊重,常常称赞她谦和顺从。雍正九年(1731)九月,皇后病死。雍正帝非常悲痛,要亲临合殓,但这时雍正帝刚刚大病初愈,身体虚弱,大臣们怕他触景增悲,非摄养所宜,纷纷谏止,雍正只好服从。帝亲上谥号曰"孝敬皇后"。后来,与世宗合葬于泰陵。

清

世宗爱新觉罗胤禛皇后乌拉那拉氏

1744

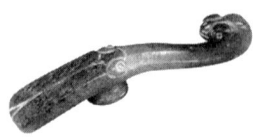

世宗爱新觉罗胤禛皇后钮祜禄氏

◎ 周国柱

钮祜禄氏是四品典仪官凌柱的女儿，生于康熙三十一年（1692），13岁入胤禛贝勒府，号格格。康熙五十年（1711）八月，生弘历，是为雍正第五个儿子。但因齐妃李氏所生第二子弘盼早殇，未列叙齿，所以弘历排行为第四，称皇四子。后来弘历继承了皇位，这就是清高宗乾隆皇帝。

关于乾隆的出生，还有一段传说呢。据"燕北老人"所撰《满清十三朝宫闱秘史》记，弘历是浙江海宁陈阁老的儿子，这是因为雍亲王几个儿子殇逝，没有子嗣，这年钮祜禄氏生的是一个女孩，王府便偷偷与陈家换了个男孩。这种传说是没有根据的,因为这时雍正虽然有3个儿子夭折,但还有一子弘时已经8岁,并不是没有子嗣,无需偷换人家的男孩。再说,这时雍正才34岁,正当壮年,其妾耿氏正怀胎五月,不可能急不可待地抱养别人的儿子。正是这位燕北老人,在他的书中又写道:"世宗肃俭勤学,靡有声色侍御之好,福晋别居,进见有时。这年夏天,世宗病了,其他嫔妃多不乐往,钮祜禄氏奉王妃之命,旦夕服侍于身边,连五六旬,疾不愈,遂得留侍,生高宗焉。"这与前面陈家换子的说法自相矛盾,证明此说不可信。弘历为钮祜禄氏所生是无疑的。

弘历自幼聪颖过人,深得祖父康熙帝和父亲的喜爱,他的生母也因此备受恩宠,雍正年中,钮祜禄氏被封为熹妃,又晋为熹贵妃。弘历立嗣以后,乃得母以子贵,雍正临终,留下遗命,封为皇后。高宗即位后,尊为皇太后,居于慈宁宫。

钮祜禄氏为皇太后,在乾隆朝生活了40余年。乾隆帝非常孝敬自己的生母,在母亲面前兢兢守家法,对母亲的话唯命是听。一次,太后偶然说起顺天府东有一废寺,应当重修,乾隆立即派人修整。乾隆为一代风流皇帝,一生中经常巡游各地。他出巡时常常奉太后以行,她曾随乾隆帝3次南巡、3次东巡、3次到五台山。每次出巡,必兴师动众,修桥铺路,修葺行宫。所到之处,地方官民列队跪伏迎候,好不气派。每遇太后生辰万寿之日,乾隆帝亲率王公大臣奉觞称庆。特别是从乾隆十六年,太后60大寿,以及此后的70大寿、80大寿,庆典一次比一次隆重。在她回宫所经的十几里路上,张灯结彩,几十步搭一个戏台,南腔北调,优伶毕集,轮番演出。以彩绢做高山,锡箔做海湖,寿桃一个竟有几间屋子那么大。乾隆帝知道母亲喜欢江南风光,还特地在万寿寺旁仿造几里路长的"苏州街",奉迎母亲穿行于其间。每次寿典所进寿礼,更是不计其数了，先进以皇上亲制的诗文、书画，再进如意、佛像、冠服、簪饰、金玉、犀象、玛瑙、水晶、玻璃、珐琅、彝鼎、瓷器、绮绣、书画、币帛、花果、各种外国珍品，无所不全。太后为天下母 40 余年，乾隆帝以天下养之。时值国家全盛，钮祜禄氏真是享尽了人间之福。

乾隆四十二年(1777)正月，钮祜禄氏死去，享年 86 岁。葬于泰陵东北，称泰东陵。后来，上谥号曰："孝圣宪皇后"。

清

世宗爱新觉罗胤禛皇后钮祜禄氏

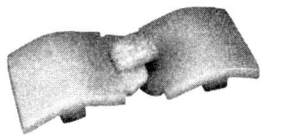

附：世宗爱新觉罗胤禛妃年氏

◎ 周国柱

年氏是湖北巡抚年遐龄的女儿，雍正朝重臣年羹尧的妹妹。早年事胤禛于雍邸，封为侧妃。康熙五十九年（1720）五月，她为雍正生下第七个儿子福宜，但未满周岁就夭折了。六十年十月，又生第八子福惠。雍正元年五月，又生第九子福沛。但都相继夭亡。

年氏进雍府较晚，但却得到雍正的喜爱，有专房之宠，故连生三子一女。雍正元年，被封为贵妃。年氏为什么能取得这样的地位呢？一方面当然是她独有可爱之处；另一方面，也与她的哥哥年羹尧不无关系。

年羹尧以康熙三十九年翰林出身，历充四川、广东试差，不到10年，升为四川巡抚。后赴西藏协理军务，以功晋升为四川总督，接着授以定西将军。西藏军事平息后，被授以四川陕西总督，封三等公，加太保。雍正初，年羹尧与隆科多以拥立世宗有功，备受世宗恩遇。羹尧的文韬武略，都深为雍正帝所赏识。尤其是他以抚远大将军的身份率军平息青海叛乱以后，雍正更是兴奋异常，把年羹尧视为自己的"恩人"。甚至流着眼泪向怡亲王和隆科多国舅述说年的功绩和对他的感激之情。雍正晋封年大将军为一等公，加太傅。年的父亲、儿子也被加官封爵。那么，羹尧的妹妹年贵妃深得雍正恩宠，就不足为怪了。

正是由于雍正对年羹尧宠异过分，评价过高，以致使他权势煊赫，几乎形成尾大不掉之势。年羹尧凭恃功劳大与皇帝宠信，行事不知检点，做出种种越权枉法的事情来。同时，他的耀武扬威、目空一切，也引起了雍正另一部分亲信的不满，这些人不断向雍正耳中吹风，似乎天下恩威不自上出，而雍正似乎成了年羹尧的掌中玩物了。这些谗言大大刺伤了雍正的自尊心，他开始有计划、有步骤地打击年羹尧了。雍正三年（1725）三月，公开罪责年羹尧。

事态的变化深深刺痛了年氏的心，她为哥哥的不检点而不安，也为世态炎凉而感到可畏。她终于病倒了。雍正帝看到病弱的年氏，不忍在她垂危的心头雪上加霜，虽早已决计整治年羹尧，但又不便在年氏病笃之时动手，那毕竟是他专宠数年的贵妃啊。这年十一月，年氏病危，雍正加封她为皇贵妃，并表彰她："秉性柔嘉，持躬淑慎，朕在藩邸时，她事朕克尽敬慎，在皇后面前小心恭慎；朕即位后，贵妃于皇考、皇妣大事悉皆尽心，力疾尽礼，实能赞襄内政。"年氏一病未起，当月死去。一个月后，年羹尧被赐死。

年氏死后，谥曰"敦肃皇贵妃"。乾隆初年，使其从葬于泰陵。

附：世宗爱新觉罗胤禛妃年氏

高宗爱新觉罗弘历皇后富察氏

◎ 孙金玲

高宗弘历也称乾隆帝，是个勤于政务的皇帝，也是个贪图享乐的皇帝。

乾隆帝喜欢率大臣、后妃游山玩水。他在位期间，正是清朝最繁盛的时期，国力强盛，物产丰富，给他提供了优越的客观条件。他曾经六下江南，饱览了苏、杭美丽的景色，又五次巡幸五台山，五次告祭曲阜，七次东谒三陵，两次巡游天津，一次登赏嵩山，一次游览正定，多次避暑热河。每次出巡，都要带后妃多人，富察皇后就是死在东巡途中的。

富察氏，是察哈尔总管李荣保的女儿。雍正五年（1727），乾隆帝为皇子时，富察氏被封为嫡福晋。乾隆二年(1737)，册立为皇后，富察氏是个注意节俭的人，她当皇后13年，从没佩带过珠宝翠玉，只用通草绒花做装饰品。每年正月新春开始，后妃们都要做荷包献皇帝。别的妃嫔都用金银丝线，做成的荷包金光灿灿，非常华丽，唯独富察氏用鹿羔绒毛制作荷包敬献皇上。富察氏这样做，是想仿照清朝在关外时期的样式，以此提醒乾隆帝不忘祖宗。乾隆帝很敬重她。

尽管乾隆帝表面上很敬重富察氏，但心里却不以为然，他另有一番情趣，依然挥霍奢侈。乾隆帝大修避暑山庄，所费亿万，大修圆明园，也不下亿万。圆明园里奇珍异物，令人目眩神迷。还下令在福海东边的同乐园中，添修一条买卖街，古玩古衣、茶馆饭店，样样俱有。开店的是内监，跑堂的则须从外城市中选来的声响口亮的人，龙驾过时，更得把叫菜声、报帐声、核算声弄得杂沓并起，使乾隆帝听了高兴。

乾隆帝口口声声要节俭从事，但并未从事节俭。皇后富察氏再三提醒劝诫，也不起什么作用。乾隆十三年(1748)，富察氏随同乾隆帝东巡。三月，途经山东德州，准备乘船返回北京。有人说，乾隆帝对当地妓女非常眷恋，富察氏劝诫乾隆帝不要挥霍过度，特别是要自重，爱惜身体。这下可把乾隆帝惹恼了。乾隆帝大怒，不仅责骂富察氏，还动手打了她几个耳光。富察氏又气又恼，便跳到运河里自杀了，回京后只说是途中病死的。富察氏投河自尽，只是一种传说，她实际上是病死的。她刚到德州的时候，就得了感冒。赶巧，当地那时又连日春雨纷纷，天气格外阴冷。她感冒没好，又劳累过度，转成肺炎，不治而死。年37岁。有永琏、永琮二子。富察氏死后，乾隆帝很悲痛，昼夜兼程返回北京，将富察氏殡于长春宫，服缟素12日。

早在皇贵妃高佳氏死、上谥以"慧贤"时，皇后富察氏曾对乾隆帝说："我他日期以'孝贤'，可以吗？"于是，此时遂谥富察氏为孝贤纯皇后。

乾隆帝悲痛之余，为孝贤纯皇后撰写了碑文，其中写道："忆昔宫廷相对之日，适当慧贤定谥之初。后忽哽咽以陈词，朕为欷歔而耸听。谓两言之征信，传奕禩以流芳。念百行以孝为先，而四德惟贤兼备。倘易名于他日，期纪实于平生。讵知畴昔所云，果作后来之谶。在皇后贻芳图史，洵乎克践前言。乃朕躬稽古右文，竟亦如酬夙诺。"字里行间情切意深，表达了乾隆帝对皇后的思念和敬重。

乾隆帝还写了一首《述悲赋》，追忆、评述了孝贤的一生。赋中写道："《易》何以首《乾坤》？《诗》何以首《关雎》？惟人伦之伊始，因天俪之舆齐。念懿后之作配，廿二年而于斯。痛一旦之永诀，隔阴阳而莫知。""在青宫而养德，即治壸而淑身。纵糟糠之未历，实同甘而共辛。""奉慈闱之温清，为九卿之仪型。克俭于家，爰始缫品而育茧；克勤于邦，亦知较雨而课晴。嗟予命之不辰兮，痛元嫡之连弃。致暗然以内伤兮，遂邈尔而长逝。抚诸子如一出兮，岂彼此之分视？""尚强欢以相慰兮，每禁情而制泪。制泪兮泪滴襟，强欢兮欢非心。聿当春而启辔，随予驾以东临。抱轻疾兮念众劳，促归程兮变故遭。""影与形兮难去一，居忽忽兮如有失。对嫔嫱兮想芳型，顾和敬兮怜弱质。""信人生之如梦兮，了万事之皆虚。呜呼，悲莫悲兮生别离，失内位兮孰予随？入椒房兮闃寂，披凤幄兮空垂。春风秋月尽于此已，夏日冬夜兮知复何时？"

乾隆十七年（1752），孝贤纯皇后葬孝陵西胜水峪。后来便在这里修建了裕陵。

高宗爱新觉罗弘历皇后
乌喇那拉氏

◎ 孙金玲

1754

　　乾隆皇帝的第二个皇后乌喇那拉氏，是佐领那尔布的女儿，原为侧室福晋，乾隆二年(1737)，封为娴妃，十年(1745)晋为贵妃。富察皇后死后，她晋为皇贵妃，管六宫事。十五年(1750)册立为皇后。

　　乌喇那拉氏是一个个性很强的人。她也时常劝诫皇帝不要太奢侈挥霍，可乾隆帝依然如故。乾隆帝每次南巡，前一年都派官员人等勘察道路、修桥铺路、修葺行宫，从北京到杭州，途中一共兴建行宫30处。没有行宫的地方，各搭黄布城和蒙古帐房。所经道路，都要洒水清尘；所经石桥、石道，则用黄土铺垫；水路码头，还要统统铺上棕毯。还有大批官兵随行。所经30里以内，地方官员一律朝服接驾；耆民老妇、绅衿生监排列跪伏；80岁以上的老翁、老妇则穿黄布或黄绢外褂，手执高香跪候。各处行宫，不是陈列着官员们"借"来的书籍、字画、端砚、挂屏等，就是陈设着每件费工千百的象牙雕、紫檀花梨屏座等。乾隆帝每到一地，还要对妃嫔、臣僚赐宴行赏。这确实是劳民伤财。有人曾经打比方说：乾隆皇帝"好像一个纨袴子弟，得了先人丰富的遗产，穷奢极欲、富丽堂皇"，结果，成了清朝盛衰的转折点。

乾隆三十年（1765），乌喇那拉皇后随同乾隆帝南巡到杭州。杭州地方官为迎驾，用彩绸、彩布搭建彩棚、点景，设立香案等，造成巷舞街歌的喜庆气氛。并雇下昆腔、京腔、秦腔、梆子腔、二簧腔等戏班子迎驾，御驾光临时，纷奏杂鸣，好不热闹。这份热闹再加上杭州的美景，使乾隆帝不愿回京城。乌喇那拉氏便劝乾隆帝不要迷恋江南美景，早日返京，却遭到乾隆帝的唾骂。她受不了这样的辱骂，一气之下，就把自己美丽的头发全部剪光，以此表示对乾隆帝的不满。乾隆帝认为剪掉头发违背了祖宗传下来的风俗，大发雷霆，下令让乌喇那拉氏先返回京师。乌喇那拉氏回京后，心情郁闷，长久不能恢复，到乾隆三十一年（1766年）七月，终于病死，有永璂、永璟二子。

满人御史上疏请仍以皇后礼葬，乾隆帝不同意，诏曰："无发之人，岂可母仪天下哉。"命按皇贵妃仪礼治丧。

乾隆四十三年（1778），乾隆帝东巡。有一个叫金从善的人上书，首及建储，次为立后。乾隆帝谕曰："那拉氏本为朕青宫时皇考所赐侧室福晋，孝贤皇后崩后，循序晋皇贵妃。越三年，立为后。其后自获过愆，朕优容如故。国俗忌剪发，而竟悍然不顾，朕犹包含不行废斥。后以病死，止令减其仪文，并未削其位号。朕处此仁至义尽，况自是不复继立皇后。从善乃欲朕下诏罪己，朕有何罪当自责乎？从善又请立后，朕春秋六十有八，岂有复册中宫之理？"下行在王大臣议从善罪，坐斩。从此，乾隆帝再不复立皇后。

清

高宗爱新觉罗弘历皇后乌喇那拉氏

附：高宗爱新觉罗弘历妃和卓氏

◎ 孙金玲

在乾隆帝的后妃中，有一个维吾尔族人，被封为容妃。长时间来，人们都称她为"香妃"。从清朝末年起，我国民间出现了许多关于香妃的传说。

1914年，在今天的故宫博物院南部，有关部门成立了一个"古物陈列所"。这个所在浴德堂展出了一幅从承德避暑山庄移来的"香妃戎装像"，在画像旁边，附有一个"香妃事略"，简单介绍了香妃的身世和生平：

香妃者，回部王妃也。美姿色，生而体有异香，不假熏沐，国人号之曰香妃，或有称其美于中土者。清高宗闻之，西师之役，嘱将军兆惠一穷其异。回疆既平，兆惠果生得香妃，致之京师，帝命于西内建宝月楼（今新华门）居之。楼外建回营，氍幕韦鞴，具如西域式。又武英殿之西浴德堂，仿土耳其式建筑，相传亦为香妃沐浴之所。盖帝欲藉种种以取悦其意，而稍杀其思乡之念也。讵妃虽被殊誉，终不释然，尝出白刃袖中示人曰："国破家亡死志久决，然决不肯效儿女子汶汶徒死，必得一当以报故主。"闻者大惊，但帝虽知其不可屈而卒不忍舍也，如是者数年。皇太后微有所闻，屡戒帝弗往、不听。会帝宿斋宫，急召妃入，赐缢死。

此像佩剑矗立，纠纠有英武之风，一望而知为节烈女子，系乾隆时宫廷画家意大利人郎世宁手笔。此像之由来，相传为得自热河行宫，早有影片流行，可信成分，还待考证。这个事略却是不可信的。正是这个错误百出的事略，引出了关于"香妃"的荒谬传说。

历史上确有香妃其人，她的正式封号是容妃，即容貌出众的意思。容妃生于雍正十二年（1734）九月十五日，是新疆伊斯兰教的始祖派噶木巴尔的后裔，世居叶尔羌，其族为和卓，故称容妃为和卓氏。其父阿里和单为回部第二十九世。乾隆二十年（1755）五月平定准噶尔时，解救了曾被囚禁的布那敦、霍集占（即大、小"和卓木"）。后来他们兄弟又叛乱。容妃的哥哥图尔都因为反对割据，不屈顺于叛酋霍集占兄弟，将全家从天山南路的叶尔羌迁往天山北路的伊犁居住。乾隆二十三年（1758），容妃的叔额色尹和兄图尔都配合清政府军队作战，使大小和卓腹背受敌，对于夺取战事的胜利起了重要作用。由于在维护祖国统一反对民族分裂上作出了贡献，一家受到清廷重视，被召入京师。于是，额色尹、图尔都等人带着家眷，骑着骆驼，浩浩荡荡地向北京进发了。

早在额色尹等人启程之前，乾隆帝就派人在西长安门外修建了一所伊斯兰教寺院，在寺院周围又盖了一片房子，供额色尹等人到京后居住。这一带就叫"回子营"。额色尹等人翻山越岭，长途跋涉了三个多月，终于到了北京。几天以后，乾隆帝召见了额色尹、图尔都等人。由于他们在平息霍集占兄弟叛乱时立下了战功，分别被封为辅国公、扎萨克头台吉。

容妃从小生活在戈壁绿州，从来没见过这么高大的房屋，繁华的街道，密集的人群。看到这一切，她感到格外高兴。她端庄秀丽，也像其她维吾尔族姑娘一样善良、勤快、热情、活泼，能歌善舞，深得大家喜爱。图尔都有一个好妹妹的消息传到了乾隆帝耳中。他早就听说回人妇女窈窕娇美，一直未能亲眼得见，妃嫔之中，虽说不乏满、蒙、汉人，但却没有维吾尔族人。与外藩联亲，本是清朝祖制，乾隆便想把图尔都的妹妹纳入宫中，一来对安抚回部有利，二来后宫中又可多一位佳丽。

乾隆二十五年（1760）二月，容妃进宫，六月，封为和贵人，时年27岁。乾隆二十七年（1762）五月，乾隆帝奉皇太后懿旨，册封和贵人为容嫔。乾隆三十三年（1768）六月，容嫔升为妃。

容妃在宫中享有特殊的地位。乾隆帝很注意照顾容妃的民族习惯和宗教信仰。当她还是贵人的时候，赐给她的新疆哈密瓜等贡品就比一般妃嫔为多。乾隆帝赐给她的御膳大都是羊肉、鸡、鸭和素菜等菜肴。宫中曾有一位名为努倪玛特的维吾尔族厨司，专门为她做"谷伦杞"（抓饭）和"滴非雅则"（洋葱炒的菜）等维吾尔饭菜。她在宫中长期穿维吾尔服装，直到封为容妃时，才新做了满族式样的冠戴首饰16项和朝服等。乾隆三十六年（1771），容妃陪同乾隆帝到泰山、曲阜时，皇帝赏给其她妃嫔的菜肴有"猪肉馅粘团"、"猪皮冻"、"猪肚"等，而赏给容妃的却是"春笋拌豆腐干"、"羊他他土"、"麻酥锅渣"、"豉豆粥"、"油煤果"等。乾隆四十三年（1778），皇帝偕容妃及其她妃嫔出游盛京，有人把在围场打得的一只野猪、一只狍子进贡给皇帝。乾隆帝分赏给颖妃、惇妃、顺妃、诚嫔、循嫔每位野猪肉一盘，而独赏容妃狍肉一盘。这说明，乾隆帝对容妃的宗教信仰、风俗习惯是十分尊重的。

乾隆帝对容妃的家属也很照顾。图尔都死于乾隆四十三年，死后无子，由侄托克托袭辅国公。乾隆帝给予容妃及其家属很高的地位，优厚的待遇，这不能单从宠爱一个妃子的角度进行解释。清的民族政策主要是笼络各族上层人物支持朝廷，以加强中央政府对各民族的统治。为此，清皇室多次和蒙古族中的贵族联姻，清太宗和清世祖曾以蒙古贵族女儿为后妃，自努尔哈赤始，历康、乾等朝。也一再把公主嫁给蒙古贵族。乾隆帝纳容妃，也应有同样的用意，即通过她及其家属，笼络维吾尔族上层，搞好民族关系，以巩固中央政权对于西北地区的统治。

自乾隆五十年（1785）起，容妃身体欠佳，在宫内大宴上很少露面。乾隆五十二年（1787）起，容妃病倒，经常在御药房取药。乾隆帝因容妃有病，多次单独赏给她枣糕、桔饼、柿霜、梨膏、西瓜、耿饼等物品。容妃的病越来越重，她对宫中朝夕相处的妃嫔和本宫女子以及她娘家的叔叔、婶婶、嫂嫂、姐妹等都寄以无限的深情，她把毕生积存的全部衣物和珍贵的首饰分赠给他们留作纪念。

容妃在清宫生活了 28 年，于乾隆五十三年（1788）四月十九日病死，年 55 岁。

传说容妃死后，被埋在北京的陶然亭旁，那里至今还有一个很大的坟头，坟前立着一块碑，碑上写着"香冢"两个大字，碑的后面，刻着这样一首词：

> 浩浩愁，茫茫劫，歌终，明月缺。郁郁佳城，中有碧血。碧亦有时尽，血亦有时灭，一缕香魂无断绝。是耶？非耶？化为蝴蝶。

容妃的一部分衣物运回新疆喀什，埋葬在和单墓中。这样，在遥远的新疆喀什城外，也有一座香妃墓。其实，容妃死的当年，就"奉移容妃金棺于纯惠皇贵妃园寝安葬，设神位于舒妃之次"。嘉庆四年（1799），乾隆帝死，葬裕陵。纯惠皇贵妃之园寝就在裕陵之侧，容妃棺木即在此处。裕陵属东陵，在今河北省遵化县。

容妃是乾隆很宠爱的妃子。自容妃葬后，乾隆帝曾写宝月楼诗纪念。其《宝月楼自警》诗："液池南岸嫌其远，构以层楼据路中。卅载画图朝夕似，新正吟咏昔今同。俯临万井诚繁庶，自顾八旬恐脞丛。归政五年亦近矣，或当如原吴恩蒙。"此诗距容妃之丧将及3年，诗中殊有悼亡意味。乾隆帝的文字不足以绮靡言情，且又须保持帝王尊严态度，只好如此。然思念感慨之意，溢于言表。

容妃和她一家，为反对割据、维护民族团结和国家统一作出了贡献。

仁宗爱新觉罗颙琰皇后
喜塔腊氏

◎ 彭益军

位于河北省易县境内的清西陵，背山靠水，古柏参天，风景秀美，清仁宗颙琰即嘉庆皇帝的后妃们就安葬在这里。其中，皇后喜塔腊氏和嘉庆皇帝合葬于西陵中的昌陵；嘉庆的另一位皇后钮祜禄氏葬在昌陵之西的昌西陵。同嘉庆皇帝一样，嘉庆的后妃在青史上都没有留下什么盛名，史书中有关她们的记载大多简略不详。时至今日，从史书中的确是难以勾勒出这些后妃清晰的形象，可谓岁月如梭，芳踪难觅了。

喜塔腊氏是嘉庆皇帝的第一位皇后。她是副都统、内务府总管和尔经额的女儿。乾隆三十九年（1774），嘉庆还是皇子的时候，喜塔腊氏被册封为嘉庆的嫡福晋。乾隆四十七年(1782)八月，喜塔腊氏在宫中的撷芳殿生下了嘉庆的第二子绵宁——后来的道光皇帝。嘉庆受禅登基后，喜塔腊氏随即被册封为中宫皇后。只是喜塔腊氏一直柔弱多病，难保长寿，所以皇后的凤冠她并没有戴多久。嘉庆二年(1797)，喜塔腊氏一病不起。二月初七日，她在宫中安然去逝，结束了自己显贵而平淡的一生。当时，嘉庆正充当着傀儡皇帝的角色，他的日常举止时刻要受到太上皇乾隆的监督，搞得嘉庆颇有些诚惶诚恐。喜塔腊氏去世后，乾隆让嘉庆素服7日以示哀悼。嘉庆虽然表示尊奉皇父的旨意，但应当取意吉祥，况且喜塔腊氏被立为皇后的时间也并不长，许多丧礼都可以免掉。于是不仅嘉庆本人穿戴着常服，他身边的太监们也是如此。

　　喜塔腊氏去世后不久被谥为孝淑皇后，安葬在京西易县的太平峪。嘉庆八年(1803)，在太平峪建起了昌陵，喜塔腊氏遂先于嘉庆皇帝葬入昌陵，嘉庆死后也葬于此。喜塔腊氏一生为嘉庆养育了3个儿女。除皇子绵宁(后改名为旻宁)以外，还有两个女儿。其中一个女儿中途夭折，另一个女儿成年后下嫁了蒙古贵族玛尼巴达喇。在道光、咸丰年间，喜塔腊氏的谥号又一再增加，被称作"孝淑端和仁庄慈懿敦裕昭肃光天佑圣睿皇后"。

仁宗爱新觉罗颙琰皇后
钮祜禄氏

◎ 彭益军

钮祜禄氏是嘉庆皇帝的第二位皇后，她父亲恭阿拉在乾隆朝曾出任过礼部尚书。在嘉庆登基称帝之前，钮祜禄氏便嫁到了嘉庆身边，为嘉庆的侧室福晋。嘉庆称帝后，钮祜禄氏的地位也日渐尊贵起来。起初她被封为贵妃，中宫喜塔腊氏去世后，太上皇乾隆诏令钮祜禄氏继位中宫，她进而被封为皇贵妃。嘉庆六年（1781），钮祜禄氏被正式册封为皇后。钮祜禄氏是皇三子绵恺、皇四子绵忻的生身母亲。绵恺在嘉庆年间被封为惇郡王，在道光年间又成为亲王。绵忻在嘉庆年间已被封为瑞亲王。此外，钮祜禄氏还有一个女儿，只是这个女儿未成年就夭折了。

钮祜禄氏是个工于心计的人。在成为皇后的最初几年，她给人的印象尚比较平和，但渐渐地她在后宫中弄起权术来。嘉庆后期，随着嘉庆皇帝日垂暮年，他身后皇位属谁的问题也变得日益突出。出于对自己以后利益的考虑，钮祜禄氏对这个问题也十分关切。最终结局究竟会如何呢？

嘉庆二十五年（1820）夏，嘉庆皇帝带着绵宁等人来到了承德避暑山庄。七月二十五日，原本身体安好的嘉庆突然倒在了病榻上，当天就与世长辞了。嘉庆皇帝的病来得突然，去世得也快。在嘉庆临终之前，内大臣赛冲阿、禧恩等人聚在一起打开了盛有皇帝御书的铁匣子。清王朝自雍正皇帝以后有一个习惯：何人继承皇位是由在位皇帝及早写在御书上，盛在铁匣子里，然后放在宫中正大光明殿匾额后面。只有在皇帝去世时大臣们才能打开匣子，按御书上的人选拥戴新的皇帝。当时，赛冲阿等人打开铁匣，取出了御书，只见上面写着让皇次子绵宁继承皇位。如此看来，绵宁继位乃是嘉庆遗命，无可厚非。但身体好端端的嘉庆皇帝为什么要将铁匣带到承德来呢？嘉庆皇帝刚刚晏驾，远在北京的钮祜禄氏就派人快马加鞭传来了她的旨意：让绵宁继承皇位。这样就更加确定了绵宁皇位继承人的身份。不过，钮祜禄氏对嘉庆的死讯知道得如此之快不免令人惊讶，似乎她对嘉庆的死早有预料。而且她指定的新皇帝人选与嘉庆御书上所写的正相吻合，莫非她事先看过了御书？如果钮祜禄氏早已心中有底，那么她传旨之举是顺水推舟地对绵宁示以恩典，还是防止王公大臣们节外生枝？嘉庆驾崩前后发生的一连串事情，是否隐含着钮祜禄氏的一番苦心？尽管这幕新桃换旧符的短剧有令人起疑之处，但这在当时的政坛上并未激起轩然大波。绵宁顺理成章地登上了皇位，他便是道光皇帝。

道光皇帝尊奉钮祜禄氏为皇太后，安排她住在寿康宫，并且对这位皇太后一直十分敬重。

后世的一些人坚持认为：钮祜禄氏在嘉庆驾崩、道光继位的过程中扮演了很微妙的角色。不过，这毕竟是人们根据某些现象推测的结果，尚无法成为定论。在后世的一些描述中，钮祜禄氏与道光帝皇后的死也有很大关系。这是怎么一回事情呢？

原来，道光皇帝先后有过4位皇后，其中第三位皇后也叫钮祜禄氏，这位皇后与孝和睿皇后——当时已被尊为皇太后的钮祜禄氏还是姑侄关系。皇后钮祜禄氏不仅姿色秀美，而且聪颖伶俐，颇得道光帝的欢心。皇太后钮祜禄氏在道光帝面前说话很有分量，道光帝的后妃对她自然不敢怠慢。这样，太后和后妃们相处得倒是比较平静。不过，时间一长，岔子就冒出来了。道光十六年（1836），适逢太后钮祜禄氏60大寿，皇宫内外隆重庆祝。一天，道光帝到太后那里请安，之后他们在闲谈时无意中谈起了皇后，道光帝禁不住对皇后的聪颖灵巧夸奖了几句。不料，太后钮祜禄氏却不以为然。她认为，女子以德为重，德厚才能载福。若仅有点小聪明，那不算什么福相。太后的这些话后来传到了皇后那里，皇后当下便有些气愤。她想，我身为中宫皇后，乃堂堂国母，而且膝下又有一子（即后来的咸丰皇帝奕詝），日后皇子继承皇位估计也没有问题，这样一来自己又会成为皇太后了，这怎么能是没有福相呢？太后分明是在背后拆自己的台。皇后心里不顺，便想给太后点颜色看看。后来，皇后每当跟太后接触，言语中便带了些讥刺。太后钮祜禄氏渐渐觉察到皇后对自己的态度有变化，待她明白了其中原委，顿时火上心头。身为皇太后，又是皇后的姑姑，她怎能容忍皇后的不恭？她几次当面训斥了皇后，在道光帝面前也指斥他管教不严。不过，皇后根本不吃太后这一套，她依然是我行我素，甚至和太后当面顶撞起来。就这样，一来二去，两人的关系日趋紧张。一些平素与皇后不和的妃子趁机在太后跟前添油加醋，挑拨是非，两位当朝最显贵的女人简直有点不共戴天了。

有道是，姜是老的辣。在与皇后的抗衡中，太后钮祜禄氏施展了她老辣的手段。道光十九年(1839)腊月，京城里一连几天风雪交加，寒气袭人，皇后不小心得了感冒，便未能到太后那里去请安。谁知皇太后不计前怨，以年过花甲的年纪竟不畏风寒，亲自到皇后那里探望病情，嘘寒问暖，煞是热情。皇后见到这番情景，想起自己以往对太后的态度，心中不免有些愧疚。转年正月，皇后病好了，连忙去向太后请安。太后很是高兴，两人在一起说说笑笑，气氛很融洽。她们的种种不愉快似乎也在谈笑声中烟消雾散了。过了一天，太后特地派人给皇后送来一瓶名酒，皇后很感激太后的情意，当着来人的面便饮了一杯，并连夸酒的味道不错。但就在当天夜里，皇后突然去世了。看来，太后送来的酒真是有点追魂酒的味道。

后人描叙的故事是否属于历史的真实，恐怕目前只能存疑。不过，有一点是十分清楚的，即孝和睿皇后钮祜禄氏在一些后人心目中的印象是不佳的，甚至是一个可憎的形象。

道光二十九年(1849)十二月，钮祜禄氏在寿康宫去世，终年74岁。咸丰三年(1853)钮祜禄氏被安葬在昌陵之西的昌西陵。从道光至咸丰年间，钮祜禄氏的谥号有所增加，全称"孝和恭慈康豫安成钦顺仁正应天熙圣睿皇后"。

宣宗爱新觉罗旻宁皇后
佟佳氏

◎ 杨世谷　丛彩娥

　　清宣宗旻宁的年号为道光，因而又被称为道光皇帝。嘉庆元年（1796），15岁的旻宁与满州镶黄旗钮祜禄氏结为夫妻，是为原配嫡福晋，可这位嫡福晋薄命，没能活到旻宁做皇帝的那一天，就与世长辞了。

　　嘉庆皇帝又册封三等承恩公舒明阿之女佟佳氏为旻宁的继嫡福晋。佟佳氏享受着荣华富贵的生活，及至旻宁登上帝位，继福晋佟佳氏被立为皇后。

　　佟佳氏晋为皇后，应该过着灿烂多彩的生活。其实不然，清王朝在经历了康乾盛世至嘉庆时，整个社会已呈现出"四海变秋色"的衰世之象。及至道光登上皇位，封建制度已病入膏肓。而西方资本主义正迅速发展，不断东侵，在中国沿海扣关破门。这是清帝国自立国以来从未遇到过的大变局。道光皇帝为挽救清王朝的衰败，历尽沧桑，即位之初，也想锐意图治，整饬朝政，对奢靡风尚加以矫正。道光二年，他规定在皇子皇孙指婚其福晋后，父家置备妆奁"不得以奢华相尚，一概务从俭约"，"如有靡丽浮费之物，经朕看出，不惟将原物发还，并加以议处"。就连皇太后万寿圣节，"奉懿旨停筵宴"，皇上自己更是以"俭德著称"。作为皇后的佟佳氏，就更应该以身作则了。但道光皇帝除弊乏术，宰辅又误政，最终没能除弊起衰，成为中兴之君，反而国势如江河日下，急剧走向衰落。

佟佳氏就在这内忧外患交加、世界潮流剧变的时代，与道光皇帝共同生活了二十多年。在道光十三年(1833)四月，寿终正寝。道光皇帝给她加的谥号是"孝慎皇后"，葬在龙泉峪慕陵。经过咸丰、光绪两代的加谥，佟佳氏的谥号全称为："孝慎敏肃哲顺和懿诚惠敦恪熙天诒圣成皇后"。

孝慎成皇后给道光皇帝生过一个女儿，但幼年时就夭折了。

宣宗爱新觉罗旻宁皇后
钮祜禄氏

◎ 杨世谷　丛彩娥

　　钮祜禄氏系侍卫颐龄之女，生于嘉庆十二年（1807），比道光皇帝小 25 岁。她幼时父亲颐龄在苏州做官，曾随父居苏州。苏州女子，多半慧秀，通行七巧板拼字，作为兰闺清玩。钮祜禄氏随俗演习，后来熟能生巧，发明新制，斫了木片若干方，随字可以拼凑。人人羡慕她聪明、灵敏，"蕙质兰心并世无"。道光皇帝亲选秀女，颐龄便把女儿送入宫中。因她生长在苏州，明慧温柔，这与旗下格格的开朗爽健是大异其趣的，所以独蒙帝眷。随之地位也不断地发生变化，从全嫔不到一年便又晋封为全妃，接着又获得了全贵妃的封号。道光十一年

(1831)六月全贵妃生了皇四子奕詝,就是后来嗣位的咸丰皇帝。娇妻爱子,道光皇帝更对钮祜禄氏宠爱有加。皇后佟佳氏于道光十三年去世后,道光皇帝将钮祜禄氏全贵妃晋升为皇贵妃,统摄六宫事。第二年,又立钮祜禄氏为皇后,追封皇后父颐龄为一等承恩侯,由其孙瑚图哩袭爵。但好景不长,仅做了6年皇后,钮祜禄氏便于道光二十年正月暴崩。享年只有33岁。

关于皇后的"暴崩"曾有异闻。清宫词"如意多因少小怜,蛾怀鸩毒兆当筵"原注:"孝全皇后由皇贵妃摄六宫事,旋正中宫;数年暴崩,事多隐秘。其时孝和皇太后尚在,家法森严,宣宗(道光)亦不敢违命也。"照这首诗看,孝全皇后钮祜禄氏的暴崩,似是新年宫中家宴,为人下毒所致。这人究竟为何人?相传孝和皇太后对孝全皇后的敏慧过人未免有些惋惜,她以为"妇女以德为重,德厚乃能载福,若仗着一点才艺,恐非福相"。而孝全皇后不仅能用七巧板"谱成六合同春字",还在皇太后寿辰时填词写诗,大出风头,为此皇太后才说出上面的一段话。但是孝全皇后因有皇四子,前面三个皇子生后早殇,奕詝就是长子,有可能就是将来的皇上,所以不以为然。蹉跎数载,婆媳之间有了嫌隙,为此怀疑是皇太后所为。另有一种说法,道光十一年,孝全皇后生奕詝。第二年静贵妃也生皇子,即皇六子奕䜣。奕䜣颇英挺,道光皇帝非常爱之,曾想立奕䜣为皇太子。金合缄名,当时写上奕䜣名字的人又特别多。但奕詝是皇子中岁数最长的(前三次皆先死),皇帝逡巡未决。相传,孝全皇后隐知皇帝有意传位皇六子奕䜣后,曾阴谋设毒,想害死奕䜣,以绝后患。但皇四子奕詝不忍心惨害情同手足的亲弟弟,偷偷告诉了奕䜣,这样皇六子才免于一死。所以有人认为:是不是此事被皇太后所知,有所责备,因为孝和太后秉性严毅,后妃畏惮,孝全皇后因而羞惧,自己服毒而亡?

究竟真相如何?诚所谓:"宫闱事秘,莫得闻矣!"道光皇帝与孝全皇后,恩爱无比,皇后遽尔长逝,皇帝非常痛悲,心中也很自疑。可是孝和太后尚健在,家法严毅,道光皇帝又素以孝顺著称,不敢违命,只好隐忍过去。这样鸩毒一案,遂成千古疑案。

毕竟伉俪情深,年近花甲的道光时常哀戚。特谥大行皇后为"孝全"皇后,嗣后不再立中宫,也有意立皇后之子奕詝为皇太子,暗报多年情谊。孝全成皇后除生奕詝后来继皇位外,还有两个女儿,一个早年夭折,另一个即寿安固伦公主,嫁给奈曼部札萨克郡王德穆楚克扎布。

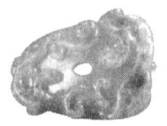

附：宣宗爱新觉罗旻宁妃博尔济吉特氏

◎ 杨世谷　丛彩娥

　　钮祜禄皇后死后，道光皇帝不愿再立皇后。其时妃嫔中，名位最高的是静皇贵妃博尔济吉特氏，她的父亲是刑部员外郎花良阿。她生于嘉庆十七年（1822）小道光帝 40 岁。她初入宫时为静贵人，后来晋封为静嫔，时常得幸侍奉皇上。道光皇帝的皇二子奕纲，皇三子奕继，都是她的亲骨肉，可惜一个 2 岁，一个 3 岁，先后幼殇。作为一个母亲，静妃失去爱子，忍受了极大的悲痛。幸运的是她在道光十二年又生了一子，就是皇六子奕䜣，随即又被封为静贵妃。孝全成皇后钮祜禄氏死后，晋封她为皇贵妃，摄行六宫之事。孝全皇后的遗子奕詝即由静皇贵妃抚养。奕詝与奕䜣年龄只差一岁多,两人少时同在书房学习,皇贵妃视奕詝如同己出,非常疼爱。奕詝亦视皇贵妃如慈母,相依无间。奕詝与奕䜣不仅同在皇贵妃的照抚之下,且年龄相仿,同在书房;兼之当时道光皇帝的几个皇子中,皇一、二、三子早殇,皇五子奕誴出嗣给惇亲王为子,不在宫中,皇七子奕譞还小,不足为侣,除此以外,宫中别无可以谈得来的弟兄,他俩的感情自然而然就亲密多了。故王闿运《祺祥故事》记载:奕詝与奕䜣"如亲昆弟"。清史书还记载:奕䜣"与文宗(奕詝)同在书房,肄武事,共制枪法二十八势,刀法十八势,宣宗(道光)赐以名,枪曰'棣华协力',刀曰:'宝锷宣威'。"这无非是希望兄弟二人将来同心协力,共扬大清之威,确保祖宗传下来的帝业长青,可见道光皇帝用心良苦。但奕䜣的才能,无疑地胜过奕詝,道光皇帝也最钟爱这个皇儿,奕䜣长相又颇似道光帝,故而道光帝渐改初意,想立皇六子奕䜣为皇储。不过孝全皇后崩逝,疑案未明,道光帝始终悲悼,倘若不把皇四子立为太子,总有些过意不去,因此逡巡未决。

道光晚年,外侮内讧,相逼而来,天下事往往又祸不单行,皇太后竟一病去逝。道光素性纯孝,悲伤过度,皇四子奕詝的福晋萨克达氏,又病殁。种种不如意事,云集皇家,道光皇帝痛上加痛,忧上加忧,遂也病上加病。延至道光三十年正月十四日,病势加重,自知不起,特召宗人府宗令载铨,御前大臣载垣、端华、僧格林沁,军机大臣穆彰阿等入圆明园慎德堂苫次,谕令诸大员到正大光明殿额后,取下秘匣,宣示御书。大臣们在秘密建储匣内同时发现了两份谕旨,一份为:"皇四子奕詝立为皇太子",另一份为"皇六子奕䜣封为亲王"。这两道谕旨,充分表明了当初道光皇帝的矛盾心情,虽决定传位给皇四子奕詝，但也不能委屈了另一个宠儿奕䜣，因而同时决定封奕䜣为亲王。

奕詝继位，改元咸丰，是为文宗，亦称咸丰帝。即位后尊谥道光帝为"宣宗成皇帝"。又遵照大行皇帝遗旨，封六弟奕䜣为恭亲王。咸丰三年恭亲王奕䜣受任军机大臣，虽为新进，但以亲王身份爵位最高，成为军机处掌印钥的"领班军机大臣"，咸丰皇帝也常召见奕䜣议事。

咸丰帝素受静皇贵妃抚养，因此尊她为"康慈皇贵太妃"，居绮春园。皇上经常到此问安视膳，对她格外尊敬，"一切礼秩，悉视母后，孝养特隆"。并且还命"恭王得朝夕入宫问安"。清代家规："皇子既受封，即须出宫，别居府邸，非奉谕旨，不得辄入。至皇兄弟亦不能轻入宫禁"。奕䜣既已分府，还能享受这种特殊待遇，同奕䜣不忘静贵妃抚育之恩有关。

静皇贵妃自从摄行六宫事以来已整整 10 年了。只因道光皇帝痛失孝全皇后，不愿另立中宫，所以静皇贵妃始终未得皇后的封号。真所谓："名不正，言不顺"。现今咸丰当朝，自恃抚育皇上如亲子，一心想得到皇太后的封号，而奕䜣也想通过生母晋封皇太后，来张自己的权势。

然咸丰皇帝对此事却有自己的一番见解。他认为：嗣皇帝的生母，被尊封为皇太后的，清代有例在先，如顺治皇帝的生母孝庄文皇后、康熙皇帝的生母孝康章皇后、雍正皇帝的生母孝恭仁皇后等。而先帝妃嫔被嗣皇帝尊封为皇太后的前朝尚无先例。静皇贵妃虽因抚育有恩而被视为亲母，但毕竟不是生身之母。不情愿封静皇贵妃为皇太后。这样皇太后称号迟迟未决，兄弟间渐有芥蒂。以静皇贵妃的封号一事为导火线，积嫌到咸丰五年，终于出现了明显的裂痕。

一天，静皇太妃刚醒未起床，咸丰皇上问安即到，太监准备禀告太妃，皇上摇手令勿惊。太妃未察觉是谁，见床前有人影闪动，却认为是刚来问安的亲子奕䜣还未离开。随即问："你为什么还在这里?我所知道都告诉你了!他这个人性情不易知，不要生了嫌疑了。"

咸丰皇帝知道这是误会，即呼一声："额娘"，太妃才知是皇上，不是恭亲王。照旧向内卧没再说什么，也没理睬皇上。自此开始，皇上猜疑更大。

咸丰五年七月，静皇贵妃病情加剧，咸丰皇帝又入绮春园寝宫探视病情，恰巧碰到恭亲王奕䜣从里面出来，皇上询问"太妃病情如何?"奕䜣跪地泣哭，说："已很危急了!看样子是只等皇太后的封号下来就瞑目了。"咸丰皇帝仓促间不置可否，只随口"哦，哦"两声，三步并着两步去探望太妃。奕䜣等待皇上允诺已久，误认为"哦，哦"就是皇上已经答应了，便赶忙回到军机处恭办皇太后封号事宜。礼部具奏，陈明一切仪典，准备尊封皇太后。恭亲王传旨，虽非咸丰皇上的本意，但如果皇帝拒绝礼部请尊封皇太后的奏章，则将闹成天下大笑话，所以不得不依奏。咸丰五年秋七月一日传旨，尊皇贵太妃为"康慈皇太后"，就这样，静贵太妃终于获得了皇太后封号。

恭亲王行事，有时确也不免冲动冒失，加上恃才傲物、目中无人，因而被认为"狂妄自大"。这次传旨，起于误会，终同挟制，咸丰皇上自然要懊恼。

咸丰五年七月一日尊封皇太后，七月九日康慈皇太后就辞世而去。享年44岁。咸丰派奕䜣等恭理丧仪，一切均按皇后礼办理。咸丰服缟素27日，青袍褂百日。但有一项下旨：皇后"不系宣宗谥"。即不加宣宗成皇帝的"成"字，谥号是：

"孝静康慈弼天辅圣皇后",并于奉安东陵后,神牌回京,升祔奉先殿,而不祔太庙。从而创下了清代历史上皇后不系皇帝谥号的特例。

封后而不系帝谥,起于明朝宪宗生母孝肃太后。孝肃周太后,是明英宗妃,明宪宗生母,死后不系帝祀以别嫡庶。其后明朝几个庶出太后都遵用其制。但在清朝历史上,上谥太后并无此前例。咸丰不以家法,而沿用前朝故事,一方面表示,孝静太后抚育有恩,侍奉如生母,一方面也表示嫡庶究竟有别。致憾之深,可想而知。此乃《清史稿》记载:"减杀太后丧仪"。奕䜣知之,曾力争,无奈咸丰皇帝坚执不允更改。奕䜣愤而曰:"难道皇上已忘了太后养育之恩吗?"咸丰更不示弱,理直气壮答:"此乃情礼并尽,无可非议。"于是兄弟之间意见冲突,不可谅解。皇后过世才11天,咸丰皇帝就特下朱谕:恭王"办理皇太后丧仪疏略",退出军机,回上书房读书,并"设词不令奕䜣来见","自此远王同诸王"。把恭亲王如同其他异母之弟一样看待,不再有"亲昆弟"之情感可言了。康慈皇太后的抚育之恩,也算在封太后一事中报答过了。

同治帝即位时,奕䜣当国,两宫皇太后倚畀方隆,遂改康慈皇太后谥号,系宣宗之谥号,称作"孝静成皇后",神牌也得以升附太庙。

文宗爱新觉罗奕詝皇后
钮祜禄氏

◎ 宋继和

文宗皇后钮祜禄氏是满洲镶黄旗人，出身高贵。她生于道光七年（1837），是广西右江道员穆扬阿的女儿。在清文宗爱新觉罗·奕詝当皇帝之前，她就在奕詝宫中侍奉皇储。但那时她只是侧室，嫡福晋是富泰之女萨克达氏。

道光二十九年，萨克达氏病逝。道光三十年，奕詝即位，就是文宗，也称咸丰皇帝，他马上晋封钮祜禄氏为孝慈皇贵妃。咸丰二年（1852）钮祜禄氏被立为皇后，从此开始"母仪天下"。

如果说，整个清廷的12位皇帝中，道光皇帝是最节俭者的话，那么，钮祜禄氏在有清一代所有的皇后中，算得上是最勤俭、最有道德的一个。钮祜禄氏平时穿的都是布衣服，帷帐、罩幕与雨披等也一律不用绣品，尤其不愿用进口的纺织物，认为那些东西只是好看而不中用。宫中穿用的花盆底的绣鞋，鞋面上的花，她都督令宫女们绣上去，钮祜禄氏每年必定要亲手绣一双花鞋面，以此对宫中女子树个表率，倡导人人都干些力所能及的活。有时赶上她过生日，朝内外的大臣官员们为了巴结皇帝和皇后，便纷纷前来献送厚礼，钮祜禄氏一概拒绝，绝不通融。她在对待人们送礼一事上，曾这样告诫当时尚为兰贵人的叶赫那拉氏说："我们这些人若多接受一份贡献，老百姓们就会多一份饥寒。既然如此，难道还不应该戒除这些陋习吗?!"她平时的一举一动，总是时刻严格遵守各种封建礼法，绝没有疏漏越规之举。夏天天气再热，她也不露出身体来，洗澡时也从不用宫女、太监们伺候，不换上礼服就不敢去见皇帝，坐着时腰板挺直，上身不敢稍有倾斜，走动时都是慢步徐行，从来不敢快步疾走。对待下人，她也比较和善，从不疾言厉色。咸丰皇帝看到她的所作所为，简直把她当成了自己眼中的女圣人。

按照清朝宫中的规矩，妃嫔以下所有女子穿的服装，都必须是窄袖长袍，不许穿裙子，头上的髻要统一梳成横长式，站着时要挺直腰板，不准显示出婀娜的姿态来。等到被册立为妃时，穿着、梳头、行动才能稍微自由一些。叶赫那拉氏初选入宫（1852），刚被封为兰贵人时，因为不熟悉清宫里的礼制，偶尔梳过宫外面满州贵族中妇女们所常梳的飞云髻，恰巧让皇后钮祜禄氏看到了。皇后为此专门传谕，申斥警告兰贵人要谨遵宫中法度。大概从这时起，兰贵人就对皇后有了不满，只是她很善于伪装，皇后看不出来罢了。

其实，兰贵人(即后来的"慈禧太后")之所以能够步步高升，与皇后钮祜禄氏的提携是分不开的。她刚入宫时，先在皇后住处坤宁宫当差，皇后对她很好。以后为皇帝生了皇儿载淳，地位才开始重要。按封建宗法制度，嫡庶之分极其严格。历史上正后夺取庶出的儿子占为己有，亲生母亲遭废黜甚至虐杀的事，不乏其例。在这一点上，叶赫那拉氏是很幸运的，作为正后的钮祜禄氏，虽比叶赫那拉氏年轻两岁，却极不善于争风吃醋那一套，是个心地善良之人。她经不起叶赫那拉氏处心积虑又功夫到家的曲意逢迎，反而对叶赫那拉氏有了很大的好感和怜爱，甚至在风流皇帝面前时常说叶赫那拉氏几句好话。清代宫禁内有这样一种规定：能够与皇帝同房的妃嫔们要由皇后决定，到傍晚的时候，由皇后预备选出一些写着妃嫔名号的牌子交太监呈给皇帝，皇帝留下哪个人的牌子，就召哪位妃嫔到皇帝寝宫去伺寝。发现哪个妃嫔怀孕后，就撤去她的名牌。如果皇帝想到哪个妃嫔宫中去住，必须先由皇帝传谕旨给那个妃嫔，敕令该妃嫔做好接驾准备，然后皇帝才前往彼处。但这种谕旨上必须要盖上皇后的金印(即要征得皇后的同意)，假如预先没有传谕旨，或者虽有谕旨上面却没盖皇后的金印，那么即使皇帝来到某个妃嫔宫门前，这个妃嫔也必须拒绝接待，不能让皇帝进门。因此，皇后对于各个妃嫔的制约是很大的，她不让你见皇帝，你就见不到皇帝，而妃嫔见不到皇帝面，是无望出人头地的。正是在这些方面，钮祜禄氏为叶赫那拉氏提供了很多方便。当然钮祜禄氏对宫内其他人也不错。

咸丰十年(1860)，英法联军攻占大沽，兵进天津，直逼通州，欲进犯北京。咸丰皇帝带着皇后钮祜禄氏、懿贵妃叶赫那拉氏和皇子载淳一行，仓皇逃到热河行宫(今河北承德避暑山庄)。风流皇帝奕詝在北京宫内时常常沉溺于声色之中，由于纵欲过度，致使体弱多病，脸色发黄，钮祜禄氏本性懦弱，根本无力劝止。对于皇帝的病症，曾请御医诊治。御医说可请皇帝长饮鹿血，以补肾亏阳虚之症。皇帝听信了御医的主意，设立鹿苑养了100多只鹿，天天命令取鹿血以供其饮用。此次仓皇逃往热河，临行时，奕詝曾命令把鹿装到车上一起带走，但有位大臣劝阻说："如今外国兵已逼近京师，局势万分危急，尽快转移躲避贼寇的兵锋，时间还恐怕来不及，何必带上这些鹿当累赘！他日劫难平息之后，万岁爷再饮用鹿血也不迟。"于是，终于没有带上鹿成行。等到了热河行宫，那里的情况与京城里自然有极大不同。据说由于行宫内外的防禁并不太严，协办大学士肃顺便经常带着奕詝皇帝偷空子出外游乐，清文宗更加沉溺于声色之中而无力自拔了，这样导致了他本已虚弱的身体越来越坏。咸丰十一年七月，皇帝开始大量咯血，急令取鹿血来供他饮用。但鹿苑中养的鹿全部留在京城，热河行宫附近仓促之间又无处找鹿，使皇帝身体急剧恶化，当月十七日在寝宫烟波致爽殿病逝。

皇帝死的当天，按礼制皇后钮祜禄氏独自到皇帝灵前祭酒，此时身为皇贵妃的叶赫那拉氏还没有资格参加这个仪式，对此她心中是很不快的。这一年，皇后才24岁，叶赫那拉氏也不过26岁。

咸丰皇帝死后，仅有5岁的皇子载淳即皇帝位。他马上尊封钮祜禄氏为皇太后，上徽号为"慈安"；由于懿贵妃叶赫那拉氏是新皇帝的生母，所以也一并尊封为皇太后，上徽号为"慈禧"。当时是慈安、慈禧两宫太后并尊，因此小皇帝又传诏旨，称慈安太后为"母后皇太后"，称慈禧太后为"圣母皇太后"，以把二人区别开来。两宫太后居住的宫院，慈安太后居上首，座东；慈禧太后居下首，座西。后来她们共同垂帘听政,同样是慈安太后坐皇帝座上首(东面),慈禧从下首(西面),因此慈安太后又称东太后,慈禧太后则称西太后。

北京政变之后,慈安、慈禧两宫太后,在养心殿设坐,共同垂帘听政。开始的时候,由于慈安太后位居正宫,名位高于慈禧太后,因此慈禧不敢太张狂,大权一度由慈安太后掌握着,一段时间里节俭自爱的政风很浓。过去咸丰皇帝为了游乐,下令花巨款盛饰圆明园等居处,为劝阻他这种做法,一向温顺的钮祜禄氏有一次竟拔下头上的簪子,披头散发的对咸丰皇帝进谏。现在,以她为主垂帘听政时,注重节俭自然是顺理成章的事。她常以东南太平天国未灭,国家正处多事之秋为由,否定某些大臣大兴土木重修圆明园的奏本。随着慈禧太后的权势日盛,慈安太后的权威逐渐降低了。在玩弄权术方面,慈安太后远远不是慈禧太后的对手。同治四年,恭亲王奕䜣遭到慈禧太后的暗算,被革除了议政王的头衔。此后,慈禧太后完全把持了朝政,慈安太后的"听政",也就只是作为一种陪衬,一个摆设了。节俭的那一套作法当然一起寿终正寝了。

原圆明园管理大臣殷德以园务不能振兴为一大憾事,他百般恳求两宫皇太后,坚持要重新修复圆明园。这时太平天国农民革命虽已失败,但捻军和西北回民的武装斗争却气势正盛。慈安太后素来崇尚节俭,根本就不同意大兴土木的修园之举;而慈禧太后害怕朝野内外对她所作所为的议论,忧谗畏讥,也不愿意过多地游乐。所以殷德的愿望,无法实现,心中深感不快。

北京城内有一个城府甚深、为人刁钻且很有势力的大富豪名叫李三,他勾结广东商人李光照,投殷德所好,与殷德拉上了关系。他们在小皇帝载淳出外游玩时前往参见,终于说动小皇帝答应重修圆明园。李三与李光照暗自高兴,认为可借此次机会大捞一把。为了能取得慈禧太后的赞同，李光照前去用重金贿赂大太监安德海，安德海开口要价20万两白银，讨价还价一番后，终以10万两银子成交。但李光照行贿之事却被恭亲王奕䜣等大臣侦知了，上报给慈安太后后，素以节俭著称的钮祜禄氏大怒，立即命令刑部官员逮捕李光照下狱。那位官员得令要出宫时，慈禧太后悄悄派人召回他来说道："必须等候皇帝降旨才能处理此事，圣旨明天早朝时颁发，你不要泄露此事。"但第二天上朝时，因小皇帝外出未归而事情败露，慈安太后责问，慈禧太后无言以对。两宫皇太后便以皇帝身体不好为托词谕告众大臣，接着传下懿旨，命逮捕奸商李光照，并追查行贿修园一案。后来，安德海虽因慈禧太后关照，度过了这一风波，但重修圆明园之事直到同治皇帝亲政前，再也没被提起过。

安德海逃过了初一，却躲不过十五。在诛杀安德海问题上，据说慈安太后起了决定性的作用。安德海是直隶南皮（今属河北）人，自入宫内为太监，人称"小安子"。同治初年，他因受慈禧太后宠幸，开始干预国政。穆宗载淳虽然尚未成年，但对安德海飞扬跋扈的一套早已非常不满，经常为一些事训斥安德海。而每次挨了训，安德海都要向慈禧太后诉委屈，慈禧太后马上便召载淳来指责一番，这样反而更加深了小皇帝对安德海的仇恨。小皇帝无处发泄，便在宫中时常用小刀斩下捏的小泥人的头，宫内太监问他这是为何，他愤怒地回答："杀小安子！"为除掉安德海，载淳曾找慈安太后密商办法，他们认为山东巡抚丁宝桢敢作敢为，因此在丁宝桢入京晋见时，令他俟机诛杀安德海，丁宝桢慨然允诺。同治八年七月，慈禧太后命安德海往南方采办宫中用物，安德海乘楼船沿运河南下，一路声势浩荡，招权纳贿。等安德海来到德州地界时，知州赵新立即飞马禀报丁宝桢。丁宝桢饬令东昌府知府程绳武追上去逮捕安德海，但程绳武在后面跟了三天，见安德海势大，终不敢动手。于是丁宝桢又令总兵官王正启率兵追安德海。等追到泰安，王正启抓住了安德海，并马上把他押送到济南府。安德海到这时还大言不惭地叫道："我奉皇太后的命令外出，谁敢冒犯我，那是他自寻死路！"

逮住安德海后，丁宝桢便具疏上奏朝廷。慈安太后得到报告，立即召见军机大臣奕䜣及内务府大臣等商议处置办法。诸位大臣都说太监不得出都城之门乃是祖制，大清建立200多年来还从没有敢违犯的，如有违犯者要坚决处死不可饶恕，对于安德海应就地正法。接着便以皇帝的名义降旨，在济南杀掉了安德海。

慈安太后为人宽厚仁爱，小皇帝载淳虽不是她亲生的儿子，但她对载淳的关心、照顾却远远超过载淳的生母慈禧太后。曾有这样一个传说故事：载淳常常出宫游玩已养成了习惯，他总是从后门出入，看见路旁有卖凉粉的，感到口渴时，就去喝凉粉，但从来不知道应当付钱。卖凉粉的见他举止不凡，认为他一定是在朝廷内公干的官员的子弟，所以也不敢向他要钱。有一次小皇帝看到别人喝了凉粉交钱，感到很奇怪，就问卖凉粉的小贩。小贩回答："我全家就靠这小买卖吃饭穿衣，怎么能不收钱呢？因为少爷您非他人可比，所以咱们最后一块算总账吧。"载淳听完，面带惭愧之色说道："若是这样，我吃喝你的就多了，我应当多赏你一些。可惜我身上没带钱，现在我写个条子给你，你拿条子去取钱，行吗？"小贩说："这当然可以！"于是小皇帝欣然命笔，写了一张纸条给卖凉粉的小贩。小贩不识字，拿着这个字条去问朋友，其友人吃惊地说："这张纸条上所写的，是敕令广储司付给你白银

500两啊。广储司在皇帝宫中,谁敢命令他们付钱呢?这个喝凉粉的,必定是当朝的皇帝!"小贩也很吃惊,不敢去皇宫中取钱。那位朋友却极力怂恿他去试一试,小贩方才硬着头皮去了。广储司负责的官员问他纸条的来历,小贩便把前后经过如实说了一遍。那个官员立即向慈安太后做了汇报,慈安太后说:"这真是胡闹!虽然是小孩开玩笑,但皇宫怎能失信于外面的百姓呢?!"马上命令照纸条上写的数目付银子。接着又召小皇帝来询问这事,载淳毫不隐讳地都承认了,慈安太后听完只是笑了笑也就算完了。这表现了她宽厚仁爱的性格。

为同治皇帝选立皇后,同样体现了慈安太后关心小皇帝的慈母之心。她怕载淳亲政以后,年纪太轻,不能胜任繁重的政务,而两宫皇太后已退居深宫,颐养天年,不便过问国事,帮不了皇帝的忙,所以得要一位成熟贤淑识大体,而又能动笔墨的皇后,辅助皇帝。出于这种考虑,她又先同载淳商量,征得了载淳的同意,在立后问题上,明确坚持要立载淳满意的钮祜禄氏为皇后,最终使慈禧太后欲立富察氏为皇后的企图落了空。皇帝"大婚"之后,慈安太后对皇后钮祜禄氏更是百般关照,每次皇后来问安、伺膳,她都热情接待,并屡次催促皇后早早回宫,不必过于拘礼。据说在载淳刚死后的几天里,也多亏了她安慰、开导皇后,才使钮祜禄氏又多活了两个月。

穆宗死后,德宗被立为帝。立载湉为光绪皇帝,本非出自慈安太后之愿,完全是慈禧太后的主张。由于德宗皇帝即位时年纪尚幼,两宫皇太后仍然垂帘听政。此时虽然是二人同时训政,但慈安太后已无一分权力,处理一切的实权,都掌握在慈禧太后手中了。慈安太后一贯谨慎厚道,凡事如何决断往往说不出个所以然来。在光绪年间,她诚心信奉佛教,在宫中天天以持斋念佛为主要功课。这样,慈禧太后更觉无所约束,益加肆意弄权，胆大妄为了。

光绪一朝，慈安太后日益倦怠不闻外事，而慈禧太后则统摄全局大权独揽。从生活上说，慈安太后崇尚节俭，不事铺张，吃饭以素食为主。而慈禧太后却处处讲排场，她在体和殿每日正餐两顿，每顿饭仅主食就有50多种，菜肴120多样，每天需用肉500斤，鸡鸭100多只，并要有450多人伺候，花费白银达千两。耗费之大，实在惊人，同慈安太后形成了鲜明的对比。两人之间的矛盾也逐渐突显出来。

慈禧太后经常一个人单独召见大臣，决定什么大事逐渐地也不再告知慈安太后。过去她是不敢这样做的，像同治年间补瑞麟为文华殿大学士这样的大事，她都要找慈安太后商量，取得慈安太后的同意。后来慈安太后竟成了可有可无之人，这使慈安太后心内愤愤不平。

慈安太后打算劝阻慈禧太后骄横擅权的独断行为，思谋着用什么办法才能给她一个警告，进而感化她，使她收敛一些。在光绪七年的某一天晚上，慈安太后在自己宫中置办酒宴，说是为慈禧太后祝福。酒至半酣，慈安太后屏退左右侍从人员，先热情详细地追述了跟随咸丰皇帝到热河行宫，突遭皇帝身死的大难，接着肃顺擅权，在宫中二人遇到的种种艰难危急的情况，以及同治十一年间二人同时垂帘听政的事情，说得很详细，动情处抽泣垂泪良久。慈禧太后听了也悲不自胜。这时慈安太后忽然慨叹道："咱们姊妹现在都老了，说不定哪天早晨或晚上就要离开尘世，到天上仍然去伺候先帝。我们两人相处20多年，所幸从来都是同心协力，连一句冲撞对方的话互相之间都没说过。而我这里存有一件东西，是过去从先帝文宗处接受过来的，现在它已经没什么作用了。但我怕一旦注意不够，在储藏方面出现过失，或被别人得到这件东西，反而导致对我们两人的怀疑，认为我们表面上和好，而暗地里却互相妒嫉提防。如果这样，就不仅是我们二人的最大遗憾，而且更有负于咸丰先帝的意愿啊！"说完，慈安太后从袖子里拿出一件信函递与慈禧太后，让她看一下。慈禧太后启封后细看，吓得脸色顿变，羞惭得不敢抬头看慈安太后。这封函内装的不是别的，正是清文宗交给慈安太后的遗诏。遗诏的大意是这样的：

> 叶赫那拉氏，按照祖制是不能立为后的，现在她既然生有皇子，他日母以子贵，自然不会不被尊封为皇太后，只是我对此人实在是不能深信。此后如果她能安分守法也就罢了，否则，你可以出示这一纸诏书，命廷臣宣布我的遗命，把她除掉。

慈禧太后看完了，慈安太后仍把它要回，然后放在烛火上烧掉了，并说："这张诏纸已没什么用了，焚毁它是最好的。我今天也可以向先帝复命了。"当时，慈禧太后惭愧与恼怒的心情交加，但仍勉强装出感激泪下的样子。慈安太后又对她百般劝解安慰，至此酒宴就结束了。过了几天，慈安太后偶然因有事到慈禧太后宫中，慈禧太后对她礼节周全，非常恭敬，不像过去那样骄狂放纵了，连一旁伺侯的太监宫女私下里都感到很奇怪。慈安太后也暗自高兴，认为是前日自己的作法收到了预期的效果了。哪知道慈禧太后暗藏的杀机马上就要暴露出来了。两个人坐下谈着话时，慈安太后觉着腹内稍微有点饥饿，慈禧太后即令侍者捧来一盒糕饼，慈安太后吃着很香甜，说这好像不是御膳房做的食物。慈禧太后回答："这是我妹妹送给我的。姐姐您愿吃，明天我叫她再送一份来。"慈安太后正准备找话辞谢，慈禧太后又接着说："我家就是姐姐您的家，请千万不要说出辞谢的话来。"此后一两天里，果然有几盒糕饼送进慈安太后宫中，色味花都与慈安太后上次吃过的一样。慈安太后就随便拿了一两个吃了，顿时就觉得不舒服，但又不是太难受，不料到了晚上，竟撒手归西。享年44岁。种种迹象表明她是中毒而死的。

对慈安太后之死，另一种说法是，光绪六年冬季，慈禧太后得病，请御医诊治无效，朝廷便诏令各行省的总督巡抚推荐各省的良医进京会诊。李鸿章、刘坤一等都推荐了良医进京。慈禧太后一病就是几个月，这期间只能由慈安太后单独听政。光绪七年三月十日早朝时，慈安太后召见了军机大臣恭亲王奕䜣、军机大臣大学士左宗棠、协办大学士李鸿章等人，当时她的脸色安详坦然，没有一点有病的样子，只是两颊微红。大臣们退出后，下午4时左右，内廷突然传出慈安太后去世的消息，命令中枢府的主要官员立即进宫。过去的惯例是：皇帝或太后、皇后生病，传御医诊治，先诏令军机大臣们知道病情，医治方案、所用药剂，都要由军机处检查监督。早朝散后仅5小时，宫内就发生如此巨大的变化，诸位重臣都大吃一惊。等他们进了宫，看到慈安太后已被小殓完毕，而慈禧太后正坐在一个矮凳上，她悲伤地对众人说，慈安太后从来无病，近来也没什么动静，为什么就突然辞世了呢？各位大臣安慰了她一番后，叩头退出商议发丧的事。过去皇后或妃子死，马上要传她的亲戚及其他后妃进来瞻仰遗体后再小殓，历朝历代已经习以为常。但慈安太后身死，后妃们却未被允许瞻仰，众人感叹这也是执掌大权的慈禧太后的一个创举。为什么会这样呢？据传说，有一个叫金某的伶人，很得慈禧太后宠爱，可以自由出入宫门。慈禧太后久病不愈，慈安太后即前往探望，到那里却看到慈禧太后正与金某睡在床上，慈安太后气愤之极，严厉地痛斥慈禧太后的丑行，慈禧太后吓得跪倒谢罪，尔后将金某驱逐出宫，不久将他赐死(即逼令自杀)。慈安太后平常喜爱吃零食，她死的那一天，慈禧太后曾给她送过糕饼，糕饼送进几小时慈安太后就死了。直到慈禧太后死后，金某家里的人才讲了这些情况。

慈安太后死后，被埋葬在定陵东面的普祥峪，取名为"定东陵"。当初，钮祜禄氏刚被尊封为皇太后的时候，已加上了"慈安"的徽号。后来国家有喜庆事，又迭加徽号，称为"慈安端康裕庆昭和庄敬皇太后"。到她死时，光绪皇帝给她加谥。宣统年间再加谥，这样，钮祜禄氏的谥号全称就是"孝贞慈安裕庆和敬诚靖仪天祚圣显皇后"。

附：文宗爱新觉罗奕詝妃叶赫那拉氏（慈禧太后）

◎ 郝克远

慈禧太后是清朝咸丰皇帝奕詝的妃子，同治皇帝载淳的母亲。她曾住在紫禁城内西宫，因而俗称"西太后"。因为她姓叶赫那拉，故又称"那拉太后"。也有人根据她的徽号和谥号称为"慈禧太后"或"孝钦太后"。现在人们一般都直呼其为"慈禧"。她生于道光十五年（1835），死于光绪三十四年（1908）。原系满州镶蓝旗，后改隶镶黄旗。咸丰元年（1851）被选为秀女；咸丰二年入宫；咸丰四年晋升为懿嫔；咸丰六年封为懿妃；咸丰七年封为懿贵妃。咸丰十一年发动了宫廷政变，以后把持清朝政权达 48 年。

在中国历代皇后中，慈禧是最臭名昭著的一位。她是中国历史上把持国家政权时间最长的一位女性，也是中国历史上给国家和人民造成灾难最大的一位女性。她是权欲与阴谋的象征，也是专断与毒辣的化身，还是奢侈与腐化的典型。她的统治时期是中国社会最黑暗的时期。她是中华民族的罪人。

入宫前后

慈禧于道光十五年（1835）十月初十出生于北京一个世代为官的中等官僚家庭。

慈禧的曾祖父、祖父都是京官，都曾官至员外郎。

慈禧的父亲惠征，监生出身，道光二十六年（1846）补授吏部文选司主事；道光二十八年为吏部验封司员外郎；道光二十九年列京察一等，军机处记名，以道府用；同年兼工部保源局监督；同年任山西归绥道。咸丰二年（1852年）任安徽宁池太广道；咸丰三年在太平军进攻面前先是转移家属，然后带着搜刮的钱财逃跑，被咸丰皇帝罢官，同年病死于镇江府。

慈禧的外祖父惠显，曾在道光年间历任安徽按察使、驻藏大臣、工部左侍郎（兼京营右翼总兵）等职，后调任归化城副都统，是地方封疆大吏。

一些野史演义、电影戏剧，说慈禧生在南方，且家境贫寒，是毫无根据的。慈禧祖上三代都是京官，其父惠征虽然任过几天宁池太广道的道员，但那时慈禧早已入宫，因此，慈禧不可能出生在其它地方。慈禧祖上虽未至达官显宦，但也都是四五品的官员，所以家境也不会贫寒，而且远在一般小康之家之上，过的是一种比较富裕的剥削阶级的寄生生活。

慈禧于咸丰元年(1851)被选为秀女。依照清代惯例,秀女一经选中,即由皇帝确定名位,并赐封号。咸丰二年二月十一日,慈禧被封为兰贵人。然后又经过一些手续,于咸丰二年五月进宫。这是慈禧一生的转折点,从此以后,这位普通的官宦小姐开始和政治发生关系。

过去有人考证,慈禧入宫是为了复仇。理由是,清王朝的祖先努尔哈赤曾攻打过叶赫部落,并且杀光了叶赫部落的所有男子。叶赫部落的首领在临死之前发誓说:"我叶赫即使只剩下一个女儿也要复仇。"因此清王朝有"宫闱不选叶赫氏"的祖制。慈禧入宫恰恰是一次破例,而正是这次破例断送了清王朝的江山。实际上,这些都是很荒谬的传说。当初,清王朝的祖先确实和叶赫部落发生过一次不小的冲突,但那次冲突理亏的正是叶赫部落,而且努尔哈赤只杀掉了叶赫的两个首领,对其它人并未肆行杀戮。叶赫家族在清王朝的建立过程中立下了汗马功劳,成为清满洲八大世家之一,在朝中一直很有势力。更能说明问题的是,叶赫的女儿入宫为嫔妃的绝非慈禧一人,而是历代都有,单是咸丰皇帝的十九名嫔妃中就有四名姓"叶赫那拉"。

慈禧入宫后,对咸丰皇帝着意迎奉,颇懂取悦皇上的技巧,逐渐得到了咸丰皇帝的宠信。咸丰四年由贵妃而晋升为懿嫔。咸丰六年生下儿子载淳(即后来的同治皇帝),是嫔妃中唯一有儿子的。母因子贵,生孩子的当天,慈禧升为懿妃。咸丰七年又被封为懿贵妃,地位只在皇后之下。本来权欲极强的慈禧,开始利用自己的特殊地位参与朝政,代咸丰皇帝批阅奏章,给咸丰皇帝出谋划策,为日后篡权执政打下了基础。

篡 权 听 政

咸丰十年(1860)，英法两国联合对中国发动的侵略战争，即第二次鸦片战争进入激烈阶段。由于中国政府的腐败无能，英法联军的进攻连连得利。他们打天津，犯通州，向京师逼近。整日寻欢作乐、耽于声色的咸丰皇帝，被敌人的炮火吓得失魂落魄，携带皇后钮钴禄氏(慈安)、贵妃叶赫那拉氏(慈禧)和儿子载淳等人，假借"木兰秋狩"(打猎)之名，仓皇逃离北京紫禁城，逃到热河承德(今河北承德)避暑山庄。

咸丰十一年七月十七日，咸丰皇帝病死于承德避暑山庄。咸丰皇帝将死之时，命大臣代笔遗诏，立独生子载淳为皇太子。考虑当时载淳尚不满6岁，无独立执政的能力，便命其平日比较宠信的亲王大臣怡王载垣、郑亲王端华、协办大学士肃顺等八人为"赞襄政务王大臣"，协助载淳处理一切政务。肃顺等人都是咸丰皇帝在位初期，为施展个人宏图大志、改变道光皇帝执政后期腐败的朝政而重用的大臣，后来咸丰皇帝雄心日减、耽于声色，朝政便由他们把持了，在这期间他们自然是横行无忌，得罪了不少人。咸丰皇帝临死前的这种安排，朝里朝外有许多人心怀不满，其中最有意见的就是慈禧。

慈禧是一个素有政治野心的女人。她对肃顺等人包揽政柄、奉承咸丰皇帝、无视她的存在、压制她出头的做法，早就非常憎恨。特别是有传说，肃顺曾建议咸丰皇帝铲除慈禧仅留其子，以免日后慈禧专权，咸丰皇帝犹豫未决，因此慈禧更感到肃顺等人的存在实在是对她最大的威胁。在咸丰皇帝活着的时候，仇恨不敢表现出来；咸丰皇帝一死，肃顺等人控制了政权,慈禧在权欲与仇恨的推动下,决定孤注一掷,发动政变,消灭对手,掌握政权。

慈禧为了篡权上台,周密谋划,采取了一系列颇为主动的步骤。

第一步,利用其皇帝生母的身份,控制了"同道堂"的印章。咸丰皇帝死后,肃顺等八大臣处理一切军政要务,起了襄助或代替小皇帝载淳执政的作用。但是为了显示皇权的至高无上,凡发至内阁和京外各衙的咨文,必须同时钤用皇太后(即慈安)掌管的"御赏"和皇帝掌管的"同道堂"两枚印章才能有效。这两门印章都是咸丰皇帝留下的,其使用方法也是咸丰皇帝死前安排的。慈禧为了篡权,便以小皇帝生母的身份,把属于皇帝掌管的"同道堂"印章牢牢地控制在自己手里,代子钤印。八大臣对此极为不满,于是慈禧便怂恿皇帝不予用印,因此辅政大臣首次发给内阁和地方官员的咨文,就没有印章。最后肃顺等人只好妥协让步。慈禧在第一回合的斗争中取得胜利。

第二步,联合其他势力,图谋政变。慈禧志在打败肃顺等人,但深感自己势单力薄,于是她决定联合那些对肃顺等人不满的人,共同对付肃顺等人。她联合的最主要对象就是恭亲王奕䜣。恭亲王奕䜣,是咸丰皇帝奕詝的同父异母弟弟,道光皇帝的第六个儿子。咸丰皇帝奕詝早年丧母,由奕䜣的母亲抚养,两人感情不错。奕詝继位以后,也曾重用过奕䜣。但在继位问题上,两人的感情出现了难以弥合的裂痕。奕詝对奕䜣不服气,奕䜣对奕詝不信任。后来在孝慈皇太后(即奕䜣生母)封号问题上,两人矛盾公开化,奕詝把奕䜣赶出军机处,不再重用。

奕䜣死前，也没有把奕䜣列入辅政大臣之中；奕䜣死后，肃顺等人又不许奕䜣去热河奔丧。这一切，对于有政治野心的奕䜣来说，内心极为不满。奕䜣的这种心境和慈禧非常相似。但是，两人联手，更重要的原因在于互相需要。对于慈禧来说，奕䜣不仅在内阁和军队里一直有众多的支持者，而且得到了洋人的信赖。因为当初，咸丰皇帝在逃离北京时，留下奕䜣与英法侵略军交涉，奕䜣在谈判中满足了英法侵略者的要求，在列强中引起"较好的反应"。这正是慈禧所要借重的。对于奕䜣来说，慈禧是一把"尚方宝剑"。因为在人们眼里，慈禧虽不是咸丰皇帝的皇后，但却是小皇帝载淳的生母，而且又刚刚冠以"圣母皇太后"的特殊头衔，又是公认的"工于心计之人"。所以，当慈禧派宠信太监安得海秘密前往北京联络奕䜣时，双方一拍即合。奕䜣不顾肃顺等人的阻止，强行来热河奠祭咸丰皇帝，而且装出一副悲痛欲绝的样子。祭后，慈禧单独召见了他，密谋策划了政变的具体方案。然后，奕䜣回到北京，开始联络人员、组织力量，为政变积极做准备。

第三步，慈禧和奕䜣开始策动一批官员弹劾肃顺等辅政大臣，并制造皇太后垂帘听政的舆论。在慈禧和奕䜣的暗中策动下，咸丰皇帝在位时一些不得宠的大臣，像胜保等人纷纷指责肃顺等辅政大臣，说他们"揽君国大权，以臣仆而代纶音，挟至尊以令天下，实无以副寄托之重，而餍四海之心"；同时提出"为今之计，非皇太后亲理万机，召对群臣，无以通下情而正国体"。一时间，要求皇太后垂帘听政、撤销肃顺等人辅政的呼声在朝里朝外喊得很响。在这种气候下，慈禧大胆地做了一些政变前的试探动作，主要是公开削减了几个辅政大臣的权力。当载

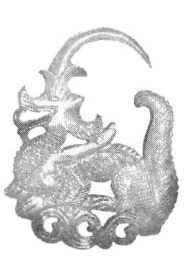

垣等人以事务繁忙为由违心地要求减少他们的部分职务时，慈禧立即顺水推舟，以皇帝的名义下诏解除了载垣的銮仪卫、端华的步军统领、肃顺的管理理藩院的职务。对于慈禧的步步紧逼，八位辅政大臣中，肃顺主张"先行下手"，但其他人不同意，对此，肃顺在被捕后曾抱怨不已。

最后一步，利用回銮之机，发动政变。咸丰十一年（1861）九月二十三日，咸丰皇帝的灵柩要运回北京。慈禧安排灵驾由肃顺等人护送，自己和慈安太后、小皇帝载淳先期回京准备迎接。回京后，慈禧立即召集在京的亲王、大臣诉说了肃顺等人的"罪状"，并说"辅政之事"是肃顺等人伪造的诏书，并不是咸丰皇帝的"钦命"。大学士周培祖当即奏请"为什么不惩治他们呢？"慈禧无可奈何地回答："他们的职位很高，谁能惩治得了。"周培祖说："可以由皇帝、皇太后下令先将他们解职，然后再拿问定罪。"其实，这不过是作戏，慈禧、奕䜣早已胸有成竹了。咸丰十一年九月三十日，慈禧挟制载淳，传旨将载垣、端华、肃顺等革职拿问，并严行议罪。接着突然将载垣、端华、肃顺三人逮捕，逼令载垣、端华自杀，将肃顺处斩，其余五人或革职或发遣。于此同时，凡拥戴垂帘听政的人都按功行赏，加官进爵，其中恭亲王奕䜣被封为议政王，在军机处行走，掌握了军政大权。

咸丰十一年十一月一日，慈禧与慈安在养心殿东暖阁垂帘听政。十一月九日定年号为"同治"，暗示两宫皇太后与小皇帝一同治理朝政。因为这一年是辛酉年，历史上通称为"辛酉政变"。又由于这次政变发生在北京，外国人多称为"北京政变"。这次政变，开始了慈禧长达48年的黑暗统治，在慈禧一生中占有极其重要的位置。这一年，慈禧才刚27岁，充分暴露了政治阴谋家、野心家的本性。

再度垂帘

慈禧垂帘听政后,对外进一步投靠列强,满足外国侵略者的无理要求;对内联合各方面的反动势力,疯狂镇压太平天国革命和少数民族起义。为了巩固自己的地位,树立自己的权威,慈禧采取各种阴谋手段,培植亲信,排斥异己,顺我者昌,逆我者亡,逐渐在朝廷里形成了自己的势力范围,成为不可冒犯的大独裁者。

同治十二年(1873),同治皇帝已经18岁了。按照听政规矩,慈禧应该把政权交给皇帝,这叫做"还政"。对此,慈禧尽管内心里十万分不愿意,但也是毫无办法。偏偏同治皇帝也是个不争气的家伙,年纪轻轻,却荒淫无度,在宫中荒淫还嫌不尽兴,竟让太监领着,化装成平民百姓、公子王孙到花街柳巷去寻欢作乐,结果染上了性病,同治十三年十二月便一命呜呼(为了皇家声誉,对外说患天花而死)。

对于同治皇帝之死,有人认为是被慈禧所害,也有人认为是慈禧有意放纵所致,这些都没有足够的证据。但有一点可以肯定,慈禧与同治皇帝没有多少母子情谊。在慈禧眼里,权力比儿子重要。同治皇帝长到14岁时,按照前朝惯例,就应该接掌政权(即亲政),可是慈禧根本不提这码事。朝廷内外的奏章,都是她亲自阅览,然后按照她的意志拟定咨文,最后以皇帝的名义颁发,这当中皇帝所起的作用只是挂个名而已。直到同治皇帝17岁了,慈禧才不得不答应次年还政。但是多年来,慈禧的党羽已遍布宫中,同治皇帝即使掌握了政权,实际上也当不了多大的家。对于这一点,同治皇帝心里自然也很明白。同治皇帝在执政前后,也曾与慈禧发生过几次冲突,表示了他的不满,但最终也没起什么作用。

同治皇帝死了,但他没有留下孩子。按照规矩,可以选一个年长一些的晚辈,继承皇位。但是这样一来,慈禧就成了太皇太后(祖母辈),就不便于再继续听政。慈禧为了继续控制政权,决定这一次不按规矩办事。她召集文武大臣宣布:"先皇帝(咸丰)就载淳这一个孩子,又这么年轻就死了,如果给他过继一个年长的晚辈,实在不像话,还是应该找个年纪小的孩子,从小教育培养。溥字辈(即载淳的下一辈)都不行。载字辈里只有奕𫍽的儿子载湉最合适。我决定选择载湉来继承皇位。"慈禧做出这种安排,可谓煞费心机:首先,载湉与同治皇帝载淳是同辈人,慈禧仍可以以皇太后的身份听政;其次,载湉年方4岁,不能理政,慈禧至少可以再控制十几年政权;再次,载湉不仅是咸丰皇帝的亲侄子,还是慈禧的亲外甥,便于控制。其实慈禧的这种用心,谁都明白,只是没人敢提出异议来。

同治十三年(1875)十二月底,载湉继承皇位,改元光绪。不到两天,慈禧便表示:"皇帝虽然有了,但年龄太小,现在时事艰难,万机待理,不得已,还要实行垂帘听政。"于是,慈禧再度亲自掌握了大权。

牢 握 政 柄

慈禧听政,极为专断。她不允许任何人与她分享权力,更不允许任何人对她的绝对权威构成威胁。

本来,垂帘听政指的是慈安和慈禧两人。慈安16岁即被封为皇后，咸丰皇帝死后被尊为"母后皇太后"，地位当然在慈禧之上，应该在听政中唱主角。但实际上，从政变一开始到听政的全过程，真正说了算的只是慈禧一人。从当朝大臣曾国藩、翁同和等人的日记看，在垂帘听政时，虽然慈禧和慈安同时出场，但一般情况下，慈安不大说话，都是慈禧发号施令。尽管慈安是权欲心不强、性情比较平和之人，但慈禧仍觉得她碍事，觉得有其人不如无其人，因此处处架空她、排挤她。对此，慈安自己也看得清楚，对慈禧也很不满。同治八年时，慈禧的宠信太监安得海在得到慈禧允可后，离开紫禁城，到地方上招摇勒索，被山东巡抚丁宝桢抓获。丁宝桢利用东西两宫皇太后之间的不和，首先请示了慈安。慈安以安得海违背了"内监不得擅离京城"的祖训为由，命就地处斩。此事等慈禧得知，为时已晚，于是在历史上便发生了"前门接旨，后门开斩"的戏剧性一幕。由此，慈禧和慈安之间的矛盾进一步加剧。

光绪七年（1881）三月，慈安死了，年仅45岁。对于慈安之死，许多人怀疑为慈禧所害。据说，慈安死前不久，曾突然向慈禧出示了一份咸丰皇帝的遗诏，内容是命令在适当的时候除掉慈禧。慈安当着慈禧的面将遗诏烧毁，表示应当互相信任、同舟共济。但是，善良的慈安并不真正了解慈禧，慈禧表面上感激涕零，内心里却愈加对慈安不放心。不久，慈安便暴病身亡。这些说法真也假也，还是个谜。但不管怎么说，慈禧从此独揽了听政大权。

除了慈安以外，慈禧还有一个心腹大患，那就是恭亲王奕䜣。慈禧和奕䜣，在发动政变时配合得还不错，但那只不过是互相利用而已。政变成功后，慈禧由于一时还离不开奕䜣，便给了奕䜣不少头衔。奕䜣平日就非常跋扈，现在以功臣的身份集宫内外大权于一身，再加上军机处里的人对他很恭维，洋人对他很赏识，不觉有些飘飘然起来，有时做事也不再把慈禧这个"女流之辈"放在眼里了。这当然是慈禧绝对不能容忍的。早在同治四年（1865）三月，翰林院有位名叫蔡祺寿的编修弹劾奕䜣有"贪黑骄盈揽权徇私之弊"，慈禧就想借机革除奕䜣的职务，但由于洋人从中阻拦和奕䜣的党羽多方抵制，慈禧只撤掉了奕䜣议政王的头衔，并未真正伤其筋骨。从那以后，奕䜣有所收敛，慈禧也在寻找新的时机。光绪十年（1884），机会终于来了。这一年，法国入侵越南，把中国在越南的军队赶了出来，并把战火烧到中越边界，慈禧立即抓住时机，以奕䜣办事循旧，固执己见为由，彻底罢免了他，并且改组军机处。慈禧的统治地位大为巩固。

　　罢免奕䜣后，慈禧开始起用奕譞。奕譞是光绪皇帝的生父，鉴于这种身份，有大臣提出他不宜参与军机处事务，奕譞本人也再三推辞。但慈禧决计让他取代奕䜣，主持军机处事务。慈禧这样做，完全是因为奕譞是自己的亲妹夫，而且胆小怕事，很好控制。

　　由于慈禧始终把加强个人独裁统治放在第一位，因此在她心目中国家利益就成了次要的，甚至是可有可无的。光绪十年（1884），中法战争爆发，这是在慈禧把持政权过程中发生的第一场大的对外战争。在战争前，慈禧尽管以办事不力为由罢免了奕譞，但那不过是假公事而泄私愤而已。为了避免战争危及到自己的统治地位，她授权李鸿章与法国侵略者谈判，并乞求美英政府出面"调停"，希望大事化小，苟安于目前。慈禧不顾法军的一再猖狂挑衅，严令沿海守军"静以待之"。从而助长了侵略者的气焰，加快了他们发动战争的步伐。他们进犯我台湾基隆，突袭我马尾军港，给我方造成严重损失。中国方面宣战以后，广大军民同仇敌忾，逐渐掌握了战争的主动权。光绪十一年，取得了震惊中外的镇南关大捷，法国侵略军一败涂地，受此影响，法国茹费理内阁倒台。但就在这种对中国十分有利的形势下，以慈禧为首的清政府却宣扬"见好就收"，与侵略者签订了不平等条约，基本上满足了法国发动战争前所提的不合理要求，连法国政府都感到意外。

就在中法战争激烈进行的同时，慈禧花费 63 万两白银修缮储秀宫，大兴土木，极尽豪华，在一片歌舞升平、欢庆有余的气氛中度过了自己的 50 大寿。

归 政 怡 养

光绪十一年（1885），光绪皇帝载湉 15 岁了，慈禧又到了结束听政的时候。她恋恋不舍地答应次年把政权交给光绪皇帝。这时，一些亲王、大臣迎合慈禧的心意，奏请她在结束听政以后，再训政几年。慈禧非常痛快地答应了。

光绪十五年（1889），光绪皇帝已经 19 岁了，而且已经完婚。慈禧独揽政权的形势，无论从哪方面讲，都不能再继续下去了。于是慈禧"再度归政"。但是，在归政之前，她要求给她建造一个好的"怡养之处"。于是便开始了大规模地修建三海（即南海、中海、北海）的工程。当时，内忧外困，清政府财政相当紧张。据记载，光绪十二年"顺直"（今河北、辽宁一带）境内发生多次大的火灾，各路饥民纷纷来京城讨饭。光绪十三年，"直隶（今河北一带）先是大旱，继而黄河决口，物价飞涨，奸商横行"。但是慈禧根本不顾这一切，随心所欲地追求豪华奢侈的生活。

修建三海，首先涉及到将中海西面的蚕池口天主教堂（又称北堂）搬迁。这个教堂不仅属于三海工程的范围，而且地势很好，登高一望，可以对皇宫禁苑一览无遗。因此，慈禧对这块地方非常欣赏。按说，解决搬迁问题并不困难，教堂是在中国的土地上，而且妨碍了最大当权者的利益。但是，外国传教士却敢大胆拖延，并且提出诸多苛刻条件。为了既早日满足慈禧享乐的欲望，又不得罪洋人，只好对传教士们多方退让，步步迁就，最后从海军衙门经费中开支白银30余万两，将这块地方从传教士们手中"买回"，另外送给传教士们一个更宽敞的传教场所，并且给它们一个个加官进爵，仿佛这些传教士对中国做出了多大的贡献似的。

至于修建三海工程所费，更是惊人。即使是游廊修饰、应画点景，也都要用金银绘制。贵重的紫檀楠木及细软摆设等，都是派人专程从天津、上海、广州等地采办的，有些成套的硬木桌椅，都是不惜重金从香港或东南亚采办而来的。由于工程浩繁，期限紧迫，经过一番筹划，清廷指派醇亲王奕谭亲自负责，同时任命文亿、常恩等30多位要员为工程监督，任命宝岐、继桂等70多位官吏为工程监修，仅是工程所需木工就召雇了1万多人。慈禧对工程要求极为苛刻，指令各殿阁内外的油饰、糊饰，一律要"见新"，而且要完全按照她的意志设置，不许擅自更动。她一天两次派宠信太监李莲英去工地相看、督促，如同催命。如此大的工程，自然耗资巨大。据计共花掉白银2000余万两，其中除从海军经费中拿了30余万两以外，还强迫粤海关拿了100万两，至于其余的钱从哪里来的，就无从知道了。

三海工程结束后，慈禧便搬进去，开始了她所谓的"归政怡养"生活。慈禧归政后，一方面，恣意享乐、听戏、作画、玩赏珍品,甚至专门让人修了一条从中海仪鸾殿到北海镜清斋的小铁路,从法国进口了一辆豪华的小火车,供自己享用。她不愿意听到机车的声响,便摘掉机车,改由太监拉着走。另一方面,她始终牢牢地掌握着国家大事的裁定权,重要事情要亲自听取大臣奏议,重要奏章和咨文要亲自阅定,即使不在养心殿上,光绪皇帝的一举一动都在她的严密监视之下。光绪皇帝载湉从4岁入宫到成年亲政,整个成长过程都在慈禧的操纵之下。他称慈禧为"亲爸爸",对慈禧唯唯诺诺,名义上是皇帝,实际上是傀儡。

六十大寿

中国近代著名的政治家、思想家章太炎先生曾作一联:

今日到南苑,明日到北海,何日再到古长安?叹黎民膏血全枯,只为一人歌庆有。

五十割琉球,六十割台湾,而今又割东三省,痛赤县邦圻益蹙,每逢万寿祝疆无。

这里,太炎先生真实生动而又痛快淋漓地揭露了慈禧只顾个人奢侈糜乐,不管人民死活的罪恶一生。其中慈禧的六十大寿庆典最能说明这一点。

光绪二十年(1894)十月初十日,是慈禧的六十大寿。慈禧作为一代女奸雄,在任何事情上都要高人一等。这次整寿庆典,她也要争取超过历代皇后、乃至历代皇帝,要极其隆重一番。

为了搞好这次庆典,早在两年以前就开始着手筹备。光绪十八年,皇帝发下谕旨,认为慈禧寿典,是举国盛事,所有应备仪式典礼,都必须专派大臣敬谨办理。并成立了庆典处,抽调众多亲王、大臣专门负责办理庆典事宜。为了举行庆典,备办了大量衣物、首饰;宫廷内外进行修饰、陈设、点缀;对街道铺面进行修葺、装潢、点置;举行了一系列筵宴、演出,其奢华糜费已到了无以复加的程度。

据记载,为了这次庆典,备办衣物耗银 23.2 万余两;备办玉册玉宝耗银 38.6 万余两;备办金辇和轿舆耗银 18.9 万余两;备办架乐和彩绸耗银 86.6 万余两;备办彩殿和彩棚耗银 46 万余两;铺垫和陈设耗银 22.4 万余两;灯盏耗银 6 万余两;匾额和对联耗银 7 万余两;修缮旧建筑耗银 70 余万两;搭建龙棚、戏台等应景之物耗银 240 余万两;筵宴耗银 23 万余两;演乐耗银 6.2 万余两;演戏耗银 52 万余两;赏用物品 19 万余两;等等。有的有账可查,有的无账可查,合计起来,又岂止千万两。这笔钱相当于当时清政府全年财政总收入的 17%。为了满足自己穷奢极欲的需求,慈禧公开向京内外的官吏们索取。王公大臣也都不放过这个讨好慈禧的机会,绞尽脑汁,多方搜劫,向她进贡各种珍品和钱财。其中,从边防经费中提取了 100 万两,从铁路经费中提取了 200 万两,这些称之为"部库提款";宗室王公、京内各衙门、各省督抚将军等报效 298 万余两,这些称为"京外统筹"。光绪皇帝的孝敬在众人之上,除白银 30 万两外,还有价值连城的奇珍异宝 367 件、高档服装 171 套,高档布匹 288 匹,银锞子 1.5 万个。这当然是慷国家之慨。

正值慈禧庆寿之年,日本军阀借口"东学党事件"(朝鲜的一次农民起义),出兵朝鲜,并袭击中国在朝鲜的军队,接着又挑起了对中国海军的"黄海大东沟海战",并且渡过鸭绿江,侵入我国领土。就在这战火纷飞、国败民亡的危急关头,慈禧、李鸿章之流竟以庆典为重、国事为轻,对日本侵略者一再忍让,不仅不全面动员、准备迎敌,反而乞求美英等国从中"调停"。结果日本侵略者得寸进尺,加快了进攻的速度。就在光绪二十年十月十日,慈禧"六旬庆典"进入高潮时,日军攻占了大连,大肆烧杀抢掠。一方面是生灵涂炭、血流成河、国土沦丧,一方面是升殿受贺、大宴群臣、赏戏三天。这是多么鲜明的对照!正是因为慈禧把个人利益摆在国家利益之上,只顾"一人庆有",不管"国家疆无",才使得我们这样一个泱泱大国,竟败在一个弹丸岛国的手下,签订了丧权辱国的《马关条约》,承认日本对朝鲜的控制,割让辽东半岛、台湾和澎湖列岛,赔偿日本军费白银2万万两等,从而把中国进一步推向半封建、半殖民的深渊,加重了中国的民族危机。在《马关条约》签订不久,北京城门口就出现了一副讽刺慈禧的对联:"万寿无疆,普天同庆;三军败绩,割地求和"。的确,六十庆典虽然搞得极尽豪华,但却恰恰成了慈禧一生中极不光彩的一页。

三 次 揽 权

中日甲午战争以后,随着民族危机空前严重和民族资本主义的初步发展,七八十年以来在少数先进知识分子中流传的改良主义思想,逐渐形成一股强劲的改良主义思潮。以康有为等人为代表,举起"变法""维新"旗帜,向封建专制制度提出挑战。面对这种局势,光绪皇帝和慈禧太后的态度截然不同。

光绪皇帝希望通过变法维新来摆脱自己现在这种受制于慈禧的地位，摆脱当亡国之君的危险，并且想干上一番事业，实现被压抑多年的抱负，因此支持变法维新。而慈禧则完全代表顽固守旧势力，只顾既得利益和眼前利益，担心皇帝有实权会对自己不利，因此坚决反对变法维新。

从光绪二十四年（1898）初，光绪皇帝深为变法维新者们的学说和行为所感动，连续发了十几道关于变法改革的诏令，内容涉及经济、军事、文教以及政治各个方面，并且果断下令将阻挠新政维新的礼部尚书怀塔布等六人全部革职，将变法有功的谭嗣同、刘光第、扬锐、林旭四人任命为军机处章京。一时间，在全国掀起了变法热潮。

对于光绪皇帝的这些举动和变法维新者的一系列活动，守旧大臣们纷纷向慈禧反映，希望她尽快出面阻止。善于搞阴谋诡计而又阴险毒辣的慈禧，表面上不动声色，装出一副"既归政，则不再干政"的淡漠态度，故意麻痹光绪皇帝。等光绪皇帝推行新政到了最热烈的时候，施展政治抱负的胃口也被吊起来了，慈禧便突然打出自己的"三张牌"：一是迫使光绪皇帝下令免去他的老师翁同和的协办大学士和户部尚书等职务，并逐回原籍，理由是他教唆皇帝忘记祖宗；二是下令今后凡授任新职的二品以上大臣，都必须到她面前谢恩，从而控制了用人权；三是任命她的亲信荣禄为直隶总督，并且加文渊阁大学士，统率董福祥、聂士成、袁世凯三军，从而掌握了军事权。但这些做法慈禧仍觉得不解恨，于是她又设下一个更狠毒的圈套：让光绪皇帝陪着她到天津去阅兵，乘阅兵的机会，由荣禄举行兵变，迫使光绪皇帝退位，另立一个新皇帝。

光绪皇帝对慈禧的阴谋有所觉察，非常惊慌，就想依靠在天津小站练兵的袁世凯，杀掉荣禄，包围慈禧住的颐和园，挽救自己。维新变法的重要策动者谭嗣同密访袁世凯,把光绪皇帝的打算告诉了他,并且说:"如果你不同意,请你到颐和园去告密,杀掉我的脑袋,你可以得到高官厚禄。"袁世凯立即信誓旦旦地说:"你把我姓袁的当成啥人了!皇上是我们共同效忠的圣主,你和我都受过他特别的好处,救护皇上,你我都有责任。"而且表示:"杀掉荣禄,如同杀掉一条狗一样容易。"但是,很快袁世凯便赶到天津向荣禄告了密。荣禄慌忙进京,密报了慈禧。慈禧闻后火冒三丈,连夜率人从颐和园回到紫禁城,直接闯入光绪皇帝寝宫。她先让人搜查一遍,把文件、奏章都搬走,然后大骂光绪:"我抚养你20多年,你却听从小人的话,想谋害我。混帐王八蛋,今天没有我,明天还能有你吗?"然后,慈禧把亲信大臣召集来,把打人的刑具放到光绪皇帝面前,训斥道:"天下是祖宗的天下,你怎么敢胡作非为?康有为的新法,能胜过祖宗立的法?你真是糊涂到顶点了!"接着,慈禧下令把光绪皇帝囚禁在瀛台(中南海里的一个小岛),并以光绪皇帝的名义发布上谕,说他身体不好,再三恳请慈禧太后"训政"。于是乎,慈禧又完全把持了朝廷大权,开始了她一生中第三次"垂帘听政"。

  与此同时,慈禧命令搜捕和屠杀参与变法维新的人。除杀害了谭嗣同、扬锐等变法维新的骨干外,其他凡是参与变法维新或有此倾向的人,或罢官或放逐或下狱。接着,慈禧又取消了已经采取的各项变法措施,亲手葬送了这次使中国走向富强的机会。

携帝西逃

镇压了变法维新运动以后，慈禧与帝国主义列强的矛盾日益激化。矛盾的焦点主要在以下三个问题上：一是，镇压了变法运动后，慈禧囚禁了光绪皇帝，并且对外界散布说，光绪皇帝有病，而且病得很重。各国公使不相信，要求派法国医生去给光绪皇帝看病。开始慈禧坚决不允许，后来在各国公使的极力强求下，才答应把法国医生召进宫来，去给光绪皇帝看病。没想到，这位医生看完病以后对人们说："皇帝血脉正常，根本没有什么病。"对此，慈禧很是恼火，觉得外国人很不够意思。二是，镇压了变法运动以后，慈禧要对参加变法维新的骨干分子斩尽杀绝，但是一些重要的维新人物却都在外国侵略者的掩护下逃之夭夭。其中最主要的人物康有为，慈禧曾悬赏10万两白银捉拿，但他却在英国人的掩护下逃到了香港。另一个重要人物梁启超也在日本人的掩护下逃往了日本。这对于唯我独尊、为所欲为的慈禧来说，实在是不能容忍。三是，慈禧对光绪皇帝支持变法运动、甚至想脱离她控制的做法一直耿耿于怀，因此她总想废掉光绪皇帝，另立一个听话的皇帝。不久，她选中了端郡王载漪的儿子溥儁，立为大阿哥（即皇储），准备培养一段时间后继承皇位。没想到，她这种做法竟遭到了许多人的反对。中国人反对她不说，洋人也不支持。慈禧派人去说服各国驻京公使，让他们前来祝贺。但各国公使都不来捧这个场，使得慈禧非常下不来台。这当然不是帝国主义主持正义，而是他们希望在中国捞到更多更大的利益。

正当慈禧与帝国主义国家矛盾不断激化的时候，中国大地上闹起了反帝灭洋的义和团运动。"义和团,起山东,不到三月遍地红"。就连天津、北京也处处设"拳场",处处是团民,反映了人民群众对帝国主义的极端愤恨。帝国主义列强一方面要求慈禧对义和团予以镇压,一方面以保护使馆为名直接出兵。慈禧此时对义和团无力镇压,对列强又十分不满,于是便产生了利用义和团来打帝国主义国家的念头。恰巧在这时候,有一个谣言传入慈禧的耳朵,那就是洋人发出最后通谍,要求她把政权交给光绪皇帝。在这样的情况下,慈禧决定向美、英、法等八个国家宣战。光绪二十六年(1900)六月慈禧召开亲王、大臣会议,宣布:"我为了国家江山,不得已而向各国宣战。"同时讲道:"福祸难料,如果打败了,不能把罪归在我身上。"这不仅暴露了她宣战时迫不得已的心情,也为她日后投降打下了埋伏。

实际上,慈禧宣战只不过是想在与洋人的矛盾中显示一下自己的实力,希望洋人不要抛弃她而已,并不是想和洋人真正较量一番。宣战才四天,慈禧就派荣禄前往各国使馆慰问,表示愿意马上停战议和。荣禄亲自领兵来到北御河桥,在一块木牌上写着"钦差大臣荣禄,奉慈禧太后的命令,前来尽力保护使馆"。在战争进行得最激烈的时候,慈禧派奕劻去慰问各国公使,送去瓜果、蔬菜、米面,放到使馆聚居的东交民巷街口,听从洋人自行拿用。慈禧自称:"这是我关怀笼络外国人的一点意思。"而且战争中,慈禧根本不管前线战事,照旧游山玩水,乘坐特制的龙舟,在西苑听戏赏荷。在这种情况下,尽管义和团英勇战斗,不怕牺牲,也难以扭转不利局势;再加上清兵不是去打洋人,而是在义和团背后放黑枪,义和团腹背受敌,伤亡很大。八国联军很快逼近了北京城。

光绪二十六年七月,慈禧扮成农妇模样,携带光绪皇帝和大阿哥，在部分大臣和太监的簇拥下，如丧家犬、漏网鱼一般，出西直门，狼狈西逃。临行前，她召集宫中嫔妃们宣布："今天我和皇上西巡，除隆裕皇后和瑾妃外，其余的都暂时留下不走。"这时，平日和光绪皇帝感情比较好的珍妃出面请求皇上不必西去，应该留下来处理和各国讲和的事情。慈禧平日最不喜欢珍妃，认为是她迷惑了光绪皇帝。此时怒气冲天，竟命令太监将珍妃推入井中淹死了，这是慈禧第二次害死自己的儿媳。前一次是在同治皇帝载淳死后不到百天，慈禧逼其皇后阿鲁特氏殉死。慈禧之毒辣可见一斑。

在西逃过程中，慈禧这个不可一世的女人，吃尽了苦头。一路上连日饱三餐、夜安一宿亦不可得，只好向乡民乞食玉米充饥，嚼食秫秸秆解渴，夜里或贴背共坐，达旦不眠，或卧于土炕，冷冻难耐。就像慈禧后来讲的那样："整天奔跑，得不到一口吃的，又冷又饿，真不是人受的罪。"但是，景况稍有好转，她便又威风起来。逃到西安以后，慈禧把巡抚衙门作为行宫，从各地调来大量银粮（先后运来五百多万两银和七十多万石粮食），又过起了纸醉金迷的生活。单是每顿饭选菜谱就有一百多种，鸡鸭鱼肉、燕窝海参，应有尽有，每天都要用200多两银子。按慈禧的说法，这也比在北京节约多了。为了供应慈禧喝牛奶，专门养了6头奶牛，派一名五品官员负责，月花费白银600多两。当时中国北方各省旱情严重，农民没有饭吃，只能卖儿卖女，女孩子好的也只能卖几百文钱，慈禧一天的饭费，可以买数百个女孩子。这种对照何其鲜明！

慈禧在西安呆了一年的时间。光绪二十七年（1901）八月，西安城张灯结彩，锣鼓喧天，慈禧一行3000多辆马车，满载着金银、古董，浩浩荡荡起驾回京。此番东归，绝非当初西逃时可比，一路上大兴土木，大搞庆祝，大肆搜刮，大肆挥霍，穷奢极欲。

就在从西安起驾回京之前，慈禧已经再次完全投降了帝国主义。早在西逃的路上，她就派李鸿章充当全权大臣，与八国联军谈判求和。起初，她最担心洋人不会放过她，会把她当成罪魁祸首赶下台去，整天如坐针毡。但是，当她接到洋人提出的和谈条件一看——尽管这些条件几乎把中国所有的主权和利益都拿走了，但是却没把慈禧列为罪魁祸首——她竟然感动得痛哭流涕。她认为洋人对她毕竟很开恩，因此立即完全答应了洋人提出的各项条件。于是便出现了中国历史上最不平等的一个条约——《辛丑条约》，规定赔款十亿两银子（包括利息和教堂赔款）；允许帝国主义在北京使馆区、北京到山海关铁路沿线，派驻军队，拆毁大沽口到北京的炮台；永远禁止中国人民反对帝国主义侵略等。在签订条约的同时，慈禧又采取了几项卖国措施：一是宣布，凡杀过洋人的城镇，一律停止科举考试五年；凡从事过反帝斗争的人，一律处死；凡不及时镇压反帝运动的官员，一律革职。二是惩办促使这次与洋人宣战的"罪魁祸首"。慈禧宣布："这次与友邦开战，实在不是朝廷本意，都是因为一些亲王、大臣支持庇护'拳匪'招来祸害。所以要根据他们的罪行轻重，给予惩处。"在八国联军的威逼利诱下，慈禧权衡得失，采取了"既保住了老帅，卒子尽可以丢"的政策，发布命令：责令亲王载勋自杀；亲王载漪、载澜处死，缓期执行；大臣毓贤、赵舒翘、英年处死，立即执行。三是撤掉"候补皇帝"。因为当初慈禧和洋人的矛盾之一，就是立大阿哥问题。慈禧为了显示投降的诚意，在从西安回京走到开封时，宣布撤掉溥儁大阿哥的名号，立即出宫。

光绪二十七年十一月，慈禧一行回到北京，西逃生活结束。

最后岁月

慈禧西逃回到北京后,仍然将光绪皇帝囚禁在瀛台,自己大权独揽。这时的慈禧,一方面继续推行她的"量中华之物力,结与国之欢心"的投降主义方针,一方面也表示参照"西法",整顿一切政事。实质上,就是更加顺从帝国主义的驱使和控制,使清朝政府进一步买办化。就像慈禧所表白的那样:"我们现在全力实行整顿政事,就是为了以后给各国提供更大的实惠。"因此,采取的一些"新政",只不过是"掩人耳目"和"取媚外人",对中国人民和中华民族的利益都是有损而无益。此时,帝国主义为了在国际斗争中击败对手,更加紧了对中国的经济掠夺,中国的民族危机进一步加重。在这种情况下,反帝反封建的革命斗争也进入了一个新层次,即孙中山先生领导的资产阶级民主革命开始兴起。为了抵制日益发展的革命运动,维护自己的统治地位,光绪三十二年(1905),慈禧开始玩弄"预备立宪"的骗局,实行了一些不伦不类、欺世盗名的改良政策。但是,此时,一场大的革命运动已如"山雨欲来"。慈禧把中国带到了最黑暗的时期,也把自己带到了灭亡的时刻。在政治局势和极度动荡之中,慈禧走完了她一生中最后的岁月。

慈禧这个荒淫无度的女人,哪怕在她生命将近终结之时,也没有忘记利用权力及时行乐。光绪二十八年(1902)端午节,她邀请各国公使夫人在颐和园举行游园会。这一天,她让李莲英架着她,显得非常高兴。她领着外国公使夫人到处游逛,让她们欣赏奇珍异宝。公使夫人们羡慕得不得了,她却大方地说:"这些都送给你们了,你们随便拿吧。"然后又大摆宴席,招待她们,耗资以数万计。光绪二十九年,慈禧心血来潮,提出乘火车出京去谒祭东西祖陵,但当时并没有从北京城通往东西陵的铁路,为了满足慈禧的要求,只得立即抢修,结果单是铁路铺修到东陵,就花了153万多两白银,加上盛宣怀、袁世凯进贡的珍宝和慈禧一行的挥霍,共计200多万两。同时,慈禧不顾国事严峻,请美国女画家来为她画像,煞有介事。并且经常和太监、皇妃们一道扮成观音、罗汉模样,拍照演戏,自我欣赏。

光绪三十四年(1908)十月二十二日,慈禧死于中海仪鸾殿,终年74岁。

年逾70的慈禧,为了投降卖国和镇压革命,绞尽脑汁,最后病死寝宫,本是正常现象。但是,由于她的死与当朝傀儡皇帝光绪之死只一天之隔,而且帝后矛盾已是公开的秘密,因此,两人之死的关系,便成为历史上一大公案。一段时期以来,认为慈禧毒死了光绪皇帝的说法颇为流行,演义小说也多敷衍此说。但从实际情况看,这种说法不过是猜测而已,没有什么真凭实据。因为:其一,在慈禧死以前,光绪皇帝的病已经很重,必死无疑。据记载,光绪皇帝早在死前五、六天里就卧床不起,进入了弥留状态。因此,慈禧没有必要再采取什么措施。其二,慈禧的病是慢性的,在死前很长一段时间里,只是腹泻和胃燥,并无必死之兆,因此,她也不担心会死在光绪皇帝之前。这些问题,从当时御医的诊断用药记录上可以看得很清楚。

慈禧直到生命的最后一刻,也没有放弃权力。光绪皇帝死后,她立即立了醇亲王载沣的儿子溥仪为皇帝,定年号为"宣统"。当时溥仪年仅3岁,自然是什么事也不懂,因此慈禧又一次发布懿旨:"小皇帝年纪还小,应当专心学习,所有军国政事,都按我的训令施行。"显然,她的权欲之心仍然很强,还想再次听政,直到永远。但是,这只能是她临死前的最后一个好梦了。慈禧死后,由徽号加谥号通称:"孝钦慈禧端佑康颐昭豫庄诚寿恭钦南崇熙配天兴圣显皇后"。

东 陵 厚 葬

慈禧一生,给中国人民带来了巨大痛苦。慈禧死后,慑于她的余威,清政府对她实行厚葬,又浪费了国家大量的人力、物力和财力。

慈禧出殡前,烧了数不清的纸人、纸马、"楼房器皿"、"松亭松轿"、"衣帽鞋履"、"衾枕被褥",其中单是在东门外烧掉的一只用绫罗绸缎扎成的"大法船",价值就达十几万两银子。

光绪三十四年十一月十六日,慈禧入殓。慈禧的棺材,木料取自云南深山老林,光是运费就耗银数十万两。棺材成型后,用100匹高丽布缠裹衬垫,然后油漆达49次之多,抬棺的杠夫分十几班,每班128人。出殡那天,整个皇家倾巢出动,加上兵弁和服务人员,整个送葬队伍达十几华里,所过之处,凡有碍的建筑物,无论大小,一律拆除。从北京城到东陵,走了7天,途中设了众多的临时住所,也是极尽豪华。从慈禧断气,到把她埋入地宫,花了将近一年的时间,耗白银达120多万两。

慈禧的坟墓座落在北京东北遵化县清东陵的昌瑞山之阳。从同治十二年(1873)就开始动工兴建,直到光绪五年(1879)才竣工，历时6年，耗银227万两。这一次兴建是与慈安的陵墓一起进行的，结果慈禧的陵墓不如慈安的豪华。事事都要拔尖的慈禧当然不甘心，慈安死后，慈禧大权独揽，便打算重修自己的陵墓，不仅要超过慈安，而且要超过历代皇后。到光绪二十一年，慈禧不顾国家大量割地赔款，灾民流离失所的危难现实，居然下令把已经修好的一些陵寝建筑拆除重建，并且扩大规模。这样，工程又重新开始，而且持续了14年，直到慈禧死后才完全建成。此次重建，工料极为贵重，工艺极为高超，装修的华丽奢侈居历代皇后陵墓的首位。至于说这一次又耗资多少，已无从计算了。

慈禧厚葬的真正体现之处，还在于她的随葬品之多、之精、之珍、之异。关于这一点，电影小说中经常进行描绘，但任何描绘都难以再现当时的情景。慈禧的随葬品丰富和珍贵，是世界上任何帝王都难以比拟的。

但是，聪明绝顶的慈禧却无论如何也不会想到，自己生前为所欲为，死后却尸首难全。民国十六年（1928），国民党革命军第十二军（孙殿英部）借搞军事演习和清剿土匪之名，把队伍拉进东陵，炸开慈禧藏宝的地宫，盗走了珍宝，毁坏了慈禧的尸体，把整个坟墓搞了个一塌糊涂。

纵观慈禧一生，她是一个政治上专断、思想上守旧、性格阴险、生活糜费之人。她投降帝国主义，镇压进步势力，玩弄权术，追求享乐，给中国人民造成了很大痛苦。近代中国的灾难，与她有直接关系。她一生中做过好事，但总的说，她的一生是应该予以否定的一生。

穆宗爱新觉罗载淳皇后
阿鲁特氏

◎ 宋继和

穆宗皇后阿鲁特氏，生于咸丰四年（1854），是户部尚书崇绮之女。崇绮作为一个旗人，曾经创造了一个满朝议论、轰动京师的大新闻，在清代堪称空前绝后。

原来清朝的科举取士，自顺治三年到光绪三十年，凡殿试112科，共录取进士26747名。除顺治壬辰年、乙未年两科满汉分榜，有两个状元外，清朝的历代皇帝为了笼络汉族知识分子，凡是旗人，不论满族还是蒙古族，从来无人问鼎。凡状元、榜眼、探花这三个光宗耀祖的头衔，一向为汉人所得。这是顺治皇帝传下来的惯例，各朝皇帝心领神会，满朝文武也都心照不宣，因而各科考试，倒也相安无事。

然而，同治四年的殿试，却打破了这个惯例，这就是旗人崇绮破天荒地夺了一甲一名的状元。阿鲁特·崇绮，原为蒙古正蓝旗人，"初为工部主事，坐其父出师无功，褫职"，遂导致家道中落。稍后，崇绮虽又略有升迁，但家族仍不景气，崇绮也颇有身居闹市无人问的感慨，真正体察到了世态炎凉，只好关起门来读圣贤书。同治四年四月二十一日，小皇帝载淳在保和殿亲试会试及第的一榜新贡生265人，崇绮也在其中。这次是由武英殿大学士贾桢、军机大臣宝鋆主考。殿试考官共有8人。从卯正时分唱名进殿，礼部散发题纸开始，保和殿内鸦雀无声，贡生们各安其位，都在搜肠刮肚地冥思苦想。崇绮凭借着几年寒窗发奋的苦功，很快就笔走龙蛇地完成了试卷，因为明知旗人一甲三名肯定没有希望，心中倒也坦然。一天殿试结束，读卷大臣们需要两天的时间阅卷。因为试卷都是密封的，读卷大臣看到满意的文章，就在上面画一个圈，大家都认为好的卷子上就有八个圈，然后以画圈多少为序排定名次。第四天皇帝在养心殿"亲览"。同治皇帝那时才10岁，自然识不得优劣，也拿不了主意，免不了是两宫皇太后做主，好在每本卷子上都画着圈，点起状元来倒也不难。两宫皇太后忽然发现，第一本竟是旗人崇绮的，感到事情不好办，于是让以协办大学士瑞常为首的读卷大臣和军机大臣们把卷子拿下去商量。这些人商议的结果是："只论文字，何分旗汉"，由恭亲王奕䜣和协办大学士领衔复奏，两宫皇太后也就钤印钦定了。这样崇绮金榜题名，身为魁首，自是春风得意，踌躇满志。《清史稿》上说："立国二百数十年，满蒙人试汉文获授修撰者，止崇绮一人，士论荣之。"以此事为转机，崇绮家又真的中兴起来。

阿鲁特氏作为状元的女儿，自幼就受到了良好的家庭教育，当然这种教育的内容完全是封建礼教的那一套。这位名门闺秀可以说是饱读诗书，知书达礼，温柔贤慧，冰清玉洁。但她最终被立为皇后，也并不是一帆风顺的，其中既有一轮又一轮的激烈竞争，又有宫廷内的矛盾角逐。未来的皇后，要在成千上万个青少年"秀女"中筛选。经过多次慎重、认真的选择，到同治十一年初，合格的"秀女"只剩了10个，其中自然有阿鲁特氏。两宫皇太后事先已决定，这一年的二月初二大吉大利，定于这一天选出皇后。快到这一天时，朝野内外已议论纷纷，在八旗贵族的私下议论中，大部分认为户部侍郎崇绮的长女气度高雅，德才俱胜，皇后是非她莫属了。

到了"二月二，龙抬头"这一天，宫中热闹极了，选立皇后大典的地点定在御花园的钦安殿，一大早就有内务府的官员进殿铺排。两宫皇太后、皇帝在宝座上就坐，御案上放着一柄镶玉如意、一对红缎绣彩荷包等东西。内务府大臣行过礼，即奉旨将入选的10名秀女带进殿来。行过大礼后，她们分成两排，依照父兄官职的大小分先后站立着。第一次算是复选，两宫皇太后已商量停当，先从10人中选出4个，这4人将是一后、一妃、两嫔。而此时所封的妃，只要不犯过失，循序渐进，总有一天会成为皇贵妃。同样，此时所封的两嫔，也必有晋为妃位的日子。挑选开始，第一轮挑出了副都统赛尚阿的小女儿阿鲁特氏、知府崇龄的女儿赫舍里氏、刑部员外郎凤秀的女儿富察氏和当时身为翰林院日讲起注官侍官侍讲的崇绮的女儿阿鲁特氏。

皇后在崇绮的女儿与凤秀的女儿之间选出是事先已定好的。但慈禧太后认为，凤秀14岁的女儿富察氏美丽端庄，是皇后最合适的人选；而崇绮的长女阿鲁特氏已19岁，比同治皇帝还大两岁，又不是满族人，因此不宜立为皇后。另外还有一个重要原因，慈禧太后生在道光十五年，是乙未年，肖羊，而阿鲁特氏生于咸丰四年，是甲寅年，肖虎。如果属虎的人入选正位中宫，慈禧太后就变成了"羊落虎口"，这冲尅非同小可。迷信意识浓厚的慈禧太后虽嘴上不便说出，但实际上自然是要力避这种结局出现。慈安太后的意思刚好与慈禧太后相反，她认为还是立阿鲁特氏为皇后好，阿鲁特氏虽然相貌不如富察氏，但"娶妻娶德，娶妾娶色"，立皇后以德行为最要紧，阿鲁特氏完全符合条件。再说比皇帝大两岁，懂的事就多，更能够照顾好皇帝，帮助皇帝读书。另外，从来选后虽讲命宫八字，但只要跟皇帝相合就行，与皇太后是不是犯冲，并不在考虑之列。因此，慈禧太后担心的"羊落虎口"一事，慈安太后大概根本就没想到。最后，问皇帝载淳的意见，他嗫嚅半晌，终于道出了自己的心愿，决定立阿鲁特氏为皇后。对此慈禧太后虽然很不满意，但毕竟已无法挽回了。

休息过后，复临钦安殿。按照清廷祖传的方式，载淳亲自把镶着羊脂玉的如意递给阿鲁特氏。阿鲁特氏跪下——穿着"花盆底"的鞋，不能双膝一弯就跪，得先蹲下身去请安，然后一手扶地，才能跪下。她不慌不忙，娴熟地做完了这个礼节——然后接过玉如意，垂首谢恩。大局就这样定了下来。然后慈安太后把红缎绣花荷包赐与富察氏。

来到养心殿，即拟旨诏告天下皇后已选立。慈禧太后又定富察氏为慧妃，赛尚阿女儿阿鲁特氏为珣嫔，赫舍里氏也为嫔位。慈安太后表示同意。在这次立后问题上，慈安太后表现出了极少有的爽利果断，致使慈禧太后立富察氏为皇后的企图最终失败了。过去200多年，后妃都是在满州贵族中遴选，此次却破了先例，使清廷自康熙以来出现了第一个非满族人皇后——蒙古族皇后。

关于选立皇后之事,另有"地上倾茶"一说,聊记于此以供参考。"聘后必择二人,须帝自选。中选者册封,不中亦封贵人。穆宗选后时,意无所适可,慈禧促之,帝乃以茶倾地上,令二人趋而过。一人恐袍污,抠其衣;一人不然。帝曰:'抠衣者爱衣,不抠者知礼。'遂选不抠衣者,即毅皇后也。"①这种说法无疑是过于简单了。

皇后身份尊贵,理应出在上三旗。但才德俱备的秀女下五旗亦多的是;或者出身下五旗的妃嫔,生子为帝,母以子贵,做了皇后。为解决这样的难题,清代定下一种制度,可以将后族的旗分改隶,原来是下五旗的,升到上三旗,名为"抬旗"。崇绮家原是蒙古正蓝旗,照京城八旗驻防的区域来说,应该抬到上三旗的镶黄旗,这样崇绮一家就沾女儿的光被抬为满洲镶黄旗。崇绮本人蒙恩被封为三等承恩公,从五品官连升三级,一下子成了二品高官。

八月十八日是"大征"日。"大征"就是六礼②中的"纳征",即到皇后家下聘礼。慈禧太后亲定礼部尚书灵桂、侍郎徐桐为"大征礼"的正副使,讨个"灵子桐孙"的吉利口采。

聘礼由内务府负责准备,按康熙年间的规矩,是200两黄金,1万两白银;若干金银茶筒、银杯;1000匹贡缎;另外是20匹配备了鞍辔的骏马。聘礼并不算重,但皇帝富甲天下,并不在钱财上计算。光是那一万两银子,便是户部银库的炉房

---

①苏海若著《皇宫五千年》。
②六礼:男女结为夫妻必须履行的六种手续或礼节,一是"纳采",二是"问名",三是"纳吉",四是"纳征",五是"请期",六是"亲迎。"

中特铸的，50两一个的大元宝，凸出龙凤花纹，银光闪闪，映日生辉。20匹骏马也是一色纯白，是古代帝王驾车的所谓"醇驷"，个头大小一样，配上簇新的皮鞍，雪亮的"铜活"，黄弦缰衬着马脖子下面一朵极大的红缨，色彩极其鲜明。为这20匹马上驷院就报销了七、八万两银子，还专门花了几个月的工夫调教。

另外，还有赐皇后祖父、父母、兄弟的金银衣物，也要随聘礼一起送去。一路吹打到皇后私邸，崇绮一家早已在门外恭迎。"大征"的礼节自是隆重热烈。大征的仪物聘礼安排停当之后，皇后方才出临。

从皇帝亲授如意，立为皇后，鼓吹送回家的那一天起，阿鲁特氏即与她的祖父、父母、兄嫂废绝了家人之礼。首先是一家人都跪在大门外迎接，而她则摆出皇后的身份，对跪着给她叩头的父母亲人决不能照样回礼，最多只能点一下头。等进入大门，随即奉入正室，独住五开间的二厅。同时，内有宫女贴身侍候，外有乾清宫班上的侍卫守门，稽查门禁，极其严厉，尤其是青年男子，无论是多么直接重要的至亲，都不能进门。在里面，父亲要见女儿，也很不容易，几天见一次，见时做父亲的崇绮必须恭具衣冠。皇后的母亲嫂子，与她倒是天天见面，但却如命妇进宫，只是为了侍候皇后。每天两次"尚食"，阿鲁特氏皇后独居正面，食物从厨房里送出来，由丫头传送给她的长嫂，长嫂传送给母亲，母亲亲手捧上桌，然后侍立一旁，直到她用膳完毕。当然皇后除了二厅，是屋门不出的。

此刻，皇后在宫女的随侍下，出临大厅受诏。听宣了钦派使臣行大征礼的制敕，皇后仍旧退回大厅。

等仪物聘礼授受完毕，崇绮又率领全家亲丁向禁宫所在的西北方向,行三跪九叩的大礼谢恩。接着匆匆赶到门外,跪送使臣。"大征"礼到此告成。

大征礼一过,马上就得准备大婚正日的庆典。此次同治皇帝与阿鲁特氏皇后的大婚,非同一般的庆典,它在当时的那种社会里,既是北京城内的一大盛事,也是全国普天同庆的喜事。在乾隆五十五年,京城为清高宗祝贺八旬大寿时,曾大大地热闹过一番,这回巧逢康熙皇帝之后200多年来首位在位皇帝大婚,可谓"百年难遇"(康熙至同治之间的几位皇帝,即位时早已成年,已有了嫡福晋即皇后),自然是要以最浩大、最隆重的仪式来庆贺了。

大婚吉日定在同治十一年九月十五这一天。照满洲的婚俗,发嫁妆须在吉期的前一天。因为阿鲁特氏的妆奁多达360台,需连发4天,因此要提早开始。九月九日重阳节这天皇后就开始向宫中送嫁妆。妆奁中真是应有尽有,首饰、文玩、衣服、靴帽不可胜数,仅两广总督瑞麟与粤海关监督崇礼办来的紫檀木器,就有几十台。但在这诸多桌案木器中,却独缺一张床。

床自然是有的,它早已被安置在坤宁宫东暖阁。这张床非同一般,它也可以说是一个榻间,所以没有床顶,只有雕花的横楣,悬一块红底黑字的匾,上书四个大字"日升月恒"。西面朱红大柱下,置一具景泰蓝的大熏炉;东面柱房,则是雪白的粉壁,悬着"顶天立地"的大条幅,画的则是"金玉满堂"的牡丹;下置一张紫檀茶几,几上一对油灯,油中还加上蜂蜜,期望皇帝和皇后,好得"蜜里调油"似的。床上的帐子本来是黄缎的,此时为表示喜庆则换成红色的。已专门安排4位"结发命妇"负责"铺床"。

吉期虽选定九月十五日,仪典却从十三日半夜里便已开始,太和殿前,陈设全部卤簿,丹陛大乐,先册封,后奉迎;十四日寅初时分(凌晨3点多钟),皇帝驾御太和殿,亲阅册宝。册封皇后的制敕,是内阁所撰的,一篇典皇堂皇的四六文,铸成金字,缀于玉版,由工部承制,仅此就报销了1000多两黄金。"皇后之宝"(大印)亦用赤金所铸,4寸4分高,1寸2分见方,交龙纽、满汉文,由礼部承制,也是报销了1000多两银子。

册封的使臣仍是灵桂和徐桐,他们受命下殿后,跟在供奉"玉册金宝"的龙亭后面——龙亭自然是被人抬着,直趋后邸。

阿鲁特氏大门口是崇绮率领全家亲丁跪接,二门中是崇绮夫人率子妇女儿跪接。等在大厅上安放好了册宝,皇后方始出堂,先正中向北跪下,听徐桐宣读册文,然后灵桂把玉册递给左面的女官,她跪着接过来再转奉皇后,皇后从左边接过来,往右边递出去,另有一名女官接过,放在桌上。金宝也是这样一套授受的手续。册立大典,到此完成。册封的二位使臣即回宫复命。

下面就到了该奉迎的时候了。一吃过午饭,文武百官,纷纷进宫,在太和殿前,按着品级排班;申初时分(下午3点多钟),同治皇帝临殿,先受百官朝贺,然后降旨遣发陈设在端门以内、午门以外的凤舆,奉迎皇后。奉迎的专使是两福晋、八命妇。两福晋是载淳皇帝的婶母,惇王奕誴和恭王奕訢的福晋,八命妇原则上应是既结发、又有子孙的一品夫人。

大婚的仪礼,原是满汉参合,而"六礼"中最后一个环节、也是最重要的一步,就是"亲迎"。皇帝皇后比于天地,亦是敌体,皇帝大婚不亲迎皇后,于礼有悖。但果真亲迎,不但仪制上会生出无法折衷调和的麻烦,而且帝后究竟不同,皇帝大驾临御，刚要做新娘子的皇后，还得跪接，世上自然没有这个道理。因而必须有一个可行的办法代替。这办法就是，用一柄龙形的如意代替皇帝，当奉迎专使承旨奉迎皇后时，她们跪进朱笔，由皇帝在如意正中，朱笔大书一个"龙"字，然后将这柄如意放在凤舆中压轿，这便是"如朕亲临"之意，作为亲迎的代替。

奉迎的仪节，当然又应以满洲的风俗为主。奉迎专使即使都是女眷，也要全部骑马。仍由龙亭作为前导，一块来到后邸，崇绮带领全家仍有一番跪接仪式。等把凤舆在大堂安置好，十位福晋命妇便到正屋谒见皇后，然后侍候皇后梳妆。此时皇后头梳得很有讲究，必须梳成双凤髻。皇后收拾停当，由众人服侍着坐上凤舆，凤舆在子初一刻（晚上11点多钟）出后邸上路，皇后由大清门被抬入宫，到宫里时，当是15日凌晨了。

与此同时，等在乾清宫的皇帝，也出乾清门进入坤宁宫，暂在大婚洞房的东暖阁前殿休息。这时皇后的凤舆已由御道到了乾清门，抬过一盆极旺的炭火，四平八稳地停好，在奉迎专使的护持下，皇后跨出轿门，女官上前接过她一手拿一个的苹果，奉迎专使则捧一红绸封口的金漆木瓶交到皇后手里，里面盛着特铸着"同治通宝"的金银钱和小金银锭、金玉小如意、红宝石，以及杂粮五谷，称为"宝瓶"。

等皇后捧稳了"宝瓶"，奉册宝的龙亭方始再走，沿着御道经过乾清宫与昭仁殿之间的通路，进入乾、坤两宫之间的交泰殿。这个殿不住人，只有两项用处：一项是"天地交泰"为帝后大婚行礼之地；一项是储藏御宝。这天夜里，两项用处都有，礼部堂官先奉皇后册宝入藏，然后在殿门前另作了一番布置，横放朱漆马鞍一个，鞍下放两颗苹果——就是从皇后手里取来的那两个，上面再铺一条红毯。

六对藏香提炉，引导着阿鲁特氏皇后跨过"平平安安"的苹果马鞍，到西首站定。这就到了拜天地的时刻——皇帝这面也是算好了时刻的，等皇后刚刚站好位置，皇帝载淳也由坤宁宫到了，站在东首与皇后相对而立，在繁密无比的鼓乐声中，一起下拜，九叩礼毕，成为"结发"。

共同拜完天地、寿星，再由皇后一人单拜灶君。然后皇帝皇后在东暖阁行坐帐礼，吃名为"子孙饽饽"的饺子。这饺子一下锅就得捞出来，呈给皇帝皇后，完全是生的，但不能说生，咬一口吐出来，藏在床褥下面，说是这样就可早生皇子。接着皇帝暂时到前殿休息，等候作为奉迎专使的福晋命妇为皇后上头。在满洲人说来，叫做"开脸"，用棉线绞尽了脸上的汗毛和髭髭短发，然后用煮熟的鸡蛋剥了壳，在脸上推过，立刻便现出了容光焕发的妇人颜色。接下来是重新梳头，双凤髻只是及笄之年的少女装束，此时要改梳为扁平后垂、无碍枕上转侧的"燕尾"。等打扮好了，方始抬进膳桌来开宫里称做"团圆膳"的合卺宴。这时皇帝便在太监及两福晋八命妇的引导迎接下，重回东暖阁，帝后欢宴，其他人等则纷纷跪安退出。到这里，帝后大婚盛典的全部仪礼始告完成。

这场筹备三年的"大婚"，花销巨大，耗费惊人，有史记载的我国"婚典"中，尚无出其右者。奢华程度，亘古无与伦比，堪称一项中国之"最"。据当时户部奏报，各省采办物料未经报部者不计，内务府寻常借款不计，特旨拨款不计，仅算各省报部和户部发放用于婚典的银两，就达 1130 万两。如此庞大的开支，相当于当时清王朝全国一年财政收入的一半。按今天的银价计算，约合 1 亿美元。19 世纪 80 年代初清王朝驻德国公使李凤苞，秉承李鸿章的旨意直接与伏尔舰厂打交道，买了在当时来说还较先进的两艘 6000 马力的"定远"与"镇远"铁甲舰,一艘 2800 马力的"济远"钢甲舰,这三只著名的战舰价钱是白银 400 万两。同治皇帝结婚所用的钱,几乎可以买这些战舰的 3 倍。如果把这一大笔钱买成粮食,那将够 1400 万贫苦农民吃一年。为了娶阿鲁特氏皇后,多少人民的血汗付诸东流。

不论大小官员以及吏役,凡跟"大婚"沾上边的,甚至不沾边的,都受到了封赏、得到了好处。尤其可笑的是,在皇帝"大婚"的这一年,不管是刑部秋审,还是各省奏报的死刑重犯,一律停止勾决。这样一来,连被判死刑的罪犯,都被上了皇恩。

婚后按惯例在东暖阁居住两天,第三天皇帝回到养心殿,皇后阿鲁特氏搬到体顺堂居住。正位皇后的阿鲁特氏,其实也是很不自由的。两宫皇太后尚在,她这个做儿媳妇的要伺候两个婆婆,每天都要到太后处去请安、侍膳,以尽孝道,这大概也是祖制吧。慈安太后对这个儿媳妇还是非常照顾、体贴的。但慈禧太后则事事看着阿鲁特氏不顺眼,每每加以指斥、责难。史书上载:对皇后"孝贞(慈安太后)亦异常钟爱,而孝钦(慈禧太后)则非常忿怒。每孝哲入见,从未尝假以词色",当是事实。关于慈禧太后与阿鲁特氏不和之事,爱新觉罗·溥仪在其回忆录《我的前半生》中也有记述。

所幸的是,大婚之后皇帝载淳同阿鲁特氏关系尚好。帝后之间情趣比较高雅,相亲相爱,堪称相敬如宾。有史为证"孝哲(阿鲁特氏)物度端凝,不苟言笑,故穆宗始终敬礼之。宫中无事,恒举唐诗以试后,后应口背诵如流。上益喜,伉俪綦笃,而居恒曾无亵容狎语"。[①]但由于慈禧太后对阿鲁特氏心

---

① 《皇宫五千年》。

怀不满，看到皇帝载淳对她很好，便格外不高兴。于是就对皇帝的私生活横加干预，不让皇帝与阿鲁特氏同居，"欲令慧妃专夕"。小皇帝载淳也有几分倔强，偏不依母亲，干脆谁的寝宫也不去，一人独居乾清宫。载淳与慈禧太后母子失和，更使慈禧太后迁怒于阿鲁特氏，认为是她挑唆儿子不听自己的话。这给皇后带来了更大的厄运。

小皇帝与母亲斗气离开后妃，而独居乾清宫，开始还可坚持，时间一长，就有些心猿意马了。在机灵的太监和奕䜣的儿子载澄的指引下，他化装来到宫外不远的烟花柳巷行走，只一两年，便身染重病。同治十三年十二月初五日（1875年1月），小皇帝载淳病死。享年尚不足19岁。

关于同治皇帝的死因，有三种不同的说法，一说死于天花，一说死于梅毒，另一说死于疥疮，各有各的根据。比较有案可稽的论证，是近年《紫禁城杂志》出版的《故宫轶事》。其中徐艺圃先生所写的《同治帝之死》，从清室档案《万岁爷进药用药底簿》中，查阅了自同治十三年十月三十日载淳得病召御医李德立、庄守和入宫请脉时起，直至十二月初五日载淳病死时止，共37天的脉案、处方及106帖服药记录，肯定同治是死于天花无疑，而绝非死于梅毒或其他别的病症。但钱谷风先生、台湾作家高阳先生却依据大量的史料，肯定了载淳是死于梅毒，并且还与慈禧太后和皇后阿鲁特氏的矛盾激化有关。

据传说，皇帝载淳因梅毒导致"内陷"身亡，而"内陷"是由惊吓诱发的。十二月初四日午后，皇后阿鲁特氏到养心殿东暖阁探视皇帝病情，载淳见她脸上泪痕宛在，不免关切，便问缘由，阿鲁特氏一时忍耐不住，就把又受慈禧太后指责的经过，哭着告诉了载淳。哪知慈禧太后接到密报，已悄悄跟来躲在帷幕外面偷听。当听到皇帝安慰阿鲁特氏"你暂且忍耐,总有出头的日子"时,慈禧太后已按捺不住心头的怒火。据说她当时的态度非常粗暴,与民间恶婆婆的行径无异,掀幕直入,一把揪住皇后阿鲁特氏的头发,劈脸就是一巴掌。皇后统摄六宫,为了维护自己的尊严,当慈禧太后来势汹汹之际,但求免于侮辱,难免口不择言,所以抗声说道:"你不能打我,我是从大清门进来的。"此话不说还好,一说正如火上浇油——慈禧太后一生的恨事,正是不能正位中宫。阿鲁特氏的抗议正触犯了她的大忌,于是索性一不做、二不休,厉声喝令:"传杖!""传杖"是命内务府行杖,这只是对付犯了重大过失的太监、宫女的办法,今日竟施于皇后!载淳听了大惊,顿时昏厥,这一来才免了皇后的一顿刑罚。而同治皇帝则就此病势突变"内陷",终于于第二天不治身亡。

同治皇帝究竟因何而死,实需进一步考证。本来,脉案是皇室档案记录,是官方文件,应无可非议。但事实未必尽然,中国自古就有"为尊者讳"的传统。因为在某种条件下,由于某种不可公诸于众的原因,必须回避当时的真实情况,有时也弄虚作假,以掩盖事实真相,这也是历史上屡见不鲜的手法。因此关于同治皇帝的脉案、用药情况的记载,也完全有伪造之可能。

亲自为载淳治病的御医李德立之曾孙李镇先生这样说:"曾祖李德立就是给同治看病的御医。50年以前,我的祖父在世时,我为此疑案当面问过他,他是德立公之长子……关于曾祖为同治看病的亲身经历和慈禧懿旨'屏斥治罪'的内幕,因这是与家族命运休戚相关的大事,印象极为深刻。他说:同治确是死于梅毒。并将真相告我。时在1938年,我据此查阅有关史料,拟稿投北京《文言报》,被采用披露报端。先祖父及所识前清遗老阅后均额首称是，未闻异议。"关于同治皇帝死前的情况，他的说法也与传说的基本一致。据他说：慈禧太后在亲生儿皇帝得了不治之症后，"首先传旨把同治迁到养心殿东暖阁，便于监视。阿鲁特氏皇后住在养心殿西侧的体顺堂，如要夫妻相会，晨昏省视，要事先通知首领太监禀明，才能进入东暖阁面见皇帝。慈禧与皇后，婆媳之间早有不和，如今矛盾更加尖锐。据祖父面告，同治之病，经曾祖精心治疗已有起色。十二月初四日午后，阿鲁特氏来东暖阁视疾，当时载淳神志清醒，看见皇后愁眉锁目，泪痕满面，乃细问缘由。这时早有监视太监专报西太后，说皇帝与皇后阁内私语。慈禧急来东暖阁，脱去花盆底高跟鞋，悄悄立在帷幔之后窃听，并示意左右禁声，切勿声张。此时皇后毫无察觉，哭诉备受母后刁难之苦。皇帝亦亲有感受，劝她暂且忍耐，待病好之后，总会有出头的日子。可知载淳在去世前一天，所想的是病好之后的事，没有预感到明天就要死了。不料慈禧听到此处正刺所忌，竟勃然大怒，立刻推幔闯入帷内，一把揪住皇后的头发用力猛拖，一大撮头发连同头皮都被拉了下来，又劈面猛击一掌，顿时皇后血流满面，惨不忍睹。慈禧又叫太监传杖，棒打皇后。同治大惊，顿时昏厥，从床上跌落在地，病势加剧，从此昏迷不醒。急传先曾祖入阁请脉，但已牙关紧闭，滴药不进，于次日夜晚死去。"①后来李德立因了解内情，差一点被慈禧太后逼令自尽。

笔者认为李镇之说更符合事实，同治皇帝当是死于梅毒，并非天花。而且他的死是与慈禧太后同皇后的矛盾激化直接相关，传说是有事实根据的。

---

① 李镇：《同治究竟死于何病》，《文史哲》1989年第6期。

阿鲁特氏与皇帝婚后两年多的时间,同居的日子尚不足两个月,这当然主要是由于慈禧太后从中作梗的缘故。现在载淳已死,在慈禧太后淫威下寡居的皇后,日子就更不好过了。

同治皇帝死后,定策迎取嗣皇帝进宫是头等大事。但这等大事慈禧太后却始终不许阿鲁特氏参预。选嗣皇帝,慈禧太后不选"溥"字辈的近支王子为同治皇帝立嗣,偏偏选中了年仅4岁的载淳堂弟、也是自己的亲侄子、亲外甥载湉为帝,用意非常明显,一是为了防止皇后仿效她扮演垂帘听政的把戏,二是能使自己可以继续以皇太后的身份合法地掌握大权。可谓老谋深算用心良苦,年轻的阿鲁特氏绝对不是她的对手。

皇帝载淳身死,庙号定为"穆宗",尊谥用"毅"字。穆宗毅皇帝的称号定了,穆宗皇后亦须有一封号。慈禧太后在内阁拟呈的字样中,圈定"嘉顺"二字。这实际上是对阿鲁特氏的一个警告,意思是顺从始可嘉,即使是逆来也要顺从。

此后,阿鲁特氏以泪洗面,过了不长时间,在光绪元年二月二十日半夜三更时分香消玉殒,距离皇帝死日仅差两个半月。在100天内皇帝皇后先后去世,这在历史上极为罕见。皇后因何而死,又有几种不同的说法。

一说是因为大行皇帝之死,皇后哀伤过甚,缠绵病榻已久,并抱定必死的决心拒绝治疗而逝。

一说是同治皇帝死的当天,阿鲁特氏就曾吞金自尽,遇救不死,因此这次身死,依然是自裁,以报皇帝于地下。

另有一说是被慈禧太后迫害致死。大行皇帝一崩,慈禧太后就归罪于阿鲁特氏,甚至诬赖她房帷不谨,以致同治皇帝发生"痘内陷"的剧变。嘉顺皇后遭遇了这样难堪的逆境,无复生趣,怏怏成病,终于不治。

再有一说是慈禧太后害死了皇后。慈禧太后认为,嘉顺皇后在世一日,便有一日的隐忧后患,决心置她于死地,于是秘密下令,断绝她的一切饮食,使皇后活活饿死。

诸种说法,孰是孰非,难以判断。

阿鲁特氏死时仅 22 岁。她活着时,慈禧太后对她百般挑剔折磨,死后的丧仪却颇隆重。当天即发出了一道上谕,一道懿旨。派礼亲王世铎领头办理,又加派恭亲王奕訢主持,很是大操大办了一番。刚死时梓宫暂时安置在隆福寺。直到光绪五年三月,惠陵修好后,才与同治皇帝合葬在惠陵。光绪皇帝给阿鲁特氏加谥,到宣统年间又加谥,谥号全称是"孝哲嘉顺淑慎贤明恭端宪天彰圣毅皇后"。

阿鲁特氏死后,慈禧太后的怒气并未全消,转而发泄到皇后父亲崇绮身上,一度革掉了他吏部侍郎的职务。

后因崇绮全不记女儿被慈禧太后逼死之仇,一味巴结、效忠慈禧太后,而复被起用。先任镶黄旗汉军副都统,1878 年奉命查办吉林政务,署吉林将军。次年又任热河都统,1881 年升任盛京将军,1884 年调任户部尚书,可谓官运亨通。后他曾与徐桐等一起主张废光绪帝,因此甚得慈禧太后宠任。1900 年八国联军入侵华北,他又任留京办事大臣,随即退走保定自缢而死。

德宗爱新觉罗载湉皇后
叶赫那拉氏

◎ 赵宝泉

1832

清德宗又称光绪皇帝，于光绪元年（1875）登上统治宝座之后，一直处于慈禧太后的卵翼之下，不仅在政治上成了历史悲剧的扮演者，而且在生活上也与其隆裕皇后叶赫那拉氏成了封建王朝内部斗争的牺牲品。

被选入宫 册封皇后

光绪帝载湉继位时年仅4岁，慈禧太后大权独揽，"垂帘听政"。到光绪十三年(1887),光绪帝已经 17 岁,到了婚配的年龄。按着封建王朝的惯例,幼帝一经结婚,就要亲理朝政,太后必须"撤帘"归政。

为了应付必然到来的光绪帝大婚和由此导致的亲政局面,慈禧太后一面提前宣布给光绪帝成亲,让其"亲裁大政",一面加紧给光绪帝选后、妃。慈禧太后就是从一个妃子而渐次步入青云,成为清王朝的最高统治者的。她深知皇帝的后、妃对皇帝的思想及其政务活动的影响力,要巩固自己在清廷中的专权地位,牢牢地控制住光绪帝,使未来的皇后对她唯命是从是至关重要的。

在封建时代,封建伦理道德禁锢着人们的思想,社会上各阶层的人们都很难摆脱这精神上的羁绊。对于那些有自主权的君王来说,选择后、妃,是可以任意妄为的。但光绪帝作为慈禧太后的傀儡皇帝,囿于"孝道",出于敬畏,在其婚配问题上却难以自主。慈禧太后利用所谓"母子"情分和封建主义的"孝道"伦理,按着自己的意志,亲自主持了选后活动。

选后活动是在体和殿进行的,经过数次"备选"后的五名秀女依次排列,站在第一位的是那拉氏都统桂祥之女,其次是江西巡抚德馨的两个女儿,站在最后的是礼部右侍郎长叙的两个女儿(即后来的珍妃姐妹)。慈禧太后上坐,光绪帝站立一旁,前面摆着小桌一张,上面放着一柄镶玉的如意和两对绣花的荷包,作为选定的证物(清例选中皇后,给玉如意一柄,选中妃子,给荷包一对)。

慈禧太后面色严肃,心情略有些紧张,她看看站在一旁的光绪帝,指着下面的秀女说:

"皇帝,谁能选中皇后,你自己决定,合你心意的可把玉如意授给她。"

然后把玉如意递给光绪帝。

光绪帝抬头看了看慈禧太后,小心翼翼地回答说:

"这件大事应由皇爸爸(即慈禧太后)作主,儿臣不敢自作主张。"

慈禧太后故作姿态,坚持让光绪帝自己选定。光绪帝就拿着玉如意走到德馨的长女面前,正要把玉如意授给她时,慈禧太后惊慌失措,大叫一声:

"皇帝!"

并用嘴暗示他选站在第一位的秀女。

光绪帝吓了一跳,连忙回头看了一眼慈禧太后,才明白她的意思,无可奈何地走到桂祥女儿的跟前,把玉如意授给她。

慈禧太后看到光绪帝中意的是德馨的女儿,如果入选妃嫔,必会有夺宠之忧,于是不容许光绪帝继续选妃,匆匆地命公主把两对荷包授给站在最后的长叙的两个女儿。

这场选后、妃的傀儡戏就这样草草地收了场。光绪十四年十月初五日(1888年11月18日),慈禧太后下懿旨宣布光绪帝的后、妃一并选定。光绪十五年正月(1889年2月),光绪帝举行大婚礼,正式册封桂祥的女儿为皇后。

光绪的这位皇后系那拉氏家族中人,她生于同治七年(1868),比光绪帝长3岁。其父桂祥为慈禧太后的兄弟,因此她是慈禧太后的侄女。

慈禧太后强行将其本家侄女立为皇后,主要是为了在光绪帝身边安插心腹,以便控制光绪帝,长期操纵清廷。可这次选后妃活动与光绪帝自身利害攸关,慈禧太后专横跋扈,公然无视光绪帝的意愿,强行决断,给光绪帝以很大刺激,给他留下难以忘怀的怨痕,由此也为光绪帝与皇后终生"不睦"和围绕后、妃产生的许多纠葛埋下了种子。

帝后不睦　后妃之争

慈禧太后"强迫指定"皇后，给光绪帝感情上留下了创伤，婚后那拉氏皇后又倒向慈禧太后一边，更促成光绪帝对皇后感情上的疏远。而珍妃，不但通晓文史，而且性情开朗，志趣广泛，思想开阔，遇事颇有见解，在光绪帝料理政务过程中，给予大力协助，因而珍妃得到光绪帝的宠爱。

在珍妃入宫之初，慈禧太后并没有对她表现出恶感，有时还让她侍在身旁批览奏章。到后来，慈禧太后得知那拉氏皇后"不得志于德宗"，便迁怒于珍妃姐妹。

光绪二十一年（1895），适值慈禧太后60大寿，福州将军出缺，那拉氏皇后欲将此职位给她的舅舅，因珍妃颇得光绪帝宠爱，便让珍妃请于光绪帝，珍妃不悦，谢绝说：

"谁去说都是一样。"

皇后十分恼火，认为珍妃恃宠而骄，竟敢违抗皇后的意志，气冲冲地跑到慈禧那里告珍妃欺压皇后。慈禧本来处处护着皇后，平时有对皇后小不敬者，都要受到严厉责罚，今天听说敢欺压皇后的竟是平日忌恨的珍妃，便火冒三丈，说一定要给皇后出气。

当时慈禧住在南海仪銮殿，光绪帝住在瀛台，皇后和珍、瑾二妃住在同豫轩。慈禧马上传令同豫轩侍奉珍妃的宫女、太监等到仪銮殿，当面询问珍妃平日的起居情况。

慈禧太后暴跳如雷，大声喝问宫女太监，宫女太监惊恐万状，跪伏在地上，战战兢兢地说：

"珍主子平时很是谦和谨慎，从来没出过大差错。"

慈禧听后更是大怒，怀疑宫女太监不说实话，喊过掌刑太监：

"给我打！"

直打得太监皮开肉绽，仍和前面说的完全一样。

这时珍妃已赶到仪銮殿，慈禧便把怒气转向她，让太监用掌打，命她说实话。

珍妃一向被皇帝宠幸，如今当众受辱，痛不欲生，但仍不向太后低头。

慈禧更加恼怒，下令夺其妃号，降为贵人，宫监减逐大半。

这次后、妃之争可以看作光绪朝后妃之争的一个缩影，对于这种后妃纠纷，有人将其完全归结为宫廷中的所谓"醋海兴波"是不确切的。光绪朝的后妃之争除了风情醋意的原因之外，还反映了慈禧太后与光绪帝的矛盾。此后光绪帝更加厌恶皇后，她的生活更加孤独寂寞了。

有一天，慈禧太后到景仁宫去，行至流水观音地方，见撑船太监未穿宫袍，大怒，认为他们大不敬，下令杖打，当时宫杖未到，便下令让人拿轿竿打，直打得太监皮开肉绽，呼痛不已。

等到了同豫轩，见皇后和珍、瑾二妃都因怕慈禧的威风而吓昏过去了，慈禧连忙去告诉光绪帝，光绪听后，气急败坏地说：

"死就死了，此后永不立后。"

慈禧太后也无可奈何。

戊戌政变后，光绪被囚在瀛台，身同囚犯，不准皇后、妃、嫔随便接触，仅准许皇后每月初一、十五两天到瀛台看望。觐见时，有多名太监在旁边监视，皇后三言两语问安后便退出,有时光绪帝一言不发,以目送之。

有一次,光绪帝发怒,把皇后的发簪拔下摔碎,那簪子是乾隆时的遗物,皇后向慈禧诉苦,慈禧表情沉郁,没有多说话,只是叫她以后注意点儿。从这件事后,皇后与光绪帝分居,具体年月虽不可考订,但到光绪死时足有10年。

那拉氏皇后在孤寂的宫廷生活中,开始找些事来填补空虚,她学会了养蚕。先取蚕子孵化,蚕生出后,每天喂新鲜的桑叶四、五次,特命宫中数人晚上喂蚕。每天观察蚕的生长,吐丝做茧,见蚕变成蛾飞出,感慨万分,她或许从蚕的生长过程看到自己像蚕被束缚于茧中一样被束缚在宫中吧?丝成后,她还拿到慈禧太后那里去鉴赏,慈禧也取出年幼时所制的丝来与皇后的新丝比较,两者同样的精美。

这种孤寂平淡的生活很快被八国联军的炮火给打破了。光绪二十六年七月(1900年8月),八国联军攻入北京,那拉氏皇后随慈禧太后、光绪帝逃奔西安,一路风尘仆仆,好不狼狈。次年回京后,仍然默默无闻地过着孤寂的生活。

立为太后 掌握大权

光绪三十四年(1908)光绪皇帝和慈禧太后先后去世。慈禧太后临死前弥留之际,指定那拉氏皇后为太后(下称隆裕太后),隆裕太后以刚继位一天的小皇帝名义发布谕旨:"嗣后军国政事,均由摄政王裁定,遇有重大事件,必须取皇太后懿旨者,由摄政王面请施行。"隆裕太后从此摄取了清朝大权,当时便有"垂帘"复活的传说,但隆裕平庸无能,其实并无其事。

慈禧一死,后妃们争权夺利的斗争更加激烈,隆裕太后指使其大总管小德张(即张兰德)直接参与了后妃争权夺利的斗争。

慈禧下葬时,咸丰帝的几个寡妇如瑜妃等想利用这一机会大闹东陵,夺得清廷的大权,她们到东陵后,要挟说:

"我们不走了,我们要在这里守陵。"

小德张并不买账,马上出面说:

"好吧,马上给你们盖房子。"

并把当时负责守卫东陵的张勋叫来安排,以防有变,张勋十分紧张,说:

"那要请各位首领(太监)看好各家的主人。"

小德张布置完毕后,便同隆裕一同回宫。

瑜妃等见隆裕毫不让步,不再回西六宫去,而要走启祥门,进入内宫。

小德张按着隆裕的旨意,早已派太监首领张吉安把住启祥门,不准她们进入内宫。瑜妃等虽然叫开了启祥门,大发脾气,还打了张吉安的嘴巴,但终究没敢进入内宫。

此后在隆裕的支持下,小德张更加大胆妄为,在宫外公开拉拢王公大臣,在宫内也是说一不二,许多他想干的事,给隆裕说一下便定了。

先前宫中有几座佛殿,慈禧太后时年久失修,已经毁坏不堪用。小德张怂恿隆裕修理,报销的钱数竟达200多万两。当时内务府大臣李乐峰说报销不实,并要求给予处分。隆裕知道这笔钱的经手人是小德张,便保持缄默,压下不问,隆裕与小德张的关系亲密,可见一斑。

隆裕在服丧期间,按清例应换乘青色的轿子,制轿的费用竟达70多万两,小德张经手这件事,贪污之巨,令人咋舌。

隆裕为人，平庸无识，优柔寡断，比慈禧远远不如。慈禧在政治上残暴自私，但还有自己的见解，对于王公大臣，也有一定的笼络手段。而隆裕则一切为其宠监小德张操纵，个人毫无主见，在政治上毫无建树。

光绪死后，隆裕曾想仿效慈禧"垂帘听政"。等到奕劻传出慈禧遗诏立溥仪为皇帝，载沣为监国摄政王时，隆裕虽取得了对军国大事一定的决定之权，但离"垂帘听政"的美梦还相差甚远，自己又没有力量来实现这一美梦，她心中不快，以致迁怒于摄政王，与载沣发生了矛盾。

宣统帝继位，隆裕心中抑郁不乐，后又受太监小德张怂恿，在宫中东部大兴土木，修建"水晶宫"，以为玩乐之所。按清代制度，在"国服"期间，不得兴修宫殿，然而隆裕对此并不顾忌。尤其在当时清廷正在兴建新式海陆军，所需经费极大，国库本来已经空虚了，建军的费用尚且不足，而隆裕不管这些，竟然命令度支部拨出巨款来兴修宫殿，以为个人娱乐，引起朝野的不满和议论。后虽然因为革命军起而不得不停止，但这件事更显露了隆裕的平庸无识。

而载沣生性懦弱，在政治上也无主见，他在受命监国执政期间，里有隆裕掣肘，外受奕劻、那桐等人挟制，他的地位虽是监国摄政王，并没有任何作为的余地。如对隆裕兴建"水晶宫"一事，本来可以用既"违反祖制"，又影响建军的正当理由进行阻拦，但由于他怯懦怕事，不敢多说话，也就不加可否地听之任之。

宣统二年五月（1910年6月）载沣命毓朗、徐世昌为军机大臣。数日后，隆裕命令载沣将这两个人撤去，载沣则婉言相劝请求暂缓行事，隆裕毫不让步，载沣不得已，反驳说：

"太后不应干预用人行政大权。"

隆裕也无可奈何。像这样隆裕凭自己感情冲动来制约载沣行动的事，并不少见。

光绪死后，隆裕在他的砚台盒内，发现光绪亲自用朱笔写的"必杀袁世凯"的手谕，自己不敢决断，便交给载沣处理，载沣犹豫不决，与奕劻、那桐等人商量。奕劻、那桐力主保袁，让袁世凯自行称病辞职。

袁世凯辞职后，隆裕和载沣毫无远见，不把他留在北京控制他，反而命他回家养病，把他放走了，这无疑于"纵虎归山，养痈成患"。这件事充分说明隆裕和载沣毫无治国之才、毫无政治远见，为此他们也吃尽了苦头。

清帝退位　承认共和

宣统三年（1911），辛亥革命爆发。武昌起义后，各省相继宣告独立，南方半个中国脱离了清政府的统治，清廷岌岌可危。环顾四周，清廷之中并没有能使这行将就木的清王朝起死回生之人，不得已隆裕只得同意请袁世凯出山，任命他为内阁总理大臣，给予军政大权。

袁世凯东山再起，首先搞垮了摄政王载沣，迫使隆裕下令摄政王以醇亲王归藩，禁止干预政事。同时袁世凯也与南方革命政府达成妥协，以当民国总统为条件逼迫清帝退位。

在武昌起义后的一段时间里，隆裕更是毫无主见，表现得软弱无力，遇事不顺则大哭。袁世凯外贿奕劻、那桐两位重臣，内贿宠监小德张，他们向隆裕施用威胁利诱的手段，使隆裕完全落入他们的圈套，主演了清帝退位这场戏。

袁世凯首先让邮传部大臣梁士诒唆使驻俄公使陆征祥等

电请清帝退位。陆的电文到后,袁世凯代为上奏说:查陆的电文"语言趋向共和,作为出使外国的大员也这样说,我很痛心,请圣上不要降旨。"然后又上奏说:国库空虚,军饷没有着落,请朝廷将宫中所存的瓷器变卖来充饷救急。又指使姜桂题电奏清廷,请求朝廷恩准,将所存款项分别提回,接济军用。

面对这四面告急的场面,隆裕太后没有别的办法,只好答应这些请求,令宗人府传令各王公出钱赡军,但应者寥寥。袁世凯装作万分感慨的样子说:"既然促使我开战,又不给我军饷,这简直是置我于死地。"并面奏隆裕,说军饷无着,对军队哗变的事甚为忧虑,请求隆裕拿出内帑黄金8万两充军饷。隆裕只得应允。

1912年1月16日,袁世凯又与内阁大臣联衔上奏清廷,奏请清帝退位。奏折中大谈军饷紧急、海军尽叛、强邻虎视、人心涣散等危急情况后,提出"民主如尧舜禅让",要求清帝退位,实行共和,并威吓说:"我皇太后皇上怎么能忍心让九庙祖宗受到炮火的震惊,怎么能忍心被驱出京城,政权被暴力推翻呢?"

袁世凯手捧奏折到养心殿见隆裕太后,隆裕坐在炕上沉默不语。袁世凯跪在红毡垫上,故作悲痛的样子,一边耸动着双肩,抽缩着鼻子,流着眼泪,一边向隆裕太后断断续续地诉说着。隆裕一言不发,只用手帕拭着流不尽的泪水。坐在隆裕旁边的幼小无知的宣统皇帝,不知地上跪着的矮胖老头为何人,听不懂他嘴里嘟噜的是什么,也不明白两个大人因何啼哭,心里非常纳闷。

隆裕被袁世凯出色的表演弄得六神无主,不知所措,忙和王公贵族商量。皇族亲贵多把共和看成洪水猛兽,把袁世凯看作逆臣、革命党的奸细,并想方设法除掉他,载泽还弹劾袁世凯"前借口军饷不足,不能开战;后颁短期公债,勒捐亲贵大臣,合内帑黄金8万两,款近千万,仍不开战,是何居心?"隆裕被弄得将信将疑,更是举棋不定。

袁世凯从内宫出来遇到张先培等用炸弹袭击事件,袁世凯先前命人制造"革命党人已经遍布于北京城"的谣言,得到证实,使隆裕消除了心头的疑虑,开始相信袁世凯的谣言。隆裕特派人前往慰问,而袁世凯则从此称病不入朝,把逼宫的任务交给亲信赵秉钧、胡惟德等人。

奏请退位的消息一传出,"谁说袁世凯不是曹操"的说法在贵族中占了上风,一部分满蒙王公大臣摆出了要拚命的架势,采取恐怖行动对汉人进行报复的传说搞得满城风雨。

1912年1月17日,隆裕召集宗室王公召开御前会议,讨论是否实行共和的问题。奕劻和贝子溥伦主张自行退位,颁布共和。隆裕一听抱着宣统大哭。溥伟和载泽坚决反对,会议无果而散。第二天,仍无结果,良弼、溥伟、铁良等王公大臣成立了保卫清室、反对议和的宗社党。

1912年1月19日,隆裕又召开御前会议,赵秉钧、胡惟德等人也参加了,一齐向清廷进攻。赵秉钧指出,由于革命党人力量强大,北方军队已不足恃,故袁世凯欲设临时政府于天津,要隆裕和王公大臣们讨论。王公大臣们立刻看清了袁世凯的嘴脸,一致反对,慷慨激昂。胡惟德、梁士诒用财政困难、军费匮竭、无法打仗、外国将来干涉等理由进行说服,没起作用。赵秉钧等人看到阴谋无法得逞,立即采取威胁手段,奏请:"人心已去,君主制恐难保全,恳赞同共和,以维大局。"赵秉钧凶相毕露,指斥王公贵族会而不议,议而不决,声称再如此下去,就要辞职不干,说完扭头就走,胡惟德、梁士诒也愤然离去。隆裕吓得不知所措,会议依然无结果。蒙古王公纷纷出京,各回本旗,组织义务勤王敢死队。

几天的御前会议,弄得隆裕头昏脑胀,茫然不知所措,除了抱着小皇帝大哭外,没有其他办法。太监总管小德张和贪官奕劻、那桐受了袁世凯的贿买,从内部对隆裕太后进行恫吓。隆裕对小德张百般信任,他被收买后,整天像一条狗一样,拚命在隆裕面前危言耸听,说什么"各省纷纷独立,前敌军队撤不下来,外债无望,饷项难筹,若不答应民党的要求,则革命军杀到北京,您的生命难保",倘能依从让位,则有"优待条件","仍可安居宫闱,长享尊荣富贵,袁世凯一切可以担保"。

奕劻为了迫使清廷屈服,不惜当众扯谎,有一次隆裕召见他,他进宫后对大众声言:

"革命军队已有5万之众,我军前敌将士皆无战意。"

见到隆裕后,又威吓说:

"革命党军队已有6万之众,势难与战。"

数分钟之内革命军的人数就增加了1万。优柔寡断、平庸无识的隆裕,遇到为难之事只有啼哭,在这内外夹攻之下,开始动摇了。

几天的御前会议都解决不了问题,隆裕命胡惟德转告袁世凯仍按召集正式国民会议办法与国民政府议和,袁世凯置之不理。24日,袁世凯上了一个奏折,一方面说南北谈判的伍廷芳复语悖妄,尚无头绪,仍与切实蹉商,欺骗隆裕,一方面说他的病尚未好,继续请假,刁难隆裕。

尽管这样,隆裕仍未拿定主意。袁世凯又密令段祺瑞联合北洋将领电奏赞成共和、反对帝制。段祺瑞在其通电中说:"昨闻恭王(溥伟)、泽公(载泽)阻挠共和,多愤愤不平……压制则立即暴动，敷衍亦必全溃。十九标昨几叛去……是动机已兆，不敢再为迟延。"要求实行共和。袁世凯在同一天也上奏清廷，提出清帝退位后皇室优待条件问题，并威胁说清廷如果不实行共和，他不保证清廷退位后受到优待。

26日宗社党的首领良弼被炸，京师震动，上朝时，隆裕掩面大哭说：

"梁士诒啊！赵秉钧啊！胡惟德啊！我母子二人性命，都在你三人手中，你们回去好好与袁世凯说说，务必保全我们母子二人性命。"

赵秉钧首先大哭，誓言保驾，满朝一片悲声。

王公贵族闻风丧胆，有些人潜往青岛、大连、天津的外国租界，藏匿不出。

隆裕更是惊慌不已，为保全清廷，仍尽力拉拢袁世凯。良弼被炸后，隆裕颁发懿旨封袁为一等侯爵，并命退归藩邸的醇亲王载沣到袁世凯的住所传旨，督促袁世凯入宫谢恩。

袁世凯再三辞谢，恳请收回成命，隆裕命他不要推辞，袁再次上奏说自己"有罪当诛，无功受禄"。隆裕还是不准，袁三次上折申述："现在事变到这个地步而受高爵位，祖制不容，现在危险日益迫近，困难很多，朝廷爱臣，不可让臣受到拿权柄要挟封赏的讥讽。"隆裕还是不准。袁又第四次上折说："现在大局震动，人心动摇，成败利钝，未敢预料。世变如此之大，已陷于水深火热之中，如果受这一高爵位，窃取如此高的荣誉，不单在前代人面前感到羞耻，也怕被后来人耻笑。"隆裕固执己见，一心想拉住袁世凯，还是不准袁世凯的请求，袁世凯没有办法，只得接受。

隆裕一心想用封赏的办法拉拢袁世凯，使他效忠清室，袁虽接受了封赏，但他并不领情，继续进行逼宫活动。

袁世凯为了夺取全国政权，1月29日命杨度在北京发起组织共和促进会，宣布目前主张君主立宪为时已晚，为救国家危亡，保全皇室，只有实行共和。这天，袁世凯上奏："近议国体一事，已由皇族王公讨论多日，当有决定办法，请旨定夺。臣职司行政，惟遵朝旨。"催促清廷迅速做出选择，早早退位，并把一切推给朝廷自行处理，加紧刁难要挟。隆裕在其催逼下，整日抱着宣统皇帝痛哭流涕。载沣向来缺乏主见，不敢参与决策。皇室贵族束手无策，乱作一团。

隆裕所能采取的唯一办法是尽可能拖延时日。2月1日，她召开御前会议，提出采取虚君共和政体，即用君主不干预国政的办法把皇帝保留下来。民国政府和袁世凯都表示反对。隆裕见无路可走，经过反反复复考虑比较，觉得保留性命，退位后享受优待条件，总比宗族覆灭的结局强得多。无奈，她只好做出了皇帝退位，颁布共和的决定。

1912年2月3日，隆裕授袁世凯以全权，与南方协商清帝退位条件，袁的病马上不治而愈，当即把所拟的退位条件电告唐绍仪转伍廷芳。并密令段祺瑞以前敌将领的名义发表通电，电文说，现因几个王公阻挠共和，使全局危险，四面楚歌，万民受困，京津两地暗杀党林立，稍疏防范，祸变既生。"时至今日，乃并皇太后、皇上欲求一安富尊荣之典，四万万人欲求一生活之路而不见许"，并声称"谨率全体将士入京，与王公剖陈利害"。刀光剑影，令人生畏。各王公大臣看了，一个个面如土色、毛骨悚然，唯独溥伟觉得欺人太甚，发了几句牢骚，后来赵秉钧放出风，说要除掉他，把溥伟吓跑了。从此，再无人敢说一句反对退位的话。

2月8日，梁士诒携新拟的优待条件见隆裕，隆裕提出三条意见：①留"大清皇帝尊号相承不替"十字；②不用"逊位"一词;③宫禁和颐和园随时听使居住。

2月11日,隆裕认可了优待条件的修正案,决定下诏退位。

2月12日,隆裕以宣统皇帝的名义颁发了三道诏旨,第一道是清帝退位诏,第二道是公布优待条件,第三道是劝谕臣民。

这天,内阁总理大臣袁世凯率全体阁员、亲贵和朝廷官员同至养心殿,太后和年幼的皇帝亦到场,并登上宝座,大臣们最后一次向皇帝山呼万岁。一位太监向隆裕太后呈递了退位诏书。她在宣读诏书时,泪流满面。臣僚们匍伏在地,极度悲伤恐惧。

隆裕突然中止宣读,悲伤地大哭,将退位诏书交给世续和徐世昌盖上皇帝宝印,内阁成员随即依次在诏书上签名。在肃穆悲哀的气氛中,最后一次御前会议宣告结束,统治中国长达267年之久的清王朝灭亡了。

郁郁寡欢　了却残生

自宣布共和后,皇室已失去了政权。清室宫中,仍然按着皇室的仪体,发布上谕。他们靠封建社会长期的影响,靠出卖宫里的珍宝和从中华民国政府领到的优待经费400万两白银,在宫中仍过着穷奢的生活,保持着皇家旧有的淫威。

隆裕太后仍然住在宫中,她心情忧郁,很少与外人接触,因而北京发生兵变时,她只隐隐约约地听见炮声,不知发生了什么事。她娘家被劫三四天后,她才知道,痛哭流涕,哀恸不已,但此时大势已去,也没有办法。从此她更加郁郁寡欢,与宣统帝的关系也日渐疏远，教养侍奉之事，一概交给太监去管。

由于隆裕整日忧郁，精神恍恍惚惚，起居也没有节制，饮食更是不加注意，常常让太监拿着水果袋跟着她，她每天只吃些水果。这样时间一久，身染大病，到了1913年便卧床不起。

她去世前，正值深夜，世续、溥伦及载沣在一边侍奉。据说溥伦拟议遗诏，授命醇亲王载沣掌管宫中事务之权，但此时隆裕太后已昏迷不省人事。世续等大声呼唤，不见太后醒来。

小德张来到近前，在枕前大声呼唤说：

"现在世续等王爷看太后身体欠安，宫中事务请下旨命醇亲王管理。"

这样喊了三次，隆裕才睁开了眼，轻轻地点了点头，很久才说出一句话：

"叫皇帝来。"

太监连忙把溥仪抱到床前，太后指着溥仪，使出全身的力气，慢慢地说：

"他太小了，你们不要难为他。"

说完，两眼一闭，命归黄泉。

隆裕太后死讯传出，大总统袁世凯表示悼念、祭奠，参议院外交团发出了悼唁，国务院决定为她举行葬礼，并派员去办丧事，各党会团体也有表示追悼的，有的还提议为她铸造铜像。

隆裕的葬礼是隆重庄严的。除王公大臣外，国务总理和总统的代表、各国务员、各局长并各部代表及陆海军人等参加祭奠的达300多人。

末代太后隆裕就这样结束了她悲惨、孤寂的一生。

附：德宗爱新觉罗载湉妃他他拉氏（珍妃）

◎ 赵宝泉

在清朝的 10 位皇帝中，光绪皇帝载湉的后、妃最少，只有 3 位，其中之一是珍妃。珍妃于光绪十五年（1889）入宫，时年 13 岁，光绪二十六年（1990）死，年仅 25 岁。

被选入宫 册封嫔妃

光绪帝载湉 4 岁时继位，慈禧太后"垂帘听政"，光绪一直是个傀儡皇帝，不但政治上受慈禧摆布，就连自己的婚姻生活也不能自主。到了光绪十四年(1888)时,光绪帝已经18岁,到了大婚的年龄。按封建王朝的惯例,幼帝一结婚(称为大婚),就要亲理朝政,慈禧太后就必须撤帘"归政"了。慈禧太后是个权力欲极强的女人,她为了不失去手中的大权,应付皇帝将要亲政的局面,便积极为光绪帝选后、妃,企图通过皇后、妃子来达到影响和控制光绪的目的。这样,在她的精心策划之下,光绪帝选后、妃的傀儡戏就上演了。

这天体和殿布置得典雅、富丽、庄严,正面挂着"康济阜成"的金色匾额,一派庄严的气氛,光绪帝选后、妃的活动将在这里举行。经过多次筛选的5名秀女依次排列,站在第一位的是叶赫那拉氏都统桂祥之女,即慈禧太后的亲侄女,其次是江西巡抚德馨的两个女儿,珍妃和她的姐姐站在最后。

慈禧在众宫女、太监的陪伴下被迎入正座,她的心情略有些紧张,这场戏虽经她精心策划,但心中毕竟没有绝对的把握。她看了一眼站在一旁的光绪帝,把选皇后的证物——一柄玉如意授给他,假惺惺地让光绪帝自己选后,光绪帝面露难色,不敢擅自作主。慈禧太后故作姿态,坚持让他自己选定。光绪帝才慢慢地走到德馨长女面前,正要把玉如意授给她时,慈禧太后惊慌失措地大叫一声:

"皇帝!"

并提醒他把玉如意授给站在第一位的秀女。光绪帝无可奈何地走到桂祥的女儿面前,把玉如意授给她。这样,慈禧太后的侄女便当选为皇后,即隆裕皇后。慈禧太后看到光绪帝中意的是德馨的女儿,如果选入妃嫔,必会有夺宠之忧,于是不容光绪帝继续选妃就匆匆地命公主把选妃的证物——两对荷包授给站在最后的长叙的两个女儿,草草地结束了这场选妃活动,珍妃姐妹便被选入宫了。

从这场选后、妃的傀儡戏中可以看出，珍妃的入选与慈禧太后想利用后、妃控制光绪帝这一意图是有直接联系的。她一入选便陷入了这一矛盾斗争之中，造成了她终生的悲剧。

光绪十五年(1889)正月，光绪帝举行大婚礼，正式册封长叙的两个女儿为瑾嫔、珍嫔，到光绪二十年(1894)，逢慈禧太后六旬庆典，被封瑾妃、珍妃。

聪颖受宠　后妃之争

珍妃，满洲正红旗他他拉氏，出身于大官僚家庭。其祖父裕泰，在道光、同治年间曾任湖广、闽浙总督。其父长叙，官为礼部左侍郎。珍妃生于光绪二年二月初三日(1876年2月27日)，入宫时年仅13岁，与其同选入宫的瑾妃是她同父异母的姐姐。瑾妃、珍妃虽出生在同一个家庭，但她们的性格却大不相同。瑾妃性情平稳、脆弱，而珍妃，"貌既端庄，性尤机警"，年幼时在家中读书，受到当时一般的女性难得的教育，"颇通文史"，江南著名学者文廷式是她的老师。她性格开朗，志趣广泛，善于书画，慈禧太后曾请内庭侍奉的女官缪嘉蕙教她画画。

不仅如此，珍妃对客观事物反应极其敏锐。她进宫之初，慈禧太后也很喜欢她，常让她在旁侍奉批览奏章，她在一旁看一会儿，便能领略奏章的要领，预料太后将作如何批示。正因为珍妃性格爽朗，思想开阔，遇事颇有见解，在光绪帝料理政务过程当中，给予很大协助，因而珍妃得到光绪帝的宠爱。

珍妃平日住在景仁宫，但常和光绪帝同居养心殿，光绪帝很喜爱她，常与她一同吃饭。珍妃每天早上给慈禧太后请安后就回景仁宫，任意装束，她喜欢女扮男装，常与光绪帝互换装束，做为游戏。

按宫中惯例，妃子不能乘八人轿，光绪帝特赏给她乘坐，被慈禧见了，大光其火，摆出威严的样子，拿出祖宗家法把珍妃训斥了一顿。并下令将轿子摔毁。光绪帝得知后很不高兴，后来隆裕太后在光绪面前说珍妃的坏话，光绪帝怒斥了她。这件事传到慈禧那里，慈禧以为这是珍妃受宠之故，更是恼恨珍妃。

光绪二十一年(1895)，有一个叫耿九的人，贿赂慈禧的小太监王长泰(即王有儿)、聂德平(即聂十八)，想谋取粤海关道的职位。王、聂二人在宫中平时被珍妃所喜欢，珍妃经常和他们在一起，并赐给他们吃的。这次王、聂二人受了耿九的托付，便私下里请求珍妃向光绪帝奏上这件事。这时还有个叫宝善的人，是慈禧一个本家侄女的岳父，驻兵凤凰城，日本进攻时，兵败而城池失守，想出钱运动免罪，也通过王、聂二位太监。二位太监又请求珍妃密请皇上，并向慈禧送一件背心和大衣衣料两件作为礼物。这两件事后来都被慈禧知道了，她大发雷霆，把珍妃叫来，用板子责打惩罚，并将王、聂两位太监充军黑龙江，遇赦不赦，后来行至营口，一并杀掉了。

也是在这一年，福州将军出缺，隆裕皇后想把这个职位给她的舅舅，由于珍妃在光绪面前得宠，便让她对光绪帝去说，珍妃婉言谢绝，说："谁去说都是一样。"隆裕皇后一向忌恨珍妃，争风吃醋，这次看到珍妃竟敢公开顶撞她，怒火中烧，羞愤难当，急忙到慈禧太后面前告珍妃欺压皇后、恃宠而骄。慈禧太后一向护着隆裕，加上平时对珍妃就有忌恨，又有耿九与宝善之事，听后暴跳如雷，杖打珍妃，以"干预朝政"的罪名，夺珍妃和她姐姐瑾妃的封号，降为贵人。把与之有牵连的太监，有的充军，有的驱逐出宫，太监减少了大半。珍妃回到自己的寝宫后，哀恸异常，慈禧又施出笼络手段，赐给珍妃精美食品8盒，并派人表示慰问。虽然只过了一年慈禧便赏还了珍妃和瑾妃的封号，但珍妃和慈禧的关系大大地恶化了。

珍妃平素身体不好，自进宫后经常吃药，光绪二十年（1894）五月，病情恶化，神智不清，四肢抽搐，全身发热，经紧急救护用药调理后，才见好转，恢复了神智，又过了两个月，方才见愈。十月，受慈禧杖责降为贵人后，又发病，人事不省，虽不久痊愈，但整整一年，仍用药不断，屡经医治，才恢复了健康。

珍妃作为一个深宫女子，虽然贤德美丽，颇有才华，但置于慈禧太后的淫威之下，又有隆裕皇后时时的嫉妒和吹毛求疵，她的忧郁生活是可想而知的。可是自己如同一只被装进笼子的小鸟，又有什么办法呢？如前所述，珍妃是颇具艺术才华的，平时喜爱书画，慈禧也曾请宫廷女官缪嘉蕙教她画画。一个深宫女子，能和艺术交上朋友，真是一种精神上的寄托。当时摄影术已传入中国，但在宫中是被禁止的，人们认为照相机是"西洋淫巧之物"，照相能"伤神"，照相多了会"损寿"。尤其摄影师面对皇上、皇后、妃嫔对光，更是"极不礼貌"的犯上行为。然而珍妃却非常喜爱摄影，她在光绪二十年（1894）前后，暗中从宫外购进一架相机，背着那阴险专横的慈禧太后，在她的住所景仁宫偷偷地研究起来。

平时珍妃不但给自己照，也给别人照，教太监照，也教光绪帝照。珍妃平时就喜欢穿男人的衣服，照相时更是"不拘姿势，任意装束"，摄取各种姿势，照了许多化装照。其中一幅照片是光绪二十一年（1895）在中南海拍摄的，后来被慈禧无意中看见，大加申斥。这并没有中止珍妃对摄影艺术的追求。此后，她又私下拿出积蓄，命身边一个姓戴的太监在东华门外（即今北京东华门大街附近）开设了一家照相馆。这件事传入宫中，被隆裕皇后得知，她马上告诉了慈禧。慈禧大怒，立即将那个姓戴的太监传来审问，太监在酷刑之下隐瞒不过，招了实情，珍妃受到责罚，戴太监被活活打死。此后，宫中再无人敢谈照相了。

变法未成　打入冷宫

光绪二十年（1894），中日甲午战争爆发，中国惨败，与日本签订了丧权辱国的《马关条约》，大小帝国主义国家乘虚而入，掀起了瓜分中国的狂潮。在甲午战争后的几年内，中国重要的铁路修筑权尽被帝国主义夺去，矿产和其他许多经济权益大部分丧失，租界到处出现，通商口岸成了帝国主义侵华的据点，中国处于被瓜分豆剖的危急关头，悲愤欲绝的爱国志士仰天长啸，发出了"天涯何处是神州"的沉痛呐喊。

光绪帝面对甲午战后民族危机日益深重、大清江山日益衰落的形势，对慈禧的专权极为不满。他忿忿地说："太后如果不把权交给我，我宁愿退位，不愿做亡国之君。"在光绪帝和慈禧太后之间便发生了争夺权力的斗争。那些"愤太后之干政"的"朝士之守正者"，出于愤懑与不平，便把光绪帝作为自己的寄托，在思想倾向上开始向光绪帝靠拢，围绕光绪帝在清廷统治集团里逐渐形成一股政治势力，即帝党。帝党支持资产阶级维新派，掀起了戊戌变法运动。

珍妃是光绪帝的积极支持者，在精神上给光绪帝以全力支持，并且为变法做了很多实事。珍妃的侄女唐海炘在回忆中说:"珍妃支持戊戌变法,她常通过我父亲(即志錡、志锐的幼弟)把宫中的一些密事告知维新党人。"珍妃的堂兄志锐也成了光绪帝的积极支持者。

珍妃不但参与变法,出谋划策,还向光绪极力推荐她早年的老师——江南著名学者文廷式。文廷式乃江南才子,在庚寅年(1890)大考中擢居榜眼,以一等第一升侍讲学士,在文化知识界颇有影响。他被提拔重用,在一定程度上给光绪帝增添了助力,又通过他为光绪帝的变法扩大了影响。

文廷式受到重用后,又通过珍妃提拔了一批人。有一次,苏松泰道员出缺,光绪帝亲自交下来一个名字叫鲁伯阳的人。照例,苏松泰道员应从记名海关的人员中提拔,而鲁伯阳未曾记名海关。对于这一破格提拔,军机大臣都感到十分诧异。这件事在官场中引起了反响,闹得满城风雨。不久,外面纷纷传说:鲁伯阳是由于珍妃的推荐,也与文廷式有关系。后来,鲁伯阳到江苏后,两江总督刘坤一不准他上任,并秘密地参了一本,攻击珍妃干预政事。

慈禧太后看到刘坤一的奏书后,大怒,立即派人把珍妃传到面前,迎面一顿痛骂,说:

"连祖宗家法都不遵守,你眼里还有我吗?"

然后不由分说,吩咐左右痛加责打。从此,珍妃以"干预政事"的罪名被长期幽禁在深宫之中,受到监视,鲁伯阳也受到免职的处分。

光绪帝不愿做亡国之君,与资产阶级维新派结合,发动了戊戌维新运动,希望通过变法自强,从慈禧手中夺回政权。但在当时的中国,变法的支持者只是一些先进的知识分子和没有实权的开明官僚,变法如昙花一现,很快失败了。维新派的领袖康有为、梁启超被迫出逃,维新派六君子倒在血泊中,国内形势急转直下，光绪变法带来的一线光明，又被骤然卷起的深沉乌云给吞没了。

戊戌政变后，慈禧对光绪进行了三次训斥，逐条逼光绪认罪。当时慈禧召集顽臣于便殿，令光绪帝跪于案旁，并置竹杖于座前，特设了这个杀气腾腾的场面，以显示慈禧的淫威。慈禧太后怒视光绪帝，声嘶力竭地咆哮：

"天下，是祖宗的天下，你怎么敢任意妄为，众家大臣，是我多年历选来辅佐你的，你竟敢随便不用！反而听信逆臣的蛊惑，改变祖宗成法！康有为变法，能胜过我祖宗成法？你这样昏庸糊涂，真是不肖子孙！"

杀气腾腾，似有废立之势，珍妃上前跪倒，请太后宽恕皇帝的罪过，慈禧大怒：

"你这贱人，配和我讲话吗？"

珍妃悲痛已极，哀求道：

"皇帝是一国之主，圣母不能任意废黜……"

话没讲完，慈禧上前一个嘴巴，厉声叫道：

"快把这贱人给我拉出去，囚禁起来！"

然后，命人将光绪帝押到西苑瀛台的涵元殿，并下令撤除瀛台与岸上连接的唯一通道板桥，命李莲英选出亲信太监20人轮番监管，把光绪帝完全囚禁起来。从此，光绪帝陷于"欲飞无羽翼，欲渡无舟楫"的与世隔绝的凄惨境地了，还不时受到慈禧的训斥，成了一个不带枷锁的囚徒。

慈禧太后对珍妃更是大下毒手，施以刑杖，撤去了簪珥装饰，将她囚于偏僻的钟粹宫后北三所，外面圈上了高墙。北三所是故宫西路的一座小院，仅有三间房子，甚是凄凉。慈禧太后还给她立了一个条规：再不许见光绪帝。珍妃被囚后，原住的景仁宫马上被封，守宫的太监全体被逐。

这样，珍妃如同一个犯人，被打入了冷宫，由慈禧太后派两个宫女进行监视，"门自外锁，饭食由槛下送进"，规定每天是冷粥温菜，即等饭菜放凉了才可以吃。每天不得不忍气吞声地听慈禧太后爪牙的"数罪"。就连所用的东西，也得东挪西藏，白天藏在宫中墙壁上预先挖好的洞里，晚上再取出来用，怕被慈禧凶恶的爪牙看见搜去。珍妃在冷宫中过着与世隔绝的生活，受尽凄寒凌辱。而慈禧对外还捏造说：

"珍妃的娘家人，托光绪帝的人情，放出两个巡抚，卖官鬻爵，得贿银4万两，在北京和平门内开了一个照相馆，是犯了大清国的家法，才圈进高墙的。"

有一次，珍妃的姐姐瑾妃用重金买通了几个监看珍妃的小太监，到北三所看望珍妃，此时珍妃正在出天花，姐俩儿见面后，珍妃痛哭了一场，无限伤感地对瑾妃说：

"我恐怕再也见不到主子(指光绪)啦！"

光绪帝虽为皇帝，在慈禧太后的淫威之下，连夫妻相见都成了很困难的事。后来，在个别出自同情的太监帮助下，光绪帝曾不止一次地在月夜中偷偷地来到囚禁珍妃的地方，然而他们隔着被紧紧封锁的门窗，只能对着漫漫长夜长吁短叹，相对而泣，抒发各自的情怀罢了，真可谓"咫尺天涯"，悲酸交加。光绪和珍妃的悲剧，成为清封建政权极端腐朽的一个缩影。

慈禧西逃　珍妃遇害

光绪二十六年七月二十日(1900年8月14日)，八国联军打到北京，城外炮声隐隐传来，宫中人心惶惶，乱作一团。慈禧太后改变了装束，穿上蓝布旗袍，挽着"旗头座"式发髻，打扮成村妇模样，准备挟光绪帝一起出逃。临走之前，她当然忘不了她的眼中钉珍妃。

她略作安排，让人在前面等候，自己匆匆忙忙快步向宁寿宫走去，路上遇到宫监唐冠卿，唐颇为惊异，因为慈禧平时很少出入后宫，忙上前问道：

"老佛爷到何处去？"

慈禧一惊，看了看左右，鬼鬼祟祟地说：

"你不要多问，跟我走就可以了。"

走到角门的拐弯处时，慈禧突然转过身来，声色俱厉地说：

"你在颐和轩游廊守着，如果有人偷看，就开枪，不要手软。"

这时，首领太监崔玉桂也来了，慈禧率崔玉桂一同来到宁寿宫，把珍妃从囚所提出，珍妃在暗无天日的冷宫里受尽折磨，她面色憔悴，战战兢兢地跪在慈禧的脚下，哆哆嗦嗦地说：

"向老祖宗请安。"

慈禧看了看跪在地上的珍妃，恶狠狠地说：

"现在义和团捣乱，洋人就要进城了，兵荒马乱的，你看怎么办呢？"

珍妃叩了个头，说：

"老祖宗可以离京暂避一时，皇上应该坐镇京师，力挽危局。"

慈禧冷笑一声，斥责她说：

"你死在眼前，还敢胡说！"

然后指着院中那口井说：

"现在兵荒马乱的,你年轻美貌,留在这里,万一受到污辱,丢了皇家的体面,对不起祖宗,我们娘们儿跳井吧!"

珍妃请求开恩,说:

"我没犯重大罪名。"

慈禧有些不耐烦了,说:

"不管有无罪名,难道留我们遭洋人的毒手么?你先下去,我也下去。"

珍妃大哭,哀求留条活命,口里不断大声呼叫:

"皇爸爸,皇爸爸(指慈禧),饶恕奴才吧,奴才以后再不做错事了!"

见慈禧无动于衷,又哀求道:

"皇爸爸,请让奴才见皇上一面。"

慈禧冷笑道:

"还想让皇上庇护你,死去吧!"

慈禧忙呼唤崔玉桂,崔上前对珍妃说:

"请主子遵旨吧。"

珍妃满面泪水,说:

"你怎么也来逼我呢!"

崔玉桂阴阳怪气地说:

"主子先下去,奴才我还要下去呢。"

珍妃大怒说:

"你不配!"

慈禧急于出逃,怕耽搁太久,连忙对崔说:

"把她扔下去吧!"

崔玉桂挪开井盖,瞧着珍妃,珍妃泪流满面,抽抽咽咽地说:

"奴才死不足惜,这大清江山……"

慈禧大声命令崔玉桂：

"把她扔下去！"

崔玉桂如凶神附体，连扶带提地把珍妃拉过去。在悲惨的号哭声中，"扑通"一声，珍妃被扔到井里，盖上了井盖。

当时光绪帝正在养心殿，还不知道自己的爱妃已命归西天了。

珍妃的死，一方面是由于珍妃的才貌出众，受宠于光绪帝，使慈禧的侄女失宠，并引起一些后、妃争斗，慈禧对珍妃倍加忌恨。另一方面，可以说是戊戌政变的余波。自从戊戌政变后，以心狠手辣出名的慈禧太后，对维新派和光绪帝恨之入骨，屡次想对光绪帝下黑手，如她在囚禁光绪后，便"令太医捏造脉案"，制造光绪帝"患病"的假象，企图以此为借口废掉光绪，但其流言很快被识破，国内外舆论大哗，慈禧怕引起封疆大吏的不满，怕帝国主义国家出面干涉，未能如愿。在亡命之前，便把这口怨气一古脑发泄到珍妃身上。

珍妃之死，也反映了慈禧与光绪的矛盾。残害珍妃，慈禧一方面泄了恨，一方面也给光绪帝敲起了一声刺痛心弦的警钟。

珍妃受难，她的姐姐瑾妃也受到牵连。慈禧西逃，没有带瑾妃同行，等瑾妃得到消息时，车驾已经疾驰出宫。瑾妃只好连忙化装步行追赶，一路上兵荒马乱，狼狈不堪，竟将鞋子也跑掉了。后来，在路上遇到了庄亲王载勋，才由载勋派人护送，追上了慈禧太后等一行人马。

珍妃死后不久，慈禧太后发布谕旨说：

"去年京师之变，仓促之中珍妃扈随不及，即于宫中殉难。"并称赞珍妃不忍心看到京城之破，宗庙受辱，节烈可嘉，追赠贵妃称号。这只是用以安慰光绪的心，也是为了掩人耳目罢了。

次年，慈禧与光绪帝回銮京师，从井中打捞出珍妃的尸体。据说珍妃虽死了很久，面色仍然像活着一样，胭脂尚存，只失去了扎脚的一根飘带。珍妃被葬在西直门外，光绪帝死后，葬于清西陵的崇陵，同时又将珍妃移衬于崇陵，并追封恪顺皇贵妃。

光绪临死前，曾有一事求慈禧太后，请太后将残害珍妃的崔玉桂驱逐出宫，把其家产充公，慈禧答应了他。光绪帝对残害珍妃的仇敌临死不忘，可见他对珍妃的思念之情。

慈禧死后，瑾妃为纪念被害的妹妹，在珍妃被害的那口井北面的小房(即今北京故宫珍宝馆北门贞顺门入口处)里布置了一个小灵堂，供着珍妃的牌位，上面挂着一块匾额"精卫通诚"。珍妃被害的那口井，从此被叫做"珍妃井"。

宣统帝爱新觉罗溥仪皇后
婉容

◎ 建 人

（婉容，是中国封建历史上的最后一个皇后。有关婉容的介绍文章很多，其中，1984年12月由王庆祥撰写、吉林人民出版社出版的《末代皇后和皇妃》一书，对了解婉容有极好的参考价值。因此在本书中不再详加叙述，只是将其生平做简要介绍，供读者参考。）

婉容生于1905年10月27日，全名郭布罗·婉容，字慕鸿。达呼尔族人。

婉容出身于世袭贵族家族，其曾祖父长顺，曾任吉林将军；其父荣源，曾任逊清宫内务府大臣；其母爱新觉罗·恒馨是皇族毓朗贝勒的次女。

婉容不仅体态娇好，姿色迷人，而且举止文雅，谈吐得体，琴棋书画样样均通，受过良好的教育，富有教养。

1922年12月1日，婉容被中国末代皇帝爱新觉罗·溥仪迎娶为皇后。一同被娶的还有淑妃文绣。

由于婉容作为皇后的年代正值改朝换代的动荡时期，清朝被推翻，中国社会已进入民主共和时代，再加上溥仪对其并未真心认可，而是迫于皇室的压力，无耐"圈定"的。因此，婉容从入宫之日起，就没有过过一天舒心的日子，这就注定了她的不幸。

婉容的皇后生涯是饱经仓桑的：1922年12月至1924年10月，在皇宫里度过，这是一段安定的、最具有皇后尊严的日子；1924年10月至1925年2月，被直系军阀第三军总司令冯玉祥驱逐出紫禁城后，随溥仪在醇王府生活了几天，又在日本驻北京公使馆度过了数月；1925年7月到1932年3月与溥仪同去天津，前5年居住在日本租界的张园中，后2年搬到了原民国驻日公使陆宗舆的静园，这是婉容一生中最轻松愉快的岁月；1932年3月随溥仪北上长春，当上了丧权辱国的"满州国执政夫人"；从1932年5月起，婉容在伪满宫中度过了长达14年的软禁生活；1945年8月，离开伪满宫被溥仪"抛弃"在了临江县大栗子沟，后又搬到了临江县城，不久被我东北解放军收审，并先后转移到通化、长春，直到1946年6月上旬转移到敦化，度过了余生，两个多月后病死。

婉容的一生，是悲惨的一生。1946年8月下旬，病弱不堪、贫困交加的这位中国末代皇后死于敦化，时年42岁。

后 记

《中国皇后全传》是继《中国皇帝全传》之后的又一部曾经在中国历史上产生过重大影响的人物的大型传记。

皇后是中国古代历史进程中的一种特殊历史现象,是中国古代妇女中的一批特殊人物。皇后走过的崇辱兴衰的人生道路,不仅反映了她们个人曲折沉浮的命运,同时也直接或间接地影响着整个中国历史发展的进程。同了解、研究中国皇帝一样,全面、系统地研究中国皇后这些特殊历史人物,对于我们更全面、更深刻地研究和理解数千年的中国封建史,以指导我们今天从事的事业,必定会产生积极的意义。

《中国皇后全传》的编撰较之《中国皇帝全传》的编撰,无论在史料的搜集上或是材料的取舍上,都更为艰难。其间,赵凯球教授做了许多的工作,值此向他深表谢意。

献给读者的这部拓荒之作,虽历经三载,数易其稿,但仍难免存在疏漏、失当,甚至错误之处,热切希望读者批评指正。

编 者

1992 年 11 月

修订再版后记

单卷本的《中国皇后全传》自 1993 年 8 月出版以来，深爱广大读者的欢迎和厚爱，连续多年再版重印，并被评为全国优秀畅销书，这在同类的、如此大规模的图书中，前所未有。

随着时代的发展，这部史书的弱点也越来越得到暴露。首先是她的开本太大，不利于阅读；其次是印刷工艺、装帧设计等方面，落后于时代的发展；再次内容上还有重复、错、漏等不足之处。应广大读者的强烈要求，我们对此进行了重新修订和设计，力图跟上时代的步伐，经得起时间的检验。

新修订再版的这部史书，共分 8 卷，完全采纳了当下国际流行的开本、用纸和印刷工艺，同时也在内容上做了调整和删除。每一卷保证了每个传主的完整，但不追求朝代的完整性；每一个传主都配有头像，更有利于加深读者的印象；删除了每个朝代之后的"皇后一览表"；订正了部分错误或矛盾之处；在体例上稍作统一。

这毕竟是一部大型的历史著作，上下几千年，洋洋百万多字，作者数十人，虽经修订再版，仍难免有不当之处，欢迎批评指正。

编　者

2005 年 8 月

图书在版编目(CIP)数据

中国皇后全传/车吉心主编．—济南:山东教育出版社,2005
ISBN 7-5328-5133-8

Ⅰ.中… Ⅱ.车… Ⅲ.皇后-列传-中国-古代 Ⅳ.K827=2

中国版本图书馆CIP数据核字(2005)第107375号

责任编辑/邹　健
整体设计/陈　昊

中国皇后全传

车吉心　主编

出 版 者：山东教育出版社
（济南市纬一路321号　邮编：250001）
电　　话：(0531)82092663　传真：(0531)82092661
网　　址：http://www.sjs.com.cn
发 行 者：山东教育出版社
印　　刷：山东新华印刷厂
版　　次：2005年12月第1版第1次印刷
规　　格：650mm×980mm　16开本
印　　张：122.375印张
字　　数：1428千字
书　　号：ISBN 7-5328-5133-8
定　　价：460.00元(全套8卷)

（如印装质量有问题，请与印刷厂联系调换）